国网四川省电力公司副总经理董京营调研经研院

“三严三实”专题学习

“两学一做”党课展示评比

实地踏勘工程现场

项目评审现场踏勘

经研究院长肖行诠调研成都经研所

经研究党委书记汪荣华看望一线设计人员

工程现场终勘定位

院长肖行诠（左一）走访慰问基层员工

新员工见面会

看望慰问希望小学师生

职工文化成果展示

“安全日”活动

重温入党誓词

高温现场慰问

“五四”青年员工座谈会

经研院开展迎“七一”主题党日活动

国网四川省电力公司
科学技术进步奖
获奖证书

获奖项目：川藏特殊地质地貌区输变电工程关键技术、装备及工程应用

获奖等级：特等

获 奖 者：国网四川省电力公司经济技术研究院

奖励年度：2016年

发证机构：国网四川省电力公司

证书号：20160001-D08

省公司科技进步特等奖

“点亮藏区”工程建设先进集体

2014-2015年度基建管理先进单位

发展工作2015年度先进单位

规划工作成果

“书香川电.品质生活”读书活动

“员工心理资本提升计划（EAP）”“幸福领导力”培训

参加省公司“党纪党规印我心”知识竞赛

“经研微课堂”活动

《川藏电力联网工程》正式出版

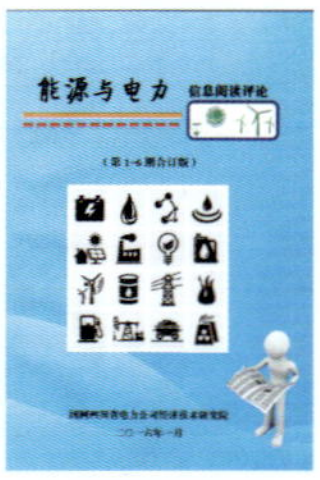

自主研究成果“能源与电力”信息阅读评论

家规家风培训

篮球友谊赛

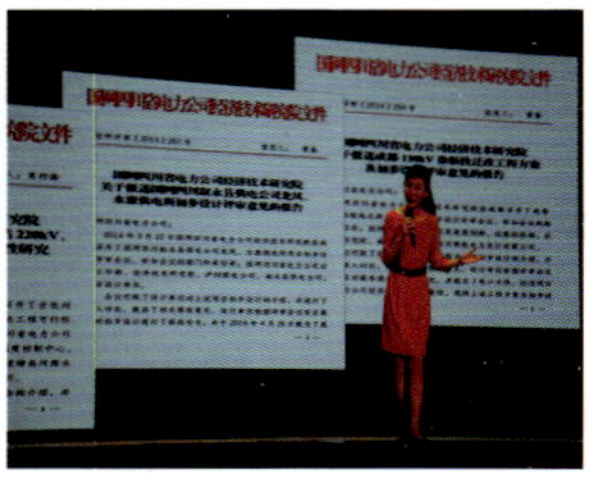
参加省公司微宣微讲决赛

职工健走活动

职工羽毛球赛

模范职工之家

“三八”节烘焙大比拼

健身舞蹈兴趣活动

健美操比赛

体验式培训

国网四川省电力公司计量中心

国网四川省电力公司计量中心园区占地60亩，建筑面积31500m2，计量自动化生产系统已全面建成。2015年累计完成计量器具集中检定662.4630万只、统一配送682.4947万只，全年累计完成智能电表换装763.5195万只。截至2015年底，全省公司运行智能电能表2130.5401万只，接入采集2055.3958万只，智能电能表采集接入率96.47%，全省日均采集成功率和剩余金额召测成功率分别达到98.61%和97.63%。

2015年5月，计量中心代表国网公司成功迎接了来自18个国家的50余名国际法制计量组织官员到中心的参观交流，向与会官员展示了全自动的检定流水线，以及智能仓储、生产调度平台等信息化系统，展示了整个国家电网在计量现代化、智能化、自动化、信息化方面取得的成就。

计量中心组织对甘孜、阿坝、凉山、雅安等少数民族地区、边远地区的对口帮扶，积极协调调拨计量器具帮助提升藏区电能计量设备水平，援建智能电能表检测实验室，在智能电能表推广、线损管理、关口运维等方面加强技术协作，全力帮助促进营销指标方面的提升。11月19日，四川省电力公司计量中心与国网计量中心高压站签署战略合作协议。双方将在科技项目合作、标准编写、人才培养、重点工程调试以及国网实验室建设提升等方面展开全方位、多领域、深层次合作，实现优势互补、发展共赢计量中心荣获2013-2014四川省电力工会模范职工之家；计量中心技术质检量传分工会荣获四川省电力工会模范职工小家荣誉称号。

计量中心荣获省公司2015年职工技术创新先进单位。精益化项目《计量生产调度与运营监控精益化提升》获省公司二等奖。管理创新《智能电能表计量合法性及运行可靠性研究》获省公司二等奖。2015年，中心获得省公司科技进步二等奖1项、三等奖1项，职工创新竞赛奖1项，工人创新奖3项，专利奖3项。申请或授权发明专利12项、实用新型专利19项，授权软件著作权3个，参与编写、修订国家、行业、国网企标标准6项。

2015年9月22-24日，计量中心主任彭军带领现校室、运管室、综合室赴乐山公司和宜宾公司帮助指导其开展智能电能表推广建设和用电信息采集指标提升等相关工作。

7月23日下午，计量中心党委书记李洪武带队开展了“夏日送清凉”活动，与综合室主管谷勇一起走访慰问了奋战在自贡舒坪220千伏变电站洪舒南线数字化间隔的互感器技术室员工，并为一线员工送上了慰问品。

5月12日上午，国网四川省电力公司纪委书记周群（左二）、审计部、纪检监察部到计量中心，就计量中心相关工作开展情况进行调研。

5月14日，OIML法制计量与民生国际研讨会在中国成都召开。国家质量监督检验检疫总局引领部分与会人员参观了国网四川省电力公司计量中心，对四川地区电能计量集约化建设，以及计量“资产、质量、技术”三维一体的全寿命周期管理体系进行了深入探讨和交流。

3月17日–19日，国网四川省电力公司举办了2015年第一期计量新技术暨国网公司通用制度培训，四川省电力公司计量中心副主任苗长胜全程督导，各地市公司的计量与采集班长参加培训。

11月19日，四川省电力公司计量中心与国网计量中心高压站签署战略合作协议。双方将在科技项目合作、标准编写、人才培养、重点工程调试以及国网实验室建设提升等方面展开全方位、多领域、深层次合作，实现优势互补、发展共赢。

省计量中心召开营销项目管理效能监察工作推进会。

四川省电力公司计量中心于10月30日上午与国网四川阿坝州电力有限责任公司结对共建协议签字仪式在计量中心举行。

国网四川省电力公司
科学技术进步奖
获奖证书
获奖项目：全兼容式（电能表、采集器、集中器和专变采集终端）自动化检定检测流水线
获奖等级：三等
获奖者：国网四川省电力公司计量中心
奖励年度：2015年
发证机构：国网四川省电力公司
证书号：20150305-01

国网四川省电力公司
科学技术进步奖
获奖证书
获奖项目：超长距离GIS中关口互感器误差检测技术研究及应用
获奖等级：二等
获奖者：国网四川省电力公司计量中心
奖励年度：2015年
发证机构：国网四川省电力公司
证书号：20150202-01

10月21日，在重阳佳节到来之际，四川省电力公司离退休工作部、综合服务中心，组织11位副厅级退休老领导来到计量中心进行考察指导。

11月23日，省计量中心组织全体中干集体廉政谈话。

6月24日上午，计量中心进行第一次专题学习研讨会，旨在进一步理解和领会“三严三实”的深刻内涵。

4月8日上午，四川省电力公司计量中心召开共青团四川省电力公司计量中心第一次团员大会，选举产生新一届团委委员、团委书记。

计量中心开展“4.15职工维权”活动

11月10日，中心副主任、纪委书记苗长胜带领中心中层干部和关键岗位人员前往警示教育基地——金堂监狱，“零距离”听取监狱负责同志和服刑人员“案情介绍”和“现身说法”，接受廉政警示教育。

计量中心举办2015年“迎新春”职工趣味运动会

4月3日下午，计量中心工会组织工会会员参加了与6家直属单位联合举办的乒乓球友谊赛。

为提高学员的心理素质和身体素质，熟悉个人应急用品的种类与使用方法，11月20日，计量中心组织员工来到四川省电力公司应急培训基地参加应急救援培训。

计量中心举办2015年职工消防演练

为丰富企业员工的业余生活，在繁忙的工作中减负减压，计量中心工会书画协会于12月3日下午组织开展了一次油画培训活动，此次活动共有30余名会员参加。

国网广元供电公司

心系百姓，服务提质。公司总经理王嘉明在现场查看农网施工方案

扶贫攻坚，电力先行。广元供电公司捐献物资材料给精准扶贫、对口帮扶的朝天区新山村

广元公司开展“三严三实”民主专题生活会 （作者：罗园）

为保障夏季广元城区电网平稳运行，国网广元供电公司集中施工力量，克服时间紧，任务重，安全风险较高等不利因素，对220千伏白石岩变电站110千伏母线、出线间隔线夹等进行更换，全力提升供电可靠性。

公司获得国家能源局四川监管办先进集体

为方便广大电力客户了解安全用电知识、电费电价政策、计划停电、临时停电信息，广元供电公司搭乘“互联网”快车，巧用微信平台传递相关信息。

为第一时间恢复供电，抢修人员不顾外界不利环境因素，加快进度完成抢修。

2015年6月28日，广元旺苍地区普降暴雨，给百姓生命财产安全造成威胁。广元供电公司总经理王嘉明深入抢险现场指挥抢险工作。

2014年9月19日，广元机场电力线路专线遭受雷击，线路受损严重，为保障机场电力线路平稳安全运行，公司三电服务抢修队克服困难，肩挑背杠运送抢修设备上山，服务机场线路抢修。

为满足农村日益增大的用电负荷，广元供电公司主动作为，加快农网升级改造，将光明送至田间。（作者：张超）

2014年9月12日，旺苍遭受特大雷暴雨袭击，电力员工对跳闸线路进行紧急抢修。

2015年6月28日，广元旺苍地区普降暴雨，张华县洪水漫过街道，直逼二楼，图为洪峰来临前，张华供电所员工王铮在洪水中营救被困小女孩。

2014年6月28日，广元旺苍地区遭受洪灾袭击，洪水退去后，旺苍供电公司电力抢修人员第一时间恢复供电，帮助受灾百姓生产自救。

夕阳下的电力检修

为第一时间回复供电，抢修人员正在夜间加快抢修。

秋高气爽，电力员工抓紧黄金施工时期，加快电网建设。由于身处高空，一些看似的平常动作，在高空中也会显得十分艰难。图为电力员工正在高空中，用力拧紧铁塔的螺栓。

安全用电知识进校园。为构筑广大百姓安全用电意识，供电所员工走进校园，为学娃宣传安全用电知识。

为构筑广大百姓安全用电意识，供电所员工走进田间地头宣传安全用电知识。

广元供电公司与广元市自来水、天然气、电视网络组成的“V民生联动服务站”进社区，为百姓提供便捷服务。

电保姆服务到农家。为满足百姓用电需求，供电所员工走乡串户为百姓检查室内线路，解决用电难题，提升优质服务。

国网自贡供电公司

2015年12月23日，自贡市委书记雷洪金视察翔能铁塔设备厂（摄影：曾林）

2015年2月16日，自贡市市长刘永湘视察自贡电网建设工作（摄影：曾林）

2015年10月29日，自贡市人大主席陈华调研推进电网“十三五”改造升级规划工作（摄影：王洪颖）

2015年4月22日，自贡市政协委员视察自贡市老旧小区改造工作（摄影：曾林）

2015年，自贡市委委书记雷洪金代表省文明办授予自贡供电公司全国文明单位奖牌（摄影：王洪颖）

2015年8月16日，自贡市重大工程220千伏琵琶输变电项目开工仪式（摄影：曾林）

2015年，自贡有序推进农网改造工作，图为10月22日，自贡市贡井区荣边镇叶合村农网改造现场（摄影：文莉）

2015年，变电运维一体化管理成效显著。（摄影：曾林）

2015年，国网自贡供电公司集体企业改革改制有序平稳推进。（摄影：曾林）

2015年，全年自贡供电公司共完成111个老旧小区改造工作，全市约30万人受益（摄影：曾林）

2015年2月2日，国网自贡供电公司员工在国际恐龙灯会保电现场（摄影：曾林）

2015年6月5日，60名小记者探寻“两考”保电背后的故事（摄影：曾林）

2015年9月1日，变电运维一体化海选考试现场（摄影：王洪颖）

2015年12月23日，国网富顺县供电有限责任公司正式挂牌成立（摄影：曾林）

2015年7月15日，国网自贡供电公司员工参与宾金直流抢险工作（摄影：曾林）

2015年12月25日，国网自贡供电公司走村串户，真诚服务返乡农民工（摄影：曾林）

2015年，电网迎峰度夏期间，国网公司组织开展深受员工好评的“爸爸在哪儿”员工关爱活动（摄影：曾林）

四川水利职业技术学院

水，乃生命之源，生产之要，生态之基。四川水利职业技术学院因水而起，因水而兴。学院创建于1956年，系省属公办全日制普通高校。60年来，学院恪守“禹脉传承，厚德励志”校训，秉承都江堰2200年水利文化积淀，历经几代水利人培育，延续灌县水利学校、灌县水利专科学校、四川省水利学校、四川省水利电力学校历史，于2003年升格为高等职业技术学院。学院秉承水利水电教育文化积淀，立足四川、面向西部、依托水利、服务社会，共有四万多名毕业生走向社会，他们已成为水利、水电、水产行业的技

羊马校区教学楼远眺

术骨干和管理中坚力量，在四川水利水电行业享有“黄埔军校”的美誉。

“5.12”特大地震后，在党中央、国务院的亲切关怀下，四川省委省政府坚强领导，学院适时抓住灾后重建的机遇，在紧邻温江大学城的崇州市羊马新城建成羊马新校区，形成两地三校区办学格局。学院现有占地854.3余亩，建有都江堰老校区、双合实训校区、羊马新校区三个校区，建筑面积26万余平方米，资产总值7.87亿元，藏书量近50万册，教学仪器设备总值近1亿元。

学院下设七系一部两中心，开办专业涵盖水利、水电、水产、建筑、测绘、地质、资源环境等行业，其中，水利部、四川省示范（重点）专业6个，省级精品专业1个，形成了以工科专业为主，综合类专业和边缘学科并行，省级重点专业为骨干、院级重点专业为基础的专业建设体系。学院现有专任教师450人，副高级以上（含）专业技术人员129人，享受国务院政府特殊津贴专家1人，四川省青年学术带头人1人，全日制在校生1万余人。

学院水利职业教育特色突出，产学研结合，培养实用型人才。在上世纪九十年代，学院建设了集3×1250KW教学科研水力发电厂、水工机械制造实习工厂、勘测设计院、工程建设监理公司于一体的实训校区。实训校区产学结合，在提供1000余名学生专业生产性实训的同时，年实现社会生产总值数千万元，在国内高职高专院校中独具特色。近年来，学院突出产教融合的主线，积极加强与行业、企业、地方的合作，先后组建了四川水利职教集团、四川水利职教大校园，和四川水利人才教育基地，并与国家电网公司、中国建筑工程集团、中国电力建设集团、中国铁路建设集团、武警水电部队和西部十省区水利、电力、勘察测绘行业保持了良好的合作关系，毕业生就业率连续多年保持在90%以上。2006年10月，在教育部高职高专办学水平评估中，学院以其鲜明的办学特色获评优秀级，分别于2015年顺利通过全国水利行业示范性高职院校和四川省示范性高职院校验收，成功创建全国水利文明单位，办学实力进入进入水利部和四川省先进行列。

站在新的起点，作为四川，乃至整个西南地区水利职业教育的领头羊，四川水利职业技术学院责无旁贷。百尺竿头，更进一步。学院将按照坚持“立足四川，面向西部，依托水利，服务社会”的办学定位，坚持以服务为宗旨、以就业为导向、走产学研结合的发展道路，坚持“改革创新、巩固成果、转型发展、提升质量”的工作方针，时不我待抢抓国家大力推进水利事业改革与发展的历史性机遇，努力把学院建设成为工学融合、校企一体、特色鲜明、质量优良、社会满意、国内一流的高等职业技术学院，不断续写四川水利水电行业“黄埔军校”新的辉煌，为建设美丽繁荣和谐四川，实现伟大中国梦再立新功！

羊马校区生活区

都江堰校区礼堂

双合教学科研电厂

羊马校区千人礼堂

羊马校区综合实训场

羊马校区图书馆、莲花湖

中国水电基础局有限公司

参建的马来西亚沙巴施工全景

参建的广安防渗墙施工

参建的西藏加查水电站导流明渠出口下游岸坡防护防淘墙工程施工

参建的浙江青田水利枢纽防渗工程

参建的上海金泽水库闸室底板钢筋制安

英大泰和财产保险股份有限公司四川分公司

四川分公司朱滨总经理（右五）为四川省电力公司防灾减损物资捐赠

四川分公司朱滨总经理（右二）为华电防汛物资捐赠现场照

为用户开展车辆免费检测活动–液体添加

四川分公司朱滨总经理（左二）一行走访龙泉驿供电公司和四川科锐得实业集团，认真听取客户的建议和意见。

2015年，公司开展趣味运动会

参与总公司7周年“同跑健康步”活动

分公司举办安全行车大型公益活动

开展“尊享泰和”客户节

党员服务队组织防汛物资捐赠活动

奔跑吧，英大财险

开展车辆免费检测等一系列活动

分公司党员服务队为省电力公司捐赠防灾减损物资

分公司参加四川省湖南商会第四届理事会第二次会议，并进行现场业务宣传

“尊享泰和”—— 客户节组织客户观影活动

国网天府新区供电公司

国网天府新区供电公司成立于2014年12月29日，按地市供电企业管理，公司下辖双流、龙泉驿2家县级供电公司。2015年，天府新区公司按照国网四川省电力公司统一决策部署，大胆变革传统管理模式，明确打造成为“最值得信赖的综合能源服务商”的战略定位，提出以探索实践新型供电管理转型为主线，以打造“四个天府”为主题，以“三个争先”为目标的未来发展思路。公司坚持以营销转型带动公司转型升级，以扁平化、集约化组织机构为基础、网格化管理体系为支撑，依托“三平台、一中心”建设，加快推进企业变革“四条主线”：着力构建以客户为中心的新型商业模式、“资源统一调配、服务快速响应”的新型组织模式、“互联网+精准营销”的新型服务模式，以及“营配高度融合”的新型运营模式。

2015年，公司完成“大部制”合署办公模式的组织机构搭建，实施人、财、物和调度、通信集约化，推行“营配合一”的管理模式，实现“前台服务网格化，后台支撑专业化”。公司全力配合天府新区建设，加快推动尖大、尖石线重要电网迁改工程，保障西博城等重要项目用电。面对“2.24”洛带瓦斯爆炸事故，公司第一时间赶赴现场，快速恢复停电线路，全力配合做好事故应急救援的电力保障，受到政府及社会肯定。2015年9月，天府新区公司圆满完成全国第九届残运会暨第六届特奥会重大保电任务，确保了赛事的顺利进行。

2015年11月10日，国网天府新区供电公司与中国电信天府新区分公司战略合作框架协议签约仪式在中国电信天府新区分公司举行，国网天府新区公司总经理张灝与电信天府新区分公司总经理汤骏代表双方共同签署了合作协议书。

2015年，“2.24五洛路1号隧道瓦斯爆炸事故”发生，天府公司全力抢险，最短时间内使龙泉停电区域全面恢复正常供电。

天府新区供电公司率先在全省范围内率先试行低压业扩“五位一体”化服务，客户递交用电申请后，兑现“当日受理，次日接电”的供电服务。

2015年9月19日下午，全国第九届残运会暨第六届特奥会在四川成都电子科技大学体育馆顺利闭幕，成都天府新区供电公司圆满完成了此次重大保电任务。

认真巡视设备，确保供电安全

国网天府新区供电公司2015年迎峰度夏反事故应急演练拉开了帷幕。

国网天府新区供电公司重点打造“7+2”深化工程。重点抓好基础数据、电网建设、营销队伍建设“三基”工作。2015年，完成了“低电压”专项治理项目21项。

自2015年起，国网四川电力以天府新区供电公司为试点，致力于实现“综合能源服务商”的角色转变，达到“最值得客户信赖”的服务水平。通过应用掌上川电APP，客户可以足不出户实现电费缴纳、故障报修和业扩申请。

国网内江供电公司

2015年，国网内江供电公司严格落实省公司各项工作部署，围绕市委、市政府作出的“深入实施‘两化’互动城乡统筹、创新驱动、改革开放‘三大战略’，大力推进工业强市、产业兴市，建设幸福美丽内江”的一系列决策部署，主动作为，攻坚克难，各项工作不断取得新进展，保持了公司健康平稳发展的良好局面。

2015年，公司完成售电量38.92亿千瓦时；实现销售收入25.48亿元；电费回收率100%；220千伏及以下线损率7.16%；完成固定资产投资11.97亿元；流动资产周转率960.18次；流动资产余额190.61万元；完成全口径劳动生产率33.81万元/人.年。主要表现在：安全生产平稳有序；各级电网协调发展；经营管理不断提升；服务水平切实提高；依法治企深入实施；三个建设成果显著。

2015年，公司各项工作全面完成，取得丰硕的成果，为“十二五”顺利收官划上了圆满句号。回眸2015年，公司认真遵循电网和企业发展规律，全面推进“两个转变”、加快建设“一强三优”现代公司，实现了“十二五”发展主要目标。

内江市人民政府市长任小春检查在内江举办的中国国际届中小企业交易会保电情况。（摄影：罗国强）

公司总经理、党委副书记张毅指导成渝客运专线供电工程建设。（摄影：王冕）

施工人员改造老旧小区线路（摄影：易彦伶）

召开“三严三实”专题民主生活会。（摄影：王春香）

内江各界人士参观全国文明单位展厅。（摄影：易彦伶）

公司总经理张毅（中）率队走访公司对口帮扶村隆昌县渔箭镇石庙子村。（摄影：罗国强）

成渝客专凉水井至内江北牵引站220千伏供电工程全线贯通（摄影：罗国强）

组建铁塔 （摄影：罗国强）

老旧小区改造吊装箱变（摄影：易彦伶）

服务威远页岩气开发（摄影：王春香）

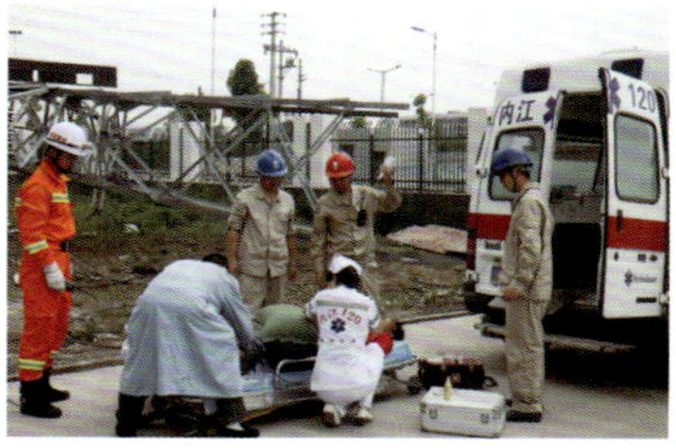

公司开展大面积停电应急演练。 （摄影：罗国强）

公司举行“明志 笃行”道德讲堂，（摄影：罗国强）

与宜宾公司进行足球比赛 （摄影：王春香）

开展抗洪保电工作（摄影：罗国强）

青年志愿者进校园宣传电力设施保护条例。（摄影：王春香）

爱心“妈妈”陪芷寒过周末。（摄影： 曹志刚）

开展游泳比赛（摄影：黄陈林）

创建职工书屋学习室（摄影：胡婷）

国网绵阳供电公司

省委常委、总工会主席李登菊（左一）在绵阳检查工作，现现肯定绵阳公司为民服务工作

国网人资部五位一体调研，肯定公司五位一体工作

四支共产党员服务队，为民服务再上新台阶

众媒体聚焦绵阳“迎峰度夏”

绵阳“一站式”服务，简化业扩报装

绵阳游仙小枧镇居民胡学明，在自己居住的紫阳村邮政代收点缴完电费后，展示自己的智能电表卡，感到方便，快捷。

公司职工企业文化丰富多彩

220千伏永兴站2号主变吊罩作业进行时

5月11日，风灾过后抢修作业现场

真情服务特奥会，成功保电

城区配电自动化建设与改造 实现“蚯蚓自愈式“智能配电网

诠释电企责任，确保央视直播

国网四川甘孜州电力有限责任公司
国网四川省电力公司甘孜供电公司

国网四川省电力公司甘孜供电公司（简称：分公司）成立于2006年1月，是隶属于省电力公司，以输电和售电为主的分公司，现有长期职工229人。国网四川甘孜州电力有限责任公司（简称：州公司）成立于2012年3月20日，下辖全资县级子公司17个（除德格县和海螺沟景区），是省电力公司控股的市州级供电企业，现有各类员工2001人，按照一套人马、两块牌子、管理高度融合的原则，分公司人员整体无偿支援州公司。至2015年底，公司资产总额已达到70.99亿元，同比增长27.62亿元。

2015年，公司扎实开展“三严三实”专题教育，全力确保安全生产，稳步推进电网建设，不断夯实发展基础，着力提升公司经营管理水平，坚持依法从严治企，持续加强“三个建设”，实现公司健康快速发展。

2015年，公司完成电网投资5.67亿元，投产110千伏及以上变电容量29万千伏安、线路313.3公里。全面完成了省公司下达的各项考核指标。

2015年，公司荣获“全国五一劳动奖状”、“四川省模范职工之家”等称号，多名员工荣获国家电网、省部级表彰。

全国政协民族宗教事务委员会主任、中央西藏工作协调小组成员朱维群，省政协副主席、省委统战部部长崔保华一行调研变电站。

2015年10月26日，时任四川省电力公司总经理王抒详（右三）四川省人民政府副省长甘霖赴变电站调研。

2015年7月7日，公司董事长、总经理、党委副书记明自强检查地震应急演练现场准备情况。

2015年10月12日，国家电网公司后勤工作部主任陈栋才一行赴公司调研。

2015年9月24日，公司“四好”领导班子考核及后备干部考察推荐会。

2015年7月24日，公司开展国家电网公司通用制度培训。

高原上的光明工程

在长须贡马35千伏变电站新建工程变电施工现场，电力员工齐心协力抬起粗大的35千伏进站电缆放入地下电缆沟。

洁白的哈达献给电力员工

2015年10月15日，甘孜州文明办赴公司检查指导工作。

乡城35kV桑披变电站技改

公司举行全民健身登山活动

公司举办中层管理干部读书班

公司参加康定地区“五一”职工拔河比赛

高海拔作业

国网达州供电公司

国网达州供电公司始建于1966年8月，属四川省电力公司下属特（Ⅰ）型供电企业，主要负责达州境内国家电网的规划建设、运营管理和电力供应，承担了通川区、达川区、宣汉县、开江县、大竹县、渠县和万源市的供电任务。

截至2015年底，达州电网拥有35千伏及以上变电站85座，总容量611.32万千伏安；35千伏及以上线路204条、3408.63千米。形成了以500千伏达州变电站、华蓥山电厂、燃机电厂和东岳电厂为主要电源点，以220千伏环网为骨干，各级电网协调发展，供电可靠性较高的供电网络，为达州经济社会又好又快发展奠定了坚实的供电基础。

2015年来，公司获得了“全国文明单位”、“全国五一劳动奖状”、“全国模范职工之家”、“全国供电可靠性金牌企业”、“四川省安全文化示范企业”和达州市“诚信企业示范单位”、“民生计量诚信守法单位”、“抗洪救灾先进集体”、城乡环境综合治理环境优美“十佳企业”等荣誉称号。公司连续三年位居达州市政府目标绩效考核垂直管理企业第1名，蝉联达州市目标绩效管理先进单位。

公司领导走访客户，了解用电需求（摄影：何健）

职工维权到工地（摄影：何健）

踏雪巡线保供电（摄影：何健）

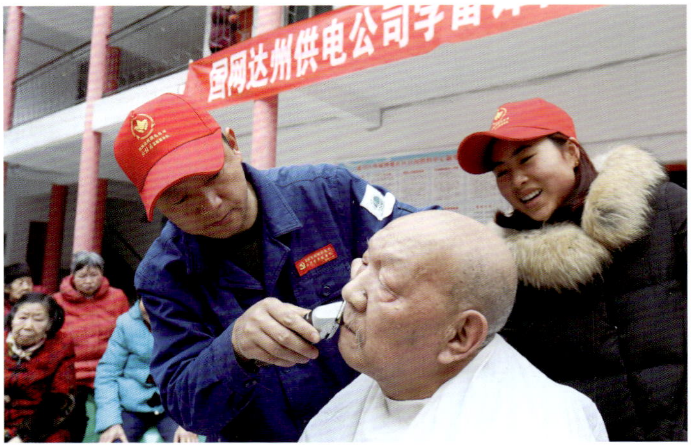

学雷锋，党员服务队走进敬老院（摄影：何健）

防汛应急演练（摄影：何健）

建设中的宣汉北220千伏智能变电站（摄影：何健）

变电站内“零点作业”（摄影：何健）

电缆沟里夜战忙（摄影：何健）

“红杜鹃”春耕助农（摄影：何健）

职工文艺生活丰富多彩（摄影：何健）

李进峰荣获全国劳模称号（摄影：何健）

四川电力送变电建设公司

公司顺利完成了220千伏新雅一二线，自投运以来的首次停电检修，并精心组织20多名员工，完成了对新雅一二线的接地电阻测量、防污清扫、螺栓紧固、更换绝缘子、间隔棒，及时消除了各类隐患和缺陷。图为在四川甘孜州海拔4412米的高尔寺山上，检修人员更换间隔棒。

送变电公司在国内首次进行特高压跨越、特高压作业。图为高空人员正在距离地面40多米的绝缘子串上作业（摄影：王超）

高海拔巡视线路（摄影：梁石）

公司在灵绍线跨越特高压张力场现场（摄影：王超）

公司在灵绍线，高空作业人员登塔作业，进行国内首次特高压跨越特高压作业（摄影：王超）

藏区运维，雪域高原守护光明（摄影：薛亚川）

登塔检修 （摄影：梁石）

高空清扫绝缘子

国网四川省电力公司物资分公司

董京营调研物资公司

协同监督会

合同集中签约

“三严三实”第一次专题学习

职代会、工作会

现场研究物资保障方案

成都青龙场发货现场

认真检验物资

检查物品，一丝不苟

开展学雷锋活动

国网凉山供电公司

国网凉山供电公司始建于1974年，是国网四川省电力公司直属的特一型供电企业。下设职能部门13个、直供直管公司1个、业务支撑和实施机构7个。2015年来，先后控股了喜德、会理、德昌、越西、雷波、宁南、甘洛、会东、木里和布拖等10个县级供电公司，其中国网木里县供电公司为全资子公司。2008年，代管盐源县电力公司。截止2015年底，国网凉山供电公司用工总数3669人(不含控股公司布拖公司319人、代管公司盐源公司326人)，其中国网凉山供电公司母公司全民员工565人。固定资产原值75.3亿元，是2010年20.08亿元的3.75倍。国网凉山供电公司供区面积37631平方千米，占全州总面积60114平方千米的62.6%。2015年售电量61.35亿千瓦时，同比增长3.35%。

截至2015年底，该公司拥有固定资产原值75.3亿元，同比增长52.77%。拥有220千伏变电站14座，总变电容量375万千伏安，线路全长1759.52千米。110千伏变电站34座，总变电容量216.25万千伏安，线路全长1684.76千米。35千伏变电站99座，总变电容量82.2万千伏安，线路全长2144.65千米。10千伏线路全长13244.63千米。初步形成了以220千伏电网为骨干、110千伏及以下各电压等级电网协调发展的格局。

国网凉山供电公司荣获“全国国防军工协作配套先进单位”“全国重合同、守信用企业”（省公司系统内唯一一家）、“全国文明单位”“国网公司双十佳文明单位”“工会工作先进集体”“安全生产目标单位”“四川省文明单位”“四川省五一劳动奖状”“2015年度四川电力安全生产先进集体”“四川省电力公司十佳文明单位”“四川省电力公司抗震救灾恢复重建杰出贡献先进集体”“四川省电力公司抗旱保电功勋集体”“国网四川省电力公司2013年度、2015年安全生产先进单位”等荣誉称号。

3月19日，国网四川省电力公司副总经理李华（左二）前往会东县会东镇，在新通电老乡家中进行工作调研。（摄影：蒋志明）

5月20日，四川省委常委、省总工会主席李登菊(左一)为劳模殷显树颁奖。（摄影：曹志刚）

8月18日，时任国网四川省电力公司总经理王抒祥（右二）在喜德县向鲁基村彝族小伙儿询问学业、烤烟的收成及家里的生产和生活的用电情况。（摄影：冯丽华）

3月25日，原国家电网公司农电部副主任张莲瑛（右四）调研凉山公司农电管理工作。（摄影：蒋志明）

2015年6月10日，雷波县大岩洞乡大岩洞村庆祝该村通电。（摄影：蒋志明）

8月28日，凉山州知名艺术家走近国家电网开展艺术创造活动。（摄影：蒋志明）

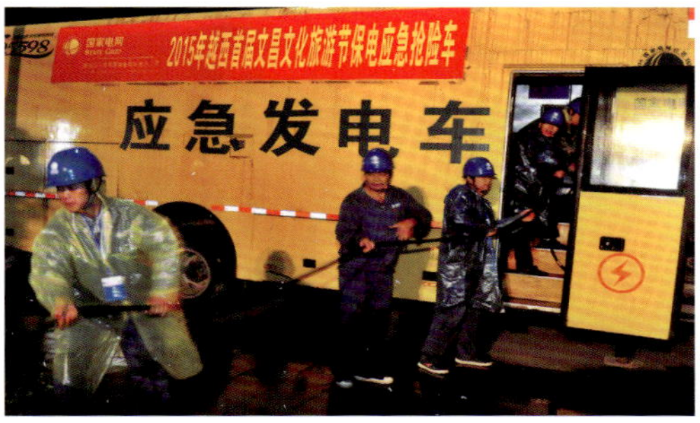

9月15日，国网越西县供电公司圆满完成越西县首届文化旅游节保电工作。（摄影：蒋志明）

1月6日，国网布拖县供电公司成立。（摄影：蒋志明）

5月25日，国网凉山供电公司在锦屏电站库区开展水上应急演练。（摄影：蒋志明）

12月13日，国网凉山供电公司与凉山州宣传部在成都宽窄巷子举办纪念红军长征过凉山80周年摄影展。（摄影：蒋志明）

9月21日，全国劳模、国网凉山供电公司线路员工殷显树出席北京阅兵观礼活动。（国网凉山供电公司提供）

3月5日，国网凉山供电公司青年志愿者前往冕宁县拖乌乡鲁坝中心小学开展志愿服务活动。（摄影：蒋志明）

国网泸州供电公司

迎峰度夏

2015年4月20日，国网泸州供电公司220千伏林庄变电站检修现场，40余名电力员工正在对220千伏设备开展集中检修。为确保该站健康度夏，国网泸州供电公司赶在迎峰度夏前，对老站进行集中体检，以确保迎峰度夏期间，泸州市泸县、龙马潭区等地生产、生活用电安全稳定可靠。
（摄影：古春）

高温下的电力员工

为了配合泸州经济发展和城市规划建设要求，2015年8月13日，在四川泸州龙马潭区春雨路附近的电缆施工工地上，一群身穿蓝色工作服，头戴安全帽，全副武装的电网工人，正在将110千伏输电架空线路，迁改为地下电缆，在没遮没挡的工地上，气温竟达到了39摄氏度。图为电力员工挥汗如雨正在开展电缆施工。（摄影：古春）

2015年3月5日，一年一度的全国学雷锋日。在国网泸州供电公司团委的组织下，共产党员服务队队员和青年志愿者们一大早就来到了方山学校的留守儿童之家，把关爱送给这里的孩子们。（摄影：古春）

国网眉山供电公司

国网四川省电力公司眉山供电公司(以下简称国网眉山供电公司）于2001年12月26日随眉山建市而成立，是四川省电力公司下属特大型一类供电企业，经营区域覆盖全市一区五县及成都部分地区,供电范围7390余平方公里，服务人口360余万人。

该公司成立以来，把自身的发展与眉山地方经济高速发展相结合，围绕建设电网坚强、资产优良、服务优质、业绩优秀的“一强三优”现代公司的战略目标，不断提升企业综合实力，在为地方经济社会持续快速发展提供可靠能源电力保障的同时,自身也得到了快速发展。该公司先后荣获全国五一劳动奖状、全国电力行业优秀企业、全国职工职业道德建设标兵单位、国家电网公司先进集体、省公司“四好班子”、“红旗党委”等荣誉称号，并涌现出全国五一巾帼标兵岗、四川省劳模、五一劳动奖章、国家电网公司劳模等一大批模范人物和先进典型。

2015年是“十二五”规划的收官之年，面对经济下行压力持续加大、多重困难叠加的复杂严峻形势，在省公司和市委市政府的坚强领导下，该公司上下攻坚克难、奋力前行，圆满完成了各项工作任务。该公司完成售电量77.92亿千瓦时，同比降低8.97%；线损率完成5.34%，较考核指标低0.04个百分点；售电均价403.73元/千千瓦时，同比下降12.74元/千千瓦时；售电收入35.19亿元，同比降低11.06%；电费回收实现“双结零”；新增业扩报装容量74.33万千伏安，同比增长16.80%；截至12月31日，眉山电网实现连续安全运行2485天；同业对标综合排名位列省公司第3名，业绩考核被评为A级。

2015年8月9日，党委副书记刘开金（右二）到抗战老兵家中走访 （摄影：牟雯雯）

2015年9月2日，眉山供电公司电力助推扶贫攻坚暨劳动竞赛启动现场（摄影：牟雯雯）

2015年11月9日，国网眉山供电公司开展职工文化生活主题活动 （摄影：牟雯雯）

“与你同行 悦动青春” （摄影：牟雯雯）

国网遂宁供电公司

国网四川省电力公司遂宁供电公司成立于2005年8月，是国网四川省电力公司下属国有特（Ⅱ）型供电企业，承担遂宁市三县两区供电任务。设有11个职能部门（办公室、发展策划部、财务资产部、安全监察质量部（保卫部）、建设部（项目管理中心）、审计部、人力资源部、党群工作部（工会、团委）、监察部<纪委办公室>、运营监测（控）中心、市电力调度控制中心），7个业务支撑及实施机构（运维检修部（检修分公司）、营销部（农电工作部、客户服务中心）、电力经济技术研究所、信息通信分公司、物资供应中心、培训分中心、综合服务中心），下属1个集体企业（遂宁江源电力开发总公司），管理四川省电力公司下属2个县级全资供电公司（国网四川大英县供电有限责任公司、国网四川蓬溪县供电有限责任公司）、1个控股县级供电公司（国网四川明珠集团有限责任公司）。

2015年，面对复杂的外部环境和艰巨的改革发展任务，公司上下坚决贯彻省公司和市委市政府决策部署，圆满完成全年各项目标任务。完成电网投资4.42亿元；并表口径售电量34.64亿千瓦时，同比增长3.34%，增速列全省第6位；同业对标和企业负责人业绩考核指标均列全省第10位。公司全年未发生人身重伤及以上事故；未发生重大电网、设备事故；未发生恶性误操作、误调度事故；未发生水电厂垮坝事故;未发生本企业负同等及以上责任的重大交通、火灾事故；未发生有人为责任的一般电网、设备事故；未发生负主要责任且有重大影响的供电不安全事件；未发生损害公司形象的重大事件；年度党风廉政建设责任目标全面完成。

6月12日，迎峰度夏应急演练

农网改造

检修消缺

7月24日，团省委督导留守学生关爱活动

国网阿坝供电公司

国网四川省电力公司阿坝供电公司（以下简称：分公司）是国网四川省电力公司直属的特一型供电企业。国网四川阿坝州电力有限责任公司（以下简称：州公司）是省公司控股的市州级供电企业，与分公司按两块牌子一套人员运作，州公司下辖全资县级子公司11个，供电面积7.1万平方公里，承担全州70余万人生产生活供电任务。2015年，公司完成停滞多年的若尔盖县的电力体制改革，挂牌成立了国网四川若尔盖县供电有限责任公司。

截至2015年底，公司拥有220千伏变电站11座（包括1座开关站），变电容量270万千伏安；110千伏变电站21座，变电容量77.13万千伏安；35千伏变电站69座，变电容量39.57万千伏安。220千伏线路24条，线路长度852.3公里；110千伏线路20条，线路长度859公里；35千伏线路99条，线路长度1818.8公里。

2015年，完成并表口径售电量83.53亿千瓦时，同比增长2.87%，营业总收入24.68亿元，减亏2785.43万元，线损率4.92%，同比下降0.21个百分点。截至12月31日，实现连续安全生产3746天。

截至2015年底，分公司全民在册员工90人。州公司系统共有各类用工1442人，其中：本部全民在册人员139人，分公司支援到州公司工作的90人，兄弟单位援藏人员59人，劳务派遣人员46人。10家县级子公司全民在册员工1082人（国网若尔盖县供电公司未并表），劳务派遣人员26人。2015年，该公司进一步理清“三集五大”改革后各部门职责，将季（年）度考核细化为月度，增强绩效管理的时效性，有力促进各项工作质效提升；强化员工培训，盘活人才存量，创造性推行了“生产领导讲课”和“培训日”制度，全力提升公司干部员工技术技能水平，取得省公司技经调考团体第三名、农电技能竞赛团体第十名、变电运维一体化竞赛优秀组织奖等佳绩，2名员工入选省公司“雏鹰计划”，198名员工完成各级技能等级评定；圆满完成128名高校毕业生的引进工作，48名三定生学成归来，公司人才储备成效明显。

2015年，分公司以全面从严治党为指导，深入学习贯彻党的十八届四中全会精神和习近平总书记系列重要讲话精神，对照“严以修身、严以用权、严以律己、谋事要实、创业要实、做人要实”总体要求，扎实开展“三严三实”专题教育，持续推进党的建设、企业文化建设和队伍建设，确保了安全生产、经营管理、党风廉政建设等目标任务的圆满完成。

2015年8月，公司与金川县签订战略合作协

公司负责人到小金立业电子调研

“三严三实”第一专题学习

2015年12月，公司总经理、党委副书记马尔康公司讲党课

2015年10月，公司领导现场督导马寨线抢修

2015年8月，公司召集大工业客户座谈

公司班子到基层站所开展“安全日”活动

2015年6月，黑水发生泥石流之后，公司开展现场电力抢险

2015年8月，公司开展2015年上半年经济分析会

2015年6月，公司开展防汛应急演练

2015年7月，公司积极开展高原带电作业

2015年10月，公司负责人到阿坝铝厂调研

2015年9月，自贡公司赴阿坝公司开展援建

2015年10月，公司与省计量中心合作，提升计量水平

2015年5月，公司开展红原110千伏安曲变电站技术改造

2015年9月，公司成立营销、财务“五中心”

2015年7月，若尔盖县供电公司成立

评选援建之星

2015年11月，公司与发改委商讨省阿合作协议

2015年7月，公司开展年中营销会

国网资阳供电公司

资阳公司认真贯彻落实省电力公司各项决策部署，立足资阳实际情况，提出了建设“安全、法治、创新、精益、和谐”五型发展的工作思路，要做了以下工作：

一是本质安全不断夯实。建成资阳电网备调系统，筑牢安全基础。强化现场管控，电子派工单和4G视频管控等举措相继投入应用。改善涉电公共安全，建成全省第一个安全用电示范村，整治涉电鱼塘2876个。二是电网建设全面推进。完成了220千伏海鸣站、110千伏白塔站输变电工程、成渝客运专线项目、“电力天路”项目的建设，顺利启动110千伏牌坊沟变电站项目。治理了2395个低电压台区，完成76.56万只智能电表换装工作，有序推进合表小区改造。三是经营管理持续提升。公司与资阳各县（市、区）政府签订战略合作协议，各县（市、区）政府均出台加快电网建设政策性支持文件。建成运营集约化管控系统，提升重点业务运转效率。旧欠电费实现100%回收。推进集体企业改革改制，成立三新供电服务有限公司。实现1072名农电工和77名通用工种用工模式规范管理。四是供电服务创新发展。组织召开春节保供电新闻发布会和大客户恳谈会，在市电视台推出《电力辣妈帮帮忙》栏目，服务形象深入人心。与海大橡胶集团、资阳移动、资阳农行等重要客户签订战略合作协议，形成企业合作互惠局面。五是依法治企更加有力。建立了依法治企指标体系与全员岗位职责、制度、标准执行体系。公司领导干部带头开展会前学法，严格执行“三重一大”决策程序，重大决策出具法律意见书。公司与检察院签订“检企共建”协议，合作预防职务犯罪。六是创新活力明显增强。与电科院合作开展地区电网安全经济运行研究，开展人力资源需求预测与优化配置精益管理研究，构建了舆情应对精益化管理体系，有效提升资阳电网运行与企业管理水平。七是“三个建设”成效突出。建立良好的选人用人机制，选派10名初始学历为大学本科的青年员工挂职班组长岗位。与市委宣传部共同发起，联合14家企事业单位成立了资阳市学雷锋“红细胞”志愿服务联盟，资阳电力特色的正能量在全社会弘扬。

公司总经理涂辉（右二）陪同资阳市委副书记王荣（中）在石河村调研。

资阳市建成全省第一个安全用电示范村

与移动公司签订协议

2015年9月28日，公司与资阳市人民检察院启动“检企共建”活动

红细胞志愿服务联盟

与农行签订战略协议

企业文化丰富多彩，图为公司创建的妈咪宝贝屋

与海大集团战略合作

业扩报装环境整治百日行动

基层创新工作室

安全用电示范到村寨

参与“电力天路”项目建设，道孚110千伏输变电工程荣获流动红旗竞赛活动优胜项目

提前半年启动110千伏牌坊沟变电站项目建设完成。

国网宜宾供电公司

国网宜宾供电公司是国网四川省电力公司下属的特二型供电企业，承担着宜宾市两区八县中的两区一县（翠屏区、南溪区、江安县）的供电任务，直供面积4680平方公里，总营业户数74万余户。趸售长宁县电力公司及四川能投控股的屏山县、兴文县、高县、筠连县、宜宾县、珙县地方县电力公司。公司下设11个职能部室，7个业务支撑和实施机构，3家直供直管县级供电企业（江南、江北、南溪供电公司），2家全资县级供电企业（江安县供电公司、南溪供电有限责任公司），1家集体企业（远能集团公司）。公司各类用工总量2937人，固定资产37.5亿元。经过多年发展，宜宾电网形成了以500千伏叙府站为核心、220千伏北部双环网和南部单环网为骨干、多层级电网协调发展的均衡格局。公司35千伏及以上变电站61座，总容量477.1万千伏安；35千伏及以上输电线路144回，共计2347公里；10千伏线路259条，共计4288公里。

2015年，国网宜宾供电公司在省公司的坚强领导下，始终坚持"依法治企、科学治企，风清气正、人企共进"工作基调，积极发扬"当代老实人"精神，实干争先，忠诚担当，扎实开展"三严三实"专题教育，有力保障特高压三大直流满功率运行，巩固提升"三集五大"体系，稳妥实施集体企业改革改制和规范农电用工管理，公司荣获"全国文明单位"和"全国模范职工之家"，各方面工作取得新的成绩。

2016年，是"十三五"发展的开局之年，国网宜宾供电公司将认真贯彻省公司各项决策部署，全面落实围绕"一条主线"、把握"两个关键"、实现"三个确保"、着力"四个加强"的总体要求，严格依法治企，深化改革创新，降本提质增效，不断开创电网和公司发展新局面。

2015年9月23日，四川省电力公司副总经理刘勇调研宜宾公司安全工作（摄影：董洺杰）

2015年10月10日，总经理何自力陪同宜宾市人大主任陆振华调研精准扶贫工作（摄影：董洺杰）

2015年6月30日，时任四川省电力公司总经理王抒祥与宜宾市长徐进会谈共商宜宾电网发展（摄影：董洺杰）

2015年6月30日，王抒祥调研宜宾公司（摄影：董洺杰）

2015年10月13日，省电力公司副总经理董京营调研宜宾公司并看望慰问党员服务队（摄影：王青青）

2015年4月27日，公司为“争做当代老实人，我身边的美丽员工”颁奖（摄影：王青青）

2015年7月23日，公司开展“国家电网 快乐学校”暑期志愿服务活动（摄影：陈鸿）

2015年9月28日，宜宾公司举办首届职工文化艺术节（摄影：董洺杰）

2015年4月2日，电力员工进行灾后故障抢修（摄影：董洺杰）

国网雅安电力集团公司

2015年10月30日，雅安电力调控中心监控业务正式启动暨雨城集控业务归集仪式。（摄影：熊德兵）

2015年，灾后重建后的金花变电站GIS设备。（摄影：汤小强）

2015年2月17日，时任国网四川省电力公司总经理王抒祥到芦山国网家园板房慰问公司员工。（摄影：汤小强）

2015年12月10日，金花变电站灾后重建GIS设备安装场景。（摄影：汤小强）

2015年2月，电力员工为龙门乡白伙新村安置点接电。（摄影：汤小强）

灾后重建快马加鞭，图为公司正在进行七盘变电站旧设备拆除吊装作业。（摄影：汤小强）

2015年4月16日，电力党员服务队走进芦山黎明新村，宣传智能电表使用和安全用电知识。（摄影：汤小强）

2015年11月建成的公司本部健康食堂。（摄影：汤小强）

2015年4月9日，大川110千伏变电站进入主控楼封顶阶段。（摄影：汤小强）

感恩骑行者——公司退休员工罗维孝荣获“中国网事·感动2015”年度网络人物评选提名奖。（高富华供图）

国网攀枝花供电公司

攀枝花市原市委书记刘成鸣在攀枝花供电公司检查工作

省电力公司工会主席左宇龙（右一）调研攀枝花公司

攀枝花市原市委书记刘成鸣在攀枝花供电公司调研

马店河现场检修现场

时任省电力公司总经理王抒祥调研公司

员工冒着高温在安宁变电站检修

加强线路运行安全，飞行器现场巡视

仁和兴隆供电所员工，在总发乡境内维修检查低压农网线路

马店河现场检修

变电站现场检修

全国五一劳动奖

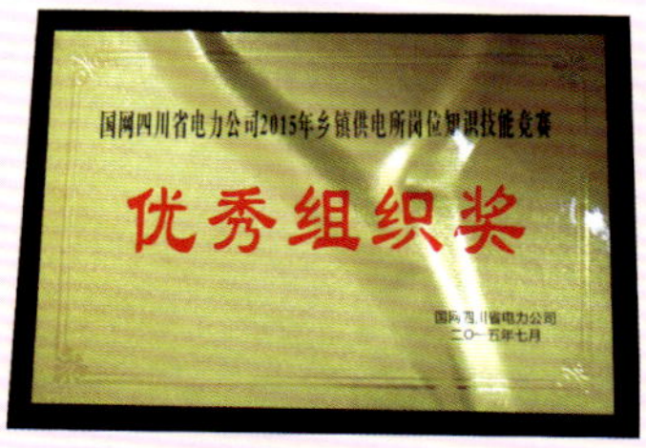

2015年乡镇供电所岗位知识技能竞赛

电亮藏区工程建设先进单位

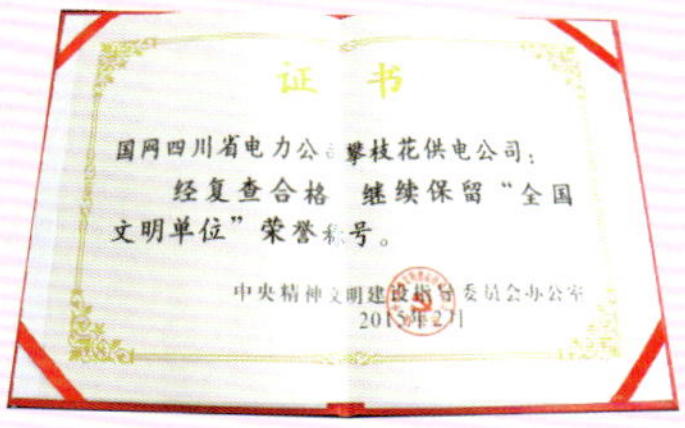

全国文明单位

全国安康杯竞赛安全文化宣传工作先进单位

运营监控工作先进单位

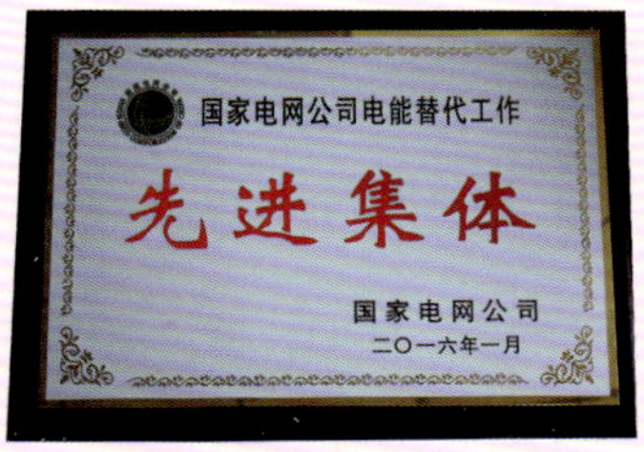

国网公司电能替代工作先进集体

敬老模范单位

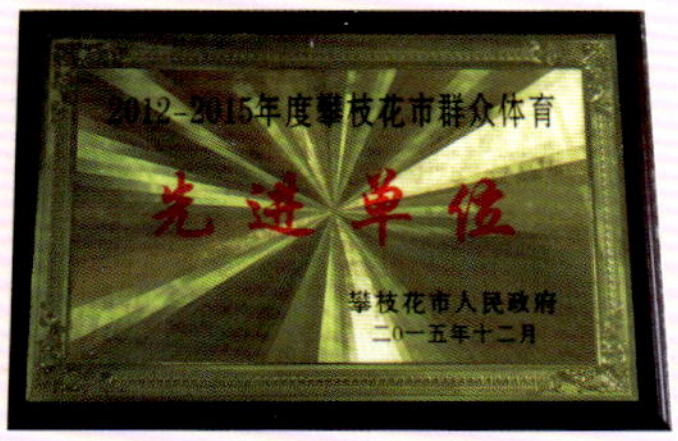

攀枝花市群众体育先进单位

四川岷江水利电力股份有限公司

公司总部

2016年，是“十三五”规划的开局之年,是全面建成小康社会攻坚期的第一年，也是岷江水电公司管理提升、效益提升卓有成效的一年。面对经济形势严峻、电改加速推进、电网建设任务艰巨等挑战和考验，经营层带领全体干部员工，按照董事会确定的年度目标，团结奋进、克难攻坚，奋力拼搏，取得了可喜的成绩。

上半年完成发电量2.9亿kW·h,同比增长22.7%，完成售电量16.47亿千瓦时，同比增长24.05%，营业收入5.45亿元,同比增长25.58%;在经济下行压力进一步增大、供电市场持续低增长的情况下，岷江水电公司发售电及营业收入呈现20%以上的逆市增长，公司上半年净利润即达1.22亿元,系岷江水电公司近30年发展史上的首次。每股收益0.245元；加权平均净资产收益率12.76%，同比增长3.66个百分点。截止2016年6月30日公司资产总额24.85亿元,归属于上市公司股东权益10.05亿元;资产负债率59.82%,同比下降3.62个百分点，经济增加值（EVA）不断提高。

上半年完成公司电网“十三五”规划，沙牌电厂、下庄电厂、九加一公司、一颗印电站等发电项目在上半年相继投运发电，杨家湾电站也具备发电条件。110kV草坡-杨柳坪、35kV百花-银杏输电线路，新桥110kV输变电工程，银杏110千伏变电站建设工程，老百花110kV变电站恢复建设工程，老百花-银杏110kV线路工程等项目陆续开展。

总的说来，公司安全故障连年下降,设备设施升级优化,资产质量不断改善,经营业绩逐年攀升，遗留问题取得历史突破，管理基础进一步夯实，本部部门职能进一步优化。开展“两学一做”活动，公司党员信仰更加稳固，党组织凝聚力进一步提高，党支部战斗力进一步激发，党员先锋模范作用进一步发挥。新进30余名新员工进一步充实队伍活力，公司经营态势平稳，投资者信心大增，股价一路走高，各项工作有序推进，为促进地方经济社会发展做出了巨大贡献。

上半年取得的成绩主要是股东大力支持的结果，是经营层和全体干部员工大干、实干辛苦努力的结果，是这些年来公司狠抓电网基础建设，狠抓发电项目建设，狠抓设施设备技术升级改造的结果。

公司“两学一做”第一专题集中研讨

公司2016年年中工作会

公司110kV郭家坝变电站生产标准化作业现场

技改中的下庄电厂

成都电力金具总厂

成都电力金具总厂始建于1958年10月，系世界500强中国电力建设集团有限公司下属全资企业，全国电力金具标准化委员会成员单位，国内电力金具制造行业骨干企业，是我国西南地区唯一具备可锻铸铁类、锻件类、铜铝类、铸铁类电力金具许可证和自营进出口经营许可权的企业，英国国家电网公司中国境内唯一一家NG全球合格供应商，国家三体系认证企业，国家安全生产二级认证企业，四川省省级先进企业，四川省“重合同，守信用”企业，成都市市级文明标兵单位，成都市龙泉驿区纳税大户。

西南电力金具基地

工厂位于成都经济技术开发区（国家级）的西南电力金具生产基地，占地8.8公顷，建筑面积33000平方米，软硬件设施居于国内先进水平，年生产能力超3万吨，年销售收入超7亿元。企业综合实力处于国内同行业领先水平。

工厂秉承“全优、全新、全方位”服务的宗旨，向客户提供优质高效的1100千伏交流、±1100千伏直流及以下电压等级“全”牌系列电力金具的设计、制造、销售服务，为广大客户提供电气化铁路、地铁接触网零部件，风力发电、光伏发电设施，高速公路交安设施等产品设计、生产和安装服务，和高速公路交安设施、铁路地铁器材的设计、制造、安装服务。

历年来，工厂参与了国内几乎所有重点输变电项目的设计和建设，并成功进军风电、核电、光伏发电等新能源建设和铁路、地铁、高速公路项目建设非传统领域，产品畅销全国各省市、自治区，工程业绩遍及美洲、亚洲、欧洲、非洲的30多个国家及地区，产品及服务质量得到了用户的一致好评。

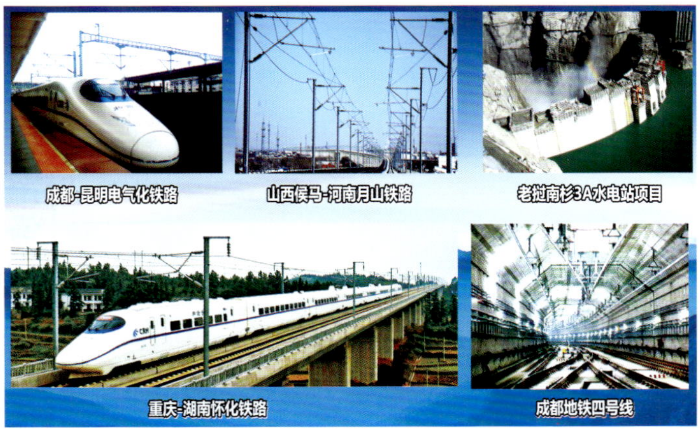

四川省港航开发有限责任公司

四川省港航公司是1996年经省政府批准成立的国有独资企业，注册资本36亿元，主要从事港口、电站、航道等水运基础设施项目和水上旅游、地产、现代农业等综合开发项目的投资、建设、经营和管理，是省交投集团三大核心子公司之一。多年来，省港航公司在以嘉陵江和泸州港、广安港、南充港为代表的四川港口和航道基础设施建设中取得了突出成绩，得到了省委、省政府和交通运输部的充分肯定。

2015年12月底，岷江犍为航电枢纽工程正式开工建设。

省港航公司加强厂房标准化管理。

2015年，嘉陵江航运配套工程一期工程建设有序推进。

2015年，凤仪航电枢纽工程荣获省水利厅“2014年度生产建设项目水土保持生态文明工程”。

2015年10月，国家能源局组织对苍溪、沙溪、凤仪航电枢纽大坝安全注册进行现场检查。

2015年7月3日，港航公司在成都组织召开“七.一”主题座谈会。

2015年4月20日至21日，港航公司组织开展2015年度管理人员廉洁从业考试。

省港航公司积极拓展水电检修市场。

2015年8月1日至8月2日，岷江犍为航电枢纽工程初步设计顺利通过交通运输部审查。

四川电力设计咨询有限责任公司

四川电力设计咨询有限责任公司（以下简称川电设计咨询）的前身是1979年7月组建的四川省电力局设计处（1981年后更名为西南电业管理局设计处）。1983年8月，经水利电力部批准，在原设计处基础上成立了西南电业管理局电力设计院。单位名称随着主管局名称的更换相应易名，1989年更名为四川电力工业勘察设计院。2001年8月，在全国电力设计甲级企业率先成功实施了全面改制，成立了四川电力设计咨询有限责任公司；2010年初，公司成为四川省电力公司全资子公司。2011年底，根据国网企业主辅分离改革及电力设计、施工企业一体化重组改革要求，公司整体划转至中国电力建设集团有限公司。2015年全年新签合同额74.34亿元，同比增长69%，完成年度目标的146%；实现营业收入20.6亿元，同比增长92%，完成年度目标的169%；实现利润1.79亿元，同比增长11%；公司荣获全国文明单位称号，连续第10次进入全国勘察设计行业总承包百强企业名单

国务院国资委新闻中心副主任苏桂锋（左二）、中国电建集团公司党委工作部主任王开成（左三）一行到川电设计咨询检查调研（摄影：何畅）

4月15日，四川省文明办创建处处长王伟（左一）为川电设计咨询颁发“全国文明单位”荣誉证书、奖牌

6月8日，川电设计咨询和中国电建股份公司组成联合体，与肯尼亚阿姆电力公司签订肯尼亚拉姆3×350MW电站项目EPC总承包合同（摄影：王康奕）

4月20日，四川省住房和城乡建设厅勘察设计与科学技术处处长黄兴华（右二）、四川省勘察设计协会马朝龙副秘书长（右一）到川电设计咨询调研（摄影：范雄）

8月12日，四川省总工会副主席纪小玲（右三）带队到川电设计咨询调研指导工作（摄影：何畅）

国家能源局电力安全生产标准化一级企业证书

中国电力企业联合会电力工程造价与定额管理总站“电力工程定额工作先进集体”荣誉称号

川电设计咨询承担设计的锦屏～苏南±800千伏特高压直流输电工程（摄影：何畅）

川电设计咨询总承包的凉山州会理县龙泉20万千瓦+30万千瓦光伏电站及送出工程（摄影：

四川省电力设计院

四川省电力设计院成立于1958年8月，座落在中国历史文化名城—成都浣花溪，是全国建院最早的电力勘察设计院之一，也是国家首批甲级电力设计院之一。具有中华人民共和国住房和城乡建设部颁发的电力行业甲级工程设计证书、工程勘察甲级证书、工程咨询单位资格甲级证书、建设项目水资源论证资质乙级证书、水土保持方案编制资格甲级证书、工程监理企业资质乙级证书、建筑工程设计乙级证书等资质，还持有“开展对外经济技术合作业务”的资质。该主要从事电力工程勘测设计、电力系统规划设计、新能源发电工程设计（风力发电、太阳能发电、生物质发电含垃圾发电等）、技术咨询服务、水土保持设计、水资源评价、民用建筑设计、工程总承包及电力工程建设监理等业务。

四川省电力设计院院长：李涛

院办公大楼（摄影：陈世劲）

西藏玉龙铜矿110千伏总降变户外配电装置（摄影：邓亮）

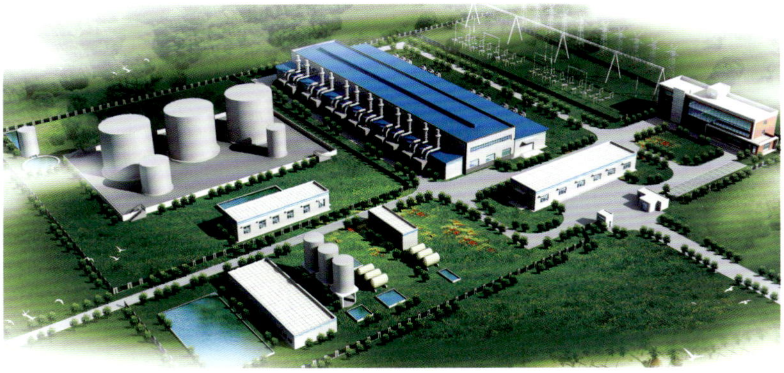

东帝汶Manatuto 150千伏20千伏变电站工程效果图（摄影：晏国泉）

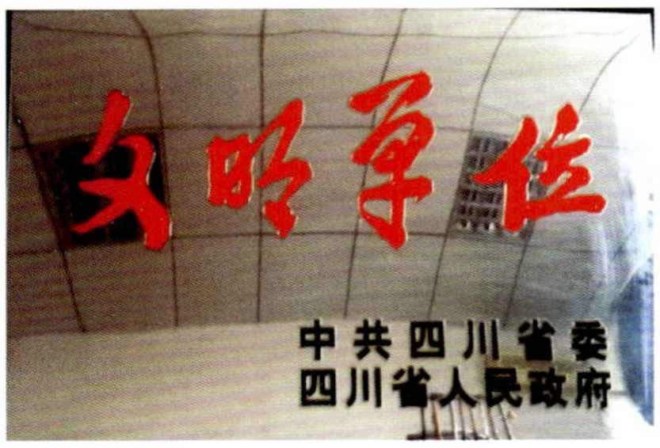

省级文明单位（摄影：刘敏）

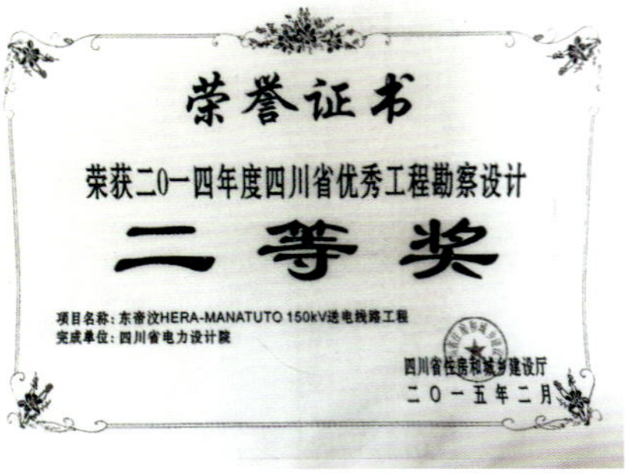

荣誉证书

荣获二〇一四年度四川省优秀工程勘察设计

二等奖

项目名称：东帝汶HERA-MANATUTO 150kV送电线路工程
完成单位：四川省电力设计院

二〇一五年二月

东帝汶HERA-MANATUTO 150千伏送电线路工程二等奖（摄影：唐玉）

四川省电力设计院组织羽毛球比赛后合影（摄影：李汶蔚）

四川省水电投资经营集团永安电力股份有限公司

四川省水电投资经营集团永安电力股份有限公司（以下简称永安公司）始建于1948年，公司总部坐落于四川省三台县北坝镇北泉路11号。1993年经省体改委批准改组为定向募集股份有限公司，是水利部建立现代企业制度试点企业、四川省能源投资集团有限责任公司和四川省水电投资经营集团有限公司控股公司、四川水利电力产业集团成员企业。

公司主营水利发电、供电；种养业；批发、零售五金、交电、化工材料（不含危险品）；下设子公司经营：水电工程、工业及民用建筑工程施工及安装，房地产开发，水电物资供应。已形成集电力生产与供应、水电工程设计及安装和综合经营为支柱的水电产业一体化水利电力股份制企业。

永安公司是三台县的龙头企业,水利部十强和“百龙工程”企业，先后荣获“全国精神文明建设先进单位”、“全国优秀县电网”、“水利部部级先进企业”、“四川省优秀企业”、“四川省安全文明生产双达标企业”、“四川省地电行业十强企业”、“四川省电力行业最大规模和最佳效益双十佳企业”等近百项殊荣。

绵阳市副市长付康（右二）调研冬瓜山电站建设情况

三台县人大领导到公司调研

冬瓜山电航枢纽工程签约仪式

公司三项制度改革顺利通过验收。

三台县冬瓜山电站一期围堰成功截流

携手四川大学，为职工学历提升创平台。

公司召开第四届四次职工会员代表大会。

公司新建宝山35千伏无人值守变电站投运。

公司召开“三严三实”专题党课暨专题教育会。图为党委书记、董事长刘毅讲党课。

水利部农村水电发展调研组在公司调研。

公司机关党支部开展志愿服务活动。图为志愿者合影。

四川省能投风电开发有限公司

四川省能投风电开发有限公司成立于2011年11月1日，是四川省能源投资集团有限责任公司的控股公司。该公司主要从事风电、光伏等新能源项目投资、建设和运营管理。自公司成立以来，控股组建了四川省能投会东、盐边、美姑、雷波4个新能源开发有限公司，实现了项目当年建成当年盈利，建成了四川省首个"农风光"互补试验项目，获得了超过200万千瓦的风电资源和40万千瓦的光伏资源。截至2015年底，该公司已建成投产三个风电场和一个光伏电站，另有两个风电场和一个光伏电站正在建设中，五个风电项目已被核准。预计到2020年，该公司将建成投产100万千瓦风电和太阳能发电项目，总资产超过100亿元。

会东县拉马风电场

盐边县"农风光"互补试验项目

盐边县大面山风电场迎风矗立的风电机

盐边县"农风光"互补试验项目

盐边县"农风光"互补试验项目

会东县拉马风电场220千伏升压站

会东县鲁南风电场

盐边县大面山升压站全景

四川川投燃气发电有限责任公司

四川川投燃气发电有限责任公司是四川省投资集团有限责任公司、四川省能源投资集团有限责任公司、达州市国有资产经营管理公司按照85%、10%、5%比例合资组建的公司。该公司负责建设和生产经营的四川地区首座也是唯一的一座大型环保F级重型燃气电站。电站座落在四川省达州市经开区斌郎乡桥坝村，位于达州市天然气能源化工产业园区内，规划装机容量4×35万千瓦等级燃气－蒸汽联合循环机组。电站分两期建设，总投资约50亿元。一期装机容量为2×35万千瓦等级燃气－蒸汽联合循环机组，总投资约25.4亿元。1号和2号机组已于2015年1月、6月一次性通过168小时试运行，转入商业运营。电厂投产后，填补了四川省F级大型天然气发电的空白，对综合利用四川丰富的天然气资源，实现资源就地转化，减少污染物排放，推进节能减排，调整四川电源结构，促进地方经济发展和生态文明建设具有十分重要的作用。

气电公司正门

气电公司厂房一角

气电公司全景图

气电公司集控室

气电公司变电站

气电公司送出工程

四川川投康定水电开发有限责任公司

四川川投康定水电开发有限责任公司于2008年注册成立，主要负责力丘河流域水电资源的开发。力丘河位于康定县境内，发源于康定县境西北与道孚县交界处的柯哲德沼泽地带，是雅砻江左岸的一级支流。流域面积5928平方公里，河口多年平均流量83.4立方米/秒，河道全长203.5公里，落差2078米，平均比降10.21‰。经省发改委和省水利厅批准的力丘河干流甲根坝至河口段水电规划为“一库四级”，依次为松林水库电站（8万千瓦）、决洛电站（11万千瓦）、塔坑电站（20万千瓦）和金顶电站（22万千瓦），总装机规模61万千瓦，多年平均年发电量为27.82亿千瓦时。

实地勘察

力丘河

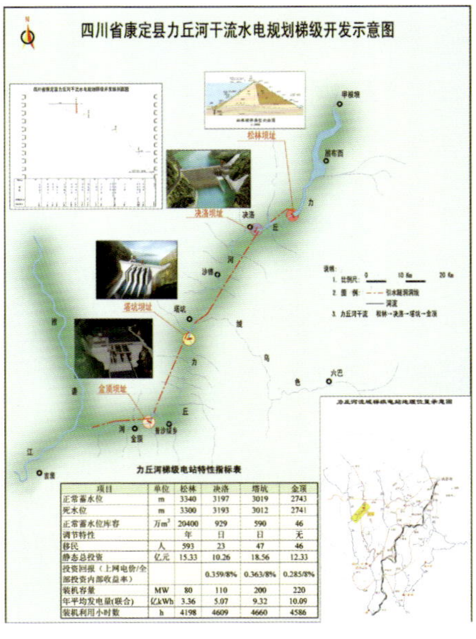

项目	单位	松林	决洛	塔坑	金顶
正常蓄水位	m	3340	3197	3019	2743
死水位	m	3300	3193	3012	2741
正常蓄水位库容	万m³	20400	929	590	46
调节特性		年	日	日	无
移民	人	593	23	47	46
静态总投资	亿元	15.33	10.26	18.56	12.33
投资回报（上网电价/全部投资内部收益率）			0.359/8%	0.363/8%	0.285/8%
装机容量	MW	80	110	200	220
年平均发电量(联合)	亿kWh	3.36	5.07	9.32	10.09
装机利用小时数	h	4198	4609	4660	4586

塔坑水电站首部枢纽鸟瞰图

四川大唐国际甘孜水电开发有限公司

四川大唐国际甘孜水电开发有限公司成立于2006年7月，主要负责大渡河流域长河坝、黄金坪两级水电站开发建设和生产运营,公司现设置15个部门，有在职员工163人。

长河坝水电站系大渡河干流水电规划“三库22级”的第十个梯级电站。总装机容量260万千瓦，年平均发电量为107.9亿千瓦时。电站计划于2016年汛后下闸蓄水，2017年5月首台机组投产发电。

黄金坪水电站系大渡河干流的第十一个梯级电站。电站采用“一站两厂”混合式开发，电站总装机容量85万千瓦，年平均发电量为38.6亿千瓦时。左岸大厂房4台大机组（4×20万千瓦）已于2015年全部投产发电，右岸小厂房两台环保机组（2×2.5万千瓦）计划于2016年6月、7月投产发电。

2015年，甘孜水电公司先后获得四川省“五一劳动奖状”、“省国资委先进基层党组织”，“省电力安全生产先进集体”，“安康杯优胜单位”、“工人先锋号”，“五四红旗团支部”，“甘孜州年度重点项目工作考核一等奖”。多人次荣获四川省“五一劳动奖章”等荣誉称号。

黄金坪大厂房

中国大唐集团公司党组成员、副总经理王森莅临甘孜水电公司现场指导工作。

黄金坪左岸大厂房实现“一年四投”目标

长河坝大坝填筑施工

长河坝水电站首台（四号）机组定子吊装

移民即将入住的姑咱黑日安置点

S211复建公路建成通车，实现甘孜州政府向党的生日献礼的承诺

黄金坪水电站大坝及库区

科技公司部分荣誉证书

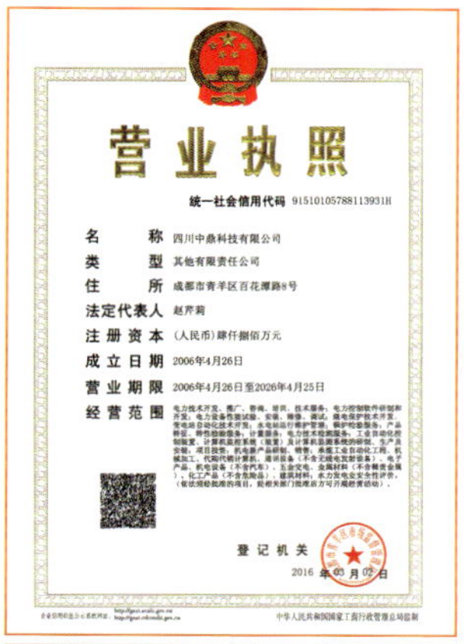

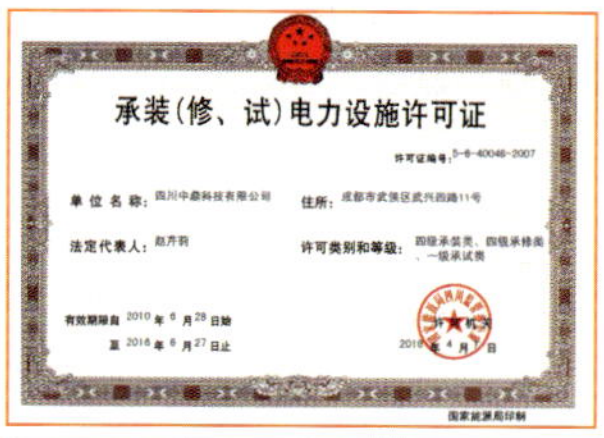

四川中鼎科技有限公司全资子公司
四川中鼎自动控制有限公司

官地电站消缺

海丰火电站变频器调试

藏木电站消防水控制屏调试

藏木电站机组调试

金平电站消缺

锦屏一级电站闸门调试

屏柜调试

西藏狮泉河电站振摆改造

装配车间屏柜调试

联 系 人：林楠 联系电话：028-85371208
公司地址：四川省成都市武兴四路11号
网　　址：www.sczdkj.cn

四川省紫坪铺开发有限责任公司

水利部部长陈雷（右二）到紫坪铺工程检查指导防汛抗旱工作

紫坪铺公司“三严三实”主题教育活动

省政府离退休老领导到紫坪铺工程考察，感受灾后恢复重建成果

成都市市长唐良智（中）到紫坪铺工程调研防洪度汛工作

紫坪铺公司女职工“三八”节知识竞赛

四川电力年鉴

（2016卷）

四川电力年鉴编纂委员会　编

方志出版社

图书在版编目（CIP）数据

四川电力年鉴，2016/四川电力年鉴编纂委员会编
——北京：方志出版社，2016.9
ISBN 978－7－5144－2122－4
Ⅰ.①四… Ⅱ.①四… Ⅲ.①电力工业－四川－2016
－年鉴Ⅳ.①F426.61－54
中国版本图书馆 CIP 数据核字（2016）第 242234 号

四川电力年鉴（2016）

编　　者：四川电力年鉴编纂委员会
责任编辑：何明忠
出 版 人：冀祥德
出 版 者：方志出版社
地址：北京市朝阳区潘家园东里9号（国家方志馆4层）
邮编　100021
网址　http://www.fzph.org
发　　行：方志出版社发行中心
（010）67110500
经　　销：各地新华书店
印　　刷：成都市前智印务有限责任公司
开　　本：889×1194　　1/16
印　　张：45
字　　数：1469千字
版　　次：2016年10月第1版　2016年10月第1次印刷
印　　数：0001～2000 册
ISBN　978－7－5144－2122－4　　定价：390.00 元

四川电力年鉴编纂委员会成员名单

（排名不分先后）

四川电力年鉴编纂委员会特别邀请单位

单位名称	职位	姓名
四川省能源投资集团有限责任公司	董事长	郭　勇
四川大唐国际甘孜水电开发有限公司	总经理	熊　雄
四川省紫坪铺开发有限责任公司	总经理	李　洪
四川省港航开发有限责任公司	董事长	贺晓春
四川川投田湾河开发有限公司	副总经理	卢建奎
四川省能投风电开发有限公司	董事长	李昌伟
四川川投康定水电开发有限责任公司	总经理	文汇峰
四川川投燃气发电有限责任公司	董事长	张华端
四川省电力设计院	院　长	李　涛
四川电力设计咨询有限责任公司	总经理	侯　磊
成都电力金具总厂	厂　长	刘　杰
永安电力股份有限公司	董事长	刘　毅
中国水电基础局有限公司	总经理	刘建发
英大泰和财产保险股份有限公司四川分公司	总经理	朱　滨
九寨沟水电开发有限责任公司	总经理	向　东
四川水利职业技术学院	院　长	刘建明
四川中鼎科技有限公司	董事长	赵国建
中国电建集团成都勘测设计研究院有限公司监测及试验研究所	所　长	王泽溪

《四川电力年鉴》（2016卷）撰稿名单

单　　位	姓　名
四川省经济和信息化委员会	王　卫
四川省能源局	曾智斌
国家能源局四川监管办公室	卢宏亮
中国三峡建设管理有限公司	周双超等
四川省投资集团有限责任公司	刘小平
四川省紫坪铺开发有限责任公司	马　峻
四川川投田湾河开发有限责任公司	李思航
四川泸州川南发电有限责任公司	姜　波
四川川投燃气发电有限责任公司	康昭勇
四川川投康定水电开发有限责任公司	王　静
四川省能源投资集团有限责任公司	邱　娅
四川省能投风电开发有限公司	刘亚欧
雅砻江流域水电开发有限公司	郑　确
国电大渡河流域水电开发有限公司	明书勤等
瀑布沟水力发电总厂	周　阳
龚嘴水力发电总厂	吴　蔚
大岗山水电开发有限公司	林　巧
猴子岩水电建设有限公司	钟小君
国电大渡河检修安装有限公司	王兴林
国电四川发电有限公司	陈显超
国电成都金堂发电有限公司	简春蓉
国电深能四川华蓥山发电有限公司	杜天太
国电达州发电有限公司	丁明和
国电南桠河水电分公司	何　艰
国电四川电力股份有限公司	陈庆宏
国电四川毛滩水电开发有限公司	王晓明
国电四川阿水电力开发有限公司	刘丽莎
国电四川民和水电投资有限公司	袁超林
国电四川色曲电力开发有限公司	王良羽
国电丹巴东谷河水电开发有限公司	胥　攀
中国华电集团公司四川公司	郑宗旺
华电集团公司四川宝珠寺水力发电厂	王双双

单　　位	姓　名
四川广安发电有限责任公司	罗太桂
华电四川发电有限公司内江发电厂	秦　兰
华电四川发电有限公司宜宾分公司	蓝　滨
攀枝花三维发电有限责任公司	刘爱军等
四川华电黄桷庄发电有限公司	牛　牧
华电杂谷脑水电开发有限责任公司	朱勐辉
四川华电泸定水电有限公司	任俊杰
四川华电木里河水电开发有限公司	霍芳平
四川华电西溪河水电开发有限公司	陈　卓
四川华电瓦屋山水电开发有限公司	刘栩杉
理县星河电力有限责任公司	李洪川
四川凉山水洛河电力开发有限公司	贺宁宁
华电金沙江上游水电开发有限公司	王州隆
巴塘（拉哇）建设公司	朱　翔
苏洼龙（昌波）建设公司	谢华频
叶巴滩公司波罗电站筹备处	余良权
中电建水电开发集团有限公司	刘元秀
中国大唐集团公司四川分公司	张笑天
华能四川水电有限公司	翁昌友
四川华能太平驿水电有限责任公司	贾　立
四川华能宝兴河电力股份有限公司	徐继敏
四川华能嘉陵江水电有限责任公司	高　原
四川华能康定水电有限责任公司	潘春虹
四川华能涪江水电有限责任公司	杨　沛
四川华能泸定水电有限公司	张　晨
中电投四川电力有限公司	叶　静
神华四川能源有限公司	李　洁
四川省港航开发有限责任公司	刘晓蕾
四川大唐国际甘孜水电开发有限公司	白鸿杰等
映秀湾水力发电总厂	黄　丽
九寨沟水电开发有限责任公司	尹　黎
二滩咨询四川公司	蒋跃光等

单　　位	姓　名	单　　位	姓　名
四川电力工程监理公司	席运生	永安电力股份有限公司	龚美红
国网四川省电力公司	任正波等	成都勘测设计研究院有限公司	邱　云等
电网建设与调度	钟甜甜等	西南电力设计院有限公司	汤其虎
四川省电力公司检修公司	杜先明等	四川省电力设计院	刘　敏
四川省电力公司建设管理中心	吴　迪	四川电力设计咨询有限责任公司	王　淇
四川电力送变电建设公司	王　超	中国水利水电第五工程局有限公司	高冬梅等
国网成都供电公司	娄广鑫等	中国水利水电第七工程局有限公司	刘　丽等
国网乐山供电公司	方美凤	中国水利水电第十工程局有限公司	李开海等
国网攀枝花供电公司	鲁丽玲等	中国水电十局勘测设计院	瞿德仁等
国网德阳供电公司	伍　盛等	中国水电基础局有限公司	贾　艳
国网眉山供电公司	税秀花	中国东方电气集团公司	颜海英等
国网雅安供电公司	李元源	中国电建成都电力金具总厂	叶　旭
国网达州供电公司	周　茜等	夹江水工机械公司	程敏强
国网绵阳供电公司	王俊橙	国网四川物资公司	丁妍文
国网天府新区供电公司	刘清宇	四川科税得实业集团有限公司	胡　兵
国网宜宾供电公司	周泽明	英大泰和财产保险股份有限公司	房　芳
国网阿坝供电公司	罗雪松	四川启明星物业公司	林抒予
国网凉山供电公司	张文友等	四川电力科学研究院	彭　灿
国网内江供电公司	刘　进等	成勘院监测试研所	朱　岩
国网广元供电公司	沈志平等	四川电力工业调整试验所	杨　星等
国网泸州供电公司	李栋斌	四川中鼎科技公司	中鼎科技
国网南充供电公司	王含果	四川电力技能培训中心	章志刚等
国网自贡供电公司	段　涛等	四川水利职业技术学院	罗　岱等
国网广安供电公司	舒莘珂	四川电力管理培训中心	吴巧怡等
国网资阳供电公司	李学湜	四川电力医院	朱　红
国网遂宁供电公司	徐　彬等	四川省电力行业协会	川电行协
国网巴中供电公司	吴明忠等	四川省水力发电工程学会	杨　桦
国网甘孜供电公司	张显兴等	四川省电机工程学会	赵红梅
四川省电力公司客户服务中心	肖乃慎等	四川电力年鉴编辑部	姚国寿
四川省地方电力局	游元奎	四川电力年鉴编辑部	卓正昌
四川省水电投资经营集团有限公司	邹仕昆		

编 辑 说 明

一、本年鉴创办于2003年，是由四川电力年鉴编纂委员会组织编纂的省级地域性专业年鉴。国内公开发行。

二、本年鉴的编纂宗旨是：翔实、系统地记述四川省电力行业每年的发展进程和运行轨迹，全面反映四川电力行业主管部门和企事业单位在改革开放中不断进取、不断创新、不断发展的新成就、新经验和先进事迹、先进人物。为各级领导决策和制定全省电力工业发展规划，为广大电力工作者、社会各界人士了解、研究电力改革、建设、发展的需求；为编史修志和开展四川电力行业与全国各省（市、区）电力行业乃至国际的信息交流搭建一个平台，以推动四川电力工业的又好又快发展。

三、本年鉴在2003—2006年间是由四川省电力公司牵头编纂出版的。由于体制改革，厂网分开，省电力公司不能继续独家承担本年鉴的编纂出版任务。为保证年鉴的继续出版，经四川省政府领导批准，省地方志编纂委员会于2007年4月行文委托四川省电力行业协会牵头承担本年鉴的编纂出版工作，并由省电力行政管理部门和省内各电力单位领导出任本年鉴编纂委员会成员。至2016年10月，已陆续编辑出版《四川电力年鉴》2003卷、2004卷、2005卷、2006卷、2007—2009卷、2010—2011卷、2012卷、2013卷、2014卷、2015卷、2016卷。

四、《四川电力年鉴》2016卷，记述的内容为2015年1月1日—12月31日范围内的资料。对于首次进入本年鉴的单位和栏目，简要作历史回顾，以方便读者查阅。

五、本年鉴采用条目体进行编纂，即按类目、分目、条目三个层次进行编排。2016卷共设19个类目，196个分目，1848个条目。

六、本年鉴所用资料，主要由各电力入编单位提供；部分资料由编辑部自行收集整理。

七、本年鉴行文，一律按国家有关出版物用字和标点符号用法规定执行。注释均采用脚注，当页编码，不编通码。所用表格，全书统一编码。

目　录

特　载

概　况

大 事 记

电力行政管理

电源建设与发电生产

新 能 源

电网经营管理与建设

供 用 电

地方电力

勘测设计

基建施工

设备制造

物资物流与多元化经营

科教文卫

协会学会

人物及单位荣誉

附　录

编 后 语

企业风彩

特载

责任编辑：姚国寿

本年鉴《特载》栏目设《电力论坛》《要事特辑》《文件选编》三个分目。《电力论坛》主要刊载四川电力管理单位领导、专家对四川电力发展具有独特见解的文章；《要事特辑》主要刊载当年四川电力重大事项；《文件选编》选载各主要电力管理单位当年发布的重要文件。

2016 年卷刊载的有国务院总理李克强、国务院副总理刘延东有关地方志的批示和讲话，四川省能源监管办专员马军杰、中国三峡集团公司董事长卢纯、总经理王琳、四川省电力公司总经理石玉东、国电大渡河公司总经理涂扬举、三峡川云（云川）公司总经理赵木森、金上公司总经理胡贵良等领导的文章。这些文章从各个不同角度总结了 2015 年四川电力生产建设中的成功经验和有益的教训，并对全省电力工业的发展提出了总体设想和具体规划安排，对四川今后的电力发展具有重要的借鉴作用。

2016 年卷还刊载有国家能源局四川监管办于 2015 年发出的部分文件，从中可以了解当年四川电力安全生产、保民生工程用电等相关工作情况。

李克强对全国地方志系统先进模范座谈会作出重要批示
强调关心和支持地方志事业发展
为当代提供资政辅治之参考　为后世留下堪存堪鉴之记述
刘延东接见与会代表并讲话

新华网北京2015年12月29日电　全国地方志系统先进模范座谈会29日在京召开。中共中央政治局常委、国务院总理李克强作出重要批示。批示指出：全国广大地方志工作者赓续传统，创新理念，涌现出一大批优秀人才。谨向受表彰的先进集体和先进工作者表示祝贺！方志流传绵延千载，贵在史识，重在致用。各级政府都要关心和支持地方志事业发展，也希望地方志工作者继续发扬方志人精神，志存高远，力学笃行，直笔著信史，彰善引风气，为当代提供资政辅治之参考，为后世留下堪存堪鉴之记述。中共中央政治局委员、国务院副总理刘延东接见与会代表并讲话。她强调，要认真贯彻落实李克强总理重要批示精神，扎实推进地方志事业科学发展，为弘扬社会主义核心价值观、建设社会主义文化强国作出新贡献。

刘延东指出，地方志是历史智慧的结晶，是维系中华民族血脉亲情的重要力量。编修地方志是中华民族的优秀文化传统，在当代其存史、育人、资治功能日益彰显。

她强调，地方志工作要找准时代定位，紧跟时代步伐，忠实记录中国共产党领导人民坚持和发展中国特色社会主义的光辉历程和丰功伟绩，翔实记载中华民族走向复兴、实现中国梦的伟大进程。要坚持正确历史观和科学方法论，创新理念，拓展领域，完善技术，全面完成第二轮修志规划任务，实现省市县三级地方综合年鉴全覆盖，确保编修史实全面、客观、真实，经得起历史检验。要开发利用好地方志资源，加快方志馆和地方志信息化建设，推动地方公共文化建设，使地方志更好地发挥传承历史、展现当今、启引未来的作用，成为地方的“精神名片”。要通过学术交流合作，推介高质量地方志成果，服务中华文化走出去，展示中国形象，讲好中国故事。要加强队伍建设，把地方志队伍建成一支政治素质高、业务能力强的文化建设生力军。

（原载新华网北京2015年12月29日电）

电力论坛

做好电力市场监管　服务地方经济发展

国家能源局四川监管办公室专员　马军杰

一、四川能源基本情况

四川省幅员面积 48.6 万平方公里，辖 21 个市（州）、183 个县（市、区），年末常住人口 8140 万人。2015 年，四川电力系统未发生电网事故、水电站垮坝、漫坝事故，全省未发生电力生产安全事故、电力生产设备事故，发生 1 起电力工程建设事故、1 起自然灾害事件，死亡 1 人；四川能源保障能力进一步加强，能源民生条件明显改善，为全省经济社会发展提供了强有力的支撑和保障。全年能源发展呈现出以下特点：

一是发电量持续增加，电力需求放缓。一是发电量持续增加，电力需求放缓。全年全省发电量 3208.5 亿千瓦时，同比增长 2.5%，其中水电发电量 2767.4 亿千瓦时，增长 7.3%；风电、太阳能发电分别为 9.6 亿千瓦时和 2.2 亿千瓦时，同比分别增长 1.7 倍和 3.4 倍。全社会用电量 1992.4 亿千瓦时，同比下降 1.1%，增速比上年下降 4.5%，其中一产、二产、三产和居民生活用电分别为 12.4 亿千瓦时、1360.8 亿千瓦时、278.4 亿千瓦时和 340.8 亿千瓦时，同比分别增长 7.7%、-4.4%、9.0%和 5.1%。全年全口径外送电量 1226.6 亿千瓦时，同比增加 110.1 亿千瓦时，增长 9.9%。水电弃水 102 亿千瓦时。

二是能源开发建设稳步推进，结构调整取得新进展。2015 年全省电力总装机 8672.9 万千瓦，其中水电 6939.3 万千瓦，同比增长 10.3%，占总装机的 80%，同比增长 0.1%；火电 1623.9 万千瓦，同比增长 5.0%，增速上升 7.2%，占总装机的 18.7%；风电 73.4 万千瓦；太阳能光伏发电 36.4 万千瓦。新增电力装机容量 798.5 万千瓦，其中水电 646.4 万千瓦、风电 44.6 万千瓦、太阳能光伏发电 31 万千瓦、火电 76.7 万千瓦。全年省统调电厂未关停小火电机组，火电单机容量 30 万千瓦及以上机组达到 1126 万千瓦（包含两台 35 万千瓦燃机）。全省统调煤矿瓦斯发电装机 1.3 万千瓦。

三是无电地区电力建设任务全面完成，能源民生持续改善。紧紧围绕《全面解决无电人口用电问题三年行动计划（2013-2015）》目标，2015 年无电地区电力建设工程、电网延伸工程累计完成投资 7.14 亿元；户用光伏发放 2.3 万套，解决和改善了 5.7 万户 22.8 万人的用电问题，全面完成三年行动计划目标，全面解决无电地区人口用电问题。

二、四川市场监管工作开展情况

（一）围绕中心大局，服务地方经济发展

加强能源统计监测和预警，提出政策建议。四川能源监管办高度重视供需形势信息，开展中长期电力形势分析，按季度、年度编写电力形势和电力发展对策建议，报送国家能源局和四川省政府，为能源科学发展提供决策支撑。加强电力供需监测，通过统计四川省电力公司和全省 152 家统调发电企业报送的电力生产、电力消费、电力企业财务经营状况，编写季度、半年和年度电力供需监测报告，反映全省电力建设、电力供应、电力需求情况，分析全省电力供需特点。密切监测四川电网的发、用电负荷和电量，以及电站来水、电煤供应变化情况，强化短期电力运行监测预警，分析短期电力供需形势和存在问题，通过编写四川省电力供需及电煤供应监测预警信息和四川省电力供需及电煤供应信息周报等形式向四川省政府、有关政府部门和电力企业提出相关建议。

反映地方诉求，协调有关工作。根据《国家能源局对口服务联系能源资源大省工作方案》《电监会关于支持四川省建设西部经济发展高地的实施意见》的要求，四川能源监管办积极发挥地方政府与上级机关能源工作联络员的作用，积极推动四川清洁能源示范省建设。及时了解和反映争取直购电试点政策、建设“攀西战略资源创新开发试验区”、充分利用四川水电资源等诉求，服务能源企业科学发展，指导企业把握机遇，应对挑战、化解难题。

参与地方规划草拟，监督规划落实。积极参与四川省“十二五”能源发展规划实施中期评估和“十三五”能源规划编制工作，提出修改意见和建议。开展能源规划政策实施情况监管，会同省能源局对新建电源项目投资开发秩序进行现场核查，核实项目核准、建设、股权变动、建成投产情况，提出监管意见和建议。开展四川省水电电源项目投资开发秩序专项监管检查，进一步规范水电项目的投资开发秩序，构建公平公正的投资环境，维护电力投资者的合法权益，促进水电健康有序开发。

争取地方政府支持，扎实推进监管工作。四川能源监管办始终高度重视与地方政府的关系协调，主动向四川省委、省政府汇报工作，认真贯彻落实有关工作部署，与地方政府部门建立良好的沟通协调机制。

（二）聚焦民生热点，维护群众利益

深入推进人民群众用电满意工程。在实施居民用电满意工程过程中，我办选取试点单位进行探索，召开现场会推广成功经验，开展居民用电服务质量监管专项行动督查指导，全省配电网投入力度加大，供电企业供电能力、服务意识、居民用电质量得到提升，老、少、边远地区用电的特殊困难问题得到逐步解决，全省电力保障水平进一步提高。

开展四川省农村用电满意度调查。引入第三方评估机构，对全省所有市（州）级以上供电企业农村供电情况进行调研，建立了四川省农村用电满意度基础数据库和周期性调查机制，帮助供电企业发现服务中的缺陷，进一步提升了服务水平，得到了电力用户的认可。作为全国率先开展调查的派出机构，取得的经验和成果在全国范围内起到了试验、示范作用。

加强电力普遍服务监管。为落实电力普遍服务政策，督促供电企业确保全面解决无电人口用电问题“三年行动计划”目标如期实现，开展了四川省解决无电人口用电问题专项监管工作。在规范新建电力设施运营管理过程中，现场督查四川涉及无电人口的三州一市的无电项目，掌握了解决无电人口现状，对存在的问题提出了监管对策和建议。

（三）创新监管方式，拓展监管手段

制定标准，规范市场行为。为从源头上规范市场行为，减轻监管压力，四川能源监管办根据国家法律法规和政策规定，先后制定了《关于加强四川电网火电机组运行保养促进水电消纳的实施意见》《四川省处置电网大面积停电事件应急预案》《四川省承装（修、试）电力设施企业自备设备机具标准》等一系列规范性文件和标准，为监管工作提供了依据，为企业生产经营提供了行为指南。

合理运用传统监管手段，结合实际开展专项监管。四川能源监管办认真研究监管规律，总结监管经验，在常规工作中结合实际适度运用检查、抽查、督查等传统监管手段，注重综合，各处协同，减轻企业负担。同时，根据不同时期的监管工作重点，制定专项监管工作方案，有针对性地推动重点工作，以点带面，促进行业健康有序发展。

运用网络和信息技术，开展非现场监管。为解决监管力量不足、难以实现全覆盖监管的难题，自2011年起，四川能源监管办就不断探索非现场监管模式，建成多个信息监管平台。2015年，监管平台共办理6754笔用电业务。

借助外脑，提升监管水平。近年来，四川能源监管办借助高校和有关企业力量，开展一些监管课题研究，提升了监管效率和质量。如能源监管投诉举报工作机制的课题研究，健全完善了投诉举报处理工作机制，形成了典型案例的处理预案，推动了“12398”与能源企业服务热线联动机制的建设，实现快速受理、及时调查、依法处理，达到了将研究成果运用到实际监管工作中的目标。

重视舆情监测，及时关注热点信息。为适应互联网特别是新媒体的发展，特别是网络媒体、手机媒体急剧扩张后，自媒体等新媒体对监管工作的影响，及时发现和应对网络舆情，甄别处理网络举报、反映的电力市场运行、市场秩序、电价、安全等方面问题，四川能源监管办委托中电传媒开发的舆情监测平台已投入试运行。我们将借助千千万万老百姓的眼睛，提升、加强监管工作。

（四）坚持公平公正，维护市场秩序

搭建沟通平台，构建合谐厂网关系。自2006年会同四川省发改委、物价局召开第一次厂网联席会以来，四川能源监管办定期召开厂网联席会议，为发电企业与电网企业交流积极搭建平台，披露电力调度交易信息以及相关电力政策和动态，并向企业发放电力监管意见反馈表，进一步收集企业对四川电力监管的意见和建议，并对反映强烈的意见和问题及时组织力量研究解决。

关注热点问题，指导企业开展相关工作。对企业关注的电网企业回购电源项目自建配套送出工程、电力用户与发电企业直接交易、发电运行考核和辅助服务的政策等问题，及时回应，独立或会同有关部门出台规范性文件、向上级机关反映并提出政策建议。

阳光许可，信息公开。2014年6月起，四川能源监管办全面实施行政许可在线审批，实现了“网上申请、网上审批、网上监督”，方便企业的同时，提高了行政许可的规范度、透明度。从平台正式投入使用以来，所有许可无一例外全部网上办理。所有通过许可的企业和个人有关信息和决定文件，全部在网站公开，社会各界随时可以查询求证。2015年，发电类电力业务许可证新颁发46个，累计核发1424家，豁免1000千瓦以下小水电企业1510家；供电类电力业务许可证变更6个，累计核发249家；电工进网作业许可证新颁发9636个，累计颁发98629个；承装（修、试）电力设施许可证新颁发37个，累计颁发572个。

公正执法，维护合法权益。近年来，四川能源监管办加大行政执法力度，严肃查处电力企业实施“三指定”、违反电力业务许可以及乱收费等违法违规行为，积极协调化解川威钒钛基地等企业供电问题，认真做好“12398”热线收到投诉举报的受理和办理工作，维护了企业和人民群众的合法权益，树立了监管机构形象。

（五）坚定推动改革，促进电力事业发展

积极推动直购电交易。2004年11月，四川能源监管办即到有关电力企业开展大用户直购政策调研。11年来，四川能源监管办不断探索实践，从提出建议报告到组织制定四川省直购电挂牌交易细则，切实推进直购电交易。目前挂牌交易采取用电企业、发电企业分别申报直接交易电价和电量，用电企业、发电企业根据交易机构汇总挂网公示情况自主选择交易对象签订交易协议。直购电试点工作的有序开展和顺利实施，促进了丰水期直购电的交易，充分发挥了直购电在刺激省内用电增长、充分消纳丰水期水电、培育电力消费市场主体等方面的积极作用。

三、四川电力市场建设情况

（一）四川省电力体制改革总体情况

自2002年，全国电力体制改革提出“厂网分开、主辅分离、输配分开和竞价上网”的改革目标后，四川省一直积极探索改革之路，以改革促发展，促进四川电力行业健康发展。一是厂网分离改革基本完成，发电环节引入竞争。五大发电集团在四川设立分公司，发电企业逐步适应市场竞争，风电、光伏等新能源项目发展迅速，发电装机规模不断增加。截至2015年，四川省电力装机容量8672.9万千瓦。二是电价改革不断推进。按照有利于电力企业提高效率和优化电源结构、节能减排、竞争形成电价的方向，建立了标杆上网电价形成机制，制定了水电分类标杆上网电价，鼓励投资建设有调节库容的水电站；调整分时电价政策，合理引导发、用电；运用价格杠杆推进水电资源就地转化，研究制定丰水期水电富余电量消纳电价政策；完善差别电价政策，化解过剩产能。三是推行节能发电调度。按照2007年国务院印发的《节能发电调度办法（试行）》，四川严格依据节能发电调度机组发电排序表，确保实现节能减排的目标，最大限度地降低电力行业的能源消耗水平，减少环境污染，同时，最大程度地促进了四川水电的消纳。

（二）四川省电力市场建设进展情况

四川省水电资源得天独厚，水电装机比重较大，约占全省总容量的80%。近年来，电力供大于求，水电弃水压力大，按照国家市场化改革要求和可再生能源全额收购要求，四川省加快了市场建设，逐步形成了交易品多、交易规模大的市场格局。2015年，四川省各类电力市场总交易量达1565亿千瓦时。其中，大用户直购电交易230亿千瓦时（包括硅铝电直购电35.2亿千瓦时，自备替代电量32.5亿千瓦时，其他企业直接交易电量162.3亿千瓦时），富余电量29.8亿千瓦时，跨省跨区交易1237.5亿千瓦时，留存电量67.7亿千瓦时。

大用户直购电交易情况:2012年8月，四川省大用户直购电工作重新启动。四川省相继出台《四川省电力用户与发电企业直接交易规则(试行)》(川电监〔2013〕43号)、《四川省2014直购电挂牌交易细则》（川监能市场〔2014〕86号）等文件，规范大用户直购电交易。2015年，四川省大用户直购电交易准入用户532户，实际参与382户，准入发电企业73家（水电厂61家，火电厂12家），实际参与69家，全省全年直购电可成交约230亿千瓦时，其中硅铝电直购电35.2亿千瓦时，自备替代电量32.5亿千瓦时，其他企业直接交易电量162.3亿千瓦时。

跨省跨区电力交易情况:随着三大特高压直流的投运，四川电网现在已形成“四交四直”的电网构架，分别与华东、西北、华中电网相联。四川电网外送电除国家计划送华东和重庆外，均由省电力公司采取统购包销的形式开展交易。2015年，四川电网跨省(区)电能交易电量合计1237.5亿千瓦时，其中外购电量10.9亿千瓦时，外送电量1226.6亿千瓦时，其中，四川省调电站外送212.7亿千瓦时，二滩送重庆电量36亿千瓦时,国调机组外送及留川转送电量977.9亿千瓦时。

替代交易情况:2014年，为进一步促进节能减排和资源优化配置，推进电力市场化改革，四川省先后出台《四川省替代发电实施细则（试行）》（川经信电力〔2014〕200号）和《关于印发<四川省替代发电补偿措施（试行）>的通知》（川经信电力

〔2015〕122 号），开始开展替代交易。2015 年，四川完成替代交易 63.1 亿千瓦时，其中丰水期水火替代电量 50.5 亿千瓦时，枯水期火火替代电量 12.6 亿千瓦时。

留存电量情况：2011 年 12 月，国家发改委出台《关于四川省藏区留存电量和电价管理办法的批复》（发改价格〔2011〕2950 号），2012 年 1 月四川省发改委转发该文件，留存电量于 2012 年 1 月 1 日开始正式执行。留存电量政策用于扶持民族地区经济社会发展。在实施留存电量的地域范围内，由省级电网统一调度的水力发电企业按照一定比例将上网电量留州。上网电价、输配电价、销售电价由国家发改委统一批复确定。2015 年，四川省藏区留存电量分别为阿坝州 31.49 亿千瓦时、甘孜州 18.32 亿千瓦时、凉山州 17.9 亿千瓦时。

（本文摘自作者 2016 年 1 月 12 日《在国家能源局市场监管工作座谈会上的发言》）

将乌东德水电站建设成为水电精品工程

中国三峡集团董事长、党组书记　卢　纯

2015 年 12 月 16 日，经国务院常务会议审议通过，对已列入国家相关规划、具备建设条件的金沙江乌东德水电站项目予以核准。这是继溪洛渡、向家坝水电站建成投产之后，金沙江下游水电开发的又一重大里程碑，标志着中国三峡集团为共和国兴建的第三个“三峡”已经正式迈入主体工程施工阶段。在电站正式通过国家核准之际，本报记者专访了中国三峡集团董事长、党组书记卢纯。

记者：乌东德水电站通过国家核准，中国三峡集团公司承载着怎样的责任和使命？

卢纯：乌东德水电站顺利通过国家核准，是党中央、国务院的正确领导和英明决策。值此乌东德水电站通过国家核准之际，我代表中国三峡集团公司，向长期以来关心、支持、指导金沙江水电开发的国家发展改革委、能源局、国土、环保、水利、交通等各有关部门，以及云南、四川省委省政府和各级党委政府表示衷心的感谢！向乌东德水电站的全体工程建设者和广大移民群众致以亲切问候和崇高的敬意！

乌东德水电站预可行性研究报告于 2010 年 5 月获得国家发展改革委组织的审查，2010 年 10 月获得国家发展改革委同意乌东德水电站开展前期工作的复函。历经 10 多年的科研、勘测、设计和 5 年多的精心筹备，来之不易，备感珍惜。

“建设三峡、开发长江”是党和国家赋予中国三峡集团的光荣使命，精心组织好、建设好乌东德水电站建设，是我们的神圣职责。我们能够参与建设乌东德水电工程，深感无比幸运，责任无比重大，使命无比光荣！

我们即将开展乌东德水电站工程建设现场动员，目的就是要深入贯彻党的十八届三中、四中、五中全会和中央经济工作会议精神，动员和号召全体参建单位和建设者，凝心聚力，团结拼搏，全力以赴高标准、高质量、高水平建设好乌东德水电站，努力为全面建成小康社会、为实现党中央提出的第一个百年奋斗目标做贡献。

记者：您认为乌东德水电站建设有哪些重大意义？

卢纯：乌东德水电站是金沙江水电基地下游河段四个水电梯级（乌东德、白鹤滩、溪洛渡、向家坝）的第一个梯级，是列入国家“十二五”能源规划的重大能源项目，是我国实施“西电东送”战略的骨干电源，是西部大开发的重点工程，也是实现“十三五”开局开门红和“十三五”期间的重大支撑和标志性工程。这是中国三峡集团在建好管好三峡工程、溪洛渡、向家坝和葛洲坝水电站基础上，为共和国建设的又一座世界级巨型水电站，是金沙江下游水电开发的又一重大里程碑。乌东德水电站的核准建设，标志着中国三峡集团为共和国兴建的第三个“三峡”正式进入主体工程施工阶段，对促进国家经济“稳增长”各项重要举措的落实，对国家能源结构调整和实现 2020 年节能减排目标，对长江经济带建设和区域经济协调发展，具有重大而深远的意义。

乌东德水电站开发任务以发电为主，兼顾防洪、航运和促进地方经济社会发展，综合效益显著。电站计划于 2020 年实现首批机组发电，预计 2021 年全部机组投产发电。乌东德水电站建成后送电华东、华中和广东电网，每年可节省标煤约 1220 万吨，同时可减少排放温室气体二氧化碳 3050 万吨、二氧化硫 10.4 万吨，环保效益显著，有利于实现我国制定的到 2020 年的减排行动目标。

乌东德水电站是我国在全面建成小康社会决胜阶段开工建设的首座世界级水电工程，也是目前我国已经核准建设的第三大水电站、世界已建和在建的第七大水电站。乌东德水电站主体工程全面开工建设，对共和国经济稳增长，对能源结构调整和节能减排，对长江经济带建设和区域经济协调发展，对西部地区特别是广大移民群众分享经济发展成果，对进一步巩固中国水电在世界水电领域的领先地位，对实现我们党提出的第一个百年奋斗目标，都具有重大而深远的意义！

记者：乌东德水电站通过国家核准，标志着中国三峡集团公司“十二五”规划胜利收官、“十三五”规划漂亮开局。结合刚刚召开的中央经济工作会精神，您对乌东德工程参建单位和广大建设者有哪些要求和期待？

卢纯：中央经济会议指出，引领经济发展新常态，要努力实现多方面工作重点转变。促进区域发展，要更加注重人口经济和资源环境空间均衡。保护生态环境，要更加注重促进形成绿色生产方式和消费方式。要推动绿色发展取得新突破。面对我国经济发展新常态，我们始终要坚持创新是引领发展的第一动力，观念上要适应，认识上要到位，方法上要对路，工作上要得力。

在学习中央经济工作会议精神的基础上，我代表中国三峡集团公司向各参建单位和全体建设者提三点希望和要求：

第一，希望各参建单位始终将质量和安全放在首位，努力将乌东德水电站建设成为水电领域的精品工程。乌东德水电站不仅工程规模巨大，而且技术要求高、地质条件复杂、施工难度大、社会影响广，电站的质量安全是千年大计、国运所系，事关电站长期安全稳定运行，事关下游人民生命财产安全，事关党和国家形象。质量安全大于天，各参建单位的责任重于泰山。因此，在质量安全这个问题上，决不容许有丝毫松懈和马虎，更不能容忍有任何偷工减料、弄虚作假的不法行为存在。希望全体建设者认真践行“三严三实”要求，始终以对党、对国家、对人民、对历史高度负责的精神，以如临深渊、如履薄冰的态度，高标准，严要求，从严从实，精益求精，努力将乌东德水电站建设成为水电领域的精品工程。

第二，希望各参建单位认真贯彻“创新、协调、绿色、开放、共享”的发展理念，努力将乌东德水电站建设成为西部地区的和谐工程。建好一座电站，带动一方经济，改善一片环境，造福一批移民，是中国三峡集团公司历来坚持和倡导的水电开发理念，这既是中央企业应尽的社会责任，也是认真贯彻十八届五中全会提出的“创新、协调、绿色、开放、共享”发展理念的必然要求。在电站建设过程中，希望各参建单位与中国三峡集团公司一道，不断创新方式方法，积极履行社会责任，齐心协力配合地方政府搞好库区移民搬迁安置，认真全面落实环评报告中的生态环境保护措施，努力实现水电开发与移民致富、生态环保、地方经济社会发展相协调，努力实现工程建设经济效益、社会效益和生态效益相统一，共同把乌东德水电站建设成为西部地区的和谐工程。

第三，希望各参建单位坚持“两坝”同筑，努力将乌东德水电站建设成为干干净净的廉洁工程。乌东德水电站总投资超过人民币 1000 亿元，这么巨大的投资是国家授权我们经营管理的人民的共同财富，一分一毫都不能挥霍，一分一毫都不能侵占，一分一毫都不能挪用。在电站建设过程中，希望各有关单位党委和纪委认真落实好党风廉政建设“两个责任”，坚持工程大坝和廉洁大坝“两坝”同筑，坚持将纪律和规矩挺在前面，抓早抓小，防患未然，坚决杜绝各类腐败行为，坚决防范各类廉政风险，积极为工程建设营造风清气正的良好环境。同时，我们也真诚欢迎各参建单位的同志对我们业主单位进行监督、提醒和帮助。让我们一起共同努力，努力把乌东德水电站打造成为经得起时间检验的廉洁工程、透明工程和阳光工程！

记者：乌东德水电站“十三五”期间的国家重大水电建设项目。您认为如何才能确保电站建设目标按期实现？

卢纯：金沙江下游水电开发是中国三峡集团正在从事的一项伟大事业，是中国三峡集团实现可持续发展的重要支撑，也是“新三峡梦”的重要部分。

中国三峡集团公司将切实贯彻“创新、协调、绿色、开放、共享”的发展理念，秉持对工程、对国家、对人民高度负责的态度和科学严谨的作风，坚持“四个一”水电开发理念，高质量完成乌东德水电工程开发建设任务，按期在“十三五”末 2020 年投产发电。

在乌东德水电站建设过程中，我们要继续深入贯彻“传承三峡经验，引领水电未来，建设创新企业，支撑跨越发展”的方针，紧紧围绕乌东德、白鹤滩巨型水电工程关键技术，巨型水轮发电机组运行维护关键技术，流域梯级水库联合优化调度、流域陆生生态和水生生态保护等一系列关键技术问题，开展协同创新，努力形成一批具有核心竞争力的自主创新成果，努力培养一支具有自主创新能力的高水平创新人才队伍，以此支撑和引领世界水电发展。

我们坚信，有党中央、国务院的坚强领导，有国家有关部委的关心和支持，有云南、四川省委省政府和各级党委政府的支持和指导，有库区广大移民群众的支持和理解，有全体工程建设者的不懈努力和奋斗，我们一定能够按期实现乌东德水电站投产发电目标，向党、向国家、向人民交出一份无愧于历史的圆满答卷，为全面建成小康社会做出应有的贡献。

（原载中国电力新闻网 2015-12-24）

建设好乌东德水电站工程
进一步提升中国三峡集团水电核心能力

中国三峡集团总经理　王　琳

2015 年 12 月 16 日，经国务院常务会议审议通过，对已列入国家相关规划、具备建设条件的金沙江乌东德水电站项目予以核准。这是继溪洛渡、向家坝水电站建成投产之后，金沙江下游水电开发的又一重大里程碑。中国三峡集团总经理王琳接受了本报记者专访。

记者：乌东德水电站通过国家核准，接下来面临哪些挑战，中国三峡集团将如何确保按期完成电站建设任务？

王琳：乌东德水电站项目获国家核准开工，标志着中国三峡集团为共和国兴建的第三个“三峡”正式进入主体工程施工阶段。取得这样的成果，离不开国家有关部门对金沙江水电开发的长期关心、支持和指导，离不开云南、四川省委省政府和库区各级党委政府的重视和支持，离不开咨询审查机构以及设计科研部门长期的艰苦努力，离不开乌东德水电站的全体工程建设者和广大移民群众的艰辛付出。

乌东德水电站通过核准的时候，国务院常务会议强调，要加强项目投资、建设质量和运营管理，对水电项目要深入做好生态保护、水污染治理和移民安置等工作，实现经济、社会和生态效益的统一。这给乌东德水电电站全体建设者提出更高的目标和要求，我们必须严格落实好。

经过 20 多年的建设与发展，三峡集团已初步培育形成了水电产业建设和运行的“四项核心能力”，具体就是建设和管理大型水电工程能力、大型水电工程融资和资本运作能力、大型水电生产运营和市场营销能力、梯级水利枢纽统一联合调度能力。在乌东德水电站建设过程中，我们要切实贯彻“创新、协调、绿色、开放、共享”的发展理念，秉持对工程、对国家、对人民高度负责的态度和科学严谨的作风，坚持“四个一”水电开发理念，高质量完成好电站建设任务，按期在“十三五”末 2020 年投产发电。

乌东德水电站工程建设将开展一系列技术和管理创新，需要克服一系列世界级难题，将创造一系列世界纪录，数百公里大型地下洞室群和各种通道开挖、300 级高拱坝建设、单机容量 85 万千瓦级巨型水轮发电机组等，在地下工程、坝工技术、装备制造等方面都将促进中国乃至世界水电发展迈上新台阶。

因此，参建单位要继续全面落实主体工程建设所需的各种技术的资源准备，认真组织开展阶段性检查验收、安全鉴定、质量验证、综合技术咨询等工作，为主体工程全面开工建设奠定基础。要以如临深渊、如履薄冰的态度，狠抓工程质量安全管理，高标准，严要求，从严从实，精益求精，努力将乌东德水电站建设成为水电领域的精品工程、典范工程。

记者：在乌东德水电站筹备期间，三峡集团与云南、四川两省各级政府、相关部门和移民群众建立了怎样的合作关系？

王琳：中国三峡集团坚持“长期合作、融入当地、平衡兼顾、互利共赢”的水电开发原则，积极推进金沙江下游向家坝、溪洛渡、白鹤滩、乌东德水电站建设，大力支持国家经济发展与节能减排工作，为地方经济“稳增长、调结构、促改革、惠民生”做出积极的贡献。

三峡集团新一届领导集体始终将实现乌东德和白鹤滩水电站项目获国家核准作为重中之重，全力推动，加大了与国家相关部委、川云两省、电网公司及有关机构的沟通与协调力度。在乌东德移民安置规划阶段，建立了分层次协调机制，一是建立由国家能源局牵头，云南四川两省、中国三峡集团、水规总院等参加的国家层面协调机制，二是建立由云南、四川两省和中国三峡集团参加的省级层面协调机制，三是建立由相关市州政府和中国三峡集团参加的市州级层面协调机制，四是建立由相关县级政府与中国三峡集团、设计院设计监理等各方参加的县级层面协调机制。中国三峡集团充分参与移民安置规划工作，听取移民意愿，精心制定有利于移民的安置方案细化政策，兼顾不同利益群体的利益诉求，为接下来实施移民搬迁安置打下了坚实的基础。

记者：随着主体工程全面开工建设，移民搬迁安置工作即将展开，三峡集团将如何进一步与地方加强合作？

王琳：水电工程建设的成败在移民。乌东德移民工作是我国提出“先移民后建设”水电移民工作理念后开展的第一个重大水电工程移民工作。乌东德水电站能否按期蓄水发电，取决于库区三万多移民群众能否按期妥善安置。在电站建设过程中，中国三峡集团和各参建单位一道，要不断创新方式方法，积极履行社会责任，齐心协力配合地方政府搞好库区移民搬迁安置，认真全面落实环评报告中的生态环境保护措施，实现水电开发与移民致富、生态环保、地方经济社会发展相协调，共同把乌东德水电站建设成为西部地区的和谐工程。

要紧密依靠地方政府，做好移民安置工作。三峡集团移民管理部门要继续与各级政府部门及时和全方位沟通与交流，将责任分层次落实到人，任务落实到点，协同地方政府，共同做好移民工作。要秉承对历史、对国家和人民高度负责的态度和科学严谨的作风，切实加强移民项目组织管理，落实好各项移民重大基础设施实施方案，齐心协力配合地方政府搞好精准扶贫工作，为两岸移民脱贫致富和促进库区经济社会长治久安做出贡献。

乌东德水电站工程投资大，可拉动区域性相关产业发展，新增就业机会，改善工程周边地区交通运输条件。建设期间平均每年可增加就业人数约 7 万人。电站建成发电后，地方财政每年增收约 13.5 亿元。建设乌东德水电站符合当地社会及其事业发展的要求，工程社会度较高，有助于提升当地新农村和新型工业化的发展，有利于推进地方经济社会的可持续发展。

我们坚信，有党中央、国务院的坚强领导，有国家有关部委的精心指导，有云南、四川省委省政府和各级党委政府的大力支持和指导，有库区广大移民群众的支持和理解，有全体工程建设者的不懈努力和奋斗，我们一定能够按期实现乌东德水电站投产发电目标，进一步壮大三峡集团在世界水电领域的能力和实力，为国家能源战略发展和共和国稳增长做出新贡献。（彭宗卫）

准确把握形势　促进安全发展

国网四川省电力公司总经理　石玉东

“十三五”时期是国家电网公司推进“两个转变”，创建“两个一流”，全面建成“一强三优”现代公司的攻坚阶段。在改革发展的大背景下，公司发展迫切需要安全生产的稳定局面，安全工作保驾护航的重要作用更加凸显。国网四川省电力公司严格落实公司安全工作部署，着力于建设安全治理体系，提升安全治理能力，我们对安全发展的深刻内涵有了更加全面和清晰的认识。

面对新形势，国网四川电力深刻认识到，经济发展新常态下的安全需求更加迫切。供电企业作为公共服务型企业，备受社会关注。一起小规模的停电事故，如果应对处置不当，就有可能迅速发酵蔓延，甚至转化为影响稳定的舆论热点，给企业发展带来不利影响。能源发展新格局下的安全问题更加复杂。构建全球能源互联网是能源安全发展、清洁发展、可持续发展的必由之路。但能源问题的全局性和广泛性决定了其发展进程的艰难曲折，特别是随着四川区域内特高压电网、智能电网建设以及清洁能源的大规模开发，电网新的运行特性给电网安全运行带来重大考验，也给其建设、施工、运维安全带来更加严峻的挑战。改革发展新要求下的安全约束更加严苛。在当前改革的关键时期，电网企业将面临全新的发展环境和市场格局，安全事故对改革方向和进程的负面影响会成倍放大。因此，安全是发展中永恒的主题，发展是硬道理，但不要安全，不顾员工生命、不顾电网稳定的发展没道理。我们将始终遵循“发展是第一要务，安全是第一责任”的铁律，坚持在安全的基础上谋发展，在发展的过程中促安全。

面对新要求，国网四川电力将在公司的坚强领导下，时刻保持如履薄冰的危机意识，将安全发展与国家提出的“创新、协调、绿色、开放、共享”五大发展理念深度融合，以更高标准和更实举措抓安全、促安全、保安全。

安全发展，树立红线意识和底线思维是前提。习近平总书记强调，发展决不能以牺牲人的生命为代价，这是一条不可逾越的红线。电网安全事关重大，保证电网发展安全是电网企业的底线。我们必须以最坚决的态度坚守“红线”和“底线”，常存敬畏之心、戒惧之心，坚持意识导向和问题导向，牢记安全第一，大力实施安全发展战略，主动把安全生产贯穿于公司和电网发展全过程，贯穿于各项工作谋划和推进的全过程，形成集顶层设计、整体谋划、综合协调、具体操作为一体的安全发展良好格局。

安全发展，抓好风险防控是关键。举一纲而万目张，解一卷而众篇明，要狠抓预防为主的安全管理体系建设，牢固树立风险管控是安全管理核心的指导思路。坚持防患未然、预控在先，重点突出源头治理，贯彻风险管控先“降”再“控”策略，构建“管理规范、责任明确、闭环落实、持续改进”的安全风险管理长效机制，深化安全风险防控能力建设，要抓住全员风险意识、危险源头辨识、风险防控方式、激励约束机制等关键节点，立足于作业现场、作业班组、作业人员。坚守隐患排查治理和风险分级管控“两道防线”，将缺陷隐患的排查和整治作为防控安全风险的重要抓手，深化“全覆盖、勤排查、快治理”工作格局，形成全员、全方位、全天候排查治理隐患机制，做到隐患早排查、早诊断、早整治，将不安全事件、事故苗头扼杀在萌芽状态，推动安全事故防范和处置关口前移。

安全发展，持续提升管理水平是重点。要深刻领会公司长期坚持安全管理提升活动的内涵和实质，变“运动式”为“新常态”，抓住专业特点、生产规律、固有顽疾持续用劲、久久为功，努力走出“一干就出事、出事就整顿、用出事换安全”的怪圈。一方面自上而下、立足实际，细化方案、充实内容，将管理提升活动扎根基层，贯穿专业管理始终；另一方面自下而上、总结提炼，推广生产、基建、农电、集体企业等各专业工作好的做法和经验，改进工作方法，提升工作质效。通过上下互动，形成良性循环、持续改进的长效工作机制，促进专业基础不断夯实，安全管控能力有效提升。

安全发展，强化全员安全素质是基础。安全教育培训能点石成金，是安全基础管理的重中之重，是提高人员安全意识和技术水平的重要途径，是保障安全局面稳定的治本之策。要树立“培训不到位是重大安全隐患”的意识，针对员工安全需求，加大安全培训投入，丰富培训方式方法，持续灌输对生命至上的红线认识，从意识强化、规程认知、技术技能培养等方面深化“本质型安全人培塑”，加强安全文化影响和教育引导，做到安全意识和安全技能两手抓，全方位提升员工的安全素质，切实增强员工的自我防护能力。

安全发展，提升应急能力是保障。要深度开展“十三五”应急体系发展顶层设计，明确发展方向、找准定位、做好重点策划。要深化应急指挥体系建设，形成集应急信息收集汇总、数据分析共享、处置决策指挥、资源协调与调配为一体的综合化共享型应急指挥平台。要优化完善应急预案体系，深入开展《国家大面积停电事件应急预案》学习宣贯，充分认识各级预案衔接是有效执行的关键，进一步健全应急救援区域联动和政企联动机制。要推进应急实战机制创新实践，进一步强化应急力量支撑，健全应急救援基干队伍和应急抢修队伍，建立可靠的应急通信保障体系，建立快捷高效的后勤保障体系，针对性开展模块化演练和技能培训，全方位提升应急实战能力。

安全发展任重道远，必须常抓不懈。国网四川电力将进一步落实安全主体责任，持续健全安全治理体系，提升安全治理能力，为建成“一强三优”现代公司作出新的更大贡献。

加快智慧企业建设　引领水电创新发展

国电大渡河流域水电开发有限公司总经理、党委副书记　涂扬举

当前，智能制造、互联互通已经成为世界工业企业发展的新趋势。面对物联网、云计算、大数据等新兴产业与科技的冲击与挑战，国电大渡河流域水电开发有限公司(以下简称公司)基于对当前企业改革发展形势和大型流域水电企业发展方向的研判，践行“两化”融合，以国电集团“一五五”战略为指引，以“双提升”工作为抓手，大力实施创新驱动战略，在水电领域率先开展智慧企业——智

慧大渡河建设，着力把生产、建设、经营、管理行为数字化，提高感知能力、洞察能力、管控能力，实现风险识别自动化、决策管理智能化，推动公司从基建生产型企业向经营型企业转变、从行政管理模式向智慧企业管理转变。

一、智慧大渡河建设的环境

伴随经济发展进入新常态和能源消费、供给、技术、体制革命的深入推进，以及国资国企改革进程中的科技创新、管理创新和商业模式创新，水力发电企业作为传统的能源行业，面临着新挑战和新课题。

技术变革创新带来新挑战。从全球范围看，信息技术、能源革命、管理创新正在引发新的变革，生产模式由大批量集中式向智能化、网络化、个性化发展，由生产型制造向服务型制造转变。只有敏锐把握科技创新发展趋势，加强管理创新与自身革新，引入新的技术知识与管理方式，才能提升自身可持续发展能力。在“互联网+”“中国制造2025”大战略中，公司明确了“打造幸福大渡河、智慧大渡河，建设国际一流水电企业”的战略目标，着力通过智能感知、云计算、物联网、移动互联、大数据挖掘、专家系统等手段，确保战略有效落地。

发展方式转变提出新要求。公司成立15年来，实现了从无到有、从小到大的跨越式发展，尤其是大岗山、枕头坝一级水电站投产发电，公司装机、资产接近“双千”大关。但在经济发展新常态下，发电市场进入了降电价、降利用小时、低电量增长率、低负荷率的“双降双低”通道。如何在市场、政策不断变化的情况下，快速对外部条件作出预判与回应，是提升企业营运绩效的重要途径。智慧大渡河建设以全面开展“双提升”为要求，加快建立完善基层单位管控模型，构建内在驱动机制，让各单位实现自我运行、自我修复、自我提升，从而激发提质增效内生动力和活力。

智能管理研究形成新思考。公司综合分析企业经营环境、发展条件，积极研究水电开发企业智能管理，形成了“业务量化、统一平台、集成集中、智能协同”的智慧大渡河建设总体思路。业务量化就是对数据实时采集、及时传送、规范处理，提高对企业各种要素的动态主动感知；统一平台就是统一网络、统一计算、终端互联，创建数字化管理平台；集成集中就是通过整体规划、系统整合、数据集中、技术统一、集成运行、集中运维的策略，构筑企业级智能业务应用平台。智能协同就是运用大数据分析技术和各种智能分析管控模型，实现风险识别自动化、决策管理智能化。

二、智慧大渡河建设的方案

为稳步推进智慧大渡河建设，公司成立了以潘云鹤、钟登华院士为首席顾问，涵盖信息化、智能化、数据处理、软件开发、水利水电建设等多个领域顶级专家和专业机构的专家团队，充分借鉴国内外在该领域的研究成果，完成了顶层设计，形成了《智慧大渡河战略研究与总体规划报告》，明确了智慧大渡河的愿景目标、价值主张、体系架构、实施方案、建设保障等内容，提出了“两个中心、三大体系、四个试点、五大平台建设”的实施路线图。

两个中心，即云计算中心和智慧企业管理中心。通过云计算中心，全面加强数据运维和资源管理，提高资源利用率。通过完善智慧企业管理中心组织机构，建立科学合理的运作机制，协调推进智慧企业建设各项工作。依托两个中心全面开展水电大数据平台建设探索，建立健全涵盖多维度、多层次的水电经济运行大数据平台。

三大体系，即安全风险管控体系、数据质量标准体系、ITSS运维管理体系。安全风险管控体系，形成集设备状态量化、数据集成集中、风险自动识别、处置智能支持于一体的安全风险管控网络。数据质量标准体系，以IT规划和数据治理为基础，形成集数据分类、权威数据源、数据模型、标准定义、数据质量及责权定义一体化融合发展。ITSS运维管理体系，提高系统运维服务保障水平，支撑“智慧大渡河”建设持续推进。

四个试点，即智慧电厂、智慧检修、智慧调度、智慧工程试点。智慧电厂着力建设“三层三区、自动巡检、系统联动”的智能电站和以“流程管理和设备管理”两条主线融一体的生产管控平台。智慧检修基于互联网大数据系统搭建应用平台，通过发电设备运行状态参数的自动采集，掌握机组各部位状态的变化趋势，进行自动分析计算，对发电设备作出状态评价，自动预警潜在风险、自动定位故障点、自动生成检修策略。智慧调度以自动采集、智能会商、精准预报的智慧水情气象预报为基础，实现智能报警、自动诊断的智慧集中监控管理，运用差异化建模、多维分析的经济运行智慧管控，实现全流域的智能调控和经济运行。智慧工程以“数字化、可视化、模块化、智能化”为主攻方向，通过通信网络、互联网和物联网三网融合，提升工程建设质量水平。

五大平台，即网络、云计算、物联网、大数据、应用服务平台。网络平台基于现代通讯技术、无线网络技术、局域网技术、物联网技术、（移动）互联网技术，构筑满足企业生产经营所需要的各种网络系统，打造多网融合、互联互通的统一网络平台。云计算平台采用云计算技术，开展企业级云计算平台和数据中心建设，提供高可用性、弹性伸缩的计算资源池，对数据进行集中存储和统一计算，现实各个系统之间的数据共通、共享。物联网平台实现快速、即时、高效的信息采集、信息通信、实时监控，提高监控数据的应用水平，为统计与决策分析提供科学保障。大数据平台通过接入生产实时信息、物联网采集数据和企业业务信息，同步连接企业视频数据和其他文档数据，形成发电企业的大数据服务平台。应用服务平台支撑对原有应用系统与新建应用系统的集成，解决信息管理传递不畅、系统重复建设修补等整合难题，消除信息孤岛。

三、智慧大渡河建设的实践

经过近两年的建设实践，智慧大渡河建设规划逐步落地，取得了系列阶段性成果，形成由职能管控单元、生产业务单元、智慧 IT 单元以及智慧服务单元四大业务板块构成的智慧大渡河建设格局。

指挥中心——职能管控单元。由安全生产管控单元、工程管控单元、市场管控单元、人财物管控单元、内部控制单元组成。目前，集控中心、水电经济运行控制中心、财务共享中心、电力销售中心、碳资产管理中心已建成投运，流域库坝安全监测中心、审计信息管控中心等系统正在建设。

实施主体——生产业务单元。智慧大渡河的实施主体主要体现在智慧电厂、智慧检修、智慧调度、智慧工程四个方面。

智慧电厂在智慧安全管理方面，通过安全风险管控系统建设，实现智能工单联动、危险源智能识别决策；在智慧运维管理方面，运用智能巡检、智能钥匙、无线测温、多系统智能联动等新技术，辅以智能统计分析决策；在智慧设备管理方面，利用设备数据、辅助专家智能系统，形成全生命周期可靠性评级；在智慧技术管理方面，以智能监督分析为主，对生产运行重大问题进行重点研究与攻关。目前，智慧电厂陆续在沙坪二级、猴子岩等电站中具体运用，大集中式的流域级生产管理信息系统、信息系统安全加固、数据治理平台、电力市场营销管理系统等一系列项目先后启动实施，将在 2017 年前后陆续投运。

智慧检修主要由数据中心、算法中心、应用中心和服务管理系统等构成。数据中心对设备状态数据进行实时采集，形成设备特定状态的变化曲线，提供出判定参数。算法中心对数据中心提供的数据进行比较挖掘和处理，对设备 118 个状态作出状态评判，及时作出趋势预警，实现风险自动识别。应用中心根据算法中心的预警，对故障点进行精准定位定性，结合趋势变化，提出检修策略。服务支持系统依托精益检修标准体系，自动完成检修方案、物资材料准备、过程管理，进一步提升标准化作业水平。智慧检修的相关标准体系，已在龚嘴、瀑布沟等电站开展试点探索，机组振摆、油水温等状态监测系统以及专家知识库、图像识别等智能手段已进入全面改造升级阶段。

智慧调度采用“5+2”的总体架构，5 个模块，即水情预报单元、设备状态单元、市场分析单元、经济运行后评价单元、调度决策及应急指挥单元，2 个模型，即经济运行多维决策模型及监控智能预警模型。其中，水情预报单元、设备状态单元、市场分析单元为前置单元，分别负责精准水情预测、设备的状态评估及运行信息、市场分析预测及经济运行方案市场校验等。经济运行后评价单元包括理论发电量模型、指标跟踪及纠偏、对标、考评结果及分析报告智能生成等功能。调度决策及应急指挥单元是水情预报单元、设备状态单元及市场分析单元的集合展示模块。经济运行多维决策模型在预报、市场、运行状态等单元数据的支持下，实现多种目标调度方案的快速编制、调度状态跟踪、风险控制、成效反馈及方案实时调整。监控智能预警模型包括智能预警逻辑、故障自诊断模型研究及流域防洪安全风险识别。智慧调度总体方案设计已全面完成，先后启动了水情气象预报、梯级水库调度自动化等改造项目，梯级水电站联合经济运行按照分期实施的方式，实现了首期瀑布沟、深溪沟、枕头坝三站联合经济运行。

智慧工程主要由四个单元组成。3D 数字厂房单元，涉及建设内容主要包括发电厂房全信息模型、工程数据中心、模型动态分仓、金结埋件自动算量、数字厂房建设进度分析等功能模块。混凝土制备浇筑生产管理单元，对混凝土制备、运输、浇筑全过程进行管控，掌控出机口混凝土拌合质量，实现人员和机械等施工资源的优化配置和监控。施工资源实时监控管理单元，对机械设备及现场工程人员坐标方位进行在线实时监控，实现施工资源的动态管理与优化配置。工程安全实时监控分析单元，对泄洪坝段、厂房施工期关键部位进行监测，在施工期获得更多的监测数据，有效地对施工过程进行精细化管理。沙坪二级水电站作为公司首个智慧工程试点单位，已完成 3D 数字厂房、混凝土浇筑监控项目。在此基础上，总结形成的一系列技术方法和建设模板，将在双江口等后续电站建设中广泛推广应用。

平台支撑——智慧 IT 单元。公司建立了以云计算、云存储、云桌面“三云合一”为架构的云计算中心，已于今年年初投入运行。以跨平台接入、跨网络支持、跨地域访问“三跨合一”的云视频系统，目前完成方案招标，年内投入运行。以“卫星通信系统+云视频系统”为支撑的应急指挥中心正加快实施步伐。通过一系列信息化建设手段，为智慧大渡河建设提供了科学的平台支撑。

运用体验——智慧服务单元。智慧大渡河建设与工作实际紧密结合，让智慧项目服务日常办公的每个环节。目前，公司开展了大楼无线覆盖系统、会议云租用、智能考勤系统等智慧微应用建设，为公司员工带来了工作便利，也使智慧大渡河产生了更加直观的体验感。

通过积极研究和探索，公司智慧企业建设已走在了行业前列。公司将利用新技术，变革企业自身的生产、经营和管理模式，适应智慧化的发展趋势和潮流，提高对电站开发、生产运行、电力交易和企业管理的洞察力，提高企业应对外部风险能力，增强智慧决策与管控水平，推动管理与效益双提升，打造幸福大渡河、智慧大渡河，建设国际一流水电企业。

奋力谱写金上水电开发新篇章

华电金沙江上游水电开发有限公司总经理、党组书记　胡贵良

金沙江上游水电开发取得初步成效

记者：金沙江上游水电开发关系到构建我国西电东送持续能源基地和藏电外送，人们对此十分关心。请问胡总，金沙江上游水电开发情况如何？

胡贵良：2015 年是金上公司独立运作的第一个完整年。金上一年来，公司全面贯彻落实华电集团公司决策部署，紧紧围绕“一条主线、四项重点、五个关键”的工作思路，积极应对开发配套条件落实难、建设环境差、制约因素多、协调任务重等困难和挑战，求真务实，真抓实干，较好完成了华电集团公司下达的各项任务目标。

一是公司系统未发生人身伤亡事故，未发生重大交通、火灾、环境污染事故和突发环境事件，未发生企业经营和领导人员违法违纪案件，未发生对公司形象和稳定造成不利影响的事件。

二是国家能源局金上协调办专题会议已初步明确苏洼龙、叶巴滩、巴塘、拉哇四级电站消纳市场和送出方向，原则同意有关政策建议；苏洼龙、叶巴滩、巴塘和拉哇电站通过华电集团公司立项决策。

三是项目前期和筹建工作加快推进。苏洼龙电站于 11 月 5 日通过国家发改委核准；4 号、8 号场内公路及下游索桥完工，1 号、2 号公路，1 号、4 号渣场沟水治理、导流洞、施工供电、业主营地等工程按计划施工，枢纽工程区征地基本完成。叶巴滩电站移民安置规划大纲等 18 项专题取得批复；220 千伏施工供电工程即将投运，业主营地建设进展明显，场内低线公路、降曲河渣场排水洞、进场公路等工程开工建设，枢纽工程区征地完成。巴塘电站选址意见书等 13 项专题取得批复；巴塘营地建成入住，110 千伏施工供电工程抓紧施工。拉哇电站取得西藏侧选址意见书；巴拉路建成通车，110 千伏施工供电工程抓紧施工。岗托、波罗、昌波电站预可研工作有序推进，同波路施工进展顺利。

记者：具体讲，金上水电开发主要做了哪些工作？

胡贵良：第一，加强沟通协调，开发配套条件进一步明确。

2015 年 4 月 14 日，国家能源局召开金上水电开发协调会，明确金上川藏段苏洼龙、叶巴滩、巴塘、拉哇四级电站为西电东送接续能源基地首批项目，首批电源直接外送，其电力电量按照“由近及远”的原则优先在华中东四省消纳；原则同意完善电价形成机制、实施投资补助、实行金融与财税优惠等政策建议，保障项目合理投资效益以及电站正常运营。苏洼龙、叶巴滩、巴塘和拉哇电站通过集团公司立项决策。

第二，加快前期工作，项目核准取得重大突破。

动态梳理项目核准计划，紧盯专题审批及核准进度，力争尽快取得批复。2015 年 11 月 5 日，国家发改委正式核准苏洼龙电站，该电站也成为金沙江上游干流核准的第一个电站，标志着金上水电开发取得实质性突破、我国构建西电东送接续能源基地和藏电外送拉开了序幕。叶巴滩电站移民安置规划大纲、选址意见书、水保报告等 18 项专题取得批复，环评报告、水资源论证、安全预评价完成审查；“三通一平”工程取得开工批复。巴塘电站正常蓄水位、施工总布置、压覆矿产等 13 项专题取得批复，水保报告、行洪论证、规划符合性论证完成审查。拉哇电站正常蓄水位、施工总布置等专题取得批复，水保报告、行洪论证、规划符合性论证完成审查。

波罗电站水生生态影响及对策措施专题研究形成初步成果；昌波电站开发方案调整工作基本完成，岗托电站完成库区抽样调查。

第三，改善建设环境，筹建工作进展明显。

针对制约工程筹建的突出问题，与各级地方政府反复沟通协调，争取理解支持。建设征地取得重大进展，苏洼龙、叶巴滩电站基本完成枢纽工程区征地。按照“合法合规、政府主导、市场行为”的原则，妥善解决当地百姓参工参建等长期困扰工程建设的突出问题，有力地促进了工程建设顺利推进。精心研究苏洼龙、叶巴滩、巴塘和拉哇电站截流前工程建设节点计划，加强“四策划一优化”，工程安全、质量、进度、投资和环水保管理全面加强。切实抓好对承包商和民工工资支付的管理与考核，工程建设总体可控在控。筹建工作取得较大进展，形象面貌明显改观。苏洼龙电站4号、8号场内公路及下游索桥完工，1号渣场排水洞贯通；1号、2号公路和4号渣场排水工程按计划推进，110千伏施工供电工程完成铁塔组立和变电站土建，导流洞及业主营地开工建设，G215复建段开始招标。叶巴滩电站220千伏施工供电工程进入设备调试阶段，即将投运；业主营地综合楼封顶，场内低线公路、进场公路和降曲河沟水处理工程开工建设。巴塘电站110千伏施工供电工程完成线路架设，500千伏变电站间隔扩建工程完成土建。拉哇电站110千伏施工供电工程开始线路架设。巴拉路建成通车，巴塘业主营地已于12月底入住。同波路路基完成42千米。

第四，强化设计管理，设计优化成效显著。

充分发挥业主主导作用，分解细化设计目标，加强跟踪督促，落实设计任务。推行设计工作考核评价，强化对设计单位的激励约束，确保设计质量和进度。充分利用内外专家资源，对重要方案深入研究论证。将设计优化重心前移，从预可研、可研等布局阶段抓好设计优化。拉哇电站枢纽总布置、金沙江大桥、坝基基础处理、填坝材料、料场等设计优化工作取得明显成效，预计节省静态投资20亿元。叶巴滩电站施工总布置、截流目标、施工导流、库区复建项目设计优化基本完成。落实巴塘电站“三通一平”环评审查提出的意见，枢纽布置优化方案得到环保部原则认可。昌波电站开发方式内部审查和设计优化工作按计划推进。

第五，抓好“做实”“强基”，管理基础不断夯实。

完善组织机构，充实管理人员，金上公司与基层单位的管理界面进一步明晰。将波罗筹备处与叶巴滩电站建设公司分离，波罗、岗托筹备处合署办公，各方积极性和作用得到充分发挥。全面落实华电集团公司“强基”工作部署，由公司本部牵头，制订印发适应金上开发实际的《“强基”工作指引》，明确38项具体业务的管理目标、管理内容、组织保障和制度依据，确定了123个管理流程图。全面清理规章制度，按计划开展废、改、立工作，共制（修）订制度77个，重点在设计管理、承包商管理、绩效管理、移民实施策划等方面创新管理机制和方式方法。强化内控制度执行，抓好基建审计、法律审核和问题整改，扎实开展效能监察，确保依法规范经营。做好流域信息系统整体规划，现场网络与信息系统进一步完善，PMIS系统全面推广应用。

第六，严格规范管理，党建和队伍建设水平有效提升。

认真抓好教育实践活动整改落实和“回头看”，扎实开展“三严三实”专题教育，立足“规定动作”，抓好“关键动作”，创新“自选动作”，思想政治建设和作风建设成效进一步显现。

“十二五”工作画上圆满句号

记者：胡总在金上公司工作会上还总结了“十二五”期间工作，请谈谈。

胡贵良：金上公司2015年取得的成绩，为第十二个五年计划期间金上公司的工作画上了圆满的句号。“十二五”以来的五年，是金上公司工作打基础、起好步的五年，是金上水电开发取得实质性突破的五年。面对复杂严峻的形势，金上公司上下充分发扬“老西藏精神”，百折不挠，同心奋进，全力巩固项目开发权，全力抓好政策争取、项目前期、工程筹建、外部协调和内部管理等工作，取得重大突破。特别是金上公司独立运作以后，项目开发面貌日新月异，各项工作不断迈上新台阶，开创了金上水电开发新局面。

一是争资源、抓前期。在开发权竞争十分激烈的情况下，金上公司坚持不懈推进项目前期和筹建工作，赢得了国家发改委和四川、西藏两省（区）党委政府的理解支持，金上流域规划环评报告成为我国按照环评法规范审批的第一个大江大河流域规划环评，金上公司先后获得苏洼龙等7级电站“路条”，牢牢掌控了项目开发权。在此基础上，明确开发时序，加强设计管理，加快推进苏洼龙、叶巴滩、巴塘、拉哇四级电站可研工作，苏洼龙电站于2015年11月通过核准，金上梯级电站进入了加快开发的新时期。

二是创环境、推筹建。面对藏区敏感因素多、地方诉求多、建设环境差等困难，金上公司不断加强与地方党委政府、有关部门和有关方面沟通协调，改善建设环境，有序推进筹建工作。特别是金上公司独立运作以来，制约筹建工作的项目征地、G215复建、参工参建以及火工产品、油料供应等问题逐步解决，苏洼龙、叶巴滩电站枢纽工程区征地基本完成，为项目顺利建设提供了重要保障。

三是抓协调、争政策。推动国家能源局牵头建立了金上水电开发国家层面协调机制，金上协调办先后多次召开会议，对金上川藏段水电开发经济性、电力消纳市场及送出、移民安置等重大问题进行了研究和安排。2014年2月，关于金上川藏段移民安置补偿政策的指导意见经金上协调办审核同意，成为指导金上各电站移民安置补偿工作的依据；2015年4月，电力消纳市场和送出方案研究、开发经济性分析及政策研究基本完成并通过金上协调办审核，金上送出工程得到国家电网公司大力支持，为项目顺利开发创造了必要条件，并为苏洼龙等4个项目通过集团公司立项决策提供了关键支撑。

四是建架构、强管理。不断探索完善流域管控体制机制，逐步建立了具有自身特色的管控架构和管理体系。着眼企业发展需要，从系统内外引进了一大批水电开发建设人才，初步建设了适应公司发展需要的干部职工队伍。特别是公司独立运作以后，扎实推进“强基”工作，迅速建立了近100个管理制度，在基础管理、设计管理、承包商和民工工资管理、绩效管理、融资管理、税收筹划等方面深入研究、创新思维，采取了一系列卓有成效的管控措施，全力推进规范化、精益化、信息化管理，为项目顺利开发建设奠定了较好的管理基础。

（姚国寿、杨通顺、王州隆）

（本文原载《四川水力发电》第35卷第2期，本书刊发时予以摘录）

用深化改革思路经营　为新三峡梦添砖加瓦

川云（云川）公司总经理　赵木森

2015年，是“十二五”收官之年，也是中国三峡集团公司（以下简称集团公司）全面深化改革各项措施落地实施之年，同时也是川云（云川）公司（以下简称公司）成立的第三个完整年。公司紧紧围绕集团公司提出的“保增长”“抓改革”两条主线，准确把握好公司定位，以“强化监督管理职能，强化财务保障功能，完善委托建管合同，完善公司法人治理”的管理思路依法经营、奋力开拓，力争完成集团公司和公司董事会下达的年度工作任务。以“全力以赴，舍我其谁”的担当，以“用心谋事、用力做事”的态度，沿着集团公司全面深化改革的“路线图”，为实现集团公司“新三峡梦”添砖加瓦。

强化监督管理职能，履行法人主体责任

以优质高效完成集团公司赋予公司年度专项工作任务为目标，努力协调各方关系，为电力生产打造良好的外部环境；以履行项目安全生产管理职能为起点，对照国家行业法律法规要求，建立健全质量安全管理组织机构，制定配套制度体系，积极参与、努力配合集团公司组织开展各项监督检查工作，防范质量安全风险；以强化项目法人单位监督管理职责为己任，做到不缺位不越位，尽职尽责履行法人主体责任。

强化财务保障功能，提高公司经营效益

以继续落实资本金到位为重点工作，控制公司资产负债率，提高整体融资能力，全年股东追加资本金50亿元（川云20亿元，云川30亿元）；以集团内部融资为主要手段，多渠道筹集低成本资金，全年计划债权融资410亿元（川云220亿元，云川190亿元）；以优化资金调度，精细资金管理为基本措施，切实服务工程建设和电力生产，通过积极采取降低备付、开具商业汇票、办理通知存款等方式减少利息支出，降低资金使用成本，提高资金使用效益；以敢为人先、追求卓越的意志应对“营改增”工作，深入研究国家财税政策调整，制定相关应对方案，实现纳税成本最优。

完善委托建管合同，确保经营依法合规

以电力生产委托管理合同为基础，加强与受托单位相关职能部门和电厂的沟通交流，协调电网及两省关系，确保电能外送、促进电能消纳、保证年度电力生产经营目标顺利实现；以落实“三会”决议，制订电量考核办法为契机，合理引导受托单位优化调度运行，努力节水增发，争取实现发电量880亿千瓦时、利润总额90亿元的目标；以推动工程建设管理合同签订为年度重点工作，密切关注集团公司建设板块改革，以敢于啃硬骨头的精神，积极配合集团公司开展各项改革；建立健全“双委托”合同管理体系，厘清工作界面，理顺各方权责管理，确保公司经营依法合规。

完善公司法人治理，保障股东各方利益

以“三会”运作为平台，严格议事规则，保证

科学决策，在依法合规的基础上，通过增加主题讨论环节，加强股东管理思想的交融；以《公司法》与《公司章程》为依据，规范公司管理，实现依法治企，促进公司重大经营决策的切实落地并进一步开展工作预研，强化风险控制，提高管理效率；以维护股东利益为最终目标，加强沟通交流，争取理解支持，发挥各方优势，合力推动乌、白两站尽早核准，实现互利共赢。

研究建立符合公司实际的法律事务管理体系，严格经济合同、规章制度和重大决策法律审核把关；提高依法治企的能力，加强重大决策事前问法工作；结合公司实际，完善法人年度授权及单项授权管理。逐项评估已发布的各项规章制度，加强宣贯执行力度，确保规章制度落地，提高管控风险的能力。

2015 年，公司将紧紧围绕公司经营管理目标，配合抓好溪洛渡、向家坝电能消纳、电费回收和电价应对工作，配合做好乌东德、白鹤滩核准工作，协调完成 2015 年资本金追加、财务费用控制、增值税“超八”退税工作，积极配合集团公司进行资产证券化和建设板块改革专项研究工作，争取尽早签订工程建设委托管理合同。让梦想引领新的抵达，对前方的路更加笃定，对心中的梦更有信心，努力为集团公司运行好“一个三峡”，建设好“一个三峡”，为实现集团公司“新三峡梦”鼓荡起前进的风帆。

乌东德水电站：国家重大公共工程新标杆

清华大学国情研究院院长、公共管理学院教授 胡鞍钢

一、乌东德工程开建：有效投资助力稳增长

目前中国经济发展已进入新常态，既面临紧迫的经济下行现实压力，又面临节能减排的长期压力，为此，国家切实采取扩大有效投资的重要措施。2015 年 1—11 月，国家发改委共审批核准固定资产投资项目 248 个，总投资 2 万亿元，实际规模已经大大超过 2009 年国家发改委批准的投资总额，不过有所不同的是，此次大多数投资项目都集中在基础设施投资，其中最大的投资项目是国务院刚刚核准开工建设的三大国家水电、核电公共工程。

2015 年 12 月 16 日，在李克强总理主持召开的国务院常务会议上，金沙江乌东德水电站（以下简称乌东德工程）、广西防城港红沙核电二期工程“华龙一号”三代核电技术示范机组和江苏连云港田湾核电站扩建工程项目获得国家核准，仅乌东德工程的动态投资总额就近千亿元。

此前，我专程到乌东德水电站调研，了解到该项目是目前我国已经核准建设的第三大水电站、世界已建和在建的第七大水电站，它与已建成的向家坝、溪洛渡水电站以及积极筹备建设的白鹤滩水电站，就形成了金沙江下游具有世界重要影响的四个梯级电站，到 2020 年总装机规模达到 4646 万千瓦，年发电量超 1800 亿千瓦时，相当于再造两个“三峡工程”，成为 21 世纪标志性的国家重大公共工程，也成为 21 世纪标志性的世界最大绿色能源工程基地，仅每年减少排放二氧化碳排放量 1.5 亿吨。

这次国务院核准的乌东德水电站和两大核电站，我称之为一是典型的有效投资，扩大有效投资需求，直接带动相关产业发展；二是绿色投资，大力发展绿色能源，确保到 2020 年中国非化石能源占能源消费比重达到 15%的目标，也拉开了绿色创新的大幕。

二、创新重大公共工程融资模式：从国家投资到国企投资

公共经济领域中的首要问题，就是要解决重大公共工程由谁来投资、如何融资的问题。从国内外的重大工程来看，绝大多数都是由国家所有、国家投资、国家建设、国家运营。

从长江干流上的三峡工程到金沙江下游的四大工程，三峡集团实现了一条先由国家基金投资再到国有企业市场投资的重大转变。

第一步，“举全国财力兴建”三峡工程，当时国家建设资金严重不足、社会资本尚未形成大气候，为了保证三峡工程建设资金，国家设立了电力附加的融资办法，由电力用户缴纳形成的三峡工程建设基金，占到三峡投资总额的 50%。

第二步，“滚动开发、滚动投资”，兴建金沙江下游四大梯级电站，在 2010 年三峡工程建设基金停止征收之后，三峡集团通过自有资金滚动开发的模式，自主集资先后建成向家坝、溪洛渡水电站，现在又全资投资上千亿元建设乌东德工程，并通过国际信用评级公司授予的最高主权级信用，成为在伦敦、纽约金融市场发行双币种企业债券的第一家国有大型企业。

“国家启动、企业积累、滚动投资”模式的形成，改变了以往重大公共工程单纯依靠国家财政开

发的形式，也在城投债市场前景不明、社会融资不利的情况下，走出了由国家财政基金“第一桶金”、由国有企业自主开发投资、再到吸引国外多方资本参加的“多桶金”融资效应，开创了建设建成重大公共工程的融资新模式，解决了这些工程建设中存在的“融资难、融资贵”的难题，创造了建设国家重大公共工程的“政府+市场”新样板。

通过启动资金在企业内部的成长、积累、集聚，逐渐形成了投资资金的良性循环，如同“滚雪球”越滚越大（规模大）、越滚越快（建设快），不仅能更便利地进行直接融资、还能更便宜地利用间接融资，吸引到源源不断的国内投资、国际投资，可以说直接打通了巨型公共水电工程投资运转的“经脉”。这就打破了传统的计划经济条件下国家重大公共工程的融资模式，是三峡工程、三峡集团的集群创新在融资模式上最大的成功。

三、创新重大公共工程建设模式：从集成创新到集群创新

乌东德水电工程是一座投资规模巨大、技术十分复杂、产业链较长、环境保护效益明显、百年生命周期的公共性、公益性巨型工程。像这样大规模的公共工程，如何组织、如何创新、如何建设、又如何运营管理？中国三峡集团给了我们最好的回答和有益的启示，即集群创新。

一般来说，创新至少可以分为以下几种类型：一是引进科技机制（T1）；二是科技再创新机制（包括引进创新、模仿创新、集成创新）（T2）；三是自主科技创新机制（T3）。这就是目前全国普遍采用的三大创新机制。

作为投资方的中国三峡集团，具有建设当今世界最大水电工程（指三峡工程）实践与经验，创新了重大公共工程开发建设的新模式，即集群创新。这种集群创新概括为：以国际先进水平为标杆，以关键技术，移民搬迁安置、生态保护为突破口，进行理念创新、体制创新、管理创新、科技创新，实现跨越式发展，努力建设世界一流的可持续发展工程。

集群创新是更高层次更加综合性的创新机制，既来源于并基于三大创新机制，又高于并包含了三大创新机制，形成了第四种创新机制。这种利用综合而非单一创新机制的发挥，成为三峡集团实现“技术领先”“产业领先”“绿色领先”“走出去领先”的主要途径。

集群创新表现为产业的横向联合。乌东德工程在建设过程中，推动了水电工程设计、施工建设中多项核心技术的集中突破，重大项目建造技术再上新台阶，水利水电工程建设等关键技术产业的整体科技实力达到国际领先水平。

集群创新的优势还体现在拉动上下游产业链的整体带动效应，包括一个特定产业领域的创新型组织（创新型企业、研发中心、大学和各种中介服务机构）在地理空间上集中，聚集以知识与技术为代表、以“产学研用”为新模式，以“设计、制造、施工、运营、服务”的全生命周期产业链、价值链、供应链的包括企业集群、机构集群、行业集群、产业集群的创新大格局。这也为“中国水电兵团”走出去形成了独特的技术优势、集群优势、产业优势、整体优势，构建起新的利益共同体、发展共同体、战略共同体。

四、创新重大公共工程建成路径：从追赶到跨越式发展

乌东德作为一个巨型公共工程，涉及经济、社会、生态、公共安全等各方面，不只是简单的引进消化吸收创新、自主创新，而是涉及各类创新、跨业创新、跨界创新，也包括体制机制创新在内的集群创新。

20多年来，从三峡工程到金沙江工程，我们可以清楚地看到，通过集群创新，中国在重大水利水电公共工程的建设领域，发展速度越来越快，发展规模越来越大、越来越成熟，发展道路越来越自信。

三峡工程论证百年，兴建了二十余年；溪洛渡水电站从筹建工程启动（2002年10月）到最后一台机组投产发电（2014年6月）用了12年时间；向家坝水电站从筹建工程启动（2004年3月）到投产发电（2014年7月）缩短到了10年；可以预见，乌东德水电站从工程筹建到投产，将继续缩短建成时间。从另一方面说，建成时间的减少就意味着建成收益的提前，这就是说，三峡工程的集群创新在决策过程上的成功，将为产生巨大的机会收益。像乌东德这样巨型的重大公共工程，只要在这种利用综合而非单一创新机制的发挥集成上实现创新，不用付出高昂的机会成本，就能够获得巨大的机会收益，越早建成，就越早收益。

从长江三峡模式的诞生，到金沙江上四大工程的逐步建成，显示了从“一个三峡”到“两个三峡”，再到“三个三峡”的全过程，充分反映了决策集群创新的重大成果，它不断缩短着从原创到复制、再到超越的学习时间，大大节省了重大公共工程的机会成本，大大创造着决策集成、管理集成带来的机会收益。到2020年时，按照装机规模排名的世界十二个大水电站中，三峡集团就将拥有五座，占世界近50%。

从这个意义上说，决策和管理上的集成创新是根本的创新，有了道路的创新，这才有了之后的四个工程的在技术、科技、施工、制度等方方面面的集群创新，才能够为中国书写出巨型公共工程建设的新篇章，也才能实现由“国家投资第一个”到“企业兴建第N个”的巨型公共工程发展新模式。

五、创新重大公共工程巨大收益：四大价值

我们将创新界定为“创造新的社会价值的（各类)活动”。这有三个要点：一是能够创造新的价值，而不是已有的价值；二是所创造的价值主要是社会价值，具有正外部性；三是与创新有关的各种活动都能带来各方面价值，不仅仅是技术创新本身，还包括与之相关的创新资金的融资和投入、新技术的研究和开发、技术创新的知识产权有效保护、技术创新的示范应用和推广等活动所带来的全部收益。国有企业坚持集群创新，就是要建立起与核心竞争力相适应的新型生产关系，构建新的发展体制机制，加快形成有利于企业发展的决策和管理机制、投融资体制、技术创新和再创新体制等等，进一步推动国家重大公共工程的建设进程。

集群创新一旦作为企业创新核心与根本动力，它所带来的就不仅是物质生产力，还能够创造社会生产力、科技生产力、文化生产力、生态生产力。这就包括以下几类：

第一，经济价值。乌东德水电站的经济价值一方面体现在对地区经济增长的拉动作用上。据估算，项目建设期内将直接提高所在地经济增长2个百分点，建设期内累计增加当地财政收入22亿元，建成发电后，年发电量约为389.1亿千瓦时，每年发电产值约130亿元，工业增加值约119亿元，不仅能够有力支持地区经济，更可为地方财政每年增收约13.5亿元。另一方面，项目建设的经济价值还体现在跨企业、跨行业、跨部门的横向资源整合上。这就包括了基础设计研究领域、核心水电技术产业、基础交通电信设施、重大水电装备制造等“科学—技术—工程—产业—资本”在内涉及上百家企业、几十项产业、三大产业、覆盖多省的庞大产业链，拉动区域性相关投资1000亿-1250亿元，效应极为显著。所以说，“十三五”时期是我国水利水电等清洁能源基础设施投资建设的黄金时期，也是推动新常态下经济增长的重要途径。

第二，社会价值。西南省份是中国欠发达地区，人均GDP约为全国平均水平的2/3， 但又是中国水资源最丰富地区。全国可能开发水能资源中，西南地区约占 70.0%。据估算，乌东德水电站建设期内每年可为当地增加就业人数约7万人，整个施工期为四川、云南两省创造直接就业人数80万人，还将投资80多亿元改善工程周边地区的交通运输条件；乌东德工程不仅能够有力支持地区经济，还将改善当地的物资交流和综合运输网络。这无论对增加就业机会、减少贫困人口、缩小城乡差距，还是对拉动区域产业、协调区域发展都将起到巨大的推动作用。十八届五中全会明确提出建议要求，到 2020年我国现行标准下农村贫困人口实现脱贫，贫困县全部摘帽，解决区域性整体贫困。为此，乌东德工程的开建可谓正当其时，为解决所在区域整体贫困做出重大贡献。

第三，生态价值。清洁能源基础设施，对优化能源结构、促进节能减排具有重大意义。根据项目评估，乌东德水电站建成后，每年将替代标准煤消耗1220余万吨，减少二氧化碳排放3050万吨碳当量、二氧化硫10.4万吨。这将为实现2020年我国非化石能源占一次性能源消费比重降至 15%的目标，兑现中国向世界的减排承诺做出巨大贡献。

此外，虽然还处于开工建设阶段，乌东德项目已经在设计开发、施工建设、运营管理的全生命周期践行着“绿色大坝”的理念。如果说前三次工业革命中，中国从边缘者、落伍者，逐渐成为追赶者、赶超者，在以“绿色制造、绿色能源”为主要特征的第四次工业革命中，我们极有可能成为创新者、引领者。

第四，文化价值。从三峡工程到乌东德工程，除了在技术、产业领域创造、创新的知识产权，还凝结着中国人几千年以来的治水智慧和精神财富，在巍巍的物质大坝后面有一座文化大坝，有一座中国人的精神大坝。

乌东德项目就是在“建好一座水电、带动一方经济、改善一片环境、造福一批移民、构建一方和谐”的水电开发理念的推动下，广大的水电工程建设者不仅是创造有形物质价值的主体，更是创造无形精神价值的主体。正是这千千万万个劳动者、创新者、创业者每时每刻、每日每月的创造、创新、创业，汇聚成了社会、经济、知识、技术、生态价值的不断增长，最终成为中国水电一座新的标志性工程。

由此可见，像乌东德这样一个集群创新的巨型公共工程，它所带来的社会经济价值，远比人们想象的要大得多，所带来的正外部性更是难以估量。

总之，中国已经成为世界第一大水电之国，占世界总量比重的 27.4%，又是在建水电站规模最大之国，到2020年全球建成70万千瓦以上水轮发电机组127台，有超过2/3将由中国三峡集团运行管理，还必将成为引领世界水电发展的最强之国。乌东德大坝将成为巨型公共水电工程集群创新发展的世界新样板，也将成为引领第四次绿色工业革命（特别是绿色能源革命）的标志性工程。

中国制造之花在向家坝绽放

中国三峡集团招标采购管理中心副主任　李毅军

说起“中国制造”，现在大家众口赞誉的是“中国高铁”，其实我国水电重大装备制造也是可以与之相提并论的，只是它不像高铁那样与百姓的日常生活时常交集而不易被大家注意。

在推动水电重大装备制造国产化方面，中国三峡集团发挥了重要的作用。在三峡工程实现我国水电重大装备国产化基础上，三峡集团持续致力于通过国家重点工程建设推进我国水电重大机电装备的自主创新和升级，其成果在已经全面投产发电的向家坝水电站得到了集中展示。

向家坝水电站位于云南水富与四川省交界的金沙江下游河段上，是金沙江下游水电基地的最后一级电站，由三峡集团投资兴建，是已投产发电的中国第三大水电站，世界第八大水电站，也是西电东送骨干电源点。2014年7月7日，向家坝电站最后一台机组并入电网，提前一年实现全部8台机组投产发电的目标。向家坝电站投产的机组全部实现了“零非停”和“首稳百日”目标，标志着我国大型水轮发电机组设计、制造、安装、调试、运行质量达到世界一流水平。

徜徉在向家坝电站，可以看到处于世界一流水平的重大装备国产化成果比比皆是，其中不少设备的性能参数都可雄冠全球，位列世界第一：

中国企业设计制造的单机额定容量为80万千瓦的水轮发电机组，是目前世界上最大单机容量的水电机组。该机组的定子直径19.9米、转子直径18.97米、定子额定电压23千伏，均为目前世界上水电机组安装等级最高的技术指标，且技术和设备制造全部实现了国产化，是名符其实的“中国芯”。它的成功投运不仅实现了国产水轮发电机组从70万千瓦到80万千瓦的飞跃，还带动国内制造厂家极大地推进了大型水轮发电机组制造及配套产品技术创新；

向家坝水电站至上海的±800千伏直流特高压国产化示范工程是国内输送电压等级最高最先进的电力系统之一；

国产化500千伏高压电缆系统在向家坝电站成功应用，打破了欧美、日本的长期技术垄断，大幅降低了设备采购成本；

在中国三峡集团的大力支持、引导和协助下，由西安西电开关电气有限公司设计制造的六氟化硫发电机断路器成套装置在向家坝电站成功投运。要知道，在很长一段时间，这种额定短路开断电流达130千安的大电流断路器在世界上只有瑞士的ABB公司能够制造，长期垄断着世界市场，我国因此进口而花费了大量的外汇。现在，大容量国产化发电机组出口断路器成功应用，彻底摆脱了大型电站发电机断路器长期依赖国外进口的局面，并使我国跻身于全球少数能够生产该类高端设备的国家之列。

大坝浇筑施工中采用的缆机是亚洲第一大跨度的巨型国产缆机。

为解决向家坝砂石骨料供应问题，向家坝工程特地建立了世界上最长的砂石骨料输送带，长达40余公里。

向家坝电站右岸地下电站厂房及左岸坝后式厂房内各装有2台太原重工生产制造的1200/125吨单小车桥式起重机。其中，主钩吊重1200吨，单钩起重量达到世界之最。

国产的550千伏气体绝缘金属封闭开关组合装置在向家坝电站可靠运行，这种装置也曾经长期被西方国家的厂商垄断市场多年。

继电保护系统、水轮机调速系统、发电机励磁调节系统、机组现地控制系统以及相应的辅助配套设备全部实现国产化。

在向家坝电站的中央控制室里，国产的计算机监控系统对全厂的机组和设备实现了自动化的集中控制。面对向家坝、溪洛渡两座巨型电站投运后的一库两站、两网两调等世界级难题，中国三峡集团在金沙江下游梯级电站不断探索“调控一体化”运行管理模式，在传承三峡电站运行管理经验的基础上，研发的生产管理信息系统具备了把多个电厂、多个生产单位统一在一个平台上运行的条件，实现了远程集控、运行监视、水库统一调度和电力分区调度，电厂实行“无人值班”（少人值守）的运行管理方式。向家坝、溪洛渡机组的开、停机等重要操作都可以在成都调控中心实现远方控制。这是在生产管理信息系统上实现的重大突破，实现了水库水位高度、电站监控等职能的统一和远程控制，取得了多项世界之最。成功实施的“调控一体化”模式，不仅使中国三峡集团管辖的梯级枢纽管理水平大幅提高，更解决了“一库两站两调”的调度难题，确保了电能顺利外送，实现了水资源的高效利用，在管理和技术创新上实现了飞跃。也使中国三峡集团在水电站的流域控制方面处于世界领先水平。

向家坝电站的10台500千伏／890兆瓦特大型变压器全部采用国产设备。

除了上述装备，中国三峡集团在水电重大装备加工制造所需的高等级原材料研发方面也积极扶持和引导中国厂家，率先在其投资建设的工程项目中使用国产高强度钢板。向家坝水电站发电机组引水隧洞压力钢管直径最大为14.4米，为目前水利水电工程上钢管直径之最，具有技术含量高、施工强度大、质量要求高等特点。压力钢管及蜗壳全部采用了宝钢生产的600兆帕级高强钢板制作。在中国三峡集团所建特大型水电站的示范作用下，现在国产600兆帕级高强钢板已在其他电站大量使用，压力钢管制作及安装技术已经完全成熟。在600兆帕级高强钢板成功应用的基础上，中国三峡集团又根据工程建设需要，鼓励和引导国内企业进一步研制800兆帕级高强钢板并积极在特大型水电站工程建设中应用。中国三峡集团建设的呼和浩特抽水蓄能电站、乌东德水电站都应用了国产800兆帕级高强钢板。现在，国内已有多家钢铁制造企业能够生产800兆帕级高强钢板，正在建设中的白鹤滩水电站也将通过公开招标方式向国内钢铁企业大批量地采购800兆帕级高强钢板。

此外，中国三峡集团大力促成的70万千瓦及以上水电机组的水轮机转轮、大轴等重大铸锻件的国产化，大型发电机和变压器专用高端硅钢片国产化等成果也有效地打破了欧美、日本在这些高端原材料方面的长期垄断，为“中国制造”的腾飞再添强大的动力。

这些重大技术创新的国产化成果，为我国下一步设计制造单机容量百万千瓦的世界最大水轮发电机组提供了强大的技术支撑和物质基础。

“桃李不言，下自成蹊”。中国三峡集团多年来致力于水电重大装备国产化的努力取得了良好的社会效果和经济效益。从三峡左岸电站700兆瓦水轮发电机组国际招标采购起步的水电重大装备国产化进程，在十多年的时间里取得了举世瞩目的成就，彻底打破了国外厂商在特大型水轮发电机组、500千伏气体绝缘金属封闭开关组合装置、大电流发电机出口断路器、特大型发电机励磁系统和调速系统、特大型桥式起重机、大电流离相封闭母线、大型水电工程施工设备、500千伏特大型变压器、特大型水电站计算机监控系统、大型铸锻件、高强度厚钢板、大型发电机和变压器专用高端硅钢片等方面的垄断，极大地振兴和发展了我国的民族工业，为国家节约了大量的外汇，使我国的这些行业产品达到了国际上同类产品的相同质量和性能，但又有价格方面的优势，能够与国外厂商同台竞争。

通过三峡、溪洛渡和向家坝等巨型水电站的建设，中国进一步确立了世界水电行业无可争议的老大地位，从勘察设计、建安工程、设备制造直至运行，中国在世界水电行业均处于第一的位置，这是一条有着完全的知识产权、自己的标准的全产业链世界第一的能力，为将来的中国水电走向世界、占据世界水电建设的制高点奠定了坚实的基础。我们现在完全可以自豪地说，中国现在的水电产业链（包括设计、制造、建设和运行）如同中国高铁一样是中国在世界上最有竞争力的行业。

从某种角度而言，向家坝水电站是我国水电重大装备国产化成果的展览馆，在这里我们欣喜地看到“中国制造”之花竞相怒放，水电重大装备昂首阔步地从“中国制造”迈向“中国创造”，这在中国乃至世界的水电建设中留下了一幅浓墨重彩的美丽画卷。

深挖企业潜能　提升专业化服务能力

长江三峡设备物资有限公司总经理、党委副书记　熊志刚
长江三峡设备物资有限公司党委书记、副总经理　郑良成

“兵马未动，粮草先行”。自古以来，物资供给就是军事成败的关键。今天，设备物资供应更是中国三峡集团工程建设的基本保障、电力生产的重要基础。中国三峡集团2015年工作会议上，王琳总经理在回顾2014年工作时指出：“设备物资公司在工程建设领域中作为‘粮草官’为梯级水电开发提供了设备物资供应保障”。

2015年是中国三峡集团“十二五”规划收官之年和改革发展关键之年，也是设备物资公司直面挑战、攻坚克难的重要一年。设备物资公司将紧紧围绕集团重点工作，全力配合乌白两电站工程筹建及三个工程剩余项目收尾等任务，同时深挖企业潜能，提升专业化服务能力，提高设备物资利用效率，通过降本增效实现中国三峡集团利益最大化。

2015年，设备物资公司要勇于担当、真抓实干、走好“四步”，务期必成，为中国三峡集团筑梦“新三峡”做出新贡献。

第一步：目标分解，抓落实

抓落实要咬紧目标。古人曰：“道虽迩，不行不至；事虽小，不为不成”，这里的“道”和“事”就是目标。

中国三峡集团的战略目标是建设国际一流的清洁能源集团，设备物资公司的目标是为中国三峡集团工程建设和电力生产提供专业物流保障。2015年设备物资公司的中心工作，就是要以服务中国三峡集团水电开发和运营为基础，继续集中精力做好工程建设、电力生产、枢纽运行设备物资的保障供应，打造设备物资专业核心竞争力，努力提高集团整体物流管理水平；同时把握工程建设板块整合的良好机遇，主动作为，实现公司战略引领、品牌建设、安全发展、人才支撑、政治保障、文化传承六大板块的可持续发展。

蓝图已经绘就，关键在于落实。否则，再好的文件也是一纸空文，再正确的决策也不会发挥其应有的作用。相关部门要按照工作会报告明确的工作思路，结合分组讨论环节搜集的意见和建议，抓紧制定全年工作要点，层层分解责任部门、责任人和阶段目标，为各级各部门指明工作方向。只有明确主体，各司其职，协调联动，形成合力，全公司上下一盘棋，才能落盘有声，声声入胜。

第二步：脚踏实地，战当前

战当前要有咬定青山不放松的信念和恒心，紧紧扭住关键环节，强化执行，克难攻坚，务期必成。

首先要牢固树立安全生产“红线”意识，时刻绷紧安全弦。严格执行新《安全生产法》，全面推行“6S”管理、加强安全生产隐患排查治理和应急管理、加大质量安全培训力度，全面提升员工质量安全意识和技能，以更加开阔的工作思路、更加科学的措施、更加灵活的手段，更加到位的监督，落实好“党政同责、一岗双责、齐抓共管”要求，确保实现质量安全双零目标。

其二要全力保障乌白电站设备物资供应。乌东德、白鹤滩两地项目部及巨浪公司要密切跟踪主体工程核准和大江截流安排，加强现场物资调度和仓储管理，协助业主做好设备物资供应的应急预案，合理调配资源，保障各类设备物资的安全可靠供应。

其三要高质量配合工程收尾。继续做好三峡升船机施工、调试配套服务，以及向家坝升船机和呼蓄的设备安装保供工作。继续做好向家坝、溪洛渡两工程设备物资供应、仓储管理和设备材料应急采购、施工设备退库、工程剩余物资再利用、物资核销、档案资料移交等工作。

目标已经步步分解，责任已经层层传递，我们必须以只争朝夕的进取精神、不胜不休的决战气魄，打造雷厉风行的实施、监督、考评、奖惩一体化的“执行链条”，脚踏实地，切实实现闭环管理。

第三步：上下联动，谋发展

2015年是中国三峡集团全面深化改革重要举措落地实施之年，也将是设备物资公司历史上里程碑式的一年。

一方面，设备物资公司面临前所未有的重要机遇。中国三峡集团正加快推进建设板块整合，很快将注册成立三峡建设管理公司。设备物资公司必须服从大局，积极参与，主动作为，力争在集中采购平台建设和建设板块整合中找准自身定位，明确公司发展方向。同时推动产业链的完善，使各业务板

块实现组织协同、技术协同、资源协同。充分发挥自身专业管理的优势，加强设备物资管理信息化、数字化、标准化建设，积极探索供应链实时在线动态管理，进一步降低成本、提高效率，打造企业核心竞争能力，为提高中国三峡集团整体物流管理水平做出新贡献。

另一方面，设备物资公司面临业务逐渐萎缩的严峻形势。公司主营业务受水电工程进度的阶段性影响明显。以三峡区域为例，目前各项业务已大幅度萎缩，如不采取措施，待升船机建成投产之际，将仅剩电力生产仓储一项业务。怎样深耕细作，根据电厂需求为其提供高效定制服务？怎样主动出击，与国际、新能源板块开展合作，努力争取公司新的业务增长点？公司上下只有拧成一股绳、劲往一处使，才能转变思想观念，破解发展难题。领导干部要以中国三峡集团工作会议精神为指引，以战略思维统筹全局，顺应深化改革新常态，夙夜在公，殚精竭虑、因势而谋，顺势而动。企业职工要树立主人翁意识，要有“企业和职工之间是一个利益和风险共同体，只有企业发展了，职工的收入才能得到相应的提高，职工才会有更大的发展空间”的共识，才能以实际行动为企业分忧，与企业共度难关。

第四步：党建反腐，筑防线

党建工作是企业发展的方向盘，只有从严治党，努力让党建工作融入中心、服务大局，才能为经济工作各项指标、任务的完成保驾护航；才能推动并保证中国三峡集团的发展战略沿着“新三峡梦”的正确方向前进。

2015 年，公司要进一步提升党员干部思想素质，严明党的政治纪律和政治规矩。牢固树立“抓好党建是最大政绩”的理念，认真学习习总书记系列重要讲话精神，强化领导干部的理论学习，给党员干部补精神之“钙”，强化党员干部的纪律意识，始终保持对“七个有之”的警醒，增强企业发展的向心力，为中国三峡集团实现“新三峡梦”凝聚力量。

要狠抓作风建设和反腐倡廉建设，营造风清气正的企业环境。作风建设永远在路上，要锲而不舍反复抓，抓出习惯，抓出长效，抓出常态；反腐倡廉建设永远在路上，要紧紧抓住 “两个责任”和党风廉政建设责任制落实这个“牛鼻子”，充分发挥纪委的监督执纪问责力度，坚持无禁区、全覆盖、零容忍，始终保持惩治腐败的高压态势，为中国三峡集团实现“新三峡梦”筑牢思想和廉洁防线。

设备物资人相信，“积力之举无不胜，众智之为无不成。”2015 年，设备物资公司将以踏石留印、抓铁有痕的作风狠抓落实；以凝心聚力、上下联动的态度共谋发展；以从严治党、抓好党建的决心筑牢防线；以脚踏实地、积沙成塔的精神走好四步；把需要干的工作一件件谋划好，把正在干的工作一项项干得更出色，为中国三峡集团实现“新三峡梦”做出新的更大的贡献。

要事特辑

四川电力：辉煌的“十二五”

1953年，我国开始制定第一个“五年计划”（从“十一五”起改成规划）， 对国家重大建设项目、生产力分布和国民经济发展远景规定了目标和方向。截至2015年年底，我国已发布十二个“五年计划”（除1949年10月到1952年年底为中国国民经济恢复时期和1963年至1965年为国民经济调整时期外），2016年已制定出台“十三五”规划。在一个接一个的“五年计划（规划）”中，四川这个得天独厚的“天府之国”，在各方面都取得了很好的成就，尤其是四川的电力，在灿烂的群星中显得分外夺目。

装机容量　一日千里

电力，是国民经济重要的基础产业，是现代文明的标志，电力的发展首先是发电机组的增多和单机容量的增大。在这些“五年计划”中，四川的发电装机容量曾多次成倍地增长。

第一个“五年计划（1953－1957）”，由初期的6.6万千瓦到末期的18.6万千瓦，净增1.8倍；

第二个“五年计划（1958－1962）”末期，装机容量达到73.7万千瓦，增加了3倍；

第三个“五年计划（1966－1970）”末期，装机容量达到152.4万千瓦，净增0.8倍

第四个“五年计划（1971－1975）”末期，装机容量达到289万千瓦，净增0.9倍；

第五个“五年计划（1976－1980）”末期，装机容量达到396.8万千瓦，净增0.4倍；

第六个“五年计划（1981－1985）”末期，装机容量达到462.6万千瓦，净增0.2倍；

第七个“五年计划（1986－1990）”末期，装机容量达到749万千瓦，净增0.6倍；

第八个“五年计划（1991－1995）”末期，装机容量达到1215万千瓦，净增0.6倍；

第九个“五年计划（1996－2000）”末期，装机容量达到1709.8万千瓦，净增0.4倍；

第十个“五年计划（2001－2005）”末期，装机容量达到2245.6万千瓦，净增0.3倍；

第十一个“五年规划（2006－2010）”末期，装机容量达到4232万千瓦，净增0.9倍；

第十二个“五年规划（2011－2015）”末期，装机容量达到8672.9万千瓦，增加了1倍。

从以上每个“五年计划”增长的倍数中不难看出，四川电力发展经历了“一五”“二五”“三五”“四五”“十一五”“十二五”6个高峰期。同时也不难看出，“十二五”是四川电力发展最为辉煌的时期。

“计划”初期，发电装机容量基数小，翻几倍也并非难事；随着时间的推移，基数愈来愈大，每增加0.1倍，也是一个不小的数字，也要付出不少艰辛的努力，要成倍地增长，不但可能性越来越小，困难也越来越大。然而，进入“十一五”规划，装机容量增长速度堪称“惊人”，“十一五”规划的增加接近整数倍，“十二五”规划就完整地达到了“1”。这个整数倍的增加，就意味着是前面所有“五年计划”完成量的总和。四川电力发展能达到如此惊人的速度，是借了“西部大开发”开发水电资源的东风。一位主管能源开发的国家有关部门官员有一个影响甚广的观点：开发水电就是开发西部。开发西部的水电资源东送，变西部资源比较优势为经济优势，这是东部对西部实实在在的支持，也是西部发展的客观需要。

从“一五”计划到“八五”计划，四川电力一直是火电领先，“九五”计划中期（1997），水电便占了主导地位。截至2015年年底，水、火比重分别是81.3和18.7。毋庸置疑，这都是四川政府部门、电力企业认真落实中央政策和科学规划的结果。

2011年1月24日，四川省“十二五”规划纲要出台，要求“加快能源基地建设， 加强水电、天然气等重要资源开发，夯实能源供应基础。在保护生态和做好移民安置工作的前提下，加快金沙江、雅砻江、大渡河‘三江’水电基地和大中型流域水电集群建设，基本建成全国重要的水电基地……到2015年，发电装机容量达到8600万千瓦（其中水电装机约7000万千瓦）。”同时要求：“水电。重点建设金沙江溪洛渡、向家坝、乌东德、白鹤滩，雅砻江锦屏一、二级、官地、桐子林、两河口，大渡

河大岗山、长河坝、猴子岩、双江口、枕头坝等‘三江’及大中型河流的水电站，新增水电装机容量3800万千瓦。加快金沙江上游水电梯级开发前期工作，力争开工建设。”“火电。重点建设珙县、福溪、内江60万千瓦循环流化床示范电站和攀钢电厂，新增燃煤火电装机容量330万千瓦；建设达州等燃机电厂，新增气电装机容量70万千瓦；规划建设重点煤区坑口电厂、煤矸石综合利用电厂以及百万千瓦级超超临界路口电厂。”

在此规划思想指导下，四川省进一步优化电力电源结构，充分发挥资源优势，大力提高非化石能源和低碳清洁能源的比重，优先发展水电，着力打造全国水电基地。

2011年年初，四川省在建水电规模已达3000多万千瓦，进入前期准备阶段的水电装机规模也有3000多万千瓦。2011年8月26日，四川华电珙县电厂一期（2×60万千瓦）工程竣工投产。10月18日，中电福溪电厂一期((2×60万千瓦))1号机组顺利实现并网发电。中电福溪电厂和华电珙县电厂，与溪洛渡水电站、向家坝水电站等国家“西电东送”骨干电源点形成了水火配套网体系，提高了电网丰枯期水火调峰能力。年底，全省装机容量4787.5万千瓦，其中水电3342.3万千瓦，火电1439.6万千瓦，水火比重分别为69.8和30.2。全年发电量为1857.1亿千瓦时，其中水电1260.7亿千瓦时，火电596.2亿千瓦时。

2012年5月31日，雅砻江流域水电开发有限公司开发的官地电站二号机组投产，这台机组的投产标志着四川电站总装机突破5000万千瓦。至此，四川省发电装机达到5008万千瓦，其中水电3457万千瓦，跃升全国第一，火电1459万千瓦，风电1.6万千瓦，四川电力工业发展迈上具有里程碑意义的新台阶。12月30日，标志性工程锦屏二级水电站首台机组投产发电，相当于在快马身上又加了一鞭。到年末，四川发电装机容量达到5458.8万千瓦，其中水电3964.2万千瓦，火电1493万千瓦，水火比重分别占72.6和27.3。全年发电量为2129.5亿千瓦时，其中水电1545.2亿千瓦时，火电583.9亿千瓦时。

2013年，省电力行政主管部门加强电力供需平衡，创新实施“火火”“水火”替代发电，积极消纳水电，推进四川电力事业不断发展。8月30日，国家“西部大开发”标志性工程，“西电东送”重点工程、拥有世界第一高坝的雅砻江锦屏一级水电站首批两台60万千瓦的机组投产。同时，有少量风、光伏电站发电。当年，四川全省装机容量突破6000万千瓦。截至2013年年底，水、火、风、光伏总装机容量达到6862.4万千瓦，其中水电5266.2万千瓦，火电1581.9万千瓦，水、火比重分别为76.7和23.1。全年发电量为2617亿千瓦时，其中水电2023.4亿千瓦时，火电592.8亿千瓦时。

2014年6月30日，世界第三大水电站溪洛渡水电站全面投产；7月10日，中国第三大水电站向家坝水电站又全面投产发电。首批四川境内的两座巨型电站，总装机2026万千瓦，成为“西电东送”的骨干电源点。这两座电站的投产，给四川的发电能力带来了飞跃式的发展。截至2014年12月底，年新增装机容量连续两年突破1000万千瓦，全省电力总装机容量达到7874.4万千瓦，较年初增长14.7%。其中水电6292.9万千瓦，较年初增长19.5%，占总装机容量的79.9%；火电1547.2万千瓦（含垃圾发电15.8万千瓦），占总装机容量的19.7%。全年发电量为3129.6亿千瓦时，其中水电2578.3亿千瓦时，火电547.2亿千瓦时。

2015年，是“十二五”规划的收官之年，四川的电力发展取得了前所未有的辉煌成就。10月27日，大岗山水电站全部机组建成投运。10月28日，桐子林水电站首批两台机组发电。截至2015年年底，发电装机容量达到8672.9万千瓦。其中水电装机6939万千瓦，火电装机1623万千瓦。圆满实现了“十二五”规划的预期目标。

“十二五”规划期间，新投产100万千瓦及以上的大中型水、火电站（厂）8座（官地、大岗山、锦屏一、二级、向家坝、溪洛渡、珙县、福溪），最引人注目的有4座：锦屏一、锦屏二级、向家坝、溪洛渡。

1.锦屏一级

锦屏一级水电站位于四川省凉山彝族自治州盐源县和木里县交界的雅砻江畔洼里乡灯盏窝，是雅砻江干流下游河段（卡拉至江口河段）的控制性水库梯级电站，下距河口约412公里。

锦屏一级水电站于2005年9月获国家核准并于11月12日正式开工，2006年12月4日提前两年成功实现大江截流，2009年10月23日开始大坝浇筑，于2013年12月底封顶。

锦屏一级水电站规模巨大，电站总装机容量360万千瓦（60×6），枯水年枯期平均出力108.6万千瓦，多年平均年发电量166.2亿千瓦时。水库总库容77.6亿立方米，调节库容49.1亿立方米，属年调节水库。混凝土双曲拱坝坝高305米，为世界第一高双曲拱坝。

2012年11月30日，锦屏一级水电站正式开始蓄水。

2013 年 8 月 30 日，锦屏一级水电站首批两台 60 万千瓦的机组投产发电。

2014 年 7 月 12 日，锦屏一级水电站最后一台机组结束 72 小时试运行，正式投产运行。至此，这个“西电东送”标志性工程的 6 台 60 万千瓦机组全部投产。

锦屏一级水电站是雅砻江干流下游河段的控制性梯级电站，将使四川电网枯水期平均出力增加 22.5%。电站水将对雅砻江下游锦屏二级、官地、二滩和桐子林水电站产生显著的补偿效益，每年使雅砻江下游梯级电站增加发电量 60 亿千瓦时，相当于新建一座装机 120 万千瓦的水电站；使金沙江溪洛渡、向家坝、长江三峡和葛洲坝水电站增加发电量 37.7 亿千瓦时。

2. 锦屏二级

锦屏二级水电站位于四川省凉山彝族自治州木里、盐源、冕宁三县交界处的雅砻江干流锦屏大河湾上，系雅砻江卡拉至江口河段五级开发的第二座梯级电站。锦屏二级水电站利用雅砻江 150 公里锦屏大河湾的天然落差，截弯取直开挖隧洞引水发电。

坝址位于锦屏一级下游 7.5 公里处，厂房位于大河湾东端的大水沟。总库容 1428 万立方米，调节库容 502 万立方米。电站总装机 480 万千瓦（60×8），多年平均年发电量 242.3 亿千瓦时。电站本身具有日调节功能，与锦屏一级同步运行则同样具有年调节能力。

锦屏二级水电站枢纽建筑主要由拦河低闸、泄水建筑、引水发电系统等组成，4 条引水隧洞平均长约 16.6 公里，开挖洞径 13 米，为世界最大规模水工隧洞。锦屏二级水电站于 2007 年 1 月 30 日正式开工。

2011 年 6 月 6 日，1 号引水隧洞上台阶开挖全线贯通；2011 年 8 月 16 日，2 号引水隧洞上台阶开挖全线贯通；2011 年 8 月 28 日施工排水洞全线贯通。

2012 年 12 月 30 日，地处四川省凉山彝族自治州大山深处的锦屏二级水电站首台机组顺利发电。

2014 年 11 月 26 日，锦屏二级水电站 8 号机组完成 72 小时试运行，投入正式运行。至此，8 台机组全部投产。国家“西电东送”和“川电外送”战略的关键性工程——拥有世界最大规模引水隧洞群的锦屏二级电站，把清洁能源源源不断地送往华东电网及川渝电网。

3. 向家坝

向家坝水电站位于云南水富与四川省交界的金沙江下游河段上，距水富市区仅 500 米，是金沙江水电基地最后一级。电站上距溪洛渡水电站坝址 157 公里，电站拦河大坝为混凝土重力坝，坝顶高程 384 米，最大坝高 162 米，坝顶长度 909.26 米。水库总库容 51.63 亿立方米，调节库容 9 亿立方米，回水长度 156.6 公里。电站装机容量 640 万千瓦（80×8），是中国已建成的第三大水电站，也是西电东送骨干电源点。向家坝水电站是金沙江水电基地 25 座水电站中唯一兼顾灌溉功能的超级大坝，其余 24 座大坝均无灌溉水利设施，向家坝也是金沙江水电基地中唯一修建升船机的大坝，其升船机规模与三峡相当，属世界最大单体升船机，船舶翻坝效率远超三峡五级船闸，千吨级船舶过坝只需 15 分钟时间，比三峡船闸 5 小时的平均过坝时间大大缩短。向家坝水电站至上海的±800 千伏直流特高压国产化示范工程是国内输送电压等级最高最先进的电力系统之一。

2002 年 10 月，向家坝水电站经国务院正式批准立项；2006 年 11 月 26 日正式开工建设；2008 年 12 月 28 日 11 时 26 分成功截流；2012 年 11 月 5 日首台机组发电；2013 年 5 月 31 日，向家坝右岸 4 台机组（5，6，7，8）全部投产发电；2014 年 7 月 10 日，向家坝水电站最后一台机组 10 日正式投产运行。

为减少弃水，增加发电效益，向家坝水电站进行了设计变更。变更后，右岸增加 3 台 45 万千瓦水轮发电机组，由左至右编号为 9、10、11 号机。至此，向家坝水电站装机容量为 775 万千瓦，保证出电 200.9 万千瓦，多年平均发电量 307.47 亿千瓦时。

4. 溪洛渡

溪洛渡水电站位于四川省雷波县和云南省永善县接壤的金沙江峡谷段，是金沙江上仅次于白鹤滩的一座水电站，也是国内已建成第二大世界第三大水电站。溪洛渡水电站是一座以发电为主，兼有防洪、拦沙和改善下游航运条件等巨大综合效益的工程。电站主要供电华东、华中地区，兼顾川、滇两省用电需要。

溪洛渡水电站具有高地震区、高拱坝、高水头、大泄流量等特点，工程设计、施工、管理面临众多世界性难题。溪洛渡水电站枢纽由拦河坝、泄洪、引水、发电等建筑物组成。拦河坝为混凝土双曲拱坝，坝顶高程 610 米，最大坝高 278 米，坝顶弧长 698.07 米；电站在左、右两岸各布置一座地下厂房，各安装 9 台单机容量 77 万千瓦的巨型水轮发电机组，总装机 1386 万千瓦，仅次于三峡电站和伊泰普电站（1400 万千瓦），多年平均发电量 571.2 亿千瓦时。

2007年4月大坝开工建设；同年11月大江截流；2009年3月，大坝主体工程混凝土浇筑开工；2013年7月15日，首台机组（右岸13号机组）顺利结束72小时试运行正式发电；2013年创下了一个月4台机组投产，一年12台机组投产，全年投产机组达924万千瓦的世界纪录。整个工程较原计划2015年提前一年，于2014年6月30日21时50分所有机组全部投产。

已建成的巨型、大中型电站正为四川、华东、华中等地的经济社会建设发挥着巨大作用，后续的大型水电工程又相继跟进，使四川的水电开发的里程进入新的高度。2015年7月13日，装机200万千瓦的双江口水电站正式开建；11月17日，装机1600万千瓦的白鹤滩水电站环境影响报告书获环保部批复；12月24日，装机1020万千瓦的乌东德水电项目正式动工，为四川未来电力的发展埋下了伏笔。

“十二五”规划期间，风电和光伏发电装机均从0开始，刷新了四川新能源的历史纪录。

风电，四川被划为全国“四类资源区”，开发重点主要集中在凉山州和秦巴山区。截至2014年8月，已有华能新能源、华电四川、大唐四川、中电投喜德电力、三峡新能源以及四川新澜集团、德昌风电、四川能投、西昌飓源风电等企业投资开发山地风电场。截至2015年年底，四川风电产业累计并网装机容量达到73.4万千瓦，风电发电量10亿千瓦时，风电累计核准容量394万千瓦，累计在建容量321万千瓦。

四川素有中国西部“硅谷”和“光伏第一省”之称，拥有丰富的多晶硅产能资源和较集中的产业基地，形成了乐山多晶硅基地和双流光伏产业园区，已发展成多晶硅产能、产量大省，为太阳能上下游产业发展奠定了良好的基础。太阳能资源主要集中在攀西地区。2013年，全省建成太阳能电站3座，装机3.3万千瓦。2014年又重点建设了火古龙、洛若、树堡三期、大河乡、万家山等5座光伏电站，新增光伏发电装机8万千瓦。截至2015年年底，四川光伏发电累计装机容量36.4万千瓦，其中光伏电站33万千瓦。

水电技术　蜚声世界

“西部大开发”推进了四川的“水电大开发”，也就促进了四川的发电装机容量迅猛直线上升，独占全国鳌头。

21世纪的水电建设在中国，中国水电建设在四川。自然，世界水电技术进步也在四川。四川“十二五”规划期间建成的溪洛渡、向家坝、锦屏一、二级等战略性水电工程，无论从技术，还是环境条件方面，都面临前所未有的世界级问题的挑战，从而引领着世界水电建设的发展方向，标志着中国的水电建设步入世界领先水平。

1.单机容量，刷新世界纪录

随着四川巨型电站建设的增多，20世纪末为二滩研制的单机容量55万千瓦机组已不能满足需要。迫使在川的中国东方电气集团有限公司等水电设备制造单位引进先进技术，与国外公司合作研制70万千瓦级水轮发电机组，在此过程中，掌握了混流式水电机组研制的关键技术。在具备了研制70万千瓦级水电机组的能力和条件后，通过消化、吸收、再创新，在大型混流式水轮发电机组设计、制造方面取得了巨大技术进步，并达世界先进水平。因此，四川水电装备水平已发展到单机容量80万千瓦（目前世界最大）。“十二五”规划期间，已建成大型水电站单机容量超过二滩的有：单机容量60万千瓦18台（官地4台、锦屏一级6台、二级8台），单机容量65万千瓦4台（大岗山水电站），单机容量77万千瓦18台（溪洛渡水电站），单机容量80万千瓦机组8台（向家坝水电站）。在建的几座大型、巨型电站中，单机容量达到60万千瓦及以上的有：单机容量65万千瓦4台（长河坝水电站），单机容量85万千瓦12台（乌东德水电站），单机容量100万千瓦16台（白鹤滩水电站）。

目前，世界上已投运的混流式水电机组单机额定容量最大的项目主要包括：美国大古力水电站（3台×70万千瓦）；巴西依泰普水电站（18台×70万千瓦）；中国三峡水电站（32台×70万千瓦）；中国砻滩水电站（4台×70万千瓦）；中国向家坝水电站（8台×80万千瓦）；中国三峡溪洛渡水电站（18台×77万千瓦）；转轮直径最大为三峡工程机组的10.4米。单机容量70万千瓦以上的水轮发电机组，超过一半在中国；中国先后与80多个国家建立了水电规划、建设和投资的长期合作关系，成为推动世界水电发展的重要力量。

众多大型水电站先后投运，促使我国水电机组整体水平稳步提升。从三峡电站单机容量70万千瓦，到溪洛渡电站单机容量77万千瓦，再到向家坝电站的单机容量80万千瓦，拥有自主知识产权的国产机组不断刷新世界纪录，标志着我国在大型水轮发电机组设计、制造、加工、安装、运行等方面均达到了世界一流水平。随着未来乌东德、白鹤滩等大型水电站的建设，我国单机容量百万千瓦级特大型水电机组的问世也已指日可待，而且全部国产化。

2.水电开发，促解世界难题

因四川多数河流处于地震活动带，地质构造复杂，施工难度大，世界性难题接踵而至。

溪洛渡混凝土双曲拱坝是建在基本烈度Ⅷ度的高地震区的特高拱坝，面临“大坝基建面的选择、拱坝的体型设计、大坝应力分析、坝肩稳定分析、大坝的抗震设计、泄洪消能和超大型地下洞室群的设计”等综合性技术难题。地震设防标准、坝身泄洪流量及泄洪功率位居世界特高拱坝之首。

为解决这一世界难题，三峡集团牵头组织的科研团队，将业主、设计、科研、监理、生产紧密集成，攻克了拱坝智能化建设关键技术，解决了拱坝在设计、实施、初期运行阶段的关键技术问题，实现了大体积混凝土浇筑质量、温控的精细、个性化、智能控制，确保了溪洛渡大坝的安全高效建设，开创了我国智能高拱坝建设的先河。

总之，工程平台实现了三个方面的创新：一是首次创建了拱坝智能化建设理论，攻克了拱坝智能化建设关键技术，研发了成套装备及控制系统；二是建立了特高拱坝施工进度与真实工作性态的耦合仿真分析模型与方法，实现了全坝、全过程实时工作性态的动态可控；三是首次创建了大坝全景信息模型，研发了拱坝智能化建设与运行信息化平台，实现拱坝智能化建设的感知、分析与控制的有效运转。

向家坝水电站的“高坝底流泄洪消能方式、大跨度地下厂房、大容量水轮发电机组、变顶高尾水洞、齿轮垂直升船机、长距离砂石骨料输送线、巨型沉井群”等，无疑是专家们攻克的技术难点。

在四川三大水电基地中，技术攻关尤以雅砻江上的锦屏水电站（由锦屏一级、二级组成）为代表。

锦屏水电站一系列世界级技术难题包括：复杂地基条件下高拱坝结构分析方法、设计理论和施工技术，倾倒拉裂深卸荷等复杂地质条件下高陡边坡稳定分析方法、加固理论及施工技术，坝肩抗力体大范围深部卸荷及破碎岩体加固处理技术，高水头大流量超高流速泄洪消能技术，人工骨料混凝土碱活性抑制技术，超高拱坝混凝土施工温控防裂技术，高山峡谷中施工布置、混凝土快速高强度施工等。

概括地说，锦屏水电站具有“五高一深”的特点，即“世界最高混凝土拱坝，高山峡谷、高边坡、高地应力、高压大流量地下水、深部卸荷裂隙”，被国内外水电界公认为建设管理难度最大，施工布置难度最大，工程技术难度最大，施工环境危险最大的巨型水电站之一，是世界电站大坝建设和引水发电隧洞建设的里程碑。305 米高的世界第一高拱坝工程、大型地下厂房工程、大型地下洞室群工程、大规模地下基础处理工程以及 7 条长度各约 17 公里、直径 13 米的引水隧洞和交通隧洞的设计、施工和建成后的管理都是世界级难题。

“三峡最大、锦屏最难”，这是业内人士的共识。雅砻江流域水电开发有限公司在开发锦屏水电站过程中，通过与国家自然科学基金会共同成立雅砻江水电开发联合研究基金等方式，组织知名院士等专家进行科技攻关，共创造了 20 项世界第一、20 项国内第一、23 个首创，多个项目获国家科技进步奖，最终创造性解决了世界级难题。此外，雅砻江公司还与清华大学等高校合作，建成世界上埋深最深、环境最洁净的极深地下实验室，位于地下 2525 多米，宇宙射线可降低到亿分之一，主要开展暗物质研究等科研工作。

锦屏水电站的建成，还大大提升我国大型水电工程建筑材料的研发和生产水平，使我国隧道及地下工程技术再跃一个新台阶。用于锦屏工程的水轮发电机组、高压电器设备和直流、交流输变电设备实现了全部国产化，极大地提升了我国机电工业的制造水平。

电网升级　日新月异

大型水电站建设推动大容量、远距离、高电压输电技术不断创新。二滩水电站建成之前，四川的输电线路最高等级只有 220 千伏。二滩水电站建成之后，开始有了 500 千伏超高压线路二（滩）—自（贡）线，随后相继有了自（贡）—渝（重庆）线、自（贡）—蓉（成都）线、南（充）—万（州）线（四川段）、广（安）—南（充）线、江（油）—德（阳）线、紫(坪铺)—崇(州) —华(阳)线。

四川省“十二五”规划纲要要求：要“建设以 500 千伏电网为骨架、220 千伏电网为支撑的省内电网和水电送出通道，形成布局优化、结构合理、联系紧密、城乡协调、安全可靠、覆盖全省的输配电体系。建设以超高压、特高压为支撑的跨区大通道，提高网际省际交换能力，构筑跨省区跨流域的电力交换大枢纽”。“加快建设锦屏—苏南、溪洛渡—华东等特高压、超高压骨干电网工程；规划建设特高压交流输电通道；加快实施新一轮农村电网改造升级、无电地区电力建设等工程”。

“十二五”规划是四川电网（国）历史上投资最大、发展最快的时期。五年来，先后投运±800 千伏锦—苏、溪—浙等特高压工程。跨省跨区输电能力增加到 2850 万千瓦，累计外送富余电量 3535 亿千瓦时，分别是“十一五”规划末的 2.16 倍和 5.57 倍。全省 500 千伏骨干电网覆盖全省 21 个市州，负荷中心形成梯格状主网架，500 千伏及以上输电线路和变电规模分别位居国网系统第一和第二。同时，实施了“新甘石”联网、川藏联网、甘孜“电力天路”等系列工程，促进了民族地区、贫困地区、革命老区资源转化和民生改善。

“十二五”规划累计完成电网（国）投资1481亿元（含特高压），投产110千伏及以上线路2.36万公里、变电容量1.14亿千伏安，分别是“十一五”的1.79倍和1.7倍，“大电网、大枢纽、大平台”规划作用得到充分发挥。截至2015年年底，四川对内建成以500千伏电网为骨架，220千伏电网为支撑，110千伏及以下网络为基础，布局优化、结构合理、联系紧密、城乡协调、安全可靠、覆盖全省的输配电体系；对外构筑坚强智能的跨省区跨流域的水火互济、购送灵活、交换方便的全国电力资源配置大平台，形成“东接三华、西纳新藏、北联西北、南通云贵”的全国电力交换大枢纽。

四川电网（国）建设取得如此巨大的成就，是广大电网工作者一步一脚印，一年一台阶艰辛的积累。

2011年，是灾后恢复重建任务最为繁重的一年，也是“十二五”规划建设开局之年，全面完成了四川电网（国）建设和灾后重建任务，四川藏区电网建设项目启动。全年完成电网投资290.79亿元，同比增长36.89%。新开工110千伏及以上交流线路6650公里、变电容量2889万千伏安；投产110千伏及以上交流线路4198公里、变电容量2594万千伏安。建成投运±400千伏青藏联网直流工程、220千伏大面变电站全站停电改造工程、500千伏康定—蜀州Ⅰ、Ⅱ回线路改接进甘谷地开关站工程、500千伏东坡－南天－乐山东－沐川－叙府－复龙水电送出“西通道”工程等重点工程。全年外送电量122.6亿千瓦时。

2012年是四川电网（国）有史以来建设任务最繁重的一年。为确保“十二五”电网建设规划按进度有序实施，四川省电力公司攻坚克难，保质保量地开展电网建设工作。全年完成电网投资（含特高压）284.21亿元，投资规模占国家电网12%以上，在国家电网序列内位居第一。新开工110千伏及以上线路2809公里、变电容量1598万千伏安；投产110千伏及以上线路7524公里、变电容量3935万千伏安。建成投运的重点工程有：“新甘石”联网工程、500千伏德阳Ⅱ、凉山木里、绵阳南坝、攀枝花Ⅱ甘泉、米易橄榄输变电新建工程、雅安500千伏变电站扩建工程等。四川省电力公司针对2012年水情及用电市场的变化，在丰水期灵活交易，通过科学实时调整德－宝直流、特高压复－奉、锦－苏直流及川－渝联络线计划，最大限度保障了清洁水电的可靠消纳。四川电网（国）年度外送电量创历史新高，达262.43亿千瓦时，比2011年同期增加139.44亿千瓦时，同比增长113.37%。

2013年，四川电网（国）完成投资（含特高压）284.21亿元，同比减少2.26%。新开工110千伏及以上线路3958公里、变电容量779万千伏安；投产110千伏及以上线路3817公里、变电容量1142万千伏安。建成投运的重点工程有：500千伏亭子口水电送出、锦屏水电送出、阿坝路平、甘孜乡城、凉山水洛等。全年外送电量共计688.8亿千瓦时，同比增长100.8%。

2014年，四川电网（国）全年完成投资264亿元，累计开工110千伏及以上项目62项，线路长度2145公里、变电容量911万千伏安；投运79项，线路长度5456公里、变电容量1420万千伏安，规模位居国家电网公司前列。提前建成投产了具有高度社会意义和极大建设难度的“川藏联网”工程，全面完成甘孜藏区“电力天路”及无电区建设任务电网建设任务。全年外送电量首次突破千亿大关，累计达1116.6亿千瓦时，较2013年增长62%，创历史新高。

2015年，四川电网（国）全年完成投资309.57亿元；累计开工110千伏及以上项目64项，线路长度2096公里、变电容量711万千伏安；投运71项，线路长度2445公里、变电容量1139万千伏安，规模位居国网公司前列。全口径外送电量1226.36亿千瓦时，同比增长9.8%，连续四年创历史新高。累计外送水电3535亿千瓦时，约为“十一五”规划期外送电量的6倍。此外，四川并网水电达6957万千瓦，风电86万千瓦，光伏53万千瓦，清洁能源装机比达81.4%，四川也成为全国重要清洁能源基地，为国家节能减排和大气污染治理做出了巨大贡献。

四川的电网，经历了低压、高压、超高压、特高压几个阶段。自2010年7月8日复—奉线（向家坝—上海）投入运行，长距离、大容量输电，被称为电力“高速公路”的特高压线路便成了人们关注的焦点，而“十二五”规划期间，不仅锦－苏、溪－浙（宾－金）等特高压工程受到人们的关注，“新甘石”联网、川藏联网、甘孜“电力天路”等系列工程，也成为四川电网建设的亮点。

1.锦（屏）－苏（南）线

±800千伏锦－苏线为锦屏至苏南特高压直流输电工程，起自四川西昌裕隆换流站，东至江苏同里换流站，是目前世界上输送电压最高、输送距离最远、输送容量最大的特高压直流工程，代表了世界直流输电技术的高峰。该线路在四川辖区内全长485.041公里，998基铁塔，线路全长2090.5公里，输电距离首次突破2000公里，创造了特高压直流输电的新纪录。线路途经云南、四川、重庆、湖南、湖北、安徽、浙江、江苏等八省市（其中四次跨越长江）。额定输送功率为720万千瓦，是我国“西电东送”的又一重要绿色能源通道，承担着雅砻江流域官地、锦屏水电资源的外送任务，对促进西南地区水电开发、缓解华东地区用电紧张具有重要意义。

2.（宜）宾一金（华）线

宾一金线是金沙江下游梯级水电站开发溪洛渡电厂的配套送出工程，是国家电网公司自主研发、自主设计、自主建设和自主运行的特高压直流输电工程，2014年7月3日正式投运。该工程西起四川省宜宾市双龙镇宜宾换流站，东至浙江省金华市武义县金华换流站。途经四川、贵州、湖南、江西和浙江五省，线路全长1653公里，额定电压±800千伏，额定输送功率800万千瓦。这是继向家坝一上海、锦屏一苏南特高压直流输电工程外，国家电网公司投资建设的又一条连接我国西南水电基地和东部负荷中心的清洁能源大通道。该工程投运以来，使四川水电外送能力提升到2160万千瓦，每年可将西南地区约400亿千瓦时的清洁水电输送至华东负荷中心，相当于节省标煤1228万吨，减排二氧化碳超过3400万吨，大力推动西南清洁水电的规模开发，有力促进西部地区的资源优势转化为经济优势。

3.“新一甘一石”联网工程

“新一甘一石”联网工程，即新都桥一甘孜一石渠电网联网工程，起于500千伏新都桥变电站，经220千伏新都桥一甘孜线路、220千伏甘孜变电站和110千伏甘孜一石渠线路，到达石渠110千伏变电站，项目总投资32.15亿元，新增变电容量240万千伏安、线路长1015公里。其中：新都桥500千伏输变电工程，新建变电站1座、新增变电容量200万千伏安、输电线路206公里；甘孜220千伏输变电工程，新建变电站1座、新增变电容量36万千伏安、线路538公里；石渠110千伏输变电工程，新建变电站1座、新增变电容量4万千伏安、线路269公里。

工程的建设，加快实现国家电网供区“县县联网”，将甘孜北部电力“孤岛”与四川主网联系起来，打破甘孜州电网发展瓶颈，消除甘孜、石渠等县电网孤网运行。同时，利用电网最大限度延伸，推进无电地区电网建设，解决高海拔的牧区县广大牧民的缺电问题，实现农牧民生活“点得亮、步步高”。

4.川藏联网工程

“川藏联网工程”也称“川藏联网输变电工程”，线路全长1500多公里，沿线多为高山峻岭和无人区，平均海拔在3850米，最高海拔4980米，被誉为全球最具挑战性的输变电工程。2014年11月20日，川藏电力联网工程投运仪式举行。中共中央政治局常委、全国政协主席俞正声在京出席仪式并宣布工程投运。

川藏联网工程是国家“十二五”规划支持西藏的重大建设项目。该工程将结束西藏昌都地区长期孤网运行的历史，从根本上解决西藏昌都和四川甘孜南部地区严重缺电和无电问题，对维护藏区经济发展和社会稳定具有重要的政治意义；同时，还将为满足西藏地区水电开发外送，实现资源优势转化发挥重要作用。

在±400千伏川藏联网直流工程建设中，四川省电力公司承担了整条线路中含氧量最低、海拔最高区段的施工和技术含量最高的拉萨换流站调试任务。在极度缺氧和严寒的施工环境中，发扬“缺氧不缺斗志，海拔高追求更高”的精神，率先实现导线全线贯通。

5.“电力天路”工程

2013年8月，国网四川省电力公司全面启动了甘孜州“电力天路”工程，计划用两年时间投资186亿元，解决甘孜州898个边远乡村20多万人的用电难的问题。其中，新龙县“电力天路”输变电工程总投资2.8358亿元，工程项目包括新龙110千伏输变电工程、新龙至拉日马35千伏输变电工程、新龙至和平35千伏输变电工程、新龙110千伏变电站35千伏配套工程等4个项目。工程新建110千伏输电线路1条、77公里，35千伏线路3条、122公里，全线架设铁塔537基；建设110千伏变电站1座，35千伏变电站2座，投产变电总容量4.95万千伏安。经过一年多的奋战，全体参建人员以顽强的意志克服多项施工难题，提前一个月完成工程建设任务，于2014年9月26日在甘孜州新龙县110千伏新龙变电站投运。“电力天路”的全面竣工，新龙的经济社会发展将由此插上腾飞的翅膀。

“十二五”规划期间，四川省电力公司建成“新甘石”联网、川藏联网、甘孜“电力天路”等系列重大工程，累计投入309亿元。使藏区所有县域电网与主网互联互通，解决了藏区生产生活用电问题，有效助力当地增产增收和脱贫致富。

通过“十二五”规划的努力，四川电网（国）已成为特高压、交直流、智能化、多电压等级协调发展的枢纽电网，一举奠定了四川电力发展高地的战略地位，实现“崛起盆地、构筑高地”的全新跨越。“十二五”规划之后，四川电网骨干网架基本成型，以“加大投入、扩大规模”为主要特征的外延式发展，将逐步向以“提高资源效益和运营效率”为主要特征的内涵式发展转变。

为了进一步满足我国西部水电开发输电需要，国家已启动建设1000千伏交流输电线路，以作为国家电网的骨干网架，跨接各大区域电网，将对实现跨大区、跨流域输电和水火电互济调节、优化配置全国能源资源发挥积极作用。

电力“十二五”　汗水结珍珠

“十二五”规划期间，四川电力发展整体呈现“前高后低”的中高速度发展态势，基本建设、发供电量、社会用电量由快速增长转为新常态，清洁能源和大机组发电比重显著提升，电网结构进一步优化，跨省区输电能力再创历史纪录，节能减排成效显著，圆满实现了“五年”发展目标，成就辉煌，载入史册。

1.“十二五”规划电力建设

基本建设投资完成总额为2725亿元(不含跨省发电项目)，其中，电源建设投资完成1453亿元，电网建设投资完成1481亿元。

2.“十二五”规划新增发电装机

全省新增发电装机容量为4441万千瓦，比2010年翻了一番，年均增长21%。其中：水电新增3953万千瓦，比2010年增加了1.3倍，年均增长27%；火电新增388万千瓦，比2010年增加了0.31倍，年均增长6.2%；风电、太阳能发电快速起步发展，并网风电已达73.35万千瓦，并网太阳能发电已达到34.91万千瓦。

3.“十二五”规划新增输变电能力

全省新增220千伏及以上输电线路12840公里，年均增长11.87%；新增220千伏及以上变电容量7071万千伏安，年均增长19.43%。其中，500千伏输电线路由2010年的8015公里增加到2015年的14808公里，增长84.75%；500千伏变电容量由2010年的3575万千伏安增加到2015年的7390万千伏安，增长了106.71%。

4.“十二五”规划发电量

全省发电量12860亿千瓦时，平均年递增9.3%。其中，水电发电量累计10140亿千瓦时，平均年递增13.98%；火电发电量累计2694亿千瓦时，平均年递减0.57%。

5.“十二五”规划用电量

全省全社会用电量累计9200亿千瓦时，平均年递增7.62%。其中，第一产业用电量累计60亿千瓦时，平均递增0.83%；第二产业用电量累计6693亿千瓦时，平均递增2.06%；第三产业用电量累计1182亿千瓦时，平均递增7.38%。城乡居民用电量累计1299亿千瓦时，平均递增10.86%。

6.“十二五”规划外购、外送电量

全省外购电量累计364亿千瓦时，平均递增1.9%。全省外送电量累计3631亿千瓦时，平均递增45.47%。其中，2015年外送电量1226亿千瓦时，自2014年以来，再次突破千亿千瓦时。

7.“十二五”规划电力燃料消耗和节能减排

全省累计电力耗煤总量为15191万吨，平均每年减少340万吨。全省6000千瓦及以上电厂发电燃油消耗总量为6.74万吨，平均每年减少0.21万吨。

全省6000千瓦及以上电厂发电煤耗由2010年的344克/千瓦时，下降到2015年的306克/千瓦时。供电煤耗由2010年的373克/千瓦时，下降到2015年的329克/千瓦时，减少44克/千瓦时。

电力是经济发展的基础，电力在“十二五”规划期间呈突飞猛进的态势，自然会带动四川经济欣欣向荣，五年间四川省国民经济和社会发展统计公报的数据足可以证明这一点。

经国家统计局审定，2011年全年实现地区生产总值(GDP)21026.7亿元，比上年增长15.0%。其中，第一产业增加值2983.5亿元，增长4.5%；第二产业增加值11027.9亿元，增长20.7%；第三产业增加值7015.3亿元，增长10.9%。三次产业对经济增长的贡献率分别为4.3%、70.0%和25.7%。人均地区生产总值26133元，增长15.9%。三次产业结构由上年的14.4∶50.5∶35.1调整为14.2∶52.4∶33.4。

2012年全年实现地区生产总值（GDP）23849.8亿元，按可比价格计算，比上年增长12.6%。其中，第一产业增加值3297.2亿元，增长4.5%；第二产业增加值12587.8亿元，增长15.4%；第三产业增加值7964.8亿元，增长11.2%。三次产业对经济增长的贡献率分别为4.7%、64.9%和30.4%。人均地区生产总值29579元，增长12.3%。三次产业结构由上年的14.2∶52.4∶33.4调整为13.8∶52.8∶33.4。

2013年全年实现地区生产总值（GDP）26260.8亿元，按可比价格计算，比上年增长10.0%。其中，第一产业增加值3425.6亿元，增长3.6%；第二产业增加值13579.0亿元，增长11.5%；第三产业增加值9256.1亿元，增长9.9%。三次产业对经济增长的贡献率分别为4.4%、62.3%和33.3%。人均地区生产总值32454元，增长9.6%。三次产业结构由上年的13.8∶51.7∶34.5调整为13.0∶51.7∶35.3。

2014年全年实现地区生产总值（GDP）28536.7

亿元，按可比价格计算，比上年增长8.5%。其中，第一产业增加值3531.1亿元，增长3.8%；第二产业增加值14519.4亿元，增长9.3%；第三产业增加值10486.2亿元，增长8.8%。三次产业对经济增长的贡献率分别为5.0%、59.7%和35.3%。人均地区生产总值35128元，增长8.1%。三次产业结构由上年的12.8∶51.3∶35.9调整为12.4∶50.9∶36.7。

2015年全年实现地区生产总值（GDP）30103.1亿元，按可比价格计算，比上年增长7.9%。其中，第一产业增加值3677.3亿元，增长3.7%；第二产业增加值14293.2亿元，增长7.8%；第三产业增加值12132.6亿元，增长9.4%。三次产业对经济增长的贡献率分别为5.0%、53.9%和41.1%。人均地区生产总值36836元，增长7.2%。三次产业结构由上年的12.4∶48.9∶38.7调整为12.2∶47.5∶40.3。

“十二五”规划期间，特别是党的十八大以来，四川电力奋力发展，一直以西部“领头羊”的姿态向前奔跑，不断蓄积由水电大省向经济强省跨越，努力成为西部省区市中“分量”更重、“含金量”更高的领跑者。

2016年，四川省将继续优化能源结构，加快创建清洁能源示范省，促进清洁能源消费和消纳。“十三五”规划期间将加快建设川电外送大通道，到2020年将规划建设4条特高压直流线路，外送能力达到4340万千瓦。预计“十三五”规划水电新能源装机容量将超过9000万千瓦。

相信下一个五年，四川电力在质量更高、效益更好、结构更优、特色优势充分释放的发展新路上一定会越走越好。

（卓正昌、姚国寿）

国务院常务会议核准中国三峡集团乌东德水电站

2015年12月16日，国务院总理李克强主持召开国务院常务会议，会议决定，对已列入国家相关规划、具备建设条件的金沙江乌东德水电站、广西防城港红沙核电二期工程“华龙一号”三代核电技术示范机组和江苏连云港田湾核电站扩建工程项目予以核准。乌东德水电站总投资约967亿元，是2015年内我国核准的最大水电工程，也是目前为止继三峡和溪洛渡之后，我国第三座千万千瓦级巨型水电站。

会议认为，加快建设水电、核电等清洁能源基础设施，是稳定经济增长、优化能源结构、改善民生的绿色发展重要举措，对促进节能减排和污染防治，增加公共产品供给和有效投资需求，推动提升中国装备品质和竞争力，具有重要意义。

会议强调，要加强项目投资、建设质量和运营管理，对核电项目要坚持高标准、严要求确保安全，对水电项目要深入做好生态保护、水污染治理和移民安置等工作，实现经济、社会和生态效益的统一。

由中国三峡集团投资建设的乌东德水电站是目前我国建设的第四大水电站、世界已建和在建的第七大水电站，也是我国在全面建成小康社会决胜阶段开工建设的首座世界级水电工程，它是我国实施“西电东送”战略的骨干电源，是促进国家能源结构调整和节能减排的重大清洁能源项目，是推动西部经济崛起和区域经济社会发展的重大基础性工程。该电站主体工程全面开工建设，对共和国经济稳增长，对能源结构调整和节能减排，对长江经济带建设和区域经济协调发展，对西部地区特别是广大移民群众分享经济发展成果，对进一步巩固中国水电在世界水电领域的领先地位，都具有重大而深远的意义。

金沙江下游河段四座梯级电站均由国家授权中国长江三峡集团公司负责开发建设，依次为乌东德、白鹤滩、溪洛渡、向家坝，总装机为4646万千瓦，相当于两座三峡电站。乌东德水电站总装机1020万千瓦，单机85万千瓦，工程动态总投资达1000多亿元。电站建成后，平均每年可减少标煤消耗量超过1220万吨，减少二氧化碳排放量超过3050万吨，环保效益显著，有利于实现我国制定的到2020年的减排行动目标。

乌东德水电站位于四川会东县和云南禄劝县交界的金沙江河道上，是金沙江水电基地下游河段四个水电梯级——乌东德、白鹤滩、溪洛渡和向家坝水电站的第一梯级，上距观音岩水电站253公里，下距白鹤滩水电站180公里。该水电站控制流域面积40.61万平方公里，占金沙江流域面积的86%，其设计正常蓄水位975米，总库容76亿立方米，调节库容26亿立方米，防洪库容14.5亿立方米。乌东德水电站总装机容量为1020万千瓦，多年平均年发电量约387亿千瓦时，预计在2020年投产发电。

乌东德水电站挡水建筑物为混凝土双曲拱坝，坝顶高程988米，最大坝高270米；泄洪采用坝身泄洪为主、岸边泄洪洞为辅的方式。电站厂房布置于左右两岸山体中，均靠河床侧布置，各安装6台单机容量为85万千瓦的混流式水轮发电机组。电站开发任务以发电为主，兼顾防洪，并促进地方经济社会发展和移民群众脱贫致富。建成后融发电、防洪、航运和拦沙等功能为一体，对川、滇两省经济社会发展和“西电东送”具有重要战略意义。

乌东德水电站历经13年科研、勘测、设计和5年多的精心筹备。乌东德水电站预可行性研究报告于2010年5月获得国家发展改革委组织的审查，2010年10月获得国家发展改革委同意乌东德水电站开展前期工作的复函。2015年3月30日，环保部对金沙江乌东德水电站环境影响报告书进行了批复，要求项目建设与运行管理中应重点做好统筹协调流域保护与开发机制工作，将桐子林电站下游、乌东德库尾和支流黑水河作为长江上游特有鱼类栖息地加以保护。同时，环保部还要求加强水污染控制，严格落实过鱼、鱼类增殖放流等水生生态保护措施，制定水库蓄水及运行期下泄流量生态调度方案，落实水库水温分层取水工程措施以及做好陆生生态保护、移民安置环境保护等工作。

2015年4月20日至23日，《金沙江乌东德水电站可行性研究报告》（枢纽部分）获水电水利规划设计总院审查通过。2015年10月20日至22日，乌东德水电站项目申请报告获中国国际工程咨询公司评估通过，具备项目核准所需的支持性文件。

中国三峡集团将切实贯彻“创新、协调、绿色、开放、共享”的发展理念，秉持对工程、对国家、对人民高度负责的态度和科学严谨的作风，努力建好一座电站、带动一方经济、改善一片环境、造福一批移民、促进一方和谐，高质量完成乌东德水电工程开发建设任务，按期在“十三五”规划末2020年投产发电，为全面建成小康社会奋斗目标做出贡献。

（金亚勤，原载《中国能源报》）

金沙江崛起清洁能源巨人

金沙江下游，高山峡谷、绝壁千仞之间，缆索连接起两岸的巨峰，塔式起重机正在上面滑行作业，促狭的河谷中，机器轰鸣，车辆穿行……日前，《瞭望》新闻周刊记者现场走访了我国金沙江水电布局的骨干工程——乌东德水电站。

乌东德位于金沙江下游四个梯级水电站的第一级，是中国继三峡、溪洛渡之后已建和在建的第四座、世界第七座千万千瓦级水电站。2015年12月16日，国务院常务会议正式核准了这一超级水电工程。

与已经建成投产的溪洛渡、向家坝相比，乌东德水电站按照规划起步稍晚，2011年开始筹建的这个巨型水电工程，首批机组计划于“十三五”规划末的2020年发电，2021年有望全部机组发电，电站装机容量1020万千瓦，年发电量389.1亿千瓦时。这将对国家实现2020年国际气候减排承诺目标意义重大。

作为承建方，中国三峡集团董事长卢纯表示，待乌东德以及下游白鹤滩水电站建成后，中国三峡集团在长江干流将拥有6座梯级水电站，规模相当于3座“三峡水电站”，至此，长江干流水能资源基本开发完毕、清洁能源走廊基本建成。

“这次国务院核准的乌东德水电站等，我称之为一是典型的有效投资，扩大有效投资需求，直接带动相关产业发展；二是绿色投资，大力发展绿色能源，确保到2020年中国非化石能源占能源消费比重达到15%的目标，也拉开了绿色创新的大幕。”清华大学国情研究院院长胡鞍钢表示，“像乌东德这样一个集群创新的巨型公共工程，它所带来的社会经济价值，比人们想象的要大得多，所带来的正外部性更是难以估量。”

清洁能源“新巨人”

站在乌东德水电站观景台上，眺望远处的河谷狭窄而高陡，几乎一坡到底，正是修建大型水电站拱坝的绝佳之地。

“270米高的大坝只需要浇筑350万立方米的混凝土，而与它同为300米级双曲拱坝的溪洛渡大坝，混凝土浇筑量是800万立方米，是前者浇筑量的两倍多。”乌东德工程建设部副主任王义锋为《瞭望》新闻周刊记者解释说。

据本刊记者了解，深处群山之间，乌东德水电站的首要任务为发电，按照设计，发电机组单机容量达到85万千瓦，为世界之最。

中国三峡集团乌东德工程建设部主任杨宗立向本刊记者介绍说，乌东德左右两岸地下厂房将分别安装6台水轮发电机组，年均近390亿千瓦时的发电量在满足川滇两省的用电需求的同时，还将外送华中、华东以及广东电网，并逐步替代当地的燃煤化石电站。

防洪是另一个重要功能，乌东德大坝建成蓄水后，正常蓄水位为975米，具有季调节性能。同时，其水库将控制金沙江流域面积的86%，水库预留防洪库容超过24亿立方米。

王义锋表示，未来，通过与下游白鹤滩、溪洛渡、向家坝水库联合运用，四大水库有能力进一步提高川江河段抗洪能力，以配合三峡水库削减长江中下游成灾洪量。

另外一个功能是对航运条件的改善。在接受本刊记者采访时，云南大学发展研究院院长杨先明表示，库区形成以后，上游河段水深条件会变好，一定程度上还好于中下游一些航道。这是一个改善航运、降低物流成本的有利因素，“要利用好长江、金沙江黄金水道，否则物流成本不解决，交通运输会成为沿江地区经济发展的制约因素。”

据目前市场行情，就重庆至宜昌段来说，水运每吨公里运输成本为0.03元左右，铁路运输近0.4元，公路则是近0.7元，水运的成本比较优势明显。水电站建成后，“水库将淹没各类碍航滩险，库区干流以及支流部分河道水深增加、流速减小，为改善库区通航条件，发展库区航运创造了条件。”杨宗立说。

超级扶贫工程

横跨两省的乌东德水电站坐落在禄劝县和会东县交界的金沙江下游河道上，前者隶属于云南昆明，后者则为四川凉山州管辖。

按照彝语释义，乌东德为“五谷丰登的坪子”。但现实中，乌东德坝址地区群众生活条件恶劣，大多数经济条件较差，公共基础设施缺乏。从环境上而言，很多地区并不适合生活，生态移民是扶贫的必然途径。

以禄劝为例，作为国家扶贫开发工作重点县，禄劝是一个典型的山区农业县。全县山区、高寒山区面积占总面积的98.4%；全县40余万人口中，超过九成为农业人口，地区生产总值仅60亿元左右。

水电站建设为生态移民提供了良机，乌东德水电站可行性研究报告及移民安置规划报告均已通过审查。据悉，乌东德水电站建设涉及2省4市（州）10个县（区），共计38个乡镇（街道办），将搬迁人口3万余人。

据中国三峡集团介绍，根据意愿调查结果，乌东德水电站移民以集中安置为主、分散安置和自行安置为辅。其中，四川部分规划19个农村集中居民点；云南部分规划7个农村集中居民点。另有云南皎平渡集镇和元谋县江边集镇2个集镇规划异地迁建处理；四川攀枝花市东区1个居民小区安置点。

水电开发已成为扶贫的一条重要路径，也成为各方的利益联结点。乌东德水电站位于四川云南两省界河，两省在政策法规上有差异，为了避免四川云南两省的不平衡，采取“同库同策”的原则，有效地解决了两省分歧。

譬如，土地补偿，乌东德水电站建设占用土地确定了高于库区80%以上土地统一年产值的补偿标准。而高于“基础年产值”的乡镇，采用实际产值，从而保证了所有移民的利益。

杨先明说，在电站建设期，这些大的电站对当地经济的拉动作用明显。这从乌东德水电站下游的向家坝水电站可见一斑。2011～2012年，云南省绥江县用1年时间完成300万平方米房建、2个月完成6万移民搬迁安置、1个月完成库底清理，被称为我国水电移民史上“三大奇迹”。

在金沙江缓缓流过的绥江新县城，映入眼帘的是一座崭新、美丽的新城市，移民小区依山而建、鳞次栉比，街道宽阔干净、纵横交错，一座座造型各异的大桥连接着各个区块，整体感觉就像一座“小重庆”，基础设施变化翻天覆地。

“钢材、水泥等过剩产能可通过大型水电站的建设得到有效转化。”他说，“还会吸收当地大量劳动力，促进就业。”据本刊记者了解，乌东德水电站静态投资近800亿元，动态投资达到1100亿元左右，建设期间，平均每年可增加就业人数约7万人。电站建成发电后，地方财政每年增收约13.5亿元。

不止如此，水电站还能优化当地资源配置。“道路建设、库区经济结构等都可以得到改善，供电能力、基础设施、小城镇建设也会有进一步提升。”杨先明说。

库区产业新格局

对水电开发地区而言，最重要的是利用水电开发开拓新的产业空间，发展与水电、库区优势结合且具有竞争优势的产业。“这对解决产业发展、结构调整，解决库区移民安置与就业问题，具有一揽子资源重新配置、生产要素组合的现实作用。”杨先明说。

当然，这需要协调好相关方的利益，如果协调不好，水电发展受益就会变成短期的。“因为电用不起，工程期带来对劳动力的投入、超大工程量都是负担。”杨先明说，“从长期看，如果没有带动当地其他产业，就会产生问题，毕竟大型工程地区存在移民问题。”

受访者认为，这就需要解决几个替代问题，一个是对当地就业形成新的替代，在电的开发中获得新的就业机会。一个是产业的替代，原来是农业区，现在通过电站建设变成新的产业形态，比如，形成水产养殖业。还有就是实现收入替代。过去靠农业，现在转变为从其他产业获得收入。

现在失地农民，在库、坝区经济发展中如何获得更大的收益，乌东德水电站移民搬迁安置正在努力作出新的探索。

在接受《瞭望》新闻周刊记者采访时，胡鞍钢认为，水电开发应该规划如何建立起和库区移民的长期利益联结机制，希望中国三峡集团作为世界水电引领者，在这方面作出更多的尝试和创新。

杨先明对此深有感触，“我们看过水富、绥江，库区移民现在日子比较好过，但是他们也有忧虑，主要是实现收入替代是一个长期的过程，还需要加快步伐。”

采访最后，有受访者建议，在长江经济带战略框架下，如果能够充分利用电力资源充沛优势，而且在国家电力价格改革的思路得到落实、电力价格相对低的情况下，特别是在东部地区产业进行调整之际，引进那些在当地资源约束强、电力保障不足且电价在产品成本构成中比重大的制造业，可以拓展库区、坝区的产业空间，改变依靠传统资源型产品的局面。

（原载《瞭望新闻周刊》 2015-12-30）

江河写春秋——成都勘测设计研究院建院60周年记

光阴荏苒，弹指一挥间，成都院从1955年12月建院至今，走过了风雨六十年。一甲子艰苦奋斗，几代人努力拼搏，创造了辉煌业绩，为国家建设做出了积极贡献。在迎来六十周年华诞之际，我们铭记为成都院创下基业的前辈、支持关心帮助成都院的领导和朋友。

鸿鹄之志，志在高远。成都院秉承“贡献国家、回报社会”价值理念，追求和建立人与自然、工程与社会的和谐关系，服务于国家经济建设和社会发展，为世界清洁能源工程与基础设施、环境工程的恢弘发展谱写了绚丽篇章。六十载光辉岁月，印证了成都院一路激情洒大地、满天风雨化彩虹，忠实履行企业责任、推动社会和谐进步的铿锵步伐。

忆往昔峥嵘岁月　艰苦创业

因水而生

1950年，新中国刚满一岁，百废待兴，对能源的需求迫在眉睫。长寿龙溪河，因地处战争后方，开展水力调查较早，被誉为我国“水电工程师的摇篮”，走出了张光斗、林元惕等一批水电元老，成都院不少老工程师也曾在此工作过。这一年，就在龙溪河边，一名为中央燃料工业部西南水力发电工程处的机构横空出世。1953年初夏，中华大地显露勃勃生机，该发电工程处以勘测与技术科为基础，在长寿成立西南水力发电勘测处，成为成都院肇始的开端。彼时职工仅251人，次年移址重庆大坪。1955年，勘测处扩组为成都水力发电勘测设计局，翌年由局改称院，自此，一个因水电而生的设计机构诞生在“世界水力大宝库”的西南大地。1957年，成都院迁址青羊宫送仙桥。

60多年来，成都院三番分合，三易驻址，多次更名，先后隶属于电力工业部、水利电力部、能源部水利部、国家电力公司、水电顾问、中国电建，历经创业、发展、开拓与转型时期，成为新中国发展历程的缩影。时代风云的洗礼，漫漫征程的磨练，造就了一代又一代成都院人对水电等能源事业锲而不舍、执着追求的坚韧品格。“沧海横流，方显英雄本色”，从巴山丘陵到云贵高原，从四川盆地到世界屋脊，从广袤国土走向五湖四海，在险峻的峡谷之中，在咆哮的激流之畔，在地球村的每个角落，成都院人以自己的勤劳和智慧，谱写征战江河的凯歌，播洒能源事业的火种，无愧为当代普罗米修斯。

崭露头角

功崇惟志，业广惟勤。建院之初，尚处“幼年”时期的成都院即投入龙溪河开发建设工作，人员不足、资料缺乏，困难重重。成都院人团结一致、艰苦奋斗，经过新建、复建与改扩建，最终建成狮子滩、上硐、回龙寨、下硐4个梯级水电站，形成龙溪河梯级最终规模。这是新中国成立后水电建设的第一批成果，龙溪河也是全国第一条流域综合开发河流。“艰难困苦，玉汝于成”，成都院以狮子滩为起点，奠定人才与技术基础，为后来的腾飞插上了翅膀。

1956年开始，成都院人数增长迅速，除四川外，工作范围达到西藏昌都地区，还下辖云南勘测处和贵州水电勘测处，即后来昆明院和贵阳院前身，管辖云南贵州一些流域的水电工程勘测工作。同时，对川、黔、滇200多条河流进行较全面的水力资源普查，还涉及青、甘、陕、鄂、桂边缘地区的一些河流。

1958年，成都院试验室与原水利部西南水工试验所合并，增强了试验力量，专业配套基本完善，勘测与设计系统设有专业队（室）、组，具备承担大中型水利水电工程勘测设计试验能力。

“路漫漫其修远兮，吾将上下而求索”，成都院在艰难的创业中勇于摸索实践，为日后的发展奠定了坚实的基础。

羽翼渐丰

20世纪50年代中到70年代末，是中国历史上一段特殊时期，成都院也未能幸免受到历次政治运动的冲击，造成人员流失，体制和机构动荡，技术干部遭遇错误批判，正常生产秩序遭受破坏，还面临被解散的危险。

石可破也，而不可夺坚。经过“一五“时期发展的成都院，骨子里似乎天生流淌着坚韧基因，在如此劫难面前，保持了机构完整，保存了宝贵的技术力量和科学技术档案资料，完成了一批大中型水电站的勘测设计工作，这在全国设计院中绝无仅有。在“多快好省建设社会主义”的大跃进时期，成都院对紫坪铺、鱼嘴等电站进行勘测设计工作。疯狂的时代背景下，许多工作偏离科学轨道，边施工、边设计、边勘测的“三边”作业，导致有的项目出现长时间中断，有的工程仓促上马，又以匆忙下马为终，成都院也一度陷入漩涡中心，举步维艰。曲折的历程，却沉淀出成都院自强不息的品质。

雄关漫道真如铁，而今迈步从头越。“大跃进“之后，成都院开展龚嘴水电站工作，并力求打个漂亮仗。龚嘴最大坝高85米，装机容量70万千瓦，电站由混凝土重力坝、坝后厂房及地下厂房组成。她是60年代国家“三线建设”的重点工程，被列为西南优先开发的水电站建设项目。经过 10 余年的发展，此时的成都院技术力量与技术水平进入相对成熟时期。1964年，大渡河畔迎来了成都院勘测队伍，中秋节前夕，第一个钻孔出现在这片火热的土地上。当时“三线建设”进展很快，用电迫切，成都院要在3个月内提交选坝报告。作为接手的第一个大型工程，国家的需要，沉甸甸的责任，成都院选择主动出击，决定除保证完成映秀湾工程施工图所需人员外，集中全院可能调动的力量组织会战。高峰期千余人，钻机26台，热火朝天的战斗场面融入国家建设大潮中，生动而厚重。龚嘴1979年竣工投产，是大渡河梯级开发中最先建成的大型水电站，之后的近30年里，一直是四川电网的主力电源。潘家铮院士认为龚嘴是成都院设计水平奠定基础、打好翻身仗的典型工程。

成都院立足四川水力资源开发同时，也加大对西藏地区水力建设力度。为缓解拉萨、山南、日喀则等地区电力紧张，促进西藏经济发展和社会稳定，成都院于 1973 年开始对拉萨地区修建水电站开展规划选点工作，提出了开发羊湖电站的建议。羊湖后被列入国家“八五“建设重点项目。建设羊湖，成都院人首先必须克服恶劣的环境，这里海拔3600-4800 米，空气稀薄，另一方面，也遇到了以前从未遇到的设计难题。25年的艰难付出，我国海拔最高、水头最高、隧洞最长、自动化水平最先进的抽水蓄能电站于1998年闪耀在雪域高原。

映秀湾、龚嘴、渔子溪、铜街子、太平驿、东西关、石板水、羊湖、小关子、冷竹关、姚河坝、姜射坝等颗颗明珠开始在川藏大江大河上闪耀光芒，为两地发展输送能源，也照亮了成都院继续前进步伐。

90年代，成都院开始涉足海外项目。马其顿、菲律宾、马来西亚的国土上，出现成都院人的身影。

硅步至千里。成都院经过40多年的奋斗，由单一水电勘测华丽转身为独立、完整、综合性大型水电设计院，承担水电勘测设计，工程监理、咨询、工程编标、小水电施工、岩土工程等业务，实现了发展战略中质的飞跃。

一鸣惊人

进入世纪交替时期，已走过近半世纪发展历程的成都院，等着破茧成蝶、一鸣惊人的那一天。

二滩，满载人们的期待，在成都院人手里雕琢成型。

二滩被国外同行誉为中国 20 世纪最优秀水利工程。在当时，330万千瓦的装机容量和55万千瓦的单机容量均雄居国内水电站之首；240 米双曲拱坝为中国第一高坝，在世界同类型高坝中居第三位；双曲拱坝的坝顶长度和坝身泄洪量为世界之最；大坝能够承受980万吨的水压力，也为世界之最；被称为“世界第一洞”的两个大断面导流隧洞高 23米，宽17.5米。所有关于二滩的纪录，都能让每个国人自豪，令世界惊叹。

追寻二滩勘测设计脚步，看一看当时的成都院人克服了怎样的艰难险阻，才走在了水电设计的前列；二滩的成功，对后来溪洛渡、白鹤滩、小湾等一大批特大型水电站的设计产生怎样的影响？再度触摸那段艰难岁月，更能感受到成都院人的梦想与追求的分量。

1956年初夏，“一五”计划进行到第四个年头，为适应大西南水电建设的发展需要，成都院适时组织了一支普查队率先来到四川西部这荒无人烟的崇山峻岭，悬崖峭壁之中。雅砻江就发育在这块奇异的大地上，天生具有奔腾呼啸的性格。进入雅砻江中游，地形切割越来越深，河谷越来越窄，江水如飞箭离弦。江中，险滩连绵，礁石林立，浪花四溅，滔声如雷，但是，它难不住吓不倒来这里从事普查的工作人员。他们抱着与天斗与地斗，以苦为乐，以苦为荣，知难而进的大无畏精神。

千磨万击还坚劲，任尔东南西北风。为尽快寻找打开能源宝库大门的“密码”，时隔两年，在1958年4月夏初，成都院又开始了雅砻江的勘查工作，着重在下游河段做了大量艰苦工作，终于在1958年7月2日第一次发现二滩。二滩这颗明珠，第一次露出了熠熠光芒。

1958—1961年，由成都院组织的水力资源普查队开进了雅砻江河谷。他们迈着双腿，乘着羊皮筏，走遍了江两岸的山山水水，第一次查清了雅砻江的水力资源。普查中先后牺牲了一名解放军战士和一名筏工。随后，成都院在1965年查勘了二滩坝址。从1972年11月起，一支又一支规划、勘探和设计队伍走进了这条深深的河谷，全面开展二滩水电站的规划和设计工作。

1972年，成都院300人的勘测设计队伍，来到了二滩，在坝址附近的阿布郎当沟安营扎寨。这么壮观的队伍，在中国水电设计史上也极其罕见。阿布郎当在彝族语当中是没人去的地方。没有住房，他们自己动手用竹席围起油毛毡棚，用作住宿和办公。晴天闷热难忍，雨天断炊断粮。水电精神，其实就是奉献精神，这种精神，从老祖宗大禹传下来，生生不息。

30年后的1987年，国务院正式批准建设二滩水电站。1999年12月电站最后一台机组并网成功。

二滩，照亮了雅砻江，更奠定了中国的水电设计地位。正如潘家铮所言，这座共和国水电建设史上新的里程碑将骄傲地向世界宣告，中国人有能力去建设我们需要修建的电站。

1999年1月，在中国科学院院士和中国工程院院士参加投票评选的1998年中国和世界十大科技进展新闻中写到:“我国本世纪建成投产的最大水电工程二滩水电站发电，标志着我国水电建设已进入国际先进行列”.二滩水电站的勘测与工程设计获得国家金奖。

在水力资源丰富的大江上建设世界一流的水电站，这是中国水电建设者的梦想和追求，把梦想变为光荣和现实，他们整整用了40年。记载他们业绩的丰碑在祖国大江上一处接一处高高耸立。

看今朝豪情满怀 硕果累累

传承接力

经过几十年磨练的成都院人，并没有怀恋过去的成绩，继续向水电巅峰不懈攀登，用智慧、拼搏乃至生命，筑建起座座中国水电史上的里程碑。

人们不会忘记，成都院数以千计的水文、测量、地质勘探、设计和科研工作者在滚滚江河和崇山峻岭中留下足迹，寻找打开雅鲁藏布江、金沙江、大渡河、雅砻江、嘉陵江、岷江、涪江、美姑河等流域能源宝库的钥匙，并规划水利枢纽和水电站350座，总装机容量约2.1亿千瓦，约占我国可开发水力资源的40%。老一代成都院人，以远见卓识，为水电开发忘我工作；他们不为名誉、地位和金钱，孜孜不倦地为成都院当好奠基石。

人们更不会忘记，为水电事业献出生命的二滩第一任设计总工程师、成都院原副总工程师殷开忠。1983年4月，刚刚绘成二滩水电站可行性设计蓝图的殷开忠陪同我国著名水利专家张光斗前往工地考察，突然，一块小脸盆般大的流石从公路上方的悬崖上飞滚而下，飞石击破车窗，猛击在殷开忠的腹部，他顿时失去知觉。当汽车急驶至医院时，殷开忠已经合上了双眼，永远离开了战友们和他所热爱的水电事业。

火红的攀枝花凋谢了，灿若云霞的凤凰树花又开放了，王洪炎、蒋正超、张超然、刘克远……一个又一个成都院人接过殷开忠留下的设计重担，和殷开忠一样，以高度的事业心，以顽强的毅力和坚定的决心，在水电勘测设计这条通向高峰的艰难跑道上，不知疲倦地奔跑着，将生命的色彩融进了奔腾不息的江河之中。

也正是因为有了老一辈水电人的担当与奉献，有了成都院人几代人的薪水传承，才有在此基础上开启的新征程，才成就了成都院的今天，温暖了成都院的明天。

合抱之木，生于毫末。60多年的积淀，成都院已发展成为集工程规划、勘测、设计、咨询、监理、工程总承包、电站及水务投资运营、科技研发为一体的工程公司，国家高新技术企业，形成了政府信赖、业主满意、社会放心、有一定国际知名度的水电勘测设计行业优质品牌。业务结构更趋平衡，业务领域更加宽广，现已拥有工程设计综合、工程勘察综合、工程造价、工程咨询、工程监理、建设项目环境影响评价、环境污染治理设施运营、环境污染防治工程、水土保持、对外承包工程、地质灾害治理工程勘查设计和施工、中华人民共和国进出口企业和对外开展经济技术合作经营近30项资质证书；持有发电业务许可证。

多路引擎

人才，是成都院发展的根基。人才决定技术，技术决定产品，产品决定市场，这是颠扑不破的真理。成都院国家级高精尖人才众多，拥有一批工程经验丰富、学术水平高的技术带头人。现有国家勘察大师1人，国家监理大师1人，四川省工程勘察（设计）大师9人，享受国务院特殊津贴专家11人，“国家新世纪百千万人才计划”1人，全国优秀科技工作者 2 人。本科及以上学历人员达到 80%，博士 42 人，硕士 559 人。

天若有情天亦老，人间正道是沧桑。成都院人书写的 60 载春秋，是实现业务拓展、加快发展的不懈征程。

大厦之成，非一木之材也；大海之阔，非一流之归也。成都院在巩固水电勘测设计咨询主业的同时，全面提升总承包与投资业务能力，力促“三大板块”协同发展。从专注水利水电、新能源等清洁可再生能源领域，拓展到建筑、市政、交通、水务、环境工程、移民安置代建等非水电业务领域。

高瞻远瞩的成都院人，依托自身水电设计优势，2003 年开始进军总承包业务。美姑河柳洪水电站为成都院探路水电总承包业务重要奠基项目，牛刀小试之后，总承包项目遍地开花，阿坝铝厂边坡治理，美姑河坪头水电站，白水江梯级水电站——多诺、玉瓦、黑河塘、双河、青龙。截至 2014 年年底，总承包合同总额 120 多亿元。一个个项目的落地，带来了项目管理水平的提高，黑河塘水电站荣获 2007 年度四川省建设工程“天府杯”金奖，西昌洼垴水电站荣获 2013 年度四川省勘测设计协会优秀工程总承包银钥匙奖，双河水电站荣获 2014 年度第一届电力勘察设计行业优秀工程总承包三等奖。

投资业务是成都院“三驾马车”之一。目前拥有对外投资公司 24 家，水电投资规模平稳增长，水务、新能源等投资领域实现突破。2014 年年底，累计已投入水（风）电、水务项目资本金 20 多亿元，拥有发电权益容量 200 多万千瓦，已建、在建权益容量约 100 万千瓦；城市污水处理 BOT 项目 8 个，分别为自贡、江油、汉源、眉山、龙泉西河、温江科技园、两河口及溪洛渡水厂。

成都院多年在高山峡谷地区开展水电站场内交通工程、对外交通工程及库区地方交通复建工程勘测设计工作，积累了丰富的山区公路、桥梁、隧道工程、不良地质及高边坡处治工程的设计经验，累计完成 2000 多公里山区公路、200 多座大中桥梁、150 多公里隧道的勘测设计；在高山峡谷地区、民族地区、高寒地区开展建筑设计，先后完成 21 个各具特色的营地设计，形成了具有自己特长的山地建筑设计特色，“锦屏大沱营地建筑设计”获得四川省 2008 年度优秀设计二等奖。此外，在新能源领域中开展风能、太阳能的政策研究、规划、勘测设计、咨询、总承包及投资运营，完成或编制四川省和西藏自治区“十二五”、“十三五”新能源与风力发电、光伏发电规划等工作。

如果说，因水电发展壮大的成都院，在传统水电领域底气十足，那么，德昌风电一期示范项目就是成都院跨越到非水电领域的积极探索，开启了川藏能源结构调整的关键一步，无不显示一个底蕴深厚大院的张力。目前，承接国内外新能源项目 50 余项，并有多个项目投产发电，除德昌风电一期外，阿月、李家坝、拉马、黄水、洼垴、黄家坝、德州、鲁南风电，阿里、日喀则、那曲、万家山、会理、德令哈光伏等项目，以巨大的磁场吸引世人目光。

优势再塑

长风破浪会有时，直挂云帆济沧海。作为国家级大型综合勘测设计科研企业，成都院在 60 多年的奋战史中，形成了“三种能力”，即水能资源规划能力、区域电力发展规划能力、清洁能源高端技术服务能力。

成都院人攀登高峰脚步不止。除 20 世纪勘测设计并建成发电的水电项目外，最近十多年又相继建成或即将投产大渡河龙头石、瀑布沟、深溪沟、黄金坪、泸定、大岗山，雅砻江桐子林、官地，西藏直孔、狮泉河、藏木、加查、亚让，嘉陵江桐子壕、金银台、新政、青居、金溪、草街、沙溪、苍溪，岷江福堂、沙牌、紫坪铺，田湾河仁宗海、金窝、大发，宝兴河跷碛、民治、出居沟、小关子、小沟头，南桠河冶勒、栗子坪，杂谷脑河狮子坪、红叶二级、薛城、古城，木里河卡基娃、固增、沙湾，火溪河水牛家、自一里、木座、阴坪，黑水河毛尔盖、柳坪、色尔古，金汤河金康，世界第三大工程溪洛渡、世界第一高拱坝锦屏一级等水电站 100 余座，总装机容量 7000 万千瓦，占国内水电装机四分之一，为国家建设注入强劲动力，推动着中国梦滚滚向前。

潘家铮院士认为，在龚嘴、二滩之后，溪洛渡是成都院设计水平再上一个台阶、领先水电界的代表工程。

溪洛渡总装机 1386 万千瓦 ，混凝土双曲拱坝高 288.5 米。锦屏一级水电站是雅砻江干流下游河段的控制性水库，总装机容量 360 万千瓦，混凝土双曲拱坝高 305 米。两工程综合技术难度高，具有“高拱坝、高地震、高边坡、巨泄量、超大地下硐室群”等特点，世界少有。瀑布沟总装机 360 万千瓦，是大渡河中下游的控制性工程。土心墙堆石坝高 186 米，覆盖层深 75 米，代表复杂地基勘察设计的世界最高水平。

如同二滩一样，这些宏伟工程真实记录了成都院人的追逐历程，表达了中国梦的力度与广度，谱就了水电发展史的新华章，彰显了中华民族的自豪与骄傲。

百花春满园，明珠耀四海。成都院确立国际国内“两场”战略，大力开拓国际市场，完善国际市场营销网络，收购哈萨克斯坦水利设计院有限公司60%的股份，利用“哈水利”这一桥头堡更有效开拓中亚市场；建立了十余个驻外机构，覆盖东南亚、中亚、非洲等地区。完成或正在执行海外水电勘测设计、总承包项目近30个，涉及水电、风电、房建、环保等业务领域，服务类型也从勘测设计扩大到工程总承包和机电设备成套等，实现了东南亚、中亚、西亚、东非、北美、南美、中东项目跟踪的初步布局。马其顿科佳，格鲁吉亚卡杜里，越南同奈、洛富明、孔港、班查、斯瑞博、科民、阿雷、达克郡，哈萨克斯坦玛依纳，塔吉克斯坦罗贡等水电站的成功建设，为工程所在国的经济发展和人民福祉带去成都院的祝福。先后与美国、法国、加拿大、挪威、德国等 30 多个国家和地区的咨询公司和设备制造商建立了长期和较为亲密的合作关系。

国际市场中摸爬滚打多年，成都院在设计理念、设计方法、项目管理、施工管理等方面积累了丰富经验，发展了自身优势，迈上与国际接轨新台阶。2013年、2014年，成都院分别签订了第一个国际设备成套总承包科特迪瓦苏布雷水电站机电设备成套合同和第一个 FEPC 总承包项目老挝大捷水电站总承包合同，国际市场业务结构更加合理。

大院风采

在60多年的风雨历程中，成都院铸就了自身地位和文化价值，时刻展现一个大院特有风采。

成都院连续多年被建设部、国家统计局评选为“全国勘察设计综合实力百强单位”，位居水电行业之首；由美国《工程建设记录》(ENR）和中国《建筑时报》组织的中国承包商和工程设计企业TOP 60强评选中，近年来在中国工程设计企业中位列前十名。在电建集团成员企业中，成都院综合实力排名中名列前茅。2012年，综合排名第九，利润排名第七，经济增加值排名第二；2013年，综合排名第九，利润排名第四，经济增加值排名第二。连续两年进入电建集团综合实力“十强”。2014年成功跨入“中国电建八大特级子企业”行列，同年底资产规模突破百亿大关。

截至目前，成都院荣获国家科技进步奖 23 项（含国家科技进步一等奖2项)、全国优秀工程勘察与设计奖19项，国家级企业创新管理奖1项；主编国家及行业规范76篇；获得省部级科技进步奖204项、省部级优秀工程勘察与设计奖125项；拥有专利264项，其中发明27项，软件著作权20项。

九层之台，起于累土。成都院建立了一整套严密的、覆盖全业务范围的完整质量管理体系与企业技术标准体系，形成了质量、安全和环境三标一体的管理体系；引入《卓越绩效评价准则》国家标准，全面提升现有管理体系，为技术质量和安全管理提供了有效的制度保障；设立双总工及技术管理委员会，以及专门的质量管理部门，坚持“事先策划、过程控制、分级评审”的技术质量管控思路与“事后质量抽查与剖析”的改进措施，保障生产过程受控。

成都院环评及环保技术水平处于行业领先地位，继2006年被环保部授予“全国建设项目环境影响评价优秀甲级单位”后，2013年再次荣获“全国优秀环境影响评价机构”称号，出色完成了以金沙江上游水电规划、溪洛渡、锦屏一级、瀑布沟等巨型项目为代表的环评及环保设计成果，为促进水电开发与生态环境保护的协调、可持续发展树立标杆。

成都院牢固树立“诚信、负责、卓越”的企业精神与“服务、关爱、回报”的企业价值观，在做大做强企业的同时，勇于承担中央企业的社会责任和义务。

建设一个工程，造福一方百姓。在锦屏，在溪洛渡，在每一个贫穷的地方，乐民之乐、忧民之忧的成都院人建起希望小学。正是这些爱心学校和爱心人士，让许多失学孩子圆了读书梦。

2008年，汶川大地震袭来，一时间，大半个四川河山破碎，危机四伏。灾情就是命令，成都院以最快的速度，靠自身技术能力与责任担当，在水电工程抢险、堰塞湖整治、次生灾害防治方面做出重大贡献。2013 年，为“4·20”芦山地震捐款 200余万元，南充市高坪区石圭镇凤凰村、玛鞍村定点扶贫捐助70多万元。

山积而高，泽积而长。成都院先后荣获中共中央、国务院、中央军委、国资委、水利部、四川省委、四川省政府各类表彰30余项。“中央企业先进集体”、“中央企业先进基层党组织”、四川省人民政府AAA级信誉、四川省最佳文明单位、“全国用户满意企业”、“全国电力行业实施卓越绩效模式先进企业”等一系列闪光称号和勋章，是汗水绽放的荣光，是对一个大院的至高褒奖。

望未来前程似锦　再创辉煌

战略引领

时间来到了2015年。这是一个大发展、大变革、大调整时代。新起点谋划新思路，新期待赋予新责任。

凡事预则立，不预则废。六十年的辉煌已成为过去，六十年华诞是成都院发展的一个重要里程碑，也将是一个充满激情与挑战的新起点。

明者因时而变，知者随事而制。按照“国际一流的工程公司”的愿景，成都院制定未来发展战略目标：以中共十八大和十八届三中、四中全会精神为指导，在集团公司的坚强领导下，主动适应经济发展新常态，坚持“两大市场、三条板块”协同发展，更加注重提高企业发展质量和效益，更加注重增强国际化拓展和经营能力，更加注重提升企业核心竞争力，更加注重提高企业管理水平，更加注重员工收入与企业业绩协同增长，更加注重依法治企，更加注重加强党建和反腐倡廉，为加快建设国际型工程公司而奋斗。

美好蓝图令人振奋，崇高使命催人奋进。

东方欲晓，莫道君行早。踏遍青山人未老，风景这边独好。成都院以战略为引领，以能力建设为基础，以市场营销为关键，以市场化机制建立为抓手，以项目管理为重点，以业绩考核为杠杆，以市场需求和价值创造为目标，强力深化改革，着力推动创新，持续提升管理，实现有质量、有效益、可持续的发展。

这是一个时代的召唤，这是一个大院的雄心，更是一个担当者的气概。

深耕细作

天下大事，必作于细。这是智者之选。

在做优做强勘测设计主业的基础上，加大向相关多元业务领域的拓展，强力实施业务结构的横向扩展和产业结构的纵向延伸，构建一专多能、既强且优的业务结构。按照“传统主业保持现有规模不降低、盈利能力不降低，新业务重增量强增幅”结构调整思路，做优勘测设计、做大总承包、做强国际、做盈投资。

思想决定思路，思路决定出路。这是一步大棋，怎么走，成都院已成竹在胸。

“木无本必枯”，勘测设计咨询，是成都院发展的根基和本源。巩固传统水电市场，以即将开展的“十三五”战略规划为引领，超前谋划水电行业未来市场机会，主动参与西南地区、西藏等国家水电建设及前期规划工作，继续扩大传统业务市场占有率，肩负水电设计行业的领军责任。正在建设的水电站15座，装机容量1500万千瓦；从事前期勘测设计的水电站约30座，装机容量超2000万千瓦，涵盖川藏地区及海外一些超大型水电站。双江口水电站是大渡河流域梯级电站的关键项目，其拦河土质心墙堆石坝最大坝高314米。同在大渡河上的长河坝水电站装机260万千瓦，大坝为砾石土心墙堆石坝，坝高240米，建于高地震烈度区、狭窄河谷、深厚而不均匀覆盖层上的世界级高坝。两河口水电站是雅砻江中下游的控制性工程，其拦河砾石土心墙堆石坝最大坝高295米。这些工程的建设，无疑将继续提升成都院设计水平。

“要看银山拍天浪，开窗放入大东来”。国际业务，是成都院毫不动摇坚持的战略发展方向。成立国际一部、二部与海外事务部，参股欧亚电力有限公司，动作频频，紧跟全球基础能源建设，唱响“一带一路”主旋律。深度开发亚洲、非洲、欧洲传统国别市场，重点开发东盟、西非、中亚及泛俄语区市场，加大对欧洲、拉美及澳洲高端市场拓展力度。做好尼日利亚赞法拉州光伏，列宁格勒抽水蓄能电站，老挝色拉龙1级、南欧江、埃塞俄比亚吉布3级、厄瓜多尔桑普多拉、CCS、斯登沃代、越南松绑2级、巴基斯塔塔贝拉、科特迪瓦苏布雷等水电站有关建设工作，在广阔的国际市场高扬成都院旗帜。其中，成都院承担苏布雷水电站的勘测设计和机电设备成套任务，作为科特迪瓦的“三峡电站”和科国能源平衡战略的核心项目，成都院有能力更有责任让其华美亮相非洲大地；列宁格勒抽水蓄能电站，对进一步开拓俄罗斯、中亚及泛俄语区市场提供坚实基础和有力支持，全院上下掂出了其中重量。

不积小流，无以成江海。非传统市场，拓展好了，可以做大经营规模这块大蛋糕。充分利用基础设施领域的BOT、BT、PPP等新型商业模式，以及长江经济带与天府新区建设所带来的机遇，在移民代建、水电综合、水电专项、新能源、水利项目、水务项目总承包上建树成都院品牌，探索类似老沟、开茂、万工模式，得妥经验，玉瓦现象，形成新口碑。抓住环保、城市供排水、污水处理、河道景观工程、城镇化建设等新兴市场机遇，将江油昌明河景观整治、兴隆湖水环境治理与景观带整治做成像宜宾兴文县放花溪整治和成都金沙湖BT等精品项目。

“循流而下易以至，顺风而驰易以远”，因水而生的成都院，继续深化“水”文章，并开拓新业务，成为自然之义。依托勘测设计综合技术优势，以水环境设计为突破口，深研水环境产业市场，采取产业链延伸、区域化扩展、专业化运营等策略，通过联盟或者自营方式进行全方位产业链整合，形成一体化发展模式，以培育“水市场”经济增长点，打造“水能力”优质品牌，实现“水资源”运营能力。另外，环保、交通、市政、城建、新能源、数字工程、岩土工程、工程承包和设备成套、国际投资与跨国经营，这些新业务无疑是有效增强成都院经济实力的多颗棋子。

厚积薄发

不息来自自强，薄发来源厚积。

工欲善其事，必先利其器。技术与人才，无疑是成都院最大优势。加大科技投入，构建高端平台，培育科技领军人才，保持传统技术优势，打造新的核心竞争力，这是成都院一路走来赢天下的“利剑”。

成都院在国家能源规划、高端技术服务方面具有核心竞争能力，代表着我国乃至世界水电勘测设计的最高水平，拥有14项清洁能源高端技术服务能力。这是60多年积累之大成，每一项技术，写满成都院人的探索与付出，承载每一分子的自豪与希望，因此，记录它们的每个字眼都珍贵。

——300米级高混凝土拱坝勘察设计成套技术，先后承担一批世界级高拱坝的勘测设计工作，包括240米的二滩、305米锦屏一级、315米伊朗巴哈蒂瑞里双曲拱坝和132米沙牌碾压拱坝，居世界领先水平。

——300米级高土心墙堆石坝勘察设计成套技术，双江口坝高314米，是世界最高的土心墙堆石坝。

——复杂地基处理勘察设计技术。冶勒沥青心墙堆石坝高124.5米，覆盖层深超过420米，前期规划的西藏某大坝150米，覆盖层深500米，处世界最高水平。

——巨型地下洞室群勘察设计技术。已建地下厂房开挖跨度锦屏一级29.60米、二滩30.70米、瀑布沟32.1米、溪洛渡31.9米。

——高陡边坡稳定控制技术。锦屏一级边坡530米，大岗山422米，瀑布沟水电站457米。

——高水头大流量窄河谷泄洪消能技术。溪洛渡泄洪功率100兆瓦，泄洪功率排名世界第一，锦屏一级、两河口等泄洪洞水流流速超过每秒50米。

——深埋长引水隧洞设计技术。福堂引水隧洞长达19千米、吉牛引水隧洞超过21千米，硬梁包引水隧洞直径达12.5米。

——大坝施工过程仿真与智能监测技术。成都院是水电行业施工模拟仿真技术的领先者和奠基者，近年来，又融合物联网、卫星定位、大数据分析、移动应用等新一代信息技术，成功开发出大坝施工全过程智能监控系统，取得突破性技术创新，并在溪洛渡等工程成功应用，世界上尚无类似成果，处于国际领先水平；

——气垫式调压室设计技术。形成完整的复杂地质条件下建设气垫式调压室的理论和技术体系，弥补了国外已有工程经验的局限性，处于国际领先水平。

——环境评价与保护设计技术。《二滩环境影响报告书》被世界银行推荐为世行贷款项目范本，《四川大渡河干流规划调整环境影响报告书》获全国优秀工程咨询成果一等奖；三维协同设计技术，成为水电行业三维协同设计的技术领先者，成果获国家能源科技进步一等奖；

——峡谷风电场勘察设计技术。完成多座峡谷地区风电基地规划及开发，取得多项峡谷地区风电场基础结构设计、施工专利；

——数字流域成套技术。开发出“中国数字水电”系统，覆盖全国13000千多座电站，服务于国家水能资源规划与能源宏观决策管理，承担了“数字澜沧江”“数字雅砻江”等数字流域规划及相关行业技术标准制定，研究水平居国内领先；

——水电站设计施工一体化技术，以工程全生命周期管理为目标，构建数字化设计系统平台。

这些数字，这些奖项，这些领先，从高度、深度、长度、宽度、新度等维度衡量出一个大院的实力。

整合优势资源，注重社会协作，成都院形成“产学研”相结合的科技创新体系，拥有国家能源高混凝土坝技术研究分中心、大型地下工程研发分中心；博士后科研工作站和西部水电开发研究生培养基地；四川省首批院士工作站、省企业技术中心、数字工程技术研究中心；成都院-IBM智慧流域研究院、法国达索-成都院工程数字化创新中心等多个联合研发中心。

取法于上，仅得为中。成都院深知高标准能力建设之道。建立“战略、目标、预算、绩效”四位一体的战略管理体系，强化组织绩效管理，增大业绩目标考核比重，提升“战略协同、计划协同、信息协同、资源协同”管控能力；实施人才强企计划，盘活人才资源，提升人才效能，培养造就总量适当、结构合理、专业配套、素质优良的人才队伍；以管理创新为手段，以推进“标准化管理”为抓手，运用先进管理工具和信息化手段，提高项目管理精细化水平和成本管控能力；优化资产配置，服务企业转型发展；落实安全生产诚信体系建设部署，强化安全生产管理，不断增强安全生产管理水平和事故防范能力；加快构建依法治企制度体系，完善法律顾问制度，加强重大决策、重大合同、重大经营行为法律审查，把依法治企落实到经营发展全过程、贯穿于各环节；树立“以客户为中心，以奋斗者为本”的企业文化，着力开展品牌文化建设。

翱翔世界

当前，世界经济总体延续缓慢复苏态势，中国经济发展进入新常态，国内水电行业经过十几年的快速发展步入后水电时代，成都院面临传统业务增速显著放缓、高盈利市场逐步放开、新业务市场竞争激烈的态势。

“水无源必竭”，穷则思变，是成都院砥砺前行的法宝。

“新常态”下，形势虽然严峻，但成都院同样看到了机遇。压力与机遇并存，充分准备、迎难而上，赶上新机遇、抓住新机会、开创新局面、引领新常态，就能获得更大的发展，这是智者的胸怀。

不谋全局者，不足谋一域。国内外基础设施建设市场前景广阔，发达国家与发展中国家，都将关注民生、改善国民生存发展环境当作共同要务，把基础设施建设作为刺激经济的重要手段和稳定增长的新动力。在节能减排压力下，绿色清洁及可再生能源将获得长足发展。中央部署的“一带一路”、京津冀协调发展、长江经济带发展三大国家战略，以及持续推进的“西部开发、东北振兴、中部崛起、东部率先”四大板块发展，都与基础设施建设紧密相关，将撬动大量基础设施建设业务，结构性需求增量较大。国家的指挥棒，为成都院进一步更好地巩固传统优势业务、做强成熟新兴业务、培育更新业务，实现可持续发展，指明了方向。

国际化迎来新一轮“走出去”的政策红利。随着我国外交实力进一步增强，对外开放不断深化，参与全球经济治理、产业格局调整能力不断提升，将为中国企业“走出去”起到重要推动作用。潮起海天阔，扬帆正当时。“行远道者假于车，济江海者因于舟”，成都院善借东风，积极理性创建以设计为龙头、国际总承包和投融资业务协同并进的新格局，逐步实现服务业主和经营资产的相互支撑、有机结合的新业态。

此外，科技创新将孵化企业发展新模式。移动互联和大数据给人们的生活带来了巨大变化，云计算、搜索引擎、移动终端、传感器的普及，对于成都院来说，顺应技术变革，作出相应调整与转型，抢占新市场先机，探索和掌握水电工程数字化、信息化、大数据化等新型技术变革。

大鹏一日同风起，扶摇直上九万里。

六十年，对于一个蓬勃发展的企业，既是节点，又是新征程，宛如江河波澜壮阔的一段。“流水不腐”，这条河，款款流淌，携60载春秋的云烟，140座大坝的倒影，也带着人们对清洁能源、和谐环境与美好生活的企盼，以及3000多名成都院人的深情、智慧与胸怀，激起朵朵浪花，为下一个六十年新的辉煌篇章而歌唱。

（邱　云）

探访金沙江乌东德水电站

2015年12月16日，国务院常务会议对列入国家相关规划、具备建设条件的金沙江乌东德水电站等予以核准。记者从中国长江三峡集团公司获悉，乌东德水电站装机容量1020万千瓦，建成后有望成为中国第三、世界第七的巨型水电站。

专家认为，乌东德水电站超千亿元的动态投资将不但助力“稳增长”，还将为中国绿色发展增添新引擎。近日，记者实地探访乌东德水电站，揭开这座“西电东送”骨干电源点的神秘面纱。

工程技术将创多项纪录

在深山峡谷间的金沙江上，一座土坝横卧江面，滔滔江水从两侧的导流洞奔涌而出，大型工程车辆在山间往来穿梭。

这是金沙江下游四个梯级水电站中第一级的乌东德水电站建设工地。由中国三峡集团建设的金沙江下游向家坝、溪洛渡、白鹤滩、乌东德四座巨型水电站，总装机规模达4646万千瓦，相当于两个三峡工程，年发电量约1900亿千瓦时，是实施国家“西电东送”战略的骨干电源。

中国三峡集团乌东德建设部主任杨宗立告诉记者，乌东德水电站位于云南省昆明市禄劝县和四川省凉山州会东县交界的金沙江下游河道上，控制流域面积40.61万平方公里，占金沙江流域面积的86%，水库正常蓄水位为975米，总库容74.08亿立方米。

“乌东德水电站坝顶高程988米，最大坝高270米。左、右岸地下厂房各安装6台水轮发电机组，单机容量86万千瓦，电站装机容量1020万千瓦，年发电量389.1亿千瓦时。”杨宗立说。

杨宗立介绍，乌东德水电站建设涉及云南、四川两省4市（州）1个县（区），需搬10人口3万余人，乌东德水电站可行性研究报告及移民安置规划报告均已通过审查。

乌东德建设部副主任王义锋说，乌东德水电站为首个高拱坝坝身不设导流底孔、尾水调压室采用半圆形调压室的水电站。深基坑、高围堰是关键技术难题之一，防渗墙最大深度达95米，属国内同类工程之最。同时，地下厂房洞室群区域层状岩体分布广泛，主厂房开挖高度位居世界第一。

绿色发展再添动力

乌东德水电站2011年开始筹建，计划2020年8月首批机组发电，预计2021年12月全部机组投产发电。其开发任务以发电为主，兼顾防洪、航运和促进地方经济社会发展，综合效益显著。

在筹建中，中国三峡集团始终坚持工程建设与环境保护、水土保持“同时设计、同时建设、同时投入运行”的“三同时”原则。

记者在建设工地看到，施工人员专门在地面洒水用于降尘，因地制宜布置表土堆存场，将收集的表土用于植被恢复和绿化工程。在场地清理前，对施工区海子尾巴、施期和鲹鱼河区域迹地清理植物进行了移栽，完成了施工区存有的黄葛古树的就地保护。

为对白鹤滩、乌东德水电站库区各类珍稀、特有鱼类实施保护，中国三峡集团建设了鱼类增殖放流站。记者看到，站内配有亲鱼养殖池、孵化及鱼苗培育车间、鱼种培育车间、生物饵料培育池和养殖蓄水池，生产、生活废水处理设施齐全。

2015年2月底，20000尾齐口裂腹鱼、1000尾白甲鱼、1000尾长薄鳅等从鱼类增殖放流站放流到金沙江，切实保护金沙江下游鱼类。

中国三峡集团介绍，乌东德水电站建成后送电华东、华中和广东电网，每年可节省标煤约1220万吨，同时可减少排放温室气体二氧化碳3050万吨、二氧化硫10.4万吨。

清华大学国情研究院院长胡鞍钢认为，乌东德水电站建成后，将进一步推动实现我国2020年非化石能源占一次能源消费比重15%的目标，助力实现绿色发展。

助力经济“稳增长”

乌东德水电站所在地区经济社会发展相对滞后。据了解，该工程投资巨大，可拉动区域性相关产业发展，新增就业机会，为经济“稳增长”再加重要一码。

杨宗立介绍，按2014年四季度价格水平计算，工程静态投资约790亿元，动态投资约1010亿元。2015年1月至12月，乌东德水电站土石方开挖约1192万立方米，混凝土浇筑约69.26万立方米，已完成投资31亿多元。

根据估算，乌东德水电站建设期间平均每年可增加就业人数约7万人。电站建成发电后，地方财政每年增收约13.5亿元。

胡鞍钢认为，在当前经济形势下，应加强国家的有效投资，行动越早、效益越高。水利基础设施建设最具有代表性，水电作为主体清洁能源，投资体量大、促转型的意义更加凸显，乌东德水电站在落实国家“稳增长”中具有重大作用。

云南大学发展研究院院长杨先明认为，乌东德等金沙江下游四座水电站的建设无论对国家宏观经济，还是对区域经济、城镇化建设等都会起到巨大的带动作用，推进地方经济社会的可持续发展。

“建设水电站时，大量钢材、水泥等建筑材料和劳动力的投入，将有效消化过剩产能，改善当地资源配置，道路建设、库区经济结构等都可以得到提升。”杨先明说。

（吉哲鹏、林晖　原载新华网昆明12月18日电）

白鹤滩水电工程建设有序推进

2015年是中国三峡集团公司全面深化改革各项举措落地之年，也是白鹤滩工程由筹建转入主体工程建设转序的关键之年，全年计划投资34.62亿元，围绕工程核准、截流、两岸坝肩边坡开挖支护至高程600米、左右岸地下电站主厂房完成第三层开挖支护、泄洪洞完成上平段开挖、筹建工程全部收尾的总目标，白鹤滩建设部将有序推进工程建设、重点抓好以下工作：

一、坚持“双零”目标管理，质量、安全意识再提新高度

随着白鹤滩主体工程逐步开工建设，要在施工区全面贯彻“双零”目标管理要求，不断强化质量是工程生命的意识、更加强调安全的红线意识和首位意识，切实将质量、安全意识提到新高度。

一要切实加强设计质量、施工质量管理。白鹤滩坝肩边坡开挖的下卧、地下厂房的揭顶开挖，地质问题逐步揭露，要进一步加强层间层内错动带密集区置换问题、C2C3夹泥含水导致的地厂大变形问题、大坝柱状节理段变形控制、左岸坝肩槽沿倾坡外层内错动带变形等技术问题研究；要把质量管理工作做得更细、更实，在施工程序、秩序上彻底弄清楚，在支护技术、措施上想办法，及时跟进支护、用支护保证开挖；要有效发挥各套技术保障体系作用，加强质量检测数据分析，要在现场建立规范化作业要求基础上，建立一套检验准入体制，用质量检测数据指导质量管理。

二要树立安全底线意识，在安全第一的前提下推进工程建设。施工区贯彻新《安全生产法》，要切实担负起企业主体责任；要将安全文明施工及计量结算标准化工作落到实处，引导加大安全文明措施投入；要牢牢树立隐患就是事故的意识，发挥“白鹤滩安全隐患微信平台”快速便捷、及时曝光、全面参与的作用，抓常、抓实隐患排查治理工作；要推广危险块体预测和警示工作、支护报警工作等好经验、好做法，努力创建“本质安全型”工地。

三要进一步加强文明施工，最大限度保障建设者身体健康、提高工作效率。白鹤滩地下厂房施工通风系统进行了改善和优化，取得了较好效果，鉴于左右岸引水发电系统工程规模宏伟，主厂房、主变室、尾水管检修闸门室、尾水调压室、引水洞、尾水隧洞、灌排廊道、交通洞、施工支洞组成了复杂的洞室群，空气置换通道长，施工期通风散烟矛盾突出，需要进一步研究改善通风排烟；地厂系统文明施工要在现有基础上进一步改进，灌排洞等作业人员较多的工作面，要切实规范通道、加强照明、改善环境；地下洞室群施工要进一步提高洞室支护及时性。

二、为核准创造条件，落实依法合规推进工程新部署

白鹤滩工程2015年首要任务是取得核准，要按照中国三峡集团公司统一部署，依法、合规、有序地推进工程建设，为项目核准创造工程条件。

一要贯彻新《安全生产法》、新《环保法》。落实设计和施工、质量和安全等强制性条文，严格管理程序和管理措施，规范合同条款和合同执行，形成的建设资料、原始数据规范、真实，确保施工区不发生质量安全事故和环境事件。

二要完善项目立项、临时用地等建设手续。加快葫芦口大桥、旱谷地对外交通专用公路等单项核准项目的核准工作，完善施工区临时用地手续办理，加快上村梁子营地、新建村营地的消防手续办理。

三要加强建筑市场管理。健全“三层次、四体系”项目管理体系，督促主承包商建立部门、作业大队及作业小队三个管理层次，建立独立运行的质量、技术、安全及生产四个体系，确保主承包商管理力量配备到位，保证工程控制能力；严格执行中国三峡集团公司建筑市场分包管理规定，加强分包管理，确保分包队伍切实履责；在管理措施和合同条款上采取针对性措施，应对施工企业和用工体制新变化，积极应用集团建筑市场管理系统、人员设备定位系统、移动端质量管理系统等。

三、坚持环保“三同时”制度，落实环保工作新举措

白鹤滩环评影响报告书已通过环保部技术审查，主体工程环评处于报批阶段，要坚持“三同时”制度，落实新《环保法》要求，确保环境保护与水土保持措施落实、污染物排放达标。

一要落实水土流失防治措施，做好石渣下江的防护工作，积极落实坝肩开挖集渣平台建设、清理等沿江挡护工程措施，严禁沿江施工中的溜渣与刻意倒渣入江；规范弃渣运行管理，督促各单位在汛期前完成渣场的截排水、拦挡措施及稳定性排查，及时消除隐患，确保汛期安全。

二要加强施工作业降尘管理，重点控制坝肩、引水发电进水口、泄洪洞出水口开挖区和各渣场施工、进场道路的施工扬尘，采用湿法爆破、湿法钻孔、带收尘设备的钻孔机械等方式降尘；持续优化地下工程通排风与降尘措施，保证洞内空气质量，督促各主要施工通道定时洒水、完善出渣车辆喷淋装置，最大限度减少扬尘。

四、提升核心竞争力，落实控制造价新要求

随着新一轮电力体制改革的大幕开启，上网电价由市场供求决定不再遥远，通过科技创新、管理创新，不断优化设计方案、施工方案，达到本质质量安全，降低工程造价，提升核心竞争能力。

一要有效优化工程设计，注重源头控制造价。加强项目规划管理，避免重复建设，提高效益；依靠技术进步和管理创新，参照溪洛渡大坝混凝土温控冷却系统闭环运行，加强数字大坝、数字地厂建设，实现感知传送、分析预警、控制反馈三个阶段循环，提升工程质量、控制工程造价；组织修订设计考核办法，加强对设计优化考核，建立设计优化台账，与集团信息中心联合开发图纸发放系统中增加设计优化内容。

二要严格执行招投标管理制度，减少直接委托项目。够条件的项目规范实施公开招标，公平竞争遴选中标人，防止边干活边商谈合同条款，减少合同变更；对零星小项目采用打包招标方式，在施工区进场单位中实施快速邀请招标确定施工队伍，阳光采购避免利益输送；运用招投标管理系统，实现招投标信息化管理，运用金沙江协同平台白鹤滩工程变电索赔管理模块，实现变更索赔全过程跟踪管理，坚持“事前变更”，避免“秋后算账”，提高变更索赔审核效率。

五、落实反腐倡廉两个责任，营造风清气正新氛围

按照中国三峡集团公司全面落实“两个责任”工作要求，切实把党风廉政建设责任落到实处。要推荐好干部、加强作风建设、强化对权力运行的制约和监督、带好队伍当好表率。

一是党委要落实党风廉政建设领导责任。党委要每季度专题研究一次党风廉政建设和反腐败工作，坚持党风廉政建设与工程建设两手抓、两促进，与各支部、各部门签订党风廉政建设责任书，实现责任分解、压力传递；党委书记要履行“第一责任人”的责任，抓班子带队伍做表率，监督班子成员廉洁从业、执行党风廉政建设责任制和落实党内监督各项制度，对重要工作亲自部署、重点环节亲自协调，全年讲党课不少于两次；领导班子成员要落实“一岗双责”责任，对职责范围内的党风廉政建设切实负起领导责任，全年至少两次召开分管部门、联系单位党风廉政建设工作会议；落实党风廉政建设各项工作制度，在原来廉洁合同的基础上能根据中国三峡集团公司关于纪律、作风建设的要求，完善合同条款，督促参建各方共同承诺和遵守。

二是纪委要强化监督执纪问责。纪委要紧紧围绕工程建设和“四风”问题严格履行职责，对招标采购、项目管理等重点领域，执行民主集中制及落实“三重一大”制度关键环节，慵懒散、卡拿要等突出问题，要加强检查监督，坚持从重点岗位抓起、从细小事情做起；对推荐介绍施工队伍、工程设备物资，违规干预工程计量结算，打折扣、搞变通的收受礼物等问题，要严格执纪，一经查实严肃处理；对整改不落实、“四风”问题依然存在的部门，要加大问责力度，要追究党支部、部门的主体责任和监督责任。

白鹤滩水电站2015年工程建设的号角已经吹响，白鹤滩工程建设部将团结参建各方力量履职尽责、攻坚克难，科学研判工程形势、引领工程建设稳步迈入施工“新常态”，全面完成2015年各项任务，为实现中国三峡集团公司“新三峡梦”贡献力量。

（周双超）

文件选编

国家能源局四川监管办公室文件

川监能市场〔2015〕71号

关于加强四川电网火电机组运行保养促进水电消纳的实施意见

国网四川省电力公司，各统调发电企业：

为优化电网开机方式和发电组合，加强火电机组最小技术出力管理，促进水电最大限度的消纳，更好地保障电网长期安全稳定运行和可靠供电，结合《国家能源局水电基地弃水问题驻点四川监管报告》（国家能源局监管公告2015年第10号）的整改要求，现就加强四川电网火电机组运行保养促进水电消纳提出如下实施意见，请认真贯彻执行。

一、火电机组运行保养的定义和分类

1.火电机组运行保养，按照是否处于开机状态分为开机保养和吹灰保养两类。

2.火电机组开机保养是指为满足火电机炉保养、试验要求，保障枯期四川电网安全和可靠供电，将未纳入丰水期四川电网最小开机组合的火电机组，安排短期开机运行的保养。

3.火电机组吹灰保养是指为提高纳入四川电网最小开机组合运行的机组运行安全性，将已开机运行的火电机组，安排短时高于其最低技术出力运行便于吹灰的保养。

二、火电机组运行保养的期限

1.火电机组开机保养时间间隔为2-3月，每次开机保养并网时间10天。

2.火电机组吹灰保养实行7天一个循环，吹灰负荷不低于发电机组额定容量的80%，一个循环周期总计加负荷时间不超过14小时。

三、火电机组运行保养的工作程序

1.四川电网统调火电发电企业自愿提出运行保养申请。火电发电企业提前30天向国网四川省电力公司调控中心提出开机保养申请，提前7天向国网四川省电力公司调控中心提出吹灰保养申请。

2.国网四川省电力公司调控中心根据电网运行方式和申请情况统筹安排。火电机组开机保养应综合考虑发电企业提出申请的先后顺序、电网运行、检修计划、用电负荷、水电消纳等情况安排，电力负荷下达到发电企业的日发电计划中。火电机组吹灰保养应结合电网运行、用电负荷、外送电计划、水电消纳等情况安排，电力负荷下达到发电企业的日发电计划中。

3.火电机组运行保养的电力电量纳入“两个细则”考核和补偿。发电企业要严格按照国网四川省电力公司调控中心下达的火电机组运行保养日计划曲线发电，纳入两个细则进行考核和补偿。火电机组开机保养期间发生非停，该次开机保养结束，并按相关规定进行非停考核。

4.火电机组运行保养产生的上网电量计入合同电量，按照合同上网电量和国家批复的上网电价结算，国网四川省电力公司调控中心下达的火电机组运行保养的日计划电量指标不得转让。

四、火电机组运行保养的监管和信息披露

1.四川能源监管办负责火电机组开机保养工作的监管。

2.国网四川省电力公司调控中心按月统计四川电网火电机组运行保养情况，在次月10日前报四川能源监管办。

3.国网四川省电力公司调控中心将四川电网火电机组运行保养情况，按季度通过厂网联席会、网站等方式向省统调发电企业（包括水电、火电和其他新能源发电企业）进行披露。

五、火电机组运行保养的其他事项

1.国网四川省电力公司调控中心要优化电网开

机方式和发电组合，丰水期除为保障电网安全稳定运行、调峰调频、运行保养的火电机组开机外，其他火电机组一律不得安排开机，为水电机组提供更大的消纳空间。

2. 四川电网统调火电发电企业要加强发电设备改造，切实提高火电机组调峰能力，加强火电机组最小技术出力管理，火电机组丰水期除吹灰保养外，一律不得超过最小技术出力运行。

3. 国网四川省电力公司调控中心要及时向四川能源监管办报送四川电网年度、枯水期、丰水期等电网运行方式，并将有关情况及时通报统调发电企业（包括水电、火电和其他新能源发电企业）。

4. 四川能源监管办将密切跟踪火电机组开机保养执行情况，就执行情况进行后评估，结合实际情况对实施意见进行调整和完善。

四川能源监管办
2015 年 8 月 3 日

国家能源局四川监管办公室文件

川监能市场〔2015〕92 号

关于加快推进四川电网企业回购电源项目自建配套送出工程的指导意见

国网四川省电力公司，各有关发电企业：

今年下半年以来，按照国家能源局的统一部署，我办开展了四川电网企业回购电源项目自建配套送出工程专项监管。为贯彻落实《国家能源局综合司关于电网企业回购电源项目自建配套送出工程有关事项的通知》（国能综监管〔2014〕84 号）的相关要求，加快推进电源项目自建配套送出工程回购工作，进一步协调厂网关系，维护企业合法权益，促进电力行业健康协调发展，现就回购工作中的有关事宜通知如下，请遵照执行。

一、送出工程回购边界条件

电源项目本体和送出工程项目取得核准文件、确认电源项目送出工程资产处于可转让状态，即具备送出工程回购的基本条件。在具备送出工程回购基本条件的基础上，完成送出工程项目水保验收、环保验收、取得政府有权部门出具的简化许可手续（建设工程规划、建设用地规划、工程项目施工）、完成送出工程资产评估、完成送出工程设备消缺，就具备了送出工程回购的全部条件。

二、送出工程回购工作流程

四川能源监管办对电源项目自建配套送出工程回购情况进行甄别，对具备回购基本条件的送出工程，印发加快推进送出工程回购的意见函。发电企业收到意见函后，要积极补办送出工程项目水保验收、环保验收手续，争取政府有权部门出具的建设工程规划、建设用地规划、工程项目施工简化许可手续，商省电力公司委托第三方机构开展送出工程资产评估、完成送出工程设备消缺。省电力公司收到意见函后，要将项目列入年度回购计划，将回购资金列入年度预算，配合开展送出工程资产评估和设备消缺。送出工程具备回购全部条件后，省电力公司与发电企业签订回购协议，及时完成回购款项支付、资产移交和计量点改迁等事宜。

三、送出工程完善相关资料费用处理

按照有利于回购工作整体推动的总体方针，坚持互谅互让、抓大放小、效率优先的原则，对完善送出工程回购资料而发生的办理核准文件、送出工程项目水保和环保验收、办理建设工程规划、建设用地规划、工程项目施工许可证的费用，按照基建管理规定能够列入送出工程项目资产的，在资产评估时一并纳入。

四、加快推进“双核准项目”回购工作

省电力公司和发电企业要进一步提高对电源项目自建配套送出工程回购工作的认识，认真贯彻执行《国家能源局综合司关于电网企业回购电源项目自建配套送出工程有关事项的通知》，加快推进电源项目本体和送出工程项目均取得核准文件的“双核准项目”的回购工作。省电力公司和发电企业要依照送出工程回购边界条件、送出工程回购工作流程、送出工程完善相关资料费用处理的规定，加强沟通协商，积极主动开展工作，尽快补充完善有关资料和手续，“双核准项目”原则上要在2016年底前完成回购工作。

五、有序推进“单核准项目”回购工作

鉴于电源项目审批政策经历了审批制到核准制的变迁，电源配套送出工程核准政策经历了在电源项目中一并核准到单独核准的变化的客观实际，坚持尊重历史、着眼未来、规范有序的原则，对我省2004-2010年仅取得电源项目本体核准文件的“单核准项目”的送出工程核准政策，报请国家能源局研究这一历史遗留问题的处理意见。待国家政策明确后，我办再另行明确回购工作的推进事宜。

四川能源监管办

2015年10月12日

国网四川省电力公司输变电工程地方协调属地化管理实施办法（试行）

第一章　总　则

第一条　按照《国家电网公司“大建设”体系建设方案》和《国家电网公司关于进一步规范电网工程建设管理的若干意见》等文件精神，为进一步落实输变电工程地方协调属地化管理的有关要求，发挥属地公司资源优势，及时完成相关手续办理与协调工作，制定本实施办法。

第二条　地方协调是指输变电工程建设中办理征地、拆迁、赔偿等，以及为顺利推动工程实施，与属地政府及部门沟通协调的工作。

第三条　本办法适用于国网四川省电力公司（以下简称“省公司”）投资，纳入基本建设程序管理的35千伏及以上输变电工程。

第四条　本办法适用于省公司工程建设管理单位和所属供电公司，代管、控股公司参照执行。

第二章　职责分工

第五条　本办法以工程建设管理单位（业主项目部）、属地供电公司为责任主体，相关单位与部门共同参与，各负其责的管理模式。

第六条　省公司建设部履行以下职责：

（一）负责输变电工程属地化协调归口管理。

（二）检查督促地方协调属地化管理的实施。

（三）负责省公司层面重大问题协调。

第七条　建设管理单位（建设管理中心）履行以下职责：

（一）负责所辖输变电工程地方协调工作牵头管理。

（二）与属地供电公司签订地方协调委托协议。协议应明确工作内容，时限要求，项目法人管理费和赔偿费控制金额及使用原则等。

（三）负责提供办理征（占）地及拆迁、赔偿等所需的项目支持性文件。

（四）组织所辖输变电工程跨区协调工作，参与属地供电公司的有关地方协调。

（五）负责属地供电公司受托征（占）地及拆迁、赔偿等结算资料、数据汇总和相关费用核定。

第八条　属地供电公司履行以下职责：

（一）与建设管理单位签订地方协调受托协议。

（二）协助收集当地征地政策标准，为概算准确计列征地拆迁费提供依据；参加可研、初设审查。

（三）落实变电工程年度用地指标，负责变电工程的征地及附属物拆迁、赔偿工作与相关手续及土地证的办理。

（四）负责线路工程的房屋及厂矿等建（构）筑物的拆迁、赔偿及相关手续办理。

（五）及时处理因地方协调引起的停工、阻工等问题。

（六）按工程档案管理要求移交征地及拆迁赔偿等资料。

第九条　受托属地供电公司应建立电网建设协调与对外服务协同机制，整合基建、营销、调度、运检等对外服务资源，协助工程项目管理机构开展所辖区域电网建设项目的地方协调工作，加强与各级政府的沟通汇报，依法推进项目建设，确保工程项目建设任务的全面完成。

第三章　费用管理

第十条　属地供电公司负责的地方协调工作，费用包括按政策标准支付的征地及拆迁赔偿费和工作中产生的费用。

第十一条　征地及拆迁赔偿费在工程概算的建设场地征用及清理费中列支。

第十二条　属地供电公司在办理征地及拆迁赔偿工作中，应以政府为主导并商建设管理单位后签订合同（协议）。赔偿标准应严格执行当地县级及以上人民政府的政策标准，并控制在工程批准概算范围内。超过政策标准或工程概算的，应报建管单位和省公司批准后执行。

第十三条　属地供电公司工作中产生的费用在工程的项目法人管理费中列支。

（一）对省公司直管项目，属地供电公司使用项目法人管理费时，应在限额内依法合规、据实凭据报销。如有超支情况，报省公司建设管理中心和省公司批准后调整。

（二）市（州）供电公司建管项目有属地化协调委托的，可视实际情况双方约定项目法人管理费使用额度，依法合规、据实凭据报销。

第十四条　省公司直管项目的属地供电公司费用支付流程：

（一）建设场地征用及清理费的使用，由属地供电公司向建管中心提出资金预算，由省公司综合服务中心拨付资金。

（二）项目法人管理费的使用，由属地供电公司向建管中心申请预付，或凭原始票据据实报销。资金支付均由属地供电公司向建管中心提出申请，经建管中心预算审核后，由建管中心向省公司综合服务中心提交支付申请。

第十五条　市（州）供电公司建管项目的费用支付流程，按政策许可，双方约定执行。

第四章　检查考核

第十六条　省公司对建设管理中心、市（州）供电公司开展属地化管理评价与考核。

第十七条　评价与考核结果纳入基建管理综合评价和同业对标、企业领导人年度考核。

第五章　附　则

第十八条　公司所属单位可依照本办法制定实施细则。

第十九条　本办法由国网四川省电力公司建设部负责解释并监督执行。

第二十条　本办法自发布之日起施行。

国网四川省电力公司
居民住宅小区业扩报装管理办法（试行）

第一章　总　则

第一条　为规范居民住宅小区业扩报装工作，提高为民办电服务效率，根据《国网四川省电力公司业扩报装全业务全流程管理办法》、《国网四川省电力公司 10 千伏及以下业扩报装业务办理工作要求》，制订本办法。

第二条　按照居民住宅小区生活（含生活配套）用电和非生活用电分开办理业务的要求，本办法规范居民住宅小区生活（含生活配套）用电的业务办理，对于居民住宅小区非生活用电的业务办理，严格按照专变客户业扩报装规定执行。

第三条　本办法适用于国网四川省电力公司所属各单位的居民住宅小区业扩报装管理工作，全资、控股单位和上市（参股）公司参照执行。

第二章　工作职责

第四条　省公司营销部主要职责：

（一）负责辖区内居民住宅小区的业扩报装归口管理。按照国网公司业扩报装相关管理规定，组织居民住宅小区业扩报装工作开展，并进行指导和考核。

（二）负责拟定居民住宅小区业扩报装管理办法、工作标准和技术规范。

第五条　市（州）公司营销部主要职责

（一）按照上级业扩报装管理制度和技术标准，组织实施辖区内居民住宅小区业扩报装业务，对所辖居民住宅小区业扩报装工作进行指导和监督考核。

（二）指导市客户服务中心及所属县客户服务中心组织所辖居民住宅小区业扩报装方案审查会。

（三）负责居民住宅小区业扩配套电网工程需求收集，配合相关部门开展业扩配套电网工程建设管理。

第六条　市（县）公司客户服务中心主要职责

（一）具体负责辖区内居民住宅小区业扩报装业务办理，包括供电方案制定、组织业扩报装方案审查、组织设计审查、组织竣工验收（中间检查）、装表、费用收取、供用电合同签订、开卡售电等工作。

（二）负责组织居民住宅小区供配电设施资产移交协议签订，并配合相关部门完善资产移交手续。

（三）配合相关部门实施居民住宅小区业扩配

套电网工程建设。

第三章 业务办理要求

第七条 按照居民住宅小区生活(含生活配套)用电和非生活用电应分开受理的原则，由开发商(建设单位）分别提交用电申请，分别按照相应的业务流程办理。

第八条 生活（含生活配套）用电业务按照三阶段方式办理：第一阶段从开发商（建设单位）申请用电起到竣工验收合格止，按照专变客户办理相关业务手续；第二阶段从竣工验收合格并签订供配电设施资产移交协议起到变压器投运止，按照公司公用变压器要求完成投运；第三阶段从小区业主提交用电申请起到开卡售电止，按照户表客户办理相关业务手续。非生活用电业务原则上按照专变客户相关流程要求办理，如非生活用电与生活共用变压器，可纳入生活用电统一办理业务。

第九条 现场查勘后，根据业扩报装方案审查会纪要拟定《供电方案协议》和《供配电设施资产产权意向性移交协议》(具体见附件 1)并同时签订。

（一）《供配电设施资产产权意向性移交协议》按公司下发的统一版本签订。

（二）《供配电设施资产产权意向性移交协议》由市客户服务中心或县供电公司完成内部审批后，由客户经理组织与客户签订，签订人需按照公司相关规定取得相应授权。

（三）《供配电设施资产产权意向性移交协议》加市客户服务中心或县供电公司合同专用章后生效。

第十条 开发商（建设单位）对新建居民住宅小区的非生活用电部分如有移交意愿时，在签订《供配电设施资产产权意向性移交协议》后，应结合电网情况进行统一考虑供电方案，并将生活（含生活配套）用电和非生活用电业务统一办理， 非生活用电根据需要，可按“一户一表”或低压总表方式办理业务。

第十一条 居民住宅小区设计审查在按照专变客户要求开展工作基础上，根据《住宅小区供配电设施建设设计规范》(以下简称小区规范)，还应重点审查以下内容：

（一）外部供电方案是否与居住区内建筑物及配套设施负荷性质匹配。

（二）10kV 环网单元设置是否符合小区规范要求。

（三）10kV 环网及变压器设置位置是否符合小区规范要求。

（四）小区重要负荷供电可靠性是否符合小区规范要求。

（五）小区变压器总容量配置及单台变压器容量设置原则是否符合小区规范要求。

（六）户表计量装置安装位置是否符合小区规范要求。

第十二条 开发商（建设单位）签收设计审查意见后，提出计量装置（含购电卡、采集装置等）的号段申请，按照公司计量相关管理规定，在省计量中心分配号段后，书面告知开发商（建设单位）电能表（含购电卡）号段及通信模块、采集终端选型和参数要求。

第十三条 居民住宅小区中间检查在按照专变客户要求开展工作基础上，根据《住宅小区供配电设施建设设计规范》(以下简称小区规范)，还应重点检查以下内容：

（一）高、低压电缆敷设是否符合小区规范要求。

（二）环网柜、变压器及配电设施安装位置是否符合小区规范要求。

第十四条开发商（建设单位）购置计量装置后，需提出检定申请，由公司负责免费检定，检定合格后由开发商（建设单位）完成现场安装。

第十五条 开发商（建设单位）在完成计量装置现场安装后，应提交楼号、单元号、门牌号与表号一一对应的相关资料，客户经理负责组织在营销 SG186 系统中完成户表预装流程，负责组织在 GIS 系统完成表箱信息录入和维护工作。

第十六条 客户受电工程施工（含计量装置安装）完成并自验收合格后，开发商（建设单位）提出竣工报验申请，由营销部门组织运检部门开展竣工验收。

第十七条 竣工验收合格后，客户经理负责组织与开发商（建设单位）签订《供配电设施资产产权无偿移交协议》(具体见附件 2）及小区生活配套用电部分的供用电合同。

第十八条 在签订《供配电设施资产产权无偿移交协议》后，运检部门负责在 PMS 和 GIS 系统中完成表箱以前资产信息录入和维护工作，并在 OMS 系统提交新设备投运申请和组织变压器送电工作。

第十九条 在变压器投运后，在小区业主提交用电申请后，按照户表方式办理相关业务。

第二十条 在受理用电申请后，按照规定时限开展现场相关工作：

（一）核实客户提供的居民身份证、购房合同资料、有效联系方式等信息是否正确。

（二）核实表计安装信息与楼号、单元号、门牌号对应关系是否正确。

（三）核实相关信息后，与客户签订供用电合同。

（四）签订供用电合同后，根据客户需要，完成开卡。

第二十一条 在现场作业终端使用前，使用省公司统一配发的《四川省居民生活供用电合同》，现场完成纸质合同签订。加大现场作业终端推广力度，实现现场电子签名方式签订供用电合同，客户可在网上下载或到就近营业厅打印纸质合同。

第二十二条 供用电合同签订后，及时完成营销系统归档、立户工作。在现场终端使用前，各单位根据情况组织人员配合现场工作人员完成归档、立户工作；使用现场终端后，由现场工作人员现场完成归档、立户工作。

第二十三条 根据情况，可采用“预约上门集中开卡售电”、“预约上门零散开卡售电”、“客户到营业厅开卡售电”等方式。

（一）“预约上门集中开卡售电”方式使用现场终端集中办理开卡售电方式，客户服务中心联系开发商（建设单位）或小区物业管理公司联系现场工作相关事宜，组织人员在固定的时间段到小区集中办理开卡售电业务。交费方式可采取银联卡刷卡充值和收取现金两种方式，并向客户提供收据。现金收取应符合电费资金管理相关规定，客户可凭收据到营业厅换取发票。

（二）“预约上门零散开卡售电”方式应提前通知客户备好银联卡，实行刷卡充值并向客户提供收据，原则上“零散开卡售电”方式现场不收取现金，客户可凭收据到营业厅换取发票。

（三）“客户营业厅开卡售电”方式是通知完成资料归档的客户自行前往供电营业网点办理开卡售电业务，按营业厅相关规定办理。

第二十四条 完成开卡售电后，指导客户下载安装掌上川电 APP，完成手机绑定和网上充值等。

第四章 附 则

第二十五条 本办法由国网四川省电力公司营销部负责解释并监督执行。

第二十六条 本办法自发布之日起施行。

附件 1：供配电设施资产产权意向性移交协议（略）

附件 2：供配电设施资产产权无偿移交协议（略）

概况

责任编辑：姚国寿

2015 年，四川省电力工业在四川省委、省政府的领导下，全体川电职工深入贯彻落实中共十八届五中全会精神，面对错综复杂的经济形势，省内用电需求放缓等因素，坚持科学发展、又好又快发展的工作基调，团结一致，顽强奋斗，全力保持电力平稳较快发展，保民生、促发展，在电源建设、电网建设、生产运营、科教文化、企业管理、党群工作等各个方面都取得了新的成绩。

2015 年，全省发电总装机容量达到 8673 万千瓦，总发电量 3208.5 亿千瓦时，同比增长 19.59%。其中水电 2767.4 亿万千瓦时，火电 429.3 亿千瓦时，风电 9.6 亿千瓦时，光伏电 2.2 亿千瓦时。全年水电新增发电装机 646 万千瓦。电网建设又好又快发展，特高压线路直通华东，500 千伏电网覆盖全省各市州，多层级电网协调发展的格局更加完善。外送电创历史新高，全年外送电量 1226.34 亿千瓦时。

四川电网已从局部电网跃升为联通西北、华中、华东电网的重要枢纽和特高压交直流混联运行的枢纽电网。四川电力行业继续保持科学、平稳发展。

同时，水电集中投产、弃水电量也创历史新高，电力生产运营也暂时出现了电力供大于求的新情况。

四川省2015年经济和社会发展计划执行情况

“十二五”发展主要成就和2015年工作回顾

“十二五”规划时期，是四川省战胜特殊困难和严峻挑战、奋力推进“两个跨越”很不平凡的五年。这期间，世界经济持续深度调整，国内“三期叠加”影响不断加深，四川省接连遭受重大自然灾害。在中共中央、国务院和四川省委的坚强领导下，在省人大、省政协的监督支持下，省政府紧紧依靠全省各族人民，全面履行政府职责，攻坚克难，砥砺奋进，完成了“十二五”规划确定的主要目标任务，经济社会发展取得了新的历史性成就。

这五年，四川省稳中求进追赶跨越，经济实力明显增强。地区生产总值连续迈过两个万亿元台阶，在全国位次上升。人均地区生产总值从2010年的21182元增加到36836元，全社会固定资产投资、社会消费品零售总额年均增长分别为13.8%、15%，地方一般公共预算收入年均增长16.3%，粮食总产量持续增长。基础设施水平全面提升。高速公路、铁路通车里程分别达6000公里、4600公里，成渝高铁建成通车。支线机场达12个，成都天府国际机场项目进展顺利。“四江六港”建设加快，港口吞吐能力突破1亿吨。亭子口水利枢纽等20处大中型水利工程基本建成，新增有效灌溉面积44万公顷。电力总装机容量达8673万千瓦，其中水电装机占80%，全国最大清洁能源基地地位更加巩固。

这五年，四川省坚定推进转型发展，经济结构逐步优化。多点多极支撑格局加快形成，成都地区生产总值过万亿，过千亿市(州)、过百亿县(市、区)分别新增13个、46个，天府新区获批国家级新区，攀西获批首个国家级战略资源创新开发试验区。“两化”互动、城乡统筹发展战略深入实施，三次产业结构从14.4∶50.5∶35.1调整为12.2∶47.5∶40.3，城乡居民收入比从2.8∶1缩小为2.6∶1，城镇化率从40.2%提高到47.7%，19.4%的村达标幸福美丽新村基本要求。创新驱动发展取得新进展，科技创新对经济增长贡献率达50%，高新技术产业产值增长1.7倍，军民融合发展势头良好。万人发明专利拥有量增长3.3倍。非公有制经济占地区生产总值比重达60.7%。长江上游生态屏障基本建成，森林覆盖率从34.8%提高到36%，国家下达的节能减排和环保指标全面完成。

这五年，四川省社会事业发展加快，人民生活明显改善。一般公共预算民生投入达2万亿元，是“十一五”规划时期的2.3倍。城镇新增就业累计457.3万人，城乡居民人均可支配收入年均增长分别为11.3%、13.7%。城乡居民基本养老保险、医疗保险等社会保障逐步健全。减少贫困人口976万人以上，农村贫困发生率从20.4%下降到5.8%。2498万农村居民、学校师生饮水安全问题和35.8万户无电问题得到解决，县乡公路危险路段全部安装上安全防护栏。改造旧城危房和各类棚户区、农村危房307万套，在全国率先开展农民工住房保障行动，向农民工提供公共租赁住房6万套。义务教育全面实行“三免一补”，学前三年、高中阶段教育毛入学率年均分别增长2.9%、2.6%。文化事业得到加强，文化产业健康发展。卫生计生、残疾人事业稳步发展。全民健身和竞技体育迈上新台阶。民族地区民生改善成效明显。

这五年，四川省积极融入国家战略，改革开放成效显著。全面深化改革攻坚突破，取消调整398项行政审批事项，完成新一轮机构改革，130万事业人员实行聘用制管理。农村、国企、财税、科技、价格等重点领域改革取得新进展，大众创业万众创新蓬勃兴起。A股上市公司超过100家，居中西部第一。抢抓“一带一路”和长江经济带建设机遇，开放合作全方位拓展。驻蓉领事机构达15个、居内地第三，国际友城增至78对，国际(地区)航线达85条。累计到位国内省外资金4.1万亿元，实际利用外资532.5亿美元，对外投资突破70亿美元，进出口总额2933亿美元。在川落户世界500强企业新增79家、达299家。西博会、科博会等国际性展会和开放平台功能更加凸显。

这五年，四川省防灾减灾取得重大成效，地震灾区重建走出新路。全面推进汶川特大地震灾区振兴发展，灾区群众生产生活水平大幅提高。芦山强烈地震发生后，省政府认真落实中央确立的应急救灾新机制，科学高效组织抢险救援，夺取了抗震救灾的重大胜利。有力有序推进灾后重建，城乡住房重建任务全部完成，学校、医院等公共服务设施重建基本完成，产业重建和生态环境修复高水平推进，由地方承担的总体规划项目完工率和投资完成率均超过90%，走出了一条“中央统筹指导、地方作为主体、灾区群众广泛参与”的恢复重建新路。康定、得荣地震抗震救灾和恢复重建取得明显成效。有效应对暴雨洪涝、泥石流等自然灾害，防灾减灾救灾体系进一步完善。

这五年，四川省依法治省开启新征程，法治政府建设取得新进展。依法治省纲要深入实施，民主政治和基层民主建设有序推进。着力依法行政，坚持在法治下推进改革。简政放权、行政审批制度改革工作取得新成效，在全国率先建立完整的省、市、县、乡、村五级政务服务体系和省、市、县三级公共资源交易服务体系。新型社会治理机制建设取得进展。开展道路交通安全综合整治攻坚，强化煤矿安全监管，依法关闭不具备生产条件的小煤矿，安全生产形势持续好转。社会治安形势总体平稳。民族更加团结，宗教关系更加和谐。

刚刚过去的2015年，四川省统筹稳增长、促改革、调结构、惠民生、防风险，较好完成了省人代会确定的目标任务。全年实现地区生产总值30103.1亿元、增长7.9%，地方一般公共预算收入增长7.9%，城镇居民人均可支配收入增长8.1%，农村居民人均可支配收入增长9.6%，城镇登记失业率4.1%，居民消费价格上涨1.5%。一年来，主要做了以下工作：

一是全力稳定经济增长。2015年宏观经济环境严峻复杂、经济下行压力持续加大。省政府深入研判经济走势，开展两次大规模督查调研，打出“4+1”政策组合拳，破解企业、行业和实体经济发展难题。降低工商业用电用气成本约61.5亿元，落实降税清费政策减轻企业和社会负担600亿元左右，有序推进房地产去库存。综合施策稳投资。争取到653个国家专项建设基金项目，启动一批重大项目建设。制定铁路投融资体制改革实施意见，铁路投资突破400亿元。加强银政企合作，社会融资新增近6000亿元。推广政府与社会资本合作模式，签约项目总投资近1600亿元。全社会固定资产投资完成2.6万亿元、增长10.2%。大力拓市场促消费。组织9万户企业参与市场拓展“三大活动”，扩大健康、养老、电商等新兴消费和服务供给，社会消费品零售总额增长12%。

二是大力促进转型升级。出台新型城镇化、中国制造2025四川行动、“互联网+”等实施意见。深入推进现代农业产业基地建设、粮食生产能力提升工程，建成高标准基本农田45万公顷，培育各类新型农业经营主体20.1万个。启动“工业转型升级三年行动计划”，推动白酒等传统优势产业改造升级，完成技改投资5318亿元，关停淘汰煤炭等落后产能企业436户;狠抓“7+7+5”产业培育发展，设立产业引导基金，组织实施一批重点产业项目。推进服务业综合改革试点，强化五大新兴先导型服务业引领示范，服务业增加值增长9.4%。举办首届国际旅游投资大会、第二届旅博会，全年旅游总收入突破6000亿元。成功争取四川省列入国家系统推进全面创新改革试验区域，成都高新区获批国家自主创新示范区，天府新区、绵阳科技城创新创业工作扎实推进。安排30亿元专项资金支持创新驱动和五大高端成长型产业发展，新增省级以上企业研发机构141家、科技型中小微企业1.3万家。专利申请首破10万件。有力促进大众创业万众创新，一大批科技人员、大学生、海外人才和草根能人迈入创业创新主战场，农民工和川商返乡创业成效初显。

三是着力深化改革开放。扎实推进简政放权，全面取消非行政许可审批，深化商事制度改革，全面实施“三证合一”登记制度，新登记企业17.7万户、增长23.5%。积极稳妥推进农村产权制度、国资国企、财税体制和公务用车制度改革。推进地方金融改革，筹建首家民营银行、省级寿险公司、资产管理公司和农业信贷担保公司，实施“创业板行动计划”，开展巨灾保险试点。出台参与建设“一带一路”实施方案，启动“251三年行动计划”，推动“蓉欧快铁”双向开行。积极融入长江经济带建设，深化与泛珠三角省区的战略合作。成功举办中外知名企业四川行等投资促进活动，成功承办中俄“两河流域”地方领导人第四次座谈会。到位国内省外资金9116亿元，实际利用外资104.4亿美元，实现进出口总额515.9亿美元。四川省医疗队代表国家参与尼泊尔“4·25”地震救灾。

四是加快发展民生社会事业。全面完成“十项民生工程”和 20 件民生大事。推进精准扶贫，117 万人摆脱贫困。加快危旧房改造和保障房建设，棚改货币化安置比例达 49.5%。将农民工全面纳入城镇就业登记，促进城镇新增就业 101.9 万人。实施机关事业单位养老保险制度改革，打通城乡居民与企业职工养老保险转移衔接通道。实施第二期学前教育三年行动计划，推进义务教育均衡发展，开展职业学校首批现代学徒制试点，高等教育健康发展。率先建立全域分级诊疗制度，全面实施城乡居民大病保险，搭建异地就医结算省级平台。深化国有文艺院团改革，开展文化惠民活动，成功举办第五届国际非遗节、首届四川艺术节和全国第九届残运会暨第六届特奥会。科普、哲学社会科学、档案和地方志工作取得新成果，妇女儿童、老龄、参事文史等工作得到加强。

五是加强城乡环境保护。认真实施新环保法，惩治环境违法犯罪行为。推进盆地雾霾污染联防联控，可吸入颗粒物平均浓度比考核基准年(2013 年)降低 10%。单位地区生产总值能耗下降 7%左右，超额完成国家下达的节能减排任务。出台差别化排污收费政策，推动土壤污染风险调查评估，加强农村面源污染防治，率先通过国家农村生活垃圾治理验收。出台生态补偿等 20 项改革措施，启动生态保护红线划定工作。实施生态保护治理重点工程，地质灾害防治成效明显。大力营林造林，开展市、县全域湿地保护试点。实施饮用水水源保护和重点流域水环境综合治理，出川断面水质全部达标。

六是全面推进依法行政。认真落实依法治省纲要，公布推行政府权力清单和责任清单，规范行政执法裁量权，推进全省三级行政权力事项联网运行。完善行政决策机制，出台《四川省重大行政决策程序规定》。高度重视行政复议、行政应诉工作。开展重点行业安全生产大检查大整治，查处食品药品违法违规案 2 万余件，全年没有发生重特大安全生产事故和重大食品安全事件。加强社会治安工作。积极稳妥应对地方金融风险。按照“三严三实”要求，切实转变作风，狠抓省委确定的重大决策部署落实。加强监察、审计工作，严格规范权力行使。深入推进“法律七进”，开展社区建设“三项试点”。

过去五年四川按照中央和省委的决策部署，朝着“两个跨越”目标奋勇前行，主要经验和体会是：必须坚持以人民为中心的发展思想。始终牢记发展为了人民、发展依靠人民，以新理念引领新实践，不断增进民生福祉。必须保持专注发展转型发展的战略定力。紧紧抓住经济建设这个兴省之要，持续做大经济总量，大力提高发展质量效益，积聚跨越发展能量。必须更加主动顺应我国经济深度融入全球的发展大势。充分考虑国际国内联动效应，全面融入国家发展大局，抓住一切可能的发展机遇，不断开拓四川发展新境界。必须充分释放改革开放创新的强大动能。进一步破除妨碍发展的体制机制，争创开放发展新优势，激发创新创造潜能，以新引擎驱动新发展。必须切实筑牢发展跨越的法治基石。以法治思维和法治方式推动发展，创造良好的法治环境。必须充分调动一切积极因素。让劳动、知识、技术、管理、资本的活力竞相迸发，汇聚攻坚决胜的强大合力，不断创造发展新成就。

同时也清醒地认识到，四川省欠发达、不平衡的基本省情还没有根本改变，发展还面临不少问题。与全国的发展差距仍然较大，四川省人均生产总值只相当于全国的 75%，城乡居民收入分别为全国的 84%、89.7%，还有 380 多万人没有脱贫，开放型经济发展水平还需提升。发展质量和效益还不够高，长期积累的结构性矛盾比较突出，服务业发展总体滞后，投资结构仍不合理，资源利用率较低，全要素生产率有待提高，新的增长动力尚处于培育阶段，财政收入、居民收入增长放缓。部分企业生产经营困难，一些行业产能过剩，融资难融资贵问题仍然突出，企业盈利水平下降、亏损面扩大，工业投资增长乏力，民间投资增幅下降。社会事业与民生领域欠账较多，基本公共服务均等化水平有待提高，环境问题比较突出，安全生产隐患在一些行业依然存在，社会生活中还有一些不和谐的因素，部分领域潜在风险有所显现。在政府工作方面，对经济发展形势的复杂性、规律性认识还有待深化，少数政府机关和公务人员存在“懒政”“怠政”等现象，依法行政的素质和能力尚需提高。

（本文摘自四川省人民政府省长尹力在四川省第十二届人民代表大会第四次会议上的讲话）

四川省电力工业2015年发展情况

【发展概况】2015 年，四川电力工业发展速度明显放缓。据统计，2015 年，全省电力基本建设投资完成 478.4 亿元（不含跨省发电项目），比上年同期降低 8.4%。其中，电源建设投资完成 252.58 亿元，比上年同期降低 9.1%；电网基本建设完成投资 225.82 亿元，比上年同期降低 7.52 %。

【电源建设规模】四川省 2015 年电源基本建设规模为 3098 万千瓦（不含跨省项目），本年施工规模为 1365 万千瓦，其中：国电集团大渡河公司所属 725 万千瓦；华电集团四川公司所属 141.3 万千瓦；华能集团四川分公司所属 10.5 万千瓦；雅砻江流域水电开发有限公司所属 360 万千瓦；中电建水电开发集团有限公司所属项目共 49.4 万千瓦；中国大唐集团四川分公司所属项目共 79 万千瓦。

2015年基本建设规模

万千瓦

雅砻江	国电大渡河	大唐	华电	中水	华能
360	725	79	141.3	49.4	10.5

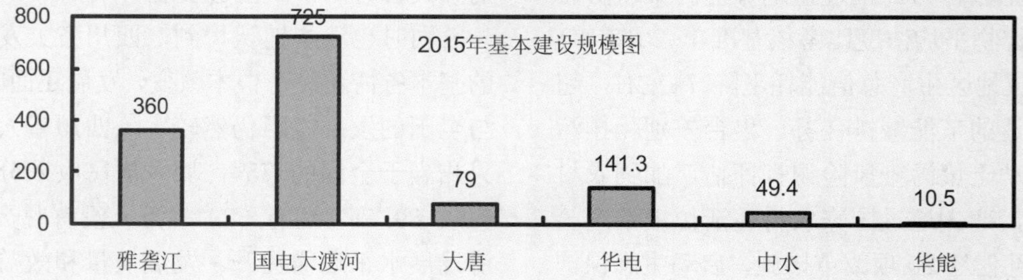

【电源建设工程投资】2015 年，电源基本建设自开工累计完成投资 2276.09 亿元，全年完成投资约为 225.82 亿元，其中：国电集团大渡河公司完成 84.72 亿元，华电集团公司四川公司完成 22.54 亿元，华能集团公司四川分公司完成 3.21 亿元，雅砻江水电开发公司完成 91.41 亿元，中国水电建设集团四川电力开发有限公司完成 8.35 亿元，中国大唐集团四川分公司完成 15.57 亿元。

2015年电源完成投资情况表

亿元

雅砻江	国电大渡河	大唐	华电	中水	华能
91.41	84.72	15.57	22.54	8.35	3.21

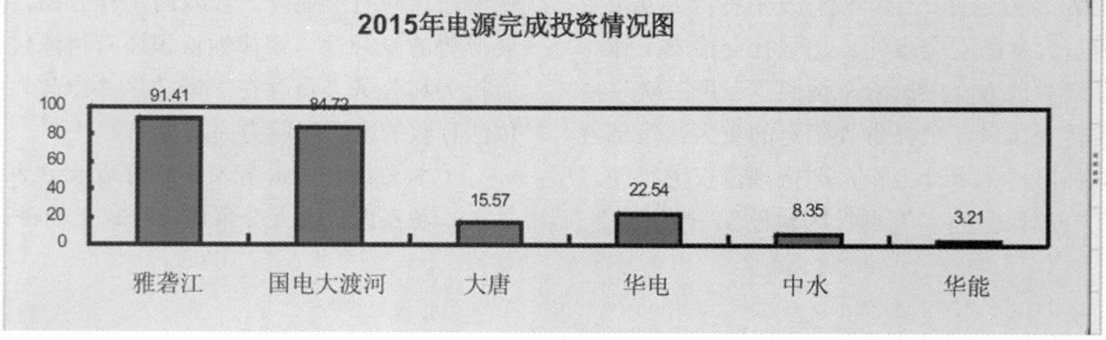

电源建设投资 225.82 亿元中，国电集团大渡河公司占 37.52%，华电集团四川公司占 9.98%，华能集团四川分公司占 1.42%，雅砻江公司占 40.48%，中国水电建设集团四川电力开发有限公司占 3.70%，中国大唐集团四川分公司占 6.90%。

【电网建设情况】2015 年四川省电力公司电网基建投资 225.82 亿元，同比下降 7.53%；新开工 110 千伏及以上线路 2095.85 公里、变电容量 711 万千伏安。

【新增发电装机】2015 年全省新增发电装机容量为 799 万千瓦，同比下降 0.49%。其中：水电新增装机容量为 646 万千瓦，同比下降 10.47%。风电 45 万千瓦，同比增长 200%，占总装机容量的 5.75%，太阳能发电 31 万千瓦，同比增长 480%，占总装机容量的 2.38%

【新增输变电能力】2015 年四川电网投产 110 千伏及以上线路 2445.08 公里、变电容量 1139.45 万千伏安。

2015 年，四川电网新增 500 千伏变电站 2 座，变电容量 500 万千伏安；新增 220 千伏变电站 7 座，变电容量 309 万千伏安。

2015 年，四川电网新增 500 千伏交流线路 5 条，长度 317 千米；新增 220 千伏线路 34 条，长度 768 千米。

【全省发电装机总容量】据统计，截至 2015 年年底，全省发电装机容量达到 8673 万千瓦，比上年增长 10.14%。其中：水电 6939 万千瓦，占总容量的 80.01%，比上年增长 10.27%%；火电 1624 万千瓦（含垃圾发电 18.4 万千瓦），占总容量的 18.72%，比上年增长 4.9%；风电 74 万千瓦，占总装机容量的 0.845%，同比增长 155%；太阳能发电 36 万千瓦，占总装机容量的 0.42%，同比增长 533%。国调装机 2310 万千瓦。省调直调机组总装机容量 5210.55 万千瓦，新增装机 777.24 万千瓦，同比增长 17.5%。其中：水电 3778.8 万千瓦，火电 1323.52 万千瓦，并网风电 73.35 万千瓦，并网太阳能发电 34.91 万千瓦。

全省装机容量表

单位：万千瓦

时间	全省总计	水电	火电
2014年	7874	6293	1547
2015年	8672.88	6939.3	1623.87
增减（%）	10.14	10.27	4.96

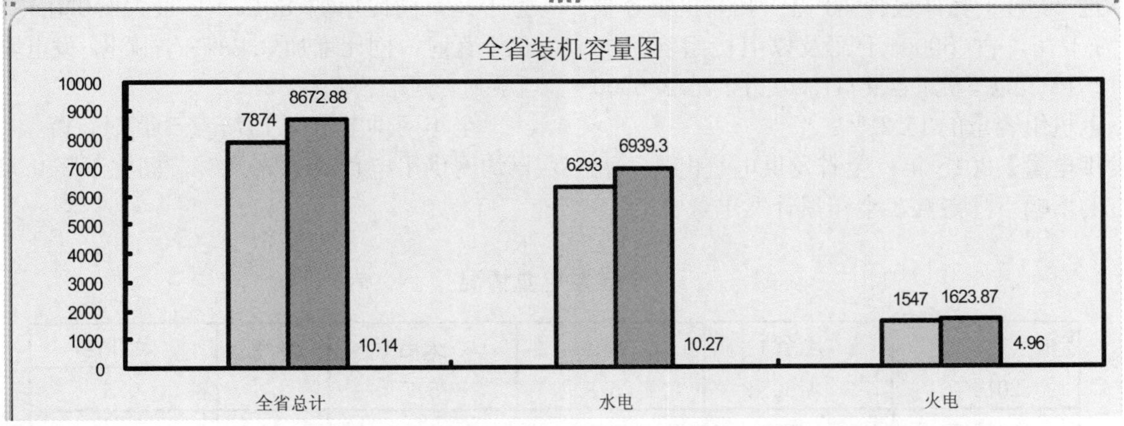

【发电集团装机】截至 2015 年年底，全省 6000 千瓦及以上各类发电企业 652 家，装机容量为 7710.01 万千瓦。其中：雅砻江流域水电开发有限公司装机 1455 万千瓦；三峡金沙江川云水电开发有限公司 1333 万千瓦；国电四川、大渡河发电公司装机 957.3 万千瓦；华电集团四川公司装机 801.55 万千瓦；四川投资集团公司装机 279 万千瓦；华能集团四川公司装机 801.55 万千瓦；大唐集团四川公司装机 291.2 万千瓦；中电建水电开发集团有限公司装机 277.15 万千瓦；中国电力投资集团 128.54 万千瓦；四川港航开发有限公司装机 77.6 万千瓦；四川久隆水电开发股份有限公司 79.7 万千瓦；中国广核能源有限公司 52.42 万千瓦等。

【地区发电装机（不含跨省发电项目）】从分地区情况看，大部分地区的发电装机容量都保持了较高的增长速度。增长率超过全省平均水平的地区有：凉山地区新增装机容量 87.23 万千瓦，增长 5.92%；乐山市新增装机容量为 80.025 万千瓦，增长 18.98%；攀枝花市新增装机容量 45 万千瓦，增长 10.12%；甘孜州地区新增装机容量为 119 万千瓦，增长 27.93%。

地区发电装机情况表

单位：万千瓦　%

地区	2014年	2015年	增加绝对值	增长率
凉山	1474.285	1561.51	87.23	5.92
乐山	421.641	501.666	80.025	18.98
攀枝花市	444.51	489.51	45	10.12
甘孜	426.07	545.07	119	27.93

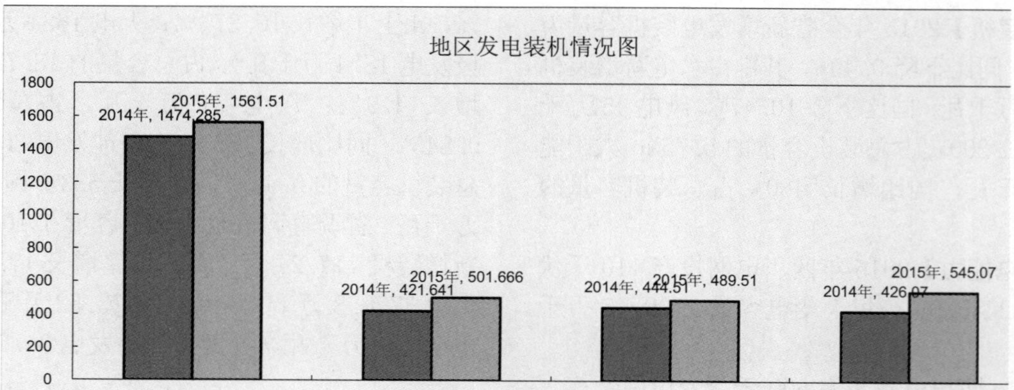

【发电机组结构】截至2015年年底，纳入全行业统计调查范围的6000千瓦及以上机组容量合计为7710.01万千瓦，其中，60万千瓦及以上（包含60万千瓦）机组容量为5021.2万千瓦，占6000千瓦及以上机组容量的65.13%；30万千瓦至不足60万千瓦（包含30万千瓦）机组容量318.6万千瓦，占6000千瓦及以上机组容量的4.13%；10万千瓦以上至不足30万千瓦（包含10万千瓦）机组容量1197.2万千瓦，占6000千瓦及以上机组容量的15.53%；10万千瓦以下机组容量1173.01万千瓦，占6000千瓦及以上机组容量的15.21%。

【全省发供电量】2015年，全省发供电量出现了近几年少有的增幅下滑走势，全年累计发电量3208.5亿千瓦时，同比增长2.52%，比上年降低17个百分点。其中：水电2767亿千瓦时，同比增长7.34%，占全部发电量82.4%，比上年降低20个百分点；火电发电量429亿千瓦时，同比下降21.54%，比上年降低13.8个百分点，占全部发电量17.5%；风电9.6亿千瓦时，同比增长186%。太阳能2.22亿千瓦时，同比增长342%。日最大网供用电负荷2826.4万千瓦，同比增加5.1%；日最大网供用电量5.49亿千瓦时，同比增加3.28%。省调电厂发电量1601亿千瓦时，同比下降0.88%。

全年网供电用量1474亿千瓦时，降幅0.43%。日均网供用电负荷率79.88%，同比下降0.49%。

全省发电量情况

单位：万千瓦时　%

	全省	水电	火电	风电	太阳能
2014年	3130	2578	547	3.6	0.5
2015年	3209	2767	429	10.3	2.21
与上年增减(%)	2.52	7.33	-21.54	186.00	342.00

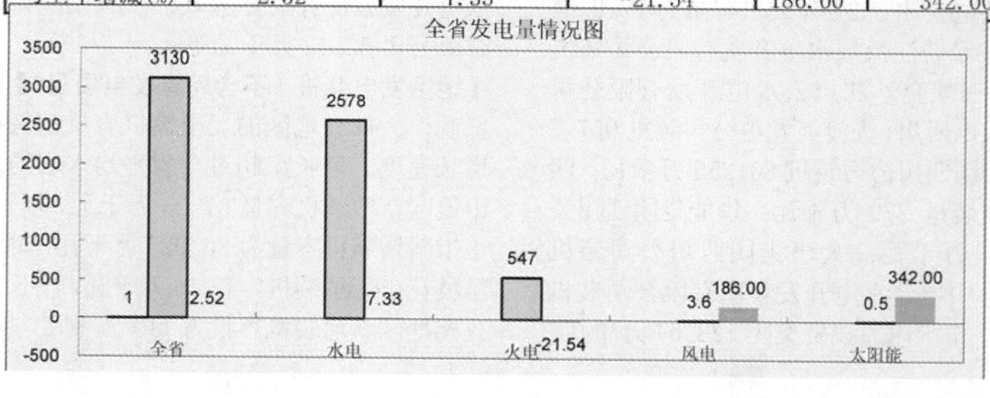

【四川省全社会用电量】 2015 年，四川省全社会用电量出现了近十年来的首度负增长，累计用电量为 1922.4 亿千瓦时，同比下降 1.11%。其中：第一产业用电量为 12.4 亿千瓦时，同比增长 7.69%；第二产业用电量 1360.85 亿千瓦时，同比下降 4.43%；第三产业用电量 278.36 亿千瓦时，同比增长 9.04%。城乡居民用电量 200.32 亿千瓦时，同比增长 7.18%。工业用电量 1321.47 亿千瓦时，同比下降 4.4%。

【外购、外送电量】 2015 年，全省外购电量 10.9 亿千瓦时，同比下降 79.1%。

大型留川电量（含留川转送）190.7 亿千瓦时，同比增长 25.39%。其中：锦屏、官地 131.11 亿千瓦时，同比增长 21.1%；向家坝 38.46 亿千瓦时，同比增长 22.69%；溪洛渡 21.13 亿千瓦时，同比增长 69.49%。

2015 年，全省全口径的外送电量为 1226.34 亿千瓦时，创历史新高，同比增长 9.8462.09%。其中锦屏、官地电站留川转送 61.99 亿千瓦时，同比增长 10.7%；二滩送重庆 35.97 亿千瓦时，同比增长 4.1%；国调直调大型电站送出 915.65 亿千瓦时，同比增长 6.83%；国网四川省电力公司净外送 212.74 亿千瓦时，同比增长 25.99%。

【发电设备利用小时】 2015 年，水电、火电发电利用小时都大幅减少。全省发电设备累计平均利用小时数为 3935 小时，同比减少 360 小时。其中：水电设备平均利用小时数为 4258 小时，同比减少 249 小时；火电设备平均利用小时数为 2688 小时，同比减少 849 小时；风电平均利用小时数为 2452 小时，同比增加 370 小时。太阳能发电 1362 小时，同比减少 61 小时。

【燃料消耗、节能减排】 2015 年，全网累计耗煤总量 1799.77 万吨，同比下降 29.33%。

2015 年，全省 6000 千瓦及以上电厂发电燃油消耗 0.6695 万吨，同比下降 15.99%。

2015 年，全省 6000 千瓦以上电厂发电煤耗为 305.92 克/千瓦时，同比下降 0.13 克/千瓦小时。供电煤耗为 328.66 克/千瓦时，同比下降 0.04 克/千瓦时。

（四川省电力行业协会）

大事记

责任编辑：卓正昌

《大事记》采取一事一记方式，按时间排序，记录 2015 年四川电力工业建设和发展中的重大事件以及四川各电力单位较为重大的事件。

大事记

大事记分两部分，凡各电力单位记录的大事，在省内有一定的影响，或省部级领导到该单位视察调研，以及大的管理公司（单位）领导班子人事变动，选入四川省电力大事记；不符合这些条件的，选入四川省各电力单位大事选。

四川省电力大事记

1 月

1 月 5 日 大唐四川发电有限公司召开干部大会，宣布分公司领导干部调整决定。大唐集团公司董事长、党组书记陈进行出席会议并作重要讲话。他激励四川分公司大胆改革、大胆创新，扎实工作，走出一条科学发展的新路子。集团公司人力资源部主任栗宝卿、集团公司办公厅秘书处副处长蔡爽、四川分公司领导班子全体成员出席会议。

1月7日 人民日报报道：被誉为“电力天路”的四川甘孜电力联网工程取得重要进展，四川省甘孜藏族自治州18个县的县域电网已全部接入国家电网主网，从根本上解决了乡城、稻城、巴塘、得荣、丹巴、新龙、白玉、色达等8个县域电网“孤网”问题，解决了4.58万户、18.86万无电人口的用电问题，大幅提高了县域电网的供电能力及供电可靠性，结束了甘孜藏区电网长期“孤网运行”的历史。

同日 四川电网2014年外送水电电量首次突破千亿大关，达1116亿千瓦时，较2013年增长62%，创历史新高。特高压直流输电工程的投运，复奉、锦苏、宾金三大特高压直流输电线路向华东地区源源不断传输水电清洁能源达 897 亿千瓦时，相当于三峡电厂设计年发电量，减少火电原煤消耗 4000 多万吨，减少二氧化碳排放约 1 亿吨，减少二氧化硫排放 35 万吨。

1 月 13 日 国家能源局四川监管办公室启动三级以上承装修试企业持证能力专项监管。发布四川能源监管办 2014 年度“12398”能源监管热线投诉举报分析。

同日 大唐国际总经理、党组副书记吴静出席公司干部大会并作重要讲话，宣布熊雄任四川大唐国际甘孜水电开发有限公司总经理。

1 月 16 日 在成都召开的四川省总工会第十三届三次全委会上，东方电气集团公司全国人大代表赵萍，当选为四川省总工会副主席（兼职）。

1月22日 四川省电力公司在2015年工作会上，宣读了四川省委书记王东明在公司《关于2014年工作完成情况及2015年工作安排思路的报告》上作出的重要批示：“过去一年，省电力公司紧紧围绕省委、省政府决策部署，扎实工作，成效显著，贡献突出。望再接再厉，继续加大保障和服务力度，为促进全省经济发展、社会和谐稳定作出新的更大贡献。”

同日 中国电建集团副总经理王民浩、股份公司总经理助理、基础设施事业部总经理杨忠、中水电成都建设投资有限公司董事长蒋宗全，在水电五局有限公司总经理贺鹏程、副总经理高宗文陪同下，到该公司承建的成都地铁 4 号线工程项目部检查指导工作。

1 月 23 日 雅砻江公司召开全体员工大会，国家开发投资公司董事长、党组书记王会生，四川省投资集团有限责任公司副董事长、总经理高淳出席会议。会议宣读了雅砻江公司干部任免决定：陈云华任雅砻江公司董事长，祁宁春任雅砻江公司总经理。

同日 中电投四川电力有限公司召开干部会议，宣布中电投集团公司党组干部任免决定，李厚新任公司党组书记、副总经理，不再任纪检组组长、工委主任；石四存任公司党组副书记，不再任党组书记。

1 月 29 日 在国务院总理李克强和法国总理马努埃尔·瓦尔斯共同见证下，四川省能源投资集团有限责任公司董事长郭勇与苏伊士环能集团董事长兼首席执行官热拉尔·美斯特雷在北京签署了组建项目公司的合资合同。

2月

2月2日 大唐国际发电股份有限公司党组成员、副总经理简英俊到大唐国际甘孜水电公司长河坝、黄金坪水电站项目检查指导工作，并看望慰问全体干部员工。

2月4日 四川省电力设计院新都桥500千伏输变电工程和茨乌220千伏输变电工程水土保持设施竣工验收组织协调会议，会议就两工程水土保持实施中存在的问题和解决方案进行了沟通和交流。

2月6日 国家能源局四川监管办公室组织省电力公司、各有关发电企业召开会议，讨论取消新建发电机组商业运营审批后续管理和监管工作，协商过渡期间新建机组商运管理办法；协商地震受灾暂未纳入“两个细则”考核的电站恢复参与“两个细则”有关事宜。

同日 中国能建、中电工程、四川省国资委领导在西南院公司召开干部大会，宣布了郝群岩担任西南院公司总经理的任职决定。

2月9日 四川省电力行业协会召开2015年理事长联席会暨电力行业工作座谈会，共商四川电力发展大计。四川省经信委、四川省能源局、国家能源局四川监管办等政府部门负责人出席了会议。会议审议了“四川省电力行业协会新增副理事长单位提案”及“四川省电力行业协会新增副理事长建议方案”，并书面报告了“四川省电力行业协会秘书处2014年工作情况”。王抒祥理事长做了主旨发言，各副事长单位做了交流发言。

2月9日—11日 中国国电集团公司总经理陈飞虎到国电大渡河公司调研，全面了解公司运营情况和大渡河水电开发现状，要求大渡河公司坚持稳中求进、稳中求优，深化作风建设，打好改革发展攻坚战、保A争先阵地战、反腐倡廉持久战，努力提升发展质量和效益。

2月10日 十届全国人大副委员长蒋正华向四川省能投集团颁发“全国企业创新示范基地”牌匾。

2月12日 溪洛渡水电站大坝坝顶路面完成最后一仓混凝土浇筑，左右岸通过长680米、宽10米的坝顶公路连通。

2月27日 东方电机大电机厂房内，大唐抚州1号发电机即将发运出厂，这这标志着东方电机累计发电设备产量突破4亿千瓦时。

3月

3月2日 国网公司董事长、党组书记刘振亚在京与四川省委书记王东明一行举行会谈，双方就特高压电网发展、无电地区电网建设、四川水电外送等深入交换了意见。

3月5日 “你们贴近广大百姓，深入社区为民服务，用心架起了服务群众的连心桥。”四川省委常委、省总工会主席李登菊在绵阳考察时，充分肯定国网四川省电力公司深入社区、便民利民的服务形式。

3月9日 全国政协委员王抒祥在全国政协十二届三次会议上建议，将西南电网方案纳入国家“十三五”电力发展规划并加快实施，统筹安排相关电源基地建设，促进国家低碳绿色发展，为国家实现降低碳排放及非化石能源消费比重目标奠定良好的基础。西南特高压电网将由川、渝、藏电网构成坚强送端电网，与湖北、湖南、河南、江西四省直流背靠背联网，使国家电网形成三送端(东北、西北、西南)、一受端(华中)共四个同步电网新格局。

3月10日—13日 华电集团公司党组成员、副总经理邓建玲到四川公司及所属广安公司调研，会见了四川能源投资集团公司有关领导，现场考察了成都双流西航港和新都华润雪花啤酒等分布式能源项目，出席了华电工程和四川能投《合资建设经营成都市双流县西南航空港经济开发区分布式能源站项目合作开发协议》签字仪式。

3月11日 四川省副省长钟勉到雅安市宝兴县灵关镇新城区，考察了解新城区建设。葛兆军汇报了新城区电力建设及改造和新建工程规划情况。

3月12日至13日 水电水利规划设计总院在北京主持召开金沙江乌东德水电站可行性研究报告（枢纽部分）预审会议，形成预审意见。

3月18日 四川省委书记、省人大主任王东明视察四川省能源投资集团有限责任公司。

3月23日—27日 中国工程院院士张超然、郑守仁、马洪琪等13位专家组成的金沙江水电开发质量检查专家组到乌东德工地实地检查筹建工程建设质量。

3月29日 国家防总副总指挥、水利部部长陈雷率国家防总长江防汛抗旱检查组赴紫坪铺工程检查指导2015年防汛抗旱工作。陈雷在听取公司汇报后指出，紫坪铺公司2015年防汛抗旱工作动员部署得早、基础夯得实，各项准备工作扎实到位、有力有序。2015年，四川防汛面临的困难不容低估，希望紫坪铺公司高度重视，进一步落实防汛责任，精心组织安排，细化完善防汛措施，加强应急演习演练，确保紫坪铺水库防洪度汛安全。

3 月 30 日 环境保护部印发《关于金沙江乌东德水电站环境影响报告书的批复》（环审［2015］78 号），基本同意该环境影响报告书。

同日 大唐集团公司副总经理王森率专家调研组到甘孜水电公司，对长河坝、黄金坪水电站工程建设进行为期 8 天的调研指导。

3 月 31 日 东方电气风电有限公司成立仪式在德阳举行。这是东方电气集团进一步深化改革的成果，是东方电气历史上涉及范围最大，人员最多的一次整合，改变了以往风电业务的“各自开发、各自发展”运行模式，实现了集团内风电业务市场、技术、制造及服务的全流程整合，让直驱和双馈机组真正纳入了统一管理，增强了核心竞争力。

4 月

4 月 9 日 双江口水电站项目获得国家发改委核准，项目建设正式拉开大幕。该电站是大渡河上游龙头电站，总装机容量 200 万千瓦。

4 月 10 日 中国电建集团副总经理、党委常委袁柏松和审计部主任邓孟元一行到中国水电十局调研，中国水电十局总经理杜学泽、党委书记何其刚、工会主席陈顺清参加了调研活动。

4 月 13 日 大渡河老鹰岩水电站开发方式获得四川省发改委批复，原则同意老鹰岩河段采取“二级”开发方案，其中一级装机约 22 万千瓦、二级装机 35 万千瓦。

4 月 14 日 中国三峡集团外部董事王志森、师金泉、李新华、吴晓根在中国三峡集团副总经理樊启祥陪同下考察溪洛渡水电站。

同日 国家能源局在京召开金沙江上游水电开发协调会议暨金沙江上游水电开发协调领导小组办公室专题会议，协调金沙江上游川藏段水电开发涉及的电力送出及支持政策等重大事项。会议原则同意水电总院提出的政策建议，并积极争取国家有关财政、税收优惠政策。

同日 枕头坝一级水电站获电站调度命名编号与调度管辖范围批复文件，电站调度命名为“枕头坝水电站”，新建枕头坝至深溪沟水电站的 500 千伏线路调度命名为“500 千伏枕深线”。

4 月 20 日 四川省电力公司与清华大学电机工程与应用电子技术系签订院士工作站合作协议，中国科学院院士、瑞典皇家工程院外籍院士、清华大学教授、博士生导师的卢强带领他的专家团队将在国网四川电力设立卢强院士工作站，充分发挥清华大学卢强院士专家团队智能电网及先进控制领域技术优势，提高四川特高压交直流混联电网安全稳定运行水平。

4 月 22 日 全国政协常委、四川省政协副主席赵振铣一行到亭子口水利枢纽调研。大唐四川分公司党组书记、总经理刘峰彪，省政协社法委主任黄启国，社法委副主任张蜀、李正国、朱赫，分公司党组成员、副总经理黄宇陪同并参与调研。

4 月 23 日 《金沙江乌东德水电站可行性研究报告》（枢纽部分）通过审查。

同日 大唐国际发电股份有限公司总经理吴静出席大唐国际甘孜公司全体干部大会。会议宣布了甘孜公司领导班子调整情况和大唐集团公司现场工作组进驻及大唐国际落实集团公司专家调研指导组的整改意见。

4 月 23 日—24 日 华电集团公司董事长、党组书记李庆奎到华电四川区域企业调研，听取了华电四川公司 2014 年及 2015 年一季度主要工作情况和下一步重点工作安排等情况汇报，对四川公司积极应对复杂严峻经营形势，在扭亏增盈、结构调整、深化改革等方面取得的良好业绩和下一步工作整体谋划给予高度评价，并对下一步工作提出了“展现和维护企业良好形象、务求工作实效和抓好领导班子建设”等三点要求。

4 月 29 日 中国三峡集团、四川省能源投资集团有限责任公司、云南省能源投资集团有限公司各股东追加川云公司资本金 20 亿元，川云公司注册资本和实收资本增加到 340 亿元。

同日 中国三峡集团、云南省能源投资集团有限公司、四川省能源投资集团有限责任公司各股东追加云川公司资本金 30 亿元，云川公司注册资本和实收资本增加到 100 亿元。

5 月

5 月 4 日 中电建股份公司副总经理袁柏松赴乐山片区沙湾和安谷水电站调研。

5月5日 王抒祥就“十二五”规划电力建设、无电地区电力建设、藏区电网建设、西南电网、互联网等方面内容接受新华社、中央人民广播电台、《中国日报》、《科技日报》、《四川日报》、四川人民广播电台、四川电视台、《华西都市报》、《天府早报》、《四川经济日报》、四川新闻网、四川在线等媒体记者的集中采访。

5 月 7 日—9 日 四川省总工会党组书记、副主席罗茂乡到大渡河流域调研劳动竞赛开展情况，要求各单位工会主动履职，关心关爱职工，依法科学维护好职工的合法权益。

5月8日 四川省委书记、省人大常委会主任王东明在省关工委《关心下一代工作简报》（2015年第7期）“倾情履责、心系藏区，国网四川省电力公司关爱青少年成效显著”上批示：国网四川省电力公司积极履行社会责任，在关爱留守儿童和藏区青少年方面做了大量工作，值得充分肯定和宣传推广。

同日 四川省副省长陈文华一行莅临泸定水电站，实地视察了泸定水电站主厂房和中控室，听取了泸定公司关于机组概况、生产运营等方面的情况汇报，对企业目前所取得成绩的予以了肯定，要求该公司持续抓好安全生产等各项工作，不断增强责任意识，努力为地方经济发展和环境保护做出新的更大贡献。

5月13日 四川省副省长黄彦蓉视察溪洛渡水电站。

5月15日 嘉陵江流域水电站优化调度协调会在重庆召开。华中能源监管局、四川能源监管办、国家电网、省港航公司以及流域水电企业相关负责人参会。

5月18日—19日 国家铁路总公司工管中心质量安全部副部长姜勇等一行6人,在石济公司副经理赵新宇及相关部门负责人等陪同下，到水电五局有限公司承建的石济客专项目检查指导工作。

5月19日—22日 中国国电集团公司外部董事田会、杨继学到国电大渡河公司及大渡河流域调研，了解工程建设、生产经营等情况，慰问一线职工。

5月20日—21日 中国三峡集团总经理王琳检查溪洛渡水电站防洪度汛工作，并出席溪洛渡水电站防洪度汛工作专题会。

5月21日—23日 水电水利规划设计总院会同四川省扶贫和移民工作局在成都主持召开了《金沙江乌东德水电站移民安置规划报告》（四川部分）审查会议。

5月21日 中国电建集团党委常委、中国电建股份公司副总经理王斌到中国水电十局调研，中国水电十局班子成员参加了座谈会。

5月22日 中电投四川电力有限公司召开领导班子宣布会议。宣布中电投集团公司党组调整决定：张伟任中电投四川公司党组成员、纪律检查组组长、工会工作委员会主任。

5月22日—24日 水电水利规划设计总院会同西藏自治区发展改革委、能源局及四川省发展改革委、能源局，在四川省成都市主持召开了金沙江上游苏洼龙水电站可行性研究报告审查会议，审查通过了《金沙江上游苏洼龙水电站可行性研究报告》。

5月26日 水电水利规划设计总院会同西藏自治区水利厅、四川省水土保持局，在成都主持召开了金沙江上游叶巴滩水电站水土保持方案报告审查会议，审查通过了金沙江上游叶巴滩水电站水土保持方案报告书。

5月27日 四川省政府副省长甘霖听取四川能源监管办和四川省能源局工作专题汇报。同时，参加省委省政府稳增长政策落实综合督查组，赴内江展开督查调研工作。

5月27日—28日 大唐集团公司副董事长、总经理、党组副书记王野平出席集团公司西南地区重点水电工程建设管理协调会，并深入四川省甘孜州南部高原藏区，到四川公司所属水电项目调研指导工作，看望慰问驻守高原的生产一线员工。

5月28日 大唐集团公司副董事长、总经理、党组副书记王野平在成都会见了四川省副省长甘霖。双方就推进大唐集团在川能源项目建设、促进四川经济社会发展等事宜交换了意见。集团公司总工程师曲波、规划发展部主任秦建明，大唐四川发电有限公司党组书记、总经理刘峰彪出席了会见。

5月29日 中电建路桥集团总经理郑久存在中电建路桥集团总经理助理、华中分公司总经理张锋、电建路桥集团副总工程师、华中分公司副总经理吕贵宾陪同下，到水电五局有限公司承建的郑州市农业路快速通道工程项目第一工程处检查指导工作。

同日 华电集团公司副总经理、党组成员任书辉一行到华电四川公司调研，希望华电四川公司充分认识并准确把握当前正处于结构调整关键时期和经营困难时期所面临的形势和任务，进一步研究探索，审时度势，积极应对，全力确保队伍稳定、经营好转和科学发展，为集团公司早日建设成现代化、市场化、国际化的国际一流能源集团做出新的更大贡献。

同日 华电集团公司党组成员、副总经理任书辉到华电金沙江上游公司调研，详细了解金上开发工作情况。

5月30日 国电大渡河公司“智慧大渡河”建设战略研究咨询与总体规划通过外部专家评审，率先在国内启动智慧企业建设。中国工程院院士、天津大学常务副校长钟登华等20余名国家专家参与评审。

6月

6月4日 神华集团公司总裁韩建国在成都拜会了四川省副省长甘霖，双方就神华在四川的合作与发展进行了交谈，集团煤炭生产部总经理杨汉宏、销售管理部总经理金志刚、运输管理部副总经理王青、公司董事长何成江、总经理蒋国俊陪同拜会。

6月9日—12日 华电国际电力股份有限公司总经理陈斌一行到华电四川公司及部分基层企业调研，看望慰问一线干部员工，详细了解企业生产经营和改革发展等情况。

6月10日 鉴于云川公司总经理赵木森理另有任用，中国三峡集团党组研究明确，在云川公司新任总经理未到位前，暂由副总经理龚德宏代行总经理工作职责，主持公司全面工作。

同日 经四川省人民政府审议同意，四川省发展和改革委员会印发《关于雅砻江杨房沟水电站项目核准的批复》（川发改能源〔2015〕386号），同意建设杨房沟水电站。

同日 中电建股份公司党委副书记、纪委书记陈永录主持召开建水电开发公司干部大会，会议宣读了关于电建水电开发公司新一届领导班子的任命文件。

6月11日 四川省副省长曲木史哈考察溪洛渡水电站。

同日 省政府办公厅组织省级离退休老领导赴紫坪铺水利枢纽考察。省人大常委会原主任何郝炬，省政府原省长张中伟，省政府原副省长韩邦彦、马麟、邹广严，省政协原副主席王恒丰，省人大常委会原副主任李洪仁等退休领导参加。

6月15日 中共中央政治局常委、国务院总理李克强在中国核电工程有限公司通过视频连线视察福清核电“华龙一号”示范项目设备制造相关企业。作为视频连线的第一家企业，东方电气集团公司所属企业东方重机党委书记、总经理曾先茂率领干部职工在核岛分厂重型跨筒体组件环缝焊接工位向总理汇报了福清核电“华龙一号”蒸汽发生器的制造情况。

6月15日—16日 国电集团党组成员、副总经理米树华到国电四川公司调研，慰问国电华蓥山公司和国电达州公司生产一线员工。

6月16日 华电金沙江上游公司在成都主持召开了《金沙江上游拉哇水电站枢纽总布置补充报告》设计优化咨询会议，听取了设计单位中国电建集团中南勘测设计研究院有限公司关于《金沙江上游拉哇水电站枢纽总布置补充报告》的汇报，与会领导和特邀专家对报告进行了认真讨论，形成了咨询意见。

6月18日 华能集团地震应急演练在太平驿公司举行，华能系统、四川省能源监管办、州县各级政府部门领导、专家60余人到太平驿电站观摩演练，演练实况通过华能会议系统向全系统进行了直播。

6月26日 中国电建集团公司与资阳市人民政府战略合作协议签约仪式在资阳举行。集团公司董事长晏志勇，资阳市委书记、市人大常委会主任周喜安出席签约仪式并讲话。签约仪式由资阳市委副书记、市长陈吉明主持。中国水电十局总经理杜学泽，党委书记何其刚出席仪式。

6月30日 省政府主要领导在四川能源监管办会同省政府研究室提交的《四川水电弃水问题及建议》上作出重要批示。

7月

7月1日—3日 华电集团公司党组成员、副总经理陈建华在成都出席了集团公司区域营销工作体系建设和筹建售电公司工作会，并到四川公司及所属珙县公司调研，听取了四川公司及珙县公司工作汇报。

7月6日 中国三峡建设管理有限公司取得国家工商总局审核名称核准通知书。

7月7日 四川省发展和改革委员会印发《四川省发展和改革委员会关于神华天明电厂新建工程项目核准的批复》（川发改能源〔2015〕514号），神华四川天明电厂 2×100 万千瓦新建工程正式获得核准。

7月11日 17时30分，能投风电公司投建的盐边县红山0.2万千瓦光伏电站1号逆变器自动与电网合闸并网成功，标志着能投集团首座光伏电站成功投入试运行。

7月13日 四川省人民政府举行大渡河双江口、雅砻江杨房沟水电站开工仪式。四川省副省长甘霖宣布两个水电站正式开工，并与中国国电集团公司副总经理谢长军、国家开发投资公司副总经理阳晓辉共同启动了开工发令装置。开工仪式由四川省人民政府副秘书长李志强主持。

7月15日—16日 国家能源局四川监管办公室召开电网企业回购电源项目自建配套送出工程专项监管发电企业座谈会，组织开展电网企业回购电源项目自建配套送出工程专项监管现场检查。

7月18日 东方电气集团公司董事长王计与南方电网、中国能建等中央企业负责人，共同出席在越南首都河内举行的永新一期超临界燃煤电厂开工建设仪式。中共中央政治局常委、国务院副总理张高丽，越共中央政治局委员、越南政府副总理阮春福亲切看望和慰问了中越双方参加开工仪式的企业代表。越南永新燃煤电厂一期2×62万千瓦超临界热电项目，由东方电气提供全套三大主机设备。

7月21日 水规总院下发《关于印送<四川省绰斯甲河绰斯甲水电站可行性研究报告审查意见>的函》，国电绰斯甲水电站可研报告获得批复。

同日 中国三峡建设管理有限公司取得北京市工商局颁发的营业执照。

7月25日 广西壮族自治区副主席张秀隆一行到川调研内河水运建设发展情况，实地考察了凤仪航电枢纽。省政府副秘书长陈越良，省交通运输厅副厅长冯文生，南充市委副书记陈光浩等有关领导一同调研。

7月26日 全国政协委员、第二炮兵原副司令员于际训，全国政协委员、中国铁路总公司原副总经理胡亚东率领20余人的考察团在成昆公司董事长王斌、水电五局有限公司党委书记刘光的陪同下，到五局有限公司承建的川藏铁路成雅段金鸡关2号隧道检查指导工作。

7月27日 华电集团公司党组成员、副总经理辛保安到华电四川公司调研，听取该公司2014年及2015年上半年主要工作情况、当前面临的主要困难和问题、下半年重点工作安排等情况汇报。

7月29日 中国三峡集团公司下文，洪文浩兼任中国三峡建设管理有限公司执行董事（法定代表人），欧阳琪兼任中国三峡建设管理有限公司监事；聘任洪文浩为中国三峡建设管理有限公司总经理。

同日 四川省人大常委会组成调研工作组，由省人大副主任李向志带队，到甘孜公司开展安全生产调研活动。

同日 国家能源局四川监管办公室组织召开锦苏特高压直流输电工程及四川锦屏一、二级、官地水电站送出500千伏交流配套工程投资成效专项监管工作座谈会。

7月29日—31日，由国电大渡河公司承办的“全国高拱坝及大中型水电工程建设管理经验交流会”在雅安石棉召开。大会就我国高拱坝建设的技术创新、风险控制、安全评价方法，大型水电工程在规划、设计、施工、运行、管理等方面的经验以及加快我国大中型水电站建设的相关问题进行了交流、探讨和研究。

7月31日 中国水电十局在成都办公区召开干部大会，中国电建集团股份公司总经理助理、企业领导人员管理部主任李燕明代表集团股份公司及党委，宣布干部任免决定。聘任何其刚为水电十局执行董事兼总经理，何开平为水电十局副总经理，免去杜学泽水电十局执行董事兼总经理职务。陈勇任水电十局党委书记，何其刚任党委副书记，免去何其刚党委书记职务，免去杜学泽党委副书记职务。

8月

8月1日 大渡河枕头坝一级水电站首台机组正式转入商业运行，枕头坝公司、枕头坝电厂进行了投产发电交接，标志着电站生产管理步入正轨。

8月3日 四川省委书记王东明在公司党委《关于呈报全力实施“电力助推扶贫攻坚”十大行动计划的报告》上批示：“国网四川省电力公司对扶贫开发攻坚工作高度重视，行动快、力度大，‘电力助推扶贫攻坚十项行动计划’部署周密，措施有力，望扎实推进、早日见到成效。对电力公司和其他单位、部门贯彻落实省委十届六次全会精神的情况和扶贫攻坚好的做法经验，可通过适当形式进行交流。”

8月4日 四川省人民政府副省长甘霖一行到西南院公司调研四川省电力建设工作方案。甘霖指出，西南院公司在四川省各个时期电力发展规划、电力勘测设计方面，以及在推广四川省电力重装设备方面都发挥了至关重要的作用。他表示四川省人民政府将一如既往地支持西南院公司在四川省电力建设方面的工作，希望西南院公司充分发挥高端咨询服务优势，加强四川省“十三五”电力规划、大容量外输通道、智能电网建设的研究工作，努力为四川省发展能源产业，建设能源大省做出新的贡献。

同日 国家能源局四川监管办公室印发《关于加强四川电网火电机组运行保养促进水电消纳的实施意见》。

8月10日—13日 中电投集团公司党组成员、副总经理余剑锋到中电投四川公司进行工作调研。

8月10日—13日 国家能源局大坝安全监察中心在阆中组织召开金银台航电枢纽大坝安全首次定期检查第一次会议。

8月17日 中电投集团公司党组成员、副总经理夏忠到中电投四川公司进行工作调研。

8月19日 大岗山水电站500千伏送出输变电工程第一次启委会召开。大岗山水电站500千伏送出输变电工程2013年12月开工，途经雅安牛背山无人区，重冰区施工长度约30余公里，工程体量大，沿线地势险峻，地质复杂，气象条件恶劣，交通运输不便，全年有效工作时间很短，是四川电网建设史上又一极具挑战性的工程项目。

同日 神华江油煤电一体化循环经济产业园等重点工业项目集中开工仪式在西南院公司牵头总承

包神华江油煤电一体化新建工程现场隆重举行。绵阳市委副书记、市长刘超主持仪式；市委书记彭宇行致辞；四川省政府副秘书长李志强宣布开工。中电工程副总经理车洪林，西南院公司执行董事宋培庆、总经理郝群岩等参加了开工仪式。

8月21日—26日 国务院国有资产监督管理委员会派驻中国华电集团公司监事会主席熊志军一行赴华电金沙江上游公司调研，详细了解金上水电开发情况，看望慰问干部职工。

8月23日 四川3条特高压直流输电线路(复奉直流、锦苏直流、宾金直流)送华东电网功率达2160万千瓦，±500千伏德宝直流输电线路送西北电网功率达300万千瓦。四川4条直流输电线路满功率运行，总输电功率达2460万千瓦，输电出力创历史新高，日送电量达5亿千瓦时，相当于每天减少原煤消耗约23万吨，减少二氧化碳排放约49万吨。2015年是±800千伏锦苏、复奉、宾金三大特高压直流工程满功率运行的第二年，±500千伏德宝直流首次迎来300万千瓦满功率运行。

8月24日—26日 大唐集团公司副总经理金耀华深入四川省甘孜州南部高原藏区，到公司所属大唐得荣唐电公司、大唐乡城唐电公司和大唐乡城水电公司调研指导工作，并看望慰问高海拔地区一线职工。公司党组书记、总经理刘峰彪陪同调研。

8月26日 长江防总副指挥长、云南省政府副省长、向家坝电站防汛行政首长责任人张祖林一行到向家坝工地检查防汛工作，并与中国三峡集团进行了座谈，川云公司会同有关部门陪同检查并汇报了相关情况。

8月27日 国务院国资委派驻集团公司监事会主席熊志军到华电四川公司调研，对该公司清晰的工作思路、明确的任务目标、科学的经营理念和扎实有效的工作措施给予了充分肯定，对公司在有效遏制经营状况恶化势头、推进内部改革、实施结构调整、提升管控水平和促进国有资产保值增值等方面取得的成效给予了高度评价。

8月28日 四川省总工会在大渡河大岗山水电站召开大岗山、枕头坝一级水电站投产发电劳动竞赛表彰大会。会议总结了两电站建设的成功经验，表彰了在工程建设中做出突出贡献的单位和个人。四川省总工会党组书记、副主席罗茂乡出席表彰大会。

同日 长江三峡设备物资有限公司在成都召开干部大会，宣布长江三峡设备物资有限公司新任副总经理蔡肇斌和新任纪委书记张军仁的任职决定。

同日 中国电建集团暨股份公司董事长晏志勇一行赴电建水电开发公司调研。

同日 中国电建集团暨股份公司董事长晏志勇一行到中国水电十局调研检查工作。

8月29日 中国电建集团暨股份公司董事长晏志勇一行到成都院调研指导工作。

9月

9月2日和9月5日 大渡河大岗山水电站首批机组4号、3号机分别顺利通过72小时试运行，成功投入商运，大渡河新增装机130万千瓦。

9月3日 甘孜公司黄金坪水电站首台20万千瓦机组经过72小时试运行，正式投入商业运行。

9月7日 四川省召开农网改造升级工作会，四川省副省长甘霖郑重要求电力企业要“精心设计、科学施工，发挥好实施主体作用” 。王抒祥参加会议并作发言。

按照国家能源局下达的计划，国网四川电力农网投入总计达到140亿元，涉及21个市州、144县。公司迅速制定“电力助推扶贫攻坚”十大行动计划，提出“确保2016年全面消除农村现存‘低电压’问题、2019年实现贫困地区农村电网改造全覆盖、2020年实现贫困地区供电服务均等化”的工作目标。

同日 尼日尔总统优素福在中国驻尼日尔大使石虎、经商参赞姚国伟陪同下，到中国水电十局古胡·邦达重油电站项目视察，尼日尔能源和石油部部长富马克耶•噶多、电力公司总裁哈立德等陪同视察。

9月8日 四川能投风电公司投建的盐边县大面山一期风电场首台风机并网成功，标志着能投集团首个农、风、光互补试验项目正式投产运营，四川首个农、风、光互补项目雏形初现。

9月15日 国家能源局四川监管办公室赴国网自贡供电公司、国网眉山供电公司开展四川省用户受电工程市场公平开放驻点监管工作。同时，赴国家能源局汇报《水电基地弃水问题驻点四川监管报告》整改工作有关情况。

9月15—16日 第一届中美气候智慧型/低碳城市峰会在洛杉矶召开。四川省副省长甘霖率四川省政府代表团参加峰会，并在大会上就推动绿色低碳发展的进展、成效和经验做了主题发言。公司王抒祥总经理作为特邀企业代表随省政府代表团参会。

9月21日—23日 中国国电集团公司副总经理张国厚、国资委党建局副局长姚焕到国电大渡河公司和大渡河流域调研党建工作，对公司党建工作给予充分肯定，要求公司进一步加强党支部阵地建设，规范基础管理，创新工作载体，丰富活动内容与形式，努力提升党建工作质量与实效。

9月22日 中国核学会发布了2013—2015年我国十大核科技进展，尤其是我国自主创新的标志性技术突破，涉及核物理、核能发电、装备技术、铀矿采冶、燃料元件、医用航天等多个科学领域。东方电气集团公司研制的“世界最大单机容量核能发电机研制成功”跻身其中，是该项目入选“2013年中国十大科技进展新闻”后获得的又一殊荣。

9月22日—24日 华电集团公司董事、总经理、党组成员程念高在成都出席了中国大坝协会2015学术年会暨第七届碾压混凝土坝国际研讨会，并到华电四川公司所属杂谷脑公司调研，先后察看了狮子坪电厂地下厂房、水库大坝及国道317线狮子坪库区二古溪段永久性改线工程现场，对四川公司及杂谷脑公司全力扭亏增盈、加快项目前期、确保安全稳定、履行社会责任等各项工作给予了充分肯定。

9月22日—25日，国电集团党组成员、纪检组长郭瑞廷到国电四川公司系统调研，察看国电华蓥山公司、国电达州公司生产生活现场，慰问一线和困难职工。

9月24日 中国电力投资集团公司党组成员、副总经理余剑锋，赴德阳东方电气、二重重装调研。中电投四川电力有限公司总经理石四存陪同。

同日 国电集团党组成员、副总经理张国厚到国电四川公司调研。

9月24日—26日 中国大坝协会2015学术年会暨第七届碾压混凝土坝国际研讨会在成都举行，国电大渡河公司总经理涂扬举以《大渡河流域三座典型高坝建设中的主要技术创新》为题向大会作专题报告。此次学术年会暨研讨会由中国大坝协会和西班牙大坝委员会联合主办，国电大渡河公司携手中国电建集团成勘院、水电五局、水电七局、水电十局、中国水利水电科学研究院和四川大学共同承办。

9月25日 中国大坝协会理事长、水利部原部长汪恕诚到国电大渡河公司调研，听取了大渡河水电发展情况汇报，考察了流域梯级电站集控中心。汪恕诚指出开发水电是优化电力结构的必由之路，大渡河公司要坚定信心，抓住机遇，推进国企股权多元化改革，加强水电经济调度、生态调度，确保综合效益最大化，实现自身可持续发展。

9月30日 四川省与清华大学在蓉座谈推进落实中美“2+2”协议及共建能源互联网产业研究院工作。作为大力推动能源互联网发展和清洁能源发展的企业——国网四川省电力公司参与座谈，国家电网公司副总经济师、国网四川电力总经理王抒祥作为企业代表作交流发言。

四川省、清华大学、华盛顿大学、华盛顿州在华盛顿州西雅图签署了“2+2”合作协议，四川省携手清华大学与美国华盛顿大学、华盛顿州共同开展“气候智慧型/低碳城市”2+2合作，有力推进相关科学研究与产业发展，进一步落实《中美气候变化联合声明》的倡议，并对促进我国中西部地区深化改革开放、转变经济发展方式起到积极的引领作用。

9月30日—10月2日 66个中国品牌紧跟习近平访美的步伐，在国庆66周年之际，在纽约时代广场以中英两种版本展示企业形象片，在美再刮中国风。东方电气集团公司作为全球最大的发电设备制造和电站工程总承包企业之一参与本次活动，荣耀亮相。

10月

10月2日 中央电视台新闻频道分别于上午10:00和下午14:07以直播形式展示了川藏联网工程（金沙江跨越段）的“高原雄姿”，报道了四川电力送变电建设公司电力员工国庆期间坚守岗位，对这条“川藏电力大动脉”开展保电巡检工作的故事。继2014年8月央视“五跨金沙江”大型直播后，川藏联网工程作为2015年央视《江山如此多娇——大国工程》国庆特别节目的报道对象再次登上央视荧屏。

10月9日 东方电气集团公司签订印度尼西亚芝拉扎燃煤电站三期1×100万千瓦扩建项目锅炉设备采购合同，该项目实现了国内首台100万千瓦等级超超临界机组锅炉出口海外，一举打破了西方同类产品对东南亚市场的长期垄断。

10月11日 500千伏木里变电站5051和5052间隔安装工作结束，川藏联网500千伏木里变电站合闸电阻加装主体技改工程圆满完成。技改工程完成后，将进一步提升川藏联网工程安全运行的可靠性，对确保川藏联网工程安全运行，保障社会稳定和人民基本生活用电的需要具有重要意义。

10月14日 国家能源局四川监管办公室组织召开座谈会，听取电力企业对国家能源局《关于征求<关于做好电力辅助服务相关工作的通知（征求意见稿）>意见的函》和省发改委《关于征求对取消四川电网上网侧丰枯峰谷电价政策意见的通知》的意见和建议。

同日 中电建股份公司副总经理李跃平主持召开电建水电开发公司领导班子扩大会，会议宣读了集团公司关于电建水电开发公司与集团西藏分公司整合的决定；原集团西藏分公司总经理职小前任电建水电开发公司党委书记、副总经理，原集团西藏分公司副总经理刘运华任电建水电开发公司副总经理的决定。

10月16日 大唐国际发电股份有限公司党组成员、副总经理孟繁逵到甘孜水电公司调研生产准备工作。

10月17日 由四川电力送变电建设公司承建的±800千伏灵州—绍兴特高压直流输电线路工程豫2标段停电跨越1000千伏长南线顺利完成导线展放工作。±800千伏灵州—绍兴特高压直流输电线路工程，是国家大气污染防治行动计划12条重点输电通道中首批获得核准并率先开工建设的特高压工程，对国家调整能源结构、保障能源供应、转变发展方式，促进中国电网输电技术升级、治理雾霾等具有十分重要的意义。

10月21日 大唐国际发电股份有限公司党组成员、副总经理简英俊到甘孜水电公司检查指导工作，对甘孜水电公司进一步加强班子建设，贯彻“三严三实”，做好黄金坪、长河坝水电站工程建设和安全生产工作等提出要求，并宣布班子成员任命。

10月24日 水利部长江水利委员会在武汉组织召开了《金沙江上游叶巴滩水电站水资源论证报告书》评审会。会议认为，叶巴滩水电站水资源论证报告书符合《水利水电建设项目水资源论证导则》（SL525-2011）要求，评价结论可信，根据会议意见修改补充完善后，可作为金沙江上游叶巴滩水电站工程取水许可审批的技术依据。

10月26日 以电建股份公司副总经理姚强为组长的安全生产检查考核第六组，到水电五局有限公司总部开展2015年安全生产工作考核检查。该公司总经理贺鹏程、副总经理兼总工程师吴高见、分管安全副总经理杜相如等在蓉的领导班子成员以及公司总部相关职能部门负责人参加了考核会。

10月26日—27日 国家能源局副局长王晓林到国电大渡河公司调研电力安全生产和大坝安全管理情况，在瀑布沟水电站黑马营地就落实安全生产主体责任、强化大坝安全监督及应急管理等进行了座谈交流，要求进一步加强大坝安全管理，全力以赴确保电站安全稳定运行。

10月27日 国家能源局党组成员、副局长郑栅洁到四川能源监管办宣布主要领导职务变动，专员张健因年龄原因退出现任职务，专员助理马军杰主持全面工作。

同日 四川省委常委、省纪委书记王雁飞，在凉山州委书记林书成、雅砻江公司董事长陈云华的陪同下赴锦屏考察调研。

10月27日—28日 四川能源监管办向国家能源局党组成员、副局长王晓林汇报四川电力安全监管工作，并陪同王晓林调研国电大渡河公司瀑布沟水力发电总厂、雅砻江流域水电开发有限公司锦屏电厂安全管理工作情况。

10月28日 国家西部大开发标志性工程、雅砻江最末一座梯级电站——桐子林水电站首批2台共30万千瓦机组投产发电，标志着雅砻江流域水能资源下游开发全面完成，开发建设重心将完全转向中上游项目。当天上午，桐子林水电站首批机组投产发电劳动竞赛表彰大会在桐子林水电站厂房举行。公司董事长陈云华主持表彰大会，攀枝花市委书记张剡宣布桐子林水电站首批2台机组投产发电。四川省总工会党组书记、常务副主席罗茂乡出席大会并讲话。四川省总工会党组成员、副主席彭闯出席大会并宣读了四川省总工会关于对桐子林水电站工程建设劳动竞赛先进集体和先进个人的表彰决定。

10月28日—29日 国电集团党组成员、副总经理谢长军赴国电四川公司调研，考察东谷河流域各级电站生产现场，亲切慰问一线干部员工。

10月28日—29日 四川省总工会党组书记、副主席罗茂乡率省总工会党组成员、副主席彭闯，省总工会原副主席、省政协提案委员会特邀主任穆竹平等，在雅砻江公司纪委书记罗崇伸的陪同下到官地、锦屏水电站工程现场考察。

10月29日 四川铁能投资有限公司、深圳能源集团股份有限公司、国电大渡河公司、大唐国际发电股份有限公司、华电国际电力股份有限公司五方在成都共同签订双江口公司增资扩股协议。此举标志着双江口水电站完成了股权多元化改革，大渡河水电开发进入新阶段。

11月

11月4日 四川省电力公司组织对国网公司高原病防治中心（四川电力医院）编制的《高原电网运维检修医疗卫生保障》和《高原电网应急抢险医疗卫生保障》技术标准进行评审并通过专家审查。来自全军高山病防治中心、成都军区、四川省疾控中心、华西医大等单位的专家对两个标准进行了审查评议，认为标准可操作性强，具有科学性、创新性，对高原电网运维检修及应急抢险的医疗卫生保障工作具有指导意义，填补了行业空白，对指导高原电网医疗卫生保障工作，保护作业人员身体健康和生命安全具有重要作用。

11月4日—5日 武警云南总队司令员李志刚、参谋长吕波在中国三峡集团副总经理樊启祥陪同下调研溪洛渡水电站安全保卫工作。

11月5日 国家发展改革委印发《关于金沙江

苏洼龙水电站项目核准的批复》（发改能源〔2015〕2571号），正式核准金沙江干流上游首座水电站——苏洼龙水电站开工建设。苏洼龙水电站是中央第五次西藏工作座谈会确定的“十二五”中央支持西藏经济社会发展的重大项目、国家建设西电东送接续能源基地的首个项目（也是藏电外送的首个项目），此前已被国家列入计划2015年开工建设的西南水电基地建设重大工程。

11月6日 2015年“特高压电网奖学金”颁奖仪式暨“全球能源互联网”讲座在四川大学望江校区举行，四川大学10名优秀学生获得了由“特高压奖学基金”理事会颁发的1万元奖学金。2015年该项奖学金将覆盖20所高校的180名优秀学子。“特高压电网奖学基金”是全国首个能源行业奖学基金，旨在激励广大电力学子投身特高压和电力事业，发挥聪明才智，努力实现人生梦想。

11月11日—12日 集团公司党组成员、纪检组长赵建明一行到宝兴河公司调研。

11月16日 在中国共产党四川省第十届委员会第七次全体会议上，王抒祥提出“四川应积极参与全球能源互联网构建，加快建设全国清洁能源基地”的建议。

11月18日 电建股份公司独立董事赵广杰、韩方明、吴太石、茆庆国在股份公司董事会秘书丁永泉及路桥公司董事长汤明等陪同下，到江习高速调研工作。水电五局有限公司总经理贺鹏程、副总经理高宗文等陪同调研。

11月19日 四川省副省长甘霖率省政府办公厅、四川省发改委、四川省能源局、四川能源监管办有关负责人赴电建水电开发公司调研考察。

11月21日 中国电建集团暨股份公司党委书记、副董事长马宗林到中国水电七局总部及天府新区各市政项目一线调研。

11月23日 电建集团公司党委书记马宗林，在集团公司总经理助理、企业领导人员管理部主任李燕明，总经理助理、市场经营部主任张建文，党委工作部主任王开成等陪同下，到水电五局有限公司检查指导工作。

11月27日 第十届全国政协副主席李蒙及夫人李金路到东方电气集团总部视察。四川省政协副主席、农工党四川省委主委王正荣，西促会扶贫委员会主任狄森，四川省政协副秘书长、农工党四川省委专职副主委张庆文陪同。

同日 四川省电力公司于国网应急培训基地（四川）举办川渝陕三省市联合应急演练。促进公司与国网重庆市电力公司、国网陕西省电力公司应急工作交流和协作，共享先进经验和技术，磨合应急协作联动机制，提升共同应对各类突发事件的应急处置能力和水平。

12月

12月3日 大唐四川公司党组书记、总经理刘峰彪在雅安会见了四川省副省长、雅安市委书记叶壮。雅安市委常委、副市长徐一心，副市长王东林，公司党组副书记、副总经理熊国民、潘明参加了会见。

12月4日 在“中非装备制造业展”开幕式上，国家主席习近平高度赞扬了水电五局有限公司承建的埃塞阿达玛二期风电工程，并以此工程为样板，向南非总统祖马和非盟轮值主席国主席、津巴布韦总统穆加贝以及30多位非洲国家元首出席推介中国装备制造，助推中国装备制造“走出去”。

同日 中非合作论坛第二次峰会、中非合作论坛第六届部长级会议、第五届中非企业家大会在南非最大城市约翰内斯堡举行。受商务部邀请，东方电气集团公司参加了商务部为配合中非合作论坛第二次峰会而举办的“中国装备制造业展”。其间，中国国家主席习近平与南非总统祖马参观了东方电气展台。

12月8日 四川省电力公司召开干部任免宣布大会，宣布公司领导任免决定：石玉东任国网四川省电力公司总经理、党委副书记，潘敬东任党委书记、副总经理，免去王抒祥国网四川省电力公司总经理、党委副书记，免去葛兆军党委书记、副总经理，免去丁燕生党委常委、副总经理职务。

12月9日—10日 川藏联网工程通过水利部、长江水利委员会水土保持设施竣工验收。验收组认为，川藏联网工程水土保持措施设计及布局科学合理，工程质量达到了设计标准，工程各项水土流失防治指标均达到了方案确定的目标值，效果明显。建成的水土保持设施工程质量总体优良，达到了有关技术规范、标准的要求，有效保护了高原生态系统，发挥了显著的水土保持功能。

川藏联网工程跨越西藏、四川两省区，途经乡城县、巴塘县、芒康县、察雅县、卡若区、江达县、八宿县等七县，线路折单全长1521公里，2014年1月开工准备，11月竣工投入试运行，工程投资64.90亿元。川藏高原是中国重要的“江河源区”和“生态屏障区”。工程沿线土壤侵蚀类型多样，特别是受高海拔、低温等因素影响，水土资源十分珍贵，生态环境极度敏感和脆弱。

12月10日 国家能源局党组成员、纪检组长戴晓曙到四川能源监管办调研，马军杰向戴晓曙汇报电力体制改革配套文件的贯彻落实措施，以及对照国家能源局党组党风廉政专项巡视通报开展的自查自纠工作情况。

12 月 11 日 国家能源局党组成员、纪检组长戴晓曙率国家能源局新能源司、电力司、综合司，四川能源监管办以及四川省发改委、能源局到两河口水电站工程现场调研，听取了雅砻江流域风光水互补清洁能源示范基地规划和建设工作的汇报，对示范基地建设表示肯定。

12 月 15 日 中国三峡集团发文(三峡人〔2015〕414 号)，组建中国三峡建设管理有限公司第一届董事会、监事会，樊启祥任董事长，董事为陈文斌、彭冈、洪文浩、孙长平、张世保、杨宗立、汪志林、王毅华、姚元军、张成平。免去洪文浩中国三峡建设管理有限公司执行董事职务。监事会主席为吴海斌，监事为张传红，免去欧阳琪中国三峡建设管理有限公司监事职务。

同日 中国三峡集团发文（三峡人〔2015〕415 号）， 聘任孙长平、吴质斌、於三大、龚德宏为中国三峡建设管理有限公司副总经理；聘任林志民为中国三峡建设管理有限公司总会计师。

同日 中国三峡集团党组发文（三峡党组〔2015〕95 号)，任命孙长平为中共中国三峡建设管理有限公司委员会委员、书记；洪文浩任中共中国三峡建设管理有限公司委员会委员、副书记；张世保任中共中国三峡建设管理有限公司纪律检查委员会书记。

12 月 16 日 乌东德水电站经国务院常务会议正式核准通过。

同日 四川省副省长甘霖到国电大渡河公司调研，听取了公司生产经营与工程建设情况汇报，对“十三五”规划时期四川电力能源规划与发展问题进行了探讨。甘霖要求公司坚定不移地加快水电清洁能源开发，发挥好水电对传统化石能源的替代效应。甘霖表示，四川省政府将一如既往支持大渡河流域水电开发，深入研究川电外送通道建设、富余水电消纳等问题。

同日 四川省人民政府副省长甘霖到国电四川公司调研，听取公司工作汇报。

同日 四川省人民政府副省长甘霖到华电金沙江上游公司调研，详细了解金上水电开发情况。甘霖强调，“十三五”期间，四川省将坚定不移地发展清洁能源，力争打造以水电为主，风、光、水电互补，能源结构合理的清洁能源示范省。

同日 四川省能源局 16 日宣布，12 月底，四川省将实现电力“全覆盖”。四川省无电地区电力建设历时五年，将在本月内全面完成，总共解决 481.6 万无电人口的用电问题。四川拥有中国第二大的藏族聚居地区和最大彝族聚居地区。无电人口主要分布在甘孜州、阿坝州、凉山州等民族地区和部分贫困山区。

12 月 17 日 四川能源监管办参加华中、华东片区省级能源规划衔接座谈会。国家能源局党组成员、副局长刘琦到四川能源监管办调研，马军杰向刘琦汇报四川能源发展基本情况和四川能源监管工作情况。

12 月 18 日 全国人大代表、省人大常委会副主任彭渝率全国、省、市人大代表共 42 人到上石盘电杭综合枢纽建设工地调研。广元市委书记马华，大唐四川公司党组副书记、副总经理潘明陪同。

12 月 24 日 中国三峡集团乌东德工程建设部在上游围堰举行了金沙江乌东德水电站工程建设动员会。

12 月 25 日 四川省 2015 年年底重大项目集中开工暨岷江犍为航电枢纽工程开工仪式在乐山犍为县举行。副省长甘霖出席开工仪式并致辞，省政府副秘书长李志强主持开工仪式。省级有关部门，乐山市委、市政府，犍为县政府，省交投集团、省港航公司等单位的有关负责人参加活动。

12 月 26 日 中国三峡建设管理有限公司(以下简称建设管理公司）在成都正式揭牌成立。

12 月 28 日 尼泊尔副总理兼外长卡迈勒•塔帕到东方电气集团公司访问。集团公司董事长王计、副总经理黄伟陪同卡迈勒•塔帕一行参观了科技展示厅。卡迈勒•塔帕邀请东方电气更广泛参与尼泊尔能源建设，并为东方电气留下“展望未来，深化合作”的题词。

12 月 29 日 中国三峡集团发文(三峡人〔2015〕441 号)，向家坝工程建设部和溪洛渡工程建设部合并为向家坝与溪洛渡工程建设部，统筹负责向家坝和溪洛渡两个工程的建设及收尾工作。

同日 川云公司以直接签署决议方式召开第三次股东会暨一届十六次董事会，会议审议通过《关于利润预分配方案的议（提）案》、《关于金沙江溪洛渡、向家坝水电站工程建设管理委托合同的议案》、《关于发电量考核管理办法的议案（试行)》等 4 项议（提）案。

同日 云川公司以直接签署决议的方式召开第二次股东会暨一届十三次董事会，会议审议通过《关于股东第二次增加资本金及公司章程修改的议（提）案》、《关于补充承接昆明基地办公楼（土地）资产债务的议（提）案》等 4 项议（提）案。

12 月 30 日 中国长江三峡集团、云南省能源投资集团有限公司、四川省能源投资集团有限责任公司各股东追加云川公司资本金 15 亿元，云川公司注册资本和实收资本增加到 115 亿元。

12 月 30 日 预分红按照股东出资比例分配到位，中国三峡集团 17.5 亿元，四川能投、云南能投各3.75亿元。

12月31日 2015年，四川省电力公司共投产110千伏及以上项目71项，线路长度2445千米，变电容量1139万千伏安。2016年计划完成开工110千伏及以上项目56项，线路长度2163千米，变电容量1157万千伏安；完成投产40项，线路长度1042千米，变电容量576万千伏安；续建78项，线路长度2802千米，变电容量1547万千伏安。

四川省各电力单位大事选

国家能源局四川监管办公室

1月29日 国家能源局四川监管办公室会同四川省发改委、省能源局组织召开四川省电力行业2016年度厂网联系会。

2月12日 国家能源局四川监管办公室召开四川电力安全生产暨表彰先进大会。

3月13日 国家能源局四川监管办公室组织召开四川省电力用户与发电企业直接交易规则修订工作座谈会。

3月27日 国家能源局四川监管办公室印发《关于开展在建电力建设工程防灾措施落实情况自查工作的通知》、《关于继续开展在建电力建设工程防范地质灾害专项演练的通知》。

4月15日 国家能源局四川监管办公室印发《四川电力企业应急预案管理实施细则》。

6月26日 国家能源局四川监管办公室与省防汛抗旱指挥部联合发文，布置水库水电站安全度汛工作。

7月30日 国家能源局四川监管办公室召开四川省电力行业上半年厂网联席会。

8月5日 国家能源局四川监管办公室与中电传媒集团进行座谈，就宣传工作、调研工作、舆情监测及双方建立常态化工作机制等事项进行沟通交流。

8月13日 国家能源局四川监管办公室会同省能源局组织召开四川省新建水电项目投资开发秩序专项监管工作启动会。

8月17日 国家能源局四川监管办公室印发《关于深刻吸取天津“8·12”火灾爆炸事故教训认真做好当前电力安全生产工作的紧急通知》。

8月18日 国家能源局四川监管办公室对中国水利水电五、七、十局、国电成都金堂发电有限公司、部分承装（修、试）企业开展危险化学品和易燃易爆物品安全专项督查。

8月19日 国家能源局四川监管办公室与农工民主党四川省委研究对口帮扶巴中市巴州区具体方案。

8月24日 开展油气管网项目简政放权专项监管现场检查工作，实地检查中石油西南油气田公司所属的川渝地区天然气管网改造工程江津—纳溪集输气管道四川段工程、遂宁地区中低压天然气集输管道工程项目和四川省能投集团公司有关项目。

9月2日 国家能源局四川监管办公室印发《关于深刻吸取近期事故教训切实做好电力安全生产大检查和专项整治工作的通知》。

10月12日 国家能源局四川监管办公室组织召开110千伏双龙－上罗输电线路跨越国网线路相关问题协调会。

11月20日 国家能源局四川监管办公室向四川省政府副省长甘霖、副秘书长李志强专题汇报新建电源项目投资开发秩序专项监管工作（新能源部分）。

（卢宏亮）

国网四川省电力公司

1月16日 在四川省总工会第十三次全委会上，四川省电力公司工会主席左宇龙全票当选四川省总工会委员、常委。

1月23日 国内首条无线充电社区巴士商用线、四川成都社区巴士1058路示范线路投入试运行。该系统开发项目由国网成都供电公司和中兴通讯公司合作，由川电新能源电动汽车服务有限公司与中兴新能源汽车有限公司具体实施。

2月3日 葛兆军一行专程前往四川省人大常委

会，拜访了省人大常委会副主任彭渝、副主任兼秘书长曾省权等在家领导。受国网公司委托，葛兆军转达了国网公司致省人大的感谢信，介绍了国网公司有关工作情况，并详细汇报了国网四川电力2014年各项工作情况及下一步工作思路。

2月11日 四川省电力公司与资阳市人民政府签订《加快推进资阳电网建设 服务资阳经济社会发展战略合作协议》，双方开启政企友好合作、共谋发展的新篇章，共同寻求长远发展、实现互利共赢。资阳市委书记周喜安，资阳市委副书记、市政府代市长陈吉明，王抒祥、葛兆军出席签字仪式。

2月25日 因成都“2·24”瓦斯爆炸事故导致停电的龙泉驿区万兴乡、洛带镇，经国网四川电力抢修中午全部恢复供电。24日午间发生的爆炸事故，造成爆炸点附近的1条35千伏、3条10千伏线路不同程度损伤和跳闸，万兴乡、洛带镇共计7380户用户供电受到影响。

3月18日 中国“西电东送”最大的输电通道±800千伏溪洛渡左岸－浙江金华特高压直流输电线路，顺利完成2014年投运以来的首次集中停电检修，丰水期西南水电基地对浙江省电力供应的保障能力得到加强。

此次溪浙线集中停电检修于3月7日启动，18日结束，由沿线五省电力公司分段同步实施，全面提升输电设备和线路的健康水平，确保线路在汛期的正常运行。

3月29日 国网公司2015年高校毕业生招聘考试（第二批）四川考点准时开考，1473余名学生参加考试。董京营赴四川电力职业技术学院考点进行现场巡视和检查督导。

国网公司2015年高校毕业生招聘考试（第二批）自2月底启动以来，网上报名踊跃，四川考点成为全国第二大考点，共有12605人报名，其中2566人通过初步筛选，1487人通过现场资格审查。

5月18日 在四川省2014年度科学技术奖励大会上，省委书记王东明等省委、省政府、省政协主要领导为获得一等奖的单位颁发获奖证书，四川省电力公司“高海拔高压交流绝缘特性及输变电工程设计关键技术研究和应用”被授予四川省科学技术进步奖一等奖。“基于多元异构信息融合技术的海量数据平台”等3项成果被授予四川省科学技术进步奖二等奖，“藏区联网工程过电压风险评估及防控技术研究”等4项成果被授予四川省科学技术进步奖三等奖。

6月16日 国家电网公司第一届档案职业技能竞赛在国网四川技培中心展开首轮角逐，来自国网系统60支代表队的208名档案工作者参加了比赛。

6月30日 四川甘孜藏族自治州白玉县河坡乡生戈村实现通电，这是国家电网无电地区电力建设最后一批通电的村庄，四川消除无电地区——最后一批近19万人告别无电时代。

7月3日 ±800千伏溪洛渡—浙西特高压直流输电工程投运满一年。累计向浙江输送来自四川的清洁水电335亿千瓦时。投运一年来，工程累计将335亿千瓦时清洁水电输送至浙江，该电量可满足浙江城乡居民2014年全年近80%的生活用电所需。如果这些电量由燃煤机组发出的话，大约要消耗标煤1028.45万吨，排放二氧化碳2847.5万吨。溪浙特高压工程在节能减排、雾霾治理上成效初现，充分印证了特高压输电技术远距离、大容量、高效率的优势。

7月8日 ±800千伏复奉(向家坝—上海)线安全运行5周年，累计向上海输送992.8亿千瓦时的清洁电能。

7月9日 国网四川检修公司肩负3条特高压直流线路送端重任的特级护航，通过不断完善运维体系，依托先进科技手段，创新运维管理方式，使复奉、锦苏、宾金三大特高压直流线路输送功率已高达2134万千瓦，实现三大特高压直流满功率运行。复奉、锦苏、宾金三大特高压直流输电工程额定输送功率达2160万千瓦，承担着80%以上的四川水电外送任务，输送电力分别占上海、江苏、浙江三省市最高用电负荷的34%、12%和17%，约占华东区外受电的三分之二。

7月20日 新华社以《四川苦干三年“电亮”藏区小康路》为题，报道了四川藏区电网建设情况。

8月26日 《四川日报》发表王抒祥、葛兆军署名文章《从严从实精准服务四川经济社会发展》。

9月5日 国网凉山供电公司输电运检一班班长、现年50岁的全国劳模殷显树，8月底，受中华全国总工会邀请参加了中国人民纪念抗日战争胜利暨世界反法西斯战争胜利70周年阅兵典礼。

9月26日 技术难度极大的川藏联网工程首次全面“体检”顺利完成。川藏电力联网工程是国网公司贯彻中央西藏战略工作部署，落实国家西部大开发战略，服务川藏两地藏区经济社会发展和长治久安的重要工程。线路东起四川甘孜藏族自治州的乡城县、途经巴塘县，西至西藏昌都，全长1521公里。

9月30日 《人民日报》《经济日报》《新华每日电讯》登载新华社记者杨迪的文章——《三年攻坚换来高原万家灯火》—纪实性地介绍了四川“电亮”甘孜藏区的情况。

10月10日 四川省第十二届人民代表大会常务委员会第十八次会议通过并决定实施《关于制止和查处违法建设的决定》。四川省电力公司积极主动参与《决定》前期的省内外调研，文稿的起草、完善修改和法律论证。决定的实施，使电力设施保护区的违法建设执法主体不再仅限于电力行政执法机关，打通了电力设施保护区法律与行政的通道，增加了电力设施产权人处置电力设施保护区范围内违法建设行为的法律措施和手段，大大缓解了电力设施产权人处置电力设施保护区违法建设行为的压力，抑制了长期以来电力设施保护区范围内的违法建设屡禁不止现象。

11月26日 四川三大特高压直流输电线路和一条超高压直流输电线路，已向华东、西北电网输送清洁水电1038.41亿千瓦时，创历史新高。相当于为华东、西北减少火电原煤消耗4000多万吨，减少二氧化碳排放约1.5亿吨，减少二氧化硫排放50多万吨。

12月13日 四川清洁水电通过直流外送通道向锦苏线、复奉线等“西电东送”特高压输电线路和送往西北电网的德宝直流输电线路，公司2015年外送清洁水电达1038.41亿千瓦时。相当于减少火电原煤消耗4000多万吨，减少二氧化碳排放约1.5亿吨，减少二氧化硫排放50多万吨。

12月22日 四川省电力公司圆满完成500千伏（木）里月（城）二线162号塔至163号塔档内导线严重断股缺陷带电处理，确保川藏联网工程水电大通道畅通，为冬季西藏昌都电网不拉闸限电打下坚实基础。 （程彦韬）

中国电力工程顾问集团西南电力设计院有限公司

1月23日 中国电力工程顾问集团西南电力设计院有限公司（以下简称西南院公司）设计的首台大型F级燃气－蒸汽联合循环机组——四川达州燃气电站新建工程（2×35万千瓦）1号机组一次性顺利通过168小时试运行。

1月27日 西南院公司在滇西北至广东（云南新松至广东东方±800千伏）特高压直流输变电工程勘察设计咨询招标中一举中标，获得包三（送端换流站）和包五（送端线路）的勘测设计任务。

2月9日 由西南院公司联合中国电力建设工程咨询有限公司总承包的重庆神华万州电厂新建工程（2×105万千瓦）1号机组高标准一次性圆满通过168小时运行，标志着西南地区首台百万千瓦机组、国内首台高效一次再热超净排放105万千瓦机组顺利投产，正式移交生产。

3月2日 西南院公司在国网重庆市电力公司2015年第一批35千伏及以上电网建设工程设计招标中，中标重庆发电厂环保迁建项目500千伏送出工程勘察设计。

4月16日 西南院公司设计的重庆地区首座单台150万千伏安大容量智能变电站500千伏陈家桥主变扩建二期工程，于2015年4月16日16:30分成功投运。

4月21日 西南院公司在云南电网有限责任公司2015年第一批110千伏及以上输变电工程可研、勘察设计招标中，中标澜沧江上游梯级电站500千伏送出工程（黄登电站至新松换流站）。

4月25日 西南院公司牵头与天津电建组成的EPC联合体在神华四川江油煤炭储备发电一体化新建工程EPC总承包项目中一举中标。该项目规划分两期建设100万吨国家煤炭应急储备基地和4×100万千瓦燃煤电厂，一期建设50万吨国家煤炭应急储备基地，配套建设2×100万千瓦超超临界机组。该项目开创了我国以设计为龙头、牵头与施工企业协同承揽，实施总承包项目的创新模式。

4月29日 西南院公司设计的阜阳市生活垃圾焚烧利用1台1.2万千瓦项目，顺利一次性通过72+24小时试运行。试运行期间，机组运行平稳，各主、辅设备运行正常，各项主要参数、指标优良，具备商业运行条件。

5月8日 西南院公司在四川省电力公司500千伏输变电工程招标中，中标成都籍田500千伏输变电工程可研项目、雅安—蜀州线路改接工程可研项目。

6月2日 西南院公司在华电招标有限公司招标中，中标罗马尼亚罗维纳里1×60万千瓦燃煤电站工程可行性研究及勘察设计项目。

6月6日 西南院公司在中国南方电网有限责任公司超高压输电公司招标中，中标崇左至靖西II回500千伏线路工程勘察设计项目。

6月9日 西南院公司设计的四川达州燃机电站新建工程（2×35万千瓦）2号机组顺利通过168小时满负荷试运行；2号机组试运期间，主辅设备、系统运行稳定，运行参数达到设计要求，各项运行指标优良。

6月29日 接中国电能成套设备有限公司通知，西南院公司中标贵州黔西电厂二期扩建1×66万千瓦工程勘察设计项目。

7月5日－8日 由西南院公司设计并负责工程建设EPC承包的越南海阳BOT项目是中电工程在海外投资规模最大的项目，其投资协议签约仪式在马来西亚举行，该公司总经理郝群岩参加了签字仪式。该项目已被国家有关部委列为“一带一路”重点项目名单。

7月6日 西南院公司中标准东－华东±1100千伏特高压直流输电工程受端换流站C包和126公里李沟湾（宁甘省界）－唐家坡西南（甘陕省界）线路工程。该工程是目前全球电压等级最高，输电规模最大的直流输变电工程。

7月18日 西南院公司中标贵州大方电厂二期2×66万千瓦扩建工程勘察设计项目。

9月5日 西南院公司中标大唐贵州兴仁电厂一期2×66万千瓦新建工程勘察设计项目。

9月22日 西南院公司中标神皖合肥庐江2×66万千瓦发电机组工程技经咨询服务项目。

10月10日 西南院公司4个项目获第十四届全国优秀工程勘察设计金银奖。其中1000千伏晋东南－南阳－荆门特高压交流试验示范工程、1000千伏晋东南－南阳－荆门特高压交流试验示范工程输电线路岩土工程勘测获金质奖，1000千伏晋东南－南阳－荆门特高压交流试验示范工程输电线路工程测量、750千伏兰州东－白银－银川东输电线路工程获银质奖。

10月16日 西南院公司参赛作品《沿海三期电站数字化协同设计》荣获2015年“创新杯”建筑信息模型（BIM）设计大赛最佳工业工程类BIM应用一等奖。该项设计采用包括工艺、电控、机械布置、土建设计在内的多专业、跨软件设计平台协同的方式，真正实现了BIM设计的全专业应用和全生命周期覆盖。

10月28日 西南院公司与四川正升声学科技有限公司组成联合体，成功中标贵州茶园电厂冷却塔噪声控制工程总承包项目。

10月29日 西南院公司中标华能海口电厂五期工程可研项目。

11月23日 由西南院公司牵头总承包神华四川江油煤炭储备发电一体化新建工程1号和2号锅炉基础同时顺利浇筑第一罐混凝土，标志着现场施工开始全面、纵深推进。

11月25日 西南院公司在国家电网四川省电力公司2015年第五批工程及服务招标采购设计项目中，中标四川硬梁包电站500千伏送出工程（勘察设计）、南充南部500千伏输变电工程（可研）、资阳500千伏变电站扩建工程（可研）三个项目。

12月4日 西南院公司在云南电网2015年第三批110千伏及以上输变电工程可研勘察设计项目招标中，中标550千伏罗平至罗平换流站通道加强工程。

12月14日 西南院公司与上海电气电站工程公司签订赞比亚EMCO Maamba 2×17万千瓦燃煤电站项目勘测设计和服务合同。总经理郝群岩出席合同签字仪式并致欢迎词。

12月21日 西南院公司在国电公司2015年输变电工程新增批次项目设计招标中，中标重庆渝北金山500千伏输变电工程勘察设计项目。

同日 西南院公司在贵州电网2015年第一批500千伏、220千伏、110千伏输变电工程可行性研究及勘察设计招标中，中标普安电厂－兴仁换流站双回500千伏线路工程。

12月22日，在国电公司扎鲁特－山东±800千伏特高压直流输电工程勘察设计招标中，西南院公司中标该项目3个标包的勘察设计任务，分别是：线路工程包6(刘家营子南(蒙冀省界)—小东沟南)，线路长度约132.4公里)、扎鲁特—山东受端换流站阀厅土建设计、线路工程牵头设计院。

12月25日 西南院公司与成达工程公司签订印尼芝拉扎燃煤电站三期扩建项目勘测设计合同。印尼芝拉扎燃煤电站三期扩建项目是中国出口海外的第一台百万机组，是实施国家“一带一路”战略取得的重要成果。执行董事宋培庆、党委书记李蕾出席合同签字仪式。（*汤其虎*）

中国电建集团
成都勘测设计研究院有限公司

1月14日 由成都院主编、河海大学参编的《水电站气垫式调压井设计规范》通过水电总院的审查。

1月20日 成都院编制的《措美县当许2万千瓦大型并网光伏电站项目可行性研究报告》通过西藏自治区发改委和水电总院的审查。

1月29日 西藏阿里应急电源工程通过西藏电力有限公司的竣工验收。

1月31日 成都院与雅砻江流域水电开发有限公司召开雅砻江水电项目2015年度勘测设计工作会议。双方代表共280人参加会议。

1月12日 成都院组织编著的《水利水电工程英汉图文辞典（水工卷）》由中国水利水电出版社正式出版，在全国发行。

2月6日 成都院与华能西藏发电有限公司（雅江办）共同组织召开西藏水电相关项目2015年度设计工作会议。双方领导和代表百余人参加会议。

3月5日 白水江双河水电站枢纽工程通过四

川省工程咨询研究院的专项验收。

3月10日 由成都院、水电总院和水电顾问集团有限公司共同开发的“中国数字水电基础信息与分析平台”科技成果通过四川省科学技术厅组织的专家鉴定，结论为该成果总体达到国际领先水平。

3月13日 成都院总经理章建跃、副总经理王劲夫参加欧亚电力有限公司股东签字仪式。

3月25日 成都院与中国水利水电出版社签订战略合作协议并共建科技著作出版基地。

4月23日 成都院与俄罗斯水电股份有限公司签署合作协议。

4月15日 成都院编制的《美姑县井叶特西风电场工程可行性研究报告》通过审查。

5月8日 成都院与坦桑尼亚UTT项目与基础设施发展有限公司签署坦桑尼亚系列项目合作谅解备忘录。

5月8日 成都院与哈电集团现代制造服务产业有限责任公司签署战略合作协议。

5月19日 成都院领导受邀出席在北京举行的世界水电大会。

5月11日 成都院中标国网西藏电力有限公司沃卡发电公司三站集控改造工程设计、采购、施工总承包合同。

5月26日 成都院编制的《四川省凉山州风电基地规划》获国家能源局批复。

同日 成都院编制的金沙江上游叶巴滩水电站《可行性研究阶段迁移人口安置规划大纲》《建设征地移民安置规划大纲（四川部分）》和《水土保持方案报告书》通过审查。

5月28日 成都院中标新疆自治区亚曼苏水电站勘测设计合同。这是成都院首次中标新疆水电勘设合同。

5月29日 成都院完成的“深厚覆盖层上高心墙堆石坝防渗关键技术研究与应用”和与其他科研单位共同完成的“高水头大流量底流消能关键技术研究与应用”两项科技成果通过四川省科技厅的鉴定，总体达到国际领先水平。

6月4日 成都院签署印尼中苏拉维西POSO1水电站详细设计服务合同。

6月14日—16日 成都院领导与出席第六届中国（四川）—南亚经贸合作圆桌会议的多国代表团会晤，并与孟加拉国NITOL—NILOY公司签署合作备忘录。

6月16日 成都院与内蒙古自治区扎兰屯市签署合作合作框架协议。

6月24日 成都院作为牵头单位与水电二局组建的联合体与内江建工（集团）有限公司签署《白马园区安置还房建设项目投资建设合同》。

6月24日—25日 成都院编制的《孟底沟水电站建设用地地质灾害危险性评估报告》和《陵江水电站建设征地移民安置规划设计报告》通过审查。

7月3日 成都院与西藏自治区发改委、西藏开发投资集团有限公司分别签订战略合作协议。

7月10日 成都院与水电七局签订罗萨雷斯水电站工程水利机械设备供货及翻新项目金属结构设计委托合同。这是成都院独立承担的第一个国际工程设计任务。

7月14日 成都院编制的《绰斯甲水电站可行性研究报告》通过水电总院的审查。

7月17日 成都院编制的《金沙江上游叶巴滩水电站建设征地迁移人口安置规划大纲》（四川部分、西藏部分）通过水电总院会同西藏自治区水利厅、四川省扶贫和移民工作局的审查。

7月27日 成都院取得四川省环境保护产业协会颁发的“污染治理设施运行服务能力评价证书”。

8月4日 成都院编制的《大唐普格甘天地风电场工程可行性研究报告》通过工程咨询研究院的评审。

8月7日 成都院编制的《新疆托什干河亚曼苏水电站可行性研究优化设计报告》通过审查。

8月18日 成都院与孟加拉国有关机构签订《达舍尔甘地污水处理项目雨季水质复测协议》。

9月2日 成都院编制的四川大唐普格吉留秀、甘天地二期、乌科梁子坡和采乃4个风电场的《预可行性研究报告》通过工程咨询研究院的评审。

9月8日 成都院获老挝南俄3水电工程监理合同。

9月24日 成都院领导出席“中国大坝协会2015年学术年会暨第七届碾压混凝土坝国际研讨会”。总工程师王仁坤向大会作“特高拱坝的安全控制3K理论方法与实践”主题学术报告。

10月10日 由成都院参与设计的非洲在建最大水电站——埃塞俄比亚吉布3水电站#1机组并网发电。

10月10日 成都院编制的《德昌山地风电场规划报告》通过德昌风电有限公司开发公司的评审。

10月16日 成都院承担的“川东北元坝气田17亿立方米/年天然气试采项目”水土保持设施验收技术评估工作通过长江水利委员会的专项行政验收。

10月22日 成都院编制的《四川省雅砻江孟底沟水电站水土保持方案报告书》通过水电总院的审查。

11月9日 成都院中标藏中和昌都电网联网工程环保、水保设计项目。

11月13日 成都院中标云南省巧家县“8·3”地震灾后水利基础设施恢复重建项目全过程造价咨询服务项目。

11月16日 成都院中标广元市剑阁县普安镇市政基础设施一期PPP项目。

12月3日 成都院与华能新疆能源开发有限公司签订战略合作协议。

12月5日 成都院召开建院60周年总结纪念大会。

12月10日 成都院与中控国际能源投资有限公司签署战略合作协议。 （周友耕、朱岩）

中国三峡建设管理有限公司

1月15日 长江三峡设备物资有限公司召开干部大会，宣布长江三峡设备物资有限公司新任党委书记、副总经理郑良成的任命决定。

2月4日 长江三峡设备物资有限公司全资子公司巨浪公司白鹤滩左岸民爆仓储班荣获2014年度中国三峡集团“红旗班组”。

3月4日 在中国三峡集团纪念“三八”妇女节活动暨表彰大会上，长江三峡设备物资有限公司三峡项目部电力生产分部（葛洲坝区域）荣获中国三峡集团“巾帼文明示范岗”荣誉称号；全资子公司巨浪公司章玲被评为“巾帼建功立业标兵”。

4月28日 三峡金沙江川云水电开发有限公司（以下简称川云公司）在昆明召开2014年度“三会”，会议由董事长樊启祥主持。会议审议通过了2014年度财务决算方案、度财务预算安排、2014年度利润分配、2014年度董事会工作报告、2014年度监事会工作报告、2014年度总经理工作报告等16项议（提）案。

5月29日 云川公司采用书面签署决议方式召开第一届董事会第十二次会议，会议审议通过了建议免去江华副总经理职务议案。

7月6日 中国三峡建设管理有限公司取得国家工商总局审核的名称核准通知书。

7月21日 中国三峡建设管理有限公司取得北京市工商局颁发的营业执照。

8月 日 长江三峡设备物资有限公司取得4项国家知识产权局实用新型专利。2014—2015年，长江三峡设备物资有限公司共取得14项发明、实用新型专利。

10月29日 长龙山项目于正式通过核准，11月27日开工建设。

10月22日 中国国际工程咨询公司审查并通过《金沙江乌东德水电站项目申请报告》。

11月26日 长江三峡设备物资有限公司调整内设机构，党群工作部独立，不再与办公室合署办公；新设立监察审计部和长龙山项目工作组。

11月 日 长江三峡设备物资有限公司“水下爆破装填炸药螺纹套筒”等3个项目获中国三峡集团第二届职工技术创新成果奖。

12月2日 成立中共中国三峡建设管理有限公司委员会和纪律检查委员会（三峡党组〔2015〕90号）

向家坝水电站

2月14日 翻坝转运横江大桥正式开工建设。

3月21日—3月27日 华夏认证中心有限公司对中国三峡集团“三标一体”管理体系进行外部监督审核。对中国三峡集团向家坝工程建设部环境保护管理中心的“三标一体”管理体系监督审核于3月22日开展，监督审核方式主要采用询问、检查资料、座谈等，从环境保护管理中心的基本情况、管理办法、工作内容、工作方式等方面进行审核，审核结果良好，没有出现不符合项及观察项。

4月21日 金沙江溪洛渡向家坝水电站珍稀特有鱼类增殖放流站在宜宾县安边镇烧瓦沱码头举行了春季放流活动。向家坝建设部、宜宾县职业技术学院青年志愿者和当地热心群众等90余人参加本次放流活动。

4月23日—24日 中国三峡集团公司环境保护检查领导小组对向家坝水电站的环境保护工作进行了环境保护大检查。本次检查采取汇报、查阅环保档案资料和现场检查等形式，全面了解了向家坝水电站环评手续、环境保护“三同时”制度、污染物排放与处理、生态保护措施、环境管理、环境风险防范、水土保持等方面的执行情况。检查组对向家坝水电站的环境保护工作予以了充分肯定，对局部存在的问题提出了整改要求。

5月25日—29日 金沙江水电开发质量检查专家组向家坝水电站2014年度质量检查。

8月19日 向家坝灌区南总干渠全线顺利贯通。

12月31日 向家坝电厂2015年全年发电量达307.46亿千瓦时，顺利实现全年安全生产“零非停”目标。

溪洛渡水电站

1 月 6 日 第十一届全国人大常委会代表资格审查委员会主任委员、交通部原部长黄镇东考察溪洛渡水电站。

1 月 14 日 王东林任溪洛渡水力发电厂党委副书记。

1 月 15 日 冉毅川任溪洛渡水力发电厂副厂长。

3 月 7 日 溪洛渡电厂召开党员大会，增补冉毅川、陈辉为溪洛渡电厂第一届党委委员。

3 月 13 日 溪洛渡电厂组织编写的《水轮发电机组及其附属设备出厂检验导则》报批稿在北京通过审查。

4 月 5 日 溪洛渡水力发电厂累计发电量突破 700 亿千瓦时

5 月 23 日 参加 2015 世界水电大会的部分代表考察溪洛渡水电站。

5 月 30 日—6 月 1 日 金沙江水电开发质量检查专家组开展溪洛渡水电站工程第十次质量检查。

6 月 8 日 四川省凉山州委书记林书成考察溪洛渡水电站。

6 月 12 日—16 日 水利部建设管理与质量安全中心组织质量监督巡查组开展溪洛渡水电站工程施工质量监督巡查工作。

7 月 2 日 溪洛渡水电厂 18 台机组 2015 年首次全开，当年累计发电量突破 200 亿千瓦时。

8 月 5 日 溪洛渡电厂自成立以来实现安全生产 1000 天。

9 月 12 日 溪洛渡电站实现 2015 年度首次满发，全厂总出力达 1260 万千瓦，单台机组平均出力 70 万千瓦。

10 月 9 日 中国三峡集团研究决定，调整溪洛渡工程建设部内设机构。成立工程管理部，同时撤销大坝项目部、地下厂房项目部、泄洪洞项目部、公共工程项目部等 4 个部门，撤销部门的职责和人员划入工程管理部。成立工程总结办公室，负责溪洛渡工程建设期的技术总结工作。

12 月 24 日 武警云南省总队昭通市支队正式执行溪洛渡水电站守卫勤务任务。

12 月 29 日 中国三峡集团研究决定，向家坝工程建设部和溪洛渡工程建设部合并为向家坝与溪洛渡工程建设部，统筹负责向家坝和溪洛渡两个工程的建设及收尾工作。

12 月 31 日 溪洛渡电站全年发电量 551.6 亿千瓦时，未发生责任性弃水电量，历史累计发电量 1158.4 亿千瓦时，全年实现“零人身伤害事故、零电力生产事故”的双零目标，溪洛渡电厂安全生产纪录 1149 天。

白鹤滩水电站

1 月 19 日—24 日 水电工程质量监督总站专家组达到白鹤滩水电站工地，开展白鹤滩水电站 2015 年第一次质量监督。

5 月 8 日—10 日 环境保护部环境影响评价司处长常仲农、中国三峡集团副总经理林初学等赴黑水河现场查勘，并与凉山州政府座谈。

6 月 25 日—28 日 金沙江水电开发桥梁工程质量检查专家组到白鹤滩开展 2015 年度桥梁工程专项检查。

7 月 12 日—15 日 水电工程质量监督总站专家组一行 12 人到白鹤滩水电站工程 2015 年第二次质量监督检查。

8 月 5 日 云南省昭通市委书记范华平、副市长杨桂红，巧家县委书记张华昆、县长陆颖一行考察白鹤滩工地，实地查看和了解工程建设情况及巧家移民工作相关情况。建设部党委书记樊义林等陪同。

11 月 9 日—14 日 水电工程质量监督总站质量监督专家组黎扬佳等一行 8 人对白鹤滩水电站筹建工程开展了 2015 年度质量监督巡检，专家组对筹建工程施工情况进行了现场查勘，并就巡检意见与参建单位进行了交流。

乌东德水电站

3 月 28 日 乌东德水电站在建成的鱼类增殖放流站下游河滩开展了首次鱼苗放流活动，投放齐口裂腹鱼、鲈鲤、白甲鱼、长薄鳅等珍稀鱼苗共计 2 万余尾。

4 月 18 日—19 日 为做好金沙江乌东德水电站可行性研究报告枢纽部分的审查工作，由水电水利规划设计总院组织，交通运输部、国家林业局、水电水利规划设计总院、云南省住房和城乡建设厅、成都铁路局以及多位工程勘察设计方面的特邀专家对乌东德水电站工程进行了实地查勘。

5 月 19 日 中国国际工程咨询公司组织专家和代表对乌东德水电站工程进行了实地查勘。

7 月 8 日—12 日 水电水利规划设计总院副总

工、水电工程质量监督总站主任杨泽艳，水电工程质量监督总站副站长黎扬佳等 7 位专家深入工地开展乌东德筹建工程建设第六次巡视检查。

12 月 7 日至 8 日 知名经济学家、清华大学国情研究院院长胡鞍钢教授与人民日报、新华社、经济日报、《瞭望》周刊等中央部分媒体一行赴乌东德工地调研。

12 月 17 日 由水利部水土保持司司长刘震牵头，联合四川省水利厅与四川省水土保持局组成的检查组，对乌东德水电站水土保持工作情况进行检查。

三峡金沙江云川水电开发有限公司

2 月 11 日 中国三峡集团在昆明召开云川公司经营管理工作专题会，会议由中国三峡集团副总经理、云川公司董事长樊启祥主持。会议听取了公司经营管理工作汇报，对下阶段重点工作进行了研究部署，中国三峡集团工程建设管理局、公司高管及相关人员参加了会议。

2 月 26 日 总经理赵木森带队拜访了云南省发改委、能源局和云南能投。赵木森就云川公司 2014 年工作完成情况及 2015 年重点工作计划进行了简要汇报，并提请关心支持乌东德、白鹤滩电站核准工作。

3 月 16 日 赵木森总经理带队拜访了四川能投，并就云川公司 2014 年工作完成情况及 2015 年重点工作计划进行了简要汇报。

4 月 29 日 各股东追加云川公司资本金 30 亿元，云川公司注册资本和实收资本增加到 100 亿元。

6 月 10 日 鉴于云川公司总经赵木森理另有任用，中国三峡集团党组研究明确，在云川公司新任总经理未到位前，暂由副总经理龚德宏代行总经理工作职责，主持公司全面工作。

9 月 15 日 中国三峡集团副总经理毕亚雄拜访云南省副省长尹建业，就乌东德电站违法用地事宜进行商议，并先后拜访云南省国土厅、昆明市国土局等单位协调解决该事。云川公司副总经理杨明光陪同参加活动。

12 月 25 日 中国三峡集团巡查组在成都对云川公司开展专项巡视检查，巡查组对云川公司落实“两个责任”和执行中央“八项规定”精神情况等进行了专项巡查，并听取了纪检监察、审计、财务等专题汇报；检查了云川公司基本情况、经营情况、机构及人员情况、党总支及班子成员组成情况等。

12 月 30 日 各股东追加云川公司资本金 15 亿元，云川公司注册资本和实收资本增加到 115 亿元。

雅砻江流域水电开发有限公司

3 月 23 日—25 日 受四川省发展和改革委员会的委托，中国国际工程咨询公司组织专家组在成都主持召开杨房沟水电站项目申请报告评估会议。中国国际工程咨询公司副总经理黄峰，四川省发展和改革委员会副主任、能源局局长雷开平，雅砻江公司董事长陈云华出席会议并讲话。

3 月 29 日—30 日 水电水利规划设计总院会同四川省扶贫和移民工作局在成都召开卡拉水电站移民安置规划大纲审查会议。四川省扶贫和移民工作局副局长向伟益、雅砻江公司总经济师陶卫国、中国电建集团华东勘测设计研究院有限公司副总经理陈正雄出席会议。

4 月 13 日 桐子林水电站三期明渠泄洪闸工程全部浇筑至设计高程。至此，雅砻江流域第二阶段开发战略的收官之作——桐子林水电站工程大坝全线浇筑到顶。

4 月 25 日 两河口水电站大坝工程施工合同和引水系统工程施工合同签字仪式在雅砻江公司总部举行。雅砻江公司与中国电建集团下属的中国水利水电第十二工程局有限公司和中国水利水电第五工程局有限公司组成的联营体，中国水利水电第十四工程局有限公司和中国水利水电第十六工程局有限公司组成的联营体分别签订了《四川雅砻江两河口水电站大坝工程施工合同》和《四川雅砻江两河口水电站引水系统工程施工合同》。

7 月 13 日 四川省人民政府副省长甘霖率省政府副秘书长李志强、曹代学，省发改委副主任、省能源局局长雷开平一行到雅砻江公司考察指导工作。

8 月 29 日 雅砻江两河口水电站建设征地移民安置专业项目代建工程设计施工总承包合同签字仪式在成都举行。

10 月 17 日 “国家扶贫日”到来之际，雅砻江公司积极参与凉山州委、州政府在西昌市火把广场和甘孜州委、州政府在康定市康定广场举行的扶贫募捐活动，共捐款 300 万元。

11 月 24 日 桐子林水电站 3 号机组结束 72 小时试运行，投入正式运行。

11 月 29 日 两河口水电站实现大江截流并开始围堰填筑。

12 月 14 日 二滩水力发电厂实现连续安全生产 3000 天（自 2007 年 9 月 27 日起），这是建厂以来的最高纪录，也是雅砻江公司电力生产的最高纪录。

12 月 26 日 桐子林水电站工程 4 号机组转子吊装完成，这是继桐子林水电站 1 号—3 号机组顺利投产发电之后，又一重要工程节点目标的实现。

（郑 确）

国电大渡河流域水电开发有限公司

1 月 14 日 中国国电集团公司副总经理谢长军在成都拜会四川省副省长王宁，双方就国电在川企业发展，推动四川清洁能源开发交换了意见。王宁表示四川省委、省政府将继续在双方共同关注的问题上做好服务和协调工作。

1 月 20 日 大渡河爱心帮扶基金会捐助修缮改建的“国电大渡河石棉县田湾彝族乡希望小学”正式揭牌。至此，国电大渡河公司已在石棉县资助 149 名贫困学生，修建 2 所“希望小学”、1 所“爱心医院”和 1 所“爱心诊疗室”，改善了电站库区群众就学就医条件。截至 2015 年 12 月 31 日，该基金会累计帮扶希望学校 19 所、医院 16 所，帮扶贫困学生 1300 余名，较好地解决了大渡河流域沿岸部分区域教学、医疗条件差等实际困难。

3 月 23 日 大渡河大岗山水电站取得调度命名编号与调度管辖范围批复文件，“大岗山水电站”正式作为电站的调度命名，双回 500 千伏线路调度命名分别为“500 千伏大雅一线”和“500 千伏大雅二线”。

3 月 31 日 20 时 48 分，大渡河沙坪二级水电站二期工程成功截流，工程全面进入开工以来首个土建施工和机电金结“双高峰”。该电站坝址位于乐山市峨边县境内，总装机容量 34.8 万千瓦，于 2012 年 3 月获得核准。

4 月 国电大渡河瀑电总厂荣获第四届全国文明单位荣誉称号。

5 月 13 日和 15 日 国电大渡河公司分别举行大岗山和瀑布沟、深溪沟水电站珍稀鱼类增殖放流活动，向大渡河放流珍惜鱼苗 22 万尾和 55.65 万尾，促进了河流生态文明建设。

5 月 29 日 10 时 30 分，大渡河大岗山水电站导流底孔成功下闸，水库开始第二阶段蓄水，为首批机组投产发电奠定了基础。

9 月 8 日 大渡河大岗山水电站举行 4 号、3 号机投产发电交接仪式，标志着首批机组完成工程建设管理向生产运营管理的全面交接。

9 月 11 日 国电大渡河公司召开干部大会，宣布了中国国电集团公司党组干部任免决定，高廷源任国电大渡河公司党委委员、纪委书记，杨卫不再担任公司党委委员、纪委书记。

10 月 9 日 国资委宣传局副局长毛一翔到国电大渡河公司调研思想政治工作，并组织召开中宣部中国政研会委托课题调研座谈会，了解国有企业干部职工社会主义核心价值观教育引导工作、思想政治工作创新转型发展调查研究的工作情况，研讨有关工作对策建议。

10 月 12 日—16 日 国电大渡河公司承办的中国国电集团公司 2015 年水轮发电机值班员技能竞赛在乐山市沙湾区圆满完成，这是集团公司成立以来举办的第三届赛事，共有来自集团系统 11 个分子公司的 58 名选手参加比赛。

10 月 27 日 大渡河铜街子水电站 14 号机组增容改造成果通过四川省经信委组织的改造后出力鉴定，各项技术参数均满足相关规程规范的要求，机组容量由 15 万千瓦增加到了 17.5 万千瓦。

10 月 29 日 7 时 58 分，大渡河大岗山水电站水库水位首次抬升至正常蓄水位 1130 米高程，标志着电站枢纽建筑物、水库和电站转入正常运行状态，电站将全面发挥其社会效益和经济效益。

11 月 7 日 大渡河大岗山、枕头坝一级水电站最后一台机组先后通过 72 小时试运行，国电大渡河公司年内圆满实现投产装机 332 万千瓦目标，创造了电站投产新的纪录，公司投产总装机达到 966 万千瓦。

11 月 9 日 国电大渡河新能源公司自主开发的沙坪二级水电站自愿减排项目（CCER 项目）成功通过国家发改委审核并顺利注册。这是我国目前碳交易市场中年签发量最大的 CCER 备案项目，标志着该电站全面投产后，每年可产生碳减排量达 116 万吨。

11 月 16 日 大渡河大岗山、枕头坝一级水电站水库调度权顺利移交集控中心。至此，国电大渡河公司实现对流域干流 6 站水库的统一调度，为进一步凸显流域水库水电联调、优化调度优势，争创最优经济效益提供了有力保障。（明书勤）

国电四川发电有限公司

1 月 7 日 国电达州公司 31 号机组脱硝改造顺利完成 168 小时试运行，各项指标优于设计值，符合环保排放标准。

2 月 3 日 国电集团党组成员、副总经理米树华在成都会见东方电气集团总经理斯泽夫。

2月5日 国电金堂公司荣获国电集团“四星级发电企业”称号，连续第4年获此殊荣。

2月10日 国电集团董事、总经理、党组成员陈飞虎到国电四川公司调研，慰问基层干部员工。

2月18日 11时30分，国电东谷河公司国如水电站1、2号机组顺利完成72小时试运行，正式投入商业运行。

3月11日 国电毛滩水电站通过水土保持竣工验收。

4月22日 四川省环保厅正式批文国电华蓥山公司，同意该公司32号机组脱硝改造工程通过环保验收评审。

7月1日 中共国电四川省发电企业第三次代表大会在成都召开，选举产生第三届直属党委委员和直属纪委委员。

9月16日 成都市正式发布2015企业100强、制造业100强排行榜名单，金堂公司连续第五年入选。

9月17日 四川省发展和改革委员会体改处到国电金堂公司调研，了解生产经营情况，听取电力体制改革建议。

11月2日 川电股份公司被命名为四川省首批“国有企业基层服务型党组织示范点”。

12月1日—2日 国电集团党组成员、总会计师陈斌到国电四川公司调研，深入国电达州公司、国电华蓥山公司生产现场，亲切慰问一线员工。

（陈显超）

中国华电集团公司四川公司

1月16日 华电四川公司木里河公司立洲电站下闸蓄水阶段建设征地移民工作在成都通过验收，标志着该电站库区淹没和移民安置工作满足下闸蓄水条件。

5月26日 华电木里河公司卡基娃电站2号机组启动验收会议在成都召开，2号机组顺利通过启动验收。

6月8日 中国华电集团公司四川公司与眉山市甘眉（铝硅）工业园区管委会在眉山签订战略合作协议，华电四川公司总经理、党组书记罗小黔，眉山市人民政府副市长唐宏出席签约仪式并讲话。

6月18日 四川省发改委以川发改能源〔2015〕482号文核准华电俄日水电站开工建设。俄日水电站总装机容量6.9万千瓦，多年平均年发电量2.78亿千瓦时。

7月19日 华电水洛河流域“一库十一级”第八级博瓦水电站开工仪式在建设现场如期举行。至此，水洛河流域第二批次开发项目已全部开工建设。博瓦水电站装机容量16.8万千瓦，多年平均发电量7.117亿千瓦时。

8月6日 华电木里河公司卡基娃电站3号机组启动验收会议在成都召开，该机组顺利通过启动验收。

8月26日—28日，四川盐源华电新能源有限公司小高山、牦牛山、观塔坡风电场工程可行性研究报告顺利通过专家组审查，为下一步项目核准打下了坚实基础。

10月11日 四川盐源华电新能源有限公司凉风坳、银头山风电场项目开工仪式在凉山州盐源县举行。此次开工的凉风坳、银头山风电场项目装机容量均为4.95万千瓦。

11月28日 华电木里河公司立洲电站正式下闸蓄水。

（郑宗旺）

华电金沙江上游水电开发有限公司

1月14日—15日 华电金沙江上游公司党组成员、副总经理黄辉在拉萨分别拜会了西藏自治区能源办、水利厅、环保厅和国土资源厅有关领导，就加快推进金沙江上游藏川段水电开发交换了意见。西藏自治区有关领导对公司科学稳妥加快推进金沙江上游川藏段水电资源开发取得的成效表示赞赏，表示将全力支持华电在金沙江上游的水电资源开发，进一步加快相关专题审批进度，积极争取相关政策支持。

2月9日 华电金沙江上游公司党组副书记、副总经理段伟赴西藏昌都市拜会了昌都市副市长尼玛多吉。尼玛多吉对公司科学稳妥加快推进金上藏川段水电资源开发取得的成效表示赞赏，表示将全力支持华电在金沙江上游的水电资源开发，进一步加快相关专题审批进度，政企双方共同努力，积极向国家及西藏自治区争取相关政策支持。

3月24日—29日 华电金沙江上游公司总经理、党组书记胡贵良一行赴西藏自治区昌都市芒康县和四川省甘孜州巴塘县、白玉县，先后会见昌都市委常委、芒康县委书记齐应海，甘孜州巴塘县委书记汪玉琼，白玉县委书记康光友和各县政府有关领导，并到金上各建设公司现场调研，详细了解项目前期和工程建设进展情况。昌都市委常委、芒康县委书记齐应海等表示将继续大力支持华电华电金沙江上游公司项目开发建设，全面做好征地移民、协调服务等工作。

4月23日 华电集团公司董事长、党组书记李庆奎到四川调研，全面了解华电四川分公司、华电金沙江上游公司和西藏分公司经营发展情况。李庆奎对华电金沙江上游公司在十分艰难复杂的情况下，积极稳妥推进金上开发取得的新进展给予充分肯定。

4月25日 经中国华电集团公司研究决定，夏一勇不再任华电金沙江上游水电开发有限公司党组成员、副总经理、总工程师，王文德任华电金沙江上游水电开发有限公司党组成员、纪检组组长、工会代主席。

5月5日 华电金沙江上游公司总经理、党组书记胡贵良在本部会见了甘孜州委常委、农工委主任杨凯。杨凯表示，甘孜州委、州政府高度重视金上川藏段水电资源开发工作，将进一步加大协调力度，尽力为企业服好务。

5月7日 中国水力发电工程学会和国务院发展研究中心联合组织的“新常态下中国水电可持续发展政策研究”课题研究调研组到华电金沙江上游公司开展调研工作。华电金沙江上游公司党组成员、副总经理黄辉向调研组介绍了有关情况。

5月15日 华电金沙江上游公司组织本部干部员工开展了向西藏地震灾区“献爱心捐款”活动，短短1个小时就收到捐款23800元，公司系统干部员工累计向地震灾区捐款58450元。

5月26日 西藏自治区印发《西藏自治区大中型水库移民后期扶持工作领导小组办公室关于对〈金沙江上游苏洼龙水电站建设征地迁移人口安置规划报告（西藏部分）〉的批复》（藏水移办〔2015〕9号）。

6月2日 四川省扶贫和移民工作局印发《四川省扶贫和移民工作局关于金沙江上游苏洼龙水电站建设征地移民安置规划报告的批复》（川扶贫移民〔2015〕157号）。

6月5日—7日 中国国际工程咨询公司会同西藏自治区能源局、水利厅，四川省能源局、扶贫与移民工作局，在成都主持召开了金沙江上游苏洼龙水电站关键技术问题咨询会议，听取了北京院关于《金沙江上游苏洼龙水电站工程项目申请报告》的汇报，并分专业组进行了充分讨论，提出了咨询意见。

6月15日—19日 环保部环境工程评估中心在成都主持召开了金沙江上游拉哇、巴塘水电站“三通一平”工程环境影响报告书技术评估会议，评估通过了《巴塘、拉哇水电站“三通一平”工程环境影响报告书》。

6月24日—25日 水电水利规划设计总院在北京主持召开了金沙江上游苏洼龙水电站工程安全监测设计专题报告审查会议，审查通过了金沙江上游苏洼龙水电站工程安全监测设计专题报告。

7月1日—5日 甘孜州委书记刘成鸣，州委常委、农工委主任杨凯一行分别到金上梯级电站和昌都市考察调研，了解项目开发建设情况。华电金沙江上游公司党组副书记、副总经理段伟陪同调研。

7月15日—17日 水电水利规划设计总院会同西藏自治区水利厅、四川省扶贫和移民工作局在成都召开了金沙江上游叶巴滩水电站移民安置规划大纲审查会，认为《金沙江上游叶巴滩水电站移民安置规划大纲》的编制贯彻执行了《移民条例》和西藏自治区、四川省的有关政策规定。该《规划大纲》可作为下阶段编制移民安置规划的基本依据。

7月28日—29日 华电集团公司党组成员、副总经理辛保安一行赴金上梯级电站现场调研，察看了苏洼龙电站场内道路和巴塘县城业主营地等施工现场和苏洼龙、巴塘、昌波等电站坝址，实地了解项目开发建设情况。

7月 日 经中国华电集团公司研究决定，侯建刚任华电金沙江上游水电开发有限公司党组成员、副总经理，杜静芝为党组成员、总会计师，汪良为党组成员、副总经理。

8月12日—14日 受国家发展和改革委员会的委托，中国国际工程咨询公司在成都主持召开了苏洼龙水电站项目申请报告评估会议。会议听取了北京院关于《金沙江上游苏洼龙水电站工程项目申请报告》汇报，并分专业组进行了充分讨论，提出了评估意见。

8月22日 西藏昌都市人民政府以“昌政函〔2015〕68号”文件确认了《金沙江上游叶巴滩水电站建设征地迁移人口安置规划大纲（审定稿·西藏部分）》（以下简称《大纲审定稿》）。昌都市人民政府认为，《大纲审定稿》可作为编制移民安置规划报告的依据。

8月31日 华电金沙江上游公司直属党委第一次代表大会在公司本部召开。会议选举产生了华电金沙江上游公司直属党委第一届委员会委员和直属纪委第一届委员会委员。会后，华电金沙江上游公司直属党委及直属纪委分别召开了第一届一次全体会议，选举产生了直属党委书记、副书记和直属纪委书记。

9月18日 昌都市组织有关部门召开会议，审查通过了《金沙江拉哇水电站可行性研究阶段建设征地实物指标调查细则及工作方案（西藏部分）（送审本）》。会议听取了方案编制单位中国电建集团中南勘测设计研究院有限公司的情况汇报，与会人员就相关内容提出了修改意见和建议。

10月23日 金沙江上游川藏段（甘孜—昌都）水电资源开发座谈会在康定召开。会上，甘孜州、昌都市和华电金沙江上游公司讨论了《金沙江上游川藏段（甘孜—昌都）水电资源开发战略合作框架协议》相关内容，研究了加快推进金沙江上游川藏段水电资源开发相关事宜。

10月25日 四川省甘孜藏族自治州、西藏自治区昌都市会同华电金沙江上游水电开发有限公司在甘孜召开金沙江上游川藏段水电资源开发协调会。会上，甘孜、昌都两州（市）签署了《金沙江上游川藏段（甘孜—昌都）水电资源开发战略合作框架协议》（以下简称《框架协议》），明确了征地移民、项目注册、税收征管、矛盾纠纷排查等方面的合作协调推进机制。

10月29日 《金沙江上游拉哇水电站工程可行性研究阶段建设征地实物指标调查细则与工作方案》审查会在成都召开。会议认为《调查细则》基本符合国家、四川省及西藏自治区有关政策规定，严格执行了《水电工程建设征地实物指标调查规范》（DL/T 5377－2007）等技术标准，提出的调查内容全面，工作方案和调查方法符合建设征地区实际情况，操作性较强，根据审查意见修改完善后可作为实物指标调查工作的依据。

12月8日－12日 环境保护部环境工程评估中心在成都主持召开了《金沙江上游叶巴滩水电站环境影响报告书》技术评估会。会议要求，成勘院要按照专家组意见尽快修改完善报告书，报经专家复核通过后，报环境保护部审批。

12月22日 华电金沙江上游公司总经理、党组书记胡贵良在成都会见了四川省扶贫和移民工作局局长、党组书记张谷。双方就切实做好扶贫移民工作，进一步推动金上水电开发进行了深入交流。

12月30日 华电金沙江上游公司总经理、党组书记胡贵良在西藏昌都会见了昌都市委副书记、市长阿布，双方就进一步科学稳妥加快推进金沙江上游藏川段水电开发进行了友好会谈。阿布代表昌都市委、市政府，对金上水电开发取得的成绩表示肯定。（王州隆）

华能四川水电有限公司

5月10日 华能四川水电有限公司东西关电站最后一台技改增容机组4号机组一次启动成功，标志历时四年的技改增容项目圆满结束。东西关电站总装机增加至21万千瓦。

6月17日 华能四川水电有限公司民治水电站工程引水隧洞全线贯通。

8月5日 华能四川水电有限公司获得长江水利委员会《关于四川省大渡河硬梁包水电站取水许可申请的批复》，同意硬梁包水电站在大渡河干流取水发电。

10月19日 华能四川水电有限公司获得了四川省建设厅颁发的硬梁包电站项目选址同意书。

11月2日 四川省发展和改革委员会做出批复，同意华能四川水电有限公司开发大渡河硬梁包水电站“先移民后建设”项目建设。

11月11日 华能四川水电有限公司古城电站通过了四川省环保厅组织的竣工环保验收。

12月3日 华能四川水电有限公司泸定公司在甘孜州泸定县正式注册成立。

12月23日 华能四川水电有限公司获得了《中国国际工程咨询公司关于四川省大渡河硬梁包水电站项目（申请报告）的核准评估报告》。（翁昌友）

中电投四川电力有限公司

2月13日 中电投四川电力有限公司总经理石四存拜会凉山州委副书记腾中平。双方就中电投四川公司在凉山区域的发展进行了会谈。

3月1日 中电投四川电力有限公司总经理石四存会晤阿坝州委书记刘作明、阿坝州政府州长杨克宁、阿坝州委副书记谷运龙，共商阿坝能源发展有关事宜。

4月13日 中电投四川公司与云南省会泽县人民政府签订了火红乡光伏发电项目投资开发协议，获得了6万千瓦光伏项目开发权。

4月20日 中电投四川公司与习水县人民政府签订了《中电投贵州习水风电项目投资开发协议书》。

4月24日 中电投四川公司与阿坝州若尔盖县人民政府签订了《新能源开发合作投资协议》，取得若尔盖13万千瓦风电、太阳能光伏资源开发权。

5 月 14 日 中电投四川公司与与贵州赤水市人民政府签订《中电投贵州赤水风电项目投资开发协议》，锁定赤水风电项目。

5 月 28 日 攀枝花市新能源规划编制资料收集工作会在攀枝花召开，标志着由中电投四川公司承担的攀枝花市新能源规划编制工作正式启动。

10 月 15 日 中电投四川公司与乐山市人民政府在乐山市金海棠会议中心签订战略合作框架协议。这是双方友好合作，携手共进的新起点。

11 月 4 日 中电投四川公司与仁怀市人民政府签订《仁怀市人民政府中电投四川电力有限公司风力资源开发利用战略合作框架协议》。

12 月 3 日 中电投四川公司与遵义市人民政府在遵义市签订清洁能源战略合作框架协议，共同推进遵义风能太阳能资源的开发利用。 （叶 静）

大唐四川发电有限公司

1 月 12 日 大唐广元芳地坪风电场投产发电仪式在芳地坪风电场 3 号机组平台隆重举行。分公司党组书记、总经理刘峰彪，党组副书记、副总经理熊国民、潘明，广元市委副书记邹自景出席仪式。

6 月 3 日 大唐四川发电有限公司与四川西昌电力股份有限公司合作投资意向协议签订仪式在成都举行。公司党组书记、总经理刘峰彪与西昌电力董事长卿松代表合作双方签字。西昌电力副董事长、总经理、党委副书记古强，公司党组成员、副总经理黄宇，西昌电力副总经理李建文出席签约仪式。

6 月 25 日 大唐四川水电开发有限公司与甘孜州电力开发有限责任公司战略合作框架协议签约仪式在成都举行。公司党组书记、总经理刘峰彪，甘孜州政协副主席、甘孜州水电开发领导小组组长刘昌泽，公司党组副书记、副总经理潘明，党组成员、副总经理黄宇，党组成员、总会计师姚立三出席签约仪式。黄宇主持签约仪式。

7 月 22 日—23 日 省委常委、组织部长范锐平到苍溪县调研，公司党组书记、总经理刘峰彪陪同调研。

7 月 30 日—31 日 大唐集团公司党组成员、总会计师胡绳木到公司本部及所属雅安公司调研指导工作。

10 月 27 日 大唐凉山新能源有限公司揭牌仪式在西昌举行，标志着大唐凉山新能源有限公司正式成立。凉山州委常委、州国资委党委书记胡坤，大唐四川公司党组书记、总经理刘峰彪，凉山州副州长白云，西昌电力股份有限公司董事长卿松、普格县委书记刘长猛，普格县委常委、常务副县长阿扎留牛，公司党组成员、副总经理黄宇，公司党组成员、总会计师姚立三，西昌电力股份有限公司副董事长、总经理古强等出席揭牌仪式。胡坤、刘峰彪、卿松共同为大唐凉山新能源有限公司揭牌。

11 月 4 日 大唐雅安公司举行了简朴热烈的锅浪跷水电站截流仪式。公司党组书记、总经理刘峰彪，雅安市副市长王冬林，天全县县委副书记、县长谌试义，公司党组副书记、副总经理潘明，党组成员、副总经理黄宇，大唐集团公司工程管理部宋新峰，中国水利水电第七工程局有限公司副总经理吴越建出席截流仪式。

11 月 25 日 大唐广元望江坪风电场项目开工仪式在广元市利州区工农镇望江坪施工工地现场隆重举行。广元市委副书记、市长王菲，大唐四川公司党组书记、总经理刘峰彪，广元市委常委、市国资委党委书记张康明，市人大常委会副主任杨浚荣，市政协副主席张家献，市政府秘书长杨浩，公司党组副书记、副总经理潘明，公司党组成员、副总经理黄宇，市能源局局长李文谊等出席开工仪式。

12 月 8 日 大唐四川公司党组书记、总经理刘峰彪在资阳会见了资阳市委书记、人大常委会主任周喜安。资阳市委副书记王荣木，市委常委、秘书长、办公室主任李丹，副市长周燕，公司党组副书记、副总经理熊国民，党组成员、副总经理黄宇，党组成员、副总经理、纪检组长、工会主席杜兆祥参加会见。

12 月 25 日 11 时 08 分，娘拥水电站举行了俭朴而又隆重的投产发电仪式。公司党组书记、总经理刘峰彪，集团公司工程管理部水电处副处长姜长飞，公司党组副书记、副总经理潘明，党组成员、副总经理黄宇出席了仪式。

12 月 30 日 雅安公司在昂州河电站现场举行昂州河流域昂州河、两岔河、头道沟、柏木河四级电站的投产仪式。公司党组书记、总经理刘峰彪，党组副书记、副总经理熊国民、潘明，集团公司工程管理部水电处副处长姜长飞出席了仪式。

（张笑天）

中电建水电开发集团有限公司

8 月 18 日 中电建水电开发公司成员企业西昌飓源风电开发有限公司与瑞丰华庭国际咨询有限公司签订了洼垴、黄水风电场碳资产开发协议，

8 月 28 日 中电建水电开发公司成员企业中国水电建设集团圣达水电开发公司负责开发管理的安谷水电站机组全部投产发电。

9 月 17 日 中电建水电开发公司成员企业中国水电建设集团圣达水电开发公司放流胭脂鱼、长薄鳅等珍稀鱼苗 30 余万尾。

10 月 21 日 中电建水电开发公司成员企业毛尔盖水电有限公司放流齐口裂腹鱼、重口裂腹鱼和松潘裸鲤 30 万尾。

10 月 23 日 中电建水电开发公司成员企业西昌飓源风电开发有限公司负责开发的西昌风电二期黄联关风电场项目选址获得通过。

11 月 11 日 中电建水电开发公司成员企业阿坝水电开发有限公司通过电力企业“标准化良好行为 AAAA 级企业”确认审核。

12 月 8 日 中电建水电开发公司成员企业西昌飓源风电开发有限公司负责开发管理的西昌风电一期工程首批机组并网发电。

12 月 30 日 中电建水电开发公司 2015 年发电量突破 100 亿千瓦时。 （刘元秀）

四川省能源投资集团有限责任公司

1 月 18 日 四川省能源投资集团有限责任公司总经理张志远荣获“2014 创新中国十大年度人物”称号。

1 月 28 日 四川省能投集团与中国华电集团公司在京签署战略合作框架协议。

3 月 11 日 四川省能源投资集团有限责任公司董事长郭勇会见来访的汇丰银行环球银

3 月 12 日 四川省政府国有企业监事行及资本市场部中国区总监辛明一行，到四川省能源投资集团有限责任公司凉山分公司监督检查工作。

3 月 18 日 四川省能源投资集团有限责任公司金鼎控股的四川省首家国资互联网金融信息平台天府贷正式上线运营。

3 月 30 日 四川省能源投资集团有限责任公司与山东大学签署战略合作协议。

3 月 31 日 合江龙潭 220 千伏输变电站一期工程竣工投运，创造了四川省能源投资集团有限责任公司电网建设史上工程建设周期最短纪录

4 月 10 日 四川省人大常委会副主任彭渝视察能投集团主导建设的金沙江水电站工程情况。

4 月 22 日 四川省能源投资集团有限责任公司与川报集团正式签署战略合作协议。

5 月 7 日 四川省能源投资集团有限责任公司董事长郭勇会见来访的英国驻华大使馆能源、环境与基础设施参赞史云森一行。

5 月 12 日 四川省能源投资集团有限责任公司总经理张志远会见来访的日本三菱重工业株式会社董事平本康志一行。

5 月 26 日 四川省能源投资集团有限责任公司总经理张志远会见来访的法国电力公司中国市场投资部总经理武波和中国市场工程部总经理李云鹏一行。

6 月 12 日 四川省能源投资集团有限责任公司成功发行 2015 年第一期 10 亿元超短期融资券，资金同日到账。

6 月 17 日 四川省能源投资集团有限责任公司新都华润雪花啤酒分布式能源项目作为四川省首个天然气分布式能源项目正式并网发电，实现冷、热、电三联供。

6 月 24 日 四川省能源投资集团有限责任公司与凉山州签订《共同推进凉山州能源产业发展》战略合作协议。

7 月 2 日 四川省能源投资集团有限责任公司总经理张志远、副总经理宗仁怀会见来访的日本丸红株式会社中国区总代表田中一绍、副代表堀嘉刚等一行。

7 月 11 日 四川省能源投资集团有限责任公司首座光伏电站红山 0.2 万千瓦光伏电站 1 号逆变器自动与电网合闸并网成功，投入试运行。

7 月 28 日 四川省能源投资集团有限责任公司广安垃圾焚烧发电项目 1 号机组顺利通过 72+24 小时试运行，转入商业运行，顺利实现投产发电目标。

8 月 12 日 四川省能源投资集团有限责任公司与中国船舶重工集团公司第七一一研究所签署战略合作协议。

9 月 8 日 四川首个“农风光”互补项目盐边大面山一期风电场首台机组成功并网，投产运行。

9 月 25 日 四川省能源投资集团有限责任公司总经理张志远会见来访的澳大利亚贸易委员会高级商务专员唐杰夫一行。

10 月 20 日 四川省能源投资集团有限责任公司新力光源公司被评为“2015 年度国家知识产权示范企业”。

10 月 21 日 四川省能源投资集团有限责任公司能源基地投资股份有限公司正式揭牌。

10 月 21 日 俄罗斯及独联体国家四川商会会长曾爱国一行考察四川省能源投资集团有限责任公

司新力光源公司。

10 月 22 日 四川省能源投资集团有限责任公司董事长郭勇、副总经理宗仁怀会见 ENGIE（原名苏伊士环能集团）中国首席执行官兼董事长 Jean-Marc Guyot 和 ENGIE 中国能源服务总裁 Christophe Dedet 等一行。

10 月 23 日 四川省能源投资集团有限责任公司在银行间债券市场成功发行规模为 40 亿元的永续债。

10 月 27 日 西班牙工业能源和旅游部长何塞马努埃尔索里亚在马德里会见能投集团总经理助理陈华明一行。

11 月 16 日 四川省能源投资集团有限责任公司成功发行 20 亿元长期含权中期票据（永续债），期限为 5+N 年。

11 月 19 日 副省长甘霖到四川省能源投资集团有限责任公司调研指导改革发展工作。

11 月 26 日 四川省能源投资集团有限责任公司名列“四川百强企业”第 43 位。

12 月 13 日 加拿大 RS Technologies 公司亚太区合作 CEO Phil Payne 一行到访四川省能源投资集团有限责任公司。

12 月 16 日 四川省能源投资集团有限责任公司与 ENGIE 集团（原名苏伊士环能集团）签署运营维护公司合资合同。（邱 娅）

神华四川能源有限公司

4 月 9 日 四川省委副秘书长、省依法治省领导小组办公室主任杨天宗一行到神华四川天明发电公司调研煤炭储备发电一体化项目进展情况，绵阳市委常委陈新春、江油市委书记李江陪同调研。

4 月 28 日 神华四川天明发电公司新建 2×100 万千瓦机组工程项目环评取得环保部批复，项目前期环评工作取得阶段性成果。

5 月 11 日 国家“青年千人计划”专家王宝冬博士及北京低碳清洁能源研究所、中国节能减排有限公司有关专家一行到公司就科技创新合作事宜进行了交流。

5 月 14 日 东方电气股份有限公司副总裁陈焕到公司进行技术交流，总经理蒋国俊参加了交流座谈会。

8 月 19 日 绵阳市重点工业项目集中开工仪式在神华能源公司天明项目现场举行。四川省政府副秘书长李志强、绵阳市委书记彭宇行，集团王品刚副总经理，公司何成江董事长以及四川省、绵阳市、天明发电公司和部分参建单位负责人、企业代表参加仪式,启动仪式由绵阳市委副书记、市长刘超主持。

9 月 23 日 中国神华能源公司印发《神华四川江油煤炭储备发电一体化新建工程可行性研究报告的批复》（中国神华规〔2015〕545 号），神华四川江油煤炭储备发电一体化新建工程可行性研究报告获得集团批准。

9 月 23 日—25 日 神华集团副总经理王品刚在成都出席了国务院国资委召开的驻四川省中央企业分离移交“三供一业”启动工作会，并听取了公司关于“三共一业”分离情况和天明百万机组项目建设的专题汇报。

10 月 15 日 神华四川江油煤炭储备发电一体化新建工程顺利通过电规总院初设评审。

11 月 11 日 天津电建党委书记卢溅平到神华天明发电公司调研煤电一体化项目工程管理工作。

（李 洁）

四川省水电投资经营集团有限公司

1 月 18 日 “创新中国——中国企业创新论坛 2014 年年会”在北京人民大会堂隆重举行，十届全国人大常委会副委员长、中国生产力学会名誉会长蒋正华出席会议并为获奖人员颁奖。四川省水电投资经营集团有限公司党委书记、董事长张志远荣膺“2014 创新中国十大年度人物”。同时，水电集团在本次大会上荣获“2014 中国最具创新力企业”称号。

2 月 12 日 四川省水电投资经营集团有限公司与大竹县人民政府、大竹县电力公司共同签订了《资产重组协议书》，将原大竹县电力公司重组为集团控股公司“四川省水电集团大竹电力有限公司”。

3 月 11 日 第二十一届全国企业管理现代化创新成果获奖名单出炉，四川省水电投资经营集团有限公司获国家级企业管理现代化创新成果二等奖。

5 月 8 日 总投资达 10.41 亿元的冬瓜山电航工程主体土建施工合同签约仪式在吴家渡电厂会议室举行。

5 月 10 日 开江县 2013 年度、2014 年度农网改造升级工程通过四川水电经营集团验收。

5 月 23 日 宜宾县 2014 年度农网改造升级工程项目通过四川省水电投资经营集团有限公司验收。

6 月 4 日—5 日 法国电力公司中国市场投资部总经理武波等一行到水电集团进行工作洽谈，就加强双方合作事宜形成了诸多共识。

7月24日　能投集团2015年新增农网建设工作誓师大会在水电集团召开，标志着由水电集团实施的投资计划总额达50.09亿元、涉及27个县（区）的农网改造升级项目正式启动。省发改委副主任、能源局局长雷开平出席会议并讲话。

8月17日　国家能源局在水电集团召开农网建设工作会议。国家能源局新能源司农村能源处处长韩江舟出席会议并讲话，四川省能源局、地电局及相关省市（区）电网企业负责人参加了会议。

9月8日　省能源局副局长李明騄率农网改造升级验收专家组到水电集团，组织对集团2013年度农网改造升级总体工程进行验收。

9月10日　水利部农村水电及电气化发展局副局长陈大勇一行到永安公司调研农村水电发展工作。省地电局局长徐广渊、副局长陈庆陪同调研。

9月16日　在最高人民法院主导下，四川省水电集团与四川省安宁电力公司就投入冕宁县农网资金行权达成和解协议。至此，长达4年之久的全省首例农网资金投资合同纠纷案终于画上圆满句号，为集团在其他电力公司的农网资产确权行权树立了标杆，维护了省级国有资产权益。该案被入选了四川省高级人民法院2015年度“商事审判典型案例”。

10月8日　水电集团重点工程项目——冬瓜山电航工程成功截流，标志着涪江三台段5级水电开发中的最后一个电航工程正式进入实质建设阶段。

12月21日　省农行行长湛东升、副行长李小林一行到访能投水电集团，双方就进一步加强多领域合作进行了深入会谈。水电集团领导张志远、罗毅、段兴普、陈明及能投集团副总经理王洪、副总会计师王新等出席会议。　（邹世昆）

中国水利水电第五工程局有限公司

1月3日　水电五局有限公司承建的江苏省最大的抽水蓄能电站——溧阳抽水蓄能电站主体工程上水库面板混凝土全部浇筑完成.

1月14日　水电五局有限公司承建的苏丹上阿特巴拉水利枢纽项目C1-B标段正式启动下闸蓄水。苏丹副总统哈瑟布·穆罕默德，中国驻苏丹大使李连和，中国长江三峡集团总经理王琳，中国水利电力对外公司总经理王禹，水电五局有限公司副总经理张邯涛，各参建单位相关负责人以及上阿特巴拉项目班子成员应邀出席典礼。

1月27日—29日　科特迪瓦8家国家电视台10名知名记者组团到由中国水电旗下的水电五局EPC模式总承包的苏布雷水电站进行为期3天的全方位采访报道。

1月29日　水电五局有限公司中标四川昭觉碗厂三期（龙恩）风电项目B标段场内工程。合同金额为1.293亿元，总工期约12个月。

2月8日　水电五局有限公司承建的成都天府新区兴隆湖项目泄洪道工程全线贯通，实现通水泄洪目标。

3月13日　水电五局有限公司申报的“一种异形混凝土面板施工可折叠式无轨滑模装置”“一种悬臂梁现浇施工用接长挂篮”“一种垂直分段组合式旋转爬梯”“一种渗透系数测定装置”“一种车载加油装置”“PCCP管线打压管密封双面加筋平板堵头装置”等六项科研成果获得了国家实用新型专利。

3月22日　水电五局有限公司承建的重庆梁忠高速公路南华山隧道提前64天顺利贯通。

3月27日　水电五局有限公司承建的西成客运专线范家嘴隧道进口至明洞段贯通。

3月31日　水电五局有限公司申报的“垂直橡胶止水带保护器”受国家知识产权局授权，正式获得国家发明专利2012102483869。

4月15日　水电五局有限公司获得二级承装（修、试）电力设施许可证，可以从事220千伏以下电压等级电力设施的安装、维修或者试验业务。

同日　水电五局有限公司承制的四川黄金坪水电站特大型闸门等4922吨的金属结构制作工程制作完成。

4月23日　科特迪瓦能源公司总经理塔乌黑、苏布雷电站业主代表多索在首都阿比让接见水电五局有限公司党委书记刘光，双方就苏布雷电站提前发电目标及开发苏布雷电站下游的三个电站进行了友好会谈。

4月25日　水电五局有限公司和十二局组建的一二·五联合体中标国内第一高坝——两河口水电站大坝工程。

5月18日　埃塞俄比亚总理海尔马里亚姆·德萨莱尼一行到水电五局有限公司承建的埃塞俄比亚阿达玛风电二期工程为累计装机运行达10万千瓦的重大节点剪彩。

5月24日—27日　水利水电总院副院长、水电工程质量监督总站常务副站长彭土标率15名专家对建设中的四川长河坝水电站工程进行了质量监督现场巡视。水电五局有限公司副总经理兼总工程师吴高见等陪同检查。

5月29日—30日　国家发改委、国家铁路局联合组成的铁路项目建设进展情况专项稽查组在成昆公司副总经理朱德辉、水电五局有限公司工会主席林静峰陪同下，检查指导水电五局公司承建的川藏铁路成雅段工作。

6 月 1 日 水电五局有限公司承建的云南马龙对门梁子风电场Ⅲ回线 5 台机组成功并网发电。

6 月 8 日 水电五局有限公司承建中国境外最大的风电项目埃塞阿达玛二期 102 台风机安装完成。

6 月 26 日 水电五局有限公司《水利水电工程清水混凝土施工工法》SDGF1067-2015、《深覆盖层防渗墙复合土工膜心墙围堰快速施工工法》SDGF1068-2015、《“先安装闸门后锚索张拉”超大弧形门安装施工工法 SDGF1069-2015》、《缓坡度斜井全断面针梁台车混凝土浇筑施工工法》SDGF-1070-2015 等 4 项施工工法被中国水利工程协会并选为 2015 年度水利水电工程建设工法。

7 月 28 日 水电五局有限公司中标成都南国置业·泛悦城市广场项目（一期二标段）工程，中标总价 2.2 亿元。

8 月 5 日 水电五局有限公司获全国水利工程质量检测金属结构甲级资质。

8 月 10 日 水电五局有限公司承建的西南最大的单体立交转体桥——国道 108/青白江段改扩建工程上跨北环达成铁路“空中转体”旋转 76 度转体桥转体成功。这是中国电建首次完成的立交桥转体工程。

9 月 5 日 赞比亚副总统维纳在地方官员及项目业主的陪同下，到水电五局有限公司承建的赞比亚芒古—卡拉博 34 公里公路项目部检查指导工作。

10 月 20 日 贝宁共和国总统亚伊到水电五局有限公司与国际公司联合承建的贝宁帕拉库市政交通工程视察工作。

10 月 30 日 水电五局有限公司申报的“一种快速拆装结构的减压板”及“一种减压板跨心墙道路快速拆装方法”成功获得中华人民共和国国家知识产权局授权的国家发明专利。

11 月 8 日 水电五局有限公司再添 22 项国家专利。这次公司通过授权的科技创新成果有“一种用于桥梁防撞墙模板安拆施工的工具车”“钢管桩混凝土浇筑器”“隧道钢筋网片加工架”“一种自清洁的混凝土搅拌装置及清洁部件”“夹片式固定端锚具”“一种防渗墙刷壁器”“混凝土施工缝侧面凿毛装置”“一种截水导水系统”“一种深孔爆破人工装药工具”“一种潜水泵改制的潜水抽沙泵”“定量调整 YWZ 型与 YDWZ 型推力器的辅助装置”“一种竖井混凝土衬砌简易滑模装置”“用于竖井工程的井口防雨装置”“用于竖井灌浆的升降装置”“卷扬机上出绳止动器”“隧洞/隧道混凝土衬砌台车安装起吊装置”“深竖井载人升降装置”“一种辅助倒车报警装置”“简易注浆器”“一种防洪报警器”“高推移质河道或排导槽的取水系统”“垂直输送混凝土溜管缓降器”22 项专利。

11 月 23 日 水电五局有限公司承建的国内单机容量最大的广东阳江抽水蓄能电站开工，公司副总经理李峥及阳江抽水蓄能项目部广大员工参加了开工仪式。

12 月 22 日 央视中文国际频道、中新网视频等媒体报道了水电五局有限公司赞比亚穆巴拉—纳孔德项目部员工刘东元勇救赞比亚当地妇女的动人事迹，对刘东元的见义勇为给予了高度赞扬。中国驻赞比亚大使杨优明探望了刘东元，并表示亲切慰问，对他的见义勇为行为给予了高度称赞。

12 月 26 日 水电五局有限公司承建的多哥—贝宁阿贾哈拉水电站举行隆重的奠基仪式。多哥、贝宁两国总统、部长、国民议会会员，中国驻多哥、贝宁两国大使刘豫锡、刁鸣生，中国水电国际公司总经理梁军、中国水电集团国际公司非洲区域部副总经理刘晓敏、非洲区域部商务经理刘雪菲、非洲区域部贝宁代表处雷鸣、公司副总经理贺祝等出席了奠基仪式。（杨增文）

中国水利水电第七工程局有限公司

1 月 13 日 中国水电七局承建的广元芳地坪风电场正式投产发电。这是四川省建成投运的第一座山地风电场，对川东北地区新能源规划开发有示范效应。

1 月 15 日 中国水电七局测绘甲级资质通过国家测绘地理信息局复审,同时取得地理信息系统工程和不动产测绘（地籍测绘）乙级资质证书。

1 月 16 日 中国水电七局夹江公司取得了国际焊接学会 IIW 颁发的 ISO3834－2 国际焊接质量控制体系认证证书，范围涵盖从水工构件产品扩大到水利闸门、机械设备两大类主导产品。

1 月 23 日 中国电建集团与墨西哥联邦电力委员会签约承建墨西哥奇瓜森二期水电站项目。该电站由中国水电七局承建，额定总装机 24.492 万千瓦，单机 8.164 万千瓦，为世界最大单机容量贯流式机组。

2 月 4 日 中国水电七局夹江公司获批国家级高新技术企业。

2 月 6 日 中国水电七局承建的深圳地铁 7 号线

7302 标桃深盾构区间全面贯通，为地铁 7 号线首家实现超万米矿山法、盾构隧道全部贯通标段，比合同工期提前 22 天。

2 月 9 日　中国铁路总公司 2014 年下半年铁路施工企业信用评价正式揭榜，中国水电七局于 53 家参评单位中位列第 7 位，获评铁路施工企业信誉评价 A 级企业。

4 月 9 日　中国水电七局设立“水电七局项目工地农民工业余学校”，总校设在公司高级技工学校，各施工局、项目工地设立“水电七局农民工业余学校分校”。

4 月 15 日　中国水电七局将“中国水利水电第七工程局有限公司水工机械厂”和“中国水利水电第七工程局有限公司林芝金属结构厂”人员、资产整体从安装分局划出，与夹江公司整合，成立新的夹江公司。

4 月 20 日　“夹江水工”商标连续十年被四川省工商行政管理局认定为“四川省著名商标”。

4 月 24 日　中国电力建设股份有限公司与巴基斯坦水电开发署(WAPDA)在拉合尔签署了达苏水电站 132 千伏输变电线路工程 EPC 合同。

4 月 29 日　中国水电七局党委书记张桥与中国南方电网调峰调频发电公司总经理林涛、党组书记刘国刚举行会谈，就加强双方合作及海南琼中抽水蓄能电站建设等相关事宜进行了友好交流。

4 月 29 日　中国水电七局成水公司与四川大学合作研究的“高陡边坡脚手架结构设计与施工技术研究及应用”项目经四川省科学技术厅科技成果鉴定会专家组评议，项目成果总体达到国际先进水平。

5 月 9 日　中国水电七局承建的上马蒂水电站引水隧洞上平段首仓底板砼浇筑。标志着“4·25”尼泊尔 8.1 级地震后，上马蒂项目全部恢复生产。

5 月 12 日　中国水电七局与海南蓄能发电有限公司正式签订“海南琼中抽水蓄能电站机电设备安装工程合同”。

5 月 27 日　国务委员王勇在中国驻马来西亚大使黄惠康等陪同下，到中国首个海外大学厦门大学马来西亚分校建设工地视察。

6 月 4 日　中国水电七局四分局承建的攀枝花市盐边县万家山 3 万千瓦并网光伏电站投运工作正式启动。

6 月 6 日　成都地铁 4 号线二期工程西延线凤凰大街站－西部新城站区间“天府三号”盾构机，经中国水电七局建设者连续掘进，成功穿越 39 米宽的江安河这个被誉为“成都地铁建设单项工程特别重大风险源”。

6 月 18 日　中国水电七局在成都地铁 4 号线西延线创造“两个第一”，载入成都地铁建设史——第一次盾构过程中创造了松散砂砾石富水地质条件下成功下穿河道的案例；第一次创造了盾构日掘进 25 环纪录。

6 月 18 日　中国水电七局参建的沪昆高铁贵州东段正式开通运营。

6 月 30 日　中国水电七局承建的河北丰宁抽水蓄能电站开关站边坡开挖工程被评为“样板工程”。

7 月 2 日　中国水电七局承建的巴基斯坦塔贝拉水电站四期扩建工程厂房基坑清淤完成，为厂房基础开挖创造了条件。此次施工创造了高喷防渗墙施工领域的五项国际先例，填补了行业空白。

7 月 10 日　由中国水电七局控股投资的四川天府新区首个全封闭环保智能型商用混凝土站投运。

7 月 21 日　中国水电夹江公司申报 2015 年度四川省重大技术装备创新研制和产业化项目——向家坝水电站 2000 千牛/2－800 千牛超小半径圆弧轨道双向门机研制通过评审，获得省级技术改造和转型升级专项资金支持。

7 月 21 日　中国水电七局中标福建省漳州市南江滨路 5 标工程。

8 月 10 日　中国水电七局承建的世界最大地下厂房工程——白鹤滩水电站左岸地厂岩锚梁保护层第二层完成了首次爆破开挖，岩锚梁开挖进入攻坚阶段。

8 月 27 日　中国水电七局中标四川资阳市雁江区朝阳花园棚户区改造项目，这是公司在竞争性房建市场获得的大单。

8 月 29 日　中国水电七局机电安装分局承建的西藏多布水电站首台机组（4 号）顺利并网发电，实现公司在西藏水电装机的“零突破”。

8 月 29 日　中国水电夹江公司制造的沙沱水电站 500 吨级升船机主提升机（即国内最大吨位的卷扬提升式升船机）通过出厂验收。

9 月 12 日　中国水电七局承建的尼泊尔上马蒂水电站工程完成了关键线路最大节点目标——引水隧洞全线安全贯通，全面进入混凝土衬砌阶段。

9 月 21 日　中国水电七局在菲律宾承建的首个火电项目——菲律宾考斯瓦根燃煤电厂项目举行开工仪式。

9 月 30 日　中国水电七局猴子岩项目部顺利完成地下厂房 4 号机组发电机层混凝土浇筑，标志着猴子岩水电站地下厂房从土建施工阶段正式转入机电安装施工阶段。

10 月 9 日 四川省人民政府同意中国水电七局高级技工学校挂牌成立眉山工程技师学院。

10 月 21 日 中国水电七局承建的红星路南延线一期工程完成了工程移交，为天府新区“三纵一横”基建项目一期工程最先移交的工程。

10 月 21 日 世界最大岔管——中国水电七局机电安装分局承担施工任务的巴基斯坦塔贝拉水电站第二个 Y 型岔管国内大组通过验收。

11 月 1 日 中国水电七局夹江公司制造的世界最大的巴基斯坦尼杰水电站阀帽门一次性安装成功。

11 月 10 日 中国水电七局夹江公司成功加工构皮滩 500 吨级升船机主提升机构的超大型卷筒，标志着夹江公司在卷筒加工方面再次突破国内最大直径的纪录。

11 月 21 日 中国电建集团暨股份公司党委书记、副董事长马宗林，在水电七局郫县办公区会见四川省总工会党组书记、副主席罗茂乡，四川省国资委党委委员、副主任任兴文，就企业转型、员工技能培养等交换意见。

11 月 26 日 中国施工企业管理协会授予中国水电七局“2015 年度中国工程建设诚信典型企业”、工程建设企业社会信用评价“AAA”企业称号。

12 月 3 日 中国水电七局承建的深圳市茅洲河界河综合整治工程举行开工仪式。中共广东省委副书记、深圳市委书记马兴瑞；中国电建集团党委书记马宗林出席开工仪式。

12 月 5 日 中国水电七局海南首个抽水蓄能签约工程——海南琼中抽水蓄能电站上下库连接公路 II 标工程，成功通过验收。

12 月 17 日 中国水电七局承建的泸州 S308 线最大难度、安全管制风险最高的跨线桥 11 榀 40 米 T 梁全部顺利架设完成。

12 月 19 日 中国水电七局承建的西藏墨脱亚让水电站全面建成投产。

12 月 28 日 中国水电七局与雅砻江流域水电开发有限公司签订杨房沟水电站设计施工总承包合同——国内首个百万级千瓦、百米级高坝整体 EPC 水电站项目。

12 月 31 日 中国水电七局机电安装分局承担安装任务的西藏昌都果多水电站首台（4 号）机组顺利完成 72 小时试运行，实现并网发电。4 号机组也成为水电七局“年装机突破 600 万千瓦”“建局 50 年装机发电达 3000 万千瓦”历史的标志性机组。

（刘　丽）

中国水利水电第十工程局有限公司

1 月 13 日 中国机电产品进出口商会发布了 2014 年度中国机电进出口和境外成套工程企业信用等级评价结果，中国水电十局荣获“境外成套工程 AAA 级信用企业”称号。

1 月 28 日 中国水电十局承建的厄瓜多尔 CCS 项目 TBM2 输水隧洞贯通，提前 22 天实现 TBM2 主洞与 30 米导洞贯通目标。

同日 中国水电十局获得了住房和城乡建设部市政公用专业乙级监理、水利部水利工程施工丙级监理两项新资质，同时复审了国家测绘地理信息局的测绘工程乙级资质。

2 月 16 日 中国水电十局与尼日尔水利卫生部签订尼日尔戈伊－泰拉供水项目合同，合同金额 9208.10 万美元。

3 月 3 日 四川省科学技术厅、四川省财政厅、四川省国家税务局和四川省地方税务局联合向中国水电十局颁发“高新技术企业证书”，授予中国水电十局为“国家高新技术企业”称号。

3 月 17 日 中国水电十局老挝南俄 3 水电站项目，合同金额 79.67 亿元，贷款协议签订，合同开始实施。

3 月 22 日 中国水电十局机电安装分局焊接试板，通过标准技术服务有限公司武汉分公司进行焊接工艺评定及焊工考试试板的测试和实验，经评定试验，试板全部合格，10 名焊工全部取得了手工焊的 ASME 资格证，另外 2 名焊工取得了自动焊的 ASME 资格证。

3 月 26 日 中国电建集团股份公司人力资源部副主任李志勇等一行到中国水电十局成都办公区，调研集团在川企业人力资源劳务派遣用工工作，中国水电十局党委副书记靳山出席会议，中国电建集团四川片区 12 家企业的人力资源管理部主任参加了会议。

同日 中国水电十局在中国机电产品进出口商会第六届三次理事会上，荣获“境外成套工程 AAA 级信用企业”资质。中国水电十局副总经理张长万应邀参加了在珠海市举行的中国机电产品进出口商会理事会。

4 月 3 日 中国水电十局中标天全锅浪跷水电站厂房工程，合同金额 2.3 亿元。

4 月 7 日 中国水电十局三分局重庆渝广项目桥梁矩形薄壁空心墩无支架翻模施工获省级工法。

4 月 20 日 中国水电十局中标缅甸蒙育瓦 K 矿铜矿项目 K 矿采剥生产项目，合同金额 4550 万美元。

5 月 15 日 中国水电十局中标湖南省岳阳至望城高速公路第 1 合同段房屋建筑工程项目，合同金额 1.59 亿元。

6 月 29 日 中国水电十局中标柬埔寨甘再水电站生产运行维护管理服务，合同金额 6678 万元。

7 月 7 日 中国水电十局与华电四川凉山水洛河公司在成都签订博瓦水电站厂区枢纽工程合同，合同金额 1.88 亿元。中国水电十局党委书记何其刚，二分局分局长何开平以及华电四川凉山水洛河公司总经理蒲春雨和副总经理蒋达出席了签字仪式。

8 月 4 日 中国水电十局在成都与西藏巨龙铜业有限公司签订了西藏知不拉铜多金属矿项目露天采场剥离及剥采外包工程施工合同，中标金额为 19.7 亿元，中国水电十局执行董事、总经理何其刚，副总经理涂建湘，一分局党委书记李亮出席了签字仪式。

8 月 7 日 《人民日报》第三版对中国水电十局国际项目专题报道，标题为“竖起中印尼基建合作的标杆——访印度尼西亚佳蒂格迪大坝”。

8 月 28 日 中国水电十局勘测设计院签订了老挝川矿省芒康县的 Nam mat 梯级水电站（总装机 7.35 万千瓦）正式设计合同。

9 月 7 日 中国水电十局中标引汉济渭黄金峡水利枢纽前期准备施工二标段工程，中标金额约为人民币 1.5 亿元，工期为 625 天。

10 月 2 日 中国水电十局承建的老挝南椰 2 水电站正式竣工投产，中国水电十局总经理何其刚、副总经理兼老挝区域项目经理部经理余明川出席了竣工投产仪式。

10 月 6 日 中国水电十局承建的老挝南康 3 水电站和琅勃拉邦省香恩县 230 千伏输变电线路工程特别报道，上中央电视台《新闻联播》头条新闻“一带一路”特别报道——数说命运共同体。

10 月 9 日 中国水电十局勘察设计院中标老挝南椰 2A、2B 水电站勘察设计项目，合同金额 520 万元。

10 月 13 日 中国水电十局中标景峡第六风电场 A 区工程二标段（10 万千瓦）建设项目工程施工项目，合同金额 2000 万元。

10 月 15 日 中国水电十局承建的老挝东萨宏水电站项目合同金额 11.77 亿元,正式开工。

10 月 16 日 中国水电十局中标新疆哈密风电基地；新疆哈密风电基础二期景峡第六风电场 A 区工程一标段基础处理工程，合同金额 1600 万元。

10 月 18 日 老挝国家电力公司 EDL 副总经理通沛一行 5 人，到中国水电十局都江堰蒲阳结构厂调研，双方就进一步加强良好合作等方面进行了交流和探讨。

10 月 25 日 中国电建集团股份公司副总经理姚强为组长的安全生产检查考核第六组，到中国水电十局成都办公区开展 2015 度安全生产工作考核检查。水电十局总经理何其刚、党委书记陈勇等领导班子成员出席了安全生产检查考核会。

10 月 28 日 中国水电十局勘察设计院，勘察设计的四川卧龙皮条河熊猫水电站改扩建工程，通过竣工验收正式运行发电。该电站系香港特区政府援助卧龙电力能源恢复与重建项目。

11 月 13 日 中国水电十局机电安装分局承担电气设备安装和调试任务的老挝北部 230 千伏本代开关站成功投运，为南欧 5 水电站和南欧 6 水电站的电力送出创造了条件。

11 月 20 日 中国水电十局尼日尔重油电站项目，共 8 台不同容量主变压器安装完成后，通过验收。

11 月 26 日 四川省企业联合会、四川省企业家协会在 2015 四川企业 100 强发布暨企业发展峰会上，中国水电十局再次入选川企百强企业。

11 月 28 日 由中国水电十局承建的老挝南坎 2 水电站，正式竣工交付，老挝副总理宋沙瓦、能源矿产部长卡玛尼、琅勃拉邦省及老挝政府有关部委负责人，中国电建股份公司总经理孙洪水、总经理助理杨忠、中国水电十局总经理何其刚出席竣工交付仪式并启动了发电按钮。

11 月 30 日 中国电力建设企业协会公布了 2015 年企业信用评价结果，中国水电十局再次荣获“企业信用评价 AAA 级信用企业”称号。（李开海）

中国水电基础局有限公司

5 月 20 日 《水利部办公厅关于公布水利安全生产标准化一级单位的通知》（办安监〔2015〕109 号）正式印发，经水利部安全生产标准化评审委员会审定，中国水电基础局有限公司等 45 个单位为水利安全生产标准化一级单位。

8 月 10 日 中国水电基础局有限公司基础局阳江核电项目部收到由国家能源局颁发的“电力安全生产标准化”证书。

9 月 27 日 国家水利安全检查组到基础局雅砻水库开展安全生产检查工作。通过实地查看和对安全管理资料的检查和审阅后，检查组对中国水电基础局有限公司承建的雅砻水库以及安全生产工作给予了充分肯定。

11 月 5 日 “中国水电基础局有限公司、苏州荣文集团战略合作伙伴签约暨苏州荣文库柏照明系统有限公司厂房工程开工仪式”在江苏省太仓市举行。太仓市副市长赵建初，基础局总经理刘建发、副总经理黄炳福、三公司总经理助理石峰，荣文集团董事长管雪平等出席本次签约仪式。

11 月 23 日 水利部党组成员、副部长周学文到基础局上海金泽水库工程视察水库建设情况，并对中国水电基础局有限公司 C1 标施工现场进行视察指导。（贾 艳）

四川省地方电力局

9 月 7 日—10 日 水利部水电局副局长陈大勇、处长张学进一行到四川调研农村水电工作。调研组先后通过多次座谈会分别与省水利厅、省地电局，四川省水电投资经营集团，成都、泸州、绵阳、雅安、凉山、甘孜、南江县等市（州、县）水务局负责农村水电工作的负责人，以及长期工作在农村水电战线上的离退休专家进行了调查交流，广泛听取四川省水能资源及开发利用、电力工业运行和供需、农村水电建设发展等方面的情况汇报。

10 月 29 日—11 月 1 日 水利部农村水电及电气化发展局副局长许德志、农村水电处处长岳梦华到四川督查调研农村水电增效扩容改造和安全生产工作。督查组一行到都江堰双合教学科研电厂、阿坝州汶川县铁厂沟扶贫电站、下庄水电站查看了解情况并现场召开座谈会。（游元奎）

四川大唐国际甘孜水电开发有限公司

1 月 27 日 甘孜公司总经理熊雄出席了康定县水电开发和移民工作会。甘孜州委常委、州委农工委主任杨凯，甘孜州副州长舒大春等出席会议

2 月 5 日 大唐国际甘孜水电公司长河坝工程部申请的“堆石坝填筑碾压实时监控系统”科技成果获得了国家专利，收到国家知识产权局关于授予《实用新型专利权通知书》

3 月 5 日 大唐国际发电股份有限公司五类问题专项检查组到甘孜公司检查工作。

3 月 16 日—20 日 大唐国际甘孜公司召开了《黄金坪水电站工程下闸蓄水规划及 2015 年防洪度汛专题报告》审查会，水电水利规划设计总院、四川省发改委、四川省能源局等单位参加审查工作。

3 月 27 日 四川省水土保持局在成都组织召开黄金坪水电站 “三通一平”工程水土保持设施竣工验收会，甘孜公司黄金坪水电站“三通一平”工程水土保持设施通过竣工验收。

4 月 5 日 大唐集团公司专家组完成了为期 7 天的对长河坝、黄金坪水电站工程建设现场调研工作并召开调研总结会议，由大唐集团公司总经理助理、广西分公司总经理、专家调研组常务副组长戴波主持，大唐集团公司总工程师曲波出席了本次会议。

5 月 10 日 黄金坪水电站泄洪洞顺利下闸，黄金坪水电站水库正式开始蓄水。

5 月 12 日 大唐国际甘孜公司在成都召开第二十八次股东会、第三届七次董事会、第三届三次监事会暨第二十九次股东会。大唐国际发电股份有限公司党组成员、副总经理、公司董事长简英俊出席并主持了会议。

5 月 14 日 由国家能源局主办的全国水电站大坝安全工作会在京召开。甘孜水电公司总经理熊雄参加大会，并作为中国大唐集团公司唯一的基层企业代表在会上作了典型经验介绍。

5 月 14 日 黄金坪水电站上网电价获得四川省发改委批复，核定上网电价为每千瓦时 0.308 元，该电价将从电站进入商业运行之日起执行。

7 月 12 日 水利部长江水利委员会下达《关于四川省大渡河黄金坪水电站蓄水计划及调度方案的批复》文件，正式同意甘孜公司所属项目黄金坪水电站下闸蓄水。

7 月 30 日 甘孜州州长益西达瓦在甘孜公司总经理熊雄陪同下，检查在建移民集中安置点工程建设及移民安置工作。

9 月 30 日 甘孜公司黄金坪水电站 3 号机组顺利经过 72 小时试运行后顺利投入商业运行。

11 月 16 日 大唐国际甘孜水电公司在长河坝、黄金坪水电站库区和坝后开展了珍稀鱼类放流活动。甘孜州农牧局、环保局，康定市农牧局、环保林业局，康定市电视台、康定市康巴公证处，甘孜水电公司等共同将 30 万尾大渡河珍稀鱼类放进大渡河。

12 月 21 日 11 时 42 分，黄金坪水电站 1 号机组顺利通过 72 小时试运行、正式投入商业运营，该机组的顺利投产，标志着公司 2015 年“一年四投”目标已圆满实现。（白鸿杰、毕波）

四川省紫坪铺开发有限责任公司

7 月 2 日 成都市市长唐良智带领市国土局、市水务局、市政府研究室等相关部门负责人到紫坪铺

水利枢纽工程调研防洪度汛工作。唐良智向紫坪铺公司多年来为成都市水利事业发展各项工作给予的大力支持表示衷心感谢。 （马 峻）

川投田湾河开发有限公司

1月6日—8日 田湾河流域梯级电站成都远控中心综合数据平台系统第三次设计联络会在湖北宜昌召开。

5月18日 田湾河公司召开干部大会，川投集团党委副书记、纪委书记董建良到会宣读干部任免决定。

6月29日 2015年第一次泥石流洪峰袭击田湾河流域。工区道路部分路段泥石堆积通行中断，金窝到仁宗海10千伏备用线路部分电杆冲断，龚家沟雨量测报站信号消失，地方小水电站冲毁，田湾河公司三站及营地未受影响，生产正常，无人员伤亡。同日，田湾河支流龚家沟突发泥石流，电站现场主干道公路K21+250至K21+850段全部被泥石流覆盖，道路中断，龚家沟河水改道，河水从公路路面冲过，部分路面、路肩、排水沟冲毁，10千伏金蝶联络线有3根电杆被冲断，龚家沟雨量站全部被冲毁，大发首部底格栏栅部分被冲坏。

9月11日 东方电气集团东方电机公司党委书记刘辉带领相关部门负责人和资深技术专家一行到公司电站现场开展用户回访和技术交流。

11月29日 哈萨克斯坦玛依纳电站3名专业技术人员到田湾河公司现场进行了为期9天的专业技术培训。 （李思航）

四川省能投风电开发有限公司

1月15日 四川能投风电公司红山0.2万千瓦光伏发电示范项目开工建设，开启了四川省“农风光”互补发电项目建设的先河。该项目与大面山一期风电场是风电公司致力于实现土地立体化增值利用，实现农业、风能和太阳能资源综合利用的新举措，对四川省农、风、光互补项目的开发和资源综合利用将起到重要的示范和推动作用。

2月6日 四川省能投风电公司会东县鲁南风电场日发电量突破百万千瓦时，达101.9203万千瓦时。

4月1日 能投风电公司所属拉马、鲁南风电场实现连续安全运行278天，累计发电量破亿千瓦时，达1.0116亿千瓦时，完成年度发电计划43.78%。

同日 四川省能源局新能源处处长吴建中赴能投风电公司所属盐边公司大面山风电场检查调研工程建设情况。

8月3日 四川能投风电公司所有已建成风电项目成功开启碳交易市场。

9月12日 四川能投风电公司拉马、鲁南风电场年累计发电量突破2亿千瓦时大关，达20047.45万千瓦时，完成年度发电任务的93.98%。

9月19日 鲁北道路交通工程正式开工，标志着四川能投风电公司会东鲁北风电场正式进入施工阶段。

10月28日 由攀枝花市与能投集团公司联合主办的“共建农风光互补项目研讨会”在攀枝花盐边县红格镇召开。会议旨在讨论攀枝花地区“农、风、光”资源更加科学高效利用的有效途径，并在此基础上进一步研讨风电+光伏+农业+康养+旅游及其他项目的可能性，探索出一套适应市场的“新能源+”产业模式。

12月18日 四川能投风电公司盐边红格大面山二期风电场交通工程正式开工。 （任欣伟）

四川川投燃气发电有限责任公司

1月23日 四川川投燃气发电有限责任公司1号机组通过168小时试运行。

6月9日 四川川投燃气发电有限责任公司2号机组通过168小时试运行。

11月2日 四川川投燃气发电有限责任公司实现两台机同时上网发电运行的目标。 （康昭勇）

四川省港航开发有限责任公司

1月8日 《岷江航电犍为枢纽工程社会稳定风险分析报告》及《岷江航电犍为枢纽工程社会稳定风险评估报告》通过乐山市政府评审。

2月6日 四川省交通运输厅航务管理局在重庆召开“嘉陵江川境段航运配套工程一期工程八字脑滩群河工模型试验”协调会，省港航公司及有关单位领导、专家参加会议。

2月10日 金银台航电枢纽应急预案专家评审会议在成都召开。国家能源局四川监管办、省港航公司有关领导及省电力应急管理专家库相关专家参加了评审。

3月12日 岷江犍为航电枢纽开工工作会在犍为县政府召开。乐山市委副书记、市长张彤，市委常委、副市长黄正富，副市长廖磊，省交投集团董事、港航公司董事长贺晓春等领导出席会议。

4月21—22日 省交通运输厅、省交通勘察设计研究院等单位在南充召开凤仪航电枢纽船闸工程通航验收会。

4月26日—28日 国家能源局大坝安全监察中心、四川监管办公室有关领导到新政航电枢纽开展枢纽大坝安全换证注册现场检查工作。

6月17日—19日 四川省交通运输厅在成都组织召开岷江航电犍为枢纽工程初步设计预审会。省交通运输厅副厅长冯文生出席会议。省发改委、省扶贫和移民工作局、乐山市政府有关部门及省交投集团、省港航公司、广西院、省设计研究院、省交通设计研究院等单位的领导和专家100余人参加会议。

7月7日 国家发展改革委以“发改基础〔2015〕1553号”正式批复岷江犍为航电枢纽工程可行性研究报告，标志着犍为枢纽具备了合法建设条件。

7月30日—31日 受省扶贫移民局委托，中国水利水电建设工程咨询有限公司在成都组织召开了岷江犍为航电枢纽工程建设征地移民安置农村部分补偿补助单价调整报告及35千伏向定、110千伏向岷输电线复改建改工程设计调整报告评审会议。

8月1日—2日 交通运输部在成都组织召开岷江犍为航电枢纽工程初步设计专家评审会。省发改委、省交通运输厅、省扶贫移民局、省水利厅、省国土厅，乐山市政府、市交委、犍为县政府、五通桥区政府，省交投集团、省港航公司及设计单位的有关负责人参加了会议。

9月6日 四川省交通运输厅副厅长张琪在成都主持召开岷江犍为枢纽开工建设专题协调会。省扶贫移民局、乐山市政府及省交投集团、省港航公司等有关单位领导出席会议。

9月25日 四川省交通运输厅航务管理局在成都主持召开嘉陵江川境段航运配套工程二期工程初步设计评审会。省交通运输厅工程质量监督局、交通勘察设计院等有关单位及省港航公司相关人员参加。

9月下旬 经国家能源局大坝安全监察中心批复，新政、沙溪、苍溪、凤仪航电枢纽大坝顺利通过大坝甲级安全注册。

10月8日 交通运输部正式出具《关于岷江犍为航电枢纽工程初步设计的批复》（交水函〔2015〕671号），核定工程总概算投资为104.24亿元，并对工程建设内容和规模、枢纽总体布置、建设工期等进行了批复。

10月10日 犍为枢纽工程建设征地移民安置补偿补助单价调整报告、犍为县杨泗庙水厂取水迁建工程初步设计报告和35千伏向定、110千伏向岷输电线复改建工程设计调整报告获得四川省扶贫移民局正式批复。

11月30日 犍为航电枢纽开工协调会在犍为航电枢纽临时建设营地召开。乐山市委副书记、市长张彤，四川省交通投资集团董事、四川省港航公司董事长贺晓春等领导出席会议。 （刘晓蕾）

四川永安电力股份有限公司

9月10日 水利部农村水电及电气化发展局副局长陈大勇一行到永安公司调研农村水电发展。

11月25日 绵阳市副市长付康调研永安公司冬瓜山电航工程项目建设情况。 （龚美红）

四川省电力设计院

1月7日 四川省电力设计院正式与贵州黄平谷陇铭川水泥有限公司签订工程总承包合同。该项目位于贵州省黄平县谷陇镇工业开发区内，总装机容量为0.9万千瓦，采用两台余热锅炉配一台汽轮发电机组的方式。工程开工预计为2015年5月，总工期240天。

1月22日 由四川省电力设计院组织编制的米易500千伏输变电扩建工程水土保持设施竣工验收报告顺利通过有关部门验收。

2月5日 四川省电力设计院有关人员参加了四川省水电集团“十二五”电网工作咨询设计总结暨“十三五”电网规划构想工作座谈会，集团副总经理陈地良、总工程师田学农与会并对四川省电力设计院、西点电力设计有限公司、国核电力规划设计研究院重庆有限公司、四川省建能电力设计有限公司等四家单位在“十二五”期间所做的咨询设计工作进行了高度肯定，对“十三五”期间的电网规划工作安排进行了部署，希望四川省电力设计院在“十三五”电网规划工作中起好牵头和示范作用。

7月6日 四川省电力设计院与中国能源工程有限公司签署了战略合作框架协议，公司高管、院领导班子、副总、中层干部共35人出席了此次签约仪式。此次战略合作框架协议的签订，旨在进一步密切双方合作关系，推动双方在电力、新能源建设、工程总承包和投资运营等方面进行全方位合作。

7月21日 由四川省电力设计院承担设计的西藏昌都左贡110千伏输变电工程及芒康110千伏输

变电工程，经各参建单位的共同努力，顺利通过行业主管单位组织的竣工验收，分别于2015年7月12日及2015年7月14日成功带电投运。

11月25日 由四川省电力设计院设计的华能澜沧江上游水电有限公司西藏觉巴水电站110千伏输变电工程正式投入运行。工程的顺利投运，标志着觉巴水电站电力送出通道的正式建成；并为如美水电站施工提供了必要的条件和为300米级超高坝高强度施工打下坚实的基础。

10月22日—24日 由国家质检总局认定的压力管道设计资格鉴定评审机构——中国电力规划设计协会派出鉴定评审专家组，对四川省电力设计院压力管道设计资格进行了现场评审工作。协会已将评审结论上报国家质检总局特种设备管理局审批，已于2015年12月7日正式获得压力管道资质证书。

（刘 敏）

四川电力设计咨询有限责任公司

3月12日 四川电力设计咨询公司与中国水利水电第十三工程局有限公司在北京签订了战略合作框架协议。

3月20日 四川电力设计咨询公司与与中国路桥签订战略合作协议。

4月29日 四川电力设计咨询公司与四川中航领航实业有限公司签订战略合作框架协议。

5月8日 四川电力设计咨询公司取得国家能源局颁发的电力安全生产标准化一级企业证书。

5月21日 四川电力设计咨询公司与江苏苏美达新能源发展有限公司签订战略合作框架协议。

6月8日 四川电力设计咨询公司和中国电建股份公司组成联合体，与肯尼亚阿姆电力公司签订肯尼亚拉姆3×35万千瓦电站项目EPC总承包合同。

6月26日 四川电力设计咨询公司与中电建集团成员企业四川电力建设三公司举行了战略合作协议签订仪式。

7月20日 四川电力设计咨询公司与山东电力建设第二工程公司签订战略合作框架协议。

7月26日 四川电力设计咨询公司与青岛恒顺电气股份有限公司签署了印尼苏拉威西PSDI 2×6.5万千瓦燃煤电站EPC总承包项目的EPC总承包联合体协议书，并共同与业主签署了总承包合作意向书。

8月12日 四川省总工会副主席纪小玲带队调研指导四川电力设计咨询公司调研指导工作。

9月16日 国务院国资委新闻中心副主任苏桂锋，中国电建集团公司党委工作部主任王开成、新闻中心主任孙建立一行到四川电力设计咨询公司检查调研工作。

10月15日 四川电力设计咨询公司总承包的阿里渡冬临时供电工程三台柴油机组顺利完成试运发电。

12月3日 四川电力设计咨询公司再次通过“国家高新技术企业”认定，并获得授牌。

12月23日 四川电力设计咨询公司获得“四川省企业技术中心”授牌。

（王 淇）

中国东方电气集团有限公司

1月24日—27日 在埃及总统塞西访问中国东方电气集团公司的一个月后，集团公司董事长王计率队对埃及进行了访问，拜会了埃及总理易卜拉欣•马赫莱卜。其间，东方电气与埃方有关企业签署了相关火电、水电和铁路项目合作备忘录文件。

1月26日 中共中央政治局委员、广东省委书记胡春华到东方重机视察并进行工作调研。在核岛分厂现场，东方重机党委书记、总经理曾先茂向胡春华汇报了东方重机核电生产及发展情况。

1月31日 东方电气集团公司总承包的越南沿海一期2×62.2万千瓦燃煤电站一号机组首次并网一次成功，机组各项技术指标均优于国内相关考核标准。越南沿海项目是东方电气首个60万千瓦等级火电总承包项目，同时也是首套60万千瓦等级火电三大主机在越南的成功投运。

2月9日 重庆神华万州电厂1号机组一次通过168小时运行，作为国内首台高效一次再热超净排放105万千瓦超超临界机组，其投运标志着东方电气集团自主研制的新一代百万等级燃煤机组技术取得全新突破。

2月28日 在全国精神文明建设工作表彰暨学雷锋志愿服务大会上，东方电气集团公司所属东方锅炉股份有限公司获第四届“全国文明单位”荣誉称号，这是继东方电机、东方汽轮机后东方电气集团公司第三个企业获得“全国文明单位”荣誉称号。

4月28日 东方电气集团公司与中国华能集团公司、中国电力建设集团有限公司签署三方战略合作协议。本次三大集团战略合作协议的签署，主要是瞄准国际市场，希望通过充分发挥三家企业在投资、建设、供货等方面的主业优势和产业互补优势，共同携手“走出去”，形成强强联合、优势互补、风险共担、平等互利、共同发展的战略共同体。

5 月 16 日 集团公司总经理、股份公司董事长斯泽夫应邀出席印度总理伦德拉•莫迪在上海召集的“25 人中国企业家圆桌会”。“25 人中国企业家圆桌会”旨在讨论如何加深印度与中国的产业经济合作。圆桌会上，莫迪发表了 5 分钟的主旨演讲，随后与出席会议的25位中国企业家进行了约一个半小时的圆桌讨论。

5 月 21 日 东方电气集团公司与山东电建三公司在青岛签订巴基斯坦卡西姆港2×66万千瓦应急燃煤电站项目设备合同，标志着巴基斯坦“一带一路”的重要组成部分——首个“中巴经济走廊”项目正式启动。

5 月 22 日 东方电气与中广核工程公司签署了防城港核电厂二期工程 3、4 号机组蒸汽发生器供货合同。防城港核电厂二期工程是中广核首个“华龙一号”项目，该合同也是东方电气在福清 5、6 号机组蒸汽发生器后承接的国内第二个“华龙一号”项目蒸汽发生器合同。

6 月 16 日 东方电气集团《2014 年社会责任报告》正式发布，这是集团公司连续第 7 年发布社会责任报告。报告以“价值的探寻”为主题，围绕“创新的价值”和“责任的价值”两个方面的重点，向公众持续展示东方电气集团“共创价值，共享成功”的企业责任观。

6 月 27 日 由东方电气集团提供汽轮机和发电机的国内首台超超临界二次再热66万千瓦机组——江西华能安源电厂 1 号机组一次通过 168 小时满负荷试运行。该机组的正式投运，符合国家低碳环保、节能减排的要求，将为二次再热技术在国内的推广应用发挥重要的引领示范作用。

6 月 30 日 东方电气集团公司东方电机收到三峡国际招标有限责任公司发来的中标通知书：东方电机中标金沙江白鹤滩水电站左岸 8 台套水轮发电机组及其辅助设备。白鹤滩水电站位于四川省宁南县和云南省巧家县境内，是金沙江下游干流河段梯级开发的第二个梯级电站，规划16台单机 100 万千瓦机组，也是目前世界最大单机容量机组。

7 月 26 日 “2015 中国工业经济行业企业社会责任报告发布会暨第二届中国工业企业履责星级榜发布会”在人民大会堂小礼堂举行。会上，东方电气集团公司与 77 家企业集中发布了 2014 年度社会责任报告，中国工经联、联合国工发组织正式发布了“2015 第二届中国工业企业履责星级榜”，授予东方电气集团公司等 38 家企业“中国工业行业履行社会责任五星级企业（2015）”称号。

8 月 31 日 东方电气成都清能科技有限公司和智能科技有限公司申领到营业执照。9 月 2 日，两个公司在高新西区政务中心领取到了组织机构代码证和税务登记证，正式成立。两个公司的设立，进一步完善了集团公司科技创新体。

9 月 18 日 由东方电气集团公司研制的世界首台35万千瓦超临界循环流化床机组锅炉在山西国金电厂投运。继自主研制的世界首台 60 万千瓦超临界循环流化床机组锅炉在白马电厂成功投运后，循环流化床研发史上又一新的突破，对促进劣质煤清洁高效综合利用具有重要的里程碑意义。

10 月 10 日 由东方电气负责金属结构和机电总承包的埃塞俄比亚吉柏 3 水电站项目首台机组成功并网发电，各项参数正常，运行工况稳定。吉柏 3项目为非洲大型水电项目之一，也是目前埃塞俄比亚在建的最大的水电项目。电站总装机容量 187 万千瓦，共装设 10 台套单机容量 18.7 万千瓦的水轮发电机组。

11 月 10 日 东方电气签订瑞典布莱肯风电四期项目 9×0.25 万千瓦风电设备成套供货和相关服务合同。这是继瑞典布莱肯风电三期项目合同成功履约之后，东方电气在瑞典获得的又一风电项目成果，彰显了布莱肯业主对东方风电性能和履约能力的信心。

11 月 20 日 在 2015 年度中国机械工业科学技术奖颁奖大会上，东方电气集团公司“60 万千瓦超临界循环流化床锅炉研制”项目荣获一等奖。该项目主要采用东方锅炉自主开发设计的全新技术，兼备了 CFB 燃烧技术和超临界蒸汽循环的优点，可使电厂效率平均可达 40%－42%，脱硫、脱硝等综合效益更佳。

11 月 23 日 四川省委书记王东明到东方电气风电（凉山）有限公司调研。东方电气集团党组成员、股份公司总裁温枢刚向王东明介绍了东方风电（凉山）有限公司的建设情况。在刚刚调试完的风电叶片模具前，王东明详细了解风电叶片的制造过程。随后，王东明宣布“开工”，操作人员按下了合模的按钮，东方风电（凉山）有限公司正式开工。

11 月 24 日 东方电气波黑巴诺维奇电站项目总承包合同和融资框架协议于中国—中东欧“1+16”领导人峰会期间在苏州成功签约，这是东方电气总承包欧洲的第二个大型火电项目。项目采用东方电气 35 万千瓦超临界 CFB 技术，是我国国产超临界CFB 机组首次出口。项目得到了波黑部长会议主席（总理）兹韦泽蒂奇的首肯和认可，兹韦泽蒂奇在上海会见东方电气集团总经理斯泽夫时，高度评价东方电气 CFB 技术水平和国外工程管理经验。

11 月 27 日 在由中国上市公司协会联合中国证券投资者保护基金公司、中国证券业协会、上海证券交易所、深圳证券交易所、中国基金业协会主办的“中国最受投资者尊重的上市公司”2015 年度评选活动颁奖典礼上，股份公司荣获“2015 中国最受投资者尊重的百家上市公司”奖项，这是继 2014 年度荣获该殊荣后的再次获奖。

11 月 27 日 股份公司收到中广核工程有限公司发来的宁德二期项目 5、6 号汽轮发电机组中标通知书，这是东方电气集团公司成功中标的第 2 个依托“华龙一号”技术的核电汽轮发电机组项目。

中电建成都电力金具总厂

1 月 4 日 成都电力金具总厂中标 400 千伏安哥拉 SK 输变电项目线路金具及变电金具供货合同，一跃成为近年来在安哥拉市场最大金具供应商。

1 月 26 日 四川省机电冶煤工会主席王筱泉、副主席李双凤一行，到成都电力金具总厂，看望慰问了该厂困难职工。

3 月 2 日 成都电力金具总厂顺利通过中质协质量保证中心环境、职业健康安全管理体系认证复评审核。

4 月 20 日 成都电力金具总厂中标肯尼亚 66 千伏扩建工程，该工程为该厂在非洲中标的第一个由世界银行投资的输变电项目。

5 月 7 日 成都电力金具总厂中标 132 千伏尼日尔 ZINDER-SORAZ 输变电项目，首次进入非洲铁路及交通设施配电领域。

6 月 17 日 成都电力金具总厂在与 PLP、SEA Tower、SDEAL 等国际知名金具企业竞标中，成功胜出，中标±800 千伏美丽山（BMTE）直流特高压输电工程。成为唯一进入该项目的中国电力装备企业，也成为唯一进入美洲特高压市场的中国金具企业。

（叶 旭）

电力行政管理

责任编辑：姚国寿

2015 年，四川电力行政管理和行业监管主要由省经信委、省能源局和国家能源局四川监管办实施，在保障电力生产正常运行和可靠供应、电力行政管理和行业监管方面做了大量工作，促进了全省电力工业的科学健康平稳发展。

四川省经济和信息化委员会

一、电力生产运行情况

【年度概况】2015年，全省电力生产运行总体平稳，电源装机投产速度继续快速增加，同时随着国调机组全面投产，留川电量大幅增长，电力供应十分充足，形成了“枯期不缺、丰期更丰”的新供需形态。枯水期，火电机组开机容量大幅下降，负荷率低。丰水期弃水压力逐年加大，最大受限电力超过1300万千瓦，调峰弃水电量102亿千瓦时。省内用电需求不足，虽然7月下旬至8月上旬的酷热极端气候导致用电负荷及日用电量创历史新高，但整体需求依旧不足，尤其是下半年部分高载能企业逐步减停产，工业用电一直负增长。

【发电装机】截至2015年12月底，全省发电总装机容量达到8673万千瓦(含国调装机2310万千瓦)，其中水电6939万千瓦（居全国第一位）、火电1624万千瓦、风电74万千瓦、光伏36万千瓦。全年新增装机799万千瓦，其中：水电机组646万千瓦、火电77万千瓦、风电45万千瓦、光伏31万千瓦。主网统调统分总装机容量为5163万千瓦，其中：水电机组3748万千瓦、火电装机1324万千瓦（燃煤机组1211万千瓦、燃气和瓦斯机组91万千瓦、生物质机组22万千瓦）、风电及光伏91万千瓦。

【变电容量与输电线路】截至2015年年底，四川电网拥有500千伏变电站44座，开关站2座，主变86台，变电容量7390万千伏安，输电线路长度14808.3公里。220千伏变电站259座，主变559台，变电容量7958.8万千伏安，输电线路长度22782.7公里。110千伏及35千伏变电站2327座，主变3753台，变电容量8168.3万千伏安，输电线路长度54540.3公里。

【发供用电】2015年，全省发电量3208.5亿千瓦时，同比增长2.5%。其中：水电2767.4亿千瓦时，同比增长7.3%；火电429.3亿千瓦时，同比下降21.5%；风电9.6亿千瓦时，同比增长166.4%；光伏发电2.2亿千瓦时，同比增长343.2%。

2015年，主网统调统分电厂上网电量为1562.2亿千瓦时，同比下降0.2%，平均利用小时数为3345小时，同比下降10.9%。其中：水电为1249亿千瓦时，同比增长7.3%，平均利用小时数为3762小时，同比下降3.2%；火电为301.5亿千瓦时，同比下降24.3%，平均利用小时数为2320小时，同比下降32.3%（燃煤火电机组上网电量为278亿千瓦时，平均利用小时数为2297小时，同比下降28%）；新能源为11.7亿千瓦时，同比增长198.9%，风电平均利用小时数为2452小时、光伏为1531小时。

2015年，主网供电量为1474亿千瓦时，同比下降0.4%。全年省调机组日最高网供用电负荷2826.4万千瓦，同比增加137.3万千瓦，同比增长5.1%；日最大网供用电量5.49亿千瓦时，同比增加0.17亿千瓦时，同比增长3.28%，均发生在8月初。日均网供用电负荷率79.88%，同比下降0.49%。

2015年，全省全社会累计用电量1992亿千瓦时，同比下降1.11%。其中：第一产业用电12.4亿千瓦时，同比增长7.69%；第二产业用电1360.8亿千瓦时，同比下降4.43%；第三产业用电278.4亿千瓦时，同比增长9.04%；城乡居民生活用电340.8亿千瓦时，同比增长5.14%。工业用电量1321亿千瓦时，同比下降4.40%。

四川省2015年全社会用电量分类表

表1　　单位：万千瓦时

产　业　类　别	电　量	同比
全社会用电总计	19924010	-1.11%
A、全行业用电合计	16515991	-2.31%
第一产业	123957	7.69%
第二产业	13608463	-4.43%
第三产业	2783571	9.04%

续表 1

产　业　类　别	电　量	同比
B、城乡居民生活用电合计	3408019	5.14%
城镇居民	2003174	7.18%
乡村居民	1404845	2.37%
一、农、林、牧、渔业	123957	7.69%
二、工业	13214668	-4.40%
1.轻工业	1493361	1.02%
2.重工业	11721307	-5.05%
三、建筑业	393795	-5.22%
四、交通运输、仓储、邮政业	366311	3.70%
五、信息传输计算机服务和软件业	210329	18.43%
六、商业、住宿和餐饮业	971255	7.84%
七、金融房地产商务及居民服务业	525405	11.59%
八、公共事业及管理组织	710271	9.18%

【外购外送情况】2015 年，四川主网外送电量 193.51 亿千瓦时，同比增长 32.49%。外购电量 11.49 亿千瓦时，同比增长 159.05%。国调电站留川电量 129.51 亿千瓦时（其中：锦屏、官地留四川电量 67.19 亿千瓦时；向家坝留四川电量 39.07 千瓦时；溪洛渡留四川电量 23.24 亿千瓦时），同比增长 49.47%。二滩送重庆电量 35.68 亿千瓦时，同比增长 15.93%。

二、强化电力生产计划执行，加强电力供需平衡调节

【制定和实施电力生产计划】为维持电力生产秩序，维护各类发电企业的利益，在充分征求各方意见的基础上，制定出台了 2015 年节能调度电力生产计划。在实际调度中，强化计划执行的刚性和公平性，在发电矛盾突出的情况下，基本确保了完成进度的一致性。

【认真做好日常电力调度监控工作】每季度召开电力调度信息披露会，发布电力生产调度情况，帮助电力企业、市州经信委等有关单位协调解决在电力运行中遇到的问题，较好地维护了电网经营企业和并网电力生产企业的合法权益，保证了电力生产安全稳定运行。加强预警预测和运行监测分析工作，及时跟踪了解发电生产情况，每月坚持对发用电情况进行汇总分析和上报。针对运行中出现的重大问题或特殊情况，及时召开电力运行专题会议进行研究，制定对策措施，解决具体问题。

【加强水位调控和水情预测监控】加强对省内有调节能力水电站的水位调控，保证二滩、瀑布沟、宝珠寺、紫坪铺等电站进入枯水期前水库蓄至最高水位。会同省电力公司制定了有季调节及以上能力的二滩等 20 个水库电站的消落计划，并按计划消落水库水位，充分发挥水电资源最大效益。及时掌握河流来水情况、气象情况和水库蓄水情况，合理调度，在保障电力供应的同时，积极采取措施减少水电弃水。

【进一步优化火电运行方式，为水电腾出发电空间】尽可能压减火电开机方式，丰水期以最小方式运行，仅 6 台燃煤火电机组按照电网安全约束开机运行，日上网电量不到 5000 万千瓦时，较上年同期减少 1000 多万千瓦时。5-10 月火电发电量同比减少 11 亿千瓦时。继续开展自备火电厂停机替代工作，为水电腾出发电空间，全年自备替代交易电量超过 30 亿千瓦时。同时，组织协调火电开机保养政策，在尽量不增加弃水的情况下，对长期停运、备用机组和运行机组适当安排一定的发电时间进行保养性的运行，更好地保障电网长期安全稳定运行和可靠供电。

三、全力做好水电外送工作

【最大限度利用外送通道】动态跟踪川渝洪板线潮流，及时调整川电外送功率，外送电量较上年大幅提高。针对西北电网提出降价消纳四川水电的情况，省经信委及时召集省级有关部门和部分发电企业代表进行会商，积极争取国家发改委和国家电网公司的支持，确保德宝直流送西北的稳定外送。

【积极协调平水期外送】2015 年 10 月，西北电网风电和光伏发电大量富余，国家电网公司计划安排德宝直流从 11 月 1 日开始反向送电，将西北地区的风、光电通过德宝直流、川渝交流经四川送向华中电网。按照这一安排，11 月将有 10 亿千瓦时电量被迫弃水，省经信委及时向国家发改委和国家电网公司进行汇报争取，请求推迟德宝直流反向送电时间。在国家发改委和国家电网公司的支持下，四川电网在 11 月上旬继续保持丰水期运行方式外送，确保了 11 月没有弃水情况的发生。

四、实施政策组合，拉动用电增长

【继续深化扩大直购电试点】按照国家电力体制改革有关精神，结合省委省政府工作部署，进一步深化直购电试点。一是电量规模上，从 2014 年 90 亿千瓦时扩大到 300 亿千瓦时，参加的电力用户分三批次进行，第一批 51 户，第二批 70 户，第三批 412 户，合计 533 户。二是覆盖范围上，全省年用电量 1000 万千瓦时以上用户基本都纳入了试点范围，重点支持符合国家产业政策、环保和节能减排政策的高端装备、新能源、电子信息、新材料等战略型新兴产业和电解铝、钒钛、氯碱等传统清洁高载能行业。三是交易方式上，交易电量、交易价格完全由发电企业、试点用户协商确定。全年完成直购电量 290 亿千瓦时，降低工业用户电力成本 16 亿元左右。

【完善富余电量政策】为充分发挥水电资源优势，有效减少水电弃水，促进工业经济稳增长，年初省经信委会同省发展改革委等部门出台了《关于促进 2015 年富余电量消纳政策的通知》（川经信电力〔2015〕28 号）。5 月，根据省政府办公厅《关于加强资源要素价格管理稳定工业经济增长的通知》（川办发〔2015〕30 号）精神，省经信委出台了《关于进一步减少水电弃水促进经济增长的通知》（川经信电力函〔2015〕354 号），决定对有增量的企业，鼓励基数电量的 8%参与富余电量消纳，富余电量政策由增量适当扩大到存量，加大对工业经济稳增长的支持力度。实施范围由主网直供区进一步扩大到主网代管、控股和独立地方电网公司内的重点工业企业，从工业企业扩大到生产性服务企业和科技服务企业。月度增量电量采取挂牌交易的方式进行，发电企业自愿参与。全年实施富余电量 35 亿千瓦时，降低工业企业用电成本约 5 亿元。

【继续稳步实施留存电量】2015 年，省经信委会同省发改委批复三州实施留存电量 80 亿千瓦时，甘孜、阿坝、凉山州分别为：26.6 亿千瓦时、35.4 亿千瓦时、18 亿千瓦时。全年实际执行留存电量 68.4 亿千瓦时，仅凉山州按批复电量执行完成，甘孜州受眉山铝业、瑞能多晶硅等高载能企业用电下降影响，实际执行 18.5 亿千瓦时；阿坝州受电解铝、工业硅以及电石等行业企业用电下降影响，实际执行 31.9 亿千瓦时。留存电量政策的实施，有力地促进了少数民族地区和欠发达地区经济社会发展。

五、深化替代发电政策，开展超欠发电量清算

【替代发电】2014 年省经信委出台了《四川省替代发电实施细则（试行）》，水电、火电通过完全自主协商的方式实施替代发电，达到减少弃水、节能减排的目的。结合 2014 年实施情况和国家发改委的要求，2015 年年初，省经信委会同省发改委修改完善并制定了《四川省替代发电补偿措施（试行）》，进一步完善了该政策。

【超欠清算】根据省发展改革委、省经济和信息化委、四川能源监管办、省能源局《关于印发〈四川省统调统分公用燃煤机组电价补偿试行措施〉的通知》（川发改价格〔2015〕113 号）和省经济和信息化委、省发展改革委《关于印发〈四川省替代发电补偿措施（试行）〉的通知》（川经信电力〔2015〕122 号）的精神，省经信委对 2014 年燃煤机组上网发电量进行了清算，共计清算燃煤机组欠发电量 95.2 亿千瓦时，水电超发电量 40.7 亿千瓦时。

六、积极推进电力需求侧管理工作

【开展电力需求侧考核工作】按照国家发改委《关于开展 2014 年度电网企业实施电力需求侧管理目标责任考核的通知》要求，组织了省节能监察中心等有关单位的专家，组建了年度工作考核组，对电网 2014 年度电网公司开展电力需求侧管理目标责任落实情况报告进行了认真审核，按照考核工作手册要求，从内容核对、电力电量节约量技术审核、电力需求侧管理措施落实情况等方面进行了全面考核，撰写了考核评价报告并按时上报国家发改委。4 月中下旬，完成了四川省对浙江省的考核和上海市对四川省的考核工作。

【启动绵阳市工业领域电力需求侧管理试点工作】组织召开了绵阳市工业领域电力需求侧管理试点工作会议，搭建能源专家和工业企业面对面交流平台，部署绵阳市电力需求侧管理试点工作，明确四川长虹等 8 家工业企业作为该市第一批电力需求侧管理试点单位，引导与工业领域需求侧管理促进中心、第三合同能源管理机构签订了战略合作协议，建立互惠互利共赢机制。

七、依法履行电力行政管理职责，做好电力设施保护执法工作

【认真清理和规范电力行政权力事项】为贯彻落实《四川省人民政府关于 2014 年深化行政审批制度

改革工作的意见》（川府发〔2014〕7号），确保省、市（州）、县（市、区）三级行政审批项目规范统一，督促各市（州）建立电力行政审批权力目录事项，完善电力行政处罚责任清单及电力行政处罚流程图，规范电力设施保护区施工作业许可审批行为。

【加强电力设施保护工作】为强化电力设施保护工作，按照习近平、李克强等中央领导和省委、省政府领导关于加强安全生产工作的重要指示精神，8月24日印发了《关于开展电网设施重点隐患排查整治工作的通知》（川经信电力函〔2015〕604号），9月28日印发了《关于开展高危和重要用电企业供用电安全隐患排查整治工作的通知》（川经信电力函〔2015〕706号），在全省全面开展安全生产大检查、大排查，彻查安全隐患，有效防范和坚决遏制了重特大安全事故发生。

【积极开展全省平安电力创建活动】省经信委积极配合省公安厅牵头组织开展的全省“三电”设施安全保护工作，切实搞好“平安电网”“平安电站”创建活动为主要内容的全省平安电力创建活动。检查、指导市州开展电力设施保护和供用电秩序维护工作，督促发电企业、电网企业落实平安电力创建措施，参加年度创建工作考核。按照“三电”省级联席会办公室要求，牵头会同省公安二分局、四川能源监管办、省能源投资集团公司组成“三电”工作督导检查工作组，对宜宾、乐山、眉山三市的“三电”设施安全保护工作监管责任情况、“三电”企业主体责任落实情况、电力设施安全隐患排查情况、平安“三电”创建活动等情况进行督查，促进四川省“三电”设施安全保护工作更加有效开展。全省盗窃破坏电力设施案事件率大幅降低，未发生重特大事件。

【妥善处置电力安全运行中的纠纷】2015年，针对电力企业和用户反映的问题和矛盾，加大协调和执法力度，一是协调处理了蓬溪县青山水泥建材有限公司欠费停电纠纷；二是指导乐山市经信委协调500千伏布坡线与乐山鑫达公司探矿权纠纷；三是协调110千伏甘龙线下方新建寺庙房屋危及线路安全运行问题。四是协调夹江县甘江镇艾度村区域内特高压线路隐患。五是协调省能投公司110千伏双龙线—上罗输电线路建设跨越国网线路相关问题。通过协调，化解矛盾，依法解决问题，防止了电力安全事件发生。

八、认真做好供电营业区管理和小火电机组关停工作

【做好供电营业许可证换发工作】2015年共计完成12个“供电营业许可证”的换发工作，涉及5个市（州）和1个省级公司。

2015年“供电营业许可证”换发情况统计表

表2

序号	市(州)	数量	备注
1	攀枝花市	1	
2	眉山市	1	
3	宜宾市	6	
4	广安市	2	
5	达州市	1	
6	能投股份	1	属省级公司
合计		12	

【按期完成小火电机组关停任务】2015年国家能源局下达四川省4.3万千瓦的小火电机组关停目标任务，省经信委根据国家相关规定，进行了关停计划下达和关停后的现场核查验收工作，全年实际完成6个企业、13台机组、4.7万千瓦容量的关停工作，超额完成国家下达四川省关停小火电机组的目标任务，并及时向社会进行了公告。6户关停小火电企业分别为：泸州北方化学工业有限公司、沐江煤电有限责任公司、四川犍为滴水岩煤业有限公司发电厂、乐山市广盛焦化有限公司、凉山州益门煤矿自备电厂、自贡鸿鹤化工股份有限公司。

九、推进流域优化调度，修改完善流域梯级补偿办法

【流域优化调度】2015年，在前期开展流域水电调研的基础上，结合各流域水电站运行实际，推进流域梯级水电统一调度，进一步优化调度方式。同时按照省政府法制办修订法律法规要求，开展了《四川省流域梯级水电站间水库调节效益偿付管理办法》（四川省人民政府令第95号）修订稿的研究工作，提出了初步草案。（王　卫）

四川省能源局

【四川省能源局涉及电力职责及机构名单】四川省能源局为四川省发展和改革委员会管理的行政机构。涉及电力方面的职能主要有监测电力发展情况，拟订电力发展规划、年度计划和政策并组织实施；提出电力发展布局，负责审批、核准、备案、转报电力项目和建设管理；提出电力结构调整意见，统筹协调电力“上大压小”工作，参与节能发电调度、直购电试点相关工作；提出电力改革政策和方案，推进电力体制改革。

省能源局内设综合处、电力处、煤炭处、油气处、新能源和可再生能源处 5 个处室。

2015 年，省能源局主要领导有，省发展改革委党组成员、副主任、省能源局局长雷开平，副局长李明騄、邓超。

【2015 年省能源局涉及电力工作】2015 年，省能源局按照职能职责，做好电力行业发展的相关工作。编制了《四川省“十三五”电力发展规划》和重点课题研究，抓好重点电网、火电项目的建设投产，积极推进重大电网、火电项目的前期工作和核准开工，注重电力民生建设，加快农网升级改造工程，全面完成了无电地区电力建设目标任务。加强电力运行“丰余枯缺”的预警预测和重大政策研究，做好保障电力供应有关工作。推动电力行业节能减排。参与了电力监管和体制改革工作。

【重大规划课题和政策研究】

1. 组织编制了《四川省电力需求预测及 2016—2020 年供需平衡分析》报告，并上报国家能源局，同时参加了国家能源局专题研究会议。

2. 编制了《四川省“十三五”电力发展规划》（初稿）、《四川省 “十三五”农村电力发展规划研究》。

3. 根据《国家能源局关于农村电网改造升级“十三五”规划编制工作有关要求的通知》（国能新能〔2015〕92 号）要求，组织编制了《四川省“十三五”农村电网改造升级规划》《四川藏区“十三五”农村电网改造升级规划》，并组织各市州与电网企业进行了对接。

4. 根据国家能源局《国家能源局关于促进低热值煤发电产业健康发展的通知》要求，编制了《四川省 2016—2020 年低热值煤发电专项规划》。开展了规划环评工作。

5. 根据省委、省政府印发《2015 年全省十项民生工程及 20 件民生大事实施方案》明确全面实现全省无电村通电作为全省 20 件民生大事要求，组织相关部门对无电村情况进行了研究，与财政厅联合印发了《全面实现全省无电村通电 2015 年补充计划实施方案》，并组织实施。

6. 组织编制《四川省新能源汽车充电设施规划》

【完成省委省政府交办的重点事项和任务】

1. 根据四川省“十三五”电力负荷预测和电源建设进度安排，向国家能源局上报了四川省“十三五”电力富余及水电外送有关情况的报告。

2. 根据省政府批示要求，开展“四川省富余电量消纳对策研究”，被评为国家能源局能源软科学研究优秀成果奖。根据课题研究，向省政府报送了关于四川省富余水电消纳推进方案，提出消纳四川省富余水电的政策措施，省政府印发全省。

3. 根据国家能源局要求，组织省电力公司等单位研究了四川第四条特高压直流外送工程起点，并上报国家能源局。

【加快推进重大项目前期工作】

1. 于 7 月初核准了神华四川天明电厂。

2. 核准批复了会东等 5 个 500 千伏输变电工程，兰渝铁路广元牵引站等 11 个 220 千伏输变电项目。

3. 为便于 110 千伏核准权限下放后，各市州按照规划进行核准，编制并下达了 2015 年电网项目核准计划。

【加快重大项目建设推动电力投资】

加快攀钢煤矸石综合利用发电机组、宣汉 500 千伏等输变电工程，无电地区电力建设和农网改造升级工程。督导检查了无电地区电力建设和农网升级改造工程进展。

一是加快大中型水电项目建设。大渡河双江口水电站（200 万千瓦）获国家核准；杨房沟水电站（150 万千瓦）经省政府常务会议审议通过核准；在建大渡河双江口、猴子岩、长河坝、黄金坪、大岗山、枕头坝一级、雅砻江两河口、桐子林，以及水洛河、木里河流域大中型水电项目建设进展顺利；金沙江苏洼龙、叶巴滩水电站取得“三通一平”开工批复，前期工作加快推进；大渡河黄金坪、大岗山等8个水电站（总装机容量424万千瓦）完成蓄水验收；大渡河枕头坝一级、雅砻江桐子林等6个水电站（总装机容量212万千瓦）开展启动机组验收。

二是加快电网项目建设。核准批复了会东等7个500千伏输变电工程，兰渝铁路广元牵引站等11个110—220千伏输变电项目。新都桥500千伏输变电工程、凉山普格等5个220千伏输变电重点工程、成都南一环等12个110千伏输变电工程建成投运。18个110千伏以上电网项目建成投产，变电容量460万千伏安，线路936公里。

三是火电项目建设。加快攀钢煤矸石综合利用发电机组项目和神华天明电厂建设，完成投资18.4亿元。

【民生工程】

1. 筹备并召开了副省长王宁主持的全省无电地区电力建设工作会议。

2. 筹备并召开了副省长甘霖主持的全省农网改造升级电视电话会议。

3. 筹备并召开了国家能源局西南、西北片区农网改造升级工作会议，并介绍相关经验。

4. 全年争取到农网和无电总投资170亿元，居全国第一。其中中央预算内资金38.1亿元。其中无电地区电力建设9.9亿元，总投资20.5亿元；农网改造升级工程第一批7亿元，总投资46.7亿元，第二批21.2亿元，总投资100亿元。

5. 加快实施农网升级改造和无电地区电力建设等民生工程。全面解决无电人口用电问题工程累计完成投资30.5亿元，解决了8.0万户33.2万无电人口的用电问题，其中2015年无电地区电力建设解决了2.33万户10.41万人通电问题。省政府全面实现无电村通电完成投资解决5.7万户22.8万人用电问题。到2015年年底，四川省无电人口用电问题得到全部解决。

6. 加快2016年农网改造升级前期工作。完成可研报告审查工作，总投资约200亿元。

【其他重大工作】

（一）电力供需情况

截至2015年年底，全省电力总装机8493万千瓦，其中水电6759万千瓦；火电1624万千瓦；风电73万千瓦，太阳能光伏发电36万千瓦。全年关停小火电机组4.4万千瓦，火电单机容量30万千瓦以上机组达到1126万千瓦。全省抽采煤矿瓦斯4亿立方米，利用2亿立方米，煤矿瓦斯发电装机10万千瓦。全省累计发电量3081亿千瓦时；其中水电、火电发电分别2640亿、429亿千瓦时。

全省用电量1992亿千瓦时，全年外送电量1226亿千瓦时。

（二）制定相关政策措施

向省领导报送了电力保障及富余水电消纳措施的建议意见。按照省领导批示，积极促进和配合有关部门研究了大用户直购电方案、水火替代方案。参与研究了燃煤火电补贴方案，留存电量方案等。参加了国家发展改革委组织的电力体制改革座谈会。

正在组织制定全省电动汽车充电设施建设运营办法。

（曾智斌）

国家能源局四川监管办公室

【概况】国家能源局四川监管办公室（以下简称四川能源监管办）是国家能源局派驻四川的机构，是根据《中央编办关于国家能源局派出机构设置的通知》（中央编办发〔2013〕130号）、《国家能源局关于印发〈国家能源局派出机构主要职责内设机构和人员编制规定〉的通知》（国能人事〔2013〕438号），在原国家电力监管委员会四川电力监管专员办公室基础上设立，于2013年12月16日正式挂牌。

【机构基本情况】

领导班子：党组书记、专员张健（2015年10月因年龄原因退出现职），党组成员、专员助理马军杰（2015年10月起主持全面工作），党组成员、综合处处长高晓楠。

内设机构：综合处、市场监管处、行业监管处、电力安全监管处、资质管理处、稽查处。

主要职责：监管电力市场运行，规范电力市场秩序；监管电网和油气管网设施的公平开放；监管电力调度交易，监管电力普遍服务政策的实施；负责电力等能源行政执法工作，依法查处有关违法违规行为，监督检查有关电价；负责除核安全外的电力运行安全、电力建设工程施工安全、工程质量安全的监督管理以及电力应急和可靠性管理，依法组织或参与电力事故调查处理；负责组织实施电力业务许可以及依法设定的其他行政许可；负责法律法规授权以及国家能源局下达或交办的有关事项监管。

【电力安全监管】2015 年，四川电力系统未发生电网事故、水电站垮坝、漫坝事故。全省未发生电力生产安全事故、电力生产设备事故，发生 1 起电力工程建设事故、1 起自然灾害事件，死亡 1 人。

1. 组织开展安全大检查。印发《关于开展电力行业安全生产大检查的通知》，组织四川电力行业开展安全生产大检查工作。“8·12”天津港事件后，迅速成立办党组成员任组长的三个督查组，于 8 月 18 日分别对中国水利水电五、七、十局、国电成都金堂发电有限公司、部分承装（修、试）企业开展专项督查。

2. 应急预案管理工作。结合四川电力行业实际，印发《四川电力应急预案管理实施细则》。建立了来自各方共 144 人的应急专家库，完成应急预案评审工作 57 家单位，完成备案工作 31 家单位。

3. 开展电力建设工程安全监管。5-9 月，部署了全省电力行业开展电力建设工程落实施工方案专项行动工作，结合四川电力建设工程特点开展“六整治五落实”工作。7 月，启动了 2015 年四川电力工程质量专项监管工作，组织各有关电力企业开展电力工程质量自查工作，并重点抽查了四川小金河水电开发有限责任公司关州水电站、国网四川省电力公司九江 500 千伏输变电工程、国电大渡河公司沙坪水电站等电力建设工程。

4. 开展在建电力建设工程防范地质灾害专项演练。3 月，印发《关于继续开展在建电力建设工程防范地质灾害专项演练的通知》，要求各电力建设企业结合本企业电力建设工程项目的实际，认真开展专项演练，提高对突发地质灾害事件的应急处置能力和现场人员的逃生能力。

5. 开展安全培训。印发《关于开展四川电力安全培训工作的通知》和《关于开展四川电力承装（修、试）企业电力安全培训工作的通知》，组织四川电力企业开展电力安全培训工作。全省开展电网类培训 14 期，1354 人；电建类培训 13 期，约 2000 人左右；发电类培训 7 期，454 人。

6. 其他工作。按照国家能源局要求，继续开展四川水电站大坝安全监管、电力可靠性监管、电力网络信息安全、电力监控系统安全监管、电力行业反恐怖防范等工作。

【市场监管】

1. 加强统计分析，出台有关监管规则和报告。利用电力监管统计信息系统，统计分析四川省电力公司和全省 200 余家统调发电企业报送的电力生产消费、电力企业财务经营状况，组织报送和初审四川省 2014 年度监管统计年报数据，参与和配合华中局对华中区域能源（电力）监管统计年报审核工作，建立天然气信息报送制度，编写季度电力供需监测报告。组织开展电力监管国家标准计划项目建议的征集工作，促进电力监管标准体系完善。组织有关电力企业讨论修订四川省电力用户与发电企业直接交易规则，编写四川省电力市场交易规则。为优化电网开机方式和发电组合，加强火电机组最小技术出力管理，促进水电最大限度的消纳，更好地保障电网长期安全稳定运行和可靠供电，组织研究制定了《关于加强四川电网火电机组运行保养促进水电消纳的实施意见》。

2. 认真开展研究，积极献计献策。在国家能源局拟定《关于解决水电大省火电企业生存问题的建议》《关于创新用电机制，实施“电一企”直供加速培育“攀西战略资源创新开发试验区”龙头钛产业企业的建议》《关于降低天然气价格的建议》等重要文件期间，提出意见和建议。与省政府政研室研究国家能源局《水电基地弃水驻点四川监管报告》，撰写解决四川弃水的建议报告，省主要领导高度重视并作出批示，要求有关部门研究并提出意见；积极参与能源规划工作，为四川省开展“十三五”能源规划建言献策，并协助华中监管局开展华中区域能源发展规划研究和协调工作。协助国家能源局市场监管司、省发改委、省能源局、省民营经济工作领导小组办公室办理全国人大、省人大、省政协有关意见和提案的回复。

3. 维护市场秩序，提高供电质量。组织召开四川省电力行业厂网联席会，披露电力调度交易信息及相关电力政策和动态；深入油气企业调研，听取各方意见建议。进一步完善“两个细则”考核补偿，将具备条件的地震受灾电站纳入“两个细则”管理。落实新建发电机组商业运营审批后续管理和监管工作。参加四川省 2014 年度外送电价差和留川电量价差收入清算检查。配合华中局开展跨省梯级电站优化调度工作，充分利用水电资源和加强电力调度监管。开展四川省供电服务检查、四川省农村电网升级改造情况专项检查。开展四川省农村用电满意度调查，做到全川覆盖，特别是对百万人口大县的调查，将在2016年向社会发布调研成果。督导供电企业解决无电地区无电人口用电问题，现已全面完成。

4. 开展专项监管，落实有关政策法规。开展2015年电力调度交易监管暨规范电力市场秩序专项监管、油气管网项目审批简政放权落实情况专项监管、电网企业回购电源项目自建配套送出工程专项监管、新建电源项目投资开发秩序专项监管，参加2015年锦苏特高压直流输电工程及四川锦屏一、二级、官地水电站送出500千伏交流配套工程投资成效专项监管、电网企业输配电成本专项监管，开展2015年重点行业淘汰落后和过剩产能有关工作。

5. 参与电力体制改革，推动市场化建设。认真落实国家发改委、国家能源局、省政府关于电力体制改革的各项部署，积极参与电力体制改革试点工作，稳步推进四川省电力市场化改革。按照四川省电力体制改革专题会议确定的分工，组织编写《四川电力市场建设方案》和《四川电力交易机构组建和规范运行方案》。

【资质管理】2015年，发电类电力业务许可证新颁发46个，累计核发1424家，豁免1000千瓦以下小水电企业1510家；供电类电力业务许可证变更6个，累计核发249家；电工进网作业许可证新颁发9636个，累计颁发98629个；承装（修、试）电力设施许可证新颁发37个，累计颁发572个。

1. 实施阳光审批。进一步完善电力资质管理在线办理系统，将所有审批事项纳入网上审批，全面实现网上申请、网上审批、网上监督和证前、证中、证后的非现场动态监管，提高了行政许可的规范性、透明度。在门户网站设置专栏公开办事指南、办事流程、咨询电话，为企业和群众提供方便。2015年还通过这一系统开展了三级以上承装（修、试）企业持证能力专项监管的自查。

2. 开展专项监管。开展110千伏及以上在建电网工程执行承装修试电力设施许可制度情况专项监管，针对检查中发现国网系统电网建设市场不开放，民营企业难以直接进入电网建设一级市场、存在超越许可等级分包的情况、存在变相提高招标条件的情况等问题，向国家能源局提出了建议和意见。开展燃煤发电机组执行电力业务许可制度情况的专项监管，已完成全省44家燃煤发电企业自查阶段工作。开展三级以上196家承装（修、试）电力设施企业开展持证能力专项监管。

3. 加强电工考试点管理。加大电工考试点的巡考力度，严肃考场纪律，确保考试成绩的真实有效；对考试点严格要求，一旦出现作弊等问题，将直接取消其考试点资格；为了保证特种电工每种专业每月都有班次，方便企业取证，要求3个特种电工考试点交替轮流开班。

【能源执法】

1. 切实规范用户受电工程市场秩序。一是开展全省用户受电工程市场相关法律法规、文件政策以及监管平台使用规则培训，宣贯监管政策，辅导相关人员熟练掌握平台使用规则。二是全省供电企业分三批在2015年7月1日前，启用四川省用户受电工程市场信息与监管平台办理用电业务。2015年，监管平台共受理6754笔用电业务。三是加强用户受电工程市场运行情况监控，及时督促有关供电企业、市场主体按照要求办理业务。四是开展四川省用户受电工程市场秩序专项监管，目前已经基本完成对供电企业的现场检查。

2. 扎实开展能源监管投诉举报工作。一是明确四川能源监管办投诉举报受理范围，投诉举报处理的内容、目标以及依据。二是健全完善四川能源监管办投诉举报处理工作机制，推动建设与能源企业服务热线的联动机制。三是梳理投诉举报事项和处理依据，制定典型案例的处理预案。2015年，共受理投诉举报46件，办结43件（含上年转结的10件），回访43件，平均办结时间34天，回访率100％。

3. 推进能源行业节能减排。一是启动四川省燃煤机组节能减排升级改造专项监管，相关企业已经按照要求完成自查，四川能源监管办正在完善现场检查方案。二是完善四川能源行业大气污染防治工作信息报送制度，确保大气污染防治工作信息的有效性和实效性。三是协助国家能源局大气办完成对四川省环保专项行动的抽查、开展水电利用调研等工作。此外，密切配合省级有关部门，做好相关执法工作，参与制定了大气污染防治、节能环保产业发展、污染物总量减排和垃圾焚烧发电设施建设等政策文件。

4. 严肃查处违法违规行为。立案查处了四川省岳池县石垭建安总公司、四川省南充市水电工程有限公司违规出租“承装（修、试）电力设施许可证”资质的行为，对其分别处以2万元的罚款，并责令整改。

【机关建设】

1. 深入开展党建工作。一是加强机关党组织建设，完成了机关党办的组建工作，机关各党支部正式开展工作。二是加强制度建设，制定了党风廉政建设工作要点和实施细则，完善健全了规章制度。三是落实廉政责任，举办了基层党组织主体责任培训班，抓好党风廉政建设责任制和八项规定、反四风的落实。四是加强廉政学习，通过参与省直机关工委组织的党建工作研讨和培训、主要负责人上党课、典型案例分析讨论和集中开展廉政教育活动等方式，增强了党员干部廉政意识。

2.加强干部队伍建设。一是认真开展“三严三实”专题教育，通过办领导讲党课、组织学习有关理论和书籍并进行学习心得讨论交流、观看教育片、开展“廉政建设大家谈”等活动，提高干部素质和修养水平。二是积极参加国家能源局和四川省组织的各种理论培训、监管能力培训、保密和法制等培训，提高干部业务能力。三是购买书籍、订阅报刊，组织干部开展自学。

3.认真落实有关工作。根据国家能源局的工作部署，加强了保密、信息公开、人事管理和财务管理等工作，完成了津补贴调整和工资改革工作，实施了干部轮岗方案，选派干部继续开展对革命老区巴中市巴州区的扶贫工作，机关综合管理水平进一步加强。

（卢宏亮）

电源建设与发电生产

责任编辑：姚国寿

2015 年，在四川从事电源建设和发电生产企业主要有：中国长江三峡集团公司、四川省投资集团有限公司、四川省能源投资集团有限公司、雅砻江流域水电开发有限公司、国电大渡河流域水电开发有限公司、国电四川发电有限公司、中国华电集团公司四川公司、华能四川水电有限公司、金沙江上游水电开发有限公司、中电建水电开发集团有限公司、中电投四川电力有限公司、中国大唐集团公司四川分公司、神华四川能源有限公司、四川省水电投资经营集团有限公司、四川省港航开发有限公司、还有映秀湾水力发电总厂、四川大唐国际甘孜水电开发有限公司、九寨沟水电开发有限责任公司、四川华能泸定水电有限公司、四川省能投风电开发有限公司等。

各电力企业按照规划，积极抓好电源建设，从事水电项目开发和火电项目开发。特别是四川水电开发为国家能源结构调整、节能减排，助推地方经济发展做出了重大贡献。各电力单位在电力建设中保质量、抓安全、加强环境保护，做出了成绩。

各发电企业面对错综复杂的市场形势，攻坚克难，努力发展电力生产，确保电力供应，不断强化内部管理，推进技术创新，加强成本控制，强化安全生产措施，抓好节能减排，努力减亏增盈，均取得了良好业绩。

中国三峡建设管理有限公司

【企业概况】中国三峡建设管理有限公司（简称中国三峡建设）是全球最大的水电开发企业和中国最大的清洁能源集团——中国长江三峡集团公司（简称中国三峡集团）的二级子企业，是一家为全球客户提供大中型水电工程、抽水蓄能电站、水利工程和公共基础设施等项目全产业链服务的工程投资、建设、管理和咨询公司。公司为国有独资企业，注册资本金20亿元，注册地为北京市海淀区。

中国三峡建设拥有国家水利水电施工总承包一级，对外承包工程资格证书，水利水电、道路、桥梁、环保水保项目管理咨询丙级，国家测绘局工程测量甲级资质，国家认监委、认可委的试验室计量认证和试验认可资质等证书。

中国三峡建设前身为原中国长江三峡工程开发总公司（简称中国三峡总公司），始建于1984年，由中国三峡总公司最核心的业务——水电开发建设业务发展而来。

30多年来，中国三峡建设在三峡、溪洛渡、向家坝、乌东德、白鹤滩、马来西亚沐若、巴基斯坦卡洛特电站等全球大型工程建设管理过程中，积累了丰富的项目投资、建设、管理经验，形成了一支年龄结构合理、专业配置齐全、建设管理经验丰富的专业人才队伍。2015年7月，为进一步强化核心竞争能力，传承与发展三峡工程为代表的大型水电建设管理经验，实施企业“国际化”战略，中国三峡集团系统整合水电开发建设专业技术力量，正式组建成立中国三峡建设管理有限公司。

【经营业绩】中国三峡建设是中国三峡集团大型水电工程开发建设的实施主体，全面承接中国三峡集团国内、国际水电工程开发建设业务。预计至2016年3月，公司建成水电装机4370.4万千瓦，在建水电装机2692万千瓦。其中，三峡、溪洛渡、向家坝、马来西亚沐若水电站装机规模分别为2250万千瓦、1386万千瓦、640万千瓦、94.4万千瓦，均已投产发电；在建的乌东德、白鹤滩、巴基斯坦卡洛特水电站设计装机规模分别为1020万千瓦、1600万千瓦、72万千瓦，计划2020年投产发电，届时全球装机排名前10位的水电站，5座由中国三峡建设开发建设。

此外，中国三峡建设还广泛参与抽水蓄能电站、风电、光伏电站、公共基础设施等工程项目开发建设，业务范围涉及水利、电力、新能源、交通、市政、设备制造和安装、输变电工程等，工程咨询和监理业务遍布国内外。开发建设了呼和浩特抽水蓄能电站，在建浙江长龙山抽水蓄能电站，承担了北京十三陵抽水蓄能电站监理和北京奥运会国家游泳中心（水立方）、北京市海淀区公租房、金沙江移民专项公路和桥梁工程等项目的建设管理任务，其中参与建成抽水蓄能电站200万千瓦，在建抽水蓄能电站210万千瓦。

中国三峡建设在多年业务发展中已经具备了项目投资开发整合能力、大型水电工程建设管理能力、水电技术与科技创新能力和水电标准引领能力。获得国家级科技成果奖12项，省部级科技成果奖70余项，建立工程质量和专业技术标准200余项，取得专利160余项。

【队伍与机构】中国三峡建设有中国工程院院士2人，享受政府特殊津贴专家10人，国家级突出贡献专家3人，新世纪百千万人才工程国家级人才2人；中级以上职称647人（其中正高级职称41人），占职工总数的60%以上；本科以上学历648人（其中博士17人），占职工总数的60%以上。2001年经国家人事部批准成立博士后科研工作站，通过与清华大学、武汉大学、河海大学、四川大学、中国水科院等国内知名高校及科研院所合作，培养了约30名博士后研究人员。

中国三峡建设设立董事会和监事会，下设11个职能部门、4个技术中心、4个项目部门，拥有长江三峡技术经济发展有限公司（简称三峡发展公司）和浙江长龙山抽水蓄能有限公司（简称长龙山公司）两家所属公司。

【发展理念】中国三峡建设是三峡品牌的主要传承者，将全面贯彻创新、协调、绿色、开放、共享五大发展理念，按照专业化、市场化、现代化和国际化的要求，全力打造成为世界一流的项目投资、建设、管理和咨询公司，为中国三峡集团创建国际一流清洁能源集团，让世界共享中国水电建设的先进成果，贡献更多的清洁能源，建设美好家园再续新篇章。

三峡金沙江川云水电开发有限公司

【企业概况】三峡金沙江川云水电开发有限公司（简称川云公司）是由中国长江三峡集团公司（简称中国三峡集团）、四川省能源投资集团有限责任公司（简称四川能投）、云南省能源投资集团有限公司（简称云南能投）根据《关于联合组建金沙江下游水电开发公司的框架协议》共同发起设立的有限公司，三方股权比例分别为70%、15%、15%，由中国三峡集团控股。

川云公司于2013年1月29日在四川省成都市注册成立，截至2015年12月31日，注册资本金为人民币340亿元，公司经营范围为水电开发、建设、投资、运营和管理，专业技术服务，清洁能源开发与投资。公司负责金沙江下游溪洛渡水电站、向家坝水电站的开发建设和运营管理。

【领导班子】川云公司领导班子由4人组成，包括副总经理3人和董事会秘书1人；公司设立综合管理部（董事会办公室）、经营管理部、资产财务部和质量安全部4个职能部门；公司下设2个分公司，分别为宜宾向家坝电厂和永善溪洛渡电厂。截至2015年年底，公司总部从业人员35人。

【经营情况】2015年4月29日，各股东追加川云公司资本金20亿元，川云公司注册资本和实收资本增加到340亿元。

12月30日，2015年预分红按照股东出资比例分配到位，中国三峡集团17.5亿元，四川能投、云南能投各3.75亿元。

三峡金沙江云川水电开发有限公司

【企业概况】三峡金沙江云川水电开发有限公司（以下简称云川公司或公司）是由中国长江三峡集团（以下简称中国三峡集团）、四川省能源投资集团有限责任公司（以下简称四川能投）、云南省能源投资集团有限公司（以下简称云南能投）根据《关于联合组建金沙江下游水电开发公司的框架协议》共同发起设立的有限公司，三方股权比例分别为70%、15%、15%，由中国三峡集团控股。

公司于2013年1月29日在云南省昆明市注册成立，截至2015年12月31日，注册资本金为人民币115亿元，公司经营范围为水电开发、建设、投资、运营和管理，专业技术服务，清洁能源开发与投资。

【领导班子】公司领导班子由4人组成，包括副总经理3人和董事会秘书1人；公司设立综合管理部（董事会办公室）、经营管理部、资产财务部和质量安全部4个职能部门；截至2015年年底，公司总部从业人员共有19人。

长江三峡设备物资有限公司

【企业概况】长江三峡设备物资有限公司是中国长江三峡集团公司全资子公司，前身为宜昌三峡工程设备有限公司，成立于2000年9月30日，注册资本5000万元，现有员工470余名，是中国物流与采购联合会常务理事单位、中国水利电力物资流通协会会员单位。

该公司在承担中国三峡集团多个大型水电工程设备物资供应管理的过程中，逐步形成了仓储管理、机电设备商务代理及应急采购、设备物资合同执行、起重运输及重大件码头管理、成品油与火工品特许经营五大板块特色业务，在中国三峡集团工程建设、电力生产和枢纽运行中发挥了重要作用。2004 年通过职业健康安全体系认证，2007 年通过质量管理体系认证，2013 年获得质量、环境、职业健康安全“三标一体”认证证书；同年被中国电力企业联合会评为 AAA 级（最高级别）电力行业信用企业；2014 年被中国仓储服务质量评鉴委员会评为“中国仓储服务金牌企业”。

【领导班子成员】

熊志刚，现任长江三峡设备物资有限公司总经理、党委副书记。

郑良成，现任长江三峡设备物资有限公司党委书记、副总经理。

刘铁兵，现任长江三峡设备物资有限公司副总经理兼任宜昌巨浪化工有限公司执行董事。

蔡肇斌，现任长江三峡设备物资有限公司副总经理。

张军仁，现任长江三峡设备物资有限公司纪委书记。

【机构设置】如图：

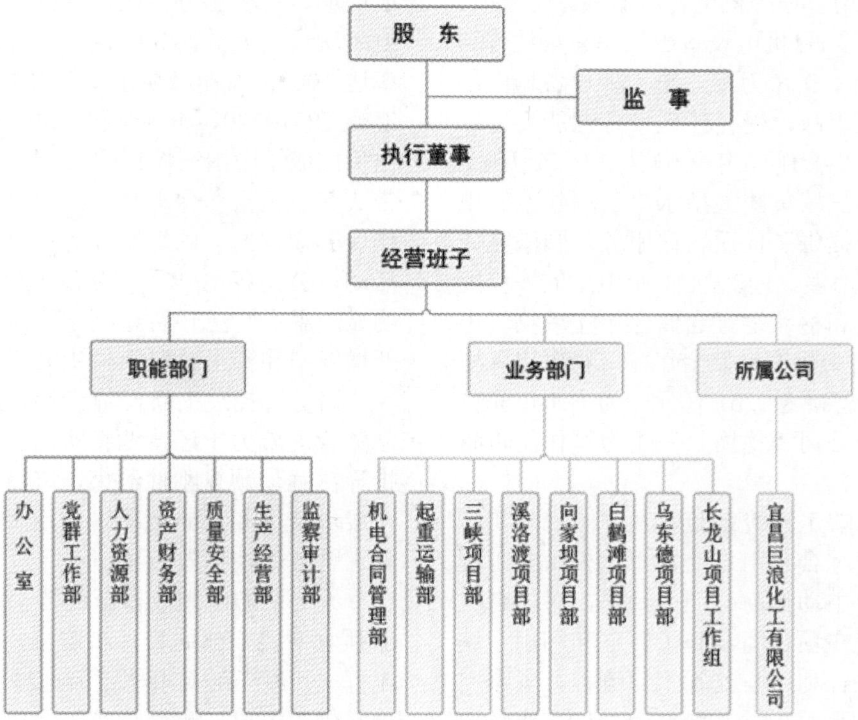

【职工队伍】截至 2015 年 12 月 31 日，该公司从业人数为 478 人（其中返聘 9 人），在岗职工 469 人；年平均从业人数为 484 人，在岗职工 474 人。公司领导 5 人，经理层级 26 人（经理 7 人、副经理 19 人），主管层级 77 人；硕士及以上学历 11 人，大学本科学历 149 人，大学专科学历 146 人；高级职称 18 人，中级职称 59 人，初级职称 33 人。

【企业主要生产经营指标完成情况】

2015 年该公司实现营业收入 20928 万元，超过考核目标值 2.09% ；实现利润总额 4958 万元，超过考核目标值 20.9%；实现成本费用率 77.24%，优于考核目标值 2.76 个百分点；实现劳动生产率 25.56 万元/人·年，超过考核目标值 18.9%。

【安全高效保障供应】乌东德、白鹤滩两电站核准是中国三峡集团 2015 年工作的重点，该公司举全员之力，选派优秀骨干参与筹建工程建设，高质量完成设备物资供应任务，为两电站具备大规模主体工程开工条件奠定了坚实基础。全年共执行业主统供物资采购合同 48 个，向 33 家施工单位、60 个施工项目调拨钢材、水泥、粉煤灰等主要物资达 69.5 万余吨；共执行金属结构、启闭机、缆机等设备采购合同 48 个，设备到货合计 252 批次，88178 箱件，保障了两电站坝肩边坡、地下电站、泄洪洞、缆机安装等施工项目的物资设备供应。严把物资现场交验和核销两个关键环节，报验各类物资 3483 批次，保障了工程建设原材料质量。

民爆器材和油料供应保障有力。成功经受住乌东德、白鹤滩工程民爆器材供应高峰期考验，单月炸药供应量超过 1400 吨，全年炸药供应量超过 1.2 万吨；民爆物品现场巡查有效改善了施工区涉爆安全形势，巨浪公司被评为湖北省“民爆行业安全生产先进单位”。公司受托管理的 3 座工程油库实现全年油料出入库 5.6 万吨；自主经营的 2 座加油站全年销售油品 588.4 万升，完成销售额 3507 万元。

【慎终如始抓好服务】该公司为三峡升船机、向家坝升船机、呼蓄电站最后 2 台机组提供了设备安装保供、到货设备现场管理等机电物流服务。向家坝、溪洛渡和呼蓄 3 个项目机电设备出入库总量达 764 批次、167286 箱件、9.8 万吨。重大件设备场内吊装运输全年安全无事故，受托管理设备性能良好，实现年吊装总量 3.24 万吨，年运输总量 0.71 万吨。

该公司为中国三峡集团大型水电工程建设、电力生产和枢纽运行提供了优质仓储服务。圆满完成三峡、葛洲坝、溪洛渡、向家坝 4 个电厂的岁修配套服务。工程建设和枢纽运行仓储全年完成物资出入库 3.55 万吨；电力生产仓储全年完成物资出入库 147 万项、出入库金额达 2.61 亿元，为大水电充分发挥中国三峡集团公司“稳增长”主力军作用贡献了力量。

高质量配合三峡工程竣工验收和中国三峡集团公司退场设备物资综合利用与处置。该公司在工程建设和电力生产中主动作为、调剂余缺，对多台大型设备和成批物资在项目间实施了转移和利用。编制退场设备物资综合利用与处置工作流程，安全完成向家坝 EL300 拌和楼制冷系统液氨处置，审核出库三峡区域报废管理性资产 2460 项。推动三峡坝区永久仓储设施的改造与利用、新建与扩建规划，为实现中国三峡集团仓储资源优化整合奠定基础。

【千方百计开拓市场】2015 年，该公司努力开拓内外部市场，谋求新业务增长点。经过多方努力，先后落实了向家坝、溪洛渡电站尾工阶段机电仓储业务，争取到长江电力葛洲坝电厂机组改造增容设备合同执行、浙江长龙山抽水蓄能电站和巴基斯坦卡洛特水电站两个新开工项目的设备物资管理业务，成立专门机构承担了中国三峡集团公司退场设备物资综合利用与处置日常工作并有效运转，乌东德机电设备场外大件运输业务正在积极推进。

目前首批人员已进驻长龙山项目工地，派驻卡洛特项目的人员将于下月初进场。这两个项目为公司参与集团公司后续抽水蓄能电站成批开发，谋划服务巴基斯坦科哈拉水电站乃至吉拉姆河流域梯级电站开发打开了突破口。

【提质增效加强管理，完善制度提升水平】2015 年修编发布 15 项制度，现有制度体系进一步完善。深入开展“提质增效”活动，员工素质和工作绩效显著提高。

该公司“三标一体”管理体系有效运行，专业服务质量稳步提升，安全生产环境持续改进。全年投入质量安全经费 442 万元，组织特种设备安全管理、危化品管理等各类安全生产培训 318 人次；开展各类应急预案演练 19 次，成功应对白鹤滩仓库边坡垮塌、乌东德办公区山体砂石滚落等突发险情；组织质量安全检查 391 次，消除隐患 275 项，整改率达 100%；发布《质量安全事故（事件）典型案例汇编（2010-2014 年）》和《部门及岗位工作标准》，出色完成了中国三峡集团 2 项三峡标准（《大型履带式起重机操作保养规程》《伸缩式皮带输送机操作保养规程》）的编写任务；全面开展“6S”管理活动，公司各生产区、办公区和生活区环境、秩序明显改观；广泛开展 QC 小组活动和科技创新活动，新增发明和实用新型专利 9 项。

财务管控迈上新台阶。围绕公司年度经营目标，财务管理着力于经营业绩实时跟踪、检查、分析和指导；强化预算刚性约束，坚持费用事前审批，公司成本费用率不断下降，公用经费实现连续三年下降，财务管控绩效凸显。

人力资源管理取得新成效。优化调整组织机构，加强对中层干部的管理和监督，规范干部选拔任用流程。开展干部人事档案清理核查 26 份，规范人事档案管理。进一步强化培训力度，全年培训员工达 600 人次。规范劳务派遣用工管理，将 104 名劳务派遣用工转为公司合同用工，依法构建和谐劳动关系。

【信息化建设取得新突破】在信息中心的支持下，该公司开展了中国三峡集团危化品数字化管理研究工作，目前基本实现危化品管理的可定位、可核查和可追溯；向家坝散装物料计量远程监控及磅单数据自动生成传输系统成功上线，有效堵塞了物资交验初始数据遭恶意修改的漏洞；持续拓展工程管理系统应用功能，实现退库与闲置设备物资的信息发布与查询；深度参与机电协同工作平台推广使用，积极参与二维码技术在机电设备全生命周期管理方面的应用研讨。公司被评为中国三峡集团年度信息化工作先进单位和多个系统应用先进集体。

向家坝水力发电厂

【企业概况】向家坝水电站位于四川省宜宾县和云南省水富县交界的金沙江峡谷出口处，是中国三峡集团在金沙江流域开发建设的梯级水电站群的最末一级，以发电为主，兼有防洪、航运、灌溉、拦沙及反调节等综合功能。向家坝电站左、右岸各安装4台单机容量为80万千瓦水轮发电机组，总装机容量640万千瓦，年平均发电量308.8亿千瓦时。向家坝工程于2006年11月正式开工建设，2012年11月5日首台机组投产发电，2014年7月10日实现全面投产发电。

向家坝水力发电厂(以下简称“向家坝电厂”)是中国长江电力股份有限公司的下属单位，主要负责向家坝水电站的运行维修管理、实物资产管理和生产成本控制等工作。向家坝电厂于2009年4月开始筹建，2012年2月27日正式成立。自筹建以来，向家坝电厂按照“强化电站责任、优化资源配置、深化精益管理、创建国际一流”的电力生产管理思路，有序完成了生产筹备、工程参建和接机发电各项工作，实现了电站的安全稳定运行，实现了发电效益的快速发挥，未来将致力于打造运行管理巨型电站、特大型水电机组的核心竞争力，努力实现“创建国际一流水电厂”的管理目标。

【领导班子成员】

厂长、党委书记：王建忠

副厂长、党委委员：周家明

党委副书记、纪委书记、工会主席：徐斌

副厂长、党委委员：刘明闪

副厂长、党委委员：梅雪东

总工程师、党委委员：宋晶辉

【机构设置】向家坝电厂内设综合管理部、党群工作部、生产管理部、安全监察部、运行部、机械水工维修部、电气维修部等7个二级部门；其中，综合管理部、党群工作部合署办公。

组织机构图如下：

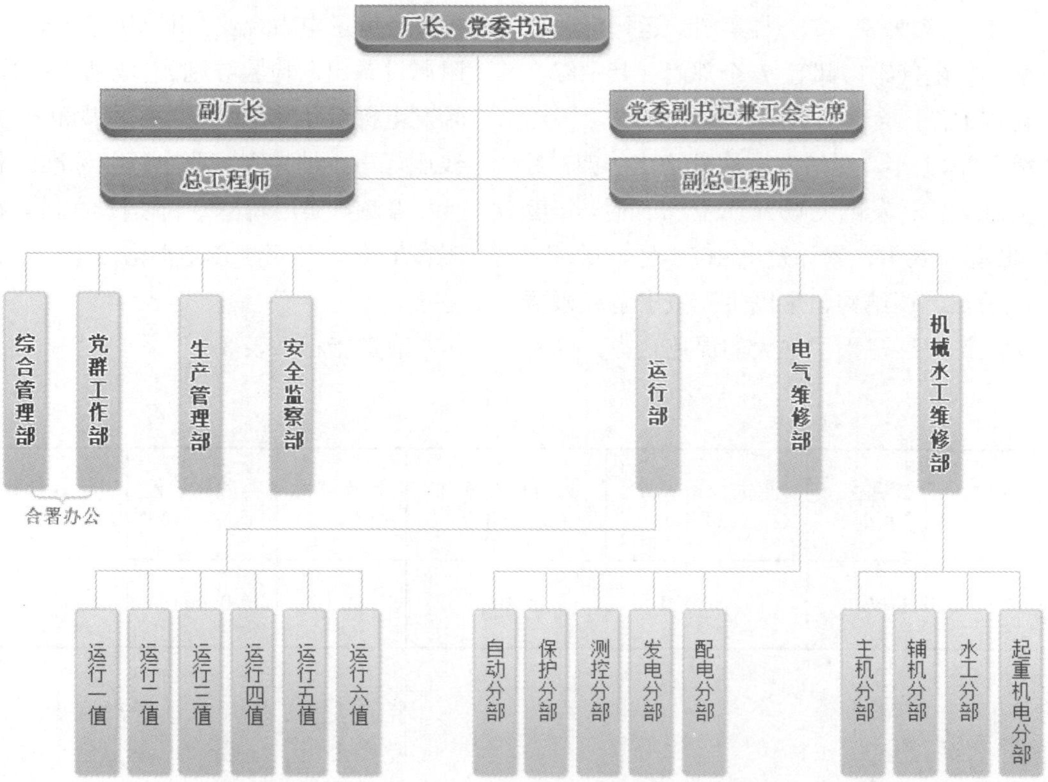

【职工队伍】截至2015年12月31日，向家坝电厂总人数471人，其中男职工384人、女职工86人，

35岁及以下青年职工400人，大专及以上学历为443人，有387人拥有各级职称。

【主要生产经营指标完成情况】自2012年首台机组投产以来，向家坝电站历年累计发电量突破800亿千瓦时，相当于减少原煤消耗2608万吨、减排二氧化碳6520万吨，为国家经济“保增长、调结构、惠民生”做出了积极贡献。

2015年，向家坝电厂安全生产形势持续向好，实现全年安全生产“零人身伤亡事故、零设备质量事故、零环保事件”的“三零”目标，连续安全生产天数达到1403天；全年未发生非计划停运事件，实现了“零非停”目标，连续“零非停”时间达到717天。2015年共发电307.46亿千瓦时。

2015年6月，以94.63%的得分率通过安全标准化一级企业达标评级，正式被国家能源局四川监管办评为“发电企业标准化一级企业”。12月以96.01%的得分率通过复查。

溪洛渡水力发电厂

【企业概况】溪洛渡水力发电厂是中国长江电力股份有限公司下属的生产单位，受三峡金沙江川云水电开发有限公司委托，负责溪洛渡电站的运行管理和发电生产成本控制。

溪洛渡水力发电厂于2009年4月30日开始筹建，2012年11月8日正式成立。初步定员460人，人均管理装机装量3万千瓦。内设综合管理部、党群工作部、生产管理部、安全监察部、运行部、机械水工维修部、电气维修部等7个部门（其中综合管理部与党群工作部合署办公）。

【经营业绩】2015年，溪洛渡电站自2013年7月15日投产以来，累计发电突破1058亿千瓦时，年度发电551.66亿千瓦时，累计发电1058亿千瓦时，为国家“保增长、调结构、惠民生”做出了积极贡献，为国家经济发展注入了强大的绿色动力，同时相当于减少使用标准煤4200多万吨，减排二氧化碳1.05亿吨、二氧化硫300余万吨、氮氧化物近160万吨，为建设美丽中国做出巨大贡献。

溪洛渡电厂以95.1%的得分率获得电力企业安全生产标准化一级企业称号，并以96.15%的得分率通过达标复查。

【创新成果】溪洛渡电厂2015年技术创新成果丰硕。主持修编了电力行业标准《DL/T 水轮发电机组及其附属设备出厂检验导则》，成功申请编制《DL/T 水轮发电机组励磁系统配置技术规范》《发电机封闭母线运行与维护导则》两个行业标准。获得发明专利授权2项、实用新型专利授权41项，在核心期刊发表技术论文15篇，创造溪洛渡电厂知识产权成果新纪录。

有关指标如表3。

表3

年份	发电量（亿千瓦时）	重大设备事故（次/年）	人身伤亡事故（次/年）	等效可利用率（%）	等效强迫停运率（%）	厂用电率（%）	变损率（%）
2015	551.66	0	0	93.15	0.004	0.14	0.45

【领导班子】

党委书记、厂长：关杰林

党委委员、副厂长：冉毅川

副厂长：鲁结根

党委委员、副厂长：杨兴斌

党委委员、纪委书记、工会主席：王东林

总工程师：陈辉

金沙江向家坝水电站2015年情况

【年度业绩】2015年，向家坝水电站工程建设按照年度计划稳步推进，克服了诸多困难，圆满完成了年度考核目标。全年完成混凝土浇筑14.17万立方米。

2015年，向家坝电厂实现全年安全生产“零人身伤亡事故、零设备质量事故、零环保事件”的“三零”目标，连续安全生产天数达到1403天；全年未发生非计划停运事件，实现了“零非停”目标，连续“零非停”时间达到717天。2015年共发电307.46亿千瓦时。

主要工程形象：冲沙孔钢衬安装及回填混凝土浇筑按要求完成；泄5～13号坝段挠曲核部破碎带高压冲挤灌浆及新增的加密灌浆施工已全部完成；升船机一线有序推进，三期横向土石围堰已于2015年11月启动开挖，并按要求完成了经济挡水断面以外的拆除；北总干渠首部取水隧洞完成洞挖3422米，南总干渠于2015年8月实现全线顺利贯通；右岸坝后电站尾水一线于6月底具备挡水条件，9号～11号机完成蜗壳二期混凝土浇筑；翻坝转运横江大桥于一季度按期开工建设。

向家坝水电站　（高峰　摄）

【工程度汛】

一是立足于“防早汛、防大汛”的要求，编制下发了各项目2015年度汛要求，召开了2015年防汛工作启动会议，对防洪度汛项目进行了全面检查、布置，确保各度汛项目均能在汛前准备到位，具备防大汛条件。

二是编制完成枢纽工程、右岸坝后电站、南北总干渠、翻坝转运横江大桥2015年防洪度汛方案和应急抢险预案，并组织开展右岸坝后电站、翻坝转运横江大桥、三期基坑、二期廊道、北干渠、冲沙孔、升船机船厢室、马延坡渣场、S2号施工隧洞等部位防洪度汛应急预案的演练，配合梯调中心完成2015年金沙江梯级水库防汛演练。

三是多次召开防洪度汛专题会议，组织各参建单位梳理度汛隐患，分清界面范围，明确责任单位（部门），并成立了向家坝水电站2015年防洪度汛组织机构。

四是建立了与宜宾、水富两地安监、防汛等部门良好的信息沟通机制，为工程建设防汛做好保障。2015年防汛工作首次涉及横江，建设部及时与水富县防汛办沟通，并联系横江大桥上游张窝电站业主伊力集团公司，建立了横江的水文信息沟通机制；协同梯调中心成都调控中心，与宜宾市应急办会商建立了向家坝水电站水情信息通报机制替代原有的航运协调机制。

五是配合编制完成了《溪洛渡-向家坝梯级水电站2015年汛期调度运用方案》《溪洛渡、向家坝梯级水库2015年汛期优化调度实施方案》《金沙江向家坝水电站2015年泄水建筑物闸门调度方案》，并通过相关审查。

六是配合长江防总办完成对向家坝水电站2015年防汛备汛工作的现场检查，并根据《长江防总办公室关于做好向家坝水电站施工区安全度汛工作的通知》（长防总办【2015】28号）的要求，对向家坝水电站特别是右岸坝后电站的防汛备汛工作进行了妥善安排，以确保安全度汛。

七是及时启动了向家坝水电站汛期24小时值班和防洪度汛工作日报告制度，组织开展了强降雨过程“雨前、雨中、雨后”的巡视检查，督促各参建单位加强过程管理，做好防范措施。

八是不断完善工程监测系统与设施，加强监测管理与阶段性成果分析，保障枢纽及近坝库岸处在安全状态；加强近坝库岸地质灾害监测与巡查，确保近坝库岸安全或及时避险。2015年汛期继向家坝水库虽然经历了汛前水位消落、以及汛末再蓄水抬升等较大水位波动，但近坝库岸未发生大规模的滑坡、崩塌、泥石流等大型地质灾害，枢纽工程各监测物理量变化规律基本正常，大坝及其建筑物工作性态总体正常。

九是继续强化枢纽调度与工程建设之间的协调：确保枯水期临水施工项目安全，包括下游岸坡修复、升船机引航道施工、三期临时围堰石埂水下拆除、三期围堰汛后拆除等项目；加强汛期调度与上下游影响区域的协调，确保上下游涉水安全，保障大坝及泄洪建筑物运行安全；配合汛末蓄水计划，统筹协调向家坝蓄水期间上下游社会协调，确保梯级水库溪洛渡、向家坝蓄水安全；协调建设项目与电厂运行之间的界面关系，确保工程建设与电厂运行安全。

十是按照《长江防总关于2015年金沙江溪洛渡和向家坝水库汛末联合蓄水方案的批复》，向家坝汛末蓄水于2015年9月5日8时正式启动，起蓄水位375.08米，终蓄水位379.60米，蓄水历时15天，水位累计抬升4.52米，蓄水量4.25亿立方米，蓄水过程平稳无异常。

【航运施工】建立了升船机投运前建设与运行协调机制，明确了升船机总体计划目标，开展三期基坑进水前安全鉴定与验收工作，启动了三期围堰开挖，并围绕升船机投运总体计划目标，妥善安排了上下游的配套项目施工。

开展下游非恒定流及其影响专题研究与试验，从数模分析、物模试验、原型观测等方面摸索科学规律，提供科学调度基础资料；开展切机补水试验、调峰试验和试运行，验证调度方案，保障运行安全可靠；不断完善航运协调机制，保障上下游航运安全；加强断航期货物翻坝转运组织与管理，适应了水运爆发式增长的转运需求，2015年翻坝转运量达到297万吨。

【设计管理】（1）组织召开设计供图计划会、技术准备及资源配置例会，强化供图的及时性；协调现场设计配合工作，保证现场施工技术支持。全年完成施工详图、图册（集）285套22373份，报告9套173本，施工技术要求6套120本，设计通知172套2783份，地质预报3套26份，其他技术文函29套179份。

（2）泄洪振动研究

①2015年5月，中国三峡集团向家坝工程建设部组织召开了向家坝水电站2014年泄洪期间下游局部区域房屋门窗振动影响与治理专题研究成果审查会议。

②在总结2013、2014年调度运行经验的基础上，根据2015年溪洛渡、向家坝两库运行特性，制订了两库联合泄洪优化调度方案。

③开展了育才路1～10栋房屋门窗改造试验，效果较好，并在此基础上对云天化小区进行了推广。

④针对汛期泄洪噪音较大、湿度较大等新诉求，编制了《向家坝水电站下游局部区域泄洪噪音监测方案》和《向家坝水电站下游局部区域环境相对湿度在线监测方案》，积极开展相关研究。

（3）向家坝水电站下游非恒定流专题研究

据《金沙江向家坝水电站日调节非恒定流原型观测及实船试验大纲》专家咨询会意见，2014年1月1日～2015年1月20日开展了大坝下游航道原型观测资料分析工作，为实船试验做准备；考虑到四川省将于2016年开展金沙江河道整治工作，河道整治后水流条件、河道状态等边界条件都将发生变化，使项目继续研究失去意义，因此，2015年暂停了该项研究工作。

（4）2015年3月4日～5日，中国三峡集团公司在向家坝工地组织召开了向家坝水电站翻坝转运横江大桥沉井施工专家咨询会，会议提出翻坝转运横江大桥水富岸主桥基础采用沉井方案。

（5）2015年6月16日，组织召开了向家坝水电站水力学原型观测专家咨询会，会议就水力学原型观测设施存在的问题进行了讨论，并对下一步工作提出了要求和建议。

（6）2015年8月29日，组织召开了向家坝左岸冲沙孔出口工作闸门、门槽、液压启闭机安装方案专家咨询会，会议对施工吊装、门槽闸门启闭机安装、结构混凝土浇筑和灌浆等方面，对水电四局提出的安装方案提出了完善要求和建议。

（7）2015年11月20日，组织召开了向家坝左岸冲沙孔出口工作门槽及闸门安装专家咨询会，会议对门槽及闸门的焊接、间隙测量和混凝土浇筑、灌浆施工提出了针对性的技术要求。

（9）方案编制与审查

①完成向家坝右岸水厂及供水系统改造、永久消防站、水富县气象站工程、右岸坝后电站装修工程等招标文件的编制及审查。

②完成永久消防站规划和设计方案、三期围堰开挖、升船机下游引航道口门区流速监测设计交底及监测方案、左岸冲沙孔出口工作闸门、门槽、液压启闭机第二次安装方案、泄洪坝段增设电梯初步规划方案、左岸坝后回填区框架、坝头卫生间结构及泵房装修设计方案等专题的审查。

③完成灌区工程南北总干渠首部取水隧洞和翻坝转运横江大桥建设及川云铁路桥维修工程2015年度汛方案及应急预案审查会。

（5）其他研究

①渗控智能监控系统完成现场二期安装工作及调试，软件系统完成与向家坝水电站坝基安装监测标的相关数据接口，建立向家坝三维统一模型，并完成部分渗流资料分析。

②向家坝水电站高掺粉煤灰常态混凝土与碾压混凝土联合筑坝新技术研究。中南院依照合同约定正在开展研究工作，2015年12月，在长沙召开了中间成果审查会议，目前正在编写课题成果报告。

③开展升船机引航道口门区流速的监测工作。

④组织开展向家坝工程地下厂房、大坝项目、左岸坝后厂房和大坝基础处理与渗控工程技术总结编写，完成向家坝工程管理总结的初稿编制。

【档案管理】2015年，向家坝水电站竣工档案专项验收准备工作正式启动，中国三峡集团向家坝工程建设部制定了《向家坝水电站竣工档案验收工作安排》，将档案工作作为重点内容纳入向家坝水电站竣工验收工作规划。

召开了向家坝工程档案专项验收专题会议，明确了档案专项验收范围、目标要求及工作分工等内容。会议明确工程档案专项验收范围为：可研规划中除升船机项目外的所有已完工项目的设计、施工（制造）、监理（监造）、监测及建设管理档案。与枢纽工程竣工验收相对应，已经过截流、蓄水阶段验收的项目档案，一并梳理、纳入本次档案专项验收范围，以形成完整的工程档案以便验收专家组下总体验收结论。升船机项目作为独立单项，在投入运行前请国家档案局组织升船机单项工程档案验收（或授权中国三峡集团自行组织验收）。

【招标采购】向家坝工程造价管理体系健全。2015年成立了新的向家坝招标采购领导小组，负责对建设部招标采购工作的组织、领导和协调。招标采购领导小组下设办公室，负责日常招标采购的具体工作。

2015年，向家坝工程建设通过招标（含委托）共签订各类合同61份（不含总监及总监助理合同），合同金额2.80亿元（不含物资采购等单价合同）。其中公开招标13份，合同金额15070.95万元；竞争性评审及谈判1份，合同金额191.59万元；直接委托47份，合同金额12755.31万元。

【坝区管理】

1.施工区社会治安综合治理工作进一步深化，“企地共建”工作得到有效推进。坝区各单位与地方的关系融洽，移民、船东、振动影响上访等苗头性问题得到了有效调解，未发生影响工程建设及坝区稳定的群体性事件。

2.坝区安全保卫工作有序开展。重点保卫目标明确，保卫力量及执勤岗点布置合理，实现了从武警水电、武警交通撤场到武警内卫进驻的平稳过渡；坝区消防工作责任目标管理制度进一步健全，消防设施逐步配置完善，永久消防站建设及主体工程消防验收工作顺利推进，消防演练及消防检查等工作落实到位，坝区各单位防火安全意识及自防自救能力逐步增强；

3.着力开展道路交通安全管理工作。

4.做好协作队伍退场管理工作，切实维护农民工合法权益。建筑市场管理措施得力，参建单位协作队伍退场得到了有效监管，参建农民工的各项合法权益得到有力维护，农民工队伍秩序稳定；

5.继续做好物业、绿化、保洁等工作。

【环境保护】

（一）环境保护体系建设。

中国三峡集团十分重视水电开发中环境保护工作，为了适应金沙江水电开发对环境保护要求的需要，建立了“集团公司—金沙江开发公司筹建处—工程建设部—监理和施工单位”四位一体的环境保护管理体制。

2015年向家坝工程环境管理体系在配合地方环保部门执法监察、排污申报、施工现场环境管理、环保水保工作考核、单项工程环保水保验收、统计报表、信息收集及发布等方面都发挥了重要的作用。

（二）环境保护主要工程及投资。

目前已实施的主要环保水保工程与措施包括：生产废水和生活污水处理工程，施工区大气、噪声防治工程，开挖面、渣场、道路边坡的防护工程（浆砌石挡墙、锚杆喷浆护坡、网格梁护坡、截排水沟等）。

截至2015年12月底，施工区已绿化面积107.56平方米，网格梁植草护坡面积26.06平方米，TBS和CBS液压喷播植草护坡面积10.34平方米，绿化美化工程使施工区生态景观焕然一新。

经统计，截至2015年年底向家坝工程施工区累计完成环保投资6.50亿元，其中环保投资2.35亿元，水保投资4.15亿元。2015年度环境保护和水土保持措施投资1551.7万元，其中环境监测投资167万元，环保设施运行投资1384.7万元，环境管理投资129.7万元。

（三）环境保护管理工作

1. 依据规章制度，加强环境管理。依据已制定颁发的各项管理、考核办法，细则等共14项，为环境保护管理工作提供了有章可循、有法可依的保障手段。

2. 坚持环保水保工作例会制度，及时解决环保、水保工作中存在的问题，并通报和部署下一步工作。

3. 建立合同项目环保水保竣工验收制度。为了做好向家坝工程竣工时的环保水保验收工作，建设部建立了对单项工程进行环保和水保验收的制度，并颁布了相应的验收规定。截至2015年底，共累计完成140项。

4. 编制环保水保报告，及时汇报环保水保工作情况。2015年，向家坝工程共编制完成环保水保季报各4期、环保水保年报各1期，及时向相应政府主管部门汇报环保水保工作完成情况。

5. 坚持环境保护巡查机制。中国三峡集团向家坝工程建设部环保中心不定期对向家坝施工区进行巡查，检查环境保护措施落实情况及环保设施运行情况，发现相关问题后，及时通报相应施工单位，并督促其整改。

6. 维护环境管理信息系统，增强环境管理手段。向家坝工程环境管理信息系统2015年进行了历史数据的补录工作和日常数据的录入与维护。

【鱼类保护】金沙江溪洛渡向家坝水电站珍稀特有鱼类增殖放流站主要承担金沙江、岷江的特有鱼类人工繁殖放流，同时兼顾部分白鲟、达氏鲟、胭脂鱼及分布在长江上游干流的特有鱼类放流任务。增殖放流站位于向家坝工程施工区右岸高程360米平台，总占地面积约2.67公顷。

2015年增殖放流站分别开展了春季、秋季放流，共放流珍稀特有鱼类16万尾。截至2015年年底，向家坝累计向金沙江投放珍稀特有鱼苗数量已突破百万，达到106万尾。在2015年各项工作检查中，主管部门和专家对增殖放流站的运行情况予以了充分肯定。

【施工区环境质量】

1. 干流水质监测

（1）常规监测

根据《金沙江向家坝水电站环境影响报告书》中对金沙江干流水质监测工作的有关要求，自2010年起，金沙江干流水质监测按照丰（7～8月）、平（4～5月）、枯（12～1月）进行监测。

通过2015年监测分析表明，向家坝施工区金沙江干流江段总体水质较好，受到蓄水后水质变清影响，三个监测断面各水期水质类别均符合或优于Ⅲ类，根据各断面具体监测指标对比分析，向家坝工程施工对金沙江干流水质基本无影响。

2. 废（污）水、大气、噪声监测

田坝混凝土生产废水处理厂本年度共监测11次，生活污水共监测4次，监测结果表明，生产废水处理厂及莲花池生活污水处理厂运行情况良好，全年各项指标均符合标准，生活污水经处理后达标排放。

2015年环境空气质量监测结果与2014年同期相比污染有所减轻，降尘污染较往年同期也有所缓解，全年各监测点位除总悬浮物、可吸入颗粒物偶有超标外，其余指标均能达标。

2015年环境噪声监测数据显示，施工区内噪声超标地段主要集中在右岸交通道路沿线和施工区域，施工区外环境噪声超标主要是受到了来往车辆及居住人群的影响。

3. 施工区疾控监测

2015年施工区疫情情况无特殊，无甲类及按甲类管理的传染病发生，无爆发传染病疫情发生。通过采取消、杀、灭方式对病媒生物（蚊、蝇、鼠）进行防治，经灭前、灭后监测对比显示，向家坝工程施工区病媒生物密度有了明显下降，取得了较好的成效。

4. 施工区水土保持监测

2015年分别于汛前、汛中、汛后对向家坝工程施工区开展了3次水土保持监测。重点对封闭管理区坝肩开挖、弃渣场、道路、施工营地、表土资源堆放场、以及其它施工项目等进行了现场监测。监测结果表明，金沙江向家坝水电站各项水土保持措施正按照《水保方案》的要求逐步实施，封闭管理区坝肩开挖、弃渣场、道路、施工营地、表土资源堆放场、以及其它施工项目的的水土流失程度逐渐减弱，水土流失防治基本达到了《水保方案》的要求。已建成完成的以格网护坡为主的工程措施和以坡面植草为主的植物措施等各项水土保持工程措施布局合理，质量总体良好。水土流失强度逐年减低，流失量逐年减少。尤其是施工营地区和施工道路区开展的土地平整、硬化、绿化、网格护坡等措施，水土流失治理效果明显，不仅减少了水土流失危害，还保护和美化了环境，带来了生态效益。

【科学技术发展和新技术运用】2015年，向家坝工程按年度科技工作计划，结合工程建设中的重点和难点，工程建设实际情况，组织开展了一系列技术和科研工作。

1. 水富县城局部区域房屋门窗振动专项研究

2015年5月，中国三峡集团向家坝工程建设部组织召开了向家坝水电站2014年泄洪期间下游局部区域房屋门窗振动影响与治理专题研究成果审查会议。根据其会议纪要，2015年继续开展以水库联合调度、优化闸门运行组合和开度、门窗改造和加固为主的减振措施研究和实施工作。截至2015年10月，各项研究与治理工作情况如下：

（1）关于泄洪噪声问题，中南院在委托专业噪声治理机构开展相关研究工作的同时，采取了现场监测分析、优化闸门调度等减小泄洪噪声的措施。2015年汛前，中南院研究提出了水富县城噪声在线监测方案。

（2）关于泄洪雾化对空气湿度的影响，2015年汛前，中南院研究提出了水富县城空气相对湿度在线监测方案，鉴于泄洪雾化的影响未超出消力池范围，下一步将针对水库泄水以后对周边局部地区气候（气温、湿度等）及环境的改变，结合水库环境影响评价进行系统性的研究。

（3）2015年8月，中南院联合成都院编制完成了《2015年及以后向家坝、溪洛渡水库联合泄洪优化调度对减少水富县城局部区域房屋门窗振动影响专题研究报告》，并提交集团公司。

（4）在两库联调的基础上，2015年汛前，中南院完成了向家坝水库昼夜分级泄流方案的研究。

（5）在2013年和2014年汛期的泄水闸门优化调度研究成果的基础上，2015年汛前，中南院提出了金沙江向家坝水电站2015年泄水建筑物闸门调度方案。

（6）自2014年6月开始，在坝区右岸公安分局、育才路1幢～10幢及云天化生活小区(46幢、68幢、71幢～76幢、78幢、84幢)实施门窗改造减振防噪，截至目前，共完成229户。

（7）2015年汛期已近尾声，泄洪已基本停止，中南院正在对汛期监测资料进行整理分析，以进一步研究泄洪振动与泄量和泄水孔口调度方式的关系规律，对照相关标准评价2015年泄洪振动对人体舒适性和建筑结构安全的影响，并进一步细化和完善对残联大楼设置橡胶叠层支座的减振效果分析和评价工作。

2. 向家坝水电站高掺粉煤灰常态混凝土与碾压混凝土联合筑坝新技术研究

中南院依照合同约定正在开展研究工作，具备项目验收、成果审查条件。

【质量管理】2015年，向家坝水电站主体工程处于收尾阶段后期，现场施工规模和强度持续降低，全年规模较大的重点施工项目有冲沙孔后期改造、泄水坝段高压冲击灌浆、升船机上下游配套项目、南北干渠等。与高峰期不同，2015年各参建单位战线进一步收缩人员进一步回撤，给质量管理带来较大挑战；通过精心组织认真落实，2015年向家坝水电站质量管理体系运行正常，重点项目施工质量受控，未发生较大及以上质量事故，未出现因质量隐患引发安全事故，单元工程一次合格率为99.89%。

【安全管理】2015年，向家坝水电站8台机组全部投产运行后枢纽工程全面正常运行，右岸坝后电站、升船机、南北干渠、横江桥等尾工项目处于建设高峰，廊道、装修、消缺及其他零星项目施工点多面广，工程建设面临施工与运行之间存在一定干扰、参建单位生产管理和安全管理骨干人员工作调动、一线作业人员流动性大、零星项目风险高且监管难度大、廊道洞室有毒有害气体积聚、洞室开挖爆破作业地质条件差、翻坝转运车辆运输管理等风险。

为此，中国三峡集团向家坝工程建设部始终以国家、集团公司有关安全生产工作的文件精神为指导，以“双零”为管理目标，以开展隐患排查治理和“安全大检查”工作为抓手，围绕风险管控开展各项安全工作。建设部采取了按月组织开展动态危险源辨识评价及控制措施确定工作；落实防洪度汛及地质灾害防治各项措施；加大对各参建单位三级安全教育培训、持证上岗、安全技术交底、班前会及预知危险活动、协作队伍管理等安全管理基础性工作的检查力度；建立隐患排查治理长效机制，针对发现的隐患每周以正式文件予以通报；针对高风险作业过程严格要求执行重点危险源过程监控程序文件等措施，使得向家坝工程在建项目2015年安全生产形势平稳，没有发生重伤及以上等级安全生产事故，连续两年实现安全生产“零死亡、零重伤”的双零目标。

金沙江溪洛渡水电站2015年情况

【年度业绩】2015年，溪洛渡水电站工程建设围绕着“工程完工、安全度汛、电站满发、竣工验收”总体目标，在参建各方的共同努力下，全面完成年度工程建设任务。大坝机电金结安装、抢险度汛、运行完善等项目汛前全部完成；加强工程风险预防与控制，实现枢纽工程和近坝库岸安全度汛，顺利完成汛后600米水位蓄水目标；主体工程技术验收、合同验收基本完成，全面启动工程竣工验收各专项验收准备工作。

溪洛渡水电站　　　　（王连生　摄）

工程建设管理体系运行正常，全年未发生施工生产安全事故，安全生产形势总体平稳；工程质量受控，工程总结取得阶段性成果，全面实现年度质量目标。枢纽工程概算收口工作完成，工程投资总体受控。核心区域封闭管理基本形成，内卫部队正式上勤。

2015年，溪洛渡水力发电厂发电551.66亿千瓦时，累计发电1058亿千瓦时，为国家“保增长、调结构、惠民生”做出了积极贡献。

2015年溪洛渡水电站主要工程量完成情况

表4

序号	项目	单位	年度计划	年度完成	完成比例
1	混凝土	万m^3	6.68	6.63	99.25%
2	钢筋	t	1540.00	1580.70	102.64%
3	开挖	万m^3	17.20	10.80	62.79%
4	帷幕灌浆	m	1200.00	1200.00	100.00%
5	金属结构安装	t	1200.00	1345.58	112.13%

2015年溪洛渡水电站投资完成情况

表5

编号	项 目	单位	年度计划	年度完成	完成比例	开工累计完成
	溪洛渡工程	万元	395609.50	286033.35	72.30%	8308814.33
1	建安工程	万元	55827	35402.75	63.42%	2330268.75
2	金结及机电设备费	万元	49120	38004.66	77.37%	989403.86
3	建设征地移民安置	万元	266055	179500.00	67.47%	2304561.42
4	其他费用	万元	24607	33,125.94	134.62%	2684580.30

【主要工程形象】大坝工程：大坝机电金结安装，坝顶、坝后建筑施工，以及水垫塘临时处理方案检修等项目均按计划于汛前完成，大坝泄洪运行主要设施按期移交电厂。1 号、3 号缆机拆除完毕，5 台缆机全部拆除完毕。

地下电站装饰装修工程：按计划于 4 月底完成剩余水磨石施工，6 月底完成主变室 GIS 层地面装修。

度汛、完善项目：2 号交通洞永久安全度汛补充设施工程闸门、启闭机安装完成，新增砂石、混凝土系统按期投运。下游河道及雾化边坡整治工程一期项目 11 号路垮塌段整治、供水管道防护 8 月中旬完成，12 号路下游护坡基本完成。下 3 及尾水出口尾工工程新增锁定梁柱、导流洞出口尾水出口边坡处理 7 月完成并向电厂交面。右岸生活水厂、供水管道改造及完善等项目按计划完成。

2014 年工程初期蓄水过程中发现的质量问题（11 路局部垮塌，尾水闸门脱出、大坝供水管路砸断和泄洪洞工作闸门支座裂纹）均按计划于 2015 年汛前完成整改。

机电安装工程：工程尾工、电站公用系统完善及移交等有序推进。优质机组首轮调整全部完成，机组调整的主控质量指标满足溪洛渡机电质量控制标准和合同以及优质机组标准要求。

【防汛工作】认真贯彻落实国家和集团公司关于安全生产工作的决策部署，坚持“安全第一、预防为主、综合治理”的安全生产管理方针，强化安全生产“红线”和“法制”意识，认真做好新“安全生产法”的宣传学习和贯彻实施，深入开展安全大检查活动，围绕工程建设收尾和电站初期运行并行的特点，全面分析风险，制定和落实风险防范措施，安全完成水位消落、抬升和工程度汛及有序收尾目标。

汛前抓紧完成远程监控系统、水位报警系统安装调试和新增安全监测设施安装，组织开展水垫塘廊道进水情况下人员撤离演练，汛期加强现场巡检和安全监测成果反馈分析，确保水垫塘运行安全。加强汛期防汛值班，明确泄洪调度信息接收与情况反馈工作程序，开展全体值班人员专项培训；细化落实“三责”（责任区、责任人、职责），严格执行“三查”（雨前检查处理、雨中巡查处置、雨后复查修复），成功应对洪峰和多次连续降雨过程，顺利实现正常蓄水位 600 米蓄水目标。

【质量管理】全年无质量事故发生，无重大质量缺陷发生。全年评定土建、金结单元工程 1015 个，一次验收合格率 100%。通过质量宣传活动、教育培训、专项检查，营造质量文化氛围，夯实质量管理基础，确保管理要求落实到位。结合溪洛渡工程实际，在溪洛渡沟新增排水洞项目开展管理标准化试点工作，通过项目管理综合信息平台建设，在溪洛渡沟新增排水洞项目实现进度管理、质量管理及验收归档管理相关工作有效整合，实现规范化管理。

【技术总结】为全面总结溪洛渡水电站建设西部典范工程的经验，编制了溪洛渡工程总结编制大纲，系统梳理成果与经验教训，再现工程建设管理全过程。目前已完成泄洪洞工程技术总结和项目管理总结工作，地下厂房工程技术管理总结及坝区管理、物资管理、缆机管理等总结取得阶段性成果，为工程再认识和工程借鉴起到了良好的作用。

【验收工作】运用经济制约手段、季度跟踪检查等多种方式，施行主体工程项目阶段性归档制度，推动零星工程项目归档，全面推进主体工程技术验收和合同项目完工验收及档案归档工作。17 个主体项目 433 个分部工程完成验收 397 个，完成率 91.7%；54 个单位工程完成验收 34 个，完成率 63.0%。已完成 22 个合同项目完工验收，尚余 38 个未验收（其中主体项目 17 个、零星项目 21 个）。

根据水保、环保竣工验收要求，组织召开环保、水保竣工验收专题会，提出验收责任分工建议，并对建设部责任范围内的工作事宜进行清理和明确；结合工程建设进展和后续尾工计划，就竣工安全鉴定和枢纽工程专项验收等工作与相关组织单位进行充分沟通协商，确定工作节点目标。同时，对档案、水保、环保和枢纽工程等竣工专项验收前需开展的工作进行全面梳理和目标分解，明确落实责任单位和工作时限，竣工验收工作有序推进。

【坝区管理】针对错综复杂的维稳信访形势，积极主动、加强沟通，紧紧依靠地方政府，依法依规妥善处理追讨工资、炮损索赔等群体性上访事件，确保施工区社会稳定。开展道路交通安全专项整治、突击检查，加强车辆安全检查、驾驶员安全培训，强化路政管理，完善交通安全设施，实现场内外及施工区交通秩序持续改善。

金沙江白鹤滩水电站2015年情况

【年度业绩】2015年是白鹤滩工程从筹建转向主体工程开工建设的关键之年，工程克服针对高地应力、层间层内错动带、柱状节理等不良地质情况，认真研究、积极应对，总体完成年度工程建设任务。“三通一平”工程已完成，转入主体工程全面建设阶段，左右岸坝肩开挖至水面高程，地下厂房和泄洪洞工程按计划顺利推进，工程质量、安全、进度、造价管理受控，环境保护及施工区综合管理良好，科学技术发展和新技术运用取得一定成果。

【工程投资完成情况】受地质条件和过水围堰未实施影响，2015年白鹤滩工程完成总投资35.25亿元，完成建安投资29.40亿元，其中对外交通完成投资1.09亿元，场内交通完成投资0.77亿元大坝工程完成投资7.44亿元，泄洪洞工程完成投资2.51亿元，引水发电系统完成投资10.68亿元，辅助工程完成投资6.91亿元。

【主要工程量完成情况】土石方明挖1057.35万立方米，占年度计划的99.4%；洞、井开挖471.33万立方米，占年度计划的95.78%；土石方填筑150.61万立方米，占年度计划的95.65%；混凝土浇筑50.06万立方米，占年度计划的170.97%；固结灌浆2.84万立方米，占年度计划的24.72%；钢筋4.26万吨，占年度计划的325.19%；锚杆65.01万根，占年度计划的105.33%；锚索1.07万束，占年度计划的232.56%。

【主要工程形象】

1.大坝项目：左岸坝肩槽建基面开挖至高程628米，抗力体边坡开挖至高程614米，高程634米以上支护全部完成，水垫塘边坡前沿开挖至高程603米，水垫塘高程654米以上边坡支护完成，洞挖总进尺5011米；右岸前缘边坡开挖至高程600米，建基面开挖至高程616米，坝肩上下游边坡支护至高程642米，水垫塘边坡支护至高程634米，高程699米以上马道封闭混凝土浇筑完成，进水口高程834至734米边坡支护完成；低缆平台完成D7至D12剪力墙及架空梁、D1至D8承台、D1至D11剪力墙浇筑，高缆平台完成G5至G9架空梁、G4、G5承台以及剪力墙浇筑，1至4号缆机安装完成；已于11月27日完成防渗墙平台填筑，上下游围堰已分别填筑到高程615米和610米，已全面开始防渗墙施工。

2.地下厂房项目：左岸进水口明挖完成，厂房第三层开挖结束，具备厂房岩壁梁混凝土浇筑条件，1号至8号母线洞开挖完成，主变洞第II至IV层开挖支护完成，出线上、下平洞开挖支护完成，1号、2号出线竖井穹顶开挖支护完成，尾水管闸门室第Ⅱ、III层开挖支护完成，1号至4号尾调室穹顶开挖支护完成，1号至4号尾水洞Ⅰ层开挖支护860米、464米、256米、218米，Ⅱ层开挖支护536米、263米、344米、189米；右岸厂房第Ⅱ、Ⅲ层开挖支护完成，第Ⅳ层施工预裂，主变室第Ⅲ层开挖支护完成，第Ⅳ层上游区域开挖完成298米，8条母线洞Ⅰ期开挖支护完成，尾水管检修闸门室第Ⅲ层开挖支护完成185米，5号至8号尾调穹顶Ⅰ层①区开挖支护完成，正在进行②区和⑤区开挖支护，5号至8号尾水洞Ⅰ层开挖支护完成，正在进行Ⅱ-1层开挖支护，7号、8号尾水隧洞检修闸门室Ⅰ层1区开挖支护完成，溜渣井贯通。

3.泄洪洞项目：进口底板混凝土12月底开始浇筑；1号、2号、3号泄洪洞上平段上层开挖支护完成，中层分别完成59.5%、60.4%、80.6%，下层开挖分别累计完成14%、40%、40%；1号泄洪洞第Ⅰ、Ⅴ、Ⅵ-2层开挖支护共计完成364米，2号泄洪洞龙落尾段IV-1层、IV-2层、VI层开挖支护共计完成266米，3号泄洪洞龙落尾段Ⅰ层、IV-1层、IV-2层、VI层共计完成开挖支护448米；EL.755米平台3-1号掺气坎兼通风洞、1-2号通风洞、2-2号掺气坎通风洞锁口基本完成；出口危岩体Ⅰ区处理完成。

4.交通项目：葫芦口大桥完成了左岸引桥现浇箱梁施工，完成了桥面板预制、主缆架设、索夹、吊索、钢桁梁、钢纵梁安装施工，开始桥面板安装；盐潭沟大桥全桥下部结构混凝土浇筑完成，上部结构T梁预制及安装完成3跨（共6跨）；旱谷地料场专用公路路基开挖、挡护工程施工各完成60%，水碾河沟桥桥梁下部结构施工完成，开始上部结构施工。

5.公共项目：“三通一平”工程已基本完成，具备主体工程全面建设条件。营地建设已基本完成，上村梁子营地2015年9月已入住；旱谷地大坝砂石加工系统因征地移民问题未正式开工，正配合地方政府进行移民安置，计划2016年3月正式开工。

【质量管理】进一步健全了质量管理体系，修订了质量管理办法，有针对性加强了质量管控。主体施工单位落实了“三层次、四体系”管理要求；及时修订了质量考核、监理工作考核、设计工作考核等管理办法，完善了考核指标、量化了考核分值，加强了过程考核；针对政府质量监督、集团专家检查、体系审核、内外部审计等监督检查提出的质量问题，逐条细化、明确责任、限期整改；充分利用测量、试验、锚杆检测“第三方”检查手段对工程质量进行管控，按要求对开挖指标、锚杆检测及各类样品试验检验进行了抽检；进一步巩固了总监质量巡查机制，重点对施工质量管理体系、实物质量控制进行检查，督促相关单位整改、闭合；积极推进“标准化施工工艺”总结、编写与评审工作，12 个标准化施工工艺已编印成册并推广应用；积极推行作业面“工序标准化”，主厂房直立边墙开挖设置钻孔样架、坝肩槽开挖“三定三校”、标准化制浆站、锚索标准化编束平台等有效提升了现场施工质量；针对岩体地质条件复杂，柱状节理玄武岩区域开挖卸荷松弛，高应力、高边墙、高边坡、大跨度等“三高一大”开挖支护风险，组织强化了“以支护促进开挖”的施工原则，针对高边坡、引水发电系统、泄洪洞等主体工程分别编制了相应的《开挖支护技术要求》。

白鹤滩水电站坝址　（许健　摄）

为保证关键工序及重点部位施工质量，实施了专业小组联合管控的模式，对重点部位施工质量实行管控，进一步规范了质量行为、规避了质量风险。成立了地下工程支护预警、地厂岩锚梁、尾水开挖质量、地厂开挖质量等管控小组；成立了左岸边坡混凝土专项、坝基柱状节理玄武岩开挖试验、左右岸边坡精细爆破、拱坝建基面开挖质量等工作小组。

2015 年合同考核项目共验收 13564 个单元，合格率 100%、一次验收合格率 99.6%、优良率 94.6%。质量管理体系运行总体有效，未发生一般及以上质量责任事故，工程质量总体受控。

【安全管理】努力推进本质安全型工地创建工作，安全管理体系运行良好。组织对年度安全生产控制目标进行了层层分解，与各部门及各参建单位签订了安全生产目标责任书，实现了责任层层分解、压力逐级传递，督促各参建单位分管安全副职和安全监管部门安监人员设置及履职到位。

积极组织开展安全教育培训，先后两次邀请地方培训机构到施工区开展“三项岗位人员”取证培训，全年组织开展特种作业取证培训 16 次；系统开展危险源辨识与隐患排查治理，积极推进安全隐患微信平台运用；组织研究安全文明标准及计量结算工作，确保安全生产投入比例占建安投资 2%以上；深入研究关键部位施工方案，深大竖井开挖采用大型一次成型反井钻施工、机械载人提升系统代替常规卷扬机；重大隐患过程持续监控，实施地下支护预警系统、爆破联动机制及火工材料定制化管理；编制《安全文明施工编制图册》，分两期打造安全标准化样板作业面 44 个，现场安全文明施工水平不断提高。

认真落实施工区防汛 24 小时值班及领导带班制度，成立应急组织机构，签订防汛防灾责任书，划分防汛防灾责任区，开展防汛、消防和地质灾害应急演练，与地方应急联动机制运行良好。

2015 年发生一起车辆交通安全事故，死亡一人，未发生较大及以上安全责任事故，未发生承担主要责任的人身死亡安全事故，工程建安投资安全责任事故死亡率控制在 0.037 人/亿元，安全形势总体受控。

【进度管理】根据白鹤滩工程 2021 年 6 月蓄水发电、2022 年全部投产的目标总进度计划，系统梳理了枢纽工程进度计划的关键节点工期。坚持“月检查、季考核、年评比”方式对施工单位进行进度考核，分解制定季、月工程计划，逐月、逐季进行滚动检查，对合同项目当月实际完成与结算进行对比分析，以进度管理促进合同价款结算、以合同价款结算反馈分析督促进度管理。

【造价管理】招标及合同管理：严格执行集团公司招标采购管理制度，法定招标项目均委托招标公司组织实施，严格控制直接委托项目，超过建设部权限的直接委托项目，均按要求报集团签报经批准后实施，实施过程中严格报价审核、审批；加强招标采购计划管理，合同立项实现全程网上审批，杜绝暗箱操作；加强变更管理，推进“事前变更”，评估、审核合同变更申请，通过专题会议研究重大经济问题；开发应用金沙江协同平台白鹤滩工程变更索赔管理模块，实现变更索赔全过程跟踪管理，提高变更索赔申报审核效率，变更处理完成平均比例达 90%以上，主体工程合同达 95%以上；2013—2015 年连续 3 年开展集团层面跟踪审计，对工程管理效果进行反馈和评价，不断提升工程管理水平；针对审计提出的问题，进行典型案例剖析，提高监理和项目管理人员业务素质。

专项费用预算管理：进一步强化了专项费用预算管控力度，坚持预算管理事前控制，财务人员参与专项费用立项、合同谈判与审核；坚持预算过程控制，实行预算与资金双重监控，加强了预算列支渠道、开支标准、预算额度审核；以个人休假费用标准化为突破点，探索费用成本精细化管理，取得了积极成效；以审计整改和巡视自查整改为契机，有效规范专项费用预算执行，全年均控制在集团公司下达预算内。

【环境保护】环保水保管理体系完善，管理制度进行了及时修订，各项环保水保措施落实到位，施工区环境质量与生态环境良好。严格按照环评报告书与水土保持方案报告书及其批复的要求与“三同时”原则落实了环境保护与水土保持措施，全年完成水环境、大气环境、声环境、固体废弃物、人群健康、生态环境等环境保护及水土保持建设和运行投资 1.9 亿元；砂石废水处理及达标率 100%，生活污水处理及达标率 100%，噪声排放达到标准，生活垃圾全部收集、填埋；水土流失得到有效控制，其中拦渣率达 96%、水土流失总治理度达 85%。配合各级行政主管部门执法监察与集体公司环保水保检查 5 次，对检查意见及时进行回复、落实整改要求。

全年未发生环境保护违纪违法事件、环境保护责任事件。

【征租地和村民避让搬迁及施工区综合治理】2015 年以来，施工区避让搬迁村民遗留问题和矛盾集中显现，施工区综合治理工作“小封闭、大联动”管理思路和工作机制逐步建立，旱谷地大坝砂石加工系统和旱谷地进场道路征地移民工作稳步推进，保障了工程建设顺利进行。

施工区租地、村民避让和坟墓搬迁处理工作基本完成，左岸用地总面积 11895 亩、搬迁避让 459 户 1787 人，右岸用地总面积 8538 亩，搬迁避让 571 户 1584 人；全年协调处理各类阻工 150 余起；临时用地手续基本满足现场用地需要；旱谷地料场征地及村民避让搬迁全面启动，专用道路已全线施工。

组织开展了建筑市场清理整改专项工作，完善了建筑市场准入审批流程，各主标单位按要求建立了“三层次”“四体系”管理体系，加强了农民工“七统一”管理，设立了农民工权益投诉信箱和投诉热线，建筑市场管理信息系统应用已覆盖所有施工单位。

组织对两支部队承担的警务执勤、道路保洁、火灾扑救、征地移民及应急救援工作进行了梳理与交接，委托实业公司成立保安队伍，承担施工区安全保卫和交通、路政巡查工作，主要交通路口已设置保安执勤岗点，施工区过境车辆主要路口设置了 9 个封闭管理检查站，实行“封闭管理，凭证通行”。

组织开展了交通管理专项行动，及时处置汛期道路塌方、掉石、路面沉降，完善了施工区道路标识标牌、安全防护设施和交通洞内照明、排水、通风设施；完善了施工区防火安全领导小组和消防安全组织机构，委托实业公司成立企业消防队，按消防站建设标准在施工区设立二级消防站。

2015 年实现无重大群体性事件、无重大刑事治安案件、无重特大交通事故、无重特大火灾事故和无重大公共卫生事件的“五无”管理目标。

【科学技术发展和新技术运用】根据工程建设需要，2015 年组织开展实施了科研项目共 16 项，所有项目均按照合同规定的研究进度计划开展，完成科研经费投资共 825.5 万元。

结合工程现阶段的特点，围绕混凝土拱坝防裂、柱状节理玄武岩坝基变形、大坝抗震、谷幅变形、地下厂房围岩稳定等技术难题，会同设计院及相关科研单位深入开展了“五大关键技术问题”专题研究。其中，“白鹤滩水电站层间层内错动带渗透变形研究”和“白鹤滩水电站大坝混凝土温控防裂低热水泥应用可行性研究”为年度重点科技专项，两个项目的研究进度均符合合同要求和工程建设需要，取得了良好的效果。

“白鹤滩水电站层间层内错动带渗透变形研究”提出了各典型错动带更为准确的渗透变形参数，为优化设计提供了依据，确保了施工图阶段防渗设计的可靠性和针对性；“白鹤滩水电站大坝混凝土温控防裂低热水泥应用可行性研究”研究进展顺利，通过开展拱坝低热水泥温控防裂研究，对大坝低热水泥混凝土的抗裂安全性和分期冷却过程进行数值计算分析，对坝体特殊部位和典型阶段温控措施进行敏感性优化研究，制定了坝体采用低热水泥混凝土（含扩大基础）温度控制标准，研究成果应用在大坝低热水泥混凝土温控技术标准中。

2015 年共发表科技论文 9 篇（其中向国外期刊发表 5 篇），正在申请国内专利 2 项（其中发明专利 1 项，实用新型专利 1 项），获得国内专利授权 1 项（为实用新型专利），正在编制国家标准 1 项，企业标准 1 项。

金沙江乌东德水电站 2015 年情况

【工程概况】乌东德水电站是中国长江三峡集团公司开发建设的金沙江下游河段（攀枝花市至宜宾市）四个水电梯级—乌东德、白鹤滩、溪洛渡、向家坝中的最上游梯级，坝址所处河段的右岸隶属云南省禄劝县，左岸隶属四川省会东县，上距攀枝花市 213.9 公里，下距白鹤滩水电站 182.5 公里。电站开发任务是以发电为主，兼顾防洪、航运和促进地方经济社会发展，总装机容量 1020 万千瓦，多年平均发电量 389.1 亿千瓦时，是“西电东送”的骨干电源之一。

工程采用堤坝式开发，水库正常蓄水位 975 米，防洪限制水位 952 米，死水位 945 米，总库容 74.08 亿立方米，具有季调节性能。工程枢纽主要由挡水建筑物、泄水建筑物与引水发电系统等组成。挡水建筑物为混凝土双曲拱坝，坝顶高程 988 米，最大坝高 270 米；泄水建筑物由泄洪表孔、中孔、泄洪洞、水垫塘以及二道坝组成；引水发电系统采用岸边引水式地下厂房，左右岸各布置 6 台 85 万千瓦水轮发电机组。

2010 年，经国家发改委批准，乌东德水电站启动筹建，2015 年 12 月，电站经国务院常务会议正式核准通过，计划 2020 年 8 月首批机组发电，2021 年 12 月全部机组投产。按照 2014 年四季度价格水平计算，工程静态投资 789.30 亿元，总投资 1005.45 亿元。

【工程建设进展】2015 年是乌东德水电站由筹建阶段向主体工程建设阶段过渡的关键一年，工程在面临不良地质条件与恶劣自然环境的情况下，通过参建各方的共同努力，较好地完成了年度工作目标。现场建设管理体系进一步健全，施工管控力度进一步加强，空间交叉作业安全风险逐渐降低，内外部矛盾逐步得到缓解，乌东德工程在各级党政机关、主管部门以及社会各界人士的关心支持下，有条不紊地推动着工程建设的进程。

【投资与工程量完成情况】2015 年，乌东德工程完成投资 75.04 亿元，完成总投资计划的 7.46%。主要工程量完成：土石方开挖 1326.14 万立方米，土石方填筑 148.27 万立方米，混凝土浇筑 73.29 万立方米，钢筋 3.09 万吨，锚杆 44.87 万根。

截至 2015 年年底，乌东德工程累计完成投资 236.90 亿元，占总投资计划的 23.56%。主要工程量累计完成：土石方开挖 5531.55 万立方米，土石方填筑 675.56 万立方米，混凝土浇筑 367.75 万立方米，钢筋 17.81 万吨，锚杆 287.63 万根。

乌东德水电站坝址　　（刘涛　摄）

【“三通一平”等辅助工程基本完成】2011—2014 年为乌东德工程筹建主要阶段。截至 2014 年年底，基本完成了“三通一平”等辅助工程的施工（场内道路、供水、供电及砂石混凝土系统全部投入运行，施工营地与业主营地全部投入使用），为主体工程建设创造了条件；导流洞工程于 2014 年 9 月完成过流验收，2014 年年底实现过流，为大江截流和后续大坝基坑施工安全提供了保障。

【主体工程建设全面展开】大坝工程：左右岸坝肩边坡开挖支护至高程 870 米（建基面高程 718 米），并完成防渗墙生产性试验与防渗墙施工平台保护措施，实现施工平台 2015 年安全度汛。

地下电站工程：左右岸主厂房平均开挖支护至高程 775.3 米与 783.8 米（设计高程 765.2 米）；主变室均完成开挖支护；左岸 1 号～3 号尾水调压室平均开挖支护至高程 830 米，右岸 4 号～6 号尾水调压室平均开挖支护至高程 816 米（设计高程 799 米）。

泄洪洞工程：工作闸室平均开挖支护至高程 920 米（设计高程 905.5 米），洞身完成中上层开挖（剩余底板保护层），出口水垫塘边坡开挖支护至高程 830 米（设计高程 792 米）。

对外交通工程：左岸会东至河门口公路具备通车条件；右岸半角至新村公路路基基本形成，桥梁与隧道施工完成 80%；河门口大桥完成边坡开挖，进行桩基施工。

【质量管理】2015 年，乌东德工程实现了“不发生一般及以上质量事故”的总体目标，工序一检合格率为 98.3%，单元工程优良率达 94.8%，混凝土工程、开挖工程、支护工程、围堰工程及金结制安工程等分项工程质量均满足设计和合同要求。多次开展质量安全专项整治活动、QC 小组和质量月活动，通过自查与水电工程质量监督总站监督检查，将较为突出与集中的质量工艺细节、安全文明施工等问题整改到位，不断完善了工程质量管理体系，提高了参建各方质量意识，逐步实现了质量工作制度化、程序化、标准化的长效管理机制。

2015 年 12 月 16 日，金沙江乌东德水电站通过国家核准　（邓利强　摄）

【安全管理】2015 年，乌东德工程建设始终坚持“安全第一、预防为主、综合治理”的方针，以“双零”和建设本质安全型工地为目标，开展各项安全管理工作，在防洪度汛、安全生产标准化达标、重点危险源管控等多方面取得了较好成绩。

2015 年主汛期降雨较往年同期多出三四成，施工区场内外边坡受持续降雨冲刷、浸润，小型泥石流、滑坡、塌方、掉块、基础沉陷等各类地质灾害频发，面对恶劣的自然环境与可能发生的地质灾害，乌东德工程采取了稳定有效的防洪度汛与地质灾害预防机制。汛期前，系统制定防洪度汛方案与实施计划，并组织实施应急预案编制与演练。汛期中，实行防汛值班制度，落实“专人、专室、专号”的“三专”要求，并通过水文气象信息平台，及时发布预警信息，提请参建各方注意防范；始终坚持“雨前、雨中和雨后”检查，对度汛设施和地质灾害点进行巡查，发现问题及时处理。汛期后，及时自查与总结，为今后防洪度汛与地质灾害预防工作累计经验。2015 年，乌东德工程在参建各方的努力下，圆满完成安全度汛任务。

为实现安全生产标准化达标，乌东德工程根据国家能源局《电力工程建设项目安全生产标准化规范及达标评级标准（试行）》要求，进行自查与整改，现场安全标准化程度和文明施工形象进一步提升，获得了质量专家组高度赞赏。

乌东德水电站结合自身特点和实际情况，按照《大中型水电工程建设风险管理规范》（GB/T50927-2013）要求，将工程划分为 25 个评价单元，从气象、地质灾害、施工期和运行期工程地质条件等方面进行安全风险辨识与评价，并提出重大风险防范建议。各相关责任部门根据结论与建议，落实了各项风险管控措施，有效地预防了恶性事故的发生。

【环境保护管理】乌东德水电站高度重视环境保护工作，在项目开发建设的同时，从管理体制与制度建设、项目投资与实施等方面加大环境保护的力度，建立了“中国三峡集团-乌东德建设部-项目监理-项目承包商，四位一体”的环境保护管理体系，始终坚持工程建设与环境保护“同步规划、同步建设、同时投入运行”的“三同时”原则，制定了《乌东德工程施工区环境保护和水土保持管理办法》等多项管理制度，明确了参建各方环境保护的职责与分工，为有效落实各项环境保护措施提供了保障。

乌东德水电站按照环境影响报告书及其批复要求，高质量完成各项环境保护措施。其中，砂石混凝土生产废水处理系统已投入运行，废水处理后回用生产；六处施工生活营地配套建成投运的污水处理厂，中水回用于营地绿化养护；土石方爆破开挖、砂石料加工采用湿法生产，混凝土拌和配备集尘装置，有效控制施工扬尘；在砂石加工筛分机采用聚氨脂筛网等减噪材料，增设隔声棚与隔声板，有效控制噪声源噪声传播；施工区生活垃圾按“日产日清”原则进行收集、外运，对于施工占地硫磺矿废渣已采用防渗封闭填埋处理；工程建设中，寸土不让，最大限度地收集表土，因地制宜地布置表土堆存场；场地清理时，结合绿化工程对原生植物进行移栽，并完成古树的保护。2015 年 1 月，金沙江白鹤滩乌东德水电站珍稀特有鱼类增殖放流站建成开始试运行。2015 年 3 月，开展了首次鱼类增殖放流活动，向金沙江投放齐口裂腹鱼、鲈鲤、白甲鱼、长薄鳅等各类珍稀鱼苗共计 2 万余尾。

截至 2015 年年底，乌东德工程环境保护累计投资超过 9 亿元，施工区水环境保护、大气环境保护、声环境保护、固体废物处置、陆生生态保护、水生生态保护、人群健康保护措施已取得了积极成效，各项环境指标满足要求。

【科学技术发展和新技术运用】2015 年，乌东德水电站组织实施 16 项科研项目，其中年度立项科研项目 8 项、在研科研项目 7 项、结题验收科研项目 1 项。乌东德科研项目主要服务于工程建设，如为进一步加强施工安全和质量管理，通过通信和网络，实现基于位置的质量、安全管控和人员、设备准入，组织开展人员与设备定位及轨迹系统、数字化地厂施工管理 APP 系统的开发；开展的乌东德水电站左岸防渗帷幕布置方案优化研究，通过防渗帷幕依托层论证与比选、三维渗流计算分析及洞室群稳定安全复核，缩短帷幕线路长度 329 米，减小防渗面积 5.0 万平方米，节省帷幕灌浆约 3.6 万米，围岩固结灌浆约 1.5 万米，石方洞挖约 2.4 万立方米，衬砌混凝土约 0.8 万立方米，为工程节约投资约 5324 万元，经济效益显著，并可有效缩短灌浆施工工期，降低施工难度与强度；进行的乌东德水电站地质灾害监测预警与应急管理，通过建立基于雨量与环境触发的花山沟泥石流沟的激光夜视功能的可视化监测体系和大功率预警预报体系、水垫塘右岸高陡边坡地表形变分布式光纤变形监测实时监测系统（分析块体变化）、鸡冠梁子高陡岸坡的地震动力响应监测系统等，构建乌东德水电工程枢纽区地质灾害监测预警平台，完善应急管理体系，增强工程相关人员的地质灾害防范及安全施工意识，提出高山峡谷区大型水电工程地质灾害早期识别、监测的高新技术方法以及地质灾害应急预案与防灾演练机制，降低乌东德水电站工程施工风险，为工程建设与运行安全提供保障。

乌东德水电站申报的“乌东德深井门槽一次成型施工技术研究与实施”项目获得了 2015 年度电力建设科学技术进步奖三等奖。

（周双超等）

四川省投资集团有限责任公司

【企业概况】2015 年，四川省投资集团有限公司（以下简称川投集团）在省委、省政府、省国资委正确领导下，在相关部门鼎力支持下，集团董事会经营班子面对经济增速放缓、股市动荡、产能过剩等不利因素，带领全体职工，按照川投集团公司“改革攻坚年和项目拓展年”总体部署和“4+1”产业发展战略要求，砥砺前行，奋发拼搏，圆满完成各项目标任务。

【强管理促生产，预算目标基本完成】2015 年，宏观经济下行，电力需求不旺，四川新投产机组持续增长，外送通道受限进一步挤压川内发电空间，电力市场竞争加剧，川投集团所属能源企业，团结一致，扎实工作，内挖潜力，外拓市场，生产营销稳步推进，实现了发电量、产煤量、销售收入、利润、投资等主要预算指标基本完成，为集团公司预算目标的全面完成做出了重要贡献。

2015 年，川投集团各控股能源企业强化电力市场分析和形势研判，利用水火替代、火火替代、欠发补偿、直购电等政策，狠抓电力营销，增加发电小时数，加强精细化管理，保持生产经营平稳态势。各主要发电企业共完成发电量 865.16 亿千瓦时（含雅砻江），完成年度预算的 101%，同比增加 6%。其中水电完成发电量 718.32 亿千瓦时，同比增加 8.6%，火电完成 136.84 亿千瓦时，同比减少 17%。嘉阳集团产煤 119.6 万吨，完成预算的 114%，同比增加 17%。累计实现销售收入 38.57 亿元，完成年预算的 96%，同比增长 3%；实现利润总额 40 亿元，同比增长 8%。

【积极推进项目建设和筹备工作】2015 年，川投集团能源板块各在建和筹备项目均处于在控和可控之中，保持相对平稳。集团公司能源板块重点项目完成投资 102.05 亿元。

（1）雅砻江流域水电开发全面推进。①雅砻江中下游各建设项目按计划推进。雅砻江锦屏一级、二级电站在 2014 年所有机组全面建成投产的基础上，后续工作全面展开；雅砻江最末一级电站—桐子林水电站 3 台共 45 万千瓦机组年内实现投产发电，标志雅砻江流域水能资源开发“四阶段”战略的第二阶段在“十二五”圆满收官。开发建设重心完全转向中上游项目。②雅砻江中游和上游各项目前期工作顺利推进。两河口电站项目主体工程开工建设，大坝左右坝肩、厂房辅助洞室等工程按计划顺利推进；杨房沟水电站 6 月 10 日通过省发改委核准，项目建设全面铺开；卡杨公路土建工程完工，全线具备通车条件，上游甲西、共科、新龙、仁达电站已完成预可研报告，林达、乐安、木罗、格尼电站等有关前期工作正在有序开展。

（2）达州气电项目全面建成投产。两台机组先后于 1 月和 6 月通过 168 小时试运，实现双投目标，全面转入生产运行阶段。

（3）江油天明 2×100 万千瓦电厂项目核准开工。该项目于 2015 年 7 月获得省发改核准，各项开工准备工作积极推进，目前正等待神华集团下达开工令。

同时，力丘河水电项目继续得到省政府、省发改委等相关部门的大力关心、支持；嘉阳集团同仁煤矿已基本具备开工条件，嘉阳旅游项目积极推进，川投集团牵头与地方已签订《嘉阳·桫椤湖旅游景区开发战略合作协议》。

川投集团总经理高淳（左三）视察田湾河电厂泥石流现场

【努力寻找新的能源项目，拓展企业发展空间】2015

年，按照川投集团公司“项目拓展年”的要求，为抢占新的资源点，加强与省发改委、省能源局、省重点办、地方政府、有关企业单位的沟通衔接，努力推进新项目。

（1）继续研究川投能源嘉阳电厂低热值发电项目。嘉阳电厂 2×35 万千瓦低热煤发电项目所涉及的有关问题已经项目筹备组反复讨论，目前，《项目初可报告》已经西南电力设计院编制完成，并经电力规划设计总院审查通过。

（2）积极争取辉山煤田资源。按照集团公司要求，及时向省“稳增长”督导办、省国资委、省国土厅、相关省领导提交专题报告，通过各种渠道向省领导进行汇报，得到了相关部门的理解和支持，努力寻求新的突破。

（3）及时跟踪相关筹备项目。在当前火电项目的生存环境不利的情况下，重点是做好相关项目的储备工作，及时跟踪泸州电厂二期、福溪二期、川投气电二期等项目。继续关注垃圾发电、分布式能源、光伏电站、核电、小水电等项目。

【加强督促检查，安全生产稳定】2015 年，川投集团对各能源企业的安全生产进行了暗访暗查、现场督查，充分利用安全生产大检查、百日安全、安全生产月、暗查暗访活动和防洪度汛专项应急演练等契机，督促能源企业加强宣传教育和培训工作，进一步深化隐患排查治理，强化责任落实，不断提高安全保障能力和安全管理水平。加强了在建项目特别是川投气电项目工程建设的安全监管力度。协调嘉阳煤矿实施主供电源改造工作，促进煤矿和嘉峨电网的安全稳定。督促所属火电企业脱硫、脱硝等环保设施可靠、规范运行，确保满足国家标准，实现达标排放。全年无重大安全环保责任事故、无不稳定事件发生。

【积极参加相关协会工作，把握政策形势变化】积极参加省能源协会、水电学会、电力行业协会、动力学会等社会团体的会议和活动，积极把握能源产业宏观形势和政策变化，对有关政策的起草发表意见、提出建议。对四川省电力行业形势、发展前景及能源结构调整等重大信息及时掌握和研判，以使企业发展顺应国家发展大趋势。

【加强电力体制改革研究，筹备售电平台公司建设】为贯彻落实《中共中央国务院关于进一步深化电力体制改革的若干意见》（中发〔2015〕9 号）及相关配套文件精神，把握电力体制改革的发展机遇，筹备成立四川川投电力售配有限责任公司。目前已编制完成电力售配公司的可行性建议报告等工作。

【主动融入“一带一路”战略，抢抓“走出去”发展机遇】按照省委、省政府和省国资委关于贯彻落实国家“一带一路”战略有关精神和要求，探索川投集团能源产业融入“一带一路”战略发展路径，主动出击，积极开展俄罗斯鞑靼共和国天然气热电联产电站、刚果金水电站、巴基斯坦风电和斯里兰卡光电等项目的调研、收资等工作，谋求川投集团与“一带一路”的融合机遇。

（刘小平）

四川省紫坪铺开发有限责任公司

【企业概况】四川省紫坪铺开发有限责任公司（以下简称紫坪铺公司）于 1998 年 10 月经省政府（川府函〔1998〕578 号）批准成立，为省属国有重要骨干企业，注册资本金 22 亿元。

截至 2015 年年底，紫坪铺公司共有职工 205 人（中长期合同）。公司主要内部机构设置为总经理办公室、党群工作部、计划发展部、人力资源部、财务部、营销部、生产管理部（安办）、紫坪铺水力发电厂、紫坪铺水库调度中心（防办）、紫坪铺大坝监测中心等。

紫坪铺公司作为紫坪铺水利枢纽工程建设业主，主要负责资金筹措、工程建设、生产运行、经营管理、偿还贷款、滚动开发等。

【主要生产经营指标完成情况】2015 年紫坪铺公司完成电量销售 32.8 亿千瓦时，实现营业收入（电费收入）8.89 亿元，上缴税费约 1.82 亿元，实现利润 9500 万元，同比增长 3.8%，较好地完成了省国资委下达的年度生产经营预算目标。

【安全生产】2015 年，紫坪铺公司深入贯彻落实省委、省政府、行业主管部门安全生产系列指示要求，把安全生产红线意识贯彻到生产经营全过程，层层落实安全生产责任，进一步抓好工程检修维护及技术改造工作，深入开展安全生产专项活动和安全检查，加强隐患排查治理，有效防范了各类安全事故的发生，确保了紫坪铺工程安全稳定运行，电站机组运行安全。

（一）完成了电厂、泄洪冲沙闸门系统设备和水工建筑物年度检修维护任务。紫坪铺公司按照省电力公司下达的检修计划和公司工程计划安排，全年共完成2台机组大修，3台机组小修和70项泄水闸门设备检修，结合设备检修完成了14项技术改造任务；完成了枢纽建筑物维修、环境与安全设施治理项目12项，进一步提高了枢纽建筑设备运行的可靠性，夯实了安全生产基础。

（二）深入开展了安全生产专项行动和安全生产大检查。紫坪铺公司按照省政府安委会和行业主管部门的安排，积极开展了安全生产月、危化品专项检查、“六打六治”及冬春火灾防控等专项行动；为做好汛期、水库回蓄等重要时段和节假日安全生产工作，全年共开展安全生产大检查6次、专项督查23次，强化日常巡检和监测工作，共发现建筑设备各类缺陷112项、安全隐患36项，均按照隐患排查治理要求进行了整改，保证了工程正常运行。

（三）进一步加强应急预案演练，提高了突发事件处置能力。紫坪铺公司根据《电力企业专项应急预案编制导则》，组织完成了应急预案修编，新增了全厂停电、反恐防范等专项预案。结合生产运行实际，开展了防洪应急抢险、机组黑启动和泄水闸门应急操作等11项应急演练。成功处置了3号机组技术供水法兰盘破裂跑水、汛期暴雨过程中电厂主厂房漏雨等4起突发险情，有效避免了可能发生的水淹厂房等事故。积极配合下游金马河沿岸相关单位开展应急救援13次，救出河道被水围困人员16人。此外，进一步加强职业危害防治工作。委托专业机构完成了工程现场职业病危害因素测定、职业病现状评价，为更好地保障员工健康权益奠定了基础。

【综合效益】紫坪铺公司坚持“电调服从水调，水调服从洪调”的原则，服从服务下游地区千万亩农田灌溉、城乡供水和防洪安全需求，统筹兼顾供水、发电、防洪抗旱等各方需求，加强水雨情预报研判，超前谋划，超前部署，落实水库调度运用计划和防洪抢险应急预案措施，优化水库调度，精细调度，较好地发挥了紫坪铺水库综合效益。

（一）水库调度运行方式进一步优化。公司建立了紫坪铺汛期通过机组稳发满发平稳泄流、减小大流量高流速泄洪对下游河道冲刷的长效安全机制。本着经济安全的运行原则，综合考虑上下游水库电站运行方式及出现的新情况、新问题，适时调整优化水库运行方式，提高水资源的综合利用效率。上半年枯水期，根据下游用水和电网负荷需求，逐步削落水库水位，4月下旬库水位削落至死水位附近。5月上旬水库及时回蓄，基本保证为期一个月的都江堰灌区春灌泡田插秧高峰用水需求。为避免汛后上下游水库集中争蓄的矛盾，按照省防办的批复，后汛期9月启动水库回蓄，10月初水库回蓄至正常蓄水位877米，为满足冬春枯水期下游地区用水及电网负荷需求创造了条件。

（二）满足了都江堰灌区和成都市综合用水及需求。紫坪铺水库全年共向下游泄水137.66亿立方米，调峰补枯向下游地区增供水量7.6亿立方米，其中4月～6月上旬春旱、都江堰灌区春灌用水高峰期间共向下游供水22.3亿立方米，利用水库调节库容增加供水近3亿立方米，为下游地区640多万亩水稻泡田插秧及抗旱做出了积极贡献。

（三）保证了下游地区防洪度汛安全。面对成都市府河及东风渠水体受到污染，导致龙泉驿部分城区停水事件，紫坪铺公司紧急启动供水应急预案，加大水库下泄流量，历时37个小时应急增调水量1850万立方米，有效化解了龙泉驿区的用水危机。5月中旬，上游毛尔盖电站因线路检修全厂停机，导致该时段紫坪铺水库来水较多年同期减少五成，为1937年紫坪铺有水文记录以来的最枯值，而下游地区又进入春灌用水高峰期，公司按照下游用水需求，调用水库调节库容连续向下游补水9天，增补水量1亿立方米，保证了特殊情况下都江堰灌区的春灌用水安全。

（四）保证了下游地区防洪度汛安全。2015年紫坪铺工程共经历了8场大的降雨过程，遭遇了7场常规洪水，总洪量46.87亿立方米。公司拦洪削峰、错峰调度，共拦蓄洪水7.72亿立方米，减轻了高流速泄洪洞泄洪对下游河道的冲击。其中6月28日至7月11日，紫坪铺水库遭遇年度最大一场洪水过程，最大洪峰流量1578立方米/秒，公司拦洪削峰，削减洪峰775立方米/秒，极大地减轻了下游金马河沿岸五县（区）的防汛压力。同时，与金马河沿岸地方水务部门进一步加强泄洪预警、信息传递和巡河检查，全年未发生一起因公司责任不到位而引起的金马河泄流安全责任事故。

【经营管理】2015是我国经济处于调整周期，经济增长缓慢，用电需求减少，发电企业竞争加剧，为适应新常态，紫坪铺公司坚持“发得出、卖得好、收得回”这条主线，加强市场形势预判，逐渐转变营销方式，迎难而上，积极主动，抢发电量。

（一）加大电力营销力度，市场开拓取得新成效。公司对电力市场进行深度分析，克服电力需求减少和电力供需的结构性矛盾，在省经信委的支持下，争取到年度发电计划29.79亿千瓦时，机组年利用小时数在全网同类水电站中名列前茅，为实现年度电量目标争取了先发优势。同时深入挖掘直购电市场，积极参加川电外送交易，积极争取水火替代、关停交易和富余电量，丰水期共争取到合同外电量12.92亿千瓦时，占全年发电量近40%，占丰水期发电量60%以上，也为缓解汛期弃水压力、保障高流速泄洪洞运行安全创造了有利条件。在汛期，面对激烈的市场竞争和巨大的弃水压力，公司调整营销策略，以量换价，主动出击，千方百计争取计划外电量，创造了紫坪铺电站发电计划连续一个月保持在满发水平的纪录。11月，紫坪铺公司与省电力公司保持密切联系，根据来水预测，审时度势，抢先提高日发电量，提前削落水库水位，不仅避免了可能出现的弃水，同时又承接了上游毛尔盖水库因库区公路路基坍塌抢修削落的1.5亿立方米库容，实现了水库、机组的优化运行和电量结构的优化。

（二）深化改革起步并积极推进。紫坪铺公司认真贯彻中央、省委、省政府深化国有企业改革精神，落实省国资委深化省属国有企业改革的各项工作要求，坚持问题导向，结合实际，积极推进深化改革。年内完成了定机构、定职能、定编制“三定”工作。推进市场化用工机制，对公司生产经营发展所需专业技术人才，通过高校、公司门户网站发布招聘信息等形式实行公开招聘。对于新聘任的中层管理人员，实行内部公开选聘，择优聘用。根据省委、省政府、省国资委深化国有企业负责人薪酬制度改革的有关要求，制定并实施了领导班子成员履职待遇、业务支出管理办法。加强薪酬福利、培训、考核等日常管理，建立了企业年金制度，进一步规范了人工成本管理。在深化改革中坚持加强和改进党的领导，结合党建薄弱问题专项整治工作的有关要求，调整成立了公司党委办公室、组织部，充实加强了党委、纪委工作机构力量。

（三）加强和改进内部管理，保证了公司持续稳健经营。

紫坪铺公司围绕省国资委下达的公司年度生产经营预算目标，加强和改进管理，挖潜掘能，降本增效，努力克服生产经营遇到的各种困难，确保了年度生产经营责任目标的实现。

1.强化经营预算目标责任管理和考核。按照省国资委下达的年度生产经营预算目标和企业负责人经营业绩考核要求，该公司结合实际，细化目标，对电量计划、耗水率、成本费用和保障指标等分解设置，将目标落实到公司分管领导、各部门。完善全面预算管理，做好生产工程计划和财务预算的匹配衔接，强化预算关键要素监控和执行，定期对预算执行情况进行总结分析，及时调整纠正偏差。深入推行全员业绩考核，全面加强部门绩效考核管理，调动了各部门和广大员工的积极性、主动性，为完成年度经营责任目标奠定了基础。

2.加强资金调度管理，保证了公司生产经营的正常进行。为满足公司生产经营需要，加强电费销售收入结算管理，保证了电费销售收入按正常结算周期较好回收。同时，加强与银行的沟通协调，优化公司借款结构，强化资金调度，保证了银行借款本息按期支付和日常生产经营资金需求。

3.加强成本费用管理，努力降本增效。规范维修维护项目和生产物资采购管理，推行竞价采购和集中采购，严控采购成本。深入落实中央八项规定、省委省政府十项规定及相关配套制度，坚持厉行节约、反对浪费，全面加强差旅交通、业务招待、会议、办公用品设备管理以及办公用房、公务车辆使用管理，努力降低各项费用开支。全年生产成本占营业总收入的46%，控制在预算指标范围内。

4.适应公司生产经营需要的内控制度体系初步建立。按照全面从严治党、深化国资国企改革的系列要求，结合公司实际，组织对成立以来形成的系列制度进行了全面清理，按照内部风险控制要求和制度建设规划，修改补充完善了13类146项管理制度，初步构建了覆盖公司各专业、各业务流程的管理制度体系，进一步促进了公司规范运作。

【党建工作】按照省委、省国资委党委的统一部署和要求，紫坪铺公司党委以落实全面从严治党要求为主线，不断加强领导班子和党员干部思想政治建设，不断提升党组织工作能力和党员队伍活力，认真开展“三严三实”专题教育，落实党风廉洁建设“两个责任”，持续深入改进干部作风，为公司年度各项工作的完成提供了坚强的思想、组织和作风保证。

（一）领导班子和党员干部思想政治建设不断加强。公司党委坚持中心组学习，紧密结合年度工作重点，2015年公司党委中心组共组织专题学习会15次。重点学习了中共十八届四中、五中全会精神，中纪委十八届五次全会精神，习近平系列重要讲话精神和省委全会决议文件精神。公司领导班子成员对照违纪违法典型案例，认真进行了检视反思；重点对加强领导班子和干部队伍思想建设、作风建设和廉洁建设等制度进行了梳理、修订，完善了干部管理机制。

（二）基层党组织工作活力显著提升。2015年紫坪铺公司电厂检修支部被省国资委党委确定为首批国有企业基层服务型党组织示范点，并作为省国资委党委领导班子成员的联系点。公司党委以示范点创建工作为切入点，把握“双争”活动总体要求和争创标准，系统推进党支部和党员队伍建设。一是扎实开展了基层服务型党组织示范点建设工作。着手研究制定了电厂检修党支部示范点创建方案，利用现有的办公场地设立了专门的党员活动室，丰富了服务平台载体。二是深入开展“三分类三升级”活动。对各党支部年度分类升级情况进行了综合考评通报。各支部针对党建工作中存在的问题，着力抓好整改落实，确保了年度晋位升级目标的完成。三是认真落实党内生活制度。严格执行党员领导干部参加双重组织生活会制度、“三会一课”制度和民主评议制度等八项制度，进一步夯实了党建基础工作。四是认真落实《发展党员工作细则》，做好发展党员工作。全年新发展党员 3 人，按期转正 2 人，列入 2016 年发展计划 3 人。

（三）“三严三实”专题教育取得积极成效。按照省委、省国资委党委的部署，紫坪铺公司认真组织开展了“三严三实”专题教育，分阶段推进实施。公司党委主要负责人作了专题党课报告，对专题教育进行了动员部署。领导班子成员均到分管联系部门讲了专题党课。高质量开展了“严以修身”“严以律己”“严以用权”三个专题的学习研讨。通过学习研讨，党员领导干部切实增强了践行“三严三实”的理论自觉和行动自觉。围绕“三严三实”主题，召开了领导班子专题民主生活会，联系公司领导班子和成员个人实际，深入查摆“不严不实”问题，以整风精神开展了批评和自我批评，进一步巩固和扩大了专题教育成果。

（四）扎实开展了党的建设薄弱问题专项整治，积极配合省委巡视组专项巡视。按照省国资委的有关要求，紫坪铺公司党委认真抓好党的建设薄弱问题专项整治工作，梳理了公司党建存在的 11 个问题，明确了 63 项整改任务。截至 2015 年年底，已完成了 59 项整改任务，剩余未完成的整改任务，结合落实巡视反馈意见进行了统筹安排整改。2015 年 11 月，按照省委巡视工作领导小组的统一安排，省委第九巡视组对公司进行了为期一月的专项巡视，公司党委以高度的政治自觉、思想自觉、行动自觉，积极配合省委第九巡视组专项巡视，确保了巡视工作的圆满完成。12 月 25 日，省委第九巡视组向公司党委反馈意见后，公司及时召开党委会对落实巡视反馈意见整改工作进行了研究部署。

（五）党风廉洁建设工作进一步加强，干部作风持续改善。紫坪铺公司党委紧紧围绕生产经营中心工作，以“双廉、双优、四安全”为目标，全面落实“两个责任”，深入推进党风廉洁建设，促进了党员干部作风的转变和公司持续健康稳定发展。一是研究制定了落实党风廉洁建设党委主体责任和纪委监督责任实施细则，明确了党委、纪委的责任内容、检查考核和责任追究办法。健全了党风廉洁建设工作领导体制和工作机制。二是严格落实党风廉洁建设责任制。公司党委与各部门签订了年度党风廉洁建设责任书，与中层管理人员签订了年度廉洁承诺。通过加强日常监督，年度检查考核，各部门均切实履行了党风廉洁责任，未发现党员干部违反廉洁承诺的情况。三是深入开展了中央八项规定贯彻落实情况专项整治工作。聚焦“四风”新动向，切实加强对党员干部的监督。四是多措并举，加强纪检、监察和审计综合监督。全年派纪检监察部门人员参加项目发包和物资采购监督 62 次，向 48 家承包商、供应商发放调查问卷对近年来部分重要合同廉洁协议履约情况进行了调查。围绕电厂安全运行管理开展效能监察工作，及时发现和纠正“三违”行为 6 起。加强业务招待费支出、电力营销情况内部审计，对发现的接待审批、费用报销不严格等问题及时进行了整改，完善了业务招待费用审批及管理控制制度。自觉接受省国资委、省人社厅委托社会中介机构对公司年度财务报表审计、工资内外收入监督检查专项审计和工资收入清算专项审核，并按照审计（审核）建议意见进行了整改和报备。

【对口扶贫】按照《映秀镇张家坪村、渔子溪村定点扶贫规划调整方案》，投资完成了张家坪村对外逃生通道项目建设，不仅增强了张家坪村抗御山洪泥石流灾害的能力，同时还结合项目建设和当地长远发展增加了旅游步道及观景设施。按照省委、省政府精准扶贫工作的部署安排，新增参与了汶川县克枯乡大寺村精准扶贫工作，与相关单位共同制定了大寺村联村帮户工作实施方案，计划 3 年投入 60 万元改善当地基础设施、发展特色农业和帮扶特困户脱贫解困。

（马　峻）

四川川投田湾河开发有限责任公司

【企业概况】 四川川投田湾河开发有限责任公司（以下简称田湾河公司）成立于 2002 年 8 月 28 日，注册地址四川省石棉县长征路，成都远程控制中心地址成都市高新区天泰路 112 号四川投资大厦南楼。田湾河公司现股东和股权结构为：四川川投能源股份有限公司（80%）、中国水电顾问集团成都勘测设计研究院（15%）、四川沃能投资有限责任公司（5%）。公司董事长、法人代表：李文志；公司党委书记、总经理：张昊。

田湾河公司主要从事田湾河流域梯级电站的开发建设和经营管理。梯级电站“一库三级”从上至下依次为仁宗海水库电站、金窝水电站、大发水电站，梯级电站概算投资约 52 亿元，实际完成投资 49 亿元，设计年发电量约 34 亿千瓦时。三个电站各安装两台单机 12 万千瓦的冲击式水轮发电机组，总装机容量 72 万千瓦。三个电站的电量通过田湾河联合开关站由两条 220 千伏线路送至石棉 500 千伏变电站接入四川电网。田湾河流域梯级电站首台机组于 2007 年 11 月 11 日并网发电，2009 年 8 月全部机组投产发电。

田湾河公司实行董事会领导下的总经理负责制，现设有十一部三公司，即办公室、党群工作部（纪检办）、人力资源部、资金财务部、审计监察部、营销部、计划合同部、安全生产部、发电部、设备检修与维护部、水工与水情部等 11 个部门，以及成都分公司、四川川投仁宗海发电有限责任公司、四川川投田湾河景达企业管理有限责任公司。

【生产经营】 田湾河流域梯级水电站开发主体单一，装机规模适中，流域电力集中调度、集中送出，动能指标和经济指标优越，在四川电网中具有相对较强的竞争力。投产以来，克服连年特大自然灾害的不利影响，至 2015 年年末，累计完成发电量 219.86 亿千瓦时，销售收入 50.85 亿元，利润总额 14.07 亿元。累计安全运行 2978 天，通过了安全生产标准化达标 II 级企业认定。

以稳增长为中心任务，经营业绩逆势上扬。2015 年，面对经济增长放缓、用电持续低迷、装机规模迅速增长的严峻市场形势，该公司本着“度电必争、寸利必夺”的工作方针，迎难而上，不等不靠，较好地完成了年度生产经营目标。全年完成发电量 31.76 亿千瓦时，同比增长 5.02%；销售收入 6.99 亿元，同比下降 2.51%；平均上网电价 0.2232 元，同比下降 0.0177 元；实现利润 2.18 亿元，同比持平。在平均上网电价下降 7.35%的不利影响下，全年完成发电利用小时数 4411 小时，超出主网统调统分电厂平均发电利用小时数 1066 小时，确保了经营业绩的稳定。截至 2015 年年末，田湾河公司总资产 37.97 亿元，总负债 24.4 亿元，资产负债率 64.26%；净资产 13.64 亿元，净资产收益率 13.59%，较国资委公布的水电行业优秀值高出 4.46%。

四川省电力公司副总工程师、调控中心主任李镇义（左四）一行在田湾河流域“7·13”特大暴雨山洪泥石流受灾现场调研

（田湾河公司提供）

【内控管理】 围绕“以优质的电能回报社会，以良

好的效益回报股东，以全面的发展回报员工”——“三个回报”的公司理念，田湾河公司始终坚持将依法治企与科学化、规范化管理相结合，基本形成了一套涵盖“公司治理、安全生产、财务管理、业务综合、人力资源、内控监督、党建纪检、标准规范” 8 大方面、适应现代企业管理和市场竞争要求的制度体系。近两年来，公司先后对成立以来出台的管理制度进行了全面清理，重新完善并制定了共计 150 余项内部管理制度，逐步形成了“按制度办事、靠制度管人”的长效机制，为企业稳健发展奠定了坚实基础。

川投集团公司副董事长、总经理高淳（左五）一行巡视检查仁宗海水库防汛情况　（田湾河公司提供）

安全生产管理方面，通过多年反复的探索和实践，该公司以安全责任管理、标准化操作规程、设备运行管理、应急管理、技术培训管理为基础的生产管理体系日渐成熟完善，通过了安全生产标准化达标 II 级企业认定，积累了丰富的高水头大型冲击式机组管理经验，并培养出一支优秀的专业技术管理队伍，成为国内同类型电站的佼佼者。

内部运行机制方面，按照省国资委和集团公司深化企业改革的工作部署，田湾河公司牢牢抓住三项制度改革这个着力点，通过落实“三定”、建立了岗位工作标准；调整了组织机构、明确了部门职责；建立并完善了目标考核、薪酬管理等配套制度；改革选人用人机制，开展了市场化选聘、内部竞聘和“兵选将、将选兵”双向选择等工作。以三项制度改革的落实，带动企业“责任、决策、用人、执行、激励、考核、约束”七大运行机制的优化，推动管理升级。从实施效果来看，员工危机意识明显增强，“岗位靠竞争、收入凭业绩”的竞争机制渐入人心，组织效率和组织活力得到有效提升。

【党建工作】在田湾河公司的发展历程中，该公司党委的政治核心作用是公司建设和经营成果的重要保障。在不同的发展时期，公司党委始终把握“党建促中心工作，发展促党建提升”的原则，使公司发展和党建工作同力同向，用实际行动践行“两学一做”，推动企业稳健发展。

党建工作的重心紧紧围绕“方向、队伍、监督、文化”四个方面。抓方向就是把握住思想引领，把企业党建工作放在发展全局中谋划促进；抓队伍就是管好班子，用好干部，筑好堡垒，打造一支有思想力、执行力、战斗力的队伍；抓监督就是把党建工作融入经营管理全过程，把“三重一大”的监督纳入党委统一领导，确保队伍的廉洁从业、勤勉敬业；抓文化就是围绕工程建设和电力生产经营中心任务，培育具有田湾河特色的企业文化，沉淀、传承、弘扬“战天斗地”的拼搏精神和“三个回报”的核心理念，用文化凝聚合力。

【组织管理机构领导人】

组织结构图

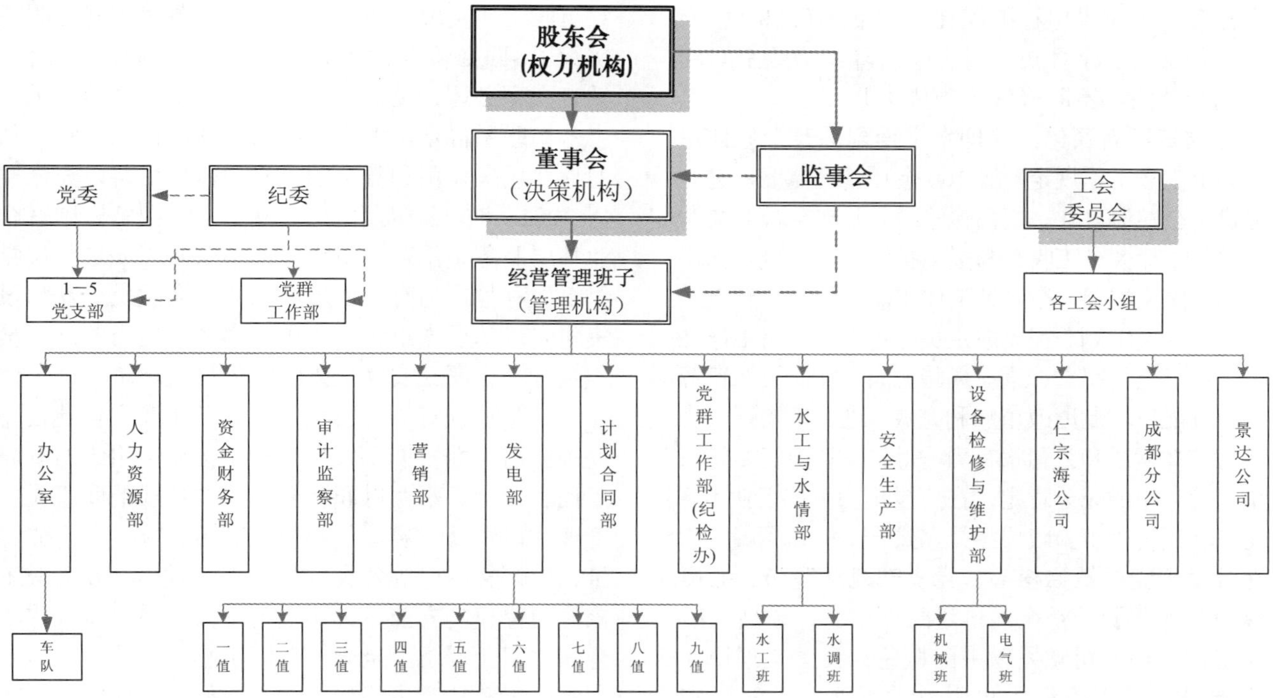

（李思航）

四川泸州川南发电有限责任公司

【企业概况】2015 年，四川泸州川南发电有限公司（以下简称川南发电公司积极克服火电机组发电利用小时数大幅降低、机组节能调度排序靠后等不利因素影响，在抓好安全生产、环保发展的基础上，想方设法压缩成本、减少开支，千方百计开拓市场、增加收入，实现三个百日安全生产无事故和机组零“非停”，累计发电 31.01 亿千瓦时，实现销售收入 11.54 亿元，公司党建、群团工作迈上新台阶。

【安全生产平稳在控，实现机组“零非停”】安全优质进行了 1 号机组小修和 2 号机组大修，完成了两台机组除尘及脱硫系统提效改造等 5 个重大技改项目和 17 个一般技改项目。不断加强教育培训，累计组织技术讲课 3811 学时、考试 3070 人次、送出培训 83 人次、仿真操作等技能竞赛 498 人次、反事故演习 6 次，进一步强化员工安全生产红线意识和责任意识，提高员工安全业务技能水平。深入开展春、秋季安全大检查、安全生产月等各类专题安全活动，坚持 24 小时领导带班、值班，加强安全风险预警，防范安全事故发生，实现三个百日安全生产无事故和机组零“非停”，被评为泸州市 2015 年安全生产一等奖单位。截至 12 月 31 日，连续安全生产 641 天。

【环保设施规范运行，污染物全部达标排放】严格执行新《环境保护法》《大气污染防治法》等环保法规及公司《环境保护管理标准》等环保制度，坚持每天对环保设施运维情况进行检查，对发现的问题和隐患及时督促整改，定期编制《环保月报》，指导和督促环保减排工作，确保环保设施可靠、规范运行。全年机组脱硫投运率 100%、综合脱硫效率 94%以上，二氧化硫平均排放浓度为 296.19 毫克/标准立方米，比国家规定限值低 103 毫克/标准立方米；机组脱硝投运率 99%以上、综合脱硝效率 80%以上，氮氧化物平均排放浓度为 170.27 毫克/标准立方米，比国家规定限值低 29.73 毫克/标准立方米，全部实现达标排放。

【节能降本成效明显，费用开支大幅压缩】严格执行节能降耗、降本增效相关管理制度，员工成本意识、节约意识不断增强。通过优化机组协调控制系统和加强机组经济运行调整，机组经济性能得到进一步提升，全年供电标准煤耗同比下降 0.29 克/千瓦时。积极动员全体员工努力挖潜降本增效空间，厉行勤俭节约，不断降低各项成本开支。

【企业改革不断深化，管理水平得到提升】修订完善《安全生产工作规定》等100余项管理制度，进一步促进了公司制度化、规范化管理。开展全员业绩考核，进一步加大员工收入与贡献挂钩考核力度。优化了机构、岗位配置，在满足工作职能的基础上有效控制了管理人员编制。在完成定员、定编、定岗工作之后，实施了全员起立、重新竞聘上岗工作。第二轮劳动人事分配三项制度改革顺利完成，进一步增强了员工队伍整体素质和公司执行力，得到了省国资委和川投集团验收组的充分肯定，在川投集团下属企业中，公司三项制度改革验收成绩排名第一。

【充分发挥党委政治核心、党支部战斗堡垒、党员先锋模范作用】一是全面推进从严治党，创新开展党建工作。该公司党委以中国特色社会主义理论体系为指导，认真贯彻中央中办发〔2013〕5 号和〔2015〕44 号文件精神，全面推进从严治党。深入学习理论，增强“三个自信”；认真开展“三严三实”专题教育活动、党的建设薄弱问题专项整治；切实履行第一责任，抓好党风廉洁建设；坚持党管干部原则，以领导班子思想政治建设为抓手，深化“四好班子”创建工作，抓好公司中层副职以上管理人员选拔推荐工作；加强党风廉洁建设、综治维稳工作。结合实际添措施，制定实施了《川南发电公司发展党员工作细则创新推进党建工作》，创新党建工作；组织撰写的理论研讨文章《坚持党对国有企业的政治领导，确立党组织在国企中的政治核心地位》在省国资委国有企业领导班子思想政治建设理论研讨征文中获二等奖。立足岗位面向职工，加强基层服务型党组织建设，通过党支部全体支委“1+X”联系支部所有党员、支部党员“1+X”联系部门所有非党员职工，实现了“三联”制度全覆盖，并对职工实行了“四必访”，即重大节日必访、生病住院必访、婚丧大事必访、员工家庭碰到突发事件必访，进一步密切联系群众，使党委的政治核心作用、党支部的战斗堡垒作用和党员的先锋模范作用得以充分发挥。2015 年，公司发电部党支部在省国资委国有企业基层服务型示范党组织评比中荣获“先进基层党组织”称号，另有 1 个党支部、2 名党员分获川投集团先进基层党组织、为民务实清廉优秀共产党员和践行“三严三实”优秀党员领导人员。

二是加强对群团组织的领导和企业文化建设，促进公司全面发展。领导公司工会认真组织召开职工代表大会，落实以职代会为主要形式的职工民主管理；以劳动竞赛，创建模范职工小家、工人先锋号、巾帼文明岗等各类创争活动为载体，发动职工立足岗位建功立业。公司设备维修部热工队被中华全国总工会授予“全国模范职工小家”称号。做好困难职工帮扶、生病住院职工慰问等工作，及时将公司的关爱落实到职工身上，全年慰问生病住院职工、困难职工帮扶、“夏送清凉、冬送温暖”等 17 万余元。支持指导团委开展网络文明志愿者注册、“我在操作一线，我是青春卫士”青年安全生产系列活动、“建言献策及青年文明号创新创效创优”活动，该公司团委荣获四川省和泸州市“五四红旗团委”称号。督促指导积极开展文体活动，丰富职工业余生活，促进公司企业文化建设。先后开展了迎春杯足球赛、元宵节游园、三八节女职工活动、篮球赛、羽毛球赛、斗地主比赛等多项体育活动；组织参加川投集团第三届职工运动会，参赛的九个项目获得金牌 3 枚、银牌 1 枚、铜牌 4 枚，被集团授予集体“优秀竞赛奖”。

（姜　波）

四川川投燃气发电有限责任公司

【企业概况】四川川投燃气发电有限责任公司（以下简称川投气电）是四川省投资集团有限责任公司、四川省能源投资集团有限责任公司、达州市国有资产经营管理公司按照 85%、10%、5%比例合资组建的四川川投燃气发电有限责任公司。该公司负责建设和生产经营四川地区首座也是唯一的一座大型环保 F 级重型燃气电站，项目建设地点在四川省达州市斌郎乡桥坝村，位于达州市天然气能源化工产业园区内，规划装机容量 4×35 万千瓦等级燃气－蒸汽联合循环机组，总投资约 50 亿元，分两期建设。一期装机为 2×35 万千瓦等级燃气－蒸汽联合循环机组，总投资约 25.4 亿元。项目于 2012 年 12 月 14

日全面开工建设，历时二年，顺利完成土建施工和设备安装调试，1 号、2 号发电机组分别于 2015 年 1 月、6 月一次性通过 168 小时试运，转入商业运营。机组整套启动时间和各项性能参数均处于国内同类型机组先进水平。电厂投产后，填补了四川省 F 级大型天然气发电的空白，对综合利用四川丰富的天然气资源，实现资源就地转化，减少污染物排放，推进节能减排，调整四川电源结构，促进地方经济发展和生态文明建设具有十分重要的作用。

截至 2015 年年底，川投气电共有在册职工 109 人。公司内部机构设置为综合事务部（含党委办公室、纪委办公室、工会办公室）、财务部、计划合同部、设备管理部、安全监察部、发电部、营销部等。公司董事长、法人代表：李文志；公司党委书记、总经理：张华端。

【工程建设】川投气电 1 号、2 号机组分别于 1 月 23 日和 6 月 9 日一次性完成了 168 小时满负荷试运行，顺利进入商业运行，实现了上半年双机投运的工程建设目标，两台机组 168 小时试运一次通过，机组整体调试创造了多项省内、国内燃机调试优秀记录，工程建设圆满收官。

川投气电狠抓工程建设质量管理，机组所有设备运行稳定，运行参数、指标优良。特别是 1 号机组运行时轴系振动很小且很稳定，均在 5 丝以下，优于川内 60 万燃煤机组；1 号机组各负荷阶段的燃烧压力波动很小且相互差值很小，优于东汽 2014 年投产的所有 12 台燃机的指标。2 号机组运行时轴系振动小且很稳定，均在 6 丝以下。设备安装、调试的优异质量得到了燃机厂专家的高度赞扬。

截至 2015 年 6 月 9 日 2 号机通过 168 小时试运、投入商业运行，川投气电工程建设项目实现了“零事故、零伤亡”的安全总体目标，创造了川内电厂建设“零事故、零伤亡”的纪录。

川投气电机组运行稳定、启停快速、调峰力度大等优异性能对保证电网安全发挥了重要作用，得到了省电力公司、省经信委等单位和部门的高度认可。

【生产经营】2015 年是川投气电工程建设收官之年和生产经营开局之年，也是三项制度改革攻坚之年。在川投集团和公司董事会的领导下，川投气电班子成员带领全体员工攻坚克难、砥砺前行，以完成工程建设目标和生产经营目标为主线，狠抓安全、环保、质量、工程进度和投资控制、营销、发电运行、检修维护、党群工会、纪检等工作，全年未发生任何安全事故、环保事故和质量事故。全年完成上网电量 12.3673 亿千瓦时，实现销售收入 5.2516 亿元。

1. 安全生产

该公司 2015 年未发生设备事故、人身伤亡事故、环境污染事故、负主要责任的交通事故、火灾事故，实现了全年“零事故”的安全目标。从电网调度允许 1 号机组 2 月 1 日投入备用至 12 月 31 日，已实现连续安全长周期纪录 334 天。荣获 2015 年度川投集团和达州经开区安全生产先进单位。

2. 加强设备和运行管理，提高机组运行经济性

该公司机组投入商业运行后，针对还存在的较多缺陷和设计上的隐患，展开了专项整治工作，利用机组夜间和平时停机时间，抢修、维护机组 168 试运存在的缺陷 954 项；对安装调试期间存在的缺陷、遗留问题进行了清理，提出改造方案，积极落实整改，完成了室外防雨装置安装、地下阀门井改造、加装操作平台、优化运行逻辑等工作。该公司积极摸索经济运行、节能调度等方法。在机组日启停模式下，摸索机组余汽自启动，减少对启动锅炉的依赖性，同时达到节能降耗和保证按计划启动的效果；优化辅机启停时间，节约厂用电；控制除盐水消耗，排查汽水系统内漏较大的阀门。在缺陷待处理期间，机组启动后及时关闭手动门，节水效果明显；根据压气机效率，合理安排燃机水洗周期，保持燃机维持在较高的效率运行；根据环境温度和汽机真空，优化循环水系统运行方式，节约厂用电；增加停机循环水泵，对工业水系统进行改造，减少外排循环水量。

3. 加强成本控制，减低各项费用

该公司严格各项费用事前审批，可控费用大幅降低，与预算相比管理费用减少 403.26 万元，降幅 23.93%；合理安排资金支付、延迟提取贷款和贷款利率下调，财务费用比预算减少 2651.05 万元，降幅 20.34%；做好资金调度管理，积极开展资金理财，降低财务成本，通过资金转存增加利息收入。

【三项制度改革工作】2015 年，川投气电按照省国资委和川投集团的总体要求，积极开展三项制度改革工作。优化了公司组织机构，重新拟定了部门职能和岗位职责，编制了岗位说明书并明确岗位任职资格；以全员参与的原则，对设立的岗位进行岗位价值评估，根据岗位价值评估的结果合理划分岗级、档级，定位设计薪酬方案。公司岗位等级设置优化为 5-20 岗，共计 16 个岗级，每个岗级的薪酬设置 15 档。通过岗级、档级的延伸，拓宽了员工薪酬晋升渠道，激发员工在各自的工作领域不断进取、提升，实现自我价值；开展了全员岗位竞聘工作，成立了全员岗位竞聘领导小组、工作小组和监督小组，制定了《全员竞聘管理办法》，公平、公正、公开、有序地完成中层管理人员、一般管理人员和生产人

员等全员竞聘工作，有 15 人聘任上新的工作岗位，79 人重新上岗；对劳动、人事、分配制度进行了全面梳理，修订和完善《劳动合同管理制度》《劳动管理制度》《教育培训管理制度》《薪酬管理制度》《员工绩效管理制度》等制度，新制定了《富余人员安置制度》《关键人才管理制度》《招聘管理制度》等 10 项管理制度、办法；根据《劳动合同管理制度》，对公司劳动用工进行了清理和规范。

【党建工作】该公司党委及时传达全省、集团公司领导班子思想政治工作会议精神，制订《加强公司领导班子思想政治建设集中推进工作实施方案》，成立了推进工作组织机构，参与了川投集团组织的公司领导班子思想政治建设问卷调查，组织参加川投集团企业领导班子思想政治建设征文比赛，加强领导班子思想政治建设的宣传教育，建立思想政治建设宣传专栏，专题学习《修身律己向我看齐》，接受了集团公司第五督导组两次现场专项督导检查。

公司党委通过每月的中心组学习，通过讲党课、召开党政联席会等形式要求党员学习践行“三严三实”，准确把握其内涵，做到明规矩、严纪律、强约束。6 月召开了“三严三实”专题教育活动动员部署会，传达了川投集团公司“三严三实”专题教育党课暨动员部署会精神，安排公司“三严三实”专题教育活动。持续推进党风廉政和反腐倡廉工作，公司领导班子成员做出了廉洁从业公开承诺，公司党委书记、总经理与中层及以上干部签订廉洁从业双廉责任书，组织党员、干部参加反腐倡廉知识、《廉洁自律准则》、《纪律处分条例》等竞赛，组织员工分三批次前往四川省法纪教育基地（四川省锦江监狱）接收教育。

加强党支部的建设，要求各支部建立学习制度，抓好组织生活，定期检查学习情况，在党员中开展《争创“岗位学雷锋”敬业标兵》主题实践活动。

认真开展党员发展工作，严格遵循“十六字”发展方针，确保发展质量，成熟一个，发展一个。

（康昭勇）

四川川投康定水电开发有限责任公司

【企业概况】四川川投康定水电开发有限责任公司（以下简称康定水电公司）负责力丘河梯级水电开发项目，该项目位于甘孜州康定县境内，干流水电开发河段范围为甲根坝乡以下至河口河段，河段长约 94 公里。干流水电规划为“一库四级”，总装机规模（2009 年预可研报告）61 万千瓦，其中：金顶电站 22 万千瓦，塔坑电站 20 万千瓦，泱洛电站 11 万千瓦，松林电站 8 万千瓦，静态总投资（2009 年预可研报告）56.46 亿元。项目地方责任主体为甘孜州康定县人民政府；项目责任人为四川投资集团有限责任公司；项目业主单位为四川川投康定水电开发有限责任公司。

该项目于 2003 年年初开始筹划，6 月川投集团委托华东勘测设计研究院开始开展力丘河水电资源规划设计工作；华东院于 2004 年 3 月完成了力丘河水电资源规划报告初稿，于 2006 年 6 月正式提交力丘河流域水电开发规划报告（送审稿）；2007 年 1 月省发改委、省水利厅《关于印发〈四川省康定县力丘河干流甲根坝至河口段水电规划报告审查意见〉的通知》（川发改能源〔2007〕12）文件联合批复了梯级电站水电规划，同时省环保局《关于提交〈四川省康定县力丘河干流甲根坝至河口段水电规划环境影响报告书〉及审查意见的函》（川环函〔2007〕3 号）批复了力丘河梯级电站规划环评。2008 年 1 月，川投集团在康定县注册成立四川川投康定水电开发有限责任公司（川投集团全资子公司），负责力丘河流域水电开发工作，并于 2 月在康定县完成了工商注册登记手续，办理了组织机构代码及税务登记等手续，并已逐年分期纳税。

【企业发展规划目标】力丘河梯级 4 个电站中松林水电站位于松林口桥下游，控制流域面积 3294 平方公里，具有年调节性能，梯级补偿效益显著。金顶水电站坝址选择河段为沃吉沟上游约 900 米至沃吉沟下游 400 米共计约 1.3 公里范围色乌绒沟汇合口下游 21 公里。控制流域面积 5710 平方公里。塔坑水电站坝址位于色乌绒沟汇合下游 2.57 公里处，控制流域面积 5291 平方公里。泱洛水电站坝址位于松林水电站坝址下游约 10 公里的泱洛村附近，工程区为高原浅丘与下游高山峡谷交汇地带。金顶、塔坑、泱洛电站于 2009 年全部完成预可研报告审查，为了准确地掌握力丘河流域金顶、塔坑、决洛3个电站的投资动态变化情况，康定水电公司以《可研设计报告》设计指标为基础，在保持原工程设计和体量不变的情况下，考虑2014年物价水平变化，考虑2014年甘孜州政府征地移民标准和增加20%征地移民实物量，考虑与项目相关的送出工程、营地建设、对外交通建设等项目的分摊因素对力丘河梯级水电站投资（2014年当期）重新进行了测算，比原来增加11.91亿元，比例为21%。

【远景规划目标】

1.发挥水电优势，做大川投集团能源产业，增强可持续发展能力。

2.实现企业发电效益和地方综合利用效益作用。

力丘河项目总装机容量61万千瓦，联合运行年总发电量27.8415亿千瓦时，有利于促进地区的经济发展，改善本地区电网及四川主网的供电能力和供电质量；项目开发后可以改善当地的能源结构，为居民生活提供廉价的电能，有利于减少毁林破坏，减少水土流失，从而营造良好的生态环境；项目建成后可为力丘河流域及附近的旅游业提供有力的支持，水库优美的环境和便利的交通条件，将促进旅游业的发展；龙头松林水库形成后，可实现库区分段通航，促进当地经济发展，同时水库形成也为当地的水产养殖发展提供了有利条件。

3.持续发展的具体目标、任务。

力丘河梯级水电开发项目设计采用“3+1”开发顺序，分步实施。总工期预计8年，先期同步建设金顶、塔坑及决洛水电站。金顶水电站水库库容很小，无调节能力，涉及建设征地和移民安置范围小，建设周期短，发电效益好，建设期为4年；塔坑电站水量丰沛，为日调节水库，落差集中，出力较稳定，工程地质条件亦较好，淹没损失很小，发电效益较好，建设期为5年；决洛水电站为日调节水库，交通和施工条件较好，但地质条件复杂，电站的经济指标不佳，但考虑梯级效益偿还等因素，仍然具有一定效益，建设期为4年。先期建设金顶、塔坑及决洛水电站可尽早获得发电效益，可促进力丘河梯级水电站的有序开发，为力丘河干流梯级水电站的连续滚动开发创造有利条件。

后期建设松林电站。松林为年调节水库电站，水库库容较大，但涉及建设征地和移民安置范围大，投资较大。先期建设经济性较差，只有在中下游梯级开发后建设才能发挥其具有的梯级补偿效益与经济效益。

【“十二五”规划执行情况】“十二五”规划期间，力丘河项目在得到省委、省政府以及省级有关部门的大力支持情况下，在川投集团不懈的坚持和坚守过程中走过，项目前期工作取得了阶段性的成果。截至2015年，力丘河梯级水电开发项目，已先后完

工程项目考察　　　　　　（康定公司提供）

成了力丘河流域水电规划报告、环评报告、风景名胜区影响专题报告及其审批工作；完成了决洛、塔坑、金顶电站的预可研设计及审查工作；完成了《力丘河梯级水电开发对甘孜州藏区社会经济发展的促进作用研究》工作；完成了力丘河流域水电开发的输电规划、施工电源、接入系统方案的设计及审批工作；完成了业主现场管理营地的选址、方案设计；完成了力丘河流域对外交通道路的初步设计及审查工作；决洛、塔坑、金顶电站的可研设计报告、施工总平面布置报告和正常蓄水位选择等专题报告已基本完成，等待审查和项目核准。目前，金顶电站和梯级电站对外交通公路已经省发改委审批同意开展前期准备工作，已初具开工建设条件。

（川投康定公司）

四川省能源投资集团有限责任公司

【企业概况】四川省能源投资集团有限责任公司（简称“四川能投”）成立于2011年2月21日，注册资本93.16亿元。该公司是四川省人民政府批准组建的国有资本投资公司，是四川推进能源基础设施建设、加快重大能源项目建设的重要主体。

四川能投成立以来，以“开发能源、服务四川、改善民生、推动发展”为企业使命，充分发挥省级产业性投资公司的优势，进行股权投资和资产经营管理，与省内外各市州县政府、国际国内大中型企业、科研机构等建立了战略伙伴和项目合作关系，在传统能源、新能源、绿色能源领域得到快速发展，实现了存量资产的保值增值和新增业务的快速发展。截至2015年12月，四川能投旗下共有下属公司179家，业务涵盖能源、金融、能源服务、新城镇建设四大领域，总资产规模达到702亿元，净资产达到220亿元，全年销售收入210亿元。成功进入中国服务业500强企业行列。

【发展战略】四川能投在能源产业上坚持“做强电网、做大电源、做实燃气、开发新能源”的发展战略，已形成一大批优质项目。在巩固加快能源产业发展的基础上，形成了产业与金融“两翼齐飞”，能源、金融、化工、能源服务贸易、旅游康养、新技术新材料“多轮驱动”协同发展格局。

【电网和无电地区电力建设方面】目前四川能投旗下共有地方电力公司29家，建立了川南、川东北、青川平武三个地方配电网，供电人口占四川全省总人口的21 %，达1760万人。水电方面，拥有大中小型各类水电站165座，总装机（含权益装机）近900万千瓦，控股开发总装机56万千瓦的金沙水电站，参股向家坝、溪洛渡、白鹤滩、乌东德4座巨型水电站。

【风电和太阳能方面】建成了四川省第一个高山风电场——凉山会东拉马、鲁南风电场。建成了四川第一个风光互补项目盐边大面山风电场。

【生物质能方面】建成了自贡市垃圾发电项目和广安垃圾发电项目。

【天然气方面】组建了四川省天然气投资有限责任公司，该公司投资建设的1200公里天然气主干输气管网连接省内主要经济带，将形成每年100亿立方米输气能力。

【页岩气方面】参股“四川长宁天然气开发有限责任公司”，开发宜宾长宁区块页岩气。

【煤层气方面】开展了四川省川南地区煤层气勘探开发，目前正在推进泸州石宝煤层气项目钻探试验，并将逐步加快开发四川省其他地区页岩气、地热等新兴能源。

在人民大会堂与法国苏伊士环能集团签约

【分布式能源方面】在四川省获取了57个分布式能源项目，总装机达153万千瓦。建成了省内首个真正的冷热电三联供的分布式能源项目——新都分布式能发电项目。

【金融服务板块】组建了金鼎产融控股公司，总资产达130亿元，业务覆盖投资、小额贷款、融资担保、保险代理、融资租赁、基金管理、（P2P）互联网金融等领域，正着力打造全牌照金融服务平台。

【旅游康养板块】组建了四川能投新城投资有限公司，致力于旅游业、康养产业领域的发展。目前正在开展阿坝藏族自治州的九寨沟景区、云顶南坪古镇景区、茂县的红星岩景区、雅安牛背山景区、泸州佛宝古镇、凉山州全域旅游开发的前期工作。

【能源服务贸易板块】围绕能源服务组建的能投机电物资有限公司，在机电物资贸易、咨询管理服务、能源产业链投资等领域开展业务。

【化工业务板块】2015年，四川省委、省政府将四川化工控股集团的资产和业务划入集团。四川能投勇当重任，科学谋划，注入大量资金，安置转岗员工、转移化工产能、发展精细化工、布局现代产业园、处置不良资产。四川能投注入2亿元对川化集团的辅业公司整合重组，永鑫公司雪佛龙项目全年创收逾亿元，润嘉、汇成等多家重组企业实现升级发展，重新焕发活力。

【新材料新技术板块】四川能投坚持走市场化道路，谋求多元化发展，积极创新思维，拓展新的业务，进军新材料、新技术领域，在碳纤维产业，以交流LED为代表的现代照明产业等领域都取得了突破。

计划到2020年，四川能投力争进入中国企业前200强，培育电网、风电光伏、分布式能源、小微惠民金融、气体能源等多个领域的上市公司，成为国内具有影响力的大型综合能源企业。

（四川能投）

雅砻江流域水电开发有限公司

【企业概况】雅砻江流域水电开发有限公司（简称雅砻江公司）主要业务是水力发电。公司股东方为国家开发投资公司和四川省投资集团有限责任公司，出资比例分别为52%和48%，现有注册资本金为人民币191亿元，注册地为四川省成都市。

2003年10月，国家发改委授权公司全面负责雅砻江流域水能资源开发和梯级水电站建设管理；2012年8月22日，国家能源局印发文件再次明确公司统一负责雅砻江干流水能资源的开发，梯级电站开发范围为呷依寺以下四川境内干流河段，在国家层面上确立了公司在雅砻江流域水能资源开发中的唯一主体地位。雅砻江公司成为2002年年底电力体制改革以后，国家授权一个主体开发一条江的唯一公司，这为雅砻江流域水能资源科学开发和公司可持续发展奠定了坚实基础。

【雅砻江杨房沟水电站核准并开工建设】2015年6月10日，经四川省人民政府审议同意，四川省发展和改革委员会印发《关于雅砻江杨房沟水电站项目核准的批复》（川发改能源〔2015〕386号），同意建设杨房沟水电站。

两河口水电站建设征地移民安置专业项目代建工程设计施工总承包合同签字仪式

2015年7月13日，随着四川省人民政府副省长甘霖的一声令下，雅砻江杨房沟水电站正式开工。

杨房沟水电站是国家清洁能源重大工程、国家和四川省“十二五”规划重点电源项目，同时也是由四川省核准开工的第一座百万千瓦以上规模水电站。电站位于四川省凉山州木里县境内，是雅砻江中游（两河口至卡拉河段）水电开发方案“一库七级”中第六级水电站，总装机150万千瓦。电站枢纽主要由挡水建筑物、泄洪消能建筑物及引水发电系统等组成，挡水建筑物采用混凝土双曲拱坝，最大坝高155米。电站水库总库容5.12亿立方米，调节库容0.5385亿立方米，电站单独运行时具有日调节能力，与两河口电站联合运行时具有年调节能力。

杨房沟水电站的核准及开工建设标志着雅砻江流域继下游开发取得决定性胜利之后，中游迎来全面加速开发的新高潮，是雅砻江流域水电开发过程中又一座新的里程碑，这对于加快雅砻江水电基地建设，优化四川电源结构，增强川电外送能力，促进四川省区域民族经济和社会发展以及节能减排具有极为重要的意义。

【雅砻江两河口水电站按期截流开始围堰填筑】2015年11月29日，两河口水电站按期截流并开始围堰填筑，标志我国藏区综合规模最大的水电站、拥有世界第二高土石坝的两河口水电站全面进入主体工程施工阶段。

两河口水电站大坝为砾石土心墙堆石坝，最大坝高295米，为当今世界第二高土石坝。大坝总填筑方量达4300多万立方米，按照一米见方的正方体顺次排列，长度可达43000公里，可绕地球赤道一周还多。其中上游围堰不仅是截断雅砻江的重要建筑物，将来还会作为大坝的一部分，永久保留并发挥功效。

两河口水电站是雅砻江上继二滩、锦屏之后又一个战略工程，拥有高坝大库的两河口水电站建成后，将对下游电站产生巨大的补偿调节效益，极大改善川渝电网汛期电量富裕、枯水期电量不足的不合理电源结构。电站建成后，每年相当于减少燃煤消耗1330万吨，减少二氧化碳排放2130万吨，减少二氧化硫排放20万吨，生态环境效益巨大。同时还可减轻长江中下游防洪压力，减少长江三峡水库的泥沙淤积，对长江中上游生态屏障建设具有重要作用。

【雅砻江桐子林水电站首批机组投产发电】2015年10月28日，国家西部大开发标志性工程、雅砻江最末一个梯级电站桐子林水电站首批2台共30万千万机组投产发电，11月24日第三台机组投产发电。

桐子林水电站是2010年国家确定的西部大开发23个标志性重点项目之一，是雅砻江下游最末一个梯级电站，以发电任务为主。电站安装4台15万千瓦轴流转浆式水轮发电机组，总装机容量60万千瓦，多年平均发电量29.75亿千瓦时，电站核准总投资62.57亿元。桐子林水电站具有水库淹没损失小、建设工期短、供电质量好等突出特点。电站距四川主网和攀西电网均较近，上游已建成二滩水库、锦屏一级水库，随着两河口水库的建成，受三大水库径流调节影响，桐子林水电站枯期出力大幅增加，是四川电网不可多得的优良电源点之一，也正是当前电力系统急需的电源类型。待机组全部投产后，所发电量每年可新增工业增加值约8.6亿元，每年可节约标准煤87万吨，对节能减排、改善四川电网能源结构、促进地方经济社会发展将发挥重要作用。

【雅砻江公司深入实施设计施工总承包管理模式】2015年8月29日，雅砻江流域水电开发有限公司与中国电建集团成都勘测设计研究院有限公司签订了《四川雅砻江两河口水电站建设征地移民安置专业项目代建工程设计施工总承包合同》；12月，杨房沟水电站主体工程设计施工总承包和工程监理招标工作圆满完成，此举标志着雅砻江公司推进设计施工总承包管理模式迈出从理论到实践的关键一步。

【安全管理】2015年，雅砻江公司坚持“以人为本、安全为天”的安全理念，认真贯彻全国安全生产工作会议精神，持续夯实安全管理基础。深入推进安全生产标准化达标评级和NOSA建设工作，不断加强安全监管力度，结合“六打六治”打非治违、电力建设工程落实施工方案专项行动等活动，持续开展隐患排查治理工作，严防生产安全事故的发生；不断完善应急预案体系和应急响应工作机制，认真筹划开展工程防汛及地质灾害应急演练，着力增强面对突发事件的应急处置能力；积极开展“安康杯”竞赛、“安全生产月”以及NOSA讲堂等活动，广泛进行安全生产培训，着力推进安全文化建设，努力营造全员安全生产的浓厚氛围。

2015年，雅砻江公司未发生直接责任性一般及以上人身伤亡事故、非直接责任性较大及以上事故和电力生产一般设备事故，安全生产形势持续稳定向好。二滩水力发电厂实现长周期安全纪录3017天，创下公司电力生产最高纪录；官地水力发电厂通过NOSA三星认证和发电企业安全标准化企业二级评审；集控中心通过NOSA四星认证。同时，公司连续七年获得全国“安康杯”竞赛优胜单位，连续八年荣获“中央在川和省属重点企业安全生产工作先进单位”称号。

桐子林水电站投产发电劳动竞赛表彰大会现场

【生产经营】2015年，国内经济发展步入新常态，经济增速持续放缓，电力市场进入低增长、低利用小时的“双低”通道，电力产能过剩进一步凸显。面对复杂的内外部形势和不利的营销局面，雅砻江公司苦练内功、多措并举，努力化解困难局面。认真组织开展“设备管理年”活动，以“查设备、查制度、查人员”为主要措施，通过细致的生产制度检查严把“管理关”，通过有效的设备隐患排查整治严把“设备关”，通过严格的业务能力考核严把“人员关”，为流域电力生产设备的安全稳定运行奠定坚实基础；针对流域来水偏枯的不利因素，科学预测来水，积极协调各级调度机构，优化水库运行方式，合理安排水库水位消落及机组运行方式，着力提高水资源利用率和机组运行效率；积极推进桐子林水电站机组投产建设，10月、11月三台机组先后顺利发电，公司装机总规模达到1455万千瓦，公司发电能力显著提升。

2015年，雅砻江公司累计发电656亿千瓦时，其中二滩水电站累计完成135.5亿千瓦时，锦官电源组累计完成517.7亿千瓦时，桐子林水电站累计完成2.8亿千瓦时，再创电力生产历史新纪录。

【科技创新】科技创新能力是雅砻江公司核心竞争力的重要组成部分。2015年，雅砻江公司进一步加大与国家自然科学基金委、相关科研机构以及高校

两河口水电站截流及围堰填筑仪式现场

的合作力度，充分发挥科技创新平台作用，聚力攻关流域开发和电力生产关键技术，重点推进的国家“十二五”科技支撑计划项目——“雅砻江流域数字化平台建设与示范应用”课题研究首期示范目标已经完成并结题；着力强化自主创新能力建设，通过广泛开展劳动竞赛、技术比武、QC小组等活动激发员工创新意识并取得良好成效；积极支持国家重点基础科学研究，有序推进锦屏地下实验室二期项目建设，不断提高实验室运行和维护管理水平，实验室研究工作进展顺利。2015年，公司获得1项发明专利，7项科技创新成果获得省部级奖项，多项成果达到了国内外领先或先进水平。

2015年11月，在日本京都举行的2015世界工程师大会暨世界工程组织联合会全体会议上，经中国科协推荐，雅砻江公司锦屏项目团队获得2015年世界工程组织联合会杰出工程建设奖，以表彰公司经过十余年的努力，攻克了特高拱坝和深埋地下洞室群建设的诸多世界级难题，取得了世界第一高坝、世界规模最大的水工隧洞群等多项世界领先成就，成功建成了两个世界级的巨型水电工程，为中国和世界能源建设与发展做出了积极的贡献。

【党建与企业文化】2015年，雅砻江公司着力巩固群众路线教育实践活动成果，认真开展“三严三实”专题教育，落实党建“四个一工程”，强化“三会一课”制度，全面落实党风廉政建设党委主体责任和纪委监督责任，及时整改落实“四风”问题，并通过公司制度予以细化和固化，不断健全作风建设长效机制。公司党委严格程序圆满召开了公司更名后的第一次党代会，选举产生了公司党委、公司纪委新一届领导班子。精心组织党务和工会干部培训，不断提高组工干部工作能力和业务水平；持续开展丰富多彩的文体活动，着力丰富员工的业余文化生活，弘扬“团结、奋进、和谐”的主旋律，打造公司工会活动品牌。不断丰富公司企业文化宣传载体，高质量完成公司展厅建设与开放工作，及时开通雅砻江水电文化微信公众号，精心开展企业文化歌曲创作竞赛和微电影摄制，着力推进若水文化理念的落地生根；高度重视公司企业形象塑造，以流域开发重大里程碑目标的实现为契机，综合运用传统与新兴媒体集中开展宣传报道，着力展现公司“贡献清洁能源，服务国家发展”的工作动态与重大举措，努力为雅砻江开发营造良好舆论环境，持续扩大“雅砻江水电”品牌影响力。

（文中图片由雅砻江公司提供）

（雅砻江公司）

国电大渡河流域水电开发有限公司

【公司概况】国电大渡河流域水电开发有限公司(以下简称大渡河公司）于 2000 年 11 月在成都注册成立，是集水电、新能源开发建设与运营管理于一体的大型能源开发公司，为中国国电集团公司（以下简称集团公司）所属特一类企业。大渡河公司股东分别为中国国电集团公司、国电电力发展股份有限公司、四川川投能源股份有限公司。

大渡河公司主要负责大渡河流域、西藏帕隆藏布流域水电开发，拥有大渡河干流、支流以及西藏帕隆藏布流域水电资源约 3000 万千瓦。其中，大渡河干流水电项目 17 个，总装机约 1755 万千瓦（含合作开发的双江口项目 200 万千瓦)，建成投产的有龚嘴、铜街子、瀑布沟、深溪沟、大岗山、枕头坝一级 6 个水电站，总装机 902.5 万千瓦；在建的有双江口、猴子岩、沙坪二级 3 个水电站，总装机 404.8 万千瓦；前期项目有金川、安宁、巴底、丹巴、枕头坝二级、沙坪一级、老鹰岩一级、二级 8 个水电站，总装机约 447 万千瓦。截至 2015 年 12 月 31 日，大渡河公司资产规模为 863 亿元，累计发电量 1923 亿千瓦时，投运装机容量 966.24 万千瓦，其中，在川装机 936.74 万千瓦。

2015 年 7 月 13 日，四川省人民政府举行大渡河双江口、雅砻江杨房沟水电站开工仪式，四川省副省长甘霖宣布两个水电站正式开工 （胡应春 摄）

大渡河公司秉承集团公司家园文化，积极履行社会职责，建立四川省国电大渡河爱心帮扶基金会。2015 年，大渡河爱心帮扶基金会完成了 13 个爱心帮扶项目，资助贫困大中学生 108 名，配合地方党委政府开展了丹巴县、峨边县精准扶贫工作。

大渡河公司成立以来，先后荣获全国“五一”劳动奖状、全国“厂务公开先进单位”，建成了“全国模范职工之家”，被国务院国资委评为“抗震救灾先进集体”和“中央企业先进基层党组织”；获得集团公司“国电特级奖状”“绩效贡献特别奖”等荣誉，累计获得省部级科技成果奖 62 项，取得 85 项知识产权成果，成为四川省工业企业最大规模 50 强企业。

【2015 年工作概述】2015 年，大渡河公司认真贯彻集团公司“一五五”战略，深化“双提升”工作， 安全形势保持稳定，体制机制不断优化，智慧企业建设加快推进，利润目标全面完成，大岗山、枕头坝一级两个电站顺利下闸蓄水发电，实现新增装机 332 万千瓦，创造了大渡河公司一年内投产机组数量最多，装机规模最大的新纪录，提高集团公司清洁能源比重约 3 个百分点。大渡河公司全年总投资完成 86.63 亿元，完成发电量 270.22 亿千瓦时。

【安全管理】认真宣贯《安全生产法》，每月更新发布《危险源（点）责任清单》，组织编制各单位、部门及岗位人员安全生产责任标准，建立片区应急联动机制和电力安全专业组定期交流机制，出台安全专业管理标准，加强班组安全建设，规范安全生产作业行为，实现了安全管控全覆盖，确保了“零事故”目标。圆满完成了年度设备检修工作，规范检修准备、现场管理、质量控制、验收评价等环节和行为，干流机组保持“零非停”。开展了防汛检查和地灾隐患排查治理，有效应对了流域几次强降雨和洪峰的考验。组织开展“三反四保”、安全生产月等专项活动，启动库坝安全信息系统建设，提升了安全保障能力。截至 2015 年 12 月 31 日，大渡河公司安全稳定保持良好，实现全年安全生产“零”事故和稳定“零”事件，公司系统连续安全生产 3776 天。

【生产经营】不断夯实生产运营基础，抓好经济运行，确保了安全生产和“零非停”。坚持流域统调度，于 2008 年建成了梯调集控中心，通过实施流域水电联合优化调度，提高水资源的综合利用率。2015 年 11 月 16 日，大渡河集控中心顺利实现大岗山、枕头坝两站远方集控，大渡河干流梯级联合调度从两厂四站拓展到四厂六站，增强了水电联动、优化调度的规模效应。全力增收创效，成立生产增效、基建增效、财务管控增效、相关产业及营销增效四个专业组，建立营销共享中心，签订大用户战略合作协议，通过优化水库调度，实现经济运行，电量综合结构同比提高 0.60%。深化精益运维管理，推行“一厂两站”“运维合一”“无人值班（少人值守），远方集控”新型生产管理模式，培育了一支政治素质好、技术业务精、覆盖大中小型水电机组的生产管理人才队伍，龚电总厂、瀑电总厂被评为集团公司五星级企业。

【基本建设】全面落实集团公司“投产即盈利”的要求，高度重视大岗山、枕头坝一级两个项目移民、送出问题，多方协调、攻坚克难，蓄水阶段质量监督、安全鉴定、移民环保等各项验收一次性顺利通过，两站 8 台机组均一次性启动成功、一次性并网成功，顺利通过 72 小时试运行并成功转商，送出工程按期投运，实现了年内全投目标，创造了公司一年内投产机组数量最多、装机规模最大的新纪录，提高集团公司清洁能源比重近 3 个百分点。猴子岩、沙坪二级两个项目建设有序推进，形象进度可控在控，全年投资控制在集团公司下达的计划内，猴子岩水电站大坝工程、沙坪二级水电站厂房机组段工程浇筑分别提前 15 天和 35 天完成，枕头坝一级、沙坪二级提前 1 年完成移民安置任务并通过蓄水验收。创新管理模式，成立了双江口建设管理分公司负责枢纽工程建设，2015 年 12 月 8 日成功实现了双江口河道截流，主体工程招标顺利推进。

【前期工作】双江口、金川项目前期工作取得重大突破，双江口增资扩股完成，开启了大渡河流域开发的新局面。2015 年 4 月项目获得国家发改委核准，电站建设正式拉开大幕，为建成西部大开发和藏区绿色典范工程创造了条件。金川水电站设计优化成效明显，《四川大渡河金川水电站优化设计报告》可行性得到各方专家认可，满足集团公司投资决策要求。截至 2015 年 12 月 31 日，项目可研报告已完成审查，正在履行有关决策程序。安宁、巴底、丹巴水电站已完成预可研设计，可研工作有序推进。枕头坝二级水电站已完成预可研工作。沙坪一级水电站于 2013 年 4 月 18 日通过预可研审查。老鹰岩水电站已取得开发方式批文，准备开展预可研工作。

【科技创新】全年累计获得 2 项省部级科技进步奖，21 项知识产权授权，共组织开展重大技术咨询 24 次，解决技术难题 31 项，为工程高质量建设奠定了基础。承办了全国高拱坝经验交流会和中国大坝协会 2015 学术年会，宣传了流域三座高坝建设的管理成就。修编完善了前期、验收、质量等工程建设规章制度，开展了智慧工程、基建增效、双江口建管模式及地下厂房 EPC 等课题研究，为项目科学决策、高效推进提供了保障。

【基础管理】强化管理提升，体制机制不断优化。按照集团公司部署，全面推进管理和效益“双提升”，成立专门机构，梳理问题清单，建立了季度整改机制。举办“双提升”专题研修班，研讨并推进 13 个重大管理课题。修订目标责任制考核办法，实施重点工作每月考核。完善干部选拔机制，加大年轻人才多岗位锻炼，形成了定期轮换机制。评聘各级首席师 13 名，拓宽了技能人员成长平台。高度重视

2015 年 10 月 29 日，双江口公司增资扩股协议正式签订，完成股权多元化改革　（陈隆祥　摄）

巡视工作，完成了中央专项巡视集团公司的配合和整改落实工作。强化经济责任和财务经营审计。加强招标归口管理，计划合同管控体系更加完善。深入推进依法治企，有效防范了各类法律风险，修编和宣贯制度 137 项。

【党建及精神文明建设】强化监督检查，认真贯彻中央八项规定精神，开展了“守纪律、讲规矩”专项整治督查和“小金库”专项治理，规范了履职待遇、业务支出管理。强化党纪法规学习，坚持“八项费用”专项审计倒查机制，督促整改问题，作风建设进一步改进。落实管党治党责任，扎实开展“三

严三实”专题教育，开展了党委书记抓党建工作述职试点，推进了标杆党支部建设，建成标准化党员活动室 41 个，大渡河公司党委“抓基层强基础求实效”等工作经验得到了国务院国资委党建局高度评价，5 家基层党组织和 7 名党员获得集团公司、四川省和省国资委表彰。加强家园文化宣贯，组织了集团公司和大渡河公司水轮机值班员技能竞赛、流域水电开发劳动竞赛、职工运动会，实施惠民工程 166 项，改善了职工生产生活条件，为打造幸福大渡河注入了强劲动力。

【智慧企业建设】在没有现成模式、没有现成案例的情况下，通过一年的研讨论证、探索实践，提出了建设智慧大渡河的愿景，确立了“业务量化、统一平台、集成集中、智能协同”的建设目标，完成了智慧企业建设第一阶段战略研究报告，引领企业管理朝着“风险识别自动化、决策管理智能化”目标迈进。发布了“智慧大渡河”战略研究与总体规划报告，推进和完善“财务共享中心”等智慧总部职能单元建设，大楼无线覆盖系统、云会议系统、智能考勤系统投入运行。启动了“云中心”和大数据公共平台建设，加快智慧电厂、智慧工程、智慧调度、智慧检修“四大”流域业务单元建设试点，沙坪二级工程建设“混凝土制备浇筑生产管理单元”、3D 厂房等智慧工程模块建设投入运行。智慧大渡河建设方案入选了清华大学商学院授课案例。

【“三严三实”专题教育】2015 年 5 月 29 日，大渡河公司党委正式启动“三严三实”专题教育，坚持问题导向，注重实效，扎实推进专题教育。公司党委建立领导人员联系点、定期报告等六项制度，高质量完成了专题党课、专题学习研讨、专题民主生活会，深入查摆“不严不实”问题，制定了问题整改清单，边学边查边改，专题教育取得了阶段性成果，《中央企业“三严三实”专题教育情况通报》第 1 期刊载了大渡河公司专题教育开展情况。全面落实“两个责任”，切实做好中央专项巡视集团公司相关配合工作，开展“守纪律、讲规矩”专项整治督查，持之以恒纠正“四风”，大渡河公司系统作风建设取得新成效，保持了风清气正、干事创业的良好局面。

【大岗山、枕头坝一级水电站全面投产发电】2015 年 11 月 7 日，大岗山、枕头坝一级水电站最后一台机组分别通过 72 小时试运行，圆满完成投产发电目标，大渡河公司新增清洁能源投产装机 332 万千瓦，投产水电装机达到 966.24 万千瓦。大岗山水电站坝址位于四川省雅安市石棉县境内，总装机 260 万千瓦，多年平均年发电量 114.3 亿千瓦时。枕头坝一级水电站坝址位于四川省乐山市金口河区境内，电站总装机 72 万千瓦，多年平均发电量 32.9 亿千瓦时，是集团公司重点推进项目，四川省“十二五”规划重点工程。

【双江口水电站正式开工建设】2015 年 7 月 13 日，四川省人民政府举行双江口、杨房沟水电站集中开工仪式，双江口水电站正式开工建设。该电站是国家清洁能源重大工程、国家和四川省“十二五”规划重点电源项目，电站坝址位于四川省阿坝藏族羌族自治州马尔康县、金川县交界处，大坝最大坝高 314 米，设计装机容量 200 万千瓦，是大渡河上游龙头电站。项目于 2015 年 4 月通过核准，2015 年 12 月 8 日完成河道截流。电站的开工建设，将有力地促进四川省水能资源优势转化为经济发展优势，进一步促进国家清洁能源发展，减少化石能源消耗量，为四川经济可持续发展注入新的动力。

（明书勤）

国电大渡河公司龚嘴水力发电总厂

【企业概况】国电大渡河公司龚嘴水力发电总厂（以下简称龚电总厂）位于四川省乐山市沙湾区境内，管理着大渡河上先期建成的龚嘴和铜街子两座水电站，目前总装机容量为 144.5 万千瓦。其中，龚嘴水电站设计装有 7 台单机 10 万千瓦混流式机组，于 1966 年 3 月开工建设，1971 年第一台机组发电，1979 年全部投产。为消除设备缺陷，减少弃水，提高水能利用率，龚电总厂从 2002 年开始对龚站机组进行增容改造，2012 年完成全部 7 台机组增容改造，单机容量由 10 万千瓦提升至 11 万千瓦，龚站总装机容量提高至 77 万千瓦。铜街子水电站设计装有 4 台单机 15 万千瓦的轴流转桨式机组，于 1985 年开工建设，1992 年第一台机组发电，1994 年全部投产。龚电总厂于 2012 年至 2015 年分别完成了铜站 12

号、11 号、14 号机组增容改造工作，单机容量由15 万千瓦提升至 17.5 万千瓦，铜站总装机容量提升至 67.5 万千瓦。13 号机组增容改造计划 2016 年完成。

2015 年，龚电总厂狠抓安全生产，实现了连续10 年安全生产无事故。拼搏电力市场，全年完成发电量 68.58 亿千瓦时，连续第四年保持了设备“零非停”。党建工作亮点纷呈，标杆支部和示范班组建设取得丰硕成果。“三严三实”专题教育成效显著，确保了职工队伍稳定。在大渡河公司年度考评中被评为 A 级，荣获先进集体称号。在集团公司星级企业考评中被评为五星级企业，荣获集团公司特别贡献奖。

【安全生产】全面落实安全责任，持续强化安全生产“红线”意识和“安全第一”理念，安全态势持续保持良好，实现了连续 10 年安全生产无事故。狠抓“三反四保”、危险源分级动态管控等有效措施；狠抓隐患排查治理，全年共发现问题 674 项，整改完成率 99.41%。外委工程监管持续发力，作业行为规范和文明施工水平明显提升。修编了 33 个应急预案，开展了反恐、地震、消防等 16 个应急演练。汛期开展涉网事故预想和演练 23 次，确保了安全度汛和稳发满发。严格规范了驾驶和车辆管理，确保了全年交通安全无事故。

【经济运行】合理分配两站负荷，持续保持高水位运行，发电水耗同比降低 0.42 立方米/千瓦时，增发电量约 8500 万千瓦时。旋转备用时间同比降低117 小时。充分利用阶梯电价政策，狠抓电量结构，优化平枯期综合电量结构。全面开展了水工建筑物、泄洪闸门和机组漏水专项整治工作，成功解决了龚站 15 号冲砂底孔工作门严重漏水等“三漏”问题。通过优化辅助设备运行方式、节能改造等措施，两站综合厂用电率同比下降 0.08 个百分点。

【设备管理】以问题为导向，扎实做好了设备运行状态分析和对标管理，全面落实设备隐患治理计划。及时发现、处置了重大设备隐患。全年两站共发生缺陷 289 项（同比减少 2 项），消缺率为 99.3%，保持了设备零非停。积极推行标准化检修，实施检修责任可追溯制。独立完成了二次设备检修改造任务，圆满完成了铜街子 14FB 增容改造等重大技改项目，检修设备均一次投运成功。以市场为导向，全面落实汛期机组“稳发满发”保障措施，全年未发生因设备原因影响发电事件，汛期拦污栅压差控制为历史最优水平。

【综合管理】坚持问题导向，强化对标管理，全面落实“双提升”工作方案。根据工作实际变化，全年共修订 83 项、新增 8 项管理标准。及时做好了制度宣贯，确保制度执行到位。全面开展了企业法律风险排查，进一步规范了经营管理。细致做好了 14F 增容改造等效能监察项目。加强合同管理，规范了决策程序，全年未发生任何合同纠纷。严格审计监管，厉行节约，严控检修技改费用和各项管理费用。全方位开展创效工作，通过开展经济运行小指标竞赛、修旧利废等举措，实现增收创效。

截至 2015 年 8 月 30 日，龚电总厂实现 10 年安全生产无事故，连续安全生产天数达到 3650 天　　（唐宏武　摄）

【队伍建设】实施了部门及个人培训目标责任制，完善落实了培训目标、培训效果与效益奖挂钩的考核评价机制。通过仿真培训、任职资格考试、检修期跟班培训、厂家培训等方式，强化专业技能人才培养。在集团公司和大渡河公司水轮机值班员技术比武中，龚电总厂均取得团体第一、个人前两名的好成绩。两名职工被评为集团公司首届“首席师”，建成了全国第二家水电仿真培训基地。坚持每月召开党委中心组学习，强化了形势任务教育，统一了思想和行动。通过自主选学课程、两级干部培训班、工作述职等方式，不断提升两级干部执企经营能力。

【党建及精神文明建设】高质量完成了三个专题研讨和专题民主生活会，梳理各类问题 83 条，制定整改措施 229 条。教育实践活动“两方案一计划”落实率 100%。落实全面从严治党要求，完善党建考核体系，实现了党建工作与绩效考核挂钩。大力推进服务型党组织建设，抓好了标杆党支部创建、党员示范先锋等主题实践活动。党委荣获省国资委“先进基层党组织”荣誉称号。认真落实“两个责任”，深入学习、严格遵守《廉洁自律准则》和《纪律处分条例》，保持了全年“零违纪、零违规”。积极推进“幸福龚电”建设，完成了沙湾周转房、龚站检修公寓改造等重大惠民项目。建成了国电集团公司班组建设示范基地，荣获了省总工会“模范职工之家”称号。认真做好爱心帮扶、信访维稳工作，确保了两支队伍稳定。（吴　蔚）

国电大渡河瀑布沟水力发电总厂

【企业概况】国电大渡河瀑布沟水力发电总厂（以下简称“瀑电总厂”）位于汉源县和甘洛县交界处，距电力负荷中心成都市240公里，下辖瀑布沟和深溪沟两座水电站，总装机容量426万千瓦，是国电集团公司装机规模最大的水力发电厂。

2015年，瀑电总厂深入贯彻落实集团公司“一五五”核心战略（实现“一个目标”、做好“五篇文章”、打造“五个国电”），坚决落实大渡河公司“一二三”工作思路（围绕一条主线，推进两个转变，实现三大目标），坚持以安全和效益为中心，以“双提升”为抓手，全面夯实安全基础，提升经营效益，创新管理手段，加快人才培育，较好地完成了年度各项目标任务，全年完成发电量157.18亿千瓦时，电量结构优于同期5.3个百分点。荣获国电集团公司五星级企业、2014年度先进单位及四川省信息化建设十佳单位等荣誉称号。

【安全管理】实现了全年“四零”目标，两站连续安全生产天数均突破2000天，创投产连续6年安全无事故纪录，以93.97%的高分通过了NOSA五星级企业评审，高标准通过“省级安全文化建设示范企业”验收。

【生产经营】在电力需求增速减缓、来水同比减少的情况下，汛期发电量高于同期1.8亿千瓦时，全年电量结构优于同期5.29个百分点。落实“增收创效”各项措施，做好了退税款、增值税返还、财务费用压降等工作。

【设备管理】狠抓精益检修和运行趋势分析，推行《检修标准化作业指导书》，试点了厂用电系统状态检修，修改了AGC调节参数，圆满完成了投产以来首次大型保护装置改造。机组调节次数减少50%，设备健康状况保持平稳，以94.1%的高分通过集团公司技术监督评审，荣获全国电力设备管理先进单位称号。

【人才培养】建立专业培训小组11个，举办瀑电总厂领导管理讲座9期，评选了总厂级首席培训师2名，纵向调整了值长、班组技术专责等岗位63人，全年向大渡河公司系统输送骨干力量26名。

【科技创新】全年累计获得国家实用新型专利5项、国家发明专利1项，实现了瀑电总厂国家发明专利“零”的突破，在省部级以上刊物发表管理及技术论文25篇。“水轮发电机组技术供水泵轴承润滑系统优化”项目以排名第一的成绩荣获集团公司首届青年创新创效评选活动“五小优胜类”一等奖。

【尾工收官】通过了瀑布沟工程调概审查，锁定了投资总盘子，大坝、厂房两大主标工程顺利完工结算，汉源援建124个项目概算清理全部完成，工程收尾三大制约因素全部获得突破。

2015年4月，瀑电总厂荣获第四届“全国文明单位”荣誉称号（董鹏超　摄）

【党建及精神文明建设】坚持全面从严治党要求，全面履行党建工作主体责任，充分发挥党建思想政治工作核心引领作用，扎实开展“三严三实”专题教育，党风廉政建设不断深化。全面推进标杆党支部建设，成效明显，获得国资委党建局和集团公司高度认可。首次开展了“瀑电杯”系列文体活动竞赛，承办了大渡河公司职工运动会，获得了优异成绩。荣获全国文明单位、全国模范职工之家称号，荣获中国国电集团先进基层党组织称号。

（周　阳）

国电大渡河检修安装有限公司

【企业概况】国电大渡河检修安装有限公司（以下简称检修公司）是大渡河公司全资设立的国有独资公司，于2011年12月22日在成都市高新区注册成立。检修公司经营范围包括：水电厂检修安装，水利水电工程总承包，水利水电机电设备安装，检修安装技术咨询、项目管理，水电工程科技研发及技术咨询等。主要职责是负责大渡河流域已建和新投产电站机电设备检修及重大技术改造等工作，参与在建电站前期机电设备安装工程的见证和验收，同时按市场化要求参与对外电站机电设备检修、安装、改造业务，提供重大技术咨询、典型缺陷攻关等服务，是四川省境内唯一的一个区域化、专业化水电检修公司。目前，主要负责大渡河干流龚嘴、铜街子、瀑布沟、深溪沟、大岗山、枕头坝一级6个电站的检修维护和对外检修工作。

2015年，检修公司以“抓实安全检修、铸就质量精品、推进两个提升、搭建快乐平台”为工作主题，紧紧依托“强基固本、深化改革、创新创效、凝心聚力、品牌塑造”五大工程，齐心协力、稳扎稳打，圆满完成了各项工作任务，在大渡河公司年度考核中评为A级。顺利完成了3台机组A修、2台机组B修、16台机组C修、1台主变更换改造、15台主变年检预试、5条母线和17条线路年检预试等任务，优质高效完成了铜街子水电站14号机组增容改造工程，实现了全年安全无事故，保持了大渡河干流全部21台机组“零非停”，设备缺陷同比下降38.6%，修后设备均一次启动成功。检修机组总容量超过1000万千瓦，实现了从“两厂四站”到“五厂七站”流域检修的跨越。

【安全生产】始终将安全作为第一要务，不断强化安全风险分级管控体系，认真贯彻安全生产“一岗双责”要求，修订了《反违章管理实施办法》等9项制度，印发了《安全文明施工标准》等技术标准，推行了安全违章积分制，创新引进了“防坠落生命线”等安全新设备、新方法，扎实开展了典型违章治理等近20项安全专项活动，与兄弟单位联合开展检查8次，下达安全整改通知书25份，发现并消除安全隐患192项，累计安全考核5万余元、安全奖励60万余元，确保了全年安全“零事故”。截至2015年12月31日，连续安全生产天数达1939天。

【质量管理】始终将质量作为树立企业品牌的根本，坚持推行片区负责制，持续深化精益检修，组织编写并推行了《设备检修作业管理标准》，修编了《检修质量管理办法》等制度，推出了检修作业“工序卡”，强化了小作业面及外部工程监管，推行了“内外无差别管理”，严格落实“二十五项重点要求”，抓好了两厂四站“35项典型重复缺陷”治理，成功处理了“机组滑环摆度偏大”等典型重大缺陷，设备缺陷同比下降38.6%，修后设备均一次启动成功，保持了干流21台机组“零非停”。

【企业管理】在规范管理的基础上，把“双提升”贯穿到企业经营发展的全过程，推进改革创新，着力转型升级，成立了“双提升”工作督导办公室，创新推出了“周汇报、月分析、季考评、年总结”的管理模式，有效解决了查摆出的43个核心问题，开展了“服务经济运行，推进智慧检修”专项研究，完成了生产系统组织机构调整、班组设置、职工组聘等工作，主动携手专业咨询公司铺开了发展战略规划研究，明确了总体发展战略逻辑框架，提出了企业使命、发展愿景。

【挖潜增效】在确保流域内部检修的前提下，大胆创新、全员行动，成立了管理增效、基建增效、对外拓展3个领导小组，积极跟踪实施流域尾工基建增效项目，参与各水电站反季节检修项目咨询投标工作，成功开拓了贵州黔源电力公司光照电站、四川久隆沙坪电站等新的检修项目。大力开展了“修旧利废”“双增双节”等活动，积极营造增收节支氛围，努力盘活存量资产，抓好了成本管控。

【检修筹建】严格按照“当好先锋、树好形象”要求，主动作为、积极介入，参与了大岗山电站、枕头坝一级电站接机发电工作，完成了检修规程、作业指导书等重要技术规程以及《冲击式机组检修标准》《灯泡贯流式机组检修标准》的编制。承担起了重大设备缺陷的治理和跟踪监视工作，高标准完成了2个电站消缺性检修，累计见证在建电站重点工艺工序1000余项，针对现场设备安装问题提出建议600余条，进一步确保了新投产电站的顺利接机发电。

【智慧检修】紧抓“智慧企业”建设契机，运用智慧科学的手段，掌握核心技术，编制了《智慧检修状态指标评价标准》，完善了智慧检修建设技术方案，梳理了118项电站设备状态诊断评价清单，开展了深溪沟电站1号机组首台“状态检修”C修工作，启动了枕头坝电站数据接入工作，正式上线了检修管理系统、制度标准管理系统，率先建立了智慧党建系统，建成了包含3000余门课程的网络培训及智能考试系统，开展了推力瓦状态监测无线传输等专项研究，智慧检修成效初显，科技成果稳中有升。

【人才培养】以“提素质”为目标，瞄准企业发展需求，创建了“青年技术团课”“青年创新工作室”等青年学习平台。扎实开展了汛期16项技术比武，启动了检修期培训竞赛活动，实现了“以赛促训，以赛促学”的目标。完成了首届“首席师”选拔、聘用等工作，通过示范引领作用扬正气、树新风，积极营造风清气正的干事创业氛围。开展了干部职业化能力提升、新聘中层干部能力提升专项学习等活动，优化了中层干部月度考核和效益奖季度考评工作方式，提高了中层干部工作标准。企业职工荣获了“全国优秀共青团员”“中国电力楷模提名奖”“四川省最尽职的安全操作手”“四川省五一劳动奖章”等多项个人荣誉。

【党建及精神文明建设】不断夯实党建基础，创新党建载体，开展了党委换届工作，2次调整了党支部设置，扎实开展了“标杆”党支部、“五好”党支部、“一支部一品牌一特色”创建，建成了6个党员活动室。推进了“三严三实”专题教育方案制订、专题学习、班子成员讲专题党课等工作。出台了企业文化建设计划，开展了检修公司成立十周年、“检修杯”汛期等系列文体活动。推出了“最美检修人”“三保一争”等劳动竞赛，落实了27项惠民工程。建成了集团公司劳模创新工作室和大渡河公司青年创新工作室，其中劳模创新工作室获得了集团公司点赞。

检修公司开展现场KYT活动　　（林俊松　摄）

（王兴林）

国电大渡河大岗山水电开发有限公司

【企业概况】国电大渡河大岗山水电开发有限公司（以下简称大岗山公司）由国电大渡河流域水电开发有限公司、国电电力发展股份有限公司、中国国电集团公司和四川川投能源股份有限公司投资组建而成，于2005年10月16日在四川省石棉县注册成立，主要任务是投资开发大岗山水电站。大岗山水电站位于四川省雅安市石棉县境内，电站设计装机总容量260万千瓦，多年平均年发电量114.3亿千瓦时，是具有日调节性能的高坝大型水电站。大岗山水电站第一台机组（4号机）于2015年9月2日投入运行，2015年年底全部投入运行。

2015年，大岗山公司紧扣大渡河公司“围绕一条主线，推进两个转变，实现三大目标”的工作主题，按照“保蓄水、保发电、争效益、谋发展”的工作思路，围绕下闸蓄水、投产发电中心工作，全体干部职工凝心聚力、众志成城、克难奋进，枢纽、移民、送出三条战线捷报频传，枢纽工程经受住了下闸蓄水的考验，移民工作创造了“大岗山速度”，4台机组年内全部投产发电。全年安全生产无事故，圆满完成年度各项工作任务。2015年，大岗山公司在大渡河公司年度综合考核中获得A级；在国电集团公司2015年度奖励基金评选中获得一等奖，再次荣获集团公司基建单位五星级企业。

【安全生产】安全生产坚持从严监督，始终将隐患排查治理作为保障安全生产的基础，认真排查隐患，强化整改闭环。编制印发《大岗山公司员工安全生产岗位责任标准》，坚持责任到人，明确44个岗位的912条责任和标准，提升了全员安全责任意识，营造了安全生产“齐抓共管”的良好局面。针对蓄水期间的安全重点任务，编制应急预案，开展应急演练，并按要求报地方、行业主管部门批准备案。加强汛期大坝管理禁区、下游河道等部位的封闭管理，泄洪建筑物安全运行，保证了工程安全度汛。全年未发生安全责任事故，工程连续安全生产3774天。

【工程质量】2015年，大岗山公司的质量管理工作紧紧围绕“高质量投产、高效率收尾”开展，进一步规范尾工项目施工工艺，重点抓好泄洪洞施工、大坝混凝土消缺、导流洞封堵及导流底孔封堵、坝顶路面施工质量管理；继续开展“一仓一总结”质量管理活动，做好质量培训和检查工作，进一步落实质量责任；导流洞底孔封堵部位及坝顶路面混凝土各项指标满足设计要求。大岗山工程顺利通过了导流底孔下闸蓄水及首批（4号、3号）机组启动阶段、2号机组启动阶段和1号机组启动阶段共3次质量监督现场检查、顺利通过了第二阶段蓄水安全鉴定及蓄水验收，并经受住了蓄水的考验，且大坝坝体无渗漏；全面推进达标创优工作。截至2015年12月31日，大岗山工程未发生质量事故，共完成建筑单元工程评定3545个，合格3545个，合格率100%；优良3297个，优良率93.2%。

【工程进度】2015年，大岗山水电站工程进度总体受控，截至12月31日，大坝、厂房、帷幕灌浆、机电安装等关键线路按计划有序推进，代建工程基本结束，工程进度满足蓄水发电要求。2015年1月4日导流底孔过流；5月29日导流底孔完成下闸，水库开始第二阶段蓄水；7月4日到达死水位1120米高程，同时泄洪洞开始正式过流；9月2日首台（4号机）机组投产发电；10月最后一台机组（1号机）通过72小时试运行，10月29日水库水位首次抬升至正常蓄水位1130米高程。一次性通过蓄水阶段环保验收，6月25日顺利完成了《大岗山水电站水土保持设计报告》备案工作。

【移民送出】移民工作有力有效，建立了与石棉、泸定两县的月协调工作机制，实施移民工作片区负责，项目建设环境不断优化。安排专人跟踪办理各项手续，有序、合规推进移民搬迁安置。派驻移民工作小组深入现场协调，提前完成了移民搬迁和库底清理。本着“合法合规、合情合理”的原则妥善处理地方和移民的利益诉求，争取地方的理解和支持。在第二阶段蓄水移民攻坚中，创造了大渡河流域移民工作速度标杆。送出工程攻坚破难，成立送出协调领导机构和工作小组，制定《送出工程协调管理细则》等制度，一事一议一协调，一天一塔一检查，优化送出工程环境，确保设计供图和施工进度。大雅一线、大雅二线分别于8月28日和10月15日带电投运，满足了投产发电需要。

大岗山水电站深孔过流　　　　（刘峰钻　摄）

【经营管理】截至2015年12月31日，大岗山工程已完成总投资193.91亿元，为执行概算投资225亿元的86.18%，其中完成枢纽工程投资83.75亿元。2015年大岗山公司工程建设管理费用完成大渡河公司下达预算的91.6%，生产准备管理费用完成预算指标的71%，均控制在下达指标内。2015年，大岗山电厂扎实开展生产准备、接机发电、安全生产、市场营销等工作，顺利完成了年度目标任务，通过积极开展营销工作，优化电量结构，全年上网电量22.29亿千瓦时。

【基础管理】2015年，大岗山公司以对标创标为主要抓手，以持续提升管理、提升效益为落脚点，结合中心工作全面深化“双提升”工作。紧紧围绕蓄水发电中心工作，开展相关的服务保障和综合协调工作，全力确保下闸蓄水和接机发电顺利完成。完成了全国高拱坝及大中型水电工程建设经验交流会、省总工会大岗山投产发电表彰大会等大型活动的承办工作，多渠道、多途径宣传蓄水发电工作。

【党建及精神文明建设】夯实党建基础，完善党的战斗堡垒，开展“我是党员我先行”主题实践活动、党员亮身份作表率、发放党员证（党徽）和党员工作手册等活动。修订完善31项制度，建立1个党员活动室、3个支部公开栏，支部活力不断增强。结合“党员人人上讲台”开展微党课15人次，观看5部教育影片，开展知识抢答赛3次，完成“三严三实”心得体会27篇、《序言》心得体会10篇。制定“两个责任”实施细则，党员公开承诺，签订党风廉政建设责任书；开展一次廉洁问卷调查、岗位廉洁风险排查、廉洁讲座、廉洁书籍等“四个一”活动，加强了警示教育。深入开展爱心帮扶活动，2015年共资助石棉、泸定两县贫困学生25名，为得妥乡捐建了两个村级活动室，为田湾乡卫生院和挖角乡希望小学捐赠医疗和教学设备设施。启动支部与库区乡村企地共建结对帮扶，实施“订单养殖”“订单种植”，送书籍、文化到村组，慰问受灾村民、抗战老兵、移民户等活动，发力“精准扶贫”。2015年，大岗山公司党委荣获“四川省先进基层党组织”称号，被列为四川省国有企业创建基层服务型党组织示范点，顺利通过省级文明单位复查验收，受到国务院国资委党建局、宣传局和集团公司工委好评。

（林　巧）

国电大渡河猴子岩水电建设有限公司

【企业概况】国电大渡河猴子岩水电建设有限公司（以下简称猴子岩公司）是大渡河公司独资组建的有限责任公司，于2007年12月正式成立，主要负责猴子岩水电站的投资建设、运营管理。猴子岩水电站位于四川省甘孜州康定县境内，部分库区在甘孜州丹巴县和阿坝州小金县境内，电站装机容量170万千瓦，年均发电量70.15亿千瓦时，水库正常蓄水位1842米，具有季调节能力。猴子岩工程于2011年4月实现导流洞分流，2011年11月通过国家核准并开始主体工程建设，计划2016年10月导流洞下闸，2017年投产发电。

2015年，猴子岩公司深入贯彻落实国电集团公司“一五五”核心战略和大渡河公司总体部署，全面推进“双提升”工作，全体干部职工主动担当、攻坚克难，圆满实现了2015年各项目标任务，枢纽、移民、送出、电厂筹建四条战线卓有成效。全年完成投资25.88亿元，截至2015年12月31日，猴子岩公司资产总额122.23亿元，资产负债率为80.63%。获得大渡河公司年度目标责任制考核A级，荣获集团公司四星级企业。

【安全生产】持续开展安全生产标准化和本质安全型企业创建工作，高标准通过集团公司春安、秋冬安大检查，全面深化危险源分级管理，推行逐月分级销号动态管理。全年共开展了打非治违、安全事故警示教育周等专题活动10余次。围绕高处作业、防洪度汛等开展了50余次针对性的安全检查。加强了现场巡查和隐患排查治理，不断完善应急管理机制，全员参与、动态监控，成功应对了汛期强降雨、2起因大风滚石造成输电线路接地引起的局部山火、省道S211复建公路边坡塌方以及建设营地道路地陷等自然灾害事件，实现了安全度汛和“零事故”目标。

【工程进度】2015年12月16日大坝填筑完成。引水发电系统工程电站进水塔正在进行二期混凝土浇筑，开关站已完成初步装修，尾水出口闸室一期混凝土浇筑完成，3号机组、4号机组已完成发电机层混凝土浇筑并向机电安装交面。泄洪工程非常泄洪洞施工完成（导流洞改建段除外）；深孔泄洪洞进水塔、有压段以及无压段顶拱混凝土浇筑完成。泄洪放空洞有压段、无压段混凝土浇筑完成。溢洪洞洞身混凝土已全部浇筑完成。4台机组压力钢管安装焊接及座环、蜗壳安装、所有埋件全部完成。首台机组（4 号机组）定子机座已成功吊入机坑、转子支架组拼完成、转轮组焊完成。

【工程质量】完善了三级质量管控体系，坚持月度质量检查、不定期巡查，严格质量管理“重奖重罚”制度，坚持开展混凝土工程“一仓一总结”活动，打造“样板仓”。多元化监控，引入“数字化”技术全程监控、挖坑法与附加质量法对比的质量检测手段。2015 年，主体土建单元工程评定数量 4607 个，合格率 100%，优良率 93.38%。在水电工程质量监督总站的巡检中获得好评。严格履行“土建/机电埋件精细化安装管理标准”，定期组织设计、监理和承包人总结提升，机电安装单元工程优良率为 100%。

猴子岩水电站地下厂房施工面貌　　（严波　摄）

【移民送出】猴子岩工程征地移民涉及甘孜和阿坝两州的康定、丹巴、小金 3 县 4 个乡 18 个村，2015 年累计完成移民搬迁安置 658 人，生产安置 613 人，过渡搬迁 1799 人。库区 S211 复建公路投入使用，库周交通关键项目莫玉及汗牛 2 座跨大渡河特大桥 11 月按期合拢。库区 11 家工矿企业已有 8 家签订一次性补偿搬迁协议。临时占用林地延期手续提前获得行政许可。移民安置点建设有力推进。库区地灾及危房避险移民搬迁协议签订完成，为库底清理工作打下了坚实基础。猴子岩水电站 500 千伏送出工程完成招标进场和林业手续办理，于 2015 年 9 月开工建设。

【建管协同】电厂筹备人员已按计划引进，处室职责明确，党支部同步设立，生产筹建工作有序开展。加强职工培训培养，新入职人员在大渡河瀑电总厂开展为期半年跟班培训，同时加强现有成熟人员培训，不断提升专业素养。编写安全生产管理制度 92 个，编制了电厂运行规程、系统图册、应急预案、培训教材等基础材料。推进强化建管协同，全面介入电站机电设备采购、安装过程，对主机、主变、保护及自动化等设计图纸展开讨论，结合现场机电安装深入开展设备隐患排查，共梳理发现问题 208 项，提出了明确解决方案，做到了源头控制，为接机生产奠定了坚实基础。

【党建及精神文明建设】深入开展“三严三实”专题教育，切实加强领导班子及职工队伍建设，巩固群众路线教育实践活动成果，问题整改落实 100%。贯彻落实党风廉政建设党委主体责任和纪委监督责任，确保风清气正的工程建设氛围。进一步修订完善了《猴子岩公司贯彻落实“三重一大”决策制度实施细则》《进一步加强党支部建设工作实施细则》等制度，规范了机构设置，新成立第四党支部，引领电厂筹建工作，着力提升党建科学化水平。完善服务型党组织建设，完善了支部活动阵地，倡导价值引领，开展了“我为核心价值观代言”特色活动，开辟“道德文化墙”，重绘“廉洁文化墙”，以党建优势为工程建设提供坚强政治保障。加强党建带群团建设，强化工会职能，突出团青工作，持续改善现场工作、生活条件，为职工排解后顾之忧，带领队伍创新创效。

（钟小君）

国电四川发电有限公司

【企业概况】国电四川发电有限公司（以下简称国电四川公司或公司）成立于2006年12月，系中国国电集团公司的全资子公司，主要从事电源开发、投资、建设、经营和管理，组织电力（热力）生产和销售等业务。

国电四川公司本部设总经理工作部（法律事务部）、计划发展部、人力资源部、财务产权部、安全生产部、市场营销部、工程建设部、监察审计部、政治工作部、燃料管理部、财务共享中心等职能部门，下辖 11 个直属、全资、控股单位，在册职工2759人。2015年，在国电集团和省委、省政府的正确领导下，公司深入学习贯彻中共十八大及十八届历次全会精神，牢牢把握稳中求进、稳中求优的工作总基调，以“一五五”战略为指引，以“双提升”工作为抓手，持续调整结构，全力增收节支，较好地驾驭了错综复杂的困难局面，各项工作取得新成效。公司系统安全形势平稳、职工队伍稳定，完成发电量102.72亿千瓦时、同比下降 15%，实现主营业务收入33.32 亿元，超额完成集团公司下达的经营任务，在集团公司年度绩效考核中被评为A级，荣获奖励基金二等奖1个。

【安全生产形势向好】认真落实各级安全生产责任，强化安全文明生产、设备检修标准化管理，公司系统未发生人身伤亡事故。深入排查治理安全隐患，实现隐患排查经常化和制度化。多种方式曝光“三违”现象，进一步加大反违章工作力度。深入开展“春秋季安全大检查”和“安全教育培训宣传月”活动，不断提高全员安全素质和意识。加强电力应急管理，制定实施应急预案演练三年滚动规划和年度计划。高度重视防汛工作，强化汛前专项检查，确保安全度汛。加大技改投入力度，进一步加强新技术、新工艺的应用。2015年，公司系统累计实施机组A修5台次、B修6台次，完成4台机组除尘改造和1台机组脱硝改造，设备安全环保性能进一步提升；所属南桠河分公司等多家单位保持长周期安全纪录，连续安全生产2000天以上。加强经济运行管理，深化能耗对标和指标竞赛活动，供电煤耗和综合厂用电率均保持区域同类型机组领先水平。积极应对日益严峻的环保形势，认真落实各级环保要求和规定，加强自身环保能力建设，公司系统未发生有影响的环保事件，氮氧化物排放量同比减少11538吨，粉尘排放量同比减少538吨，固体废弃物通过总承包销售等方式实现100%综合利用，污染物排放指标居于区域领先水平。

【管理效益实现提升】坚持以效益为中心，强化市场竞争意识，大力实施“智慧营销”“绿色营销”“全员营销”等先进模式，努力“开拓市场，争量保价，务求实效”，积极参与市场竞争，为超额完成全年经营目标做出了积极贡献。加强燃料精细管理，全面实施煤炭阳光采购，严格审核月度采购计划，严格煤炭供应商管理，现货阳光采购率达100%；加强燃料指标管控，抓实燃料问题整改，规范煤炭验收及采制化流程，不断提高燃料管理水平；细化配煤掺烧，累计掺烧经济煤种159万吨，节约燃料成本5114万元。强化成本费用管控，全面推广应用成本费用管控模型，按照逐年优化原则完成2015—2017年成本费用控制目标预安排，三项可控固定成本同比压降1827万元，八项费用同比压降29.1%；通过调剂

2月10日，国电集团董事、总经理、党组成员陈飞虎到四川公司调研慰问，看望慰问基层干部员工　　（黄伟　摄）

内部资金和减少对外借款，财务费用同比压降 7528 万元；提前做好贷款利率下调工作，华蓥山、达州、毛滩公司平均贷款利率同比下降 0.72 个百分点，减少利息支出 3896 万元；全面清理银行账户、两金占用情况，认真核查“小金库”问题，有效防范了资金风险。加强工程竣工决算管理，完成达州公司工程竣工决算，以及栗子坪电站重大变更和工程结算。

【发展工作稳步推进】严格投资管控，完成固定资产投资 1.72 亿元、项目前期费 1591 万元，无超计划投资情况；向省能源局正式申请暂停金堂二期项目前期工作，积极推动解决“上大压小”容量款问题；主动参与国电集团公司金沙江上游川滇河段水电开发利益协调政策措施课题研究，重点协调推进旭龙项目前期工作；审时度势，结合实际，编制了“十三五”发展规划。进一步加强工程建设，严格基建项目安全管理，强化防洪度汛措施，全年无安全事故；逐项梳理整治停缓建项目安全隐患，积极协调解决阿水、民和公司部分合同纠纷问题和绰斯甲水电站移民安置补偿难题，努力化解项目安全稳定风险；加强工程质量管理，东谷河国如电站于 2015 年 2 月投产发电，大坝安全鉴定、机组启动验收及 72 小时试运行均一次性通过，累计完成单元工程 246 个，合格率 100%，优良率 90%。进一步抓好资产处置，按照“合法合规、国有资产不流失、职工队伍稳定”的原则，积极推进不满足集团公司目前投资决策要求、短期内无法开工建设的部分水电项目股权转让，完成项目财务审计及资产评估，项目股权转让框架协议上报集团公司审批；加快低效无效资产处置，理清启明星、安宁河公司等资产明细，做好了处置的前期准备。

12 月 16 日，四川省人民政府副省长甘霖到国电在川企业调研，并在成都听取了各单位工作汇报 （窦月 摄）

【风险防控切实加强】深入推进依法治企，持续深化普法教育，抓好送法下基层、法律知识大讲堂等活动，宣讲法律知识，防范法律风险，切实增强了全员“依法治企、守法从业”的意识和能力；完成“六五”普法总结验收，公司荣获国务院国资委“六五”普法先进集体称号；充分发挥法律事务“防火墙”作用，开展法律咨询 344 项次，重大决策、规章制度、合同三项法律审核率达 100%；定期开展合同例行检查，查找并堵塞管理漏洞；严格档案及保密管理，无失泄密事件发生。认真落实“两项规范”，全面检查和清理“两项规范”存在的突出问题，通过领导班子约谈、现场资料检查、重点事项督办等方式明确整改要求和责任清单。重点规范多经企业利用主业资源对外创收、多经企业从事主业主营业务、中层及以上管理人员持股等问题，对部分多经企业实施清理、注销，规范关联交易，得到国电集团好评。严格规范两项监督，强化效能监察，围绕大修技改、燃料管理等关键领域立项 24 个，避免经济损失 1408 万元，挽回经济损失 613 万元；加强专项检查，开展落实中央“八项规定”精神专项访谈 80 余人次，提出监督意见 11 条，实现“三公”经费审计全覆盖；完成国家审计后续整改项目，配合集团公司开展经济责任审计，组织基层单位负责人任期和任中经济责任审计，铺开了工会经费专项审计；强化审计质量管理，完成重点审计项目 41 项，提出审计建议 93 条。

【党建工作扎实有效】深入开展“三严三实”专题教育，组织专题调研、专题座谈，建立党组成员联系点，实行分级督导，做到边学边查边改。邀请专家举办专题教育讲座，组织参观法纪教育基地，确保专题学习、专题党课、专题讨论等规定动作不走样，自选动作有特色；召开专题民主生活会和专题组织生活会，各级领导班子及班子成员认真查摆“不严不实”问题，制定落实整改措施，有效杜绝了“四风”问题的反弹。不断加强基层组织建设，建立了以党建考核管理办法、党委书记述职评议办法、政工工作评价办法为主要体系的党建工作考核评价机制，出台涵盖 13 个方面的基层党委工作流程图；完成公司直属党委换届选举，开展党委书记抓党建工作述职试点，集中轮训基层党组织书记 64 人，召开党建专题现场会，强化了基层党组织负责人主责意识；抓好党员评议、优秀党课评选，开展“三分类三升级”、党支部结对帮带和互学互帮活动，选树标杆党支部并组织现场观摩学习，全面推进了党支部标准化建设；加强服务型党组织建设，川股公司党委被省国资委命名为首批国有企业基层服务型党组织示范点。深入推进和谐企业建设，加强宣传思想工作，完善职工思想动态分析机制，强化形势任务教育和信访维稳工作督导；加强企业文化建设，开展“三爱一争”、道德讲堂、道德模范评选活动，推动“家园”文化落地深植；坚持送清凉、送温暖，建立困难职工帮扶资金，补助困难职工251人次，走访困难家庭35户；加强群团组织建设，深化厂务公开民主管理，积极开展“一制四效”、劳动技能竞赛及群众性文化体育活动；金堂公司荣获“全国企业文化建设模范单位”称号，南桠河分公司被评为集团公司文明单位标兵，金堂、华蓥山、达州公司和南桠河电厂保持省级文明单位称号；项目停缓建设的阿水、民和、色曲公司及火电关停的岷江公司服从大局、严格管理、克服困难、坚守岗位，较好地维护了企业和队伍稳定。

【队伍素质不断提高】切实加强职工队伍建设，坚持德才兼备的选人用人导向，进一步完善了干部人才选拔任用、奖惩考核机制；举办读书班，提升了领导人员经营管理、依法治企的能力；开展干部人事档案专项审核和因私出国（境）证件专项清理工作，进一步严格了干部管理；抓好员工职称技能评定，组织停缓建水电项目员工交流培训，强化新进大学生入职培训，开展各级“首席师”评选，进一步激发了人才队伍活力。持续深化党风廉政建设，强化廉洁从业意识，坚持新年廉洁从业集体谈话，注重节日廉洁短信提示；加强纪律条规教育，组织专题学习讨论75场次，604人参加法纪知识测试；深化案例警示教育，发文通报违纪事件，组织1261人次收看警示教育片、参观法制教育基地；梳理四级主体责任21项、纪委监督责任17项；开展“特定关系人不在系统内从事经济活动的承诺”自查工作，两级班子74人均签订承诺书，实现“零报告”；建立健全党风廉政及相关制度12项，印发了推进“三转”实施意见；强化纪律审查意识，纪律处分1人，组织专题约谈6次，约谈基层班子成员18人次。

6月15-16日，国电集团党组成员、副总经理米树华到四川公司调研，了解生产工作情况，亲切慰问一线员工　（余魏　摄）

（陈显超）

国电成都金堂发电有限公司

【企业概况】国电成都金堂发电有限公司成立于2005年，由国电四川发电有限公司和港资企业广东新川有限公司以65∶35的股比组建，国电成都金堂电厂一期装机容量为2×60万千瓦，于2007年投产发电，是中国国电集团公司在川控股单机容量最大的火力发电厂。截至2015年12月31日，金堂公司共设置部门21个，其中职能部门12个，生产部门9个，在册员工948人。

2015年，完成发电量446263万千瓦时，较上年同期减少99098万千瓦时；售电量419641万千瓦时，较上年同期减少93616万千瓦时；在机组负荷率同比下降10.45%、厂用电率上升的情况下，供电煤耗完成320.79克/千瓦时，同比基本持平；年末资产负债率66.93%，为历年最好水平。

【安全管理】围绕2015年安全生产工作重点，以夯实安全管理基础，实现本质安全为重要工作任务，深化安全目标管理，细化目标指标分解，做强风险分析预控，做细隐患排查工作，做实风险防范措施，重视应急管理，扎实做好应急响应准备。在深入开展安全检查与监督，强化不安全事件分析与整改基础上，增强安全生产的自我修正能力，以安全教育培训为龙头，提升管理者和员工的安全意识与能力，以过程管控和绩效奖惩为手段推动安全生产工作的良性循环。

辨识安全生产工作短板、重点与难点，针对安全管理制度方面的主要短板，重新编写《安全生产责任标准》等安全管理制度。针对安全生产基础管理的重点与难点，强化管理手段，坚持制度执行与落实监督，持之以恒地坚持严格的“两票”管理和外委工程安全管理，持续加大反违章管理力度，实行违章积分制、违章连带制、反违章奖励制等机制，提高反违章工作的立足点与参与者意识，形成了全员反违章的良好氛围。通过不懈努力，“两票”管理、反违章管理、外委工程安全管理、安全教育培训、安全标识管理等基础工作得到明显提升，截至2015年年底实现连续安全生产2092天。

【生产管理】落实设备治理三年规划，开展设备评价，抓实定维定检，提高维护消缺质量；在机组检修中大力推行检修标准化，消除了汽轮机、发电机存在的多处缺陷，完成DCS升级、发电机励磁系统、厂用电切换装置及省煤器加装烟气旁路等项目改造，确保了机组和环保设备的安全可靠运行。

严格“两票三制”“两位三措”的执行，进一步规范了运行人员操作行为和值班纪律。针对长期处于单机组运行、低负荷状况，推进运行标准化管理，动态优化经济运行方式。加强反事故措施管理，在运行单位全面推行定期开展反事故措施演习和桌面推演，持续提升了运行人员反事故和应急处置能力。加强燃料掺配烧管理，制定了公司配煤掺烧实施细则，强化了责任的落实，加强了奖惩激励，确保了燃料掺配烧的安全性、经济性、稳定性、均衡性，促进了公司燃料成本的进一步下降，为公司考核指标优化、发电效益最大化提供了强有力的支撑。

【成本管控】以“双提升”和对标管理为抓手，大力整治燃料成本短板。以实施精细化掺配烧为着力点，创新燃煤管理，全面实施阳光采购，不断优化结构，控制采购节奏，构建生产经营协同运作的大燃料管理体系。推进燃料信息化、智能化建设，进一步规范燃料验收监督流程，细化煤场管理。

以集团公司火电企业成本费用标准为依据，加强成本费用对标，加强对三项可控费用，特别是材料费、修缮费及劳务费的管控。围绕资产经营目标，细化预算管理，开展了内控指标和成本控制责任目标考核。制定了招标询价、计划外项目及成本费用管控等管理办法，规范招标及询价比选流程，强化成本费用控制标准，加强物资采购计划管理，开展库存物资利库和修旧利废，可控费用得到有效控制。严格执行履职待遇、业务支出管理办法，实施公务车辆集中管控和办公用房超标整治，“三公”等八项费用支出进一步削减。

6月1日，公司召开征求“三严三实”意见座谈会，深入推进“三严三实”专题教育活动　（实月　摄）

粉煤灰渣和脱硫石膏实现全部综合利用；加强供热运维管理，尽力拓展供热用户，供热量较2014年同期大幅上涨。

【科技创新】以科学发展观为指导，积极推进管理创新、科技创新，切实提高公司安全生产管理水平和效益。加大科技投入，尤以推广应用新技术、新材料、新产品、新工艺为切入点，解决了制约安全生产、节能减排的重点难题。

加大科技投入，以推广应用新技术、新材料、新产品、新工艺为切入点，解决了制约安全生产、节能减排的重点难题。对62号机的冷却塔塔芯材料进行更换，增强冷却塔冷却效果，实现了煤耗；62号锅炉空预器实施的柔性密封改造项目，在结构上改善了空预器密封方式，有效降低了漏风率，进一步降低了煤耗；针对原有锅炉引风机叶片富裕较多，进行的节能改造，使厂用电率有效下降。

加强环保设施的运行优化和参数调整，特别是脱硫、脱硝装置的运行和参数调整，减少了对主机运行的影响；实施 61 号、62 号锅炉省煤器加装烟气旁路项目，满足了机组低负荷时氮氧化物排放浓度达标要求。

【节能减排】强化节能降耗组织管理，重点针对未完成指标开展原因分析，查找影响指标变化因素，及时发现存在的问题，并据此制定方案，落实整改措施。坚持做到整改责任到人，任务到岗，形成管理闭环。从每个工况、系统、时段及每个工作层面不断强化运行优化工作，进一步降低了机组能耗，提升了机组运行经济性。加强设备管理，重视检修提效、技改增效工作，通过近两年锅炉“四管”专项治理，机组未发生“四管”泄漏非停事件。

12 月 28 日，公司团委组织开展了“激扬青春 绽放梦想”青年才艺秀走进雅安市石棉县，为所属南桠河分公司、川股公司干部职工和参加公司第二次团代会的代表献上了一场饕餮的文化盛宴（谭峰 摄）

高度重视环保工作，严格执行国家、行业和国电集团公司的法律法规、管理制度、规程和导则，加强环保设施的检修、运行管理，确保设备稳定运行和达到额定出力，尤其确保脱硝装置的效率及投运率，污染物排放浓度和排放量均达到国家标准，未发生环境污染事件。全面完成了两台机组脱硝、脱硫、除尘器升级改造及取消烟气旁路技改工作，所有项目均取得省环保厅环保竣工验收批复。从而进一步削减了氮氧化物排放，降低了酸雨及臭氧为主的污染物的生成，提高了区域环境质量。

【党的建设】积极投入“三严三实”专题教育，加强组织领导，研究制定实施方案，确保“规定动作”到位，“自选动作”创新，推动活动取得预期成效。以深入推进党支部工作标准化建设为目标，按照“五个好”的标准不断加强基层党组织建设，落实从严治党、管党治党责任。开展警示教育活动，着力落实党风廉政建设“两个责任”。领导班子成员深入基层开展形势任务宣讲，听取员工群众意见。围绕“提高人”和“凝聚人”的工作方针，带领公司员工以国电集团公司“家园文化”为统领，积极开展“家园文化”和“155”战略目标的学习宣贯工作，努力把企业党组织的政治优势转化为推动安全发电、经营管理、科学发展的核心竞争力。公司再次荣获全国企业文化建设“优秀单位”等荣誉称号。

（简春蓉）

国电深能四川华蓥山发电有限公司

【公司概况】国电深能四川华蓥山发电有限公司（简称华蓥山公司）是国有控股企业，位于四川省达州市渠县临巴镇，占地面积 183.75 万平方米（2756.25 亩），成立于 2004 年 10 月 15 日，公司注册资本 49469.96 万元，国电四川发电有限公司控股 73.75%，深圳能源集团股份有限公司参股 26.25%。公司的经营范围是“火力发电，火力发电相关产品开发、生产、销售”。2007 年 11 月 20 日，公司整合国电华蓥山发电厂资产，实现人、财、物一体化运营。公司现有 2×30 万千瓦亚临界燃煤发电机组，分别于 2006 年 2 月 2 月 17 日、3 月 24 日投产进入商业运行；原四台共计 32.5 万千瓦机组，分别于 2007（5.5 万千瓦+5 万千瓦）和 2009（2×11 万千瓦）年关停。公司企业先后创建成为原国家能源部

"双达标企业"、"全国模范职工之家"、四川省电力公司"一流火力发电公司"，获得四川省"最佳文明单位""中国文化管理示范单位"和电力行业企业文化软实力"十佳品牌企业"等荣誉称号，取得中国质量认证中心颁发的"三标"标准化管理认证证书。2015年，面对低迷的电力市场环境和年初安全形势不利的困难，全体干部员工众志成城、迎难而上，扎实开展了"教育培训年""十项活动促安全，十项措施保目标"主题活动，全年实现利润总额-8920万元。在四川公司年度绩效考核中连续第三年被评为B级，连续第三年被四川公司授予总经理奖励基金一等奖。

【安全生产】2015年，华蓥山公司加强了全员安全思想教育和培训工作，认真排查治理生产现场设备隐患，强化安全规章制度建设，重点加强了机组B修、脱硝和电除尘改造等施工作业过程中的安全监管，进一步严格"两票三制"制度，认真开展"三反四保"工作。通过齐抓共管，该公司安全形势明显好转，B修、改造现场未发生人身轻伤以上事故，机组连续安全平稳运行。截至2015年12月31日，发电14.36亿千瓦时，同比减少4.94亿千瓦时；供电煤耗331克/千瓦时，同比下降1.7克/千瓦时；由于机组利用小时数降低，公司综合厂用电率6.96%，同比上升0.66%。截至2015年年底，公司安全生产纪录日达到351天。

【设备治理】2015年，主要完成了31号机组B修（含脱硝、除尘器改造）、32号炉C修（含除尘器改造）。在31号机组B修完成标准项目5大项38小项，重大非标项目6项，技改项目8项，消除重大缺陷4项，主要是31号炉低氮燃烧器改造、空预器改造、脱硫取消旁路挡板、省煤器加装旁路、电除尘器改造、保温整治、主变检查性大修等；公用系统重大非标10项，主要是输煤、除灰等系统设备的整治。通过设备治理，深度节能，年度直接降本382万元。其中锅炉富氧微油点火稳燃改造、厂用电改造、工业废水综合利用节水节电改造取得了明显节能降本效果。目前，公司环保设施的改造已全部完成，实现了达标排放。

【经营工作】智慧营销增添效通过努力。机组利用小时数在四川"三同机组"名列第二、电量结构在区域可比电厂中名列第一。燃料物资成本降低。公司入厂含税标煤单价在全川处于最低，通过精细配烧压降成本和强化内部管理优化指标。燃煤质量进一步提高，促进了生产、环保等指标全面好转。加强物资利库管控压降成本，取消车间（班组）二级库房，严格物资计划、采购和利库管控工作取得新成效。资金安全费用压降。积极向政策要效益，多措并举控制资金成本率，压降财务费用，理财直接增效944万元。

【企业管理】加强制度建设，全面修订完善了企业相关制度，安全生产部分的73个规章制度已编印成册；修订休假规定，严格工作纪律；通过建立休岗制度和岗位调整，分类安置解决近年来20余名长病长休人员的历史遗留问题；加强激励约束机制建设，完善目标责任管理，强化劳动调配和薪酬分配，优化岗位设置，完善岗位规范，整合了2个部门、3个班组；"两项规范"工作如期全面完成。强化教育培训工作，全年举办了9个培训班，529人次参加培训，全员培训率达89%。制定了三年教育培训规划目标，坚持生产员工升岗必考、管理干部转岗必竞、干部周三晚上集中培训常态化，"一带一"专业首席师培训有序开展，教育培训取得新成效。规范化管理水平提高，公司法人治理结构进一步完善，行政事务、依法治企、综合计划、档案管理、合同管理、信息报送，保密工作、信息化建设等均取得了新的进步。

3月26日，公司团委组织开展"弘扬雷锋精神，传承中华美德"志愿服务活动，并前往肖家河为老助残服务中心慰问　　（窦月　摄）

【党建维稳】按照中央和上级党组部署，扎实开展了"三严三实"专题教育；积极推进"两个责任"落实，党建主体责任和纪检监督责任有效落实；全面开展党建工作述职评议，强化检查考核；大力推进党支部标准化建设，支部工作水平明显提升；继续加强党风廉政建设，深入开展效能监察和专项治理工作；认真做好新闻宣传工作，在四川公司系统内名列前茅；公司党委坚持党建带工建、团建，扎实推进惠民工程，积极开展丰富的劳动竞赛和文体活动，得到了广大员工的充分肯定；切实做好信访维稳工作，有效地维护了企业的和谐稳定。

（杜天太）

国电达州发电有限公司

【企业概况】国电达州发电有限公司（简称达州公司），隶属国电四川发电有限公司，成立于2006年10月，建设规模2×30万千瓦燃煤发电机组，总占地面积820余亩，位于四川省达州市通川区东岳镇，地处襄渝铁路旁，距达州市区17公里，紧靠达陕、达万、达巴高速公路，交通便利。两机组各项经济技术指标不断提升，环保设备设施健全可靠，并依法全部投运，排放指标优于国家技术标准，供电煤耗、厂用电率、机组利用小时数等均处于四川省同类型机组的先进水平。国电达州公司积极践行“绿色、环保、和谐、发展”，推进企业转型，促进地方经济腾飞，自2013年1月起向通川区魏兴园区供热，2014年10月起向园区、双龙、东岳场镇提供生活用水，深受广大用户好评。

2015年，达州公司全面贯彻国电集团公司和四川公司工作会议精神，认真落实集团“一五五”发展战略，紧紧围绕年度目标任务，主动适应新常态，有效应对复杂多变的形势和经营环境，深入推进“双提升”，对标先进，扬长补短，夯实安全和稳定两个保障，紧盯效益一个中心，抓住电量、煤价两条主线，以财务预算为目标，落实责任目标分解，以过程管控为手段，适时动态调整，立足挖潜增效，较好地完成四川公司下达的调整目标。四川公司绩效考评火电B级第一，荣获总经理奖励基金一等奖1个、通报表扬1个，荣获四川公司工委“巾帼文明岗”、三星级发电企业，四川省电力工会先进集体等荣誉称号。

【安全生产】达州公司2015年以来紧紧围绕安全生产责任目标，坚持“安全第一，预防为主，综合治理”的方针，逐级签订安全生产目标责任书，落实责任。积极推进现场安全文明生产标准化建设，人员观念和设备状况、现场环境进一步明显改善，深入开展安全监督和隐患排查治理工作，将预防工作做在前头，坚持做好应急管理和演练，加强治安保卫，确保了生产经营正常秩序。强化交通和消防安全措施，加强职业健康教育及保障工作，全年未发生人身轻伤、一般设备事故及以上不安全事件和任何环保、火险火灾和治安事件，未发生职业病，无环保异常事件，安全生产可控在控。截至12月31日，连续安全生产834天。

【经营管理】达州公司2015年以抢电力、降煤价、控成本为主线，挖潜增效成效显著。一是抢发电量，争取政策，创收增效。积极推动以地方政府为主导，将供热保障作为服务地方经济发展的重要条件，做实做大“以热促电”文章，在足额完成计划内“粮票”外，积极与省、市政府相关部门、电网公司和能监办沟通，以直购电、发电权交易等方式取得补充“粮票”，确保了公司机组无全停，为同网仅有的两家没有全停的火电企业之一。二是加强燃料管理，优化燃料指标。全年煤炭100%执行全额现货阳光采购，场内卸、存、转、储、配管理和基础工作进一步优化提升，强化入厂采制化验收各环节的监管，入厂煤机采率达到98%以上，燃料指标区域内持续领先，燃料工作在四川公司专业考评中获“五星级”的好评。三是加强基础管理，严控成本。以管理提升活动为契机，进一步完善了全员责任目标制，提升企业内部管理整体水平，把企业内部经济责任制与目标成本管理相结合，全面建立量化的责任目标体系，充分调动了部门及员工加强成本管理的积极性。四是合理利用资金，努力降低财务费用。在资金保供的前提下，积极协调相关银行，通过采取提前还贷、低息置换、定期存款、对外委贷等一系列举措，累计节约财务费用1070余万元。

【设备技改】坚持“检维技修”四位一体管控理念，加强设备综合治理，重点完成了31号、32号机组的C级检修和微油富氧燃烧器改造、两台炉的电除尘和脱硫除雾器改造、锅炉邻炉输粉改造等项目12项。严格执行“两票三制”、运行管理和缺陷管理制度，重点管控设备巡视，提升缺陷消除的及时性和消除率，设备等效可用系数达到100%，设备可靠性进一步提高。不断优化配煤掺烧方案，科学合理开展运行方式优化，积极进行节能降耗技术改造和QC活动，定期进行对标分析和小指标竞赛活动，机组主要经济技术指标持续优化，供电煤耗、厂用电率等生产指标在区域同类型机组中持续保持领先水平。

【党建及党风廉政建设】坚持强化企业党建工作的重要地位，抓党建工作责任制落实，扎实开展“三严三实”专题教育，组织领导班子成员集中学习讨论、到支部讲授专题党课，召开专题民主生活会，认真查摆“不严不实”问题，制定落实整改措施。深入推进党风廉政建设，反腐及作风建设更加深入。制定了落实“两个责任”实施细则，组织开展了“学条规案例、促反腐倡廉”主题宣教活动。抓“四好班子”建设，严格执行民主集中制，始终坚持“三重一大”集体研究决策。大力宣贯“家园文化”，不断丰富职工精神文化生活。企业文化宣传成效显著，典型做法被四川公司宣传推广。着力抓班组标准化、规范化建设，班组建设工作取得了良好成效。深入实施惠民工程，落实困难职工帮扶机制，积极开展了“夏送清凉”“冬送温暖”活动，在团员青年中开展“一制四效”活动，有效发挥了突击队和生力军作用，保持了企业和谐稳定的良好局面。

（丁明和）

国电四川发电有限公司南桠河水电分公司

【企业概况】国电四川发电有限公司南桠河水电分公司（以下简称南桠河公司）注册成立于1995年10月，现为国电四川发电有限公司全资非独立法人分支机构。截至2015年年底，公司在册员工115人，设立总经理工作部、政治工作部、人力资源部、财务产权部、计划合同部、市场营销部、安全监察部、生产技术部、运行部、水工部、维护部等11个职能部门。

南桠河公司主要负责姚河坝电站（3×4.4万千瓦）和冶勒电站（2×12万千瓦）共计37.2万千瓦装机的生产经营。2015年，该公司全面完成国电四川公司下达的工作任务目标，完成发电量10.61亿千瓦时，实现利润2.01亿元。

【公司成立20周年】2015年10月，南桠河公司成立20周年。自2015年10月注册成立以来，南桠河公司扎根山区、艰苦奋斗，励精图治、不断发展。1998-2008年间，该公司克服重重困难，建设完成了国家重点工程冶勒电站和姚河坝电站、以及四川省重点工程栗子坪电站。2008年随着栗子坪电站建成投产，公司基建工作全部结束，主要负责冶勒电站和姚河坝电站的生产经营。至2015年年底，南桠河公司累计实现利润16.76亿元，为国电集团公司发展壮大和国电四川公司转型发展做出了突出贡献；该公司多次荣获国电集团公司一级和二级奖状、一级及二级红旗奖章，连续获得国电集团公司四星级发电企业和国电四川公司A级企业称号。

【安全生产再创纪录】层层落实责任制，认真开展各项专项和例行安全生产活动和工作；创新形式，针对性加大安全教育培训力度，不断完善安全生产管理制度和规程，严格落实和检查考核。完善防洪度汛措施及应急预案，开展综合性防汛应急演练，提高突发洪水的应对能力和处置技能，确保了安全度汛和全年安全生产。2105年，该公司实现了姚河坝电站安全生产5000天，冶勒电站安全生产10周年等重要里程碑；截至2015年年底，姚河坝和冶勒电站投产发电以来不间断安全生产分别达到5188天和3667天。

【年度利润再上2亿元】克服困难，提前实现冶勒水库消落计划，增发枯期电量3530万千瓦时，增效750万元，实现了发电效益最大化。汛期冶勒电站尽量少发电，全力保蓄水，克服初期滞后和顶峰压力，按计划完成蓄水任务，为实现全年利润目标打下坚实基础。关注市场，制定科学合理发电策略，注重结构，优化负荷曲线，全年两站电量峰谷比、枯期电量等指标均优于计划，继续保持高电价水平。实现年利润2.01亿元，再创佳绩。

【抢电量减弃水卓有成效】制定年度经济运行大纲，围绕“枯水期如何确保消落？汛期如何抢发电量，最大限度减少弃水？”两个关键问题开展工作。提前谋划、主动出击，拓宽发电渠道，参与市场交易，增大发电量和电费收入，完成水火电量及富裕电量置换4389万千瓦时，收入电费632万元。在预计弃水情况较2014年更为严峻的形势下，经努力冶勒电站全年无弃水；姚河坝电站全年弃水12193.44万立方米，较2014年20081.71万立方米大幅减少7888.27万立方米。2015年四川电网全年调峰弃水损失电量102亿千瓦时，弃水对应降低平均利用小时313小时，姚河坝电站调度弃水利用小时仅82.8小时，水量利用率、弃水量等指标区域领先。

【积极开展流域联合调度】密切联系川股公司，积极协商推进流域统一优化调度管理。年初召开专题会议，研究界定了各方面的具体配合协调事宜。不断加强过程管控，积极加强信息沟通和联系协调，以经济运行、安全运行为主要目标，多次磋商，及时优化发电安排与调整设备停电检修计划，做到统筹安排，协调一致，全年流域安全运行、经济运行取得明显成效。与四川大学共同完成“南桠河流域梯级电站水情预测与联合优化调度”研究项目，为经济运行及流域统调提供了有力的技术支撑。

【加强技术人员培训】抓实抓细技能培训，提升一线技术人员业务素质。对于新进员工主要培训提升岗位履职能力；对于技术骨干则着重培养能独当一面、解决问题的岗位能手。探索和创新培训方式，一是融入工作，无时不在；二是以干带培、以培促干；三是从源头抓起，从开始导航；四是转变意识，刚性考核；五是内训外培相结合；多措并举，技术培训工作面貌一新、成效显著。

【提升现场安全文明形象】积极推进安全生产检修作业标准化及安全文明标准化建设工作，结合实际安排相关人员到集团先进企业学习取经，把标准化建设贯穿到设备检修技改及日常生产工作中；下力气进行生产现场文明环境打造，持续集中整治，“小改造、大心思，小投入、大改观”，生产现场作业环境及安全文明形象明显提升。

（何　艰）

国电四川电力股份有限公司

【企业概况】国电四川电力股份有限公司（简称川电股份公司）是由原四川省电力公司作为主要发起人，联合四川巴蜀电力开发有限责任公司、四川电力实业总公司、自贡电力实业公司四家企业共同发起，经四川省体改委批准，于1993年3月8日在四川省工商局注册成立的股份有限公司。2003年，因国家电力体制改革，根据国家发展计划委员会计基础〔2002〕2704号文件规定，四川省电力公司在公司持有的72.532%的股权及其权益全部划转给中国国电集团公司。2006年12月，中国国电集团公司将在国电四川电力股份有限公司持有的全部股权及其权益无偿划转给国电四川发电有限公司。国电四川发电有限公司持有国电四川电力股份有限公司72.532%的股权并依法享有资产受益、选择管理者和做出重大决策等相应的股东权利。目前该公司股东及股权比例分别为：国电四川发电有限公司72.532%，神华四川能源有限公司（原四川巴蜀电力开发有限责任公司、原神华巴蜀电力有限公司）10.170%，四川电力实业总公司占0.801%，自贡蜀能电力物业公司（原自贡电力实业公司）占0.153%，其他社会股东占16.344%。公司主营业务有水力、火力发电，电源点开发建设，其他经营范围有水、火电购销，输电、配电、变电站的论证，电力工程项目的招标、投标、承包，电力技术服务和咨询。

川电股份公司实行董事会领导下的总经理负责制，本部设有总经理工作部、人力资源部、财务产权部、安全生产部、市场营销部、计划证券部、政治工作监察审计部等七个部门。截至2015年底，该公司总装机容量30.6万千瓦，拥有南桠河发电厂一个直属发电厂；拥有国电四川栗子坪发电有限公司、四川启明星科技发展有限责任公司、冕宁磨房沟发电有限公司三个全资子公司；控股四川国电紫马电力有限公司；参股国电西藏尼洋河流域水电开发有限公司、四川华电黄桷庄发电有限责任公司、四川安宁电力股份有限公司。

【“靠前沉底”管理保障安全生产】2015年，国电四川电力股份有限公司推行“靠前沉底”管理模式，加强安全生产的现场督导协调，确保了安全监管体系、三级网络、党政同责工作的有效运转，成功应对了“4·1”突发山火造成的栗石线故障，全面完成了年度安全目标。全年没有发生任何设备安全事故和人身伤亡事故，各单位电站均实现了长周期连续安全生产，其中南桠河电站、紫马电站连续安全生产超十年。

【认真抓好隐患排查及检修技改】2015年，国电四川电力股份有限公司组织开展了节前、春秋检、防汛、打非治违等多类型安全检查，以及“三反四保”、隐患大整治等多主题活动排查，完成了安全生产隐患及缺陷256项整改。落实标准化检修要求，抓好设备技术监督，开启了“状态检修、适度技改”新方式，完成了南电厂全停水和3号机球阀改造、2号机组A修，以及栗子坪电站2#机组转轮更换改造等检修项目，不断提升了设备健康水平。

【以“双提升”工作强化经营管控】2015年，川电股份公司以效益、管理“双提升”工作为主线，抓好滚动预算及执行监控，建立了成本费用管控模型，开展了内控指标和成本控制责任目标考核，成本费用同比大幅下降。通过提前还贷，与银行沟通及时更改贷款利率调整周期，用低息资金置换高息资金等方式，充分用足央行利率下调政策，并在水电企业中首次以票据贴现的方式借入了低息资金财务费用同比大幅减少，资产负债率同比大幅下降。

【争取市场份额增发电量】 2015年，国电四川电力股份有限公司面对电力市场需求下降的严峻形势，在积极争取年度电量计划的同时，不断开拓营销思路，开辟新的市场渠道，努力争取了直供、水火替代、其他替代等发电指标，最大程度减少了丰期弃水，大幅提高了水量利用率，增发了电量。

【流域协同及经济运行成效明显】2015年，川电股份公司编制减少弃水方案，建成了流域生产实时信息共享系统及多维度对标体系，首次实现流域生产信息资源共享，并通过规律研究、纵横对标、找差异定措施，紧跟标杆，使“南桠河流域发电效益最大化”通过技术手段落到了实处，全年主力电站利用小时在市场需求疲软的不利形势下同比增加，经济运行核心指标同比有较大改善。

【认真落实“两项规范”】2015年，按照国电集团公司“两项规范”要求，川电股份公司完成了主业业务及人员回归、中层干部退出多经持股、多经与主业剥离、安瑞公司资产评估等工作，严格履行了安瑞公司处置法定决策及收购方案上报审批程序，并通过两级“分片包干”的耐心宣讲，争取到了多数职工股东和社会股东的支持。

【公司白马电厂顺利完成清算注销】2015年，川电股份公司经过与宏达公司、华电内江电厂等相关方的不断沟通协商，最终签订了解决白马电厂处置后续遗留问题的补充协议，顺利完成了白马电厂清算、注销。整理归档了白马电厂从关停到处置的全过程资料，处置后续工作基本完结。

【发挥党建优势助推中心任务】2015年，国电四川电力股份有限公司党委及各级党组织开展了教育实践活动“回头看”“三严三实”专题教育学习，党员及干部队伍作风持续改进。开展了“党员协助带徒弟”“标准检修争先锋，对标提升做贡献”“冲刺年度目标当先锋”等主题实践活动，有效助推了中心工作。严格落实“两个责任”，开展了“干部守廉、家庭助廉”系列廉政教育、“检企共建”座谈、“依法谋事用权”讲座、“读书思廉”等活动，构建了“24小时”防腐网，确保了企业廉洁稳定。扎实推进党支部标准化建设，服务型党组织建设成效显著，公司党委被列为省首批“国有企业服务型基层党组织示范点”。

（陈庆宏）

国电四川毛滩水电开发有限公司

【企业概况】国电四川毛滩水电开发有限公司（以下简称毛滩公司）于2009年9月成立，系国电四川发电有限公司的控股子公司。2015年负责毛滩水电站10.5万千瓦装机（3×3.4万千瓦+0.3万千瓦）的生产经营管理。

截至2015年12月31日，毛滩公司设置有综合管理部、计划营销部、财务产权部、安全生产部、运行部、维护及水工部等6个部门，在册员工60人（其中，高级职称5人，中级职称14人，初级职称22人）。

【生产经营】2015年，面对经济持续下行和电力市场化改革带来的诸多考验和挑战，毛滩公司在国电集团公司和四川公司的正确领导下，突出安全防汛和治亏减亏中心工作，以扎实开展“双提升”为主线，强基固本、提质增效，积极抓好安全生产、防洪度汛、设备维护、经济运行、电力营销、基建收尾、党建和谐等重点工作。公司电站保持持续安全稳定运行，未发生机组非计划停运和重大人身、设备事故。全年完成发电量42522万千瓦时，完成上网电量41716万千瓦时，实现营业收入9536万元。完成营业成本6272万元，财务费用7611万元，利润总额- 4346万元。

【强化安全生产实现安全度汛】一是积极开展日常安全管理、督察工作，进一步规范了“两票三制”的执行与考核。二是认真落实安全专项工作，组织开展“三反四保”“安全生产月”“安全万里行”等专项检查治理活动；开展“春安”“秋安”检查和安全性评价及整改工作。三是强化安全应急管理，开展防洪度汛综合演练、地震专项应急演练和水淹厂房应急演练。四是加强电站维护管理，圆满完成3号机组B级检修和1号、2号机组C级检修；完成海曼修复、左岸近坝段渗水处理施工，进行尾水渠左右堤体脱空检查及处理和左岸近坝段渗水观测检查等，确保机组设备和水工建筑保持安全健康水平，为发电运行提供了可靠保证。五是认真开展防汛专项检查，落实各项防汛措施，强化防汛值班和信息通报工作。2015年汛期青衣江来水较稳定（最大入库流量3810立方米/秒），全年未发生汛险情和不安全事件，实现“零”非停、“零”事故和安全度汛，实现3个100天安全长周期。截至2015年12月31日，公司电站实现连续安全生产752天。

【经济运行和电力营销取得新成效】毛滩公司通过积极探索，在精细化上做文章、在点滴上下工夫，努力减弃增发、提高发电经济效益。一是大力优化水库调度，提高来水利用率，在保证安全及效率前提下，最大限度扩大调节库容，全年增发电量超过330万千瓦时。二是合理安排发电进度，汛期积极落实计划外电量，保证了丰水期抢发电量，减少弃水损失。三是加强调度协调工作，认真做好月度计划和日负荷曲线的申报、跟踪、执行，尽力减少调度弃水。2015年公司电站水量利用率88.15%，有效水量利用率95.93%，弃水损失电量较2014年减少3132万千瓦，电站机组利用小时数4050小时，较全省统调水电机组平均利用小时数3798小时高252小时。

毛滩公司积极落实电量计划，参与市场交易，尽最大能力抢抓电量。年初充分利用电站的城市公益性优势并得到了省经信委的理解和支持，取得上网电量计划34029万千瓦时；针对发电计划缺额，积极争取到了丰水期水火替代电量指标5924万千瓦时，参与市场交易取得富裕电量挂牌交易1886.78万千瓦时，共获得丰水期计划外电量7810.78万千瓦时。

【积极推进基建收尾】一是通过落实与地方乡镇、村社大量的协调工作，完成了库区两岸排水沟剩余段施工，实现全线贯通，有效减轻了渗水浸没影响。二是完成了电站工程水保、环保验收，推动大坝安全鉴定工作。三是推进完工结算。截至2015年年底，已基本完成三个施工单位的完工结算，剩余二个施工单位的完工结算工作正在落实中。四是认真做好工程档案资料的接收工作，为工程竣工验收积极创造条件。

【党建和职工队伍建设取得新成绩】一是积极夯实党建基础，制定了《党委工作制度》《党委会议议事规则》等8个党建工作制度，构建完善了公司党建工作制度依据和工作标准；落实支部标准化建设，通过加强“三会一课”管理、建设支部活动阵地、规范支部工作台账、规范党员发展工作，促进了支部工作制度化、规范化。二是认真落实“三严三实”促进作风建设。公司领导班子及成员对照检查自身在修身、用权、律己以及谋事、创业、做人等方面的问题和不足，列出了问题清单，积极整改落实。三是切实加强党风廉政建设，组织制定了公司领导人员履职待遇和业务支出管理办法，严格公务用车、业务招待等方面的管理。四是发挥党、政、工、团合力作用，服务凝聚职工，加强工会民主管理，保证职工的知情、参与和监督权，促进了职工队伍的和谐稳定。

（王晓明）

国电丹巴东谷河水电开发有限公司

【企业概况】丹巴东谷河水电开发有限公司（以下简称东谷河公司）成立于2004年，注册资本为1亿元，国电四川发电有限公司于2011年6月收购其全部股权，2012年11月完成冠名相关手续，正式更名为国电丹巴东谷河水电开发有限公司。该公司现阶段主要负责丹巴县境内东谷河流域水电资源的开发和经营管理。东谷河属岷江水系，为大渡河上游右岸一级支流，发源于道孚县境内大雪山以及丹巴县与康定县交界的大炮山等山脉，河流分为两源，南源称牦牛河，西源为沙冲沟，至陡水岩处两河汇合后即称为东谷河。自西南往东北方向经东谷、水子等乡后于丹巴县城西端注入大渡河。计划采取“一库八级”的开发方式，其中牦牛河一级、牦牛河二级、牦牛河三级(即永西电站)、沙冲沟一级、沙冲沟二级（即国如电站）、东谷河一级（即东谷电站）由公司负责开发建设，规划总装机容量为29.6万千瓦，年发电量约14亿千瓦时。

2015年，在集团公司、四川公司领导下，东谷河公司深入学习贯彻中共十八大及十八届三中、四中、五中全会精神，认真贯彻落上级公司决策部署，牢牢把握稳中求进、稳中求优的工作基调，以“一五五”战略为指引，以“双提升”工作为抓手，在董事会领导下，按照“收好尾、开好头，保安全、创效益，谋长远、推前期，抓党建、求稳定”的工作思路，通过全体员工坚持不懈的努力，克服了生产经营和工程建设中的重重困难，实现了国如水电站“双投”，各方面工作都取得了较好成绩，较好完成了年度目标任务。截至2015年12月31日，国如电站安全运行317天，公司安全生产形势平稳可控；东谷电站协调取得突破，S303改线公路恢复施工，为2016年东谷电站全面复工奠定基础；深化党建思想政治及党风廉政建设工作，围绕中心，服务大局，扎实开展“三严三实”专题教育取得成果，公司求真务实的氛围进一步浓厚，为干事创业奠定了良好的思想基础。

【前期勘察】2013年1月，集团公司完成牦一、牦二、牦三及沙一水电站勘察设计招标工作。2013年4月11日，东谷河公司与广西电力工业勘察设计研究院正式签订四个电站勘察设计合同，随即广西院开展牦二、牦三前期勘察设计工作。通过协调沟通，2013年5月获得道孚县同意，又启动牦一、沙一的前期勘察设计。截至2015年年底，沙一水电站预可研报告完成待审，可研现场工作完成约80%；牦一水电站预可研工作完成100%；牦二预可研工作完成100%；牦三可研现场工作完成约85%。

【工程建设】为顺利推进工程建设，东谷河公司上下群策群力，克服不利因素、订施工方案、排工程进度、抓资金到位、推招标工作、控工程质量。截至12月底，国如水电站1号、2号机组于2月18日投入商运， 8月底完成全部收尾工作；东谷电站首部枢纽目前已完成左岸进水口渐变段砼浇筑，闸室底板及护坦的修复工作，完成率61.36%；引水隧洞标段洞挖工程累计完成4705.5米，完成率52.26%。

【工程质量】采取事前、事中、事后控制相结合，以检查监督承包商质量保证体系运行情况为核心，以人、材、机、施工技术措施为质量控制重点，以工序质量检查为基点，严格执行质量三级检查制度、工序验收制度和隐蔽工程验收制度，严把工序质量检查与单元工程质量验收评定关，现场采取巡视、旁站相结合和抽检、全检相结合的手段，确保工程施工质量处于受控状态，有效监督、协助承包商实践合同质量承诺。开展好对口竞赛、对标管理，加强对设计、监理的管理，加大监督考核力度，确保工程项目各类指标可控在控。

【安全确保】一是夯实安全管理基础，提升安全管理水平。健全安全生产监督体系和安全保障体系，充分发挥三级安全网的监督作用。严格执行“零容忍”的要求，严抓严管，加大考核力度。重点强化了“两票三制”“反习惯性违章”“危险点因素分析”“季节性安全检查及隐患排查”“应急管理”等重点环节的安全管理。二是加强设备管理，提高设备健康水平，做实设备缺陷、定期维护、技术监督等管理工作。三是强化对标管理，提升设备经济运行水平。开展对标管理，加强指标分析，推行精细化管理，优化水库调度和机组运行方式，提高度电效益。四是强化基建安全管理，加大过程管控力度。重点抓好易爆物品、消防安全、洞室开挖、高边坡施工等安全生产事故易发点部位的施工安全管理。五是强化员工技能培训，提高员工业务水平。重点突出管理和技术人员的素质培训、班组长的业务培训、职工队伍的技能培训。截至2015年12月31日，国如水电站全年未发生轻伤及以上的人身安全事故，未发生一般及以上的设备事故，电站安全周期达到317天；东谷水电站全年安全生产继续保持事故“零”指标，全面完成了安全责任目标，现场文明施工呈现新面貌。

【经营管理】2015年，东谷河公司上下积极转变观念，不断强化市场意识和经营意识，坚持以经济效益为中心的工作方针，紧紧围绕公司年度生产经营目标，以“双提升”作为抓手，以“三争三保”为重点，主动适应电力营销新常态、新挑战。认清形势、研判市场、及早谋划、主动作为、抢抓机遇、内强管理。找准营销切入点，调动一切可以利用的资源，加大营销工作力度和投入，取得了较好成绩。营销环境得到改善和巩固；营销管理工作更加适应和贴近市场。

【党建工作】2015年，东谷河公司党委在集团公司党组、四川公司党组的正确领导下，认真贯彻落实年初集团公司党建思想政治工作会、四川公司党建思想政治工作会精神，加强思想建设，深入开展“三严三实”专题教育活动，进一步推动基层党组织标准化建设，较好地完成了各项工作和任务，党建工作和反腐败工作成效明显。

【企业文化】2015 年，东谷河公司的企业文化建设随着公司的发展不断推进，取得了较好的成绩。组织开展文体活动，如参加丹巴县委组织“嘉绒儿女颂党恩，携手共建新丹巴”歌咏比赛取得优秀奖；参加四川公司组织的“三人职工篮球赛”，取得第三名成绩等，丰富了职工业余文化生活，正确引导职工健康娱乐，增强公司的凝聚力和向心力，融洽了干群关系，有力地推动了企业精神文明建设。加强公司对外宣传工作，在中国国电集团网站、中国国电集团报刊杂志上积极投稿，积极参加地方举办的各种活动，向社会各界宣传公司，极大地提升了东谷河公司的知名度和美誉度。

（胥　攀）

国电四川阿水电力开发有限公司

【企业概况】国电四川阿水电力开发有限公司（以下简称阿水公司）是由国电四川发电有限公司（股比 90%）和四川省阿坝州政府国有资产监督管理委员会（股比 10%）共同投资组建，于 2009 年 7 月 24 日在阿坝藏族羌族自治州注册成立。阿水公司依据《中华人民共和国公司法》（以下简称《公司法》）设立了股东会、董事会和监事会，下设职能部门 6 个，分别为综合管理部、计划部、工程部、物资部、财务部和移民环保部，为大力推动核准工作早日完成，阿水公司还专门抽调精干力量，成立了核准工作领导小组办公室，专职负责核准工作。阿水公司现有正式员工 26 人，全部为大专以上学历，其中，博士研究生 2 人，研究生 4 人，本科 20 人；高级职称 6 人，中级职称 7 人。

阿水公司主要从事四川省阿坝州足木足河卜寺沟水电站（36 万千瓦）和四川省阿坝州绰斯甲河上寨水电站（45 万千瓦）、绰斯甲水电站（39.2 万千瓦）与观音桥水电站（18.65 万千瓦）共计 4 个水电站的开发建设和经营管理，设计总装机约 138.85 万千瓦，总投资约 238 亿元。目前，四个电站均处于项目前期，暂未能取得核准。

【绰斯甲水电站】是大渡河一级支流绰斯甲河干流（曾克寺至麦斯卡段）“一库四级”水电规划中的第三级水电站，位于四川省阿坝州金川县和壤塘县境内，上接蒲西水电站，下游与观音桥水电站库尾衔接，长引水式开发，Ⅱ等大（2）型工程，装机容量 39.2 万千瓦，年发电量 17.62 亿千瓦时，年利用小时数 4717 小时。电站由闸坝、引水系统、厂区枢纽组成，最大闸高 26.00 米，正常蓄水位 2788 米控制流域面积 12166 平方千米，正常蓄水位时水库库容 116.20 万立方米，其中调节库容 47.90 万立方米，具有日调节性能。

【观音桥水电站】是绰斯甲河干流（曾克寺至麦斯卡段）“一库四级”水电规划中的第四级水电站，位于四川省阿坝州金川县境内，上衔绰斯甲水电站，下接大渡河双江口水电站。装机容量 18.65 万千瓦，年发电量 7.94 亿千瓦时，年利用小时数 5000 小时，采用混合式开发，开发任务为发电，兼顾下游生态环境用水要求。按预可研报告数据，工程总投资约 27 亿元。

【上寨水电站】是大渡河一级支流绰斯甲河干流（曾克寺至麦斯卡段）“一库四级”水电规划中的“龙头”水库，位于阿坝州壤塘县和甘孜州色达县境内，采用坝式开发，Ⅰ等大（1）型工程，初拟装机容量 45 万千瓦，年发电量 17.19 亿千瓦时，年利用小时数 4560 小时。最大坝高约 250 米，正常蓄水位 3100 米，控制流域面积 10338 平方千米，总库容近 11 亿立方米，调节库容 7.04 亿立方米，具备年调节性能。

【卜寺沟水电站】是大渡河干流水电规划“三库 22 级”的第四级水电站，位于阿坝州马尔康县境内的脚木足河上，上接达维水电站，下游与双江口水电站衔接，采用坝式开发，初选装机容量 36 万千瓦，年发电量 16.40 亿千瓦时，年利用小时数 4555 小时。电站由面板堆石坝、左岸泄洪放空系统、右岸引水系统、右岸厂区枢纽组成，最大坝高约 130 米，正常蓄水位 2600 米，控制流域面积 18379 平方千米，总库容 2.46 亿立方米，具有日调节性能。

【项目前期工作进展情况】目前，阿水公司 4 个电站均处于暂停工阶段，项目前期工作基本处于停滞状态。2015 年 7 月，水规总院以《关于印送<四川省绰斯甲河绰斯甲水电站可行性研究报告审查意见>的函》（水电规水工〔2015〕67 号）正式批复绰斯甲水电站可研报告，标志着绰斯甲电站可研阶段的勘察设计工作已全面完成；在现有条件下，完成了第一阶段的技术经济指标优化工作，形成了《绰斯甲电站技术经济指标优化工作相关成果报告》，经济指标与同区域水电资源相比具有较强的竞争力。

（刘丽莎）

国电四川民和水电投资有限公司

【企业概况】国电四川民和水电投资有限公司（以下简称民和公司）成立于 2007 年 7 月 13 日。为国电四川发电有限公司下属的国有控股企业。国电四川发电有限公司、深圳市玉湖投资集团有限公司、深圳市田东投资有限公司分别持股比 65%、20%、15%。民和公司主要经营水电开发：水利、水电工程建设（凭资质证书经营）；水利发电设备的销售、租赁。国电四川公司控股的民和公司增资扩股后，注册资本 14,285.71 万元。组织机构按照“精简，高效”的原则，设置综合管理部、计划部、机电物资部、工程部、财务部、生产准备部等六个部门。

2015 年是该公司发展历程中一段困难时期，面对国电集团公司战略调整和投资管控影响，该公司全体员工团结一心，不退缩、不气馁，转变思想观念，强化效益意识，深入贯彻集团公司“一五五”战略，积极应对企业因项目停缓建带来的各种稳定和法律风险，确保了停缓建项目有序收尾、内外部安全稳定。与此同时，公司内部管理能力提升，项目优化工作成果显著，为公司转型发展打下坚实基础，夯实了安全基础，确保了队伍稳定。“内部成本控制和合同风险化解”荣获四川公司“总经理基金二等奖”、公司第一党支部荣获四川公司“先进基层党组织”，新闻宣传位居基建单位首位，较好地完成了年度目标任务。

【安全生产管理】安全稳定形势平稳。2015 年民和公司未发生安全事故，实现连续安全生产。一是建立健全公司安全管理体系，成立公司安全管理办公室，对公司安全管理架构优化调整；二是认真贯彻落实安全生产责任制，逐级签订安全生产目标责任书，落实一岗双责安全生产责任制；三是扎实开展“百日安全大检查”、“红线意识”大讨论、安全生产月等多种形式的安全生产活动，排查整改各类安全隐患；四是重抓交通安全管理，落实交通出行制度，确保出行安全；五是狠抓现场稳定工作，积极化解民工工资和地方材料供应商欠款稳定风险，紧紧依托地方政府处理好民族地区征地协调问题，确保了现场工作安全稳定。截至 2015 年 12 月 31 日，实现连续安全生产 2372 天。

【项目建设情况】前期工作有序开展。全面开展流域设计优化，进一步优化电站经济指标。开展了东义、色苦电站联合优化设计研究，取得初步优化设计成果，项目经济效益得到提升。往子沟电站送出工程项目核准申请已上报甘孜州发改委待核准。及时跟进甘孜州小水电遗留问题处理，与州发改、环保部门对接，将公司相关小水电项目全部纳入州政府继续推进前期工作目录，并配合开展节能项目评估和项目环境影响评价工作，确保资源安全。

项目建设稳步推进。完成往子沟电站值班房施工，妥善处理渣场防护临时征地补偿事宜，完成了电站水土保持设施竣工验收。做好夹依龙巴电站主体标段后续问题处理，完成承包人现场设备退场，开展项目造价测算、经济性评估工作。做好防汛工程项目实施，确保停缓建工程安全度汛。汛前结合春季安全大检查，组织防洪度汛专项排查，落实防汛工程措施和准备工作，开展相关应急演练；汛期严格执行了领导带班和防汛值班制度，开展水情雨情测报和巡视检查、监测工作，及时做好道路清理保通，确保安全度汛。

全力推动益地电站主体工程开工建设。继续扎实开展益地电站工程优化，研究电站送出方案调整和施工组织设计优化。组织专家现场查勘，对施工布置和施工规划进行调整完善，结合对外交通方案调整和道路改造，优化渣场布置和防护方案，完善施工用电布置，充分利用地方电网接入，解决用电可靠性。组织设计、监理单位研究工程重点、难点，制定相应的管控方案，落实主体工程项目招标边界条件，完成了益地电站主体工程招标文件编制。及时跟踪边界条件变化，认真做好益地电站经济效益动态测算。

【发展工作情况】配合股权转让工作取得阶段性成果。按照国电四川公司的统一部署，民和公司开展了基建合同清理和清产核资工作。在摸清家底的同时，梳理清楚了工程合同存在的主要问题。积极配合中介机构开展了法律尽职调查和账务审计、资产评估工作，按时完成并提交了法律尽职调查报告和评估报告。按四川公司统一部署做好战略投资意向方现场查勘和收资配合工作。

工程合同遗留问题处理和法律风险化解成效显著。在 2015 年年初基建合同清理成果的基础上，民和公司引入跟踪法律咨询和审计单位，集中力量开展基建合同遗留问题处理。按道路工程和主体工程，明确分管领导责任到人，推动完工结算和遗留问题解决。完成对往子沟主体标段等重点合同的变更索赔问题处理，为后续相似合同问题确定了原则；完成 7 个主要的道路工程合同工程量梳理，对发现的中间计量问题，确定完工结算计量原则。对中止合同项目，多渠道协调承包人接受友好协商中止，避免了法律诉讼，完成益地支洞 3 个标段和往子沟电站输变电线路工程等 4 个合同的合同中止商务问题处理。

12 月 1-2 日，国电集团党组成员、总会计师陈斌到四川公司调研，深入达州公司、华蓥山公司了解生产经营情况，亲切慰问一线员工 （余魏 摄）

【内控管理情况】成本管控有力，财务管理水平进一步提升。密切关注国家金融政策，加强与各银行沟通，多方筹集资金保障项目建设，强化资金内控管理，严格审批手续，统筹合理安排付款比例和顺序，保证项目建设资金需求与日常管理开支需求，确保资金链不断裂，全面启动基建财务信息化体系建设，加强财务内控管理，采取多项措施压降管理费用，不断夯实会计工作基础，提高财务管理水平，以各种内外部检查审计为契机查漏补缺，以财务信息化系统为平台，逐步建立规范标准的财务核算体系。

外部稳定及法律风险进一步化解。推进已完工程合同遗留问题处理和完工结算，对暂停施工工程合同开展友好协商中止商谈工作，缓解了工程停缓建带来的各种矛盾。制定维稳应急预案，层层落实维稳责任。多举措加大资金筹集，及时做好应急支付。加大与政府部门沟通力度，取得地方政府的理解和宽容，营造良好的外部环境。

内部管理进一步提升。成立管理双提升领导小组，明确职责和专项管理提升内容，制定完善管理制度 12 项。修编完善绩效考核办法，增加定量考核指标，全方位考评，形成了奖惩分明的考核评价体系，让绩效考核渗入到公司运作发展的每一个环节。开展“每周一讲”活动。每周确定一个主题，明确讲座时间，持续开展“基建人员每周一讲”活动。加强依法治企力度。续聘了专业律师事务所作为公司法律顾问，重视公司重大决策、重要合同的法律审核，合同法律审核会签率 100%；严控“三公”费用支出，“三公”经费支出呈逐年大幅下降趋势。

【党建群团及反腐倡廉建设情况】党建水平提升，群体保障有力。强化了党委组织建设，落实了党建责任制，党委主体责任意识明显提升。严格执行党委议事规则，坚持党委中心组学习制度，扎实开展“三严三实”专题教育。初步建立了党建工作绩效考核量化标准，并纳入公司月度绩效考评体系。推进党支部标准化建设，完成党支部换届选举，标准化建设取得初步成效。组织党员观看红色电影、参观抗战博物馆、开展学习模范党员等系列活动。激发群团活力，开展丰富多彩文体活动，丰富职工精神风貌。强化思想宣传，制作形势任务宣传教育提纲展板，在集团公司、四川公司新闻宣传排名位居基建单位首位。及时妥善处理不稳突发事件，制定信访维稳应急预案，确保了公司和谐稳定。

落实“两个责任”，推动纪委职能转变。落实“两个责任”制度，带头落实党委主体责任，纪委监督责任，重点抓好了组织推动、教育监管、责任落实和源头治理工作，督促班子成员履行“一岗双责”。制定落实了党风廉政建设责任制，建立了廉洁从业预警机制，年初签订党风廉政建设责任书，组织开展党风廉政建设专题讲座 10 场次，发放警示教育书籍 25 套，组织观看警示教育专题片 5 场次，增强了干部员工反腐倡廉意识。强化了“八项规定”宣贯力度，狠抓审计整改和中央八项规定措施落实，营造了廉洁从业良好氛围。

（袁超林）

国电四川色曲电力开发有限公司

【企业概况】国电四川色曲电力开发有限公司（以下简称色曲公司）于2011年6月22日正式成立，为国电四川发电有限公司所属全资子公司，注册资本金5100万元。公司主营电力开发生产、新能源开发及电力建设，主要负责甘孜州色达县洛若乡光伏太阳能电站建设和色曲河干流水电梯级开发。该公司现任行政领导班子共4人，其中硕士研究生学位1人，本科学士学位3人，设置有6个职能部门，分别为综合管理部、计划部、工程部、财务部、安全生产部、物资部（下设征地移民办公室），合计在编员工22人。

【项目简介】色曲公司项目所在地位于四川省甘孜州色达县，地处青藏高原东南缘，甘孜藏族自治州西北部，地处两省（四川、青海）三州（本省的阿坝州、甘孜州、青海的果洛州）六县（阿坝的壤塘、本州的甘孜、炉霍、石渠，果洛州的达日、班玛）结合部，平均海拔4127米。

色达县洛若乡光伏太阳能电站建设：色达县是四川省太阳能资源最好的区域之一，色达洛若乡电站多年平均太阳总辐射为 6149.5MJ/m2，多年平均日照时数为2420.3小时，参照《中国太阳能资源利用区划》等级，属二级太阳能资源丰富带，本地区夏季辐射强，冬季辐射弱。正午辐射强，早、晚辐射弱，具有较好的开发价值。

色达县洛若乡光伏电站拟装机容量为 50MWp，在有调节性能水电站占较大比例的电网中能稳定运行。综合考虑光伏电站附近地区电力系统供需现状、负荷增长预测及电网建设等因素，建成后年发电量7184.0万千瓦时，年利用小时数1436.8小时。

色曲河干流水电梯级开发：色曲河为绰斯甲河右岸一级支流，发源于四川省色达县与青海省班玛县交界处，由西北向东南流，经色达县县城，过霍西乡，至翁达乡后折向东流，于歌乐沱乡下游草坡村从右岸汇入绰斯甲河。规划河段范围为洛若乡至绰斯甲河上寨梯级电站水库色曲河支库回水末端，规划河段长98.0公里，天然落差640米，平均比降6.53‰。

计划采取“一库四级”的开发方式，各梯级电站自上而下依次为：霍西（混合式，6.2万千瓦）、杨各（引水式，2.8 万千瓦）、甲学（引水式，6.0万千瓦）和歌乐沱（引水式，5.2万千瓦），四级电站共利用落差637米，总装机容量20.2万千瓦，年发电量7.9109亿千瓦时/8.664亿千瓦时（单独/联合），装机年利用小时数3913小时 /4327小时（单独/联合）。

【创新举措】一是以人为本，扎实抓好干部员工队伍建设。色曲公司坚持以人为本的理念，以中国国电集团公司“155 战略”和“家园文化”为引领，统一思想，艰苦奋斗，努力提高公司员工的认同感、归属感和使命感，让员工与公司同呼吸、共命运，激励公司员工扎根高原，奉献藏区，岗位成才。二是积极开展党建工作，为公司发展提供了强有力的政治组织保证。色曲公司坚持开展党建工作，以教育实践活动、“三严三实”专题教育和创先争优活动为载体统一员工思想，激发员工事业豪情，形成了一个团结拼搏奋进的战斗集体，为企业工作提供坚强的政治组织保证，推动企业科学发展。三是狠抓党风廉政建设。色曲公司严格落实党委主体责任和纪委监督责任，针对党员干部及关键岗位、高危岗位人员进行党风廉政建设教育培训、廉洁文化宣传等工作，制度完善、责任明确、措施得力、宣传及检查及时到位，全面落实了党风廉政建设责任制，为公司的发展提供了坚强的纪律保证。四是扎实抓好安全工作。色曲公司项目均地处山高路险、气候多变、灾害频发的甘孜州，安全问题尤为突出，该公司坚持把安全工作放在首位，强化员工责任和事故防范意识，建立健全安全规范制度，提前制定了防范措施和事故处理措施，全年未发生安全事故。

（王良羽）

中国华电集团公司四川公司
华电四川发电有限公司
华电国际电力股份有限公司四川分公司

【企业概况】中国华电集团公司四川分公司（以下简称为“四川分公司”）成立于2003年3月23日，是华电集团在四川设立的分公司，按照华电集团授权与委托，履行区域公司管理职责。华电四川发电有限公司成立于2004年11月8日，是以华电集团在川宝珠寺电厂等7家内部核算电厂全部资产、西溪河水电开发有限公司等13家控股企业和8家参股企业组建的有限责任公司，是华电集团的全资子公司。2014年10月14日，华电集团委托华电国际电力股份有限公司管理四川分公司，并设立华电国际电力股份有限公司四川分公司，与中国华电集团公司四川分公司、华电四川发电有限公司实行“一个机构，三块牌子，合署办公”。

四川分公司系统共有28家企业，运行装机容量847.9万千瓦，资产总额550亿元。其中，火电装机容量479万千瓦，主要有广安电厂、珙县电厂、白马电厂、高坝电厂、黄桷庄电厂、攀枝花电厂等；水电装机容量368.9万千瓦，主要有宝珠寺电站、紫兰坝电站、泸定电站、瓦屋山电站、雅安周公河流域梯级电站、杂谷脑河流域梯级电站、西溪河流域梯级电站、木里河俄公堡电站、水洛河宁朗电站和撒多电站。在建项目总装机237.14万千瓦，主要有凉山州木里河、水洛河流域梯级电站、阿坝州俄日河流域梯级电站、绰斯甲河蒲西电站等。规划建设项目总装机112.2万千瓦，主要有珙县电厂二期工程、攀枝花市安宁河下游梯级水电站、凉山州盐源县风电项目等。参股煤矿产能400万吨/年，主要有广安龙滩煤矿、宜宾金堂煤矿、新维煤矿等。

【领导人员】截至2015年12月31日，中国华电集团公司四川分公司、华电四川发电有限公司、华电国际电力股份有限公司四川分公司共有班子成员5名，分别是：

总经理、党组书记：罗小黔

党组副书记、副总经理：钟国东

党组成员、副总经理：蒋晓明

党组成员、总会计师：冯　荣

党组成员、纪检组长、工会主席：王小红

党组成员、副总经理：周其平

领导人员变动情况：2015年3月30日，王小红提任中国华电集团公司四川分公司、华电四川发电有限公司党组成员、纪检组长，华电四川发电有限公司工会主席。2015年9月30日，周其平提任中国华电集团公司四川分公司、华电四川发电有限公司党组成员、副总经理，华电国际电力股份有限公司四川分公司副总经理。

华电集团董事长、党组书记李庆奎到四川区域调研

（华电四川公司提供）

【区域年度工作业绩】2015年，该公司发电量完成244.96亿千瓦时，同比减少29亿千瓦时；销售收入78.66亿元，同比减少17.31亿元；资产负债率80.02%，同比下降0.49个百分点；投产水电44万千瓦，发电装机达到880.9万千瓦。

【区域生产经营管理】安全生产态势良好。加强汛情、雨情监测，扎实开展防汛应急预案演练，严格落实各项防洪度汛措施，抓好地质灾害排查治理，公司系统实现安全平稳度汛。以“零非停”为目标，严格落实锅炉“四管”泄漏防范措施，扎实开展电气、热工隐患排查治理，设备可靠性逐步提高，机组非停同比下降 11 次，珙县公司电气、热工实现“零非停”。强化运行小指标考核力度，耗差比集团公司平均值低 2.04 克/千瓦时。内江高坝电厂自行设计、自主施工，顺利完成点火风道和脱硝喷氨装置改造，锅炉点火启动用油节省 20%，达标排放条件下的机组负荷上限由 6 万千瓦提高到 7.8 万千瓦。扎实开展“7S”活动，现场文明作业环境持续改善。强化交通、消防和劳务用工安全管理，公司安全生产形势总体平稳。

扭亏增盈成效显著。积极应对四川省火电电量骤降 28.83%的不利形势，全力以赴抢电量、积极主动降成本、千方百计争政策，有效遏制住经营状况迅速恶化的势头。千方百计争取电量计划，积极拓展直供电市场，在全省水电利用小时同比下降 113 小时的情况下，该公司水电利用小时逆势增长 179 小时，减少丰水期弃水电量 6 亿千瓦时。用好用足替代发电政策，替代电量同比增加 15.37 亿千瓦时。积极协调政府主管部门推进 2014 年主网水电超发电量清算及火电欠发补偿工作，落实补偿资金。创新性开展保险理赔工作，全年实现赔付 58 起，其中杂谷脑公司二古溪道路获得受损赔付近 1 亿元。

四川省副省长甘霖到华电四川公司调研

（华电四川公司提供）

管理水平持续提升。初步修订绩效评价考核办法，切实加大业绩与薪酬的挂钩力度，更加注重绩效评价结果运用。推行精益化管理，狠抓要素管控，依靠“低成本”战略在相当程度减弱了电量大幅下滑的不利影响。落实“控价、保供、提质”的电煤采购原则，入炉标煤单价同比下降 146 元/吨，燃料成本大幅减少；积极推进从预防性检修向预知性检修转化，三项费用同比压缩 1.36 亿元；积极把握连续降准降息的有利时机，强化筹融资工作，资金成本率同比降低 0.39 个百分点，剔除新投机组影响，存量单位财务费用降低 1.37 亿元。深入开展审计和效能监察，加强招投标监督，规范经营的水平和风险防范的能力持续提升。

【区域项目发展】结构调整加快推进。研究制订华电四川分公司“十三五”发展规划，明确重点发展任务。大力推进水电开发，木里河卡基娃电站 4 台 11 万千瓦机组实现“一年四投”，四川公司水电装机突破 400 万千瓦；俄日河俄日电站 6.9 万千瓦获得核准，水洛河第二批次固滴、新藏、博瓦电站建设稳步推进。加快推进新能源开发，盐源风电第一批次凉风坳、银头山风电场共 9.9 万千瓦开工建设，第二批次小高山、观塔坡、牦牛山风电场共 25 万千瓦获得核准，第三批次长坪子、大河、沃底等风电场前期工作稳步推进；攀枝花灰场光伏一期项目取得备案批复，盐源凉风坳光伏项目备案工作抓紧推进。积极接洽优质清洁能源项目股权转让事宜，组织完成有关项目现场考察。多渠道落实建设资金，国道 317 线二古溪段改线公路正式开工。积极推进宜宾公司土地及建（构）筑物补偿事宜，与宜宾市达成一致意见，确认补偿金额。

【改革发展】内部改革蹄疾步稳。认真学习贯彻国企改革、电力市场化改革等一系列文件，结合公司实际研究对接，切实用改革精神指导“做实”和“强基”。积极适应电力体制改革新要求，研究制定了区域一体化营销体系建设方案，明确了售电公司组建方案、运作策略和盈利模式。提前锁定大用户资源，与年用电量 60 亿千瓦时的眉山市甘眉（铝硅）工业园签订了战略合作协议，拿下川内直供电协议第一单。积极稳妥优化机构设置，将公司本部项目前期与工程建设职能合并后成立基建部，组建成立盐源新能源公司，有效服务公司发展战略。改革公司评优选先管理体系，建立起先进典型选、育、用、荐新机制，进一步增强评优选先工作的规范性和系统性。

【党的建设、精神文明建设、企业文化建设】党建工作彰显价值。认真开展“三严三实”专题教育，完善“三级联学”机制，抓好专题研讨，在推进企业改革发展的实践中锤炼作风、增强活力。严格落实党风廉政建设“两个责任”，切实加强监督执纪问责，公司系统全年未发生严重违反八项规定的事件。加强基层党组织建设，扎实开展“双争”活动和基层党组织“三分类三升级”活动。坚持服务中心工作，携手云南宁蒗县开展基层服务型党组织结对共建和爱心助学活动。加强干部队伍建设，全年共考察调整企业领导人员 56 人，推进领导干部跨区域、跨专业交流。扎实开展全员劳动竞赛，成功承办华电集团公司火电继电保护技能大赛，荣获团体二等奖。创新推进职工关爱工程，打造“四心”服务站点 46 个。召开公司系统第二次团代会，完成团委换届选举。规范团组织建设，积极为青年成长成才搭建平台。四川公司在华电集团公司二级单位党建工作考评中获得 A 类评价，得分在 A 类定级中位列第四。

华电四川发电有限公司宝珠寺水力发电厂
四川紫兰坝水电开发有限责任公司

【基本情况】华电四川发电有限公司宝珠寺水力发电厂（简称宝珠寺电厂）成立于 1996 年 10 月，是中国华电集团公司的全资内核电厂；四川紫兰坝水电开发有限责任公司（简称紫兰坝公司）成立于 1998 年 9 月，是中国华电集团公司控股的有限公司。两单位于 2007 年 11 月实现管理整合，实行“一套班子，两块牌子”的统一管理模式。

宝珠寺电厂所辖宝珠寺电站位于白龙江下游，装有 4 台混流式机组，单机 17.5 万千瓦，总容量 70 万千瓦，库容 25.5 亿立方米，其中调节性库容 13.4 亿立方米，承担着四川电网调峰调频和事故备用重任。1996 年首台机组发电，1998 年全面投产，截至 2015 年年底，累计发电 275.10 亿千瓦时。

紫兰坝公司所辖紫兰坝电站距上游宝珠寺电站 14 公里，紫兰坝电站装有 3 台贯流式机组，单机 3.4 万千瓦，总容量10.2万千瓦。总库容0.392亿立方米，调节性库容 0.12 亿立方米，是宝珠寺电站的反调节电站。2006 年 7 月、12 月，1、2 号机组分别投产发电，2007 年 5 月，3 号机组投产。截至 2015 年年底，累计发电 30.10 亿千瓦时。

【领导人员】

1. 宝珠寺电厂

厂长：黄铜锁

党委书记：余跃辉

副厂长：黄敏胜　赵志强

纪委书记、工会主席、总法律顾问：粟彬章

副厂长：张德智

主要领导变动情况：

2015 年 8 月 6 日，刘庆宁不再担任副厂长，张德智担任副厂长。

特邀华北电力大学能源与电力经济研究咨询中心主任曾鸣教授作电力体制改革专题讲座　　（华电四川公司提供）

2. 紫兰坝公司

董事长：钟国东

副董事长：罗朝国

董事：岳秀旗　韦　熙　常思武　黄铜锁　刘庆东　赵明基　粟彬章（职工董事）

监事会主席：黄　平

监事：刘顺彬　魏　民　张文华　王伟宁　董喻梦　余跃辉（职工监事）

总经理：黄铜锁

副总经理：黄敏胜　赵志强　张德智

主要领导变动情况：

2015年4月3日，胡尚诚、谢斌、孙潮泉不再担任董事，岳秀旗、韦熙、赵明基担任董事，粟彬章担任职工董事。

2015年4月3日，赵明基不再担任监事，董喻梦担任监事；粟彬章不再担任职工监事，余跃辉担任职工监事。

2015年8月31日，刘庆宁不再担任副总经理，张德智担任副总经理。

【年度业绩】2015年，在华电集团公司、华电国际、四川分公司的领导下，宝珠寺电厂、紫兰坝公司按照“强基”总要求，以“创一流标杆企业，建和谐幸福宝电”为主线，以持续完善“5+4”（五化精益管理、四大控制体系）管理体系为支撑，深入开展“执行力建设年”活动，努力推动设备治理、队伍建设、企业管理和党的建设方面取得新突破，努力实现强基固本新成效。宝珠寺电厂完成发电量15.41亿千瓦时，紫兰坝公司完成发电量3.06亿千瓦时，圆满完成年度目标任务。

工作成效得到了上级公司和国家有关部委的高度认可，持续保持华电了集团公司“五星级发电企业”“安全生产先进单位”，荣获了华电国际“先进企业”“安全生产管理先进企业”称号，四川分公司“先进企业”称号；2015年2月，荣获中央精神文明建设指导委员会“全国文明单位”称号，荣获了国家能源局四川监管办公室“四川电力安全生产先进集体”称号；9月，宝珠寺电厂党委荣获首批“四川省国有企业基层服务型党组织示范点”称号。

【生产经营管理】执行力建设效果初现。系统开展了执行力建设年活动，以标准制度为准绳，执行首问负责制，每月随机对重点工作完成情况进行督查、通报，并在次月进行“回头看”，全年发现并整改问题39个，有效促进了执行力提升。建立了有效的责任追究、倒查机制，引入标准执行监督体制，制度执行的严谨性和程序的合规性得以加强。严格落实考核和责任追究，全员责任意识进一步增强。完善管理标准体系建设，推行管理标准动态修订、定期汇编工作机制，全年累计修订标准制度114个，新增5个，职能界定不清楚、责任划分不明确、标准执行不到位等问题得以有效解决。

精益管理持续完善。全面强化管理制度化，制度标准化，标准流程化，流程菜单化，菜单信息化的“五化精益管理”，进一步完善安全风险、检修质量、管理过程、效益指标“四大控制体系”，以“四大控制体系”和设备管理、人力资源管理、物资管理、综合管理及班组建设等为主要内容，建成新版综合业务管理系统，实现企业管理全要素、全过程、全方位精益管理。同时扎实推进创星工作常态化、“7S”管理纵深化，管理水平持续提升。

安全生产稳固提升。全面落实“党政同责、一岗双责、失职追责”要求，完善安全标准体系，形成了各级管理人员各司其责、分口把守的安全管理格局。强化安全教育，推行违章违规积分制，系统编制生产作业、操作任务清单和配套的安全作业卡，深入开展专项活动，强化应急管理，安全生产水平保持稳定。扎实开展设备巡回、维护规范，强化隐患排查治理和消缺力度，将“7S”管理融入到机组检修技改过程中，严格落实考核，保证了设备健康运行。严格执行领导现场带班和防汛值班制度，修订完善了《防汛管理标准》，认真开展防汛设备设施及电源检修、试验和汛前安全检查，确保汛期设备开得出、带得稳。

经营管理攻坚克难。积极同省经信委、电网公司沟通协调，强化两站联合调度，利用有限来水多发优发电量。上半年枯水期，宝、紫两站分别完成发电量5.25亿千瓦时和1.07亿千瓦时，均创投产发电以来同期最高。积极拓展直购电市场，与广元市经信委建立信息共享和沟通协作机制，掌握了广元市用电基本情况、工业园区建设现状及规划，签订直购电协议9份。坚持“节约的都是利润、浪费的都是成本”理念，全力压缩成本支出，大力开展修旧利废、清仓利库工作，推进检修向预知性检修转化，规范会议、接待和公务用车管理，成本费用可控、在控。

人才建设成效显著。强化“三支人才队伍”建设，分层次组织岗位胜任素质模型认证，规范持证上岗培训、取证工作。强化干部管理，交流7名，提拔7名，激发了中层干部干事创业活力。坚持生产岗位高岗备用，积极开展柔性备用，6名员工取得备用资格，其中3名因岗位空缺经考核合格直接上岗。完善实训室，获得电监办电工进网作业许可一类考试机构资格，全年举办5期共计173人的培训及取证工作。进一步完善完善激励机制，强化绩效评价结果运用。精心组织职工技能竞赛，开展了设备巡回、电焊工等7项技能竞赛，职工学技术、钻业务、练技能的热情进一步激发。

【项目发展】工程公司坚持以市场为导向，加强基础管理，积极拓展系统外检修市场，取得华能青居电站大修项目，开启了与华能的合作关系。全年累计对外完成机组 A 修 1 台次、B 修 2 台次、C 修 8 台次。规范多经企业管理，实现业务外包，进一步理顺了用工关系，有效防范了法律风险。

【党的建设、精神文明建设、企业文化建设】厂党委紧紧融入企业中心工作，落实从严治党要求，系统开展"三严三实"专题教育活动，营造了全厂干部员工真抓实干、企业稳定发展的良好政治生态。建成全国文明单位，固化经验和做法，有效嵌入管理标准体系。召开第四次党代会，换届选举党委、纪委班子，明确了今后一个时期重点工作。落实党风廉政建设"两个责任"，明确了"一把手"和班子成员责任体系"主责清单"，严格执行中央八项规定，监督执纪问责制度体系进一步完善。挖掘、宣贯"善水"文化，完善"善水"文化体系，加强企业执行力文化建设，成功申报集团公司研究课题。加强"幸福宝电"建设，引领员工用忠诚服务企业、用真情奉献社会、用行动实现价值，提升员工幸福指数。

（王双双）

四川广安发电有限责任公司

【企业概况】四川广安发电有限责任公司（以下简称"广电公司"）是四川省电力系统首家按照《公司法》和现代企业制度组建的独立法人企业。成立于 1996 年 6 月 1 日，由华电国际电力股份有限公司持股 80%，神华四川能源有限公司持股 20%。目前已形成总资产 101 亿元。公司总装机容量 240 万千瓦，分三期建成，其中一期 2×30 万千瓦燃煤机组分别于 1999 年 10 月、2000 年 2 月投产发电；二期 2×30 万千瓦燃煤机组分别于 2004 年 7 月、2004 年 11 月投产发电；三期 2×60 万千瓦燃煤机组分别于 2006 年 12 月、2007 年 6 月投产发电。投产至 2015 年年底，累计完成发电量 1042 亿千瓦时，实现工业总产值 318 亿元。广电公司法人治理结构完善，下设 18 个部门，员工总人数 896 人，平均年龄 39 岁，其中大专及以上学历员工占 83.4%。广电公司严格按现代企业制度运作，以创建华电领先、国内一流发电企业为愿景，秉承"双赢"企业文化理念，科学经营、精细管理，取得了显著的经济效益和社会效益。广电公司先后荣获全国"五一劳动奖状"、"全国企业文化建设优秀单位"、"全国精神文明建设工作先进单位"、"全国模范职工之家"、四川省"优秀诚信企业"、"社会治安综合治理模范单位"、"十佳职业道德建设标兵单位"、"国家优质工程银奖"以及华电集团"五星级发电企业"、"文明单位"、"先进基层党组织""文明单位"等 70 余项省部级以上荣誉称号。2015 年公司安全生产形势总体稳定，公司连续多年被广安市国税局授予"纳税大户"、"诚信纳税企业"等荣誉称号，为促进广安市经济繁荣发展、创建"全国文明城市"、"迎接小平同志诞辰 110 周年"做出了积极贡献。

【安全环保管理】安全生产管理。广电公司认真贯彻新《安全生产法》，全面落实各级安全责任制，逐级制定保障措施，安全生产责任落实到具体部门和责任人。运用"安全综合管理评估体系"和"文明生产综合评估体系"，深入开展安全性评价、春秋季检查、"安全生产月"、防洪度夏等安全专项活动；强化反违章管理和隐患排查治理，加强交通消防管理，持续推进安全文化建设，提升应急处理能力，增强职业健康安全意识。全年安全生产形势稳定，截至 2015 年 12 月 31 日，实现连续安全生产 2095 天。

环保管理。广电公司高度重视环保工作，积极履行企业环保责任。自成立以来，在环保方面投入的资金达 20 余亿元。该公司按照建设环境友好型企业和超低排放要求，有序推进二、三期粉尘治理技改工程。该公司认真贯彻落实节能和环保政策，持续抓好环保设施运行维护管理，切实履行企业环保责任，高标准、严要求实现达标排放，2015 年顺利完成节能减排任务。

【经营管理】电量营销。在四川水电装机快速增长、国调留川电量大幅增加、电力市场低迷的情况下，该公司积极和政府相关部门、电网公司沟通汇报，抢发优发电量。2015 年完成发电量 60.77 亿千瓦时，为四川省和广安市电力供应提供了坚强保障。

燃料管理。着眼长远，与广能集团和重能投集团创新实施战略存煤，全年完成战略存煤 84 万吨。

加强厂内燃料管理，完善阳光采购机制和标准化实验室建设，进一步细化制度和改进流程，加强采制化全过程管理，燃料管理水平不断提高，确保了煤质验收的公平、公开、公正。

【综合管理】按照上级公司“强基”要求，大力开展“7S”管理和星级企业创建等工作，切实提升企业管理精益化水平。对现行有效的近700余项管理、技术、工作标准，进行整理，优化流程，明晰职责。深入推进“7S”管理，加强设备治理，提升设备健康水平；开发“7S”红牌管理系统，持续加强现场检查和跟踪。构建科学高效的班组信息化管理体系，班组建设水平持续提升，运行一值被评为集团公司标杆班组。完成互联网双链路建设、一期网络改造等9个技改项目，实施并用好培训管理、星级企业管理等系统，信息化管理水平不断提升。

【社会责任】广安公司作为中央企业，高度履行政治责任和社会责任。为确保地方经济发展和社会用电，全力以赴保障电力供应，展示社会形象良好。环保责任。积极推进环保技改，做好运行维护管理，实现机组达标排放，完成节能减排目标；大力开展环保宣传，倡导绿色低碳生活，提高环境保护意识。服务责任。全力以赴保障电力供应，有力支撑四川电网，为社会用电和地方经济发展做出了贡献。道德责任。积极践行社会主义核心价值观，对外开展捐资助学、照顾孤寡老人、慰问敬老院及儿童福利院等活动，对内开展“我身边的最美员工”、《因为我们》微电影拍摄、儿童易物节、青年突击队等活动，传承道德力量，成功创建成为全国文明单位。社区责任。坚持节日慰问广安市驻地部队，做好警企联动，建设平安电站，维护一方平安；加强生活小区建设，成功创建省级示范小区，为生活区所在地广安市创建全国文明城市做出了一定贡献。

【领导人员】董事长：罗小黔，副董事长：杨强、张戈临，董事：钟国东、罗强骏、张维群、严金平，职工董事：龙太聪、雷闪，董事会秘书：张林渠；监事会主席：冯荣，监事：杨昕瑞、黄平，职工监事：李纯洲、吕霞；总经理：严金平，党委书记：龙太聪，副总经理：李化霜，副总经理、总工程师：张洪，纪委书记、工会主席、总法律顾问：雷闪，总会计师：刘顺彬，副总经理：刘起。 （罗太桂）

四川华电泸定水电有限公司

【企业概况】四川华电泸定水电有限公司（以下简称泸定公司）于2006年6月注册成立，由华电国际电力股份有限公司全资设立，负责泸定水电站的投资、建设和运营。

泸定水电站于2004年6月开始筹建，“三通一平”等前期工程于2005年12月8日开工，2009年3月3日获得国家发改委项目核准，2009年11月7日实现大江截流。首台机组于2011年10月投入商业运行，末台机组于2012年6月投入商业运行，装机规模达到92万千瓦的设计值。

截至2015年年底，泸定公司共有员工153人，下设办公室等12个部门。

【领导人员】

总 经 理：杨体忠

党委书记：刘　伟

副总经理：王明光

总会计师：王绍莲

总工程师：罗兴忠

纪委书记兼工会代主席：赖　敏

副总经理：晏国顺

主要领导变动情况：刘伟、赖敏于2015年8月到公司就职，晏国顺于2015年12月到公司就职。

四川省副省长陈文华视察华电泸定水电站

（华电四川公司提供）

原公司党委书记何永胜，原纪委书记、工会主席聂明调离。

【年度工作业绩】2015年，完成发电量37.81亿千瓦时。截止到2015年12月31日，公司连续安全生产累计达 1554 天。公司被评为华电集团公司三星级发电企业、四川省安康杯优胜单位。

【生产经营与管理】严格落实安全生产责任制，层层签订“安全生产目标责任书”和“安全生产诚信承诺书”。组织参加各类安全培训，全面实现安全认证上岗。进一步完善防汛、防地质灾害、防典型事故等预案，成功承办华电四川公司防汛综合应急演练，与泸定县政府、上游黄金坪电站建立防汛联动

华电四川公司与眉山市甘眉（铝硅）工业园区管委会签订战略合作协议（华电四川公司提供）

机制，实现安全平稳度汛。扎实开展大坝安全监测，抓好水工建筑物年度详查。完成 6 次发变组检修任务，全年发现缺陷 366 项、消除 357 项，消除过往遗留缺陷 40 项，消缺率 97.54%，有效提高了设备健康水平。

主动争取设备利用小时，努力减少汛期弃水，积极优化电量结构，积极布局直购电市场。有效开展资金和资产管理，有效开展保险索赔。认真落实预算管控，定期做好经济活动分析。

加快移民安置房建设，保持与政府、施工单位的良好沟通和配合，全力推进安置点建设，85%以上房屋已满足基本入住条件。做好水土保持及边坡绿化项目施工管理，完成验收资料收集、整理和编制，为实现水土保持验收打下坚实基础。组织设计单位对 G318 改线段进行病害检查，完成 14 座桥梁定检工作。

以管理强基为主线，实现各项管理活动协调推进。抓好对标管理，设备利用小时、机组负荷率、电费回收率、低高比等指标成为华电四川区域发电企业标杆值或先进值。开展“三标一体化”认证工作，成功取得认证证书。实施“7S”管理，按照“干净、整洁、规范、不漏、标志明显、照明充足”和“节约、节俭”基本要求，现场作业环境和员工行为习惯得到明显改善。实施“运维一体”管理，对原生产部门进行重组，成立运行维护部、机械工程部，优化了人力资源配置、提高了工作效率。扎实开展“三严三实”专题教育活动，通过领导干部上党课、“严以修身”“严以律己”“严以用权”集体讨论、领导班子民主生活会等方式，深入查摆剖析问题，对存在的“不严不实”问题“把脉问症、开方治病”，深入总结反思差距。抓好党风廉政建设，认真落实领导干部“一岗双责”。

（任俊杰）

华电四川发电有限公司宜宾分公司
四川华电珙县发电有限公司

【企业概况】华电四川发电有限公司宜宾分公司（以下简称“宜宾分公司”）、四川华电珙县发电有限公司（以下简称“珙县公司”）实行“两块牌子、一套机构、合署办公”。宜宾分公司，前身是四川省电力工业局宜宾发电总厂，成立于 1993 年 1 月，由原宜宾发电厂、豆坝发电厂和黄桷庄发电厂组建而成。1995 年 4 月，黄桷庄发电厂改制为黄桷庄发电有限公司，成立独立法人，控股方四川省电力公司授权宜宾发电总厂为代管单位，负责黄桷庄发电厂的生产运行及维护管理工作。2002 年 12 月 1 日，宜宾发电厂和宜宾发电总厂脱离管理关系。

2002 年，根据国家电力体制改革精神，原宜宾发电总厂划归中国华电集团公司，企业更名为中国华电集团公司宜宾发电总厂。2004 年宜宾发电总厂

划为华电四川发电有限公司内核电厂。2007 年，受华电四川发电有限公司委托，投资组建宜宾华电电力工程有限公司。2009 年 1 月，中国华电集团公司宜宾发电总厂更名为华电四川发电有限公司宜宾分公司，在宜宾县工商行政管理局注册登记，注册资本为 10903 万元，经营范围为主营火力发电，兼营机械加工及维修。宜宾分公司所属豆坝电厂总装机 30 万千瓦(2×5 万千瓦+2×10 万千瓦)，2008 年已全部关停。

黄桷庄电厂位于宜宾市西南方 9 公里，现有装机容量 40 万千瓦。一期工程为 2×20 万千瓦，被列入国家“八五”重点工程，于 1991 年 11 月开工建设，两台机组分别于 1994 年 1 月和 1994 年 10 月投产发电。

珙县电厂位于四川省宜宾市珙县孝儿镇天堂坝，工程规划建设 2×60 万千瓦火电机组、二期工程规划建设 2×100 万千瓦火电机组。该工程于 2003 年正式开展项目的可行性研究工作；2007 年 10 月 5 日取得国家发改委同意开展前期工作的“路条”；2008 年 6 月 10 日，取得了国家发展和改革委员会正式核准并开工建设；一期工程选用国产首台 60 万千瓦超临界、“W”火焰炉发电机组，同步建设全烟气脱硫装置，其中一台同步建设脱硝装置，另一台 2013 年通过技改增装脱硝装置。工程于 2003 年正式开展项目的可行性研究工作；2008 年 6 月 10 日获得国家发展和改革委员会核准；2008 年 6 月 26 日举行开工典礼。2011 年 2 月、2011 年 8 月，61 号机组、62 号机组先后投入商业运行。珙县电厂一期工程是“5·12”汶川特大地震灾害后四川第一个获得国家发改委核准开工的重大项目，也是震后华电集团公司系统第一个获得核准的“上大压小”项目。工程静态投资 45.23 亿元，工程动态投资 47.94 亿元，概算总投资 48.23 亿元。

该公司定员共 1367 人，在岗 1259 人，在册 1411 人，内退 137 人，协议离岗 15 人，在岗员工平均年龄 44.7 岁。退休员工 1212 人。宜宾分公司关联厂办集体企业宜宾元亨实业有限公司，现在岗员工 272 人，退休 197 人。多经企业旭能实业集团公司在职员工 95 人。

【领导人员】

宜宾分公司

总经理：钟华富

党委书记：姚继华

副总经理：何守光　何　田（兼珙县电厂厂长）潘　健　肖宏博（兼总工程师）

纪委书记、工会主席：周　平

主要领导变动情况：2015 年 12 月 28 日，依据《关于潘健等职务任免的通知》（华电川人〔2015〕73 号）文，张吉强不再担任华电四川发电有限公司宜宾分公司副总经理职务，周平不再担任华电四川发电有限公司宜宾分公司黄桷庄电厂厂长职务；潘健、肖宏博担任四川发电有限公司宜宾分公司副总经理。

珙县公司

总经理：钟华富

副总经理：何守光　何　田（兼珙县电厂厂长）潘　健　肖宏博（兼总工程师）

总工：肖宏博

主要领导变动情况：2015 年 12 月 28 日，依据《关于潘健等职务任免的通知》（华电川人〔2015〕75 号文），张吉强不再担任四川华电珙县发电有限公司副总经理职务；潘健、肖宏博担任四川华电珙县发电有限公司副总经理职务。

华电集团总经理程念高到四川区域调研

（华电四川公司提供）

【年度业绩】主要指标完成情况：

1. 安全形势稳定。未发生一般及以上安全生产事故；未发生领导人员违法违纪及职工职务犯罪事件；未发生环境污染事故。截至 2015 年 12 月 31 日，珙县公司连续安全生产 1776 天。

2. 珙县电厂发电设备利用小时数 3219 小时，同比下降 781 小时，完成发电量 38.63 亿千瓦时，同比减少 9.38 亿千瓦时。

3. 珙县电厂完成综合厂用电率 7.41%，同比上升 0.05%，供电煤耗 306 克/千瓦时，同比下降 0.5 克/千瓦时。

4. 珙县电厂累计入厂标煤单价 526.13 元/吨（含税），同比下降 121.13 元/吨（含税），入厂入炉煤热值差 0.225 兆焦/千克，同比下降 0.047 兆焦/千克。

【生产经营管理】一是安全生产形势持续向好。该公司始终把安全生产工作放在极端重要的位置，全面落实各级安全生产责任制。高效扎实开展各类专项安全活动和安全教育培训工作；强化外包施工队伍的安全监督管理；将“7S”管理与设备治理紧密结合，不断完善生产现场环境目视化建设，收到良好效果。以“零非停”为目标，运行扎实开展“零误操作”活动，严格执行“两票三制”，完善机组停运保养和试验试转措施，攻克了给水流量低造成锅炉 MFT 动作等重大技术难题；检修加强日常设备维护消缺管理工作，设备平均消缺率始终保持在 97% 以上；锅炉“四管”逢停必检，扎实开展电热专项治理。通过不懈努力，2015 年，珙县电厂发生“非停”2 次，同比减少 5 次。不断完善和提升环保设施管理水平，2015 年顺利完成了 61 号、62 号炉电除尘器提高除尘效率等多项环保技改工程。通过强化车辆安全检查保养，增添人防技防措施。2015 年，该公司通勤大客车等各种车辆安全行驶 146.2 万公里无事故。切实落实汛期领导带班值班制度，加强灾情预警和应急救援日常管理，将消防队纳入公司应急管理体系，提高了应急处置能力。开展新《安全生产法》和《环境保护法》的全员学习考试，扎实推进九项基本技能培训，持续广泛深入开展 KYT 危险点预知训练活动，引入 OPL 现场培训教育方式，取得良好效果。该公司组织开展了第三届技术比武竞赛，提升了职工技能水平。公司安全生产持续保持良好势头。

二是电量管理取得良好收益。2015 年珙县电厂电量计划完成率和机组利用小时数均超过“三同”机组平均水平。通过积极参与火火替代和自备电厂挂牌交易，争取计划外电量 4.23 亿千瓦时，增加收入 1.52 亿元（不含税）。主动联系签订直购电用户 105 家、电量 8.44 亿千瓦时，增加电费收入 401 万元。签订水火替代合同 39 份、电量 3.21 亿千瓦时，增加电费收入 2912 万元(不含税)。通过优化电量结构，峰平段多发电量 2815 万千瓦时，谷段多发电量 1328 万千瓦时，多收入电费 1679.71 万元(不含税)。电费回收及时，回收率 100%。通过小指标竞赛等活动，珙县电厂机组耗差值继续保持集团公司先进水平。

三是燃料管理成效显著。始终坚持“控价、提质、保供”的采购总原则，系统优化量、质、价、库等采购管理指标，精细化入厂验收、掺配掺烧、煤场等关键环节管理，依据存煤的“量、质、位、温、时、费”等要素，系统协调厂后费用控制、烧旧存新及掺配掺烧等工作，切实做到环保指标、经济指标、安全指标的协同优化。

四是成本管控取得实效。通过签订预算目标责任书，严把预算关，审批关，严控各项费用支出，确保各项费用控制在四川公司下达指标范围内。

五是强基和改革稳步推进。落实“强基”各项工作要求，持续加强队伍建设，狠抓执行力，坚定不移地执行好扭亏增盈等工作方案和措施；对部门人员结构、部门设置、职责划分进行优化调整，突出市场导向、专业配置、提升管理、依法经营的总要求，进一步理清管理和权责关系，不断提升公司整体管理水平和绩效。将“7S”管理与星级企业创建、对标管理等手段有机结合，通过总结提炼，不断提升职工素质，提高工作标准，工艺水平和设备治理，推动基础管理进步；依据《华电法典》和上级公司新要求，全面清理和修订完善了公司各项管理制度、标准、办法，强化制度建设。

六是发展工作取得实质性进展。按照四川公司发展战略和发展要求，全力争取燃气分布式等清洁能源项目开发和储备。公司重点做好了宜宾区域分布式能源项目的跟踪和企业对接工作，与江安县政府签订了能源战略合作协议，为下一步项目正式启动打下了良好基础。在完成公司生产任务基础上，电力技术服务稳步拓展外部市场，工程公司重点参与了中电福溪电厂#62 机组电气系统维护、广安电厂卸煤系统设备大修、印尼机组大修及临修、哥伦比亚机组调试；黄桷庄电厂首次组建项目部参加广安电厂水泵房和燃运运行维护；珙县电厂派出人员到波黑等国家指导当地机组运维。提前布局直供电市场，与 10 家用电大户签定了战略合作框架协议，用电规模已达 52 亿千瓦时。坚持向参股煤矿派驻管理人员等措施，积极防范参股煤炭项目风险。旭能集团和元亨公司工作正常开展，旭能集团按照四川公司关于多经企业“三减少”原则，积极调整经营策略，防范经营风险，清理整顿亏损项目，加大催款催收力度，全力化解资金链紧张局面。元亨公司强化管理，积极应对收入来源逐步减少的不利局面，努力寻求新的经济增长项目。公司多渠道持续向地方政府和上级公司争取政策，全力推进家属区供水供电、旭能集团、元亨公司等困难和遗留问题处理。

【获得荣誉】2016 年 4 月，该公司总经理钟华富被宜宾市人民政府授予“宜宾市 2015 度十大优秀企业家”荣誉称号。2014 年被华电集团公司、四川公司评为“劳动模范”。该公司班子成员和全体员工认真贯彻华电集团公司、四川公司决策部署，积极应对复杂多变的经营形势，发扬敢于担当、勇于攻坚、敬业奉献、争创一流的精神，内抓管理，外争政策，实现新厂投产当年盈利和三年三大步，该公司先后多次荣获华电集团公司“四星级发电企业”、四川公司“一流企业”“先进单位”“先进党委”称号。

2015 年“五一”劳动节前夕，电气专业公司电气保护仪表班技术专责工程师李勇被四川省总工会授予“五一劳动奖章”称号。

【党的建设、精神文明建设、企业文化建设】该公司落实从严治党责任，深入开展“三严三实”专题教育，采取专题研讨、领导讲党课、专家讲座、参观教育基地、召开民主生活会等方式，学深悟透“三严三实”要求，自觉严化于心、实化于行。扎实开展“双争”、党员“三示范”、党员“1+1”和“党员身边无违章、我为零非停做贡献”等主题活动，发挥了党支部战斗堡垒作用，彰显了党员先进性，年度党建考评获四川公司 A 级。狠抓思想政治工作，开展调研月活动和职工思想动态专题调研，完成了 166 条意见的整改或答复。加强文化文明建设，以《华电宪章》为引领，开展“华电幸福行动”，走访慰问困难职工、困难党员和老干部，举办职工道德讲堂，评选表彰劳动模范等各类先进，大力开展扶贫济困活动，培育和践行社会主义核心价值观。履行党风廉政建设“两个责任”，认真贯彻中央八项规定，开展反腐倡廉宣传教育活动，加强对物资采购、燃煤管理、招投标等经济业务活动的监督检查，推动形成作风建设新常态。工会和团委围绕中心开展劳动竞赛，依法维护职工权益，举办丰富多彩文体活动，成功协办集团公司继电保护大赛、承办四川公司继电保护大赛。党建、群团工作充满生机与活力。

（蓝　滨）

四川华电木里河水电开发有限公司

【企业概况】四川华电木里河水电开发有限公司(以下简称木里河公司)于2005年11月在四川省凉山州注册成立，现由华电四川发电有限公司、成都康利斯水电开发有限公司、凉山金源电力开发有限责任公司、西昌电力股份有限公司共同出资组成。公司负责凉山州境内木里河流域上通坝、卡基娃、俄公堡和立洲电站开发的资金筹措、建设管理、生产运营和贷款偿还等工作。

木里河流域是雅砻江中游右岸最大支流，流域面积为 19114 平方公里，河口多年平均流量为 142 立方米每秒，年径流量为 44.8 亿立方米，干流全长 387.5 公里，落差 2210 米。上通坝—阿布地河段，根据规划报告，开发方案为“一库六级”，自上而下为上通坝、卡基娃、沙湾、俄公堡、固增和立洲六个水电站。木里河公司负责开发建设的上通坝、卡基娃、俄公堡和立洲四级电站，总装机容量为 117.94 万千瓦，静态总投资 158.11 亿元,多年平均发电量 49.05 亿千瓦时。其中：

1. 上通坝水电站。该电站采用引水式开发，多年平均流量 85.9 立方米/秒。混凝土重力坝，最大坝高 28 米，装机容量 24 万千瓦，多年平均发电量 10.99 亿千瓦时。静态投资 20.75 亿元，具有日调节性能。

2. 卡基娃水电站。该电站采用混合式开发，多年平均流量 99.9 立方米/秒。面板堆石坝，最大坝高 171 米，在国内同类型大坝中排名靠前，为四川省在建最高坝。装机容量 45.24 万千瓦，多年平均年发电量 16.51/17.14 亿千瓦时(单独/联合)。静态投资 53.52 亿元，具有年调节能力。

3. 俄公堡水电站。该电站采用引水式开发，多年平均流量 115 立方米/秒。混凝土闸坝，最大坝高 15 米，装机容量 13.2 万千瓦，多年平均发电量为 6.306 亿千瓦时（联合调度）。工程静态投资 16.26 亿元，具有日调节性能。

4. 立洲水电站。该电站采用混合式开发，多年平均流量 131 立方米/秒。碾压混凝土双曲拱坝，最大坝高 132 米，是目前在建的世界第二高碾压混凝土双曲拱坝，装机容量 35.5 万千瓦，多年平均年发电量 15.46 亿千瓦时。工程静态投资 36.85 亿元，具有年调节性能。

木里河公司 2015 年计划投资 178300 万元，当年实际完成投资 176457 万元。截至 2015 年年底累计完成工程投资 1354660 万元。

【领导人员】木里河公司党委委员、总经理牟遗忠，党委书记杨建华，党委副书记、纪委书记、工会主席杨兵，党委委员、副总经理向富权，党委委员、副总经理徐孝刚，党委委员、副总经理蒋达，党委委员、副总经理田德伟，党委委员、副总经理邱宁，党委委员、副总经理杨培中。

【机构人员】木里河公司机构设置为：设总经理工作部、计划合同部、工程技术部、安全监察部、生产技术部、财务资产部、人力资源部、市场营销部、政治工作部 9 个职能部门，卡基娃、立洲、上通坝、俄公堡 4 个电站建设分公司，以及检修维护部、水工部和俄公堡电厂、卡基娃电厂、立洲电厂 5 个生产部门。

截至 2015 年年底，木里河公司共有华电在册正式员工 215 人。

【工程建设与管理】

1. 截至 2015 年年底，工程形象面貌如下：

（1）上通坝电站：闸首砼浇筑基本完成；引水隧洞开挖完成，累计衬砌 8 千米；厂房累计完成砼浇筑 2.88 万立方米，剩余 6531 立方米；送出工程基础开挖和浇筑、铁塔组立以及接地模块埋设完成；

（2）卡基娃电站：4 台机组全部投产发电；

（3）俄公堡电站：完成砂石标、闸首标、引水 3 标、调压井标和监测标 5 个标段完工结算谈判；

（4）立洲电站：调压井滑模砼浇筑完成，压力管道安装完成；引水隧洞 1 号、2 号、4 号、5 号施工支洞封堵混凝土浇筑完成；三台机组静态调试完成；送出工程导线转放完成，专项检查验收完成。

2. 财务管理。一是加强预算管理，严控成本费用，全年将成本费用控制在预算范围内，超额完成华电四川公司下达的经营目标。二是积极做好资本金催缴工作，努力争取各股东方的支持，同时加强同银行沟通，在保证建设资金的情况下，优化融资期限和结构，减少资金沉淀，努力降低融资费用。三是争取财税政策，统筹制定财税工作方案，提高纳税风险意识，筹划业务处理方式，加强与地方政府、税务部门的沟通，做好营改增工作，积极协调原合同单位开具增值税专用发票进行进项税抵扣，降低工程造价。四是强化保险理赔，在华电四川公司财务资产部的指导下，多次与中国平安财保公司、华信保险经纪公司对有争议案件进行梳理和协谈，最终达成一致意见，降低工程损失。五是做好竣工决算和固定资产暂估，俄公堡电站已完成闸首标、引水 3 标、调压井标等 5 个主要标段的完工决算，竣工决算其余相关工作已基本完成。卡基娃电站 4 台机组全部顺利投产发电，已按期完成机组固定资产的暂估入账工作。六是建全财务制度，夯实管理基础。根据管理的需要，不断完善修订管理制度，同时加强对相关规章制度宣传工作，强化备用金清理工作，备用金全部按期报销归还。七是强化财务稽查，协调各部门认真整改财务稽查中发现的问题。同时组织财务人员梳理各项工作，从会计基础规范做起，严要求、细把关，提升财务管理水平。

【生产经营】木里河公司 2015 年完成发电量 14.93 亿千瓦时，完成年度计划电量目标，平均售电单价 308.61 元/千千瓦时（含税），实现销售收入 39131 万元，盈利 2442 万元。

华电四川公司举办首期道德讲堂　（华电四川公司提供）

【党的建设、精神文明建设、企业文化建设】高标准、严要求开展“三严三实”专题教育，结合实际制定工作方案，细化各环节工作要求和重点工作。修订印发《党委工作制度》等 9 项党建制度，进一步提升党建工作制度化、标准化水平。大力加强领导班子建设，深化党委中心组学习，不断增强班子的凝聚力、战斗力和创造力。认真落实党风廉政建设“两个责任”，制定落实具体措施和任务清单，对党风廉政建设工作任务进行细化分解，形成部门责任清单 84 条。进一步加强廉洁教育，健全惩防体系，强化监督检查，有效防控廉洁从业风险。组织开展工程计量、保险索赔等5项效能监察，规范工作流程，提升业务管理水平。抓好人才队伍规划，做好干部的选拔任用、优化配置和监督管理工作，深入开展“责任与担当”大讨论，全面提升员工职业素养，队伍建设得到进一步加强。大力选树先进典型，侯忠发被评为“全国劳动模范”、徐永盛被评为首届“中国电力楷模”，用劳模精神和榜样的力量激励职工干事创业。（霍芳平）

四川凉山水洛河电力开发有限公司

【企业概况】四川凉山水洛河电力开发有限公司(以下简称水洛河公司)成立于2006年1月，由四川活兴投资有限责任公司、四川协兴投资有限公司(后两家公司于2015年8月合并更名为四川华电电力投资有限公司)、湖北丰华能源投资有限公司、成都九龙电力股份有限公司、四川沃能投资有限责任公司、凉山金源电力开发有限责任公司五家股东单位共同出资组建，主要负责四川省凉山州木里县境内水洛河干流的水电开发建设和运营管理。2011年9月，华电国际电力股份有限公司通过收购四川活兴投资有限责任公司、四川协兴投资有限公司100%股权后，持有水洛河公司57%的股份，成为其实际控制人。

水洛河干流按“一库十一级”开发，总装机容量148.8万千瓦。截至2014年年底，宁朗、撒多电站三台机组已全部投产发电；固滴、新藏两座电站开工建设，博瓦电站于2014年6月核准。其余六座电站正在展开项目前期报批工作。

【领导人员】

董事长：罗小黔

总经理：蒲春雨

党委书记：谢志宽

副总经理、总工程师：康玉锋

副总经理、总会计师：王永珍

副总经理、纪委书记、工会主席：周有志

副总经理：廖全胜

总经理助理：谭刚

副总工程师：杨杰、王军、张进

副总经济师：谭小林

【机构设置】水洛河公司目前下设部门：总经理工作部、计划发展部、工程建设部、生产技术部、安全监察部、人力资源部、财务资产部、机电物资部、党群工作部、电站建设管理部（撒多、固滴、新藏、博瓦、公共项目）、发电运行部。

截至2015年年底，该公司共有员工156人。

【生产经营管理】2015年年底，水洛河公司共完成发电量12.63亿千瓦时，完成华电国际年初下达计划的102.5%；综合厂用电率1.39%，耗水率计划完成率100%；主汛期等效可用系数完成率100%；安全生产天数1250天。公司积极应对四川省水电受外送限制的不利形势，千方百计争政策、全力以赴抢电量、积极主动降成本，努力为公司扭亏增盈工作贡献力量。在电力市场供大于求的严峻形势下，实现年利用小时3898小时，超省平均100小时。

【前期工作】面对钻根电站核准受恰朗多吉自然保护区的影响、麦日电站移民征地跨州跨县协调困难、捷可电站因开发权问题工作面打开难、林地报件受地方政府指标制约等重重困难，水洛河公司细致谋划，主动协调，积极作为，为后续推进奠定基础的同时，完成了林地指标的争取和报件，上游第四批次电站的规划优化工作也取得阶段性成果。

【工程建设】全年共签订合同104项，较好地完成了上级下达的基本建设投资目标。2015年年底完成了宁朗电站工程结算工作。面临公司地处偏远藏区，人文环境和法制秩序并不利于工程建设的客观条件，全年发生村民阻工多次，其中造成全面停工3次，火工产品供应受限、当地驾驶员阻断道路、沙石骨料纠纷等接连不断，严重阻碍了工程建设进展，水洛河公司及时调整工作计划，集中精力推进未受阻碍的工程面，保证了工程建设的连续开展。

【安全监察】水洛河公司全年安全无事故，截至2015年12月31日，共实现安全生产1250天。未发生任何人员伤亡及重大设备损坏事件，安全生产形势稳定。该公司生产、基建、前期三方面工作任务繁重，点多面广，交通困难，现场人员多且组成结构较为复杂，队伍年轻且严重缺员，在各种安全压力下，水洛河公司全年生产“0”事故，基建工程“0”事故，交通“0”事故，检修“0”事故，全面保证了安全周期的连续运转。

【综合党建事务】修订薪酬分配制度，初步实行薪点工资制；持续开展制度修编，编制完成第四版《规章制度汇编》，全年共新增制度 26 项、修订制度 3 项；加强信息化管理，2015 年 10 月实现了宁朗、水洛营地网络全面对接华电国际内网，同时实现了公司本部、宁朗、水洛营地内部视频会议畅通；信息化建设方面，建立完善了公司 VPN，升级公司 OA，实现了移动办公；加大车辆及后勤管理力度，完善了相关管理制度，规范车辆和现场营地的后勤管理工作；认真贯彻落实华电国际“7S”管理要求，在全公司范围内推行“7S”标准化管理。

认真开展“三严三实”专题教育活动，党委委员开展了轮流讲党课活动；严格落实党风廉政建设“两个责任”，切实加强监督执纪问责，全年未发生违反八项规定的事件；持续开展普法宣传教育，重点针对招投标、工程结算、物资采购等关键环节经办人和重点岗位人员开设法律讲堂，提升干部职工的法律意识，达到反腐倡廉和预防职务犯罪的目的；速推一线爱心医疗站、心灵驿站、健身活动中心、室外球场等实地基地建设，积极开展丰富多彩、形式多样的文体活动，推动群众性活动和精神文明建设的同步提升；积极开展青年志愿活动，筹集善款及大量物资，定期到流域电站建设所在地所属山区小学开展定期支教、爱心捐赠、困难帮扶等活动，积极履行社会责任，在少数民族地区产生了较大社会反响。

（水洛河公司）

四川华电杂谷脑水电开发有限责任公司

【企业概况】四川华电杂谷脑水电开发有限责任公司(以下简称“公司”)系由原国家电力公司等六家股东共同发起组建的有限责任公司。历经国家电力体制改革及公司股东变更，现由华电国际电力股份有限公司控股，理县水电开发有限责任公司、中国电建集团成都勘测设计研究院有限公司、安蓉建设总公司参股，目前公司注册资本 2 亿元，实行董事会领导下的总经理负责制。

杂谷脑公司在原国家电力公司“五大一小”水电布局中主要承担阿坝州境内岷江支流之一的杂谷脑河流域开发建设，流域水电开发规划为“一库七级”，公司承担四级电站的开发建设，从上至下依次为狮子坪电站、红叶二级电站、薛城电站和古城电站。

狮子坪电站为公司梯级开发的第一级电站，也是杂谷脑河流域水电开发的龙头水库工程。装机容量 19.5 万千瓦，多年平均发电量 8.761 亿千瓦时。电站于 2004 年 5 月开工，2010 年 3 月投产发电。

红叶二级电站是公司梯级开发的第二级水电站。上游与狮子坪电站和跨河引水的红叶一级电站衔接，下游与理县电站相连。装机容量 9 万千瓦，多年平均发电量 4.66 亿千瓦时。电站于 2000 年 12 月开工建设，2002 年 10 月投产发电。

薛城电站是杂谷脑公司梯级开发的第三级水电站。上游与甘堡电站衔接，下游与古城电站相连。装机容量 13.8 万千瓦，多年平均年发电量 6.492 亿千瓦时。薛城电站于 2005 年 2 月 5 日获得核准，同年 4 月开工。2007 年 12 月，机组投产发电。

杂谷脑公司国道 317 线狮子坪库区二古溪段改线公路开工仪式

（华电四川公司提供）

古城电站是该公司梯级开发的第四级水电站。电站位于杂谷脑河中、下游河段，是薛城电站的下游衔接梯级，装机容量 16.8 万千瓦，多年平均发电量 8.07 亿千瓦时。古城电站于 2005 年 2 月获得核准，同年 4 月开工。2010 年 11 月投产发电。

杂谷脑公司成立以来，坚持以邓小平理论和“三个代表”重要思想为指导，全面贯彻落实科学发展观，牢固树立价值思维理念，以确保公司实现良性经营为主导，狠抓资金接续、市场营销、安全生产、降本增效、工程管理、企业发展等重点工作，攻坚克难、锐意进取，努力开创公司工作新局面。目前，该公司设有总经理工作部、人力资源部、财务资产部、计划经营部、纪检监察部、政治工作部、市场营销部、基建部等8个职能部门，安全监察部、生产技术部、集控中心、检修维护工程公司、狮子坪电站建设指挥部、古城电站建设指挥部、狮子坪电站，红叶二级电站、薛城电站、古城电站等12个生产基建部门，拥有员工256人。

在积极履行“三大责任”，提升“三大业绩”的同时，杂谷脑公司以创建独具特色的企业文化为主要切入点，对内团结员工，凝聚智慧，对外认真履职，广泛宣传，不断提升公司社会形象。“尽责、诚信、创新、和谐”的企业核心价值观和“ 融合众善，同享苦乐，共创价值”的公司宗旨深入人心，在振奋员工精神，调动员工积极性，推动公司各项中心工作快速有序开展的过程中，发挥着重要的精神保障作用。特别是2008年以来，在经历了“5·12”汶川特大地震的磨练后，该公司全体干部员工，不畏艰险，迎难而上，有力克服了电力市场竞争激烈、水电弃水严重、资金供应紧张等一系列重大困难与挑战，使公司良好的社会形象得到了极大的宣扬。杂谷脑公司先后荣获中华全国总工会授予的“抗震救灾，重建家园”工人先锋号,四川省总工会授予的四川省“五一劳动奖状”，四川省安监局授予“省级安全文化建设示范单位”等荣誉称号。

【领导人员】

董 事 长：罗小黔

副董事长：依当措

董　　事：唐荣斌、谢炜、王会萍、曾治安、冉洪、王永平、谢斌。

监　　事：戎芳、黄平、雷琪、童玉德、吴江、段光红。

总 经 理、党委委员：谢　斌

党委书记：胡尚诚

副总经理、党委委员：马文龙、杨天勇、粟勇

党委委员、纪委书记、工会主席：吴江

【年度业绩】杂谷脑公司未发生人身伤亡事故和设备事故，未发生重大交通、火灾和环境污染事故，未发生对公司形象和稳定造成不利影响的事件。完成发电量26.07亿千瓦时。全年未发生违反“中央八项规定”的事件，未发生违反“三重一大”决策制度的事项，未发生领导班子成员及党员干部违法和严重违纪现象，精神文明建设、创优工作成绩进一步巩固。

【生产经营管理】积极争取电量计划，以省经信委下达电量计划为基础，积极争取政策支持，努力提高发电利用小时数；切实努力拓展计划外电量，落实水火替代电量4.46亿千瓦时，大用户直购电2.56亿千瓦时；加强成本管理，充分挖掘内部创效增益潜能，“八项费用”可控在控；强化融资管理，落实新增贷款12.87亿元，归还短期贷款8.85亿元，归还长期贷款3.0亿元。切实加强经营分析，堵塞管理漏洞，努力提高公司经营管理水平。

【工程建设】2015年，该公司加大力度推进国道317线狮子坪库区改线路工程，二古溪段于9月23日正式开工。截至2015年年底，桥梁工程、九架棚二号隧道、二古溪隧道施工支洞等工程建设工作进展顺利；通过艰苦、细致的拉锯式谈判，顺利完成了狮子坪、古城电站完工结算谈判工作，以及两电站竣工结算初稿编制工作；专项验收进展顺利，先后完成了狮子坪电站环保、档案专项验收和古城电站劳动安全与工业卫生专项验收。

【改革发展】高度重视标准化体系建设，在对原有规章制度“废”“改”“立”的基础上，“因地制宜、因企制宜”的推进标准建设，目前公司开展标准修订251项、标准新建43项，符合公司实际的管理模式、工作机制和技术标准化体系正在逐步成型。严格落实审计和效能监察整改意见，有效提升依法规范经营水平。加强班组建设管理。以创建“五型班组”为抓手，健全班组常态管理机制，建设更加务实的班组管理体系，公司整体管理水平得到有效提升。

【党的建设、精神文明建设、企业文化建设】落实从严管党、从严治党责任，持续开展“三分类三升级”活动，顺利完成“三严三实”专题教育活动。认真开展争创服务型党组织和争当为民务实清廉优秀共产党员活动，充分发挥党组织的“四个作用”。大力开展形式任务教育，广泛宣传公司生产经营面临的复杂严峻形势，引导广大干部职工凝心聚力、共克时艰，推进企业平稳发展。严格落实党风廉政建设责任制，深入开展反腐倡廉宣传教育月活动，公司领导干部带头参加廉政教育，自觉遵守中央八项规定、华电集团公司和四川公司各项廉洁从业规定，作风建设明显好转。充分发挥群团组织作用，深化岗位建功行动，先后开展电力安全应急知识竞赛、继电保护技术比武、环保知识技能竞赛、运行检修技能比武，有效促进技能人才队伍建设，职工技能得到有效提升。组织开展“金秋助学”等社会公益活动，充分展示了公司积极履行社会责任，广大职工热心公益事业的良好社会形象。　（朱勐辉）

四川华电西溪河水电开发有限公司

【企业概况】四川华电西溪河水电开发有限公司(以下简称“西溪河公司”)由华电四川发电有限公司(投资比例 90%)和凉山州国有投资发展有限责任公司(投资比例 10%)共同出资，负责金沙江下游左岸一级支流—西溪河流域水电资源的开发和电站运行管理。

截至 2015 年年底，公司共有职工 223 人。

【董事会成员】

董事长：罗小黔

副董事长：冯荣、安旭源

董事：张维群、李晋强、岳秀旗、许琦、韦熙、吴福全

【监事会成员】

监事：周红、黄平、陈碧、马兰、苏桐

【经营班子】

总经理：韦熙

党委书记、副总经理：杨毅

党委副书记(兼纪检书记、工会主席)：杨华刚

副总经理：吴福全、王竹、李祖辽

总工程师：阴友权

【机构设置】西溪河公司下设 13 个部门，即总经理工作部、计划物资部、营销部、安全监察部、生产技术部、计划合同部、工程技术部、财务资产部、人力资源部、政治工作部、集控中心、运维部以及青松项目部。

运维部下设洛古、联补、地洛三个电站。

【生产经营管理】2015 年，西溪河公司全年完成发电量 15.57 亿千瓦时。该公司安全形势总体平稳，年内实现 3 个百日安全生产长周期，保持了投产以来连续安全生产的良好局面。截至 2015 年 12 月 31 日，实现连续安全生产 2396 天。

【党的建设、精神文明建设、企业文化建设】西溪河公司将“7S”管理与星级企业创建、“五型”班组建设有机结合，现场安全文明生产水平再上新台阶。扎实开展“三严三实”专题教育活动，深化拓展党的群众路线教育实践活动成果。以“四好”领导班子创建为载体，切实加强党委、党支部两级领导班子建设，党的组织建设得以不断提升。持续开展“双争”和“三分类三升级”活动，不断促进公司和谐稳定发展。坚持将纪检监察工作融入到公司经营管理，与贯彻落实“两个责任”相结合，党风廉政建设得以不断加强。加强工会、团青组织建设，围绕中心工作，开展了继电保护岗位练兵、技术比武等形式多样的活动，工会、团青组织蓬勃发展。该公司集控运行四值、洛古维护一班荣获集团公司“五型”优秀班组称号。公司营销部、生产技术部荣获华电国际 2015 年度先进集体称号。

(陈　卓)

四川华电瓦屋山水电开发有限公司
华电雅安发电有限公司

【企业概况】四川华电瓦屋山水电开发有限公司(以下简称瓦屋山公司)和华电雅安发电有限公司(以下简称雅安公司)是以水电生产、销售为主的水力发电企业，分别于 2005 年、2002 年成立，建设经营共 4 座水电站，总装机容量 40.3 万千瓦，总投资约人民币 47.3 亿元，葫芦坝水电站、瓦屋山水电站、水津关水电站、沙坪水电站相继于 2006、2008、2009、2011 年投产发电，年发电量达 12.5 亿千瓦时，可实现年销售收入 4.5 亿元(含税)。

瓦屋山公司注册资本 4.5 亿元，主要经营范围为：投资开发水电，电力生产、销售等。公司下属瓦屋山电站位于四川省眉山市洪雅县瓦屋山镇，距

洪雅县城约76公里，是青衣江一级支流周公河干流七级开发的第一级，也是龙头水库电站，坝址以上控制流域面积 776 平方公里。水库正常蓄水位1080.00米，水库死水位为1020米，总库容 5.843亿立方米，坝高138.76米，电站装机容量26万千瓦(2×13万千瓦)，属中型电站，设计利用小时2951小时，多年平均发电量6.99亿千瓦时。其水库枢纽主要建筑物为面板堆石坝、左右岸泄洪洞等，电站枢纽主要建筑物：进水口、引水隧洞、调压室、压力管道、主副厂房等。水库具有多年调节性能，通过蓄丰补枯，向电力系统提供优质电能，并对下游周公河六级梯级电站及青衣江大兴水电站下游各梯级电站的补偿效益显著。2008年1月，瓦屋山水电站投产发电。目前批复的基准执行电价为0.383元/千瓦时。

雅安公司注册资本为人民币3.6亿元，主要经营范围为：电力开发生产，机电设备，金属材料销售。公司下属三座电站现已投产发电，葫芦坝水电站2.4万千瓦(2×1.2万千瓦)、水津关水电站6.3万千瓦(3×2.1万千瓦)和沙坪水电站5.6万千瓦(2×2.8 万千瓦)。公司下属电站目前执行电价水平为0.288元/千瓦时。

华电盐源·凉风坳、银头山风电场项目开工仪式
（华电四川公司提供）

瓦屋山（雅安）公司实行“两块牌子，一套机构”的管控模式，统一进行管理。公司设有总经理工作部、计划营销部、人力资源部、财务资产部、生产技术部、安监保卫部、政治工作部、运行部、维护部等9个部门。公司现有员工198人，是一支年轻、富有开拓创新意识的队伍。

【领导人员】

公司领导班子成员：

总 经 理:刘庆宁

党委书记、副总经理:唐小兰

纪委书记、工会主席、总法律顾问（兼）：刘勇

副总经理:王方容、赵勇、邢小睗

【年度业绩】2015年，瓦屋山、雅安公司完成发电量11.85亿千瓦时，同比减少0.6亿千瓦时，完成年度计划的 95.03%。其中，瓦屋山公司完成发电量7.30亿千瓦时，雅安公司完成发电量4.55亿千瓦时。

【生产经营管理】2015年，面对电力市场水电装机增加、内需不足、外送不畅等严峻形势，加强对电力市场信息的收集和分析，积极主动与省电网公司调度中心协调沟通，取得理解和支持，千方百计多发、优发电量，确保瓦屋山水库水位在期末按计划消落，在汛末按计划回蓄。

全力抓好瓦东线清障维护工作，该公司领导和相关负责人每月定期到现场对巡线工作进行检查和督导，并组织人员对线路维护委外单位作业巡视进行督导。

该公司全年完成2台次A修、2台次B修、5台次C修的年度设备检修计划，确保了设备安全。

利用好瓦屋山、葫芦坝、沙坪电站联合调度有利条件，充分利用峰谷电价政策，让瓦屋山在峰段多发电量，争取效益最大化。

在华电四川公司领导下，该公司积极与电网沟通，公司110千伏楼芦线送出工程已被国网公司列入 2016 年回购名单。

按照华电四川公司统一安排和部署，认真开展雅安、乐山、眉山片区新能源开发调查研究工作。同时，该公司与直供电用户签订了 7 个亿的战略协议。

全力推进 CCER 相关工作，水津关CCER项目减排量于7月24日经国家发改委签发减排量 46.2 万吨二氧化碳当量，现已在湖北碳排放权交易中心开户，待时机成熟即可进行交易。

【党的建设、精神文明建设、企业文化建设】扎实抓好班子建设，认真开展“三严三实”专题教育，严格执行《党委议事规则》和“三重一大”事项决策程序，加强党委中心组理论学习。着力夯实党建基础，开展党群工作调研，调整了党支部设置，组织换届选举，实施党建“三基”工程（抓基础、实基层、练基本功）。认真落实全面从严治党“两个责任”，组织开展专题学习，深入开展警示教育，经常性进行集体廉洁谈话，开展守纪承诺。加强干部教育和管理，严格履行干部选拔任用组织程序。加强

意识形态建设，开展形势任务教育，坚持每季度收集、分析职工思想动态。深入宣贯企业文化，开展学习宣传活动、企业核心价值观格言警句征集活动，举办首期“道德讲堂”等，开展班组文化建设工作，提高企业文化的辐射力。着力推进群团工作，开展“五型”班组创建，组织开展了羽毛球、篮球、首届运动会、排舞比赛等丰富多彩的文体活动，团员青年开展“7S”行动和学雷锋活动，彰显生力军作用。

2015 年，瓦屋山、雅安公司党建工作接受四川公司考评获得 A 级，并继续保持中国华电集团公司四川公司“文明单位”荣誉称号。

（华电雅安公司）

华电四川发电有限公司内江发电厂

【企业概况】

（一）历史沿革

华电四川发电有限公司内江发电厂（以下简称“内江发电厂”)是由原中国华电集团公司内江发电总厂(华电四川发电有限公司下属的内部核算电厂，成立于 1993 年 7 月，由原白马发电厂和内江电力修造厂合并组建而成)根据华电四川发电有限公司《关于设立华电四川发电有限公司内江发电厂的通知》，改制而成，于 2008 年 12 月 1 日正式营运。

内江发电厂装机容量 52 万千瓦，分别为白马电厂 21 号机组（22 万千瓦）、22 号机组（20 万千瓦）和高坝电厂 11 号机组（10 万千瓦）。21、22 号机组先后于 1988 年 5 月、1989 年 3 月投产发电；11 号机组锅炉设备从芬兰引进，是我国建设的第一座 10 万千瓦级循环流化床锅炉示范电站，于 1996 年 9 月投产发电。

（二）机构设置

内江发电厂下设厂长工作部、计划营销部、项目发展部、生产技术部、安全监察部、人力资源部、财务部、燃料供应部、燃料管理部、物资部、党委工作部、纪检监察部、工会办公室、保卫处等 14 个职能部门。

下属单位白马电厂、高坝电厂、内江华电电力工程有限公司、内江电力实业（集团）公司。

（三）员工状况

截至 2015 年 12 月 31 日，内江发电厂共有在册职工 1350 人，其中在岗职工 1221 人， 退养职工 129 人。

【领导班子成员】

内江发电厂厂长：郭　强

内江发电厂党委书记：陈　峰

内江发电厂副厂长兼总工程师、白马电厂厂长：游　宏

内江发电厂副厂长：王永旭

内江发电厂副厂长、电力工程公司总经理：周其涛

内江发电厂纪委书记、工会主席兼总法律顾问：黄国胜

高坝电厂厂长：张　俊

【年度指标情况】

2015 年完成发电量 2.3899 亿千瓦时，同比减少 1.3159 亿千瓦时，较预算减少 1.11 亿千瓦时，运行小时数为 3653.6 小时，发电利用小时完成 2389.90 小时，高坝#11 机组完成省经委年度计划电量的 67.55%，比全网火电平均进度高 0.46%；完成火火、水火替代电量 8.21 亿千瓦时，同比增加 1.11 亿千瓦时。

【安全生产保持良好局面】认真贯彻落实国家安全生产的相关要求和华电集团公司、华电国际、四川公司安全生产工作会议精神，落实各级人员安全生产责任，以反“三违”防人伤为重点，狠抓安全生产过程管理，认真开展安全文明生产标准化管理、安全标准化达标、安全性评价自查评、隐患排查治理、安全大检查回头看、季节性安全检查、重大危险源管理督查和应急预案演练等安全活动，针对查出问题制订整改措施计划，认真落实整改。结合“8·12”天津滨海新区爆炸事件及时对全厂危险化学品、重大危险源等进行清理和处置，对全厂消防设施器材及重点防火部位做好定期检查，保证了消防安全。强化交通安全管理，保证了交通安全。2015 年实现安全生产连续“三个一百天”，截至 2015 年 12 月 31 日，实现连续安全生产 4950 天，创历史最好水平。

【经营管理成效显著】积极应对四川省火电电量骤

降 28.83%的不利形势，全力以赴抢电量、积极主动降成本、千方百计争政策，取得了较好成效。

（1）全力抓好电力营销。一是加强与省经信委和调度中心等相关部门的汇报、沟通和协调，优化电量结构，不遗余力地提高高电价 10 万千瓦机组发电份额和 20 万千瓦机组计划电量份额，确保电量结构优化及效益最大化。二是全力做好计划电量的替代发电工作，全年完成火火、水火替代电量 8.21 亿千瓦时，同比增加 1.11 亿千瓦时。三是全力争取边际贡献高的 11 号机组多发优发电量，利用“一带一路”政策，在乌兹别克斯坦外来学员到厂培训期间，通过与四川能源监管办和调度沟通汇报，为该厂争取开机时间 465.8 小时，多完成发电量 2792.8 万千瓦时。

（2）全力抓好燃料管理。一是严格按照“控价、提质、阳光采购”的电煤采购原则以及“燃料成本最小化，采购模式网络化”有序进行电煤采购。二是积极开展集团级入厂煤验收标准化实验室建设，扎实推进实验室能力认证，高坝电厂入厂煤化验室获国家煤检中心授予的“测量审核合格实验室”称号。三是切实抓好入炉煤全过程管理工作，严把入厂煤质量关，制定并严格执行燃煤分堆存放及掺配掺烧方案，根据机组负荷情况，合理调配煤种，优化上煤方式，确保煤场不亏煤。四是加强燃料指标的跟踪分析，提高预见性，提早制定应对措施，确保指标变化可控在控。

（3）全力抓好政策落实。一是全力配合华电四川公司推动建立“计划电量、替代发电、欠发补偿”长效机制，积极配合四川公司做好欠发电量补偿工作，政策争取取得实效。二是积极做好欠发电量补偿资金催收工作。三是加强与地方政府及税务部门的汇报沟通，获得土地使用税、房产税等税收减免和失业稳岗补贴等。

（4）全力抓好成本控制。严格预算管理，精打细算过紧日子。一是主动作为、提前预控费用预算指标，重点抓好技改、燃料成本、三项费用等主要成本控制。根据白马和高坝电厂实际情况，对生产性费用实行集中管理。建立对费用执行情况的监测预警机制，及时发现预算执行偏差并提出应对策略。高坝电厂 SNCR 改造，在反复论证、多次试验基础上，自主设计、自主施工，完成了简易脱硝系统改造，节省了工程投资。二是严格执行中央“八项规定”精神和上级公司要求，牢固树立“过紧日子”思想，厉行勤俭节约，把有限的资金用到刀刃上，从严从紧控制，五项费用同比降低。

（5）全力抓好市场开拓。充分利用内江发电厂人力、技术资源优势，坚持“走出去”战略，加大市场开拓力度，努力增加职工收入，保持队伍稳定。

一是工程公司和华运公司充分利用“品牌”形象，工程公司在做好厂内检修维护的基础上，先后开展了云潭电厂、乐山嘉阳电厂等 9 家单位的大小修工作，同时还承包了云潭电厂 60 万千瓦机组燃料化学维护工作，取得较好业绩。华运公司完成了土耳其锡洛皮电厂的调试、试运工作，签订了锡洛皮电厂 2016 年保运合同及乌兹别克斯坦安格连电厂调试、试运和保运合同，完成了乌方人员在内江发电厂的培训任务。

二是多经集团公司在主业发电量大幅萎缩的情况下，以“盘活存量、做好增量”为立足点，抓好存量资产管理工作。汽车运输公司在做好厂内运输业务的同时，依托四川白马循环流化床示范电站，巩固原有业务。粉煤灰公司从粉煤灰产量减少的经营困境中走出来，从灰场灰渣资源着手，加大灰渣资源综合利用力度，做好灰渣筛分工作，提高灰渣品质，拓展产品用途，千方百计增加灰渣销售产量。

【抓好设备管理，提高设备健康水平】加强 11 号机组设备维护消缺工作，完成了风道燃烧器改造，解决了启动过程中炉膛易结焦的隐患，启动耗油较改造前降低约 12 吨/次，节约启动用油 20%，对高压缸漏汽进行了治理，提高了设备健康水平。积极应对新的环保要求，加强环保设施运行维护，在多次脱硝试验基础上，自主设计、自主施工，安装了简易脱硝系统，达标排放条件下的机组负荷上限由 6 万千瓦提高到 7.8 万千瓦，既节省了投资，又保证了机组达标排放。完成了白马 21 号、22 号机组保养、守护工作，保证了升压站及供水、供电系统的正常运行。11 号机组全年发生强迫停运 1 次，控制在四川公司下达的指标内。

【管理水平持续提升】按照华电集团公司关于基层企业“强基”的管控思路，全面推行精益化管理，扎实开展“双提升、创一流”工作，以企业效益最大化为目标，全面加强燃料、资金、物资三大成本要素管控，着力培养全员、全过程、全方位经营意识和成本控制意识。持续开展星级发电企业创建活动，将星级企业创建、“7S”管理、对标管理、班组管理等管理手段有机融合，进一步夯实管理基础，提升管理水平，稳定企业安全生产。切实推进“六五”普法工作，加强规章制度、合同管理、重大决策等的法律审核把关，防范经营风险。

【人力资源不断完善】加强人力资源管理，不断完善相关管理制度，切实加强职工队伍建设，努力提升职工综合素质。一是加强劳动组织管理，不断优化人力资源配置。根据＃21、#22 机组守护和＃11机组运行的实际情况进行整合，迈出了机构整合的第一步。二是完善奖惩激励机制，发挥薪酬的激励和调节作用，达到调动职工工作积极性和鼓励职工岗位成才的效果。三是优化培训措施，强化培训力度，按照学有所用、学以致用的原则，积极开展岗位练兵、技术比武、反事故演练、仿真机培训、专项培训、外送内请、继续教育等培训活动，不断提升各类人员的综合素质，为该厂生产经营和开拓外部市场提供了有力的人才支撑。徐忠等 3 人在集团公司、四川公司技能大赛中分别获得个人三等奖、优秀奖。

【积极推进项目发展】（1）力争白马“上大压小”1×66 万千瓦超超临界 CFB 机组项目列入四川省“十三五”能源发展规划。

（2）积极开展分布式能源项目工作，重点对内江、泸州等区域进行分布式能源项目摸底调查，并正在对泸州中医院等三个项目进行初步论证。

（3）抓好售电公司前期准备和推进工作。内江发电厂代表四川公司与内江投资控股集团有限公司就合作组建售电公司具体事宜已进行洽谈，合作框架协议已经内江市政府办公会及市委常委会通过，待《内江市人民政府 华电四川公司关于合作成立售电公司框架协议》签约仪式方案通过后签定合作框架协议。

【加强党建和党风廉政建设】抓好“三严三实”专题教育，加强党员干部，特别是党员领导干部的学习教育，进一步增强党员干部践行“三严三实”的思想自觉和行动自觉，增强纪律意识和规矩意识，专题教育取得了显著实效，巩固和拓展了党的群众路线教育实践活动成果。进一步深化“四好”领导班子创建活动，认真落实“三重一大”集体决策制度，不断增强领导班子的凝聚力、战斗力。认真贯彻执行《四川公司党建工作考评办法》，进一步完善“大党建”制度体系，落实党建工作目标管理和责任制，扎实有效地组织开展“双争”“三分类三升级”“四强四优”等活动，提升了党建工作水平，获得四川公司 2015 年度党建工作考评 A 级。全面贯彻落实“两个责任”，加强对党风廉政建设和反腐败工作的领导、督促、检查，严格遵守廉洁自律各项规定，强化干部职工廉洁从业教育引导，确保了企业依法经营。认真落实维护稳定责任制，广泛开展形势任务宣传和思想政治工作，加强职工教育培训，广泛开展“大培训、大比武、大提升”为主题的全员劳动竞赛，以建设“三力”工会为抓手，深化企业民主管理，推进帮扶体系建设。加强企业文化建设和文明单位创建，切实为职工办好事、办实事，确保了职工队伍稳定，该厂继续保持了四川省文明单位称号。

（秦　兰）

华电四川发电有限公司攀枝花分公司
攀枝花三维发电有限责任公司

【企业概况】华电四川发电有限公司攀枝花分公司与攀枝花三维发电有限责任公司（以下简称为“公司”）职能管理部门实行“一套班子、两块牌子”的管理模式。

华电四川发电有限公司攀枝花分公司是在撤并原攀枝花、河门口、新庄电厂基础上组建而成，2002年年底电力体制改革后划归中国华电集团公司管理，2003 年更名为四川华电攀枝花发电公司，2004年 11 月划入华电四川发电有限公司，2007 年 11 月21 日成立华电四川发电有限公司攀枝花分公司。华电四川发电有限公司攀枝花分公司于 1999 年至2007 年先后按国家规定共关停 33.6 万千瓦小火电机组，现已无在役运行机组。

攀枝花三维发电有限责任公司位于四川省攀枝花市西区，是由华电四川发电有限公司控股 50%，与攀枝花三维实业集团有限公司、四川启明星铝业有限责任公司、攀枝花市国有投资（集团）有限责任公司、四川电力设计咨询有限责任公司四家公司分别按 28.1%、15%、4.3%、2.6%的比例出资组建，注册资金 2.32 亿元，总投资 9.97 亿元，现有两台13.5 万千瓦掺烧煤矸石循环流化床机组。

截至 2015 年 12 月底，公司共有职工 1082 人，其中在岗职工 661 人，管理模式组织结构设置为 20个，分别是：总经理工作部、人力资源部、财务资产部、营销计划部、项目开发建设部、物资供应部、燃料供应部、燃料管理部、生产技术部、安全监察部、值长室、政治工作部、纪检监察审计部、工会办公室、武装保卫部、离退休办公室、运行部、燃化部、检修部、综合产业部（攀枝花三维实业集团有限公司）。

2015 年，该公司继续保持“省级安全文化建设示范企业”“省级电力企业安全生产标准化达标企业”“中国华电集团公司四川公司文明单位”“四川省文明单位”荣誉称号。

【领导人员】

贺熹坤　总经理，2011 年 1 月任职

郑修国　党委书记，2011 年 1 月任职

黄庭章　副总经理，2010 年 4 月任职

陈　涛　副总经理、总工程师，2011 年 1 月任职

谭　勇　纪委书记、工会主席、总法律顾问，2011 年 7 月任职

李　剑　总会计师，2005 年 5 月任职

【年度工作业绩】2015 年，公司销售电量 6.68 亿千瓦时（含替代电量），同比减少 2.31 亿千瓦时，完成四川省经信委年计划电量（9.965 亿千瓦小时）的 67.03%；进煤 12.29 万吨，同比减少 55.72 万吨；入厂标煤单价 573.04 元/吨(含税)，同比降低 84.99 元/吨(含税)；入炉标煤单价 596.13 元/吨，同比降低 99.25 元/吨。截至 2015 年 12 月 31 日，该公司实现连续安全生产 3577 天，非计划停运 0 次，同比下降 1 次。

截至 2015 年 12 月 31 日，攀枝花三维发电有限责任公司资产 67102.19 万元，同比减少 8433.37 万元，降幅 11.16%。华电四川发电有限公司攀枝花分公司资产 3520.55 万元，同比增加 458.85 万元，升幅 14.99%。

【生产经营管理】

（一）安全生产管控

2015 年，该公司落实各级安全生产责任。开展安全文明标准化检查 52 次，发出整改通知 227 份；检查项目 712 项，考核 63 项。开展节日、季节性安全大检查、防洪度汛、防粉尘爆炸、“六打六治”打非治违专项行动、电力安全整治活动“回头看”等专项检查 14 次，发现问题 423 项，整改 419 项。修订《电力生产安全工作规定实施细则》《交通安全管理标准》等 44 个安全管理制度标准；修编 1 个综合应急预案、19 个专项应急预案、25 个现场处置方案。建立项目经理负责制，严格对外项目作业安全管控。制定检修技改项目费用控制年度计划，取消到期的 12 号机组大修、空预器改造项目及灰场子坝加筑的后续部分，降低生产成本。利用 12 号机组调停机会，实施公用系统检修消缺；结合 11 号机组电除尘改造，安排同步小修，完成热工、电气、防锅炉“四管爆漏”专项检查整改，完成 11 号电除尘技改。

（二）降本增效

2015 年，社会用电负荷大幅下降，四川火电机组最小开机方式提前实施。该公司抢发争发枯期电量，4 月，跟踪攀枝花电网检修安排，单机运行至 5 月 20 日，枯期多发电 2600 万千瓦时。8 月，争取到 10 天保养运行，完成 11 号机组带 15 万千瓦负荷性能试验和电除尘改造后热态检验。实施丰、枯水期替代电量，电量完成率 67.46%，高出四川统调机组发电量 0.04%。公司实施燃料全过程精细化管理，降低燃料成本，2015 年节约燃料成本 722.4 万元。实施低成本经营战略，出台《扭亏增盈管控措施》《全面预算管理实施办法》、财政税收政策争取方案》、成本费用控制方案》等制度措施，形成降本增效管控体系，2015 年材料费、修理费、其他费用（办公费、招待费、会议费、运输费、差旅费等）同比降低 599.28 万元，降幅 21.60%。推行现金流滚动

5 月 6 日，攀枝花市委副书记、市长张剡会见中国华电集团四川分公司总经理、党组书记罗小黔一行。双方就加快推进太阳能光伏发电、风能发电等新能源产业合作项目达成了初步共识

（攀枝花公司提供）

测算，保证了公司资金链接续。

【队伍建设】2015 年，该公司出台《组织机构、定员定岗、岗级及部门职责调整方案》，对公司 20 个部门重新定岗定员。建立岗位能上能下的动态管理机制，实行培训考核合格后再高一层级岗位聘用模式。2015 年 9 月至 12 月，完成全员竞聘上岗。修订《工资分配及长效激励约束机制实施办法》，建立以业绩为导向的内部薪酬分配制度和薪酬激励约束机制，2015 年 5 月实施岗位工资制。2015 年 9 月 16 日，修订出台《中层干部年度绩效考评暂行办法》，按照公开、公平、公正、注重实绩的原则，实行定量考核与定性考核相结合，以定量考核为主的考评方式，对公司中层管理人员的年度工作绩效进行综合考评，并与职级职务任免挂钩。全年举办各类培训班 25 期，涉及技术、管理、素养、安全培训，全员培训率 94.6%。组织开展特种作业人员取换证培训，全年取换证人员 60 人。利用替代发电时机，组织运行人员参与大机组运行培训，取得岗位资格，为公司运行人员“走出去”储备人才。2015 年 4 月 1 日至 11 月 30 日，该公司组织开展以“大培训、大比武、大提升”为主题的第三届职工技术运动会。运动会设置单人项目 17 个、团体项目 4 个，涵盖检修、运行、安全技能、消防管理、招投标、合同管理、党群工作等多个方面，参赛人员达 450 人次。经角逐，78 人获得个人奖，16 个集体获得团体奖。

【党建和群团工作】2015 年，该公司落实中国华电集团公司《基层党委工作条例》《基层党支部工作条例》《基层党组织生活制度》《四川公司党建工作考评办法》，组织召开支部党员大会、支部委员会、党小组会，上好党课，严格“三会一课”制度。制定党委议事内容、议事规则和加强领导班子建设的实施办法、主要工作一览表，制定《党风廉政建设“两个责任”的实施办法》，从理论学习、能力建设、团结协作、作风建设、廉政建设等方面，明确任务分工和责任追究。广泛开展把非党员的工作骨干培养成党员，把非工作骨干的党员培养成工作骨干的“双向培养”活动，定期组织积极分子培养、考察活动，举办入党积极分子培训，按计划发展党员 14 名，通过“一对一”“一对多”等形式，提高党员素质和新党员的质量。制定《对外工程建立临时党组织管理办法》，按照施工项目属地原则，根据各施工项目的党员人数设立临时党组织，发挥外出施工队伍中党员的先锋模范作用。年底，在华电四川公司党建工作考评中获得 A 类评价。

2015 年，该公司按照华电四川公司工会要求，完成“怡心”心灵驿站、“悦心”职工书屋、“乐心”职工活动室和“爱心”医护点的建设。“怡心”心灵驿站设置心理保健和援助工作室，10 月，举办 1 期心理健康基础知识座谈会。“悦心”职工书屋新增图书 600 余册，为职工提供纸质图书近千册。购置电脑 3 台，开通职工电子书屋，提供四川总工会《电子职工书屋》账号和密码，供职工登陆阅读各类网络书籍。“乐心”职工活动室组织开展乒乓球、羽毛球、排球和象棋等比赛，200 余人次参加活动。“爱心”医护点设置小药箱 39 个，组织在岗职工 762 人进行健康体检，包括 292 人职业健康体检和 388 名女职工专项体检。走访慰问劳模、工亡职工家属、困难职工 123 人。

【转型与发展】2015 年，该公司以“为企业创效、员工创收”为宗旨，实施“走出去”战略，依托华电四川区域公司大平台，定位转向水电检修市场，组织完成西溪河地洛、洛沽电站水电站机组及公用系统检修工作，理县水电站、理堂水电站维护性检修工作，瓦屋山沙坪、葫芦坝电站两台机组的中修和大、小修工作，会理两个小区的电气安装工作，会理电力公司桐梓林电站安装、维护、检修等工作。2015 年，完成对外施工项目 30 余项，合同金额 1113 万元。

【新能源项目开发】2015 年，该公司西沟灰场光伏项目实现突破。项目位于攀枝花市西区格里坪镇西沟灰场，占地面积约 160 亩，规划预计总容量 0.588 万千瓦，海拔高程 1200 米—1260 米。昆明勘测设计院做可研报告，规划动态总投资 4830.87 万元。拟分两期建设：一期占地 79 亩，主要利用公司西沟灰坝一、二、三级子坝进行建设，建设容量 0.289 万千瓦，动态总投资 2368.21 万元，一期项目已于 12 月 29 日获得政府备案。二期为四五级子坝及储灰渣闭库后的坝面部分。

【企业文化建设】2015 年 5 月，该公司党委组织开展以“平凡的感动—攀电人自己的故事”为主题的事迹征集活动。公司员工参与投稿，共收集稿件 31 篇。10 月底，活动领导小组整理汇编人物故事 26 篇，按照 32 开本印刷成册，印刷 222 本，以行政部室、党支部、分工会、班组、工会小组为单位发送至公司各部门，组织职工学习宣传，弘扬正能量。

（刘爱军、姚鹏）

四川华电黄桷庄发电有限公司
四川华电金川水电开发有限公司

【企业概况】黄桷庄电厂位于四川省宜宾市西南 9 公里处，装机 2 台 20 万千瓦机组是国家“八五”重点建设项目，分别于 1994 年 1 月 20 日和 1994 年 10 月 28 日投产发电。1995 年 3 月 22 日，按照“多家办电、国家管网”的方针和现代企业制度要求，由四川省电力公司、四川省巴蜀电力开发公司（现为神华四川能源有限公司）和四川省电力股份有限公司（现为国电四川电力股份有限公司）分别按照 6∶3∶1 的股权比例分摊出资，并成立四川黄桷庄发电有限责任公司。2002 年年底电力体制改革后，原四川省电力公司所持股份划归中国华电集团公司，黄桷庄电厂直接委托中国华电集团公司宜宾发电总厂（现华电四川发电有限公司宜宾分公司）管理。2006 年 11 月，华电集团将其控股的黄桷庄公司股份划转至华电四川发电有限公司，公司更名为四川华电黄桷庄发电有限公司（以下简称黄桷庄公司）。

四川华电金川水电开发有限公司（以下简称金川公司）成立于 2009 年 12 月 11 日，由华电四川发电有限公司、阿坝藏族羌族自治州政府国有资产监督管理委员会分别按照 8∶2 的股权比例出资组建。金川公司负责承担阿坝州绰斯甲河蒲西电站和俄日河流域四个梯级水电站等电源项目的开发工作，其中绰斯甲河蒲西水电站规划装机容量 12 万千瓦，俄日河流域梯级水电站规划装机容量 27.75 万千瓦。

【领导班子】

四川华电黄桷庄发电有限公司领导班子：

董事长　罗小黔

副董事长　李　林

总经理　林　军

副总经理　刘映德（1 月-8 月）

副总经理　张高学

四川华电金川水电开发有限公司领导班子：

董事长　罗小黔

总经理　林　军

党委书记、副总经理　刘映德（1 月-8 月）

副总经理　杨克燕

副总经理　廖朝雄

副总经理　唐　燚（8 月至今）

纪委书记、工会主席　张高学

【年度业绩】黄桷庄公司 2015 年机组全停，自发电量同比减少 2.68 亿千瓦时；实现被替代电量 7.517 亿千瓦时（枯水期火火替代 3.653 亿千瓦时，丰水期水火替代 3.864 亿千瓦时）。

金川公司 2015 全年实际完成投资额 10954.04 万元，完成完成年度投资调整计划的 104.32%，其中红卫桥电站 9757.47 万元，俄日电站 824.28 万元，蒲西电站 343.03 万元，风光电 29.26 万元。

【生产经营管理】黄桷庄公司

2015 年，黄桷庄公司上下积极应对经济下行压力、电量市场需求疲软等客观不利因素，公司干部员工同舟共济，负重奋进，抓替代、降成本、控亏损，实现了黄电公司有效控亏，各项工作扎实推进。

一、以替代发电为抓手推进减亏控亏。该公司用好用活替代发电政策，实现了按火电进度一致原则安排月度计划。主动适应交易中心新规定，按照 45%协商、55%挂牌的原则做好市场需求衔接。本着“节能减排、互利共赢”原则编制的替代发电合同模板，被四川公司采用和推广，根据各水、火电厂迫切需要电量指标和燃煤电厂电煤价格下降边际利润提高的特点，及早签订合同并跟踪执行情况。及时催收电费，确保了合同电量全面完成，合同电费按期回收。

二、加强内部管理，降低经营成本。为降本增效，该公司制定了《2015 年成本控制工作方案》，针对材料费、折旧费、工资外人工成本、财务费用及其他费用等方面提出了具体的成本控制措施。以“保障必需，度电必省”为原则调整设备维护、保养计划，节约非必须用电和非生产用能，努力减少购电费。从严控制维护材料费和专项费用，在消化完集团公司利用该厂场地和设备举办的继保技能大赛而额外增加的费用后，材料费与年度任务目标持平。规范领导人员待遇支出管理，制定待遇支出预算，严格执行。以进一步控制成本为出发点，与宜宾分公司协商修订《黄桷庄电厂生产管理委托协议》，适应新形势、新变化。清理电厂燃煤库存，实现存煤盘盈，争取最佳处置方案，力争收益最大化。

三、加强预算管理，确保资金安全。按照“预算从紧，量入为出，突出重点，效益优先”的原则，将生产经营全过程纳入预算管理体系，使各项费用和开支控制在预算范围内；强化资金管理，执行现金流周预算，将现金流动的数量和时间细化至未来一周的每一天，提高资金使用效率与效益。积极加强与银行及地方税务部门沟通联系，取得理解支持，争取贷款的同时，控制贷款利率，争取政策支持和税收优惠，最大限度降低财务费用，保证经营活动资金。

四、稳步推进关停前期工作。按照四川公司安排，配合做好黄桷庄电厂关停成本估算和现有政策收集分析，争取关停政策。进一步完善关停方案，维持员工队伍稳定，为将来平稳有序关停创造有利条件。研究利用现有资源与宜宾市清源水务集团有限公司合作保证厂区和职工生活区供水的可行性。积极配合华电置业对公司存量土地可开发性进行调研。

五、确保机组全停期间安全稳定。协同宜宾分公司做好厂区、机组安全保卫工作，抓好隐患排查，加强易燃易爆品和危险化学品管控，采取必要措施做好封、堵、隔和安全警示，同时加强安保巡查，防止闲杂人员进入厂区，杜绝发生非生产安全事故及盗窃或损坏设备事件。及时了解职工思想动态，疏导消极情绪，保持队伍稳定。

【项目发展】金川公司

2015年，在华电集团公司、华电国际和四川公司的正确领导下，金川公司上下积极应对省内中小水电审批收紧等客观不利因素，公司干部员工充分发扬“三千五皮”精神，金川公司提前完成年度目标任务，施工准备工作全面铺开。

一、全力推进项目前期工作

红卫桥电站：该公司在8月取得主体工程施工标定标结果通知后，立即与两中标单位开展合同谈判，目前施工合同已签订，首部施工单位相关人员已进场开展前期筹建工作，并配合公司开展相关征地移民工作，计划2016年3月主体工程开工建设。

俄日电站：俄日电站核准是金川公司的主要工作目标之一，全体干部员工坚定信心，积极工作，通过不断加强与设计、审查、咨询等单位沟通，超前谋划、提前协调、跟踪到位，同时充分发扬“三千”精神，蹲守发改委、阿坝州和金川县等有关单位和部门，见缝插针，抢时间，跑审查，催批文。俄日电站在3月取得环评批复，5月取得可研批复，6月18日就实现核准，提前完成俄日电站年度目标任务。目前该公司正抓紧进行主体工程招标工作，力争在2015年6月开工建设，实现与红卫桥电站建设基本同步。

绰斯甲河蒲西电站：虽然目前绰斯甲河环境影响评价尚未明确，金川公司按照上级安排，审慎推进蒲西电站前期工作，年内通过了水生专题审查，环评报告初稿也已编制完成。

二、扎实开展施工准备工作

绰斯甲河跨河桥工程已于7月底完工，并完成验收工作，目前正在进行项目竣工结算。俄日河流域建设管理中心项目已完成办公楼、服务楼、宿舍楼以及试验室等主体工程，正在开展室内装修、供水供暖系统、进场道路和消防道路及总平围墙和给排水工程等收尾工程。施工供电线路项目完成110千伏红卫桥变电站和35千伏俄日施工变电站的土建和电气设备安装及配套线路的全部杆塔基础开挖、塔基础浇筑、铁塔组立和电杆组立。8月开始，公司加紧与州电力公司沟通协调，完成参数测量、光纤熔接、保护对调、调度自动化接入调试等检测试验，最终通过州电力公司验收，并完成相关消缺，于12月3日接入电网系统。

三、狠抓工程管理，严把招标关，控制建设成本

一是遵循工程建设“四策划一优化”有关要求，积极借鉴和学习其他水电建设项目的经验，深入分析工程实际情况，合理安排前期工作进度，不盲目压缩勘测、设计周期，认真做好优化工作，落实全面开工建设的各项边界条件，为顺利开工创造良好基础条件和社会氛围。充分发挥业主管理、协调、监督作用，协调各方关系，提高工作效率，定期牵头组织设计、监理、施工的各方召开工程联络协调会，根据需要聘请有关专家，对关键技术方案进行把关，尽可能减少后期设计变更。

二是继续加强招标管理和合同管理。科学合理编制招标文件，反复斟酌招标文件中承包商队伍选择、人员素质、工期、质量、造价、资金监管等关键条款的设定，组织相关专家认真审查招标文件、反复修订完善，合理规避招标以及合同执行风险。坚持“依据合同、实事求是”的原则，严格合同执行，加强合同过程管控，及时开展预测预控分析，提前介入，及时处理合同实施过程中的具体问题，严格控制合同变更，确保工程质量、安全、进度和造价可控在控。

三是抓好现场施工组织，严控合同工程量，保证工程质量。时刻督促施工单位严格按照规范和设计图纸施工，避免或减少合同外费用的增加。坚持做好开工前原始地形、断面测量和签字确认，督促监理单位加强对工程重点部位、重要工序的旁站监理，准确记录工程量，及时办理签证和存档。高度重视工程质量，严把质量关，各项目原材料抽样检测合格率100%，单元工程验收合格率100%，无返工现象，工程建设质量可控在控。

四、积极稳妥开展征地移民工作。

完成红卫桥电站搬迁安置移民的建房选址工作。3号渣场、6号渣场共涉及移民部分已完成搬迁，其余正在开展新房建设。首部枢纽、水库淹没区已开展新房建设工作。完成首部枢纽、1号生活区、X179库区复建公路、1号渣场等占地范围的征地工作，闸首标已完成施工营地建设，库区复建公路已开始施工。俄日电站完成搬迁安置移民的建房选址工作。积极配合工程需要，完成红卫桥110千伏施工变电站、俄日35千伏施工变电站及所有杆、塔位置的现场征地工作，确保项目按计划完工投运。

绰斯甲河蒲西电站移民安置规划报告已取得阿坝州政府确认，设计单位已完成报告修改完善工作。

林地、土地报批方面，完成俄日河流域水电开发涉及的公益林规划调整工作。取得红卫桥电站临时占用林地批复，土地勘测定界报告已完成州、县政府报批并上报省政府待批。完成俄日电站林地可研报告审查，已取得永久占用拟使用林地审核同意书，正办理临时用地林地手续，完成土地勘测定界报告审查，正在开展土地报件工作。

五、高度重视项目建设安全工作。

一是继续落实各级安全生产部署，认真贯彻新《安全生产法》，全面落实各级安全责任，完善安全制度和规范体系，加强对安全责任制落实情况以及安全施工的监管，全面落实建设全过程安全质量管理，督促安全生产费落实到具体项目和措施上，防止重大基建安全、质量事故的发生。

二是以检查促改进，进一步强化现场作业人员安全意识。加强施工现场安全监督管理和员工安全教育培训，强化“以人为本，安全发展”的意识，把安全“一票否决”的要求贯彻到实际工作中。扎实治理“春安”“秋安”检查梳理出的安全隐患，重点组织对施工安全技术措施和预案的编制和审查、安全技术措施交底、隐患排查及整改、安全生产费用使用等的督促检查。针对施工现场地处高寒山区的特点，扎实抓好消防、交通安全管理和习惯性违章治理，积极采取有效措施排查不良地质灾害隐患和落实防治措施，确保现场施工安全、交通安全。严格执行落实防汛值班工作，公司班子成员施工现场值班，确保安全度汛。

三是继续推行安全文明施工标准化，重点加强对自身、施工和监理等单位的作业安全、教育培训、隐患排查、危险源辨识、职业健康等方面的管理，确保工程自始就在现场形成安全文明施工环境。

【积极开展水电及新能源储备】金川公司通过不断沟通协调，取得金川县政府同意在县域境内开展测风、测光工作的支持，克服高海拔、高寒、交通不便等诸多困难，完成测风测光踏勘、检修维护等工作，10月完成一个完整年的测风、测光数据分析评估报告。该公司积极与四川公司及地方州、县有关部门沟通，12月州资源管理委员会召开专题会议，讨论金川县俄热乡嘎斯都村光伏项目开发权授予事宜并形成会议纪要，建议由公司开发该项目，待会签程序结束后正式下达开发权授予的批复。同时，公司积极配合四川公司开展对国电绰斯甲河、足木足河和色曲河水电及光伏项目收购相关工作。

【党建、精神文明建设、企业文化建设】一是加强领导班子建设，打造过硬干部队伍。坚持中心组学习，引导广大党员干部认真学习重要文件精神及资料，进一步强化领导干部遵守党的政治纪律的意识；坚持“三重一大”集体决策制度，做到决策科学化、民主化、程序化；坚持职工大会民主评议领导干部，对领导干部的德、能、勤、绩进行全面评议；坚持民主生活会制度，紧密结合班子和个人实际，查摆问题，开展批评与自我批评，积极落实整改措施，统一思想，为公司发展营造和谐氛围。二是加强思想政治工作和员工队伍建设，打造坚强战斗堡垒，认真贯彻落实四川公司党建工作会精神，扎实推进学习型、服务型、创新型党组织建设，着重在改进作风上下工夫，加大对领导干部遵守政治纪律、执行民主集中制、履行岗位职责、廉洁自律等方面的管理和监督力度，促使各级领导干部讲党性、重品行、作表率。在加强思想政治工作上做文章，充分发挥理论武装的凝心聚力作用。认真组织广大党员干部学习研讨，强化各级干部对黄电公司控亏减亏紧迫性和金川公司推进发展工作紧迫性的认识，增强做优做强企业的责任感、使命感和紧迫感。强化对员工形势任务教育，引导员工一心一意干事业，群策群力谋发展，把全体员工的智慧和力量统一到实现公司年度工作目标上来。三是扎实开展“三严三实”专题教育活动。按照集团公司、四川公司统一部署，该公司从2015年5月中下旬开始，在公司领导干部中开展“三严三实”专题教育，按照要求制定“三严三实”专题教育实施方案，把抓好专题教育作为履行党建主体责任的重要任务，以从严从实作风开展专题教育。领导班子成员通过民主生活会，深入查摆了“不严不实”问题，进行党性分析，提出了整改措施。

【继续加强党风廉政建设】金川公司认真落实党委的主体责任和纪委的监督责任，继续抓好“八项规定”落实，修改、完善了公司领导人员待遇支出管理办法、差旅费管理办法等制度，避免“四风”现象发生。认真落实党风廉政建设责任制和“一岗双责”要求，针对公司项目推进过程中廉政建设的关键点，重点加强招标等关键领域权力制衡机制建设，从制度上预防不廉洁行为发生。加强廉洁风险防控工作，在思想上筑牢反腐倡廉、拒腐防变的长城，完成了公司年度党风廉政建设责任目标。

【加强人才队伍建设】随着金川公司项目的推进，该公司注重加强对人才队伍的培养，2015 年组织参加华电集团公司培训 13 人次，华电四川公司及相关单位组织的岗位培训 21 人次，全员培训率达 90%，通过教育培训，公司员工的思想素质和业务能力有了较大的提高。由于受现有人员结构的限制，公司正着手积极从系统内其他单位引进适应公司项目发展的专业人才。

【加强群团工作，发挥桥梁作用】加强职代会建设，及时对职工代表提案进行回复。提高工会建设水平，按照四川公司关于开展“四心”建设活动的要求，在俄日河红卫桥水电站项目营地筹建职工书屋和活动室，进一步丰富一线员工精神生活。积极开展爱心帮扶等活动，树立公司良好的社会形象。开展职工摄影比赛、员工拓展训练等活动等增强队伍凝聚力，开展“为发展出点子，为公司做贡献”职工提合理化建议等活动，为公司发展助力。积极支持团青工作，充分发挥团员青年作用。

（牛　牧）

理县星河电力有限责任公司
理县星河甘堡电力有限责任公司

【企业概况】理县星河电力有限责任公司、理县星河甘堡电力有限责任公司（以下简称理县、甘堡公司）成立于 2005 年 5 月，原股东为深圳市环宇星河投资有限责任公司。2012 年 5 月，华电国际收购深圳市环宇星河投资有限责任公司 100%股权，理县、甘堡公司从而成为华电国际的全资子公司。理县、甘堡公司合署办公，两块牌子一套人马，主营业务为：电力生产、输变电、供电。

理县、甘堡公司坐落在四川省阿坝藏族羌族自治州，位于岷江一级支流杂谷脑河流域，属发、输、供一体的水力发电企业，拥有理县、甘堡两个电厂和一个位于桃关工业园区的变电站，总装机容量为 6.7 万千瓦，年发电量约 4 亿千瓦时，年发电小时数约 6000 小时。配备一个库容 100 万立方米的不完全日调节水库，可以有效调节理县峰平谷的电量结构。其中，甘堡电厂 1990 年竣工投产，装机容量为 4×0.85 万千瓦，理县电厂 1995 年竣工投产，装机容量为 3×1.1 万千瓦，桃关变电站一期工程于 2004 年 6 月竣工投入运行，二期工程于 2006 年 7 月竣工投入运行，变压器容量为 2×63000 千伏安，该公司所属的 110 千伏输电线路由理甘线、甘桃线、平桃线三段组成，全长 106.534 公里，理县电厂、甘堡电厂所发电量经 110 千伏甘桃线送至桃关变电站，在华能太平驿电站内的皂角湾开关站接入四川省电网。

【机构设置】该公司设有九个部门及两厂一站三个生产单位，分别为：总经理工作部、企划部、生产技术部、安全监察部、财务资产部、市场营销部、政治工作部、工会办公室、后勤保障部、理县电厂、甘堡电厂、桃关变电站。

【公司领导班子】

张　军，职务：党总支委员、总经理，任职时间：2013 年 4 月

王绥锋，职务：党总支书记、副总经理，任职时间：2013 年 4 月

尹肖三，职务：党总支委员、副总经理，任职时间：2013 年 4 月

邓志坚，职务：党总支委员、副总经理，任职时间：2015 年 8 月

宋明秋，职务：党总支委员、工会主席，任职

时间：2013 年 4 月

【人员情况】截至 2015 年 12 月底，该公司现有员工 137 名，其中：班子成员 5 人、中层干部 18 人，员工 114 人。平均年龄 41 岁。

【经济效益持续增长、各项工作取得了较好的成绩】2015 年该公司完成发电量 4.04 亿千瓦时，利用小时累计完成 6,032 小时，完成全年预算的 102.3%。全年综合厂用电率 0.86%，较预算 1.32%减少 0.46%，年销售电量 3.83 亿千瓦时，较全年售电目标 3.78 亿千瓦时多售电 0.05 亿千瓦时。

（一）机构优化有序推进

根据华电四川公司统一布置，各部门根据职责整合资源，在 2015 年 4 月成立了工会办公室，完成了部分部门人员的调配，进一步明确了公司的管理界面，明晰了部门职能。

（二）安全管理卓有成效

强化责任体系与监管体系建设，开展安全生产"春检""秋检""安全生产月""大排查大整治""六打六治、打非治违""零误操作""九项技能培训"等活动，严格落实"党政同责、一岗双责、失职追责"，层层签订安全生产目标责任书，把安全生产目标任务层层分解，形成了"横向到边、纵向到底、责任到人、不留死角"的安全工作网络格局。组织各类电力安全培训，开展应急演练，加强宣传，提高安全意识。截至 2015 年 12 月 31 日，该公司实现连续安全生产 1227 天；车辆安全行驶超过 30 万公里，安全工作持续保持平稳。

（三）基础管理不断强化

管理提升活动取得成效。通过内控、创星、对标、"7S"管理等工作的开展，寻找差距、查找问题、提升管理、规范流程、降低成本、提高效益、严格考核、强化执行，促进了管理提升活动的落地，管理提升效果明显。

经营管理不断加强。致力公司电力销售和电费回收，加强用电客户服务和电力政策宣传；悉心研究电改政策，做好市场分析和需求侧管理，做好外围营销环境争取工作，力争减少上网无效计划考核量；做好电费回收风险防范，持续加大"7·10"欠费客户和陈欠电费清收工作力度；加快公司"供电营业许可证"办理，理顺公司供电销售关系。

财务管理逐步提升。大力促进制度宣贯，优化业务流程。按照华电集团公司财务稽查工作指南及华电国际财务稽查补充指引，以及集团公司《财税查评》工作要求、《财会基础工作规范指引》等要求规范财务管理工作，规范经济活动分析、日经济利润、成本费用及现金流量，加强预算管理工作，科学合理安排资金，严格控制成本费用，为公司生产经营提供资金保障。

效能监察工作进一步强化。健全责任追究，强化失职渎职责任追究，形成管理闭环。开展了物资管理、招投标管理、保险索赔等效能监察，节假日车辆管理等专项检查，提出意见督促相关部门及时整改。在网站、专栏加强宣传，对重点岗位人员谈话，签订廉洁责任书，有效预防了企业职务犯罪。积极配合上级公司财务收支专项审计，发现问题，分析原因，提出整改建议，积极整改，促进了管理行为的规范化，有效规避了经营风险。

法律风险防控成效显著。进一步加强法律风险事前防范和事中控制，加大规章制度、经济合同和重要决策法律审核力度，确保了公司法律风险总体受控。加强案件管理，维护公司权益。开展"六五"普法总结工作，通过学习华电法典、开展档案法律法规知识有奖竞赛、学习中国共产党两部法规知识竞赛，提高了广大员工学法、懂法、守法意识。

设备物资管理持续增强。规范采购流程，严格实行货比三家，节约了成本，提升业务操作水平。针对公司进行的技改工作，有针对性地加强技改物资管理，规范验货流程，确保设备到货时外观无破损、数量和发货清单相符，保证设备质量。

人力资源管理不断加强。吸纳新生力量，优化人才队伍，2015 年招聘新员工 10 人，近三年来公司引进大学生 25 人，有效改善人才结构。注重思维转型与能力提升，提高培训实效。先后邀请公司各职能部门专业人员进行专题讲座，拓宽新入职员工的工作思路。全年该公司参加华电系统组织的各类培训班 26 期，培训员工达 38 人次。推进公司人才建设，改善人才队伍结构。为公司以后的发展提供了人才储备。

信息化建设取得新成效。加强信息化建设规划，建立公司统一组织实施、部门有效参与、员工积极配合的信息化建设机制，公司信息化水平不断提升。逐步完善网络建设，对公司网站进行全新改版，搭建多点电话会议终端、实现总部与各厂、站的电话会议连接通话，通过广域网和通信设备的有机结合，在网络平台上进行了在线培训和无人值守监考，为公司下一步建设信息化机制探索出了新思路。

【党群工作稳步推进】扎实开展"三严三实"专题教育活动。根据华电四川公司党组的总体部署，制定并下发了《公司党总支"三严三实"专题教育实施方案》。按照"严以修身、严以律己、严以用权，谋事要实、创业要实、做人要实"的总要求，认真组织专题学习研讨，进一步巩固和拓展党的群众路线教育实践活动成果。

全面落实党建责任制。强化组织建设，开展了拓展训练、党建共建活动，增加凝聚力与战斗力，发挥党组织政治核心作用。推动企业文化建设，制定《企业文化五年规划》。以华电集团公司举办 2015 年党群业务技能大赛为契机，结合公司实际情况，在党群工作人员与党员团员中先后组织 3 次考试。通过党群技能大赛，使党群人员有了展示才华的舞台，取得了华电四川公司团体二等奖、个人三等奖的成绩。

强化党风廉政建设。构建制度惩防体系，加强教育提醒。组织集体廉政谈话，签订《廉洁从业承诺书》。抓好日常监督，开展效能监察，提出措施督促相关部门及时整改，努力规避风险。充实监督力量，扩充纪检监察队伍，提升工作人员素质。

工团组织作用充分发挥。工会方面，加强和完善工会组织机构与制度建设，确保在公司决策中能够反映职工的意愿和合理诉求。推进厂务公开工作，实现公司党务公开、政务公开和民主管理，及时反馈和解决职工关心的热点、难点问题，促进公司民主决策、科学决策、健康发展。启动了“五型”班组信息化管理工作，开展了岗位练兵技术比武，创办了“道德讲堂”助推企业精神文明建设，并借助“四心”服务阵地的创建，实实在在地将“四心”服务项目建设成果转换成服务企业、服务职工的平台和有效手段，确保职工思想稳定、队伍稳定。为公司改革发展和持续稳定做出了积极贡献。共青团和青年方面，坚持党建带团建，不断完善团组织制度建设。加强团员爱国主义教育，把学理论、提素质与陶冶情操、锤炼品质相结合。开办“青春讲堂”，组织团员青年喜闻乐见的活动，推动青春建功，紧密围绕公司工作部署，积极引领团员青年参与到公司技改、7S 管理等重要工作中去。激发广大团员青年参与创新创效、实现岗位建功的热情。

（李洪川）

华电金沙江上游水电开发有限公司

【企业概况】华电金沙江上游水电开发有限公司（以下简称金上公司）成立于 2006 年 4 月 28 日，是由中国华电集团公司、华电四川发电有限公司和华电国际电力股份有限公司共同出资组建的有限责任公司，主要负责金沙江上游（简称金上）川藏段水电资源开发建设和管理。2007 年 10 月，中国华电集团公司决定整合在川管理关系，中国华电集团公司四川公司、华电四川发电有限公司、华电金沙江上游水电开发有限公司实行“一个机构，三块牌子，合署办公”。2014 年 10 月 23 日，中国华电集团公司决定调整在川管理关系，华电金沙江上游水电开发有限公司与华电四川发电有限公司（中国华电集团公司四川公司）分开管理，不再合署办公，华电金沙江上游水电开发有限公司由中国华电集团公司直接管理。

四川省人民政府副省长甘霖到金上公司调研　（金上公司提供）

至 2015 年年底，金上公司本部设总经理工作部（法律事务部）、规划发展部、人力资源部、财务资产部、工程管理部、移民管理部、流域环境保护管理中心、政治工作部（工会办公室）、监察审计部（纪检办公室）等 9 个部门，下属苏洼龙（昌波）建设公司、叶巴滩电站建设公司、巴塘（拉哇）建设公司、波罗（岗托）水电站建设公司筹备处和昌都分公司，主要开发建设金沙江上游川藏段岗托、岩比、波罗、叶巴滩、拉哇、巴塘、苏洼龙、昌波共 8 级电站，规划装机容量 965.5 万千瓦。

金上公司成立以来，全面贯彻落实中国华电集团公司工作部署，攻坚破难，奋发有为，在水电资源开发权竞争异常激烈、水电开发环境复杂严峻的形势下，通过长期艰苦不懈的努力和扎实稳妥有效的工作，积极推动金上开发取得重大突破。金沙江上游流域规划环评和水电规划相继取得批复，苏洼龙、叶巴滩、拉哇和岗托、波罗、巴塘、昌波水电站先后取得国家发改委同意金上公司开展前期工作的批复。苏洼龙、拉哇、叶巴滩和昌波等电站已被国家列入“十二五”支持西藏经济社会发展的重大建设项目，苏洼龙水电站已于 2015 年11月5日通过国家发改委核准。金上公司将通过卓有成效的工作，确保 2016 年核准开工建设巴塘、叶巴滩电站，2017 年核准开工建设拉哇电站、力争核准开工建设波罗电站，力争“十三五”末核准开工建设岗托、昌波电站。到 2020 年，苏洼龙、巴塘电站投产，运行装机容量达到 30 万千瓦，在建装机 620 万千瓦；2030 年前，力争金沙江上游川藏段梯级电站全部建成投产，建成千万千瓦级清洁能源基地。

【领导人员】

董事长：杨清廷

总经理、党组书记：胡贵良

党组副书记、副总经理：段　伟

党组成员、副总经理：黄辉

党组成员、纪检组组长、工会主席：王文德

党组成员、副总经理：侯建刚

党组成员、总会计师：杜静芝

党组成员、副总经理：汪良

领导人员变动情况：

2015 年 3 月 30 日，经集团公司党组研究决定：

王文德任公司党组成员、纪检组组长、工会代主席。7 月 10 日，经集团公司党组研究决定：侯建刚任公司党组成员、副总经理，杜静芝任公司党组成员、总会计师，汪良任公司党组成员、副总经理。11 月 10 日，公司工会委员会第一次会议选举王文德为公司工会主席。

中国华电集团公司董事长、党组书记李庆奎到金上公司调研

（金上公司提供）

【年度工作业绩】2015 年是金上公司独立运作的第一个完整年。一年来，该公司全面贯彻落实集团公司和董事会决策部署，紧紧围绕“一条主线、四项重点、五个关键”的工作思路，积极应对开发配套条件落实难、建设环境差、制约因素多、协调任务重等困难和挑战，求真务实，真抓实干，较好完成了各项任务目标。年内，苏洼龙电站通过国家发改委核准，该电站也成为金沙江上游干流核准的第一个电站，标志着金上水电开发取得实质性突破、我国构建西电东送接续能源基地和藏电外送拉开了序幕。4 月，国家能源局金上协调办专题会议初步明确苏洼龙、叶巴滩、巴塘、拉哇四级电站消纳市场和送出方向，原则同意有关政策建议；苏洼龙电站已列入国家专项建设基金第二批项目；苏洼龙、叶巴滩、巴塘和拉哇电站通过华电集团公司立项决策。金上公司各项目前期和筹建工作加快推进。叶巴滩电站移民安置规划大纲等 19 项专题取得批复，巴塘电站选址意见书等 13 项专题取得批复。各电站筹建工作较好完成年度节点目标。

【项目发展】开发配套条件进一步明确。4 月 14 日，国家能源局召开金上水电开发协调会，明确金上川藏段苏洼龙、叶巴滩、巴塘、拉哇四级电站为西电东送接续能源基地首批项目，首批电源直接外送，其电力电量按照“由近及远”的原则优先在华中东四省消纳；原则同意完善电价形成机制、实施投资补助、实行金融与财税优惠等政策建议，保障项目合理投资效益以及电站正常运营。密切跟踪中央第六次西藏工作座谈会前后有关文件材料起草情况，会议明确提出推进建设西电东送接续能源基地，金上公司 7 个项目初步列入“十三五”中央支持西藏经济社会发展的重大项目。与国务院发展研究中心等单位共同开展了水电可持续发展政策措施研究，正向国务院提出相关政策建议。研究提出支持西藏水电发展的政策建议，并由国务院国资委报国务院办公厅。积极争取国家专项建设基金支持，苏洼龙电站已列入第二批基金项目，首期到位资金 6 亿元。金上—赣州直流送出工程已列入国家电网公司 2016—2017 年前期计划，预计 2017 年核准开工建设。苏洼龙、叶巴滩、巴塘和拉哇电站通过集团公司立项决策。

【项目核准取得重大突破】动态梳理项目核准计划，紧盯专题审批及核准进度，促使尽快取得批复。11 月 5 日，国家发改委正式核准苏洼龙电站，该电站也成为金沙江上游干流核准的第一个电站，标志着金上水电开发取得实质性突破、我国构建西电东送接续能源基地和藏电外送拉开了序幕。叶巴滩电站移民安置规划大纲、选址意见书、水保报告等 19 项专题取得批复，环评报告、移民安置规划报告完成审查；“三通一平”工程取得开工批复。巴塘电站正常蓄水位、施工总布置、压覆矿产等 13 项专题取得批复，水保报告、行洪论证、规划符合性论证完成审查。拉哇电站正常蓄水位、施工总布置等专题取得批复，水保报告、行洪论证、规划符合性论证完成审查，取得“封库令”。波罗电站水生生态影响及对策措施专题研究形成初步成果；昌波电站开发方案调整工作基本完成，岗托电站完成库区抽样调查。

【筹建工作进展明显】针对制约工程筹建的突出问题，与各级地方政府反复沟通协调，取得理解支持，苏洼龙、叶巴滩电站基本完成枢纽工程区征地。按照“合法合规、政府主导、市场行为”的原则，妥善解决当地百姓参工参建等长期困扰工程建设的突出问题，有力促进了工程建设顺利推进。精心研究苏洼龙、叶巴滩、巴塘和拉哇电站截流前工程建设节点计划，加强“四策划一优化”，工程安全、质量、进度、投资和环水保管理全面加强。创新承包商管理，根据承包商考核结果，分别采取颁发荣誉证书、提出整改意见、建议集团公司列入黑名单等措施，工程建设总体可控在控。优化油料和火工材料供应方案。筹建工作取得较大进展，形象面貌明显改观。苏洼龙电站4号、8号场内公路及下游索桥完工，1号渣场排水洞、2号公路索多西隧道贯通；1号公路和4号渣场排水工程按计划推进，110千伏施工供电工程完成铁塔组立和变电站土建，导流洞及业主营地开工建设，G215复建段完成招标。叶巴滩电站220千伏施工供电工程进入设备调试阶段，即将投运；业主营地综合楼封顶，场内低线公路、进场公路和降曲河沟水处理工程开工建设。巴塘电站110千伏施工供电工程完成线路架设，500千伏变电站间隔扩建工程完成土建。拉哇电站110千伏施工供电工程开始线路架设。巴拉路建成通车，巴塘业主营地于12月底入住。同波路路基正在施工。

【设计优化成效显著】充分发挥业主主导作用，分解细化设计目标，加强跟踪督促，确保设计质量和进度。推行设计工作考核评价，对3家设计单位兑现奖励，对1家设计单位考核设计费，形成良好导向。充分利用内外专家资源，对重要方案深入研究论证。从预可研、可研等布局阶段抓好设计优化，拉哇电站枢纽总布置、金沙江大桥、坝基基础处理、填坝材料、料场等设计优化工作取得明显成效，预计节省静态投资20亿元。叶巴滩电站施工总布置、截流目标、施工导流、库区复建项目设计优化基本完成。落实巴塘电站“三通一平”环评审查提出的意见，枢纽布置优化方案得到环保部原则认可。昌波电站开发方式内部审查和设计优化工作按计划推进。

【改革发展】2015年，金上公司进一步完善组织机构，充实管理人员，公司与基层单位的管理界面进一步明晰。将波罗筹备处与叶巴滩电站建设公司分离，波罗、岗托筹备处合署办公，各方积极性和作用得到充分发挥。全面落实华电集团公司“强基”工作部署，制订印发适应金上开发实际的《“强基”工作指引》，明确38项具体业务的管理目标、管理内容、组织保障和制度依据，确定了123个管理流程图。全面清理规章制度，制（修）订制度82个，重点在设计管理、承包商管理、绩效管理、移民实施策划等方面创新管理机制和方式方法。加强融资

华电金沙江上游水电开发有限公司召开2016年工作会暨一届一次职工代表大会

（金上公司提供）

管理，年末资金成本率3.51%，同比降低1.36个百分点。与乌江公司签订巴塘电站“准EPC”协议，加强建设管理。成立金藏物资公司，强化物资管理。积极推动项目公司注册有关工作，川、藏两省（区）已同意金上协调办第二次会议议定的项目注册和税收分配方案。加强税收筹划，优化调整甲供物资结算方式，有效规避税收风险。强化内控制度执行，抓好基建审计、效能监察、法律审核和问题整改。做好流域信息系统整体规划，现场网络与信息系统进一步完善，PMIS系统全面推广应用。

【党的建设、精神文明建设、企业文化建设】扎实开展“三严三实”专题教育，思想政治建设和作风建设成效进一步显现。公司直属党委等4个党组织顺利组建，11个党组织选举全面完成。全面落实“两个责任”，加强反腐倡廉教育和监督检查，扎实开展“五项问题”专项清理和违规经商办企业专项治理。严格执行中央八项规定精神，“八项经费”、领导人员履职待遇和业务支出管理进一步规范。公开招聘20人，招聘毕业生10人，协商调动23人次，人员结构进一步优化。落实集团公司“千人计划”方案，加强干部职工能力素质培训，全员培训率98%。编

印企业文化手册，公司企业文化理念逐步得到干部职工认同。公司工会正式成立，各级工会组织更加健全。高度关注职工健康，高原健康保障方案全面落实。向西藏无电地区捐助援藏资金2500万元，全面完成“十二五”电力援藏任务；向甘孜州扶贫活动捐助200万元。积极开展向患病职工、贫困学生和地震灾区爱心捐助活动，树立了良好企业形象。

（王洲隆）

华电金沙江上游水电开发有限公司苏洼龙（昌波）建设公司

【企业概况】2015年，华电金沙江上游水电开发有限公司苏洼龙(昌波)建设公司坚决贯彻执行上级公司各项工作部署，团结带领干部员工，内强管理、外创环境，以百折不挠的韧劲和善谋善成的智慧，狠抓项目前期、征地移民和“三通一平”工程建设等重点工作任务。通过各方共同努力，苏洼龙电站于2015年11月5日顺利通过国家发改委核准，工程建设取得了积极进展，项目已经进入全面开工建设的新时期。

苏洼龙电站导流洞开挖　　（金上公司提供）

【2015年度主要指标完成情况】

1.全年完成投资5.28亿元。

2.完成枢纽工程建设区征地工作。

3.下游索桥工程建成通车，基本建成110千伏、场内10千伏施工供电工程，开工建设1、2号公路、业主营地、导流洞、砂石加工系统等工程。

4.测量中心、试验中心、环、水保监理等机构进驻现场开展工作。

【2015年主要工作及成效】咬定工作目标，苏洼龙电站项目通过国家核准。在金上公司的领导下，建设公司紧紧抓住国家政策环境对水电开发的有利时机，全面整合公司各部门和各设计单位工作力量，全力推进苏洼龙电站前期工作，经过各方的艰辛付出和努力，苏洼龙电站最终于11月5日通过国家发改委核准。

【昌波电站工作情况】一是加强沟通协调，建设环境有了初步改善。针对工程建设环境复杂、建设征地工作艰难等突出问题，苏洼龙分公司坚持原则性与灵活性相结合的原则，与市(州)、县各级地方政府反复沟通协调，做了大量的工作。目前现场建设环境已取得初步改善，已进场的各个标段能够比较顺利的开展施工，后续标段正在按计划进场开展工作，现场全面开工的态势已经形成。

二是强化过程管控，工程建设管理取得一定进展。苏洼龙（昌波）建设公司充分发挥业主主导作用，围绕苏洼龙电站2017年截流目标，编制完善了工程建设节点计划，统筹开展好各项工作，导流洞、1、2号公路、油库、炸药库等工程建设稳步推进。并有效组织开展了“环水保百日整治”等活动，确保全年无生态破坏事故和水土流失事件发生。

三是以“规范管理年”活动为载体，强基工作取得初步成效。分公司坚持从夯实基础管理起步，持续强化规范意识，深入学习贯彻“强基工作指引”要求，通过强化执行、狠抓落实，使基层各项管理工作逐步按照《强基工作指引》来规范开展，有力促进了规范管理“再提升”。

（苏洼龙建设公司）

华电金沙江上游水电开发有限公司叶巴滩电站建设公司

【企业概况】华电金沙江上游水电开发有限公司叶巴滩电站建设公司（简称叶巴滩公司）成立于2014年7月(其前身为成立于2008年4月的叶巴滩水电站建设公司筹备处，2011年10月更名为叶巴滩电站建设部)。

叶巴滩电站坝址　　　（金上公司提供）

2015年1月至5月，叶巴滩公司、波罗筹备处实行“一套机构，两块牌子”合署办公，5月4日后两公司分离，叶巴滩公司独立运作。叶巴滩公司经华电金沙江上游水电开发有限公司授权，全面负责位于西藏自治区贡觉县和四川省白玉县交界的金沙江干流上的叶巴滩电站的开发建设和运营管理。

叶巴滩电站总装机容量224万千瓦（4×54万千瓦+4万千瓦环保机组），多年平均发电量91.83/102.22（单/联）亿千瓦时。

【领导人员及变动情况】

副总经理（主持工作）：贾忠奇

党委书记：吴昌辉

党委副书记、纪委书记、工会代主席：雷大友

副总经理：曾乾礼　申宏波　王道荣

主要领导变动情况：

2015年5月4日，华电金沙江上游水电开发有限公司决定叶巴滩公司与波罗筹备处分离，叶巴滩公司独立运作，陈为明不再担任叶巴滩公司副总经理。

2015年5月4日，华电金沙江上游水电开发有限公司决定申宏波任叶巴滩公司副总经理。

【前期进展】一是抓好设计联系协调，加快专题设计工作。实行前期工作周报制度，安排专人紧盯成勘院各项设计工作进展，及时跟踪督促计划落实。加强地方沟通协调，及时开展环评公示、公众参与，落实地方政府出具支流保护承诺函，2015年9月初完成了项目环评公示和公众参与工作，11月取得西藏自治区关于藏曲河不再进行水电开发的承诺函，为相关专题审查奠定了可靠基础。二是积极跟踪协调，及时完成专题审批。2月环保部批复了“三通一平”工程环保报告书，3月取得了四川、西藏两省区“三通一平”等工程开工批复，9月取得水利部关于项目水土保持方案批复。环境影响报告于12月8日—12日通过环保部评估中心审查；防震抗震设计专题报告于12月28日—29日审查。截至12月底，叶巴滩电站已审查通过并取得主管部门批复专题共20项。三是抓好现场管控，地勘工作快速推进。实施地勘工作倒排计划，每周组织召开业主、设计工作例会，6月完成了第①序勘探任务（平洞1115米/11洞；钻孔1980米/13孔），9月完成了第②序勘探任务（平洞1110米/11洞；钻孔1740米/26孔），12月完成了第③序勘探任务（平洞450米/5洞；钻孔560米

/11 孔），圆满完成可研阶段勘探工作。

【征地移民及地方协调】一是完成“三通一平”工程开工项目征地工作。该建设公司高度重视地方协调，积极主动开展多层面多层次的协调沟通，白玉县委、县政府于 5 月调整充实了由县委副书记、县长任组长的叶巴滩水电站建设征地移民协调工作领导小组，并驻守盖玉现场协调解决征地工作，经公司、协调领导小组精心组织实施、共同努力推进，6 月上旬完成枢纽区征地并签订了相关协议。二是顺利完成电站实物指标成果确认及移民安置规划大纲审查。积极协调西藏贡觉县、江达县和昌都市，多次召开三县“县界”争议沟通会，妥善解决了“县界”争议，3 月完成两省区实物指标成果确认工作。7 月 15—17 日，两省区会同水规总院在成都共同组织审查，通过了叶巴滩电站建设征地和移民安置规划大纲，11 月、12 月先后取得四川、西藏两省区关于电站移民安置规划大纲的批复。三是积极协调移民安置规划报告审查。叶巴滩规划报告于 9 月完成内审，成勘院于 10 月完成规划报告的修改工作，报送江达、贡觉、白玉三县审查并取得上报文件，昌都市及甘孜州已召开审查会，取得甘孜州上报文件。四川省移民局请示水规总院联合会审，积极协调昌都市出具上报文件。四是及时完成电站“三通一平”工程使用林地的相关手续。9 月、12 月分别取得了四川、西藏两省区林业厅关于电站“三通一平”工程使用林地的批复文件。五是顺利完成电站用地预审市州县级审查工作。协调两省区国土厅进行审查。六是积极落实地方协调工作。落实了叶巴滩勘探用炸药的保供协调，以及勘探区临时占地协议的签订；与白玉县、贡觉县签订治安管理工作协议，协调落实两县警察进驻工地现场；经过与四川省、州移民局沟通协调，签订了叶巴滩电站 2015 年规划配合费支付协议。通过有效协调，保障了工程建设有序开展。

【安全生产总体平稳】坚持“安全第一，预防为主，综合治理”的安全生产方针，围绕工程建设实际和现场气候条件特点，开展安全隐患“大排查、大整治”、春秋季安全大检查、“安全生产月”等活动，认真做好防洪度汛、地质灾害隐患排查治理工作，加强在建工程的日常安全管理，积极开展新开工项目的安全文明施工策划与实施工作。公司全年未发生工程设备及各类人身伤亡事故，安全生产形势总体受控。

【工程质量管理取得较好成效】对先期开工建设的业主营地和 220 千伏施工供电工程，充分发挥监理作用，通过技术交底、旁站监督、巡查检查、试验检测等手段，严格把控工程质量，工程质量总体较好。针对 C3 标隧道围岩地质条件变化大，隧道工程质量安全隐患突出，采取了现场值班监督、发文要求整改、通报承包人后方、要求承包人成立现场督导组、向上级公司汇报请求协调解决等一系列措施，欧帕拉山隧道工程质量、安全状况有了明显改进。

【狠抓技术审查和设计优化，努力降低工程造价】牢固树立价值思维，创新工程管理理念，抓好招标设计阶段技术审查工作及施工图审查，积极开展设计优化：结合征地移民和地方协调进展情况，优化调整业主营地平面布置，避免了工程停工；对进场公路部分桥梁、挡护结构进行优化；调整降曲河排水洞进口桥梁与闸室的相对位置，取消进口边坡开挖和支护工程，优化取消 4 号支洞，将出口施工便道与 35 千伏变电站便道优化结合施工，优化减少排水洞泄槽段工程量；将 1 号砂石骨料系统大部分天然砂砾石料源优化调整为洞挖回采料，同时解决了邦果Ⅱ区天然料场征地困难、前期工程渣场紧张等问题；将 3 号公路河口桥改为渣场顶部明路；优化调整左岸高线 5 号、7 号公路线路，以及俄德西沟砂石骨料皮带运输系统线路；优化调整下游右岸 2 号公路临河侧场平工程；组织开展降曲河临时排水洞方案设计比选工作，解决 2016 年“三通一平”工程全面铺开后的弃渣难题。通过一系列设计优化，在从技术层面解决制约工程推进的困难，有效保障部分项目的工程进度的同时，也较大幅度节省投资。

叶巴滩电站 220 千伏中心变电站主变压器运输

（金上公司提供）

【全力加快前期工程建设进度】巴白路改（扩）建

工程C1、C2、C4、C5标及C3标明路段完成尾工施工及缺陷处理，绿化工作也大部分完成。在金上公司领导下，积极与中铁七局本部联系，督促加强对C3标项目部的管理、支持，加大欧帕拉山隧道工程人力、设备等施工资源投入，于5月完成试验段相关工作，并逐步恢复施工，隧道工程全年完成洞身开挖及支护566米。

【施工供电工程进展理想】220千伏施工供电工程建设单位强化施工组织管理，落实地方协调，整体建设较为顺利，工程6月通过四川省电力建设工程质量监督中心站质量巡检，全年完成全部208基塔基浇筑及组塔，以及全长107公里的线路架设，变电站完成所有土建工作，站内设备进场并具备安装条件。35千伏场内施工供电工程变电站进场道路完成施工，并完成部分塔基施工。

【业主营地工程进展基本顺利】6月6日营地工程举行了开工仪式，受地方协调影响，至10月才得以正常施工，到年底已完成地面附着物拆除、临建设施施工和征地移民工作，营地综合楼、食堂主体结构封顶，办公楼完成第2层板梁柱施工和1号、2号公寓楼基础混凝土浇筑。

【降曲河沟水处理等工程有序推进】降曲河沟水处理工程完成项目部及2号、3号支洞作业队营地建设，支洞口场平和排水洞出口便道基本完成，并开始各洞挖工作面明洞及洞脸处理；进场公路工程完成中段3公里毛路开挖；测量中心工程完成大坝工区原始地形测量、施工控制网复核等工作；场内低线公路工程完成部分临建工程施工。

【经营管理】一是大力推进“强基”工作。根据上级工作部署，结合公司实际，成立“强基”工作领导机构，将“强基”工作要求全面贯彻落实到电站开发建设全过程。金上公司“强基”工作指引印发后，及时研究宣贯工作，在全公司掀起全员学习贯彻“强基”工作指引的热潮，公司领导参加并指导分管部门的集中学习，工程部门认真组织参建单位进行集中宣贯，实现“强基”指引宣贯全覆盖，不折不扣指引实施工作，为建设“流域领先、行业一流”的“四好”工程奠定可靠的管理基础。二是切实做好信息化建设。抓好PMIS系统建设示点工作，认真做好与金上公司业务主管部门及国电南自项目组的沟通、联系和协调工作，组织开展人员培训，PMIS系统于10月试运行，并完成了与财务ERP系统的对接。三是抓好制度建设。根据公司管理模式调整及“三通一平”工程全面开工建设的实际需要，组织各业务部门按照“强基”工作指引，对公司现行管理制度进行系统修编，并结合实际认真组织开展贯彻，现初稿汇总基本完成。四是狠抓执行力建设。针对电站项目环评、巴白路隧道工程施工、移民安置规划报告等关键性工作，实施关键目标考核，明确节点目标和奖惩方案，兑现了专项目标奖惩。加强公文管理，及时跟踪、提醒、催办，全年完成收发文件流转620份（其中收文495份，发文125份）。五是加强资金管理，严控“五项费用”。依据年度投资计划及工程建设进展，编制月度、季度资金使用计划，提高资金的使用效率；严明财经纪律，规范财务流程，对五项费用执行严格的预算管理，强化节约意识，全年费用控制在上级下达预算内。六是加强后勤管理。完成盖玉临时营地春、秋两次修缮工作，完善后勤管理规定，营地办公、生活条件有了较大改善。开展后勤工作意见和建议调查，并结合实际安排落实。定点开展员工健康体检，建立员工健康档案。七是严抓交通安全管理。开展冬季、雨季安全行车专项教育活动，抓好车辆运行和维护管理，强化驾驶员安全教育，交通安全管理工作进一步得到加强。公司车辆全年安全行驶61万余公里，未发生交通安全事故。

【党群工作】一是抓好“三严三实”专题教育活动。制订印发“三严三实”教育活动实施方案，认真抓好教育活动专题党课、专题研讨及集中学习等重点工作，开展好对照检查、自查自纠，组织好党员领导干部专题民主生活会。二是落实党风廉政建设两个主体责任。印发落实党风廉政建设两个主体责任实施办法，研究制订各岗位廉洁风险点防控措施，制定工程建设管理“931”保廉准则，开展了由参建各方参与的“四方筑廉”活动，在现场和成都办公点设置党风廉政举报箱，公布举报电话、举报电子邮箱，强化常态监督和教育，畅通举报渠道，全年公司没有发生干部员工违法违纪情况。三是强化工会工作。召开公司工会第一次会员大会，选举产生工会“两委”，在职工生病住院、过生日、生育孩子期间开展送温暖活动，为公司职工配偶办理了大病互助保险，组织职工积极向西藏地震灾区爱心捐款11600元，树立了良好社会形象。四是加强宣传思想工作。围绕公司中心工作、难点工作开展职工思想动态分析，及时掌握职工关心关注热点，促进队伍和谐稳定。加大对外宣传，反映公司上下克服困难不断推进项目开发建设的情况，全年共报道新闻图片40余篇。

（叶巴滩公司）

华电金沙江上游水电开发有限公司巴塘（拉哇）建设公司

【企业概况】华电金沙江上游水电开发有限公司巴塘（拉哇）建设公司（以下简称“建设公司”）成立于2014年7月，隶属于华电金沙江上游水电开发有限公司，其前身为华电金沙江上游水电开发有限公司拉哇（苏洼龙）电站建设部、巴塘（昌波）水电站建设公司筹备处。主要负责金沙江上游川藏段巴塘、拉哇水电站的建设管理工作。

2015年年末，巴塘、拉哇水电站已完成预可研，全面展开可研设计工作。巴塘水电站正常蓄水位、施工总布置、坝址坝线枢纽布置、压覆矿产、地质灾害、文物考古、水文站影响评价、选址意见书、水土保持方案、行洪论证、规划符合性论证等专题报告已取得国家相关主管部门批复；两省区审查通过了实物指标调查细则及工作方案，下达了电站“封库令”，已完成实物指标调查工作；已完成移民安置规划大纲的编制工作，正在组织审查。巴塘水电站力争2016年具备电站核准条件。

拉哇水电站正常蓄水位、施工总布置、坝址坝线枢纽布置、压覆矿产、地质灾害、选址意见书、水土保持方案、行洪论证、规划符合性论证等专题已取得国家相关主管部门批复；两省区审查通过了实物指标调查细则及工作方案，并下达电站“封库令”，目前正在开展实物指标调查工作；拉哇水电站力争2017年完成电站核准。

【年度业绩】取得了水利部巴塘、拉哇水电站水土保持报告批复；取得了巴塘电站施工总布置调整报告审查意见；取得了巴塘水电站行洪论证、水规划符合性论证报告审查意见；3月，成立了巴塘、拉哇电站现场设代处，中南院、西北院分别筹建了拉哇电站设代处、巴塘电站设代处，并正式入住巴塘营地办公；完成了拉哇水电站最大洪水位专题报告审查；取得了巴塘电站、拉哇电站“三通一平”工程前期工作批复；完成了巴塘电站安全预评价报告审查；4月，取得了巴塘、拉哇电站“三通一平”工程林地使用手续；完成巴塘电站环保报告初稿、抗震设计及装机台数调整报告；5月，完成了巴塘电站移民安置规划大纲的编制和内审；正式开始拉哇电站实物指标调查工作。

【企业管理】合同管理水平逐步提升。建设公司严格按照上级要求，抓好合同管理，及时处理合同遗留问题，降低合同风险，着力造价控制。全年共签订合同23个，金额13839.74万元。完成巴拉路C1标结算1期，2866310.57元；巴拉路C2标结算1期，6316698.33元；巴拉路C3标结算1期，3998558.05；巴白路C2标结算1期，287880元；110千伏变电站巴塘结算3期，10057819元；110千伏变电站拉哇结算3期，11330090元；营地绿化结算2期，2347993.37元。

管理规范化。按照金上公司《“强基”工作指引》要求，该公司组织进行了全员学习，并按照指引对公司各项业务流程进行认真梳理，查漏补缺，共完成新增和修编制度144项、业务流程图113幅，对公司规范化管理提供了有效的制度保证和业务指导。

巴塘水电站坝址　　（金上公司提供）

【党的建设、精神文明建设、企业文化建设】认真开展“学系列讲话、学党章党规，做合格党员”学习教育和“两学一做、岗位争先”主题实践活动。大力加强服务型党组织建设，结合“强基”工作，健全完善相关制度40余项。全面贯彻落实党风廉政建设责任制，督促各级干部履行“一岗双责”，着力加强反腐倡廉教育；加强群团工作，做好“三力”工会创建，推进民主管理、厂务公开和维护职工权益工作，不断增强企业的凝聚力和向心力。

（朱　翔）

中电建水电开发集团有限公司

【企业概况】中电建水电开发集团有限公司（以下简称电建水电开发公司）于2006年10月在四川省成都市成立。注册资本金人民币47.17亿元。股东组成：中国水电股份公司持股82%、中国水电顾问集团成都勘测设计院有限公司持股6%、中国水利水电第七工程局持股6%、中国水利水电第八局持股6%。

该公司主营水电项目投资开发和电力生产销售，协调发展风电、太阳能等非水电业务。按照企业管理制度设股东会、董事会、监事会及经营管理层，拥有2家全资子公司、13家控股子公司和4家参股公司。总部设在四川省成都市高新区天府二街139号，有15个职能部门（详见组织机构图）。

至2015年年底，共有员工908人。大学文化程度472人，其中博士2人、研究生57人；高级以上专业技术职称124人,其中教授级高级工程师24人。

在建项目进度总体可控：电建股份投资最大水电项目安谷电站、公司首个援疆项目塔日电站分别于8月28日和5月15日提前实现全投；公司首个风电项目西昌风电一期12月8日首批机组并网发电。

筹建项目实现突破：夏特电站、西昌风电二期、新疆光伏一期完成核准，浑水塘光伏一期完成核准并于年底具备发电条件；巴拉电站环评取得重要进展，栖息地生境保护总体规划报告和“三通一平”环评报告获批。

【主要经济指标】2015年，全年完成固定资产投资28.81亿元;发电装机容量达284.5万千瓦，完成发电量100.63亿千瓦时，同比增长27.17%；实现营业收入25.09亿元；实现利润总额1.71亿元；总资产达332.72亿元，比年初增加21.02亿元；负债253.91亿元，资产负债率76.32%，比年初上升1.13个百分点。

【领导班子】2015年电建水电开发公司领导班子成员：董事长（法人代表）、党委副书记荣其富；总经理、党委副书记杜学泽；副总经理、党委书记职小前；副总经理张跃涛、罗朝国（兼总会计师）、杨建明、刘万海、杨清（兼总工程师）、刘运发；党委副书记、纪委书记、工会主席李宏伟。（6月5日中电建股党干〔2015〕27号文，推荐李宏伟任工会主席； 2015年6月5日中电建股党干〔2015〕15号文，荣其富任党委书记，李宏伟任副书记、纪委书记； 7月30日中电建股党干〔2015〕33号文，杜学泽任党委副书记；10月14日中电建股党干〔2015〕63号文，职小前任党委书记、荣其富任副书记；10月14日中电建股干函〔2015〕8号文，推荐职小前为董事、副总经理，刘运华为副总经理。）

电建水电开发董事长、党委副书记荣其富调研西昌风电

【董事会、监事会成员】2015年董事会成员：许贺龙、唐定乾、张维荣、贺昌林、申茂夏、刘光华、荣其富、杜学泽、职小前、李宏伟。监事会成员为：李家俊、陆元务、张元刚、冯正文、金维、张高宏。

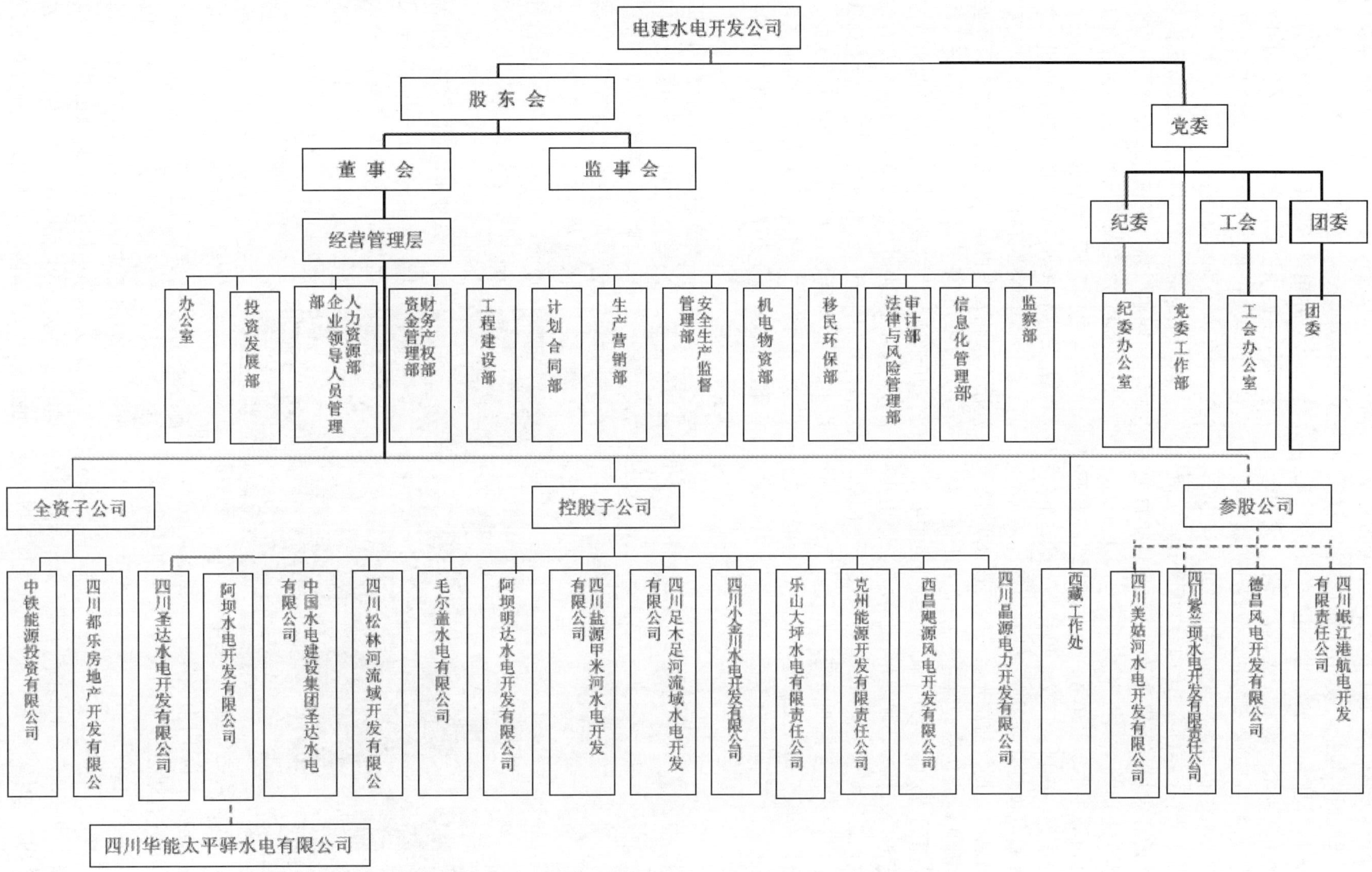

2015 年年底电建水电开发公司组织机构图

【重大项目】2015 年，电建水电开发公司已建成投产电站 18 个，总装机容量 291.5 万千瓦，年发电量超过 100 亿千瓦时，包括大渡河流域的安谷、大坪、沙湾、大金坪、洪一、木坡、明达电站，金沙江流域柳洪、坪头、甲米一级、二级、五一桥、龙三电站，新疆克孜河塔日勒嘎水电站以及岷江上游的柳坪、色尔古、毛尔盖电站，新能源项目西昌风电一期；在建项目 3 个，装机容量约 14.4 万千瓦，包括大渡河流域的春堂坝、杨家湾及新能源项目盐源光伏等；筹建项目 13 个，装机容量约 283.46 万千瓦，包括金沙江流域牛牛坝、瓦洛、瓦吉吉电站，大渡河流域湾三电站、美卧、三叉、巴拉、达维、下尔呷电站，新疆克孜河流域夏特、八村电站，及新能源项目西昌风电二期，盐源光伏二期。该公司控股开发水电、风电、光伏总资源量约 1200 万千瓦；参股资源权益量约 55.0997 万千瓦。投资业务主要分布在四川省乐山、雅安、阿坝州、甘孜州、凉山州等地，并进入新疆柯尔克孜州，筹备进入青海市场。

柳坪水电站：位于四川省阿坝州茂县境内，由阿坝水电开发有限公司开发管理，安装 3 台混流式水轮发电机组，总容量 12 万千瓦。2015 年发电 4.64 亿千瓦时。

电建水电开发公司总经理、党委副书记杜学泽调研西昌风力发电

色尔古水电站：位于四川省阿坝州黑水县境内，由阿坝水电开发有限公司开发管理，安装 3 台混流式水轮发电机组，总容量 15 万千瓦。2015 年发电 5.62 亿千瓦时。

毛尔盖水电站：位于四川省阿坝藏族羌族自治州黑水县境内，由毛尔盖水电有限公司开发管理，安装 3 台混流式水轮发电机组，总容量 42 万千瓦。2015 年发电 14.62 亿千瓦时。

沙湾水电站：位于四川省乐山市，由四川圣达水电开发有限公司开发管理，安装 4 台轴流式水轮发电机组，总容量 48 万千瓦。2015 年发电 17.82 亿千瓦时。

大金坪水电站：位于四川省雅安市石棉县松林河流域，由四川松林河流域开发有公司开发管理，安装 3 台混流式水轮发电机组，总容量 12.9 万千瓦。2015 年发电 3.38 亿千瓦时。

洪一水电站：位于四川省雅安市石棉县洪坝河流域，由四川松林河流域开发有公司开发管理，安装 2 台混流式水轮发电机组，总容量为 8 万千瓦。2015 年发电 2.76 亿千瓦时。

五一桥水电站：位于四川省甘孜州九龙县九龙河，由中铁能源投资有限公司开发管理，安装 3 台混流式水轮发电机组，总容量 13.2 万千瓦。2015 年发电 4.99 亿千瓦时。

甲米河一、二级水电站：位于四川省凉山州盐源县境内，由四川盐源甲米河水电开发有限公司开发管理，甲米河一级水电站安装 3 台混流式水轮发电机组，总容量 3.6 万千瓦。2015 年发电 1.36 亿千瓦时。甲米河二级水电站安装 3 台混流式水轮发电机组，总容量 2.4 万千瓦。2015 年发电 0.54 亿千瓦时。

安谷水电站：位于四川省乐山市境内，由中国水电建设集团圣达水电有限公司开发管理，装机 4 台 19 万千瓦和 1 台 1.2 万千瓦轴流转桨式水轮发电机组，总装机容量 77.2 万千瓦，2015 年 9 月 13 日机组全部投产发电，2015 年完成发电 24.81 亿千瓦时。

木坡水电站：位于四川省阿坝州境内，由四川小金川水电开发有限公司负责开发管理。安装 3 台水轮发电机组，总容量 4.5 万千瓦，2015 年完成发电量 1.54 亿千瓦时。

塔日勒噶水电站：位于新疆柯尔克孜自治州乌恰县吾合沙鲁乡的克孜勒苏河中游河段上，由克州新隆能源开发有限公司管理开发。安装 4 台，单机容量 1.25 万千瓦混流式水轮发电机组。2015 年 5 月 19 日机组全部投产发电，2015 年完成发电 1.73 亿千瓦时。

柳洪水电站：位于四川省凉山彝族自治州美姑县境内，是美姑河水电规划“一库五级”方案的第四级水电站。由四川美姑河水电开发有限公司开发管理。安装 3 台水轮发电机组，总装机容量 18 万千瓦，2015 年完成发电量 7.34 亿千瓦时。

坪头水电站：位于凉山彝族自治州境内，由四川美姑河水电开发有限公司开发管理。安装3台水轮发电机组，总装机容量18万千瓦，2015年发电6.80亿千瓦时。

春堂坝水电站：位于四川省阿坝州境内，引水式开发，由四川小金川水电开发有限公司负责开发管理。装机3台，总容量5.4万千瓦，总投资7.81亿元。2015年年底完成累计投资2.0亿元。

杨家湾水电站：位于四川省阿坝州境内，为引水式开发，由四川小金川水电开发有限公司负责开发管理。装机2台，总容量6万千瓦，总投资8.38亿元。2015年年底完成累计投资0.84亿元。

大德风电场：位于四川省凉山彝族自治州西昌市安宁河谷黄水乡境内，总装机容量9.5万千瓦（38×0.25），设计装机等效年利用小时达2115.2小时，年发电量约2亿千瓦时。工程于2014年8月16日取得项目核准并正式开工建设，于2015年内实现全部机组投产发电。该项目由西昌飔源风电公司负责项目建设和运营，一期工程由中国电建集团成都勘测设计研究院有限公司负责EPC（设计、建设、采购）总承包，由湖南水利水电工程监理承包总公司负责项目监理。2015年12月10日第一台机组发电，共完成年发电量410万千瓦时。

浑水塘光伏一期：盐源县浑水塘光伏项目一期工程位于四川省凉山州盐源县卫城镇境内，电站装机容量3万千瓦。设计装机等效年利用小时达1385.6小时，年发电量约4156.7万千瓦时。项目由四川晶源电力开发有限公司负责工程建设和生产运营，由电建集团昆明勘测设计院负责EPC总承包。于2015年5月取得项目备案，同年10月中旬开始施工，12月30日通过项目启动验收。

【改革发展】一是电力营销，公司电力营销筹划组建售电公司，与50多家企业签订直购电协议。落实了安谷电站年利用小时数和毛尔盖电站留州电量，CCER创收600余万元。二是改革重组。完成了与中国电力建设集团有限公司西藏分公司的合并和与中国电力建设集团有限公司美姑河公司的整合，调整了内部组织机构和部门设置，启动实施干部人事和薪酬制度改革，结合“三项制度”改革，公司机关各部门处长及以下管理管理岗位员工完成“双向选择、考核聘用”工作工作。三是对产业布局结构调整。在市场空间上，巩固四川、拓展新疆、挺进西藏，努力争取缅甸项目并进入国际；在产业结构上，策划收购川疆滇一批水电项目，全面启动凉山州光伏、风电项目开发，关联地产乐水上城加力销售，探索研究了川内部分市政工程PPP项目开发模式。四是开展精益化管理。继续强化投资、进度、质量刚性管控，保持本质安全局面，财务资金管理、成本控制成效明显，电力生产标准化建设再上台阶，风控管理与法制、审计和效能监察协同推动，信息化管理职能得到提升，建成总部应急管理平台和信息中心。五是加强党建和反腐倡廉建设。全面开展“三严三实”专题教育活动，组织实施两级党政班子换届和中层干部交流，落实反腐倡廉建设责任制，抓实各专项工作，持续改进作风建设。

【王帮明被授予“四川省劳动模范”荣誉称号】4月27日，四川圣达水电开发公司安谷水电站值长王帮明荣获“四川省第七届劳动模范”荣誉称号。

【西昌风电一期工程首批机组正式并网发电】12月8日，电建水电开发公司控股开发的第一个新能源项目—四川凉山安宁河谷西昌风电一期工程（黄水、洼恼风电场）首批机组正式并网发电。项目建成投产对于提升该公司可持续发展能力、缓解四川电网枯水期负荷紧张局面、助推凉山脱贫奔小康。

【四川圣达水电开发有限公司、阿坝水电开发有限公司通过标准化良好行为“AAAA”确认】2015年7月18日、11月11日，四川圣达公司通过国家标准化良好行为“AAAA”级企业确认验收审核。11月11日，阿坝水电公司通过电力企业标准化良好行为“AAAA”级企业确认审核。

【党建工作】2015年，电建水电开发公司党委贯彻落实中国电力建设集团股份有限公司党委的决策部署，一是深入学习贯彻中共十八大等重大会议和习近平系列重要讲话精神，强化思想建设，深化理论武装。二是持续抓好党的组织建设、班子建设、队

电建水电开发公司副总经理党委书记职小前调研西昌风电

伍建设，充分发挥政治核心作用。三是持续抓好反腐倡廉建设和作风建设，落实“两个责任”，深入开展“三严三实”专题教育活动，促进作风建设常态化、长效化，有效防止问题反弹。四是持续抓好制度建设，推进依法治企，努力打造“阳光央企”。五是坚持党建带群建，充分发挥群团组织桥梁和纽带作用。

【企业文化】一是加强了企业文化建设的制度建设，制定了电建水电开发公司《企业文化建设管理办法》《企业文化建设三年工作规划》两个指导性文件，明确了3年内企业文化建设的指导思想、基本内容、总体目标和工作步骤。二是印发了公司《企业文化核心价值理念》，提出了企业使命、企业愿景、企业精神、经营理念等内容。三是提升了公司形象宣传片，全面展示了公司发展改革成果。四是配合有关部门对新入职的大学毕业生进行了企业文化宣贯培训。五是协调有关部门完成公司诚信建设和品牌建设有关资料的收集上报工作。六是开展了丰富多彩的文化活动，公司本部和各子公司先后组织开展了文艺汇演、体育比赛、趣味游园、读书演讲、劳动竞争等文化活动。

【共青团工作】2015年，电建水电开发公司团委青年思想政治教育工作紧扣时代主题，始终引领青年员工思想潮流；团的品牌活动精准服务企业中心工作，精准服务青年成长成才，开展“号手岗队”创建、“推优荐才”、青年创新创效、青年志愿服务等活动，队建设不断加强和改进，组织建设更加科学规范，健全和完善各项工作制度。2015年共有8个集体和26名个人受到各级团组织的表彰奖励。

2015年5月21日，公司组织开展流域项目联合防汛演练

【工会工作】2015年，该公司工会紧紧围绕电建水电开发公司发展的新要求和中心任务，以增强“工会工作服从服务于公司发展大局、维护、创新”三个意识，开展电力板块劳动竞赛，试点建设“技术创新工作室”，评树劳模，通过劳模分享会等形式发挥先进引领工作；开好“双代会”，积极参与管理，做好民主监督，安全把关，建立了群安员工作制度，形成了安全生产监督的“另一只眼睛”；组织开展“六有”征文活动，形成了良好舆论氛围，激发广大员工爱岗敬业的热情；极推进“职工书屋”建设，创新职工技能素质培训的方式、载体和手段，全面提升培训质量和水平；“以职工为本，主动、依法、科学维权”，做好建家、困难帮扶、女职工工作，更加注重工会组织的效能建设，切实发挥工会组织的桥梁和纽带作用。

【纪检监察】2015年，电建水电开发公司党委认真贯彻落实主体责任，支持纪委落实监督责任，反腐倡廉建设不断深化，总体保持了稳定、可控的良好态势。全年，未发现公司班子成员违反政治纪律、政治规矩、“八项规定”及不廉洁行为。一是认真抓落实，切实履行好党委主体责任，公司党委按照“全面部署、全面推进、全面深化”认真履行党委主体责任，在党风廉政建设责任制、领导班子落实“一岗双责”、坚持民主集中制、执行“三重一大”集体决策制度等方面成效明显，主要抓好工作统筹部署、制度规范建设、体制机制创新、任务督促落实，支持纪委探索“三转”，借鉴专项巡视创新推行专项巡检，确保政治规矩、政治纪律等党纪政纪以及公司规章制度、公司决策落实。二是全力支持纪委按“三个落实”履行好监督责任。公司党委支持纪委认真抓好监督、执纪、问责“三个落实”，主要抓好责任书签订、惩防体系建设、效能监察、专项巡检、廉洁风险防控、廉洁文化建设、纪律审查、强化问责等工作，提高了反腐倡廉建设工作成效。

【履行社会责任】3月5日，四川圣达公司与沙湾水电站移民村开展“关爱困难留守儿童”活动，心捐款51053.5元，捐献各类物资数以千计；5月5日，中国水电圣达公司工会、团委给西藏或四川阿坝、甘孜州捐赠衣物300余件，书籍50余本；6月9日，足木足公司全体员工向公司驻地阿坝州马尔康县日部乡捐赠20000元；6月25日，小金川公司在抚边河流域木坡电站上游库区放流一万尾长须裂腹鱼和齐口裂腹鱼鱼苗；9月17日，安谷水电站向大渡河流域放流胭脂鱼、长薄鳅等珍稀鱼苗30余万尾；10月18日，毛尔盖公司放流齐口裂腹鱼、重口裂腹鱼和松潘裸鲤共计30万尾。

（文中图片均由中电建水电集团公司提供）

（刘元秀）

华能四川水电有限公司

【企业概况】华能四川水电有限公司（以下简称“华能四川公司”）是中国华能集团公司在四川设立的区域公司，该公司注册资本人民币 14.7 亿元，其中华能集团公司占51%、华能国际电力股份公司占49%。

该公司目前有 9 个控股子公司，分别为太平驿公司、宝兴河公司、东西关公司、嘉陵江公司、康定公司、涪江公司、明台公司、巴塘公司和泸定公司，分布在四川省的都江堰、雅安、绵阳、南充、广安、阿坝、甘孜等地区。

华能四川公司本部设有总经理工作部（信息中心）、计划部、工程部、移民环保部、财务部、生产技术部（安监室）、市场营销部、人力资源部、监察部、审计部、思想政治工作部、实业管理部共 12 个部门。截至 2015 年年底，公司在册职工 850 人，平均年龄 37.7 岁。具有大专及以上学历的职工 785 人，占职工总数的 92.4%；具有各类专业技术资格人员 677 人，占职工总数的 79.6%。

该公司于 1990 年开始在四川“三江两河”（嘉

东西关电站技改增容机组 4 号机转子吊装完成
（华能四川公司提供）

陵江、岷江、涪江、宝兴河、瓦斯河）流域进行中型水电开发，截至 2015 年年底，华能四川公司水电开发涉及“三江四河”流域（岷江、嘉陵江、涪江、宝兴河、瓦斯河、巴楚河、大渡河），规划水电站共 31 座，总装机容量 500 万千瓦左右。其中，已建成投产 19 座水电站（太平驿、雨城、铜头、东西关、明台、青居、小关子、冷竹关、自一里、小天都、硗碛、水牛家、木座、阴坪、宝兴、红岩、古城、飞仙关、拉拉山），投产总容量 252 万千瓦。在建电力项目民治电站 10 万千瓦，开展前期和规划的项目 13 个，其中水电项目 12 个，总容量 239.8 万千瓦；火电项目 1 个，容量 200 万千瓦。

截至 2015 年底，该公司累计发电超过 1396 亿千瓦时，上缴地方税收 71 亿元，为四川经济社会发展做出了重要贡献。

【安全生产保持平稳】华能四川公司认真贯彻国家新《安全生产法》等法律法规要求，以制度化建设、应急管理、大修技改、标准化建设为重点，大力推进安全生产各项工作。深入开展“六打六治”打非治违、危险化学品安全检查等专项活动，及时排查治理各类安全隐患 531 项，进一步夯实了安全生产基础。强化安全生产绩效考核，修编并发布公司安全生产考核办法，制订了基于安全生产体系关键控制点的检查标准，规范检查行为，促进体系标准在各单位的全面落实。加强应急管理，精心组织，高质量完成太平驿电站地震灾害应急演练，受到华能集团公司专家组肯定；完成公司本部 15 个应急预案修订、评审和发布工作；应急通信系统建设取得阶段性成果，应急能力进一步提高。

【生产经营保持领先】2015 年，四川电力市场形势异常复杂严峻，该公司多措并举，扎实做好生产经营工作。一是积极争取电量计划。积极协调政府相关部门，运用川藏联网、留州电量等政策，调增年度发电量计划。二是千方百计开拓电力市场，积极联系直供电用户，充分利用电力交易平台，积极参加替代发电市场交易。三是加强经济运行和流域优化调度，加大电费回收力度，争取优惠利率贷款。深化与银行合作，取得了国家贴息 90%的国家开发银行发行的专项建设资金 4 亿元，用于硬梁包电站建设。经过不懈努力，2015 年，华能四川公司完成发电量 100.09 亿千瓦时。

【基建前期积极推进】华能四川公司按照抓质量、抓安全要求，积极开展基建管理。全年公司在建和施工准备项目没有发生安全、质量事故，工程建设造价和合同管理总体受控。积极推进民治水电站建设，民治水电站全面完成年度施工计划，首部枢纽工程、引水隧洞工程、厂房土建工程基本完工，施工重点全面转向机电安装，并完成 3 台机组定子吊装。积极推进硬梁包电站前期工作，获得硬梁包电站“先移民后建设”项目核准。省发改委审议通过硬梁包电站项目申请核准报告，并上报省政府。积极开展设计优化，调整硬梁包电站引水发电系统的设计方案，预计可节省工程投资 3 亿元。稳步推进硬梁包电站施工准备工作。积极推进已投产电站的完工结算和竣工验收工作，古城水电站完成竣工阶段的质量巡视和安全鉴定，完成水保、环保和工程档案专项验收，红岩水电站完成竣工阶段水保、环保专项验收，拉拉山水电站完成竣工阶段的质量巡视，完成水保专项验收等工作。

【区域管理水平进一步提升】华能四川公司制定了创一流“十三五”规划，明确“十三五”工作目标和重点措施，制定年度管理提升重点措施计划，促进管理水平提升。强化依法治企，成立实施法制工作五年规划领导小组，制定公司 2015—2019 年法制工作规划，明确“十三五”法制工作目标和主要任务。修订完善制度管理规定，废、改、立制度 80 多项。深化内控体系建设，修订公司内控手册，完善考核评价制度。加强物资采购管理，增设物资管理人员，系统梳理招标和物资采购制度，严格执行华能招标管理和物资采购新要求。加强审计监督，公司系统基层单位负责人任期经济责任离任审计达到 100%，强化整改责任落实，建立审计整改台账，健全审计闭环管理机制。开展审计整改“回头看”，整改完成率 92.7%。该公司加强信息化建设，强化信息安全管理，稳步开展 ERP 深化应用、安全生产应急管理平台、基建管理系统等建设，实现了公司办公、生产、财务等业务信息化全覆盖。努力提高信息系统应用水平，在华能集团公司举办的 2015 年水电 ERP 系统应用竞赛中，太平驿公司取得了团体第一名的好成绩。

【党的建设得到进一步加强】华能四川公司认真落实全面从严治党要求，管党治党意识不断提高。成立党建工作领导小组，加大党建工作考核权重，完善责任书、要点、考核“三位一体”责任体系，全面开展党委书记抓基层党建述职评议考核。持续深化理论学习，认真学习习近平系列讲话精神，深入推进学习型党组织建设，制定落实公司党员教育培训实施方案。反腐倡廉建设深入推进。深入学习贯彻《准则》和《条例》，制定党风廉政建设主体责任和监督责任的实施办法，完善《党风廉政建设责任制实施办法》等 8 项制度，把纪律和规矩挺在前面。制订《主体责任清单》，开展企业领导人员廉洁谈话，公司党委主要领导、纪委书记分别约谈了各基层单位党委主要领导和纪委书记。完善纪检监察机构设置，监察、审计部门实现分设，纪委书记实现专职化。常态化推进作风建设，全面完成党的群众路线教育实践活动整改和巡视整改任务，“三公”经费同比大幅下降。认真开展“三严三实”专题教育，聚焦并着力解决“不严不实”问题。规范基层党支部“三会一课”，举办基层党组织书记培训，召开“三会一课”推进会。召开党员示范行动推进会，深化以“安全生产、节能减排、降本增效、遵纪守规”为主要内容的党员示范行动。加强领导班子建设和干部队伍建设，严把干部选拔任用关口，从严监督和管理领导班子和领导干部。本部与基层单位领导班子交流任职 2 人，建立基层干部到本部挂职锻炼常态机制，从基层选调 8 人到本部挂职，加强技术、技能人员培训，积极推进基层单位机构设置改革和培训基地建设。

【和谐企业建设取得新进展】华能四川公司认真践行社会主义核心价值观，开展“基于社会主义核心价值观的企业文化实践”课题研究，举办“爱岗敬业、无私奉献”道德讲堂。召开第三次工会会员代表大会，完成工会换届选举，深化厂务公开管理，调整厂务公开领导小组，修订厂务公开管理办法。开展“职工之家”评优活动，嘉陵江、宝兴河公司“职工之家”通过四川公司和地方工会达标验收。广泛开展形式多样的文体活动，团青课题“水电流域开发中青年员工工作状态及对策研究”受到华能集团公司表彰。认真履行社会责任，成立扶贫工作领导小组，制定扶贫方案，选派两名干部到阿坝县、昭觉县驻村帮扶。定点扶贫项目羊高电站正式移交地方相关部门，圆满完成定点扶贫任务。完成黑水县色尔古乡双联扶贫项目，组织职工积极捐款，帮助阿坝县茸安乡阿斯玖村困难村民危房改造和重建，向甘孜州、阿坝州捐款 100 多万元，改善贫困群众生活和教育条件。

【获得荣誉】

1. 太平驿公司安生部荣获华能集团公司“安全生产先进集体”；

2. 太平驿公司安生部水工班荣获华能集团公司“双争双优”先进集体；

3. 宝兴河公司集控中心运行三值获得华能集团公司团委“青年五四奖状”表彰；

4. 康定公司荣获中共华能集团公司党组“2015

年度先进企业”；

5.康定公司荣获华能集团公司“文明单位”；

6.康定公司荣获 2015 年度中国华能集团公司“先进集体”；

7.康定公司荣获中共四川省国有资产监督管理委员会“先进基层组织”；

8.康定公司第三党支部荣获省国资委党委“先进基层党组织”；

9.康定公司拉拉山项目部荣获国家能源局四川监管办公室“2014 年度四川电力安全生产先进集体”；

10.2015 年 1 月，涪江公司获得华能集团公司“文明单位”的荣誉称号；

11.太平驿公司陈正刚总经理荣获四川省国资委“践行三严三实”优秀领导干部荣誉称号；

12.太平驿公司安生部张小平荣获省国资委“双争双优”先进个人；

13.宝兴河公司赵付华获得华能集团公司“先进个人”表彰；

14.康定公司何虎昌荣获国家能源局四川监管办公室“2014 年度四川电力安全生产先进个人”；

15.康定公司李国平荣获华能集团团委 “2014 年度青年五四奖章”；

16.康定公司李国平荣获国家能源局四川监管办公室“2014 年度四川电力安全生产先进个人”；

17.康定公司王福科荣获四川省人民政府“四川省劳动模范”；

18.康定公司范小波荣获四川公司 “2015 年度水电自动装置检修工技能竞赛第三名”；

19.康定公司马星论文荣获“2015 年度全国电力企业管理创新优秀论文三等奖”；

20.康定公司马星荣获中央企业团工委“中央企业青年岗位能手”荣誉称号。

（文中图片由华能四川公司提供） （翁昌友）

四川华能太平驿水电有限责任公司

【企业概况】1991 年由中国华能集团公司、国能能源投资公司、阿坝州人民政府合资修建四川华能太平驿水电站，该电站位于四川省汶川县银杏乡境内。电站安装 4 台水轮发电机组，单机容量 6.5 万千瓦，总装机容量 26 万千瓦。水库库容 92 万立方米，最大引用流量 250 立方米/秒，设计水头 108 米。多年平均发电量 16.87 亿千瓦时，年利用小时数 6488 时，保证出力 10.4 万千瓦。电站工程主要包括首部枢纽、引水系统、厂区枢纽和送出线路。

1991 年，太平驿电站被列入国家“八五”重点建设工程，于 7 月 1 日正式开工建设，经过紧张施工和艰苦努力，第一台机组于 1994 年 11 月 10 日正式并网发电，最后一台机组于 1996 年 2 月 10 日投产发电。

太平驿电站在建设中得到了国家的殷切关怀和莫大支持，在建期间全国人大常务委员会委员长乔石、国务院副总理邹家华亲临电站视察工作，并提出了“水电要滚动、梯级开发”的发展战略，四川省人民政府副省长马麟多次到建设现场视察工作。在领导的关心下，电站建设者努力奋战，只用了 40 个月提前实现第一台机组并网发电，创下了电站建设周期短、投资省、质量好、效益好的纪录。

电站建成后，为理顺管理体制，提高科学管理水平，1996 年，依照《公司法》对电站进行了改制，由中国华能集团公司、中水集团分别以 60%、40%的投资比例，成立了四川华能太平驿水电有限责任公司，公司实行董事会领导下的总经理负责制，负责经营、管理太平驿水电站。

太平驿公司成立以来，紧紧以 “满发稳发，度电必争、创最佳经济效益”为经营方针，广泛运用先进、成熟，科技水平含量高的设备，努力提高水力发电运行的安全，增加设备的可靠性。公司按照“少人值守，无人值班”的原则实现了全计算机监控系统远方监控。在经历了 2008 年特大地震后，该公司经过艰难的恢复重建，发电能力恢复到震前水平，其后连续多年发电量连创新高。截至 2015 年 12 月 31 日，已累计发电 278.268 亿千瓦时，年平均发电利用小时超过 5500 小时，平均等效可用系数超过 90%，各项指标在同行业名列前茅，为企业发展和民族地区经济振兴及灾后重建做出了积极贡献。

【领导班子】公司董事长张伟，总经理陈正刚。

2015 年公司领导班子成员

表 6

姓　名	职　务	任职时间
陈正刚	总经理	2014 年 1 月---
李东风	党委书记、副总经理	2011 年 5 月---
曹　核	副总经理	2013 年 4 月---2015 年 10 月
黄　金	副总经理	2010 年 6 月---2015 年 8 月
黄　金	纪委书记	2015 年 8 月---
庞　飞	副总经理	2015 年 10 月---
程　洪	顾　问	2013 年 5 月---

【机构人员】公司职能部门设有：经理工作部、安全生产部（含安监室）、财务经营部、后勤管理部共四部。截至 2015 年年底，在职职工 171 人。其中，管理、专业技术岗位 18 人，生产岗位 80 人，服务性岗位 52 人，其他岗位 21 人，职工中具有各类专业技术职称的 62 人，其中高级 8 人，中级 28 人，初级 26 人。

【生产经营】2015 年，太平驿公司一边抓好灾后恢复建设，一边抓好安全生产经营，在安全生产和经营管理上取得了较好的成绩。该公司于 11 月 27 日，提前 4 天完成年初下达的生产发电任务，实现营业收入逾 3 亿元，上缴税费 1.1 亿元，为公司全面提升发展能力创造了条件。

【重大工程建设】(1)“7·10”泥石流灾害恢复生产项目：经过三年艰苦努力，太平驿电站恢复生产工作已近结束，但由于电站周边脆弱的地质环境，地质灾害隐患较多。因此，在 2015 年枯水期，该公司加大了对大坝恢复生产项目的实施力度，赶在汛期前完成了大坝各工作门的防腐处理和水封更换、各液压站设备的检查维护，完成了拦木栅取水口改造后的防漂拦渣网增设，大坝下游河堤修建、修复加固及右岸进坝路恢复工程施工等工作，确保了公司安全生产。

阿坝州委常委、汶川县委书记蒋刚（右）在太平驿电站调研

（贯立　摄）

（2）完成的主要设备设施修复：太平驿公司根据设备在复杂地质环境下运行状况，及时开展了设备工况调研，摸清设备的安全隐患，确定设备技术改造项目。先后完成了 4 号机组 A 修，1 号、2 号、3 号机组汛前 C 级检修和机组、主变保护年检及高压电气设备的年检预试；完成了 110 千伏及开关站 220 千伏接地引下线改造工作。针对近年来河道泥沙含量及过机推移质剧增，已经造成同流域上下游电站水轮发电机组严重受损的情况，该公司制定了针对机组过流部件损害的专项预防性检查措施，通过检查，及时发现并消除了 7 台次机组水轮机转轮、尾水锥管、顶盖竖筋板裂纹、掉块等安全缺陷，确保了机组安全运行。

【生产新纪录】2015 年 11 月 27 日，电站提前 4 天完成年初下达的发电量目标任务，标志着该公司在灾后已经具备正常持续的安全生产能力。

【企业管理与企业改革情况】2015 年，该公司认真分析管理上存在的利弊，提出以“提升管理水平，创造管理效益”为目标，进一步规范财务制度，加大资金计划管理，推进粗放性管理向精细化管理的转变。公司结合华能集团公司开展审计整改回头看以及财务管理自查等系列工作，有效部署，积极作为，清理历史老账。在合同管理中，公司加强对合同风险的控制，严格履行程序，更加注重法律风险的审查、把控，努力把经营风险降到最低，全年合同执行正常。

【科学技术发展和新技术的应用】该公司在恢复生产过程中，积极寻求新技术应用，结合对设备运行工况调研，完成了开关站厂区接地网改造；积极探索2号机组防油雾装置的技术改造。2015年，在华能四川公司的支持下，开展了机组安全隐患整治技改可研工作，积极推进公司的设备技术改造工作。

【职工教育情况】2015年太平驿公司加大了职工的培训力度。以安全生产工作为中心，结合公司工作实际，从安全生产、生产技术、生产技能、企业文化等多方面对员工进行了培训。全年，开展各类培训共127次，参加培训共计435人次，培训总时数共430课时。

2015年，该公司还重视技能人才培训，鼓励技能人员积极参加职业资格晋升。公司主动安排符合条件的职工参加职业技能资格的培训和考试，共送出培训3次，培训人次6人次，其中，1人取得技师资格,2人取得高级工资格，进一步提高了公司员工的整体素质。

【获得省以上荣誉称号】2015年10月，公司总经理陈正刚荣获四川省国资委“践行三严三实”优秀领导干部荣誉称号；12月，公司安生部荣获华能集团公司“安全生产先进集体”；12月公司安生部水工班荣获华能集团公司“双争双优”先进集体，班长张小平荣获“双争双优”先进个人。

【党的建设和精神文明建设】2015年，该公司党委认真落实党风廉政建设主体责任，坚持“一岗双责”，全面落实党风廉政建设责任制，制定了《落实党风廉政建设党委主体责任、纪委监督责任实施细则》，对党风廉政建设进行具体分解细化，落实责任。公司取消了纪委书记兼职务，增设了专职监察员，加强监督力度。

太平驿公司党委按照华能四川公司党委统一安排，认真开展“三严三实”专题教育。印发了《太平驿公司开展“三严三实”专题教育实施方案》，明确专题教育的指导思想，着力解决的突出问题、所要对照的标准、方法措施。6月，公司党委书记及班子成员在公司党员干部大会上和各支部讲了党课。6月31日至11月7日，公司党委中心组按照规定开展了“严以修身、严以律己、严以用权”三个专题的研讨学习，并撰写了发言提纲14篇。为了找准问题，公司党委书记和4名党委成员深入一线与基层干部交心谈心，听取意见，开展调研，广泛征求基层群众的意见和建议。

该公司党委坚持把执行党的政治纪律、政治规矩放在首位，坚决贯彻落实中央八项规定、华能集团公司改进工作作风30条要求。公司把贯彻八项规定与专项巡视整改工作紧密结合，着重围绕办公用房、公务用车、公务接待、招投标、物资采购、“三重一大”决策管理、干部提拔等巡视整改共性问题开展自查自纠、深化整改。完成了公司超标车辆的封存工作，取消了领导班子公务用车，完成了超标办公室的整改，共计清退整改超标面积55.56平方米。公司重新修订了《“三重一大”决策管理办法》，建立了“三重一大”台账，较好地规范了公司“三重一大”制度的执行。

该公司党委注重基层党组织的建设，不断完善中心组学习制度，制定了基层党支部学习制度，加大了学习型党组织的建设力度。2015年，公司职工队伍建设得到了较好的发展，公司党委在一线基层发展新党员2名，预备党员转正6名，为组织建设注入了新鲜血液；公司加大了职工技能培训和职业道德教育，始终以华能的企业理念打造有责任、敢担当、有技能、甘奉献的企业职工队伍。2015年先后有3名职工评上了中级职称，1名职工晋升为技师。2015年，公司选派人员在参加华能集团公司水电资产管理系统竞赛中获得团体总分第一，一人荣获信息模块第一的优异成绩。

（贾　立）

四川华能宝兴河水电有限责任公司

【企业概况】四川华能宝兴河水电有限责任公司（简称宝兴河公司），坐落在四川省的西部城市雅安市，距省会成都120公里，成立于1991年5月，注册资本人民币5.161亿元，负责全面开发宝兴河流域水电项目。

该公司由华能四川水电有限公司、四川省电力开发公司、雅安市国有资产公司、长江水利水电开发总公司和雅安电力（集团）股份有限公司出资于1991年经省发改委批准组建。

宝兴河公司实行董事会领导下的总经理负责制。公司本部设有4个职能部门：经理工作部、安全生产部、财务经营部、基建办公室。公司现有职工194人，领导班子成员5人：总经理、党委副书记杨友均，党委书记、副总经理、工会主席林光杰，党委委员、纪委书记吴利燕，党委委员、副总经理张兴，党委委员、副总经理左坤。

2015年宝兴河公司年发电量30.7亿千瓦时，实现营业收入7.49亿元。该公司成立至今累计完成发电量371.48亿千瓦时，实现销售收入88.05亿元。

【安全生产工作】宝兴河公司围绕安全生产管理体系建设达标的要求，创新工作思路，明确工作责任，扎实推进体系文件的推广和落实，以体系建设指导安全生产。6座生产电站2015年发现设备缺陷299项，重要缺陷消缺率100%；办理各类工作票1842张、操作票845张，两票合格率100%。通过“春安”和各类专项安全检查的全面排查和重点清理，发现管理提升点181项，整改完成率达100%，进一步夯实了安全基础，安全管理水平不断提高。梯级6座生产电站完成检修项目49个，技改项目3个，线路维护项目9个，灾后重建项目27个。针对流域汛期灾害的特点，坚持落实24小时值班及信息报告制度，做好水库、大坝、库岸及厂房等重点部位的巡查，实现了6座生产电站和1个基建项目的安全度汛。

2015年12月14日，宝兴河公司召开五届六次党员大会（邓珅　摄）

【基建项目工作】针对民治水电站的工程特点，成立了工程安全领导小组，定期组织“安全、文明施工大检查”，对检查整改项目跟踪管理。每个项目、每个标段在签订承包合同的同时都签订施工安全管理合同，从制度上确保安全资金的投入。针对汛期洪水、泥石流，尤其是震后地质灾害频发等突出问题，指导参建各方有针对性地制定应急预案并开展演练。共开展周安全检查28次，月安全检查10次，防地质灾害专项安全检查2次，防洪度汛专项安全检查2次，民用爆破物品专项安全大检查1次，“六打六治”打非治违专项安全大检查1次，及时发现隐患并完成整改，实现了工程建设安全可控，进度目标稳步推进。继续推进飞仙关水电站的尾工项目，抓紧进行工程概算调整、完工结算及变更项目的清理，专项竣工验收准备工作全面铺开。

【经营管理工作】飞仙关水电站受库区移民工程和地方灾后重建的施工干扰，水库一直被限制在620米以下低水位运行，电站出力长期低于40%，发电受到严重影响。受“水火置换”协议的影响，增加生产成本费用1164万元。受四川省发改委关于2015年雅安境内统调水电站留存电量政策的影响，该公司3.01亿千瓦时留存电量，上网电价每千瓦时下降0.03元，减少售电收入903万元。面对各种不利因素，公司积极联系省、市经信委，经过多方努力，利用流域梯级调度优势，及时调整硗碛和宝兴水电站8、9月水火替代电量，增加小关子水电站8196万千瓦时发电计划，同时积极发展直购电大用户，增加丰水期直购电2200万千瓦时，最大限度地减少了公司的经营损失。该公司在严格遵守国家各项税务制度，按时申报、及时缴纳各项税费的同时，积极研究税收政策。

【安全生产】2015年宝兴河公司未发生各类安全责任事故，生产、基建、经营和形象安全得到有效保障，公司基建、生产全年无事故，6座投产电站的安全生产纪录持续攀升。截至2015年12月31日，雨城、飞仙关、铜头、小关子、宝兴、硗碛电站安全纪录分别达到7211天、587天、7211天、5570天、2234天、3290天。

6月17日，民治水电站工程引水隧洞全线贯通，标志着民治电站2016年投产发电的重大关键节点目标实现。

【企业管理与企业改革情况】通过提高后勤服务保障水平、抓好员工队伍建设、完善激励和考评机制等工作，营造良好的事业氛围，不断提升员工的工作积极性。采用公开竞聘的方式，先后开展了公司文秘、梯调值长和外派挂职锻炼等岗位的选拔，形成了公平竞争的良好氛围。

【职工教育情况】组织员工参加外部专业技术培训18次，共57人次参加；组织防洪和环保等各类应急演练9次，共220人次参加；组织、参加各类安全培训7次，共110人次参加。通过内外结合的系统培训，员工的业务能力和安全意识不断提高，在 9 月由四川公司和澜沧江公司举办的水电站自动装置技能竞赛中，李阳和钟用两名员工分获二等奖和三等奖；程莹在集团公司 2015 年信息系统水电 ERP 应用竞赛中，获得项目模块个人二等奖。以弘扬华能“三色”文化为核心，开展了“宝兴河风采”流域采风和书画摄影活动，广大员工积极参与，共展出书画、散文和摄影作品 160 件，展示了宝兴河员工积极向上的精神风貌。

【获得荣誉】2015 年，集控中心运行三值获得华能集团公司团委“青年五四奖状”表彰。赵付华获得华能集团公司“先进个人”表彰。

【规划发展】宝兴河公司规划在宝兴河干流开发“一库八级”水电站，规划总装机 99.2 万千瓦，年平均发电量 50 亿千瓦时。目前，已投资建成了雨城、飞仙关、铜头、小关子、硗碛、宝兴 6 座水电站，19 台机组、装机 83.5 万千瓦，变电设备共计 16 台、117.3 万千伏安。送出线路中，220 千伏 334.0 千米，110 千伏 22.1 千米，35 千伏 81.9 千米，10 千伏 126.9 千米。在建工程民治水电站，装机为 10.5 万千瓦。

【党的建设和精神文明建设】制定了企业负责人和员工《履职待遇、业务支出管理办法》，规范各类业务支出的管理，加强公务用车的综合调度，显著降低了各类业务费用。制定了《落实党风廉政建设主体责任的实施细则》和《落实党风廉政建设监督责任的实施细则》，配置了专职纪委书记，班子成员扎实履行“一岗双责”，聚焦主责主业，“两个责任”得到了有效落实。

进一步加强党的建设和党风廉政建设，扎实开展“三严三实”专题学习教育。深入落实党风廉政建设责任制，认真贯彻中央“八项规定”和华能集团公司《关于改进工作作风的若干规定》30 条要求，确保各级干部廉洁从业。该公司党政一把手与各部门负责人签订了《2015 年度党风廉政建设责任书》，明确了公司各部门在党风廉政建设中的责任和考核目标。公司纪委组织全体班子成员、部门负责人和关键岗位业务人员 20 人参观雅安监狱警示基地，通过听讲解、进监区、亲身看，收到了很好的教育效果。该公司长期保持无违章违纪事件的发生。

2015 年 11 月 11 日，集团党组成员、纪检组长赵建明在雨城梯调中心召开干部职工座谈会　　（傅仁冬　摄）

（徐继敏）

四川华能嘉陵江水电有限责任公司

【企业概况】四川华能嘉陵江水电有限责任公司（以下简称嘉陵江公司）是华能四川水电有限公司下属流域公司，在嘉陵江流域负责青居水电站和东西关水电站建设管理和生产管理。

华能青居水电站和华能东西关水电站，分别位于嘉陵江干流中段的四川省南充市青居镇和广安市武胜县境内，是嘉陵江苍溪至合川段水电规划十三级开发方案中的第十级和第十一级。华能青居水电站电站总装机 13.6 万千瓦，设计年发电量 5.9 亿千瓦时。华能东西关水电站总装机 18 万千瓦，设计年发电量 9.55 亿千瓦时。2011 年 8 月开始，陆续对四台机组进行了技改增容，改造完成后总装机增至 21 万千瓦（5.25 万千瓦×4），设计年发电量增至 10.45 亿千瓦时，截至 2015 年底，已完成全部机组技改，电站总装机达到 21 万千瓦。两个电站均以水力发电为主，兼顾航运，按“无人值班、少人值守”设计。

四川华能嘉陵江水电有限责任公司实行董事会领导下的总经理负责制，设有经理工作部、财务经营部和安全与生产部三个职能部门。截至 2015 年年底，在职职工 101 人，其中高级职称 18 人，中级职称 41 人。

【领导班子】2015 年，四川华能嘉陵江水电有限责任公司的领导班子成员是：

总经理、党委副书记：刘宏文

党委书记、工会主席、副总经理：陈小明

纪委书记、副总经理：邓树明

副总经理：赵玉明

【安全管理】2015 年，嘉陵江公司安全工作总体平稳，未发生轻伤及以上人身伤亡事故、重大设备损坏事故、环境污染事故、交通事故，没有发生影响企业稳定的事件，确保了企业生产、经营、政治和形象安全。截至 2015 年 12 月 31 日，东西关电站实现安全纪录 6844 天，青居电站实现安全纪录 4236 天。

【经营业绩】2015 年，东西关电站完成发电量 8.44 亿千瓦时，完成年计划的 90.93%；青居电站完成发电量 4.56 亿千瓦时，完成年计划的93.78%。

【职工教育培训】2015 年，该公司的安全生产培训采取自主培训和外送培训两种形式，自主培训动员公司技术人员授课，包括安全生产管理体系宣贯培训、人身伤亡事故案例分析培训、运行规程及两票管理学习培训、外包工程人员入厂教育培训等形式多样的安全技术培训。外送培训内容包括安全、技术、管理等各种中高级培训，外送培训机构包括集团、行业协会、政府监管部门等单位，培训 200 余人次。

【党建及精神文明建设】2015 年，嘉陵江公司围绕生产经营中心工作，扎实做好党的建设、廉政建设和企业文化建设。一是深入贯彻落实中央十八大和十八届三中、四中、五中全会精神。认真扎实开展，圆满完成了“三严三实”专题教育。在加强和改进自身建设中，带好党员队伍，全面提高职工整体素质。二是狠抓廉政建设，改进工作作风，全面落实中央“八项规定”和集团公司 30 条要求。该公司全年未发生违法违纪案件和不廉洁情况。三是积极开展企业文化建设，通过成立太极拳健身班、组织篮球友谊赛等活动，不断丰富职工业余文化生活，增强职工的归属感和认同感。加强职工宿舍公寓化管理和后勤标准化管理，提高后勤保障服务水平和精神文明水平，致力改善职工工作环境，提升职工士气和干劲。

华能青居水电站闸坝侧面　　（高原　摄）

嘉陵江公司取得了良好的经济效益，在保障自身发展的同时积极上缴税费，自公司成立以来，陆续累计上缴税收 12.52 亿元。积极开展“哺农惠民”工程反哺库区百姓，为广安市、南充市革命老区的经济发展做出了巨大的贡献。该公司先后获得华能集团、华能四川公司、广安市、南充市授予的“安全生产先进单位”“优秀企业”“突出贡献企业”“诚信企业”“纳税大户”“纳税先进”“依法诚信纳税先进”“十大突出贡献企业”等数十项荣誉称号。

（高　原）

四川华能康定（巴塘）水电有限责任公司

【公司概况】四川华能康定水电有限责任公司（以下简称康定公司）成立于 1997 年 4 月，由华能四川水电有限公司和甘孜州电力开发有限责任公司按 6:4 的比例合资组建，全面负责甘孜州境内大渡河支流瓦斯河上电站流域、梯级、综合、协调开发和管理。四川华能巴塘水电有限公司成立于 2012 年 12 月，由华能四川水电有限公司和巴塘县国有资产经营管理有限责任公司按6：4的比例合资组建，全面负责甘孜州境内金沙江支流巴楚河上电站流域、梯级、综合、协调开发和管理。两个公司实行“一套人马、两块牌子”的管理模式。

该公司实行董事会领导下的总经理负责制。董事长张伟，总经理雷军。公司下设安全生产部、经理工作部、基建办公室、财务经营部及安全监察室5个部门。共有员工132名，平均年龄34岁，其中专业技术人员50人，大学专科以上学历130人，其中研究生以上学历8人。

康定公司现已建成投产电站共2座，总装机42万千瓦。其中，冷竹关电站装机18万千瓦（3×6万千瓦），拥有220千伏冷临线（169.953千米）、220千伏兴侯北线（34.17千米）、220千伏临兴线（32.5千米）三条输电线路，一座220千伏临邛变电站（15万千伏安），工程总投资为10.68亿元（含送出）；小天都电站装机24万千瓦（3×8万千瓦），拥有220千伏小雅线（108.426千米），220千伏小冷线（8.323千米）两条输电线路，工程总投资为12.9亿元（含送出）。两电站运行采用流域集中控制模式，控制中心设在成都。巴塘公司拉拉山电站于2014年12月5日建成投产，装机9.6万千瓦（2×4.8万千瓦），拥有220千伏拉塘线（31.818千米）一条输电线路，设计概算9.68亿元（含送出），电站运行采用流域集中控制模式，控制中心设在成都。

2015年，康定公司发电量15.93亿度，实现销售收入（不含税）3.17亿元，完成利润1.30亿元。巴塘公司发电量3.14亿度，实现销售收入（不含税）7106万元，亏损3299万元。

2015年，康定公司累计结算留州电量2.66亿千瓦时，参与水火替代发电0.78亿千瓦时，富余与自备电厂停发替代电量1.15亿千瓦时，合计1.93亿千瓦时，同比增加106.06%，小天都电站参与直购电量0.71亿千瓦时。巴塘公司累计结算留州电量0.33亿千瓦时，参与水火替代发电0.54亿千瓦时。

【2015年主要工作成果】

（一）华能康定公司

1．安全生产工作

按照华能四川公司安全生产管理体系整体推进安排，密切结合公司实际，积极试行体系考核系统，组织修编了体系实施细则。加大安全生产过程监察督办力度，采取下达《安全生产监督通知书》方式明确整改责任和措施。进一步加强安全隐患排查，通过大排查大整治、防洪抗旱、危化品、有限空间、防止水淹厂房等12次专项排查，共排查出隐患和问题328条，已整改完成305条，整改率93%。根据《2015年应急演练工作计划》，因地制宜地组织开展了桌面、实战演练33次。继续加强外包项目安全管理，印发了《外包项目承包单位及人员资格审查实施细则》，严格外包项目承包单位资质审查，细化外包项目现场安全管理，全年外包工程实现安全“零事故”目标。

2015年，冷竹关、小天都两站设备消缺率达91%；拉拉山电站共发现设备缺陷277条，消缺267条，

1月21日，四川公司冉群总经理在拉拉山电站进行检查慰问

（张克瑚　摄）

消缺率达96%，完成技术改造25项，并顺利完成投产后首次全停水检修工作。2015年，完成冷竹关、小天都两电站大修2台次、小修8台次，拉拉山电站完成机组小修2台次。积极参与华能四川公司《设备巡回检查标准》的研究，在先行先试中总结经验。

2．职工教育培训情况

2015年康定公司累计完成了87项853人次培训。该公司培训体系由“入厂培训”、“岗前培训”、“岗位培训”有机衔接的新员工培训体系更趋完善；公司创新采用“用项目培养人”、“出去学、回来讲”、“师带徒、师徒共成长”等老员工培养方式，全面提升了员工职业素养，较好地满足了生产和管理的需要。

3．企业管理与改革情况

康定公司通过采取“项目管理”的模式，实现

了人力资源的高效利用，有效缓解了因拉拉山电站投运，以及近两年来援藏任务重等原因造成某些专业岗位技术人员不足的困难。并及时充实中层干部力量，探索后备干部培养模式，开展职业生涯规划尝试。

根据拉拉山电站投产后的实际情况，该公司适时撤销拉拉山项目部，对部门进行合并优化并调整部门职责，进一步明确了管理界面、理顺了管理关系和提高了职工队伍的建设。

4．党建及精神文明建设

2015 年，康定公司党委深入贯彻全面从严治党方针，进一步落实党风廉政建设责任制，坚决执行中央八项规定和集团 30 条要求，实现了纪委书记专职化，认真落实中央巡视整改和审计整改“回头看”工作，持续开展群众路线教育实践活动整改工作。

康定公司党委切实加强自身建设。2015 年，该公司常态化开展中心组集中学习，共学习 16 次；成立党建工作领导小组，抽调兼职人员设立党委工作机构，党建工作力量得到了保证。完成三个党支部的换届，配强了各个支部力量；编制了《党支部工作手册》，明确党支部岗位职责及日常工作规范，“三会一课”在各个党支部得以规范开展。康定公司党委认真开展“三严三实”专题教育，强化建章立制转化专题教育成果，2015 年出台 8 项党建、纪检相关制度，进一步规范了党委中心组学习、“三重一大”

12 月 10 日，巴塘公司 2015 年度第一次股东会暨一届四次董事会、监事会在都江堰召开（林静　摄）

决策事项、采购招标等管理工作和干部员工的履职待遇，为党员干部员工廉洁从业提供了制度保障。

康定公司党委与各部门签订党风廉政建设目标责任书，在公司深入落实《廉政准则》、《若干规定》和《实施办法》等，紧紧抓住招投标、物资采购、合同管理等重要廉洁风险点，廉洁风险得到了有效防控；注重对党员干部和重点岗位人员进行警示教育，形成了守住底线、不越红线良好局面。

（二）华能巴塘公司

1．主要工作情况简述

巴塘公司拉拉山电站集中“六位一体”的智慧，克服重重困难，以建设期“零事故”，项目验收合格率 100%、平均优良率 94.67%的优良成绩，安全、优质、高效地实现了与川藏电力联网工程同步投运，成为华能深入甘孜州藏区腹地的第一个水电项目，也是川藏联网工程第一个投产的支撑电源点。

2015 年，拉拉山电站基建已进入收尾阶段，全年累计完成投资 5268 万元，其中主体工程 4881 万元，送出线路 387 万元。6 月全面完成了拉拉山电站厂、坝区环境工程，在 7、8 月雨季期间进行检验，对发现漏水的部位进行了及时处理。拉拉山电站大坝蓄水后，对坝后部分测压管水位偏高，进行沿防渗墙缺陷部位进行灌浆处理。拉拉山电站参建各单位竣工文字资料移交工作正在按计划进行，竣工结算报表正在根据图纸开展基础性工作，竣工结算和决算正在积极推进中，除水土保持评估、竣工移民验收等工作比计划有所延后外，其余验收项目正在稳步推进。

2. 其它成果

拉拉山电站工程有两大亮点：

亮点一是混凝土施工工艺佳。混凝土施工因采用了大型钢模进行浇筑，并推行“样板工程”，使混凝土表面致密、平整光滑，颜色均匀，质量得到同行赞许。

亮点二是在机电安装工作中，采取样板配线的验收管理方式，使全厂的二次配线及管路排列完全达到了预订的标准，全面改变了水电站二次配线和管路排列不整齐、工艺不规范的常见现象，效果非常突出。

【取得荣誉】

1．公司荣誉

康定公司荣获华能四川公司“2015 年度先进企业”

康定公司荣获中共华能集团公司党组“2015 年度先进企业”。

康定公司荣获华能集团“文明单位”。

康定公司荣获“2015 年度中国华能集团公司“先进集体”。

康定公司荣获华能四川水电公司“2014 年度安全生产先进单位”。

康定公司荣获中共四川省国有资产监督管理委员会“先进基层党组织”。

2．集体荣誉

运检室荣获华能四川水电公司“2015 年度先进集体”。

该公司第三党支部荣获省国资委党委“先进基层党组织”。

拉拉山项目部荣获国家能源局四川监管办公室“2014 年度四川电力安全生产先进集体”。

小天都 1F 大修项目荣获四川水电有限公司“2014 年度机组大修（技改）项目管理优秀奖第一名”。

3．个人荣誉

雷军荣获华能四川公司“2015 年度先进个人”。

何虎昌荣获国家能源局四川监管办公室“2014 年度四川电力安全生产先进个人”。

李国平荣获华能集团团委“2014 年度青年五四奖章”。

李国平荣获国家能源局四川监管办公室“2014 年度四川电力安全生产先进个人”。

舒浩荣获华能四川公司“2014 年度生产系统先进个人”。

邓强荣获华能四川公司“2015 年度生产系统安全生产先进个人”。

王福科荣获四川省人民政府“四川省劳动模范”。

范小波荣获四川公司“2015 年度水电自动装置检修工技能竞赛第三名”。

马星论文荣获“2015 年度全国电力企业管理创新优秀论文三等奖”。

马星荣获中央企业团工委“中央企业青年岗位能手”荣誉称号。 （潘春虹）

四川华能涪江水电有限责任公司
华能明台电力有限责任公司

【企业概况】四川华能涪江水电有限责任公司 2002 年 3 月在四川省平武县注册，由华能四川水电有限公司和平武县光大国有投资（集团）有限公司分别按 95%、5%的比例出资组成，注册资本金 18865.2632 万元，主要负责涪江上游干流及火溪河水电的开发建设和生产经营。2010 年与华能明台电力有限责任公司实现整合，采取“两块牌子，一套班子”管理模式，全面负责华能在涪江流域水电开发建设和管理，现已投产的有明台电站（4.50 万千瓦）、自一里电站（13.00 万千瓦）、水牛家电站（7.00 万千瓦）、木座电站（10.00 万千瓦）、阴坪电站（10.00 万千瓦）、红岩电站（2.40 万千瓦）、古城电站(10.00 万千瓦)七座水电站，装机容量 56.90 万千瓦。公司正致力于涪江干流高坪铺电站（9.20 万千瓦）、小坪子电站（10.00 万千瓦）和铁笼堡电站（28.00 万千瓦）三座水电站的开发建设，全部建成投产后，公司总装机将超过 100 万千瓦。

四川公司总经理冉群到涪江公司调研 （李雪 摄）

该公司设 4 个职能部门：经理工作部、财务经营部、安全生产部、基建办公室，现有职工 151 人。公司实行董事会领导下的总经理负责制，董事长冉群，总经理、党委副书记朱平，党委书记、副总经理王锦平，纪委书记云晓科，副总经理徐永全、李随德。

截至 2015 年年底，公司装机容

量 56.90 万千瓦，固定资产净值 50 多亿元，全年发电量 22.74 亿千瓦时，销售收入 5 亿多元。

【企业管理与企业改革情况】2015 年，涪江公司围绕安全生产、经营管理、基本建设等中心工作，不断深化企业管理和改革工作，在人事管理方面坚持述职竞聘，进一步完善了中层干部和主管试用期考核等工作，有效地激发了广大员工当家作主、参与公司民主决策管理的积极性。

【职工教育情况】2015 年，按照年初制订的员工培训计划，该公司结合公司实际生产、经营、管理工作需要和工作战线长，人员流动大的具体情况，采用了内部培训和外部培训两种方式进行培训。年累计参加培训 68 项，参加人次 1396 人次。其中内部培训 42 项，参加人次 1313 人次。外部培训 26 项，参加人次 83 人次，其中管理人员共计 39 人次。

【获得省以上荣誉称号】2015 年 1 月，该公司再次获得华能集团公司“文明单位”荣誉称号，公司安全与生产部运行中心获得华能集团公司“先进集体”荣誉称号。2 月，该公司获得国家能源局四川监管办公室电力安全生产“先进集体”荣誉称号。

【党的建设和精神文明建设情况】该公司认真组织开展了“三严三实”专题教育，通过专题教育，加强了党员干部对修身、律己、用权的自觉性。公司团委和安生党支部联合组织的“红绿蓝”大讲堂，进一步促进了部门职工彼此之间相互了解，增进了信任，增加了青年员工的组织归属感和集体荣誉感，同时也激发了广大生产战线上员工团结干事的活力，形成了弘扬正气、爱岗敬业的工作氛围，使党委的政治核心作用、党支部的战斗堡垒作用和党员的先锋模范作用得到进一步发挥。

该公司继续开展精神文明企业文化建设，大力弘扬华能“三色”企业文化，华能四川公司“川流不息 笃行致远”和“团结敬业、科技创新、绿色发展、精品一流” 这一具有涪江特征的企业文化，坚持以人为本，积极倡导“组织讲关怀，职工讲奉献”的文化氛围，充分发挥企业文化建设在指导和促进公司和谐稳定发展中的作用，该公司被中国企业文化研究会评为“企业文化优秀单位”和华能集团公司 “企业文化建设示范单位”称号。

（杨 沛）

四川华能泸定水电有限公司

【企业概况】四川华能泸定水电有限公司（前身为华能泸定水电工程筹建处）于 2015 年 12 月 3 日正式成立，现有员工 30 人，设经理工作部、财务部、征地移民部、安全与环保部、计划工程部和机电物资部六个部门，负责硬梁包水电站前期及建设管理工作。

硬梁包水电站是大渡河干流梯级调整规划28级开发方案中的第 14级电站，位于四川省甘孜藏族自治州泸定县境内，坝址距上游泸定县城 25 公里，距成都市约 300 公里，交通便利，建设条件优越。硬梁包水电站开发任务主要为发电，建成后接入四川 500 千伏主网。电站采用低闸长引水式开发，装机容量为 111.6 万千瓦（包括 3.6 万千瓦生态电站），总库容 2074.5 万立方米，与上游双江口水电站联合运行时多年平均年发电量约 51.42 亿千瓦时，建成后每年可创造利税约 7 亿元，是地方经济发展的有力支柱。

硬梁包水电站是华能四川水电有限公司继冷竹关、小天都电站之后，在甘孜州开发的又一个水电站项目，同时也是中国华能集团在川开发的首座百万级装机的水电站。工程静态投资约 129.40 亿元，工程总投资约 160.98 亿元。工程建设总工期为 78 个月。

2015 年 12 月 23 日，泸定公司获得了《中国国际工程咨询公司关于四川省大渡河硬梁包水电站项目（申请报告）的核准评估报告》，并开始积极开展核准报批相关工作。

【项目报批工作】2015 年内该公司陆续完成了电站用地预审工作、项目选址意见书办理等手续；完成了移民安置补偿费用概算修编报告、节能评估专题报告的审批。9 月可研报告顺利通过水规总院审查和批复。10 月获得了硬梁包电站“先移民后建设”项目核准。电站主体的项目申请报告在 11 月底接受了中咨公司的评估。12 月获得评估报告，并进入核准程序。

【征地移民工作】为确保“移民先行”，2015 年该公司先后完成了涉及现场交通、防护工程的 28 户 100 人过渡搬迁、相关企业的拆迁等工作；完成了有关移民房产、户籍等问题的多个配套政策的制定；完成了移民综合监理招标并进场开展工作；计划年底前协调地方政府落实移民工程代建的相关事宜，为下一步移民工程建设特别是集中安置点建设尽快启动做好准备。

【施工准备工程】2015 年，该公司继续稳步推进电站施工准备工程建设，完成金光渣场防护工程全部施工，完成加郡沟场内道路及 4 号支洞口辅助道路工程除路面外的全部施工。完成了施工规划审查，并启动了现场营地设计服务招标。

同时，加快开展主体工程建设的管理准备工作。年内完成了多项基建管理制度的编制和颁布，涉及结算、物资等多个方面，初步搭建起了覆盖管理程序、预案和图集的全面安全管理体系。此外，继续开展工程管理信息化工作，完成了基建管理系统的搭建，进行了部分主要模块的试运行，具备初步上线运行的条件。

2015 年 11 月 25 日，硬梁包水电站项目申请报告评估会（张晨　摄）

【党建工作】2015 年，该公司继续贯彻落实中共十八大和十八届历次全会精神以及习近平系列重要讲话精神，认真贯彻落实全面从严治党要求，扎实推进党的建设。

泸定公司党委严格坚持月度学习会，多次举办专题党课讲座；不断完善“三会一课”制度，保证组织生活规范开展；按照上级部署，认真开展“三严三实”专题教育；承办华能四川公司“道德讲堂”，受到一致好评。积极开展党员示范行动、内部培训、职工运动会、主题党团日活动、青年先锋行动等工作；完成营地绿化、卫星闭路电视改造；遇职工家属离世、女职工生育时，均组织看望和慰问。通过这些举措，营造了温暖和谐的工作氛围，增强了团队凝聚力。

【内部管理】2015 年，该公司继续巩固和拓展教育实践活动成果，不断完善内部管理相关制度和流程。建立了“三重一大”决策事项台账管理制度；制定了负责人、员工履职待遇、业务支出管理实施细则；进一步规范了职工福利费发放。举办了对施工单位的档案业务培训，提高了档案管理的规范性。

2015 年 4 月，华能集团发文同意成立四川华能泸定水电有限公司，积极开展成立公司的相关工作。9 月，华能四川公司与甘孜州电力开发公司分别推荐了董事、监事及正副董事长，通过泸定筹建处职工大会选举产生了职工董事、职工监事；11 月，华能四川公司发文任命泸定公司总经理、副总经理，并明确了公司部门设置、人员编制等重要事项。11 月 24 日，泸定公司 2015 年度第一次股东会暨一届一次董事会、监事会在华能大厦成功召开，会议签署了合作协议、出资协议、公司章程及三会决议等相关材料。12 月 3 日，华能泸定公司在甘孜州泸定县正式注册成立。

（张　晨）

中电投四川电力有限公司

【公司概况】中电投四川电力有限公司（以下简称“四川公司”）是中国电力投资集团公司（以下简称“中电投集团”）的全资子公司，于2012年6月25日揭牌成立，四川公司作为中电投在四川省的对口单位，代表中电投集团与地方政府及有关部门进行工作联系，全面负责中电投集团在川及其周边区域资产的投资、建设、发展和运营管理，承担中电投集团西南区域发展战略和发展布局的重任。

2012年6月25日，中电投四川电力有限公司在成都揭牌。时任四川省副省长王宁，中电投集团党组书记、总经理陆启洲出席揭牌仪式　　（中电投提供）

截至2015年年底，四川公司注册资本金18.29亿元，资产总额72.42亿元，在建及投产装机容量近100万千瓦，发展和储备装机容量超过500万千瓦，全部为清洁能源。项目遍布川滇黔10余个市州，10余个在建项目同步推进，涵盖水电、光伏、风电，形成“储备一批，开工一批，投产一批”的良好态势。

四川公司积极融入地方经济社会发展大局，全面提升发展速度和质量，扎实推进各项工作，取得了较好的成绩，为四川省经济社会发展做出了应有贡献。四川公司成立以来，以地方产业规划为引导，结合西南地区资源禀赋及自身发展实际，始终坚持清洁发展战略不动摇，确立了“电为核心、水新并举、清洁发展”战略，以差异化发展为突破口，着力构建起“区域化、流域化、规模化”的发展模式，重点打造位于四川甘孜、阿坝、凉山及贵州黔北的四个百万千瓦清洁能源基地，并辐射周边，带动攀枝花、广元等地联动发展，大力加强西南区域新能源开发。明确提出了“151”战略目标，即“十二五”“十三五”“十四五”规划末，公司总装机分别突破100万、500万、1000万千瓦。进一步提炼概括四川公司“十三五”发展规划主体，即“12345”（抓住一条主线，实施两年扭亏计划，抓好三年管理行动计划，推动四大清洁能源基地建设，实现装机五百万千瓦目标）。

四川公司全体干部员工正在以团结一致、直面挑战、持续奋斗的态度，加快公司健康高速发展，使之成为产业结构合理，管理水平优秀，经济效益明显的清洁能源企业。

【2015年工作概述】2015年，四川公司深入贯彻中共十八大及十八届三中、四中、五中全会精神和习近平系列重要讲话精神，坚决落实中电投集团公司统一部署，围绕公司“增量突破、存量提质、管理提升、从严治企”的年度工作主线，紧盯目标任务不放松，各项工作扎实推进，增量突破取得新成绩、存量提质再上新台阶、管理提升达到新水平、从严治企开创新局面。全年完成发电量14.88亿千瓦时，实现营业收入3.23亿元。2015年，四川公司10个在建项目同步推进，形成“储备一批，开工一批，投产一批”的良好态势。其中，凉山46.95万千瓦风电列入国家规划，9.9万千瓦风电即将投产。获得美姑县光伏资源规划及开发权。阿坝取得200万千瓦水电、风电、光伏资源开发权，其中15万千瓦风电项目进入国家核准计划，5万千瓦光伏项目已全面开工。甘孜2.15万千瓦水电项目正全力冲刺完工，33.2万千瓦那曲河项目并购获得集团公司批复。完成“乡巴得”光伏发电园区规划编制。金上项目开发权取得重要进展，前期工作全面启动。黔北地区：习水4个风电项目在集团公司立项。其他区域：完成攀枝花新能源规划编制，积极开展5万千瓦光伏项目前期工作；云南会泽5.5万千瓦光伏项目取得备案手续。严格落实党风廉政建设“两个责任”和“一岗双责”，与各单位主要负责人签订党风廉政建设责任书，形成层层抓落实的工作格局。四川公司实施2批次专业人才公开招聘，扩大所属单位用

人自主权。持续开展流程优化和制度宣贯，注重法律审核，建立风险预警指标体系，通过内外部审计有效防范管理风险。在四川公司系统开展“以奋斗者为本”“大干一百天，全力保目标”专项行动，组织成立协调组、走基层工作组和宣讲组，本部员工全部走出机关，轮流下基层体验，亲笔撰写心得体会；对保投产单位专门派出协调组到一线服务，与项目公司一起研究问题、攻坚克难；宣讲组结合“以奋斗者为本”开展了11场宣讲活动，对公司全系统全覆盖，有力推动了企业文化融合，营造了风清气正、干事创业的良好氛围。从不同角度展现了“最美丽的风景在基层，最感人的故事在基层，最锻炼人的舞台在基层”，齐心协力保目标收到了较好效果。

【安全生产】坚持风险预控，四川公司安全生产持续稳定，截至2015年年底，连续安全生产1322天。深入开展新《安全生产法》的学习宣贯，修订完善安全管理制度标准应用文件，深化安健环体系建设，建立待改进项清单，深入推进安健环体系运行，夯实安全基础管理，督导全员开展应急演练，提升应急处置能力，狠抓隐患治理，落实各级风险预控措施，强化水电项目、风电、光伏建设项目风险管控，强化承包商管理，结合气候、环境特点，抓实、抓细各类安全检查方案，细化检查大纲，做到闭环管理，着力提高安全保障水平。

【项目发展和规划】四川公司作为西南能源市场的新兵，面对激烈的市场竞争，深刻领会国家经济新常态下产业结构调整需要，准确把握绿色、协调、可持续发展的宏观发展理念，紧密围绕四川省经济社会发展需要，以地方产业规划为引导，确立了“电为核心、水新并举、清洁发展”战略，积极推动项目落地，主动谋划发展。

近年来，在省国资委等部门的大力支持下，四川公司以川内甘孜、阿坝、凉山和贵州北部四个百万千瓦级清洁能源基地建设为主线，加快清洁能源开发力度，为实现“十三五”规划发展目标奠定了基础。一是凉山州清洁能源基地建设步入良性滚动发展。喜德46.95万千瓦风电列入国家规划。鲁基、则约等风电项目正加快建设，计划年内投产，其余项目按计划开展前期工作。以产业扶贫为导向，正在启动测光及资源普查工作。二是阿坝州新能源项目正有序推进。与地方政府签订投资协议，取得150万千瓦光伏、风电项目开发权。红原、若尔盖光伏项目正积极开展前期工作。三是甘孜州项目发展工作进展顺利。全力推进水电项目建设，正在进行甘孜州南部乡巴得光伏发电基地规划。金上川青段流域梯级电站开发权落实工作取得重要进展。四是与遵义市政府签订战略合作协议，进一步锁定了大量优质清洁能源，4个风电项目在集团公司立项。

【工程建设管理】组织制定各项目2015年工程建设综合实施计划，按月进行跟踪和考核；及时调整，做好动态控制；督促项目公司制定项目建设考核办法，将参建单位纳入奖惩考核体系，及时进行考核奖励，充分调动参建单位的积极性；通过工程协调会、专题会、碰头会等多种方式及时协调解决各项目存在的突出问题，全年累计协调解决问题72项，有力促进了工程建设的正常推进；积极响应四川公司“大干一百天，全力保目标”专项行动，蹲点工程建设现场，组织项目公司系统梳理保投产项目的内外部工作，制定实施计划，责任到人，将工作落到了实处；下发中电投新能源技术标准36项，制定《工程项目月度考核实施细则》，加强设计变更管理，委托第三方专业咨询机构对60余项水电站设计变更进行了系统的梳理和审查。

【生产管理】坚持“电为核心、水新并举、清洁发展”战略思路和“安全第一、预防为主”的工作方针，扎实开展防洪度汛、大坝安全、地质灾害防治和防震减灾工作，确保了安全生产稳定。优化中小水电管控模式，按照“无人值班，少人值守”要求，完成生产集控系统建设，成立生产监控中心。强化成本管理，度电必争，降本增效，综合厂用电率逐年递减。

【科技创新】完成龟都府水电站贯流式机组达到额定出力课题研究，明确了多机联合发电时机组无法达到额定出力的原因，为下一步有效实施技术改造提供了可靠依据。

【教育培训】四川公司内部首次举办两期生产人员履职能力培训，开展电力体制改革等培训9场次，培训680余人次；外部联合集团公司重庆分公司举办学生入职培训，协调集团公司高培中心举办两期美姑县扶贫干部培训，选派员工92人次参加外部培训27班次；开展所属单位培训专项检查，指导中兴公司等启动“导师带徒”工作。

【基础管理】结合集团公司巡视整改任务，围绕“五显著、七深化”（“五显著”即基础管理显著加强；综合绩效显著改善；全员素质能力显著提升；执行力显著提高；企业文化软实力显著增强。“七深化”即深化战略管理，推进“增量突破”，提升发展质量；深化管理诊断，夯实管理基础，提升管理效能；深化管理整合，推进存量提质，提升管理效益；深化管控机制调整，强化管理培训，提升管理素质；深化对标管理，推进标准化体系建设，提升规范化管理水平；深化风险管控，推进惩防体系建设，提升从严治企水平；深化文化融合，培育企业软实力，提升核心竞争力）的目标任务，大力开展“管理提升年”活动。充分运用座谈交流、对标分析、问卷调查等形式，深入开展管理诊断，梳理出 135 条管理短板和问题。严格落实整改措施，持续推进管理整改。2015 年年末，完成整改 97.7%，干部员工观念、作风转变明显，工作思路、工作效率提高明显。规范、完善四川公司招标工作，按照生产技改项目、基建项目建立了四川公司招标台账，招标信息报送，资料归档逐步走向规范。

【党群及精神文明建设】坚持高标准严要求，党的建设全面加强。认真学习贯彻中共十八大和十八届三中、四中全会精神。深入开展“三严三实”专题教育活动，发挥党组织的政治核心作用。强化党建工作规范化管理，夯实党组织基础。紧抓党风廉政建设“两个责任”，把纪律和规矩挺在前面。2015 年，在四川公司党组的正确领导下，党建工作进一步夯实，企业文化进一融合。

中电投四川公司凉山分公司筹备处

【公司概况】中电投四川公司凉山分公司筹备处（以下简称“凉山筹备处”）成立于2013年5月，主要负责开展喜德县境内风能、水能、光电、气电等资源开发的前期及建设、生产、经营管理工作；负责可河电站生产运营管理工作；负责凉山州喜德县以外地区的项目发展工作。与中电投喜德电力有限公司（以下简称“喜德公司”）按一套人马两块牌子运行，同时管理会东县星光电力有限责任公司（以下简称“星光公司”）。

【项目发展】2015年，凉山筹备处积极推进凉山地区新能源项目发展建设和水电项目的并购工作，先后促成了四川公司与喜德县政府、会东县政府、冕宁县政府、越西县政府签订战略合作框架协议。现已取得喜德县风电资源开发权，总规划装机88.4万千瓦，其中46.95万千瓦的风电项目列入凉山州风电基地建设“十三五”规划。当前，凉山筹备处已有8个风电项目（总装机39.6万千瓦）获取省发改委路条，其中鲁基、则约（共9.9万千瓦）两期风电项目即将投产发电；红莫、博罗拉达（共9.9万千瓦）两期风电项目已于2015年7月核准，计划2016年投产发电；西河6.6万千瓦风电项目除土地预审外核准前的全部专项手续已经完成，计划2017年年底投产发电。北山、东河、玛果梁子等风电项目已经完成测风塔的建设，正在开展可研等前期专项报告的编制工作。

雪中的风机

【工程建设】凉山筹备处共有4期在建风电项目—鲁基、则约、红莫、博洛拉达，每期风电项目装机均为4.95万千瓦，采用33台0.15万千瓦的风力发电机组，总装机19.8万千瓦，进场及场内道路全部完成，各项工程建设稳步推进。

鲁基风电场风机

【安全管理】针对高山风电项目建设的特殊性，凉山筹备处自鲁基、则约、红莫、博洛拉达项目开工以来，严格贯彻落实国家和中电投集团内部相关安全管理要求，坚定不移的执行“任何事故都是可以避免的”的安全理念。从机构建设、制度制定、现场宣贯、教育培训、检查整改等方面层层落实，及时处理日常检查过程中发现的安全问题，部署各阶段安全生产工作，确保工程建设在安全可控、在控的形势下平稳推进。

【生产经营】当前，凉山筹备处投运电站为可河水电站，该电站位于凉山州会东县可河乡境内，电站总装机 7.2 万千瓦（4×1.8 万千瓦）。2015 年，可河电站全年累计完成发电量 2.4 亿千瓦时，安全生产稳定，当前正在开展电站二次系统的改造，为提高电站自动化管理水平，实现“无人值班、少人值守”的管理模式奠定了基础。

中电投四川公司甘孜分公司筹备处

【企业概况】中电投四川公司甘孜分公司筹备处（以下简称“甘孜筹备处”）于 2015 年 4 月成立，主要负责甘孜州全境内光伏、风电、水电等能源项目开发建设。负责金沙江上游川青段水电资源开发的前期工作；负责那曲河流域、赠曲河流域水电资源合作开发的洽谈及前期工作；负责甘孜州乡城县、九龙县以外地区项目发展工作。

【项目开发】根据四川公司打造“四个百万千瓦级清洁能源基地建设”的战略规划，甘孜筹备处认真贯彻落实四川公司工作部署，加大在甘孜州获取新能源资源力度，积极对接那曲河水电项目、金沙江上游川青段水电项目，有序推进项目前期工作。

2014 年 4 月，四川公司与乡城县政府签订了《新能源战略合作框架协议》。2015 年 1 月，四川公司组织完成了乡城县风电及光伏发电总体规划并通过评审。2015 年 6 月，甘孜州州委常委办公会组织对“乡巴得太阳能光伏产业园区”前期及建设相关事宜进行专题研究，会议明确委托四川公司负责甘孜州南部“乡得巴光伏发电基地”规划的编制工作。2015 年 8 月，四川公司组织内、外部专家及公司相关部门对“乡得巴光伏发电基地”规划进行审查。2015 年 8 月，甘孜筹备处与中国电建集团北京勘测设计研究院有限公司签订了金沙江上游川青段水电项目开发方案研究技术咨询服务协议，与中国电建集团成都勘测设计研究院有限公司签订了金沙江上游川青段水电项目开发方案研究勘察设计合同。

【党建工作】深入开展“三严三实”专题教育，加强组织领导，认真执行党员学习制度、“三会一课”等制度，进一步夯实党建基础；认真贯彻落实中央“八项规定”，贯彻执行集团公司“5 条禁令、23 个不准”，积极倡导勤俭节约、艰苦奋斗的风气，紧抓作风建设。

中电投四川公司雅安分公司筹备处

【企业概况】中电投四川公司雅安分公司筹备处（以下简称“雅安筹备处”）于 2013 年 5 月成立。全面负责四川公司在雅安地区资产的投资、建设、发展和管理工作。目前，雅安筹备处管理资产为龟都府电站，装机容量 6.3 万千瓦。

龟都府电站为雅安市雨城区政府招商引资的项目，位于雨城区草坝镇水口村。于 2003 年 10 月开工建设，2007 年 11 月首台机组并网发电，2009 年 4 月三台机组全部投运。2011 年 8 月被黄河上游水电开发有限责任公司收购。2013 年 11 月，四川公司收购 70%股权，成为控股方。龟都府电站作为雅安电网的主力电站，担任电网调频、调峰的任务，多年来为雅安地区的经济发展，做出了突出的贡献。特别是在“4·20”芦山地震期间孤网保电，受到了国家能源局的通报表彰。先后荣获“四川省电力安全生产先进集体”“安全生产标准化达标三级企业”，省、市级“守合同重信用企业”，“集团公司安全生产先进集体”“四川公司先进集体”称号。

【2015 年工作概述】2015 年，雅安筹备处紧紧围绕中电投集团公司“改革重组年”工作大局，深入贯彻落实四川公司“增量突破，存量提质，管理提升，从严治企”的总体要求，以奋斗者为本，不断推动

企业稳定、健康发展，全年完成发电量 25580 万千瓦时，实现主营业务收入 5842 万元。

【安全生产】强化制度建设，全年新编、修编安全生产管理标准 35 部、应急预案 12 部、事故应急处置方案 22 个。根据地质灾害隐患排查和设备风险评估成果，组织完成升压站左侧护坡和机组前池边坡垮塌等地质灾害隐患治理。加强生产工程项目管理，坚决杜绝以包代管，强化安全管理。

【经营管理】每月召开经济活动分析会，利用监控平台自行拓展“水位-机组出力”实时自动记录功能，增发电量。合理安排消缺及维护时间，避免弃水损失。开展高息银行借款置换降低财务费用。积极研究税收政策，完成灾区库区基金退库。

【项目发展】雅安筹备处在经营好现有存量资产的基础上，转变思维，积极寻找其他地区的项目资源。通过大量艰苦细致的工作，取得了攀枝花市项目规划权，获得了新的资源点。

【基础管理】2015 年，雅安筹备处按照四川公司“管理提升年”活动的总体安排，制定了管理提升年实施方案。通过自我诊断、互相诊断，认真排查经营管理中存在的问题，有针对性地制定整改措施，把整改经验有效放大到其他基础性管理工作中。

【党建及精神文明建设】认真落实党风廉政建设主体责任，制定完善党风廉政建设相关管理制度。在“三严三实”专题教育活动中，结合集团公司“5 条禁令、23 个不准”，四川公司“29 条实施细则、11 条禁令”要求，重点整治慵、懒、散、不作为、不担当、干事滑头现象。开展反腐倡廉宣传月、主题党日活动，推进反腐倡廉教育精细化建设，确保了“零违纪、零违规”。通过组织参加集团公司领导干部企业文化培训电视电话会议、制作宣传栏大力宣贯“和文化”，“和文化”理念入心入脑。

中电投四川公司乐山分公司筹备处

【公司简介】中电投四川公司乐山分公司筹备处(以下简称“乐山筹备处”)成立于 2013 年 5 月 23 日，全面负责乐山片区资产的生产经营管理工作，是四川公司全资二级子公司。乐山筹备处目前总装机容量为 9.56 万千瓦。其中：六座水电站位于马边县境内，装机容量为 9.24 万千瓦，其中，挖黑水电站设计装有 2 台单机 2.2 万千瓦混流立式机组；铁觉水电站设计装有 2 台单机 1.25 万千瓦混流式机组；茶溪水电站设计装有 2 台单机 0.9 万千瓦混流立式机组；色拉水电站设计装有 2 台单机 0.2 万千瓦混流卧式机组；二坪水电站设计装有 2 台单机 0.05 万千瓦混流卧式机组；跌水水电站设计装有 1 台 0.04 万千瓦混流卧式机组，取用山体溶洞水，是挖黑水电站的引水补水工程。大竹坝水电站位于峨边县境内，设计装有 2 台单机 0.16 万千瓦冲击卧式机组。乐山筹备处年均发电量 4 亿千瓦时，总资产 6.4 亿元。下设综合管理部、计划财务部、生产运营部三个管理部门。

2015 年，紧紧围绕四川公司“增量突破、存量提质、管理提升、从严治企”的年度工作总要求，按照“夯基础促管理提升、重生产保指标完成、抓整合促存量提质、拓思路促增量突破”的工作思路，狠抓存量资产运营，强化安全生产管理和体系建设，积极寻求发展机遇，深入推进文化建设和队伍建设，较好地完成了年度目标任务。全年完成发电量 3.77 亿千瓦时，售电量 3.67 亿千瓦时。截至 12 月 31 日，连续安全纪录 851 天，曾评为 2014 年度集团公司安全生产先进集体。

挖黑电站闸首全景

【安全生产】建立健全安全生产制度和标准，强化执行，全面加强隐患排查治理，确保安全生产态势持续稳定。重视员工教育和培训，不断提升员工安全责任意识，逐级签订安全目标责任书，夯实安全管理基本功，筑牢“红线”意识和“底线”思维。加大生产现场监管力度，规范运行操作流程，规范“两票三制”，杜绝“三违”。积极开展安健环体系建设，梳理完善安全生产事务处置程序，持续改进薄弱环节和不符合项。常抓不懈做好防汛、防火、防盗等工作，加强特种设备管理，建立档案，完善使用手续。加强电站设备检修、技改和消缺力度，努力提高设备可靠性和自动化水平。积极开展各种安全活动和安全生产检查，有效提升各电站应急处置能力。规范交通安全管理，开展安全驾驶知识培训，严格执行车辆调度和维修保养制度，确保了全年交通安全无事故。

【经营管理】面对设备陈旧和送出受限等诸多困难，乐山筹备处分析投运电站的送出上网电价执行情况，强化电量、电价管理，积极争取标杆电价落地，降低低谷考核比例，提高低谷有效电量，增加效益。认真研究分期分段电价变化，采用优化水库运行调度、优化电力营销策略等方法，深入挖掘电站经济运行的潜力。积极盘活存量资产，努力降本增效。以发展为主线，积极联系促成四川公司与乐山市政府战略合作框架协议的签订，10月15日成功签约，为四川公司在乐山能源方面发展奠定基础。

2015年10月15日，四川公司与乐山市政府签订战略合作框架协议

【基础管理】2015年，乐山筹备处认真贯彻落实四川公司“管理提升年”活动要求，专题开展了管理诊断整改活动，对诊断查找的22项待整改项，细化整改措施，落实整改；对现有制度进行全面评估自查、修编完善管理制度；建立完善三级单位办公平台，推进无纸化办公，使工作更加规范、高效；严格财务管理和内控管理，每月、每季度对“三公经费”使用情况建立台账、清查上报。对内外部审计发现问题立行立改，进一步规范了经营管理水平。

【党建及精神文明建设】乐山筹备处党委强化基础管理，定期组织中心组学习，发放学习资料，加强监督检查，党支部标准化工作有序推进。认真贯彻落实集团公司“5条禁令、23个不准”要求，坚持重大节日短信提醒，召开纪检监察工作会，及时组织学习《中国共产党廉洁自律准则》和《中国共产党纪律处分条例》等党纪党规，党风廉政建设和反腐倡廉工作不断深化。认真开展“三严三实”专题教育，组织召开专题民主生活会，活动成果得到群众充分肯定。根据各电站现场实际和职工文体活动的需求，乐山筹备处组织开展形式多样的文体活动，组织开展职工“迎新年”健步走、厨艺比赛等活动，满足职工业余文化生活需要。

【队伍建设】积极宣贯“以奋斗者为本”理念和集团公司“和”文化。认真开展四川公司统一部署的“大干一百天，全力保目标”专项行动，充分发挥群团组织作用，推进企业文化融合，倡导“奋斗者”精神，调动了员工工作积极性、主动性和敬业精神；完成全年常规培训考核，开展水轮发电机组值班员、特种作业人员、外派运维人员业务技能、“安健环”体系理论等培训；组织生产系统人员参加生产管理提升培训，全年培训达290人次。先后选派4名优秀人员借调四川公司学习，1名年轻中层管理人员通过竞选得到提拔，1名部门主管被评选为四川公司2015年度先进个人。

四川中水能源有限公司

【企业概况】四川中水能源有限公司（以下简称“中水公司”）成立于2010年3月，是中电投四川电力有限公司（以下简称“四川公司”）所属控股企业。2013年8月，中水公司完成四川兴鼎电力有限责任公司

（以下简称“兴鼎公司”）100%股权收购。

按照中电投集团三级管控模式，中水公司、兴鼎公司实行“一套人马、两块牌子，一体化运营”管理模式，全面负责阿坝州毛尔盖河流域水电项目基本建设与生产经营管理。

【项目简介】毛尔盖河流域位于阿坝州松潘县、黑水县境内。流域干流水电项目为“一库三级”梯级开发，自上而下依次为剑科水电站、晴朗水电站、西里水电站，总装机容量 50.1 万千瓦。

剑科水电站 位于阿坝州松潘县境内，为毛尔盖河干流梯级开发自上而下的第一梯级“龙头水库”电站。水库有效库容 1.146 亿立方米，具有年调节能力。电站装机容量 24.6 万千瓦（3×8.2 万千瓦），引用流量 57.4 立方米/秒，多年平均年发电量 9.09 亿千瓦时。在四川电力系统中可承担部分调峰、调频和事故备用任务，对下游梯级电站有较强的补偿调节作用，形成毛尔盖流域的整体优势。2012 年 9 月取得项目核准，列入四川省重点建设项目，进入主体工程建设。

晴朗水电站 位于四川省阿坝州黑水县境内，为毛尔盖河干流梯级开发自上而下的第二梯级电站。电站装机容量 18 万千瓦(3×6 万千瓦)，水库有效库容 14.71 万立方米，具有日调节能力。电站多年平均年发电量为 8.024 亿千瓦时(单独)/ 8.981 亿千瓦时(联合)。2008 年 11 月取得项目核准，正式开工建设，2011 年 2 月建成投产。

西里水电站 位于四川省阿坝州黑水县境内，为毛尔盖河干流梯级开发自上而下的第三梯级电站。电站装机容量 7.5 万千瓦（2×3.75 万千瓦），多年平均年发电量 3.239 亿千瓦时(单独)/3.613 亿千瓦时(联合)。2008 年取得前期工作路条，开展施工准备相关工作。

【安全生产管理】中水公司坚决贯彻中电投集团安全理念，及时调整安委会和防汛组织机构，落实安全生产责任制。执行四川公司安全生产制度 50 部，编制发布中水公司安全生产制度 38 部，安全生产管理有章可循。着力推进安健环体系建设，强化安全生产教育培训和应急演练，广泛宣传“生命至上”理念，扎实开展“安全生产月”等十项主题活动，成功应对“6·28”泥石流地灾，妥善安置避难村民 60 余人，彰显央企社会责任。不断加强设备检修维护，高标准完成 3 台机组检修，成功处理 1 号机组轴线超标较严重缺陷。全年未发生人身设备环保事故，实现中水公司“九不发生”目标，晴朗水电站安全生产运行 1791 天。

【经营管理】面对日趋严峻的电力市场，中水公司加大营销工作力度，积极争取月度、年度发电量计划，最大限度多发电量。全年完成发、售电量分别为 5.49 亿千瓦时、5.44 亿千瓦时。主动参与市场竞争，争取水火置换等计划外电量，形成多品种电量营销模式，增加经济效益。加强电费回收，全年电费回收率 100%，同时收回全部陈欠电费。

【项目建设情况】

剑科水电站 完成 1 号支洞、厂房穹顶等安全隐患处理，推进 6 号主洞上游开挖、三台机组肘管安装等工程实施。积极协调征地移民工作，取得项目建设用地审批手续。

西里水电站 项目完成前期“三通一平”工作。取得征地移民规划报告、土地预审、选址意见书等批复，积极推进流域环评、项目环评等相关工作，为项目核准创造条件。

【管理整合顺利完成】为理顺管理关系，中水公司在深入调研基础上，按照“有利于确保安全生产，有利于提高工作效率，有利于降低运营成本，有利于维护队伍稳定”的原则，形成具有中水公司特点的管理整合优化方案。整合中水公司和兴鼎公司管理资源，建立统一建管平台，两个公司本部管理部门合并，设置综合管理部、计划经营部、财务部、生产技术部、工程管理部五个管理部门。根据“一厂多站”、集中控制的管理模式，形成了生产技术部及其下辖技术室、现地控制中心、安全监督与环境保护室、运维室、综合室的安全生产管控过渡系统，负责晴朗水电站安全生产及剑科水电站、西里水电站生产准备，同时兼负阿坝新能源项目的生产运行工作。

【基础管理工作】扎实开展“管理提升年”活动，推进完成七方面 30 项重点任务，基础管理工作得到显著提升。全力推进从严治企，严格执行“三重一大”要求，进一步完善决策机制，提高决策水平，大力开展制度建设，有效防范决策风险。扎实开展标准化建设，完成系统化培训、工作标准编写。完成主要业务流程梳理固化，有效提高办公效率。加强“三公”经费管理，严格控制成本费用。规范物业后勤管理，安保、通勤车社会化运行良好。

【党群及精神文明建设】建立健全党群组织机构，加强党建理论学习，组织学习新《准则》和新《条例》，认真开展“三严三实”教育。积极开展员工思想政治工作，广泛宣传“以奋斗者为本”“价值创造”理念。落实党风廉政建设“一岗双责”，严格执行八项规定和中电投集团、四川公司各项要求。开展员工礼仪、企业文化培训，建立职工书屋，提高员工职业素养。进一步完善员工生活、办公设施，极大改善员工工作生活条件。开展秋季趣味运动会，举办迎春晚会，增强员工凝聚力、向心力。

乡城县鸿能电力有限责任公司

【企业概况】乡城县鸿能电力有限责任公司（以下简称“鸿能公司”）于2013年1月完成股权变更，四川公司持股100%，注册资本金为10000万元。鸿能公司已投运水电站1座，为马熊沟三级水电站（3*0.44万千瓦）；在建水电站3座，为然乌沟水电站（2*1.1万千瓦）、曲堆水电站（3*0.5万千瓦）、马熊沟二级水电站（2*0.325万千瓦）。

【基础管理】修订完善管理制度，规范管理流程，建立管理台账。加大安全、工程、运行管理等培训工作力度，增强员工安全生产意识。建立地质灾害隐患台账，积极开展地质灾害隐患排查治理。

【安全生产】认真贯彻执行“安全第一，预防为主，综合治理”的方针，牢固树立“任何风险都可以控制，任何违章都可以预防，任何事故都可以避免”的安全理念，按照“零容忍”的要求处置安全隐患，强化各级人员的安全意识、责任意识和红线意识，推动鸿能公司安全生产从“要我安全”到“我要安全”的转变，确保全年安全生产“零事故”“零非停”。截至2015年年底，实现安全生产1322天。

【工程建设】按照四川公司下达的目标任务和“大干一百天，全力保目标”活动要求，鸿能公司加强管理：一是倒排工期，制定施工方案，采取节点奖励措施，督促各单位加大投入，加快施工进度；二是进一步落实责任，设计单位、监理单位、业主三方各司其职、各负其责，共同推进曲堆水电站、马熊沟二级水电站工程项目建设。

【工程质量】实现了质量事故零目标，土建工程单元验收合格率100%，优良率85%以上，金属结构、机电工程合格率100%，优良率95%以上；混凝土外观浇筑质量达到优良。

【党建工作】认真做好党建工作，严格执行中央“八项规定”、贯彻执行集团公司“5条禁令、23个不准”，党风廉政建设责任制，开展警示教育、“三严三实”专题教育活动，努力提高员工的思想觉悟和个人素质。强化廉政监督，落实“两个责任”，重点抓好组织推动、教育监管、责任落实和源头治理工作，督促班子成员履行“一岗双责”。

四川中兴电力发展有限公司

【企业概况】四川中兴电力发展有限公司（以下简称“中兴公司”）成立于2006年11月，注册资本金5600万元，系四川公司的控股子公司。主要从事水利水电工程开发、水电站建设（不含土木工程施工）经营管理，节能综合利用、建筑材料开发、经营与贸易业务。

中兴公司设综合管理部、生产工程部两个职能部门，下辖热枯河一、二、三级电站。一级电站装机容量0.8万千瓦（2×0.4万千瓦）已取得甘孜州发改委的核准，尚未开工建设；二级电站装机容量1.2万千瓦（2×0.55万千瓦+后增2万千瓦）、三级电站装机容量为1.3万千瓦（2×0.65万千瓦）已于2010年1月15日并入四川省网，正式投入商业运营。2015年中兴公司总资产2.61亿元，热枯河二级站连续安全生产2438天、三级站连续安全生产2184天。

【安全生产】中兴公司坚持“安全第一、预防为主、综合治理”的安全理念，细化管控举措，发挥安全生产责任体系和保障体系的作用，强化岗位责任落实和责任追究，提高全员的安全意识。大力开展安全生产法学习和安全云培训，印发值班长日志、周安全活动等记录本，规范日常安全管理工作。以“四不放过”和“三铁反三违”的处理原则狠抓现场违章现象，强化值班长的现场安全管理责任，形成了人人讲安全、要安全的良好态势。开展安全生产演讲比赛，安全生产“大排查、大整治”，春冬安全生产大检查，“安全生产月”，“打非治违”专项行动，安全生产大检查“回头看”等活动，营造了良好的安全氛围，确保安全生产可控在控。热枯河二级站已实现了无人值守，在四川公司范围内第一个成功完成了“无人值班、少人值守”的工作目标。

【防汛工作】中兴公司高度重视防汛和防地质灾害工作。早安排、早准备，在汛前完成防汛物资补充、防汛设备设施检查和修复等工作，加强与地方政府相关部门的沟通协调力度，以及友邻单位的互帮互助工作，圆满实现安全度汛目标。全力推进安健环体系试运行，开展专项培训 8 次，专项考试 3 次，修编完善 8 部安全生产管理制度，2 部安全生产技术标准及防汛应急预案。严抓交通安全，从制度、技术、经济和亲情等多方面入手，提高驾驶人员的安全行车意识，保证车辆维护和保养质量，严格出车审批，规范行车行为，确保了交通安全。

【设备管理】深入开展设备设施的隐患排查分析，提高设备的健康水平。结合“安全隐患大排查大整治活动”和“安全生产月活动”深入开展缺陷隐患排查治理。通过多种培训方式，转变员工对设备缺陷和隐患危害的认识，以设置缺陷发现奖的形式，鼓励员工查找缺陷隐患。修编缺陷管理制度，明确责任和奖惩，实现缺陷和隐患排查治理的闭环管理，保证了设备的安全稳定运行，年消缺率达到 100%。

【经营管理】加大电力营销工作，扭住电量电价不放松，千方百计增收益。结合管理提升年活动，规范生产工程自主招标和物资采购各环节管理，加强电站库房物资管理，堵塞漏洞，将电站生产指标完成情况与员工月度绩效挂钩，调动员工工作积极性。

【党建及精神文明建设】深化学习型、服务型、创新型党组织建设，严格“三会一课”制度，强化党员教育管理。严格执行中央八项规定和中电投集团 24 条、四川公司 29 条实施细则，严控“三公”经费支出，制定企业负责人履职待遇、业务支出实施细则。深化厂务公开民主管理，加强班组建设。开展演讲比赛、乒乓球比赛、篮球比赛等业余活动和“送温暖”活动，增强企业的凝聚力和向心力，发挥群团组织的桥梁纽带作用。认真落实党风廉政建设责任制，深入推进惩治和预防腐败体系建设，坚持干部任前廉洁谈话机制。

中电投四川阿坝新能源有限公司

【企业概况】中电投四川阿坝新能源有限公司（以下简称“阿坝新能源公司”）和中电投阿坝若尔盖新能源有限公司（以下简称“若尔盖公司”）分别成立于 2015 年 3 月和 2015 年 12 月，为四川公司推进阿坝州新能源开发利用成立的全资子公司。按照集团公司三级管控模式，阿坝新能源公司、若尔盖公司实行“一套人马、两块牌子，一体化运营”管理模式，全面负责阿坝州境内公司所属风力、太阳能光伏资源的综合开发利用，电站基本建设，电站生产经营管理以及还贷、资产的保值增值。公司本部设综合管理部、计划财务部、生产工程部三个职能部门。

【项目简介】

红原若先光伏电站（一期）位于红原县邛溪镇玛萨村，装机容量 5 万千瓦，站址平均海拔 3495 米，占地约 995 亩，计划 2016 年并网发电。项目建成后年平均等效满负荷发电小时数为 1312 小时，年平均上网发电量为 7225.5 万千瓦每小时，与燃煤电厂相比每年可节约标煤 2.23 万吨，相应每年可减少多种大气污染物的排放，其中减少二氧化硫排放量约 534.8 吨，氮氧化物 156 吨，二氧化碳 5.8 万吨。所发电能作为清洁能源的太阳能电力将会对四川电网供电能力形成有益的补充。目前项目正在开展前期工作。

若尔盖阿西光伏电站（一期）位于若尔盖县阿西乡，装机容量 3 万千瓦，站址平均海拔 3570 米，占地约 855 亩，计划 2016 年并网发电。项目建成后年平均等效满负荷发电小时数为 1302 小时，年平均上网发电量为 4302.8 万千瓦每小时，与燃煤电厂相比每年可节约标煤 1.31 万吨，相应每年可减少多种大气污染物的排放，其中减少二氧化硫排放量约 315.6 吨，氮氧化物 92 吨，二氧化碳 3.42 万吨，所发电能作为清洁能源的太阳能电力将会对四川电网供电能力形成有益的补充。目前项目正在开展前期工作。

【经营管理】为加快项目推进，按照“有利于确保安全建设，有利于提高工作效率，有利于降低运营成本，有利于维护队伍稳定”的原则，形成阿坝公司和若尔盖公司一体化管理模式，设置综合管理部、计划部、生产工程部三个管理部门。

阿坝新能源公司坚持秉承“奉献绿色能源，服务社会公众”的企业精神，勇于承担服务社会公众的国有企业社会责任，努力实现“人、诚、和、实、优”五元企业价值观，积极打造阿坝州百万千瓦级清洁能源基地，为藏区经济发展做出应有贡献。

【基础管理】扎实开展“管理提升年”活动，制定活动方案，开展总结整改工作。大力推行从严治企，严格遵照“三重一大”要求，完善决策机制，提高决策水平，有效预防决策风险。大力开展制度建设，使公司运作有章可循。严格“三公经费 ”管理使用，建立使用台账，严控成本费用。规范物业后勤管理，安保、车辆运行良好。

【党建及精神文明建设】建立健全党群组织机构，完成公司支部建设。加强党建理论学习，组织学习新《准则》和新《条例》，认真开展“三严三实”教育，组织召开民主生活会。积极开展员工思想政治工作，广泛宣传“以奋斗者为本”“价值创造”理念。落实党风廉政建设“一岗双责”，严格执行八项规定和集团公司、四川公司各项要求。建立职工书屋，提高员工职业素养。进一步完善员工生活、办公设施，改善员工工作生活条件。开展“重走长征路”活动，增强员工爱国主义情怀。

中电投四川攀枝花公司筹备处

【企业概况】中电投四川攀枝花公司筹备处（以下简称“攀枝花筹备处”）和云南会泽中电投新能源有限公司（以下简称“会泽新能源公司”）分别成立于2015年10月和2015年12月，会泽新能源公司为中电投四川电力有限公司（以下简称“四川公司”）全资子公司。按照集团公司三级管控模式，攀枝花筹备处、会泽新能源公司实行“一套人马、两块牌子，一体化运营”管理模式，负责四川省攀枝花市、云南省境内光伏发电、风电等新能源项目的储备、前期工作、开发建设、生产运营及攀枝花市、云南省境内水电等清洁能源项目的开发；参与售电、增量配电业务改革等。

【项目简介】

攀枝花仁和区光伏发电项目 攀枝花市处于安宁河、雅砻江和金沙江的河谷地带，地貌类型以低中山和中山为主，占全市面积的 88.38%，光伏项目均属于山地光伏。目前正在开展前期工作。

会泽县火红乡光伏发电项目 会泽县地处云南省北部，平均海拔 2100 米，光伏资源较丰富。2014年 6 月，四川公司与会泽县政府签订了光伏投资框架协议，开展项目前期工作。2015 年 4 月，四川公司与云南省会泽县人民政府签订了火红乡光伏发电项目投资开发协议，获得光伏项目开发权。2015 年12 月，会泽火红乡 5.48 万千瓦光伏发电项目获得会泽县发展和改革局投资项目备案证。

【基础管理】攀枝花筹备处扎实开展“管理提升年”活动，制定活动方案，开展总结整改工作。大力推行从严治企，严格遵照“三重一大”要求，完善决策机制，提高决策水平，有效预防决策风险。大力开展制度建设，使公司运作有章可循。严格“三公经费 ”管理使用，建立使用台账，严控成本费用。规范物业后勤管理，安保、车辆运行良好。

中电投贵州遵义新能源公司筹备处

【企业概况】中电投贵州遵义新能源公司筹备处（以下简称“遵义筹备处”）、中电投贵州赤水新能源有限公司筹备处（以下简称“赤水筹备处”）与中电投习水新能源有限公司（以下简称“习水公司”）一套人马，合署办公，主要负责贵州省遵义市境内风电、光伏发电等新能源项目的储备、前期工作、开发建设、生产运营及贵州省其他区域水电、新能源等清洁能源项目的开发。其中，习水公司为中电投四川电力有限公司（以下简称“四川公司”）全资子公司，截至 2015 年 12 月 31 日，习水公司注册正在稳步推进，尚未完成。

【项目简介】

贵州习水风电项目 2014年12月16日，四川公司与习水县人民政府签订了《习水县风能资源合作开发框架协议》；2015年4月20日，四川公司与习水县人民政府签订了《中电投贵州习水风电项目投资开发协议书》，锁定资源，进行相关前期工作。

赤水风电项目 2014年6月20日，四川公司与赤水市人民政府签订《风能源战略合作框架协议》；2015年5月14日，四川公司与赤水市人民政府签订《中电投贵州赤水风电项目投资开发协议》，锁定赤水风电项目，计划装机容量20万千瓦。

仁怀市风电项目 2015年11月4日，四川公司与仁怀市人民政府签订《仁怀市人民政府中电投四川电力有限公司风力资源开发利用战略合作框架协议》，开展相关前期工作。

遵义清洁能源项目 2015年12月3日，四川公司与遵义市人民政府签订《遵义市人民政府中电投四川电力有限公司遵义清洁能源战略合作框架协议》。

其他项目合作进展 遵义筹备处为拓展开发空间，加强与地方政府沟通协调，在垃圾发电、生物质发电、综合智慧能源领域积极开展相关工作；在水电、光伏、风电等能源领域与其他能源企业加强对接，探讨多种形式的合作开发。

【经营管理】秉承四川公司“电为核心、水新并举、清洁发展”战略，以差异化发展为突破口，着力构建起“区域化、流域化、规模化”的发展模式，以地方产业规划为引导，积极融入地方经济社会发展大局，打造贵州黔北百万千瓦清洁能源基地，并辐射周边。

【基础管理】遵义筹备处按照四川公司部署分别于2015年5月、10月通过公开招聘形式引进所需人才；结合四川公司有关文件要求，开展定机构、定职责、定员定岗等相关工作，理顺了管理关系，划分了职责界面。

（文中图片均为中电投四川公司提供）

（中电投四川公司）

中国大唐集团公司四川公司

【企业概况】大唐四川发电有限公司（以下简称大唐四川公司）是中国大唐集团公司的全资子公司，2015年5月9日正式挂牌，其前身为中国大唐集团公司四川公司，成立于2006年12月22日。大唐四川发电有限公司主要从事电源项目的开发、建设与运营，负责管理嘉陵江亭子口水利水电开发公司、大唐乡城水电开发有限公司、大唐乡城唐电水电开发有限公司、大唐得荣唐电水电开发有限公司、大唐四川川北电力开发有限公司、大唐雅安电力开发有限公司、大唐广元风电开发有限公司、大唐玉曲河电力开发有限公司、大唐凉山新能源开发有限公司、大唐广元火电项目筹建处等11个基层企业。截至2016年5月初，大唐四川公司资产总额300亿元，职工总人数800多人，公司在役水电站26座，机组76台，在役风电场1座，总装机容量212.939万千瓦；在建水电站8座，总装机容量48.73万千瓦；前期规划总容量约700万千瓦；在役、在建、规划总容量约940万千瓦。

【发展战略】在大唐集团公司党组的正确领导和大力支持下，在地方各级政府的关心和帮助下，该公司坚持依法治企与从严治企相结合，抓发展与抓党建相结合，加快工程建设与加强营销工作相结合，深化改革与落实职工的主体地位相结合，着眼于四川公司未来发展的全局，该公司领导班子经认真分析、思考和研究，明确提出了“五年两步走”的发展战略。为贯彻落实全心全意依靠工人阶级的根本指导方针，该公司提出了“以职工为导向”的基本工作思路，相信职工，依靠职工，最大限度地调动广大干部职工的积极性、主动性和创造性，并力争把这个工作思路贯彻到工作的方方面面。紧紧围绕“四个坚持、三个着力、两个转变”的总体工作要求，公司上下以时不我待的精神状态，主动作为、敢于担当，广大干部职工的思想观念、工作作风、工作干劲和担当精神等发生了可喜的变化。

2015年，大唐四川公司认真贯彻落实集团公司工作会议精神，坚持依法治企与从严治企相结合，抓发展与抓党建相结合，加快工程建设与加强营销工作相结合，深化改革与落实职工的主体地位相结合，紧紧围绕“四个坚持、三个着力、两个转变”的总体工作要求，以时不我待的精神状态，主动作为、敢于担当，直面各种不利因素，扎实做好各项工作。该公司安全生产总体保持平稳态势，续建工作取得重大突破，项目前期工作稳步推进，经营管理水平得到进一步提升，党建和思想政治工作得到加强，广大干部职工的思想观念、工作作风、工作干劲和担当精神等发生了可喜的变化，公司经营业绩创造历史最好水平，圆满完成了各项工作任务。

【提出了“五年两步走”的发展战略】2015年1月，大唐四川公司领导班子调整，新一届班子着眼四川公司未来发展的全局，明确提出了“五年两步走”的发展战略。第一步，用两年时间解决好历史遗留问题，实现续建项目全部建成；第二步，再用两到三年的时间，使四川公司达到或者接近集团公司先进单位的行列。这个发展战略已经得到了干部职工的广泛认同并为之共同努力。

2015年5月28日，王野平调研　（大唐四川公司提供）

【确立了“以职工为导向”的基本工作思路】按照“五年两步走”发展战略，该公司提出了“以职工为导向”的基本工作思路，相信职工，依靠职工，最大限度地调动广大干部职工的积极性、主动性和创造性。该公司建立了总经理联络员制度，召开了两次联络员座谈会。公司党组向全体职工公开承诺，2015 年为职工办十件实事。年底这十件实事大部分已经完成，还有一部分正在办理之中。

【理清了各方面开创新局面的具体要求】按照“五年两步走”发展战略，大唐四川公司理清了各个领域的工作要求，续建工作提出了“工期不拖、支付不超、安全可靠、保质保量”的新要求。营销工作确定了“战略统领、电量为王、两个转变、效益导向”工作要求。财务工作提出了“效益为先、全面预算、管住管好、争策挖潜”的新要求，核心是要实现“两个转变”。党建工作继 2014 年提出新思路（围绕一个中心，强化一个理念，推进三项建设，发挥三个作用，着力三个提升）之后，又提出了“新格局，新局面，新举措”的具体要求。新格局，即：党组（党委）书记主抓，班子成员协助抓，职能部门具体抓，业务部门配合抓。新局面，即：各级党组织坚强有力，干部职工充满活力，公司上下凝神聚力，各项工作充分给力。新举措，即：必须筑牢思想基础，必须提供精神动力，必须营造良好氛围，必须创造文化条件。

【安全生产基础进一步得到夯实】按照大唐四川公司“五年两步走”发展战略的要求，始终把安全生产放在各项工作的首位。积极探索具有四川公司特点的安全生产管控体系，确立了大安全的管理理念，安全生产的基础进一步得到夯实。一是认真学习贯彻新《安全生产法》和集团公司安全生产一号文精神，四川公司与基层单位签订安全生产重点任务确认书，做到了责任层层分解、压力层层传递。二是针对娘拥、洞松水电站引水隧洞塌方事故，及时召开基层单位党政主要领导打招呼会议，认真吸取事故教训，针对性地下发了《关于切实加强基建安全生产管理的通知》，提出了进一步加强安全施工的具体措施。三是扎实做好防洪度汛和防地质灾害工作。组织开展了安全巡视和汛前安全专项检查活动，对防汛工作做到早安排、早布置、早落实，川北公司众志成城，成功应对“6·28“特大暴雨洪水，确保了东河 5 级电站安全度汛。四是有序推进风险评估。制定下发了《安全风险控制评估工作管理实施细则》，邀请外审专家到基层单位进行安全风险控制评估内审培训，全面启动风险评估工作。针对集团公司提示的突出安全风险，认真分析，研究制定了具体控制措施，跟踪督办问题整改。五是切实加强生产准备工作。针对投产电站点多面广的实际，主动协调解决生产准备工作中存在问题，确保了基建和生产的无缝对接，得到了大唐集团公司的充分肯定。六是加强设备检修管理工作。充分发挥技术监督协作组的作用，积极推动状态检修，提升设备健康水平。公司系统全年共完成机组检修 51 台次，机组修后评价均达到了预期效果。七是切实加强科技合作。通过与制造商、科研院所的合作，促成了风电科技成果和专利的形成，解决了风机运行过程中存在的隐患。2015 年新增专利 4 项，亭子口公司“高水头泄洪底孔体型与跌坎式消力池联合新技术研究与应用”获得集团公司科学技术一等奖，亭子口公司“水电站厂房清水混凝土施工技术研究与应用”获得大唐集团公司科学技术三等奖，有力地推动了科技创新助力公司生产经营工作。

2015 年 11 月 4 日锅浪跷截流　（大唐四川公司提供）

【工程建设和续建项目取得新进展】按照“工期不拖、支付不超、安全可靠、保质保量”的工作要求，续建工程稳步推进，在建项目的安全、质量、进度、造价均可控在控。一是成立了续建项目领导小组和三个工作小组，该公司三位班子成员分别负责雅安、甘孜南部和川北的续建工作。公司党组多次听取续建项目单位的专题工作汇报，成立了历史遗留问题处理领导小组，争取在工程建设期间把遗留问题处理好。二是切实加强资金支付管控，研究下发了《四川公司工程建设项目资金支付管理办法》和《四川公司工程建设项目变更管理办法》，两个办法在工程管理中发挥了重要的作用，确保了续建资金的专款专用。结合大唐集团公司确定的续建项目内部造价控制目标，严格投资管控，通过大量卓有成效的工作，13 个续建项目投资较集团公司复核的预计总投资降低 1.48 亿元。

三是续建工程积极推进。9 月 10 日，针对工程建设中存在的困难和问题，该公司启动了“大干四个月”活动，为全面完成年度投产目标而努力奋斗。娘拥电站三台机组于 12 月 21 日全部投产发电，圆满实现一月“三投”的目标；天全河支流昂州河 4 个电站机组于 12 月 29 日投产发电。四是在建工程顺利推进。上石盘电站工程建设进展顺利，机组安装调试即将完成；古学水电站两台机组于 8 月 21 日投产发电，实现一月“双投”；锅浪跷电站于 11 月 4 日顺利实现大江截流；望江坪风电场于 11 月 25 日举行了开工仪式。五是针对续建项目工程进展，切实加强与水电六局、水电七局、水电十局、水电十一局、水电十四局等工程建设单位的沟通协调，及时解决存在的困难和问题。

【计划营销和政策争取工作取得新成效】该公司面对四川省电力生产供大于求的实际，面对丰水期弃水加剧、九段制电价、直购电、替代电量等政策并行的严峻形势，提出了“战略统领、电量为王、两个转变、效益导向”的营销工作思路，公司系统各电站峰枯比一直保持在比较高的水平，基本做到了不弃水、少弃水、多发电和多发高价电。一是坚持“效益最大化，损失最小化”原则，积极参与市场竞争，抢前抓早，上下协同，顺利完成了年度电量计划的争取工作，该公司学会了使用市场，争取到了富余电量、自备电厂停发替代交易、以及水火替代补偿交易电量共计 17274 万千瓦时。二是把市场营销作为一把手工程提上议事日程，研究下发了《关于加强市场营销工作的通知》，有针对性地提出了多项具体措施。公司所属各单位全部成立了计划经营部，配备专职营销人员。举办了营销人员培训班，组织公司系统营销人员集中培训，交流营销经验，公司系统的整体营销水平得到了提升。三是投资管理水平得到新提升。公司全年完成投资 29.23 亿元，完成集团公司下达年度投资计划 30.67 亿元的 95.3%，投资偏差率为-4.94%，控制在集团公司规定的 5%以内。

【公司发展和项目前期工作取得新突破】坚持在发展中解决问题，坚持有质量、有效益的发展，树立“投资比融资更重要和盈利模式可以改变”的发展理念。按照“五年两步走”发展战略的要求，制订了《大唐四川公司“十三五”发展规划实施方案》，对公司未来的发展进行了全面规划。一是加快推进风电项目的发展。6 月 3 日，大唐四川公司与四川电网公司西昌电力签订了联合开发凉山州风电资源的协议，正式启动合作开发风电项目，计划用 3—5 年的时间建成百万千瓦级风电场。普格风电二期（5 万千瓦）于 10 月 26 日完成核准，普格风电一期（10 万千瓦）于 12 月 30 日完成核准。二是有序推进水电项目的发展。6 月 25 日，该公司与甘孜州电力开发公司签订了甘孜南部项目合作协议，甘孜州电力开发公司将持有娘拥电站、古瓦电站 45%的股份，持有乡城电站、古学电站 20%的股份，甘孜州政府原则同意给予古瓦电站 1.5 亿元的优惠政策。古瓦电站于 8 月 26 日获得核准，开工前的各项准备工作正在抓紧进行，力争 2016 年主体工程开工建设。按照大唐集团公司总体要求和西藏公司统一部署，以扎拉水电的核准为抓手，积极配合、有序推进玉曲河流域电站的前期工作。三是适时推进火电项目的发展。广元火电一期（2×100 万千瓦）已经完成内审，按照大唐集团公司要求，争取 2016 年 1 月完成核准。

【三项制度改革取得新成果】落实全面深化改革举措，推动企业改革发展。一是体制机制的改革。5 月 9 日，召开了四川公司改子公司座谈会，标志着四川公司正式进入子公司新时代。按照建设“团结、务实、高效、担当、奉献、服务、廉洁”的四川公司本部的要求，对本部的机构设置进行了必要的调整。调整后，本部机构由 10 个精简到 8 个。针对甘孜州南部中小水电项目管理中存在的问题，新班子果断决策，撤销了水电公司，将水电公司管理的三个公司划归四川公司直接管理，从根本上理顺了项目管理的体制和机制。春节后，原水电公司的 134 名职工由大部分在成都工作全部分流到甘孜南部三个项目公司。其间，党组多次研究工作方案，并做了大量思想政治工作，确保了职工队伍稳定。这项工作，自始至终党组没有收到一份举报信，没有接到一个反映问题的短信。二是干部人事制度的改革。按照“现在干不干、今后能不能干”和“能上能下、能下能上”的原则，坚持“公平、公正、公开”推进干部人事制度改革。对公司系统 30 人进行了上下交流，从公司本部到基层单位交流了 14 人，从基层单位到公司本部交流了 16 人，其中从本部到基层单位交流处级干部 6 名，从基层单位到本部交流处级干部 5 名，将 4 名正处级干部安排到副处级岗位工作，本部干部交流达到了近 40%。三是薪酬制度的改革。按照“积极、稳妥、有序”的原则，持续推进薪酬制度的改革。这项工作正在进行之中，主要是建立起科学合理的分配体系，解决好结构不合理的问题，改革方案党组已经讨论通过，2016 年试行三个月后正式执行。

【党建工作水平得到新提升】贯彻全面从严治党方针，落实管党治党责任，公司系统党建工作水平得到进一步提升。一是扎实开展“三严三实”专题教育活动。按照大唐集团公司的部署和要求，通过开展党组（党委）中心组学习、党组（党委）书记上党课等多种形式，进一步增强了对“三严三实”重要性的认识。举办了“三严三实”与领导方法培训班，该公司处级以上干部、各单位领导班子成员及后备干部共80余人参加了培训，提升了干部的综合能力和整体素质。二是深入开展巡视整改工作。按照中央巡视组和集团公司的要求，四川公司层面22项整改任务已完成20项，其他问题均取得阶段性成果，大唐四川公司的巡视整改工作得到大唐集团公司的高度认可。三是高度重视各级党组织建设。印发了《党建工作考核办法和细则》《基层党委工作条例》和《党支部工作条例》，为进一步规范公司系统党建工作奠定了基础。四是切实加强企业文化建设。按照建设“务实文化、奉献文化、创新文化、奋进文化、担当文化、责任文化”的要求，把续建项目推进中涌现出的先进事迹，作为形成主流文化的因子和难能可贵的原料，努力打造具有大唐四川公司特色的主流文化。五是召开了群团工作会和党员代表大会、会员代表大会和团员代表大会。完成了四川公司直属企业党委、纪委的换届和工会、团委的换届工作，进一步完善了各级组织，对公司系统党组织建设和群团工作进行了全面部署，为形成党政工团齐发力的工作局面创造了条件。

【制度建设得到进一步加强】按照“五年两步走”的发展战略的要求，该公司全面启动了制度建设，把“立章程、定规矩”作为提升公司管控水平的有效途径。研究制定了《四川公司工作规则》《党组会议议事规则》《总经理办公会议议事规则》《党建工作考核办法和细则》《党组中心组学习制度》《政工例会制度》《新闻宣传管理办法》《工程建设项目资金支付管理办法》《工程建设项目变更管理办法》、《违章积分考核管理办法》《公司本部职工履职待遇、业务支出管理办法》《所属企业负责人履职待遇、业务支出管理办法》《公司本部办公用品管理办法》和《公司本部中层干部聘任管理办法》等一系列制度，实现了公司管理制度在安全生产、经营管理、工程建设、党建工作中的全覆盖，为公司“依法治企、从严治企、合法经营”奠定了基础。

【攻坚克难】2015年以来，大唐四川公司广大干部职工面对困难不动摇，面对矛盾不回避，面对成绩不骄傲，该公司上下始终保持奋发向上的精神状态，各项工作有序推进。一年来，该公司克服了四大困难，取得了四大成果，积累了六条经验。

1.克服了四大困难。一是续建工程塌方给续建工程正常推进带来的困难。针对娘拥、洞松水等电站引水隧洞塌方事故，相关人员连夜赶赴现场，增加技术力量进行处理，公司党组及时召开基层单位党政主要领导打招呼会议，吸取事故教训，制定防范措施，确保工程安全。二是雅安支流阻工给正常进场带来的困难。针对天全河支流电站因阻工不能如期进场问题，该公司专题研究，多次和雅安市、天全县主要领导沟通协调，多次和原业主进行磋商，为天全河支流电站的建设创造了条件。三是历史遗留问题给工程如期投产带来的困难。针对续建项目遗留问题，该公司切实加强与工程建设单位的沟通协调。针对工程建设中存在的困难和问题，该公司启动了“大干四个月”活动，号召全体干部职工立即行动起来，为全面完成年度投产目标而努力奋斗。四是枯水、弃水的形势给经营带来的困难。针对四川来水偏枯的实际，及时分析和解决生产经营中存在的问题，积极开拓营销工作思路，用活、用好直购电、替代电量等政策，积极争取替代电量，四川公司的电量增长在五大集团中名列前茅，大部分电站做到了少弃水，乡城电站做到了不弃水。

2.取得了四大成果。一是总体上讲投产目标可以基本实现。娘拥电站三台机组于12月21日投产发电，实现一月三投；天全河支流昂州河4个电站于12月29日如期投产发电。二是分改子工作顺利完成。召开了四川分公司改子公司座谈会，明确了四川公司工作的基本原则、总体要求、管控模式以及要处理好的七个方面的关系。明确了四川公司对基层单位“三管好、三帮助”的工作要求。三是经营业绩创历史纪录。2015年完成发电量45.935亿千瓦时，完成利润0.67亿元，经营业绩创造四川公司组建以来历史最好水平。四是职工的精神状态、工作干劲、担当意识发生了显著变化。公司上下以时不我待的精神，主动作为，广大干部职工看到了希望，增强了信心。

3.积累了六条经验。一是咬定目标不放松；二是面对困难不懈怠；三是果断决策不迟疑；四是解决问题不推拖；五是步调一致不蛮干；六是依靠职工不动摇。

（大唐四川公司）

神华四川能源有限公司

【企业概况】神华四川能源有限公司（简称“神华四川公司”）成立于2012年3月9日，是中国神华集团二级子公司。该公司主要从事电力投资管理，技术咨询，电力生产，电力工程，运行托管，电力工程检修、调试，煤炭销售和清洁能源利用等业务。

神华四川公司目前拥有分公司1个，全资及控股企业8个，参股企业11个，本部设有“十部一中心”（总经理工作部、经营计划部、生产营运部、工程建设部、战略发展部、内部控制部、财务产权部、人力资源部、党群工作部、纪检监察部、燃料管理中心）；运营装机容量138.52万千瓦（火电126万千瓦，水电12.52万千瓦），在建装机200万千瓦，在册人员1605人。

该公司致力于提供生态能源，助推四川社会经济全面协调可持续发展，拟在四川省江油市规划建设100万吨储煤基地并配套建设4×100万千瓦超超临界燃煤发电机组，分两期建设，其中一期50万吨储煤基地项目已于2013年1月30日由省发改委核准并开工，2×100万千瓦机组新建工程已于2015年7月6日取得了省发改委正式核准，8月实现现场开工，该项目采用目前国际领先的环保技术，项目建成后将极大地满足四川省经济社会发展用电需要，对拉动区域经济发展、提高区域供电保障能力具有重要意义。

该公司还将积极寻求新建或收购其他火电和水电、风电、光伏等清洁能源项目，以实现协调发展，积极打造世界一流区域性清洁能源公司。

2015年，在神华集团和四川省委省政府的正确领导下，以“1245”清洁能源发展战略为指引，以本质安全为基础，以价值创造为核心，以项目核准并确保高水平开工建设为重点，按照“践行文化、固化流程、加快发展、提质增效”的总体工作要求开展工作，持续提升安全环保指标、管理水平和经营效益，各项工作取得新成效，安全生产持续稳定，发电量完成61.23亿千瓦时，同比增加9.59亿千瓦时，利润总额实现2.47亿元，同比增加0.3亿元，实现主营业务收入15.93亿元，超额完成集团公司下达的经营任务。

【子（分）公司情况简介】

1. 神华四川江油发电厂

建于1958年，位于江油市城东3公里，先后经历了三期建设工程，第一期工程为2×1.2万千瓦机组，已关停。第二期工程为4×5万千瓦高温高压机组，已于2006年年底关停。第三期扩建工程为进口法国2×33万千瓦火电机组，先后于1990年和1991年并网发电，年均发电量约25.8亿千瓦时。

2. 四川巴蜀江油燃煤发电有限公司

成立于2003年6月，位于江油市，装机容量60万千瓦（2×30万千瓦国产机组），由江油发电厂统一管理。该工程是四川省“十五”规划应急项目，两台机组先后于2005年11月、2006年2月投产，年均发电量23亿千瓦时。

3. 四川西部能源股份有限公司

1994年1月成立，全资郫县水电厂七台机组装机容量1.32万千瓦（留驾电站装机2×0.16万千瓦，1996年11月投产；先锋电站装机2×0.2万千瓦，2000年3月投产；新民电站3×0.2万千瓦，2007年9月投产）。

4. 北川巴蜀通口河流域电力开发有限公司

成立于2002年7月。位于北川县通口镇通口河流域，装机容量4.5万千瓦（2×2.25万千瓦），于2004年7月投产发电，年均发电量2.31亿千瓦时。

5. 江油巴蜀通口河电力有限公司

成立于1997年3月，位于江油市涪江河支流通口河流域，装机容量2万千瓦（2×1万千瓦），1999年1月投产发电，年均发电量9500万千瓦时。

6. 绵竹巴蜀水电开发有限公司

1995年11月成立，位于绵竹市清平乡，总装机容量2.3万千瓦（2×0.4万千瓦，2×0.75万千瓦），1998年12月建成投产，“5·12”地震造成严重损坏，全部停产。通过艰苦灾后重建，现已恢复发电。

7. 卧龙巴蜀龙潭水电有限责任公司

成立于1996年6月，位于汶川卧龙特别行政区卧龙镇，装机容量2.4万千瓦（3×0.8万千瓦），三台机组先后于1996年4月、5月、8月并网发电，年发电量约1.4亿千瓦时。“5·12”特大地震后，经灾后恢复重建，2012年年底全部恢复发电运行。

8. 神华巴蜀江油天明发电有限责任公司

2013年1月15日正式注册成立，是神华四川能源有限公司的全资子公司。项目选址位于四川省江油市双河镇，规划建设4×100万千瓦燃煤发电机组和100万吨国家煤炭应急储备基地。项目一期建设2

×100 万千瓦超超临界燃煤发电机组和 50 万吨国家煤炭应急储备基地，项目投资估算约 82 亿元，50 万吨国家煤炭应急储备基地项目已于 2013 年 1 月 30 日由省发改委核准并开工，2×100 万千瓦机组工程于 2015 年 7 月 6 日取得了省发改委正式核准，8 月实现现场开工，

【公司领导】2015 年（1 月 1 日-11 月 19 日）：公司领导班子由 5 人组成：董事长、党委书记何成江，总经理蒋国俊，副总经理罗晓放，党委副书记、纪委书记、工会主席杨强，副总经理、财务总监何丽娜。

2015 年（11 月 20 日-12 月 31 日）：副董事长、总经理蒋国俊（根据神华集团党组决定，原董事长、党委书记何成江调任神皖能源公司董事长、党委书记，公司工作由副董事长、总经理蒋国俊主持），副总经理罗晓放，党委副书记、纪委书记、工会主席杨强，副总经理、财务总监何丽娜。

【获得省部级奖项】见表 7：

表 7

序号	表彰单位	表彰内容	获奖单位（或个人）
1	神华集团	三八红旗手	神华四川郫县水电厂杨莉
2	神华集团	优秀基层工会	神华四川绵竹公司工会
3	神华集团	劳动模范	神华四川江油发电厂刘刚
4	神华集团	优秀工会工作者	神华四川江油发电厂刘文蓉
5	神华集团	优秀青年志愿者	神华四川天明发电公司张林
6	神华集团	优秀党组织	神华四川绵竹公司党支部
7	神华集团	优秀党员	神华四川江油发电厂刘刚、夏迎庆
8	神华集团	优秀党务工作者	神华四川绵竹公司党支部书记吴旭阳
9	神华集团	第二届优秀职工合理化建议一等奖	通口河水电厂对通口、香水两站水库实施梯级统一发电调度
10	神华集团	2015 年度“安康杯”竞赛优胜单位	神华四川公司
11	神华集团	2015 年度安全生产先进个人	神华四川江油发电厂徐江
12	神华集团	2015 年度安全生产先进个人	神华四川江油发电厂廖兵
13	神华集团	2015 年度安全生产先进个人	神华四川郫县水电厂杨莉
14	神华集团	2015 年度安全生产先进个人	神华四川绵竹公司金柏林
15	神华集团	2015 年度安全生产先进个人	神华四川卧龙公司陈刚
16	神华集团	“十二五”节能环保先进个人	神华四川公司本部杨可
17	神华集团	“十二五”节能环保先进个人	神华四川江油发电厂李伟
18	神华集团	2015 年度工程质量先进个人	神华四川天明发电公司隆重
19	神华集团	2015 年度安康杯竞赛优秀组织者	神华四川卧龙公司杨先余
20	四川省	劳动模范	神华四川绵竹公司谢晓云
21	四川省国资委党委	先进基层党组织	神华四川绵竹公司党支部
22	四川省国资委党委	为民务实清廉优秀党员	神华四川江油发电厂彭卫红
23	四川省总工会	四川省机电冶煤系统优秀班组	神华四川江油发电厂 330MW 二值
24	全国“安康杯”竞赛组委会	2015 年度全国“安康杯”竞赛安全文化宣传工作先进单位称号	神华四川公司

【安全生产方面】严格贯彻落实神华集团安全工作部署和本公司 1 号文件精神，以推进安全风险预控体系落地为核心，坚持问题导向，深化隐患排查治理，强力反“三违”，持续提升设备可靠性，全年累计排查治理安全隐患和问题 816 项，全年查处“三违”行为 64 起，163 人次，设备缺陷率下降 37.61%，完成了 1 台火电机组 A 修、3 台 C 修及 16 台水电机组的年度检修工作，安全、质量、费用和工期受控。公司系统生产本安体系经神华集团年度考评，全面实现达标升级。

【节能环保方面】针对火电机组长期低负荷运行的新常态，从管理、运行、维修、技改等四方面分机组细化节能降耗措施，开展指标提升专项治理工作，发电单耗同比大幅降低，液氨单耗同比降低 21.36%，天然气气耗率同比降低 30.38%，供电煤耗同比降低 2.80 克/千瓦时。实施环保精细化管理，着力提升环保设施投运率、脱除率和综合效率，全年二氧化硫、氮氧化物、烟尘排放绩效值同比分别下降 35%、45.6% 和 30.9%，各项污染物排放控制指标居省内先进水平。高度重视创新技术总结和科技成果孵化工作，全年取得授权专利 4 项，实现自主知识产权专利零突破，完成专利方案受理 4 项，申报专利方案 10 项。

【经营创效方面】面对机组利用小时下降、电价下调等多重不利因素，以市场营销为重点，强化价值创造，全年利润总额同比增长 13.8%。按照“争计划电、抢直供电、扩交易电、落实补偿电”策略抢发电量，多取得 3.27 亿千瓦时计划电量，水火替代、火火替代电量同比增加 5.52 亿千瓦时，火电市场占有率在区域同类型机组 108.58 %，各水电企业根据流域特点优化运行方式，持续提升水资源利用率，在来水偏枯的情况下发电量实现增长。严控成本，降本增效，全年售电单位完全成本同比下降 36.33 元/兆瓦时，七项费用（不含工程公司）同比下降 12.77%，可控成本同比下降 12.2%。加强煤场管理和储存策划，逐步实现燃料精益化、标准化管理，入炉煤热值提高 760 千焦/千克，供电煤耗同比降低 2.80 克/千瓦时。

【市场开拓方面】通过拓展煤炭销售和工程检修运维业务，不断培育公司新的经济增长点。在火电、水电、燃机检修、运维市场多领域拓展业务，服务火电机组等级实现了全覆盖，全年共签订合同 29 份，实现营业收入 4377 万元，同比增长 46.23%。首次实现了煤炭销售省外自主发运业务突破，取得了神华集团煤炭销售业务主体资格，煤炭销售业务首次进入贵州和川南地区。

【项目发展方面】项目发展方面。该公司上下齐心、攻坚克难，天明电厂 2×100 万千瓦新建工程先后取得了环评、可研、核准三大阶段性进展，依法合规开展招、评标工作，完成 EPC 总包合同、三大主机合同签订，稳步推进现场各项工作。通口河流域水电开发项目前期工作有序推进，已取得省、市、县三级政府对项目开发权的认可，完成了流域综合规划审查，为下一步加快项目前期工作打下基础。按照“可增强与公司主营业务协同效益”和“价值创造”的原则，加强新能源项目调研工作，已与凉山州、甘孜州就光伏、风电等项目合作达成初步共识。

【深化改革方面】坚持问题导向，鼓励改革创新，着力解决制约公司改革发展的瓶颈问题，进一步增强企业活力、控制力、影响力、抗风险能力。根据中央《关于深化国有企业改革的指导意见》和神华集团“实施意见 36 条”和对子分公司“指导意见 55 条”的要求，该公司制订了全面深化改革计划方案，共 20 条改革措施，明确了改革路线图并积极稳妥推进。初步形成厂办大集体改革和“三供一业”分离方案，明确了下一步工作重点，低效无效资产和股权清理工作已经全面启动，土地确权工作也取得了阶段性成果。

【管理提升方面】通过制度建设、管理评审、业务分析、内部审计、专项检查等手段，不断提升公司

2015 年 7 月 17 日，四川省发改委主任唐利民到天明发电公司调研煤炭储备发电一体化项目进展情况　（神华四川公司提供）

管理水平。对该公司生产、基建和经营管理等核心业务事项进行全过程、全寿命周期分析，理清了相应业务的管控流程、表单和标准，为全面推进业务流程分析奠定了基础。在神华四川公司及子分公司中全面开展管理评审工作，共发现本部制度设计问题 120 个、执行问题 51 个，子分公司制度设计问题 759 个、执行问题 474 个，公司本部新建制度 20 个、修订制度 53 个，制度总数达到 186 个。结合集团巡视检查、税务风险自查和“两金”清理等专项检查，全面查找风险漏洞，对发现的问题严格落实整改，全年检查凭证 11944 张，发现问题 26 类，清理闲置银行账户 8 个，全年应收款项降幅 25%，超额完成了集团降低 10%的任务。

【党建工作方面】按照神华集团党组统一部署，该公司高质量开展“三严三实”专题教育，认真落实“两个责任”，严格执行中央“八项规定”精神，深入查找“不严不实”问题，召开专题民主生活会，梳理问题 6 类 19 条，逐条制定整改落实措施，明确了整改时限和整改责任人。积极做好巡视整改工作，制定了《整改落实方案》和《整改任务分解表》，按照“六定”原则确定了 5 大类 27 项整改任务，整改任务已基本完成，对七件问题线索进行了严格处置，对违纪违规的组织和个人及时严肃处理，建立和完善了 50 名高级管理人员廉政档案。公司多名集体和个人获评四川省劳动模范、为民务实清廉优秀共产党员、神华集团先进基层党组织等，对选树的先进典型开展事迹巡讲活动，树立了榜样，弘扬了正能量，增强了凝聚力。

2015 年 8 月 19 日，绵阳市神华四川江油煤电一体化循环经济产业园等 23 个重点工业项目集中开工仪式在天明项目现场举行，四川省政府副秘书长李志强、绵阳市委书记彭宇行，集团王品刚副总经理，公司董事长何成江以及四川省、绵阳市、天明发电公司和部分参建单位负责人、企业代表参加仪式

（神华四川公司提供）

（李　洁）

四川省港航开发有限责任公司

【企业概况】四川省港航开发有限责任公司（以下简称港航公司）是1996年经省政府批准成立的国有独资企业，注册资本36亿元，主要从事港口、电站、航道等水运基础设施项目及相关多元业务的投资、建设、经营和管理，是省交投集团三大核心子公司之一。近年来，港航公司在以嘉陵江渠化和泸州港、广安港、南充港为代表的四川港口和航道基础设施建设中取得了突出成绩，得到了省委、省政府和交通运输部的充分肯定。

2015年8月1日至8月2日，岷江犍为航电枢纽工程初步设计顺利通过交通运输部审查　（港航公司提供）

在四川省构建现代综合交通运输枢纽和“四江六港”水运发展规划引导下，港航公司抢抓机遇，主动作为，控股嘉陵江、岷江、渠江流域航电枢纽项目13个，泸州港、广安港、乐山港、南充港等省重点港口4个，建成和在建的四级以上国家高等级航道705公里，建成和在建集装箱吞吐量220万标箱，总规模分别占“四江六港”规划的85%、75%以上，是集全江梯级渠化开发、港口航道建设、营运管理以及水上运输于一体的综合性内河水运投资经营企业。

该公司拥有航电枢纽、港航物流、涉水综合开发三大业务板块，下辖子公司32个，参股12个公司，现有员工2600余人。公司本部内设12个职能部门，现有员工120余人。港航公司与各子公司是以资产为纽带的母子公司关系，其中22个子公司是港航公司与地方政府或国有大型企业严格按照公司法和市场原则组建、运作和管理的有限公司。港航公司按照“独立经营、资金统筹、财务委派、统一考核”的管理原则，通过各子公司股东会、董事会进行指导、监督和管理，各子公司履行具体的建设、生产、经营管理职能。截至2015年年底，资产总额230亿元，负债总额156亿元，所有者权益74亿元，资产负债率68%，完成投资25.6亿元，实现营业收入41.25亿元，同比增长24.2%，其中航电产业全年完成上网电量31亿千瓦时。

航电产业是港航公司的核心业务，目前控股13个航电枢纽，总装机246.1万千瓦，总投资约600亿元。其中，建成项目9个，总装机80.5万千瓦，总投资112亿元；渠江金盘子枢纽和嘉陵江金银台、新政、金溪、桐子壕、小龙门、凤仪、沙溪、苍溪枢纽已建成投产；拟建岷江老木孔、东风岩、犍为、龙溪口4个枢纽，总装机165.6万千瓦，总投资470亿元，犍为航电枢纽已于2015年年底开工建设。参股东西关、红岩子、青居、亭子口、利泽航电枢纽。

【领导班子】

党委书记、董事长　贺晓春
党委委员、董事、总经理　赖忠泉
党委委员、董事、副总经理　金代勇
党委委员、董事、副总经理　杨　军
党委副书记、董事、工会主席　谢敬远
董事、总工程师　潘荣伟
监事会主席　罗宗全
董事、副总经理　曹　文
纪委书记　袁　野

【重点项目前期工作有序开展】全年修改完善建设管理制度7个，强化项目工地标准化建设，配合省交通运输厅编制完成《四川省重点水运工程建设项目工地标准化建设管理实施指南》和《四川省重点水运工程建设项目工地标准化建设标志图册》。经与国家、省、市相关部门紧密沟通、协调，争取到岷江犍为枢纽省、市专项资金，于3月取得省发改委关于犍为枢纽上网电价的承诺函；于 7 月取得国家发改委关于犍为枢纽工可报告的批复，于 10 月取得交通运输部关于犍为枢纽初步设计报告的批复，工程于 2015 年 12 月 25 日开工建设。

【航电业务运营管理持续加强】全年各航电枢纽实现了安全、经济、稳定运行。多次向省发改委、省经信委专题汇报，努力争取嘉陵江电价支持政策，成功争取到金盘子、新政、沙溪航电枢纽上网电价调增 0.025 元/千瓦时；经省经信委批复，各枢纽在发电计划基础上增加了 100 发电小时，可增加发电量 8000 万千瓦时。积极参与直购电、水火替代、自备电厂关停等富余电量消纳交易，全年参与电量 4.07 亿千瓦。科学合理开展年度检修工作，针对因厂商原因导致的凤仪枢纽 2 号机组主轴纹裂重大缺陷、小龙门枢纽 2 号机增速器高速端行星齿轮轴套烧毁及 4 号机组主轴轴线调整、桐子壕枢纽 3 号机组转轮室擦痕等问题，及时会同厂商、专家研究、攻坚，尽可能降低发电损失。

【安全生产管理扎实有效】2015 年港航公司全年未发生一起安全责任事故，安全生产形势总体稳定。一是严格落实安全生产责任，深入开展了“安全生产月”“危化品、易燃易爆品专项检查”等专项活动，自查、监查安全隐患或缺陷并及时处理。二是认真开展了安全生产自查自纠、安全生产交叉检查、安全大检查和年度检修工作，共排查出一般隐患 326 项并已完成整改，共投入整改资金 50 余万元。三是及时完善应急预案，加强水情、气象等信息的获取与共享，强化嘉陵江航电枢纽防洪联合调度，严格汛期船舶安全管理，确保了各项目安全度汛。四是制定了《安全生产大检查实施方案》《港口航运安全生产管理办法（试行）》等制度。编撰了《航电生产安全事件及设备故障案例汇编》，修编、评审、报备了航电枢纽《综合应急预案》与 11 项《专项应急预案》。五是苍溪、沙溪、凤仪枢纽完成大坝安全注册现场查评，新政枢纽完成大坝安全注册复查，金银台枢纽完成大坝首次定检。

【企业建设运营保障能力不断增强】一是党建和纪检工作扎实开展。积极开展“三严三实专题教育”“双争”“三分类三升级”等专题活动，进一步加强党员思想政治教育和基层党组建设，组织了 4 次集中专题学习，多次实地调研 20 余个项目公司开展并进行对口蹲点联络指导。组织中高层管理人员参观了锦江监狱及四川省法纪教育基地，组织 238 名管理人员进行廉洁考试；开展了“廉洁风险防控自查自纠、立行立改”专项巡查，召开座谈会 15 场，访谈 250 余人，查阅资料 4620 余份，全面推进了公司惩治和预防腐败体系建设。成立了 2 个民主生活会意见征集小组，深入基层控股公司广泛征求意见建议；成立了 9 个督查小组，督导各基层党组织顺利召开了年度组织生活会。

二是不断强化人力资源管理。3 家试点公司和 4 家所属行业高度市场化的公司三项制度改革稳步推进；367 位干部人事档案审核工作全部完成；开展了干部人事档案审核、薪酬统计、财务软件使用等专题培训 20 余次，累计培训 2000 余人。

港航公司积极拓展水电检修市场　（港航公司提供）

三是进一步加强审计监督工作。完成对所有项目公司 2—3 次内部审计，出具审计报告 26 份；完成了 19 个项目的 4099 个合同专项检查；完成 4 家公司离任审计，启动了 12 家公司 2007—2013 年阶段性经济责任审计；配合省交投集团对 4 个项目公司的离任审计和 7 个项目的财务收支审计，公司规范化建设、管理能力进一步提升。

四是公司信息化建设工作取得重要进展。集团协同办公系统投入使用并发布了移动客户端应用；财务会计和成本会计模块、非航电薪酬模块已投入使用；新旧财务管理系统切换和电力生产管理系统即将投入使用，企业信息化水平持续提高。

五是充分发挥党工团作用，企业文化效果显著。先后组织开展职工运动会、安全知识竞赛、书法摄影比赛等活动；编辑出版公司杂志 3 期，进一步优化公司网站页面设计，更新各类信息 600 余条，切实加强企业文化建设，员工向心力不断增强。

四川省港航开发有限公司控股公司

【四川嘉陵江苍溪航电开发有限公司】苍溪航电枢纽位于四川省苍溪县城上游约 3 公里的河段上，上游接亭子口水利枢纽，下游与沙溪电站相连。工程总投资 13.39 亿元（不含送出工程），总工期 46 个月。工程设计水头 6.3 米，总装机容量 6.6 万千瓦，具有日调节能力。电站枯期平均出力 1 万千瓦，增设亭子口电站多年平均年发电量 2.66 亿千瓦时。船闸设计通航船舶吨级 2×500 吨，单向年通过能力 376 万吨。工程枢纽由土石坝段、接头坝、发电厂房、泄洪冲沙闸、水力自控翻板坝段和船闸组成。

苍溪航电枢纽建成后平均多年发电量 2.66 亿千瓦时，这对满足四川省用电需要、缓解电力紧张、促进工业及高耗能产业发展具有重要作用。工程的建成将使航道从内河七级提高到四级标准，对于提高嘉陵江中上游航道等级以及推动嘉陵江水运发展均有重要意义。

2015 年，全年实现上网电量 21217 万千瓦时，发电收入 5342 万元。苍溪公司被中共四川省委组织部评为“四川省先进基层党组织”荣誉称号；荣获国家能源局四川监管办颁发的 2015 年度电力安全生产先进集体；员工程有成获得国家能源局四川监管办颁发的 2015 年度电力安全生产先进个人。

【四川港航嘉陵江金沙航电开发有限公司沙溪枢纽】沙溪航电枢纽位于阆中市沙溪乡嘉陵江干流，是嘉陵江苍溪至合川十三个水电梯级规划中第 3 梯级，枢纽上接苍溪梯级，下与金银台梯级相连，坝址距阆中市约 5 公里。沙溪工程总投资 16.9 亿元，总装机容量为 8.7 万千瓦，枢纽船闸四级，渠化航道 26 公里，年通航能力 319 万吨。该项目由四川省港航开发有限公司控股 90%，阆中市水电开发有限公司参股 10%，共同组建四川沙溪航电开发有限公司。2012 年 1 月 11 日，金银台航电公司与沙溪航电公司合并成立四川港航嘉陵江金沙航电开发有限公司，负责对沙溪航电枢纽进行建设、经营和管理。

沙溪航电枢纽一期右岸泄洪冲沙闸及厂房工程于 2007 年 8 月 1 日开工建设，二期左岸闸坝及船闸工程于 2008 年 9 月 1 日开工建设。工程于 2012 年 1 月实现首台机组发电。工程荣获 2014 年四川省建设工程“天府杯”金奖。

2015 年，全年实现上网电量 31317 万千瓦时，收入 8226 万元。公司荣获国家能源局四川监管办颁发的 2015 年度电力安全生产先进集体；员工王江华获得国家能源局四川监管办颁发的 2015 年度电力安全生产先进个人。

【四川港航嘉陵江金沙航电开发有限公司金银台枢纽】金银台航电枢纽是国家批准的《广元至重庆嘉陵江渠化开发规划报告》十六级开发方案中的第 4 级。项目总投资 9.06 亿元，装机 12 万千瓦，设计年发电量 5.7 亿千瓦时，建四级船闸一座，渠化航道 23 公里，设计年通航能力 240 万吨。该项目由四川省港航开发有限公司控股 95%，阆中水电开发有限公司参股 5%共同组建四川嘉陵江金银台航电开发有限公司。2012 年 1 月 11 日，金银台航电公司与沙溪航电公司合并成立四川港航嘉陵江金沙航电开发有限公司，负责对金银台航电枢纽进行建设、经营和管理。

金银台航电枢纽于 2002 年 2 月 28 开工，首台机组于 2005 年 4 月 28 日并网发电，第二台机组于同年 10 月 26 日并网发电，第三台机组于 2006 年 7 月 6 日并网发电。工程建成后具有发电、航运、灌溉、防洪、环保和旅游开发等综合效益，对促进嘉陵江流域经济带的形成，推动地方经济发展，将发挥重要作用。目前，枢纽已正常蓄水，阆中城区嘉陵江段水位比蓄水前上升 5—6 米。一湖碧水绕古城，嘉陵第一江山，阆苑仙境以更加灵秀的姿态呈现在眼前。

2015 年，实现上网电量 49513 万千瓦时，收入 11996 万元。员工刘英获得国家能源局四川监管办颁发的 2015 年度电力安全生产先进个人。

【四川嘉陵江新政航电开发有限公司】新政航电枢纽是国家批准的《广元至重庆嘉陵江渠化开发规划报告》十六级开发方案中的第 7 级，项目装机 10.8 万千瓦，设计年发电量 5 亿千瓦时，建四级船闸一座，渠化航道 37 公里，设计年通航能力 375 万吨。

新政航电枢纽于 2002 年 12 月 24 日开工，首台机组于 2006 年 4 月 28 日并网发电，同年 12 月底三台机组全部投产发电，船闸于 2008 年 4 月通过通航验收，工程质量优良，荣获 2007 年度四川省建设工程“天府杯”银奖。机组投产以来，公司狠抓安全生产和人员培训，加强设备维护保养，深挖发电潜力，取得了良好的效益。

2015年，全年实现上网电量44013万千瓦时，收入10293万元。公司荣获国家能源局四川监管办颁发的2015年度电力安全生产先进集体；员工夏平获得国家能源局四川监管办颁发的2015年度电力安全生产先进个人。

【四川嘉陵江金溪航电开发有限公司】金溪航电枢纽是国家批准《广元至重庆嘉陵江渠化开发规划报告》十六级开发方案中的第8级，工程总投资17亿元，渠化航道42公里，上衔新政梯级，下接马回梯级。工程由电站、拦河闸坝、重力挡水坝、船闸四部分组成。电站装机容量15万千瓦，设计多年平均发电量7.1亿千瓦时，建四级船闸一座，设计标准船队为2×500吨级，年设计通航能力近期76万吨，远期222万吨。工程由四川省港航开发有限责任公司控股96%，蓬安县水电开发公司参股4%共同建设，注册资本4000万元。

该工程于2003年10月1日开工建设，首台机组于2006年4月2日投产发电，2008年8月7日枢纽第四台机组投产发电；2008年9月26日船闸通过蓄水验收进入试运行；2008年11月3日，枢纽蓄水至正常水位▽310米高程，顺利实现全面发电，枢纽电站由四川省电力公司负责负荷调度。

2015年，凤仪航电枢纽工程荣获省水利厅“2014年度生产建设项目水土保持生态文明工程” （港航公司提供）

2015年，全年实现上网电量57640万千瓦时，发电收入13259万元。公司荣获国家能源局四川监管办颁发的2015年度电力安全生产先进集体；员工获得国家能源局四川监管办颁发的2015年度电力安全生产先进个人。

【四川嘉陵江凤仪航电开发有限公司】凤仪航电枢纽是国家批准的《广元至重庆嘉陵江渠化开发规划报告》十六级开发方案中的第10级，距南充市区25公里，上游接马回梯级，下与小龙门梯级相连。项目总投资约15亿元，装机8.4万千瓦，设计年发电量3.9亿千瓦时，渠化航道24公里。工程施工分两期进行，一期工程于2007年9月1日正式动工，二期工程于2008年10月1日动工。该项目由四川省港航开发有限责任公司控股90%，南充小凤电航有限责任公司参股10%，共同组建四川嘉陵江凤仪航电开发有限公司，负责对凤仪航电枢纽进行建设、经营和管理。2012年4月，凤仪三台机组全部发电。

2015年，凤仪航电枢纽实现上网电量32535万千瓦时，发电收入8033万元。

【四川嘉陵江小龙门航电开发有限公司】小龙门航电枢纽位于嘉陵江中游的南充市顺庆区和高坪区境内河段上，是经国家批准的嘉陵江干流广元至重庆段16级开发方案中的第11级。工程以航运和发电为主，同时兼顾美化城市环境，开发旅游等综合效益。该工程渠化小龙门至凤仪场20千米航道，船闸按4级航道建设，设计年通过能力为384万吨，可通航2×500吨级船队；电站正常蓄水位269.3米，正常水位以下库容0.44亿立方米，具有日调节性能，电站设计水头5米，引用流量1220立方米/秒，装机容量5.2万千瓦，保证出力1.46万千瓦，年发电量2.445亿千瓦时，年利用小时4702小时。

2015年，该公司全年实现上网电量17433万千瓦时，发电收入4479万元。公司荣获国家能源局四川监管办颁发的2015年度电力安全生产先进集体；员工李进博荣获国家能源局四川监管办颁发四川电力安全生产先进个人。

【四川嘉陵江桐子壕航电开发有限公司】桐子壕航电枢纽位于武胜县中心镇嘉陵江干流小中坝河段，是嘉陵江干流梯级渠化开发规划的第14级。枢纽以航、电开发为主，兼有水利、防洪、水产、旅游、生态等综合效益。船闸为四级航道标准，可通行千吨级船队，远期年通航能力250万吨，渠化航道43.9公里；电站为河床式，设有贯流式机组3台，装机容量10.8万千瓦，年利用5550小时，年发电量5.25亿千瓦时，电站库容9900万立方米，可调节库容580万立方米，利用水头10米，引用流量1215立方米每秒，概算总投资7.8亿元。

桐子壕航电枢纽建筑物从右到左依次由右岸接头坝、船闸、发电厂房、冲砂泄洪闸、溢流坝、左岸接头坝等水工建筑物组成。工程于2000年开工，

2003年3台机组全部投产。2004年船闸通航，工程建设结束，实际投资7.0亿元。

桐子壕航电枢纽自投产发电以来，始终坚持以安全生产为中心，以企业效益为目标，在安全文明生产上下工夫，在经营管理上做文章，安全生产累计3893天。桐子壕公司先后获得交通部“九五”“十五”期全国内河水运建设先进集体、“国家开发建设项目水土保持示范工程”、“四川省诚信企业”、四川省“天府杯”银奖、“四川电力30强企业”、“四川省生态工业园区”、“广安市十大杰出贡献企业”、“广安市级最佳文明单位”、“广安市园林式单位”等荣誉称号，取得了良好的生产经营效益。

2015年，该公司实现上网电量43968万千瓦时，发电收入10640万元。公司荣获国家能源局四川监管办颁发的2015年度电力安全生产先进集体。

【四川渠江金盘子航电开发有限公司】四川渠江金盘子航电枢纽位于达县渡市镇金盘村，距达州市39公里。为支持大巴山革命老区经济建设，促进四川水上交通发展，经交通部批准、列入国家建设计划的航电项目。由四川省港航开发有限责任公司控股，达州市交通发展总公司、达县国有资产经营公司参股建设的“航电结合、以电养航、综合开发”在川试点工程。金盘子航电枢纽是渠江渠化七级梯级的最上游的一个梯级。从左至右依次是船闸、泄洪闸、冲砂闸、主厂房、副坝。航电枢纽大坝总长294.5米，渠化航道40公里，最大坝高为37.3米，正常蓄水位为270米。船闸为四级，可通行500吨级船舶或千吨级船队，年设计通行能力193万吨，电站装机3万千瓦。

金盘子航电枢纽于1994年12月开工，于1998年10月复工建设，电站于2002年7月建成投产，船闸于2004年6月正式通航。机组发电由110千伏盘木线送入木头变电站，并入四川电网。

金盘子公司已建设成为省级卫生先进单位、达州市最佳文明单位；先后被达州市水利局、税务局授予为“全市水利系统‘9·3’抗洪救灾先进单位”“A级纳税信用企业”；公司工会已被四川省交通工会授予“先进职工小家”称号；公司团支部已被省交通运输厅授予厅级“青年文明号”集体荣誉称号。

2015年，该公司实现上网电量12627万千瓦时，发电收入3084万元。公司荣获国家能源局四川监管办颁发的2015年度电力安全生产先进集体；员工胡斯淇荣获国家能源局四川监管办颁发四川电力安全生产先进个人。

【四川岷江港航电开发有限责任公司】按照四川省政府战略部署，2011年4月四川岷江港航电开发有限责任公司正式成立，首期注册资本金为人民币10亿元，其中四川省港航开发有限责任公司持股51%，中国水电建设集团四川电力开发有限公司持股20%，华电四川发电有限公司持股20%，乐山市交通投资开发有限公司持股9%。岷江公司作为项目业主，负责岷江港航电综合开发。

岷江是国家“两横一纵两网十八线”内河高等级航道网和长江经济带综合立体交通走廊规划的重要组成部分，乐山至宜宾段162公里航道是四川省重大技术装备进出川的唯一通道。岷江港航电综合开发主要任务是建成可常年通行1000吨级船舶的内河III级航道，具体包括：渠化岷江上段乐山至龙溪口81公里航道的老木孔、东风岩、犍为、龙溪口四级航电枢纽工程；整治岷江下段龙溪口至宜宾合江门81公里航道工程；建设乐山港老江坝作业区一期工程。项目工可估算总投资近500亿元。

2015年12月底，岷江犍为航电枢纽工程正式开工建设

（港航公司提供）

岷江犍为航电枢纽于2015年12月25日顺利实现开工建设。岷江港航电综合开发迈出了历史性一步，为岷江港航电综合开发项目“十三五”期间加快建设拉开了序幕。

（刘晓蕾）

非集团公司（厂）

四川大唐国际甘孜水电开发有限公司

【企业概况】四川大唐国际甘孜水电开发有限公司（简称甘孜水电公司）成立于2006年7月，主要负责大渡河流域长河坝、黄金坪两级水电站开发建设和生产运营。

2015年，甘孜水电公司紧紧围绕“冲刺攻坚丰收年”和“管理效益提升年”工作主题，按照中央经济工作会议“稳中求进”的工作总基调，牢固树立“价值思维、效益导向”理念，坚持以建设精品工程为中心，钉紧黄金坪水电站汛前下闸、年底左岸大厂房全部投产和长河坝2016年汛后下闸、2017年汛前首台机组投产“两个目标”，树立问题导向解症结，坚持以人为本激活力，重视工作创新求效率，突出优化设计、优化运行和规范管理“三项着力”，控制工程造价，创造生产效益，实现了冲刺攻坚双丰收和管理效益双提升，开创了甘孜水电公司安全、高速、高效发展的新局面。工程建设和生产运行安全保持稳定，确保了汤坝料场本体安全，继续保持了“中国大唐集团公司安全文明施工样板工地”称号；深化生产管理长效机制建设，黄金坪生产运行安全稳定。节点目标全部实现，黄金坪提前实现“一年四投”目标，长河坝节点目标全部完成。主要指标持续向好，完成投资58.94亿元，运作资金71.58亿元，黄金坪实现发电量6.49亿千瓦时。质量管理规范有序，工程质量显著提升，长河坝机电安装合格率和优良率均为100%，黄金坪机电安装合格率100%，优良率99.2%。合同管理不断规范，造价控制取得实效，全年招标项目与设计概算和市价相比，节约造价1.24亿元。外围环境持续优化，移民工作稳步推进，全长55公里的S211复建公路代建工程于7月1日建成通车。内部管理不断夯实，管理提升成效显著，2项实用新型获国家专利授权。

【长河坝水电站工程】长河坝水电站处于大渡河上游河段，系大渡河干流水电规划“三库22级”的第十个梯级电站。坝址控制流域面积5.66万平方公里，多年平均流量约843立方米/秒，水库正常蓄水位1690米，总库容为10.75亿立方米，具有季调节能力。电站总装机容量260万千瓦，安装4台单机容量为65万千瓦的大型混流式水轮发电机组，年平均发电量为107.9亿千瓦时。工程为一等大（Ⅰ）型，采用砾石土心墙堆石坝和地下厂房，最大坝高240米，坝顶长度497.94米，坝顶宽度16米，是以单一发电为主的大型水库电站。长河坝水电站计划于2016年汛后下闸蓄水，2017年5月首台机组投产发电。

【黄金坪水电站工程】黄金坪水电站系大渡河干流水电规划“三库22级”的第十一个梯级电站。坝址控制流域面积5.69万平方公里，多年平均流量847立方米/秒。水库正常蓄水位为1476米，相应水库库容为1.28亿立方米，具有日调节能力。黄金坪电站总装机容量85万千瓦，年平均发电量为38.6亿千瓦时。工程为二等大(Ⅱ)型，枢纽建筑物主要由沥青混凝土心墙堆石坝、泄洪建筑物和引水发电建筑物等组成，采用“一站两厂”混合式开发；最大坝高85.5米，坝顶长度408.13米，坝顶宽度12米。左岸大厂房4台大机组（4×20万千瓦）已于2015年全部投产发电，右岸小厂房两台环保机组(2×2.5万千瓦）计划于2016年6月、7月投产发电。

【安全管理】加强安全责任制管理，牢固树立安全红线意识，贯彻落实好新《安全生产法》，确保四项责任追究机制落实到位。一是提前规划部署安全度汛工作，完善应急救援体系，着重做好雨季滚石、滑坡和泥石流等自然灾害的防治。二是加强安全文明施工管理，及时革新安全防护工器具，严格按照标准将防护工器具配置到位；细化作业规程，做到任务、危险点、作业程序和安全措施“四清楚”。三是着力消除黄金坪工程接近尾声的麻痹思想，分阶段有重点的对地下洞室施工、施工用电管理和特种设备作业等现场整治强化；长河坝现场加强汛期料场变形监控，落实好汤坝料场抗滑桩施工期的各项安全措施。四是抓好安全生产长效机制建设，在黄金坪水电站深入开展“三讲一落实”“两票三制”等基础措施，推进安全生产规范化管理、标准化作业。

通过提高现场安全文明管理水平，实现了“九杜绝”目标，巩固了中国大唐集团公司安全文明样板工地和安全标准化二级的建设成果。

【质量管理】按照精品工程建设要求，根植精品理念，以精品理念指导精品锻造。坚持一盘棋、一体化、一条龙，坚持对标一流，把策划精品的重点工作具体化，完善设计单位、监理单位、施工单位、各大中心的分策划，理出重点加以实施。在土建、机电施工过程中，设定质量红线，开展示范－复制－推广工作，尤其是“第一步”样板示范点的建设，在重点工序、关键内实工艺、永久外露观感、施工记录创造、四新技术应用和科技进步等方面精心策划、点评、观摩和学习。成立业主质量控制工作组和质量督导队，白天检查、晚上巡视，实行 24 小时现场值班，重点加强大坝填筑、灌浆、混凝土和沥青混凝土心墙施工质量的控制，对质量优良的进行表扬和奖励，对不良质量行为进行曝光、处罚或整顿，确保不犯错误、不出事故。2015 年，长河坝土建单元工程验收 4372 个，合格率 100%，优良率为 92.5%；机电安装单元验收 180 个，合格率、优良率均为 100%。黄金坪土建单元验收 3700 个，合格率 100%，优良率为 91.8%；机电安装单元验收 366 个，合格率 100%，优良率为 99.2%。

【工程建设】按照黄金坪投产冲刺、长河坝建设攻坚的工作主题，科学制定节点目标，协调各参建单位，倒排工期，细化月、周、日进度安排，优化资源配置，着力解决影响工期的关键节点，钉难题到底，钉目标到底，确保务期必成。截至 2015 年 12 月 31 日，长河坝水电站大坝心墙区大面填筑至 EL.1650 米，大坝填筑累计已完成设计填筑总量的 86.76%。引水发电系统进水塔金结安装基本完成，压力管道施工完成 80%，主副厂房混凝土施工基本完成，尾水系统主要进行隧洞灌浆及尾闸室闸门系统的金结安装。地面开关站基础开挖、结构混凝土施工已完成，地面副厂房砖砌体施工已完成，GIS 楼钢结构安装完成 60%。三条泄洪洞及放空洞进水塔混凝土浇筑施工完成 95%，三条泄洪洞洞身边顶拱衬砌累计完成 90%，底板浇筑累计完成 20%，泄洪洞出口边坡开挖完成。放空洞边顶拱衬砌累计完成 79%，底板浇筑累计完成 93%，放空洞出口边坡开挖完成。中期导流洞进水塔浇筑至 EL.1580 米高程，洞身工作门竖井闸室浇筑完成，出口边坡开挖完成。机电设备安装工程中，1 号机正在进行蜗壳砼浇筑保压监测；2 号机正在进行蜗壳除凑合节安装，机坑管路预埋；3 号机定子叠片完成 100%，吊装完成，准备磁化试验完成；4 号机定子叠片完成 100%，准备磁化试验完成，完成吊装，下机架组装完成。黄金坪水电站左岸大厂房四台机组全部投产发电。右岸小厂房完成主、副厂房、主变室 GIS 室等相关部位的全部埋件安装；两台主变压器进行安装。

【生产运行】以黄金坪无缝接机为目标，锻造生产中坚力量队伍。安排运行人员提前介入工作，跟着安装单位全程参与辅助系统、变配电系统、厂用直流设备、机组设备等现场安装工作，在参与中发挥学习和监督的双重作用，熟悉掌握设备性能，实现无缝交接。提前谋划运行值守和巡回工作安排，做好值班运行人员的培训与考核，保证运行人员能力达标，确保黄金坪新机组投产时，一线生产人员到位、操作技术到位、责任到位，保证生产秩序井然。实施精细化对标管理，夯实生产管理基础，大力开展“达设计值”活动，将“优化运行”落实到每个系统、每台设备、每个职工，争取发电效益最大化，尽最大努力多创造效益。截至 2015 年 12 月 31 日，黄金坪安全运行 125 天，实现发电量 6.49 亿千瓦时。

【经营管理】坚持“价值思维、效益导向”理念，围绕公司确定的工程建设目标和发展规划，做好造价控制工作：一是按照“四全管理”的目标要求，用计划统领工程管理，统领预算、资金、工程安排，保证计划编制的严肃性、实施的有效性，实现年度计划完成率 100%。二是提高经济活动分析的有效性和针对性，做好点评通报，减少或杜绝单项违规超概现象。坚持对照批准概算梳理项目，建好台账资料，及时掌握工程造价最新情况，发现并解决工程造价管理中存在的问题。三是把合同放在最高法律权威的地位，严格合同管理，从招标文件编制、招投标过程、合同条款约定等方面认真谋划工程投资控制；合同执行中严格遵循约定，减少并规范各类工程变更项目，全年处理商务遗留问题 355 项，涉及金额 1.8 亿元。四是严格控制设备、物资招投标及合同谈判等重点环节，详细分析工程情况，合理设置标段，争取设备、物资采购项目执行概算比设计概算有大幅度减少，全年招标项目与设计概算和市价相比，共节约造价 1.24 亿元。五是严格落实优化设计的要求，在确保工程质量的前提下，通过专家设计优化，节约费用开支，实现工期短、质量优、造价低的目标，长河坝水电站汤坝料场边坡开采及支护、地下厂房系统装修、泄洪系统出口检修道路、中期导流洞等优化措施节约投资约 4000 万元。黄金坪水电站渣场防护、导流洞封堵自流排水方案、调压室预应力锚杆支护等优化措施节约投资约 4200 万元。六是重点做好遗留商务问题的处理。特别是在黄金坪工程全面进入尾工时期，及时办结具备结算条件的商务问题，避免了由商务问题引发工期拖延问题，积极促进工程建设快速推进。努力争取政策优惠，做到挖潜增效。落实水资源费优惠政策。千方百计谋求理想电价，为项目盈利创收打下良好基础。加大各股东资本金的催收力度，争取做到资本金与贷款同比例到位，为公司外部融资创造有利条件。拓展与银行的良好合作关系，争取项目贷款额度，实现降低利息水平目标。统筹管理公司资金，合理安排还本付息，做好资产预转固定资产，合理分摊财务费用，降低资金成本。年内获得地方政府代扣代缴税金手续费400万元，税收减免200万元，发票抵扣税金 270 万元；实现贷款与基准利率相比节约利息1100万元。

【移民工作】本着“服务工程、保障建设”的原则，转变思想观念，树立大局意识，紧紧围绕黄金坪水电站下闸蓄水的节点目标，从有利于推进电站建设为着眼点，超前、稳妥做好各项移民工作。紧紧钉住制约和影响蓄水发电的主要因素，实事求是摸清问题和困难的底数，充分发挥移民综合设计、监理的作用，积极依靠政府灵活多变地解决问题。通过国家批准的初设规划进行刚性约束，完善业主与地方政府签订的安置协议进行合同限制，把握好控制设计变更的多重关口，进行项目实施的内部监控和国家审计监督，实施信息公开和社会监督等多重手段，化解移民群众强行提高安置标准等“老大难”问题，努力探索移民投资管理的新模式。及时了解掌握工程建设引起的不稳定、不和谐因素，着力解决村民阻工等问题，杜绝重大群体性不稳定事件的发生，实现移民工作稳中快进。年内，完成舍联乡125人移民搬迁，长河坝、黄金坪两级电站累计完成移民搬迁3582人。取得了两级水电站土地使用证。完成了长河坝 6 家矿山企业矿山处理及恢复生产一次性补偿。章古河坝移民安置点建设完成总体工程量的75%；黑日移民安置点建成，启动竣工验收；长坝安置点挡墙施工完成 20%。S211 复建公路 7 月 1日建成通车。

【管理提升】持续提升综合管理水平，为基建期向生产运营期过渡并优化运营奠定坚实基础：一是强化“六种意识”，转变工作作风。以共同事业提振士气，对所承担的工作爱岗敬业、敢于负责，不敷衍应付；继续整治“四风”突出问题，特别是在改进会风文风、杜绝拖拉扯皮、厉行勤俭节约等方面取得突出成效。二是推进依法治企工作。完善公司组织结构治理工作，不断适应集团化管控新要求；健全完善“三重一大”决策机制，细化完善公司议事规则，加强决策管理，使公司各项决策有章可循、有据可依、及时高效；落实好制度的宣贯责任、检查责任、纠偏责任，强化制度执行力建设。加强关键点的监督管理，借助专业审计咨询机构的力量，突出对管理工作风险高发环节的专项审计和监督，做到高风险岗位、高等级防范、高标准要求。三是加强人才队伍建设。以管理能力建设为重点，开展富有成效的创新创优活动，大力实施人才工程，培养人品、能力、业绩俱佳的优秀后备干部，搭建想干事、能干事、能干成事的员工成长舞台，营造出精品、出效益、出人才的干事创业氛围。

四是加强业绩考核工作。树立目标化意识，实行目标化管理，认真将年度工作目标进行细化分解，从完成时间、质量控制、产出成果等方面提出明确的量化目标，并将劳动纪律、工作能力、工作态度等内容引入，进行量化评价，实现绩效管理与个人业绩、薪酬待遇挂钩的管理模式，着力提升员工执行力，做到人员组合“优”、分工“均”、职责“明”、绩效考核“严”。五是促进学习培训、科技创新工作。围绕“用好所学知识，促进学习成果转化，提高解决问题的本领”这一目标，从以问题为中心、以提高工作能力为目的、以团队共享为方式的理念引导入手，内外兼修，改变员工的思维模式和行为模式。通过学习、培训、总结、提炼，固化工程建设和管理过程中的技术成果，积极参加科技、论文等评选活动并争取获得奖项。六是加强档案和信息化工作。为各部门配备专职资料员，与档案室一同实行双重管理，进一步强化公司各类档案的收集、整理和使用，做到管理过后留痕迹，工作过后有数据，事后分析有依据，为达标投产夯实档案管理基础。在做好常规信息化工作的基础上，积极探索基础管理信息化，适时开展集控中心的信息化配套工作，推动信息管理工作再上新台阶。七是营造良好的外部环境。加强精神文明建设和企业文化建设，加大对外宣传力度；建立起与参建单位、地方政府及社会各界有效的沟通渠道，让更多的人关心、关注和帮助公司项目建设。全年梳理了“三重一大”、党政联席会议事规则等450项制度和43个非常设机构；完善了合同的法律审查流程；完成重点工作督查督办2806 项。完成了上级单位档案检查整改；完成生产信息系统建设和上线工作；开展了综合后勤效能监察工作；2项实用新型获国家专利授权，2项科技成果分别荣获 2015 年度电力建设科学技术进步三等奖、省总工会机电冶煤系统一线职工创新成果三等奖。

【党建及精神文明建设】解放思想，更新观念，着力发挥好党、纪、工、团的作用，围绕中心，服务大局，突出抓好作风建设、新闻宣传、劳动竞赛三项重点工作，为公司发展提供政治保证和精神动力。

落实教育实践活动“三方案一计划”整改方案，建立作风建设长效机制，大力开展“庸懒散浮拖”专项整治活动；落实党委对党风廉政建设的主体责任和纪委对党风廉政建设的监督责任，聚焦工程建设，深入开展各项党风建设和反腐败工作；加强和改进宣传思想工作，做好公司门户网站管理，加强外宣力度，进一步树立甘电公司的品牌形象；宣贯大唐精神，总结提炼具有甘电特色的企业文化；加强公司民主管理，落实好职代会各项职权，开展好合理化建议、职工技术创新室、送温暖、职工之家、职工素质工程建设等活动；在长河坝、黄金坪施工现场大力开展好劳动竞赛活动。开展“三严三实”专题教育，查摆问题 465 项，制定整改措施 442 条。2015 年，公司先后获得四川省“五一劳动奖状”、“省国资委先进基层党组织”，“省电力安全生产先进集体”，“安康杯优胜单位”、“工人先锋号”，“五四红旗团支部”，“甘孜州年度重点项目工作考核一等奖”。多人次荣获四川省“五一劳动奖章”等荣誉称号。

（白鸿杰、毕波）

国网四川省电力公司映秀湾水力发电总厂

【企业概况】国网四川省电力公司映秀湾水力发电总厂（以下简称映电总厂），位于四川省西北部阿坝藏族羌族自治州汶川县映秀镇，地处少数民族地区，距成都 65 公里，距都江堰市 16 公里。

整个生产厂区分布于岷江及其支流数十公里区域内，由映秀湾水电站、渔子溪水电站（一级）和耿达水电站（二级）共同组成，是四川省电力系统大二型骨干水电厂之一。

映秀湾水电站位于岷江上游干流，渔子溪和耿达水电站位于岷江上游右岸支流渔子溪河。3 个电站均系低闸隧洞引水径流式发电站，除耿达电站是半地下式厂房外，映秀湾电站和渔子溪电站均为地下式厂房，共有机组 11 台，主设备 29 台，总装机容量为 45.5 万千瓦。

2015 年，面对复杂严峻的外部形势和艰巨繁重的改革发展任务，该厂积极应对新常态，坚持问题导向，勇于创新突破，以队伍建设为根本，以依法治企为保障，加快推进转型发展，各项工作取得新成绩、新突破。全年未发生七级以上人身事故，未发生七级以上电网、设备和信息系统事件；未发生总厂负主要或同等责任的重大交通事故；未发生违法违纪案件，未发生影响企业形象的重大事件和影响企业稳定的不安全事件，实现安全“零”目标。2015 年度业绩考核综合得分在省公司系统 19 家直属单位中排名第 4 位，位于 A 段；荣获四川省国资委党委“先进基层党组织”、省公司“2015 年度安全先进单位”和“红旗党委”等称号。

【人力资源】2015 年，映电总厂深入推进“三集五大”体系建设，优化劳动用工管理策略，完善收入分配管理机制，深化绩效改革管理模式，强化福利保障管理体系。在全员培训、学历教育、技术技能等级提升、高技术技能人才、优秀人才的选拔培养等方面下大力气，以岗位技术能手、岗位服务能手的选拔培养，全方位带动总厂人力资源开发和优化配置，高技术技能人才培养取得可喜成绩。该厂有 1 人获评国网优秀人才（后备），11 人取得高级技师资格，46 人取得技师资格，17 人取得高级工资格，28 人取得初中级内训师资格，1 人获评省公司“电力雏鹰”。仿真培训室、安全警示教育室投入使用，积极开展实训基地论证、规划工作。

【经济技术指标】2015 年，映电总厂发电量超额完成省公司下达年度计划。发生综合厂用电量 3118.7413 万千瓦时，综合厂用电率 1.31%，机组等效可用系数 91.09%，机组发电启动成功率 100%，各项经济技术指标均全面完成。

【安全生产】2015 年，映电总厂全面贯彻执行新《安全生产法》 等法规制度，坚持以人为本、安全发展，以深入开展安全管理提升活动为载体，落实各级安全责任、严格安全制度执行、深化风险管控体系，认真开展隐患排查治理和质量监督管理。进一步深化“预防为主、致力细节”的安全理念，生产发电高效有序，安全生产天数达 6338 天。制定并下发总厂年度安全工作意见，狠抓安全生产责任制的层层分解落实，全面落实省电力公司安全风险“月计划、周安排、日管控”工作。生产现场安全监督采用例行检查和集体巡查相结合方式，使安全监督检查常态化。推进安全风险管控关口前移，安质专责集体巡查生产现场 22 次，巡查发现问题共计 345 项，均实现闭环管理。强化违章“问责制”和制度执行力，同时大力营造“遵章光荣”氛围。每季度开展“反违章先进”评选活动，深入开展春季、秋季安全检查活动，结合安全大检查和缺陷隐患排查治理，组织完成发电企业安全生产达标评级工作。开展危化品、调度通信大楼供电和消防、电梯缺陷隐患专项治理工作，并制定危化品管理制度。深入开展安全生产隐患排查治理，累计排查出隐患48项，整改率100%。深化流域蓄放水安全管控机制，完善电站沿线流域防汛应急联动机制。完成“安规”培训调考和“三种人”月度安规调考工作。编写国网网络大学 “防汛应急演练”课件培训教材。组织开展5期“一把手讲安全课”活动。

【发电运行】2015年，映电总厂深入推进水电站群集中管控模式，全面贯彻安全、优质、高效的发电方针。三站执行操作票共计1545份，执行操作49310项，操作票合格率100%；办理工作票1547份，工作票合格率100%；集控中心远程启动机组140次，启动成功率 100%；完成反冲、冲沙、避峰等累计 28次。全年累计完成TPM工作855项。

【设备维护与检修】2015年，映电总厂大力开展缺陷梳理，年度消缺率达到100%，提高了设备健康水平。完成映站3G和2G、渔站2G、耿站4G机组A级检修，机组均一次性启动成功。开展渔子溪电站发电机出口开关设备和出口封闭母线技改工作。完成集控中心开关柜改造并全部接入微机监控系统。所有保护系统、自动化设备按年度技术监督计划全部完成，投运率100%，正确动作率100%，人员伤亡和质量事故为零 。

【科技与信息化工作】2015年映电总厂充分发挥科技创新引领作用，加强科技需求调研及科技规划，组织完成“十三五”科研需求提报、规划编制工作。扎实开展知识产权保护工作，全年共申报发明专利1项、实用新型专利6项。20项实用新型专利获得授权（2014年14项，2015年6项），7项发明专利获得受理。规范科技专业管理，重视成果凝炼及转化应用。检修部“高山峡谷地带大型地网工频阻抗测试技术研究”获省公司工人技术创新二等奖，总厂2人分别荣获省公司先进科技管理者、先进科技工作者荣誉称号。大力营造科技创新氛围、重视发掘职工创新能力，全年共实施群众性创新项目 4 项，均达到预期研究目标，顺利通过验收。

2015年，在加强信息通信专业日常维护管理的基础上，以项目管理为抓手，不断夯实信息安全基础。全年共实施信息维护项目5个，通信技改项目4项，提高了设备可靠性，保证了信息通信网络的安全稳定运行，全年未发生信息安全事件。

【企业管理及标准化工作】2015年，映电总厂积极推进了7项自主精益项目的开展实施，其中“水电厂设备运行参数的采集与分析精益提升”项目成果获得省公司2015年度优秀精益项目成果二等奖；开展企业管理创新与课题研究工作，其中管理创新项目“基于水电企业特点的物质配送体系构建及精益提升”获得省公司2015年度企业管理创新成果二等奖；“国有水电企业关键岗位内控管理体系构建”获得省公司2015年度企业管理创新成果四等奖；两个研究课题“基于KYT活动的水电站检修班组安全管理研究”和“基层企业党组织‘三联系’体系研究”分别获得省公司2015年度优秀课题研究成果三等奖。

【党的建设和精神文明建设】映电总厂党委坚持围绕企业中心工作，以坚持从严治党为龙头，切实抓好党的建设、企业文化建设和队伍建设，聚焦对党忠诚、个人干净、敢于担当，扎实开展以“严以修身、严以用权、严以律己，谋事要实、创业要实、做人要实”为总要求的“三严三实”专题教育，组织专题党课等教育30余次，召开专题民主生活会和组织生活会 14 次，查找班子“不严不实”问题 21个，查找班子成员“不严不实”问题 106 条，制定了整改落实方案，提出了具体整改措施。全面落实党风廉政建设党委主体责任和纪委监督责任，无违反中央“八项规定”实施细则和“三公”消费管理规定的情况，总厂党风廉政建设被四川省电力公司评为“优秀”等级。制定党支部工作任务白名单、电子档案目录。开展党支部工作季度督察。完成电力企业党组织“三联系”课题调研并荣获省公司2015年度优秀调研成果三等奖。制作《映电铁军》专题片，开辟“记者走一线”等专栏。策划实施“格鲁吉亚的中国标准”和“电力格桑花”宣传方案，扩大国网品牌传播效应。巩固“全国文明单位”创建成果，建立精神文明建设常态化、长效化管理格局，建成“阿坝州社会主义核心价值观示范单位”，员工乐鸿获得“阿坝州最美志愿者”和“2015年度四川省百名优秀志愿者”荣誉称号。有效推进民主管理工作，举办劳动竞赛、技术比武、全民健身、“奋斗的青春最美丽” 、“留守学生之家”等活动，不断激发群团工作活力。总厂党委荣获四川省国资委党委先进基层党组织和四川省电力公司2014—2015年度红旗党委称号。

【存在的主要问题】

（一）三站闸坝上下游及电站尾水因地震后次生灾害导致的淤积现象未得到根本解决，每年都要产生大量的淤积体，对电站安全发电造成严重威胁。

（二）由于映电总厂是省电力公司唯一一家水

电厂，人员对外交流少、流通性差，总厂人才队伍建设长期存在干部员工成长通道狭窄的困难。目前，该厂员工平均年龄 44.9 岁，中层干部平均年龄 44.5 岁。干部员工的老龄化在客观上已成为映电总厂改革发展的新瓶颈。

（映电总厂）

九寨沟水电开发有限责任公司

【企业概况】九寨沟水电开发有限责任公司成立于 2003 年 6 月，现股东为中国电力建设集团有限公司（91%股份）、九寨沟县国有资产经营公司（9%股份）两家单位。公司承担着白水江流域（九寨沟县段）开发任务，规划 “一库七级”共 7 个梯级水电站，分别为：多诺水电站（龙头水库，装机 10.18 万千瓦，包含 0.18 万千瓦一座）、玉瓦水电站（4.9 万千瓦）、陵江水电站(2.6 万千瓦)、黑河塘水电站(8.6 万千瓦)、永乐水电站（11.1 万千瓦）、双河水电站（8.1 万千瓦）、青龙水电站（10.2 万千瓦），总装机容量为 55.68 万千瓦。目前已投产装机达 36.9 万千瓦。

公司已完建项目有黑河塘、双河、青龙 3 个水电站及 1 个双合联合开关站；多诺水电站已投产发电并完成二期蓄水；玉瓦水电站已于 2012 年 10 月经四川省发改委核准，并于 2014 年开工建设；

【生产经营管理】2015年，该公司围绕董事会下达的各项年度目标积极开展工作，加强生产经营管理，细化目标、明确措施、狠抓落实。公司认真抓好电力安全生产，密切关注、适时动态分析电力市场，积极有效开展电力销售，超额完成发电目标； 同时加强投运电站及送出工程运维管理，保障电力安全生产和产能发挥。经过不懈努力，2015年实现发电量149414万千瓦时、上网电量144511万千瓦时，较2014年均增长5.3%，实现年利用小时数4049小时，超全省水电平均（3754小时）295小时；全年累计实现发电收入31373万元，较2014年增长6.7%。在公司还贷高峰期，降低管理成本、提高管控效率，为实现公司效益最大化而不懈努力。 2015年公司累计营业收入3.14亿元， 2015实现减亏663万余元。

【工程建设】扎扎实实推进项目建设，保障在建项目顺利实施，全面完成了年度各项目标任务。截至2015年年末，流域梯级项目累计投资50.30亿元，在建项目主要包括玉瓦电站、青龙电站、多诺电站、送出工程等， 2015年度完成投资4.05亿元；累计筹资2.99亿元。

2015 年，继续做好多诺龙头水库电站的后续建设管理，确保水库效益发挥。抓好首次蓄降水管理，针对蓄降水过程中的可能出现的问题制定方案，确保整个降水过程处于管控之中；综合考虑施工任务、来水、电力调度、防洪等因素，尝试性开展流域梯级优化调度，初步发挥出水库补偿效益。

玉瓦水电站主体工程于 2014 年 4 月 1 日开工，2015 年是玉瓦水电站建设全面推进的一年，6 月组织完成玉瓦电站重大设计变更审查，并取得批复意见。2015 年玉瓦电站闸坝和厂房施工顺利，提前完成年度建设目标，引水隧洞，尤其是关键线路 4 号下～5 号上受地质条件、火工产品供应和电网停电影响，进度稍有滞后，但工程总体建设目标仍处于可控状态。积极推进青龙电站单项竣工验收，为项目竣工创造条件。

2015 年青龙完成青龙水电站水土保持专项验收及环境保护专项验收；同时完成完工结算及审计相应工作，离全面竣工验收更进一步。

推进送出工程竣工验收，创造送出工程回购条件。2015 年完成双沙两回 4 个标段完工结算及审计及多黑线的完工结算和审计；同时启动双沙线启动四川段和甘肃段水保、环保验收工作。

【安全生产】2015 年，该公司安全生产形势平稳，没有发生有人员责任的人身伤亡和设备事故，实现了安全生产事故零目标。2015 年度，该公司确定了安全生产、职业健康、环境保护管理制度四项业务制度清单，共计 40 余项，发布 20 项。完善了公司安全管理机构框架结构图、职业健康安全环境管理组织机构，以及管理责任体系建设，建立了重大危险源识别、特种作业和特种设备的相应管理体系。定期开展安全大检查、隐患排查治理、安全生产月活动等专项活动，通过各项活动的开展，使安全隐患得以排除。

2015 年，黑河塘、双河和青龙水电站相继通过国家能源局大坝安全监察中心审定，同意青龙大坝安全注册登记，注册等级为甲级。

2015年，该公司进一步加强已投运项目的运行维护管理工作，包括黑河塘电站、双河电站、青龙电站、多诺电站、集控中心、梯级电站送出工程、流域水情测报系统。全年投运项目设备和水工建筑物运行状况总体良好。截至年底，各电站分别安全生产运行3299天、2380天、1332天和967天。

九寨沟公司输电线路全长430公里，共有802基塔。线路长，塔基多，跨越四川、甘肃，跨越区域情况复杂，且大多处于山区，影响安全稳定运行的隐患较多。因此加强安全和技术管理，认真开展巡视检查和隐患排查整改，提高运行维护质量。针对雷击、风偏、山火、污闪、山洪、树木超高等威胁线路设施安全和易导致线路故障跳闸的因素，公司积极组织线路运行项目部开展日常维护、专项巡查及隐患排查整改工作，确保了送出工程安全稳定运行。

国家能源局四川电监办授予公司“2015年度四川省电力安全生产先进集体”称号。

【党建和文化建设】2015年，九寨沟公司党支部在中国电建成都院党委的正确领导和党员的共同努力下，深入学习贯彻中共十八大三中、四中、五中全会精神，围绕落实“中央八项规定”、反“四风”和“三严三实”专题教育主题，加强和改进新形势下领导班子思想建设和作风建设，着力打造讲政治、顾大局、守纪律的高素质领导班子和干部队伍，不断增强领导班子、干部队伍和党组织及党员队伍素质，进一步加强企业文化建设，丰富员工精神文化生活，稳步推进公司科学、健康、和谐发展，较好地完成了公司党支部年度目标。

一是适时调整支部机构，开启党建工作新历程。2015年1月在公司经营班子调整后，按成都院党委部署确定成立九寨沟公司党支部。公司通过民主推荐选举产生新的支委委员，确定了支委分工和职责。考虑到公司员工两地办公实际，经公司支委研究，决定成立2个党小组，5月通过民主推荐选举产生两个小组长。

二是围绕中心狠抓学习教育，进一步加强政治思想建设。深入学习践行“三严三实”是党的群众路线教育实践活动的延展深化。按照院党委部署要求，公司先后集中学习了“中央八项规定”“三严三实”专题教育，并结合公司工作实际，开展“理想信念教育”“严守党的政治纪律和政治规矩”等多个主题和形式的教育活动；组织学习《中国共产党党章》《中国共产党廉洁自律准则》和《中国共产党纪律处分条例》。

三是认真开展党风廉政建设，防范管理风险发生。在加强政治思想建设的基础上，严格落实党风廉政建设“一岗双责”制度，狠抓反“四风”建设，严格执行“八项规定”，狠抓党风廉政建设和反腐败斗争，着力完善公司管理制度和流程，用制度和流程约束行为。通过一系列行之有效措施，保持了党风廉政建设良好事态，2015年度公司未发生违纪违法事件。

四是认真召开班子民主生活会，促进班子团队建设。结合公司阶段性工作实际和当前政治形势，公司每季度均组织班子民主生活会，针对公司工作和班子成员个人存在的问题，商议公司发展问题和员工意见建议，开展批评与自我批评，一方面解决了班子成员日常工作中畏难躲避、怠工懒工等“庸懒散浮拖”的问题，防止思想跑偏，另一方面对公司发展更是起到了良好的推动作用，在班子成员的努力带领下，公司年度各项工作目标顺利完成。

五是认真落实“三重一大”决策制度，践行民主决策。针对公司年度经营发展过程中的一些重大事项，均按“三重一大”决策制度组织召开总经理办公会研究决定，必要时按电建集团、成都院、股东会及董事会有关管理规定进行最终决策。年度内，对公司经营班子调整、部门人员调整、人员招聘、员工考核、工程项目招标、重要工作事项等都很好地执行了“三重一大”决策制度，很好地防范了决策风险，更好地推动公司健康发展。

六是严格落实“三会一课”，抓好日常党建工作。公司党支部结合公司每季度例会的契机，定期召开支部党员大会，传达上级文件精神，总结季度支部工作和研究支部下阶段工作计划，研究决定吸收入党积极分子、新党员和党员转正等事项。根据公司工作动态和支部工作情况，适时召开公司总经理办公会和支委会，按照“三重一大”决策制度要求集体决策。结合上级文件精神学习需要召开党小组会。每季度结合支部大会组织全体党员干部上党课。以季度为单位支部全体党员按时足额交纳党费。

七是加强企业文化建设，做好适度宣传。近年来，基于公司的发展状况和员工的结构变化，九寨沟公司在这方面也花了大量的精力，取得了较好成绩。

【多诺水电站】多诺水电站位于四川省阿坝藏族羌族自治州九寨沟县境内，是白水江干流水电规划“一库七级”开发方案的龙头水库电站。工程所在河流为白水江次源黑河，首部枢纽位于大录乡多诺埃沟口下游1～1.5公里河段，距九寨沟县县城约74公里，厂区枢纽位于玉瓦乡酒房村，距九寨沟县县城约54公里。电站的工程任务是发电，同时兼顾下游生态及景观用水，电站采用混合式开发，电站装机容量10.18万千瓦，多年平均发电量3.7512亿千瓦时。电站水库正常蓄水位2370.00米，相应库容5622万立方米，调节库容4915万立方米，具有年调节性能。该项目于2006年12月核准，2009年开工建设，2013年4月首台机组发电。

2015年多诺水电站完成年度内完成3项较大检修工作：电站检修蝶阀动力电源恢复； 5月对两台机组的进水阀旁通阀作更换处理； 2号机组导水机构消缺处理；

2015年多诺龙头水库进行了首次蓄降水工作；加强改线公路交通保畅，维持社会稳定；顺利完成改线公路一期工程病害治理工作；同时开展生态恢复工程及复耕工作，为竣工验收打下基础。

【玉瓦水电站】玉瓦水电站是白水江干流(大录—青龙桥段)水电规划“一库七级”梯级开发的第二级水电站，与多诺“龙头水库”电站尾水衔接。电站采用引水式开发，闸址位于黑河与巴郎沟交汇处下游约0.75公里的河段上，玉瓦水库正常蓄水位2019.00米时，水库总面积3.84公顷，相应库容为13.24万立方米，调节库容8.45万立方米，具有日调节性能。水电站装机容量为4.9万千瓦，引用流量41.0立方米/秒，多年平均发电量1.998亿千瓦时。玉瓦水电站开发任务为发电，兼顾下游减水河段生态用水。项目于2012年10月由四川省发改委核准，2013年10月水电顾问集团同意开工建设。

2015年玉瓦水电站完成第一次质量监督；完成重大设计变更并取得批复；闸坝一期基坑施工提前完成，完成过流验收；左岸大坝基础、铺盖及贴坡导墙基础开挖完成；1号坝段混凝土浇筑到顶；完成了玉瓦水电站一期基坑过流、二期截流验收；引水隧洞全年开挖完成约8699米，全洞剩余约1268米未完成开挖；主厂房混凝土浇筑封顶并完成桥机安装，提前完成年度建设目标；调压室上室及交通洞开挖和混凝土衬砌全部施工完成，调压室竖井开挖及支护完成，调压室竖井底部阻抗段混凝土衬砌浇筑完成；压力管道上平段、竖井段、下平段开挖及支护完成，下平段和岔支管段钢管安装、外包混凝土浇筑和回填灌浆施工完成。

【黑河塘水电站】黑河塘水电站位于四川省九寨沟县白水江流域一级支流黑河下游河段，属黑河—白水江干流水电规划“一库七级”方案中的第四级电站。

黑河塘水电站闸址位于九寨沟县陵江乡河口村，距离羌活沟口以下约800米处的黑河河段上；厂区位于九寨沟县白河乡水沟坝村。电站装机容量8.6万千瓦，多年平均发电量3.912亿千瓦时。2005年7月，黑河塘水电站经四川省发改委核准。2004年6月，主体工程开工，2006年12月，1号、2号机组相继投产运行。2013年1月该项目获得竣工验收批复。

【双河水电站】双河水电站位于四川省九寨沟县境内的白水江上，属黑河—白水江水电规划“一库七级”方案中的第六级电站。

双河电站为三等中型工程，为低闸引水式电站。电站装机容量8.1万千瓦，多年平均发电量3.515亿千瓦时，2006年1月，双河水电站经四川省发改委核准。于2006年2月1日开工建设，2009年6月两台机组先后投产运行。2015年3月获得竣工验收验收。

【青龙水电站】青龙水电站（四川省电力调度命名为：交财湾水电站）位于四川省阿坝藏族羌族自治州九寨沟县境内，是白水江干流（九寨沟县段）水电规划“一库七级”开发方案的第7级电站。青龙水电站为三等中型工程，为低闸引水式电站。电站装机容量10.2万千瓦，多年平均发电量4.351亿千瓦时，2006年12月，青龙水电站经四川省发改委核准批复。于2007年9月30日开工建设，2012年4月两台机组先后投产运行。2015年5月召开水土保持专项竣工验收会，8月获验收批复；2015年10月召开环境保护专项竣工验收会议，12月获验收批复；2015年10月完成公司发包项目完工结算及审计。为全面竣工验收更进一步。

【送出工程】由于公司所有项目均处于九寨沟县，公司自建输电线路全长430公里，共有塔基802基。线路经九寨沟县起跨越甘肃经四川广元并入四川省电网。送出工程总投资约4.97亿元；2015年开展了黑双线、双赤一线的接地电阻检测工作；对双赤一线N53、双赤二线N35等30基接地线外露的缺陷进行了处理；双赤一线受损塔材更换：督促运行维护单位对因山上飞石导致的双赤一线N33、N87#塔辅材变形进行了处理，更换辅材20多件；黑双线N35-N36通道处理：针对黑双线N35-N36风偏导致线路跳闸故障的问题，公司组织线路运行维护单位人员制定了处理方案并及时完成了故障点边坡的降方处理工作；南双线检修消缺：利用双河电站年检预试全停机时机，完成南双线的检修工作，对存在隐患的N2#塔污闪放电、绝缘子自爆等进行了处理。

（尹　黎）

新能源

责任编辑：李燕辉

四川新能源事业继续发展，各电力企业在开发水电、火电常规能源外，正着手进行风能、太阳能等新能源开发。到2015年年底，全省风电装机74万千瓦，太阳能发电装机36万千瓦。

四川省能投集团建成凉山会东拉马、鲁南风电场；自贡、广安垃圾发电项目投产发电。

华电四川公司已由国家主管部门核准风电项目9.95万千瓦。

中电建水电开发集团公司一期黄水、洼堖风电场9.5万千瓦于2014年8月正式开工。

中国电建集团成都勘测设计研究院有限公司积极做好川内新能源项目的规划设计。

成都勘测设计研究院有限公司新能源处

截至 2015 年 12 月底，中国电建集团成都勘测设计研究院有限公司新能源处共有在职员工 46 人，其中：教授级高级工程师 2 人，高级工程师 8 人，工程师 16 人，助理工程师 10 人；男员工 38 人，女员工 8 人；30 岁以下员工 8 人，30 岁以上 38 人。

新能源处主要负责成都院风电、太阳能发电等新能源项目生产的组织、管理，生产（部分）和新技术研究与应用等工作，开展新能源项目的市场经营。

专业发展思路为：以工程勘测设计为主导，带动总承包业务，争取将新能源发展成为集勘测、设计、咨询、总承包为一体的综合性产业。至 2020 年年末，争取成为国内领先的勘测、设计、咨询、总承包、运营管理单位。

新能源有正、副处长 3 人，处长处理 1 人，专业副总工程师 2 人，下设 3 个专业设计室。

资源评价室：主要从事风电场和光伏电站的规划；承担新能源设计项目中动能经济设计，包括资源评价、工程开发任务的确定、工程规模的分析论证、风电场微观选址、机型选择、发电量估算、经济评价等内容以及本专业的科技攻关、科研工作；承担新能源规划、项目投资咨询和项目建议书、项目申请报告等编制工作；承担技施项目的设计说明书编写等工作。

电气室：承担新能源设计项目中电气设计及系统设计（含电气一次、电气二次、光伏系统及通信），包括：编写电站各阶段设计报告（电气篇编写及附图绘制）；承担主要电气设备招标设计、技术联络及参加设计联络会等；技术交底、现场设代、试运行报告（电气篇）及技施设计说明书（电气篇）编写等；新能源发电技术（风力发电、太阳光伏、太阳光热发电及生物质能发电等）新技术研究与本专业的科技攻关、科研工作及技术交流；其他设计工作。

综合室：承担新能源设计项目中地质、建筑、交通等相关专业设计，包括勘测工作策划、区域地质及工程地质分析、升压站布置及建筑设计、风机基础设计、场内外道路规划及设计、施工总布置；承担技施项目的设计说明书编写等，以及其他指定的设计工作。（钟　滔）

成都勘测设计研究院有限公司典型新能源项目

一、万家山光伏电站工程

【项目概况】盐边县万家山 30MWp 光伏电站是四川攀枝花地区第一个光伏发电工程，也是成都院投资参股 30%并作为项目 EPC 方的第一个光伏发电工程，由中国水利水电第七工程局有限公司施工、四川能达水利水电咨询有限公司监理。

工程主要有：21 个光伏阵列，安装 260 瓦太阳能电池 119460 块，1026 台逆变，150 台汇流箱；21 台箱式变压器（15 台 1600 千伏安、6 台 1000 千伏安）；3 条 35 千伏集电线路和 35 千伏开关站；主要机电设备包括厂用变、SVG、交直流一体化、出线柜、电力自动化、通信自动化以及综合自动化以及 35 千伏输出线路等；生产楼、生活楼、消防水池及工具间等建筑面积 1824 平方米；

【项目进展情况】2014 年 8 月 2 日，成都院与业主签订万家山 30MWp 光伏并网发电工程合同；8 月 19 日成立万家山光伏电站总承包项目部。

2014 年 7 月 23 日，万家山光伏电站举行开工仪式；8 月 20 日，开关阵列开始钻孔；8 月 23 日，关键线路工程开关站开始场平，10 月 25 日，主体建筑物提前 16 天封顶。

2015 年 6 月 4 日，光伏发电站并网投运。

【工程特点】

（1）施工质量。

项目部成立了质量管理小组，项目经理为质量第一责任人，制定了质量管理目标；项目部编制了 29 个质量管理文件、5 个重大技术方案以及现场的质量管理办法等，

质量保证体系：政府监督，业主、社会监理，总承包方（EPC）和施工单位自检共同构成工程质量保证体系。工程建设期间，质量保证体系能够有效运行，实现了全员参与、全过程管理、全过程控制，采购产品质量、设计产品质量、工程施工质量均达到规程规范、总承包合同以及设计文件的质量目标要求；工程建设过程中未发生质量事故，质量缺陷的发生率得到了有效控制。

（2）工程优化。

①收集电池组件生产发展情况，将电池组件在可研的基础上由 255 千瓦/块增加为 260 千瓦/块；在仅增加组件投资的情况下，装机容量由 30MWp 调整为 31MWp，增加容量 3.33%。

成都院总承包的德州风电场首批机组成功并网发电

（成都院提供）

②该工程为农业综合利用项目，施工过程中，通过优化施工平台和设备堆放场地，减少了土石开挖量，达到了节约投资和尽量不损坏原始地形地貌的目的。

③受山地光伏的特点和地形测量精度的限制，施工过程中对电缆桥架进行了优化。原设计方案中各种型号电缆长约 802 公里，实际使用长度为 760 公里，减少了投资和电量损失。

（3）环保、职业健康和安全管理。

总承包项目部成立了安全领导小组，制订了工程安全目标；编制了应急救援预案 10 个、专项应急处置方案 14 个、工程安全管理制度 28 个；进行定期和不定期的安全检查；对施工单位以及作业队进行安全培训，总承包项目部进行了安全文件宣贯与案例分析；签订了 2014、2015 年《万家山光伏电站项目部职业健康安全、环境目标管理责任书》和《万家山光伏电站防火责任书》；安全月报上报监理、院主管部门备查。

工程开工以来，未发生任何安全事故，也未因施工原因产生新的水土流失源和环境污染源。

【工程亮点】2015 年 3 月 1 日，四川省电力建设工程质量监督中心专家组认为：万家山光伏电站工程实体质量和资料是专家组所检查的新能源项目中最好的一个，参建单位十分重视工程建设质量，各种文件的编制、报审和批复完全符合国家建设管理的相关规定，文件齐全、完整；工程实体质量满足规程、规范及合同要求，机电、电气安装和调试结果满足国家规程规范、总承包合同以及设计要求的性能指标，具备并网启动试运行条件。

二、西昌一期风电工程

【工程概况】西昌一期风电工程包括黄水和洼垴两个风电场，分别布设单机容量为 2500 千瓦的风力发电机组 19 台，总装机容量 95 兆瓦。

西昌风电项目由西昌飓源风电有限公司投资开发。西昌飓源风电有限公司由中电建水电开发集团有限公司、中国电建集团成都院、西昌市国资委分别按 55%、40%、5%的出资比例组建成立。

【工程建设情况】2014 年 8 月 26 日，成都院与业主公司签订了西昌一期风电（黄水、洼垴）项目 EPC 合同。随即，组建 EPC 项目部进驻现场开始工作。

（1）土建施工。

2014 年 11 月 8 日开始土建施工，后因故停工 4 个月，于 2015 年 8 月 30 日完成黄水风电场全部土建工程，11 月 5 日完成洼垴风电场全部土建工程。

（2）机组吊装施工。

2015 年 5 月 30 日，首台机组开始吊装。12 月 15 日，完成黄水风电场全部机组吊装。

（3）机组并网发电。

2015 年 12 月 8 日，黄水风电场首批机组并网发电。12 月 28 日，洼垴风电场首批机组并网发电。

【工程主要特点和难点】

（1）业主管理模式的探索和磨合。

西昌风电一期工程是业主公司首次介入风电行业，也是首次采取 EPC 模式进行管理。因此，业主公司和成都院 EPC 项目部对于不同行业不同管理模式进行了探索和磨合，随着项目的推进，由不适应到逐渐熟悉，相互理解和配合。

（2）设备供货压力巨大。

由于目前是全国风电建设的高峰期，机组及塔筒的制造、供货相对紧张，对工期产生了一定影响。

（3）协调难度大。

工程地处安宁河谷地带，人口众多，生产生活设施稠密，大件运输动辄占地、拆墙、拆电线，加之机组在生活区内穿插布置，当地居民对于光影污染及噪音污染的环保诉求都会导致项目建设在征地补偿、基础开挖、混凝土浇筑、大件运输、风机吊装、复耕等全过程中遭到规模或大或小、时间或长或短的阻工干扰，协调难度大。

（4）工期大幅压缩，雨季及夜间施工。

因阻工及设备供货的压力，工程实际有效工期被大幅压缩，且被迫在雨季及夜间施工。

凉山州地区雨季时下雨时间长且频繁，道路处于泥泞状态，项目部要花费大量的人力物力财力对原有道路进行换基改造，勉强维持雨季能够继续施工，其效率不高、安全隐患较为突出。如何合理避免或减少雨季施工，是后续风电项目的重点研究课题。

夜间土建施工属于常态。在旱季，往往白天风大，机组吊装安全问题凸显，只能选择夜间或凌晨施工。项目部采取“保证吊装员工的充足睡眠+足够的夜间照明+增加安全员”等综合措施以保证夜间施工可行。

（5）项目费用紧张，成本控制任务艰巨。

设备采购费用较大，由 EPC 项目部向业主公司实报实销；土建费用占比较小，由 EPC 项目部包干使用。由于阻工及设备供应等原因致使工期延长，相应成本增加，雨季施工也需额外增加不少费用。因此，项目费用紧张，成本控制任务艰巨。

【工作亮点】

（1）科学设计，合理选择基础型式。

针对西昌风电场场址的地形地质情况进行了风机基础结构型式专题研究，经过对结构安全评价、经济比较、施工安全风险分析、施工工艺难易及施工工期等进行综合比较，最终从众多基础型式中选择了“肋梁+基础环”及“肋梁+预应力锚栓”两种基础型式。

其中，预应力锚栓基础具有受力合理、整体性好、工程量相对较小等优点，在节约工程成本方面具有显著的优势，但也存在施工相对繁琐、工艺要求高的不足，常会出现质量缺陷而形成返工，进而影响工程进度。

进一步优化该型式风机基础结构、完善设计计算方法、优化结构构造以选取最优的基础型式是设计人员需要深入研究的重点。现场施工单位和设计、厂家紧密合作，寻找到锚板水平度控制、锚栓安装精度控制更为合理、更为标准化的施工方法是项目管理的工作重点。

（2）整合社会资源、高速公路安全卸货。

由于G108国道与成昆铁路交叉桥涵的净空无法满足塔筒及发电机组的运输尺寸要求，有 8 台机组共计近 50 车次的大件运输无法通过 G108 国道运至机位。在工期紧张、无法另外开辟运输道路的情况下，通过现场勘查，唯一的办法只能是同时封闭 G108 国道和西攀高速公路，利用两台吊车从西攀高速公路卸货至 G108 国道之后再继续运输。

EPC 项目部在路政、高速公路公司、高速交警、高速执法大队、相关地方政府的支持和配合下，通过详尽周密的策划，各吊装、运输单位的紧密协作，同时对 G108 国道和西攀高速公路进行封闭，仅用 4 天时间，安全、顺畅地从高速路上卸货近 50 车次，完成了机组大件运输工作。

三、越南富叻风电工程

【工程概况】

富叻风电场位于越南社会主义共和国平顺省追风县境内，装机规模 24 兆瓦。项目业主为越南 TBW 股份公司。该项目为中国水电顾问集团在越南的第一个新能源项目，也是成都院与中国水电顾问集团在越南合作的第一个总承包项目，对双方的合作及在越南新能源市场方面的开拓具有战略意义。2015 年 6 月，合同签订。主要内容：12 台风机、升压变压和场内道路等的设计、采购、施工。该项目由成都院负责实施，以建设工期 14 个月+五年运行方式执行。EPC 总金额为 3262 万欧元。

预计 2016 年 9 月 21 日发电。

【工程的主要特点和难点】

（1）该项目由德资银行投资，德国监理公司进行项目管控，管理规范、严谨，对项目团队执行能力要求高。

（2）业主在特殊合同条款内对菲迪克通用条款进行了修改和补充，对承包商提出了苛刻的要求（运维时间延长两倍，预付款之前要求开工等）。

（3）由于合同约束及越南当地劳动法等规定，导致该项目在 HDC 前期投标时已经锁定主要分包商，且为属地化分包。分包合同签订及执行管理难度极大。

（4）该项目以欧元结算。而目前国际货币市场欧元对人民币的汇率走势呈下降趋势，且存在投标报价项目漏项、无相应锁定汇率的条款；项目分包合同分为境内外两地签订，付款为欧元以外的越南盾、人民币等多种货币，因此而无法规避汇率风险，经测算该项目已经处于较大的亏损状态。

（5）按照 EPC 总承包合同要求，工程设计施工须采用越南当地规范及部分欧洲规范，同时需按合同规定数量提供给业主。但项目管理团队目前尚有一定困难获得这些规范。

（6）为避免国际财税风险，项目在启动后立即开展财税工作，先后向平顺省税务局、五家专业会计咨询机构、其他越南境内的中国公司进行咨询，并聘请专业会计机构进行外账处理及纳税申报工作。

【2015 年工程形象面貌进展】

完成了地勘及测量、土建工程设计、电气工程设计、风机供货及运维、项目保险、账务税务咨询、土建施工、风机塔筒、升压站电气设备成套、越南内陆运输等合同的签订。

地勘及测量最终报告编制完成；正在开展道路设计；升压站电气设计技术方案完成。完成风机第一次设计联络会。承包商营地的土建工作已开始。

（邓永耀、雷军、郝敏、邱云、朱岩）

西南电力设计院有限公司设计的新能源工程项目

【太阳能发电设计】

西南电力设计院有限公司（以下简称西南院公司）开展了西藏总容量为3.5万千瓦的太阳能电站、西昌太阳能光热示范电站等设计工作。对西昌太阳能辐射观测、太阳能光伏发电站逆变器等新技术进行了开发应用，创新了太阳能发电工程设计。

西昌太阳能光热示范电站（1万千瓦）

西藏太阳能电站 （3.5万千瓦）

【风能发电设计】

西南院公司开展了福建风能电站、甘肃白银马昌山一期4.95万千瓦风电工程勘测设计工作。在风电场测风、风力发电厂及其控制系统开发方面采用了新技术，掌握了风能发电设计技术。

甘肃白银马昌山一期风能电站（4.95万千瓦）

福建风能电站（4.95万千瓦）

【生物质发电设计】

西南院公司承担了凯迪电力一揽子生物质发电项目的勘测设计工作，对以秸秆、木条、椰壳等作燃料的电站设计取得了重大成果。

彭水生物质发电站 1×3 万千瓦机组

广元生物质发电站 1×3 万千瓦机组

【分布式能源设计】

西南院公司开展了广西华电南宁华南城分布式能源工程设计工作，该项目建设规模为 3×6 万千瓦燃机联合循环机组，向南宁江南区华南城、富士康共约 261×10^4 平方米建筑物提供冷水、热水、蒸汽负荷，发电进入电网。

广西南宁华志城分布式能源工程（3×6 万千瓦）

【核电设计】

西南院公司于 1984 年通过利用核反应堆余热发电，设计完成了 2×4 万千瓦汽轮发电机组。2003 年，组织开展了四川核电前期设计工作，2010 年与中广核工程有限公司签订了四川核电一期工程（南充）项目勘测设计合作协议。2006 年，与中国核动力研究设计院设计所合作完成了哈尔滨市低温核供热厂预选厂址论证报告和低温核供热工程经济分析报告。

汽轮发电机组

【地热发电设计】

西南院公司在西藏地区设计了我国最大、世界上站址最高的羊八井和那曲地热电站，装机容量达 2.518 万千瓦，年发电量约占拉萨电网的 40%—50%，是拉萨电网的支柱电站。1991 年，西南院公司又在西藏那曲设计了地热双循环空冷机组示范电站。

西藏羊八井地热电站

【燃气及联合循环发电工程设计】

西南院公司完成了重庆、达州、海南南山、成都金堂、深圳福华德等多座燃机电厂，江苏扬子—巴斯夫联合循环电厂和毛里塔尼亚柴油机电厂、孟加拉国燃气轮机电厂和蒸汽轮机船舶电厂等一批发电工程的设计工作。

四川达州燃气电厂（2×35 万千瓦）

深圳福华德燃机电厂（1×22 万千瓦）

【垃圾电站设计】

西南院公司开展了成都龙泉、北京门头沟、安徽阜阳等多个垃圾燃烧发电厂的设计工作。其中，阜阳市生活垃圾焚烧利用 1.2 万千瓦项目于 2015 年 4 月 29 日顺利、一次性通过 72 小时+24 小时试运行。试运行期间，机组运行平稳，各主、辅设备运行正常，各项主要参数、指标优良，具备商业运行条件。项目正式投产后，预计年发电量为 8428.58 万千瓦时，年处理垃圾量 25.55 万吨。该项目的建成将实现阜阳市生活垃圾的“减量化、无害化、资源化”处理，推进经济与环境的协调发展，产生良好的经济、社会及环境效益。

阜阳生活垃圾焚烧电厂（1×1.2 万千瓦）

（汤其虎）

中国水利水电第十工程局承建的风电工程

【概况】中国水电十局 2011 年至 2015 年共完成风电工程产值 3.54 亿元。其中 2011 年完成 4692 万元，2012 年完成 1.32 亿元，2013 年完成 9708 万元，2014 年完成 2380 万元，2015 年完成 5400 万元。2015 年新中标工程金额达 6185.06 万元。

【马昌山风电场一期工程项目】甘肃白银马昌山风电场项目位于白银市景泰县喜泉镇。马昌山风电场规划总容量为 9.9 万千瓦，一期工程装机容量 4.95 万千瓦。中国水电十局承建：27 台风机、塔筒及箱变土建、安装工程以及进场施工道路。合同金额 1796 万元，合同工期为 2010 年 12 月-2011 年 5 月。2011 年工程按期全部完成。

【马昌山风电场二期工程项目】甘肃白银马昌山风电场二期工程位于马昌山一期风电场工程南侧。本期工程在一期工程的基础上扩建 4.95 万千瓦，并利用一期工程已建的 110 千伏升压变电站接入系统。工程装机容量为 4.95 万千瓦，由 24 台 2000 千瓦机组+1 台 1500 千瓦机组共计 25 台机组成。中国水电十局承建：马昌山风电场二期 4.95 万千瓦项目，25 台风机、箱变、110 千伏升压站二期配套设施的土建及安装工程。合同金额 2896 万元。合同工期 124 天。

2011 年风电场二期工程：完成土建 13 个机位的浇筑工作及升压站配套设施的土建施工，完成 15 个机位混凝土的浇筑及 43 号、44 号机位风机的吊装，升压站安装并调试完成。

【新疆布尔津托克逊风电安装】中国水电十局 2012 年完成风电工程产值总计 1.32 亿元。包括新疆布尔津、托克逊、马昌山一期、二期风电安装工程项目。

布尔津风电场一期（4.95 万千瓦）工程位于新疆维吾尔自治区阿勒泰地区布尔津县境内，距布尔津县东南约 5 公里、国道 G217 附近。距乌鲁木齐市直线距离约 300 公里。托克逊风电场一期（4.95 万千瓦）工程位于新疆维吾尔自治区吐鲁番地区托克逊县，属于小草湖风区，距离托克逊县城西北 17 公里，距乌鲁木齐市公路里程为 145 公里。平均海拔高度为 225 米。托克逊风电场规划装机容量为 10 万千瓦，本期为一期工程，装机容量为 4.95 万千瓦。

中国水电十局与五凌布尔津、托克逊电力有限公司分别签订了布尔津、托克逊风电场一期 4.95 万千瓦项目工程施工合同，承包范围包括：110 千伏升压站土建、电气安装及附属工程、风机及箱变基础施工（包括风机及箱变接地系统）、进场及场内道路施工；电气设备安装工程：包括主变压器系统安装、配电装置安装、无功补偿安装、控制及直流系统、场用电系统、电缆及接地、通信及远动系统安装等(包括部分设备采购)、110 千伏送出线路、集电线路施工。托克逊、布尔津风电工程开工日期为 2012 年 7 月 10 日，合同工期为 160 天。合同金额：布尔津为 6915 万元，托克逊为 7390 万元。

【新疆托克逊风电场一期工程】2013 年，中国水电十局机电安装分局承建的风电工程主要有：新疆托克逊风电场一期（4.95 万千瓦）工程，新疆布尔津风电场一期（4.95 万千瓦）工程，青海大格勒风电场一期（4.95 万千瓦）工程，甘肃华电玉门麻黄滩第一风电场（10 万千瓦）工程。2013 年共完成合同金额 9708 万元。

【昌吉州木垒老君庙风电场一期】中电投昌吉州木垒老君庙风电场一期（4.95 万千瓦）工程位于新疆维吾尔自治区昌吉回族自治州木垒哈萨克族自治县境内，西南距离木垒县约 80 公里。场址区海拔高度在 930—960 米之间，本期风场东南约 1 公里处有大南沟乌孜别克民族乡至鸣沙山的 X197 三级公路经过，对外交通较为便利。老君庙 220 千伏风场汇集站规划 3×18 万千伏安主变，本期建成 1×18 万千伏安主变。电压等级为 220/110/35 千伏三级电压。本期工程集控中心布置有生产综合楼、35 千伏配电室、综合水泵房、污废水处理设施等。集控室、通信机房、所用配电室、继电器室、蓄电池室等布置在生产综合楼内。一期工程施工范围为 220 千伏升压站土建施工、设备安装及调试，合同金额为 1988 万元，建设工期为 2014 年 4 月 10 日至 2014 年 10 月 30 日。35 千伏集电线路安装工程，合同金额 759.73 万元。合同工期为 2014 年 5 月 20 日至 2014 年 10 月 30 日。完工时间为 2015 年 10 月。

【达坂城风电场一期】中电投达坂城风电一期 4.95 万千瓦项目位于新疆达坂城区，距乌鲁木齐市东约 63 公里。本期工程装机容量为 4.95 万千瓦，安装 33 台金风 GW70/1500 型风电机组。根据达坂城电网结构和规划，本风电场以220千伏线路接入到750千伏东郊变。合同金额507万元。合同工期为2014年5月15日至2014年9月10日。完工时间为2015年3月。

【青海切吉石乃海风电场】青海切吉石乃海风电场场址位于青海省海南州共和县哇玉香卡农场境内的戈壁滩上,西距乌兰县茶卡镇约37公里，距茶卡盐湖约17.9公里。该风电场地处柴达木盆地东北边缘，地貌类型以山前倾斜平原的戈壁滩为主，地形以2°的坡度向茶卡盐湖倾斜，地形平坦，地势开阔，风能资源比较丰富。风电场计划安装33台1500千瓦风电机组，根据工程分布情况，风机分为3组，每组为11台风机，对应一回35千伏集电线路，共设计有3回集电线路,总装机规模为4.95万千瓦，扩建茶卡一期110千伏升压变电站。其中4.95万千瓦工程风机、塔筒及附属设备安装工程合同金额为435.6万元，合同开工日期为2014年8月1日，完工日期为2015年1月30日，实际开工时间为2015年3月，完工时间为2015年12月。35千伏集电线路及110千伏升压站机电安装工程合同金额为699.93万元。

【景峡第六风电场A区20万千瓦工程一标、二标】新疆哈密风电基地二期景峡第六风电场A区20万千瓦项目位于哈密东南部风区，工程总装机规模为20万千瓦，计划安装100台2000千瓦风力发电机组，风电场内新建一座110千伏升压站及送出工程。哈密风电基地二期景峡第六风电场A区20万千瓦工程一标段基础处理工程距哈密市东南约160公里，合同金额1600万元。合同金额2000万元，一标段合同工期自2015年10月15日至2015年11月10日，完工时间为2015年11月10日；二标段合同工期为2015年10月15日至2015年11月10日，完工时间为2015年11月10日。

【马昌山风电场风机基础改造工程】甘肃白银马昌山风电场项目位于白银市景泰县喜泉镇西南，场址距喜泉镇约3公里，西北距景泰县城约15公里，属山地丘陵地带，区域海拔高程为1800—2100米。马昌山风电场规划总容量9.9万千瓦，一期工程装机容量4.95万千瓦。年上网电量9460万千瓦时，新建1座110千伏升压变电站。中国水电十局承建：27台风机、塔筒及箱变土建、安装工程以及进场施工道路。此次风机基础改造工程包括马昌山风电场4#、6#、9#、20#、40#、70#风机基础改造工程施工及质保期内的保修工作等。合同金额123.32万元，合同工期为2015年1月5日至2015年1月25日。完工时间为2015年1月25日。

【贵州普安风电场首批机组发电】中国水电十局勘测设计院于2015年5月25日和9月29日分别中标承建了三峡新能源贵州普安横冲梁子风电场（4.2万千瓦)工程升压站土建及电气安装、场内集电线路施工和箱变安装工程，合同金额1668.11万元。普安横冲梁子风电场项目风机及塔筒吊装合同金额为916.95万元。按合同要求于12月31日实现了风电场首批机组发电。三峡新能源贵州普安发电公司予以“特别能吃苦、特别能战斗、特别能奉献”的高度评价并致贺信于中国水电十局。

（水电十局）

四川盐源华电新能源有限公司

【企业概况】四川盐源华电新能源有限公司(以下简称新能源公司)于2014年12月在四川省凉山州盐源县注册成立，隶属中国华电集团公司四川公司（以下简称四川公司)，负责盐源风能资源和太阳能光伏资源等新能源的规划、开发、建设和运营工作。

新能源公司现已完成盐源县境内风电场规划选址工作，规划建设凉风坳、银头山、小高山、大河等12个风电项目，装机容量约115万千瓦，配套建设220千伏升压站，静态总投资103.01亿元，建成投产后年上网电量约24.9亿千瓦时。2015年8月启动盐源片区光伏资源开发工作，初步规划凉风坳、观塔坡、牦牛圈、白杨坪4个光伏项目约34万千瓦装机容量。

该公司设置工程建设部、计划合同部、安全生产部、财务资产部和综合管理部等5个部门，现有在册员工22名，其中借用磨房沟电厂员工6名，平均年龄41岁。

【领导人员】

执行董事、总经理：孟　吉

副总经理：陆义松　李咏波

主要领导变动情况：2015年8月6日，《关于孟吉等任职的通知》（华电川人〔2015〕29号）文，孟吉任四川盐源华电新能源有限公司执行董事、总经理，陆义松、李咏波为四川盐源华电新能源有限公司副总经理。

【年度业绩】

1. 工程建设“零事故”，完成安全文明施工管理目标；未发生一般及以上安全事故；未发生领导人员违法违纪及员工职务犯罪事件。

2. 小高山、牦牛山、观塔坡（共25万千瓦）三个风电项目于2015年12月30日通过四川省发展和改革委员会核准。截至2015年12月31日，该公司共核准风电项目5个，容量共34.9万千瓦。

3. 凉风坳、银头山风电场进场道路和施工主线道路于2015年10月11日开工建设。

4. 按计划完成前期投资650万元，基建投资5908万元。

【资产状况】截至2015年年末，资产总额10179.07万元，资产负债率80.04%。

【工程建设情况】凉风坳、银头山风电场进场道路和施工主线道路工程于2015年10月11日开工建设。截至2015年12月31日，进场1号道路清表完成81%、开挖完成100%、回填完成89%；进场2号道路清表完成100%、开挖完成100%、回填完成30%；银头山1号道路清表完成49%、开挖完成27%、回填完成22%；银头山2号道路清表完成100%、开挖完成61%、回填完成42%；银头山5号道路清表完成95%、开挖完成95%、回填完成30%；银头山6号道路清表完成100%、开挖完成100%、回填完成30%；银头山7号道路清表完成87%、开挖完成53%、回填完成39%；凉风坳1号道路清表完成100%、开挖完成42%、回填完成35%；凉风坳2号道路清表完成11%、开挖完成18%、回填完成15%；凉风坳5号道路清表完成73%、开挖完成43%、回填完成38%。

【在建凉风坳风电场简介】凉风坳风电场位于盐源县梅雨镇黑山村的山脊上，距盐源县城约30公里，海拔高度在2500—3000米之间。该风电场属于高海拔山区风电场，南北长约7公里，东西宽约2—4公里，总面积约26平方公里。

凉风坳风电场项目于2014年12月31日通过四川省发展和改革委员会（川发改能源〔2014〕1179号）文件批复核准。该项目装机规模4.95万千瓦，拟安装单机容量为1500千瓦风电机组33台，年均发电量1.14亿千瓦时，年利用小时数为2301小时，工程总投资4.58亿元（含分摊），年产值约0.71亿元。该风电场计划于2015年10月开工，计划于2016年年底建成投产发电。（华电四川公司）

四川省能投风电开发有限公司

【企业概况】四川省能投风电开发有限公司（以下简称“风电公司”）于2011年11月1日成立，是四川省能源投资集团有限责任公司的控股公司。风电公司主要从事风电、光伏等新能源项目投资、建设和运营管理。

该公司成立以来，时刻牢记“开发能源、服务社会、改善民生、推动发展”的企业使命，在风力和太阳能发电项目开发建设过程中，坚持人与自然和谐发展，坚持保护生态环境，取得了较好的生产、经营和管理成绩。风电公司控股组建了四川省能投会东、盐边、美姑、雷波4个新能源开发有限公司，实现了项目当年建成当年盈利，建成了四川省首个“农风光”互补试验项目，获得了超过200万千瓦的风电资源和40万千瓦的光伏资源。

目前风电公司已建成投产三个风电场和一个光伏电站，另有两个风电场和一个光伏电站正在建设中，五个风电项目已取得核准。预计到2020年，风电公司将建成投产100万千瓦风电和太阳能发电项目，总资产超过100亿元。

【主要生产经营指标】2015年，风电公司实现发电量30457.6万千瓦时，超年度计划34.17%，较2014年增长214%；上网电量29571.8万千瓦时，超年度计划35.76%。实现利润4393.1万元，较2014年增长62.7%。

【拉马、鲁南风电场当年建成当年盈利】会东县拉马、鲁南风电场是风电公司开发建设的首批风电项目，也是四川省内首批建设的高山风电场。两个风电场于2013年5月开工建设，总装机容量为9.9万千瓦，安装单机容量为0.15万千瓦的风力发电机组共66台，年发电量可达2.2亿千瓦时。该公司全体员工发扬“吃得苦，耐得劳，盯得住”的能投精神，攻克大件设备道路运输困难、民事阻工、高海拔地区施工环境气候恶劣、风机调试程序多、经验少等诸多难题，奋力推动工程建设按期保质完成。2014年6月28日16时48分，在凉山州会东县的高山之巅，该公司首台风机一次性并网成功；2014年8月31日18时20分，拉马、鲁南风电场全部机组并网。

项目建成后，该公司紧紧围绕“发的多、送得出、卖得好”的经营理念，千方百计保发电，成功实现当年投产当年盈利的既定目标。一是建立了保发电领导小组，制定了详细的保发电措施。二是紧盯发电投产时间节点，多次组织参建单位梳理工程进度，制定倒排工期计划，有效推动了投产发电的进度。三是扎实开展了生产准备管理，将生产准备与工程建设有机结合，运管人员参与设备安装调试，有效开展运维人员培训，理论知识和现场操作技能两手抓，并加强了培训效果的考核。四是加强了设备维护和缺陷管理，强调备品备件管理。

【建成四川省首个“农、风、光”互补试验项目】按照“创新发展、绿色发展”的思路，风电公司在盐边的风电和光伏项目建设中，创新引入“新能源+”产业模式，打造了四川省首个“农业+风电+光伏”试验项目（即：大面山一期4.6万千瓦风电项目、红山2MWp光伏电站和农作物种植）。该项目充分利用盐边光热、风能资源，在风电场内利用风机间未开发荒地建设光伏电站，利用光伏发电白天效率高、风电夜间效率高以及夏季日照强烈、冬季风能强盛的特点，实现光伏发电与风力发电的昼夜互补和季节互补；同时，通过场地平整等手段将原无种植条件的荒地进行整理，在光伏电站场内空地及光伏板下种植无公害蔬菜、热带特色水果、喜阴中药材等农作物，以提高土地集约利用水平，实现农业与光伏的土地使用互补和光能使用互补。

在项目建设过程中，风电公司切实发挥业主的主观能动性和中枢协调作用，不断加强平台公司对工程建设的指导和服务，深化工作计划性和预见性，科学保障工程进度，取得了良好成效。2015年7月11日17时30分，红山光伏电站1号逆变器自动与电网合闸并网成功，标志着能投集团首座光伏电站成功投入试运行。2015年9月8日15时，风电场2号风机的启动按钮开启，直径116米的叶轮开始迎风转动，大面山一期风电场首台风机并网成功，标志着四川省首个“农、风、光”互补试验项目正式投产运营。

该项目是风电公司致力于实现土地立体化增值利用，实现农业、风能和太阳能资源综合利用的新举措，是该公司在产业融合发展方面迈出的具有历史意义的一步。该项目的投产标志着四川首个“农、风、光”互补项目雏形初现，对四川省“农、风、光”互补项目的开发和资源综合利用将起到重要的示范和推动作用。

【推动优质项目加快建设】2015年12月25日，国家发改委正式发布风电、光伏降价通知，风电公司面临电价下调和竞价上网的双重风险和压力。项目

鲁南风电场　　（风电公司提供）

投产越早，风险就越小，收益就越高。因此，风电公司在做好已投产项目生产运营的基础上，加快了优质资源的开发速度。会东县鲁北4.95万千瓦风电场、盐边县大面山二期10万千瓦风电场提前6个月获取四川省发改委核准批复，并分别于2015年9月19日、12月18日开始道路施工建设。在建设过程中，该公司严格按照工程时间节点有序推进施工进度。一是根据拉马、鲁南风电场建设中总结出的经验教训，及时调整工作思路和具体措施，提高工程管理水平。二是加大前期工作的深度，提前确定了设备选型和微观选址等工作，为缩短工期奠定了良好的基础。三是针对主设备逾期供货的问题，及时制定应对措施，派专人到风机、塔筒厂家协调，保障了供货及时。四是加强了工程的组织领导，定期组织各参建方召开工程协调会，及时处理影响工期进度的问题。五是加强与当地政府的沟通联系，未发生因征地补偿问题导致的工期拖延。预计到2016年6月，鲁北风电场将完成首台风机吊装，大面山二期风电场完成首台风机基础浇筑。

【加大项目资源开发和获取力度】按照“开发一批、建成一批、储备一批”的发展思路，风电公司带领全体员工统一思想认识，加强组织领导，奋力推进项目前期工作。同时加强与政府相关部门对接，积极梳理各类申报材料，完善相关手续，牢牢把握主动权。目前，会东绿荫塘7.75万千瓦、会东雪山8.5万千瓦、盐边大面山三期4.4万千瓦、美姑井叶特西16.8万千瓦、雷波拉咪北7.2万千瓦风电场项目已取得核准，2015年共实现近60万千瓦项目核准。在项目储备方面，风电公司积极筹划，加大与政府方面的沟通、协调力度，目前已与四川康定、泸定、荥经、渠县签订了风资源开发投资协议，并已在荥经、长垣建立了测风塔，开展了测风工作。

（刘亚欧）

电网经营管理与建设

责任编辑：卓正昌

截至 2015 年年底，四川省电力公司拥有 500 千伏变电站（含开关站）46 座，总变电容量 7408 万千伏安；输电线路 164 条，线路长度 12776.62 公里；220 千伏变电站 206 座，变电容量 6321 万千伏安；输电线路 622 条，线路长度 17352 公里；110 千伏变电站 729 座，变电容量 5631 万千伏安；输电线路 1771 条，线路长度 24698 公里。2015 年，四川电网 500 千伏电网覆盖全省各市州，多层级电网协调发展的格局基本形成。四川电网已从局部电网跃升为联通西北、华中、华东、华北四大区域电网、特高压交直流混联运行的枢纽电网。

四川电网调度口径累计发电量 2928.0 亿千瓦时，同比增加 3.1%，其中水电 2574.8 亿千瓦时，同比增加 8.3%，火电 341.0 亿千瓦时，同比下降 25.8%。统调口径累计上网电量 1562.6 亿千瓦时，同比下降 0.20%，其中水电 1249.0 亿千瓦时，同比增加 7.33%，火电 301.5 亿千瓦时，同比下降 24.3%。

国网四川省电力公司

【概况】2015 年，四川省电力公司上下积极应对宏观经济下行、改革任务繁重、电量增速放缓、水电消纳困难等重重挑战，各项工作有序推进。完成固定资产投资 312.86 亿元，同比增长 17.18%，其中电网投资 309.57 亿元。省内售电量 1578.36 亿千瓦时，同比下降 0.46%；营业收入总额 976 亿元，同比下降 0.27%；流动资产周转率 26.09 次，同比增加 0.41 次；资产负债率 74.51%，低于计划 0.59 个百分点；净资产收益率 0.57%，与计划持平；上缴投资收益 4.05 亿元，超计划 2.28%。

【领导班子】2015 年，省电力公司领导班子成员有重大调整，原英大传媒投资集团理事长，英大传媒投资集团有限公司执行董事、总经理、党组副书记，中国电力出版社有限公司董事长、总经理石玉东 11 月 27 日调任公司总经理、党委副书记；原国家电网公司西南分部副主任、党组成员（正局级）潘敬东 11 月 27 日调任公司党委书记、副总经理；原国家电网公司副总经济师，国家电网公司西南分部主任、党组书记，公司总经理、党委副书记王抒祥 11 月 27 日免去公司总经理、党委副书记职务；原公司党委书记、副总经理葛兆军 11 月 27 日免去公司党委书记、副总经理职务，调任国家电网公司基建部主任；原公司副总经理、党委常委丁燕生 11 月 27 日免去公司副总经理、党委常委职务，调任国家电网公司西南分部副主任、党组成员；原公司正局级调研员甘德一 8 月 16 日免去公司正局级调研员职务并退休；原公司副局级调研员王平 8 月 16 日免去公司副局级调研员职务并退休。调整后的公司领导班子成员为：

石玉东：总经理、党委副书记

潘敬东：党委书记、副总经理

李　华：副总经理、党委常委

褚艳芳：副总经理、党委常委，国网成都供电公司总经理、党委副书记

董京营：副总经理、党委常委

杨桂荣：总会计师、党委常委

周　群：党委常委、纪委书记

刘　勇：副总经理、党委常委

左宇龙：党委常委、工会主席

陈云辉：副总经理

石俊杰：总工程师

【机构设置】截至 2015 年年底，公司本部职能部门 26 个，下属二级单位 35 个（其中发供电企业 23 个、直属单位 12 个）；上市公司及控股公司 7 个；县级供电企业 155 个（其中全资 100 个，控股 51 个，代管 4 个）。调整后的所属基层企业名录见表 8：

四川省电力公司基层企业名录

表 8

类　别	细　类		备　注
	序号	单位名称	
（一）发供电企业	1	国网四川省电力公司成都供电公司	
	2	国网四川省电力公司乐山供电公司	
	3	国网四川省电力公司德阳供电公司	
	4	国网四川省电力公司雅安供电公司	与国网四川雅安电力（集团）股份有限公司合署办公
	5	国网四川省电力公司眉山供电公司	
	6	国网四川省电力公司攀枝花供电公司	
	7	国网四川阿坝州电力有限责任公司（国网四川省电力公司阿坝供电公司）	
	8	国网四川省电力公司绵阳供电公司	
	9	国网四川省电力公司天府新区供电公司	
	10	国网四川省电力公司达州供电公司	

续表 8

类 别	细 类		备 注
	11	国网四川省电力公司凉山供电公司	
	12	国网四川省电力公司泸州供电公司	
	13	国网四川省电力公司宜宾供电公司	
	14	国网四川省电力公司南充供电公司	
	15	国网四川省电力公司广元供电公司	
	16	国网四川省电力公司内江供电公司	
	17	国网四川省电力公司广安供电公司	
	18	国网四川省电力公司遂宁供电公司	
	19	国网四川省电力公司资阳供电公司	
	20	国网四川省电力公司自贡供电公司	
	21	国网四川省电力公司巴中供电公司	
	22	国网四川甘孜州电力有限责任公司（国网四川省电力公司甘孜供电公司）	
	23	国网四川省电力公司映秀湾水力发电总厂	
（二）省层面业务支撑和实施机构	1	国网四川省电力公司电力应急中心（国家电网公司应急培训基地）	
	2	国网四川省电力公司综合服务中心	
		综合管理部	
		财务资产部	
		人力资源服务部	
		媒体业务部	
	3	国网四川省电力公司经济技术研究院	
		国网四川省电力公司建设管理中心	
		四川电力工程建设监理有限责任公司	
	4	国网四川省电力公司电力科学研究院	
		国网四川省电力公司客户服务中心	
		国网四川省电力公司计量中心	
		国网四川节能服务有限公司	
		国网四川省电力公司电源技术中心	
	5	国网四川省电力公司检修公司	
	6	四川电力送变电建设公司	
	7	国网四川省电力公司信息通信公司	
	8	国网四川省电力公司物资公司	
	9	国网四川省电力公司管理培训中心	
	10	国网四川省电力公司技能培训中心	
	11	四川电力医院（国网高原病防治中心）	
	12	四川启明星物业管理有限公司（机关事务服务中心）	
（三）上市公司	1	四川岷江水利电力股份有限公司	
	2	四川明星电力股份有限公司	
	3	乐山电力股份有限公司	
	4	四川西昌电力股份有限公司	
（四）控股单位	1	四川峨眉山电力股份有限公司	
	2	四川启明星铝业有限责任公司	
	3	四川蜀盛源资产管理有限责任公司	
（五）省公司层面集体企业	1	四川格瑞德资产管理公司	

【安全生产】2015 年，四川省电力公司深入开展安全大检查，排查治理隐患 15674 项，查处违章 1427 项。预警管控五级及以上电网风险 332 次，正确处置 500 千伏及以上电网故障 47 次。备调主要调控业务实现全备用。运检分析管控平台初步建成。线路山火跳闸率同比下降 78.57%，500 千伏线路标准化率 100%。集体企业、发电、煤矿安全管理能力不断加强。危化品管理进一步完善。全力保障三大特高压直流满功率运行，高效处置宾金直流接地极线路故障。川藏联网工程安全运行一周年。成功组织川渝陕应急联合演练。圆满完成各项重大保电任务。

【电网发展】2015 年，四川省电力公司在构建全球能源互联网新视角下，研究四川电网发展定位。编制完成“十三五”电网规划。雅中—江西特高压直流工程完成可研。投产 110 千伏及以上线路 2445 公里，变电容量 1139 万千伏安。新都桥变电站获国家优质工程奖。“电亮藏区”圆满完成，受到全总、省总专题表彰。提前半年实现“户户通电”。完成“低电压”治理 89.9 万户。“电力助推扶贫攻坚十大行动”受到省委、省政府高度评价。成功合办西南智能电网发展论坛。建成投运智能电网支撑智慧城市示范工程。换装智能电表 865 万只，用电信息自动采集覆盖率提升 29.22%。沪蓉高速公路充电网络加快建设，服务电动汽车突破 10 万台次。

【改革创新】2015 年，四川省电力公司落实电力体制改革要求，配合开展输配电成本监审，电力市场统一技术支撑平台正式上线。“三集五大”体系在县公司扎根落地。“五位一体”在综合计划等流程示范方面成效明显。调控自动化和信息通信系统实现省地一体化监控。地县调度业务一体化持续深化，“95598”全业务贯通省、市、县三级，数据资产管理体系初步建立。取消代管体制实现突破，完成全资县公司“子改分”试点。规范农电用工管理，138 家市（县）供电服务公司全部组建。集体企业改革改制稳妥开展。岗位绩效工资制度改革通过验收，获评“全国实施卓越绩效模式先进企业”称号。

7 月 28 日，全国政协考察团一行赴甘孜州考察川藏电网大通道建设情况。图为全国政协考察团成员在乡城变电站与检修公司员工合影　　（王志奇 摄）

【经营管理】2015 年，四川省电力公司完成电能替代和自备电厂替代交易电量 43 亿千瓦时。开展电价执行专项核查，减少电费损失 2200 余万元。争取到继续享受西部大开发税收优惠、电网新建项目“三免三减半”政策，完成灾区工商业电价并价。川藏联网工程资产和负债顺利划转。推进亏损企业专项治理，减少亏损户 26 家、减亏 4.93 亿元。清理低效无效股权投资 11 项。全面完成国网下达预算和业绩考核指标。强化补充医疗集约管理，统筹能力得到增强。企业年金投资收益创历史新高。

【依法治企】2015 年，四川省电力公司落实“三全五依”要求，推广应用依法治企指标及评价体系。组织党风廉政专项巡察。出台《违纪违规问题线索移送办法》，从严惩处违规违纪行为。核实信访事项 173 件。实施“业扩报装环境整治百日行动”，出台配套制度及技术标准 12 项，规范服务行为。强化物资集中采购，6 家市公司试点电子平台采购。完成技改大修、科技信息四类项目专项检查及重点领域自查自纠等审计调查。政企警企协作创建平安电力，涉电案件同比减少 38%。参与《电力法》修订和 20 余部地方涉电条例起草，公司法治环境不断改善。

【“三个建设”】2015 年，四川省电力公司紧扣从严治党要求，深入落实“两个责任”。扎实开展“三严三实”专题教育，查找整改“不严不实”问题。及时宣贯新颁布的《廉洁自律准则》和《纪律处分条例》。完成领导班子综合考评，强化干部人事制度建设，加强后备干部培养和梯队储备。优化配置人力资源 7000 余人次。建设院士工作站，博士后工作站首获科学基金资助。智桥大学获“全国最佳企业大学”。承办国家电网公司首届档案技能竞赛，竞赛调考成绩大幅提升。创建企业文化示范点 45 个。职工原创节目两次走进中央电视台，展示公司良好形象。加强企业电视和新媒体平台建设，获国资委“最佳责任沟通创新奖”。落实离退休老同志“两项待遇”，加强保密和信访维稳工作，保持企业和谐稳定。

2015 年，公司各项工作全面完成，确保了

“十二五”主要发展目标顺利实现，为国家电网加快建设“一强三优”现代公司做出了积极贡献。

人力资源管理

【概况】2015 年，四川省电力公司人力资源工作紧密围绕公司改革发展重点任务，各项工作有序推进。人力资源机制建设、“三定”管理、用工规范管理、薪酬管理、福利保障管理、绩效管理、人才援藏、人才培养及“五位一体”深化应用等工作取得新成效，人力资源管理水平大幅提升，用工总量持续下降，员工队伍结构进一步优化，为公司深化改革提供了坚实的组织保障和人才支撑。

截至 2015 年年末，公司全口径用工 11.03 万人，同比减少 3.93%，其中主业用工 8.86 万人，减少 1.09%；全口径劳动生产率 40.288 万元/人.年，同比增长 6.27%；人才当量密度 0.9619，同比增长 4.09%。完成供电《业务外包模式下“三定”管理策略研究与实践》获得国家电网公司 2015 年度软科学成果三等奖，六项工作创新实践入选国网动态，七个项目获得公司管理创新或优秀课题奖，公司智桥大学被中国企业大学联盟评为 2015 年度“中国最佳企业大学”。

【“五位一体”初见成效】2015 年，四川省电力公司完成“五位一体”基础数据建设，引用梳理流程 1306 条，补充完善典型岗位 569 个、制度 144 个、标准 325 个、考核指标 32 个，推进顶层设计更新完善和业务全覆盖。创新完成电力配电网抢修指挥端到端示范流程建设，绵阳公司通过试点抢修时长同比缩短 25.5 分钟，延时工单同比减少 15%。召开“五位一体”深化应用现场推进会，总结经验，推广成果，上报国家电网公司典型案例 40 个。印发公司“五位一体”深化应用工作推进方案和培训实施方案，编制企业大学培训课程，下发宣传手册、知识手册，多形式多渠道大力宣贯。

【“三定”管理】2014 年，四川省电力公司承接国家电网公司《业务外包模式下“三定”管理策略研究与实践》咨询项目，梳理业务外包范围界定、定员核定、人工成本核算、法律风险防控、绩效评价等 13 个亟待解决问题和业务外包准备、实施、退出 3 个阶段的 21 个风险点，明确关键节点 18 个，编制形成业务外包实施方案，同步制定外包业务界面实施标准、劳动定员核定标准、人工成本核定标准、绩效评价标准等 4 个标准以及风险防控机制等配套办法，统筹构建全过程管理体系。选取成都、德阳等 6 家地市典型单位和送变电、信通公司开展业务外包模拟验证，收集分析运行数据，完善相关方案和标准。

【用工规范管理】2014 年，四川省电力公司劳动用工规范管理不断深化。贯彻国家电网公司关于规范农电用工管理工作的统一部署，成立由公司一把手任组长的领导小组，以改革促问题解决，以改革促管理提升，围绕确保安全生产、优质服务和队伍稳定的工作目标，全面推进规范管理工作，顺利组建了各级集体企业性质的三新供电服务公司，完成 2.1 万名劳务派遣农电用工、0.3 万名直签农电用工转签，农电业务组织模式、用工方式、管理制度的规范性显著提升。继续推进劳务派遣用工规范管理，指导凉山、南充、泸州、眉山、资阳等单位通用工种劳务派遣用工劳动合同转签社会劳务派遣机构，消除“自派遣”用工风险。做好集体企业改革改制的人员安置工作，完成各单位集体企业改革改制实施方案（人资部分）审核，对多家单位进行现场具体指导，妥善处理集体企业各类员工诉求，保障了集体企业改革改制工作顺利实施。

【内部人力资源市场建设】2015 年，省电力公司研究拟定配套实施细则，下达人员配置指导计划，依托内部市场信息平台，运用六种配置方式优化配置 0.7 万人。针对公司人力资源“又多又少”的结构性矛盾，重点探索创新劳务协作的内容、形式和激励机制，逐步推行内地与藏区、内地各单位间、单位内部县公司间的跨地区、跨单位、跨专业全方位多层次劳务协作，2015 年年底滚动保持 600 人的协作队伍，超缺员矛盾持续缓解。开展临时借用人员专项治理，从总量、选用标准、期限等方面从严清理规范 151 人。完成基层单位 712 名科级以下关键岗位人员到期交流，集体企业回流主业长期职工通过转岗培训交流 189 人。

【人工成本集约管控】2015 年，省电力公司实施与“三集五大”体系岗位设置及价值评价相配套的岗位绩效工资制度改革，完善配套体系建设，规范各级组织和员工绩效工资的核定，建立各级各类企业负责人年薪制度，制定优秀人才薪酬激励细则，开展职员职级序列测算，拓展员工职业发展通道。推行基于流程优化和扁平化的薪酬集约机制建设，实现工资集中审核发放，理顺内部各层级收入分配关系，强化全口径人工成本管控。推行福利计划精益化管理，建立归口部门与项目实施部门协同机制，落实分类分级责任体系，有效控制管理风险

【"三定"管理】2014年，四川省电力公司创新国网天府新区供电公司组织架构，采取"大部制"合署模式，实施市县人、财、物和调度、信息通信集约化管理，建立新型客户服务模式。印发实施《集体企业机构编制和岗位设置指导意见》，批复22家平台公司机构136个、经营管理973人、负责人133人，实现机构编制规范化，为集体企业改革改制提供组织保障。开展岗位精益化落地应用，出台《岗位管理实施细则》，编制劳务派遣适用岗位名录160个、关键岗位名录438个，以企业标准发布省、市、县各级单位"三集五大"体系岗位说明书3251个。完成电网行业及国家电网公司规划、后勤专业2015版劳动定员标准编制，为适应输配电价改革奠定基础。

【全员绩效管理】2015年，省电力公司修订企业负责人业绩考核管理办法，优化指标体系和评价标准，增加职能部门专业评价，发布季度业绩考核看板，建立专业部门协同工作机制，强化过程考核管控效力。规范专项业绩考核，精简项目压缩金额。管理机关绩效完善提升试点取得成效，成都、遂宁公司职能部门绩效考评体系、流程绩效管理及绩效计划管理等不断优化。试点开展基于"五位一体"作业流程与标准工时的高绩效生产班组动态激励机制建设。扎实推进控股县公司绩效管理信息系统上线，编印《走近高绩效团队——县供电企业绩效管理经验集萃》，全面推广管理经验。

【企业大学深化建设】2015年，四川省电力公司不断深化建设企业大学。一是完善企业大学运营机制，强化人才培养的专业负责制。进一步落实专业部门主体责任，建立学院对标管理制度，确保专业部门积极投入，促进专业人才培养规范高效。二是加强学习资源体系建设，有效提高培训针对性，培训各专业内训师800余名，修编54个专业生产技能人员履职能力和职业技能鉴定培训考核标准，编写专业技术和管理课程81门，为员工履职能力轮训奠定良好基础。三是深化企业大学发展研究，以智桥大学为载体，以能力内生为目标，大力推进员工队伍建设与人才培养体系建设。企业大学运营管理和人才培养相关研究获国网四川省电力公司管理创新一等奖，内训师精益化管理获精益化项目二等奖，智桥大学被中国企业大学联盟评为2015年度"中国最佳企业大学"

【人才和员工队伍素质提升】2015年，四川省电力公司扎实开展全员履职能力培训，优化生产技能人员履职能力培训体系，建立管理、技术人员履职能力培训体系，坚持开展送考进藏，全年累计举办各类集中培训班3929期，网络培训班29个，培训考核21.8万人次。开展各类人才选拔及培养，推荐国家电网公司优秀专家人才58人，选拔国家电网公司优秀专家人才后备77人，完成"双千人才""雏鹰计划"等专项人才培养。开展岗位练兵、技能比武活动，获得国家电网公司首届内训师技能竞赛专职组团体一等奖，档案技能竞赛团体三等奖，公司竞赛调考总成绩大幅跃升。组织1.71万人参加职业技能鉴定，2807人参加专业技术资格评审，1.16万员工实现人才当量提升，公司人才当量密度同比提升0.0351。坚持开展送考进藏，847名藏区员工参加属地现场职业技能鉴定。完成职业生涯发展能力等级评定，指导各单位完成126人职业生涯能力等级晋升，并将等级晋升结果与岗位竞聘、培养晋升、薪酬绩效有效对接，指导员工结合业务背景、职业能力、个人特质制定个人职业生涯发展规划。

【人才选拔与培养】一是积极开展各类人才选拔及培养，推荐国家电网公司优秀专家人才58人，选拔国家电网公司优秀专家人才后备77人，完成8个专业共304人"双千人才"培养答辩、200名"雏鹰计划"人才选拔和培养。二是积极开展岗位练兵、技能比武活动，获得国家电网公司首届内训师技能竞赛专职组团体一等奖、兼职组团体三等奖，档案技能竞赛团体三等奖，竞赛调考总成绩大幅跃升。三是大力提升员工素质，组织1.71万人参加职业技能鉴定，2807人参加专业技术资格评审，1.2万员工实现人才当量提升，人才当量密度同比提升0.0338。坚持开展送考进藏，847名藏区员工参加属地现场职业技能鉴定。四是完成职业生涯发展能力等级评定，指导各单位完成126人职业生涯能力等级晋升，并将等级晋升结果与岗位竞聘、培养晋升、薪酬绩效有效对接。

【人力资源规划计划管控】2015年，组织编制省电力公司"十三五"人力资源规划，召开五个片区研讨会，收集基层单位建议意见并修订完善。完成人力资源需求预测，预测成果作为核定用工总量、招聘毕业生、盘活内部存量计划的主要依据。出台公司《人力资源计划管理实施细则》，拓展计划体系，完善管理机制。汇总梳理各单位人资管理问题18个，其中共性问题5个，2015年年底有关问题整改工作

正按计划有序推进。实施 ERP－HR 一级部署，开展数据规范集中评价与维护，完成人资数据迁移、用户权限配置、与财务和门户接口测试。

【逐步完善全员轮训机制】2015 年，四川省电力公司逐步完善全员轮训机制。一是建立全职业生涯周期学习管理体系，系统设计从准入到履职的全员培训体系，支撑员工全职业生涯周期发展。二是完善生产技能人员履职能力培训体系，修订完善《生产技能人员履职能力培训方案》，确立以“岗位准入”持证上岗为基准、全职业生涯履职能力轮训为核心的培训体系，实现生产技能人员全员培训规划落地。组织 1015 期技能人员履职集中培训，共计培训 37620 人次；开展 506 期技能人员自主考核，共计考核 41615 人次。三是建立管理技术人员履职能力培训体系，制定《管理技术岗位员工履职能力学习管理办法》，大力建设师资队伍，丰富课程体系。四是全面开展全球能源互联网知识的普及和宣贯，加大特高压、智能电网和各级各类优秀人才的轮训和培养。

【干部和人才援藏（四川藏区）】2015 年，省电力公司印发《进一步加强人才援藏工作的意见》及 7 个配套政策，加强人才帮扶工作，组织人员帮扶，当年新增或调换 29 名援藏人员，在藏区保持 323 名帮扶和劳务协作人员，从藏区选派 48 人到内地培养锻炼；争取国网工作政策，做好 101 名“三定”毕业生就业安置工作，新收招“三定”生 56 人。按照国家电网公司部署做好东西帮扶工作，加强与西藏昌都地区左贡县供电公司对接，指导成都公司研究分析帮扶需求，制定“十三五”帮扶方案并报国家电网公司。（任正波）

资产与财务管理

【经营和财务状况】2015 年，四川省电力公司认真贯彻执行国家电网公司党组决策部署，围绕“保增长、促改革”的总体目标，积极应对错综复杂的经营形势，通过深化经营诊断分析、强化亏损企业治理，大力开源节流、努力挖潜增效，持续改善资产运营效益与效率，全面完成国家电网公司下达年度经营目标，为公司在经济新常态下持续健康发展提供更加坚强有力的财务支撑。

全年实现营业收入净额 914.7 亿元，同比减少 1.94 亿元，下降 0.21%，其中主营业务收入实现 908.96 亿元，同比减少 2.46 亿元，下降 0.27%；营业总成本 914.34 亿元，同比增加 2.19 亿元，增长 0.24%，其中主营业务成本 871.63 亿元，同比增加 0.64 亿元，增长 0.07%；净资产收益率 0.62%，比预算增加 0.38 个百分点；经济增加值－10.45 亿元，比预算增加 2.92 亿元；可控成本 99.29 亿元，比预算节约 0.52 亿元，节约 0.52%；资产负债率 74.67%，比预算下降 0.49 个百分点；流动资产周转率 24.6 次，同比降低 1.08 次。

【财力集约化管理】2015 年，省电力公司按照“深化应用、提升功能、实时管控、精益高效”十六字总要求，以“信息实时反映、过程实时控制、结果实时监督”为核心，以标准化、信息化为手段，细化落实“三集五大”体系建设年度工作任务。通过优化完善财务信息系统、深入推进业财协同融合，持续深化财力集约化应用，建立健全财务实时管控体系，初步实现了“业财融合、信息贯通、流程在线、风险可控”的财务实时管控目标。组织开展“三集五大”体系建设财务专业成效评估，印发《关于深化财务集约化应用、强化财务实时管控明细工作方案的通知》（川电财务〔2015〕94 号），明确任务时间节点，优化指标考评体系，强化业财横向协同，确保财力集约化管理与“五大”体系建设协同推进、取得实效。

【预算管理】2015 年，省电力公司坚持“集约、精益、全面、统筹”核心理念，持续深化预算集约调控，提升企业运营质效。按季开展经营效益滚动预测，加大经营诊断分析力度，跟踪监控关键经营业绩指标，充分发挥预算预调预控功能，为做好公司年中预算调整、全面完成年度经营目标奠定坚实基础。认真贯彻落实中央“稳增长”工作要求，扎实推进亏损企业专项治理工作，通过年中预算调整逐户下达亏损单位减亏目标，确保完成国家电网公司下达的 2015 年减亏任务。坚持过“紧日子”思想，从严从紧安排全年成本预算，继续强化“三公”消费、会议费等重点单项费用预算管控，坚决杜绝费用超支。大力强化项目预算全过程管控，组织开展项目经济性、合规性集中审查，持续完善项目预算管理流程，部署应用预算双重控制功能，协同业务部门全面开展项目清理，按时发布项目预算执行情况通报，确保预算刚性执行。

【资金管理】2015 年，四川省电力公司深入推进资金精益管理，持续提升集中管控水平和配置效率。加强融资统筹运作，充分发挥集团规模优势，利用商业银行、中电财、集体企业等内外部平台，通过委托贷款、信用担保等方式，加大对县级供电子公司贷款支持力度，帮助其改善融资结构，降低财务费用。优化合同履约支付流程，对资金支付和合同业务模块进行横向集成，实现从月度业务预算到财务合同支付的资金全过程管控。深化员工报销与电子支付集成应用，加快推进业财融合，提高资金结算效率和安全管理水平。加强资金实时监控，通过资金监控平台督促基层单位按旬足额解交电费资金，2015 年公司平均上中旬电费解交比例同比提升 3.31 个百分点。拟订《银行承兑汇票安全管理实施细则》，加强资金日常管理和在线稽核，不断改善薄弱环节，全面提升公司资金风险防控水平。

【资产与产权管理】2015 年，省电力公司继续规范资产和产权管理，进一步提高电网资产质量。加强投资能力管控，组织开展电网投资能力测算，以能力定盘子、以投资增效益，合理确定投资规模，持续优化投资结构，为公司投资决策提供重要参考。严格执行电网基建项目竣工决算办理时限，强化部门协同配合与沟通协调，建立健全考评制度，促进工程竣工决算加快办理。圆满完成资产全寿命周期管理工作验收，主网资产及配网线路设备账卡物一致率分别达到 95%和 85%以上，实现固定资产账卡物的动态监控。顺利完成“川藏联网”资产负债划转工作，划转国网西藏电力固定资产原值 37.87 亿元，划转负债 20.07 亿元，公司每年将节约成本费用 3.21 亿元。深入开展低效无效股权投资清理和产权数据治理，全年清理处置 12 项股权投资，完成 116 家单位产权变动情况梳理、数据分析及产权新增、注销登记工作，公司产权治理基础数据得到全面夯实。

【价税管理】2015 年，四川省电力公司稳步推进电价、财税工作，切实维护公司利益。全力做好“4·20”电价调整工作，积极向价格主管部门汇报和沟通，争取全额疏导垫资地方电网居民用电同价资金 1.92 亿元；顺利完成灾区并价工作，提高灾区工商业电价 1.2 分/千瓦时，筹集调价资金 2.01 亿元。积极争取外送电价格政策，促请省发改委批复同意 2015 年丰水期购外送西北的水电上网价格，在执行丰枯峰谷浮动的基础上每千瓦时降低 2.7 分/千瓦时。积极配合省成本调查监审局开展输配电成本调查工作，以及配合省发改委开展输配电价改革工作思路研究等各项输配电价改革试点的准备工作。争取到继续享受西部大开发税收优惠政策和电网企业新建项目“三免三减半”政策，三年来累计节税 3 亿元。积极争取中央财政补助，落实无电地区电力建设和农网改造升级工程中央基建投资国有资本金 19.37 亿元。

【财务风险防范与控制】2015 年，省电力公司扎实开展内控评价与财务稽核管理，努力提高财务风险管控能力。按照国网总部统一部署，组织完成废旧与剩余物资管理、工程前期费用与其他费用管理、大额暂估款挂账管理三个批次的内控专题评价。对 22 家地市供电公司及 72 家属地控股县公司，组织实施资产租赁现场评价，形成专项报告，累计发现并整改问题 42 个。按月组织开展在线稽核和流程监控，及时上报实时监督工作报告，2015 年公司对备用金、库存现金、广告宣传费、车辆使用费及差旅费等 15 项重点内容开展实时监督，检查相关数据 42901 条，发现并整改问题 1840 个，充分发挥财务实时监督功能，切实防范公司经营风险。公司已初步建成“在线稽核、现场检查、内控评价”相结合的企业内部控制体系，财务风险管控能力得到极大提升。

【财会队伍建设】2015 年，省电力公司财会队伍建设以深化财力集约化应用为目标，持续提升财会人员整体素质。组织开展财会人员继续教育培训，开发财务通用制度课件及题库，依托内部网络企业大学综合学习平台，加强财务通用制度宣贯，提高财务人员政策理论水平，促进各项管理制度有效落地和刚性执行。充分发挥“领军人才”“双千人才”“大师工作室”等高级财务人才带头示范作用， 加强财务管理创新研究，“大师工作室”牵头完成“电力企业财务共享服务中心建设”公司十大管理创新课题，编写出版《电网企业内部控制知识 800 问》《企业内部控制知识题库》两本财务丛书。精心组织 2015 年度财务人员适岗能力普考，公司两名财务人员获得国家电网公司优秀普考人员个人奖励。（罗　羿）

注：“双千人才”指“五年内培养出 1000 名管理、技术人才和 1000 名生产技能人才”。

线损及节能减排管理

【指标完成情况】据统计，2015年四川省电力公司综合线损率同比下降0.08个百分点，节约电量15597.4万千瓦时，节能19169.21吨标煤，减排二氧化碳4.78万吨；累计完成节约电力34.13万千瓦，节约电量15.13亿千瓦时，年度目标完成率分别为155.07%和126.07%，均已超额完成全年指标。“十二五”规划期间，该公司累计节能9.04万吨标煤，超额完成“万家企业节能低碳行动”节能目标，相当于减少二氧化碳排放22.52万吨，较好地履行了社会责任。

【线损管控】2015年，综合考虑各地区经济发展水平、产业结构、电网基础等，差别化地下达年度线损率指标，不断加大部门协同工作力度和专业管控，加强对各类指标的动态分析和监控，并实现闭环管理，保证了降损措施的落实和降损成效。

【优化电网规划】结合国家电网西南电网规划和配电网建设，切实发挥规划的引领作用，积极优化电网结构，降低供电半径，有效增强了供电可靠性和经济性。

【电网经济运行管理】一是加强潮流计算分析。按照“先算后停、先算后投”的原则开展方式优化计算，对各种可能运行方式进行经济比较，为科学合理安排电网运行方式提供决策依据，保证电网安全、可靠、经济运行。二是努力优化调度运行方式，在保证电网安全稳定的前提下，火电按最小方式运行，切实保障水电及其他可再生能源发电优先上网。三是加强电压无功的日常运行分析工作，推进电厂AVC子站接入，实现SVC与AVC协调控制，减少电网无功输送量，提高电网的输送能力和设备利用率，提高电网运行的经济水平，降低电网损耗。

【节能发电调度】2015年，四川省电力公司严格按照节能发电调度要求，积极优化能源结构，持续深入推进节能发电调度，优先安排水电、风电、太阳能等清洁能源发电，有力推动了能源消费结构的优化升级。2015年，四川全口径发电量3208.54亿千瓦时（含向家坝、溪洛渡发电量），同比增长2.52%。其中，水电2767.44亿千瓦时，同比增长7.34%；火电429.3亿千瓦时，同比下降21.54%。

【发挥大电网优势】“十二五”规划以来，四川省电力公司根据国内、省内电力供需情况，在各级政府、国家电网公司的大力支持下，充分发挥四川电网“大电网、大枢纽、大平台”的优势，加强水火互剂和省间互补，推进清洁能源的利用，实现了跨省、跨区等更大范围的资源优化配置，提升了整个社会的节能减排综合效能。2015年，该公司通过特高压电网及跨区联网外送电量1266.65亿千瓦时，同比增长8.54%。通过跨区、跨省的电力资源优化配置，减少全社会碳排放3880.89万吨。

【电力需求侧管理】2015年，四川省电力公司大力推进电能替代工作，针对富余水电，在扎实调研、充分沟通的基础上，主动开展“以电代煤”工作。2015年，公司已成功组织对攀钢集团钒钛资源股份有限公司、四川川投峨嵋铁合金（集团）有限责任公司、四川其亚铝业集团有限公司、宜宾海丰和锐有限公司、四川华蓥山广能集团四方电力有限责任公司、宜宾丝丽雅集团公司等6家单位实施电能替代，累计装机容量接近80万千瓦时，完成替代交易电量43亿千瓦时，为公司增加售电量33亿千瓦时，市场反响热烈，极大提升了全社会节能减排成效，履行了公司的社会责任。

【推进节能服务工作】一是完成国网四川蓬安供电公司10千伏高损配变节能降损改造工程，涉及将240台高损配变直接更换为节能型配变，实现年节约电量85.76万千瓦时，年节约标煤283吨标煤，减少二氧化碳排放735.8吨。二是对国网四川蓬安供电公司徐家、罗家、巨龙等3座35千伏变电站中6台主变进行无功补偿，补偿容量8千乏，补偿比例为21%，实现年节约电量166.08万千瓦时，年节约标煤548.06吨，减少二氧化碳排放1424.96吨。三是对国网四川内江、眉山、德阳、巴中等供电公司所辖10千伏配电网进行节能降损改造，更换变压器2193台，新增配变低压侧无功补偿装置287台，实现年节能电量3176.8万千瓦时，年节约标煤10483.44吨，减少二氧化碳排放27256.94吨。四是对国网四川平昌县、高坪供电有限责任公司新建电力调度大楼中央空调进行节能改造，供冷面积为9810平方米，实现年节约电量23.04万千瓦时，年节约标煤76.04吨，减少二氧化碳排放197.7吨。五是完成绵阳、巴中、达州等9家省公司直属单位的绿色照明节能改造工程，涉及更换LED灯具

119215盏，实现年节约电量418.5万千瓦时，节约标煤1330.84吨，减少二氧化碳排放3460.18吨。

【一体化电量与线损管理系统】2015年，四川省电力公司稳步推进国家电网公司"一体化电量与线损管理系统"试点建设。建立省、市、县三级联动、信通公司、计量中心两点支撑的全方位互动，齐抓共建的工作机制，落实抓基础数据治理、抓专业数据资源整合、抓计量、关口管理和做强数据平台支撑的"三抓一强"工作重点，试点工作成效斐然：一是建立基础信息管理新常态，二是提升公司综合计划项目储备质量，三是提升统计分析水平，四是提升线损"四分"管理水平，五是经济效益提升显著，共处理违约用电共51户，追补电量240.9149万千瓦时，追补电费72.9066万元，收取违约使用电费218.7199万元；共计发现计量装置故障户数51户，追补电量277.0884万千瓦时，追补电费215.2623万元，降损增效成效显著。相关工作典型经验被《国家电网工作动态》收录。

（贺星棋）

安全管理

【概况】2015年，在省电力公司的坚强领导下，坚持以人为本、促进安全发展；坚持依法"治"安、从严"治"安；坚持近治远防、标本兼治，以深入开展安全管理提升活动为载体，推进安全风险科学防控，强化安全保障措施，全面提升安全治理能力。一年来，全公司未发生人身死亡事故，未发生一般及以上电网、设备事故，未发生重大火灾事故，未发生五级信息系统事件，未发生负同等责任的特大交通事故，成功处置了各类突发灾害，确保了四川电网安全稳定运行，安全生产保持平稳局面。

【安全管理得到提升】2015年，围绕"严格法规执行、深化风险管控、夯实基础管理、强化保障措施"为主线，持续深化安全管理提升。认真开展"安全大讨论"，通过集中学习、现场讨论、作业示范等多种形式，统一思想、查找风险、落实措施。切实强化安全生产"月计划、周安排、日管控"，将"月计划、周安排、日管控"贯穿到安全风险管控各个环节，突出抓好关键流程、关键环节、关键风险的安全管控，实现一级抓一级，层层抓落实的安全管控格局，确保所有作业，无论大小都得到闭环管控，保障作业安全。

1月11日，500千伏月普一二线无人机抗冰特巡

（冯伦摄）

【安全风险管控】2015年，坚持防患在先，强化风险管理。健全电网运行风险分层管控、分级督查机制，修编完善《电网运行风险预警管控实施意见》，推行电网预警"六化"管理，进一步规范各层级预警工作流程；建立工程施工"分级预警、分层管控、分色发布"机制，实现作业计划、风险预警、作业管控、监督检查、评估评价、培训考核全过程闭环，全面控制安全风险。

【安全生产大检查和缺陷隐患排查整治】2015年，按照国家电网公司统一部署，组织开展安全生产大检查和缺陷隐患整治专项行动，根据"全覆盖、零容忍、严执法、重实效"的总体要求，组织开展全面、全员、全过程、全方位的安全生产大检查。变常规检查为专业负责，变区域抽查为全面覆盖，每个专业部门均要检查所有发供电单位，从专业纵向和单位横向两个维度，全面排查缺陷隐患并制定整治方案，有效解决常规检查广度和深度不足的问题。坚持"谁检查、谁签字、谁负责"的原则，要求各级人员关口前移，全面跟踪缺陷隐患整治闭环管理情况，对缺陷隐患整治不彻底、防控不到位等行为进行严肃追考核。变“运动式”为“新常态”，健全隐患排查治理常机制，将缺陷隐患的检查和整治作为防控安全风险的重要抓手，将安全大检查与各项重大工作任务密结合，提高安全综合治理能力。

【安全监督】2015 年，制定《典型违章 300 条》，设定“红线禁令”，配套严格的业绩考核措施，创新建立反违章考核评价指数，促进考核评价由事后追责向事中控制转变，同时将违反“红线禁令”的行为与绩效、岗位调整挂钩，督促各级人员学习贯彻并坚守安全红线，保护员工生命安全。针对生产特点和规律，在春、秋检期间开展“反违章”专项行动，强化违章查纠、通报、分析、整改的全流程管理。

【基建、农电安全管理】2015 年，组织开展电网建设工程设备质量监督、电网工程跨越施工安全监督、电力建设工程落实施工方案等专项活动，有效防控工程建设突出安全风险；开展一个月的防范地质灾害隐患排查和专项演练工作，全面防范地质灾害风险。强化县供电企业安全管理，按计划完成 93 家县供电企业安全性评价工作，完成 96 家控股县公司安评工作专家综合审查，梳理评价工作中发现的问题，制定整改提升措施，提升县公司安全管理水平；强化农网工程安全管控，开展甘、阿、凉无电地区工程、农网升级改造工程施工安全督查，开展低电压治理工程施工专项检查，确保农网工程施工安全。

【质量监督管理】全面推进公司资产全寿命周期管理体系建设，顺利通过国家电网公司正式评价验收并达到成熟型的工作目标。创新开展特高压电网资产全寿命周期管理研究，积极推动资产全寿命周期管理成果落地转化。以主配网设备账卡物对应为重点，开展设备基础数据一致性专项治理。认真贯彻国家“质量月”活动部署，扎实开展配电设备、特高压工程建设等质量监督专项活动。制定并落实《关于进一步落实质量管理责任，提升质量管理水平的通知》，强化质量事件全过程管控。

【安全培训】健全完善安全培训体制机制，制定《安全法规制度考试办法》，进一步规范安全法规制度考试管理，督促各单位常态化开展安规培训和调考工作，促进安规普学、普练、普考，全面抓好安规培训、考试和执行。省公司组织五轮 1900 余人次安规调考，考试成绩在周安全生产早会、安监一体化系统通报，并纳入同业对标排名，层层传递压力；督促地市单位扎实开展安规月度调考，全面覆盖“三种人”等关键岗位，营造出全员学安规、守安全浓厚氛围，有效促进现场安全生产工作。

【问题和困难】2015 年，公司安全工作存在以下问题和困难：

大电网风险防控面临较大压力　一是跨区电网运行风险突出，作为超大规模的省级电网，四川电网安全运行面临多集群水电接入、多直流远距离送出、交直流系统混联等全新课题，特别随着三大直流、德宝直流满功率送出成为常态，电网交直流耦合性增强，“强直弱交”特性凸显，一旦发生直流单双极闭锁事件，将对送、受端电网造成严重冲击，甚至诱发大面积停电事故。二是电网本质安全水平不足，随着电网规模持续增长，主要输电通道及负荷中心变电站母线短路电流快速增长，给电网运行带来不可忽视的安全隐患。一些设备存在的家族性缺陷在运行过程中逐步暴露显现，而且整改周期较长，难度大，给电网安全运行造成严重威胁。三是电网外部运行环境复杂恶劣，随着经济快速发展，城乡一体化建设，市政建设、土方开挖、吊车作业、开山放炮等外力破坏风险始终存在，此外，四川省雨雪冰冻、暴雨洪水、泥石流多发频发，特别近年来，受全球变暖及厄尔尼诺影响，自然灾害频度和强度呈现增多趋势，均给公司电网事故风险防控构成极大威胁。

现场风险管控难度很大　随着电网建设、设备改造力度加大，公司系统各项生产检修、基建施工、农网改造任务十分繁重，现场作业点多面广、人员众多，各类生产作业人员面临施工作业环境复杂，气候恶劣等诸多不利因素，部分工程跨越施工作业、深基坑作业安全风险突出，高原施工、野外作业、带电、近电作业各个环节中，安全管理和协调难度大，人身安全风险始终存在。同时通过安全大检查发现，部分单位在现场工作组织、“两票三制”执行、停役设备管理、小型分散作业等方面安全管理仍存在薄弱环节和违章行为，安全风险特别是人身伤害的风险较大。此外，随着特高压换流站运维属地化推进实施，运维模式调整过渡期间，容易存在安全界面不清、责任不落实、人员管理不到位等问题，增加了安全风险。

集体企业改革改制期间安全风险突出　集体企业改革改制工作涉及 200 余户企业，改革改制期间，容易发生因企业组织结构变化、安全管理弱化、企业员工工作调整等注入新的安全风险。同时，集体企业安全管理底子薄、基础差现状没有根本改变，部分施工型集体企业自身管理能力亟待提高，施工作业现场的安全管控力仍显薄弱，集体企业改革改制期间安全风险不容忽视。　（童庆刚）

应急管理

【概况】2015 年，应急中心认真贯彻《企业安全生产应急管理九条规定》（国家安全生产监督管理总局令第 74 号），全面落实国家电网公司应急工作要求，以省公司 2015 年安全工作意见为指导，加强对应急体系建设中带有全局性、战略性的问题研究，深化应急体系建设规划，狠抓科技创新，丰富应急文化发展内涵，以“锤炼基础能力、履行管理职责”为目标，努力推进应急标准化管理，实现应急管理、救援、培训和研究能力新提升。在巩固应急工作成果，建设“国内一流、国际领先”的电力应急体系等方面取得了显著成绩。

【应急值班和信息报送制度】2015 年，应急中心严格执行 24 小时应急值班制度，做好日常及节假日应急值班工作。日常应急值班方面，一是加强电话、传真、网络、卫星站及视频会商、信息系统等管理和维护，畅通通信渠道，确保信息高效流转；二是强化对电网、交通、气象、地震等信息系统的应用，加强对各市州公司信息报送的督导，确保各类预警和事件信息的及时收集发布；三是定期参加省政府应急办每周视频例会，保持与省政府应急办的业务汇报和沟通；四是以生产现场视频监控为平台，坚持每日开展视频反违章巡查，及时发现和制止违章；五是加强应急值班纪律管理，确保 24 小时在岗在值，常态化专业学习和培训，提高应急值班效率。节假日应急值班除日常工作外，一是做好与运检、基建、农电等专业部门沟通联系，收集汇总假日期间在建施工项目现场信息，进行值班监督和抽查；二是根据省公司办公室节假日值班表，对各市州公司在岗在值情况进行抽查；三是收集和汇总重大节假日期间各市州的重大社会活动，督导所属市州公司做好保供电方案。

2015 年应急中心共接报各类应急信息 68 件，其中：自然灾害类 51 件、事故灾害类 15 件、社会安全类 2 件；共发布气象预警与快报 50 次；启动 IV 级应急响应 1 次。全年应急处置态势平稳有序。生产现场视频反违章督查方面，中心应急值班共巡视 220 千伏及以上变电站 1374 座次，发现制止违章行为 13 起；各市州公司应急值班共发现和制止违章行为 136 起，为省电力公司安全生产提供了有力支撑。

【应急预案管理】2015 年，应急中心发布了《国网四川省电力公司应急预案管理办法》，组织专家对公司总体预案及 19 个专项预案进行了修编、评审，开展了市州、县供电公司应急预案编制、修订、评审和备案工作，在完成省公司应急处置卡编写工作的基础上，部署、指导和督促公司各基层单位开展重点岗位应急处置卡编写工作并进行收集汇总和上报。根据中心全年演练工作计划的安排，开展了应急响应启动、应急信息报送、移动站启用、移动站停送电操作、移动站车载平台拉练等 18 次检验性的单项演练。其中包括 8 次桌面推演、6 次实战演练、4 次以演代考。中心组织公司各单位参与了“全国安全生产月应急救援专题行”活动、2015 省级救灾联合演练、防汛救灾联合演练和川、陕、渝三省（市）协调联动演练等各类演练 412 场次，共计 13159 人次参与演练。编制完善了应急演练标准化模块 13 个，制定了演练模块内容和评价标准，涵盖应急、通信、供电、抢修等全方位演练任务，应急演练的标准化水平得到有效提升。

【创新应急培训模式】2015 年，应急中心创新应急培训模式，以演练式培训代替传统课堂教学，每期班设计三个应急救援演练科目，参培学员按照科目要求自定救援方案，自行完成救援任务。该培训模式将前几年培训的内容融会贯通，强调应急响应的全过程，更贴近实战时面临的真实场景，受到国网

三省联动演习 （应急中心提供）

安质部的高度认可和参培学员的普遍好评；在全省范围内首次开设了应急通信和无人机应用专项培训班，显著提升了地市公司在灾害情况下的灾情搜集和信息传输能力。全年共承办不同层次的应急培训

班47期，其中国家电网公司应急救援培训班14期、应急管理培训班2期，四川公司应急救援培训班10期、应急管理培训班3期，成都供电公司应急救援培训班6期，其他体验式培训班18期。共培训2575人，培训量达到11066人天，已超过2014年培训量，培训总体满意率99.74%。中心充分发挥应急专业人才优势，先后3次选派教练到福建泉州、新疆塔城、阿克苏等地指导兄弟单位的应急救援培训工作，受到当地领导和学员的一致好评。强化对应急队员专业技能、体能训练的定时考核工作，应急队员各方面能力普遍得到提升。

【装备标准化建设】2015年，应急中心拟订《电力应急指挥通信车技术规范》电力行业技术标准1项和公司技术标准2项，强化装备标准化建设。编制各类装备、系统的标准化操作卡及装备标准化运维规范。以军事指挥理论为指导，对应急指挥大厅功能坐席进行了全面改造，设置了省公司相关部门专席，并与相应部门业务信息系统联通，方便应急指挥协同会商功能的实现。完善了应急物资仓库自动化货架和物资台账信息化系统，提升了应急物资管理水平。强化装备运维外委队伍的管理，严把技术服务人员资质关，不定期地对运维工作进行抽检，用标准化运维规范约束外委技术服务人员的作业行为，提升运维工作质量。完成了巴中、广元、泸州公司洪灾受损的线路航空侦查任务以及央视川藏联网报道的航拍工作；在处置宾—金直流特高压输电线路接地极故障过程中，率先到达现场，完成前线指挥部的搭建，迅速构建了现场指挥系统并实现了与省公司和国家电网公司应急指挥系统无缝对接，为故障处置提供了良好的指挥通信保障。应急队伍和装备迎接各级领导专家检阅12次，有效支撑了省公司运检部和外联部的工作。

【树立“大安全”理念】2015年，应急中心组织开展了“安全大讨论”“安全日”活动。活动紧密结合中心实际，坚持“横向到边、纵向到底”的原则，将活动范围涵盖至应急培训、救援训练、应急装备、基地维护及应急值班作业现场。共开展安全讨论6次，撰写心得21篇，主题征文10篇，发现问题92项，整改92项，整改完成率为100%。开展春、秋季安全大检查活动，对救援营地搭建场、应急供电保障培训作业及基地安保、消防、用电设施等进行了现场安全督查，对培训现场安全组织措施、学员人身安全管理、基地安防、消防安全隐患提出了整改意见。积极做好隐患排查治理工作，全年共排查安全隐患53项，完成整改53项。全面落实党中央、国务院决策部署和国家电网公司安全生产电视电话会议精神，深刻吸取天津港“8·12”特别重大火灾爆炸事故教训，按照国家电网公司、省公司“全覆盖、零容忍、严执法、重实效”的总体工作要求，组织制定了省公司应急管理检查和缺陷隐患整治方案，由中心领导带队，分别对成都公司、广元公司、甘孜公司、送变电公司等23家供电企业和直属单位应急管理工作开展了专项督查，针对督查过程中发现的应急管理工作薄弱环节，提出了整改建议23项。

【科技创新】2015年，该中心加强应急理论研究、科技创新和知识产权申报工作，承担国家电网公司总部、省管科技项目2项，出版电力应急系列专著4部，申报发明、实用新型专利5项，发表科技论文6篇；做好科技项目转化应用工作，利用先进成熟技术，开发了大型移动指挥通信方舱、无线集群通信系统、无人机热成像云台、大型8旋翼无人机变焦稳定云台、无人机喷火清障系统等多项特种装备，拓展了应急装备的适用范围；结合无人机、北斗定位、激光雷达、光纤传感等技术，先后完成了丹蜀三回线高精度无人机航拍面积180平方公里，二普线、丹巴站、谭茂线地质灾害隐患勘察3处，对运检部资产全寿命周期管理、地质灾害隐患排查整治工作和基建部初设选线工作形成了有效支撑；采用无人机倾斜摄影技术进行应急现场三维场景的快速重建，可在短时间内获取输电线路、变电站、应急现场具有厘米级测量精度的高清遥感三维影像，对应急指挥抢修、灾情研判分析、工程量估算等提供依据；完善了应急指挥地理信息协同标绘系统和防灾减灾道路交通电子化、智能化应急预案，应急指挥系统协同会商功能得到进一步强化。

（王　彬）

农电管理

【理顺农电管理关系】2015年，制定7家控股县公司地方国有产权上划工作方案，完成可研编制和相关资产剥离处置，取得地方政府意向性支持文件。完成官仓公司股权收购，协调将其纳入成都供电公司进行全面管理，富顺县供电公司顺利挂牌，代管县公司仅剩一家，取消代管体制取得重大突破。研究“子改分”工作，开展新都子公司向分公司改革试点。制订下发小水电供区接收指导意见，规范供区接收管理。

【县公司的管理】2015 年，以解决管理突出问题和薄弱环节为重点，制定深化县级供电企业管理提升工作方案，充分发挥业务部门专业管理优势和综合部门统筹协调作用，指导基层单位全方位、全过程开展诊断分析和综合治理。开展县供电企业同业对标工作，从横向和纵向两个维度进行对标诊断，强化数据质量管控，狠抓弱项指标分析，新都等三家分公司获国家电网公司标杆称号。持续推进藏区对口帮扶，指导各派援单位制定年度目标任务和帮扶工作计划，及时掌握工作进展和派援、受援单位工作动态，提出帮扶工作建议意见。

【乡镇供电所的管理】强化农电队伍建设，组织开展省公司乡镇供电所岗位知识技能竞赛，2 名选手被推荐申报省五一劳动奖章；积极组队参加国家电网公司农电竞赛，2 名选手分获第四名、第七名，并分别被授予国家电网公司“岗位技术能手”称号，团体成绩居第八名，实现了公司农电竞赛的重大突破。深化乡镇供电所管理提升工作，25 项指标取得实质性提升。推动供电所对标工作开展，德阳柏隆等 8 家供电所获国家电网公司标杆称号。深入开展供电所标准化建设，组织研讨、修编标准化供电所建设管理办法。继续加强供电所基础设施建设，2015 年供电所小型基建项目获批 79 个、供电所车辆零购获批 162 台，供电所基础设施建设力度得到加强。进一步规范农电用工工作，协助完成绵阳等 10 家单位农电用工转签。

【无电地区电力建设】2015 年，省电力公司不断加大无电地区电力建设投入，2013—2015 年公司无电地区电力建设工程共计投资 72.5 亿元，建设任务重、建设时间紧，并且无电户大多处于偏远地区，山高水远、高寒缺氧、交通不便，电力建设施工环境恶劣，工程建设成本高。公司克服困难勇挑重担，多措并举、全力以赴，克难攻坚，无电地区电力建设于 2015 年 6 月全面完成。实现了“提前半年实现供区内无电地区全面通电”的奋斗目标，全面解决 14.03 万户、62.83 万人无电人口通电问题，极大地改善了甘孜州、阿坝州、凉山州、巴中市等偏远农牧区生产生活条件。

【农网升级改造】2015 年，农网改造升级工程累计完成投资 25 亿元，投资完成率 100%。截至 12 月底，农网改造升级工程全面建设完成，累计完成投资 40 亿元，投资完成率 100%。新增农网改造升级工程项目物资、非物资招标全面完成，以县为单位已全面开工，累计完成投资 23.35 亿元，年度综合计划投资 51.79%。对省电力公司“十三五”农网改造升级规划进行评审，编制完成 2016 年农网改造升级工程项目储备计划，共计储备各电压等级项目资金 160 亿元，其中 10 千伏以下项目 142 亿元。

【农村“低电压”专项治理】2015 年，落实资金计划，分解下达当年农村“低电压”治理工作目标 89 万户，其中 2015 年农网升级改造资金中共有农村低电压治理项目 20.1 亿元，农网专项低电压治理技改项目共计 27.01 亿元。加强施工组织，加快项目实施，截至 12 月底，累计完成农村“低电压”治理 89.9 万户，超额完成年度治理目标任务。农网低电压问题得到明显缓解。

【工程建设安全质量管理】2015 年，全面应用“互联网+农网工程安全管理”的农网工程现场安全监控

成都供电公司对农村低电压进行治理，农网供电质量实现大幅提升　　（谢勇　摄）

系统，加强农网工程现场安全管控。2015 年年底，系统应用已全面覆盖 22 个地市公司及所属县供电企业，完成 5970 条施工计划、1102 支施工队、4383 名施工人员归档管理，接入现场安全管控终端 2329 台。严格落实公司配电网建设有关技术规范和标准化建设要求，全面采用公司“三通一标”和典型设计，继续深化农配网“五化”推广应用，提高农网工程建设水平。认真开展农网工程建设质量检查，组织开展农网优质工程评选，2015 年命名为农网优质工程的项目有 1517 个（其中 35 千伏项目 8 个），优质工程评选比率为 99.67%，其中 10 个项目入选国家电网公司农网“百佳工程”评选范围。

【推进农电体制改革】2015 年是“十二五”的收官之年，针对农电控股和代管模式阻碍农电发展的问题，积极稳妥推进以理顺资产和管理关系为导向的管理模式调整，顶住压力，顽强推进了民营资本退出，实施地方国家产权上划，理顺县公司资产关系，加快县公司全资化进程，努力消除影响发展的体制性障碍。公司管理的县供电企业从“十一五”规划

末 74 家控股、31 家代管变为现有的 54 家全资、53 家控股、2 家代管，并计划于年内全面消除代管体制。通过坚定不移、坚持不懈地推进农电体制改革，进一步理顺了全省供电管理体制，有效疏导了大小电网矛盾，改善了公司发展环境，基本完成大电网战略布局，为优化配置全省电力资源和加快公司发展奠定了良好基础。

【推进藏区电力发展】为加快四川藏区电网建设，促进藏区供电企业发展，公司党政主要领导多次赴甘孜、阿坝州实地调研，经过反复研究，公司确定了“加大投入、加强帮扶，坚持建设与管理并举、坚持硬件与软件并重，推进藏区电力事业全面发展”的思路，研究制订了加快四川藏区供电企业发展的一系列措施办法，以《四川省电力公司关于加快四川藏区供电企业发展的指导意见》为总纲，着重建立结对帮扶、发展监督等工作机制和配套办法。以电网发展和企业发展为重点，以结对帮扶、发展监督、“三个建设”为保障，促进藏区供电企业改善基础条件、提升管理水平、提高人员素质、增强服务能力，为藏区电力事业全面跨越奠定坚实基础。

【架起农村客户连心桥】主动问诊农村供电服务，通过前期、中期、后期三个环节的农电创新管理，架起联系农村客户的“连心桥”。前期开展并推广“包片进村”工作，市（州）公司包片“进乡镇”、县公司包片“进村社”、供电所包片“进台区”、农电员工包片“进农户”，采取“走出办公室，走出营业厅，深入农户，深入田间地头”的方式，通过实地看、听、抽、问、查，获取第一手资料，全面掌握农村群众用电需求、农村电网建设和发展、供电所内部管理等方面存在的问题，帮助分析问题症结、提出解决方案，为提升供电管理水平奠定坚实基础。中期分类建立客户服务、电网设备、供电所建设问题“三本台账”，根据工作职责，对问题台账按省公司、市（州）公司、县公司、乡镇供电所四个层级划分为 A、B、C、D 类问题，明确问题的责任主体,落实问题整改，变“客户找”为“找客户”，变属地解决问题为各级协同解决问题，实现收集问题 100%真实、反映问题 100%录入。后期采取“立题、分析、解题、实践、推广”的方式，分析农电管理中普遍和长期存在的难点、热点、敏感问题。采用新思维、新方法、新手段解决问题。

“包片进村”活动和“三本台账”工作方式受到了各级政府和社会的的广泛赞誉，团中央书记处书记傅振邦在四川调研时指出：“‘包片进村’工作做地非常好，切实帮农村老百姓解决了实际问题，深得民心，也与党的群众路线教育实践活动要求的深入基层、深入群众相一致”。四川日报、四川经济日报、中国电力报等新闻媒体和主流网站也对活动进行了广泛报道。

【农村电网跨越式发展】“十二五”规划期间，省电力公司先后实施农网改造升级、无电地区电力建设等工程，累计完成农网投资 279.83 亿元，新建及改造 110 千伏变电站 11 座、110 千伏线路 532.56 公里，35 千伏变电站 300 座、35 千伏线路 5433.31 公里，10 千伏配变 49559 台、10 千伏及以下电压等级线路 18.3 万公里。农村户均配变容量从 2010 年的 0.83 千伏安提高到 1.3 千伏安，农村电力建设实现历史性跨越。全力实施无电地区电力建设，“十二五”规划期累计完成投资 80.17 亿元，切实解决了 16.16 万户无电人口通电。

【全面提高供电质量】“十二五”规划期间，解决了公司供区 10 个县域电网“孤网运行”问题和 4 个县域电网与主网联系薄弱问题。集中治理“低电压”374 万户，直接影响人身和设备安全的“小方杆”60 万基。农村供电可靠率、综合电压合格率分别由 99.45%、97.51%提高到 99.913%、99.5%，农村用户年均停电时间、平均电压不合格时间分别由 48.18 小时、218.12 小时缩短至 7.62 小时、43.8 小时。

【推进新农村电气化建设】按照公司“十二五”新农村电气化建设规划，科学制定年度建设计划，完善“政企联合”推进机制，严格标准，加强督导，保证质量，有序推进。截至 2015 年年底，公司累计建成新农村电气化县 30 个、乡镇 340 个、村 3474 个，有力地推动了四川省社会主义新农村建设进程。

12 月 22 日，川藏联网工程首次带电作业圆满完成。图为作业人员作业现场一角　（王志奇 摄）

【落实扶贫工程】“十二五”规划以来，公司每年按照相关文件对大小凉山彝区进行电网规划及项目实施工作，截至 2015 年年底除中央财政资金投入外，公司自有资金投资已经超过 2.49 亿元，解决供区内大小凉山彝家新寨建设涉及的超过 6 万户农户入户用电问题。

（冯　晋）

电网建设与调度

【电网覆盖范围】四川省位于中国西南，地处长江上游，东连重庆市，南邻滇、黔，西接西藏，北界青海、甘肃、陕西三省。四川地域辽阔，东西长 1075 公里，南北宽 900 多公里，全省面积 48.5 万平方公里，居全国第五位。全省大致可分为盆地和高原两大部分：西部为高原、山地，海拔多在 4000 米以上；东部为盆地、丘陵，海拔多在 1000－3000 米之间。全省行政区划分为 21 个市州 181 个县市区。国网四川省电力公司为四川电力市场供应主体，下属 22 个地市供电公司，经营区域涵盖全省 21 个市州，承担绝大部分地区供电任务，并通过控股、代管、趸售等方式对地方电网供电。

【电网规模】截至 2015 年年底，四川省电力公司拥有 500 千伏变电站（含开关站）46 座，总变电容量 7408万千伏安；输电线路164条，线路长度12776. 62 公里；220 千伏变电站 206 座，变电容量 6321 万千伏安；输电线路 622 条，线路长度 17352 公里；110 千伏变电站 729 座，变电容量 5631 万千伏安；输电线路 1771 条，线路长度 24698 公里。2015 年，四川电网 500 千伏电网覆盖全省各市州，多层级电网协调发展的格局基本形成。四川电网已从局部电网跃升为联通西北、华中、华东、华北四大区域电网、特高压交直流混联运行的枢纽电网。

【周边电网送受电情况】2015 年，四川电网通过南部洪沟－板桥双回和北部黄岩－万县双回 2 个通道、4 回 500 千伏线路与重庆电网相连，形成“川电外送”交流通道；通过德阳－宝鸡±500 千伏直流输电工程与西北电网联网，实现与西北电网水火互补、丰枯互济；通过向家坝－上海±800 千伏直流输电工程、锦屏－苏南、宜宾－金华±800 千伏直流输电工程与华东电网联网，保证了四川水电外送。2015 年，四川全口径的外送电量 1226.34 亿千瓦时，四川外购电量 201.62 亿千瓦时。

电 网 规 划

【电网的科学规划】2015 年，四川省电力公司大力落实特高压电网发展战略。2015 年，该公司积极贯彻国家电网公司特高压发展战略，积极参与省能源局组织的“十三五”能源电力规划工作，大力倡导加快四川特高压输电平台建设，促请省发改委、省能源局主要领导多次赴国家能源局，请求同意加快建设特高压相关输变电项目，反复向政府能源主管部门、能源监管部门汇报，与中南、西南等电力设计院沟通，力争各方支持和认同公司特高压规划方案。同时，千方百计抢抓机会，大力宣传和落实公司电网规划成果。截至 2015 年年底，已将雅中—江西特高压直流和川—渝特高压交流方案列入四川“十三五”电力发展规划并上报国家能源局。

【电网项目前期工作】2015 年，四川省电力公司大力推进特高压等重大项目前期工作。积极配合国家电网公司开展四川特高压交流环网及雅中至江西特高压直流等工程可研工作，专题研究解决雅中特高压直流系统接入方案、站址比选、大件运输等难点问题，促请省发改委协调云南、贵州支持雅中特高压直流等项目前期工作开展，加快藏中联网工程支持性文件办理。

高效开展电网项目前期工作。紧密结合电网规划，科学制定电网项目前期工作计划，强化属地协调和定期协调机制，规范可研全过程管理，积极争取政府支持，发挥政企协同优势，提高核准效率。全面按期完成马尔康、会东、兰渝铁路牵引站供电等重点项目前期工作，取得 110 千伏及以上电网项目核准 78 项，保证项目合法开工建设，进一步充实前期储备。

加强项目可研规范管理。全面开展可研经济性和财务合规性评估，积极应用资产全寿命周期管理，有序下放 35 千伏及以下项目可研评审，强化现场踏勘、中间检查、专题研究、抽查复审等措施，提升可研设计质量和效率，保证投资效益。

【投资效益管理机制】2015 年，首次启动电网项目后评价。组织完成丹巴 500 千伏、永郎－会理 II 回、广安新桥、德阳南丰配套、南充马鞍等 5 项电网基建工程和 2010－2015 年农网改造升级工程、无电地区建设工程的项目后评价报告，覆盖各电压等级和不同功能分类的电网项目，从前期准备、建设管理、生产运行、投资效益等方面进行了全面回顾和深入分析，工作成果获国家电网公司高度评价。

深化完善投资效益考核。持续加强投资效益分析，针对过去三年新投产、定位负荷增长的变电站利用率不达标比例仍高达 61.94%（96/155）的情况，加强对各地市公司企业负责人执行电网项目投入产出效益考核，引导各单位进一步增强效益意识。根据分析情况，优化调整电网投资计划安排，2016 年 110—220 千伏电网项目投资占比同比下降 5.2 个百分点，投资向主干网架和配网“两头”倾斜。

科学编制电网投资计划。充分利用电网诊断分析等研究成果，深入分析电网薄弱环节和投资能力，加强规划和项目计划衔接，科学编制电网基建三年投资计划并指导年度投资计划编制，不断优化投资结构，持续加大配电网建设投入，着力解决光伏扶贫、农网“低电压”和村村通动力电等问题，落实公司重点工作安排。

【电网发展重大课题研究】2015 年，四川省电力公司为服务“十三五”电网发展，应对发展新形势，公司针对相关重大问题精心组织开展了大量基础性、前瞻性研究，包括《四川西部水电送出走廊规划研究》《四川省新能源发展及电网配套情况专题研究》《特高压交直流混联电网安全稳定性研究》《短路电流及电磁环网解环研究》《间隔资源综合利用研究》《建设清洁能源基地对四川电网的影响及对策研究》，以及《川渝第三通道交流输电规划系统方案研究》等。相关研究成果大幅提升了规划工作的针对性、适应性和科学性。

7 月 16 日，±800 千伏宾金直流接地极线路故障抢修工作全面告捷。图为抢修现场一角　　（王志奇　摄）

【清洁能源的发展】2015 年，四川省电力公司针对国家大力扶持新能源发展的新形势，该公司一方面积极研究四川清洁能源发展状况，全面摸排新能源资源分布情况、开发时序和出力特性，做好配套电网规划工作；另一方面系统研读政府电改环境下新能源政策导向、发展思路及体系规则等，强化与政府及相关发电企业的沟通对接，全力争取有利于公司发展的政策支持，引导新能源项目合理安排时序。同时，积极呼吁总部重视并支持四川新能源发电加快发展，积极贯彻总部《电源接入电网管理意见》，实现电源接入电网工作的标准化、制度化、规范化。

【业扩项目接网工作】2015 年，四川省电力公司面对经济新常态、电改新形势，市场新挑战，以业扩“百日行动”为契机，进一步优化接入方案编审制度，构建起统一的“一口对外、协同高效、全程管控”的精益化管理新模式。超前谋划，简化流程，积极服务成都天府新机场、移动 IDC、京东方等一大批省级重点项目,进一步提高接入方案编审工作的运作效率和服务质量。积极统筹公司、铁路和设计院各方资源，组织完成四川“十三五”电气化铁路供电专项规划，并及时批复相关项目接网工程方案，获得省能源局、省铁建办和铁路公司的高度肯定。

【地区电网规划】2015 年，四川省电力公司持续开展“十三五”地区电网规划工作，科学编制完成 22 个地市公司“十三五”电网发展规划，形成了各地区覆盖全电压等级的“十三五”电网发展规划研究报告。同时，积极与省能源局、省住建厅等部门对接规划成果，并在省能源局组织下完成与全省 21 个市州、183 个区县的“十三五”电网规划衔接，全面落实公司“十三五”电网规划、农网改造升级规划的思路、原则和规划情况，全力争取公司地区电网规划纳入政府各级、各类规划，推动公司地区电网规划成果落地。

【主网规划】“十三五”规划期，四川电网外部加快建设跨省跨区联网特高压输电大通道，构筑联接华中华东、新疆西藏、西北电网的电力枢纽，满足四川清洁能源外送和电力供应保障的需求；内部构建覆盖四川主要负荷中心和清洁能源基地的坚强特高压交流骨干网架，形成水火互济、购送灵活、上下方便的资源配置平台，满足省内电源汇集和区域内输电需要，为四川水电基地外送和接受疆电、藏电提供网架支撑。“十三五”规划期，将围绕四川、重庆负荷中心，建设雅安－内江－铜梁－长寿－成都－绵阳－雅安特高压交流工程，构建特高压交流双环网；建设德格－阿坝－绵阳、巴塘－甘孜－雅安两个特高压输电通道，特高压延伸到金沙江上游区域；建设雅中－华中、金沙江上游－华中2回特高压直流工程，送电华中、华东地区；川渝负荷中心通过准东－成都特高压直流接受新疆电力。同时，加快省内输电骨干网架建设，优化完善500千伏、220千伏输电网络，构建结构合理、技术先进、灵活可靠、经济高效的现代坚强智能电网，保证省内供电的安全可靠、经济高效和清洁环保。（陈曦）

【配电网规划】2015年，完成了公司配电网“十三五”规划，编制了省、市、县三级规划和专题研究报告并顺利通过国家电网公司评审，完成了配电网规划库调整工作,全力落实国家能源局配电网建设改造行动计划，认真执行国家电网公司加快建设现代配电网的工作部署。认真研究四川农村电力发展需求，编制公司农网改造升级“十三五”规划报告，高度关注藏区和贫困地区电力发展需求，完成藏区农网“十三五”发展规划，全力提升电力普遍服务水平。开展配电网“十三五”规划与政府各专项规划的对接工作，确保规划成果得到各级政府部门认可，为电网项目后续落地奠定良好的基础。加强配电网规划基础工作，开展配电网规划月报工作，完成配电网规划量化计算分析软件招标工作，组织了两期配电网规划设计工作培训。

截至2015年年底，配电网供电可靠性和供电质量持续提升，该公司城市和农村供电可靠率分别达到了99.5%和99.3%，综合电压合格率分别上升至为99.74%和99.15%，有力地支撑全省经济社会快速发展。民生配电网建设加快推进，全省无电人口的用电问题全面解决，全省电力普遍服务水平大幅提升。配电网薄弱环节得到有效治理，通过“新甘石”“电力天路”等一批项目的实施，“十二五”规划期解决了壤塘、石渠等14个县域电网“孤网”运行问题，实现了藏区电网全部接入四川主网。（陈世君）

【建设规模与投资】2015年，四川省电力公司在建110千伏及以上项目115个，在建线路3930.85公里、变电容量2069万千伏安。其中，2015年续建110千伏及以上项目51个，线路1835公里、变电容量1358万千伏安。

2015年，该公司全年共开工110千伏及以上项目64项，线路长度2095.85公里、变电容量711.00万千伏安；投产110千伏及以上项目71项，线路长度2445.08公里、变电容量1139.45万千伏安。

2015年，该公司完成电网基建投资250.76亿元，同比增长2.69%；其中500千伏投资46.55亿元，220千伏投资52.20亿元，110千伏投资37.07亿元，35千伏及以下投资114.95亿元。（杨皓麟）

2015年投资规模表

表9　　　　单位：亿元

年 份	2015
一、500千伏	46.55
二、220千伏	52.20
三、110千伏	37.07
四、35千伏及以下	22.6
合计	250.76

【指标完成情况】2015年，公司完成固定资产投资312.86亿元，同比增长17.18%，其中电网投资309.57亿元，投产110千伏及以上线路2445公里，变电容量1139万千伏安。省内售电量1578.36亿千瓦时，同比下降0.46%；营业收入总额976亿元，同比下降0.27%；利润总额4.77亿元；流动资产周转率26.09次，同比增加0.41次；资产负债率74.51%，低于计划0.59个百分点；净资产收益率0.57%，与计划持平；上缴投资收益4.05亿元，超计划2.28%。

（刘云平）

电网建设

【概况】2015年是全面完成“十二五”规划发展目标的收官之年，在国家电网公司、省委、省政府的坚强领导下，2015年公司发展工作始终坚持以科学发展观为指导，积极开拓创新，持续深化“两个转变”，加快建设“一强三优”现代化公司，高质量地完成了年度各项工作目标。全年完成固定资产投资312.86亿元，同比增长17.18%，其中电网投资309.57亿元。计开工110千伏及以上项目64项，线路长度2096公里、变电容量711万千伏安；投运71项，线路长度2445公里、变电容量1139万千伏安，规模位居国家电网公司前列。公司全面完成甘孜藏区“电力天路”及无电区建设任务电网建设任务，安全形势保持平稳，工程质量稳步提升，工程造价控制成效显著，重点工程顺利推进。

【500 千伏及以下项目】2015 年，四川电网主要建成投运了新都桥 500 千伏输变电工程、溪古 500 千伏输变电工程、九江 500 千伏输变电工程、达州至黄岩 500 千伏输变电工程、乡城 500 千伏变电站 1#主变扩建工程、丹景 500 千伏变电站 3#主变扩建工程、大岗山水电站 500 千伏送出工程、枕头坝水电站 500 千伏送出工程、黄金坪水电站 500 千伏送出工程等 9 项 500 千伏输变电工程。

主要投运了甘孜雅江 220 千伏输变电工程、达州汇北 220 千伏输变电工程、宜宾龙头 220 千伏变电站主变增容扩建工程、凉山普格 220 千伏输变电新建工程、甘孜茨巫 220 千伏输变电工程、达州通川 220 千伏变电站扩建工程、眉山石化园 220 千伏输变电新建工程、雅安竹马 220 千伏扩建工程、攀枝花桐子林至米易π入桐子林电站 220 千伏线路工程、乐山黑竹沟（峨边）220 千伏变电站扩建工程、成渝客运专线内江北牵引站 220 千伏供电工程、成渝客运专线资阳陈家湾牵引站 220 千伏供电工程、成渝客运专线资阳李家湾牵引站220千伏供电工程、西昌雷波至坪头线路延伸至美姑河 220 千伏线路工程、自贡仙市 220 千伏输变电工程、巴中张公 220 千伏输变电工程等 16 项 220 千伏输变电新建工程。

建成投运了成都南一环 110 千伏输变电工程、成都糠市街 110 千伏输变电工程、成都凉水井 110 千伏输变电工程、阿坝红原城关 110 千伏输变电工程、兰渝铁路广安兴隆牵引站 110 千伏供电工程、巴中清江 110 千伏输变电新建工程、甘孜雅江 110 千伏输变电工程、甘孜得荣 110 千伏输变电工程、成都元华 110 千伏输变电工程、成都龙泉 110 千伏变电站改造工程、成都白丝街 110 千伏变电站增容改造工程、宜宾城中 110 千伏变电站增容改造工程、成都平乐 110 千伏输变电工程、甘孜色达 110 千伏输变电工程、达州魏兴 110 千伏变电站 2 号主变扩建工程、绵阳盐亭 110 千伏输变电新建工程、甘孜理塘 110 千伏输变电工程、甘孜巴塘 110 千伏输变电工程、德阳中江凯江 110 千伏变电站扩建工程、遂宁船山窑湾 110 千伏输变电工程、达州三汇汇北 220 千伏变电站 110 千伏配套工程、甘孜稻城香格里拉 110 千伏输变电工程、成都中和二 110 千伏输变电工程、眉山石化园 220 千伏变电站 110 千伏配套工程、凉山甘洛海田 110 千伏输变电工程、雅安天全城厢 110 千伏输变电工程、眉山桂林 110 千伏输变电新建工程、雅安芦山大川 110 千伏输变电工程、甘孜道孚 110 千伏输变电工程、成都温江北 220 千伏变电站 110 千伏配套工程、成都五龙 110 千伏输变电新建工程、成都羊安II110 千伏输变电新建工程、达州北外 110 千伏输变电工程、甘孜白玉昌台 110 千伏输变电工程、雅安名山 110 千伏蒙阳变电站重建工程、绵阳涪城园艺 110 千伏变电站增容改造工程、凉山西昌瑶山 110 千伏输变电工程、泸州邻玉 110 千伏输变电工程、雅安天全 110 千伏沙坪变电站重建工程、雅安天全 110 千伏始阳变电站重建工程、兰渝铁路南充龙桂牵引站 110 千伏供电工程、 兰渝铁路南充南部牵引站 110 千伏供电工程、兰渝铁路南充李渡牵引站 110 千伏供电工程、成都府青路 110 千伏变电站改造、张公 220 千伏变电站 110 千伏配套工程、芦山 110 千伏金花变电站重建工程、宝兴 110 千伏城南变电站重建工程、芦山 110 千伏黄花线重建工程、宝兴 110 千伏龙穆线重建工程、雨城 110 千伏七盘变电站重建工程等 50 项 110 千伏输变电工程。

【在建项目】2015 年，在建 110 千伏及以上输变电工程共 118 项，线路长度 3958 公里、变电容量 2133 万千伏安。

在建 500 千伏项目为成都新都 500 千伏输变电工程、达州宣汉 500 千伏输变电工程、乐山沐川500千伏开关站扩建工程、长河坝水电站 500 千伏送出工程、猴子岩水电站500千伏送出工程、沙坪二级水电站 500 千伏送出工程、凉山盐源500千伏输变电工程、凉山会东 500 千伏输变电工程、路平至富乐500千伏输变电工程、四川江油 500 千伏输变电工程、阿坝马尔康500千伏输变电工程、成都桃乡 500 千伏变电站主变扩建工程、马塘

广都 500 千伏变电站按期投运　　（建管中心提供）

乡城500千伏扩建工程、凉山水洛500千伏变电站主变扩建工程等14项。

在建220千伏项目为成都大源220千伏输变电工程、成都核桃村220千伏变电站扩建工程、成都东郊220千伏变电站扩建工程、成都十陵220千伏输变电工程、成都青羊220千伏输变电工程、成都市黄水220千伏输变电工程、成都成黄路220千伏输变电工程、成都北三环220千伏输变电工程、成都北三环至昭觉220千伏线路工程、500千伏新都变220千伏配套工程、四川成都九江500千伏变电站220千伏配套工程、成都秦皇寺220千伏输变电工程、四川乐山金仓220千伏输变电工程、四川攀枝花回龙沟220千伏输变电工程、兰渝铁路广元牵引站220千伏供电工程、雅安黄岗220千伏变电站扩建工程、达州宣汉500千伏变电站220千伏配套工程、四川达州大竹220千伏输变电工程、达州宣汉北220千伏输变电工程、宜宾南溪和平220千伏输变电工程、阿坝黑河塘220千伏输变电工程、500千伏盐源变电站220千伏配套工程、凉山盐源大河光伏电站220千伏送出工程、凉山冕宁220千伏输变电工程、四川内江资铁220千伏输变电工程、泸州杨桥220千伏变电站增容改造工程、泸州泰安220千伏输变电工程、四川南充南隆220千伏输变电工程、自贡琵琶220千伏输变电工程等29项。

在建的110千伏项目为成都北三环220千伏输变电配套110千伏送出工程、成都青羊220千伏变电站110千伏配套工程、成都新园北110千伏输变电工程、成都新都工业区110千伏输变电工程、成都天斑110千伏输变电工程、成都和平路（五桂桥）110千伏输变电工程、成都新津110千伏输变电工程、成蒲铁路成都大邑牵引站110千伏外部供电工程、成蒲铁路成都青羊成都西牵引站110千伏外部供电工程、成蒲铁路成都蒲江朝阳湖牵引站110千伏外部供电工程、成都十陵220千伏变电站110千伏配套线路工程、成都黄水220千伏变电站配套110千伏接入工程、成都龙桥110千伏输变电新建工程、成都成黄路220千伏输变电配套110千伏送出工程、成都马场110千伏输变电工程、成都金桥35千伏变电站升压110千伏输变电工程、成都琉璃110千伏输变电工程、成都双流35千伏变电站升压110千伏工程、成都毛家湾220千伏变电站110千伏配套送出工程、成都汉城110千伏输变电新建工程、成都永宁110千伏输变电新建工程、成都沙渠110千伏输变电工程、成都三星110千伏输变电工程、成都城厢110千伏输变电工程、成都东华110千伏输变电工程、成都武青路110千伏输变电工程、成都新津牵引站扩容110千伏供电线路工程、成都大丰110千伏输变电工程、成都书房村110千伏输变电新建工程、成都鹏城110千伏输变电工程、成都德源二110千伏输变电工程、成都芷泉街110千伏输变电新建工程、成都华阳二110千伏输变电工程、成都天府新区麓湖110千伏输变电工程、成都天府新区创新110千伏输变电工程、成都天府新区香山110千伏输变电工程、乐山峨边牵引站改接至黑竹沟110千伏线路工程、乐山水口110千伏输变电工程、乐山市草堂110千伏输变电工程、攀枝花攀钢电厂3×10万千瓦机组关停110千伏线路改接工程、攀枝花红格110千伏变电站扩建工程、攀枝花大水井110千伏输变电工程、德阳旌阳杨嘉110千伏变电站扩建工程、德阳秋月220千伏变电站配套110千伏线路工程、眉山仁寿视高110千伏变电站扩建工程、雅安荥经龙苍沟110千伏输变电工程、雅安宝兴110千伏穆坪变电站重建工程、达州宣汉北220千伏变电站110千伏配套工程、达州宣汉方斗110千伏变电站扩建、达州达县雷音铺110千伏输变电工程、绵阳仙人桥110千伏变电站增容改造工程、宜宾南溪（和平）220千伏变电站110千伏配套工程、宜宾翠屏象鼻110千伏输变电工程、阿坝中查沟110千伏输变电工程、阿坝壤塘蒲西110千伏输变电工程、凉山会东红房110千伏变电站扩建工程、凉山冕宁220千伏变电站110千伏配套送出工程、凉山石门坎110千伏输变电工程、内江资铁220千伏变电站110千伏配套工程、内江越溪110千伏输变电新建工程、内江碑木西110千伏输变电新建工程、兰渝铁路广元苍溪牵引站110千伏供电工程、兰渝铁路广元羊木牵引站110千伏临时供电工程、兰渝铁路广元太公牵引站110千伏供电工程、泸州泸县城北110千伏输变电工程、南充北塔110千伏输变电新建工程、四川南充西充义兴110千伏输变电工程、南充嘉陵南110千伏输变电新建工程、自贡仙市220千伏变电站110千伏配套工程、自贡代家坝110千伏变电站智能化改造工程、兰渝铁路广元姚渡牵引站110千伏临时供电工程、广安邻水王家110千伏输变电工程、广安永兴110千伏输变电工程、遂宁安居乌木110千伏输变电工程、遂宁船山遂西110千伏输变电工程、巴达铁路巴中兰草牵引站110千伏改接供电工程、巴中南江石板垭110千伏变电站2#主变扩建工程、巴中通江永安110千伏变电站2#主变扩建工程、巴中巴州江北110千伏输变电工程、甘孜泸定田坝110千伏输变电工程、甘孜九龙110千伏输变电工程等 81 项。

【工程达标和创优】2015 年，四川省电力公司完成 104 项 110 千伏及以上电压等级工程达标投产，其中 500 千伏变电站工程 1 项，220 千伏变电站工程 12 项，110 千伏变电站工程 41 项，500 千伏线路工程 3 项，220 千伏线路工程 16 项，110 千伏线路工程 31 项。

新都桥 500 千伏变电站获得中国电力优质工程奖、安装之星和国家优质工程奖。

通过达标投产考核的 500 千伏项目主要有甘孜新都桥 500 千伏变电站工程、甘孜新都桥变至甘谷地开关站双回 500 千伏输电线路工程、凉山卡基娃电站至木里变 500 千伏输电线路工程、枕头坝一级水电站至深溪沟水电站 500 千伏输电线路工程

通过达投产考核的 220 千伏项目主要有阿坝镇江关 220 千伏变电站工程、甘孜雅江 220 千伏变电站工程、成都华阳东 220 千伏变电站工程、达州汇北 220 千伏变电站工程、凉山美姑河 220 千伏变电站工程、阿坝镇江关变至茂县变 220 千伏输电线路工程、凉山冕山变至越西变 220 千伏输电线路工程、甘孜新都桥变至雅江变双回 220 千伏输电线路工程、乐山牵引站至南天变 220 千伏输电线路工程、成都桃乡变至华阳东变 220 千伏输电线路工程、达州汇北变至长田变 220 千伏输电线路工程、绵阳天明变至江油牵引站 220 千伏输电线路工程、绵阳谭家湾变至赖家牵引站 220 千伏输电线路工程、德阳付家牵引站至德阳Ⅱ变 220 千伏输电线路工程、德阳新市变至秋月变 220 千伏输电线路工程、凉山普格 220 千伏变电站工程、凉山普格变至宁南变 220 千伏输电线路工程、凉山西昌南变至普格变 220 千伏输电线路工程、眉山石化园 220 千伏变电站工程、甘孜茨巫 220 千伏变电站工程、攀枝花枣子坪 220 千伏变电站工程、成都十陵 220 千伏变电站工程、资阳三岔 220 千伏变电站工程、资阳变至棉丰变 220 千伏输电线路工程、甘孜茨巫变至乡城变双回 220 千伏输电线路工程、泸州变至纳溪变双回 220 千伏输电线路工程、攀枝花米易变至安宁变 220 千伏线路工程、广元朝天 220 千伏变电站工程

在 ± 800 千伏灵绍线，高空作业人员登塔作业，进行国内首次特高压跨越特高压作业　（王　超　摄）

通过达标投产考核的 110 千伏项目主要有阿坝石广东 110 千伏变电站工程、眉山仁寿城西 110 千伏变电站工程、甘孜新龙 110 千伏变电站工程、乐山城南 110 千伏变电站工程、甘孜白玉 110 千伏变电站工程、广元中子 110 千伏变电站工程、成都红阳 110 千伏变电站工程、成都前进 110 千伏变电站工程、成都成龙路 110 千伏变电站工程、成都洛带 110 千伏变电站工程、成都金鸡 110 千伏变电站工程、成都元华 110 千伏变电站工程、巴中清江 110 千伏变电站工程、甘孜理塘 110 千伏变电站工程、内江光荣 110 千伏变电站工程、甘孜达通玛 110 千伏变电站工程、甘孜翁达 110 千伏变电站工程、甘孜色达 110 千伏变电站工程、眉山城西变至宝飞变 110 千伏输电线路工程、甘孜变至新龙变 110 千伏输电线路工程、甘孜变至白玉变 110 千伏输电线路工程、广元朝天变至中子变 110 千伏输电线路工程、成都柏合变至洛带变 110 千伏输电线路工程、凉山盐源 220 千伏变电站 110 千伏配套工程、甘孜雅江变至理塘变 110 千伏输电线路工程、甘孜变至色达变 110 千伏输电线路工程、甘孜变至达通玛变 110 千伏输电线路工程、甘孜炉霍变至翁达变 110 千伏输电线路工程、阿坝红原城关 110 千伏变电站工程、凉山布托 110 千伏变电站工程、凉山泸沽湖 110 千伏变电站工程、攀枝花上板桥 110 千伏变电站工程、绵阳松垭 110 千伏变电站工程、绵阳金家林 110 千伏变电站工程、成都凉水井 110 千伏变电站工程、成都平乐 110 千伏变电站工程、成都中和Ⅱ 110 千伏变电站工程、阿坝龙日坝变至红原城关变 110 千伏输电线路工程、阿坝唐克变至红原城关变 110 千伏输电线路工程、凉山雷波变至西宁变 110 千伏输电线路工程、凉山美姑河变至布托变 110 千伏输电线路工程、凉山盐源变至泸沽湖变 110 千伏输电线路工程、资阳宝台 110

千伏变电站工程、自贡南湖 110 千伏变电站工程、自贡富顺海棠 110 千伏变电站工程、遂宁窑湾 110 千伏变电站工程、攀枝花太平 110 千伏变电站工程、广安幺滩 110 千伏变电站工程、甘孜香格里拉 110 千伏变电站工程、绵阳盐亭 110 千伏变电站工程、绵阳梓潼文昌 110 千伏变电站工程、甘孜得荣 110 千伏变电站工程、自贡南湖变—舒平变双回 110 千伏输电线路工程、攀枝花太平变至马上坪变 110 千伏线路工程、泸州纳溪变至大洲驿变 110 千伏第二回输电线路工程、广安范家湾变至幺滩变 110 千伏线路工程、广安建丰变至兴隆变 110 千伏线路工程、

在国内首次特高压跨越特高压作业中，高空人员正在离地面 40 多米的绝缘子串上作业　　（王　超　摄）

广安武胜变至兴隆变 110 千伏线路工程、甘孜稻城变至香格里拉变 110 千伏输电线路工程、绵阳长卿变至小亭变改接入文昌变 110 千伏输电线路工程、绵阳佳桥变至盐亭变 110 千伏输电线路工程、绵阳东变至长卿变改接入天明变 110 千伏输电线路工程、绵阳东变至长卿变改接入文昌变 110 千伏输电线路工程、绵阳东变至长卿变 110 千伏输电线路工程、甘孜茨巫变至得荣变 110 千伏线路工程、成都临邛变至平乐变 110 千伏线路工程、雅安城厢 110 千伏变电站工程、眉山桂林 110 千伏变电站工程、泸州关口 110 千伏变电站工程、甘孜道孚 110 千伏变电站工程、泸州关口变至玉观双回 110 千伏输电线路工程、甘孜炉霍变至道孚变 110 千伏输电线路工程

2015 年，公司有 164 项 110 千伏及以上电压等级项目符合申报国家电网公司输变电优质工程评选标准，其中 164 项通过检查评比获得国家电网公司输变电优质工程命名，总体优质工程率达到 100%。

【重点工程】

新都桥 500 千伏输变电工程　新都桥 500 千伏输变电工程是新甘石联网工程东南部的重要组成部分，近期可满足近区中小水电富余容量外送，远期可为雅砻江流域大中型水电的接入提供良好的电源汇集平台及送出通道，可在枯水期为甘孜北部地区提供可靠电源，进一步改善和提高甘孜州北部的保障能力和供电可靠性，有利于更好的服务于甘孜州经济社会发展和当地居民生产生活条件的改善，带动甘孜州北部片区资源开发，保护长江上游生态环境，维护民族团结和社会和谐稳定。工程于 2012 年 12 月开工，于 2014 年 10 月竣工，本工程荣获“2014－2015 年度国家优质工程奖”荣誉，同时荣获中国安装协会“2015－2016 年度中国安装工程优质奖（中国安装之星）”称号。

九江 500 千伏输变电工程　九江 500 千伏变电站是国网四川省电力公司第 45 座 500 千伏变电站，属成都地区首个 500 千伏智能站，是成都 500 千伏环网重要枢纽站，是四川公司系统内首个单台 500 千伏主变容量最大的变电站，该工程本期主变压器 2×120 万伏安，500 千伏出线 4 回，220 千伏出线 14 回。工程建设能有效提高成都西南片区供电可靠性和川西水电送出可靠性，增强成都地区供电能力，有效缓解电网负荷紧张形势和 500 千伏蜀州变电站潮流过于集中问题。工程于 2014 年 3 月 26 日开工，于 2015 年 11 月 22 日竣工投运。本工程地处成都经济发达地区，地方协调难度大，工程推进十分困难，四川公司充分发挥各参建单位的立体化、多层级的协调联动机制，确保了工程按既定目标如期建设投运。

【其他重点工程】

成都新都 500 千伏输变电工程　变电站土建完成 98%，变电安装完成 95%，调试完成 80%；新丹线基础浇制 98%，铁塔组立 85%；新龙线基础浇制完成 72%。

达州宣汉 500 千伏输变电工程　变电站正三通一平阶段；线路基础浇制完成 188 基，铁塔组立 20 基。

猴子岩电站 500 千伏送出工程　线路基础浇制完成 10%。　　（张烨、蓝健均、刘华、黄剑波）

电网调度

【调度机构】四川电力调度控制系统包括四川电力系统内各级调度控制机构和发电厂、变电站、梯级电站集控中心等的运行值班单位。

四川电力系统设置三级调度控制机构，即：

——省级电力调度控制机构，以下简称省调；

——省辖市级电力调度控制机构，以下简称地调；

——县级电力调度控制机构，以下简称县调。

【省电力调度控制中心】四川电力调度控制中心主要负责四川电网调度运行、变电设备运行集中监控、系统运行、调度计划、继电保护、自动化、水电及新能源等各专业管理职责；调度管辖省域内500千伏电网和220千伏主网，直调所辖电厂；承担省域内±660千伏及以下直流站和500千伏交流变电站变电设备运行集中监控、输变电设备状态在线监测与分析业务。内设8个处，分别为调度控制处、调度计划处、系统运行处、继电保护处、自动化处、综合技术处、水电及新能源处、设备监控管理处。截至2015年年底，中心正式员工80人。

【省调的职责和权限】1.接受国调、区域分中心（简称华中网调）的调度管理，接受国调、区域分中心（华中网调）授权或委托的与电力调度相关的工作。

2.负责省电网的安全、优质、经济运行，划分省电网调度管辖范围，对所辖电网及并网电厂实施统一调度管理。

3.负责电网内调度控制运行、调度计划、运行方式、继电保护、调度自动化、水库及新能源调度等专业管理，制定电力系统电力调度、设备监控方面的标准、规程、制度和办法，负责所辖电网二次设备技术监督。

4.负责指挥调度及监控范围内设备的运行、操作及电网的事故处理，参与电网事故调查分析；负责指挥电网调频、调峰及调压工作，负责指挥网间联络线潮流的调度控制。

5.负责组织制定和执行所辖电力系统的运行方式。执行上级调度控制机构下达或批准的网间联络线运行方式。

6.负责所辖电网电力电量平衡、临时交易和检修平衡，负责制定和执行所辖电力系统调度计划。

7.参与所辖电网规划、设计、建设、工程项目审查及设备选型工作。

8.受理并批复新建或改建管辖设备投入运行申请，制定新设备启动调试调度方案并组织实施。

9.参与签订发电厂、地方电网的并网协议和购售电合同，负责签订调度管辖范围内的发电厂、地方电网、用户的并网调度协议。

10.会同有关部门编制《四川电网有序用电预案》《四川电网紧急拉闸限电序位表》，报政府批准后执行。

11.负责所辖水电厂水库发电调度工作，制定水库调度方案。参与主要水电厂发电与防洪、航运和供水等方面的协调工作。

12.负责组织制定全网继电保护及安全自动装置配置的技术方案和调度管辖范围内的整定方案，并督促实施，负责继电保护专业归口管理，负责继电保护专业技术监督，负责继电保护二次设备的大修、技改项目的审查。

13.负责所辖电力系统的安全稳定运行管理。

14.参与制定自动化系统的规划，负责电力二次系统安全防护。

15.负责公司电力调度控制技术装备的运行和管理。

16.负责对本级监控范围内电网运行设备的集中监控。

17.负责四川电力系统调度控制业务中涉及电网通信通道业务的评价。

18.配合电力通信管理部门对四川电力系统的电网调度通信业务的日常运维、事故处理、调查分析。

【省调调度管辖设备范围】四川电网除国调、国调华中分中心管辖外的500千伏系统（含500千伏站内无功补偿设备）。

四川电力系统内220千伏主网架和地区电力系统间220千伏联络线。

四川电力系统内装机容量1万千瓦及以上的发电厂及其送出系统。

国调、国调华中分中心委托调度管辖的设备。

【省调监控设备范围】四川电网500千伏变电站设备（消防、安防、视频系统除外）。四川电网500千伏输电设备。

【地区电力调度控制中心】四川电网设有 22 个地调，分别是：成都地调、天府地调、德阳地调、绵阳地调、广元地调、资阳地调、凉山地调、内江地调、自贡地调、宜宾地调、泸州地调、乐山地调、眉山地调、达川地调、南充地调、巴中地调、攀枝花地调、广安地调、遂宁地调、阿坝地调、雅安地调、甘孜地调。

【地调的职责和权限】1.接受省调的调度管理，接受省调授权或委托的与电力调度相关的工作。

2.负责所辖电网的安全、优质、经济运行，负责调度控制管辖范围内设备的运行、监控、操作及电网的事故处理。

3.负责所辖电力系统调度控制、设备监控、调度计划、继电保护、调度自动化、水电及新能源等专业管理和技术监督。

4.负责编制和执行所辖电网的运行方式，执行省调下达的运行方式。

5.负责编制并执行所辖电网调度计划。

6.会同有关部门编制本地区电网有序用电预案和本地区电网紧急拉闸限电序位表，报政府批准后执行。

7.负责组织制定和执行所辖电力系统的继电保护方案。

8.受理并批复新建或改建管辖设备投入运行申请，制定新设备启动调试调度方案并组织实施。

9.参与所辖电网发展规划、设计、有关工程项目的审查和设备选型。

10.负责所辖电力系统的安全稳定运行管理。

11.负责所辖水电厂水库发电调度工作，制定水库调度方案。参与主要水电厂发电与防洪、航运和供水等方面的协调工作。

12.负责所辖调度控制自动化设备的运行管理。

13.负责签订所辖发电厂并网调度协议。

14.负责对本级监控范围内电网运行设备的集中监控。

15.负责四川电力系统调度控制业务中涉及电网通信通道业务的评价。

16.配合电力通信管理部门对四川电力系统的电网调度通信业务的日常运维、事故处理、调查分析。

【地调调度管辖设备范围】1.本地区除省调调度管辖外的 220 千伏系统。

2.本地区 110 千伏及以下系统。

3.本地区装机容量 1 万千瓦以下发电厂及其送出系统。

4.本地区与其他地区间的 110 千伏联络线（由相关地调协商调度）。

5.省调委托调度管辖的设备。

【地调监控设备范围】1.本地区 220 千伏、110 千伏变电站设备。

2.本地区 220 千伏、110 千伏输电设备。

【电网安全经济运行】2015 年，四川省电力公司系统坚持“安全第一、预防为主、综合治理”原则，围绕保障电网安全稳定运行，不断加大安全风险管控力度，圆满完成了三大特高压直流及德宝直流长期满功率外送，以及迎峰度夏、度冬、重要节假日保电等工作任务。全年调度口径最大发电出力 5531 万千瓦，最大用电负荷 3055 万千瓦；调度口径最大外送电力 2810 万千瓦，外送电量 1226.34 亿千瓦时，外购电量 10.92 亿千瓦时，电网连续 34 年安全稳定运行。

2015 年，四川电网电力生产安全平稳，在省内用电负增长的背景下，电力供需总体呈现“丰余枯足”的特点。丰、平水期受水电装机快速增长、夏季气温偏低等多重影响，水电消纳面临空前压力，富余电量达到前所未有的水平。枯水期受省内发电能力增强、用电需求负增长、跨区分配机组留川电量大幅增加等因素影响，省内电力供应十分充裕。

四川电力送变电建设公司精心组织 20 多名员工完成了对 220 千伏新雅一二线的接地电阻测量、防污清扫、螺栓紧固、更换绝缘子、间隔棒，及时消除了各类隐患和缺陷。图为在四川甘孜州海拔 4412 米的高尔寺山上，检修人员更换间隔棒

（王　超　摄）

2015年，四川电网电力供需总体平衡，未发生拉闸限电，电力供需从“丰余枯缺”转变为“丰余枯足”，电力供大于求矛盾突出，火电发电利用小时数大幅下降，水电弃水电量逐年增加。

全年用电量出现负增长。从三个方面分析，一是从天气来看，冬季气温偏暖，夏季气温凉爽，高温时间偏短，空调负荷持续时间短；二是从来水看，各流域来水比多年同期平均减少约7.4%，来水较多年略偏枯，趸售区用电需求没有增加；三是从行业用电看，比重最大的第二产业用电量出现负增长4.43%。

电力供应充足。从三个方面分析，一是电源装机大幅增加，2015年新增装机790.3万千瓦；二是电煤供应充足，2015年四川电网电煤供应平稳，未发生缺煤停机；三是水电来水较好，2015年全网来水比上年同期平均减少约10.1%，比多年同期平均减少约7.4%，来水较多年略偏枯。

枯水期，由于电力需求下降，而机组发电能力大大增加，同时国调机组留川电量大幅增加，电力供应十分充裕，为保证水电等清洁能源消纳，火电机组有序安排停机备用，开机容量小，负荷率低，利用小时数大幅下降。枯水期四川电网网间外购电较少，仅2－5月购入西北（风电）30万千瓦电力。

丰水期，水电发电能力大增，而用电负荷较低，电力供需形势十分宽松。水电消纳面临巨大压力，在国家电网公司、各分部和兄弟省市公司的支持下，四川公司采取多种措施最大化消纳水电，取得了较好的社会和经济效益。通过优化电网运行方式提高水电消纳能力，一是优化水库运行方式，汛前降低水库水位运行，减少弃水；二是减少丰期火电开机容量，最大限度为水电腾出发电空间；三是协调大型水电开机，提高外送通道送电能力。同时积极开展替代发电、直购电工作，缓解弃水压力和水火矛盾，安排水火代替，增发水电50.49亿千瓦时；自备火电停机代替，增发水电40.7亿千瓦时；水电直购交易94.3亿千瓦时。

【节能发电调度成果】2015年，四川电网继续开展节能发电调度试点工作，并严格执行省政府年度发电计划，全力保障风电、水电及其他可再生能源发电优先上网。

全年普通燃煤机组平均上网发电利用小时为2303小时，四川电网按节能发电调度政策优先调用大容量高效率机组，60万千瓦机组平均利用小时为2884小时，30万千瓦机组平均利用小时为1994小时，20万千瓦及以下机组平均利用小时为514小时。火电机组平均供电标煤耗321.67克/千瓦时，较传统调度方式降低4.41克/千瓦时，相当于节约标煤12.2万吨，减排二氧化碳31.7万吨，减排二氧化硫0.35万吨。

四川电网继续实施替代发电，枯水期（1－4月和11、12月）完成火火替代发电31.87亿千瓦时（其中公用火电12.60亿千瓦时，自备火电19.28亿千瓦时），大容量高效率机组增加了发电量，按煤耗平均降低40克/千瓦时测算，相当于节约标煤12.8万吨，减排二氧化碳33.2万吨，二氧化硫0.37万吨。丰水期（5－10月）实施水火替代发电共计91.21亿千瓦时（其中公用火电50.49亿千瓦时，自备火电40.72亿千瓦时），增加了水电消纳，按平均煤耗320克/千瓦时测算，相当于节约标煤291.9万吨，减排二氧化碳758.6万吨，二氧化硫8.41万吨。

2015年，四川电网通过开展节能发电调度工作，合计节约标煤317万吨，减排二氧化碳824万吨，二氧化硫9.1万吨。

【电网统调装机容量】截至2015年12月31日，四川电网全社会口径装机容量8674.9万千瓦，其中水电6939.3万千瓦，火电1623.9万千瓦，风电73.4万千瓦，光伏38.4万千瓦。

截至2015年12月31日，四川电网调度口径装机容量8203.4万千瓦（国调2310万千瓦，西南分中心330万千瓦，省调4880.6万千瓦，地县调682.8万千瓦），发电厂共3076座（国调6座，西南分中心1座，省调305座，地县调2764座），机组共5524台（国调35台，省调766台，西南分中心6台，地县调4717台）。其中，水电装机共6727.8万千瓦（国调2310万千瓦，西南分中心330万千瓦，省调3448.8万千瓦，地县调639.0万千瓦），占总容量的82.0%，机组5381台（国调35台，西南分中心6台，省调684台，地县调4656台）；火电装机1365.8万千瓦（省调1323.5万千瓦，地县调42.3万千瓦），占16.7%，机组120台（省调63台，地县调57台）；风电场10座，装机73.4万千瓦，占0.9%，均为省调调度；光伏电站13座（省调9座，地调4座），装机36.4万千瓦（省调34.9万千瓦，地调1.5万千瓦），占0.5%；自备电厂6座，装机122.1万千瓦，未纳入规模统计。

直接接入220千伏及以上电压等级的国调、西南分中心和省调发电机组448台，总容量6967.8万千瓦，其中火电装机1262万千瓦，水电装机5626.5万千瓦，风电装机65.4万千瓦，光伏装机14万千瓦。单机60万千瓦以上机组56台，容量3590万千瓦（国调35台、容量2310万千瓦，省调21台、容量1280万千瓦）。

2015年年末，四川电网发电设备总体情况见表10。

2015年年末四川电网调度口径装机容量合计

表10　　　　单位：台/座、万千瓦

	总容量		火电		水电		风电		光伏	
	台数	容量	台数	容量	台数	容量	座数	容量	座数	容量
直调	766	4880.55	63	1323.52	684	3448.77	10	73.35	9	34.91
成都地调	358	69.617	1	0.65	357	68.967	0	0	0	0
乐山地调	237	54.7795	6	1.075	231	53.7045	0	0	0	0
德阳地调	167	9.3538	0	0	166	8.7538	0	0	1	6
雅安地调	1316	179.486	8	1.35	1308	178.136	0	0	0	0
眉山地调	71	5.1753	0	0	71	5.1753	0	0	0	0
攀枝花地调	211	43.0685	16	18.5	193	23.8685	0	0	2	7
阿坝地调	236	56.3849	0	0	236	56.3849	0	0	0	0
绵阳地调	189	19.638	0	0	189	19.638	0	0	0	0
达州地调	4	4.04	0	0	4	4.04	0	0	0	0
凉山地调	888	97.7609	0	0	888	97.7609	0	0	0	0
泸州地调	296	11.847	0	0	296	11.847	0	0	0	0
宜宾地调	4	0.057	0	0	4	0.057	0	0	0	0
南充地调	9	2.1	0	0	9	2.1	0	0	0	0
广元地调	159	11.9726	1	0.6	157	11.1626	0	0	1	2.1
内江地调	73	30.8675	2	1.2	71	29.6675	0	0	0	0
广安地调	104	8.1825	8	6.15	96	2.0325	0	0	0	0
遂宁地调	40	20.6655	0	0	40	20.6655	0	0	0	0
资阳地调	66	6.0755	0	0	66	6.0755	0	0	0	0
自贡地调	34	16.11	15	12.75	19	3.36	0	0	0	0
巴中地调	136	6.6868	0	0	136	6.6868	0	0	0	0
甘孜地调	119	28.95	0	0	119	28.95	0	0	0	0
总计	5483	5563.368	120	1365.80	5340	4087.80	10	73.35	13	36.42
	总容量		1000/750千伏		500千伏		220千伏		110千伏	
	台数	容量	台数	容量	台数	容量	台数	容量	台数	容量
直调	766	4880.55	0	0	58	1812.6	349	2515.21	359	552.74
成都地调	358	69.617	0	0	0	0	0	0	358	69.617
乐山地调	237	54.7795	0	0	0	0	0	0	237	54.7795
德阳地调	167	9.3538	0	0	0	0	0	0	167	9.3538
雅安地调	1316	179.486	0	0	0	0	0	0	1316	179.486
眉山地调	71	5.1753	0	0	0	0	0	0	71	5.1753
攀枝花地调	211	43.0685	0	0	0	0	0	0	211	43.0685
阿坝地调	236	56.3849	0	0	0	0	0	0	236	56.3849
绵阳地调	189	19.638	0	0	0	0	0	0	189	19.638
达州地调	4	4.04	0	0	0	0	0	0	4	4.04
凉山地调	888	97.7609	0	0	0	0	0	0	888	97.7609
泸州地调	296	11.847	0	0	0	0	0	0	296	11.847
宜宾地调	4	0.057	0	0	0	0	0	0	4	0.057
南充地调	9	2.1	0	0	0	0	0	0	9	2.1
广元地调	159	11.9726	0	0	0	0	0	0	159	11.9726
内江地调	73	30.8675	0	0	0	0	0	0	73	30.8675
广安地调	104	8.1825	0	0	0	0	0	0	104	8.1825
遂宁地调	40	20.6655	0	0	0	0	0	0	40	20.6655
资阳地调	66	6.0755	0	0	0	0	0	0	66	6.0755
自贡地调	34	16.11	0	0	0	0	0	0	34	16.11
巴中地调	136	6.6868	0	0	0	0	0	0	136	6.6868
甘孜地调	119	28.95	0	0	0	0	0	0	119	28.95
总计	5483	5563.37	0	0	58	1812.6	349	2515.21	5076	1235.56

备注：1、省调直调自备电厂6座，机组20台，共122.1万千瓦，未纳入上述统计；

【统调统分电力】2015 年，四川电网调度口径累计发电量 2928.0 亿千瓦时，同比增加 3.1%，其中水电 2574.8 亿千瓦时，同比增加 8.3%，火电 341.0 亿千瓦时，同比下降 25.8%。统调口径累计上网电量 1562.6 亿千瓦时，同比下降 0.20%。其中水电 1249.0 亿千瓦时，同比增加 7.33%；火电 301.5 亿千瓦时，同比下降 24.3%。

2015 年，四川电网调度口径最大发电出力 5531 万千瓦，同比减少 15 万千瓦，降幅 0.27%，发生在 8 月 3 日；日最大发电量 12.09 亿千瓦时，同比减少 0.12 亿千瓦时，降幅 0.98%，发生在 8 月 5 日。省调机组日最大发电出力 3404 万千瓦，同比增加 294 万千瓦，增幅 9.5%；日最大上网电量 6.89 亿千瓦时，同比增加 0.76 亿千瓦时，增幅 12.4%，均发生在 8 月 3 日。

2015 年四川电网全口径机组平均发电利用小时数为 3935 小时，同比减少 360 小时。其中水电机组为 4258 小时，同比减少 249 小时；火电机组为 2688 小时，同比减少 849 小时；风电为 2452 小时，同比增加 386 小时；光伏为 1528 小时，同比减少 105 小时。

2015 年国调机组平均发电利用小时数为 4850 小时，同比减少 346 小时（全部为水电），省调机组平均发电利用小时数为 3389 小时，同比减少 368 小时，其中水电为 3754 小时，同比减少 135 小时；火电为 2499 小时，同比减少 964 小时；风电为 2452 小时，同比增加 370 小时，光伏为 1531 小时，同比减少 139 小时。

【电网频率】（1）频率质量情况

2015 年四川电网频率质量继续保持高水平，全网无 50±0.2Hz 越限情况，频率合格率为 100%，全网 50±0.1Hz 累计频率越限时间 0 秒，合格率为 100%，其中四川累计责任频率越限时间 0 秒，与 2014 年情况相同，合格率为 100%。

2015 年电网最高频率 50.09Hz，发生在 10 月 10 日 01:54；最低频率 49.91Hz，发生在 10 月 15 日 05:50。

（2）提高电网频率质量采取的措施

频率合格率的保证，主要取决于有功功率的平衡，与用电负荷水平、发电备用容量、机组一次调频、AGC 调整能力因素密切相关。为进一步提高电网频率质量，采取的主要措施如下：

①严格执行电网运行控制措施，留足稳定裕度和功率备用，制定可能造成频率异常的区内、区外设备故障处置预案，提高四川电网对区内、区外故障抵御能力，减轻对频率的影响程度。

②加强负荷预测、电力电量平衡校核等技术支持手段的应用，提早预测负荷趋势，提前调整开机规模，增加系统运行备用容量；充分利用网间电力通道的输送能力，开展网间电力电量支援和交易，进一步提高省内电力电量平衡水平。

③加强监控和人工干预。通过监视 D5000 系统、大屏的频率和联络线 CPS 数值，并充分利用 AGC、声光报警系统等技术手段，对频率、联络线功率进行实时监控；根据当前负荷变化特点，提前预判，进行人工干预，保证 AGC 可调备用容量。

④加强 AGC 管理，充分利用水库电厂受来水影响相对较小，机组调节能力变化不大的特点，集中督促好二滩、瀑布沟、紫坪铺、亭子口、宝珠寺等水库电厂的 AGC 运行管理，提高电网频率调节性能。

⑤加强直流配套安控及其通信通道的运行维护，确保直流闭锁等严重故障时，安控系统正确动作切机，维持事故后电力系统的有功功率平衡。

【无功补偿】2015 年四川 500–220 千伏主网电压监测考核点的电压合格率为 100%，同业对标排列第一。

2015 年，四川电网 500 千伏最高电压为 543.6 千伏，发生在 1 月 23 日，因泸定电厂机组做甩负荷试验、线路充电功率过剩造成；500 千伏最低电压为 517.5 千伏，发生在 10 月 28 日，因亭子口电厂机组为控制巴中站 500 千伏电压而进相导致亭子口电厂电压偏低。

2015 年四川电网 220 千伏最高电压为 238.6 千伏，发生在 10 月 20 日，因大桥电厂 3 号、4 号机组从 110 千伏并网、220 千伏母线上无运行机组调压所致；220 千伏最低电压为 221.9 千伏，发生在 1 月 12 日，因高峰时段 220 千伏斑村线潮流重、无功消耗较大导致 220 千伏新二村站电压偏低。

【电厂信息接入】截至 2015 年 12 月 31 日，共接入厂站 614 个，其中 500 千伏变电站 45 座；220 千伏变电站 263 座；500 千伏电厂 19 座；220 千伏电厂 137 座，110 千伏电厂 129 座；35 千伏厂 21 座。2015 年 RTU 装置退役 4 套；监控系统新建及改造 100 套；PMU 装置新建 21 套；电能量远方终端新建 46 套。

2015 年，继续推进并网发电机组 AGC 接入试验，大幅地提升了 AGC 调节容量。截至 2015 年年底，新增 AGC 投运机组 522.1 万千瓦，其中水电 487.1 万千瓦，火电 35 万千瓦， 新接入水电站 8 座，水电集控中心 1 座以及 1 台燃气轮机组。具体见表 11：

2015 年电厂 AGC 新接入统计

表 11

<table>
<tr><th>序号</th><th>水电厂</th><th>容量/万千瓦</th><th>火电厂</th><th>容量/万千瓦</th><th>总计/万千瓦</th></tr>
<tr><td>1</td><td>大岗山</td><td>65×4</td><td rowspan="8">达州燃机 1 号机组</td><td rowspan="8">35</td><td rowspan="8"></td></tr>
<tr><td>2</td><td>枕头坝</td><td>18×4</td></tr>
<tr><td>3</td><td>安谷</td><td>19×4</td></tr>
<tr><td>4</td><td>关州</td><td>8×3</td></tr>
<tr><td>5</td><td>拉拉山</td><td>4.8×2</td></tr>
<tr><td>6</td><td>踏卡</td><td>5.5×2</td></tr>
<tr><td>7</td><td>斜卡</td><td>4.5×3</td></tr>
<tr><td>8</td><td>撒多</td><td>7×3</td></tr>
<tr><td>总计/万千瓦</td><td colspan="2">487.1</td><td colspan="2">35</td><td>522.1</td></tr>
</table>

完成备调系统 AGC 运维工作，包括大岗山、枕头坝、安谷等电厂接入备调 AGC 控制，总调节容量为412万千瓦，为四川电网为期一个月的2015年主、备调系统切换长周期演练工作的顺利完成提供了坚强的技术保障。

2015 年结合电网二次系统专项检查开展电厂了 AGC 功能及隐患排查治理专项工作。督促电厂消缺，激发电厂 AGC 投运积极性，有效解决了大岗山电厂“全厂 AGC 总投入（送调度）”信号异常，导致 AGC 退出等问题，消除了安全缺陷，提高了 AGC 机组的投运率和调节性能。

【电网技术装备】2015 年，重点开展了省调智能电网调度控制系统功能完善、调度数据网络老旧设备改造、成都等 5 个地区智能电网调度控制系统建设、16 家地市配网故障抢修指挥系统深化应用、OMS 与 PMS 互联互通、变电站调控数据交互规范改造、继电保护远方操作试点等工作。截至 2015 年 12 月，16 家地市单位配网故障抢修指挥技系统全面上线应用，OMS 与 PMS 互联互通工作有序推进，电网二次技术装备功能不断完善、各项指标稳步提升。

【电网运行方式】2015 年，四川电网通过±800 千伏锦苏直流、复奉直流、宾金直流，±500 千伏德宝直流以及川渝 500 千伏交流通道、川藏 220 千伏交流通道分别与华东、西北及重庆、西藏昌都电网相联。

网内结构最大的变化是成都地区 500 千伏广都变电站的建成投产，为成德 500 千伏双环网升级为“日”字型双回网架，进一步强化了四川电网的内部网架结构创造了条件。

500 千伏黄岩—达州第二回线路的投产，是网内网架的又一大变化，达州、巴中电网通过 3 条 500 千伏线路和 2 条 220 千伏线路与四川主网相连，增强了该地区与四川主网的联系，满足了达州、巴中的负荷增长需求，提升了检修方式下川东北地区的运行灵活性，对提高达州、巴中电网的供电可靠性具有重要作用。

500 千伏纳日变电站及其线路的建成投产，进一步延伸了九石雅水电送出通道，提升了该地区的水电汇集能力。500 千伏大岗山—雅安双回线、500 千伏黄金坪—康定线、500 千伏枕头坝—深溪沟线及大岗山、黄金坪、枕头坝等水电机组的集中投产，在四川电网外联通道无增加的情况下，大量水电机组的投产给四川电网的水电送出增加了巨大的压力。

【电网稳定】2015 年，四川公司认真贯彻国家电网公司、华中分部和西南分部的决策部署，圆满完成了宾金、锦苏、复奉特高压直流和德宝直流长时间同时满功率外送、川藏电力联网工程安全运行，以及阅兵、迎峰度夏、迎峰度冬、重要节假日保电等重点工作，并实现了四川电网连续 34 年安全稳定运行。

四川公司在国家电网公司的统一领导下，进一步加强主网方式管理，积极参加国调中心和华中、西南分中心组织的丰、枯期电网运行联合计算、年度方式分析，深入研究、周密分析、细致梳理，明确电网运行的薄弱环节，辨识电网运行的安全风险，提出电网补强措施和优化工程建设时序的可行性建议。

为保障宾—金、锦—苏、复—奉三大特高压直流及德宝直流实现满负荷安全运行。针对电网“强直弱交”新特征，为保障电网安全运行，四川公司深化电网安全稳定特性分析，通过配合国调完成直流系统安控改造、调整四川电网高周切机方案、完善瀑布沟、九石雅、康甘安全稳定控制系统等措施，提高了电网稳定水平和抗灾能力，确保了直流满负荷外送的能力；强化运行管理，编制了《三大特高压直流满负荷运行特殊运行方式》《四川电网迎峰度夏（冬）方案》《丰（枯）水期四川电网稳定运行规定》等调度保障方案，夯实特高压直流及德宝直流满负荷运行基础；加强专项隐患排查和设备消缺工作，全面清查了川电东送、交直流协调以及各水电通道等安控系统（装置）的启停、策略表以及重要断面运行控制措施的正确性。全面清查无功补偿装置等设备的运行情况，针对发现设备缺陷，要求相关单位加强设备运行维护并完成消缺工作。

针对2015年度运行方式提出的16重点措施和建议，采取公司办公室督办，省调按月核查完成进度的方式，确保重点工程和技改项目全部得到落实，提高了电网安全运行水平和水电外送能力。

四川省公司落实国家电网公司《国家电网直调系统电网运行风险预警管理规范（试行）》和《国网安质部关于进一步加强电网运行风险预警发布流程的通知》的要求，重点抓好风险评估分析、审核批准、管控落实等环节，进一步强化电网运行风险预警发布流程和全过程管控。编制了《四川电网安全风险辨识手册》，完善风险评估内容，将电网网架结构、检修调试、设备健康水平和安全生产法规制度等全面纳入风险评估。2015年，四川各级调控机构共发布五级及以上电网风险预警461份（其中省调发布98份，地县调发布363份），将供电公司、基建项目单位、直调发电厂、大用户、高危及重要客户等全部纳入预控范围，各负其责落实预控措施，起到了良好的联动效应和保障作用，降低了电网运行风险。通过风险闭环管理，实现对电网风险全过程管控，严格落实运行措施及相关预案，有效降低事故风险。2015年四川公司未发生因风险预警落实不到位的不安全事件。

继电保护

【概况】2015年，继电保护及安全自动装置作为电网安全防线对电网的安全稳定运行起到了显著作用。全网220千伏及以上系统保护装置共动作1136次，正确动作1136次，不正确动作0次，正确动作率为100%；220千伏及以上系统共发生故障163次，快速保护动作切除故障163次，快速切除率为100%。故障录波完好率为100%。没有因为继电保护原因造成电网稳定破坏或大面积停电事故，为电网安全稳定运行和设备安全做出了贡献。

【继电保护的定值和技改】2015年，四川省调共下达定值启用通知单225张，整定并下达定值单1198套，按期完成各项基建投运、继电保护技术改造、西南分中心部分设备调度范围调整等保护定值整定任务，确保未发生误整定事故。完成《2015年度继电保护及安全自动装置整定运行方案》的编制、审核和印发工作。5–6月，开展并完成了全网继电保护定值核对工作，确保了电网迎峰度夏前的保护定值四统一。

四川省调积极推动继电保护设备技改、大修等项目的落实，全网继电保护装备水平得到明显提升。截至2015年年底，全网（不含电厂及用户）220千伏及以上线路保护光纤化率达到93.05%，保护装置国产化率为97.90%，微机化率为100%，220千伏及以上线路保护、母线保护、变压器保护等双重化率均为100%。

【智能保护和智能设备】2015年四川省调持续开展智能变电站合并单元及智能终端的隐患排查及整改工作，编制发布《220千伏智能变电站继电保护及相关智能设备改造典型方案》，为各单位整改工作提供指导。按照国调中心关于智能站未通过检测合并单元、智能终端整改要求，四川电网针对2013年第一轮排查出的438台合并单元、497台智能终端，2015年完成了全部100%的整改。2015年6月，因合并单元质量问题造成浙江500千伏夏金智能变电站保护误动的事件，启动了第二轮不合格产品的排查，共排查出16座220千伏变电站的201台合并单元、144台智能终端不合格；23座110千伏变电站的141台合并单元、74台智能终端不合格。截至2015年年底，完成5座220千伏智能变电站共46套合并单元、59套智能终端整改，剩余220千伏设备整改工作已纳入2016年项目储备，110千伏设备纳入“十三五”项目储备。智能设备整改工作有效提高了智能变电站继电保护系统的可靠性，确保不发生因合并单元、智能终端问题而导致的继电保护误动、拒动事件。

【标准建设和安全运行】2015年，四川省调主动承担国调中心重点任务，牵头开展了《10 千伏—110（66）千伏线路保护及辅助装置标准化设计规范》、《10 千伏—110（66）千伏元件保护及辅助装置标准化设计规范》、《省级以上电网继电保护一体化整定计算技术规范》（Q/GDW 11420－2015）、《电网安全自动装置检验规范》4 项国网企业标准编制修订工作，其中 1 项已正式颁布，3 项已正式报批。同时，完成《四川电网智能变电站继电保护和安全自动装置运行管理规定（试行）》《四川 220 千伏—500 千伏电网继电保护装置整定计算标准化指导书》2 项规定编制，标准建设工作成效显著。

为保障电网安全运行，确保三道防线可靠，四川省调常态化组织开展电网二次安全检查。一是通过开展电网二次专项检查工作进一步对二次设备的运维要求和管理要求进行了细化，使得检查内容更有操作性、针对性。通过检查 500 千伏变电站共发现处理缺陷 20 项，其中严重缺陷 9 项，危急缺陷 2 项。二是在春秋安例行检查外扩展了二次专业管理督查手段，通过二次专项检查全力保障了三大特高压直流满负荷安全运行和电网安全度夏。三是检查工作重点突出，对全省范围内 667 套安控装置运行规程进行了专项检查并开展了专业巡视工作，对安控装置的隐患和缺陷进行了集中的检查和处理，确保了安控装置运行方式与电网运行方式相适应。

【继电保护专业精益化】2015 年，在国调中心的统一部署下，四川省调首次开展了继电保护专业精益化管理评价工作，确定了“全过程管控，以评价促落实，以整改促提升”的继电保护精益化评价工作理念。力求通过标准化、规范化、程序化的精益化评价工作，全面梳理评估继电保护专业全设备、全过程的问题与状况，通过完善的整改策略，在提升设备健康水平的同时，将“精益化”理念逐步植入日常运维管理之中，进而促进继电保护专业精益化管理水平的整体提升。2015 年共计 27 座 500 千伏变电站和 11 座 220 千伏智能站参与国家电网公司精益化检查工作，通过自查共计发现问题 15508 条，并针对问题建立了完整的反馈和闭环整改体系。继电保护精益化评价工作是专业管理的有效抓手，能将日常运维、状态检修、隐患排查等专项工作与评价工作有机结合，有利于加强专业管理，促使精益化管理理念渗透设备专业管理全过程，稳步提升继电保护专业精益化管理水平。

继电保护作为保障电网安全稳定运行的第一道防线，担负着保卫电网和设备安全运行的重要职责，为提高现场继电保护工作人员分析处理事故的能力，充分吸取四川电网过往继电保护事故教训，使教训不再重复，使经验相互借鉴，省调在全省范围内共征集 2006—2015 年各类案例 116 篇，筛选汇编案例共 61 篇，其中电网案例 50 篇，电厂案例 11 篇。案例涉及继电保护装置、二次回路、设计运维、定值整定、人员责任以及发电厂保护 6 个大类。继电保护案例汇编工作是对以往的教训和经验的有益总结，可供全省继电保护专业人员参考和借鉴，有助于提升继电保护人员风险辨识能力和工作责任心。

水库调度及新能源管理

【水电装机】截至 2015 年 12 月 31 日，省调直调水电装机 3778.77 万千瓦，占省调直调装机容量的 73%，共 250 座。主要情况如下：

按调节性能统计，年调节及多年调节水电站共 12 座，装机 328.8 万千瓦，占比 9%；季调节水电站共 11 座，装机 919.3 万千瓦，占比 24%；径流式（含日周调节）水电站共 227 座，装机 2530.67 万千瓦，占比 67%。

按流域统计，大渡河流域（含青衣江）装机 1908 万千瓦，电站数 92 座，是省调直调装机比重最大的流域；金沙江流域装机 177 万千瓦，电站数 19 座；雅砻江流域装机 683 万千瓦，电站数 36 座；岷江流域装机 476 万千瓦，电站数 47 座；嘉陵江流域（含涪江和渠江）装机 501 万千瓦，电站数 48 座。

按电站规模统计，省调直调中型电站居多，共有 125 座，总装机 1467 万千瓦；大 1 型电站只有二滩、瀑布沟，大岗山总装机 950 万千瓦；大 2 型有 17 座，总装机 1099 万千瓦；小 1 型有 101 座，总装机 260 万千瓦；小 2 型有 4 座，总装机 3 万千瓦。

【水力发电】2015 年，省调直调水电发电量完成 1249 亿千瓦时（含二滩 135 亿千瓦时），比上年增加 85 亿千瓦时，同比增长 7.3%。其中枯水期（1—4 月、12 月）日均发电量 2.50 亿千瓦时，占全年发电量 30%；平水期（5 月、11 月）日均发电量 3.00

亿千瓦时，占全年发电量15%；丰水期（6—10月）日均发电量4.49亿千瓦时，占全年发电量55%。

全年省调直调水电最大日发电量5.80亿千瓦时（7月27日），最小日发电量1.63亿千瓦时（2月20日）。省调直调水电日最大发电出力2668万千瓦（7月29日），最小发电出力407万千瓦（2月20日）。

【水库调度的成绩】1.深化全网水情预测及水电群优化调度工作，密切跟踪气象水情变化，切实加强全网水库及梯级水电优化运行管理，充分发挥各大水库调节能力，精心编制各水电年、季、月、周和日运行方式，最大化消纳全网水电，充分发挥了水电效益。2.建立了四川水电消纳月、周、日及实时平衡分析协调机制，定期组织人员研究分析四川水电消纳具体问题和措施，通过动态优化调整锦西、溪洛渡等巨型水库控制方案及开机方式，最大限度地消纳丰水期四川富裕水电，绿色发展和节能减排成效显著。3.充分利用水库调蓄能力增发减弃，汛前主动调整水库运行方式，提前启动外送以降低水库水位。至6月末水库库容电量15.7亿千瓦时，同比减少12.3亿千瓦时。汛中全力保持满负荷外送，加速消落水位，大幅缓解了后期弃水压力。汛末，加大直调水库水位消落，腾空库容约2亿千瓦时，协调国调和交易中心利用溪洛渡水库调蓄能力降低出力，将德宝直流反向时间延后5天，为11月初四川水电外送创造了有利条件采取以上措施后，合计利用库容减少弃水17.1亿千瓦时。

【新能源装机】2015年，四川省调直调新能源新增装机74.5万千瓦，同比增加220%，其中风电5座，44.5万千瓦，光伏电站8座，30万千瓦。截至2015年年底，省调直调新能源电站19座，装机108.35万千瓦。其中风电场10座，装机73.35万千瓦，光伏9座，装机35万千瓦，占全省直调总装机容量的2.1%。其中位于攀西地区的风电场9座，装机70.35万千瓦，光伏电站6座，装机26万千瓦，占新能源装机的89%。通过220千伏电压等级接入的风电场8座，装机65.4万千瓦，光伏电站2座，装机14万千瓦，合计占新能源装机73%。

【新能源发电】2015年，省调继续全面落实《可再生能源法》，保障风电、光伏的优先调度，无弃风弃光电量，全年共消纳新能源电量12.55亿千瓦时，同比增加210%，其中风电10.04亿千瓦时，光伏2.51亿千瓦时。其中6—10月丰水期共消纳的新能源电量达4.1亿千瓦时，占全年新能源电量的32.8%。风电全年利用小时数2452小时，光伏电站利用小时数1531小时。

【新能源工作成绩】

2015年，省调进一步加强了新能源电站并网管理，对照国标全面梳理并网要求，着重对新能源电站并网检测方案、涉网资料、系统建设、信息接入等做出统一规范，严格把好入网关。组织开展了四川电网并网新能源发电企业涉网安全专项检查，依据相关技术标准，从新能源电站涉网特性、二次系统建设、运行管理等方面对已投产的14座新能源电站的涉网安全情况进行了全面查评。针对发现的问题，逐站下达查评报告和整改意见，明确整改要求。通过本次检查，摸清四川在运新能源电站涉网安全基本情况，促进新能源电站规范系统建设、提高运行管理水平，同时也积累了新能源调度管理的宝贵经验，为提高新能源调度管理水平，迎接新能源大规模接入打下了坚实基础。

设备监控

【主要指标】集中监控接入　截至2015年年底，国网四川省电力公司纳入大运行体系建设的变电站共计1429座（其中500千伏站42座、220千伏站209座、110千伏站661座、35千伏站517座），集中监控覆盖率为100%。所有1429座变电站均已按典型信息表要求100%实现监控信息梳理，35—500千伏站监控信息接入量平均为1232条/站，同比2014年底1192条/站增加3%(其中500千伏为2470条/站，220千伏为2317条/站，110千伏为1350条/站，35千伏为537条/站)。主要原因一是大量智能变电站新投，整体抬升监控信息接入量平均水平，二是通过监控信息“回头看”专项活动对各电压等级变电站进行规范，增补了部分缺失信息。

监控信息的告警　截至2015年年底，月度累积平均告警信号500千伏站为20条/站•日(较2014年21条降低5%)，220千伏站29条/站•日(较2014年46条降低37%)，110千伏站24条/站•日(较2014年29条降低17%)，35千伏站8条/站•日（较2014

年 19 条降低 58%)。地县调总计告警信号 35－220 千伏 站 19 条/站•日(较 2014 年 24 条降低 21%)。

监控运行的能效 人均监控信息量省调人均监控信息量 94 条(较 2014 年 98 条降低 4%),地县调人均监控信息量 28 条(较 2014 年 103 条降低 73%)。截至 2015 年年底监控效率省调为 28,地调为 10.52,县调为 0.70。

断路器遥控实传及远方操作 500 千伏变电站断路器 1637 台,实传试验 1606 台,实传率 98.11%;35－220 千伏变电站断路器 32440 台,实传试验 32394 台,实传率 99.86%。35－500 千伏变电站断路器总计 34077 台,实传试验 34000 台,总计断路器遥控实传率 99.77%。35－500 千伏变电站断路器远方操作次数 143761 次,较 2014 年同期 12694 次提升 10.3 倍。

【重点工作】提升监控信息智能决策水平 历时一年多时间,按照“统一标准、信息聚合、数据共享、横向协同、纵向贯通”的思路研究、开发并部署省、地县三级监控信息智能决策在线应用,着力提升监控信息智能决策水平。一是建立了全省统一的标准信息库和基础库,总结梳理标准信息 5732 条(发布第二版)、规范基础信息 6315 条、收集录入原始设备信号 126212 条,创建了专家规则库的滚动更新机制。二是推动同类型设备信息共享,形成与监控信息接入流程联动,在线获取 EMS 系统信息实施版本管理,输出差异性报告智能评估信息的规范性和准确性,逐步探索研究离线分析、在线处置决策、智能站 SCD 数据分析等高级应用功能。三是通过全省统一部署,“监控信息智能决策应用”由技术平台上升为管理平台,实现了监控信息在省地县的专业指标管控。四是在国调组织的监控信息“回头看”专项活动中,在国网系统率先依托监控信息智能决策应用技术支撑手段完成在运站监控信息的自动梳理工作,切实提高了专项活动的效率和质量。经过努力探索和工作实践,监控信息智能决策应用取得了良好的使用效果,切实提升了监控运行管理水平,并在 2015 年国网设备监控管理专业会上做典型发言和获得专业推荐的典型经验,使公司的监控信息管理工作迈上了一个新的台阶,实现了设备监控信息管理在“大建设”“大检修”“大运行”三大体系的横向协同和省、地、县的纵向贯通。

开展监控信息“回头看”提升工作 按照国网调监〔2015〕22 号文的要求,四川省电力公司积极开展监控信息“回头看”工作。一是认真编制了《国网四川省电力公司监控信息“回头看”专项活动方案》,全面部署省调及 21 个地市公司的自查、互查、总结工作。二是 4 月至 6 月,省调控中心及 21 个供电公司完成自查工作,7 月组织 21 个供电公司分为 4 批次开展互查活动,搭建起供电公司间经验交流平台。三是对全省 1416 座变电站(其中 500 千伏 42 座、220 千伏 208 座、110 千伏 653 座、35 千伏 513 座)共计 1787456 条监控信息的规范性、完整性、准确性进行核查,发现问题 24052 项,现已整改 14146 项,其余将结合变电站的改造(大修、技改)予以整改。

提升监控运行分析“一键式”应用水平 一是以 EMS 系统监控功能完善为契机,上半年首先在成都地调实现 OMS 报表自动获取 EMS 数据进行上报统计,将省调的监控运行分析“一键式”报告(报表)向地县公司深入布置,形成地、县公司数据向省调 OMS 直接推送的模式,提升报表数据的准确性及快捷性。二是采用在 OMS 系统中不定期抽查、月度通报、季度考核(风险评估)的形式加强地县公司对现有的“变电站监控信息接入验收及监控许可申请流程”“监控信息缺陷管理流程”使用力度督查,发现问题 178 项,整改 131 项,严格执行信息接入、集中监控许可和缺陷管理的规定要求。三是统一地市公司告警设置,组织开展告警信息智能决策系统抓取与人工统计的差异,科学合理设置“监控告警信息质量综合指标”(同业对标),促进地市公司监控告警日站均信息量平稳下降,同时提升告警质量。

完成 EMS 系统监控模块应用提升部署 一是以“需求为导向”对 21 个地调设备监控管理及监控人员开展广泛的意见征集,较系统地形成了四川电力监控功能优化完善需求。二是组织部分地调设备监控管理专业人员就 EMS 系统监控功能完善与相关厂家研发团队进行充分讨论、沟通,在功能需求、技术路线、实施方案等方面达成一致性意见,统一了全省标准。三是在 EMS 厂家搭建以成都地调 EMS 系统为模型的测试环境,逐步研发相关应用及测试,上半年在成都地调 EMS 系统已完成应用功能的部署。四是完成交接班告警信息核对周期、告警信息标识覆盖率、频发告警信息折叠率等集中监控功能优化完善项目可视化指标设计,为下一步分析成效打下基础。五是在 22 个地调对 EMS 系统监控功能优化完善进行部署。

开展设备监控辅助手段的研究 一是开展动力环境辅助系统监控信息接入调控中心的探索研究。采集了 500 千伏遂宁站动力环境辅助监控信息监测系统的遥信和遥测信息,按 5 类告警编制形成了动力环境辅助系统监控信息表,并在 D5000 上实现了监控信息信息调阅，告警信号推送告警窗。二是开展视屏图像分析探索。设备监控组织运检部、检修公司、信通公司对500k彭祖站开展视屏图像分析探索研究，结合全省统一视频平台以及变电站机器人巡视系统，在高低空或设备内等巡视盲区、倒闸操作等区域增加图像监视识别补充手段，提高巡视工作效率，完善调度操作确认辅助监视。三是开展监控信息智能决策应用规则精益化管理课题研究。建立每周沟通、每月汇报、评价激励的课题管控机制，设定实践辅导、理论培训相结合的能力内生机制，并由调控中心与电科院将项目落地，按精益化管理方法充分研究需求，找寻主要问题，提出改进建议。四是组织完成《调度自动化系统典型监控信号辅助处置手册》编写，帮助监控人员熟悉监控信息的含义、原理、危害和正确的处置方法，使监控人员能够在工作中有理论依据、技术支撑和策略参考，从而保证电网的正常运行。

（钟甜甜）

电网通信自动化

【概况】四川省级智能电网调度控制系统已实现基础平台、实时监控与预警、状态估计、AGC、AVC、水电及新能源监测、雷电监测、调度计划、安全校核、调度管理类等54个应用上线运行，2015年系统总体运行情况稳定，国网同业对标指标排名第一。

2015年，四川省调着力开展智能电网调度控制系统完善消缺和后续应用推广建设工作。切实推进变电站集中监控应用实用化水平，着重进行智能告警、统计分析功能的开发，完成一体化巡检、频发信号折叠、告警抑制一览表等功能建设；完成国调、华中分中心和四川省调 DTS 互联互通工作；完成DSA趋势分析、输变电在线监测、保护远方操作等应用模块建设工作。

四川省调管辖范围内22个地区调度，除天府供电公司调度自动化系统在建外，均已建成地调主调及备调系统，县调系统已全部退役。系统具备基础平台、权限管理、数据采集与交换、稳态监控、模型画面维护、系统监视、越限统计、数据记录、控制与操作、无功电压调节等功能。通过 SCADA 平衡计算、多数据源差值比较、地区电网状态估计统一计算等手段，从海量信息中检测异常数据，校核厂站自动化信息准确性，为电网调度控制业务提供有力的技术保障。

2015 年由国网四川省电力公司调控中心承建的省、地、县调控系统一体化模型数据中心正式上线运行。该系统的上线运行标志着四川省调构建了一套覆盖全川±800千伏特高压直流至10千伏配网设备的一体化模型、数据管理平台。该平台的建设，为支撑省、地、县三级调控机构一体化在线安全稳定分析、一体化调度员仿真、一体化负荷预测、一体化保护整定计算和调控大数据分析等应用提供了坚实的基础，为实现省、地、县三级调控机构对大电网运行状态的精确感知，有效提升驾驭大电网的能力提供了重要的技术保障手段。

2015年，四川电网调度自动化运行集中监视系统正式上线运行，实现了对省、地两级调度自动化系统运行工况、厂站工况、告警信息、网络资源、服务器资源及机房环境、UPS电源、消防/安防等辅助设施相关信息的实时采集与集中监视，满足了省、地两级调控分级管理、维护和应用的要求。改变了四川电网以往省、地调度自动化系统的两级分散监控运行方式，构建了调度自动化“集中监控+属地运维”的新型运维模式，显著提高了电网调度自动化系统运行绩效；系统的应用是大运行体系建设深化的成果，自动化专业以更加“集约化、扁平化、专业化”为主线，深入推进专业精益化、同质化管理，实现了调度自动化系统运行监控和运行维护人力资源优化配置；系统的上线提升了四川调度自动化系统的应用水平，为四川电网安全、经济、优质、高效运行提供了更好的技术支撑。

2015年，四川省调积极探索主配网一体化调度控制和故障抢修调度系统关键技术，推进地调配网自动化系统及配网抢修调度指挥系统建设，积极提升配网抢修调度指挥系统实用化水平。本年度新上线地市配抢系统14套，在线运行系统达到18套。

【信息通信保障体系健全】2015年，建成SG-I6000和“省地一体化信息系统运行状态监视与预警平台”，实现了省、地、县三级信息系统、数据网络、UPS电源、机房辅助设施等实时工况的集中监视。完成国网一体化视频会议系统扩建工程的建设，实现了县级供电企业全覆盖。建设完成服务器区镜像网络，实现了核心网络安全和效率的双提升。开展存储双活高可用改造，消除单点隐患，大幅提升系统运行可靠性。开展基础环境无脚本演练，提升了公司基础环境应急处置能力。完成了信息系统账号权限的实名制治理，试点建成了信息系统统一认证平台，实现了账号权限的全生命周期管理。

【调度自动化运行保障能力的提升】2015年，全面建成智能电网调度技术支持系统（SG-OSS），完成全网500千伏变电站自动监控信号的核对整改，重要厂站自动电压控制（AVC）的开、闭环调试和故障测试。积极推动AVC省调控制策略和省地调、站间协调运行优化工作，提高了电网调控智能化水平。有序推进调度数据网二平面建设，完成了网络结构和配置优化，开展了全网纵向加密认证装置的策略优化，提升了自动化数据和业务的安全可靠承载能力。依托建成的调度自动化省地一体化集中监控系统，实现了对省、地两级调度自动化系统、UPS电源及机房环境等辅助设施的集中监视与故障应急处置，提高了省、地两级调控自动化系统的运行管理水平。

【备调系统建设】2015年，备调系统继续与省调主系统同步接入新投厂站，新增大岗山、枕头坝、安谷等电厂至备调AGC控制，备调总调节容量增至1436.5万千瓦，顺利完成四川电网2015年主、备调系统切换长周期演练工作。

【调度数据网建设】2015年，四川电力调度数据网得到较大完善和发展，已全面建成国家电力调度数据网（SGDNet）双平面骨干网在四川范围内的节点，省调和部分地调业务系统已完成双平面接入。截至2015年12月底，省调接入网覆盖全部21个地调（暂不含天府供电公司）、220千伏及以上变电站和省调直调电厂，共计618个节点，省调直调厂站网络覆盖率达到100%，为电网生产信息传输提供了可靠的传输平台。全川21个地调接入网建设已基本完成，21个地调已将具备业务接入条件的厂站业务接入主备调。

【回顾“十二五”】　“十二五”规划末，纳入四川省电力公司省级骨干通信网运行管理的光缆达35339.65公里，较“十二五”规划初增长123.49%；光通信设备825台，较“十二五”规划初增长74.05%；业务通道1.5万余条，较“十二五”规划初增长121.07%；信息主机设备1032台，较“十二五”规划初增长60.75%；网络设备363台，较“十二五”规划初增长49.38%；存储容量528TB，较“十二五”规划初增长82.07%；省、地实现网络冗余，且单条网络带宽达2.5G，较“十二五”规划初增长24倍。公司为省公司顺利实现“十二五”规划建设目标提供了坚强的支撑。

【支撑电网建设】初步形成了网状网结构省级骨干通信网，有力保障电网安全与特高压运行。实现35千伏及以上变电站光纤覆盖率100%，220千伏及以上变电站双光纤覆盖率100%，调度/行政交换网、数据通信网覆盖率100%。建成覆盖省、地、县三级供电企业的高清电视电话会议室403个。率先建成覆盖22个地市公司的综合应急业务平台，在历次重大应急保障中表现卓越；全面建成统一指挥、分级管理的信息通信调度运行体系，实现对信息通信系统实时监控和调度检修管理。

【支撑“三集五大”体系建设】实现22个地市公司OTN核心网全覆盖，基础带宽提升10倍，有效支撑“三集五大”体系建设。全面建成以SG-ERP系统物资模块和电子商务平台为核心的物资管理系统，实现对省公司及22家地市公司、155家县级供电企业的大规划系统全覆盖。建成涵盖项目、安全、质量、造价、技术、综合6大专业的基建管理信息系统。实现电网生产调度、运行及检修工作的数据共享与流程贯通。实现对22家地市供电公司的营销管理系统应用覆盖。建成跨单位、跨领域的协同综合业务系统。全面建成覆盖公司战略层、经营层和作业层的智能分析决策体系。

【支撑信息安全防护建设】全面构建信息安全主动防御体系，保持信息系统安全稳定运行，有效支撑公司安全稳定发展。以网络隔离、安全接入、漏洞扫描、保密检查等手段，形成覆盖网络、终端、主机、数据、应用和用户的监测体系。全面评估公司核心信息系统风险，完成对重要信息系统单点隐患改造。完成信息网络优化完善与性能提升，加强互联网出口审查，保障对外业务数据交互安全可控。开展省级信息安全攻防演练，参与国家电网公司“红蓝队”攻防演练，增强公司主动防御能力，信息系统运行稳定性和可靠性大幅提升。

【信息通信专业工作的成效】“十二五”规划期间，公司共获得省部级科技、管理奖21项，专利73项，软件著作权4项，在核心期刊发表科技论文11篇，14项技术研究成果被国家电网公司及中电联采纳，其中一项科技成果获四川省科技进步奖一等奖。成立信息技术重点实验室，开展信息安全防护技术研究、电力信息安全督查关键技术研究等科技攻关，研制出技术国际领先的国产服务器虚拟化和桌面虚

拟化管理软件产品，完成云安全终端系统试点建设。（高勇、钟甜甜）

国网四川省电力公司检修公司

【企业概况】随着四川500千伏电网的快速发展，为了优化资源配置，合理整合资源，充分发挥专业化优势，提升专业化管理水平，实现500千伏电网安全、可靠、稳定运行，四川省电力公司启动了四川超高压电网运检体制改革，四川省电力公司超高压运行检修公司于2008年4月18日在成都正式成立。按照“总体设计、分步实施、逐步到位”原则，稳步推进，完成了所属6个检修中心的组建和业务划转及人员接收工作，改变了四川超高压电网多年来的属地化管理格局，全面推进专业化管理。2010年6月，为深化专业化改革，四川省电力公司做出了交直流业务整合的重大决策，组建了超（特）高压运行检修公司，这是专业化改革道路上的又一个里程碑，检修公司的业务范围涵盖了交流和直流、超高压和特高压所有的省内骨干电网，步入了发展的快车道。2012年6月，为全面推进“三集五大”体系建设，在原超（特）高压运行检修公司的基础上，组建成立了省检修公司，作为四川省电力公司“三集五大”体系建设的省级层面支撑和实施机构。

国网四川省电力公司检修公司（以下简称“检修公司”）是国家电网四川省电力公司的直属单位之一，主要负责全省21个地市（州）超特高压输变电设备的生产运维、检修、大修、抢修、带电作业等工作的组织实施。检修公司本部现设置办公室、运维检修部、安全监察质量部（保卫部）、财务资产部、人力资源部、党群工作部（工会、团委）、监察审计部（纪委办公室）7个部门，下辖变电检修中心、输电检修中心，成都、西昌、自贡、南充、绵阳、乐山、雅安7个运维分部，以及特高压交直流运检中心和综合服务中心。截至2015年年底，检修公司运维管理500千伏交流变电站46座，变电容量7408万千伏安，±500千伏换流站1座，容量300万千瓦，输电线路175条，长度15330公里（其中2524公里藏区线路委托四川送变电公司运维），检修公司直管和受委托管理的电网资产原值543.05亿元（其中代管国家电网公司资产105.27亿元，代管华中分部资产10.42亿元），超特高压电网规模居国家电网公司系统前茅。

【人力资源】截至2015年年底，全口径用工2252人，其中国有全民员工1434人，占63.67%，业务外委用工818人，占36.33%。国有全民员工1434人中，管理人员256人，占17.85%；技能类(服务类)人员1178人，占82.15%；硕士研究生（含硕士学位）173人，占12.06%，本科865人，占60.32%，专科及以下392人，占27.35%。取得专业技术资格人数共1014人，其中高级职称89人，占6.21%；中级职称318人，占22.18%；初级职称607人，占42.33%。取得技能等级人数共973人，其中高级技师137人，占9.55%；技师516人，占35.98%；高级工126人，占8.79%；中级工192人，占13.39%；初级工2人，占0.13%。

2015年，检修公司进一步优化干部队伍结构，全年新提拔中层干部4名，平级交流中层干部8名；创新后备干部选拔方式，增加竞争演说、公开答辩等综合考评程序，选拔确定后备干部36名；深化两级“四好班子”创建活动，修订完善基层单位“四好班子”考评办法和《干部管理办法》等3项制度，对12个基层单位领导班子和班子成员进行了民主测评，开展基层单位领导班子及中层干部的年度考核考评工作；强化干部培训和培养锻炼，推荐到国家电网公司、四川省电力公司培养锻炼3人，举办干

丹巴站年检　（温永柯　摄）

部及管理人员读书班 2 期、中层履职能力培训班 2 期，开展变电、线路专业中层干部专业技术管理培训班各 1 期，检修公司党政主要负责人亲自授课、言传身教，有效提升了干部队伍能力素质。

2015 年，检修公司组织实施生产技术、安全监督、人力资源、党政工团等 11 类 234 项教育培训项目计划；组织开展 2013 年度师带徒鉴定考试及 2015 年 98 名新进员工师带徒合同签订工作；大力开展员工教育培训，全年投入培训经费 197.78 万元万元，共计培训 6306 人次，其中自主办班 5605 人次，外送培训 701 人次，各项培训计划有序开展，员工素质和技能业务水平大幅提升；主业生产岗位员工持证上岗率 100%；有效推进人才评价，提升管理能力，全年检修公司共有 310 人取得高级专业技术资格和技能等级、54 人被评为公司级及以上优秀人才；人才当量密度从 2014 年底 1.049 提升到 2015 年年底 1.0681，提升了 1.8 个百分点。

【运维检修管理】2015 年，检修公司针对三大直流及德宝直流满负荷运维保障工作，编制下发了专项保障方案，明确输电线路 142 处重点保障区段，沿线设置 21 个保电站，积极开展巡视和测温测距，大力应用无人机和有人机开展飞巡和激光雷达扫描，及时发现治理各类缺陷和隐患 68 项。充分发挥集团化运作优势，与沿线 11 家属地公司、电科院等单位开展了 2 次专项缺陷及隐患治理，发现治理各类缺陷 478 项、通道树竹类隐患 435 项。做好应急抢险准备，积极开展无脚本演练，70 小时内顺利完成了±800 千伏宾—金直流接地极断线故障抢修恢复工作，圆满完成三大直流满功率运维保障任务。

重点工程安全有序推进 顺利完成九江、溪古输变电新建工程，丹景、乡城扩建工程、达州—黄岩Ⅱ回线路工程，以及大岗山、枕头坝、黄金坪水电站 500 千伏送出工程验收和投运工作；完成德阳换流站年度检修，共计整改问题 1707 项，消除重大隐患 1 项，有力确保了川电外送通道的畅通；圆满完成乡城、木里站加装合闸电阻技改工程，消除了川藏联网工程后期运维重大风险；完成龙王站 12 组隔离开关、6 台断路器、6 台电流互感器，东坡站 15 台电流互感器、7 组隔离开关更换工作，大力提升了设备健康水平；完成乡城站主变扩建、丹景站主变扩建验收投运任务，消除了电网运行卡脖子情况。

输电线路故障跳闸率大幅下降 全面落实输电线路“六防”措施，建立防山火台账，全年山火避险停用重合闸 54 条次，较 2014 年减少 156 条次。开展接地电阻检测 6645 基，发现并整治不合格接地网 51 基，安装避雷器 153 套、并联间隙 85 基。深入开展保护电力设施宣传，建立防外破隐患专档，在重点外破隐患点装设 48 套在线监测装置。继续推进通道属地化巡护，在 52 条 500 千伏及以上输电线路开展通道属地化巡护工作；无人机飞巡线路 5630 公里、杆塔 13658 基，发现各类缺陷隐患 2813 处，实用化水平居国网系统前列；按照四川省电力公司防山火、覆冰在线监测三年布点规划原则，完成±800 千伏锦苏线等重要输电线路通道的在线监测点位安装；完成 500 千伏及以上输电线路检修 102 条，组织开展全公司范围输电线路检修技能培训，实现特高压直流输电线路带电作业预期目标。

推进输变电专业精益化管理 大力推进线路标准化建设，严格按照国家电网公司“6 张照片”要求录入线路资料；全面开展线路通道及塔基环境治理、排水沟及堡坎修护、标识标牌补充工作，确保现场满足标准化线路建设标准。500 千伏标准化线路建设完成率已达 100%；深入开展变电专业精益化管理评价工作，结合检修公司一次设备动态维护手册，以设备管理为核心，将各项评价要求融入到日常专业基础工作中去，不断提高生产精益化管理水平；以国家电网公司首次继电保护精益化评价为契机，全面整治继保专业存在的问题和隐患，有力提升了电网本质安全水平。

10 月 15 日，500 千伏木里变电站合闸电阻安装现场

（李云 摄）

设备家族性缺陷排查治理取得成效 完成 ABB、西开组合电器刀闸连杆脱落、ABB 敞开式断路器绝缘拉杆质量、上海 MWB 互感器、乙炔含量超过 1ul/l 的雷兹 CT、新东北 HGIS 设备 CT 受潮等

5起家族性缺陷治理。分析上报了新东北微动开关尺寸问题、西开辅助开关材质问题、西开组合电器开关合闸弹簧合闸不到位、新东北CT受潮、中山泰峰PT设计隐患、山东泰开刀闸连杆脱落等6起疑似家族性缺陷，为检修公司设备整治及兄弟单位避免安全事故提供了有效支撑。

输变电检修队伍质效大幅提升 通过全面参与木里、乡城加装合闸电阻大型技改工程安装调试，进一步提高了检修队伍综合素质；完成了桃乡、石棉、康定、月城等25座变电站的带电检测工作，检修公司两名员工代表四川省电力公司参加国家电网公司GIS带电检测技能竞赛，表现突出获得四川省电力公司书面褒奖；试点开展了X射线带电检测，发现了石棉站内部螺栓松动、温升异常潜伏性缺陷；检修公司荣获四川省电力公司2015年继电保护竞赛团体、个人一等奖；带电作业取得新的突破，实施了省内首次±800千伏线路带电作业，在高海拔地区首次利用无人机辅助成功开展500千伏里月二线带电消缺，全年共完成带电作业70余次，在国网系统同业排名第一。

PMS2.0系统建设成效显著 自2015年4月四川省电力公司安排部署PMS2.0系统建设工作以来，检修公司组织各分部投入大量人力、精力，开展了各套业务系统数据治理、系统上线后的迁移后数据核查、丢失数据补录、系统应用及培训、图形治理等工作，检修公司PMS2.0系统应用水平排全省前列。

优化完善工程项目管理 完成了公司项目管理《三大手册》实施细则制定，明确了项目管理的业主、建立、施工单位职责及过程资料，对检修公司大修技改工程管理办法、设计监理施工考核实施细则进行了完善修订，工程项目管理标准得到全面完善、规范和优化。检修公司荣获“电亮藏区”工程建设先进单位。工程项目应急备案取得突破。2015年，检修公司进一步规范完善应急技改项目的立项、采购、实施流程，改变了以往应急技改项目管理混乱的情况。检修公司“500千伏叙府变电站220V站用直流蓄电池组更换”等6个技改项目应急备案成功，成为四川省电力公司系统首家成功完善应急项目备案流程的单位。

【安全管理】2015年，检修公司始终坚持把安全工作放在首位，全力确保人身、电网和设备安全。及时修订了安全奖惩实施方案、反违章实施方案等一系列配套管控制度，完善了安全生产“重奖重罚”“一票否决”的激励约束机制，全年共查纠违章637起，安全奖励金额146万元。健全电网风险预控机制，设备监控、生产调度、应急指挥等协同管控的作用加强，检修公司领导带头开展“日管控”，安全基础地位得到巩固，局面迅速稳定。检修公司被国家能源局四川监管办评为四川电力安全生产先进集体，获四川省电力公司2015年度安全生产特殊贡献单位。

现场作业风险管控增强 完成公司所辖44座变电站视频会议系统调试接入工作，进一步强化对作业现场的直接控制，初步实现了远程指挥、诊断、协调。2015年共完成1242项停电检修工作，认真开展风险评估和措施落实，完成四级电网风险14次，五级电网风险83次运维保障工作。按照公司要求强化周计划、日管控制度，强化了大型作业现场的监督检查，确保了现场安全。扎实开展1075台敞开式断路器寿命中期统计排查，以及133台断路器防拒动、37台阿尔斯通断路器、43台干式电抗器、户外设备防水防潮、刀闸电机电源共用空开、三大直流及川藏联网安控系统等13项专项隐患排查，完成了石棉站、九龙站ABB、西开刀闸传动连杆脱落、新东北500千伏HGIS外置套管式CT二次绝缘降低、5组乙炔超过1ul/l的雷兹CT更换等隐患治理，有效提升设备安全健康水平。

突发应急情况处置有效 快速响应，顺利完成平武站GIS内部放电故障处置、水洛站地基沉降导致盆式绝缘子破裂、丹巴站地基沉降引线绷直、茂县站盆式绝缘子破裂、路平站刀闸连杆操作中脱落等5起突发设备事件，确保了电网稳定运行。

1月18日，500千伏石泉线山火隐患治理工作全面展开。图为工作人员正在烧除石泉线58号铁塔四周和通道附近的杂草（李云 摄）

健全质量监督管理制度 完善检修公司质量监督管理三级网络，针对性地组织开展两次质量监督管理培训，2015年检修公司共上报质量事件41件，其中，七级质量事件22件，八级质量事件19件，3件被收录为国家电网公司典型事件。开展了资产全寿命周期管理体系建设工作，编制文审材料60余份、收集整理支撑性材料近3000份，及时根据专家组预评价的整改意见落实了整改措施，顺利通过国家电网公司体系建设的正式评价，达到"成熟性"的评级标准。结合各类安全规程制度和检修公司变电站安全管理要求，组织编写国网系统内首部500千伏变电站精益化安全性评价细则及管理办法，对变电站安全管理水平进行定量等级评价。2015年，桃乡、遂宁、茂县和路平站均达到A级标准。

【科技与信息化】2015年度，检修公司全年累计申请发明专利5项、实用新型专利15项、软件著作权2项，获得专利授权15项。检修公司荣获四川省政府科技进步二等奖1项、国家电网公司科技进步二等奖1项、四川电力工人技术创新成果奖4项；首获四川省管理创新一等奖；荣获国家电网公司职工技术创新成果二等奖、四川省职工技术创新三等奖、国网青年创新创意大赛银奖和四川省电力公司"十大优秀创新成果"奖，4项QC成果分获四川省电力公司一、二等奖。2015年，检修公司信息系统实用化指标继续在直属单位保持前列，并作为国网试点单位完成了信息系统实用化评价工作。检修公司完成了2012年至2014年的信息建设项目和信息运维项目的清理和评估工作，完成了独立二次项目"500千伏变电站综合数据网完善工程"项目建设并顺利投运。

【党的建设和精神文明建设】2015年，检修公司党委以落实全面从严治党要求为主线，以提升干部员工队伍特别是党员队伍能力和素质为重点，扎实开展"三严三实"专题教育，切实加强"三个建设"，全面提升党委各项工作水平，为检修公司全面完成年度目标任务提供了坚强保障。检修公司荣获国家电网公司"文明单位"、四川省"模范职工之家"、四川省电力公司"十佳文明单位"等荣誉称号。

按照四川省电力公司党委的统一部署，检修公司党委精心组织、统筹安排，结合重点工作以及基层单位分布全川的特点，提早制定工作计划。检修公司班子成员紧扣"三严三实"要求，率先垂范、分赴12个基层单位讲专题党课，各基层单位班子成员到党小组、班组讲专题党课44场。采取集中学习和个人自学相结合的方式，组织两级领导班子开展4个专题6次集中学习研讨66场，重点研读了《习近平谈治国理政》等重要书目。坚持高标准、严要求，两级领导班子广泛征求职工群众意见建议，从严从实查摆问题，制定整改措施，高质量召开专题民主生活会13场。全面开展"转作风、学规程、学标准、反违章"专项活动，检修公司领导分赴基层单位开展了"领导接待日""定点联系班组和党支部""三个一"等活动，密切了与基层一线的联系。通过此次专题教育，检修公司两级班子成员践行"三严三实"的思想自觉和行动自觉不断增强，党员干部思想作风和工作作风明显好转。

坚持民主集中制原则，严格执行"三重一大"决策程序、党委议事规则，对总经理办公会和党委会135项议题及相关材料认真把关，无违规决策和决策失误；健全基层党建工作办法，修订了检修公司《二级党委、党总支部委员会议事规则》，制订了检修公司《党建及宣传文化工作考核细则》，首次开展基层单位书记抓党建工作集中述职评议，试行安全工作党内问责，促进党建工作责任制有效落实。认真抓好干部理论学习，全年组织党委中心组学习12次，进一步提升党员干部决策水平。严肃党内政治生活，在坚持"三会一课"、民主评议党员、民主（组织）生活会等固有模式的基础上，抓好党员经常性教育，组织形势任务宣讲9场次，举办学习型党组织讲坛7期，举办党支部书记培训班1期，有效强化党员干部的宗旨意识和党性修养。切实加强组织建设，新成立3个二级党支部、10个党小组；实施党员发展"优推优选"工作，严把党员"入口关"，全年共发展新党员10人，预备党员按期转正15人。积极开展"两带四优"主题活动，创新党建工作内容和形式。

坚持培育选树身边典型，持续深化"树形评星"活动，引导和激励干部员工在平凡岗位上"干事创业"。打造良好企业文化环境，完善了检修公司本部道德走廊和企业文化长廊，初步建成了以"行者无疆"为主题的企业文化展厅，不断提升企业文化软实力。把"以德育企"和精神文明建设有机融合，举办道德讲堂4期，邀请专家教授宣讲中华优秀传统文化，推动社会主义核心价值观在员工心中落地生根。策划开展了"以人为本·关爱生命·远离违章"主题演讲比赛和团队知识竞赛等系列安全文化活动，启动新一轮员工心理帮扶计划（EAP），围绕安全生产开展员工思想动态专题调研，有效夯实干部员工奋发进取的思想基础。

围绕"聚焦直流外送"、"7·13"宾-金直流抢险等重点工作，在新华社、《国家电网报》等媒体多维度、多层面展示检修公司工作亮点，实现了检修公司在《国家电网报》头版头条宣传"零"的突破，成功策划540余篇有影响力的新闻报道，《星星点灯》荣获国家电网公司职工文学创作评选活动报告文学类一等奖。检修公司获得四川省电力公司2015年新闻应急劳动竞赛第一名，全年共有效处置新闻舆情事件2起。

持续开展“冬送温暖、夏送清凉、困难时送关爱”、“4·15职工维权咨询”、先进文化进班组等活动，建立工会“送温暖”专项资金，搭建以行政为主、工会为辅和职工互助的多重帮扶救助保障体系。全年检修公司工会组织慰问一线班组196个次、走访慰问职工3468人次、劳模9人、困难职工及家属3人。组织实施各级劳模、职工先进、藏区及艰苦地区职工代表的专项疗养活动。开展关爱员工心理活动，发放《员工关爱工作情况调查问卷表》732份，有针对性地对员工进行心理疏导和情感交流。积极开展创新创效活动，新建3个劳模创新工作室，1项职工创新成果荣获国家电网公司职工技术创新优秀成果二等奖。班组建设取得阶段性成果，全年新增五星级班组6个，输电检修中心带电作业一班被四川省电力公司命名为第一批“标杆班组”、被国家电网公司命名为“先进班组”，职工饶建彬连续两届被四川省电力公司评为技术创新“能工巧匠”；积极开展“巾帼志愿者”、“来自一线的故事”征文、“最美一线”职工摄影展、“音乐沙龙”、“书香阳光”读书、“主持人”大赛、“职工文化成果展示”、创建“职工书屋”示范点等活动，丰富职工精神文化生活，增强企业凝聚力。

创新开展“奋斗的青春最美丽”优秀青工分享访谈活动2场次，组织青工“面对面”座谈会1次，在新媒体“川电青年”微信平台发布团青稿件17篇，教育引导青年岗位建功。在国网首届青年创新创意大赛中，检修公司2个青年创新项目分别获得四川省电力公司一、二等奖，其中1项获得国家电网公司银奖。坚持以“青安岗”活动为抓手稳步推进青年安全工作，创新举办青工讲安全“微课堂”竞赛，并号召50余名青工现场亮出安全承诺。累计开展“青工讲坛”活动逾百期、青年技术技能竞赛近10场次，制定《公司青年突击队管理办法》，建立“青突队”活动长效机制。全年开展“将爱播撒”青年志愿服务活动10余项，近百名志愿者参与其中，志愿服务惠及群众上千人，帮助9名高考学生圆梦大学。

严格党风廉政建设责任落实，制发了党风廉政建设工作要点，检修公司党委与两级班子和班子成员签订党风廉政责任书32份，开展季度重点工作提示、半年检查和年终考评。印发了检修公司党风廉政建设“两个责任”清单，明确了177项主体责任清单和52项监督责任清单，全力促进“两个责任”落到实处。以警示教育为主线，加强法制法规宣传教育，组织干部员工参观监狱、旁听法院职务犯罪庭审229人次，举办预防职务犯罪讲座，开展廉洁教育25场次、廉政党课58场次。制作廉洁微电影《一张发票的旅行》，获得四川省电力公司“反腐倡廉教育课件制作竞赛”微电影类一等奖。坚持综合运用纪检监察、审计监督等手段，全面治理生产经营管理中的突出问题和依法治企“习惯性违章”。定期组织召开协同监督联席会，开展协同监督专项议题4项、专项监督检查5项，发现问题风险109项，制定整改措施141项。开展领导干部及亲属违规经商办企业专项治理、非招标监督等专项监督工作，及时进行风险提示3次。严肃执纪问责，全年受理检修公司信访案件3件，严格追究相关人员责任10人次，其中，给予党纪、政纪处分3人，诫勉谈话1人，廉政约谈1人，6名中层干部党风廉政保证金受到考核。

【运维分部（中心）建设】国网四川检修公司下辖变电检修中心、输电检修中心，成都、西昌、自贡、南充、绵阳、乐山、雅安7个运维分部和特高压交直流运检中心、综合服务中心。

12月17日，国网四川检修公司全面开展覆冰监测工作。图为西昌分部员工正在牦牛山气象站测量模拟导线的分部厚度（李云　摄）

【变电检修中心】变电检修中心于2013年12月成立，主要负责特高压交直流运检中心所属换流站的A、B、C类检修、检修公司系统交流500千伏变电站变电一次设备A、B类检修，全检修公司通信设备的运维及检修，检修公司电测仪表校验，智能变电站验收、检修公司应急抢险等工作。2015年，变电检修中心完成彭祖站1号主变C项乙炔超标紧急缺陷消缺工作；首次独立完成东坡站配电装置改造工程，填补了检修公司500千伏刀闸更换技术空白；完成龙王站配电装置改造大型技改工程的建管工作；首次独立开展并圆满完成甘蜀二线高抗A相更换工作，填补了变检中心乃至检修公司对高抗改造的技术空白；集中整合优势检修力量，圆满完成丹景、龙王、叙府站家族性缺陷乙炔超标的4组上海雷兹CT应急更换工作，充分发挥检修公司应急抢险排头兵的作用；中心共派人员47人，独立完成德阳换流站年检6大项的检修任务、担任总工作票负责实施3大项工作任务、负责15个模块的现场监管，在年检过程中共发现缺陷61项；完成换流站相关消缺及远动和信息接入西南网调等工作，确保换流站的安全稳定运行；历时95天连续作战，于10月29日圆满完成雅安站低压配电室改造工程，彻底解决“4·20”芦山地震留下的安全隐患；派检修骨干20余名，总行程近2万公里，全程参与乡城、巴塘两座川藏联网重要枢纽变电站的首检工作及新都桥变电站通信年检工作，严把乡城合闸电阻加装全过程管控；新成立电气试验班，完成检修公司3个站GIS及主变超声波局放检测、6个站紫外检测、9个站三大直流满功率输送保障红外精确测温工作；历时40天，组织专业骨干40名，圆满完成四川电网首批主变中性点加装小抗工程，即龙王、丹景、桃乡站主变加装小电抗器工程，解决了成都地区220千伏以上电网在2015年年底迎峰度冬时无法并网运行的问题；持续推进南充站全站综自改造工程基建施工项目，全年共完成22大项相关综自改造的电气安装工作。

【输电检修中心】输电检修中心成立于2012年6月21日，主要负责承担全川境内500千伏及以上的交、直流输电线路的带电作业、无人机巡视；线路A、B、C、E类停电检修；大修、技改以及迁改项目的监管；检修公司应急抢险等工作任务。2015年，完成停电检修工作59次，线路检修数量比2014年增加108%；完成电气消缺535项，其他停电检修工作696项；完成公司下达大修、技改项目8项；完成500千伏天坡一线、500千伏谭龙一线、500千伏蜀山一线三项迁改工程现场监管工作，迁改线路3.137公里，新建铁塔9基。完成带电作业85次，自爆绝缘子更换26次，金具导线缺陷处理45余次，其中特高压带电作业14次，次数居国网第一，消除缺陷67项，多供电量24609.5万千瓦时，首次开展西南地区特高压及藏区高海拔线路带电消缺。无人机巡检主要围绕±800千伏复–奉、锦–苏、宾–金三大特高压直流及其近区线路开展，完成线路通道巡检1224.2公里，发现通道类缺陷及隐患37处；杆塔精细化巡检519基，发现缺陷91处；完成成都地区9座变电站及德阳换流站的避雷针本体锈蚀等情况精细化巡检；支援乐山供电公司开展隐患排查1次，及时发现220千伏汉音线244号–245号线路本体放电痕迹。并多次开展抗冰、防山火特巡，完成四川省电力公司试点单位共3批19人次无人机巡检操作培训及35架无人机验收。创新成果“更换500千伏输电线路V型绝缘子串的前端卡”分别荣获“国家电网公司2015年职工技术创新优秀成果二等奖”“省总职工技术创新成果三等奖”。

【成都运维分部】成都运维分部成立于2013年12月26日，主要负责成都、天府新区、德阳、资阳等地区的500千伏输变电设备运维管理工作。截至2015年年底，分部管辖500千伏变电站10座，变电总容量2040万千伏安；500千伏输电线路29条，线路总长1430公里，铁塔2252基。2015年，分部圆满完成成都地区首座500千伏智能变电站广都站的生产准备及投运工作；完成龙王站第二阶段综自改造工作，涉及500千伏两个全串和2台主变以及35千伏部分所有二次设备的改造、220千伏三段母线PT回路改造、站用直流系统改造、站用变二次设备更换等工作；在四川省电力公司历史上首次独立完成新东北500千伏HGIS外置CT二次绕组驱潮工作，完成什邡站同类型新东北500千伏HGIS外置CT隐患排查工作；完成龙王站多处接线板、引流线发热严重、谭家湾站2号主变B、C相含气量超标、谭家湾站两台主变有载调压开关不同步等多项重大缺陷的消除工作；所辖线路保持安全平稳运行态势，全年未发生由雷击、外力破坏和线树放电等引起的故障跳闸停运事件，跳闸率为0次/百公里·年，为成都地区电网安全供电提供了有力保障。

【西昌运维分部】西昌运维分部成立于2008年11月5日，截至2015年年底，共管辖500千伏变电站9座，变电容量1500万千伏安；所辖输电线路32条，线路长度约2952公里（占公司超特高压线路12373公里的23.86%），其中500千伏交流线路长度2648公里，±800千伏锦苏直流线路长度230公里，锦苏直流接地极线路长度74公里，极址1座。2015年，顺利完成三大直流满功率运维保障工作，确保了四川超特高压电网安全稳定运行；完成了所辖24条线路304个标准巡视区段防山火监测工作，未发生因山火原因造成的不安全事件；完成德昌县和平水库淹没区500千伏二–普一线91号至94号区段的改迁工作；完成锦–苏线78号至82号区段架空地线恢复和79号铁塔架空地线支架更换工作，以及500千伏榄–普一线抗冰改造和334、335号铁塔塔头更换工作，全面提高了所辖设备抵御低温雨雪天气和冰凌灾害的能力；完成500千伏月-普一二线、西-锦三线、泉-榄二线、±800千伏锦-苏直流等线路及九龙变电站全停等相关输变电设备的停电检修工作，春秋检期间共消除各类缺陷236项；圆满完成线路覆冰监测和直流融冰工作，共开展直流融冰27次；完成了500千伏木里变电站合闸电阻安装和5052/5053间隔的扩建工作，为电网安全和川藏联网工程持续稳定运行奠定了坚实基础；完成500千伏石棉、九龙变电站GIS刀闸加装尾相指示器等31个大修项目。完成了500千伏纳日变电站的验收和投运工作，完成月城、木里、水洛等6个变电站的精益化排查整改工作，全面提高了所辖设备的健康运行水平。

【自贡运维分部】自贡运维分部成立于2009年10月28日，分部管辖500千伏变电站4座，变电容量650万千伏安。直接运维分布在自贡、宜宾、泸州、内江、资阳、遂宁等6个地市的34条500千伏线路，线路总长2071.835公里。直接运维3条特高压直流输电线路，分别为：±800千伏复-奉特高压直流线路，线路长度187.275公里（另有79.106公里接地极线路和一座接地极址）、±800千伏锦-苏特高压直流线路，线路长度255.209公里和±800千伏宾-金特高压直流线路，线路长度183.083公里（另有101.106公里接地极线路和一座接地极址）。2015年，完成洪沟、内江、泸州变电站六条220千伏线路的投运工作，完成洪沟变电站监盘权移交，实现了变电站由有人值守到少人值守的跨越。完成了三大特高压直流线路满负荷运行及近区电网的保电工作任务，快速高效处置了“7·13”宾-金直流接地极线路断线故障，成功制止了“10·21”宾-金直流线路下方突发吊车外破隐患，保障了四川水电外送通道的安全稳定运行。

【南充运维分部】南充运维分部成立于2009年6月30日。截至2015年年底，分部所属500千伏变电站5座，变电容量为750万千伏安；线路16条，长度1099公里。2015年，严抓善管安全生产，坚持现场整改与事后分析、通报相结合的方式，发布安全督查通报12期；强化“三种人”履职能力的提升，开展“两票大家查”活动，提升两票填写与执行的规范性；油化试验室建成并投入使用，全年共完成绝缘油色谱、微水测试等1000余项化学试验；圆满完成巴中变电站首检工作。完成500千伏南充变电站除220千伏PT以外的所有主变、线路及母联分段等间隔的改造工作。完成500千伏黄达二线投运工作，完成500千伏达州变电站22组220千伏母线侧刀闸大修工程，保证了电网安全稳定运行。持续推进遂宁、达州、巴中三座变电站的精益化整改工作，积极开展变电站站容站貌综合整治工作。扎实开展线路防山火、防外破、防雷、防汛、防地质灾害等专项工作，努力推进通道隐患动态管理，全年发生雷击故障跳闸1次，且重合成功，跳闸率为0.091次/百公里.年，线路跳闸率同比下降67%。安全高效完成14条次线路停电检修，全年登塔检修781基，消除电气缺陷366项，完成大修技改项目8项，设备健康水平进一步提升。首次开展政企联合执法，依法依规妥善处理“95598”工单23起，合理处置线房矛盾，及时消除化解沿线不稳地因素；开展南充500千伏变电站近区通道整治，严厉打击青苗补偿漫天要价、不合理野蛮阻工等不良风气，为电力设施保护工作开拓了新思路。

【绵阳运维分部】绵阳运维分部成立于2010年8月31日，主要负责绵阳、广元、阿坝州全境以及德阳、遂宁部分地区500千伏输变电设备运维工作。分部党总支下设变电、线路两个二级党支部。管辖500千伏变电站6座，变电总容量950万千伏安；输电线路14条（包括德宝直流和直流接地极线路），线路总长1313.097公里。2015年累计完成输变电设备检修工作72项，包括主变7台，220千伏及以上间隔27个，500千伏线路7条，其中完成路平站107套智能组件改造，26个间隔、81套保护及测控装置的配置修改、单体调试、分系统调试与启动投运试验工作及全站首检工作；累计支援南充、雅安、乐山分部、绵阳公司设备年检及综自改造工作700余工日；投入运维保障人员1400余人次、投入车辆500余台班，完成±500千伏德宝直流首次满负荷运维保电工作；成功处置路平站220千伏Ⅲ母5号气室放电、平武站220千伏水-武一线2676刀闸A相触头烧损故障、以及茂县站B41气室严重漏气缺陷；完成分部所辖14条线路、2059基塔标准化建设并接受国家电网公司输电专业精益化检查，得到检查组一致好评。

【乐山运维分部】乐山运维分部成立于2012年6月20日，主要负责乐山、眉山地区内的500千伏输变电设备生产运行维护。管辖500千伏变电站4座，变电总容量450万千伏安；输电线路19条，总长度1739.665公里。2015年，分部高效完成各项500千伏设备运维、检修、消缺、调试工作，整体检修能力稳步提升。历时近170个工作日，顺利实施了东坡变电站综自改造项目，大力提升了设备健康水平和分部管理水平；针对各变电站生产、生活设施现状，大力开展变电站生产设备及运行环境维护整治，有效提升变电站安全文明生产形象；利用变电精益化评价细则指导运维检修工作，有效提升了变电专业精益化管理水平。开展线路通道清障工作，通过政企联动，确保通道清砍力度不弱化，在部分区域实现了“砍后不复栽”；精心组织并独立完成了枕深线验收工作，历时17天，出动人员350余人次，严把验收质量关，确保了该线路零缺陷投运。

【雅安运维分部】雅安运维分部成立于2008年8月1日。截至2015年年底，分部管辖6座变电站、1座开关站，变电总容量568万千伏安，其中6座站址都位于甘孜藏族自治州；管辖500千伏线路12条，总长为1369.7公里。2015年，顺利完成500千伏大雅一二线及纳九线生产准备及验收工作，共计投入人员2200人次，发现缺陷568处，确保了线路零缺陷投运；完成了500千伏巴塘、乡城站42个间隔首检工作，监督厂家、施工方累计消除缺陷138条，保证了川藏联网工程的安全运行；完成新都桥变电站首检工作，克服智能变电站检修无熟手、缺乏工作经验等问题，边学边干，先后完成了4条220千伏线路、两条500千伏母线以及2台500千伏主变的首检工作，并在检修过程中及时发现部分合并单元“电压角差在临界报警值、双A/D采样偏差值在临界报警值”等严重缺陷，极大地锻炼和提升了分部智能设备检修能力。

【特高压交直流运检中心】特高压交直流运检中心于2013年12月9日正式成立，主要负责±500千伏德阳换流站的运维及应急处置和所辖变电设备A、B类检修和C类停电检修的验收工作。2015年，深入推进安全精益化评价工作，对2014年精益化评价发现的问题进行逐条核查并整改，完成整改3365项，全面提升了设备管理精益化水平；圆满完成德阳换流站年度检修工作，年检期间共完成全站2323个主通流回路接头直阻测量工作，消除缺陷83项，治理隐患2项，完成操作任务310个，操作3757项；在德宝直流首次迎峰度夏满负荷运行中，及时处理了4条严重及以上缺陷，圆满完成德宝直流满负荷运维保障工作。截至2015年12月31日，德阳换流站安全运行2195天，累计输送电量651.11亿千瓦时，连续六年万项操作无差错。全年未发生违章现象，安全生产综合指标在全国23个换流站中排名位列前茅，连续四年获得国家电网公司“红旗换流站”荣誉称号。

【综合服务中心】综合服务中心成立于2013年12月26日。中心主要负责公司后勤管理、小型基建、非生产性技改大修项目管理、车辆管理、消防安防管理以及物资管理、非物资计划管理等工作。下设后勤服务中心、物资服务中心、综合科。2015年，中心健全完善后勤管理体系，形成了中心归口管理、各单位具体实施的后勤保障体系。原白芙蓉宾馆整体划转至公司，成为自有资产的生产办公基地，中心积极开展营门口生产办公基地环境整治和维修项目，为员工提供安全、健康的工作环境。将绵阳分部生产办公基地建设成功纳入四川省电力公司2016年小基储备项目，为其他分部基地建设起到了很好的借鉴作用。公司10个单位9个食堂已全部通过四川省电力公司县级健康食堂验收，完成100%创建目标。进一步规范非招标采购工作，建立了公司非招标采购评审专家库，首批95名专家入库。合同签订准确率、及时率、合同结算完成率、月度供应计划完成率、供应计划完整率达到100%。完成公司306个大修技改项目和日常运维物资的供应，保障了大修技改项目的顺利完成。

（杜先明、余小闯）

四川省电力公司建设管理中心

【企业概况】国网四川省电力公司建设管理中心（简称建管中心）前身为四川电力超高压建设管理公司，成立于1988年3月。为加强四川省电力公司电网建设管理，2005年10月，四川省电力公司将四川电力建设(集团)公司更名为四川电力建设管理公司；2008年2月，按照省电力公司超高压建管体制改革要求，更名为四川电力超高压建设管理公司，并明确了四川电力超高压建设管理公司为四川省电力公司的全资子公司，按照与四川省电力公司签定的建设管理委托合同约定，行使500千伏及以上工程项目建设管理职能。2012年，根据国家电网公司“三集五大”体系建设实施方案，四川电力超高压建设管理公司改制为国网四川省电力公司建设管理中心。

【组织机构及人力资源】截至2015年年底，建管中心本部设置项目前期室、项目管理室、安全质量室、工程技经室、综合室等5个职能部室，此外，根据中心负责建管工程建设项目分布情况，设置了成都片区、川北、川南片区、川西、甘孜片区、攀西片区等4个业主项目部和特高压交流、特高压直流2个建设项目部。

【工程建设项目】2015年，建管中心共完成基建投资52.97亿元。新开工4个输变电工程，变电容量200万千伏安，线路101公里；投产11个输变电工程，变电容量809万千伏安，线路902公里。完成500千伏可研评审项目9个，完成初设审查项目7个，取得项目核准7个，环保验收完成7项，水保验收完成11项。竣工预结算、结算完成52个。达标投产项目完成11个，国网优质工程9个。

“十二五”规划以来，建管中心电网建设管理工程已累计完成电网建设投资454.9亿元，是“十一五”规划1.68倍。新开工220千伏及以上开工项目41个，线路长度4909公里，变电容量2694万千伏安；投产220千伏及以上项目80个，线路长度8139.6公里，变电容量4361万千伏安。顺利投运了新甘石联网工程、川藏联网工程等重点工程，促进民族地区、贫困地区的民生改善。锦屏送出、溪洛渡送出工程按期投产，满足了省内清洁能源外送和区域内输电的要求。全面完成电网建设任务，实现500千伏输变电工程各市、州全覆盖。

【安全质量管理】2015年，建管中心深入开展“基建安全质量年”“安全日”活动，落实安全问责机制，强化管理措施。按照“月计划、周安排、日管控”要求，强化风险防控，每月对在建工程三级及以上风险进行梳理，发布风险作业835项。加强分包管理工作，严格运用国网合格分包商名录，严把分包商入口关。加大安全检查力度，每周开展安全巡查，发出“隐患整改通知单”23份，隐患183条。大力开展反违章工作，处罚违章行为5.91万元，对参建单位实施过程考核20.04万元。加强防灾、防汛监督工作，开展汛前地质灾害隐患排查，落实防灾避险应急准备。强化车辆管理工作，实行派车单制度，中心全年车辆没有负主要责任的安全事故发生。

川藏联网工程项目档案通过国家电网办公厅预验收
（建设管理中心提供）

深度谋划创优工作，扎实开展优质示范工程创建。甘孜新都桥500千伏变电站工程获得“中国电力优质工程奖”“国家优质工程奖”以及“安装之星”；九江500千伏变电站工程通过国家电网公司优质示范工程检查。深入开展监督巡查，建立质量日常巡查制度。加强施工单位“三级”检查验收、监理单位初步验收、业主项目部预验收和运行单位的竣工验收工作，建立施工质量的考核评价机制。严格执行国家电网公司达标考核及优质工程标准，组织3次达标创优考核工作，对不满足要求的责任单位严肃追究责任，进行通报并按合同考核，考核金额总计217.5万元。深入分析达标创优工作中存在的问题，提出针对性的改进措施。组织创优工作专项培训，参培人员合计100余人次。加强电网建设项目档案管理，巴中变、新都桥变、亭达线通过了省档案局专项验收，川藏联网工程顺利通过国家档案局验收。

【工程管理】2015年，建管中心全面完成了省电力公司下达的2015年里程碑计划任务，2014年及以前遗留的6个子项目工程完成过半，“烂尾工程”取得实质性进展。“电力天路”工程全部顺利建成投产，实现甘孜州所有县域电网与四川主网并网运行。建立广泛的沟通协调机制，组织重大方案审查，加快推进省电力公司重点工程项目进度，与省电力公司建设部建立重点工程周例会协调机制，丹景扩、达黄线、大岗山水电送出等重点工程项目顺利投产。切实抓好工程物资管理，全年共完成50个批次，1088条物资需求计划申报工作，参与省电力公司组织技术协议集中签约会议13次，完成525项物资的技术协议签订，申请新增高海拔、重冰区500千伏线路所需新物料共14项，将高海拔、重冰区、大高差线路常用的共32项线路金具汇总形成四川地区500千伏线路常用的非标准金具，促进了工程项目的规范顺利实施。

工程前期管理　提前开展项目可研及各专题技术服务的采购工作。实行项目可研、初设预审制度。落实设计原则，严格审查外部协议，优化方案。

与属地供电公司建立长效合作机制，协调解决项目可研阶段外部协议办理存在的问题。加强设计进度和深度管理，共开展可研、初设设计专题例会3次。配合省电力公司完成近5年基建项目设计质量分析报告的编制。加大核准工作力度，全面完成全年前期项目核准任务。强力推进水保工作。积极争取行政主管部门的理解和支持。林业编制单位提前介入，年度林业工作计划稳步推进。积极争取用地规划指标，中心2015—2017年计划新开工重点项目纳入《四川省土地利用总体规划（2006—2020年）》中，实现电网规划与地方社会发展规划有机衔接。编制《电网建设前期工作手册》，覆盖电网建设项目前期和工程前期两个方面，对电网建设前期工作的各个专题进行了认真梳理和汇总，并制定配套考核办法。雅中—江西特高压工程前期工作有序推进，特高压直流建设项目部会同特高压交流建设项目部全面参与工程项目前期管理工作，多次开展现场调查，参与工程可研内审及外审。

工程技经管理 中心全面梳理输变电工程建设节点，制定节点管控管理办法及编制年度节点计划。制定中心非招标采购指南，培训采购和评审专家，进一步规范中心非招标采购工作。上报非物资采购计划255项，计划采购金额17.82亿元；配合国家电网公司和省电力公司开展设计、施工、监理招标10批次，招标总额17.56亿元；组织非招标采购5批次，采购金额0.26亿元。共签订各类合同及委托209个，合同金额56.12亿元。办理工程款支付618笔，累计付款金额23.18亿元。开展建设场地征用及清理费管理精益提升，进一步规范建设场地征用及清理费的使用。进一步优化结算流程，结算时间比原来压缩15—20天。积极推进属地协调工作，中心已分别与国网广安、达州、凉山、攀枝花、甘孜、绵阳、阿坝供电公司签订工程属地协议。顺利完成川藏联网工程竣工结算工作。

【经营管理】2015年，建管中心全面开展“五位一体”建设应用，向省电力公司推荐上报电网建设前期“五位一体”管理典型案例。着力强化创新突破，加大创新成果的培育和申报，“与人文自然环境和谐统一的高原地区大型电力联网工程建设管理”获得22届全国企业管理现代化创新成果二等奖，“高原复杂条件下大型电网工程综合管控体系建设”获得国家电网公司课题研究项目成果一等奖。加强制度建设，开展制度讲堂活动28期。完善绩效考评机制，加强工作督办，中心业绩考核排名大幅提升。深化财务集约化管理，继续完善和执行二维度预算管理模式，强化预算管控。依法撤销原建管公司，处置四级长期股权投资234万元，收回应收款项2179万元，顺利实现省电力公司吸收合并。全年共参加省电力公司及以上培训班72个，中心自办培训班5个，送培学员共400人次。

【依法治企】2015年，建管中心严格落实党风廉政建设责任制，强化“一岗双责”履职到位。深入开展廉洁从业教育，邀请专家作预防职务犯罪专题讲座，组织人员参观廉洁教育基地。坚持重要节假日期间以及党员干部婚丧嫁娶等敏感时间的廉洁提醒，组织中心工程管理人员进行廉规考试。召开协同监督联席会2次，围绕非招标采购、中层干部及重点岗位人员交流、工程管控流程节点梳理等重点领域切实开展风险排查，共排查出5个方面的12项问题，研究制订整改措施10条。开展领导干部及亲属违规经商办企业专项治理工作。建立重点工程廉政监督常态机制，立项开展新都500千伏输变电工程建设管理全过程廉政监督和效能监察，发现问题47项，提出整改建议32条。开展各类专项审计，包括以前年度未完项目122项及新入场项目57项。深化审计成果的运用，健全常态化管理机制。严格执行省电力公司薪酬福利规范管理“十项要求”，合理制定各层级人员薪酬规范管理实施方案。

【党的建设和精神文明建设】1. 对照“三严三实”要求，思想作风建设不断夯实。严格按照真管真严、敢管敢严、常管常严的要求，从巩固和拓展专项教育成果入手，围绕“严格思想教育、严格干部管理、严格作风整治、严格纪律约束、严格责任落实”五个方面从严治党。上半年，围绕年度目标任务，回顾梳理党的群众路线教育实践活动“两方案一计划”整改措施落实情况，要求各部门、片区业主项目部加大整改完善力度，整改一项、报备一项、销号一项。中心5个方面56项整改措施全部实现闭环完成并建立相应长效机制。下半年，中心党委对照“三严三实”要求，以上率下抓教育、整作风、严纪律、促生产。举办一次集中党课，六次中心组（扩大）集中学习。对“不严不实”等方面存在的问题进行深入查找，客观分析，班子查摆问题共16条，班子成员查摆问题共98条。

2. 严格执行党管干部、党管人才原则，严把干部“选、育、用、考”四关，制定了《中层干部年度测评办法》《中层后备干部管理试行办法》。选拔想干事、能干事、干成事的优秀人员进入中层后备干部储备库，坚持“德才兼备，以德为先”的用人导向，在后备干部队伍中择优选聘中层干部。中心累计确定中层后备干部8人，其中正科级后备干部4人，副科级后备干部4人；调整中层干部10人，其中，副提正1人，平级交流4人、兼职3人，退二线1人，免兼职1人。在急难险重任务中历练队伍。将川藏联网、电力天路等重大工程项目作为考验干部、培养人才、锻炼队伍的练兵场，对表现优秀的干部员工重点关注，交流使用，多岗位实践。中心现有各类优秀专家人才40人，占员工总数的46%；中、高级职称68人，占职工总数的78%。

3. 夯实党建基础工作，党组织战斗力得到提升。强化党纪国法、企业规章制度的学习与落实，中心党委重温宪法、党章、“三重一大”及党委工作制度。根据工作变动及时调整个人分工，确保了工作无遗漏可追溯。坚持民主集中制，完善了决策程序，确保严格按照程序、规则和集体意志办事。扎实开好“三严三实”专题民主生活会和组织生活会，领导一班人与各党支部切实发扬整风精神，用好批评与自我批评武器，顾全大局出于公心，清楚指明了改进方向，集体制定了整改措施，真正收到了应有效果。

认真落实党委书记第一责任人职责，坚持围绕中心工作谋划部署党建工作，扎实开展了规定动作并积极策划特色亮点。贯彻落实党组织书记党建工作述职评议工作，强化班子成员“一岗双责”。党委委员按照分工定点联系党支部开展共建，深化对党支部工作开展情况的考评，将考评情况纳入年度绩效考核。对表现优异、成绩突出的党支部加大了表彰、推优及人才选拔力度。

以建设服务型、学习型党支部为抓手，贯彻落实《关于进一步加强基层党组织建设，充分发挥党支部战斗堡垒作用的通知》要求。严格执行年度党支部学习计划，加大推送政工人员、支部委员培训力度，党政主要领导开展党课辅导。支委会积极发挥作用，围绕重点工程、重要工作强化服务功能、创新服务载体，实现“六有”目标。按标准化要求打造了支部活动室，完善软硬件设施，保障了党员教育管理效果。甘孜（川西）片区业主项目部获国家电网公司表彰为“电网先锋党支部”，通过“三分类三升级”检查，中心无C级党支部。党员发挥先锋模范带头作用，涌现出一批行业先进典型。

中心四川省总工会授予“电亮藏区”四川省五一劳动奖状

（建设管理中心提供）

4. 落实“两个责任”，党风廉政建设、依法治企有效推进。强化“两个责任”的落实，明确、细化职责清单并加强宣贯，提升各级人员落实责任的认识。中心党委围绕组织领导、选人用人、作风建设、强化权力运行监督、支持纪委工作等方面开展工作，确保主体责任落实。中心纪委按照“三转”要求，聚焦监督执纪，积极协助党委做好党风廉政建设各项工作，做到不越位、不缺位、不错位。

提升廉洁教育的针对性。实施分层、分类廉洁教育，并充分利用网络、手机短信、视频等信息化载体。组织60余人次参观省电力公司廉洁教育基地，30余人次参加廉规考试，80余人次听取预防职务犯罪专题讲座，40余人次观看廉政警示录纪录片，向200余人次发送节前廉政提醒短信，开展红线制度宣讲6场。

建立重点工程廉政监督常态机制，加强重点领域风险防控。巩固和运用监督护航试点成功经验，进一步细化和完善监督方式、重点、实施程序以及评价考核手段，总结经验、分析不足、提出建议，在省电力公司进行成果发布，协助省电力公司拟定重点工程监督护航实施办法。以迎巡、迎审、依法治企为契机，对中心重点领域特别是工程建设管理工作开展全面自查，组织召开协同监督联席会2次，梳理问题12项，研究制订整改措施10条，所有问题均得到有效整改落实。针对工程依法开工、合法建设的问题，组织编制完成输变电工程建设节点管控手册和工程前期工作手册。定期汇总梳理纪检监察、审计监督、干部监督、法律审核、财务稽核、舆情监控等风险信息，建立监督信息共享和重大问题会商机制，并充分运用效能监察建议书、风险防控书、整改通知书、廉政约谈等方式，加强风险防控。2015年中心实现党风廉政建设“零”目标，被省电力公司党委评定为“优秀”。

5. 注重“五统一”文化引领，文化品牌建设亮点频出。2015年，中心落实国家电网公司《企业文化建设管理办法》，立足中心工作集中有限力量，成功打造了具有建管特色受到职工喜爱的文化作品。拍摄完成展现普通建管职工工作奉献、职责担当的微电影《妈妈的鸡汤》；反映工程建设及生活安全的警示片《危险》，在系统内外均获得好评。举办“携手木雅、追梦光明”爱心助学活动受到了社会各界的广泛关注，人民网、四川日报、国网报等20余家主流媒体进行跟踪报道，累计点击率万余次。成都电视台连播《高原上的光明》上下集对活动进行专题报道，《藏娃寻梦》专题片在省电力公司网站分集播出，活动通过藏族学生的眼睛，再现省电力公司“点亮藏区”工程在改善四川藏区生产生活方面的重要作用。四川省关心下一代工作委员会对活动评价：深情关爱下一代，行善积德育英才。

及时、准确对川藏联网工程后续工作，新都桥、新都500千伏变电站工程争创国优，九江500千伏变电工程争创鲁班奖等重点工作、重点工程进行系列宣传报道，跟踪工作推进情况，在重要节点策划了西南电力报、国网报、工人日报专题报道。加大了对中心通讯员队伍的培养建设力度，对报送新闻稿件的数量、质量严格把关，实行退稿、漏报考核。建立中心先进典型库，借助省电力公司“川电好人”“最美员工”“心桥使者”等平台大力选树宣传各类先进典型，弘扬榜样力量。

6. 充分发挥群团组织作用，劳动关系稳定和谐。工会、群团组织切实发挥作用，围绕依法治企、从严治党，加快四川电网建设管理各项工作，鼓舞士气、动员引导、助推发展。开展了“中国梦·劳动美”主题活动，主动参与“当好主力军，建功‘十二五’劳动竞赛，成绩可喜。中心荣获“四川省五一劳动奖状”；全国企业管理现代化创新成果二等奖；国家电网公司课题调研项目成果一等奖；省电力公司工程造价管理优秀成果一等奖；内控竞赛二等奖等多个奖项。基建、技经、安全、前期、党建、档案、法律等专业产生新的一批管理骨干，囊获网、省电力公司多项个人奖励。关爱职工落到实处，积极开展冬送温暖、夏送清凉、节日送祝福、病困送慰问活动，全年执行各类慰问费用22万元。

群团共建、文化引领取得较好效果。中心推送作品《最后一封家书》荣获第三届全国“书香三八”读书活动三等奖并赴北京领奖；首次尝试并成功组织直属单位羽球联谊赛；职工之家、职工书屋、职工活动室建设得到不断完善，各类文体协会活动开展如火如荼；成功承办省电力公司青年联谊活动获好评，青春微公益活动受到社区居民欢迎 。

一如既往做好离退休老同志的服务工作。坚持定点联系走访和重大节日慰问制度，全年开展集中活动10次，执行离退休统筹外费用108万元，确保了老同志的两项待遇落到实处。强化了电网建设稳定风险评估排查工作，落实信访督查督办、领导干部包案制度，为中心发展打造了稳定和谐的环境。2015年，中心荣获省电力公司“2013年至2015年度敬老达标单位”。

（吴　迪）

四川电力送变电建设公司

【企业概况】四川电力送变电建设公司创建于1958年5月，系四川省电力公司下属全资子公司，公司具有国家电力工程施工总承包一级资质以及国家一级承装、承修、承试类资质，主营输变电工程施工和电网运维检修。公司在册全民职工1069人、离退休员工1460人（含离休干部8人），公司本部设8部1室，二级机构设7个分公司和2个中心。

【人力资源】2015年完成省电力公司“四好”领导班子考核组织工作，交流科级以下关键岗位人员10人。全面启动“1332”核心人才培养工程，投入教育经费115万余元。新增一级建造师6人，二级建造师7人，企业法律顾问1人，建造师取证通过率创5年来之最。入选国网专家人才库2人，8人获省电力公司精益绿带人才资格。新增中级以上职称37人，技师45人。全员劳动生产率42.70万元/人•年，人才当量密度 0.9814，两项指标在送变电行业排名靠前。公司获得省电力公司“基建技经专业调考”和“智能变电站继电保护专业知识及技能竞赛”优秀组织奖。

【工程建设】2015年，送变电建设公司全面推进国家电网公司“基建安全质量年”活动，扎实开展质量提升行动。开展变电站防沉降攻关，从施工角度制定实施“防沉降19条强制措施”，精益项目“变电站土石方施工精益提升”获省电力公司三等奖。建立“工程分级协调”机制，坚持工程月通报、周协调、日管控制度。安全建成大-雅线、凉-内线、达–黄线、龙王变改造等24个新建（改扩建）工程，有序推进灵–绍线、榆–滩线、酒–湖线、甘–蜀一线33号塔技改等重点工程。淮–上线、锦–苏线获国家优质工程金奖，灵–绍线和雷–坪线分别夺得国家电网公司和省电力公司流动红旗。

【安全生产】2015年，送变电建设公司始终把确保安全生产放在公司工作的首位。深入开展“安全管理提升”“安全大检查和缺陷隐患整治”等活动，扎实开展安全标准化建设，整改安全隐患140项。加强高危风险作业防控，发布周预警50份，全面掌控三级及以上作业风险。加强安全文明施工费使用，投入安全资金1233万元，建成该公司现场视频监控系统。坚持“四不两直”安全巡查，制作典型违章通报6期。加强节假日、特殊时段应急值班，完善各类应急处置预案，组织开展专项应急演练，电网应急保障能力全面增强。

【资产经营】2015年，送变电建设公司积极拓展特高压、换流站检修和省内市州市场，中标榆滩线、酒湖线、宜宾换流站检修等15个标段。稳步推进变电建筑专业分包，严肃合同执行刚性，加强分包索赔追加管理，增强过程规范性、及时性；制定出台“2015版劳务分包合同”“施工分包结算工作指南”等管理规定。依法处置分包违约行为，1家分包单位列为不合格分包商。加快工程资金回笼，完成40个工程竣工结算。锦–苏特高压获2014–2015年度国家优质投资项目，公司被评为2014年度造价管理先进集体。

【科技与信息化】2015年，送变电建设公司推行集中会审和典型方案应用，重点跟进灵绍线、榆滩线、大雅线、龙王变技改、双龙换流站检修等施工难度大、技术复杂工程，方案编审质量、现场符合性、针对性都大幅提升。完成国家电网公司和省电力公司科技项目3项；完成公司自主可研项目10项；成功申报中电建协省部级施工工法1项、QC成果二等奖1项；申报专利13项。

【党的建设和精神文明建设】2015年，送变电建设公司扎实开展“三严三实”专题教育，认真梳理查摆“不严不实”问题。及时宣贯新颁布的《廉洁自律准则》和《纪律处分条例》。深化基层服务型党组织建设，大力选树和推广先进典型，成立公司第一支共产党员服务队。深化企业文化传播，员工多次登上央视等主流媒体，公司微信公众号关注突破8000人，“创作主打歌，弘扬主旋律”荣获国家电网公司精神文明建设创新三等奖。围绕重点工作策划宣传和信息报送，新闻多次登上《国家电网报》头版头条，信息报送数量和采用率列直属单位第三名。工会以职工为中心开展各项工作，解决员工困难，提升员工体质，凝聚员工力量，荣获省电力公司工会工作“先进单位”。创新开展团青工作，公司团委获得省电力公司“五四”红旗团委称号。

（王　超）

藏区运维，雪域高原守护光明。图为职工正在巡线

（梁石　摄）

供用电

责任编辑：卓正昌

2015 年，四川电网调度口径累计发电量 1720.6 亿千瓦时，同比下降 0.89%。统调口径累计网供电量 1474.0 亿千瓦时，同比下降 0.43%。四川省电力公司完成省内全口径售电量 1578.36 亿千瓦时，同比下降 0.47%，母公司售电量累计完成 1412.69 亿千瓦时，同比增长 0.02%。

2015 年，四川全口径外送电量 1226.34 亿千瓦时，同比增长率为 9.84%。四川外购电量为 201.62 亿千瓦时，同比增长率为 29.72%。

供 电

【电网负荷】2015 年，四川电网调度口径累计发电量 1720.6 亿千瓦时，同比下降 0.89%。统调口径累计网供电量 1474.0 亿千瓦时，同比下降 0.43%。

2015 年四川电网用电电力、电量均创历史新高。2015 年四川电网调度口径最大发电出力 5531 万千瓦，同比减少 15 万千瓦，降幅 0.27%，发生在 8 月 3 日；调度口径最大用电负荷 3054.8 万千瓦，同比增加 103 万千瓦，增幅 3.49%，日最大用电量 6.20 亿千瓦时，同比增加 0.20 亿千瓦时，增幅 1.70%，发生在 8 月 3 日。日最高网供用电负荷 2826.4 万千瓦，同比增加 137 万千瓦，增幅 5.10%，发生在 8 月 3 日，日最大网供用电量 5.49 亿千瓦时，同比增加 0.18 亿千瓦时，增幅 3.3%，发生在 8 月 2 日；全网空调负荷启动约 650 万千瓦。

调度口径最大发电峰谷差 1502 万千瓦，同比增加 54 万千瓦，增幅 3.7%，发生在 7 月 22 日；调度口径最大用电峰谷差 1105 万千瓦，同比减少 56 万千瓦，降幅 4.8%，发生在 2 月 2 日。

2015 年，四川电网在用电负荷预测方面开展了负荷分类和地调母线负荷预测系统建设工作，对深入研究负荷变化规律、提高日前计划量化安全校核起到了重要支撑作用。2015 年，四川电网日前负荷预测合格率为 100%，继续并列全国第一名。平均负荷预测准确率为 97.17%，同比提高 0.12%，最大、最小负荷预测准确率分别为 97.84%和 97.89%，同比分别提高 0.05%和降低 0.10%。

【线损和节能减排管理】2015 年，四川省电力公司稳步推进同期线损管理系统试点建设，建立纵横双向工作机制，强力推进数据融合及功能应用，深入开展基础档案治理，有效解决采集失败、档案关系不清等问题，全面提升数据质量，夯实降损管控新常态。公司典型做法和应用成效刊登于《国家电网工作动态》“线损管理”工作交流专刊。2015 年公司综合线损率同比下降 0.08 个百分点，节约电量 15597.4 万千瓦时，节能 19169.21 吨标煤，减排二氧化碳 4.78 万吨。“十二五”规划期间，公司累计节能 9.04 万吨标煤，超额完成“万家企业节能低碳行动”节能目标，相当于减少二氧化碳排放 22.52 万吨，较好地履行了社会责任。

【外送和外购电量】

外送电量 2015 年，四川全口径外送电量 1226.34 亿千瓦时，同比增长率为 9.84%。其中，四川公司外送电量（含留川转送）274.73 亿千瓦时，同比增长率为 22.18%。其中送华东电量有较大幅度增长，合计电量 174.03 亿千瓦时，同比增长率为 40.77%；由于德（阳）宝（鸡）直流送电功率增加，外送电量增长也较大，合计外送电量 76.14 亿千瓦时，同比增长率为 67.38%；因川渝联络线限额变化，送华中电量下降幅度加大，外送电量合计 13.96 亿千瓦时（含留川转送 8.58 亿千瓦时），同比下降 40.55%。具体情况见表 12：

表 12　**2015 年四川外送电量**　单位：亿千瓦时

项目	电量	同比
川电东送	16.49	−1.49%
复奉送华东	25.03	158.53%
锦苏送华东	21.39	151.00%
宾金送华东	58.88	60.80%
送华北	0.00	−100.00%
送西北	76.14	67.38%
送华中	5.38	−77.10%
送重庆	9.44	−8.68%
公司净外送小计	212.74	25.99%
锦官留川转送	61.99	10.70%
外送合计	274.73	22.18%
二滩送重庆	35.97	4.10%
锦屏外送	381.10	6.27%
向家坝外送	266.48	4.94%
溪洛渡外送	268.07	9.62%
大型电站送出小计	915.65	6.83%
全口径外送	1226.34	9.84%

外购电量 2015 年，四川外购电量为 201.62 亿千瓦时，同比增长率为 29.72%。其中：购西北 10.89 亿千瓦时（含购甘肃 0.64 亿千瓦时），同比增长率为 247.92%；大型电站留川电量（含留川转送）190.70 亿千瓦时，同比增长率为 25.39%。其中：锦屏官地 131.11 亿千瓦时，同比增长率为 21.10%；向家坝 38.46 亿千瓦时，同比增长率为 22.69%；溪洛渡 21.13 亿千瓦时，同比增长率为 69.49%。具体情况见表 13：

表13　2015年四川外购电量　单位：亿千瓦时

项目	电量	同比
四川购西北	10.92	226%
购锦屏官地（含留川转送）	131.11	21.10%
购向家坝	38.46	22.69%
购溪洛渡	21.13	69.49%
大型电站留川电量小计	190.70	25.39%
外购电及留川电量合计	201.62	29.72%

【电量交易的措施】

开拓市场 加大外送　为了应对外送电市场疲软及收益下降的困难，电力交易中心在四川省电力公司的统一安排下，深入开展了“四川水电外送收益研究分析”等课题研究，通过对跨区跨省通道投资效益和利用成效分析，查找跨区跨省交易中存在的问题，提出可行的解决方案和建议。通过创新交易模式，延长外送时间，开拓省外市场空间等措施，在省内省外市场萎缩的形势下，实现了外送电量同比两位数的增长，使厂网关系更加和谐。

加大平水期外送力度　针对2015年四川来水较早的实际情况，四川省电力公司提前从4月底就启动川电外送，增加外送电量3.1亿千瓦时；同时，针对11月初退水较晚，积极汇报国网和政府有关部门，启动11月平水期外送交易，出台了平水期外送的电价政策，增加水电外送电量28亿千瓦时。

开拓转送市场　随着锦屏、官地电源组集中规模投运，留川电量大幅度增加，特别是丰水期近70亿的留川电量给省内水电发电带来极大压力。在传统市场江苏、重庆消纳不能再继续增长的情况下，通过国网协调，留川电量向华北、华中进行输送，平稳实现了2015年留川电量丰水期消纳目标。

拓宽西北市场　2015年丰水期，德－宝直流实现北送300万千瓦的能力，较上年同期最大增加150万千瓦。由于西北电网风光新能源丰富，市场消纳能力有限，加之火电发电价格优势明显，四川水电价格优势失去竞争力，为促成市场交易，在国网及西北分部的支持下，四川首次启动平台挂牌交易，一方面通过价格市场机制，组织电源降价打捆送出，满足受端要求。另一方面通过价格设计，平抑水电之间竞争力差异，同时通过交易平台优质服务，促成了全年80亿千瓦时的成功交易，实现了外送电在品种和机制上的创新。1—12月，送西北电量同比增长67.38%，成为川电外送占比第二大市场。

多通道迂回突围　为应对华东通道能力不足，川渝通道受限的局面，川电绕道西北，通过灵宝直流，银东直流尝试转送川电到华北电网，丰水期使已逐年降低的送华北电量得以回升，也为今后开展新的交易方式和开拓华北市场奠定基础。

发挥现有通道能力　川渝联络线极限输送能力受运行方式影响日益明显，理论送电380万千瓦极难实现。通过与华中电网各相关单位密切联系交易，调度精心配合，对联络线的能力利用缩短到实时交易层面，最大限度利用任何时段空闲能力。

【电量替代交易】四川省电力公司积极拓展省内市场空间，密切跟踪直购电、自备电厂停发替代和富余电量消纳等刺激政策，以及保证火电企业年度基本电量的补偿政策，参与相关方案制定，在省级交易平台合规开展各项交易。

一是大力推动自备电厂停发消纳富余电量。2015年，完成自备替代电量26.51亿千瓦时，有效促进水电消纳。

二是积极配合政府相关部门组织实施“水火”替代发电，增加水电发电量，缓解火电经营困难，6—10月累计增发水电50.5亿千瓦时。

三是认真落实省政府要求，全力配合推进直购电交易，2015年。已结算直购电电量205.24亿千瓦时（含铝、硅定向扶持电量），对稳定用电市场，促进水电消纳起到积极作用。

【供电企业】国网四川省电力公司是国家电网公司的全资子公司，主要负责四川境内国家电网的规划建设、运营管理和电力供应，在全省21个市州均设有分支机构。2015年年底，直属供电企业分别是：国网四川省电力公司成都供电公司（简称国网成都供电公司）、国网四川省电力公司乐山供电公司（简称国网乐山供电公司）、国网四川省电力公司攀枝花供电公司（简称国网攀枝花供电公司）、国网四川省电力公司德阳供电公司（简称国网德阳供电公司）、国网四川省电力公司眉山供电公司（简称国网眉山供电公司）、国网四川省电力公司绵阳供电公司（简称国网绵阳供电公司）、国网四川省电力公司天府新区供电公司（简称国网天府新区供电公司）、国网四川省电力公司宜宾供电公司（简称国网宜宾供电公司）、国网四川省电力公司内江供电公司（简称国网内江供电公司）、国网四川省电力公司广元供电公司（简称国网广元供电公司）、国网四川省电力公司达州供电公司（简称国网达州供电公司）、国网四川省电力公司自贡供电公司（简称国网自贡供电公司）、国网四川省电力公司凉山供电公司（简称国网凉山供电公司）、国网四川省电力公司泸州供电公司（简称国网泸州供电公司）、国网四川省电力公司南充供电公司（简称国网南充供电公司）、国网四川省电力公司广安供电公司（简称国网广安供电公司）、国网四川省电力公司资阳供电公司（简称国网资阳供电公司）、国网四川省电力公司阿坝供电公司（简称国网阿坝供电公司）、国网四川省电力公司遂宁供电公司（简称国网遂宁供电公司）、国网四川省电力公司巴中供电公司（简称国网巴中供电公司）、国网四川省电力公司雅安供电公司（简称国网雅安供电公司）、国网四川省电力公司分公司（简称国网分公司）和国网四川阿坝州电力有限责任公司（简称国网阿坝电力有限责任公司）、国网四川甘孜州电力有限责任公司（简称国网甘孜电力有限责任公司）和国网四川雅安电力（集团）股份有限公司[简称国网雅安电力（集团）公司]。

国网成都供电公司

【企业概况】国网成都供电公司成立于1953年，是国家电网公司31家大型重点供电企业之一，担负着成都市19个区（市、县）的供电任务，供电区域10641平方公里（成都市全域1.24万平方公里），供电客户数共计483.3万户（成都市全域621.82万户），固定资产206.9亿元（成都市全域280.2亿元）。该公司下辖11个部门（中心）、8个业务支撑及实施机构、17个区县供电公司和12个产业单位，全口径劳动用工13594人，管理的离退休职工3227人。“十二五”规划以来，成都电网累计投资近245亿元，新建扩建110千伏及以上变电站68座，新增变电容量2220万千伏安，公司客户数量、电网规模分别排国网大型重点供电企业第一和第四。“十二五”规划期间，成都市全社会用电量年均增长率达9.27%。公司先后荣获“全国五一劳动奖状”“全国用户满意服务企业”“全国金牌供电企业”“全国模范职工之家”“中央企业先进基层党组织”、四川省“十二五”劳动竞赛先进集体等多项荣誉。连续四届被中央文明办评为“全国文明单位”。该公司“共产党员服务队”受到了总书记习近平的高度评价，成为国家电网公司优秀品牌传播和为民服务创先争优的一面旗帜。

加快电网建设，全年投资66.62亿元，建成投运17个基建项目，电网发展驶入快车道

（成都供电公司提供）

【人力资源】截至2015年年底，国网成都供电公司劳动用工总人数13752人，其中全民职工5838人，农电员工4049人，其他员工3865人，管理离退休员工3381人。

【电网建设与发展】2015年，成都供电公司电网发展驶入快车道，完成成都电网“十三五”规划编制。创优发展环境，该公司先后与10余个区县地方政府进行友好会谈开展战略合作。全年投资66.62亿元，建成投运17个基建项目，新增变电容量565.3万千伏安、输电线路160.3公里。新开工110千伏及以上输变电工程14项。完成电网前期工作17项、迁改工程145项、大修技改401项、配网项目71项。110千伏三星变电站获省电力公司“质量流动红旗”，并获国家电网公司“创优示范工程”检查组高度评价。金堂县低电压治理工程获国家电网公司农网“百佳”工程称号。

【经营管理】截至2015年年底，成都供电公司千方百计开拓电力市场，在经济下行，一批化工、钢铁等大客户停产减产的不利形势下，主动服务重大产业项目。全年售电量增长6.2亿千瓦时。“一户一策”制定2035个回收方案，圆满回收川化旧欠电费698.84万元，彻底解决历史遗留问题，实现“颗粒归仓”，当年电费及陈欠电费“双结零”。大力挖潜增效，精益管控，实施电能替代7.2亿千瓦时。出台31个成本费用管理细则，可控成本预算全面纳入ERP系统。营配调数据对应率指标完成90.63%。常态开展综合计划等监测分析23项，异动闭环处理100%。全力维护售电市场，开展7家重点客户、11户分布式能源接入的风险研究。全年完成售电量370.08亿千瓦时，同比增长1.7%；售电均价623.42元/千千瓦时；综合线损率6.34%，同比下降0.25个百分点。

【安全生产】2015年，成都供电公司坚持“安全是天，一失万无”理念，强化全员安全意识。制定“十条禁令”、“十个不准”、安全等级评定办法等20余项规章制度。创新安全培训、安规考试方式，建立三级安全督察网，督察现场8112处。13万余次调控操作及保护动作正确率100%。完成检修计划982项，消除设备缺陷890处，带电作业3123次，变电、输电、配农网设备故障率分别同比下降15.8%、43.8%、5.5%。构建内外部安全隐患排查治理长效机制，严抓严控13000多处作业现场、577户高危重要客户安全风险。市政府组织开展电力设施安全隐患综合治理专项行动，出资2065万元治理电缆隧道安全隐患，排查问题1192项并分解责任挂牌督办，解决历史沉积的外力隐患363项。与城建部门、地铁公司建立协调机制，野蛮作业和外力破坏故障下降63%。全年没有发生任何被考核的不安全事件，创安全生产4030天的历史新纪录，被评为省电力公司“安全生产先进单位”，受到四川能监办、市安监局和经信委等部门的充分肯定。安全管理入选省电力公司典型经验。

管理创新创效取得新成绩，多项成果获国家、省市荣誉和嘉奖（陈红梅　摄）

【农电工作】2015年，成都供电公司主动对接地方党委政府，摸清崇州、金堂、彭州等地区贫困、边远村用电现状，解决线路老化、接线不安全等用电问题176项，为222个贫困村、23643户贫困户精准扶贫工作的开展奠定了基础。全面落实低保、五保户用电政策，近三年共计为“两保户”家庭减免电费2056.96万元。倾力服务“三农”，全力配合650个美丽新村建设，推进城乡无差别化服务。开展“包片进村”活动，深入2757个村社，走访农户15万户。开展“安全用电进农家”活动，消除各类用电隐患及故障1306处。开展春耕旱涝和秋收等用电专项服务，投入资金600余万元，出动人员16000余人次、车辆778台次，检查台区2153个、抽水设备984台，办理临时报装业务432笔，为农户临时调换配变390台。开通绿色通道，提供“异地受理、一证办理”服务，做好农村创业用电、“双十一”期间农村电商集中经营等区域供电。

【科技与信息化】2015年，成都供电公司发明和实用新型专利授权31项，300余名员工获评高级职称、四川省电力公司优秀人才。该公司发布83项优秀管理创新和精益成果，21项受到省电力公司表彰。18个职工创新工作室发布23项优秀成果，9个工作室获“省十佳优秀示范创新工作室”等荣誉。“地下电网数字化安全管控体系”在600多个项目的激烈竞争中，获全国电力行业企业管理创新优秀成果一等奖。“大功率电流源”项目获国家电网公司“青年创新创意大赛”金奖。“电网规划能力提升一体化管理”等4个项目分别获全省企业现代化创新成果、企业管理优秀论文一等奖。8个项目获省电力公司管理创新、精益化项目、科技进步、工人技术创新一等奖。先行先试完成近3000万元废旧物资处置，彻底解决历史遗留问题，并成为全省最佳实践、入围国家电网公司经验。配电自动化入选《全球能源互联网》“中国实践”典范。同业对标6个专业获省电力公司标杆、5项入选典型经验库，排名省电力公司第一。

【市场服务（优质服务）】2015年，成都供电公司开展业扩工程专项治理，整改问题264项，业务资料由75项减为23项，服务投诉同比下降24.3%。拓展服务渠道，各类缴费网点5726个，“掌上川电”注册22万用户。促成政府出台《关于成都市老旧院落居民供配电设施改造工作实施意见》并完成改造试点，将惠及7万用电居民。投资1.37亿元完成456个低电压台区、16076户整治，保障返乡农民工节日用电。创新建立“重要客户供用电安全管理平台”，隐患治理实时动态监控。倾力服务85个省市重大产业项目以及地铁4号线等重大民生项目。迎峰度夏电网最高负荷905.1万千瓦、日电量1.68亿千瓦时，均创历史新高，全网没有拉闸限电。圆满完成各类保电任务168次。

【党的建设和精神文明建设】2015年，成都供电公司深入开展“三严三实”专题教育，受到国家电网公司肯定。农电党组织“双建双比双争”活动成效显著。队伍建设、创先争优捷报频传。高新共产党员服务队获评国家电网公司“金牌共产党员服务队”，文井江、安仁供电所当选“中国最美金牌供电所”。多名员工先后荣获全国第五届道德模范提名、国家电网公司特等劳模、省劳动模范、“成都榜样”等殊荣。3 个班组分别获评“全国工人先锋号”“全国质量信得过班组”“国家电网公司工人先锋号”，4 个班组评为省电力公司标杆班组，五星级班组突破 100 个。25 项成果和 13 个质量管理团队受到各级表彰。变电运维、农电比武、新闻应急等 7 项竞赛突破重围勇夺桂冠。该公司荣获省总工会“十二五”劳动竞赛优胜单位和先进个人等多项荣誉。3 个项目荣获国网“四个 100”表彰，5 名员工评为国家电网公司、省电力公司“技术能手”，12 名月度明星、10 名“金牌师傅”脱颖而出。“成电•追梦人”员工文化成果精彩纷呈，省电力公司足球大赛勇夺金杯。电缆运维团队、文井江供电所等一批先进事迹登上央视新闻联播、人民日报等国家主流媒体，引发社会各界热烈反响。6 部微电影及文化作品获全国和全省 8 个奖项。全年各类媒体上稿 12038 件，良好央企形象、优秀国网品牌广为传播。离退休人员“五件实事”全面落实，该公司荣获省电力公司“离退休工作先进单位”和“敬老模范单位”称号。

【所属县级供电企业】 国网成都供电公司有直属的全资分公司性质的县级供电公司 6 家：国网成都市高新供电公司、国网成都市新都供电公司、国网金堂县供电公司、国网成都市温江供电公司、国网成都市青白江供电公司、国网都江堰市供电公司。代管国网四川省电力公司全资子公司性质县供电公司 11 家：国网都江堰市供电有限责任公司、国网郫县供电公司、国网崇州市供电公司、国网彭州市供电公司、国网邛崃市供电公司、国网大邑县供电公司、国网新津县供电公司、国网蒲江县供电公司、成都官仓电力有限责任公司、国网成都市新都供电有限责任公司、国网成都市温江供电有限责任公司。

数次报道地下电缆运维团队等优秀集体或个人事迹

（谢勇　摄）

【国网成都市高新供电公司】 国网成都市高新供电公司于 1996 年 12 月 25 日挂牌成立。作为“三集五大”改革后成都市主城区唯一保留的供电公司，公司地处成都市城南核心经济区，几经改革划转后，供电区域面积 252 平方公里，肩负服务高新区、武侯区、青羊区经济发展重任。截至 2015 年年底，全口径售电量 77.63 亿千瓦时。

2015 年建成 10 千伏出线 8 条，线路共计 11.4 公里，完成配网建设投资 4069 万元。新增建管配网项目 7 个，涉及总投资 2812.17 万元，涉及高低压线路 119.344 公里，设备 398 台。

截至 2015 年年底，高新供电公司电网现有 110 千伏变电站 31 座，主变 68 台，变电总容量 395.6 万千伏安。其中高新公司运行维护 10 千伏公用线路 93 条，其中电缆主干线长度 201.8 公里，架空主干线长度 132.59 公里。该年累计线损率 3.64%（指标 3.65%）。

【国网成都市新都供电公司】 新都供电公司成立于 1985 年 8 月，坐落于成都市北大门——被誉为“香城宝地”的新都区，属于国网成都供电公司直供直管供电分公司。新都电网属典型受端网络，担负着新都地区以及周边彭州、青白江、郫县和金牛部分地区的供电任务。截至 2015 年年底，全网共有变电站 16 座（220 千伏变电站 3 座，主变容量 120 万千伏安；110 千伏变电站 9 座，主变容量 95.2 万千伏安；35 千伏变电站 4 座，主变容量 8 万千伏安，容载比为 1.88），变电容量共计 223.2 万千伏安。

2015 年，新都公司累计完成售电量 28.3246 亿千瓦时，完成售电均价 685.6 元/千千瓦时，实现当年电费回收财务和营销口径“双结零”。完成综合线损率 6.17%。完成供电可靠率城镇 RS3 99.944%，农村 RS3 99.990%；城镇电压合格率 99.999%，农村电压合格率 99.80%。完成智能电表换装 81815 只，新都公司智能电表总数达到 411943 只。

【国网金堂县供电公司】国网金堂县供电公司系国网成都供电公司直属县公司，成立于1985年，担负金堂县21个乡镇及青白江5个乡镇（278.55平方公里）的供电任务，供区面积约1300平方公里，供电服务人口105.1万人，供区以山区丘陵为主。该公司共辖变电站16座，总容量157.08万千伏安。并网的小水电共计3座，总装机容量5595千瓦（其中玉虹320千瓦，绣水570千瓦，清江电厂4705千瓦）。

2015年，完成电网投资1.28亿元，新增变电容量1万千伏安。2015年，累计完成售电量9.2801亿千瓦时，同比增长6.23%；累计完成110千伏及以下片区综合线损率7.04%(不含大客户)，同比下降1.42个百分点，较成都公司下达的线损率指标下降了1.06个百分点。售电均价653.36元/千千瓦时，电费回收率100%。

【国网成都市温江供电公司】截至2015年年底，温江全网现拥有220千伏变电站2座、110千伏变电站7座、35千伏变电站2座，变电总容量154万千伏安。运行维护10千伏及以上输、配电线路(含专线)163条，全长1182.6公里。其中：110千伏输电线路17条150公里，35千伏输电线路7条84.5公里，10千伏配电线路139条948.1公里。辖区内城市直供客户4.3万户、农村直供客户15.5万户。

五天时间超常规投运五项基建工程，服务市政民生大计，抒写电网建设新纪录

（成都供电公司提供）

全年完成售电量17.40亿千瓦时，同比增长1.63%；售电均价663.28元/千千瓦时，同比增长0.42元/千千瓦时；电费回收率100%；综合线损率5.30%，低于指标计划1.20个百分点。常态化开展“堵漏增效”专项活动，挽回经济损失69.10万元。

【国网成都市青白江供电公司】国网成都市青白江供电公司是国网成都供电公司两个大型县级供电企业之一，供区面积约378.94平方公里，担负着青白江城区2个街道办（红阳、大弯）、8个建制镇（大同、祥福、弥牟、龙王、城厢、姚渡、清泉、福洪）和1个乡（人和）共123个行政村（社区）的工农业生产、人民生活用电任务，供区人口41万。管辖变电站12座，变电总容量136.13万千伏安。220千伏线路16条，线路长度161.2公里；110千伏线路16条，线路长度118.5公里；35千伏线路11条，线路长度51.78公里；10千伏线路58条，线路长度为647公里

2015年，完成全口径售电量25.19亿千瓦时；110千伏及以下线损率1.71%，优于年度目标值0.79个百分点；城市综合电压合格率为99.989%；农村综合电压合格率为99.993%；城网供电可靠率为99.9614%；农网供电可靠率为99.9157%。截至2015年12月31日，实现安全运行6411天。

【国网都江堰市供电公司】国网都江堰市供电公司属辖的输配电线路跨越汶川、彭州、都江堰、崇州、郫县等地市，总长达1600余公里，且多为高山，地形、地质情况复杂多变，运行环境恶劣。1600平方公里，供电人口78万人，拥有220千伏变电站2座、110千伏变电站7座、35千伏变电站11座，变电总容量154.34万千伏安。2015年共完成售电量21.8亿千瓦时，累计综合线损5.13%；供电有限责任公司完成售电量10.4亿千瓦时，完成发电量8597万千瓦时，累计综合线损5.49%。

【国网郫县供电公司】国网四川郫县供电有限责任公司，始建于1982年。1992年以前隶属地方电力公司，1992年移交成都电业局代管，2008年由四川省电力公司控股，2013年完成股权划转后成为国网四川省电力公司的全资子公司。该公司担负着郫县行政区域437.5平方公里、户籍人口55.86万、常住人口82.52万的居民生活及工农业生产供电任务，用电客户43万户。管辖220千伏变电站1座、110千伏变电站5座、35千伏变电站5座，变电总容量106.09万千伏安；110千伏输电线路6条，总长度

30.8 公里；35 千伏输电线路 11 条，总长度 105.5 公里；10 千伏线路 167 条，总长度 1535.9 公里；公用配变 1699 台，总容量 46.92 万千伏安。

2015 年，郫县供电有限责任公司完成售电量 19.19 亿千瓦时，同比增长 2.35%；完成售电均价 629.43 元/千千瓦时（不含税不含基金）；完成综合线损率 6.58%，同比下降 0.4 个百分点；完成电费回收率 100%、城市综合电压合格率 99.998%、城市供电可靠率 99.9499%、农网综合电压合格率 99.999%、农网供电可靠率 99.938%，完成电网建设和改造投资 4194.37 万元。

【国网崇州市供电公司】国网四川崇州市供电有限责任公司是国网四川省电力公司全资县级供电企业，担负着崇州市 24 个乡镇供电区域内的电网建设、运行维护和供电服务任务。供电面积 1089 平方公里，供电人口 67 万，营业户数 29.2 万户。现有 35 千伏及以上变电站 17 座，总容量 179.8 万千伏安。其中：220 千伏变电站 2 座，主变容量 78 万千伏安；110 千伏变电站 9 座，主变容量 88.4 万千伏安；35 千伏变电站 6 座，主变容量 13.4 万千伏安。35 千伏及以上线路 28 条，长 307.4 公里，其中 110 千伏线路 15 条，长 183.4 公里；35 千伏线路 13 条，长 124 公里；10 千伏配网线路 141 条，长 1943.1 公里。

2015 年，全面实行专变客户购电制，率先实现电费“双结零”。加大违约用电和窃电查处力度，追补电量 21.4 万千瓦时，追补电费和违约使用电费 50.8 万元。

2015 年公司完成售电量 19.68 亿千瓦时，同比增长 14.33%，增长率居成都公司第一；电费回收率 100%；综合线损率 6.85%，同比下降 0.06 个百分点。

【国网彭州市供电公司】国网彭州市供电公司于2006年5月31日由国网四川电力控股，于 2014 年 1 月完成地方股权上划，2014 年 8 月 8 日正式更名，注册资本为 8922 万元。该公司供电区域为天彭镇、九尺镇、濛阳镇、丽春镇、致和镇、军乐镇、敖平镇、升平镇 8 个乡镇及桂花镇、龙门山镇、葛仙山镇、三界镇、隆丰镇 5 个乡镇部分地区，供电面积约 450 平方公里，供电户达 250310 户，其中大工业 201 户，非普工业 3327 户，居民生活 221247 户，非居照明 1052 户，商业 10209 户，农排及农业生产 14274 户。

截至2015年年底，该公司负责运维的变电站共有16座，其中220千伏变电站3座，主变总容量114万千伏安；110千伏变电站8座，主变总容量74.3万千伏安；35千伏变电站5座，主变总容量7.9万千伏安。现变电站综合自动化率、光纤通讯覆盖率、无人值班比例、断路器无油化率均为100%。共运行维护36条输电线路，总长度为421.32公里，其中110千伏共21条，长度为277.686公里，35千伏线路15条，共143.634公里。该公司供区内有10千伏配电线路106条，总长度1124.403公里，由该公司运行管理的10千伏公用线路67条，总长度975.477公里，用户专线39条，总长度148.926公里。10千伏配变总台数2762台，容量84.48万千伏安。

该公司并网的小水电站27座，装机6.124万千瓦。

【国网邛崃市供电公司】国网四川邛崃市供电有限责任公司于 1995 年划归原成都电业局管理，2006 年实行股份制改革，2013 年完成地方国有资产无偿划转，由省电力公司全资控股。邛崃公司担负邛崃市 18 个镇、6 个乡、202 个行政村、62 个社区的供电任务，供电面积 1384 平方公里，人口 65.68 万。

邛崃公司运行管理变电站 14 座，主变容量 95.78 万千伏安，其中 220 千伏变电站 1 座，30 万千伏安；110 千伏变电站 5 座，57.2 万伏安；35 千伏变电站 8 座，0.858 万千伏安；过境 220 千伏输电线路 6 条，61.3 公里；运行管理 110 千伏输电线路 11 条，160.22 公里；35 千伏输电线路 15 条，176.656 公里；10 千伏线路 108 条，1702.7 公里；低压配电线路 5820 公里；在邛崃电网并网运行的小水电站 63 座，装机容量 6.6 万千瓦。2015 年荣获省总工会“五一劳动奖状”。

2015 年建成投运 110 千伏平乐站 2×5 万千伏

圆满回收川化旧欠，实现“双结零”，经营业绩创新高

（陈红梅　摄）

安和 110 千伏赵塔站 2×6.3 万千伏安，扩建 110 千伏玉带站3号主变6.3万千伏安及35千伏水口站2号主变 0.8 万千伏安，110 千伏、35 千伏容载比分别提升至 2.2、1.8，邛崃电网在“十二五”规划末实现变电容量在“十一五”规划基础上翻三倍。

【国网大邑县供电公司】大邑电网是以国家电网覆盖全地区供电的统一电网，是一个集供、配电为一体的电力企业。该公司担负着大邑县 157 个行政村、25.2 万余户居民的供电任务。该公司前身为大邑县电力公司，1993 年 8 月 18 日交成都电业局代管，2001 年 1 月实行改制，2008 年 1 月省电力公司控股，2010 年更名为“四川大邑供电有限责任公司”，2012 年 12 月更名为“国网四川大邑县供电有限责任公司”。

该公司现有变电站 16 座，主变压器 32 台，总容量 1062.3 万千伏安；其中 220 千伏变电站 1 座，总容量 360 万千伏安；110 千伏变电站 6 座，总容量 537 万千伏安；拥有 110 千伏线路 14 条，长度 145.219 公里；35 千伏线路 17 条，长度 151.153 公里。

截至 2015 年年底，该公司共完成售电量 19.9 亿千瓦时，比 2014 年同期增长 2.65%，完成年计划 19.85 亿千瓦时的 100.25%；完成网供电量 12.27 亿千瓦时，比 2014 年同期增长 10.27%；系统综合线损率 7.02%，比 2014 年同期下降 0.12 个百分点；电费回收率 100%，预付电费比例 71%。

【国网新津县供电公司】国网四川新津县供电有限责任公司于 2007 年 12 月改制成立。按照国家电网公司和国网四川省电力公司要求，2013 年 7 月 31 日经工商变更登记，公司名称由“四川新津供电有限责任公司”变更为“国网四川新津县供电有限责任公司”，是国网四川省电力公司的全资子公司，公司注册资本 1000 万元。

新津电网辖 220 千伏变电站 1 座（邓双），总容量 36 万千伏安，110 千伏变电站 4 座（新津、花桥、文武、何店），总容量 33.15 万千伏安；过境输电线路通道维护的 220 千伏输电线路 8 条，总长 74.8 公里，110 千伏输电线路 4 条，总长 28.4 公里；新津供电公司自行维护的 110 千伏输电线路 9 条，总长 79.525 公里，35 千伏输电线路 8 条，总长 36.433 公里，10 千伏配电线路 45 条，总长 583.946 公里；10 千伏专线 14 条，总长 61.864 公里；历史最高负荷 18.7 万千瓦，系统容载比 1.75。

2015 年全年完成售电量 8.45 亿千瓦时，同比减少 18.18%；售电均价 745.29 元/千千瓦时（不含税 595.8 元/千千瓦时），同比增长 6.01%；购电均价 436.9 元/千千瓦时；综合线损率 6.095%，完成了年初下达计划；电费回收“双结零”。

【国网蒲江县供电公司】国网四川蒲江县供电有限责任公司前身为蒲江县电力公司，1994 年 10 月委托乐山电业局代管，成立乐山电业局蒲江供电局。1998 年 2 月蒲江电网转由成都供电，蒲江供电局也划归成都电业局管理。2006 年 4 月改制后成立四川蒲江供电有限责任公司（四川省电力公司占股 69%，地方政府占股 31%）。2013 年 1 月，公司地方国有股权资产划转给四川省电力公司，成为省电力公司全资子公司。2013 年 8 月，公司更名为国网四川蒲江县供电有限责任公司。

蒲江电网共有变电站 8 座，均为无人值班变电站，其中 110 千伏变电站 2 座，35 千伏变电站 6 座（含 2 座小型化站），总变电容量 23.13 万千伏安，有并网小水电站19座，总装机容量为1.273万千瓦。全年共受理高压业务 95 笔，共计 3.87 万千伏安；低压用户 2863 户共计 2.36 万千伏安。累计完成售电量 3.36 亿千瓦时，同比增长 4.74%；综合线损为 7.57%，同比下降 0.09%。电费回收率 100%。

【成都官仓电力有限责任公司】国网四川官仓供电有限责任公司于2015年2月成为国网四川省电力公司的全资子公司，9 月 2 日正式纳入国网成都供电公司管理，注册资本 1256.5 万元。担负着彭州市龙门山脉一带共 12 个乡镇、87 个行政村、667 个社的供电任务，供电人口 11.02 万，供电面积约 505 平方公里，供区以山区为主。公司现有 110 千伏变电站 1 座，2 台主变共计 8 万千伏安；35 千伏变电站 6 座，主变 8 台共计 6.62 万千伏安；拥有 110 千伏线路 1 条（9.029 公里），35 千伏线路 10 条（82.886 公里）、用户专线 2 条（4 公里）；10 千伏线路 41 条（450.63 公里）；0.4 千伏低压线路（648.18 公里）；配电台区 664 个（20.8 万千伏安），其中公变配电台区 465 个（8.5 万千伏安），专变配电台区 199 个（12.33 万千伏安），在什邡市民主 110 千伏变电站并网。拥有小水电站 11 处计 21 台，总装机容量 4495 千瓦。供区内上网小水电站 34 座，装机 50881 千瓦。

截至 2015 年 12 月 31 日，公司注册资金人民币 1256.5 万元，国网四川省电力公司持股 100%。资产总额合计 7210 万元，负债总额 6542 万元，所有者权益 668 万元；2015 年实现售电量 14139 万千瓦时，综合线损 9.18%。

（娄广鑫、张爽、谢菡）

国网乐山供电公司

【企业概况】国网乐山供电公司（以下简称乐山公司），始建于1969年，是国网四川省电力公司下属国家特大一型供电企业，主要担负城区、峨眉山、五通、沙湾、夹江、井研6个直供县和6个趸售公司（四川马边供电有限责任公司、四川沐川供电有限责任公司、乐山电力股份有限公司、四川金峨供电有限公司、乐山市金洋电力开发有限公司、四川峨边大渡河电力股份有限公司）的供电任务，以及龚嘴、铜街子、圣达等水电站汇集送出的重要任务。供电区域1.27万平方公里，供电常住人口323万。截至2015年年底，公司固定资产原值63.19亿元。220千伏变电站14座，容量435万千伏安；110千伏变电站37座（含控股公司2座），容量273.3万千伏安（含控股公司8.1万千伏安）；35千伏变电站45座（含控股公司13座），容量49.055万千伏安（含控股公司11.025万千伏安）。220千伏线路51条，长度1547.882公里;110千伏线路90条，长度1039.619公里；35千伏线路99条，长度949.952公里。

2015年，乐山公司完成售电量119.96亿千瓦时，同比下降2.47%，完成省电力公司下达售电计划的100.39%。综合线损率5.09%，较省电力公司计划低0.01个百分点。完成电网投资6.61亿元。新增35千伏及以上变电容量23.74万千伏安，投运35千伏及以上线路94.53公里。对标位列省电力公司综合排序第7名。连续安全生产4175天，没有发生造成社会重大影响的优质服务事件。

2015年2月16日，乐山市市长张彤到国网乐山供电公司视察春节保电情况 （王军 摄）

【人力资源】乐山公司本部设置管理部门11个，辖二级业务支撑和实施机构7个、县级供电分公司5个、控股公司2个。该公司用工总量4654人，其中国有员工1439人（含集体企业借工358人），控股公司员工583人，劳务派遣用工87人，农电员工1242人，集体企业用工1303人（其中集体身份员工147人，主业业务委托用工333人，集体企业自聘员工681人，劳务派遣用工142人）。

2015年，交流调整领导干部71人次。在基层单位、职能部门新设助理岗位5个。组织开展“上挂下派”工作。培养选拔优秀人才，4人分别成为国家电网公司专业领军人才和优秀专家人才后备。强化内训师队伍建设，1人获得国家电网公司“培训师教学技能竞赛”兼职培训师组个人三等奖。成立课题研究小组，将技能鉴定内容和生产技能人员“三年轮训”相结合，提高教育培训的针对性、实用性。积极参加国家电网公司、省电力公司各专业调考，2人在国家电网公司调考中获得优秀个人称号，1人被评为国家电网公司第五届“服务之星”、省电力公司第五届供电“十佳服务之星”。

【电网建设与发展】编制完成乐山市“十三五”主网和配电网规划，积极开展2015年乐山电网发展诊断分析。沐溪扩建220千伏配套工程等3个项目取得核准，金口河220千伏输变电工程已上报核准申请。组织推进成昆铁路、成贵铁路、青江新区等电力线路迁改工作，10条线路取得设计批文。奋战藏区雪域高原，圆满完成白玉昌台110千伏输变电工程。加快推进乐山电网建设，顺利完成黑竹沟220千伏变电站扩建等重点工程。扩大建设方案获省电力公司许可。配电自动化建设一期建设内容基本完成。农网改造升级新建10千伏线路403公里、10千伏配变 617 台，改造低压线路 1889 公里、户表 2.18 万户，普兴乡 10 千伏悦连支线中压改造工程入围国家电网公司农网“百佳”工程。

【经营管理】2015 年，乐山公司推进燃煤自备电厂实施“机组停发消纳水电”替代政策，全年增加售电量 13.84 亿千瓦时。领导班子分片包干进行电费催收，灵活使用合法停限电、有效资产担保等手段，降低电费回收风险。追补电费 107.92 万元。加强购电制推广，474 户高压客户费控装置上线运行。开展项目财务经济性、合规性审查 400 余项。

【安全生产】2015年，乐山公司开展“安全日”、安全生产大检查、缺陷隐患排查整治等专项活动，全年共排查问题和隐患772项，完成整改748项。完成4家县公司安全性评价工作。通过安全风险管控系统，发布电网风险预警69次，编制五级及以上电网风险管控方案20项。全年共计消除设备本体危急缺陷9项，严重缺陷57项，一般缺陷201项，消除通道缺陷2317处。深入推进配网状态检修工作，完成8718个设备单元的状态评价工作。积极打造城市配网30分钟抢修圈，推行“网格化”管理，增加城市永久抢修驻点3个，抢修队伍到达时间缩短到20分钟。开展现场安全巡查2446次，查纠违章72次。圆满完成“旅博会”“国际自行车赛”等重大活动保电任务。

【农电工作】2015年，乐山公司农网改造升级工程投资25245万元，项目312个。农网综合电压合格率为99.95%，农网供电可靠率为99.83%。重新制定《农电业务界面划分建议方案》，理顺基层单位农电运维、大修技改业务管理界面与流程，明确各方工作与安全职责。推进乐山市三新供电服务有限公司实体化运作，在各县级供电分公司（不含控股公司）成立三新分公司。组织完成农电人员合同改签工作。

2015 年 9 月 7 日，马边精准扶贫，高石头村彝兴合作社常理暨养殖能手、文明新风好家庭劳动竞赛启动仪式

（王军　摄）

【科技与信息化】2015 年，乐山公司马天智劳模创新工作室入选四川省“十二五”劳动竞赛十大“示范劳模创新工作室”。1 个科技项目荣获省电力公司科学技术进步三等级，2 个群创项目获得省电力公司“员工技术创新十大优秀成果”，1 个 QC 成果获省电力公司一等奖，2 个管理项目分获省电力公司管理创新、课题研究一等奖，3 个精益项目分获省电力公司二、三等奖。加快创新成果转化应用，变电站智能巡检系统、安全风险管控系统和“掌上供电所”APP 推广应用价值受到国家电网公司、省电力公司高度评价，其中变电站智能巡检系统已与国电南瑞集团达成推广协议。

【市场服务】2015 年，乐山公司大力实施“客户用电满意工程”，在 4G 服务模式的基础上，以“基础、规范、效率、转型、服务、效益”十二字为主线，解决突出问题，规范服务行为。建设完善 4 个工业园区“电管家”服务站，提供一站式服务。组织开展“换位思考，我是客户”大讨论，以客户需求为导向查找服务短板，制定整改措施。开展重点客户走访行动，全年走访客户 112 户，收集回复客户意见、建议 43 条。推进“服务进社区”，设置社区经理 847 个，建设电力和谐村 50 个。深入开展业扩报装环境整治“百日行动”，查找并改进问题 54 项。新建便民购电网点 482 个，全面实现“村村设点”目标。“掌上川电”APP 注册用户 8.4 万户。

【党的建设和精神文明建设】2015 年，乐山公司认真开展“三严三实”专题教育，创新“领导+宣讲团”专题党课模式，领导班子带队深入基层宣讲 10 余次。探索实行“党建工作项目化管理”，重点打造“共产党员创新创效示范”“党建标准化示范点”等项目。加强优秀专家人才培养选拔，2 人成为国家电网公司专业领军人才，2 人成为国家电网公司优秀专家后备人才。完成企业文化基地建设，开展企业文化建设示范点创建和重点项目打造。开展“双融双提升”活动，着力解决管理“肠梗阻”、执行力偏差、服务职工群众“最后一公里”等问题。实施“三位一体”马边精准扶贫，新华社、工人日报、四川经济日报等多家国家级、省市级媒体专题报道了扶贫成效，受到省纪委、省电力公司以及社会各界的高度评价。全面开展“当好主力军、建功十二五”活动，该公司被评为全国“安康杯”竞赛优胜单位、四川省“重点工程劳动竞赛先进集体”，嘉能佳公司荣获全国“工人先锋号”，九峰供电所被评为省电力公司首批标杆班组和国家电网公司“工人先锋号”。大力弘扬劳模精神，2人被授予“四川省劳动模范”称号，1人荣获“四川省五一劳动奖章”。切实落实老同志“两项待遇”，积极推进文化养老工作，公司荣获省电力公司“敬老模范先进单位”称号。

【企业改革】

人力资源改革 引入定员概念、定量考核、事项性考核、里程碑计划考核等6个维度因素，推进绩效改革，建立涵盖全面、科学合理、公平正义的绩效管理考评体系和薪酬福利体系。制定集体企业工资收入管理办法、协议工资制管理办法等薪酬分配制度。制定员工动态管理办法、集体企业用工管理办法，规范用工行为。深入开展用工普查，合理规范农电用工及社会通用工种的用工关系。修订公司职员职级管理办法。

集体企业改革 重新对集体企业进行精确定位。制定“以电为纲、两翼齐飞”发展战略，明确“四个转型”发展途径，集公司管理智慧，初步建成“七大管控体系”。全年共制定集体企业财务管理、安全管理、物资管理等22项规章制度。整合财务资源，成立集体企业会计核算中心。开展集体企业清算关闭、社会化改制和公司化改制。

【所属县级供电企业】乐山供电公司所属供电企业有：国网峨眉山市供电公司、国网乐山市五通桥供电公司、国网乐山市沙湾供电公司、国网夹江县供电公司、国网井研县供电公司、国网四川马边彝族自治县供电有限责任公司、国网四川沐川县供电有限责任公司

【国网峨眉山市供电公司】该公司成立于1969年12月，供电范围覆盖峨眉山市18个镇（乡），供区面积881.3平方公里，占市域面积的75%；供电人口30余万人，占全市总人口的71%。截至2015年12月底，该公司共有固定资产6.88亿元。变电站13座，其中220千伏站3座，110千伏站5座，35千伏站5座，10千伏开关站2座，总变电容量138.356万千伏安。拥有35千伏线路16条，总长130公里；10千伏线路53条，总长1065公里。截至2015年12月，公司拥有电力客户12.3万余户，售电量40.36亿千瓦时，售电均价455.21元/千千瓦时，售电收入18.37亿元。截至2015年12月31日，该公司连续安全生产4175天。

【国网乐山市五通桥供电公司】该公司成立于1971年9月，担负着五通桥区12个镇（乡）的直供任务，直供面积为465.51平方公里。2015年，完成售电量29.98亿千瓦时，同比增长18.59％，220千伏及以下综合线损率完成3.79%，比全年目标低 0.31个百分点。固定资产增至7.61亿元。辖区内共有变电站14座，变电总容量115.4万千伏安（其中220千伏变电站3座、110千伏变电站4座、35千伏变电站7座）。110千伏输电线路97.13公里，35千伏输电线路113公里，10千伏线路898公里，低压线路7520公里，供电用户1297646户。截至2015年12月31日，实现连续安全生产4175天。

【国网乐山市沙湾供电公司】该公司成立于1991年，主要担负着沙湾区工农业生产和人民生活的供电任务，供区范围覆盖沙湾区13个镇（乡），供区面积约618平方公里，供电用户6.7万户。2015年，公司完成售电量 14.97 亿千瓦时，实现销售收入8.91亿元。截至2015年12月31日，该公司拥有

2015年1月18日，乐山公司“双融双提升”启动会
（王军 摄）

营业区内主网共有220千伏变电站1座，110千伏变电站4座，35千伏变电站3座，总变电容量64.81万千伏安（其中沙湾公司管辖35千伏变电站3座，总变电容量3.66万千伏安）。共有35千伏输电线路110公里，10千伏城网主干线路47.74公里，10千伏农网线路793.45公里。此外，沙湾电网还有隶属客户的220千伏变电站2座，110千伏站3座，35千伏用户变电站2座，总变电容量3.25万千伏安。另有35千伏上网电站2个，总装机1.86万千瓦。

【国网夹江县供电公司】该公司成立于1998年，供区面积约241平方公里，占全县总面积的32%，供区人口约12万，占全县总人口的40%。截至2015年12月31日，公司有220千伏变电站1座，变电

容量30万千伏安，110千伏变电站3座，变电容量18.3万千伏安，35千伏变电站4座，变电容量2.69万千伏安，10千伏开闭所1座。220千伏线路7条，长174.37公里，110千伏线路10条，长86.29公里，35千伏线路8条，长86.38公里，10千伏线路35条，长323公里，10千伏公用变压器711台，变电容量10.6万千伏安。2015年，完成售电量9.68亿千瓦时。实现连续安全生产2531天。

【国网井研县供电公司】该公司成立于1991年，担负着井研全县及市中区、五通、荣县、犍为等县市部分区域42万人的供电任务。公司共有110千伏变电站2座，变电容量14.3万千伏安，35千伏变电站7座，变电总容量6.41万千伏安，110千伏线路48公里，35千伏线路131公里，10千伏线路1024.25公里；配电变压器1509台，配变总容量20.139万千伏安，低压线路8976.71公里。2015年，售电量3.49亿千瓦时。全年共完成农网改造升级工程、生产技术改造及配网建设改造等87个，并开展2015年电能表推广应用及配套项目的现场施工工作，完成表计安装8190只。

【国网四川马边彝族自治县供电有限责任公司】该公司于1995年12月由马边电厂改制而成。2003年年初，由乐山嘉能电力有限责任公司控股。2008年12月，四川省电力公司正式控股。2009年3月完成对公司的股份制改造工作，注册资本金1026.58万元（其中，四川省电力公司持股93.31%，马边雨华投资有限责任公司持股6.69%）。公司主要经营水力发电与电力供应，兼营35千伏以下送变电工程建设、电工器材、仪表销售等。该公司供电网络覆盖全县2304平方公里，供区总人口21.5万人；担负着马边全县20个乡（镇）、123个行政村（社区）的供电任务，拥有农村供电所3个，发电站4座，装机9台，总容量6830千瓦；运维管理220千伏变电站1座，总容量30万千伏安，110千伏变电站4座，总容量17万千伏安，35千伏变电站6座，总容量4.625万千伏安；辖区内110千伏线路15条，总长338公里，35千伏线路24条，总长约232公里，10千伏线路39条，总长约1084公里。2015年公司全口径售电量10.31亿千瓦时。

【国网四川沐川县供电有限责任公司】该公司于2010年6月由四川省电力公司正式控股，注册资本为人民币3796.10万元（省电力公司控股97.3%，沐川县财政控股2.7%）。公司是一个集发电、配电、供电为一体的综合性电力企业，主要承担沐川城区和19个乡镇195个行政村的供电任务，供区面积约1408平方公里，供电人口约26万人，供电户数8.4万户，其中抄表到户6.87万户。网内并网电站40座，总装机容量为7.349万千瓦，其中公司资产电站4座（三宝石电站、涧溪沟电站、胡溪口电站、龙沱电站），总装机容量为0.715万千瓦；220千伏变电站1座（代管）、110千伏变电站2座、35千伏变电站7座、10千伏开关站4座，变电总容量27.625（含静云15万千伏安）万千伏安；110千伏输电线路4条，总长74.63公里；35千伏输电线路12条，总长148.6公里；10千伏配电线路59条，总长1240.631公里（其中用户产权172.238公里）；10千伏配电台区1730台（其中专变470台，公变1260台），总容量22.5697万千伏安；低压线路4438公里（其中用户产权1782公里）。2015年，公司实现售电量2.48亿千瓦时，同比下降1.31%；自发电量3692.62万千瓦时，同比增长3.6%。

（方美凤）

国网攀枝花供电公司

【企业概况】国网攀枝花供电公司始建于1965年，为国网四川省电力公司下属的特一型企业，下设职能部门11个，县级供电企业4个（仁和供电分公司、西区供电分公司、米易县供电公司、盐边县供电公司），业务支撑和实施机构7个，集体企业1个(攀枝花网源电力建设工程公司)。

2015年，国网攀枝花供电公司固定资产总额37.18亿元。拥有变电站、开关站85座，变电容量793.42万千伏安，其中220千伏变电站11座，总容量480万千伏安；110千伏变电站30座，总容量258.85万千伏安；35千伏变电站36座，总容量54.565万千伏安；10千伏开关站8座。拥有35千伏及以上线路2544公里，10 千伏配网线路 5049 公里，配电变压器 3996 台。拥有供电客户 35.6 万户，供电人口 121.99 万人。

2015 年，完成售电量 79.44 亿千瓦时；线损率 3.97%，比年计划低 0.23 个百分点；城市综合电压合格率 100%，城市供电可靠率 99.93%。荣获“全国五一劳动奖状”“国家电网公司电能替代工作先进集体”“省电力公司安全生产先进单位”“省电力公司电亮藏区先进单位”等诸多荣誉，顺利通过全国文明单位复查。

【人力资源】2015 年，国网攀枝花供电公司用工人数为 1373 人（其中主业岗位长期职工 868 人），比上年同期用工人数减少 19 人。实现关键重要岗位交流 18 人，完成内部人力资源市场人员调整 150 人次，交流中层干部 20 人。重新修订了《中层干部管理办法》和《中层后备干部管理办法》等制度，完善干部选拔任用机制。累计培养国家电网公司级优秀专家 5 人，省电力公司级优秀人才 144 人，国网攀枝花供电公司优秀人才总数位居省电力公司系统前列。

【电网建设与发展】2015 年，攀枝花公司加强电网规划管理，科学编制公司“十三五”电网发展规划，实现“十二五”和“十三五”的无缝衔接。米易—安宁 220 千伏线路、220 千伏枣子坪和 110 千伏上板桥、太平输变电工程等重点项目竣工投产，新增变电容量 92 万千伏安、输电线路 141.8 公里，投运智能变电站 3 座，攀枝花电网 220 千伏双环网正式形成。至此，攀枝花电网形成了以 500 千伏双环网为支撑，覆盖各区县的 220 千伏双环网为骨干，各级电网协调发展的输配电网络。

【经营管理】2015 年，攀枝花公司积极克服经济下行压力，通过攀钢 504 电厂水火置换，以地方、用户、企业多方受益的原则，落实攀钢 3 台 10 万千瓦机组关停工作，高效协同推进攀钢自备电厂替代交易，增加售电量 11.98 亿千瓦时，全年减少电煤消耗 78 万吨，二氧化硫排放 2137 吨，氮氧化物 2033 吨，烟尘排放量 160 吨。严格电费回收考核，全年电费圆满结零。营配调贯通工作全川领先，完成 85689 户智能表改造及相关配套采集，新上台区采集覆盖率、台区线损自动监测率及采集成功率均达到 100%。全力构建智能配售电体系，国网攀枝花供电公司初步实现了由传统电力行业向现代服务业的转型升级。

国网攀枝花供电公司全面建成互联网安全风险管控平台

（攀枝花供电公司提供）

【安全生产】2015 年，国网攀枝花供电公司生产、基建、农电、集体企业未发生人身重伤及以上事故，未发生有人员责任的一般及以上电网、设备、火灾事故、恶性误操作事故；未发生有管理责任的破坏电力设施引发倒杆、断线、变电站失压案件；未发生负主要管理责任的由于供电安全引起的煤矿等重要用户人身死亡事故；未发生负主要责任及以上交通事故；未发生负主要责任的群体伤害事件；建立完善的应急管理体系，成功应对“8·30”地质灾害等多次突发事件，积极支援华坪洪涝灾害恢复重建工作，圆满完成多次重要保电工作，应急体系得到省电力公司及社会各界的高度赞扬。成熟应用变电设备带电测试技术，妥善处理全川首例 GIS 设备主绝缘缺陷。高质量完成 220 千伏马店河站、110 千伏老熊井站等大型集中检修。开展全川首例输电线路带电水冲洗并作为规范推广。超额完成省电力公司运维一体化任务。截至 2015 年年底，实现连续安全生产 2497 天。

【农电工作】2015 年，由攀枝花公司集体企业平台公司组建和运营全资子公司性质的市、县两级供电服务有限公司（攀枝花市三新供电服务有限公司），分层、分类有序开展用工方式转换，实现农电工与攀枝花市三新供电服务有限公司，规范和提高农电用工管理水平。深入开展包片进村活动，实施“两个提升”工程，农电基础管理稳步推进。加速实施新一轮农网改造升级，完成低电压治理项目 163 个，投资 6774.6 万元，消除低电压用户 4000 余户。高度重视藏区对口帮扶工作。2015 年，除 21 人常驻援藏人员外，分批选派 84 名专业技术管理人员指导受援单位推行统一的管理模式、管理标准、业务流程，藏区供电公司实现与地市公司管理的全面接轨。

【科技与信息化工作】2015 年，攀枝花电网各电压等级继电保护及安全自动装置全部实现微机化，220千伏系统线路、主变、母差保护全部实现双重化，极大的保证了电网安全稳定运行。地区调度数据网全面建成，攀枝花成为全川第一个完成新调度数据网接入的单位，自动化通道运行率达到100%。建成互联网安全风险管控平台，以异动为驱动的运营管理提升框架初步建立。全年申报各项专利20项，其中发明专利5项、实用新型专利15项。省级及以上刊物发表论文6篇，形成管理创新成果12项、科技创新成果3项、技术创新成果13项。“基于互联网安全风险管控平台的精准日管控体系构建与实践”“依托项目管理的电网企业员工关爱体系建设” 获省电力公司管理创新一等奖，“生产作业项目风险日管控精益提升”获省电力公司优秀精益项目成果一等奖。

【市场服务（优质服务）】2015年，攀枝花公司积极主动对接大客户，帮助指导客户用好各项电价的优惠政策，2015年共计优惠电费1.9亿元，涉及工业客户88户。建立“社区供电服务联络员”制度，基本形成城市“十分钟缴费圈”， 代收网点遍布全市。打造川内唯一城区“20分钟配网抢修圈”，平均抢修时限缩短30分钟。常态化开展状态检修、带电作业和零点检修，特色服务得到用电客户的普遍赞誉。推行“一证办理、一站式服务”业扩报装新模式，客户接电时间平均缩短20%。

【党的建设和精神文明建设】2015年，攀枝花公司以“三学求实效”扎实开展“三严三实”专题教育。通过“三优”方式加强队伍建设，通过多岗位锻炼培养复合型人才。立足“同心圆”模式全力推进班组建设，打造的标杆班组被评为全国“安康杯”竞赛优胜班组、国家电网公司“工人先锋号”。创新品牌传播方式，动态传播“三藏”帮扶、电能替代等公司2015年十大社会责任根植项目，得到社会各界广泛认可。督导落实老同志“两项待遇”，加强保密和信访维稳工作，保持了和谐稳定良好局面。

积极落实国家援藏政策，援藏成效显著，受援地区敬献锦旗致谢

（攀枝花供电公司提供）

【所属县级供电企业】攀枝花供电公司所属供电企业有：国网攀枝花市仁和供电分公司、国网攀枝花市西区供电分公司、国网四川米易县供电有限责任公司、国网四川盐边县供电有限责任公司

【国网攀枝花市仁和供电分公司】国网攀枝花市仁和供电公司成立于2003年，担负着仁和区1727平方公里， 26.9万人口的供电任务，用电户9.77万户。截至2015年年底，国网攀枝花市仁和供电公司累计完成售电量23.8亿千瓦时，综合线损率3.69%，电费回收率100%，连续安全生产3848天。全年完成新装低压客户7589户，容量6.5万千瓦，新装、增容高压客户户数67户，容量747515千伏安。

【国网攀枝花市西区供电分公司】国网攀枝花市西区供电分公司成立于2008年，担负着攀枝花市西区及周边部分地区1376平方公里，总人口约29万的供电任务。截至2015年年底，国网攀枝花市西区供电公司累计完成售电量5.5238亿千瓦时；综合线损率 4.50%；电费回收率 100%，连续安全生产 2758天。全年用电户5.4798万，装接容量69.77万千伏安， 其中35千伏供电客户13户、10千伏供电客户438户、6千伏供电客户53户、低压供电客户5014户、户表客户49280户。营业户较2014年年底增加1011户，增长1.88%。

【国网四川米易县供电有限责任公司】原米易县电力公司成立于1982年，1997年改制为米易县电力有限责任公司，2006年经攀枝花电业局与米易县人民政府多次磋商，四川省电监会核准进行了电力体制改革，于同年8月30日成立了四川米易供电有限责任公司，2013年底，经国资委批复，成为四川省电力公司全资子公司，更名为国网四川米易县供电有限责任公司，担负着米易县所辖区域的供电任务，是集发、输、配、供为一体的国家电力企业。截至2015年年底，公司安全运行天数2497天，全县供电面积1863平方公里，供电人口 21.7 万人（其中农村人口15.2 万人），营业户数5.45万户。目前，员工总数457人，其中主业员工265人，农电工192人。

【国网四川盐边县供电有限责任公司】国网四川盐边县供电有限责任公司改制前身为盐边县电力公司，成立于 1983 年 1

月。2008年12月5日，盐边县政府委托四川省电力公司对盐边县电力公司进行代管。2011年12月28日，盐边县电力公司重组改制为四川盐边供电有限责任公司。改制后的新公司由四川省电力公司控股51%，盐边县政府持股49%。2013年1月1日，盐边县人民政府将49%股份无偿划转给国网四川省电力公司，产权划转后，国网四川盐边县供电有限责任公司成为国网四川省电力公司全资子公司。该公司现有固定资产4.18亿元；110千伏变电站5座，主变容量41.5万千伏安；35千伏变电站9座，主变容量13.36万千伏安；110千伏线路8条185公里；35千伏线路25条257公里，2015年实现售电量5.05亿千瓦时。

（肖杰、郑景轩、秦莉、王飞、刘春蓉）

国网德阳供电公司

【企业概况】国网德阳供电公司成立于1984年6月，属国网四川省电力公司直属特大一型供电企业。截至2015年年底，该公司固定资产53.5亿元，城市用电营业户数56.3万户，农村电营业户数107.7万户。公司本部设有11个职能部室和7个业务机构，下设广汉、什邡、绵竹、罗江4个直管供电公司，代省电力公司管理中江、绵竹、孝泉3个全资供电公司和什邡、罗江2个控股供电公司。截至2015年12月31日，德阳公司劳动用工总量4943人。其中，全民员工1143人，控股公司员工723人，三新公司员工1800人，集体企业自聘员工1180人，劳务派遣员工97人。

德阳电网是一个典型的受端网络，95%以上的电力由外部送入，境内的德宝直流德阳换流站是四川电网“丰枯调节、水火互济”的重要枢纽。“十二五”规划期间，省电力公司对德阳电网投入45亿元，相当于再建一个德阳电网。现德阳电网共有变电站136座，其中±500千伏换流站1座，500千伏变电站2座，220千伏变电站14座、110千伏变电站75座、35千伏变电站44座。德阳公司拥有35千伏—220千伏输电线路249条，总长2596公里。截至2015年底，德阳电网容载比110千伏电网达到3.64，220千伏电网达到2.91。

2015年，德阳电网主网日最大负荷164.812万千瓦；日均最大负荷130.993万千瓦。完成并表口径售电量93.34亿千瓦时；累计应收综合电费51.17亿元，电费回收率100%；综合线损率6.22%。

领导到现场检查　（德阳公司提供）

【人力资源】截至2015年12月31日，德阳供电公司用工总量4805人，其中直供全民1141人、全资控股公司全民721人、农电1799人、集体企业自聘1047人、劳务派遣97人（主业82人，集体15人）。国网德阳供电公司（含控股）全年完成全员劳动生产率420751.15元/人·年。

2015年，该公司109人取得硕士研究生学历学位，80人取得高级专业技术资格，525人取得技师、高级技师职业技能鉴定任职资格。公司现有管理期内优秀人才128人，其中，国家电网公司级人才12人，网省电力公司级人才61人，地市公司级人才55人；省电力公司“双千人才”40人、“电力雏鹰人才”12人。

【电网建设与发展】2015年，德阳供电公司电网建设与改造共完成投资93147.39万元。35千伏及以上电网基建项目建设规模为：建设主变容量共19.3万千伏安，线路长度306.94公里。电网建设与改造投资共完成投资72539.42万元。其中35千伏及以上大中型电网基建投资计划46735万元，完成投资46735万元。

截至2015年12月31日，德阳公司正在建设的大中型电网基建项目共5个，分别为兰渝铁路广元牵引站220千伏供电工程、德阳杨嘉110千伏变电站主变扩建工程、德阳中江永安35千伏输变电工程、德阳中江永兴35千伏输变电扩建工程、德阳绵竹富新

35 千伏输变电扩建工程，其中前 4 个项目为常规电网项目，德阳绵竹富新 35 千伏输变电扩建工程为农网升级改造项目，以上 5 个项目中，续建工程 2 个，2015 年新开工工程 3 个。

2015 年，德阳公司所属的所有大中型电网基建项目中，110 千伏及以上新建变电站工程或折单长度在 20 公里以上的输电线路工程项目均应进行达标投产，2014 年德阳付家牵引站至德阳Ⅱ变 220 千伏输电线路工程，德阳新市变至秋月变 220 千伏输电线路工程，德阳凯江 110 千伏变电站主变扩建工程，甘孜色达、翁达、达通玛 110 千伏变电站工程，甘孜－色达 110 千伏线路工程，甘孜－达通玛 110 千伏线路工程，翁达－炉霍 110 千伏线路工程均进行了达标投产，德阳穿心店 110 千伏变电站被评为国家电网公司优质工程。

【计划管理】细化过程管控，加大分析力度，提升计划执行成效。一是应用全口径资金项目管理系统中的“综合计划执行情况稽查系统”模块，对项目的物资提报、合同履约、资金支付等实际进度的管控，做到“月通报、季分析、年考核”。二是定期召开综合计划协同会，加强综合计划项目管控横向协同能力，协调解决项目执行过程中存在的问题，确保综合计划项目的顺利完成。三是组织各部门、所属各单位对影响项目执行过程的因素和环节进行系统分析，并提出改进意见和建议，进一步优化项目管理。

【财务管理】2015 年，财务工作持续加强债权债务的清理工作，全面梳理公司往来账务，成功收回了长达二十余年的原电力汽修厂债务 207 万元，超额完成省电力公司下达的“两金”压降目标；持续加强财务会计基础工作管理，圆满完成会计基础管理创优申报达标工作，公司 10 家会计主体均取得国家电网公司“会计基础管理规范化达标单位”称号；持续推动财务管理创新研究，寻求财务管理新突破，“以规范化为导向的财务业财融合管理体系建设与实践”课题获省电力公司管理创新一等奖，“以提升责任力为核心的财务三本台账扩展与应用”获省电力公司研究课题二等奖；持续推进优质财务管理体系建设，常态抓好财务同业对标管理，稳定优质指标，改善弱势指标，全年财务管理对标省电力公司取得第一名。

【农电管理】2015 年，投入资金 5363.9 万元，完成治理低电压台区 419 个、解决低电压客户 12686 户。实施“供电所管理提升”工程，进一步提升农村供电所规范化、标准化管理；强化“三本台账”管理工作，进一步深化“包片进村”和农村“五个一”服务；准确了解用户所关心和反映的各类用电问题，持续提升供电所优质服务水平。德阳公司获省电力公司 2015 年度农电工作先进单位称号。

【安全管理】2015 年，狠抓鱼塘涉电隐患整治，全年未发生钓鱼触电纠纷案件，电力设施保护工作效果良好；扎实开展人身伤亡事故、防灾减灾无脚本综合应急演练，应急保障能力不断加强；扎实开展“两谈一说”活动，有效帮助关键人员辨识风险，理清安全思路，制定防控措施，提高了关键人员管控能力。持续编制完善《安全风险管控指南》《关键岗位工作实用指南》《隐患排查工作指南》，保证各级管理人员履职有借鉴，工作有指导，学习有教材。开展安全征文活动，举办班组安全论坛，持续提升安全文化影响力。全年没有发生人身、电网、设备等考核事故，安全生产局面持续稳定。截至 2015 年 12 月 31 日，该公司连续安全生产 3930 天。

【生产管理】 220 千伏标准化线路比例 96%，220 千伏精益化变电站比例 88%，20—10 千伏城市配网架空线路绝缘化率 100%，城市综合供电电压合格率 99.999%，农网综合电压合格率 99.58%，生产技改大修项目完成率 96.42%，输电精益化管理指数 92.7 分，变电精益化管理指数 98.05 分，配电精益化管理指数 94.12 分，配网不停电作业指数 98 分，PMS2.0 应用评价指数 79.98 分。

2015 年“生产大修技改计划精益管理项目”获省电力公司一等奖；布置 385 台农网电压质量检测仪，完成配网低电压综合整治，城农网综合电压合格率持续保持省电力公司 A 段。

重点针对避雷针倒塌、断路器拒动、防雷整治、开关柜发热等开展专项隐患排查治理，共计发现各类设备缺陷和隐患 188 项，已处理 126 项。建立巡检人员、无人机、视频监控立体化巡检平台，对 89 处关键山火隐患点及 50 处外破隐患点开展了全方位监视；开展输电线路综合防雷整治，安装 220 千伏线路避雷器 9 组及杆塔二次接地，220 千伏线路实现无雷击跳闸目标；完善 63 基杆塔防鸟害措施整治；应用科技手段监测污秽情况并完成 5 处污闪隐患整治；开展风偏校核并完成了 8 处风偏隐患整治，公司 35 千伏及以上输电线路故障跳闸率同比下降了 5.7%；完成了配电防雷、防汛隐患排查整治，排查电缆通道 278.5 公里 ，发现并处理隐患 79 处，配网跳闸率同比下降 13%。共计完成带电检测 6543 台次，发现并处理设备隐患 126 项次。对辖区范围的 35 千伏电缆（14 段 3 公里）、110 千伏电缆（13

段 10 公里）进行电缆路径查询及影像资料收集，开展辖区范围的电缆故障查找工作 12 次，参与主网电缆工程及用户电缆工程验收 22 次；启动“30 分钟抢修圈”，高效完成国家电网公司高海拔地区配网带电作业试点工作。

【科技与信息化】2015 年，德阳供电公司承担科技项目 4 项，其中省电力公司管理项目 1 项，群创 3 项，当年费用 90 万元。发展策划部积极协调解决项目执行过程中存在的问题，每季度对项目进行跟踪督促并对检查情况进行通报，严格按照任务书要求保质保量完成工作任务。

德阳公司先后新建 220 千伏智能站 2 座，新建 110 千伏智能站 4 座，改建 110 千伏智能站 1 座。2015 年，德阳供电公司获得工人技术创新奖获省电力公司二等奖 1 名、三等奖 5 名；3 项项目取得省电力公司科技进步奖三等奖；9 项专利取得国家知识产权局颁发的专利证书（其中发明专利 5 项）、29 项专利取得授理通知书（其中发明专利 7 项）；《电力系统业扩报装标准化作业指导书》和《输电线路 GPS 巡视管理系统分析与建立》2 本论著正式出版，67 篇论文在省级及以上刊物发表。

【市场服务】

市场营销　2015 年完成并表口径售电量 93.34 亿千瓦时，同比减少 6.71 亿千瓦时，降幅 6.70%；累计售电均价 554.65 元/千千瓦时，同比降低 2.16 元/千千瓦时；累计应收综合电费 55.45 亿元，电费回收实现 10 年双结零；安全、服务零事故；营销同业对标连续四年全省综合第一。

电能计量　根据国家电网公司开展资产全寿命周期管理工作的安排，营销计量通过一年多的努力于2015年5月顺利通过了国家电网公司验收；2015 年 6 月通过国家认可实验室（CNAS）年度评审；计量同业对标指标管控有力取得了全省排名 A 段的优异成绩；在国际计量日“5・20”开展了“世界计量日供电服务进乡镇”宣传活动，受到社会群众的好评；加快智能电表和采集系统安装调试，实现城区智能电表全覆盖，有序完成 52 万只农村智能电能表改造；实现专变全采集 6145 户，全采集率 99.07%；低压采集 132.5 万户，采集率 99.40%；公变采集 14567 台，全采集成功率 99.47%。

输电线路检修　（德阳公司提供）

业务扩充　2015 年是业扩报装管理及业务流程大变革的一年。在变更期间，业务平稳推进，未出现超时业务，业务各环节时限合格率 100%；对 800 千伏 A 及以下的业务直接开发容量，推进业务“客户经理制”和横向协同“业扩联络员制”，推行现场会签制，对非专线业务下放业务审批权；简化客户提交资料，推行“一证受理”，进一步提高业扩报装效率，减少客户办理用电业务临柜次数；规范制定业务一次性告知书，结合最新业务管理规定和“一证受理”要求，规范制定了居民、低压非居民、高压业务一次性告知书；大力开展业扩报装环境整治百日行动专项活动，建立了“一找、二免、三不过、四零手续、五个一服务”的业扩报装管理模式；大力推进产权移交工作，制定了产权移交实施管理办法；开展用户受电工程监管平台建设上线工作，从 2015 年 4 月 1 日起公司监管平台正式上线运行；严格控制辅助决策报表质量，2015 年辅助决策业扩报表无扣分项；组织完成 35 个业务的供电方案审查；完成新装、增容用户 73302 户，总计容量 126.74 万千伏安，其中：高压用户 653 户，容量 50.46 万千伏安；低压用户 72649 户，容量 76.28 万千伏安。

【党的建设】集中开展 6 次“三严三实”专题学习，公司领导专题发言 32 人次，党员干部讲授 147 堂专题党课，“三严三实”深刻内涵有效宣贯。坚持问题导向，开展“四个排查”，主动征集地方党委政府、客户和员工意见 166 人次，制定完善管理制度 11 个，自德阳查摆、整改落实问题 45 项。公司领导班子成员互提建议 144 条，基层领导班子查摆问题 209 项，召开专题民主生活会 18 场、组织生活会 161 场。组织中心组学习 16 次；76 名干部参加省电力公司履职能力培训；开展 20 场基层书记异地讲党课。实施党支部作用发挥“五个一”措施，评选 16 个“党员先锋示范集体”。中江公司获评国家电网公司“电网先锋党支部”，9 个党组织获评省电力公司“电网先锋党支部”。排查党员组织关系，从地方转回 126 名党员。严格要求全体党员逐字学习《准则》《条例》，规则意识不断强化。开展党建业务培训 148 人次，党员素质能力稳步提升。实施党员作用发挥“五个一”措施，1624名在职党员履行承诺。大力宣传“身边的共产党员”，命名80个“党员先锋示范岗”，获评国家电网公司优秀党员1名、优秀党务工作者1名，省电力公司优秀党员10名、优秀党务工作者2名。

【企业文化建设】 举办“一线的故事”演讲、“最美员工”摄影大赛、建党94周年歌咏比赛等活动，营造浓厚企业文化氛围。精细落地企业文化，什邡有限公司、客户中心营业班、清平供电所被省电力公司命名为首批“企业文化建设示范点”。树立先进典型，组织员工争创“最美国网人”，编印实践风采录，鲁鹏获评国家电网公司百名“最美国网人”称号。推进以德育企，举办道德讲堂16次。建成鲁鹏道德传承室，将其拓展为校外德育基地，创新开展校企德育共建。招募50名社会人士，鲁鹏志愿服务队扩充至473人，开展志愿服务活动56次，塑造责任央企新形象。新创建1个“国家电网公司文明单位”，1项成果获国家电网公司创新二等奖，7个单位通过“四川省文明单位”复查，鲁鹏当选德阳市“创建全国文明城市形象大使”。

【所属供电企业】德阳供电公司有所属供电公司11家：国网广汉市供电公司、国网什邡市供电公司、国网绵竹市供电公司、国网罗江县供电公司 、国网什邡市供电有限责任公司 、国网中江县供电有限责任公司 、国网德阳市孝泉供电有限责任公司、国网罗江县供电有限责任公司、国网四川绵竹市供电限责任公司、德阳明源电力（集团）有限公司、德阳市三新电力服务有限公司

【国网广汉市供电公司】国网广汉市供电公司是国网德阳供电公司的直属公司，其前身是成立于1962年的成都供电公司广汉供电所，1984年隶属国网德阳供电公司，供电服务范围包括广汉市18个乡镇及中江县古店乡，供电面积584.8平方公里，供电人口60.7万人。截至2015年12月底，广汉辖区内220千伏变电站2座，110千伏变电站11座，35千伏变电站1座，主变总装容量148.15万千伏安。辖区内共有10千伏线路143条，总长度1420.45公里，其中公用线路102条，长度1341.1公里，专线41条，长度79.35公里。辖区内公用配电变压器2040台，总容量34.822万千伏安，其中城网公用配电变压器196台，总容量7.32万千伏安，农网公用配电变压器1844台，总容量27.502万千伏安。2015年，该公司累计完成售电量20.52亿千瓦时，同比减少7.62%；电费回收率100%，连续16年电费结零；综合线损率5.27%，同比增高0.53%；

【国网什邡市供电公司】什邡市供电公司成立于1985年2月，是德阳供电公司直属二级供电机构。担负着什邡市城区及马井、马祖、双盛、禾丰、元石、皂角、回澜、彭州三界8个乡镇、102个行政村的供电任务。2015年公司累计完成售电量139826万千瓦时；售电均价505.46元/千千瓦时；电费回收率100%；综合线损率为线损率3.41%；辖区内有500千伏变电站1座，220千伏变电站2座，110千伏变电站7座，35千伏变电站1座，变电总容量为323.51万千伏安。什邡电网共有10千伏线路44条，共计580.05公里。配电变压器1101台，总容量177555千伏安。柱上开关234台。截至2015年12月31日，公司已实现连续安全生产3920天。

【国网绵竹市供电公司】国网绵竹供电公司是德阳供电公司管辖的二级供电企业。供电范围包括绵竹市城区及17个乡镇，企业固定资产4.78亿元。2015年累计完成售电量153874.98万千瓦时，同比下降4.76%；累计均价为508.89元/千千瓦时，同比减少14.5元/千千瓦时，降幅2.77%；城网综合供电电压合格率100%，农网D类供电电压合格99.988%；综合供电可靠性99.942%；综合线损率为4.61%，实现电费回收率100%。截至2015年12月31日累计连续安全生产5414天。绵竹电网以两座220千伏变电站为电源和电压支撑，通过7座110千伏变电站及4座35千伏变电站，向绵竹市城区及17个乡镇，共计4.6万户城市用电客户和16.1万户农村用电客户供电。

【国网罗江县供电公司】国网罗江县供电公司于1993年7月组建，担负着罗江县城及11个乡镇的供电任务、供电面积448平方公里、供电人口25万余人。按照上级相关要求，公司属地管理明源罗江分公司、德阳三新罗江分公司，代管国网罗江县供电有限责任公司。公司供区辖10千伏线路848.522公里，低压线路2668.87公里。配变容量237310千伏安。现有各类用电客户98000多户，包括城市客户12000余户，农村客户86000余户。截至2015年12月31日，公司实现安全生产8189天。2015年综合线损率为4.08%；供电可靠率城网99.9406％，农网99.9387%；电压合格率城网99.999%，农网99.98%。公司2015年完成售电量9.83亿千瓦时；到2015年年底，实现连续19年电费回收率100%。

【国网中江县供电有限责任公司】国网四川中江县供电有限责任公司担负着全中江县2200平方公里，总人口143万人的供电任务，用电户数43万。2015

年，完成售电量 7.05 亿千瓦时；完成售电均价（不含税、不含基金）完成 546.70 元/千千瓦时；综合线损率 10.13%；完成电网建设投资 2.6 亿元；截至 2015 年 12 月 31 日，公司已连续安全生产 3439 天。全公司拥有 35 千伏及以上变电站 16 座，其中 220 千伏变电站 1 座，110 千伏变电站 6 座，35 千伏变电站 9 座，主变容量 97.91 万千伏安。35 千伏及以上输电线路 438.124 公里，其中 220 千伏线路 51.366 公里，110 千伏线路 248.79 公里，35 千伏线路 137.968 公里，10 千伏线路 3282.38 公里。

【国网什邡市供电有限责任公司】国网四川什邡市供电有限责任公司前身为民营控股的什邡明珠电力有限责任公司，2009 年 1 月改制为四川省电力公司控股的国有控股公司，并由德阳供电公司管理，同年 4 月公司新一届董事会和领导班子组建成立。董事长由德阳供电公司经营副总兼任，领导班子设有 7 人。公司供电区域面积 622 平方公里，约为全市行政区域的 72%，主要分布在沿山区和山区，共有用电客户 77806 户，其中专变用户 355 户，装接容量 72.7 万千伏安，供电量约占全市用电量的 50%。下辖 14 个变电站，其中 110 千伏变电站 3 个，35 千伏变电站 11 个，变电总容量 50.71 万千伏安；现有 110 千伏线路 7 条共 72 公里，35 千伏线路 23 条共 128 公里，10 千伏线路 50 条共 647 公里。

【国网德阳市孝泉供电有限责任公司】孝泉供电有限责任公司原为乡镇企业，2001 年德阳明源集团控股，2009 年省电力公司控股（注册资本 500 万元，由两大股东组成：省电力公司持股 83.49%，绵竹孝德水电公司持股 16.51%）。2012 年 3 月，绵竹孝德水电公司将持有股份转让给四川省电力公司，孝泉供电公司成为省电力公司的全资子公司。公司现辖供电营业区域 110 平方公里，担负着德阳市旌阳区孝泉镇、绵竹市孝德镇供电任务，用电户数 3.2 万户，供电人口约 10 万人。公司的主供电源点是 110 千伏孝泉变电站。备用电源点是绵竹供电有限公司的 110 千伏麻柳站 35 千伏柳东线。公司现有 35 千伏变电站共 3 座，总容量为 3.86 万千伏。公司现有 35 千伏线路 25.34 公里，10 千伏配电线路 244 公里，0.38/0.22 千伏配电线路 610 公里，配变 508 台总容量 9.526 万千伏安。供区内有小水力发电站 13 座在公司并网，总装机 2758 千瓦。2015 年已连续安全生产 5296 天。全年完成售电量 9821 万千瓦，同比减少 6.48%。售电均价 529.35/千千瓦时，同比下降 5.82%，购电均价 320.34 元/千千瓦时，同比下降 10.99%；供电综合线损率 6.14%，比年计划下降 0.06%；电费回收率和解交率 100%。

【国网罗江县供电有限责任公司】国网四川罗江县供电有限责任公司，其前身为罗江县水电厂，始建于 1958 年，1999 年改制为罗江县星光电力公司，2003 年 1 月与德阳明源电力（集团）有限公司资产重组，成立德阳罗江明源电力有限责任公司。2009 年 1 月，正式被四川省电力公司控股，由原"德阳罗江明源电力有限责任公司"更名为"四川罗江供电有限责任公司"。2013 年 9 月，按照省电力公司要求更名为"国网四川罗江县供电有限责任公司"。公司供区面积 57 平方公里，辖 3 个乡镇、9 个行政村，供电人口 4 万余人。

该公司拥有 10 千伏开关站 1 座，10 千伏配电线路 78.306 公里，0.4/0.22 千伏线路 66.151 公里。10 千伏配电变压器 203 台，总容量 8.9105 万千伏安。实现供电可靠率 99.93%，电压合格率 99.993%。2015 年完成售电量 6476.91 万千瓦时，线损率为 5.1%，售电均价 711.93 元/千千瓦时，实现电费回收率 100%。截至 2015 年 12 月 31 日，累计安全生产 4745 天。

【国网四川绵竹市供电有限责任公司】国网四川绵竹市供电有限责任公司位于四川省绵竹市东北镇联合村。公司由四川绵竹电力股份有限公司改制而成，企业类型为有限责任公司（非自然人或控股的法人独资）。原四川绵竹电力股份有限公司于 1994 年 6 月发起设立，2008 年 12 月由国网四川省电力公司代管。经国务院国资委批复，2013 年 7 月 1 日起，公司 100% 产权无偿划转至省电力公司，系省电力公司全资子公司。公司于 2014 年 8 月 14 日正式改制更名为国网四川绵竹市供电有限责任。公司主要供电区域为绵竹市清平乡、天池乡全部区域和拱星镇、汉旺镇、兴隆镇以及东北镇部分行政区域，营业供电面积约 360 平方公里。截至 2015 年年底，公司网内现有 2×2500 千瓦水力

员工生活　　（德阳公司提供）

发电站 1 座；110 千伏变电站 3 座（其中客户站 2 座），变电容量 15.15 万千伏安；35 千伏变电站 8 座（其中客户站 3 座），变电容量 8.11 万千伏安；110 千伏线路 11.63 公里，35 千伏线路 57.3 公里。截至 2015 年年底，实现安全生产 4383 天。2015 年度公司完成销售电量 3.02 亿千瓦时，比 2014 年同期增长了 4.43%；综合网损 2.51%。

【德阳明源电力（集团）有限公司】 德阳明源电力（集团）有限公司（下称：明源集团）成立于 2000 年 8 月。下辖德润电建分公司、广汉电建分公司、绵竹电建分公司、什邡电建分公司、罗江电建分公司等 10 个分公司和德为电力有限责任公司、成都合源设计咨询有限公司、德阳明源电力电杆有限公司等 7 个子公司，共计 17 个分、子公司，为四川省电力公司主办并授权德阳供电公司代为履行监管职责的集体企业。

截至 2015 年 12 月 31 日，实现连续安全生产 5623 天。

【德阳市三新电力服务有限公司】 德阳市三新电力服务有限公司于 2012 年 8 月 20 日正式挂牌成立。公司下辖 7 个分公司，实现连续安全生产 1223 天。2015 年，公司售电量、售电均价、线损率、电费回收率、电压合格率、供电可靠率全部完成上级规定指标。

（伍盛、刘桢）

国网眉山供电公司

【企业概况】 国网四川省电力公司眉山供电公司(以下简称国网眉山供电公司)于 2001 年 12 月 26 日随眉山建市而成立，是四川省电力公司下属特大型一类供电企业，经营区域覆盖全市一区五县及成都部分地区，供电范围 7390 余平方公里，服务人口 360 余万人。该公司成立以来，把自身的发展与眉山地方经济高速发展相结合，围绕建设电网坚强、资产优良、服务优质、业绩优秀的“一强三优”现代公司的战略目标，不断提升企业综合实力，在为地方经济社会持续快速发展提供可靠能源电力保障的同时，自身也得到了快速发展。该公司先后荣获全国五一劳动奖状、全国电力行业优秀企业、全国职工职业道德建设标兵单位、国家电网公司先进集体、省电力公司“四好班子”、“红旗党委”等荣誉称号，并涌现出全国五一巾帼标兵岗、四川省劳模、五一劳动奖章、国家电网公司劳模等一大批模范人物和先进典型。

高温下开展变电站检修　　（牟雯雯　摄）

2015 年是“十二五”规划的收官之年，面对经济下行压力持续加大、多重困难叠加的复杂严峻形势，在省电力公司和市委、市政府的坚强领导下，该公司上下攻坚克难、奋力前行，圆满完成了各项工作任务。该公司完成售电量 77.92 亿千瓦时，同比降低 8.97%；线损率完成 5.34%，较考核指标低 0.04 个百分点；售电均价 403.73 元/千千瓦时，同比下降 12.74 元/千千瓦时；电费回收实现“双结零”；新增业扩报装容量 74.33 万千伏安，同比增长 16.80%。截至 12 月 31 日，眉山电网实现连续安全运行 2485 天；同业对标综合排名位列省电力公司第 3 名，业绩考核被评为 A 级。

【人力资源】 眉山供电公司有长期职工 1749 人。其中，博士生 2 人，硕士研究生 173 人，大学本科 1343 人，大专学历的有 164 人、中专学历的有 46 人；具有高级职称的有 102 人，具有中级职称的有 231 人，具有初级职称的有 820 人。

【安全生产】 2015 年，眉山供电公司安全生产局面保持稳定。该公司深入开展“安全管理提升”等各类安全专项行动，严格落实到岗到位制度，累计开展安全巡查 488 次，发现整改各类问题 336 项。扎实开展春、秋安检查，发现各类缺陷隐患 842 条，整改完成 599 条。完成 61 条 110 千伏及以上线路标准化建设。修编应急预案

24项，编制重要岗位应急处置卡265类。备调主要调控业务实现全备用。信息网络、综治保卫、消防、交通安全工作持续加强。成功应对暴雨、雷电、洪涝等极端天气对电网的影响，圆满完成第九届残奥会等83项保电任务。

【电网建设与发展】2015年，眉山供电公司电网建设全面推进。高质量完成眉山电网“十三五”规划。供区内126个乡镇完成“一乡一品”电网规划。石化园220千伏输变电工程等3个项目顺利投产，新增变电容量46万千伏安，线路63.28公里。累计完成农网投资5亿元，治理低电压台区1295个。顺利实施岷东新区等多项市政重点工程的电力迁改工作。落实基建质量工艺标准及控制要点，输变电工程达标投产率100%，城西110千伏变电站、宝飞至城西110千伏线路工程获评国网公司优质工程。

【经营管理】2015年，眉山供电公司经营管理成效显著。全面推进综合计划和预算管理，非生产性支出同比下降30.33%。加强对标过程管控，71%的单项指标位列省电力公司A段。深入开展量价费损在线监测，消除异动689项，追补电费43.62万元。高效完成三新公司子改分，稳步推进集体企业改革改制工作。创新成效再上台阶，“包片进村”管理创新成果获全国企联现代化创新成果二等奖，GPS定位追踪安全风险管控科技创新成果获中电联信息化优秀成果三等奖。

【优质服务】2015年，眉山供电公司服务水平持续提升。扎实开展业扩报装“百日行动”，平均接电时间减少10.62天。深入实施供电服务作风整顿“百日行动”，制定并落实12条优质服务提升措施，投诉量同比减少21.04%。完成欧洲映像等22个居民住宅小区供配电设施移交，移交数量处于全省前列。新增“心连心”服务站17个，开展上门服务1167次，解决居民用电问题1362个。累计换装居民智能电表105万余只，新增各类缴费网点473个。“掌上川电”APP安装用户达13.16万户，为服务线上化奠定坚实基础。

【依法治企】依法治企不断深化。扎实开展法律进班组、进社区活动117期。有效应对涉电诉讼12起，有力维护公司合法权益。全面开展企业规章制度立、改、废工作，新（修）订管理制度24项，废止18项。积极开展四类项目专项检查，查找问题97个，举一反三进行全面整改。完成审计项目374项，审减金额666.07万元。开展重点领域自查自纠及资金管理专项检查“回头看”，强化审计结果利用，有力促进公司相关规章制度的建立和完善。开展农网工程建设廉政监督护航等工作，有效防范管理风险。

【三个建设】“三个建设”扎实开展。从严从实推进“三严三实”专题教育，两级班子共计查摆并整改问题128项。率先实施供电所专职支部书记试点，创新开展党组织集中活动日“七个一”活动，基层组织建设得到有效加强。成功承办省电力公司党建工作现场推进会，公司党建工作受到市委书记李静肯定，并要求全市推广。认真落实“两个责任”，深入开展重点领域协同监督和效能监察，有力提升公司管控能力。严格干部选拔考核，提拔、交流中层干部27名，选人用人满意度达100%。完成企业文化教育培训基地建设。开展班组建设成果发布，有效激发班组活力。强化不稳定因素的排查和化解，严格保密工作要求，公司持续保持和谐稳定。

【创新突破】“十二五”规划以来，该公司紧紧围绕加快建设“一强三优”现代公司的战略部署，坚持在继承中发展，在发展中创新，在创新中突破，开创了公司和电网发展的崭新局面。“十二五”规划期间，售电量首次突破85亿千瓦时，最大负荷达141.8万千瓦；完成各级电网建设投资36.32亿元，新增35千伏及以上变电容量257.3万千伏安、输电线路629公里。资产规模达到61.23亿元，年均增长13.09%。实现安全生产、优质服务、党风廉政、队伍稳定零事故，公司保持又好又快发展态势。

2015年8月9日，党委副书记刘开金（右二）走访抗战老兵 （牟雯雯）

五年来，该公司深入推进电网发展方式转变，实现了各级电网跨越式发展。以电网建设为关键，大力优化外部建设环境，不断提升建设质量和进度。新（扩）建110千伏及以上变电站23座，眉山主网形成了以两座500千伏变电站为支撑、220

千伏双环网为市级骨干网、110 千伏变电站双电源全覆盖的坚强网架格局。110 千伏及以上变电容量和线路长度，分别达到“十一五”规划末的 2.2 倍和 1.3 倍。积极向上争取农网改造投资 13.32 亿元，改造低电压台区 2812 个，整治高低压线路 1.06 万公里，农配网供电能力和供电可靠性得到显著增强。

五年来，该公司深入推进公司发展方式转变，实现了公司综合实力全面提升。按照“逢先必争，唯旗是夺”的发展理念，公司上下主动作为、扎实工作，多项工作走在省电力公司系统前列，同业对标持续保持在前三位，省电力公司多个专业在眉山召开现场会。高效完成“三集五大”体系建设，实现了核心资源有效集约，纵向管控能力明显增强。稳步实施主多分开、三新公司组建、集体企业改革改制等工作，集体企业管理进一步规范。突出创新创效，累计完成创新成果 144 项，42 项受到省电力公司及以上单位表彰。

五年来，该公司深入推进供电服务品牌建设，实现了公司服务水平质的飞跃。以服务地方党委政府工作大局为己任，积极发挥好要素保障作用，工业园区对接走访、大客户上门服务形成常态。以架“连心桥”为载体，服务百姓民生，有效彰显了公司责任央企形象。“包片进村”“服务乡镇”“一乡一品”“心连心”服务站等一大批品牌成为公司的闪亮名片。智能电表换装 、“十分钟”购电圈打造、“掌上川电”APP 等举措有效提升了客户满意度，公司服务工作得到了各级领导以及广大群众的广泛赞誉。

职工在职工书屋阅读　　　　（牟雯雯　摄）

五年来，该以司深入推进“三个建设”，实现了公司“两个文明”迈上新台阶。以“五抓五严”为抓手，着力于“四个突出”“四个推进”，服务型基层党组织建设不断加强。建立健全惩防体系，大力推广“五廉”工作法、“十分钟廉洁课堂”、“红线制度”巡讲，公司干部员工廉洁自律意识不断增强。队伍素质有效提升，中级及以上专业技术人才达 333 名，技师及以上技能人才达 310 名。围绕中心工作常态开展精神文明建设，公司持续保持全国文明单位称号。开展以“四心”“八进”为载体的企业文化进班组（供电所）主题实践，有效促进优秀文化落地生根，员工价值感和幸福感明显增强。

【所属县级供电企业】眉山供电公司所属供电企业有：国网仁寿县供电分公司、国网眉山市彭山供电公司、国网洪雅县供电公司、国网丹棱县供电公司、国网青神县供电公司

【国网仁寿县供电分公司】仁寿县供电分公司主要担负着仁寿县境内 60 个乡镇、1214 个行政村、162 万人口的工农业生产和人民生活的供电任务，负责依法经营、管理、规划供区电网。2015 年，该公司拥有 35 千伏及以上变电站 23 座，总容量 148.95 万千伏安（其中 220 千伏变电站 2 座，110 千伏变电站 9 座，35 千伏变电站 12 座）；35 千伏及以上输电线路 40 条，共长 533.6 公里（不包括 220 千伏线路）；10 千伏配变 5010 台，农村低压线路 19936 公里；用电客户 51.6 万户（其中仁寿城区客户 4.60 万余户，农村客户 47 万余户）；实现安全生产周期 5116 天。2015 年，该公司全年完成售电量 12.46 亿千瓦时，同比增长 1.77%；综合线损 9.03%，售电量创历史新高，增幅位居眉山公司第二位。

【国网眉山市彭山供电公司】彭山供电公司是省电力公司全资子公司，担负着彭山区 13 个乡镇的供用电管理任务，供电面积 463 平方公里。供区内用电客户 15 万余户，乡、村、农户通电率 100%。公司下设 9 个部门 1 个分中心，管辖 13 个班组、6 个农村供电所。管辖变电站及开闭所 16 座，其中 220 千伏变电站 2 座；110 千伏变电站 6 座；35 千伏变电站 4 座，10 千伏开闭所 4 座，变电总容量 108.12 万千伏安。2015 年，完成售电量 6.61 亿千瓦时；线损率完成 5.38%，较考核指标低 0.72 个百分点；售电均价 669.1 元/千千瓦时，同比增加 9.4 元/千千瓦时；电费实现“双结零”；新增业扩报装容量 10.87 万千伏安，同比增长 13%。截至 2015 年 12 月 31 日，彭山电网实现连续安全运行 5144 天。

【国网洪雅县供电公司】国网四川洪雅县供电有限责任公司位于四川省眉山市洪雅县县城，是一个集

发、供、输、配、用电于一体的企业，担负着洪雅县15个乡（镇）中的13个乡（镇）供电任务，供电范围809余平方公里，用电户数87411户，供区人口25万人。该公司现有水电站4座，发电装机总容量2.72万千瓦（其中：王关电站2×0.63万千瓦，柳新电站4×0.125万千瓦，石河电站2×0.28万千瓦，高凤山电站2×0.20万千瓦）。35千伏及以上变电站6座，变电容量60.5万千伏安；35千伏及以上线路9条，总长121.3公里。该公司2015年售电量4.3775亿千瓦时，同比减少4.6%；发电量1.5154亿千瓦时，同比增加23.3%；线损率10.19%，同比增长了1.01个百分点；售电均价545.95元/千千瓦时，同比减少了5.14元/千千瓦时；洪雅电网实现连续安全运行3540天。

【国网丹棱县供电公司】国网四川丹棱县供电有限责任公司于2001年12月26日成立，是四川省电力公司下属全资子公司，经营区域覆盖全县五镇两乡，供电范围448.9余平方公里，服务人口16.36余万人。2015年，该公司拥有110千伏变电站3座(丹棱站、何场站、木林站)，主变5台容量21.3万千伏安；110千伏输电线路87.033公里；35千伏变电站2座（杨场站、中隆站），主变3台容量2.43万千伏安；35千伏输电线路78.416公里；10千伏及以下配电线路4595.68公里，配变1177台262070千伏安。丹棱电网形成了以三座110千伏变电站为支撑，以35千伏及以上输电线路为骨干网的双电源供电格局。用户数为6.29万户，其中居民用户5.57万户，大工业用户77户，2015年公司售电量为4.54亿千瓦时。

【国网青神县供电公司】四川青神供电有限责任公司坐落在眉山市南部青神县城东振兴路，担负着青神境内10个乡（镇）、153个村、979个经济社及周边地区乐山市区、眉山、井研、夹江、仁寿等县部分村社的供电任务。现有110千伏变电站2座（兰店站、青竹站），总容量14.3万千伏安；35千伏变电站2座（罗坝站、穆家埂站），总容量1.43万千伏安。配电变压器971台，总容量118.81万千伏安；辖区内有110千伏线路4条，线路长度70.69公里；35千伏线路4条，线路长度30.69公里；10千伏配电线路21条，线路长度871.2公里。2015年，该公司售电量首次突破3亿千瓦时，全年完成售电量3.05亿千瓦时，同比增长3.25%；完成线损率4.06%，同比降低1.22个百分点；完成电网投资1.4亿元；实现电费回收率和解交率均为100%。截至2015年年底，实现连续安全生产5011天。

（税秀花）

国网四川雅安电力（集团）股份有限公司
（国网雅安供电公司）

【企业概况】国网四川雅安电力（集团）股份有限公司概况 2008年12月前，国网雅安电力（集团）公司（以下简称雅电集团）属于雅安市政府控股的地方电力企业，虽历经股份制、国有控股等数次变革，也未形成全市统一的电网，仅控股管理名山、芦山、宝兴、汉源四县供电公司和雨城区雨欣电力公司，而荥经、天全、石棉三个县级供电公司分属三县政府控股管理。

2008年12月底，四川省电力公司与雅安市政府签订资产重组协议，省电力公司实现对雅电集团的控股管理。2009年3月，四川省电力公司雅安公司以整体对口援建方式，与雅电集团合署办公，开始与四川省电力公司管理模式的接轨。2010年1月，荥经、天全公司成为雅电集团全资子公司。2012年3月，富源公司及石棉电网纳入雅电集团整体运营，实现全市6县2区“一张网”和统一管理。2013年7月，雅电集团更名为国网四川雅安电力（集团）股份有限公司。

雅电集团已经发展成为电网覆盖全市六县两区、拥有供电客户58万户的省电力公司特一型企业，雅安电网规模居全省第五位。截至2015年年底，雅电集团资产总额21.49亿元。

国网四川省电力公司雅安供电公司概况 国网雅安供电公司于2005年12月23日成立，系省电力公司的分公司，主要负责省电力公司在雅资产的建设、运行、维护和管理，负责对雅电集团进行电量趸售和结算。2009年3月合署办公后，该公司领导班子和员工以整体对口援建的方式，到雅电集团任职、工作，参与雅电集团的经营管理，雅安公司电网设备的运行、维护工作委托雅电集团实施。2013年6月更名为国网四川省电力公司雅安供电公司。截至2015年年底，雅安公司资产总额29.67亿元。

雅安电网概况 截至2015年年底，雅安电网拥有500千伏变电站2座，变电容量375万千伏安，500千伏线路1299公里。该公司（雅电集团和雅安公司）所辖35千伏及以上变电站102座，主变容量608万千伏安，其中：220千伏变电站9座，主变容量264万千伏安；110千伏变电站40座，主变容量304万千伏安；35千伏变电站53座，主变容量40万千伏安。管辖35千伏及以上输电线路共计3654公里，其中：220千伏线路1127公里，110千伏线路1166公里，35千伏线路1361公里。10千伏配变台区7527个，10千伏线路5964公里，低压（0.38千伏）线路15293公里。雅安电网位于"九石雅"水电送出通道，网内小水电分布广泛，是一个典型的有源网络。网内并网电站633座、装机容量178万千瓦，其中雅电集团自有电站33座、装机容量13.94万千瓦，分布于四县一区（荥经县、汉源县、宝兴县、芦山县、雨城区），装机容量在4000千瓦以上的电站有11座。

2015年，雅电集团完成售电量82.94亿千瓦时，居全省第5位；完成电网投资13.21亿元，同比增长5.18%。综合线损率5.73%，同比下降0.11个百分点；上缴税金3.07亿元；流动资产周转率4.73次。全年未发生受省电力公司考核的安全、服务、稳定、廉政事件。

2015年10月30日，雅安电力调控中心监控业务正式启动暨雨城集控业务归集 （熊德兵 摄）

【人力资源】截至2015年年底，雅安公司（雅安公司和雅电集团）全口径用工总量4171人（含雅安市政府派遣1人，石棉县政府派遣1人），离退休退职人员1001人。按用工形式划分，长期职工3494人，劳务派遣677人。员工平均年龄为42.6岁。2015年，公司全口径劳动生产率42.02万元/人•年，较2014年增长16.21%；人才当量密度0.8862，较2014年提升2.82%。

2015年，雅电集团教育培训基地完成二期项目建设，并与七盘变电和花滩水电实训基地配套，形成"一中心两基地"格局。雅电集团职业技能鉴定基地通过省电力公司验收，实现了岗位培训教学与鉴定考核的资源共享。全年举办各类培训班735期，结合管理工作实际开展的18期夜校培训成效明显。新增国家电网公司优秀专家后备人才5人、双师型人才3人。制定中层干部助理管理办法，创新选拔方式建立科级后备干部库，调整交流干部43人次，干部队伍逐步优化。

【电网建设与发展】2015年，雅电集团首次独立完成雅安电网"十三五"发展规划和经开区配电网规划。完成21个35千伏及以上项目前期工作，10个项目通过核准。荥经龙苍沟110千伏等18个输变电项目开工，石棉竹马220千伏扩建等13个重点项目建成投产，累计新增变电容量49.3万千伏安，线路258.81公里，其中竹马至下坪220千伏线路工程获省电力公司"质量管理流动红旗"。全面完成年度农网工程建设目标，完成投资2.86亿元。电网灾后重建年内开工项目109个，完工50个，分别占项目总数的94.7%和43.5%。龙板溪、凰仪二级电站增效扩容完工投运，天全、宝兴、荥经三县公司生产调度综合楼新建工程等小型基建项目主体完工。

【经营管理】2015年，雅电集团协调落实"留雅电量"政策，解决移民欠费2365万元，落实了政府重点工程电网建设资金。累计新增用电容量71.2万千伏安、并网小水电装机2.4万千瓦，完成电能替代电量720万千瓦时。强化经济调度，将约1.76亿千瓦时电量由上网转为网内消化。全面推进线损"四分"管理，综合线损继续降低。强化电费风险防控，省电力公司考核电费实现"双结零"。加强财务集约化管理，可控成本同比压降13%，财务费用同比减少906万元，降低34.25%。物资库存额压降403.18万元，降幅36.17%。集体企业积极拓展内外部市场，全年营业收入和利润同比分别增长41.90%和30.80%。

建立同业对标和业绩考核定期通报、分析、考核、提升机制，同业对标排名 14 名，较 2014 年提升 6 名，其中调控、安监、后勤等专业进入省电力公司前 10 名。启动所属 5 个低效资产电站处置，促进发电资产优化。清算注销汇民公司，在全省率先完成集体企业改革改制。智能电网调度控制 D5000 双系统通过实用化验收；组建设备监控专业，创新采用远方遥控操作方式，完成 8 座变电站启动投运；完成雨城、名山等区县公司调控业务归集，集群调控战略取得新进展。

认真执行国家电网公司通用制度，结合实际优化制度体系，新建 15 项、修订 2 项、废止 84 项制度。超额完成“两金”占用清理任务，应收债权类流动资产余额较 2014 年压降 5977.62 万元，同比降低 59.24%。清理往来款项 18.04 亿元，清理覆盖面达 100%。积极解决历史遗留问题，加快推进汉源公司迁复建资产移交。加强工程竣工决算审计，审减工程投资 784.98 万元。依法维权 12 起，避免、挽回经济损失 1600 余万元。

【安全生产】2015 年，雅电集团扎实开展安全大检查和隐患排查治理等专项活动，有效落实安全责任，着力强化全方位、全过程管控，在灾后重建任务繁重、安全压力增大的情况下，确保了人身、电网、设备、交通、消防、信息安全“0”事故。狠抓安全教育培训，“安规”调考排名全省第五，全员安全意识和技能水平逐步提升。完成应急预案修编，首次开展雅安电网主、备调系统应急切换演练，应急能力有效提升。圆满完成抗战胜利 70 周年阅兵等重大保电任务。公司荣获省电力公司“安全生产先进单位”称号。

2015 年 12 月 10 日，金花变电站灾后重建 GIS 设备安装场景 （汤小强　摄）

【农电工作】2015 年，雅电集团在建农配网工程共 7 个批次，1075 个项目，计划投资 9.2 亿元，圆满完成省电力公司下达 2015 年第一批农网升级工程建设任务；全力推进 2015 年新增农网改造升级工程，开工率达到 100%，完成省电力公司阶段性考核目标。雅电集团在全省农网工程考核中取得第二名的成绩，并获得省电力公司农网工程建设先进单位。

采取周通报日管控方式促进工程进度，农网工程整体进展情况较快。强化建设管理流程培训指导，采取以会代训和专项培训相结合方式，全面提升管理人员业务水平。应用科技创新手段提高设计管理水平，完成雅安农网典型设计实用化软件的应用，规范农网建设标准，提高设计效率，促使雅安农网工程设计水平迈上新台阶，得到了省电力公司的充分肯定，并在全省进行经验交流推广。采取现场督察和运用农网安全管控系统，加强施工现场安全、质量、进度管理，固化作业流程，规范作业行为，增强施工人员安全意识，有效预防安全事故的发生。

继续深化县级供电企业管理提升工程，全方位、全过程进行诊断分析和综合治理，组织开展县供电企业同业对标，强化数据质量管控。加强乡镇供电所管理，推动供电所对标工作开展，两家供电所获省电力公司四星级班组称号。主动问诊农村供电服务，深入开展“包片进村”工作，全面掌握农村群众用电需求、农村电网建设和发展、供电所内部管理等方面存在的问题，认真分析问题症结，提出解决方案，为提升农电管理水平奠定坚实基础。

【科技与信息化】2015 年，雅电集团制定实施方案，将科技工作的专利申报和群创项目任务目标分解落实到各部门及基层单位，明确各阶段工作任务及计划进度，确保计划刚性执行。采取单独辅导、送服务上门等工作形式，保证工作稳步推进。通过创建“创新工作室”的方式，将科技工作进一步向基层班组推进，不断提高创新工作的实际指导意义。强化过程管控和成果申报，2015 年共申报实用新型专利 10 个、发明专利 2 个，完成群创项目 2 个。创新工作取得历史性突破，6 个项目分获省电力公司管理创新一、二、四等奖，课题研究三等奖，精益成果三等奖和工人技术创新奖。

建成行政软交换系统，首次实现了公司本部、县公司和直属单位行政交换的全覆盖。开通公司中心机房至 220 千伏名山变电站地区综合数据网出局第二光纤通道，提高地区综合数据网的安全可靠性；

优化北塔网管服务器操作系统、应用系统及硬件，提高网管运行的可靠性。

【优质服务】2015 年，雅电集团开展业扩报装环境整治行动，10 千伏及以上业扩审批缩短为 3 天，低压和普通客户业务办理更加简化。省、市重点项目推行“双客户”经理制，启用受电工程市场信息与监督平台，客户实现在线提交用电申请。完成 19 个低电压台区治理，802 个低电压台区治理全部开工。党员服务队上门服务 2600 余次，客户满意率 100%。供电服务投诉举报数量同比下降 9.4%，优质服务评价指数排名保持在省电力公司前列。该公司荣获雅安市全市政风行风群众满意度测评公共服务行业第一名。积极服务地方灾后重建，全市电力保障工程共 1137 个，已完工 1091 个，占总量的 95.95%，其中雅康高速、北外环线等重点项目高效推进，得到市委市政府领导的充分肯定。

【党的建设和精神文明建设】2015 年，雅电集团认真落实全面从严治党要求，扎实开展“三严三实”专题教育，各级党组织和领导干部认真查找整改“不严不实”问题，以实际行动促进作风转变。完成 8 个基层党委换届选举，组织建设不断加强。充分利用公司党校平台，开展党建培训和形势任务教育。

广泛开展青年文明号创建等活动，努力营造全员参与共建文明的氛围。积极开展“道德模范在身边”等精神文明共创共建活动，得到省市文明办充分肯定。大力实施电力助推扶贫攻坚行动，建立贫困村帮扶联系责任制，精准实施“名山秦场村”定点扶贫。

开展“雅电纪”系列活动和一系列主题传播，

2015 年 2 月，电力员工为龙门乡白伙新村安置点接电
（汤小强　摄）

促进“五统一”文化有效落地。建立职工补充医疗保险，完善职工疗养制度，创建本部健康食堂，体现公司对员工的关爱。落实离退休老同志“两项待遇”，积极开展慰问帮扶活动。班组建设目标任务顺利完成，民主管理持续深化。公司连续三年被全国总工会授予“全国‘安康杯’竞赛优胜单位”，一个班组获得“全国五一巾帼标兵岗”荣誉。

【所属县级供电企业】雅电集团下辖 8 个县级供电公司，其中：国网雅安电力（集团）公司雨城供电公司为雅电集团所属分公司性质的二级单位；国网四川荥经县供电有限责任公司、国网四川雅安市名山供电有限责任公司、国网四川天全县供电有限责任公司、国网四川汉源县供电有限责任公司、国网四川芦山县供电有限责任公司、国网四川宝兴县供电有限责任公司为雅电集团全资子公司；四川富源电力股份有限公司为雅电集团控股子公司。

【四川富源电力股份有限公司】（以下简称富源公司）　该公司前身是 1982 年建成投运的石棉县电厂，1986 年成立石棉县电力公司，2000 年 7 月组建了四川富源电力股份有限公司。2006 年 12 月成为省电力公司在雅安市第一家控股的县级供电公司。2012 年 3 月成为雅电集团的控股公司。

截至2015年年底，富源公司运维管理220千伏变电站3座、110千伏变电站11座、35千伏变电站8座，总变电容量157.9万千伏安；运维管理220千伏线路233.56公里、110千伏线路245.78公里、35千伏线路240.74公里、10千伏线路524.74千公里，供电台区888个。全网调度管理168座并网小水电站，总装机容量52.3万千瓦。

富源公司承担着县内全部16个乡镇96个村共4.11万户用户（其中大宗工业用户30户）的工农业发展和人民生产生活的供电业务，供电面积2678平方公里，供电人口13万人，实行供电业务的片区化管理和变电集控管理。2015年完成售电量23.03亿千瓦时，综合线损2.9%。

【国网四川荥经县供电有限责任公司】该公司始建于 1958 年，前身为荥经县水电厂，1984 年更名为荥经县电力公司，1995 年完成股份制改革，成立四川荥经电力有限责任公司，2010 年 1 月成为雅电集团全资子公司，目前总资产 3.02 亿元。

截至2015年年底，荥经公司运维管理220千伏变电站1座、110千伏变电站4座、35千伏变电站13座，总变电容量77.48万千伏安。运维管理110千伏线路160公里、35千伏线路361公里、10千伏线路588.38公里，供电台区487个。全网调度管理164座并网小水电站，总装机容量28.6万千瓦，其中自有资产水电站8座，总装机容量4.326万千瓦。

荥经公司供电区域覆盖全县21个乡镇中的18个乡镇94个村共5.01万户用户，其中大宗工业用户105户，供区面积1688平方公里，供电人口13.7万人。2015年完成售电量13.83亿千瓦时（其中网内售电11.82亿千瓦时）；自有发电站发电量1.46亿千瓦时；综合线损率5.25%。

【国网雅安电力（集团）公司雨城供电公司】该公司成立于2010年1月，系雅电集团所属分公司性质的二级单位。截至2015年年底，雨城公司运维管理220千伏变电站2座、110千伏变电站7座、35千伏变电站3座，总变电容量117.03万千伏安。运维管理220千伏线路225.19公里、110千伏线路226.887公里、35千伏线路95.969公里、10千伏线路821.59公里，供电台区1660个。

雨城公司供电区域覆盖全区18个乡镇191个村共15.56万户用户，其中大宗工业用户131户，供区面积1066平方公里，供电人口35万人。2015年完成售电量5.93亿千瓦时；综合线损率7.73%。

【国网四川汉源县供电有限责任公司】该公司始建于1964年，前身为汉源水电厂；1986年更名为汉源县电力公司；2003年12月进入雅电集团；2005年8月改制，组建雅安康源电力有限责任公司；2011年12月更名为雅安汉源供电有限责任公司；2013年5月更名为国网四川汉源县供电有限责任公司，注册资金2700万元。

截至2015年年底，汉源公司运维管理220千伏变电站1座、110千伏变电站8座、35千伏变电站10座，总变电容量90.15万千伏安（其中：代运维富源公司23.98万千伏安）。运维管理110千伏线路152.719公里、35千伏线路223公里、10千伏线路2025公里，供电台区2082个。全网调度管理81座并网小水电站，总装机容量8.42万千瓦，其中自有资产水电站8座，总装机容量2.15万千瓦。

2015年完成售电量7.97亿千瓦时，自发电量9561万千瓦时，关口线损率14.45%（扣除移民电量还原后为9.21%）。

【国网四川天全县供电有限责任公司】该公司成立于1996年，前身为四川省天全县电力公司；2010年1月通过资产重组进入雅电集团，系雅电集团全资子公司，总资产1.95亿元。

截至2015年年底，天全公司运维管理220千伏变电站1座、110千伏变电站3座、35千伏变电站4座（含1座开关站），总变电容量64.715万千伏安。运维管理110千伏线路49.109公里、35千伏线路116.28公里、10千伏线路572.939公里，供电台区654个。全网调度管理61座并网小水电站，总装机容量16万千瓦。

天全公司供电区域覆盖全县15个乡镇138个村共5.766万户用户，其中大宗工业用户184户，供区面积2400平方公里，供电人口16万人。2015年完成售电量9.53亿千瓦时，综合线损率3.62%，上缴税金及附加3471.23万元。

【国网四川雅安市名山供电有限责任公司】该公司前身为成立于1958年的名山电厂，1996年改制为四川名山电力有限责任公司，2001年成为雅电集团控股管理企业，2011年成为雅电集团全资子公司，2013年更名为国网四川雅安市名山供电有限责任公司，总资产1.74亿元。

截至2015年年底，名山公司运维管理110千伏变电站5座、35千伏变电站8座，总变电容量58.07万千伏安。运维管理110千伏线路73.31公里、35千伏线路104.7公里、10千伏线路945.27公里，供电台区1424个。全网调度管理20座并网小水电站，总装机容量1.49万千瓦。

名山公司供电区域覆盖全县20个乡镇190个村共10.73万户用户，其中大宗工业用户94户，供区面积614平方公里，供电人口27.89万人。2015年，完成售电量10.47亿千瓦时，综合线损率4.34。

【国网四川芦山县供电有限责任公司】该公司前身为成立于1967年的芦山县国营电厂，1984年8月成立芦山县电力公司，1998年通过产权制度改革成立芦山县电力有限责任公司，2001年12月成为雅电集团控股管理企业，2013年11月成为雅电集团全资子公司。公司总资产0.61亿元。

2015年灾后重建后的金花变电站GIS设备

（汤小强　摄）

截至2015年年底，芦山公司运维管理110千伏变电站3座、35千伏变电站5座，总变电容量27.96万千伏安。运维管理110千伏线路137.47公里、35千伏线路119.75公里、10千伏线路1233公里，供电台区591个。全网调度管理44座并网小水电站，总装机容量6.479万千瓦，其中自有资产水电站5座，总装机容量0.785万千瓦。

芦山公司供电区域覆盖全县9个乡镇46个村（社区）共5.01万户用户，其中大宗工业用户147户，供区面积1191.42平方公里，供电人口12.5万人。2015年，完成售电量6.04亿千瓦时，综合线损率7.28%。

【国网四川宝兴县供电有限责任公司】该公司成立于1998年，前身为宝兴县电力公司，2004年进入雅电集团，为雅电集团全资子公司。总资产1.05亿元。

截至2015年年底，宝兴公司运维管理220千伏变电站1座，110千伏变电站6座，35千伏变电站6座，总变电容量48.34万千伏安。运维管理110千伏线路141.485公里，35千伏线路114.53公里，10千伏线路464.21公里，供电台区785个。全网调度管理34座并网小水电站，总装机容量11.7645万千瓦，其中自有资产水电站3座，总装机容量1.79万千瓦。

宝兴公司供电区域覆盖全县9个乡镇55个村共2.6万户用户，其中大宗工业用户87户，供区面积3114平方公里，供电人口5.87万人。2015年，完成售电量3.92亿千瓦时；综合线损率9.14%。

（李元源）

国网达州供电公司

【企业概况】国网四川省电力公司达州供电公司始建于 1966 年 8 月，简称国网达州供电公司，是国家电网公司四川省电力公司下属特（Ⅰ）型供电企业。

该公司主要负责达州境内国家电网的规划建设、运营管理和电力供应，承担了通川区、达川区、宣汉县、开江县、大竹县、渠县和万源市的供电任务。截至 2015 年年底，国网达州供电公司本部设置 13 个部门，其中本部职能部门 11 个，运维检修部与检修分公司合署，营销部（农电工作部）与客户服务中心合署，具有职能管理和实施主体双重职责。下辖达县供电公司 1 个大型县供电公司，万源、宣汉、大竹、渠县 4 个直属供电公司，管理省电力公司全资的国网宣汉县供电有限责任公司、国网达州市新桥供电公司。下设 7 个业务支撑和实施机构。管理 1 家集体企业。

截至 2015 年年底，达州电网拥有 35 千伏及以上变电站 83 座，变压器 142 台，总容量 564.265 万千伏安；35 千伏及以上线路 242 条、3889.5381 公里。（其中 220 千伏变电站 10 座、变压器 20 台、变电容量 297 万千伏安，线路 32 条，长 1072.8955 公里；110 千伏变电站 32 座、变压器 58 台、变电容量 223.95 万千伏安，线路 107 条，长 1719.2387 公里；35 千伏变电站 41 座、变压器 64 台、变电容量 43.315 万千伏安，线路 103 条，长 1097.4039 公里。）形成了以 500 千伏变电站、华蓥山电厂、燃机电厂和东岳电厂为电源点，以 220 千伏环网为骨干，各级电网协调发展，供电可靠性较高的供电网络。国网供区各县（市、区）至少都有一个 220 千伏变电站，110 千伏基本实现了分层分区供电的基本目标，电网网架明显加强，供电能力、供电质量、供电可靠性、自动化水平和抵御自然灾害的能力大幅提升，为达州经济发展提供更加完善和有效能源保障。企业具有较强的电网建设运行和小（火）电、电力通讯等勘测、设计、施工、安装、检测、调试能力。

达州供电公司启动“三严三实”专题教育 （何健 摄）

截至 2015 年 12 月 31 日，实现连续安全生产

3990天，没有发生责任考核事故。2015年公司党风廉政、队伍稳定保持“零”责任目标，达州公司2015年同业对标综合评价排名第8位，业绩对标第9位，管理对标第10位，全面完成各项考核指标。

【人力资源】2015年，达州公司人才当量密度0.9675，人事费用率0.13%，人力资源计划执行率100%，定员评价与内部人力资源市场配置市场指数0.95%。截至2015年年底，拥有国家电网公司级优秀技能人才1名；国家电网公司级的优秀专家人才后备1名；省电力公司级优秀专家人才24名、“双千”人才36名；地市级优秀技能人才17名。

2015年，该公司顺利完成三新公司更名、分公司组建工作，平稳完成农电用工方式转换。编制集体企业机构及岗位设置方案，制定人员安置和劳动合同转签方案。推进内部人力资源市场建设，全年交流79名关键岗位人员、组织调配145人·次，招聘51名大学生。持续深化绩效薪酬管理，制定了电费回收等5个专项绩效薪金考核实施细则。全年交流调整3名中层干部，转正考察了15名试用期干部。出台《国网达州供电公司登记备案人员管理通知》，对公司125名科级干部、全资公司及巴星公司9名财务科长进行了登记备案。完成125名科级干部人事档案改版工作。注重对后备干部、年轻干部培养锻炼，“521”人才援藏帮扶10人，藏区生产运维帮扶8人。充分发挥培训分部的作用，全年办班140个，6301人次参训。严格培训考试，完成生产一线员工履培训1645人·次，特种作业新训取证467人·次，电工进网作业培训430人·次。公司员工队伍结构明显改善，高技能人才比例86.4%，硕士研究生55人，大学本科917人，高级职称141人，中级职称289人，高级技师50人，技师461人。379人取得相应等级专业技术资格，285人取得相应等级职业资格。

【电网建设与发展】2015年，达州公司科学评估达州电网发展现状，把握电网发展方向，完成了“十三五”配网滚动规划修编，科学合理提出规划项目投资时序。编制完成《达州“十三五”电网规划》《达州电网发展诊断分析报告（2015）》《达州城区电网规划》等。完成可研评审4项，获得核准110千伏及以上项目3项。

2015年固定资产投资完成13.1亿元，同比增长223.63%，电网基建完成10.68亿元，同比增长215.28%，农网改造升级完成3.6亿元，同比增长269.83%。大力开展环保宣传活动，取得2个电网项目环评批复，开展了废旧物质处置和变电站废油处置调查工作。

2015年投产35千伏及以上变电容量70.26万千伏安、线路178.5公里。宣汉北220千伏输变电工程、通川220千伏变电站2号主变扩建工程、汇北220千伏变电站110千伏配套工程、魏兴110千伏变电站主变扩建工程、福善35千伏输变电工程和八台35千伏输变电改扩建工程竣工投产，宣汉500千伏变电站220千伏配套工程、大竹220千伏输变电工程、宣汉方斗110千伏变电站扩建工程、宣汉北110千伏变电站配套工程、双龙35千伏输变电工程、土主35千伏变电站增容改造工程、堡子35千伏变电站扩建工程、三墩35千伏输变电工程、葫芦35千伏输变电工程、桥湾35千伏输变电扩建工程、陈家35千伏输变电工程稳步推进。加大地方协调力度，努力将110千伏及以上电网工程项目建设纳入市政府重点建设项目，将35千伏电网工程项目建设纳入县政府重点建设项目。三个项目部建设取得实效，汇北220千伏输变电工程、通川220千伏变电站2号主变扩建工程、五井110千伏输变电工程和魏兴110千伏变电站扩建工程获2015年度国家电网公司优质工程。

建设中的宣汉北220千伏智能变电站

（何健 摄）

【经营管理】2015年，达州公司完成售电量64.05亿千瓦时，同比降低1.61%(2014年完成售电量65.09亿千瓦时，不含厂网分离电量）。综合电费回收率、解交费100%。累计线损率4.06%，优于计划指标0.35个百分点。全面清理历史往来账款，无法支付款项结转收入558万元，收回旧欠款项29万元、代管农电资产维护费赤字83万元。2015年运监中心逐步实现对公司主营业务、核心资源、关键流程的在线监测，定期发布运营监测结果，多角度透视公司经营活动，获得“2014年度四川省电力公司运营监控先进工作单位”。

2015年，达州公司完成电能替代电量2400万千瓦时。完成公司直供区全采集建设，采集成功率达99%以上。查处窃电、违约用电50起，追补电费、违约金39.42万元。加强线损日常管理，完成省电力公司下达计划指标。坚持常规监测与专题监测结合，挽回经济损失58.49万元，运监业绩位居省电力公司前列。

2015年，达州公司全年共完成审计项目93项，提出审计建议和意见166条，签证审计1306项，审计覆盖率100%。强化协同配合，开展任期审计、财务专项检查、大修技改等项目各类审计检查，完成《加强非招标管理，防范内外部检查风险》《加强关联交易管理 防范关联交易风险》管理建议书，有效促进公司规范管理和风险防范。首次承担省电力公司“1+1”精益化管理项目；加强内审理论研究工作，

踏雪巡线保供电　　（何健　摄）

《标准化经济责任审计研究》《建立地县内审一体化工作机制》分别在相关期刊中发表；做好自主管理创新项目，完成“市县供电企业财务风险防控内审工作机制建设”管理创新项目。

积极实施“人才援藏、项目援藏、技术援藏、管理援藏”，重抓落实。2015年选派9名专业技术人员（新桥公司4人，宣汉公司5人）定点对口帮扶阿坝壤塘、甘孜色达公司，覆盖受援单位企业管理、生产运维、营销管理、无电地区电网建设等专业；选派5名运维人员帮扶甘孜公司运维组；公司本部规划、建设、农电、财务、通信等专业部门和单位选派专业人员22人次赴藏区实地调研、帮扶，帮助受援单位提升生产经营管理水平。

【安全管理】 2015年，达州公司制定公司《安全生产考核管理试行办法》，建立健全公司安全生产业绩考核激励机制。制定公司《反违章管理实施意见》，发布典型违章300条，划定违章红线。制定公司《安全生产“月计划、周安排、日管控”工作管理办法》，健全公司安全风险日常管理机制。制定公司《作业现场安全风险管控办法》，明确管控内容和到岗到位人员。制定公司《配网作业许可管理指导意见》，规范全公司配网许可工作管理，强化了配电作业安全风险管控。开展“互联网+安全管控”技术应用，通过移动终端实现对零、小、散作业现场的实时监控与科学管控。明确300条违章行为处罚标准，强化宣贯、培训和执行。坚持下达反违章指标，对严重违章行为实行安全训诫，三个基层单位到市公司“说清楚”。狠抓“月计划、周安排、日管控”制度的刚性执行，坚持安全生产周评制度，对公司作业现场进行全覆盖检查，对违章现象进行通报、曝光和考核。在公司范围内共发布安全巡查通报19期，有效保证作业安全。

组织《电力设施保护和供用电秩序维护条例》考试，增强员工电力设施保护及供用电秩序维护意识。组织2015年安全知识考试，2888名员工参考，提高员工的安全意识。组织“三种人”安全培训25期次，培训1259人次；组织安规调考10期次，调考495人次；县公司组织安规调考15期次，调考764人次，对“三种人”掌握安全规程、规范作业行为、防范作业风险起到了积极的作用。

督导电网风险管控措施落实。根据电网风险预警，督导相关线路特殊巡视到位。驻守220千伏复盖线等现场，现场督导风险防范措施落实.重点督察梁原电缆下地等工程管理人员到岗履责、现场安全风险防控等内容。开展线路地质灾害、外力破坏等隐患排查，挂牌督办重大安全隐患，促使220千伏复盖线N127—N128档边导线对地距离不足等安全隐患整改完毕。对220千伏复盖线跨越襄渝铁路施工，以及双堰至福善35千伏线路跨越达万铁路施工，从方案编制、作业组织、施工机具和现场管理等方面，开展安全监督。

编制安全大检查和缺陷隐患整治工作方案，拟定安全责任落实、现场管控措施落实等12个方

面、75 项检查重点，分自查整改、专业督查、集中整治三个阶段，组织开展安全大检查。共发现缺陷及隐患共 155 条，已整改 153 条，整改率为 98.7%。开展电力设施保护宣传教育培训，全年共开展宣传活动 6 次，共计发放资料 30 余万份。

【农电工作】2015 年农网改造升级工程：计划总投资 25600 万元，项目 395 个。累计完成投资 10093.9343 万元，投资完成率 39.43%；现场已开工项目 348 个，完工项目 77 个，完成现场施工量的 64%。2015 年新增农网改造升级工程计划投资 23726 万元，项目 191 个。

完善三新公司机构设置，划清可委托和不可委托农电业务界限，完成了三新公司的业务开展启动。截至 2015 年 12 月，各县公司已分别与对应的三新总（分）公司签订了业务委托合同。完善了业务委托关系和内容，重新理顺了农电管理的模式、思路和架构。各三新分公司与农电人员平稳签订了人员用工合同，为接下来进一步的农电管理工作打下了较好的基础。

打造县域内标杆供电所，截至 11 月全面完成 8 个标杆供电所建设和现场评价。科学制定供电所新建改造方案，2015 年完成金檀、毛坝供电所房屋新建；投入专项 240 万元，开展管村、磐石等 5 个供电所的办公、生产区域集中改造（整治），根本性改善供电所环境面貌、服务设施、办公条件。持续推进省、市两级标准化供电所达标建设。2015 年共申报 19 个省电力公司标准化供电所、6 个市公司标准化供电所。

有序抓好“两个提升”，县供电企业 7 个方面 30 项、乡镇供电所 6 个方面 25 项指标年底全面达标，常态实施“包片进村”活动。截至 11 月底，累计发现问题 3807 个，处理 3801 个，问题处理率达 99.84%。

【科学进步与信息化】截至 2015 年年底，达州供电公司电力通信网内共有通信站点 173 个，光缆总长 2680 公里，直属 35 千伏变电站及以上光缆覆盖率 100%，、控股公司 35 千伏变电站光缆覆盖率 80%，直属营业厅和供电所光缆覆盖率 100%，收费厅和控股公司供电所采用租用方式实现光纤 100%覆盖。建成 2.5G 骨干自愈光纤环网 2 个，622M/155M 自愈光纤环网 9 个。

达州供电公司信息内外网内共有站点 110 个，综合数据网覆盖达州公司全部。提高了网络运行可靠性。全公司信息外网通道通过二层 VPN 技术实现与信息内网光纤链路资源共享，既节约了通道资源，又提高了信息外网运行可靠性。39 个直属供电所网络采用自建光纤与租用通道相结合的热通道切换方式，充分保证基层收费业务不中断。所有设备及通道可通过集中可视化网管系统进行统一授权管理，提高了设备及通道的可管理性及运行安全性。

2015 年，完成通信设备安装，调试及检修 32 项；光缆施工及抢险，全年新增光缆 300 公里；完成省电力公司下达 2015 年信息维护项目 9 项；完成公司备调系统建设。组织相关技术人员，对目前公司信息通信网络结构、设备及运行状况仔细分析，充分考虑智能电网、移动应用对信息通信网络的需求，适时利用新设备、新技术、新工艺，确保信息通信网络规划适度超前，满足一次电网以及生产、经营、管理对信息通信的要求。

【市场服务】2015 年，达州公司完成优惠电费 8 户，优惠电量 16.23 亿千瓦时。制定重点客户“一户一策”，对电费回收风险及时采取有效措施，确保“颗粒归仓”。针对供区高危和重要电力客户开展用电安全专项检查活动，排查一般安全隐患 324 条，重大安全隐患 43 条（主要为单电源供电）。完成 5 次节假日常规保电任务，4 次重大节假日专项保电，4 次省级考试保电任务，2 次临时演出保电任务，7 次军工重大科研保电任务。按期完成中压营配贯通工作，贯通合格率达 100%。

开展优质服务大讨论、供电服务规范考试，全员服务意识不断加强。推进窗口标准化建设，规范营业厅功能设置和环境建设，93 个营业厅实现 Wi－Fi 全覆盖。狠抓供电所管理提升，建成 7 个标杆供电所和 4 个标准化供电所。推广运用“掌上川电”，注册用户已达 12 万余户。大力开展第三方电费代收，代收网点突破 1000 个。及时落实“五保户”“低保户”电费减免政策。值守达州市“阳光政务”热线，解决群众用电难题。加强 “95598” 业务管理，建立投诉处理回访制度。开展行风明察暗访，严肃责任追究，行风建设和服务水平不断提升。

简化业扩手续。积极配合 2015 年用户受电工程市场秩序专项监管，开展自查自纠，杜绝各种三指定行为。配合营配调贯通工作，控制源头数据，审核关口前移，减少错误数据的产生。加大业务费收取闭环管理，确保了营财账务的一致性。强化业扩队伍建设。

【党的建设】深入开展“三严三实”专题教育，达州公司党员领导干部讲授专题党课 45 场，召开专题研讨会 162 个，参加专题发言 752 余人次。公司领导班子共查找出 7 大方面 55 个问题，制定 102 条整改措施，严格整改落实。公司两级领导班子共召开专题民主生活会 28 场，各基层党支部召开专题组织生活会 96 场、1452 名党员参加了民主评议。从严管理党的建设，落实党组织书记抓党建主体责任，强化党委班子成员“一岗双责”。制定《关于加强基层服务型党组织建设实施方案》《基层党组织工作考核办法》《关于开展基层党组织书记抓党建专项述职的实施意见》等一系列规章制度，认真开展基层党组织书记落实党建工作主体责任述职评议。党委中心组理论学习 13 次。举办基层党支部书记和入党积极分子培训班。发展新党员 11 名。科学合理设置三新公司和集体企业党组织。建立党员“一卡一档”。新建 6 支县公司共产党员服务队，公司党员服务队荣获省电力公司“十佳党员服务队”称号。开展建党 94 周年“五个一”志愿服务活动，建立 38 个“心连心”社区服务站和联系点。公司 5 个基层党组织、7 名党员、2 名党务工作者受到省电力公司表彰，达县公司党委被省电力公司评为“基层服务型党组织示范点”。

【企业文化建设】深化企业文化落地实践，建设公司企业文化教育基地，大竹县公司、检修试验变电二次检修班被省电力公司命名为“企业文化建设示范点”。加强先进典型选树，李进峰、陈茂军、何涌、朱祚恒等 4 名员工分获全国、国网、省、市“劳动模范”，李进峰获得“最美国网人”称号。加强文明细胞培育，开展“德伴春风进班组”主题道德讲堂活动，公司荣获第四届“全国文明单位”，大竹县公司荣获国家电网公司“文明单位”，5 个县公司通过省级“文明单位”复查，1 个县公司获市级“最佳文明单位”。强化员工思想政治教育，举办“知形势·明任务·促发展”主题形势任务教育报告会 59 场。

职工维权到工地　　　　（何健　摄）

【民主管理】深化企业民主管理，以电子化、微信平台等形式公开厂务 300 余项。广泛开展劳动竞赛、技术练兵比武 20 余次，公司电力天路、无电地区建设获省“重点工程建设劳动竞赛先进集体”，杨波和李进峰两个劳模创新工作室受省劳动竞赛委员会表彰，涌现创新成果 3 项、发明专利 2 项。推进班助“减负”，新建 7 个、复查 29 个四星级及以上班组。宣汉公司、达县公司“职工书屋”分别受全总、省电力公司工会表彰。健全关爱职工机制，慰问职工 1300 余人次，帮扶困难职工 750 余人次。

【团的建设】加强团组织建设，开展团干部和“红杜鹃”志愿者培训，建立青年网络文明志愿服务队，开展“青年安全生产监督示范岗”“青春光明行”“雷锋志愿服务月”等活动。公司团委荣获省“五四红旗团委”，2 个基层团支部分获省、市“五四红旗团支部”，1 个集体获省电力公司“青年文明号”。

【品牌建设】加强品牌传播，实施春耕春灌保电服务、劳动美丽•奉献光荣等主题传播，在外部媒体发布新闻稿件 1045 篇，1 件视频新闻获国家电网公司二等奖，组织参加“突发新闻应急劳动竞赛”获得省电力公司优胜奖。建成公司舆情监测管理平台，成功处置和化解多起负面舆情与新闻危机事件，有效维护了公司形象和声誉。实施“电力助推扶贫攻坚”十大行动计划，精准扶贫万源市大沙乡青山村等 7 个行政村共 897 户贫困家庭，积极履行央企社会责任。

【所属县级供电企业】达州供电公司所属供电企业有 7 家：国网达县供电公司、国网大竹县供电公司、国网宣汉县供电公司、国网万源市供电公司、国网渠县供电公司、国网达州市新桥供电公司、国网宣汉县供电有限责任公司

【国网达县供电公司】国网达县供电公司成立于 1994 年 3 月 28 日，2013 年 7 月 1 日由四川省电力公司达州达县供电局更名为国网四川省电力公司达县供电分公司，简称国网达县供电公司。2015 年 6 月 25 日，经国家电网公司批复升格管理，成为国网四川省电力公司达州供电公司下辖大型县级供电企业。公司承担着达川区 30 个乡镇 302 个村、达川区部分城区和化工园区的供电任务。

达县公司已建成变电站 13 座（其中 220 千伏变电站 3 座、110 千伏变电站 5 座、35 千伏变电站 5 座），变电总容量 140.52 万千伏安。线路 65 条，2176 公里（其中 220 千伏线路 6 条 163.5 公里，110 千伏线路 12 条 112.5 公里，35 千伏线路 7 条 102.5 公里，10 千伏线路 40 条 1797.5 公里）。2015 年完成售电量 13.4781 亿千瓦时，同比减少 3775 万千瓦

时，下降2.72%。完成指标14.09亿千瓦时的95.66%。售电均价464.48元/千千瓦时，同比下降2.17%。综合电费回收率100%。

【国网大竹县供电公司】该公司始建于1966年9月，2013年7月1日由大竹供电局更名为国网四川省电力公司大竹县供电分公司，简称国网大竹县供电公司，主要担负大竹、渠县及达县部分地区的供电任务。

该公司负责国网区域内大竹10千伏及35千伏、渠县35千伏的线路运行维护工作，负责大竹渠县全部、以及广安市、达川区部分110千伏及以上线路巡视工作，负责大竹、渠县电网调度工作，负责大竹、渠县14座变电站35千伏及以下检修维护工作。35千伏及以上线路共计38条658.206公里（其中220千伏线路7条246.091公里、110千伏线路335.993公里、35千伏线路76.122公里）。

截至2015年12月31日，累计完成并表口径售电量7.84亿千瓦时，完成达州公司下达的各项考核指标。截至2015年12月31日，实现连续安全生产6047天。

【国网宣汉县供电公司】2015年度，国网宣汉县供电公司累计完成并表口径售电量14.73亿千瓦时，差年度计划2909万千瓦时，完成全年计划的98.1%；综合电费回收率、解交率100%，应收电费余额继续结零。售电均价473.58元/千千瓦时，综合线损率2.59%，比下达指标低0.01个百分点。截至12月31日，实现连续安全生产6787天。

宣汉公司35千伏以上变电站14座，主变22台、总容量85.825万千伏安。35千伏以上输电线路28条、总长479.34公里。10千伏线路32条、总长643.44公里，配变839台、总容量17.96万千伏安。

【国网万源市供电公司】国网万源市供电公司担负着万源市22个乡镇、154个行政村、26万人口的工农业、军工、电铁及城乡生活供电任务。负责管理维护35千伏变电站6座，主变8台，总容量52.9兆伏安。35千伏及以上送电线路30条/555.708公里（其中：220千伏线路2条，长106.1公里，110千伏线路14条，长308.191公里，35千伏线路14条，长141.417公里）。10千伏线路45条，长727.3公里，变压器台数905台，低压线路2595公里。2015年累计完成售电量4.39亿千瓦，截至2015年12月31日，实现连续安全生产8932天。

【国网渠县供电公司】国网渠县供电公司成立于2013年12月25日。公司在渠县境内已建成运行变电站8座，其中：220千伏变电站2座、110千伏变电站4座、35千伏变电站2座，主变容量96.95万千伏安。220千伏线路4条，长156.209公里，110千伏线路20条，长383.721公里，35千伏线路23条，长214.105公里，10千伏线路19条，长305.9589公里。主要承担着三座电铁牵引站、大型水泥、工业园区等工业用电以及渠县东区新城、临巴、天星、卷硐片区的居民及非居民供电任务。

该公司所辖有临巴、天星、卷硐3个供电所。供电涉及临巴镇、天星镇、三汇镇、卷硐乡等14个乡镇、521个社，供电客户34197户，其中10千伏及以上专变客户151户，低压居民及非居民客户34046户。专变客户运行受电设备容量50.26万千伏安，低压客户装接容量28.37万千瓦。2015年，公司全年完成售电量6.65亿千瓦时，累计线损率为2.38%。

【国网达州市新桥供电公司】国网达州市新桥供电公司始建于1994年3月，2012年12月成为四川省电力公司全资子公司，由国网达州供电公司代为管理，2013年7月1日由四川新桥供电有限责任公司更名为国网四川达州市新桥供电有限责任公司，简称国网达州市新桥供电公司。该公司担负着达县南城南北干道以东城区及达县麻柳、亭子、石梯、石桥、堡子等33个乡镇343个行政村60万人口、堰坝化工园区和杨柳配套工业园区20余家大宗工业客户的供电任务。公司有客户18.6万余户，供电面积1075.4公里，供电辖区内乡、村户通率达到100%。2015年，公司售电量为3.65亿千瓦时，线损率为6.73%，电费回收率100%。截至2015年12月31日实现连续安全生产1976天。

截至2015年12月，公司有110千伏变电站3座（双堰、石梯、堰坝），主变5台，主变容量20万千伏安，最大负荷9.2万千瓦；35千伏变电站6座，主变9台，主变容量6.205万千安；辖区内110千伏线路4条，长81.205公里；35千伏线路7条，长129.521公里；10千伏线路57条，长1378.353公里；380伏/220伏低压线路约6975.596公里。10千伏配电变压器1642台，总容量366142千伏安。公司直管小水电站5座，装机容量6630千瓦。联营小水电站5座，装机容量2720千瓦。年发电量约2200万千瓦时。

【国网宣汉县供电有限责任公司】国网宣汉县供电有限责任公司前身是1981年5月由宣汉县政府成立的宣汉县小水电联营公司，于1984年6月更名为宣汉县电力公司，1992年5月更名为宣汉县电力总公司，1998 年 8 月由达州电力实业公司注资后，改制更名为宣汉弘盛电力有限公司，并由达州电业局代管；2009 年 1 月省电力公司通过农网工程投入注资，实施改制重组，更名为四川宣汉供电有限责任公司，由省电力公司控股、达州电业局代为管理。2012 年，省电力公司通过收购少数股东权益，完成了民营资本退出，成为了省电力公司的全资子公司，更名为国网四川宣汉县供电有限责任公司。该公司主要担负着全县 46 个乡镇、408 个村，共计 101 万人口的供电任务。供电面积 3630 平方公里，供电范围覆盖全县 83 %的面积。

公司现管理的 35 千伏变电站 12 座，容量 11.665 万千伏安；35 千伏及以上输电线路 309.676 公里。其中 110 千伏线路 55.049 公里，35 千伏线路 254.627 公里。2015 年度售电量 8.599 亿千瓦时，较同期增长 24.22%；综合线损率 4.35%，较 2014 年同期下降 2.24 个百分点，优于年计划 1.84 个百分点。实现售电均价 559.84 元／千千瓦时，较 2014 年同期下降 2.83%。（周　茜、崔　鑫）

国网绵阳供电公司

【企业概况】国网绵阳供电公司成立于 1975 年，是国网四川省电力公司直属的特大一型企业，也是绵阳境内最主要的电网规划、建设、运营和电力供应企业。该公司设本部职能部门 11 个，业务支撑和实施机构 7 个，下辖江油、游仙、梓潼、安县 4 个县级供电分公司，受省电力公司委托代管安县、北川 2 个县级全资子公司和盐亭控股供电公司。公司供电区域包括绵阳市涪城区、游仙区、江油市、安县、梓潼县、北川县、盐亭县，与三台县、平武县有趸售关系，拥有电力客户 162 万余户。

截至 2015 年年底，公司拥有 35 千伏及以上变电站 119 座，变电容量 841.82 万千伏安，输电线路 269 条，线路长度 4056.3 公里。其中：220 千伏变电站 14 座，变电容量 429 万千伏安，输电线路 52 条，线路长度 1415 公里；110 千伏变电站 50 座，变电容量 365.55 万千伏安，输电线路 137 条，线路长度 1637.2 公里；35 千伏变电站 55 座，变电容量 47.27 万千伏安，输电线路 80 条，线路长度 1004.1 公里；10 千伏配网线路 490条，线路长度 12307.03 公里；全网最高负荷 148.5 万千瓦，最大日电量 2820 万千瓦时；实现连续安全生产 4004 天。资产总额达到 44.92 亿元。绵阳电网是四川电网在川西北地区的重要组成部分，目前通过 500 千伏变电站和多回 500 千伏线路构成的主网架接入四川主网，已形成较完善的 220 千伏环网。2015 年公司完成售电量 71.8 亿千瓦时。

2015 年 3 月，省委常委、总工会主席李登菊了解“掌上川电”APP 功能并肯定绵阳公司为民服务工作（陈浩　摄）

【人力资源】截至 2015 年年末，绵阳供电公司用工总量为 6231 人，其中长期职工 2094 人(直供直管长期职工 1240 人，控股公司 854 人)，劳务工 39 人（直供直管），农电工 1572 人（直供直管 1307 人，控股公司 265 人），集体职工 307 人，集体企业自聘职工 2219 人，用工总量比 2014 年年末减少 80 人。直供直管长期职工平均年龄 42.24 岁；研究生及以上学历 114 人，大学本科学历 598 人，大学专科学历 337 人，中专及以下学历 191 人；高级职称 128 人，中级职称 276 人，初级职称 505 人；高级技师 76 人，技师 486 人，高级工 64 人，中级工及以下 48 人。

【电网建设与发展】2015 年，绵阳供电公司以保障全市“两个一号工程”和幸福美丽绵阳建设为目标，加快构建“安全可靠、智慧高效”绵阳电网。有机衔接绵阳市发展规划和产业布局，与涪城区、高新区、绵投集团建立战略合作关系。深度融合主动配电网、互联网+等前沿技术，重点对中心城区819个地块配电网进行“网格化”规划，高标准编制完成“十三五”电网发展规划。该公司建管的“电力天路”及无电地区电网建设项目全面竣工，受到央视、人民网、国家电网报等媒体广泛关注。城区配网自动化改造一期工程投运，故障判断和隔离时间由2小时缩短至5分钟。组建项目管理中心，一体化统筹项目资源，金家林、松垭等输变电工程相继建成投运，满足科技城集中发展区、教育园区等未来3—5年用电需求。开展标准化示范基建工地创建，园艺Ⅱ110千伏变电工程荣获省电力公司安全流动红旗。

【经营管理】2015年，绵阳供电公司完善“五大”组织体系，专业化、集约化、扁平化效能更加明显。深化“五位一体”应用，成功打通配网抢修、业扩报装示范流程，工作成果荣获省电力公司企业管理创新一等奖。有序推进集体企业改革改制，通过整合重组形成两个建安类平台公司，业务界面更加清晰。健全全面预算闭环管理体系，预算执行度大幅提升。8家会计主体均达国网创优目标，参加国家电网公司财务调考成绩名列全省第一。班组建设有力夯实，五星级班组比例提高到26%。成立“互联网+电网”技术应用攻关组，加强与长虹、腾讯等优势企业协作，完成安全管控及配网抢修移动终端建设。制订法治企业建设三年规划，举办11期“法治·道德·职业”讲堂，依法治企扎实推进。公司获评业绩负责人考核A级，同业对标获综合标杆、业绩标杆、管理标杆及6个专业标杆荣誉，创历史最佳。

【安全生产】2015年，绵阳供电公司秉持“五安三制”理念，以“安全生产年”活动为抓手，强化安全责任、保障、监督体系建设。制定专项业绩考核办法、反违章监督考核细则，设立安全专项奖励基金，安全激励约束机制有效完善。深入开展“安全大检查”及缺陷隐患排查治理等专项活动，消除各类隐患1152处。举办6期“安全巡讲服务基层”培训、49场安规考试、6次无脚本大型应急演练，全员安全履责意识进一步提升，安规调考成绩在国网和省电力公司均名列前茅。狠抓配网专项整治，配网线路跳闸率同比下降27.67%。加强政企合作，积极推进全市电力设施保护区施工作业暨建安市场整治活动，外破事件同比下降34.1%。借助“互联网+安全管控平台”等科技手段，实现作业现场安全管控全覆盖。创新开展“互联网+配网抢修”业务，建成主城区“30分钟抢修圈”。安全管理等6个专业被省电力公司选树为标杆单位，公司获评省电力公司安全先进单位。

2015年中央电视台江油中秋晚会保电现场，绵阳公司员工正在巡查设备 （陈浩 摄）

【农电工作】2015年，绵阳供电公司全面实施低电压台区治理和农村电网改造升级，共计投资6.72亿元，1565个低电压台区得到有效改善，治理低电压户数达3.58万户。全川首家在三新公司施行岗位绩效工资制度，规范农电用工管理工作走在省电力公司前列。顺利接收北川5个半乡镇小水电供区，有序推进盐亭地方国有股权化转，农电管理关系得到有效梳理。深化县供电企业和乡镇供电所管理提升，加强标准化供电所建设，建成标准化供电所63个，花荄供电所被首批命名为国家电网公司企业文化示范点。以“连心桥”和“包片进村”活动为主线，推出“五定”服务（定位、定人、定责、定时、定质），切实解决农户生产生活用电难题。选派高素质驻藏帮扶人员10名，援助各类物资折合资金152.1万元，精准对接藏区电力和管理需求，圆满完成年度帮扶目标任务，公司荣获省电力公司农电工作和藏区对口帮扶先进单位。

【科技与信息化】2015年，绵阳供电公司鼓励引导群创氛围，职工文化、技术创新成果丰硕。3个项目入选省电力公司职工技术创新优秀成果，6个项目获评省电力公司工人技术创新奖，1个项目荣获省电力公司科学技术进步奖；获得省电力公司企业管理创新成果一等奖1项、二等奖1项，优秀课题研究成果一等奖1项、三等奖1项。制订公司《精益管理战略发展方案》，将精益理念贯彻业务链条始终，2项精益化成果荣获省电力公司精益化项目一等奖，1项成果获二等奖，2项成果获三等奖。加强对标过程管控，修订对标考核办法，2个案例入选省电力公司典型经验库。申请专利 14 项，完成省电力公司下达的任务指标；1 项科技项目成果同时获得省电力公司科技进步一等奖和四川省科学技术进步二等奖。

【市场服务（优质服务）】2015 年，绵阳供电公司以客户感知为导向，大力推动营销服务转型升级。深入开展“七进”服务，设立社区网格化服务经理 134 名，建立园区“三本台账” 500 余户，走访“两代表一委员” 113 名，行风满意度现场测评全省第一。高标准开展“业扩报装环境整治百日行动”，建立“一站式”集中办公服务新模式，平均缩短业务办理时限 11 个工作日。持续优化“十分钟购电圈”建设，试点推进“三表合一”，推广“掌上川电” APP 应用 23.11 万户，购电渠道更加多元。落实直购电、富余电量优惠政策，帮助企业降低用电成本 4253 万元。制订“电力助推扶贫攻坚”十大行动，对供区内 307 个贫困村实施精准扶贫。执行“两保户”电费优惠，积极推进老旧（弃管）小区改造和建设，着力履行社会责任。完成各类保电任务 149 次，科博会、央视秋晚等保电工作受到省市领导高度肯定。

【党的建设和精神文明建设】2015 年，绵阳供电公司紧扣从严治党要求，倡导“让优秀成为习惯”新风尚，“内质外形”不断提升。扎实开展“三严三实”专题教育，两级班子深入一线讲授专题党课 77 次，组织专题学习研讨 96 次。及时宣贯《廉洁自律准则》和《纪律处分条例》，加大党风廉政执纪问责力度。推进服务型党组织建设，北川县供电公司党委荣获省电力公司“基层服务型党组织示范点”荣誉称号。大力开展“四个一百”创建活动，建成两个省电力公司首批企业文化示范点，绵阳、江油共产党员服务队分别荣获省电力公司“十佳”和“优秀”共产党员服务队。打造“精彩绵电”新形象，自拍微电影《归途》网络点击率逾 300 万次。9 个职工兴趣协会生机蓬勃，多项文体竞赛取得优异成绩。全面深化精神文明建设，积极争创绵阳市 2015 年度“文明行业”。公司保密、信访、综治、后勤、离退休等工作扎实推进。

2015 年 2 月，绵阳供电公司 2015 年职工文化展示晚会

（卢忠东　摄）

【所属县级供电企业】所属县级供电企业有 6 家：江油市供电公司、国网绵阳市游仙供电公司、国网梓潼县供电公司、国网安县供电公司、国网北川县供电公司、国网盐亭县供电公司

【国网江油市供电公司】国网江油市供电公司始建于 1962 年 10 月，担负江油市 40 个乡镇以及平武、北川等部分地区供电任务，供电面积约 3100 平方公里，供区人口约 110 万。现有营业户数 35.63 万户，其中专变客户 2616 户（含大工业客户 242 户），低压客户 34.39 万户（含智能表客户 33.64 万户）；供电营业网点 18 个(其中城区 2 个，农村 16 个)。辖区内有 35 千伏及以上变电站 25 座，总容量 180.045 万千伏安。城区配变 170 台，容量 6.105 万千伏安；农村配变 3317 台，容量 32.15 万千伏安；35 千伏线路 16 条，总长度 177.01 公里；10 千伏线路 102 条，其中城网线路 41 条，总长度 317.03 公里；农网线路 61 条，总长度 2547.46 公里，低压线路 1.11 万公里。2015 年完成售电量 18.42 亿千瓦时，同比下降 7.36%；目录均价 633.84 元/千千瓦时，同比上升 0.45%；线损率 5.96%；城网供电可靠率 99.94%，农村供电可靠率 99.91%；电费回收率 100%；完成各类项目资金 1.32 亿元。

【国网绵阳市游仙供电公司】游仙供电公司始建于 1994 年 12 月 26 日，是绵阳供电公司下属的二级机构、省级文明单位、省电力公司县级一流供电企业，担负着游仙区、科学城、仙海风景区、绵阳市经济开发区和三台县、梓潼县部分村社的工农业生产和人民群众的生活供电任务。所辖供区供电面积 1017 平方公里，供电营业户数 26.82 万户，用电人口约 52 万人。截至 2015 年年底，供区内共有 220 千伏变电站 2 座、110 千伏变电站 4 座，35 千伏变电站 7 座；主变 10 台，主变总容量 6.32 万千伏安。城区公用配变共计 88 台，容量 4.07 万千伏安；农村公用配电变压器 2106 台，容量 17.69 万千伏安。35 千伏线路 9 条，长度 116 公里；10 千伏城市配网线路 31 条，长度 133.23

公里；农村10千伏线路49条，长度1527.99公里。全年实现连续安全生产7675天。

【国网梓潼县供电公司】国网梓潼县供电公司始建于1967年5月，公司担负着梓潼县32个乡镇、1个经济开发区以及游仙区、江油市、盐亭县等部分地区供电任务，供电总面积1442.32平方公里，供区人口38.58万。辖区内有110千伏变电站4座，主变7台，容量25.3万千伏安；35千伏变电站5座，主变9台，容量4.44万千伏安；10千伏开关站1座。城区配变270台，容量12.57万千伏安；农村配变2275台，容量16.74万千伏安；35千伏线路8条，总长度143.35公里；10千伏城网线路15条，总长度264.5公里；10千伏农网线路28条，总长度1499.97公里；低压线路7108.88公里。2015年，完成售电量2.9亿千瓦时，完成调整计划的101%；售电均价542.81元/千千瓦时；电费回收率100%；线损率7.57%，低于下达计划0.03个百分点；集体企业市场占有率90.7%。截至2015年年底，实现连续安全生产4125天。

【国网安县供电公司】国网安县供电公司成立于1985年，隶属于国网绵阳供电公司，于1993年12月与地方国有企业安县电力公司联营。2007年12月，省电力公司对安县电力公司进行控股，将其更名为“四川安县供电有限责任公司”；2013年8月，供电有限责任公司完成了股权无偿划转工作，成为国网四川省电力公司的全资子公司。国网安县供电公司是安县境内最主要的电网规划、建设、运营和电力供应企业。公司供电区域包括安县18个乡镇及相邻的北川、江油部分地区，与北川县有趸售关系。供电面积1150平方公里。截至2015年年底，公司辖区内有变电站18座，10千伏开关站1座，主变总容量1021.4万千伏安。全网最高负荷21万千瓦，最大日电量404万千瓦时。截至2015年年底，实现连续安全生产5094天。

【国网北川县供电公司】国网四川北川县供电有限责任公司（以下简称国网北川县供电公司）位于北川羌族自治县，成立于2008年1月。公司全面承担北川全县共计23个乡镇的供用电业务。截至2015年年底，公司自有产权变电站10座，其中110千伏变电站2座（110千伏北川变电站为全国首座智能变电站），变电容量18万千伏安；35千伏变电站8座，变电容量7.405万千伏安；35千伏及以上送电线路229.74公里；10千伏线路51条，共计1114.14公里；10千伏配电变压器1549台，总容量31.603万千伏安；低压线路约3950公里。北川新县城全部实行电缆化供电，电缆线路9条，全长43.35公里。2015年，完成售电量3.7亿千瓦时；线损率3.96%，同比下降0.61个百分点；电费回收率100%。截至2015年年底，实现连续安全生产2555天。

【国网盐亭县供电公司】国网盐亭县供电公司的前身是四川省盐亭县电力有限责任公司，于2007年1月12日改制成为国网四川省电力公司控股并委托国网绵阳供电公司管理的县级控股公司。公司现有110千伏变电站2座，主变4台，总容量19万千伏安；110千伏线路4条，线路总长135.22公里，均与主网220千伏佳桥变电站相连。35千伏变电站11座，主变17台，总容量7.69万千伏安；35千伏线路12条，线路总长151.14公里。配电变压器3421台，总容量31.074万千伏安；10千伏公用线路62条，线路总长2141.87公里。农村低压网络1万余公里。2015年，完成售电量2.33亿千瓦时，同比增长2.18%，完成下达目标任务的101.16%；综合线损率12.28%，同比下降0.37个百分点。截至2015年年底，公司实现连续安全运行3275天。

2015年5月，绵阳公司员工正在投入风灾抢修

（陈浩　摄）

（王俊橙）

国网天府新区供电公司

【企业概况】2014 年 10 月，天府新区获批为国家级新区，为进一步对接国家级新区建设，做好优质服务工作，国家电网公司同意设立国网天府新区供电公司。国网四川省电力公司天府新区供电公司（简称天府新区公司）成立于 2014 年 12 月 29 日，按地市供电企业管理，该公司下辖双流、龙泉驿 2 家县级供电公司，供电范围主要包括成都市高新区南区（绕城外区域），双流县、龙泉驿区全部，新津县部分区域，资阳市的简阳市部分区域，眉山市的彭山县、仁寿县部分区域，共涉及 3 市 7 县（市、区）48 个乡镇和街道办事处，供电面积 2004 平方公里，服务人口 220.27 万人。

【人力资源】截至 2015 年年末，天府新区公司拥有员工 1868 人（全民员工 481 人，自聘员工 377 人，其中主业岗位 220 人，集体企业岗位 157 人，农电员工 1010 人）。研究生及以上学历 124 人，大学本科学历 398 人，大学专科学历 525 人，中专及以下学历 819 人；高级职称 52 人，中级职称 115 人，初级职称 563 人；高级技师 26 人，技师 162 人，高级工 284 人，中级工及以下 544 人。该公司有各级各类优秀人才 43 人，其中全国电力行业技术能手 1 人，四川省青年岗位能手 1 人，国家电网公司优秀专家人才 1 人，四川省电力公司优秀专家人才 14 人（包括经营人才 1 人、管理人才 3 人、技术人才 5 人、技能人才 5 人），入选四川省电力公司“双千人才”24 人，入选四川省电力公司“电力雏鹰”2 人。

【电网建设与发展】天府新区供电公司深入分析天府新区电网现状，结合天府新区经济社会发展现状和未来战略布局，编制完成“十三五”主网、配网、线路廊道以及农网改造升级等专项规划，做到电网发展适度超前经济发展、电网规划和城镇发展规划协调一致。全力推进天府新区电网项目前期进度，完成桃乡 500 千伏扩建及十陵 500 千伏输变电工程核准，加快推进各地 220、110 千伏电网项目前期工作。积极沟通、主动汇报，取得了管委会对籍田 500 千伏变电站规划建设工作的支持，并完成相关选址工作。严格执行里程碑计划，2015 年按期完成 7 项大中型电网基建工程年度开工任务。加快解决农网薄弱环节，完成农网“低电压”专项治理项目 21 项。积极配合政府，努力推动电网迁改工作，完成 35 千伏及以上迁改工程 16 项、10 千伏及以下迁改工程 82 项，面对关系着天府新区经济发展的尖大、尖石线重要迁改工程，天府新区公司多方协调配合，克服重重困难，强化进度管控，保质保量的提前完成任务，得到了天府新区成都管委会领导的高度赞扬。

截至 2015 年年底，天府新区主业电网共有 35 千伏及以上变电站 52 座，总容量 1097.25 万千伏安；其中 500 千伏变电站 2 座，220 千伏变电站 8 座，110 千伏变电站 31 座，35 千伏变电站 11 座，35 千伏及以上输电线路 119 条，总长 1424.2 公里。除 500 千伏桃乡及尖山以外的变电站都交由天府新区公司运行、维护、管理。在建和 2015 年新开工的 35 千伏及以上项目有 23 个，其中 220 千伏项目 6 个，110 千伏项目 16 个，35 千伏项目 1 个，2015 年新开工的项目由天府新区公司进行建设管理。

2015 年，天府新区售电量 75.39 亿千瓦时，最大供电负荷 164.98 万千瓦。

【安全生产】天府新区供电公司深入开展“以人为本、关爱生命”春检安全保障行动暨“安全大讨论”活动、“建机制、强执行、控风险”等安全专项行动，制定“月计划、周安排、日管控”工作规范，全面落实各级安全责任制。大力开展隐患排查治理工作，共计发现 845 项缺陷隐患，已整治 539 项。强化现场安全监督，共计督察各类作业现场 582 个，发出督察卡、提示卡 68 张，纠正违章 89 项。完成 1425 人次安规普考及 471 人次安规调考，全面覆盖“三种人”等关键岗位。完成公司总体应急预案和 16 项应急专项预案修编，组织送培应急救援队伍人员 32 名，成功开展首次迎峰度夏反事故应急演练。面对“2·24”洛带瓦斯爆炸事故，天府新区公司第一时间赶赴现场，快速恢复停电线路，全力配合政府做好事故救援的电力保障工作，得到成都市委、市政府的肯定，被全国多家主流媒体的正面报道。

【经营管理】天府新区供电公司自 2014 年 12 月 29 日成立起，根据省电力公司统一部署，搭建起采用“大部制”合署办公模式的组织机构，实施人、财、物和调度、通信集约化，实现营配合一、调控合一。在省电力公司、兄弟单位的全力支持及帮助下，高效完成公司本部员工及各支撑机构、基层单位主业岗位人员的组聘、“三定”工作。同时初步完成了公司党政工团的组织架构设置，稳步开展农电、营销、生产等各项业务承接准备工作，建立健全规章制度和绩效考核体系，严格规范企业经营管理，高效完成了公司筹备组建。

【科技与信息化】2015 年，天府新区供电公司共有群创项目 2 项，年底将全部完成；已提交专利申请 5 项；完成 2016 年科技项目储备 1 项，与电科院、省计量中心等单位联合申报 2016 年科技项目 6 项；开展变电站智能机器人巡检项目试点 2 项。运行管理方面，圆满完成了全公司近 2000 台桌面终端及附属设备、20 余台服务器及 100 余台网络安全设备的日常维护工作，保障了公司信息中心机房配电系统、空调、UPS、防火等动环设备的安全稳定运行，保证所有信息设备信息安全“零事故”。

【营销转型】作为四川省电力公司营销转型“试验田”，天府新区供电公司明确转型战略定位，以营销创新转型带动企业转型升级，确定公司“三平台，一中心”建设思路，搭建市、县两级扁平化组织架构。细化服务流程和责任区域，以华阳片区为试点推行网格化布局管理。在市、县两级推行“营配合一”的管理方式，实现“前台服务网格化，后台支撑专业化”。强化线损实用化和停电信息精准送达，具备条件的线路实时线损合格率 100%，全口径线路实时线损合格率 70.4%，全口径台区实时线损合格率 43.9%，全省排名第三，向新城片区约 2.5 万户用户试点推行停送电短信实时推送功能。夯实营销业务基础，做好创新转型支撑，全力推进营配调数据清理。大力开展智能电表和全采集建设，完成公司全口径智能电表覆盖率 98.36%，在全省排名第二，采集接入率 95.9%，全省排名第一。大规模开展电费远程下发试点测试 30.26 万户，其中 26.7 万户通过测试，测试成功率 88.24%。

【市场服务】天府新区供电公司积极推广掌上川电 APP，2015 年注册户数突破 15 万户，全面启动“网上购电远程下发”，累计完成自助远程充值 4783 笔，金额达 60.2 万元。深入开展业扩报装环境整治百日行动，通过十三项主要措施，打造“方便、快捷、规范、高效、真诚”的业扩报装服务新模式。积极推动客户资产供配电设施移交，完成 4 个 110 千伏及以上客户资产移交框架协议和 32 个居民小区资产移交框架协议的签订。主动服务，向 198 个社区、460 个行政村发放宣传资料 10 万余份，征求意见建议 300 余条。助力重点项目，开辟“绿色通道”，确保重大项目按时供电。开展“95598”业务培训和供电“服务之星”劳动竞赛，常态化开展供电服务明察暗访活动，全力提升窗口服务水平。积极筹建客户体验厅，力争为电力用户提供多样化的用电服务体验。圆满完成中高考、全国残运会等 43 项重大保电任务，为新区发展提供了安全稳定的电力保障。

【党的建设和精神文明建设】天府新区供电公司深入开展“三严三实”专题教育，开设专栏，制作发布党课微图，发放学习书籍 200 余册，组织专题学习研讨 46 次。认真筹备召开两级领导班子专题民主生活会，收集“不严不实”问题 30 项，并落实责任领导及部门。夯实党建工作基础，完成 480 余名党员清理和组织关系转接，完善公司基层党纪工团组织机构设置。按照省电力公司统一部署，组建双流、龙泉驿、新城分中心三支共产党员服务队。培育企业文化，号召全体员工争做“四个天府”“三个争先”的实践者、推动者、维护者。在公司主页设立“新区展望”“美丽家园”等专栏，展示公司新貌，传递公司价值，推动企业文化落地。推进员工“精神家园”建设，成立十余个职工兴趣活动小组，切实形成“家”的氛围。狠抓企业品牌传播，与省电力公司外联部共同制定“天府之‘新’，新在何处”年度新闻策划方案。加强对外宣传，开设新浪官方微博，深化与《四川经济日报》、天府新媒体微信公众号等外部媒体的沟通、协作，在《西南电力报》创立“王鑫看天府”专栏，推出专题 9 期。公司全年共发布新闻稿件 1897 篇，在省电力公司及外部媒体上稿 345 篇。

【所属县级供电企业】国网天府新区供电公司所属县级供电企业有：国网双流县供电公司、国网成都市龙泉驿供电公司

【国网双流县供电公司】国网双流县供电公司成立于 1991 年，原名成都电业局双流供电局，2013 年更名为国网双流县供电公司。2014 年天府新区成立后，国网双流县供电公司先后于 2014 年及 2015 年初经历了两次供区、人员及业务划转，现有新供区面积 497.25 平方公里，辖 208 条 10 千伏配电线路，长度 1596 公里，变压器 5056 台，现客户数达 35 万户。2015 年 6 月，国网双流县供电公司升格为大型县级供电企业。2015 年，累计完成售电量 297969.9557 万千瓦时，较 2014 年累计同期提高 5.30 个百分点，全年综合线损率 5.07%，累计售电均价 697.94 元/千千瓦时，电费回收率 100%。

【国网成都市龙泉驿供电公司】国网成都市龙泉驿供电公司前身为龙泉驿供电局，成立于 1988 年，担

负了龙泉驿区 12 个乡镇街办以及成都（国家）经济技术开发区、简阳市 5 个乡的供电服务工作；现有供电客户 32 万户，营业网点 13 个。2015 年完成售电量 28.6 亿千瓦时，售电均价 701.6 元/千千瓦时，龙泉电网最大负荷达 56.32 万千瓦，最大日电量达 1080.1 万千瓦时。2015 年成功应对“7・27”龙卷风冰雹灾害，两天内全部恢复 22 条 10 千伏受损线路的供电。高效完成二汽园区建设、大件路加固、龙泉老城区电缆下地等 50 余项省、市、区政府重点项目电力线路迁改工作，得到了区政府领导及部门高度肯定。

（刘清宇）

国网宜宾供电公司

【企业概况】国网宜宾供电公司前身为宜宾供电局，成立于 1978 年，是省电力公司下属的特二型供电企业，承担着宜宾市两区 8 县中的 2 区 1 县（翠屏区、南溪区、江安县）的供电任务，直供面积 4680 平方公里，总营业户数 67 万余户。趸售长宁县电力公司及四川能投控股的屏山县、兴文县、高县、筠连县、宜宾县、珙县电力公司。公司下设 11 个职能部室，7 个业务支撑和实施机构，3 家直供直管县级供电企业，2 家全资县级供电企业。各类用工总量 3049 人，其中全民员工 1237 人（直属 890 人，全资 347 人），农电员工 824 人（直属 625 人，全资 199 人），其他用工 988 人。2015 年，该公司完成固定资产投资 6.72 亿元，同比增长 77%，其中电网建设投资 4.96 亿元；售电量 52.40 亿千瓦时，同比增长 7.68%；实现综合电费收入 29.99 亿元，同比增长 1.90%；电费回收“双结零”；线损率 4.88%，同比下降 0.54 个百分点；全口径劳动生产率 40.2 万元/人・年，同比增长 7%。

【人力资源】有效匹配要素与业务流程，全力推进“五位一体”协同机制建设。落实薪酬发放“三全”管理，绩效管理考核体系进一步完善。加强员工教育培训，152 人技能等级、137 人专业技术职称得到提升。落实关键岗位人员定期交流轮换制度，明确科级以下关键岗位 112 个，交流人员 55 人次。稳妥实施集体企业改革改制，清算关闭禾宜农电公司，清理退出 2 家参股企业，博大电器清算关闭稳步推进。实施农电用工规范管理，顺利完成直签农电用工合同转签，保障了农电员工合法权益。

【电网建设与发展】2015 年，宜宾供电公司科学制定宜宾电网“十三五”发展规划，着重开展配电网规划和项目储备。主动配合开展成贵、渝昆高铁 7 座 220 千伏牵引站供电工程规划编制，推动兴文 220 千伏输变电工程前期工作。桂溪 110 千伏等 3 个输变电工程获得核准，李端 35 千伏等 3 个输变电工程前期工作全面完成。基建工程扎实推进，龙头站、城中站增容改造工程通过省电力公司优质工程复查，象鼻 110 千伏变电站工程获省电力公司项目管理“流动红旗”，南溪 220 千伏变电站工程被省电力公司通报表扬。换装智能电表 19.23 万只，全口径智能电表覆盖率 81.1%、采集成功率 99%。

【服务特高压】2015 年，宜宾供电公司加强特高压属地化协调，积极推进沿线房屋拆迁，全力配合溪浙特高压环评、水保验收。加强近区电网设备特巡和安全风险评估，保证了换流站外接电源安全稳定运行。运用输电运检与属地供电所交叉巡护模式，严格开展三大直流满功率运行属地化线路和近区电网设备的隐患排查，连续两年完成三大直流满功率运维保障。积极配合、高效处置宾金直流接地极线路故障，受到国家电网公司和省电力公司高度肯定。

【经营管理】2015 年，宜宾供电公司落实富余电量消纳政策，完成“电能替代”5.16 亿千瓦时、直购电 5.49 亿千瓦时。推广专变预付终端安装，煤炭企业等电费风险防控取得较好效果。认真开展往来款项清理，彻底理清债权债务。实行业务预算分析通报制度，动态监控业务预算执行。“量价费损”、营销稽查在线监测成效明显，追补电量 254.5 万千瓦时，追回电费 212.2 万元。积极争取政策支持，获得财政补助资金 718 万元。“三公”经费和会议费同比下降 71%。严格招投标管理，充分引入竞争机制，降低采购成本。开展线损专项活动，技术降损、管理降损取得较好效果。所属两个全资公司经营状况全部扭亏为盈。开展技改、大修、科技、信息项目自查自纠和任期责任审计、集体企业收支审计，提出意见建议 123 条。完成工程项目结算、决算审计 663 项，审减金额 1897 万元。

【安全生产】2015 年，宜宾供电公司完善安全工作奖惩机制，建立专项业绩考核和反违章考核制度。建立现场作业微信平台，落实“月计划、周安排、日管控”。深入开展安全大检查，整治缺陷隐患462项。保持安全监管高压态势，通报曝光典型违章77条。《安规》调考获得省电力公司综合团体第一名。协调处置四川能投输电线路强行带电跨越施工，维护了公司正当权益。变电设备故障率、输电线路雷击跳闸率同比下降20%和55%。充分利用图像监控系统，高效实施35千伏变电站差异化巡视。深化状态检修和技术监督，完成所有输变配设备状态评价。整合配网综合抢修业务，城市30分钟配网抢修圈实现全覆盖。营配调高压数据清理全面完成，低压数据采录有序开展。PMS2.0顺利进入单轨运行并实施应用。10千伏系统均纳入电网运行风险管控体系，预警预控实现全覆盖。“运行管理”获省电力公司专业管理标杆。成功开展主备调切换演练和防灾度汛无脚本综合演练。圆满完成四川国际文化旅游节等重要保电任务95次。该公司荣获省电力公司“安全生产特殊贡献单位”。

【农电管理】2015年，宜宾供电公司制定具体措施，划分具体区域，明确低电压台区治理数量，划拨专项资金整治低电压问题。全年投资2.7亿元，完成配网、农网工程项目588个，治理低电压7.06万户，农村电网供电质量不断提高。积极推行城市电力服务进社区，农村推行“包片进村”，架起“感恩社会、奉献光明”联系社会的连心桥。开展供电所标准化建设和综合整治行动，以所容所貌、营业厅管理、安防整治为抓手，着力改善供电所营业厅服务环境，规范供电所综合管理，提升供电所服务形象。积极开展“精准扶贫 全面小康”电力扶贫工作，积极与市相关部门、当地乡政府和村委会沟通，落实具体举措帮助村民克服当前困难。公司供区全面消除无电户，达到了贫困村“有生活用电”退出标准。

【科技与信息化】2015年，省电力公司下达科技项目1个，投资计划18万元(220千伏城南变电站二次过电压防雷系统应用研究)。2015年公司申请专利14项，专利申请完成率100%。完成信息通信集中监控平台建设，信息通信安全运行指数100%，全省排名第一。全面推进信息通信网络覆盖，完成全资公司35千伏及以上变电站、供电所光纤及数据网络覆盖，实现网络覆盖率100%。强化信息专业支撑系统管控，开展省电力公司MAS系统上线推广工作，优化信息业务流程，实现信息业务无纸化办公。注重科技创新和信息化融合，荣获信息化实用新型专利2项，《信息数据分析在电网自动控制系统的应用研究》获全国电力行业两化融合推进会暨全国电力企业信息化大会优秀论文一等奖。

【市场服务】2015年，宜宾供电公司认真践行“你用电、我用心”服务理念，着力改善城乡供电服务品质，客户满意度大幅提高。深化环境兴市“四诺”活动，主动接受社会监督，切实履行供电服务义务和服务承诺。扎实开展业扩报装环境整治百日行动，建立业扩工作周例会制度，切实构建“手续简化、流程压缩、时限严控、市场开放、收费规范、信息公开”的业扩报装环境。落实与政府对接沟通，居民小区配电设施规范管理取得实质性进展。实施临港区“套餐式”服务，主动对接政府招商引资等重要客户，开辟业务办理绿色通道。推广“掌上川电”APP应用，进一步拓展便民服务举措。坚持以客户为导向，加强服务窗口标准化建设，常态化开展服务监管，持续规范服务行为。宜叙高速等11项区域性重大迁改项目全面完成，成贵高铁等15项重点工程电力设施迁改加快推进。

【党的建设和精神文明建设】2015年，宜宾供电公司扎实开展“三严三实”专题教育，查找整改“不严不实”问题。开展“走基层、接地气”五个一活动，搭建服务员工“连心桥”。落实党风廉政建设责任制，开展重点领域协同监督和效能监察，强化监督执纪问责，信访举报同比下降50%，党风廉政建设被省电力公司考评为“优秀”。积极开展“当代老实人”系列主题活动，12名“我身边的美丽员工”脱颖而出，活动成效被《四川日报》《人民日报》宣传报道。公司荣获“全国文明单位”和“全国模范

2015年10月10日，宜宾供电公司总经理何自力（右三）陪同宜宾市人大主任陆振华（右二）调研精准扶贫工作（董沼杰 摄）

职工之家”，5 个县公司全部荣获“宜宾市文明单位”。江南公司荣获国家电网公司“电网先锋党支部”，变电二次班成功创建“全国青年安全生产示范岗”、荣获国家电网公司先进班组，肖平被评为“国家电网公司优秀共产党员”，周介荣获宜宾市“诚实守信”道德模范称号。成功举办省电力公司工会职工文化建设现场会，李庄供电所成为国家电网公司企业文化建设示范点。公司团委荣获省电力公司“五四红旗团委”。员工王瑾主唱的音乐情景剧《光芒》登上央视三套主题跨年晚会舞台。

【所属县级供电企业】该公司所属县级供电企业有：国网宜宾市江南供电公司、国网宜宾市江北供电公司、国网宜宾市南溪供电公司、国网江安县供电公司、国网宜宾市南溪供电有限责任公司

【国网宜宾市江南供电公司】国网宜宾市江南供电公司成立于 2001 年 8 月，位于宜宾市南岸西区外江路，担负着宜宾市六县一区（翠屏区、长宁县、兴文县、江安县、珙县、高县、宜宾县）的部分地区供电任务，现有各类用电客户 12 万余户。2015 年完成售电量 18.78 亿千瓦时，电费回收实现“双结零”。截至 2015 年 12 月 31 日，实现连续安全生产 5035 天。

【国网宜宾市江北供电公司】国网宜宾市江北供电公司位于宜宾市翠屏区岷江北岸安阜街道广厦西路 1 号，紧邻五粮液集团，担负着宜宾市江北片区厂矿企业、翠屏区 10 个乡镇、办事处、宜宾县 1 个乡镇以及临港经济开发区、五粮液工业园区、翠屏新区、象鼻工业区的供电任务。辖区拥有 10 千伏城市配电线路 165.81 公里，城市配电变压器 183 台。2015 年累计完成售电量 7.70 亿千瓦时，售电均价 709.45 元/千千瓦时，电费回收率 100%。截至 2015 年 12 月 31 日，实现连续安全生产 4550 天。

【国网宜宾市南溪供电公司】国网宜宾市南溪供电公司前身为南溪供电站，成立于 1962 年。随着电力企业发展变革，于 1993 年成立南溪供电局，2013 年 7 月更名为国网宜宾市南溪供电公司。公司担负着南溪区、江安县、长宁县及翠屏区部分区域的供电任务，其中直供南溪区 16 个乡镇（167 个行政村）和翠屏区高店镇、沙坪顺南片区，供电面积约 692 平方公里（不含趸售区域），并通过国家电网向国网宜宾市南溪供电有限责任公司和国网江安县供电公司售电。公司现有客户 129963 户。公司现有 10 千伏公用配电线路 810.73 公里（其中城市配网 54.2 公里，农村配网 756.53 公里），10 千伏公用配电变压器 1435 台。2015 年完成售电量 12.53 亿千瓦时。截至 2015 年 12 月 31 日，连续实现安全生产 2626 天。

【国网江安县供电公司】国网江安县供电公司于 2008 年 1 月由原地方国有电力公司改制为省电力公司控股公司，2013 年 1 月改制为省电力公司全资子公司。公司担负着江安全县 18 个乡镇和长宁县竹海镇部分村社供电工作。现有 110 千伏变电站 1 座、35 千伏变电站 8 座，35 千伏、110 千伏输电线路 153.68 公里。2015 年，公司完成售电量 2.45 亿千瓦时，综合线损率 11.29%，电费全额回收、实现双结零。截至 2015 年 12 月 31 日，公司实现连续安全生产 2907 天。

【国网宜宾市南溪供电有限责任公司】国网宜宾市南溪供电有限责任公司前身为南溪区水利局下属企业，成立于 1978 年。南溪区政府于 2008 年 12 月与省电力公司签订代管协议，省电力公司从 2010 年 10 月起实施人、财、物全面代管，并于 2012 年 1 月改制上划为省电力公司的全资子公司。供区主要涉及南溪区、翠屏区共 13 个乡镇 179 个行政村，供电客户 6.8 万余户，供电面积约 500 平方公里。2015 年完成购电量 7196.99 万千瓦时，比上年同期增长 12.14%；完成售电量 6283.91 万千瓦时，比上年同期增长 15.10%；综合线损率为 12.69%，比上年同期下降 2.25 个百分点；营业总收入 4097.54 万元，比上年同期增长 5.47%。截至 2015 年 12 月 31 日，公司全资上划后实现连续安全生产 883 天。

（周泽明）

国网阿坝供电公司

（国网四川阿坝州电力有限责任公司）

【企业概况】国网四川省电力公司阿坝供电公司（以下简称：分公司）是国网四川省电力公司直属的特一型供电企业。国网四川阿坝州电力有限责任公司（以下简称：州公司）是省电力公司控股的市州级

供电企业，与分公司按两块牌子一套人员运作，州公司下辖全资县级子公司 11 个，供电面积 7.1 万平方公里，承担全州 70 余万人生产生活供电任务。2015 年，该公司完成停滞多年的若尔盖县的电力体制改革，挂牌成立了国网四川若尔盖县供电有限责任公司。

截至 2015 年年底，该公司拥有 220 千伏变电站 11 座（包括 1 座开关站），变电容量 270 万千伏安；110 千伏变电站 21 座，变电容量 77.13 万千伏安；35 千伏变电站 69 座，变电容量 39.57 万千伏安。220 千伏线路 24 条，线路长度 852.3 公里；110 千伏线路 20 条，线路长度 859 公里；35 千伏线路 99 条，线路长度 1818.8 公里。

2015 年完成并表口径售电量 83.53 亿千瓦时，同比增长 2.87%，营业总收入 24.68 亿元，减亏 2785.43 万元，线损率 4.92%，同比下降 0.21 个百分点。截至 12 月 31 日，实现连续安全生产 3746 天。

【人力资源】截至 2015 年年底，分公司全民在册员工 90 人。州公司系统共有各类用工 1442 人，其中：本部全民在册人员 139 人，分公司支援到州公司工作的 90 人，兄弟单位援藏人员 59 人，劳务派遣人员 46 人。10 家县级子公司全民在册员工 1082 人（国网若尔盖县供电公司未并表），劳务派遣人员 26 人。2015 年，该公司进一步理清“三集五大”改革后各部门职责，将季（年）度考核细化为月度，增强绩效管理的时效性，有力促进各项工作质效提升；强化员工培训，盘活人才存量，创造性推行了“生产领导讲课”和“培训日”制度，全力提升公司干部员工技术技能水平，取得省电力公司技经调考团体第三名、农电技能竞赛团体第十名、变电运维一体化竞赛优秀组织奖等佳绩，2 名员工入选省电力公司“雏鹰计划”，198 名员工完成各级技能等级评定；圆满完成 128 名高校毕业生的引进工作，48 名三定生学成归来，公司人才储备成效明显。

【电网建设与发展】2015 年，阿坝分公司深入开展阿坝州“十三五”电网发展研讨，积极争取各级支持，科学编制完成阿坝州“十三五”电网规划。加快推动项目前期工作，完成可研批复 12 项，超计划完成省电力公司年度工作任务。主动服务州内重点项目，完成成兰铁路、汶马高速等项目电力迁改规划。完成红原城关 110 千伏输变电工程、茂樊二线 220 千伏、镇江关配套 110 千伏线路工程投运工作，完成阿坝城关 110 千伏变电站扩建工程，黑河塘 220 千伏输变电工程等 6 项工程顺利开工。

【经营管理】2015 年，阿坝分公司积极争取，有力促成省电力公司和州委州政府高层会谈，完成省州战略合作协议及附属方案编制，与各县政府达成战略合作共识，大力改善公司经营环境，积极争取电价政策。深入开展“业扩报装百日行动”，主动服务汶马高速、成兰铁路等重点项目，努力增供促销。加大电费催收力度，收回陈欠电费 3027 万元。完成营配调贯通工作任务，推进采集终端建设，强化计量、电费和客户管理，有力促进公司营销升级转型。深入研究财税政策，积极争取融资新政，全年节税 1088 万元，解除逾期贷款 2126 万元，豁免利息费用 623 万元。积极开展亏损企业专项治理，减少亏损企业 2 家。加快工程决算进度，全年转固 12.9 亿元。全面清理公司系统房屋和土地权属。集中会计核算和资金管理。推进公司精益转型，3 个项目获省电力公司嘉奖。

【安全生产】2015 年，阿坝分公司深入开展安全大检查活动和电力设施保护专项行动，排查各类隐患缺陷 1203 项。建立生产部门负责人联系基层单位制度，完成黑水等 6 家县公司安全评价工作。制定安全生产三本台账，加大反违章工作力度，纠查和自查违章 280 余起。修编完善公司应急预案，组建 121 人的应急救援互助队。2015 年历次灾害中，该公司累计出动抢修人员 1200 余人次，车辆 300 余台次，应急发电机 20 余台次，受灾地区快速恢复供电，得到州委、州政府的高度肯定。组建阿坝州地区级备调，完成小金县电网调度业务接收，实现 11 个县电网调度权限的全面接管。按时优质完

2015 年 8 月，国家电网公司在阿坝州红原县 4000 米高原实施高海拔 10 千伏配网带电作业实际操作演练项目。国网阿坝供电公司积极参与和配合　　（漆元寒　摄）

成110千伏马寨线大修和安麦线抢修，确保了牧区电网的安全稳定供电。

【农电工作】阿坝公司全面完成了阿坝州无电地区电力建设任务，其中小金县宅垄35千伏变电站新建工程以第二名的优异成绩被省电力公司评选为农网“五十佳”优质工程。大力彰显央企社会责任，积极争取资金，继续加大州内农网升级改造建设投资，2015年下达投资计划3.7亿元，涉及低电压治理、县城电网改造、农村电网改造、漏统漏报无电户4个批次项目，其中35千伏项目5个、10千伏及以下项目182个。在时间紧、任务重的情况下，公司梳理工程建设细节、强化安全管理、加强沟通协调、确保了工程顺利推进，于2015年年底完成了第一批项目建设，其余批次项目全部开工，预计在2016年6月完成建设任务。

【科技与信息化】2015年，阿坝分公司申请专利4项，其中“一种变压器剩磁检测及消磁装置”及“电力网状式防雷接地线”实用新型已获授权；发表论文3篇；获得奖项2项，其中“自动化继电保护测试仪”实用新型专利获得2015年省电力公司专利奖，“变电站可视化辅助自动设计及调试技术研究”项目获省电力公司2015年科技进步一等奖及四川省人民政府技术创新三等奖。组建阿坝地区光环网，稳步推进变电站无人值守，推广线路行波故障查找系统，自主完成沙坝等3座220千伏变电站智能改造，独立完成110千伏马塘、安曲站综自改造。

【市场服务（优质服务）】阿坝公司不断加强营业窗口的规范化建设，优化服务流程，完善服务标准，将优质服务的要求贯穿到营销工作的每一个环节，确保对客户的承诺一一兑现，确保优质服务的内涵不断得以发展和丰富。加强窗口明察暗访和监督检查，及时发现纠正违规服务行为，确保“首问责任制”“一口对外”“限时办结”等服务要求落到实处。建立健全优质服务协同配合工作机制，成功实现阿坝地区“95598”工单的派发、处理、回复全过程管理。

2015年7月初，阿坝州多地发生大规模洪水泥石流灾害，国网阿坝供电公司第一时间启动应急预案，开展了抢险保电工作。图为公司总经理罗亮、党委副书记郑文强陪同阿坝州州长杨克宁慰问现场抢险的电力人员（彭秋杰 摄）

【党的建设和精神文明建设】2015年，阿坝分公司以全面从严治党为指导，深入学习贯彻党的十八届四中全会精神和习近平系列重要讲话精神，对照“严以修身、严以用权、严以律己、谋事要实、创业要实、做人要实”总体要求，扎实开展“三严三实”专题教育，持续推进党的建设、企业文化建设和队伍建设，确保了安全生产、经营管理、党风廉政建设等目标任务的圆满完成。公司坚持“三会一课”制度，深入开展形势任务教育，将广大党员思想行动统一到公司的决策部署中；强化“干事、干净”理念，将公司本部关键岗位人员纳入廉洁教育体系，组织80余人参观廉洁教育基地，并参加廉规考试；开展“书记讲党课”活动，安排20名基层党组织书记参加省电力公司培训；举办入党积极分子培训班，共有15个党支部的59名职工参加了培训；发展新党员17名，14名预备党员按期转正。深入宣贯国家电网公司企业文化建设管理办法，加强企业文化建设管理，推进企业文化进基层、进班组、进站所；拍摄的新媒体电影《远山的雪》获得深圳微电影大赛最佳影片奖；开展“四川志愿·携手圆梦‘互联网+梦圆村小’”主题志愿服务活动；开展4次“道德讲堂”活动；顺利通过“四川省文明单位”复检。

【所属县级供电企业】阿坝公司所属供电企业有11家：国网四川理县供电有限责任公司、国网四川汶川县供电有限责任公司、国网四川壤塘县供电有限责任公司、国网四川松潘县供电有限责任公司、国网四川金川县供电有限责任公司、国网四川黑水县供电有限责任公司、国网四川小金县供电有限责任公司、国网四川阿坝县供电有限责任公司、网四川红原县供电有限责任公司、国网四川若尔盖县供电有限责任公司

【国网四川马尔康县供电有限责任公司】国网四川马尔康县供电有限责任公司成立于2011年7月。公司在册员工164人，担负着全市14个乡（镇）、240个村，1.5万余户，5.6万余人的生产生活供电任务。拥有发电站两座（松岗电

站、热足电站），总装机 2.39 万千瓦。110 千伏变电站 5 座，主变 6 台，变电容量为 15.4 万千伏安；110 千伏线路 5 条，线路长度 135.38 公里；35 千伏变电站 5 座，主变 6 台，变电容量 45.2 万千伏安；35 千伏线路 7 条，线路长度 223 公里；10 千伏线路 29 条，线路长度 387 公里；完成自发电量 13765 万千瓦时，完成售电量 18446 万千瓦时。

【国网四川理县供电有限责任公司】国网四川理县供电有限责任公司成立于 2011 年 7 月。公司在册员工 107 人，担负着全县 13 个乡（镇）、81 个行政村，6680 余户，4.5 万余人的生产生活供电任务。网内有板子沟、三道桥、维关、农家乐、甲司口、三〇四、老君沟 7 座上网小水电站，总装机 1.49 万千瓦。代为运维 110 千伏变电站 2 座，主变 2 台，变电容量 8.15 万伏安。拥有 35 千伏变电站 4 座，主变 5 台，变电容量 2.03 万千伏安，35 千伏线路 12 条，线路长度 185.203 公里；10 千伏线路 25 条，线路长度 508.167 公里。2015 年完成购电量 1.54 亿千瓦时，售电量 1.33 亿千瓦时。

【国网四川汶川县供电有限责任公司】国网四川汶川县供电有限责任公司成立于 2011 年 7 月，公司在册员工 129 人。担负着全县 7 个乡（镇）、74 个村，2.1 万余户，8.9 万余人的生产生活供电任务。拥有 35 千伏变电站 6 座，主变 10 台，变电容量 7.51 万千伏安，35 千伏线路 19 条，线路长度 175 公里；10 千伏线路 39 条，线路长度 374 公里；完成售电量 36078.76 万千瓦时。

【国网四川壤塘县供电有限责任公司】国网四川壤塘县供电有限责任公司成立于 2011 年 7 月，公司在册员工 27 人。担负着全县 9 个乡（镇）、47 个村，10000 余户，4 万余人的生产生活供电任务。拥有发电站一座（章光电站），总装机 1140 千瓦；110 千伏变电站 1 座，主变 1 台，变电容量 3.15 万千伏安，110 千伏线路 1 条，线路长度 148 公里；35 千伏变电站 4 座，主变 4 台，变电容量 1.105 万千伏安，35 千伏线路 5 条，线路长度 127 公里；10 千伏线路 14 条，线路长度 407 公里。2015 年完成自发电量 629.592 万千瓦时，完成售电量 3313.4056 万千瓦时。

【国网四川松潘县供电有限责任公司】国网四川松潘县供电有限责任公司于 2011 年 7 月成立，公司在册员工 124 人。担负着松潘县 20 个乡（镇）、142 个村，2 万余户，7.5 万余人的生产生活供电任务。另有小河片区委托国网平武县供电公司供电，毛尔盖片区由国网黑水县供电公司供电。松潘公司拥有发电站 4 座（云屯电站、鸳鸯桥电站、虹桥关电站、金苍坪电站），总装机 0.67 万千瓦；拥有 35 千伏变电站 10 座，主变压器 14 台，变电容量 7.595 万千伏安，拥有 35 千伏及以上输电线路 14 条，线路长度 235 公里，10 千伏线路 25 条，线路长度 910 公里。2015 年，该公司完成售电量 10971.1 万千瓦时；完成发电量 4004.3 万千瓦时。

【国网四川金川县供电有限责任公司】国网四川金川县供电有限责任公司成立于 2011 年 7 月，公司在册员工 108 人，担负着全县 23 个乡（镇）、109 个村，1.8 万余户，7.4 万余人的生产生活供电任务。拥有发电站 4 座（万林电站、独松二级电站、阿科里电站、卡撒电站），装机容量 4600 千瓦；110 千伏变电站 1 座，变电容量 4 万千伏安；35 千伏变电站 3 座，变电容量 2.205 万千伏安；拥有 35 千伏线路 5 条，线路长度 136.9 公里；10 千伏线路 26 条，线路长度 1012.8 公里；配电变压器台区 711 个，变电容量 5.265 万千伏安。2015 年完成自发电量 2171 万千瓦时，完成售电量 8875 万千瓦时。

【国网四川黑水县供电有限责任公司】国网四川黑水县供电有限责任公司成立于 2011 年 7 月，公司在册员工 84 人，担负着全县 17 个乡（镇）、124 个村，20895 余户，6 万余人的生产生活供电任务。拥有发电站 5 座（德石窝发电站、仁头沟发电站、谷汝发电站、红岩发电站、麻窝发电站），总装机 5405 千瓦；110 千伏变电站 2 座，主变 2 台，变电容量 6 万千伏安，110 千伏线路 2 条，线路长度 16.8 公里；35 千伏变电站 6 座，主变 9 台，变电容量 1.505 万千伏安，35 千伏线路 8 条，线路长度 131 公里；10

2015 年 9 月，阿坝州金川县政府与国网阿坝供电公司签署共建金川坚强电网相关协议，开启了藏区县与供电企业合作的新模式　　（黄世涛　摄）

千伏线路 23 条，线路长度 398 公里。2015 年完成自发电量 2419.27 万千瓦时，完成售电量 4662.28 万千瓦时。

【国网四川小金县供电有限责任公司】国网四川小金县供电有限责任公司成立于 2011 年 8 月，公司在册员工 152 人，担负着全县 16 个乡，1 个镇，120 个行政村，7 万余人的生产生活供电任务。拥有 110 千伏变电站 2 座，变电容量 14 万千伏安，110 千伏线路 3 条，线路长度 52.4 公里；35 千伏变电站 8 座，变电容量 4.485 万千伏安；35 千伏线路 11 条，线路长度 159.3 公里；配变 670 台，变电容量 7.058 万千伏安；10 千伏线路 28 条，线路长度 847.62 公里。管理水电站 2 座，总装机 5300 千瓦；完成自发电量 0.25 亿千瓦时，售电量完成 3.78 亿千瓦时。

【国网四川阿坝县供电有限责任公司】国网四川阿坝县供电有限责任公司成立于2011年7月，公司在册员工81人，担负着阿坝县行政区域内2个镇、17个乡、2个牧场，87个行政村，2.62万户，约6.79万人的生产生活供电任务。拥有110千伏变电站2座，主变压器3台，变电容量9.45万千伏安；35千伏变电站5座，变压器5台、变电容量1.46万千伏安。拥有110千伏线路2条、线路长度73公里；35千伏线路6条、线路长度218公里；10千伏线路19条、线路长度689公里；10千伏变电台区496台、变电容量6.488万千伏安；0.4千伏线路总长714.72公里。2015年完成售电量4697万千瓦时。

【网四川红原县供电有限责任公司】国网四川红原县供电公司成立于 2011 年 7 月，担负着全县 11 个乡（镇）、36 个村，1.44 万余户，4.6 万余人的生产生活供电任务。有发电站 1 座（刷经寺电站），装机容量 200 千瓦；110 千伏变电站 3 座，主变 4 台，变电容量 7.33 万千伏安；35 千伏变电站 5 座，主变 5 台，变电容量 1.63 万千伏安，35 千伏线路 150 公里；10 千伏线 620 公里。2015 年完成自发电量 86.08 万千瓦时，完成售电量 2707.87 万千瓦时。

【国网四川若尔盖县供电有限责任公司】国网四川若尔盖县供电有限责任公司成立于 2015 年 7 月。公司在册员工 87 人，供电区域面积 10437 平方公里，承担着全县 2 个镇、15 个乡、2 个牧场，7.8 万余人的生产生活供电任务。拥有发电站两座（巴西电站、热尔电站），总装机 3760 千瓦；110 千伏变电站 3 座，主变 4 台，变电容量 11.1 万千伏安，110 千伏线路 3 条，线路长度 247.5 公里；35 千伏变电站 4 座，主变 4 台，变电容量 1.145 万千伏安，35 千伏线路 7 条，线路长度 268.299 公里；10 千伏线路 21 条，线路长度 709 公里。2015 年完成自发电量 1337.33 万千瓦时，完成售电量售电量 5203.22 万千瓦时。

（罗雪松）

国网凉山供电公司

【公司概况】国网凉山供电公司始建于 1974 年，是国网四川省电力公司直属的特一型供电企业。下设职能部门 13 个、直供直管公司 1 个、业务支撑和实施机构 7 个。2005 年 2 月至 2015 年年底，公司先后控股了喜德、会理、德昌、越西、雷波、宁南、甘洛、会东、木里和布拖等 10 个县级供电公司，其中国网木里县供电公司为全资子公司。2008 年，代管盐源县电力公司。截至 2015 年年底，该公司用工总量 3988 人，其中母公司全民员工 565 人，全资、控股公司全民员工 1942 人。

截至 2015 年年底，该公司拥有固定资产原值 75.3 亿元，同比增长 52.77%。拥有 220 千伏变电站 14 座，总变电容量 375 万千伏安，线路全长 1759.52 公里。110 千伏变电站 34 座，总变电容量 216.25 万千伏安，线路全长 1684.76 公里。35 千伏变电站 99 座，总变电容量 82.2 万千伏安，线路全长 2144.65 公里。10 千伏线路全长 13244.63 公里。初步形成了以 220 千伏电网为骨干、110 千伏及以下各电压等级电网协调发展的格局。

【人力资源】截至 2015 年年底，该公司有直供直管全民职工 565 人，具有研究生学历 37 人，占 6.55%；具有本科学历 343 人，占 60.7%；具有专科学历 119 人，占 21.06%；中等职业教育 45 人，占 7.96%；高中学历 12 人，占 2.12%；初中及以下 9 人，占 1.59%。直供直管单位具有高级职称 83 人，中级职称 153 人，初级职称 197 人；具有高级技师 33 人，技师 100 人，高级工 58 人，中级工 92 人，初级工 4 人。生产技能岗位双师型人才 9 人。国网四川省电力公司专家人才 11 人。 2015 年，公司人才当量密度完成 0.9047，同比 2014 年 0.8844 提高 2.29%。其中直供直管单位人才当量密度完成 1.0453，同比 2014 年 1.0241 提高 2.07%。2015 年，该公司（含全资、控股单位)全员劳动生产率 40.10 万元/人•年。

【电网建设与发展】2015 年，凉山供电公司完成凉山电网“十三五”发展规划编制工作，并纳入地方政府专项规划，完成雅中－江西±800 千伏直流及 500 千伏盐源、会东、布拖、水洛河扩建等 5 个特高压、超高压项目前期属地化协调工作，取得 35 千伏至 220 千伏输变电项目可研批复 18 项、政府核准 11 项。全年新开工 35 千伏及以上项目 7 个、线路 93.45 公里，变电容量 9 万千伏安。续建 6 项，建成 4 项，新增变电容量 56 万千伏安，线路长度 201.5 公里。2015 年，该公司美姑河改接雷波－坪头220千伏线路送出工程在2015年第一次输变电工程流动红旗竞赛中获得质量红旗称号。全年公司共有 20 个项目获得国家电网公司 2015 年优质工程称号。

【经营管理】2015 年，凉山供电公司财务工作继续以深化财力集约化管理为主线，以深化全面预算管理为重点，以依法从严治企为抓手，紧紧围绕企业中心工作，切实增收节支、规范管理，持续改善企业财务状况。

预算管理 深化月度现金流量管理，确保全年经营目标完成，严格分解下达综合计划、财务预算，强化综合计划和预算的刚性及责任，定期开展预算执行、综合计划实施进度通报、分析和考核，持续深化现金流量预算管理，严格执行无预算不支付的原则，始终以提高经营效益、深化成本控制、防范经营风险为目标，强化预算的全过程闭环管理。

依法治企 牢固树立依法治企理念，强化内控体系建设与应用，规范企业经营管理。公司及各控股公司通过每月实时监督报告，深刻查找整改问题，财务在线稽核取得实效；进一步强化依法从严治企，认真梳理历年内外部检查和历史遗留问题，有针对性地修订完善相关制度办法，杜绝类似问题重复发生，防范化解企业风险；为加强公司所属各单位电费资金管理及抄核收工作，防范电费资金风险，对电费资金管理及抄核收工作有关规定再次进行明确。

基建财务管理 积极推动基建财务全过程管理。强化财务管理在工程建设中的服务、控制和监督职能，动态分析项目建设各个阶段的成本发生情况。面对近几年大规模的基建投资任务，特别是无电地区电力建设的艰巨任务，通过强化组织，合理分工落实责任，健全完善考核机制，细化工作流程及措施，定期跟踪协调工作进度及困难，保证了完工项目及时结算、决算和转资，累计完成工程竣工决算编制 144 个，2015 年该公司新增固定资产 26 亿元。

财力集约化 全面推进财力集约化深化应用工作。按照“深化应用、提升功能、实时管控、精益高效”的目标要求，推动各项集约化管理措施全面实用化、常态化、规范化应用，增强执行力和风险防控能力，拓展完善协同平台，财务管控系统完善，不断提升财务管理现代化水平。

资产管理 开展资产清查盘点，实现资产设备对应率 100%；开展资产租赁业务申请审批制度，规范公司资产租赁行为；配合公司主多分离工作，严格履行主业、集体收购资产评估备案手续。

财税管理 积极争取电价财税政策，对各县公司购售电价体系进行清理整改，积极向政府发改委汇报落实电价政策，并配合国税局农网维护费纳税评价工作，防范化解企业经营风险。推动发票验真系统的使用，对外来税务发票甄别真伪，防范财税风险，对涉税业务进行自查，对发现的问题及时整改。

控股公司财务检查 加强控股公司财务检查和指导，开展会计基础工作治理和提升。积极宣贯国家电网公司会计专业通用制度，严格规范县公司经营管理，积极落实推进省电力公司亏损治理目标专项工作，努力改进亏损公司经营状况。组织、指导 8 家控股县公司申报会计基础创优工作并全部通过。

3月25日，原国家电网公司农电部副主任张莲瑛（右四）调研凉山公司农电管理工作　　（蒋志明　摄）

财会队伍建设 全面提升财务人员的履职能力和服务能力。2015 年，该公司全口径售电量完成

61.35 亿千瓦时，同比增长 3.35%。销售收入完成27.06 亿元，同比降低 3.36%。税收完成 4.85 亿元。线损率完成 7.48%，同比下降 0.64 个百分点。其中，母公司售电量完成 43.29 亿千瓦时，同比减少2.85%。销售收入完成 18.46 亿元，同比下降 8.97%。税收完成 3.41 亿元。线损率完成 2.42%，同比下降了 0.85 个百分点。综合电费回收率 100%，应收电费余额继续保持为零。

【农电管理】2015 年，凉山供电公司累计完成总投资 23.34 亿元的 2013－2015 年无电地区电力建设工作，彻底解决 78125 无电户、35.55 万人无电人口的用电问题。深入实施农网改造升级工程，完成省电力公司下达 2015 年农网改造升级工程 9000 万元投资目标，建成 10 千伏线路 134.08 公里，变电容量 2.405 万千伏安。深化“包片进村”工作，切实提升县级供电公司管理，全面完成乡镇供电所管理提升工作。切实开展精准扶贫工作，该公司 2015 年累计走访贫困村 755 个，累计走访贫困户 1713 户，确定 12 个精准扶贫村，并派遣 9 名驻村“第一书记”。

5 月 25，国网凉山供电公司在锦屏电站库区开展水上应急演练　（蒋志明　摄）

【安全生产】2015 年，凉山供电公司加强员工安全学习与培训，组织四期 1020 人次安全专项培训，组织《安规》调考 31 次 2816 人，员工规则意识、安全意识不断增强。强化电网运行安全风险管控，全年发布电网风险预警 51 次，落实预控措施 300 余项，实现电网风险预警闭环管理。完成电网迎峰度夏反事故演习暨主备调切换演练。深入开展缺陷隐患排查治理专项行动，全年发现并全部整改隐患 912 条，发现缺陷 212 条，其中危急和严重缺陷 105 条全部及时处理。深入推进变电精益化、运维一体化、线路“七防一清”、大修技改项目管理精益提升、自动化系统实用化验收，实现线路山火零跳闸。全面加强检修、施工作业现场的安全巡查和反违章工作，全年开展巡查 74 次，查处违章 68 项。修编审定发布应急预案，完成“5·7”雷波冰雹、“6·23”越西暴雨等自然灾害的应急抢险工作。加强应急队伍管理，完成木里水上救援通道测试工作。

截至 2015 年 12 月 31 日，该公司连续安全运行 2469 天，圆满完成国家、省、州重大活动保电和 9 次卫星发射保电工作任务（连续累计完成 95 次卫星发射保电任务）。2015 年，该公司荣获省电力公司“2015 年度安全先进单位”荣誉称号。

【科技与信息化工作】2015 年，凉山供电公司承担科技项目 3 项，累计资金完成 23.7536 万元，全年完成发明专利申请 4 项，实用新型专利申请 14 项。2015 年，该公司重点完成省级以下网络切割改造工程、IMS 系统全网信息设备资产清理、信息综合管理系统部署及推广、信息网络集中管控系统部署、新邮件系统的上线及推广、流量审计、堡垒机、网络回溯分析系统上线及部署、县级公司信息外网部署、信息机房动环系统改造等工作。截至 2015 年年底，该公司全年未发生一起八级（含）以上安全事件，视频会议保障率、自动化业务通道保障、继电保护传输保障率、调度电话保障率、光通信运行率、安控保护通道运行率、程控交换机运行率、信息网络可用率、信息网络通道保障率均为 100%。

【市场服务】2015 年，凉山供电公司积极应对经济下行压力，保存量、促增量，全口径售电量完成 61.35 亿千瓦时，同比增长 3.35%，增速位居全省第五位。全年新增用电容量 76.35 万千伏安，同比增长 79.14%。完成留存电量 18 亿千瓦时，同比增长 9.06%。完成大工业定价策略专项检查及反窃电和违约用电行动，挽回经济损失 159.74 万元。加强与移动、银行、恒基伟业等电费代收合作，不断拓宽缴费渠道，方便客户用电缴费。大力宣传、推广“掌上川电”手机 APP，全年累计注册应用户数 23313 户。稳步推进智能电表推广和采集建设工作，累计完成 29.35 万户智能电表推广和采集建设任务，采集接入率达到 79.80%，日均采集成功率达到 98.92%。

【党的建设和精神文明建设】2015 年，凉山供电公司切实加强党的建设，扎实开展“三严三实”专题教育活动，着力查找整改“不严不实”问题。及时宣贯《中国共产党廉洁自律准则》和《中国共产党纪律处分条例》。坚持开展“员工大讲堂”“道德讲堂”“我为员工讲一课”活动，坚持两级班子理论学习，坚持员工思想动态分析报告制度。落实“两个责任”，公司党风廉政建设暨惩防体系建设成效显著，公司党委被省电力公司党委考评为“优秀”。该公司深化企业文化建设，全年有1220余条新闻稿件在国家、省级、行业内和州级媒体等报刊、杂志、电视台刊发，会理公司无电建设专题新闻《18.86万人即将告别无电生活》在中央电视台13频道《朝闻天下》栏目播出。2015年，该公司荣获全国文明单位荣誉称号和四川省“五一”劳动奖状。雷波公司荣获省电力公司“双十佳”文明单位荣誉称号。公司员工殷显树被评为全国劳动模范，并受邀参加抗战胜利70周年阅兵典礼。推进民主管理与和谐企业创建，落实好职代会、集体协商和集体合同等制度。推进班组建设，举办变电运维技能竞赛。健康食堂通过省电力公司检查组验收。扎实开展各项保密知识宣传和教育活动，维护国家和企业安全利益，该公司荣获“2012－2014年凉山州保密工作先进单位”荣誉称号。

【所属县级供电企业】所属供电企业有：国网凉山州安宁供电公司、国网喜德县供电公司、国网越西县供电公司、国网德昌县供电公司、国网会理县供电公司、国网雷波县供电公司、国网宁南县供电公司、国网甘洛县供电公司、国网会东县供电公司、国网木里县供电公司、国网布拖县供电公司

【国网凉山州安宁供电公司】国网四川省电力公司凉山州安宁供电分公司始建于2003年10月。下设马道供电所等5个供电所，承担供电面积3339平方公里，43个乡（镇）、192个行政村的电力供应与维护管理。2015年年末，该公司现有10千伏线路40条、全长1291公里。2015年，该公司售电量完成43.29亿千瓦时，同比下降2.86%。销售收入完成20.76亿元（万元），同比下降9.7%。线损率12.40%，同比下降0.94百分点。电费回收率99.97%。应收电费余额为61.0491万元。截至2015年12月31日，该公司连续安全生产1100天。

【国网喜德县供电公司】国网四川喜德县供电有限责任公司始建于2005年2月。下设光明、红莫、两河口等3个供电所，承担全县2206平方公里，24个乡（镇）、170个行政村的电力供应与维护管理。截至2015年年底，该公司拥有固定资产原值5394.20万元。2015年年末，该公拥有35千伏变电站8座，变电容量5.365万千伏安，线路9条、全长132.44千伏。10千伏线路50条、全长786.4公里。2015年，该公司售电量完成2.07亿千瓦时，同比下降39.08%。销售收入完成8414.27万元。线损率10.12%，同比增长3.94百分点。购电均价258.05元/千千瓦时。售电均价404.40元/千千瓦时。电费回收率100%。截至2015年12月31日，该公司连续安全生产2467天。

【国网越西县供电公司】国网越西县供电公司始建于2007年12月。下设普雄、中所、新民、乃托、申果等5个供电所，承担全县2256.47平方公里，40个乡(镇)、289个行政村的电力供应与维护管理。截至2015年年底，该公司拥有固定资产原值13038.59万元，净值5544.61万元。2015年年末，该公司拥有110千伏变电站2座，变电容量10万千伏安，110千伏线路3条、全长31.634公里。35千伏变电站8座，变电容量5.455万千伏安，35千伏线路13条、全长157.681公里。10千伏线路54条、全长834.6公里。2015年，该公司售电量完成4.49亿千瓦时，同比下降12.06%。销售收入17483.39万元，同比下降19.76%。购电均价253.40元/千千瓦时。售电均价389.50元/千千瓦时。电费回收率100%，应收电费余额为零。

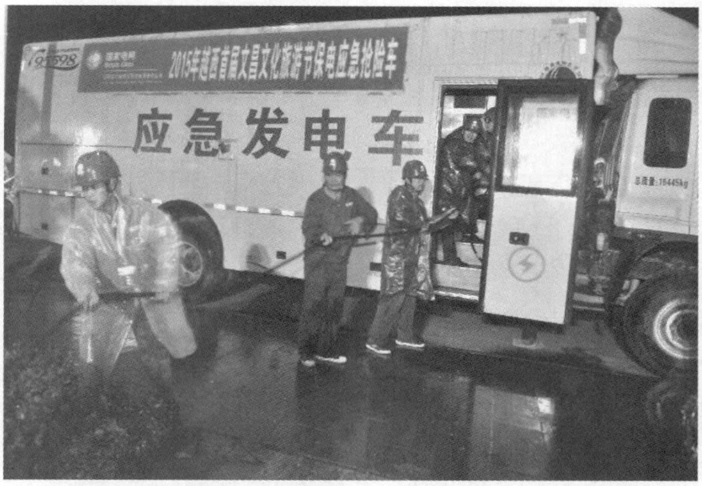

9月15日，国网越西县供电公司圆满完成越西县首届文化旅游节保电工作 （蒋志明 摄）

【国网德昌县供电公司】国网四川德昌县供电有限责任公司始建于2007年8月。该公司供电范围涉及全县21个乡镇137个行政村，现有供电客户72000余户，其中城区客户26000余户，农村客户45000余户。2015年年末，该公司拥有乐跃二级电站和狮子山电站两个径流式自备发电站（总装机容量8500千瓦）。供电线路北至西昌，南至米易，年供电量3亿多千瓦时。该公司现有110千伏变电

站1座，变电容量6万千伏安，110千伏输电线路6条、全长124.58公里。35千伏变电站8座，变电容量为82850千伏安，35千伏输电线路13条、全长156.118公里。低压输配电线路6353公里。2015年，该公司供电量完成3.72亿千瓦时，同比下降4.69%。售电量完成3.4089亿千瓦时，同比下降5.89%。上缴税金2712万元。截至2015年12月31日，该公司实现连续安全运行3052天。

【国网会理县供电公司】国网四川会理县供电有限责任公司始建于2007年4月26日。下设红旗供电所等6个供电所，承担全县4527平方公里，50个乡（镇）、303个行政村的电力供应与维护管理。截至2015年年底，该公司拥有固定资产原值2.381亿元。2015年年末，拥有110千伏变电站4座，变电容量35.15万千伏安，线路4条、全长66.01公里。35千伏变电站11座，变电容量17.845万千伏安，线路24条、全长341.69公里。10千伏线路66条，全长2155.63公里。2015年，该公司售电量完成6.64亿千瓦时，同比下降23.93%。线损率14.25%，同比增长1.73百分点。购电均价完成316.34元/千千瓦时。售电均价完成536.38元/千千瓦时。电费回收率100%，应收电费余额为零。截至2015年12月31日，该公司连续安全生产2677天。

【国网雷波县供电公司】国网四川雷波县供电有限责任公司始建于2012年4月。下设8个部门、7个供电所、2个集体企业。承担着雷波县2932平方公里，48个乡（镇）、281个行政村的电力供应与维护管理。截至2015年年底，固定资产原值1.2371亿元。2015年年末，该公司拥有110千伏变电站2座，变电容量11.6万千伏安，线路3条、全长63.406公里。35千伏变电站9座，变电容量5.55万千伏安，线路9条、全长143.7593。10千伏线路44条、全长941.876公里。2015年，该公司售电量完成7.3864亿千瓦时，同比增长56.07%。线损率4.91%，同比下降10.40%。购电均价完成226.12元/千千瓦时。售电均价完成318.81元/千千瓦时。电费回收率100%，应收电费余额为零。截至2015年12月31日，该公司连续安全生产1347天。

【国网宁南县供电公司】国网四川宁南县供电有限责任公司始建于2012年8月8日。承担全县1667平方公里，25个乡（镇）、124个行政村的电力供应与维护管理。截至2015年年底，该公司拥有固定资产原值1.83亿元。2015年年末，该公司拥有110千伏变电站2座，变电容量8万千伏安，线路5条、全长120.858公里。35千伏变电站6座，变电容量9.045万千伏安，线路14条、全长107.623公里。10千伏线路44条、全长1225.6公里。2015年，该公司售电量完成3.72亿千瓦时，同比增长3.3%。销售收入完成1.82亿元，同比增长8.06%。线损率5.99%，同比增长2.47个百分点。购电均价完成231.88元/千千瓦时。售电均价完成488.47元/千千瓦时。电费回收率100%，应收电费余额为零。截至2015年12月31日，该公司连续安全生产1240天。

【国网甘洛县供电公司】国网四川甘洛县供电有限责任公司始建于2013年2月，承担全县2155.94平方公里，28个乡（镇）、227个行政村的电力供应与维护管理。截至2015年年底，该公司拥有固定资产原值2.25亿元。2015年年末，该公司拥有110千伏变电站2座，变电容量19万千伏安，线路2条、全长83.642公里。35千伏变电站6座，变电容量5.79万千伏安，线路6条、全长86.005公里。10千伏线路30条、全长1170.038公里。

2015年，该公司售电量完成4.52亿千瓦时，同比下降1.24%。销售收入完成1.31亿元，同比下降4.21%。线损率14.53%，同比下降0.03个百分点。购电均价完成189.36元/千千瓦时。售电均价完成288.89元/千千瓦时。电费回收率100%，应收电费余额为零。截至2015年12月31日，该公司连续安全生产2164天。

6月10日，雷波县大岩洞乡大岩洞村庆祝该村通电
（蒋志明　摄）

【国网会东县供电公司】国网四川会东县供电有限责任公司始建于2013年9月，承担全县3227平方公里，20个乡（镇）、318个行政村的电力供应与维护管理。截至2015年年底，该公司固定资产原值

2.75 亿元（净值 1.95 亿元）。2015 年年末，该公司拥有 110 千伏变电站 3 座，变电容量 17.15 万千伏安，线路 3 条、全长 33.928 公里。35 千伏变电站 10 座，变电容量 5.935 万千伏安，线路 16 条、全长 232.741 公里。10 千伏线路 56 条、全长 1453 公里。2015 年，该公司售电量完成 4.2 亿千瓦时，同比增长 7.2%；线损率 10.19%，同比下降 4.05%。购电均价完成 277.69 元/千千瓦时。售电均价完成 521.92 元/千千瓦时。电费回收率 100%，应收电费余额为零。截至 2015 年 12 月 31 日，该公司连续安全生产 807 天。

【国网木里县供电公司】国网四川木里县供电有限责任公司始建于 2014 年 12 月，承担全县 9042 平方公里，29 个乡（镇）、113 个行政村的电力供应与维护管理。截至 2015 年年底，该公司拥有固定资产原值 4239.14 万元(净值 2141.95 万元)。2015 年年末，该公司拥有 110 千伏变电站 1 座，变电容量 1.25 万千伏安，110 千伏线路 1 条、全长 79.106 公里。35 千伏变电站 3 座，变电容量 1.19 万千伏安，35 千伏线路 3 条、全长 52.352 公里。10 千伏线路 6 条、全长 178.657 公里。2015 年，该公司售电量完成 0.735 亿千瓦时，同比增长 48.17%%。线损率 11.42%%，同比下降 6.35 百分点。购电均价完成 288 元/千千瓦时。售电均价完成 655 元/千千瓦时。电费回收率 100%，应收电费余额为零。

【国网布拖县供电公司】国网四川布拖县供电有限责任公司于 2014 年 12 月，承担全县 1685 平方公里，30 个乡（镇）、190 个行政村的电力供应与维护管理。截至 2015 年年底，该公司拥有固定资产原值 1363 万元。2015 年年末，该公司拥有 110 千伏变电站 1 座，变电容量 4 万千伏安，线路 1 条、全长 83 公里。35 千伏变电站 7 座，变电容量 2.845 万千伏安，线路 12 条、全长 205 公里。10 千伏线路 47 条、全长 788 公里。2015 年，该公司售电量完成 0.8841 亿千瓦时，同比增长 36.48%。线损率 9.99%，同比下降 3 个百分点。购电均价完成 168 元/千千瓦时。售电均价完成 335 元/千千瓦时。电费回收率 100%，应收电费余额为零。截至 2015 年 12 月 31 日，该公司连续安全生产 367 天。

（张文有、叶久德）

国网内江供电公司

【企业概况】国网内江供电公司成立于 1978 年，是国网四川省电力公司直属的特二型国有全资供电企业，供电面积 4388.72 平方公里，供电人口 426.84 万，营业户数 122.39 万户，其中，城市用户 35.02 万户，农村用户 87.37 万户。

截至 2015 年年底，该公司固定资产 44 亿元，内江电网最大负荷 96.9 万千瓦，最大日电量 1826 万千瓦时，实现连续安全生产 4055 天。该公司现管辖 35 千伏及以上变电站 68 座，主变 114 台，变电容量 423.57 万千伏安。其中，220 千伏变电站 7 座，主变 14 台，变电容量 198 万千伏安；110 千伏变电站 24 座，主变 44 台，变电容量 182.05 万千伏安，35 千伏变电站 37 座，主变 56 台，变电容量 43.52 万千伏安。共有 35 千伏及以上输电线路 155 条，共计线路长度 2040.371 公里，其中：220 千伏线路 840.505 公里，110 千伏线路 583.528 公里，35 千伏线路 616.338 公里。

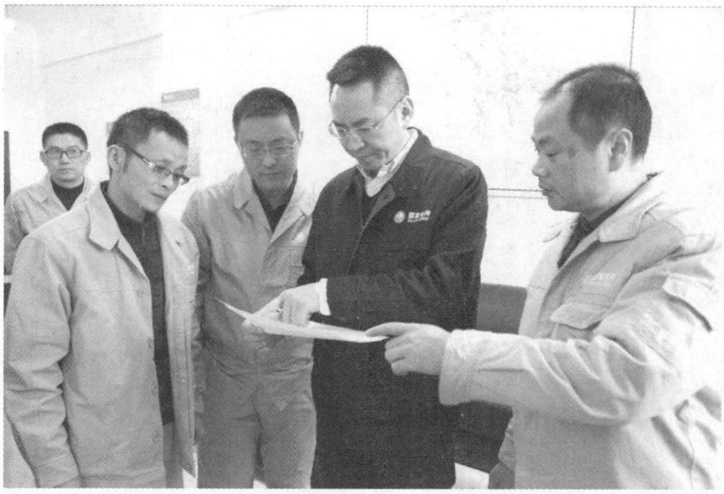

3 月 13 日，内江供电公司总经理张毅指导成渝客运专线供电工程建设（王春香 摄）

该公司连续三届保持“全国文明单位”称号，先后荣获“全国五一劳动奖状”、“全国精神文明建设工作先进单位”、“全国模范职工之家”、“全国安康杯竞赛安全文化宣传工作先进单位”、

“四川省五一劳动奖状”、“华中电网公司安全生产先进单位”、“四川省社会扶贫工作显著成绩企业”、国网四川省电力公司红旗党委、“内江市诚信守法示范企业”等数十项荣誉，涌现出“全国工人先锋号”、国家电网公司“电网先锋党支部”、国家电网公司和四川省五四红旗团委、全国电力行业技术能手、四川省第七届劳动模范、“四川省十大最美志愿者”、“国家电网公司农网营销服务岗位技术能手”、国网第五届“供电服务之星”等先进集体和个人。在内江市 2014 年、2015 年“千企万人行风满意度测评”公共服务类中连续两年名列前茅。

【人力资源】2015 年，内江供电公司制定了“运维一体化”机构调整和人员配置工作方案，建成了变电运维一体化与检修专业化界面清晰、有机结合的高效变电运检工作体系，整合了公司现有变电运维和变电检修力量，开展公司“运维一体化”作业，提高了公司变电运维效率和效益。完成了 1474 名农电工的劳动合同转签工作，转签率 100%。同时，制定了《内江市三新供电服务公司组织机构和岗位设置方案》《内江市三新供电服务公司人员组聘操作方案》等，三新公司人员组聘逐步到位。制定了《内江星原公司机构设置和人员配置工作方案》，在重新梳理集体企业机构、岗位和岗位层级的基础上，组织开展集体企业员工组聘上岗，逐步规范集体企业用工和薪酬管理。制定了《国网内江供电公司劳务派遣用工管理实施细则》，进一步规范明确了劳务派遣用工入口管理、人员选用、派遣协议签订和履行、培训考核、薪酬福利待遇、劳务派遣单位管理、出口管理等方面的管理内容，统一规范了各单位各工种的劳务派遣人员薪酬标准和保险待遇。结合公司实际，修订了《内江公司全员绩效管理实施细则》，对考核周期、考核方式、考核指标、绩效工资计算等方面进行修订完善。组织完成中层干部公开招聘和新入职员工培养工作。中层干部公开招聘工作，始终坚持 “公正、公平、公开”的原则，认真组织好报名、资格审查、笔试、公开演讲答辩、面试答辩、组织考察、公示等每一个环节，整个竞聘过程中未收到任何不良反映。制定了《2015 年新入职员工培养工作方案》，建立新员工培养期锻炼机制，实施新员工培养期轮岗学习计划，优化新员工培养模式，促进新员工尽快适应企业和岗位工作需要，为新员工搭建学习成长平台。

【电网建设与发展】2015 年，内江供电公司编制“十三五”电网规划，规划总投资达 76.87 亿元。启动西南电网内江 1000 千伏变电站、内江东 500 千伏变电站等项目前期工作 22 项，完成可研 7 项，前期储备 2 项。完成电网基建投资 9.1 亿元，投运 35 千伏及以上线路 226.142 公里、新增变电容量 2 万千伏安，成渝客运专列内江北牵引站 220 千伏供电等重点工程按时投运。有序实施新城区中心组团、白马高新技术产业园区等范围的电力线路迁改工作，确保万达广场等重大项目供电，全市重点项目按期完成。完成和都等 3 座开闭所建设，解决谢家河片区、万晟城等片区的供电瓶颈问题，完成 2015 年农网升级改造 627 个项目、农网高能耗配变更换项目完成 100%。

9 月 25 日，工作负责人现场监督安全

（王冕　摄）

【经营管理】2015 年，内江供电公司完成售电量 38.92 亿千瓦时，电费回收率 100%，220 千伏及以下线损率 7.16%。开展制度标准差异条款汇总审核，新增制度 5 项，废止 22 项。加强电价电费全过程管控，强化电费回收责任落实和考核力度，电费业务管理切实规范。实现智能电表覆盖率 97.88%、采集接入率 95.58%，智能表全覆盖、全采集有效推进。全省第二批次率先开展农电用工规范管理，推进营

销非核心业务外包，农电规范管理水平不断提高。实施重点关键岗位人员清理和交流，清理各类人员240人、交流21人，人员风险管控有效保障。保障员工合法权益，制定劳务派遣用工管理实施细则，劳务派遣逐步规范。修订公司全员绩效管理实施细则，建立专项业绩考核体系，绩效体系进一步健全。强化同业对标管理，着力提升弱势指标，该公司年度业绩考核排名省电力公司第6位（A段）。全省首家顺利履行集体企业改革改制民主程序，集体企业改革改制初步完成。

【安全生产】2015年，内江供电公司始终坚持“安全第一、预防为主、综合治理”的方针，着重提高基建安全管理、农电安全管理和集体企业安全管理水平。从预警发布、承办、执行等环节全面强化闭环管理和痕迹化管理，确保各级风险管控责任及措施落实到位，全年公司累计发布电网风险预警64次。制定了《安全风险“月计划、周安排、日管控”工作实施细则》，加大了作业安全管控力度，全年共管控计划作业4522项。制定了《反违章工作考核评价细则》，增加了对违章管理责任的追究，加大对红线禁令违章的惩处力度，同时采取专业检查、交叉巡查、视频抽查等措施扩大巡查覆盖面，全年累计巡查1003个作业现场，共查纠各类违章484起，有效遏制了施工现场各种习惯性违章行为，杜绝违章引发事故。以常态检查和专项排查相结合，组织开展了为期四个月的安全大检查和缺陷隐患整治活动，集中排查整治了一批缺陷和隐患，全年累计消除各类安全隐患487项。加强对高危和重要用户用电安全检查，及时告知用电隐患，全年共督促18个用户对隐患进行了整治；代市经信委起草了《内江市电力用户安全管理办法》，对规范用户用电安全管理起到积极作用；加强应急管理。组织修订并发布了《国网内江供电公司总体应急预案和各专项应急预案》，组织开展了配网事故无角本应急演练、综合应急演练，完成了迎峰度夏、迎峰度冬以及大千龙舟节、全国两会、抗战胜利70周年等重要活动和节假日保电等诸多工作任务，成功应对了各类突发事故。组织开展“安规”、安全生产“三种人”资格考试，开展全员安全教育培训工作。截至2015年11月6日，国网内江供电公司实现连续安全生产天数突破4000天。

【农电管理】2015年农网工程项目共完成3个批次，完成计划投资37569.6万元，新建及改造10千伏线路650.07公里、低压线路2958.9公里，新上配电变压器16.52万千伏安/1177台。2015年年末正式挂牌成立“内江市三新供电服务有限公司”，所有

7月29日，内江供电公司职工正在进行农网升级改造
（王春香　摄）

农电人员均重新与“内江市三新供电服务有限公司”签订劳动用工合同，重新明确劳动用工关系，“内江市三新供电服务有限公司”按合同约定对农电人员和供电所经营管理及运营维护履行管理职能。积极组织参加农电技能竞赛。2015年，国网内江供电公司获得四川省电力公司农电竞赛团体第三名；国网内江市东兴供电公司农电职工杨泉林获得国家电网公司农电竞赛营销类第七名和四川省电力公司电网营销专业个人第三名。

【科技与信息化工作】2015年，内江供电公司先后开展了智能电能表多功能互动服务终端及电费自动充值技术研究等5个研究开发项目，共申请发明专利8项，实用新型专利15项，并获得8项专利授权。按照省电力公司统一部署，开展了公司通信网“十三五”规划编制工作；推进信息化工作规范化管理。正式启用和推行信息系统运行集中监视和管理系统（MAS），通过该系统实现了对信息设备台账、信息网络资源、信息系统账号权限、信息运维项目资料、信息运维检修工作流程的全面管控；全面建成软交换电话系统，实现了对调度电话系统的补充和备用；建设完成了公司本部至邱家嘴营业厅的通信光缆工程。建设了公司本部至邱家嘴营业厅的通信光缆工程，改变了邱家嘴营业厅多年来无直连光缆，需要租用第三方通道的历史；完成了省级数据通信网络优化改造工作。对120余台设备及相关业务系统进行优化改造，建成了贯通网、省以及地市公司的一体化网络架构，数据通信网络的支撑能力得到了有效

提升，具备了下一代网络的承载能力和业务大规模集中上线的扩容能力，为未来信息化新技术和新业务的部署、落地打下了坚实的基础。

【市场服务（优质服务）】2015年，内江供电公司共为内江市19家直购电企业和16家享受丰水期富余电量政策的企业减少电费支出9400余万元。做好威远地区页岩气开采和“以电代油”电能替代服务工作，宣传推广“冰蓄冷空调”、电锅炉等电能替代新技术，全年完成替代电量3792万千瓦时。继续深化“客户满意实施工程”。该公司领导和相关部门负责人分别带队先后走访了川威集团、星船城水泥、内江经开区、西南再生资源产业园区等55家工业企业或工业园区，上门了解企业生产经营情况，主动解决用电中的相关问题。主动帮助川威集团优化110千伏供电网络，将星船城水泥公司改接到川威220千伏变电站供电、推动变压器置换，帮助川威集团投运两台5万千万高炉煤气余热发电机组，使购四川电网电量降至总用电量的30%，降低了用电客户企业生产成本。落实“一对一”的客户经理制，通过客户经理上门走访，及时了解用电需求，协助解决用电难题，确保了成渝高铁、内江万达广场、川南电商中心、内威荣高速等重点项目的按期投运。改造完成了政企联合整治老旧小区供配电设施改造工程项目133个。积极开展业扩报装环境整治百日行动，大力推广“掌上川电”等电子服务功能，推行标准化抢修，创建城市“30分钟抢修圈”，彰显了企业形象，降低了优质服务投诉风险。继续实施方便用户缴费工程。积极推广“掌上川电”手机APP缴费方式，注册用户数122765个，便民惠民措施不断创新。2015年新增邮政储蓄银行、农村邮政代收网点、红旗超市、24小时自助终端交纳电费，公司交纳电费网点已达到1480个，基本实现了城市“十分钟缴费圈”和农村“村村有缴费点”。有序开展地方供电企业供区的接收工作。为解决内江兴星电力有限责任公司、威远星能电力有限责任公司和四川兴宏电力有限公司三个地方供电企业供区以及内江南光有限责公司转供电区域内供配电设施陈旧老化、供电可靠性低、电能质量差、供电容量不足和用电客户反响大等问题，公司积极与当地县区政府沟通协调，无偿接收上述供区及供配电设施，新增供配电设施用供区35千伏变电站4座、主变6台，容量4.23万千伏安、35千伏线路3条，长26.6公里、10千伏线路28条，长449.2公里、配电变压器436台，容量72745千伏安、0.4千伏线路1814.45公里、供区面积392.3平方公里、用户6.38万户。2015年，公司共产党员服务队共为用户处理故障5563次，出动抢险人员16689人·次，免费提

5月22日，内江供电公司举行“明志 笃行”道德讲堂（罗国强 摄）

供电线1980米；共开展进社区活动27次，发放资料5496份，建立特殊服务对象档案34份；帮扶弱势群体54户，其中残疾人15人，孤寡老人27户，特困家庭12户；开展留守儿童之家慰问活动3次，发放文具用品965套。

【党的建设和精神文明建设】2015年，内江供电公司党委认真落实全面从严治党要求，强化基层党组织建设，加强员工思想教育，着力夯实“三会一课”，提升员工队伍素质，充分发挥基层党组织的战斗堡垒作用和党员的先锋模范作用，荣获国网四川省电力公司2015年度“红旗党委”称号。开展共产党员服务队提升工程精心打造共产党员服务队。2015年公司新组建三支县级共产党员服务队，加强共产党员服务队业务能力和综合素质培训，组织开展“学雷锋践行动”“电网先锋　党旗增辉”等志愿服务活动，提升优质服务水平。四川电力（内江）共产党员服务队荣获省电力公司“十佳共产党员服务队”“基层服务型党组织示范点”等荣誉称号。着力提升政工人员业务素质。2015年，公司党委从党建理论知识、业务技能知识、综合素质知识三个方面，对基层党组织书记、专兼职政工人员开展网络培训，举办“迎七一”党建业务知识考试，以考促学，进一步提高政工人员的业务水平和工作能力。继续保持“全国文明单位”称号。

【所属县级供电企业】公司所属县级供电企业4个，分别是国网四川省电力公司资中县供电分公司、国网四川省电力公司威远县供电分公司、国网四川省

电力公司隆昌县供电分公司、国网四川省电力公司内江市东兴供电分公司。

【国网资中县供电公司】国网资中县供电公司担负着资中县城区及 24 个乡镇的工农业生产和人民生活用电的供电任务，供电面积 1465.28 平方公里（含趸售区），供电人口达 118.23 万。营业户数为 244742 户，其中：城区居民 47980 户，农村居民 170314 户，大工业 64 户，趸售客户 1 户（资中龙源电力公司）。现有固定资产总额 5.07 亿元，辖区内共有 12 个变电站，管辖输电线路 32 条，共计 546.3 公里。2015 年公司完成售电量 8.4198 亿千瓦时，电费回收率 100%。

【国网威远县供电公司】国网威远县供电公司成立于 1987 年元月，原属国网自贡供电公司管辖，2002 年元月，划归国网内江供电公司管辖。该公司主要担负着威远大部分地区和自贡、眉山以及内江市中区部份地区（严陵镇等 14 个镇全部，高石镇等 3 个镇的大部分，新店镇 6 个村，内江市中区朝阳镇 1 个村，自贡大安区 1 个村、自贡荣县东兴镇全部和墨林乡 1 个村，眉山仁寿县汪洋镇 1 个村）的供电任务。公司现有 35 千伏及以上变电站 17 座，主变 31 台，主变容量 111.24 万千伏安。2015 年公司完成售电量 11.21 亿千瓦时，电费回收率 100%。

【国网隆昌县供电公司】国网隆昌县供电公司成立于 1978 年 11 月，担负着隆昌全县工农业生产及人民群众的生活用电、成渝电气化铁路供电和向成渝两地及泸州输电的任务。管辖 35 千伏至 220 千伏变电站 13 座，变电总容量 69.64 万千伏安；管辖 35 千伏—220 千伏输电线路 28 条，291.79 公里；10 千伏配电线路 71 条，全长 1616.48 公里；全局配电变压器 1750 台，变电总容量 240065 千伏安；直供抄表用户 191899 户。2015 年，公司完成售电量 6.477 亿千瓦时，同比增长 0.91%。

【国网内江市东兴供电公司】国网内江市东兴供电公司成立于 1991 年 12 月，位于内江市西林新区。供电面积 1129.45 平方公里（包括东兴区 28 个乡镇和资阳安岳县两个村），供电人口达 87.46 万人，供电户数 19.3 万户。供区内有 35 千伏至 220 千伏变电站 15 座（其中，220 千伏变电站 1 座，110 千伏变电站 5 座，35 千伏变电站 9 座），总容量 69.43 万千伏安。2015 年完成售电量 5.4842 亿千瓦时，同比增长 5.79%，电费回收率 100%。

（刘进、张光平、刘彬）

国网广元供电公司

【企业概况】国网四川省电力公司广元供电公司成立于1984年，是国家电网公司下属特大型Ⅱ类供电企业，担负广元市七县区107万户电力客户供电任务，供电面积1.63万平方公里，供电人口315万，负责依法运营、管理、规划、建设广元电网。被授予“全国文明单位”，先后荣获“全国五一劳动奖状”、“全国模范职工之家”、国务院国资委党委“抗震救灾先进基层党组织”、四川省“优秀诚信企业”、国家电网公司“抗震救灾先进集体”、“文明单位”、“五四红旗团委”等荣誉。全公司设11个职能部门，7个业务支撑和实施机构，辖青川、旺苍、朝天、剑阁4个供电分公司，受省电力公司委托管理苍溪、旺苍、剑阁、昭化4个控股供电公司，66个农村供电所，8个具有独立法人资格的集体企业。该公司全口径职工总数3516人，其中：全民747人、全民其他906人、主业农电823人、控股农电401人、集体91人、集体直签316人。至2015年12月，全公司固定资产原值57.42亿元，含全资子公司全网共有变电站84座/604.315万千伏安（其中：500千伏1座、220千伏7座、110千伏27座、35千伏49座），35千伏及以上输电线路170条，长3208.744公里，10千伏及以下配电线路1.0996万公里，10千伏配电变压器1.0121万台/90.337万千伏安，光纤长度3448公里。

2015 年完成售电量 44.79 亿千瓦时，综合线损率 7.81%；当年完成固定资产投资 10.29 亿元，固定资产原值 57.42 亿元。

【人力资源】优化干部队伍体系，试行职员职级管理；强化干部选拔任用，调整干部 41 人，其中新提拔 7 人。鼓励员工提能创效，64 人取得中级以上专业技术资格。开展全员履职培训，举办各类培训、考试 48 期。加强优秀人才选拔，50 名员工入选公司优秀人才库；强化员工培养锻炼，积极做好“上挂下派”、藏区支援等工作。激励员工开展技术创新、

QC、“五小”活动，获得实用新型专利授权5项、省电力公司优秀QC成果二等奖2项。深化电力“微课堂”管理，突出重大决策、业绩考核等重要业务交流学习；开展员工“三进三提升”活动，和谐文化氛围进一步营造。2名员工分获国家电网公司档案竞赛一等奖、省重点工程劳动竞赛优秀建设者。

【电网建设与发展】主动对接全市发展战略，科学编制“十三五”地区电网和配电网规划。推进输变电工程项目建设，全年新（扩）建变电站6个，新增变电容量6.65万千伏安，新建输电线路317.2公里。严格重点工程建设管理，加强过程协调和进度管控，优质高效完成兰渝铁路工程投运。以打通服务群众“最后一公里”为目标，全面实施弃管小区供配电设施改造，全力做到组织协调、资金管控和宣传保障“三个到位”，完成项目14个，6895户小区居民用电环境持续改善。深入推进智能电网建设，全年完成智能电表安装44.89万只，基本实现专公变采集系统安装全覆盖、全采集。

【经营管理】开展“一点两线三面”精益项目实践，

9月19日，广元供电公司的职工在高温下肩挑背扛运送抢修设备上山，服务机场线路抢修　（张魁　摄）

梳理完善精益管理10项措施，重点项目和自主项目分获省电力公司优秀精益项目成果一等奖和三等奖。开展固定资产清理，建设可移动式资产盘点系统。实施基建大修、营销农电等遗留工程项目整治，有效防范业务管理风险。积极推进非生产性大修和小型基建项目建设。全面开展营配数据清理贯通，基本实现高（中）压设备全面贯通，推动营销生产业务无缝衔接。加大广铝及其他企业电费回收工作，降低电费回收风险。积极开拓电力市场，新装增容业务5.77万户、容量65万千伏安；实施电能替代2607万千瓦时。开展业扩报装环境整治百日行动，推行高压客户“四段式”并行服务。创新开展“五

12月27日，广元供电公司建设智能电网现场　（谢斌　摄）

费”治理，查找营销管理漏洞和薄弱环节，推动电费实收问题整改闭环，挽回经济损失116万元。

【安全生产】不断强化风险防控、隐患治理、违章查处和措施保障，安全生产责任制有效落实。开展安全大检查和缺陷隐患整治专项行动，治理风险隐患362个，安全风险有效管控。创新构建微信电力应急抢险指挥平台，实现互联互通；强化停电检修计划执行刚性，增设“五个一”值班抢修点2个，事故抢修效率切实提升。开展“平安电力”创建、安全承诺践诺和全员安全大讨论活动，安全文化氛围不断营造。保持高压态势，加大农网改造、基建工程作业现场安全巡查力度，强化集体企业承载能力分析和监管，查处违反红线禁令20人次，纠正违章行为124起。加强《安规》培训调考，获得省电力公司优秀单位。强化应急演练，圆满完成各类应急抢险和保电任务。荣获省电力公司2015年度安全生产先进单位。

【农电工作】加大配电网改造力度，实施2015年农网改造升级、低电压专项整治、新增第二批次农网改造，全年改造未网改村219个，治理“低电压”用户30114户，改造10千伏及以下线路6141公里，供电能力和供电质量得到显著提升。按照“一停多用、综合检修”的总体思路，有效推进项目实施，持续提升输配电精益化水平；强化电网设备故障诊断和分析处理，线路跳闸率持续降低。有序实施农电用工规范管理，完成三新公司组织机构搭建、劳动合同转签和人员组聘上岗工作。突出精准扶贫，制定扶贫攻坚三大目标、七大行动和九项措施，派

驻“第一书记”，大力实施电力扶贫、爱心扶贫和智力扶贫。开展“包片进村”活动，开通农行、邮政、信用社电费代收点1698个，基本实现村村有缴费点。

【科技与信息化】加强科技管理，开展知识产权申报，取得1项科技进步奖、1项工人技术创新奖、1项著作奖、6项专利授权，成功申报12项专利和1项软件著作权；强化创新管理，全方位推动创新研究，获得7项管理创新奖、1项调研课题成果奖。建设网络控制室信息通信集中监控系统，集成在运信息网管、北信源桌面管控、白名单系统等10套信息系统和通信系统运行数据和告警信息，保障网络控制室正常运转。强化信息通信运维班组标准化管理，升级完善数据通信网建设。加强信息通信运维管理和基础数据收集，实施光纤用纤情况清理、OPGW光缆接地维护和双沟道项目改造。狠抓同业对标弱项指标诊断分析、异动监测和督办整改，同业对标综合排名较2014年提升5位，1项同业对标成果入选省电力公司典型经验库，获得省电力公司2015年同业对标管理进步单位。

12月23日，广元供电公司领导下基层，全力推动督促弃管小区改造　（李恒惠　摄）

【优质服务】 与“四个服务”有效融合，深化“三电”服务理念，增强服务意识和责任担当。公开供电服务“十项承诺”，参加政风行风热线，召开行风监督员座谈会和新闻媒体通气会，主动接受社会监督，答疑解惑热点焦点问题，供电服务规范有效，获得市政风行风评议优秀单位。探索供电服务“网格化”管理，积极构建全员负责、快速抢修、问题闭环、实用有效的营配一体供电服务模式。深化“V”广元、电引领主题活动，建立“供电+物业”为民服务联动机制，设置“连心岗”955 个；整合党员服务队与社区服务资源，建成“民生联动服务站”36个；创建“互联网+业扩模式”，大力推广应用官方微信平台及掌上川电 APP，发展用户 13.14 万户。设置 24 小时自助缴费终端 97 台，全面形成“十分钟”城市缴费圈。

【党的建设和精神文明建设】扎实开展“三严三实”专题教育，查找问题 16 个，落实整改措施 50 条，“三严三实”成效显著。规范基层组织建设，调整设立基层党组织 5 个，新建县区共产党员服务队 2 个，党组织的服务效率和民生效应有效提升。严把党员入口关，确定入党积极分子 28 名，发展预备党员 15 名，预备党员转正 13 人。完成基层党组织“三分类三升级”工作，推进服务型党组织建设。制定党风廉政建设暨惩防体系建设工作规划，明确党风廉政建设主体责任及监督责任清单和具体任务。加强先进典型选树，评选文明新风奖 32 项，6 项入选省电力公司先进。开展企业文化示范点建设和五星班组创建，企业文化有效落地。成功创建广元市“敬老文明号”，获得省电力公司“敬老先进单位”。苍溪、青川公司通过“省级文明单位”复评验收，朝天公司获得“市级最佳文明单位”，供电服务抢修队获得“市工人先锋号”。

【所属县级供电企业】广元供电公司所属供电企业有 8 家：国网广元市朝天供电公司、国网苍溪县供电有限责任公司、国网剑阁县供电公司、国网四川剑阁县供电有限责任公司、国网旺苍县供电公司、国网旺苍县供电有限责任公司、国网四川广元市昭化供电有限责任公司

【国网青川县供电公司】国网青川县供电公司成立于 1993 年 6 月，是国网广元供电公司的直属供电公司。供电区域覆盖 27 个乡镇，供电面积 2100 平方公里，供电人口 181927 人，客户 57877 户。截至 2015 年年底，青川县境内共有 110 千伏变电站 4 座，变电容量 32 万千伏安，35 千伏变电站 3 座，变电容量 1.89 万千伏安；管辖 35 千伏线路 4 条，共计 78.022 公里，10 千伏线路 25 条，共计 988.90 公里，10 千伏配电 1270 台，配变容量 15.382 万千伏安。全年完成售电量 2.17 亿千瓦时，电费回收 100%；完成 110 千伏及以下线损率 10.36%，10 千伏及以下线损率 15.73%。截至 2015 年 12 月 31 日，连续安全生产 2647 天。

【国网广元市朝天供电公司】国网广元市朝天供电公司是国网广元供电公司直属供电企业，地处广元市朝天区，于 2001 年 1 月成立。主要担负朝天区 6 镇 19 乡及宝成铁路广元至略阳段电力供应任务，供电面积 1620 平方公里，供电人口 21 余万，用电客户约 6.1 万户。运维管理 35 千伏变电站 5 座，容量

3.15万千伏安，35千伏线路7条，长91.479公里，10千伏线路21条，长1372.2公里，配变1358台，容量11.37万千伏安。全年实现售电量12166.25万千瓦时，同比增长14.3%，电费回率100%，解交率100%，综合线损率14.62%。截至2015年12月31日，该公司连续实现安全生产4248天。

【国网苍溪县供电有限责任公司】国网苍溪县供电有限责任公司是四川省电力公司全资子公司，担负全县39个乡镇约80万人的供电任务，供电营业面积2330平方公里，供电营业窗口11个。辖区内220千伏变电站1座，主变容量36万千伏安；110千伏变电站2座，变电总容量15.15万千伏安，110千伏线路3条，线路长度98.93公里；35千伏变电站13座，变电总容量12.275万千伏安；35千伏线路3条，线路长度23.4公里。2015年实现售电量4.96亿千瓦时；完成自发电量0.24亿千瓦时；综合线损率9.89%；电费回收100%；连续安全生产2586天。

【国网剑阁县供电公司】国网剑阁县供电公司是国网广元供电公司直属供电企业，成立于2002年6月28日，担负着剑阁新县城、剑门工业园区及新区、剑阁县6镇7乡、利州区百朝乡鹅掌村、青川县白家乡银溪村，以及四川剑阁供电有限责任公司趸售及宝成电气化铁路沙溪坝段、川煤集团广旺水泥有限责任公司、中国工程物理研究院第一、第三、第四所等重要客户的供电任务，供电面积889平方公里，供电人口14.7万人。2012年8月，与国网四川剑阁县供电有限责任公司实行合署办公。截至2015年12月31日，直供区内有110千伏变电站2座，用户110千伏变电站2座，35千伏变电站4座，变电容量3.76万千伏安，10千伏开关站1座，35千伏线路79公里，10千伏线路641.85公里，配电变压器939台，变电容量13.63万千伏安；拥有直供客户53948户，其中城市客户8541户，农村客户45407户。全年完成售电量1.227亿千瓦时，综合线损11.99%，实现连续安全生产4934天。

5月9日，广元供电公司为保障电网稳定运行，加紧完成变电站大修任务　（谢斌　摄）

【国网四川剑阁县供电有限责任公司】国网四川剑阁县供电有限责任公司是国家电网公司全资子公司，主要以趸售电为主。2014年1月16日，国务院国有资产监督管理委员会正式批准剑阁供电公司成为国家电网公司全资子公司。该公司承担着47个乡镇418个行政村15.26万户的供电任务。共有110千伏变电站2座/14.3万千伏安，35千伏变电站8座/5.68万千伏安，35千伏线路124.36公里，10千伏线路2391.91公里，低压线路14236.84公里，配电台区2217台/13.43万千伏安。2015年，售电量1.679亿千瓦时。实现连续安全生产2680天。

【国网旺苍县供电公司】国网旺苍县供电公司为国网四川省电力公司广元供电公司下属供电企业，成立于1997年12月28日，主要承担旺苍县8镇13乡220个行政村和磨岩社区的供电任务，供电面积1750平方公里，供电人口25万人。2015年，旺苍分公司完成售电量22418.28千瓦时，同比下降2.42%；线损率12.12%，同比增长0.87%；电费回收率100%；安全生产长周期达4752天。

【国网旺苍县供电有限责任公司】国网旺苍县供电有限责任公司是国网四川省电力公司全资子公司。始建于1957年，最初为国营旺苍县电厂，先后经历了企业合并、搬迁和股份制改造等，于1996年10月改制为四川省旺苍县电力有限公司，2000年12月由广元电业局代管，2007年12月由四川省电力公司控股，2009年12月更名为四川旺苍供电有限责任公司，2012年10月成为四川省电力公司全资子公司。2013年6月更名为国网四川旺苍县供电有限责任公司。主要承担东河、白水、尚武、麻英、燕子、木门4镇2乡，南江县双桂乡及和平乡五、七、八社计61个行政村的供电任务，供电面积400余平方公里，供电人口14万。同时委托浩源水电开发公司对高阳、双汇、国华、英翠、万家等11个乡镇供电。

2015 年，该公司供电量 9922 万千瓦时，同比下降 2.27%；售电量 9007 万千瓦时，同比增长 0.02%；线损率 9.22%，同比下降 2.08 个百分点；电费回收率 100%（含税）；售电均价 759.69 元/千千瓦时，同比下降 1.39%。

【国网四川广元市昭化供电有限责任公司】国网四川广元市昭化供电有限责任公司成立于 1981 年 4 月，1989 年划归元坝区管理，2003 年 7 月元坝区人民政府将公司交由四川省电力公司代管，命名为“广元电业局元坝供电公司”，同时保留原“广元市地方电力公司”，实行“两块牌子、一套班子”的管理模式。2012 年 11 月 29 日，根据国务院国资委《关于广元市地方电力公司等 6 户四川地方供电企业国有产权无偿划转有关问题的批复》（国资产权〔2012〕600 号）文件精神，原“广元市地方电力公司”和“广元电业局元坝供电公司”正式更名为“四川元坝供电有限责任公司”，2013 年 9 月 16 日更名为“国网四川广元市昭化供电有限责任公司”。该公司负责昭化区卫子镇、王家镇、虎跳镇等 25 个乡镇的供用电管理任务，供电营业户数共 57972 户。供区现有 110 千伏变电站 1 座/4 万千伏安，35 千伏变电站 5 座/3.92 万千伏安，7 条 35 千伏输电线路 119 公里，10 千伏配电线路 1266 公里，10 千伏配电台区 1325 台 7.005 万千伏安，低压线路 7950 公里。2015 年，完成销售电量 4439.55 万千瓦时，截至 12 月 31 日，实现安全运行 3089 天。（沈志平、陈　念）

国网泸州供电公司

【企业概况】泸州供电公司成立于 1981 年 10 月，是隶属于四川省电力公司的特二型供电企业，担负着泸州市三县三区、合江县四川天华股份有限公司、贵州省赤天化股份有限公司及季节性趸售贵州省赤水市的供电任务，供电面积 9806 平方公里，供电市场占有率 100%，供电人口 350 万人。

国网泸州供电公司共设 13 个职能部门（11 个本部职能部门，2 个合署办公职能部门），7 个业务支撑和实施机构，1 个直供直管县级供电公司（国网四川省电力公司泸县供电分公司），管理 3 个全资县供电公司（国网四川泸州市纳溪供电有限责任公司、国网四川叙永县供电有限责任公司、国网四川古蔺县供电有限责任公司），代管 1 个控股公司（国网四川泸县供电有限责任公司）。公司用工总量 5103 人，其中：全资直属长期职工 876 人，全资控股公司长期职工 2025 人，直管直供部分农电人员 474 人，全资控股公司农电人员 699 人，全资直属（控股）主业岗位劳务人员 291 人，集体企业用工 738 人。另有离退休人员 1440 人。在册长期职工中，研究生学历 81 人、大学本科 1698 人、大学专科 662 人；具有高级职称 103 人、中级职称 291 人、初级职称 958 人；具有高级技师 57 人、技师 500 人、高级工 732 人。泸州供电公司固定资产 35.91 亿元，35 千伏及以上变电站 82 座，主变 140 台，总变电容量 494.73 万千伏安，其中：220 千伏变电站 7 座，主变压器 13 台，总变电容量 204 万千伏安；110 千伏变电站 29 座，主变压器 55 台，总变电容量 237.7 万千伏安；35 千伏变电站 46 座，主变压器 72 台，总变电容量 53.03 万千伏安。35 千伏及以上线路 144 条，共 2168 公里，其中 220 千伏输电线路 18 条，220 千伏线路全长 538 公里；110 千伏输电线路 64 条，110 千伏线路全长 998 公里；35 千伏输电线路 62 条，35 千伏线路全长 632 公里。

2015 年，泸州供电公司完成售电量达 51.61 亿千瓦时，同比减少 0.54%；最大负荷达 116.74 万千瓦，最大日电量 2238 万千瓦时；完成电网投资 10.3 亿元，新增 35 千伏及以上输电线路 187 公里、变电容量 15.5 万千伏安；电费回收双结零，并表口径线损率 8.5%；含税售电均价 497.45 元/千千瓦时；全口径劳动生产率 27.46 万元/人·年；安全生产、影响和损害企业形象的重大服务事件、影响稳定和党风廉政建设重大事件实现“0”目标。同业对标综合排名居省电力公司第 15 位。

2015 年泸州供电公司顺利通过“全国文明单位”验收，公司工会被评为省电力公司“工会先进单位”，北辰电力公司荣获省电力公司“劳动关系和谐企业”称号，离退休党总支被评为“‘热爱国网’先进离退休党支部”，4 个基层党组织分别荣获国家电网公司和省电力公司“电网先锋党支部”称号，1 个基层党组织被评为省电力公司“服务型党组织”，公司系统 16 个集体，54 名个人获省电力公司先进表彰。

【人力资源】2015 年，泸州供电公司全面实施全资控股公司“三集五大”体系建设及岗位绩效工资改革工作，加强岗位管理，制定岗位管理办法，对集体企业岗位管理进行规范，组织完成关键岗位人员的清理和交流工作；成立规范农电用工领导小组及专业工作组，对养老保险等诉求问题进行核查，定期通报核查进度，积极组织与退休农电用工对接，

4 月 15 日，泸州供电公司正在进行 220 千伏林庄变电站检修 （张跃 摄）

深入供电所讲解，疏导化解矛盾，督促落实解决措施，全面完成规范农电用工合同转签工作；加强和规范教育培训费用管理，组织落实公司教育培训计划，组织好现场培训、“师带徒”、“一专多能”培训，组织 170 人参加技师考评，298 人参加高级工鉴定，组织指导员工制订职业生涯发展规划，开展定级工作，选拔了第四期援藏人员赴藏帮扶，开展出藏人员培训，高质量完成“十二五”援藏工作；精心组织做好“四好”领导班子考评资料收集准备、总结，认真提炼创建工作中的工作亮点和特色，组织开展公司基层“四好”领导班子、年度中层人员考评考核工作，做好考评结果反馈沟通，促进改善提升，修订完善干部管理制度；制定公司劳动用工规范工作方案、公积金规范方案和市场化岗位工资管理办法。现场指导各单位市场化岗位工资体系导入，统一推进，规范市场化岗位用工平稳实施；完成集体企业平台机构人员配置工作，提升集体企业平台公司管控作用。组织推进集体企业改革改制工作，平稳履行单位民主程序，有序实施集体企业改革改制清产核资、财务审计、法律尽职调查等工作。

【电网建设与发展】2015 年，泸州供电公司与地方各级党委政府深度对接，建立了畅通高效的合作机制，创造了有利的外部环境。完成“十三五”电网规划、市县两级配电网规划以及农网改造升级专项规划编制，220 千伏安宁站等 7 项工程完成可研，110 千伏安富站增容扩建等 4 项工程取得核准。按期投运 220 千伏泸杨线等 11 项重点工程，里程碑计划完成率 100%，新增 35 千伏及以上线路 187 公里，变电容量 15.5 万千伏安，主网供电能力显著增强。110 千伏及以上项目优质工程率保持 100%，邻玉输变电工程获省电力公司“变电站工程质量管理流动红旗”。全面完成±800 千伏宾金线房屋拆迁迹地恢复工作。清理农网冰灾遗留工程，彻底还清旧账。城乡配网建设全面提速提质，完成投资 5.22 亿元，新建改造 10 千伏及低压线路 6412 公里、配变 1159 台 124 兆伏安，完成 66 个行政村农网改造升级，农村户均容量提升至 1.1 千伏安。叙永水潦乡高坪村农网工程被命名为 2015 年度省电力公司“农网五十佳”工程。圆满完成稻城“电力天路”及无电地区电力工程援建任务，公司被评为省电力公司“电亮藏区”工程建设先进单位。

【经营管理】2015 年，泸州供电公司积极应对经济下行压力，千方百计增供扩销，新增报装容量 116 万千伏安，推广以电供热等电能替代项目，超额 91%完成电量替代任务。大力挖潜增效，营销稽查追补电费 70 万元，依法维权追回陈欠电费 646 万元，扣除调价和新接收小水电供区等因素，售电均价同比增长 0.01 元/千瓦时，线损率同比下降 0.32 个百分点，可控成本同比下降 7.11%。争取城市老旧居民楼供配电设施改造政府补贴 1300 万元，拓宽了电网建设资金渠道。建立综合计划、项目结算决算周通报机制，完成 537 项工程决算，清理债权债务 1266 万元，资产运营效益不断提高。加强预算集约调控、资金集中管理、风险在线监控，资金管理实现“四结零”。公司 5 家会计主体基础工作全部达标创优。集中采购物资 43 批次 2.68 亿元，非招标采购 21 批次 1.74 亿元，集中采购率 100%。竞价处置废旧物资 5 批次 186 万元，仓储管理在省电力公司仓储规范化、标准化检查中排名第一，物力规范管理水平逐步提高。集体企业实现产值 9.4 亿元，利润增长 4 个百分点。

【安全生产】2015 年，泸州供电公司深入开展安全管理提升活动，层层强化责任落实，严抓全域风险防范，安全生产管控力持续增强。筑牢“计划+现场”安全管控防线，“四不两直”巡查 356 个现场，查处各类违章 586 项。扎实开展安全大检查，完成线路跨鱼塘、开关柜隐患等 15 个专项治理，消除缺

陷隐患434项，设备健康水平不断提高。实行电网运行风险分级预警，刚性执行748条检修计划，顺利完成220千伏智能变电站首检。220千伏线路标准化率100%，输电线路故障跳闸率同比下降10%，外力破坏同比下降63%，配网故障报修率取得省电力公司第三名。发现“三大直流”通道隐患、缺陷126项。全覆盖开展“安全大讨论”，完成1129人次安规调考、普考，全员安全意识和技能持续增强。应急处置高效迅速并纳入政府应急机制，叙永“8•17”抢险救灾应急处置受到市委市政府高度肯定。

【**农电管理**】全年完成农网工程投资3.57亿元，相当于2014年的3倍，涉及66个未改造村，惠及22.23万人，安全形势有效掌控，管理水平明显提升；提前规划、精细储备，有效争取到2015—2016年项目资金约16.4亿元，相当于过去5年投资总和的3倍，资金规模空前；全力攻坚克难，全面处置问题，完成了3.13亿元2013年及以前农网工程的工程清理和决算审计，为全力实施新一轮农网工程创造条件。“三大抓手”助推扶贫攻坚：结合“包片进村”，制定了全部193个未改造贫困村的精准扶贫方案，以西溪村、富民村为示范点，精准实施农改升扶贫工程；提前两月完成古叙小水电供区40个乡镇、4556平方公里、2932个台区的接收工作，19.96万用户抄表到户，纳入国网系统用户管理；加大低电压的整治力度，全年治理了428个低电压台区，惠及2.9万户，9.28万人。农电管理有效规范。完成市、县两级供电服务公司组建和农电员工合同签订，努力解决历史问题，确保农电队伍稳定；加大基础设施整治，直供区供电所全部建成食堂，提高了员工归属感和满意度。创先争优实现突破。公司获得省电力公司农电竞赛团体三等奖和个人第一名，国家电网公司竞赛个人第四名；“以设计成果为主线的农网改造升级项目集约化管理”获省电力公司年度企业管理创新成果二等奖；公司获省电力公司“电亮藏区”先进单位。

【**科技与信息化**】2015年，泸州供电公司着力创新成果知识产权转化，申请专利112项，获得专利授权80项，超额完成省电力公司下达指标。大力开展群创工作，有效激发一线职工创新创效，该公司被评为省电力公司第二届职工技术创新先进单位，“输电带电作业可旋转大刀卡具”入围职工技术创新20项优秀成果，1名职工被评为省电力公司“能工巧匠”，2个工作室分别被省电力公司命名为劳模创新工作室和职工创新工作室。完善精益项目和人才激励机制，实施省电力公司精益化试点项目1个、自主项目6个，4项成果获省电力公司表彰，其中，“废旧物资回收精益管理”获省电力公司优秀项目一等奖，1个项目获二等奖，2个项目获三等奖，7名员工通过精益绿带人才认证。强化创新项目培育、提炼和推广，物资和营销共2项同业对标经验入选省电力公司典型经验库，2项成果分获省电力公司管理创新二、三等奖，1项成果获省电力公司课题研究优秀奖。

【**市场服务**（优质服务）】2015年，泸州供电公司突出客户体验，主动对接煤气化等9项省市重点项目用电服务，开展高危及重要客户安全用电服务368次，圆满完成酒博会等34次重大保电任务，该公司迎峰度夏电力保障工作获市委、市政府主要领导高度评价。全面推行“一证受理”和“一站式服务”，梳理内部流程11个，居民实现24小时接电，高压客户报装接电时间平均缩短30%，业扩报装实现服务提质、工作提效。推广“掌上川电”网上银联缴费等3种模式，APP注册客户达6万户。推行配网抢修“网格化”管理，快速处理客户产权故障抢修21起，报修一次性解决问题效率有效提升。大力实施精准扶贫，提前两个月完成40个小水电供区接收，完成21个贫困村改造和508个“低电压”台区治理，展现了公司社会责任担当。清理779栋老旧居民楼供配电设施，主动解决151处社区遗留用电安全隐患，迁移173处杆线等路障，社会各界反响良好。走访335名“两代表一委员”，开展9次行风明察暗访，投诉总量同比下降21%，供电服务水平和客户满意度实现“双提升”。换装智能电表21

3月5日，在国网泸州供电公司团委的组织下，共产党员服务队队员和青年志愿者们一大早就到了方山学校的留守儿童之家，把关爱送给这里的孩子们　（古春　摄）

万只，采集成功率达 98%。强化营销、运检协同配合，高压用户实现营配数据贯通。

【党的建设和精神文明建设】2015 年，泸州供电公司深入贯彻从严治党要求，扎实开展“三严三实”专题教育，持续巩固和拓展党的群众路线教育实践活动成果。完善基层党组织设置，新增 6 个共产党员服务队，推进供电所“一所一支部”，党组织实现向基层延伸。切实落实“两个责任”，创新供电所党风廉政建设监督管理工作机制，严肃查办各类违规违纪案件，党风廉政建设取得实效。提拔 6 名，交流、调整 35 名中层管理人员，统筹优化基层领导班子结构。完成三年一轮履职培训，常态开展岗位练兵、现场培训和竞赛调考，队伍素质进一步提升。在国家电网公司物力集约化调考中取得团体第五名，参加省电力公司智能变电站技术比武、农电竞赛均获团体三等奖，13 名员工被评为省电力公司优秀专家人才，59 人入选省电力公司评标专家库，参与评标 116 人次。注重先进典型选树，2 名员工分别被评为四川省劳模和省电力公司劳模，公司 18 个集体、51 名员工获泸州市及以上先进表彰。开展小水电供区接收等 6 项主题传播，全方位展示公司形象和员工精神风貌。积极搭建服务员工“连心桥”，慰问困难人员 134 人次，书记走访 59 个一线班组站所，新增 5 个基层单位职工食堂，落实离退休同志“两个待遇”，企业保持和谐稳定局面。

【所属县级供电企业】所属供电企业有：泸州供电公司直供直管县级供电公司 1 个（国网四川省电力公司泸县供电分公司），管理全资县供电公司 3 个（国网四川泸州市纳溪供电有限责任公司、国网四川叙永县供电有限责任公司、国网四川古蔺县供电有限责任公司），代管控股公司 1 个（国网四川泸县供电有限责任公司）。

【国网四川省电力公司泸县供电分公司】国网四川省电力公司泸县供电分公司始建于 1996 年 8 月，是目前国网泸州供电公司唯一直属供电公司，担负着对泸县七个乡镇供电任务，供电范围 515 平方公里，供电人口 37.01 万人；用电客户 88120 户，其中：10 千伏用户 159 户。截至 2015 年 12 月，该公司管辖 110 千伏变电站 2 座，35 千伏变电站 3 座，主变容量：16.565 万千伏安，10 千伏配电线路 26 条，长度 626.77 公里；配电变压器 876 台，配变总容量 13.26 万千伏安。2015 年完成售电量 1.32 亿千瓦时，电费回收率达到目标要求。农网综合线损 10.3%。

【国网四川泸州市纳溪供电有限责任公司】国网四川泸州市纳溪供电有限责任公司成立于 2001 年 1 月 18 日，最初是由四川省电力公司、纳溪区国有资产经营有限公司共同出资组建的县级供电企业，后经 2014 年 1 月股权划转后，现已成为四川省电力公司全资子公司。主要担负着纳溪城区及 12 个乡镇，江阳区、合江县、江安县、叙永县部分乡镇的城乡居民生产生活用电以及新火炬化工厂、银鸽纸业等大中型企业的供电任务，供电面积 1335.6 平方公里，用电客户 16.7 万户。该公司拥有 35 千伏及以上变电站 11 座（其中 220 千伏变电站 1 座、110 千伏变电站 4 座、35 千伏变电站 6 座），总容量 67.945 万千伏安；35 千伏及以上线路 18 回，长 232.224 公里；10 千伏线路 43 回，长 1516.72 公里。共有配电变压器 2081 台，容量 28.37 万千伏安；低压线路 11011 公里；水能发电厂 1 座，容量 3750 千瓦，年发电量约 1600 万千瓦时。2015 年，该公司完成售电量 4.22 亿千瓦时，综合线损率 9.31%。截至 2015 年 12 月 31 日，公司连续安全生产 2724 天。

7 月 2 日，国网泸县供电有限责任公司共产党员服务队的 8 名队员到泸县潮河镇敬老院，向老人们送上电力员工特别的关爱。对敬老院食堂、活动室以及老人们居住的寝室逐间进行开关、插座等检查，并更换了损坏的灯具（张跃 摄）

【国网四川叙永县供电有限责任公司】国网四川叙永县供电有限责任公司于 2005 年 12 月 14 日正式挂牌成立，2014 年完成地方国有资产划转的全部工作，成为四川省电力公司下属的县级全资子公司。现已经全面完成叙永县全部小水电供区接收工作，承担叙永县城以及 25 个乡镇的部分供电任务，供电面积 2928 平方公里，供电人口约 73.5 万人。该公司现拥有 35 千伏及以上变电站 16 座（其中，220

千伏变电站1座，110千伏变电站5座，35千伏变电站9座），主变25台，总容量71.93万千伏安。110千伏线路11条，长度195.27公里；35千伏线路13条，长度58.74公里；10千伏线路81条，长度2635.9公里；公用配电变压器共1766台，总容量16.55万千伏安。公司全年完成电网投资6758.9万元，售电量4.088亿千瓦时。截至2015年12月31日，连续安全生产3671天。

【国网四川古蔺县供电有限责任公司】国网四川古蔺县供电有限责任公司于2001年4月18日正式挂牌成立，现为国网四川省电力公司全资子公司。公司担负着古蔺县社会与经济发展及人民群众生产生活供电任务，供电面积3180平方公里，供电市场占有率92.5%，供电人口83万余人。该公司管辖220千伏变电站1座，220千伏线路总长107.477公里；110千伏变电站3座， 110千伏线路总长140.996公里；35千伏变电站10座，35千伏线路总长199.11公里。发电厂总装机3855千瓦。公司现已形成以220千伏冯冲湾变电站为中心的110千伏环网供电格局，最高负荷达11万千瓦，日供电量达183万千瓦时，年供电量约4.8亿千瓦时。截至2015年12月31日，公司连续安全生产6118天。

【国网四川泸县供电有限责任公司】国网四川泸县供电有限责任公司是四川省电力公司控股的县级供电企业，由四川省电力公司和泸县国有资产经营有限公司共同出资组建，于2012年12月13日正式挂牌成立。公司注册资本5000万元，其中四川省电力公司占60%，泸县国有资产经营有限公司占40%。该公司主要担负着泸县县城、泸县15个镇和龙马潭区5个乡镇工农业生产及人民生活用电，供电面积1156平方公里，供电总人口达85.6万，供电户数258386户。公司共有110千伏变电站2座，35千伏变电站11座，1座35千伏开关站，1座10千伏开关站，35千伏主变总容量175300千伏安；35千伏线路27条，总长208公里；10千伏线路80条，总长1804.454公里。10千伏公用配变1963台，容量18.5027万千伏安。低压线路总长12218.52公里。2015年公司完成供电量6.13795亿千瓦时；售电量5.44937亿千瓦时，线损率11.22%；售电均价为0.67609元/千瓦时，购电均价为0.38553元/千瓦时，电费回收率完成100%。截至2015年12月31日，实现连续安全生产1114天。（李栋斌）

国网南充供电公司

1月1日，南充市委书记李仲彬到南充供电公司亲切慰问坚守岗位的电力员工。李仲彬与党员服务队队员、电力片警、抢修队队员一一握手　　（张黎　摄）

【企业概况】国网南充供电公司（简称南充公司）成立于1979年7月1日，最初承担着南充及广安、巴中地区供电任务，经1996年南充－巴中、1998年南充－广安两次分家后，现担负着南充市9个区（市、县）的供电任务，供区面积1.25万平方公里，系国有特二型供电企业。该公司设有13个职能部门，7个业务支撑和实施机构，所辖8个全资县级子公司（仪陇、阆中、营山、南部、蓬安、高坪、西充、龙蟠），1个四川电网备调中心，1家集体企业平台公司。公司现有固定资产原值为45.57亿元，拥有35千伏及以上变电站122座（其中220千伏变电站7座，110千伏变电站29座，35千伏变电站86座），变电总容量537.375万千伏安；拥有35千伏及以上输电线路242条，总长度3345.65公里。

2015年，南充公司按照“三年三步走、一年一提升”发展目标，抓管理、强队伍、塑文化，全力推进各项工作，全面完成了公司年度目标任务。全年完成售电量48.88亿千瓦时，同比增长2.92%；综合线损率10.97%；电费回收与解交率100%；2015年，南充公司继续获得“全国文明单位”荣誉称号，获得全国“安康杯”竞赛安全文化宣传工作先进单位、国家能源局四川监管办“四川电力安全生产先进集体”、省公司第二届职工技术创新先进单位和基建信息管理优秀单位、南充市优秀“劳动竞赛”示范单位、南充市国资委“安全生产工作先进集体”等荣誉。

【人力资源】截至2015年12月31日，南充公司全口径用工总量为6351人。全民员工4099人，其中直属单位628人、县公司3471人；农电员工1644人，其中直属单位548人、县公司1096人；集体企业员工608人，其中直属单位491人，县公司117人。加强干部队伍培养，全年提拔、交流中层干部10人。深化人力资源市场建设，优化人力资源配置93人。狠抓员工队伍素质提升，分类实施全员素质提升计划，公司1054名员工提升了学历、职称和技能等级，人才当量密度同比提高5.11%。加强各类人才培养，选拔推荐管理、技术和技能专家人才8名，组织54名中层干部和99名班组（站）长参加中干和班组长履职能力轮训。实施人才强企发展战略，强化队伍素质提升。组织各类培训办班、送培、考试142期次，参培参考8127人次。制定了2015－2016年人才当量密度提升计划，实现技能提升601人、专业技术资格提升243人、学历提升210人。入选省公司优秀技能人才2人，引进高校毕业生42人。

【电网建设与发展】南充公司编制完成南充地区“十三五”电网发展规划。取得35千伏及以上项目核准12项、可研批复14项。开工建设南部南隆220千伏输变电工程、嘉陵南110千伏输变电工程、高坪白塔110千伏输变电工程、西充义兴110千伏输变电工程、兰渝铁路李渡、龙桂、南部110千伏牵引站供电工程及35千伏输变电工程共计14项，完成25座变电站综合自动化技术改造。完成136个村（场镇）农网改造升级投资3.05亿元，新建与改造农网10千伏线路317公里、低压线路2180公里、配变685台，治理低电压台区915个，解决10万户的低电压问题。换装智能电表62.35万只，用电信息采集成功率达98.5%。狠抓工程安全质量管理，110千伏及以上工程优质率达100%。

9月7日，南充供电公司让道兰渝铁路实施线路迁改工程。图为施工现场

（龙爱明　摄）

【经营管理】南充公司开展业扩报装环境整治，推行高压业扩“班车制”和低压居民客户“五位一体”服务，全年新投容量154.43万千伏安。强化用电检查，严打偷窃电行为。强化“零基”预算管理和“刀刃”项目管控，“业财融合”进一步深化。大力解决历史遗留问题，“两金”压降超省公司下达目标1000余万元。推进亏损企业“量身”专项治理，3家县公司实现扭亏为盈。盘活库存物资，平衡利库金额1800余万元，废旧物资处置回收140余万元。狠抓集体企业市场化经营，同比增长16%；争取西部大开发税收优惠500万元，集体企业业绩考核取得较好成绩。全面提升服务品质，开通支付宝、微信电费缴费功能，“掌上川电”APP注册用户17.54万户，投诉、举报同比下降26.78%、32.88%。

【安全生产】南充公司深入开展电力设施安全大检查和缺陷隐患整治，全力推行电网风险分级管控，严格落实“月计划、周安排、日管控”要求。强化电力安全生产管理，制定了《作业安全十条禁令》《安全生产反违章考核实施细则》，出台“三种人”激励考核办法。认真开展南充电网迎峰度夏应急演练和南充地区调度主备切换演练，圆满完成全市“两会”、春节、高考、中考等重要活动和重大节日共计95次现场保供电任务。截至2015年12月31日，南充公司连续安全生产4648天。

【农电工作】南充公司深入推进县供电企业和乡镇供电所管理提升工作，按照省公司实施方案具体要求，以县公司79项指标和供电所25项指标为导向，积极开展诊断分析，准确找到管理短板和县公司、供电所提升瓶颈；针对薄弱环节制定整改措施，通过问题解决的PDCA循环管理方式，有效促进县公司、供电所管理水平的同步提升。认真落实2015年度援藏计划，援建项目和援助物资共计95.98万元，建成投运九龙大铺子库房和九龙营业厅。

【科技与信息化工作】2015年，南充公司组织实施了 3 项管理创新项目和 2 项研究开发类群创项目，其中“南充城区配网‘五个一’综合抢修应用实践”项目获省公司管理创新成果三等奖；“以提升运营质效为目标的供电企业数据共享平台管理”项目获省公司管理创新成果四等奖。完成省公司下达 12 项专利申请（2 项发明专利、10 项实用新型专利）的年度目标任务。截至 2015 年年底，该公司共获得 1 项发明专利和 44 项实用新型专利。

全面启动网络覆盖和带宽提升工程，实现了所有 35 千伏变电站和供电所（营业厅）的信息通信网全覆盖，解决了所有县公司信息通信网络带宽瓶颈，为生产、营销和经营管理各大业务深化应用提供了基础和保障。完成调度数据网接入、地备调系统建设和通信系统容灾工程，实现南充电网数据的双汇聚采集和分布处理，提高了电网调度的可靠性和抗灾能力，有效防范调度机构丧失调控能力的各类风险。深化运营监控体系建设与应用，开展各类监测共 49 个，实现对“三集五大”核心业务全覆盖。

【市场服务】主动对接全市 2015 年 150 个计划实施重点项目和 30 个重点项目，积极走访吉利新能源、鑫达新材料等重要客户，该公司领导亲自带队到兰渝铁路、现代物流园、中机国能等重大项目现场进行现场办公，为兰渝铁路南充段按期通车、现代物流园顺利开园和中机国能接入电网提供了用电保障。积极开展“业扩报装环境整治百日行动”，大力优化和简化了业务办理流程，推行高压业扩“班车制”和低压居民客户“五位一体”服务，全年新投容量 154.43 万千伏安。加快便民电力服务设施建设，新增邮政报刊亭、ATM 自助终端、移动 POSS 代收、支付宝、微信等缴费方式，全市各类缴费网点达 2201 个，缴费方式达 14 种。“掌上川电”APP 注册用户 17.54 万户。努力提升社会满意度，通过聘请公司第五届行业作风监督员，“阳光政务热线”值守等工作，不断加强行业作风建设社会监督力度，投诉、举报同比下降 26.78%、32.88%。在 2015 年南充市投资软环境建设社会满意度测评中，国网南充供电公司作为参与测评的全市 17 个公共服务单位之一，获得社会满意度第一名，并得到了南充市委、市政府的通报表彰。

【党的建设和精神文明建设】扎实开展“三严三实”专题教育，查摆整改不严不实问题 84 项。落实从严治党要求，完善《基层党组织考评办法》等制度，实施“党建细胞”提升工程和党员“净化工程”，基层党组织活力和党员先锋模范作用显著增强。推进基层党组织全面覆盖，新成立基层党支部 101 个，在供电所形成“一所一支部”格局。加强廉洁教育，及时宣贯新颁布的《廉洁自律准则》和《纪律处分条例》。推行“两个责任”台账管理，抓好纪检干部能力提升，在监督问责上“从严从重”，在正风肃纪上“务本务实”，在创新执行上“求新求效”，党风廉政建设基础更牢，合力更强，责任制考评进入省公司前三名。加强精神文明建设，开展“健康万步行”、举办女职工广场舞比赛、“玫瑰书香”征文等活动，依托文体协会，举办“心桥杯”职工足球比赛、“最美一线”摄影大赛，丰富了职工业余文化生活；组织公司员工拍摄《牵挂》《心路》等微电影，宣传工会工作和先进典型；1 部获省公司优秀奖，1 部获全国优秀影片奖。组织网络文明传播志愿者利用各类新媒体平台广泛开展网络文明传播活动，积极传递正能量，公司员工龙爱明荣获四川省“网络文明传播优秀志愿者”荣誉称号。

11 月 25 日，国网南充供电公司业扩报装“直通车”首次发班，它载着“电力片警”、业扩受理人员和装表接电人员到南充市文化路 68 号大院现场办理业务，进行智能电表批量新装的合同签订、装表接电及现场开卡售电工作

（钟桦　摄）

【所属县级供电企业】南充市现有 8 个全资县级子公司：国网四川仪陇县供电有限责任公司、国网四川阆中市供电有限责任公司、国网四川营山县供电有限责任公司、国网四川蓬安县供电有限责任公司、国网四川南部县供电有限责任公司、国网四川南充市高坪供电有限责任公司、国网四川西充县供电有限责任公司、国网四川南充市龙蟠供电有限责任公司。

【国网四川仪陇县供电有限责任公司】国网四川仪陇县供电有限责任公司始建于1951年，2012年12月，成为四川省电力公司全资子公司。供电范围包括仪陇县56个乡镇和阆中市2个乡镇，915个行政村，供电面积1830平方公里，用电客户33万户。用工总数598人（其中全民员工249人，农电员工349人）。公司资产总额2.9亿元，拥有35千伏变电站12座，变电容量12.735万千伏安，35千伏线路239.6公里；配变总容量32.953万伏安，10千伏线路2582.4公里，低压线路15493公里。2015年，该公司完成供电量4.5亿千瓦时，同比增长1.6%。完成售电量4.12 亿千瓦时，同比增长3.52 %。实现售电均价631.62元/千千瓦时，同比增加0.62元/千千瓦时。实现综合线损率8.5%，低于年初计划指标0.8个百分点。完成自发电量655万千瓦时。电费回收率100%。截至2015年12月31日，实现连续安全生产 4822天。

【国网四川阆中市供电有限责任公司】国网四川阆中市供电有限责任公司由原南充三和热电有限公司和原阆中市电力公司合并而成，为中二型国有电力企业，2012年成为四川省电力公司全资子公司，该公司供区面积1716.5平方公里（占全市91.4%），供电辖区31.43万户数。公司拥有35千伏变电站17座，容量为19.39万千伏安，35千伏线路24条，206.973公里，10千伏线路119条，2264.6公里。公司拥有6座小水电站。2015年，该公司实现售电量4.883亿千瓦时，同比增长1.01%；综合线损率7.79%；电费回收率100%。全年未发生人身、电网、设备、信息系统有责事故，未发生交通、消防被考核事件，未发生影响公司形象和稳定的重大事件。

【国网四川营山县供电有限责任公司】国网四川营山县供电有限责任公司原系一家发供一体的电力企业；其前身为营山县电厂，成立于1952年10月，2012年8月，成为四川省电力公司全资子公司。公司年供电量突破3亿千瓦时，同期增长5.16%；发电站6座，装机容量10220千瓦，年发电量2800万千瓦时左右。全县现有2座110千伏变电站，容量为15万千伏安，35千伏变电站15座，容量11.965万千伏安；35千伏线路21条，共计193.41公里；10千伏线路89条，共计1677.162公里。辖区内尚有42个村未实施农网改造。已实现抄表到户100%，换装智能电表12.5万只。

2015年，共完成发电量2911万千瓦时，同比增加7.18%；完成供电量32679万千瓦时，同比增加4.87%；完成售电量29429万千瓦时，同比增加5.03%；累计综合线损率9.94 %，同比下降0.14个百分点。

【国网四川蓬安县供电有限责任公司】国网四川蓬安县供电有限责任公司成立于2004年，系四川马回电力股份有限公司和南充恒通电力有限责任公司共同投资组建的有限责任公司。2012年5月，成为四川省电力公司全资子公司。公司现有110千伏变电站2座，主变容量为13.45万千伏安；35千伏变电站6座，主变容量为7.375万千伏安；110千伏线路3回，总长度44.38公里，35千伏线路15回，总长度124.13公里，10千伏线路73回，总长度1683.58公里。供区涵盖蓬安县境内及顺庆区渔溪乡全部用户，供区人口约72万，供电客户23万户。2015年全年完成售电量30375.5580万千瓦时，综合线损率7.60%；实现电费回收率100%；全司安全生产保持平稳态势。

【国网四川南部县供电有限责任公司】国网四川南部县供电有限责任公司始建于1947年。1996年经四川省体改委批准，改制成立四川盘龙电力股份有限公司；2012年8月，成为省电力公司全资子公司；2013年更名为国网四川南部县供电有限责任公司。公司担负着南部县71个乡镇、2个街道办事处、1个工业集中区、1115个村，42万用户的供电任务，供区面积2229平方公里。公司1座小水电站。该公司拥有16座35千伏变电站，容量为29.99万千伏安；35千伏线路36条291.806公里，10千伏线路136条3537公里。2015年，完成网供电量7.48亿千瓦时，同比增长4.74%。日最大负荷19.353万千

7月15日，国网营山县供电公司举行职工岗位技能竞赛活动　　（罗玉娟　摄）

瓦，同比增长26.77%，日最大电量318.414万千瓦时。

【国网四川南充市高坪供电有限责任公司】国网四川南充市高坪供电有限责任公司是一家集发电、变电、供电和电力多种经营为一体的国有控股公司。公司前身为南充县电厂，属地方国有企业，于1987年5月成立。2014年1月，成为国网四川省电力公司的全资子公司。担负着高坪、嘉陵、顺庆三区40个乡镇，498个村，17余万用户的供电任务,供区幅员面积1093平方公里。公司下辖9个35千伏变电站和1个发电站。该公司拥有9个35千伏变电站，变电容量12.40万千伏安，35千伏线路145.46公里，10千伏线路1421.49公里；2015年，完成售电量2.55亿千瓦时，同比增加9.52%；综合线损率11.83%，电费回收与解交率实现100%。全年继续保持了安全生产的平稳态势。

【国网四川西充县供电有限责任公司】国网四川西充县供电有限责任公司始建于1951年。2013年12月，成为四川省电力公司全资子公司。担负着西充县44个乡镇、688个行政村的供电任务，供电面积1108平方公里，供电人口68万，用电客户21.22万户。西充公司拥有35千伏及以上变电站8座，变电容量14.93万千伏安，35千伏线路11回，长度94.649公里，10千伏线路1875.35公里。2015年，完成供电量2.96亿千瓦时，销售电量2.66亿千瓦时。日最大负荷8.6万千瓦，日最大电量137万千瓦时。截至2015年12月31日，实现连续安全生产4537天。

【国网四川南充市龙蟠供电有限责任公司】国网四川南充市龙蟠供电有限责任公司是由原南充县西阳寺水力发电站发展起来的一个小型地方电力企业。2014年1月，成为国网四川省电力公司全资子公司。供电面积212平方公里，供电范围仅包括嘉陵区13个乡镇、133个行政村，供电用户3.8万户，供电人口13万。拥有水力发电站1座，总装机容量500千瓦；拥有35千伏变电站2座，总容量为1.945万千伏安, 35千伏线路56.376公里，10千伏线路287.34公里。2015年，完成售电量2338.07万千瓦时，同比增长4.11%，完成南充公司下达指标2211万千万时的105.74%；完成综合线损率10.5%，同比下降0.36个百分点，比南充公司下达指标10.84%减少0.34个百分点；电费回收率为100%。2015年实现了安全生产“0”事故目标。

（王含果）

国网自贡供电公司

【企业概况】国网自贡供电公司属四川省电力公司特二型企业，前身为川南供电公司自贡供电所。1978年撤销川南供电公司后，成立自贡供电局。1980-1996年期间，先后并入川南电业局、川南送变电工程处、自贡电力电容器厂、川南电力调度分局4家处级单位。1993年更名为自贡电业局。2013年更名为国网自贡供电公司。2001年和2009年，辖区内威远供电局、500千伏洪沟变电站先后划转至内江电业局及超高压运检中心。自贡公司现担负着自贡市四区两县4000多平方公里和内江市威远县部分区域的电能供应、电网建设和运行管理任务。公司本部设11个职能部室，辖8个直属二级单位（1个直管县级供电企业，7个业务支撑和实施机构），有全资子公司国网荣县供电有限责任公司和自贡电力设计院，控股国网四川富顺县供电有限责任公司。截至2015年年底，自贡公司固定资产净值20.2亿元。有35千伏及以上变电站54座，变电容量381.7万千伏安（其中富顺供电有限责任公司发电站2座、变电站15座，变电容量25.25

2015年，国网自贡供电公司集体企业改革改制有序平稳推进。图为10月20日自贡翔能电力设备制造有限公司生产现场 （曾林 摄）

万千伏安）；35 千伏及以上输电线路 119 条，长度 1453.4 公里（其中富顺供电有限责任公司 23 条，长度 205.1 公里）；城市配网 6-20 千伏配电线路共 125 条，长度 939.66 公里；县域电网 10 千伏配电线路共 195 条，长度 5750.66 公里（含全资子公司）。

【人力资源】截至 2015 年年底，劳动生产率从 26 万元/人·年增加到 37 万元/人·年，增长 42%。人才当量密度由 0.934 上升到 1.0086，增长 8%。全口径用工总量为 3918 人，其中：直供直管单位国有长期职工 1225，农电工 793；国网荣县供电有限责任公司国有长期职工（其他）82 人，农电工 180 人；国网富顺县供电有限责任公司国有长期职工（其他）602 人，农电工 332 人；集体企业职工 282 人，集体聘用职工 62 人，集体企业劳务派遣人员 356 人，集体企业返聘人员 4 人。离退休职工 2136 人，其中：直供直管单位 1403 人，全资子公司 44 人，控股公司 220 人，集体企业 469 人。

【集体企业改革与发展】2015 年，自贡公司对集体企业创新发展思路、优化改革方案、面对困难主动作为，改革与发展取得显著成效。集体企业有序推进人财物集约化管理，强化了资本和运作平台管控能力。完成 153 个管理制度的修编和宣贯。完成 6 家集体企业重组，集体企业改革改制做法在省电力公司作经验交流。集体企业面向市场组建专业营销团队，新建川南最大镀锌生产车间；集团公司中标琵琶输变电项目建设，首次实现 220 千伏级变电和线路工程的同时整体中标；翔能公司首次获得国家电网公司订单；盛玉拓能公司成功中标甘孜、宜宾电杆采购项目。电力产业园全年签约订单量首次突破 2 亿元，实现向省外拓展业务的历史跨越。

【电网建设与发展】2015 年，自贡公司主动适应自贡市“一带、四园、七区”产业发展布局。高质量开展电网诊断分析，编制“十三五”电网发展规划，完成 110 千伏向华线工程前期。开工 220 千伏琵琶输变电工程，投运 220 千伏天成变电站，竣工南湖等 4 个 35 千伏及以上输变电工程，推进 110 千伏沙坪等 5 个输变电工程建设。完成乐向一线等 43 条输电线路、园湾等 21 座变电站的技术改造。实施城市配网基建项目建设，新建 14 条 10 千伏线路，新增电缆线路 26.32 公里、架空线路 30.14 公里、配电变压器 98 台、环网柜 19 台、柱上开关 189 台。城网故障停运率同比降低 46.2%，城市配网进一步优化。圆满完成“十二五”规划电网发展任务。

8 月 16 日，自贡供电公司举行 220 千伏琵琶输变电项目市重大工程开工仪式　　（曾林　摄）

【经营管理】2015 年，自贡公司完成售电量 27.13 亿千瓦时，线损率 9.1%，完成投资 9.88 亿元。流动资产周转率从 34 次提高至 635 次，提高 18 倍。电能替代 3018.6 万千瓦时，完成省电力公司下达目标的 300%。台区线损自动监测率提升 35%。智能电表换装率、采集接入率分别达到 90.26%、97.66%，为智能电网发展奠定了基础。着力开展高、低压客户基础数据清理及营配贯通工作，规范完善了营销数据档案，为精益化服务转型奠定了基础。与客户签订购电制协议 895 户，推广安装购电终端 615 户，增收预购电费 1500 万余元，获得省电力公司肯定。集体企业完成订单 8.8 亿元，创历史新高。组建自贡市三新供电有限责任公司，农电队伍保持持续稳定。克服非上市公众公司股权结构复杂等困难，成功实现富益电力公司改制，组建国网富顺县供电有限责任公司。

【精益管理】“十二五”规划以来，自贡公司经营体制机制、管理模式发生深刻变化，企业初步实现集团化、集约化、标准化、专业化、精益化运作。坚持精益理念，实行项目储备制度，强化全面预算管理。创建基于物联网技术的资产管理系统，厘清往来款项，实现备用金首次年度结零。主营压降成本 9890 万元，降本增效成果明显。集体企业有序推进人财物集约化管理，强化了资本和运作平台管控能力。线路标准化建设和变电精益化管理扎实推进，运检专业管理、业绩、综合三项指标均排名全省第一。12 项亮点或典型经验在省电力公司平台交流，3 项对标经验入围省电力公司典型案例集。

【安全生产】2015 年，国网自贡供电公司坚持以人为本、安全发展，贯彻“举全力、保安全”理念，完善制度 27 项，开展专项行动 31 项，源头治理和隐患整治取得实效。积极应对农网工程集中开工、工程量大、工地分散难以管控的挑战，创建“四纵三横”管控体系，作业现场安全可控。创新“塔基孤岛”隐患整治方式，首次实行施工作业政府行政许可制度，遏制了外力破坏事故多发苗头。规范集体企业分包管理，严格执行资信评价，淘汰 6 家不合格分包商。完善电网运行风险预警机制，完成“自贡灯会”等 220 次重大保电任务。开展各类联合反事故演习和“无脚本”演练 39 场次，高效完成±800 千伏宾-金直流线路接地极抢险救援。打赢“迎峰度夏”攻坚战。获省电力公司“安全生产特殊贡献单位”荣誉，获全国“安康杯优胜单位”称号。截至 2015 年 12 月 31 日，实现连续安全生产 4122 天。

【农电管理】2015 年，自贡公司狠抓农网工程质量管理和规范化建设，全面完成农网工程建设投资 3.15 个亿，新建及改造 10 千伏及以下线路 2849 公里，新增配变 1196 台，容量 11.96 万千伏安。实施农电“精品”工程，“胡家村配电台区工程”获“国家电网公司 2015 年度农网（配电）百佳工程”称号，成为省电力公司两家连续三年获此殊荣的地市供电单位之一。创建“四步工作法”，针对低电压台区开展“全面清理、分类建档、动态评估、综合治理”，有效治理农村低电压台区 1113 个，做法经验在四川电网工作动态上交流推广。依法合规率先完成 983 名农电员工转签工作，转签率 100%，切实规范了农电用工管理，农电工作有序推进，队伍整体稳定。

【科技与信息化】2015 年，自贡公司完成两个群创项目的监督检查及验收工作，申报 8 项专利（实用新型 6 项、发明专利各 4 项）。荣获国网四川省电力公司 2015 年工人技术创新奖二等奖 2 项、三等奖 2 项。结合通信运行方式变化，制定并落实迎峰度夏、自贡国际恐龙灯会等保电通信专项预案 8 个。开展中心机房电源系统失电、通信光缆线路中断、局域网大面积瘫痪、卫星通信月度演练等 15 场次应急演练，强化了应急响应处置能力。结合保密工作责任制要求，针对国内外恶意软件攻击电网的信息安全事件，将信息安全纳入年度全员安规考试，常态化开展信息安全培训。与基层单位签订《信息安全目标责任书》，发出各类预警及《信息安全整改通知书》13 份，发现、督查、整改、回访隐患 7 条，保持了信息安全事件“零发生”。

【市场服务】2015 年，自贡公司以提升客户感知为目标，深化配电抢修、停电短信服务“双平台”应用，超额完成“掌上川电 APP”注册率目标，实现客户对停电信息从被动告知到主动获取的重大转变。充分吸收 2014 年“政企协作”试点改造老旧小区经验，千方百计克服困难，完成 111 个老旧小区现场改造任务，约 30 万居民直接受益。配合规建局、住建局，率先在全省探索规范新建住宅小区供配电设施有关工作，取得一定的成效。实施“业扩报装环境整治百日行动”，创新两个“1+2+1”服务新举措，试点业扩报装“可视化”新模式，业扩报装容量同比增加 17.75%，业扩报装服务规范率 100%。建成自助缴费终端 34 台，新增电费代收网点 1630 个。走进“行风热线”接受社会监督，舆情同比下降 8%。公司在全市 12 个市级公共服务单位行风社会评价中再次获得第一。

10 月 21 日，自贡市委书记雷洪金代表省文明办授予自贡供电公司全国文明单位奖牌　　　（王洪颖　摄）

【依法治企】2015 年，自贡公司落实“三全五依”要求，推广应用依法治企指标及评价体系。落实“人财物”集约化管理新要求，强化关键领域和重点环节的监督和全过程管理，及时纠正物资采购、工程管理等方面苗头性问题。开展重点领域自查自纠，完成技改大修等专项审计 12 项，审减金额 30.08 万元。依法合规配合政府做好东兴寺拆迁，企业和员工利益都得到有力维护。警企协作创建“平安电力”，充分发挥“检企共建”预警功能，强化警示和党纪法规教育，员工法治思维、依法办事意识不断增强。公司法治环境持续改善，获省电力公司“依法治企工作先进单位”称号。

【党建和精神文明建设】2015 年，自贡公司“三严三实”专题教育稳步开局、有序推进、成效实在，两级领导班子高质量召开专题民主生活会，党的优良传统和作风不断巩固。认真落实中央从严治党要求，制定公司基层党组织工作考核办法，严格党内政治生活，党组织的政治核心作用充分发挥。聚焦老旧小区改造、低电压台区治理等重点工作，架好联系服务群众的“连心桥”。2 个基层党组织、1 人次获国家电网公司表彰，同时，荣获四川省电力公司 2014—2015 年度“红旗党委”荣誉称号。积极培育践行社会主义核心价值观，该公司被中央文明委授予“全国文明单位”荣誉称号，创建工作经验在全省宣传部长座谈会上作交流发言。大力推进企业文化进供电所活动，刘山供电所成功创建省电力公司首批企业文化建设示范点。持续加大教育培训力度，举办培训班 40 期，参训人员 5023 人•次，员工队伍整体素质不断提升。坚持党风廉政建设领导体制和工作机制，牢牢抓住党风廉政建设责任分解、责任考核、责任追究三个关键环节，全年未发生中层及以上干部违纪违法问题，未发生影响和损害公司形象的重大事件，该公司党委落实党风廉政建设责任制被省电力公司评为“优秀”。认真落实离退休老同志“两项待遇”，推进健康养老、幸福养老、文化养老，荣获省电力公司敬老先进单位。妥善处理各种利益诉求，维护了公司和谐稳定。

【所属县级供电企业】国网自贡供电公司所属县级供电企业有 3 家，分别是全资分公司国网荣县供电公司、全资子公司国网荣县供电有限责任公司、控股公司国网富顺县供电有限责任公司。

【国网荣县供电公司】国网荣县供电公司担负着荣县、宜宾、威远部分地区 1320.11 平方公里的供电任务，供电人口约 65 万人。供区内，有 220 千伏变电站 1 座，110 千伏变电站 2 座，35 千伏变电站 6 座 ；220 千伏线路 5 条，共 345.12 公里，110 千伏线路 5 条，共 120.14 公里，35 千伏线路 8 条，共 110 公里，10 千伏配电线路 42 条，共 1609 公里；共有配变 2435 台，变电容量 35.4 万千伏安。

2015 年公司完成售电量为 53049.5787 万千瓦时，并表口径为 52233.3693 万千瓦时。电费回收率：99.77%，售电均价：614.05 元/千千瓦时，同比下降 20.54 元/千千瓦时，下降 3.24%（以上均为含金龙数据）。110 千伏及以下综合线损率为 5.673%，比 2014 年同期的 6.291%低 0.618 个百分点。截至 2015 年年底，供区内有大宗工业用户 74 户，普通工业用户 2505 户，城镇照明用户 190522 户（含农村居民照明用约 143676 户），城镇商业用户及其他 19152 户，农业生产 702 户，趸售 1 户。

【国网荣县供电有限责任公司】国网荣县供电有限责任公司的前身是 1986 年荣县人民政府为改善西北路的供用电状况成立的荣县地方电力公司。1997 年 2 月由自贡电业局代管。2005 年 12 月四川省电力公司实行控股。2013 年 12 月公司正式成为国网四川省电力公司全资子公司。现有 35 千伏变电站 2 座，主变 3 台，变电容量 2.63 万千伏安，35 千伏输电线路 2 条，长度 16.97 公里，10 千伏线路 22 条，长度 837.14 公里，低压线路 4794 公里，配变容量 109958 千伏安。公司承担着荣县西北路方向 838 平方公里 17 个乡镇（含宜宾市的三合、征远两个乡镇）32 万人，97080 户（其中大工业用户 24 户）的电能供应、电网建设和运行管理任务。2015 年，该公司完成售电量 0.87 亿千瓦时；线损率 13.61%，电费回收率 100%。

【国网富顺县供电有限责任公司】国网富顺县供电有限责任公司于 2015 年 12 月底挂牌成立，属国网四川省电力公司控股县级供电企业。公司在沱江河有径流式水电站两座，总装机容量 3.08 万千瓦，年发电量 2 亿千瓦时左右；首座 220 千伏变电站—琵琶 220 千伏变电站于 2015 年 8 月 26 日开工建设，公司依托 4 个 110 千伏变电站和 14 个 35 千伏变电站（含 1 个开关站）构成公司主干电网；拥有 110 千伏线路 7.94 公里，35 千伏线路 201.36 公里，10 千伏线路 1793 公里，配电变压器 3028 台。公司供电区域主要位于富顺县境内，辐射周边市县的部分地方，共约 30 余乡镇，总供电面积 1350 平方公里，供电人口 120 余万人，供电户数 32 万余户。2015 年，公司实现发电量 2.07 亿千瓦时，销售电量 4.81 亿千瓦时，售电均价 0.6243 元/千瓦时（含税基金），综合线损率 13.81%，供电可靠率 99.18%。

（段涛、古元彬、黄忠兵、邹庆）

国网广安供电公司

【企业概况】国网四川省电力公司广安供电公司（原名广安电业局）成立于 1998 年 4 月，2013 年 7 月 1 日更名为国网四川省电力公司广安供电公司，简称国网广安供电公司，主要供电区域为广安市及重庆合川市部分地区，供电面积 3887 平方公里，供电户数 70 余万户，是国有特二型企业。该公司现有员工 2156 人，其中长期员工 474 人。公司设置 11 个职能部门、7 个业务支撑实施机构以及 4 个县级供电企业。2015 年，售电量实现 35.12 亿千瓦时，固定资产原值达到 29.93 亿元。公司管理的 35 千伏及以上变电站 48 座，变电容量 3036.9 兆伏安；35 千伏及以上输电线路 1545.252 公里。2015 年，广安公司获得了全国文明单位、全国创建模范职工之家先进集体、四川省五一劳动奖状、四川省最佳文明单位、四川省国资委先进基层党组织、广安市突出贡献企业、广安市纳税大户、广安市诚信经营示范单位等一系列荣誉。

加快电网建设与履行，确保迎峰度夏期间可靠供电，广安公司 2 月 19 日开展 110 千伏变电站大修（谢庆华 摄）

【人力资源】广安公司设置 11 个职能部门，7 个业务支撑与实施机构，以及华蓥、邻水供电分公司，受省电力公司委托管理武胜县供电有限责任公司和邻水县供电有限责任公司。截至 2015 年年底，该公司全口径用工总量为 2156 人，其中全资控股单位用工总量为 1879 人，集体企业用工总量为 277 人（含民生公司派遣员工 97 人）。在全资控股单位中，主业长期职工共计 474 人，其中主业岗位 396 人，支援集体 70 人，交流控股公司 8 人；业务外委员工即原主业岗位劳务 126 人，农电工 327 人；武胜公司 476 人，邻水公司 476 人（其中农电工 118 人）。全资控股单位员工平均年龄为 41.28 岁；以职称分，其中获得高级职称 103 人，中级职称 151 人，初级职称及以下 1625；从职业技能等级看，其中高级技师 27 人，技师 418 人，高级工及以下 1434 人；从学历水平看，其中硕士研究生及以上 72 人，大学本科 998 人，大学专科 331 人，中专及以下 478 人。该公司全面选拔副科级后备干部 34 人，交流干部 15 人，干部队伍结构持续优化。2015 年自办培训班 96 期（次），共培训 6215 人·次，组织自主集中履职能力考试 10 期、444 人参加集中考试并全部合格，2013□2015 年共计 1072 人完成生产人员履职能力培训，完成率、合格率 100%。完成 122 人特种作业换证复审。4 人获得国网后备专家人才称号；蒙媛获得省电力公司培训师技能大赛个人二等将，公司获得优秀组织奖；选拔“电力雏鹰”2 名。评选公司级 2014 年度优秀专家人才 12 名，推选 2 名员工参加国网优秀专家人才选拔。404 人报名参加职业技能鉴定，其中中级工 129 人、高级工 111 人、技师 145 人，高级技师 19 人。29 人通过中级工、24 人通过高级工、82 人通过技师鉴定，10 人将参加高级技师评审。

【电网建设与发展】按照省电力公司统一部署，及时启动并组织谋划“十三五”电网规划，完成市、县两级的电网规划图、项目清册等一系列规划成果。并积极向政府规划部门沟通汇报，力争将公司电网规划内容纳入政府规划；全面完成 2015 年度电网项目前期工作计划，取得武胜 220 千伏变电站扩建工程、石马河 110 千伏变电站扩建工程 2 个项目的核准批复。启动了岳池南 220 千伏输变电工程、中桥 110 千伏输变电工程的可研工作，截至 2015 年年底，均已进入工程选址选线阶段。严格按照里程碑计划，实施电网建设项目 9 项，提前完成兰渝铁路广元姚渡牵引站 110 千伏供电工程援建任务，新建 110 千伏以上输电线路 122.5 公里，变电容量 18 万千伏安。

【经营管理】2015 年，广安公司建立电费回收周例会制，有效防控电费回收风险，实现电费回收 100%。强化预算全过程管理，严格资金监控，增强预算执行规范度。开展往来款专项清理和会计基础工作管理创优复查，进一步规范会计档案资料，切实提升财务管理水平。稳步推进营配贯通数据治理，完成台区低压现场清理 6510 台，完成率 100%；完成中（高）压营配贯通一致率 95.23%。加大对标典型经验提炼力度，实现连续三年有典型经验入选省电力公司典型经验库。充分发挥运营监控中心作用，试行计划预算、配电网运营在线监测，深化量价费损、营销稽查、物资供应链等九大专项分析，探索开展基于明细数据的挖掘分析，为公司生产经营、决策部署提供精确的数据支撑。供电企业经营业绩考核位列公司系统 A 段第五名，同业对标位列省电力公司第五位，首获综合标杆和业绩标杆，创历史最好成绩。

【安全生产】2015年，广安公司修订印发了《国网广安供电公司安全生产反违章考核实施细则》，全年查处违章408起，处理违章人员578人，连带追究管理人员72人，有力促进安全主体责任落实；全年开展春季安全保障及安全大讨论、安全日、安全大检查及隐患整治、安全生产月等专项活动10次，实现专业全覆盖，累计排查隐患511条，整改完成率100%，有效营造了齐抓共管的工作氛围；严格落实“月计划、周安排、日管控”制度，修订完善公司《现场安全风险管控实施细则》，发布风险预警27次，有效保障了电网安全；组织并参加省电力公司汛期防灾减灾联合应急演练等各类演练12次，成功应对“4·4”武胜特大风灾。圆满完成残运会圣火采集、抗战胜利70周年纪念活动等各项保电任务26项，进一步提升了应急实战处置能力。扎实开展交通、消防、治安及电力设施保护，积极推进“平安电力”创建。

【农电工作】2015年，广安公司全年投资农网改造2.68亿元，完成新建（改造）10千伏线路125.7公里，安装配电变压器384台，完成新建（改造）低压线路801.9公里。1项农网改造工程获得国家电网公司“农网（配电）百佳工程”。完成了对供电所人员改签，三新公司转制挂牌并正式规范运行。统筹安排，加快低电压治理，精心组织农网改造升级工程和技改投入的低电压治理项目。按照《关于开展农村“低电压”常态化综合治理的工作方案》的规定，常态推进公司农村供电低电压治理工作。加强乡镇供电所基础设施建设，针对供电所生产营业用房短缺、生产车辆严重缺编、以及新通电地区供电所建设等问题，开展重点研究，加大投入。按照省电力公司部署，推广实施省电力公司乡镇供电所及班组一体化信息系统，建立统一规范的信息平台，按需接入常用业务系统，切实减轻供电所负担。加强农电用工技能培训，组队参加了省电力公司乡镇供电所岗位知识技能竞赛。

9月2日，广安公司各基层党组织与邻水县曝光村负责人开展精准扶贫对接工作　（谢琉涛　摄）

【科技与信息化工作】2015年，广安公司密切关注电力体制改革动向，认真研究“电改”政策，提前探索转型思路，确保占据主动权。成立专项工作组，制定各类预案11个，稳妥推进集体企业改制和农电用工规范管理工作。积极探索大数据、互联网+等新技术，研究应用发展规划，构建技术标准规范，抢占新技术制高点。积极适应改革发展新常态，大力推动管理创新、精益化、QC活动等各项工作，全年开展项目56个，获得省电力公司一等奖5项。其中，首创构建精益班组评价管理体系，“新型电能表箱”QC成果被推送参加国家电网公司评选。加大创新人才培养，实现精益化带级人才认证通过率位列公司系统第一，培养黑带2人、绿带26人，为推动精益转型，实现降本增效奠定了坚实的人才基础。

【市场服务（优质服务）】2015年，广安公司大力实施便民服务，全面推广掌上APP，注册4.7万余户，进一步方便用户查询电费、电价、停送电等信息。与11家金融及非金融机构建立委托代收合作关系，设便民代收点273个，全域有营业厅39个，自主缴费终端41个，全面实现城区“十分钟缴费圈”和农村“村村有缴费点”的目标。强化优质服务监督管理，充分发挥供电服务督查大队作用，持续提升优质服务水平，累计发现问题56条，已采取措施38条，向省电力公司建议14条。进一步优化服务流程；公司深化360度体检机制，以“业扩报装环境百日整治行动”为契机，照镜子、查问题、析原因、上手段、添措施，优化业扩服务流程，整合电网信息资源，强化内部信息共享，实现信息一次性告知。

【党的建设和精神文明建设】2015年，广安公司结合党的群众路线教育实践活动，扎实开展“三严三实”专题教育实践专题及研讨10次，党委中心组学习12次，高质量开展专题民主生活会，深入查摆问题，敢于揭短亮丑，达到了“团结—批评—团结”的目的。结合省电力公司党风廉政巡查发现的问题，坚持举一反三，扎实开展党风廉政建设和反腐败工作，发现问题35个，整改落实29个，6名领导干部被诫勉谈话。

完善公司企业文化基地建设，加快打造代市供电所“小平故里第一所”企业文化建设示范点。开展领导干部蹲点基层班组活动，累计走访调研 72 次，解决问题 25 个。深入推进“办三事”活动，慰问一线员工和困难职工 391 人，组织疗养 144 人，组织女职工体检和基层健康食堂创建工作，构建和谐氛围。以赛促学、以赛代训，开展农电技能竞赛、优质服务之星劳动竞赛，参加省电力公司 QC 竞赛、内训师竞赛等，取得优秀成绩。认真落实离退休职工“两项”待遇，公司荣获省电力公司 2013－2015 年度“敬老先进单位”称号，1 名老领导荣获“川电风采老人”。客户服务中心获评全国模范职工小家。1 人荣获四川省劳模，1 人获颁四川省五一劳动奖章，公司员工蒋智慧荣获国家电网公司劳动模范，公司员工蒋海均入选见义勇为“中国好人”榜。

【所属县级供电企业】广安供电公司所属供电企业有：国网四川省电力公司华蓥市供电分公司、网邻水县供电公司、国网邻水县供电有限责任公司、国网武胜县供电公司

1 月，广安武胜县发生风灾。图为配备应急发电机，为受灾村民安置实施应急发电 （谢疏涛 摄）

【国网四川省电力公司华蓥市供电分公司】国网四川省电力公司华蓥市供电分公司成立于 1991 年 6 月 14 日，原名“四川省电力公司广安华蓥供电局”，2013 年 7 月 1 日起更名为“国网四川省电力公司华蓥市供电分公司”，简称“国网华蓥市供电公司”。供电范围包括华蓥市、岳池县及重庆合川市的部分地区。供电面积 510 平方公里，直供 17 个乡镇、街道办事处，206 个村、1178 个社、11.05 万余用电户、用电人口 36.5 万人。村社通电率 100%。该公司年售电量 7.4 亿千瓦时，该公司有 220 千伏变电站 1 座、110 千伏变电站 4 座、35 千伏变电站 4 座，主变压器 18 台，变电总容量为 69.12 万千伏安。35 千伏及以上输电线路 308.37 公里，10 千伏配电线路 730.02 公里，共有配电变压器 1318 台。

【国网邻水县供电公司】国网邻水县供电公司隶属于国家电网公司，是国网四川省电力公司广安供电公司下属供电企业，位于广安邻水县，地处川东北地区，属深丘地带。供电范围为邻水县城部分区域和高滩、坛同、子中、华云、甘坝等 5 个乡镇，供电面积 800 平方公里，覆盖 105 个村，345 个社，4.64 万余户（其中专变 75 户），供电人口 20 万人，村通电率 100%，户通电率 100%。公司现有 10 千伏公用线路 13 条，总长 299.05 公里；配电变压器 550 台，总容量 77.74 万千伏安（其中公变 443 台，容量 75.08 万千伏安；专变变压器 107 台，总容量 2.66 万千伏安）；0.4 千伏线路 793.316 公里。

【国网邻水县供电有限责任公司】国网四川邻水县供电有限责任公司前身为“邻水县地方电力公司”，成立于 1984 年 12 月。2002 年改制为四川邻水启明星电力有限公司，2006 年再次改制为四川邻水供电有限责任公司，由四川省电力公司控股经营，其中，省电力公司持股 90.24%，泸州鑫福矿业集团持股 9.76%。该公司于 2013 年 6 月更名为国网四川邻水县供电有限责任公司。公司供电营业面积 1691 平方公里，辖 41 个乡镇 456 个行政村，供电人口 93 万人，用电户数 26.24 万户。村、社通电率 100%。该公司电网以 35 千伏输电网络与 110 千伏邻水变电站、牛背山变电站和丰禾变电站并网运行。网内现有变电站 12 座，110 千伏线路 4 条，长 85.2 公里，35 千伏线路 12 条，长 132.98 公里，10 千伏主干线路 79 条，长 775.3 公里。2015 年售电量 4.6 亿千瓦时。

【国网武胜县供电公司】国网武胜县供电公司是国网四川省电力公司的全资子公司，其前身是武胜县电力公司，属武胜县地方国有企业。1995 年 10 月由南充电业局代管，1998 年广安电业局成立后由广安电业局代管。2000 年 12 月，该公司改制更名为“四川武胜启明星电力有限公司”。2005 年 10 月，四川启明星电力公司与四川省电力公司签订了《股权转让协议》，公司成为省电力公司的控股公司，更名为“四川武胜供电有限责任公司”。2012 年 11 月，广安众托投资有限责任公司与四川省电力公司签订了《股权转让协议》，公司成为省电力公司的全资子公司。2013 年 8 月，按照国家电网公司统一要求，公司更名为“国网四川武胜县供电有限责任公司”。公司供电范围为武胜县行政区域以及岳池县、合川

市、蓬溪县等部分行政区域，供电面积960平方公里，包括515个村，31个乡镇，5113个社，24万余户。村通电率100%，户通电率100%。现有110千伏变电站4座，总变电容量247500千伏安；35千伏变电站7座，总变电容量116500千伏安；现有110千伏线路6条，总长109.28公里；35千伏线路12条，总长139.43公里；10千伏线路72条，总长1565公里，共计配变容量423960千伏安。2015年最高负荷11万千瓦。截至2015年12月底，累计完成购电量41314.84万千瓦时，同比增长8.9%；完成售电量37663.48万千瓦时，同比增长9.3%。

（舒苹珂）

国网资阳供电公司

【企业概况】国家电网四川省电力公司资阳供电公司成立于2001年12月26日，是四川省电力公司下属大一型供电企业，以建设和运营资阳电网、保障全市电力安全可靠供应为核心业务。供电面积7962平方公里，供电人口近500万人。该公司现设有职能部门13个，其中本部职能部门11个，业务支撑和实施机构7个。直管县级供电企业1个，受四川省电力公司委托管理全资县级供电企业4个，及一个集体企业管理平台。截至2015年年底，该公司用工总量4155人，220千伏变电站7座，变电容量174万千伏安；110千伏变电站24座，变电容量151.05万千伏安；35千伏变电站37座，变电容量41.875万千伏安。有35千伏及以上输电线路129条，其中220千伏线路21条，110千伏线路54条，35千伏线路54条，总长度1824.937公里。有10千伏城网配电线路391条，总长度9234.6公里。

2015年，资阳供电公司完成各类固定资产投资13.67亿元；完成并表口径售电量28.92亿千瓦时，同比增加0.3%。并表口径线损率8.61%；同业对标综合排名、业绩排名、管理排名均为第六名，三项排名进步均为省公司第一名，财务、检修管理获省公司专业标杆。业绩考核在省公司排名第七。同业对标和业绩考核排名创“十二五”最好成绩。2015年，公司荣获省公司2015年安全生产先进单位和资阳市人民政府表彰的完成安全生产目标优秀企业，连续第八年获得资阳市“三电”设施保护先进单位。

【电网建设与发展】截至2015年年底，已建成220千伏海鸣站、110千伏白塔站输变电工程，新增变电容量50.79万千伏安，投运35千伏及以上线路118.928公里，全市配网N-1和电缆化率分别提升3%、6.44%。治理低电压台区2395个，解决低电压用户7.52万户，农村地区户均容量提升至0.85千伏安/户。按时保质完成成渝客运专线项目、“电力天路”项目建设，道孚110千伏输变电工程获流动红旗竞赛活动优胜项目。提前半年启动110千伏牌坊沟变电站项目建设。完成76.56万只智能电表换装，换装量全省第一，全市智能电表安装总量突破一百万只。合表小区改造有序推进。

【经营管理】2015年，资阳供电公司经营环境不断优化，与资阳各县（市、区）政府签订战略合作协议，各级政府均出台加快电网建设政策性支持文件。内部管理更加规范，“三集五大”体系实现县公司全覆盖。实现财务管理在线实时监督。合格厂商库与评价体系逐步完善。运营集约化管控系统建成投运，重点工作和核心业务完成效率有效提升。经营质效切实提高，开展线损精益化管理。落实省市4项稳增长用电刺激政策，刺激售电量增长1736万千瓦时。将用电客户电费缴纳信息纳入人民银行征信评

资阳供电公司建起安全用电示范村　（李学湜　摄）

价，跨月欠费同比下降94.74%，旧欠电费实现100%回收。强化成本控制，“三公”费用下降 74.22%。集体企业改革改制稳步推进，完成集体企业重组整合，成立三新供电服务有限公司。实现1072名农电工和77名通用工种用工模式规范管理。

【安全生产】安全基础更加牢靠，加大班组建设力度，开展班组安全承载力分析工作；积极推进安全绩效档案、安全心智模型研究；按期建成备调系统，电网安全运行水平大幅改善。安全体系更加完善，建立完善安全考核、安全等级评价、隐患治理等 5 个方面 6 个安全制度，依法治安的良好局面初步形成。现场管控更加有力，领导干部定点分片巡查，“严抓严管”等8项安全行动刚性开展，电子派工单和4G视频管控等举措相继投入应用，现场安全保持平稳。涉电公共安全得到改善，建成全省第一个安全用电示范村，出台电力设施保护政策，整治涉电鱼塘2876个，营造了良好的供用电环境。该公司荣获省公司 2015 年安全生产先进单位和资阳市人民政府表彰的完成安全生产目标优秀企业，连续第八年获得资阳市“三电”设施保护先进单位，圆满完成各项重大保电任务。

【依法治企】法治体系更加健全，建立依法治企指标体系,在全省率先开展全员岗位职责、制度、标准执行体系建设，新建规章制度23个，修订3个，顺利通过省公司“六五”普法检查验收。法治氛围更加浓郁，领导干部带头会前学法，严格执行“三重一大”决策程序，召开37次总经理办公会决策事项200个，召开11次党委会决策事项18个，出具重大决策法律意见书5份，法律保障更加有效。风险防控更加有力。与检察院开展“检企共建”，合作打造全省第一家地市公司预防职务犯罪基地。组织党风廉政专项巡察。不断强化审计监督作用，围绕重点领域开展了专项审计调查，共提出审计意见和建议336条，纠正不合规资金858.78万元，核减工程支出216.43万元，有效排除企业各项经营风险。

资阳供电公司红细胞志愿服务联盟启动（李学湜 摄）

【创新工作】2015年，资阳供电公司创新工作取得实效。与电科院合作开展地区电网安全经济运行研究，开展调度技术支持系统实时数据校错模块研究，电网运行管理水平有效提升。积极构建公司标准化快抢队伍。开展人力资源需求预测与优化配置精益管理研究，有效盘活公司人力资源。完成舆情应对精益化管理体系建设，未发生一起重大舆情事件。创新研究硕果累累。开展班组精益化试点和 QC 活动，1项QC成果获得省公司一等奖，2项QC成果获得省公司三等奖。获国网管理创新成果二等奖 1 项。省公司管理创新成果奖6项，其中：一等奖2项。省公司优秀精益项目成果奖4项，其中：一等奖2项。省公司优秀课题研究成果奖2项，工人技术创新奖2项，获奖成果数量和等级均实现历史性突破，形成良好的创新氛围。

【供电服务】2015年，资阳供电公司便民服务取得实效，实施“业扩报装环境整治百日行动”，业务办理时间平均缩短 3 个工作日。缴费渠道拓展至 13 种，缴费网点增至1500个，缴费时间平均缩短30分钟。服务举措不断创新，召开春节保供电新闻发布会和大客户恳谈会。创新实施“红细胞暖冬行动”，为返乡外出务工人员提供贴心服务。在市电视台推出“电力辣妈帮帮忙”栏目，服务形象获社会广泛好评。与海大橡胶集团、资阳移动、资阳农行等重要关联客户签订战略合作协议，企业互惠合作初见成效。营销转型推进有力，营配贯通率完成67.79%，筑牢“大数据”平台基础。着手开展“互联网+服务”项目建设，川电APP注册用户突破11万户。营销服务管控平台顺利推广，缴费网点监测平台初步建成，线上服务水平大幅提升。公司连续第四年在全市万人评风活动中获前三。

【党的建设、队伍建设和企业文化建设】2015年，资阳供电公司党的建设不断夯实。扎实开展“三严三实”专题教育，查找整改“不严不实”问题 28 个；梳理220项党风廉政建设主体责任、监督责任，制定35项工作重点和105项任务分工。队伍建设取得实效。开展干部交流任免76人次，出台加大年轻干部、后备干部培养锻炼相关办法，考察后备干部79 人，选派 10 名大学生挂职班组长岗位，建立良好的选人用人机制。企业文化全面落地，与市委宣传部共同发起，联合14家企事业单位成立了资阳市学雷锋“红细胞”志愿服务联盟，开展“红细胞”0公里志愿关爱计划，将“红细胞”精神传播到甘孜道孚，资阳电力特色的正能量在全社会弘扬。持续开展员工关爱行动，建成公司首个省级“妈咪宝贝屋”示范点，启动全覆盖的健康食堂建设，开展企业环境综合整治，营造和谐内部环境。

【所属县级供电企业】资阳供电公司所属县级供电企业有：国网简阳市供电分公司、国网四川资阳市雁江供电有限责任公司、国网四川简阳市供电有限责任公司、国网四川乐至县供电有限责任公司、国网四川安岳县供电有限责任公司

【国网简阳市供电分公司】国网简阳市供电分公司成立于1973年，是国网四川省电力公司资阳供电公司管辖的直属县级供电企业。担负着简阳市“四乡三镇”（贾家镇、太平镇、石盘镇、坛罐乡、海螺乡、玉成乡、老君乡）366.88平方公里，108个供电村，25.82万人口的供电任务。截至2015年年底，该公司有配电线路36条，共计476.2公里，配电变压器1129台，配电容量28.2万千伏安，其中：公变701台，容量15.274万千伏安；专变428台，容量为12.926万千伏安。2015年电量指标为3.16亿千瓦时，实际售电量为92159.8149万千瓦时，其中直供31743.3903万千瓦时，趸售60416.4246万千瓦时。农网建设项目91个，投资资金845万元。全年公司未发生影响企业形象的重大事件，党风廉政建设考评继续保持“优秀”格次，公司在简阳市千人评风中连续4年名列前茅。公司荣获资阳公司“纪检监察工作先进集体”“电网先锋党支部”等荣誉称号。

【国网四川资阳市雁江供电有限责任公司】国网四川资阳市雁江供电有限责任公司2013年改制为国网四川省电力公司全资子公司。公司下辖水力发电站2座，主要承担雁江区大部分城区和农村的供电任务，供区面积1563.5平方公里，占雁江区面积的95.8%。有35千伏无人值班变电站9座，主变总容量9.275万千伏安；配变4454台共56.7028万千伏安；35千伏线路13条共134.8公里，10千伏线路104条共2407.025公里；所属的南津驿、王二溪两座水力发电站装机容量1.38万千瓦、1.08万千瓦。2015年，完成售电量4.98亿千瓦时，同比增长2.47%，与“十一五”规划末同比增长57.52%。全年完成售电量4.98亿千瓦时，同比增长2.47%，全年实现发电量1.63亿千瓦时，电费回收率100%。组织实施2015年两批农网改造升级工程及低电压治理技改项目，建设资金2.667亿元。完成了道孚110千伏变电站35千伏配套工程，安装架设耐张铁塔13基，线路3.409公里。

【国网四川简阳市供电有限责任公司】国网四川简阳市供电有限责任公司成立于1965年，原属地方供电企业，1996年由内江电业局代管；2006年年底重组改制为地方政府参股，省电力公司控股企业；2013年，简阳市委、市政府将地方产权39.51%无偿划拨给四川省电力公司，改制为全资控股公司，并正式更名为国网四川简阳市供电有限责任公司。该公司担负供电任务的220千伏变电站有3座，变电总容量90万千伏安；110千伏变电站有8座，变电总容量52.3万千伏安；35千伏变电站9座，变电总容量12.52万千伏安。担负着简阳市1756平方公里、43个乡镇、4个街道办、近38万户用户的供电任务。2015年全年累计完成售电量6.68亿千瓦时，同比上升2.83%；日网供最大负荷15.884万千瓦，同比增长5.78%；综合线损率8.55%，同比下降0.15%；供电可靠率99.974%；截至2015年12月31日，实现连续安全生产6417天。

【国网四川乐至县供电有限责任公司】国网乐至县供电公司是乐至县境内唯一的供电经营企业，始建于1950年。1998年由内江电业局代管，2001年由资阳公司代管，2010年由省公司控股，更名为“四川乐至供电有限责任公司”。2014年更名为“国网四川乐至县供电有限责任公司”，纳入省公司全资管理，肩负着乐至县工农业生产和生活用电使命。乐至电网是一个典型的受端网络，该公司供区内有220千伏文峰变电站一座，主变容量15万千伏安；辖区内220千伏输电线路4条，总长45.1公里；110千伏变电站四座，分别是仙鹤、宝林、皂角和东山变电站，主变6台，主变容量21.45万千伏安，110千伏线路7条，线路总长110.6公里；35千伏变电站7座，主变11台，变电容量6.595万千伏安；35千伏线路11条，总长155.1公里；10千伏开关站一座;10千伏线路64条，总长1965.32公里，10千伏配变总计2465台，总容量28.112万千伏安，其中，箱变135台，容量6.575万千伏安，杆上变压器2330台，容量21.537万千伏安。农村低压线路1.55万公里。坚持抓好线损和电费均价管理，在线损较低的情况下，2015年同比降低了0.13个百分点；积极拓展缴费渠道，增加了各类电费代收点212个，代收电费比例88.5%，基本达到了“3个村一个缴费点”和县城“十分钟缴费圈”的目标。

【国网四川安岳县供电有限责任公司】 国网四川安岳县供电有限责任公司，现为四川省电力公司全资子公司。其前身安岳电厂于1951年11月建立，

之后更名为安岳县供电所、安岳县电力公司、内江电业局安岳供电局、 四川安岳供电有限责任公司等，2013 年改制为现公司。该公司承担全县除华严、千佛、拱桥等三个乡镇外约 2600 平方公里供电任务，供电人口 150 万。截至 2015 年年底，安岳电网拥有 220 千伏变电站一座，110 千伏变电站 5 座，35 千伏变电站 12 座（含通贤中石油自建一座。），35 千伏及以上变电容量 59.41 万千伏安、线路长度 427.031 千米，农村 10 千伏线路 69 条/3136.97 千米。此外，资中县电力公司在华严、千佛各建有 35 千伏变电站一座。全年累计成购电量 6 亿千瓦时，同比增长 1.42%；累计完成售电量 5.4 亿千瓦时，同比增长 3.42%；累计完成综合线损率 9.97%，同比下降 1.74 个百分点；累计完成售电均价 0.6289 元/千瓦时（不含代收），同比增加 0.0051 元/千瓦时。截至 2015 年 12 月 31 日，实现连续安全生产 4251 天。

（李学淣）

国网遂宁供电公司

【企业概况】国网四川省电力公司遂宁供电公司成立于 2005 年 8 月，是国网四川省电力公司下属国家大（I）型供电企业，承担遂宁市三县两区供电任务。设有 11 个职能部门（办公室、发展策划部、财务资产部、安全监察质量部（保卫部）、建设部（项目管理中心）、审计部、人力资源部、党群工作部（工会、团委）、监察部（纪委办公室）、运营监测（控）中心、市电力调度控制中心，7 个业务支撑及实施机构[运维检修部（检修分公司）、营销部（农电工作部、客户服务中心）]、电力经济技术研究所、信息通信分公司、物资供应中心、培训分中心、综合服务中心），下属 1 个集体企业（遂宁泰源电力开发总公司），管理四川省电力公司下属 2 个县级全资供电公司（国网四川大英县供电有限责任公司、国网四川蓬溪县供电有限责任公司）、1 个控股县级供电公司（国网四川明珠集团有限责任公司）。

2015 年，遂宁供电公司完成电网投资 4.42 亿元；并表口径售电量 34.64 亿千瓦时，位列全省第 18 位，同比增长 3.34%，增速列全省第 6 位；营业收入 10.79 亿元，同比增长 3.27%；资产总额 15.11 亿元，同比增长 7.2%；综合线损率 4.59%；同业对标和企业负责人业绩考核指标均列全省第 10 位，分别较 2014 年前进 2 位和 1 位； 电费回收及资金解交率 100%。该司全年未发生人身重伤及以上事故；未发生重大电网、设备事故；未发生本企业负同等及以上责任的重大交通、火灾事故；未发生有人为责任的一般电网、设备事故；未发生负主要责任且有重大影响的供电不安全事件；未发生损害公司形象的重大事件。截至 2015 年 12 月 31 日，遂宁公司连续安全运行 3782 天。

【人力资源】2015 年，遂宁供电公司领导班子职数为 7 人，由总经理、党委副书记陈强，党委书记、副总经理苏旭燕，生产副总经理张剑廷，纪委书记、工会主席曾俊杰，经营副总经理向建兵，副总经理、总工程师李江、总会计师李忠林组成。

截至 2015 年年底，公司全口径用工 3727 人，其中本部定员 481 人，目前在岗 239 人，缺员率 50.3%；县公司 3488 人。全口径劳动生产率 296794.41 元/人·年，同比增长 10.37%。公司人力资源工作坚持以科学发展观为指导，树立“服务于公司发展战略、服务于企业生产经营、服务于员工成长”的理念，以建设统一坚强智能电网和“一强三优”现化化公司为契机，大力实施人才强企战略，坚持以企业发展战略和能力建设为核心，以岗位履职能力建设为重点，不断提高生产技能人员技能操作水平，着力培养一支“专业专注、精益精准、高标高效、实干实绩”的人才队伍。

【电网建设与发展】2015 年，遂宁供电公司完成电网投资 4.42 亿元（其中 110 千伏及以上投资 1.18 亿元，占比 26.7%；35 千伏及以下投资 3.24 亿元，占比 73.3%）。220 千伏小于输变电工程等 4 个 110 千伏及以上项目前期工作进展顺利；投运 110 千伏及以上输变电工程 1 个（变电容量 10 万千伏安、线路 16 公里）；开工建设 35 千伏及以上电网项目 5 个，变电容量 22.52 万千伏安、线路 124 公里。全年安装智能电表 16 万只，累计安装 31 万只。农网改造升级和“低电压”专项治理工程投资 2.23 亿元，新增城镇配电网投资 5867.72 万元，改善 1.03 万户居民用电质量。

截至 2015 年年底，遂宁电网有 500 千伏变电站 1 座，主变容量 150 万千伏安，500 千伏线路 82 公里；220 千伏变电站 5 座，主变容量 141 万千伏安；

220 千伏线路 15 条，总长 400 公里；110 千伏变电站 32 座（其中遂宁公司 20 座、明星公司 5 座、用户变电站 7 座），变电容量 228.81 万千伏安；110 千伏线路 45 条，总长 572 公里。遂宁地区现有发电装机 25.3 万千瓦，年发电量约 11.3 亿千瓦时。

【经营管理】2015 年，遂宁供电公司强化开源节流，着力内部挖潜，严控成本、防范风险，积极推动一系列经营管理领域精益项目实施。全面计划与预算管控持续深化，实现市、县公司综合计划并轨，项目资金一体化管控不断加强。落实市委、市政府“稳增长”政策措施，主动服务重点项目和招商引资企业。固化“业扩报装环境整治百日行动”活动成果，高压业扩平均接电时间由 35 天缩短至 27 天。按进度要求全力推进营配贯通，质量、速度均排省电力公司前列。实施掌上川电、微信平台、“电管家”服务等创新举措，全力推进营销转型。优化购电结构，强化电费回收管控，狠抓营销稽查，核查追补资金 40.29 万元。严格预算管理，公司可控成本节约 1329.4 万元，专项成本节约 864.74 万元，“三公”经费同比下降 38.31 万元。

落实“三全五依”工作要求，全年集中开展经营决策、招投标等 6 个专项的重点领域协同监督。组织“小金库”问题专项整治，以刚性的制度约束、严格的制度执行、严厉的惩戒警示，有效防范各类风险。强化通用制度宣贯，组织依法治企自查自纠，发现并整改 9 类共 47 项问题。稳步推进集体企业改革改制，全面完成县公司薪点工资改革、规范劳务派遣用工和农电用工管理。加强依法维权和案件处置，全面清理近年来市县公司权益受损情况并通过法律途径逐个解决。2015 年，公司被评为省电力公司普法先进单位。

【安全生产】2015 年，遂宁供电公司严守电网安全运行规程，开展运维一体化、主备调切换演练等工作，完善电网风险预警管控机制，电网运维管理不断加强。落实安全责任制，深化安全大检查，实施“安全管理提升”“安全客户经理制”　“三级风险挂牌督查”等专项行动。强化施工计划和作业组织管控，有序实施大修技改项目；加强基建队伍和分包管理，坚持“到岗到位”“同进同出”等制度执行；推广运用作业现场安全监督一体化精益成果，全年查处违章 278 次，教育处罚 397 人/次。严格“三种人”评选、培训、调考，“三种人”作用得到有效发挥。完善各专业《应急预案》，组织迎峰度夏、迎峰度冬综合应急演习，增强突发事件应急处置能力，圆满完成年度各项保电任务。公司连续 6 年被评为省电力公司安全生产先进单位。

【科技与信息化】2015 年，遂宁供电公司积极主动完成信息通信运行维护工作。做好节假日、重要保电时期的信息通信应急保障工作，确保信息通信系统事故“零发生”。对公司所有 220 千伏变电站和部分 110 千伏变电站开展信息通信设备及运行环境特巡，及时消除安全隐患。完成 2015 年度遂宁电力通信网运行方式的编制，为全年信息通信运维工作提供有力支撑。配合省电力公司完成对国网通信干线仁和通信中继站的运行维护，保障站点的安全稳定运行。完成公司系统传输网业务路由的清理排查，实现重要业务链路“1+1”的配置。完成公司电视电话会议系统的标签化整治，实现工作现场可视化运维；保障视频监控系统的实时性和可回溯性，为安全生产和优质服务保驾护航。顺利结束全省数据通信网的统一改造，实现网络“双边界”的异地化，以及边界“三核心、四通道”的稳定结构。完成 1 个 110 千伏新建变电站信息通信工程的建设任务，为站点正常投运做出积极贡献。完成公司视频监控主站平台的更换，为生产现场和服务窗口的监控提供更可靠视频流数据。

【市场服务】2015 年，遂宁供电公司多措并举，增强市场供应能力。一是积极协调合理调增县公司趸购电容量，为新增客户提供电力保障。二是业扩服务关口前移，有力促进增容、扩建、技改项目的提早投运，为电力增长提供支撑。三是加快城乡电网升级改造，完成农网改造升级工程投资 2.23 亿元，新增配变 668 台，改造“卡脖子”10 千伏线路 210.2 公里，低压线路 1655.7 公里。四是积极落实富余电量消纳政策，提高营销业务能力和市场服务水平。

价值驱动，提升供电服务水平。一是固化“业扩报装环境整治百日行动”活动成果，打造良好市场服务环境。二是开展电力服务进社区、“电力医生巡诊”专项工作，建设农村配网 40 分钟抢修圈，着力解决供电服务“最后一公里”问题。三是积极探索提升服务效率新途径。开展停送电信息发布、客户业扩报装服务时限达标、故障抢修精益途径研究，有效提升客户满意率。四是组建“优质服务巡查大队”，规范营业收费行为，不断提升服务水平。

【党的建设和精神文明建设】2015 年，遂宁供电公司紧扣从严治党要求，深入落实“两个责任”。扎实开展“三严三实”专题教育，查找“不严不实”问题 34 项，立行立改 28 项，其余 6 项 2015 年整改完毕。优化基层党支部设置，增强基层党组织活力，大力开展“双争”活动，公司党委被评为省电力公司“红旗党委”。严格干部监督管理，执行领导干部重大事项报告制度。落实干部选拔任用规定，深化后备干部培养和梯队储备。加强关键岗位交流力度，对12名科级以下关键岗位人员进行交流。强化人才融合培养，选送37人进行“上挂下派”培养锻炼。全年培养各级各类优秀人才68人。推进“五统一”企业文化在基层落地，成功打造“精益遂宁”“精益班组”等多个企业文化精品工程。发挥创新平台作用，孵化557项“小精益、微创新”成果。精益班组建设和技术创新成效明显，荣获国家电网公司“先进班组”、省电力公司“第二届职工技术创新十大优秀成果”等荣誉。

【精益转型建设】2015年，遂宁供电公司围绕“营销打头、班组落地、文化托底、指标牵引、机制驱动、人才支撑”六项重点任务，综合运用价值链、指标拉动、流程评估、问题池、周计划等管理思想和方法，推倒部门墙、打通上下游，促进市、县业务集约融合和运营管理一体化。着力机制建设，建立完善项目管理、柔性群组公约、精益带级人才管理办法等。公司初步培育形成价值识别、变革驱动、运营提升及人才支撑四项精益核心能力。开展精益大讲堂、普学普考活动、群创性小微活动。2015年，46人获精益带级人才认证，4个精益项目、5项管理创新成果、6项QC优秀成果获得省电力公司奖励。“大型供电企业价值流管理”获中质协全国精益项目发表赛一等奖。

【所属县级供电企业】遂宁供电公司所属供电企业有：国网四川明珠集团有限责任公司、国网蓬溪县供电公司

【国网四川明珠集团有限责任公司】国网四川明珠集团有限责任公司是四川省电力公司控股县级发、供电企业，下有四川明珠水利电力股份有限公司和金华水电有限责任公司两个控股子公司。该公司以水力发电、电网运营为主，兼营水电工程设计、安装、检修以及变压器制造、销售和建筑施工等多种产业。供电客户34.46万户，2015年售电量142533.35万千瓦时。该公司全年完成电网建设投资2.55亿元，完成农网工程投资1.5亿元，营销项目投资3000余万元，35千伏天仙输变电工程投资2600余万元，电站增效扩容及大修技改项目投资4700万元。2015年，该公司共消纳富余电量13046.7万千瓦时，优惠电费1457.27万元。对全县80个贫困村电网现状进行排查，先期投入1600万元完成了46个村的低电压改造。落实“两保户”免费用电基数政策，全年共计返还低保、“五保”免费电量19861户，金额111.57万元；累计返还用户数6万多户，返还金额近400万元。深入开展40余项安全活动。

【国网蓬溪县供电公司】国网蓬溪县供电公司是国网四川省电力公司全资县供电公司。主要负责蓬溪全县电网规划、输变电设施建设、运行、维护、管理及电力供应等，供电面积1251平方公里，供电客户19.4万户。2015年售电量2.96亿千瓦时。2015年，遂宁公司完成了110千伏赤城站母线分段改造、110千伏上游站、35千伏蓬南站II主变增容、红江等8个变电站设备线夹更换和碧山庙、高洞庙电站机组技改工程，启动35千伏天福变电站新建工程；完成了投资了927万元的城网升级改造、投资3669万元的农网升级工程及投资167.38万元春节保电低电压治理项目；全年完成电网建设投资0.73亿元。全年实现利润总额842.79万元；积极与银行沟通、协调，全年共计偿还银行借款2600万元；完成了8万户智能电表换装和调试上线工作，用电信息采集成功率达99.5%；强化电费电价管理，在县境内3家企业安装智能费控装置，开启了“先付费、后用电”的电力商品模式。全年开展各类巡诊3955余次。

【国网大英县供电公司】国网四川大英县供电有限责任公司是国网四川省电力公司全资县供电公司，主要负责大英全县电网规划、输变电设施建设、运行、维护、管理及电力供应等。供电面积703平方公里，供电客户16万户，2015年售电量3.9亿千瓦时。完成了35千伏河边变电站及110千伏蓬莱变电站隐患整改；完成了2015年农网改造及低电压治理项目；完成了2016年改造的2个35千伏项目可研编制；完成了2013年的12个综合计划技改项目；完成了滨河路配电设施迁改等工程；35千伏永乐输变电工程建设进展顺利，全年共完成电网建设投资0.68亿元。推进线损综合治理，狠抓营销稽查，全年挽回经济损失120余万元。（徐彬、赵炯）

国网巴中供电公司

【企业概况】国网四川省电力公司巴中供电公司是国网四川省电力公司的分公司，国有大型企业，巴中市最大的公用事业单位。1995年8月4日成立四川省电力公司巴中电业局筹备处，1998年8月26日正式

挂牌成立四川省电力公司巴中电业局，2013年6月18日更名为国网四川省电力公司巴中供电公司；以电网建设和营运为核心业务，承担着为巴中经济社会发展提供安全、经济、优质、清洁、可持续电能的基本使命；供电服务区域覆盖通江县、南江县、平昌县、巴州区、恩阳区等三县两区，供电范围175个乡镇，供电面积（含趸售区）1.11万平方公里，供区覆盖率90.24%，供电户数101万户，市场占有率98.53%。截至2015年12月底，电网资产累计投资达44.63亿元；本部在岗正式职工345人，职工平均年龄35.3岁；4个县公司共有在册职工3479人，职工平均年龄43.52岁。

2015年，国网巴中供电公司荣获国网四川电力“2013－2014年度依法治企先进单位”称号；被评为国网四川电力“2014年度基建管理提升单位”“2014年度会计基础管理规范化达标单位”“2014年度效能监察优秀项目二等奖”“第二届突发事件新闻应急优秀奖”；国网巴中市巴州供电公司调控分中心评为全国2014年度“五一巾帼标兵岗”；《加快农村智能电表安装进度的提案》获四川省总工会2015年“四川省优秀职工代表提案”三等奖；舍己救人英勇牺牲员工彭大权获四川省“五一劳动奖章”、国家电网公司、国网四川电力“劳动模范”“四川好人”“巴中好人”称号，以彭大权为题材的微电影《望山》荣获四川省总工会2015年微电影大赛金奖；自创曲目《亲爱的，今夜通电》获国网四川电力2014年度“心桥杯”企业文化优秀成果奖。

2015年，面对复杂多变的外部形势和艰巨繁重的工作任务，该公司深化“一个建设”，紧扣“两个重点”，改善“三个基础”，注重“四个着力”，坚持“五个发展”，各项工作取得显著成绩。全年完成并表口径售电量20.91亿千瓦时（母公司口径售电量21.26亿千瓦时），同比增长9.48%；电费回收率100%，预收电费比例128.45%。完成并表口径线损率10.97%，较省电力公司计划低1.52个百分点。

国网巴中供电公司现设11个职能部门，7个业务支撑和实施机构，4个直属供电所，下辖4个全资县级供电公司、1个恩阳供电服务中心。

【人力资源】国网巴中供电公司坚持以依法治企规范管理为总体要求，以“健机制、调结构、强管控，促提升”为工作主线，以员工队伍素质能力建设为核心，以深化薪酬制度改革为重点，以健全全口径人力资源管控体系为目标，持续深化“三全员”（全员培训、全员绩效、全员职业生涯规划）、“三考”（考试、考勤、考核），有序推进各项工作，取得显著成效。巩固“三集五大”体系建设成效，扎实开展“五位一体”协同机制建设，完成公司系统2481个典型岗位职责与流程匹配，进一步清晰职责界面和业务流程，强化专业之间的深度协同。持续规范劳动用工管理，稳妥完成农电用工劳动关系转签及集体企业改革改制人员安置工作，有序实施科级以下关键岗位交流工作，切实防范劳动用工风险。有力推进巴州公司、恩阳中心薪酬制度改革，推行岗位绩效工资制度，建立与“三集五大”体系运转相适应的新型薪酬分配体系，按照“成熟一家、推进一家”原则，有序推进。深化全员绩效管理，修订班组积分制办法，体现向“三种人”倾斜，实行县公司企业负责人业绩差异化考核，修订公司员工年度绩效等级排序办法，帮助员工持续改善工作绩效。

“6·28”特大洪灾，总经理方晴视察公司抗洪抢险救灾现场

（吴明忠　摄）

健全领导干部评价体系，实施定量考核与定性评价相结合，科学、准确评价领导干部履职能力，持续提升干部队伍整体实力。顺利完成三江职业技能鉴定基地验收。该公司“三位一体”教育收效显著，培养国网优秀专家后备人才3名，新增中级及以上技术职称64名，中级及以上技能等级127名，选拔培育市公司级优秀技能人才6名。

【电网建设与发展】2015年，国网巴中供电公司结合巴中经济社会发展实情，编制总投资30.16亿元的“十三五”电网规划，以及电力扶贫专项方案。与南江县政府签订小水电供区接收框架协议，稳妥推进小水电供区接收及电网建设改造。成功争取将巴中主城区划入A类供电区域，为提升巴城电网建设水平奠定基础。优化电网建设外部环境，促成地方政府及时协调解决工程阻工问题10多次。坚持重点工程项目廉政护航，发现并整改问题135个，责任追究9人。推进标准化工地建设，开展工程质量回访，及时处理工程遗留问题8项次。全年完成电网投资15.53亿元，开工220千伏张公站110千伏配套、江北110千伏输变电工程等项目11个；投产张公220千伏输变电、巴达铁路巴中电铁牵引站等项目9个，项目开工、投产里程碑计划均完成100%；新增35千伏及以上变电容量36万千伏安，线路5条84.5公里。完成投资4300万元的132个生产大修技改项目、5.65亿元的559个农改升级项目，5.4亿元的“低电压”治理项目完成投资83.7%。220千伏张公变电站获得项目管理“流动红旗”，巴中至复兴Ⅰ、Ⅱ回π入张公220千伏线路工程获得安全管理“流动红旗”，3个农网示范工程获得省电力公司“农网五十佳工程”称号。

【经营管理】2015年，国网巴中供电公司强化预算全过程管理，合理做好预算分解，跟踪分析执行情况，提升预算执行刚性，完成各项预算目标。落实各项降损措施，邀请专家现场指导，定期督导县公司降损，线损率持续下降。强化电费全过程管控，深化应用“量价费损”轻量级工具，严格落实新装专变客户购电制政策，改造高压客户计量装置258套，安装远程费控装置137套，计量点采集覆盖率100%，追补电量363.17万千瓦时、电费236.61万元。完成替代电量1400万千瓦时，占省电力公司下达计划的200%。着力提升县公司经营质效，配合省电力公司开展综合计划与预算在线监测试点，督导县公司强化综合计划执行；积极向税务机关汇报农维费涉税问题，帮助县公司节约税款13.61万元；争取降低县公司趸售电价25元/千千瓦时，县公司实现营业收入11.84亿元，同比增长9.42%。解决经营历史遗留问题，加快完成办公楼裙楼确权，收回星河公司历欠280万元，县公司收回陈欠260万元，核销通江公司电费坏账137万元。

【安全生产】2015年，国网巴中供电公司深化安全管理提升活动，细化编制活动内容72项。层层落实安全责任，签订各类目标责任书188份。推进资产全寿命体系建设，开展设备“账、卡、物”一致性提升工作。清理配网中低压设备数据，完成四级拓扑关系及地理信息建设。自主编制“一键映射”程序，成功优化并导入79座变电站监控信息。升级改造主调系统，完成备调系统建设；完成主、备调系统切换演练，在川电系统率先通过D5000系统实用化验收。推动PMS2.0系统建设，通过变电站运维一体化验收。开展重要设备带电检测，探索开关柜局放、紫外成像等工作。深化输电线路防雷整治，提升电网供电可靠性。配合省电力公司圆满完成川电系统首次配网10千伏线路交流融冰演练。以春（秋）安检查、“大排查、大整治”活动为契机，闭环整改隐患247项次。研发试行到岗到位巡查监督辅助工具，细化300条反违章考核细则，实现现场管控网络化、流程化、标准化。通过“四不两直”巡查纠违500余项，停工整顿作业现场30处，约谈分包企业负责人1次、分包现场负责人3次，累计处罚11.9万余元。及时制止各类外破行为100余次，启动220千伏输电线路防外破蹲点守护外委工作。通过无脚本应急演练提升应急处突能力，成功应对“6·28”特大洪灾、“7·16”暴雨灾害等突发事件。开展安全大讨论、安全生产月活动，组织安全讨论、示范作业149次。安全宣传“五进”活动有声有色，深入宣传安全用电知识，发放资料20万余份。承办全市触电人身损害赔偿法律研讨会议。公安保卫、交通消防等工作平稳有序。

3月17日，巴中供电公司电力服务进社区（吴明忠 摄）

【企业管理】2015年，国网巴中供电公司配合完成省电力公司资金和四类项目专项检查，以及13个项目竣工决算审计，对“四类项目”前三年执行情况进行自查自纠。完成总经理任中经济责任审计迎审、国网依法治企自查自纠、集体企业任期经济责任审计。开展项目竣工决算审计3个，涉及项目36个，审减66.37万元。深化协同监督，坚持一季度一会一主题，开展领导干部及亲属违规经商办企业、集体企业、营销管理专项领域监督11次，发现并整改问题30项。坚持从严理财，全面推广公务卡使用，深化财务在线稽核，强化财务实时管控，完成内控自评整改。巩固“三集五大”体系建设成果，启动“五位一体”建设，开展薪酬福利规范管理自查，启动县公司岗位绩效工资制度改革，有序稳妥完成巴州公司、恩阳中心薪酬改革。推进集体企业改革改制，上线运行集体企业资金管理系统和业务应用平台；规范农电用工管理，完成三新公司组建。严格执行集中采购目录，加强县公司（非）物资计划提报管理，提升物资管理计划性。坚持法律、监察部门全程介入，规范授权采购管理。完成仓储标准化建设。开展“法律七进”，顺利通过省电力公司“六五”普法验收。开展保密专项检查，编印《保密提醒20条》。深入排查治理档案隐患，集中销毁过期档案，参加四川省科技档案管理协作组经验交流。职工食堂通过省电力公司“健康食堂”验收。部分同业对标指标较好，建设指标连续两年排名全川第四，物资、调控、财务等指标上升幅度较大。

【科技与信息化工作】2015 年，国网巴中供电公司以 220 千伏张公站建设为契机，消除区域数据网单链路重大隐患，实现网络运行格局由环网向网状网进一步发展。参与完成巴中通信容灾系统与巴中备调系统建设各项工作，积极筹划巴中数据网第二汇聚点建设工作。完成省电力公司信息、通信网“十三五”规划编制，开展县(区)公司供电营业厅(所)网络覆盖与带宽提升项目建设工作，所辖营业厅所光纤全覆盖，有效提升公司供电所信息化应用水平。推广卫星应急通讯系统协同演练模式，创新系统车载式改装，提升演练实效和应急响应能力。积极开拓创新，承接变电站无线专网、企业移动应用等试点建设任务。1 名员工入选省电力公司网络后队预备队员，取得实用新型专利 4 项，并在国内公开期刊发表多篇优秀论文。

【优质服务】2015 年，国网巴中供电公司持续服务地方经济发展，深入开展业扩报装百日行动，试点推行双客户、业扩联络员、一户一经理等制度，重大项目实行领导挂包和业扩集中审批，保障“两馆一园”、巴达铁路等重点项目用电。支持全市重大政治经济活动，全年圆满完成各类保电任务 103 次。严控非计划停电，缩短停电检修时间，深化调度“两个一体化”建设。深入开展带电作业，全年实施 110 千伏及以上输电带电作业 5 次，10 千伏配网带电作业 1748 次。优化配网抢修指挥管理业务，整合市公司党员服务队和配网中心，开展“五个一”网格化抢修，提升抢修复电效率。推进便民工程建设，投资 3.28 亿元完成 62.8 万户智能电表换装及配套采集建设，全市智能电表覆盖率达 86%，利于电费回收、线损管理、便捷用户。开启支付宝和微信代收电费业务，新建各类代收网点 1600 个，全市代收网点累计达 3142 个。大力推广“掌上川电”手机 APP，注册用户达 12.89 万。各县（区）公司均组建共产党员服务队，推进“心连心”电力服务进社区，处理各类业务 4323 件，发放用电宣传资料 8.96 万份，组织志愿服务 82 次。减免全市 59 万户城乡“两保户”电费 600 多万元。坚持供电服务“一岗双责”，考核责任人员 218 人次，处罚金额 9.2 万余元，供电服务投诉同比下降 36%。

4 月 28 日，电力关爱特校，同唱感恩歌（吴明忠 摄）

【党的建设和精神文明建设】2015 年，国网巴中供电公司深入开展“三严三实”专题教育，组织专题党课 35 堂，召开各级专题民主生活会 13 次，市公司排查出 6 方面 19 条不严不实问题，整顿软弱涣散基层党组织 5 个。抓好党的群众路线教育实践活动整改落实“回头看”，落实 33 项整改措施。落实党风廉政建设党委主体责任，以及纪委监督责任，严格履行“一岗双责”，加大执纪问责力度，全年查处违规违纪人员 32 人。集中整治“庸懒散浮拖”问题，通报并考核违反劳动纪律、该公司管理规定等问题 25 人。选派 6 名“第一书记”驻村帮扶，助力对口帮扶联系点农户脱贫致富。深化党员创先争优，6 个基层党组织、8名党员、1名党务工作者获省电力公司表彰。引导青年岗位建功，开展“奋斗的青春最美丽”“我的青春我的岗”等活动，组织青年志愿者300余人次参加志愿服务活动7次。完成35名科级后备干部选拔，以及年度干部培训。坚持职工重大事项“六必访”，组织职工代表巡视3个基层单位。推进企业文化落地班组，打造示范点3个。做好彭大权先进事迹宣传，在系统内外引起强烈反响。2015年，公司涌现出市级及以上41个先进集体和55名先进个人，15项科技和管理创新、课题项目获奖，1项精益化成果被省电力公司评为一等奖，1项经验被省电力公司评为2015年对标典型经验。

【所属县级供电企业】所属供电企业有：国网巴中市巴州供电公司、国网平昌县供电公司、国网通江县供电公司、国网南江县供电公司、恩阳供电服务中心

【国网巴中市巴州供电公司】国网四川巴中市巴州供电有限责任公司前身为成立于1952年的巴中县电厂；1981年8月成立巴中县电力公司；1998年12月由国网巴中供电公司代管；2006年3月，公司实施增资扩股改制，成为国网四川省电力公司的控股子公司；2014年1月，公司地方国有股权整体上划，成为国网四川省电力公司的全资子公司。

该公司供电区域涵盖巴州区全部行政区域，供电面积1359平方公里，供电人口77万，营业客户24.27万户，其中城区客户9.05万户、农村客户15.22万户，户通电率100%。公司供区内现有小水电装机容量1.02万千瓦；500千伏变电站1座，220千伏变电站1座，110千伏变电站5座，35千伏变电站11座；35千伏线路204公里，10千伏线路1930公里，10千伏以下线路1.1万公里。同时，公司还承担了恩阳区的电网调控和35千伏及以上电网的运行维护工作。

2015年，公司完成自发上网电量3500万千瓦时，同比下降12.62%；完成售电量4.65亿千瓦时，同比增长6.2%；实现综合线损8.51%。

【国网平昌县供电公司】国网平昌县供电公司始建于1953年，2006年3月正式由四川省电力公司控股，更名为四川平昌供电有限责任公司，2013年7月更名为国网四川平昌县供电有限责任公司，2014年1月成为四川省电力公司全资子公司。公司担负着全县2229平方公里43个乡镇、107.1万人口的供电任务。平昌境内现有220千伏变电站1座，110千伏变电站4座，35千伏变电站15座。2015年，平昌公司完成售电量3.92亿千瓦时，综合线损率10.6%，含税售电均价746.01元/千千瓦时，电费回收率100%。资产负债率37.21%。

【国网通江县供电公司】国网通江县供电公司2003年由国网巴中供电公司实质性代管；2006年3月，该公司改制成为四川省电力公司的控股县级供电公司；2014年完成全资子公司改制，注册资本2500万元。截至2015年年末，该公司现有小水电站1座，装机容量9800千瓦；县内220千伏变电站1座，容量15万千伏安；110千伏变电站3座，容量22万千伏安，110千伏线路6条195公里；35千伏变电站15座、变压器24台，35千伏线路19条317公里。10千伏线路82条2446公里，配电变压器2776台。0.4千伏及以下线路1.2万公里。用电客户21万户，户通电率100%。2015年，完成售电量3.2亿千瓦时，同比增长3.36%。完成综合线损率13.39%，同比下降0.52个百分点。电费回收率、解缴率100%。

【国网南江县供电公司】国网南江县供电公司成立于1982年，1998年12月被巴中电业局代管，2003年7月进一步理顺代管体制，进入实质性代管。2006年3月经南江县人民政府与四川省电力公司共同改制，成为四川省电力公司的控股公司。2013年改制成为国网四川省电力公司全资公司。2014年5月“三集五大”体系建成运营。公司供电面积约2090平方公里，供电区域占全县总面积的63%，供电户数15万余户；供电量占全县的85%。2015年，南江县境内尚有13个独立的小水电供区，与公司形成趸售关系。公司所属变电站19座，其中220千伏变电站1座，容量30万千伏安；110千伏变电站3座，容量15.15万千伏安；35千伏变电站16座，容量15.485万千伏安；35千伏及以上线路共计621.75公里。10千伏及以下输配线路18790.79公里，配电变压器2226台273.015万千伏安。水电站2座，装机总容量2600千瓦。全年完成购电量4.96亿千瓦时，占年计划的98%，同比增长15.9%；售电量4.6亿千瓦时，占年计划的100%，同比增长18.56%；综合线损率7.43%，比年计划下降1.55个百分点，同比下降1.46个百分点。

【恩阳供电服务中心】恩阳供电服务中心是隶属国网巴中市供电公司的内设二级机构，负责恩阳区电力保障和供电服务工作，按照县级供电公司管理和

运作。2013 年 12 月 13 日组建成立，2014 年 3 月 10 日正式全面运转。

恩阳供电服务中心供电区域涵盖恩阳区全部行政区域，供电面积 1156 平方公里，辖 24 个乡（镇）437 个村（居）委会 2538 个（村）居民小组，供电人口 62 万，营业客户 16.05 万，其中城区和乡镇场镇客户 2.55 万户、农村客户 13.5 万户户通电率 100%。现有小水电站 5 座，装机容量 2790 千瓦；110 千伏变电站 1 座容量 7.15 万千伏安；35 千伏变电站 6 座容量 6.19 万千伏安；110 千伏线路 2 条 52.45 公里；35 千伏线路 9 条 131 公里；10 千伏线路 40 条 1520 公里；10 千伏配变 1871 台容量 10.1125 万千伏安；10 千伏以下线路 10353 公里。

2015年完成供电量1.91亿千瓦时，同比增长5.21%；完成售电量1.73亿千瓦时，同比增长6.59%；完成发电量564万千瓦时，较年计划增长12.8%；完成综合线损9.55%，较年计划降低1.60个百分点，同比下降1.16个百分点。

（吴明忠、符光）

国网甘孜供电公司

【公司概况】国网四川省电力公司甘孜供电公司（简称分公司）成立于 2006 年 1 月，是隶属于省电力公司的以输电和售电为主的分公司，现有长期职工 229 人。国网四川甘孜州电力有限责任公司（简称州公司）成立于 2012 年 3 月 20 日，下辖全资县级子公司 17 个（除德格县和海螺沟景区），是省电力公司控股的市州级供电企业，现有各类员工 2001 人，按照一套人马、两块牌子、管理高度融合的原则，分公司人员整体无偿支援州公司。截至 2015 年年底，公司资产总额已达到70.99亿元，同比增长 27.62 亿元。

2015 年，该公司扎实开展“三严三实”专题教育，全力确保安全生产，稳步推进电网建设，不断夯实发展基础，着力提升公司经营管理水平，坚持依法从严治企，持续加强“三个建设”，实现公司健康快速发展。

7 月 7 日，甘孜供电公司董事长、总经理明自强检查地震应急演练现场准备情况　　（甘孜供电公司提供）

2015 年，该公司荣获“全国五一劳动奖状”和“四川省模范职工之家”等称号，多名员工荣获国家电网、省部级表彰。

【人力资源管理】该公司设立 10 个职能部门、7 个业务支撑和实施机构，10 个职能部门分别是办公室、发展策划部、人力资源部、财务资产部、建设部（项目管理中心）、安全监察质量部、审计部、监察部（纪委办公室）、党群工作部（工会、团委），电力调度控制中心。7 个业务支撑和实施机构分别是经济技术研究所、运维检修部（检修分公司）、营销部（农电工作部、客户服务中心）、信息通信分公司、物资供应中心、培训分中心、综合服务中心。运维检修部与检修分公司合署，营销部（农电工作部）与客户服务中心合署，具有职能管理和实施主体双重职责。

2015 年，该公司建立健全劳动用工、员工管理等人力资源管理规章制度 2 个，修订规章制度 5 个。通过补充完善制度，结合公司发展实际修订现有制度，不断提升人力资源管理水平，使人力资源管理工作逐步达到科学化、规范化。重视干部队伍培养，加强干部队伍建设。严格干部选拔任用程序，通过组织考察形式共提拔任用 14 人。加强中层管理干部队伍建设，公司本部下派 4 人到县公司任职，开展县公司领导班子成员异地交流 3 人。完成对 9 名处级干部，公司本部37名科级干部及县公司55名科级干部的履职及作风建设民主测评和 2015 年后备干部推荐。完成1名处级干部试用期满的民主测评工作。完成对14名援藏科级干部年度考核工作。

加强人才队伍建设，提升公司人才储备。2014－2015年度全州共招聘高校毕业生173人，创历史新高。其中公司本部35人，县公司138人。硕士研究生学历3人，大学本科学历40人，大学专科学历130人（含“三定生”50人）。国网公司订单式培养招聘2人（九龙公司、泸定公司各1人）。

【电网建设与发展】2015年，该公司重点抓好项目前期管理，完成5个项目的入项目储备库工作。

2015年，该公司安全优质建成“电力天路”工程变电站6座，变电容量62.05兆伏安，35千伏及以上线路349.3公里；会同其他8家建管单位完成了无电地区电力建设，为4.58万户无电户18.86万无电人口送去了光明，圆满完成了“电力天路”及无电地区电力建设任务。

新开工建设110千伏项目1项，新开工并建成投运35千伏项目1项，完成35－110千伏项目开工准备3项。

【经营管理】2015年，按照国网四川省电力公司的统一部署，开展丹巴县公司数据清理，11月将丹巴县公司吸收合并入州公司，完成了丹巴县公司的并表工作，实现了甘孜州财务决算报表与省电力公司全口径合并，走好了电力体制改革最后一步。协调州国资委，就道孚鲜水河电厂划入方式达成一致意见。督促各县公司办理产权登记，完善了法律手续。

2015年，该公司财务工作持续推进“财力集约化管理”，紧紧把握依法理财、改革创新、精益管理三个重点，为提升公司经营效益、提高财务治理能力而不断努力，各项工作均取得了较好的成效。针对公司管理薄弱环节，开展了“税务、电价、往来”三项专项整治，通过半年的辛勤工作，目前纳税行为基本规范，购小水电上网价格全部严格执行州发改委价格文件，流动资产余额压降47.14%，三项整治均取得了较好地成效。公司切实落实省电力公司“亏损治理”任务，开源节流、增收节支，圆满完成了年度各项考核目标。

【安全生产】2015年，该公司高度重视安全生产工作，按照“强基固本、抓好三基”安全管理思路，充分利用春、秋两季安全检查平台，深入开展安全大检查缺陷隐患整治工作，深化检查成果分析和运用，不断提升公司安全管理水平。该公司以“珍爱生命，防止人身伤害”为核心，开展全员“安全大讨论”，深入剖析安全工作中存在的突出问题和风险，制定有效措施防范风险，牢固树立安全生产“红线意识”，安全风险“预控意识”，强化员工“保命”意识。该公司在全面修订各类应急处置方案的基础上，加强应急技能和意识的培训，在本部举办防震减灾应急演习的同时，各县公司根据所在区域最可能发生的灾害，开展针对性演习，有效提升整体应急能力。2015年，炉霍、九龙、色达先后发生泥石流、山洪等自然灾害，各基层单位均能迅速响应，沉着应对，第一时间整合应急处置资源，在最短时间内恢复了供电，为当地救灾减灾工作的顺利开展提供了强有力的电力保证。

10月26日，四川省副省长甘霖（右）赴新都桥500千伏变电站调研，由四川省电力公司总经理（左二）、甘孜供电公司总经理明志强（右二）陪同

（甘孜供电公司提供）

该公司组织开展首届安全知识竞赛，投入20余万元发放近12万份藏汉双语宣传资料，大力开展用电安全及电力设施保护宣传，不断提升全员安全意识。先后组织4次《安规》普考、参加省电力公司调考共计843人次，开展“三种人”培训1782人次，认证下发“三种人”711人。组织91人参加能监办“四川电力安全取证”培训，合格率为100%。先后4批次组织为期1个月的“冬季送教上门”活动和为期3个月的“本部管理人员下基层”等专项活动，将用电安全、电力设施保护、风险管控、到

岗到位、反违章、营配资料清理等基础管理工作进一步推向基层，有力推进了县公司安全基础管理。

【农电工作】根据甘孜州电改办《甘孜州独立供区改革实施方案》文件精神，该公司在2015年年底完成石渠县洛须镇独立供区的接收工作，接收并改善了石渠县洛须镇1143户用电客户用电质量，其余独立供区的接收工作正在有序的推进中。

2015年，264名援建单位帮扶人员帮助公司建立管理制度206项；举办各类培训班258期；开展隐患排查282次，消除缺陷（隐患）1894处；预试定检变电站12座，水电站10座；开展小型技改工作176次；开展用电检查190次，查处窃电、漏电及违约用电935起，追补电费92.8万元。累计援助各县公司价值319.2万元的办公用品、电能表计、导线、变压器等物资。

2015年，在省电力公司农电技能竞赛中，该公司代表队在22个地市公司竞赛中获得团体竞赛项目13名。

【科技与信息化工作】建成网络控制中心，对系统内信息、通信及自动化系统运行情况进行集中监控、故障处置、诊断分析，提升了对电网安全稳定运行的支撑水平。开展精益化项目，获得省电力公司二等奖。完成公司数据中心标准化、实用化整治，优化了设备运行环境，进一步提高了设备健康水平。开展电力调度控制系统信息安全等级保护测评，针对信息安全存在的薄弱环节，对安防、技防等领域进行整治和提升。组织公司各部门、单位签订了《信息安全责任书》、信息网络使用人签订了《信息安全承诺书》，强化全员信息安全意识。组织开展了2次信息安全专项检查，主要针对桌面终端各类防护系统的开启、系统弱口令、违规软件等进行了检查。

2015年，公司各类信息系统运行情况良好，未发生信息安全事件，未发生因系统故障引发的电网事件，未发生违规外联及信息系统泄密事件，信息安全工作整体情况良好。

【市场服务（优质服务）】积极拓展第三方代收业务，与农行甘孜州分行、邮储甘孜州分行开展第三方代收电费合作，在全州17个县公司部署了26台24小时自助缴费机，拓宽用户缴费渠道。在17个县公司推广“掌上川电”APP注册，完成注册4503户，方便用户及时查询用电信息，掌握停电公告。按照标准化营业窗口建设要求，改造白玉县公司、稻城县公司营业窗口，改善供电服务环境。全州范围内调整营业厅作息时间，县级中心供电营业厅实行无午休、无周休制；农村地区营业厅实行周一至周五午休，最大限度方便用户交费及业务办理。

开展明察暗访3次，检查8个县公司，重点督查业扩办理“三指定”、业扩工程中“吃、拿、卡、要”的违纪行为。开展业扩百日整顿行动，加强对公平的受电工程市场建设工作督导。配合四川省能源监督管理办公室于7月、9月对甘孜州开展受电工程市场环境、供电满意度开展专项调查，为全州营造公平、公开、公正的客户用电工程环境。

【党的建设和精神文明建设】按照国网公司党组和省电力公司党委安排部署，充分结合自身实际，扎实开展了“三严三实”专题教育。认真制定了《“三严三实”专题教育实施方案》，配发了10余本专题教育学习书籍，打好了专题教育基础。该公司各级党组织书记讲党课20余场次，两级领导班子讲党课40余场次，进一步统一了思想，提升了凝聚力。以问题为导向，注重读原文、悟原理，开展4个专题的集中学习研讨近100次,发言的党员领导干部170余人次。高质量召开了“三严三实”专题民主生活会和组织生活会。公司“三严三实”专题教育工作获得了省电力公司领导和广大干部员工的一致好评。

甘孜公司举办中层管理干部读书班（甘孜供电公司提供）

以标准化党支部打造为载体，健全完善基层党组织，切实增强基层党组织战斗力。成立藏区首支党员服务队，积极开展优质服务，树立了国家电网公司良好形象。扎实推进党风廉政建设和反腐败工作，深化“两个责任”落实，创新廉洁教育形式，筑牢拒腐防变思想道德防线。

深入开展企业文化主题活动，以公司成立10周年为契机，编写出版报告文学《天路霞光》，原创甘电人之歌《爱的彩虹》，创作出品微电影《父亲的生日》和《路》，制作《用心十载照亮未来》宣传片，展现公司十周年建设成果和丰厚的文化底蕴。深化建家内涵，大力开展群团活动，进一步丰富职工业余文化生活。

【所属县级供电企业】所属县级供电企业有：国网四川康定县供电有限责任公司、国网四川泸定县供电有限责任公司、国网四川九龙县供电有限责任公司、国网四川丹巴县供电有限责任公司、 国网四川甘孜县供电有限责任公司、国网四川巴塘县供电有限责任公司、国网四川石渠县供电有限责任公司、国网四川炉霍县供电有限责任公司、国网四川得荣县供电有限责任公司、国网四川理塘县供电有限责任公司、国网四川雅江县供电有限责任公司、国网四川乡城县供电有限责任公司、国网四川稻城县供电有限责任公司、国网四川新龙县供电有限责任公司、国网四川色达县供电有限责任公司、国网四川白玉县供电有限责任公司、国网四川道孚县供电有限责任公司。

全国政协民族宗教事务委员会主任、中央西藏工作协调小组成员朱维群，省政协副主席、省委统战部部长崔保华一行调研新都桥500千伏变电站 （甘孜供电公司提供）

【国网四川康定县供电有限责任公司】2007 年 10 月，康定电力公司同泸定电力公司联营重组成立甘孜藏族自治州电力有限责任公司，2013 年 4 月成立国网四川康定县供电有限责任公司，成为由国网四川电力控股管理的县级供电企业，担负着康定市 21 个乡（镇）、240 个村、3.6 万户、12.9 万多人的生产生活供电任务。拥有 110 千伏变电站 4 座，变电容量 1.29 万千伏安；35 千伏变电站 6 座，总容量 7.115 万千伏安；拥有 110 千伏线路 3 条，全长 123.7 公里；35 千伏线路 18 条，209 公里；10 千伏输配电线路 36 条，365 公里；配电变压器台区 1027 个，低压线路 1200 公里，固定总资产 8137.57 万元。

【国网四川泸定县供电有限责任公司】国网四川泸定县供电有限责任公司成立于 2013 年 4 月，是国网四川电力控股的县级供电企业，担负着泸定县 12 个乡（镇）、124 个行政村，1.9 万多户、9 万多人的生产生活供电任务。泸定电网于 2006 年并入省网，现有 110 千伏变电站 1 座，变电容量 5 万千伏安；35 千伏变电站 3 座，变电容量 6.1650 万千伏安；35 千伏线路 11 条，全长 162 公里；10 千伏线路 19 条，全长 203.35 公里；配变台区 338 台，容量 11.4025 万千伏安；低压线路 1200 公里。

【国网四川九龙县供电有限责任公司】国网四川九龙县供电有限责任公司成立于 2007 年 12 月，是国网四川电力控股的县级供电企业，担负着全县 1 镇 17 个乡，63 个村，262 个村民小组，6.2 万人的供电任务。九龙电网现有自备小水电站 2 座，装机容量 1400 千瓦；35 千伏变电站 11 座，变电总容量为 55550 千伏安；9 个供电营业所；35 千伏输电线路 6 条 249 公里，形成了以 35 千伏石九输电线路为骨干的地方输配电网络覆盖 14 乡 2 镇，10 千伏线路 29 条 626.68 公里，10 千伏配电变压器 307 台、30945 千伏安、1052.76 公里，供电总户数 15789 户。

【国网四川丹巴县供电有限责任公司】国网四川丹巴县供电有限责任公司成立于 2011 年 7 月 8 日，是国网四川电力控股的县级供电企业，担负着丹巴县辖 1 镇 14 乡、181 个村，6000 余户，6.1 万多人的生产生活供电任务。现有水电站 12 座，总容量 7.503 万千瓦，其中丹巴县公司自备电站 1 座，装机 2030 千瓦；35 千伏变电站 5 座，变电容量 3.42 万千伏安；35 千伏线路 5 条，全长 178 公里；10 千伏线路 17 条，全长 589 公里；配电台区 648 台，总容量 5.975 万千伏安。

【国网四川甘孜县供电有限责任公司】国网四川甘孜县供电有限责任公司成立于 2012 年 3 月，是国网四川电力控股的县级供电企业，担负着全县辖 5 个片区、22 个乡（镇）、220 个行政村、7300 多户的生产生活供电任务。全县共有水电站有 8 座，总装机 9695 千瓦。拥有 35 千伏变电站 6 座，总容量 5.27 万千伏安；拥有 35 千伏线路 7 条，148.8 公里；10 千伏输配电线路 18 条，520.3 公里；配电变压器台区 518 个，变电容量 5.135 万千伏安；低压线路 1154 条，全长 577 公里。

【国网四川巴塘县供电有限责任公司】国网四川巴塘县供电有限责任公司成立于 2012 年 7 月，是国网四川电力控股的县级供电企业，担负着全县辖 18 乡 1 镇、109 个村、9926 户、5.3 万多人的生产生活供电任务。巴塘电网 2014 年 12 月并入省网，现有 7 座小水电站，装机容量 10250 千瓦；拥有 35 千伏线路 5 条，234.9 公里；10 千伏输配电线路 34 条，739.4 公里；配电变压器台区 417 个，变电容量 4.4435 万千伏安；低压线路 1089 公里。

【国网四川石渠县供电有限责任公司】国网四川石渠县供电有限责任公司成立于 2012 年 10 月，是国网四川电力控股的县级供电企业，担负着石渠县 23 个乡（镇、场）、302 个行政村、20963 户、9.7 万多人的生产生活供电任务。石渠电网于 2012 年 10 月并入省网，现有水电站 1 座，装机 6400 千瓦；拥有 35 千伏变电站 9 座，变电容量 2.86 万千伏安；35 千伏线路 11 条，全长 390.42 公里；10 千伏线路 32 条，支线 355 条，线路总长 2094.9 公里，配电台区 674 台，容量 7.14 万千伏安；低压线路 1795 公里。

【国网四川炉霍县供电有限责任公司】国网四川炉霍县供电有限责任公司成立于 1989 年 5 月，2011 年转由国家电网公司代管。2013 年 5 月改制后更名为四川炉霍供电有限责任公司；同年，更名为国网四川炉霍县供电有限责任公司，是国网四川电力控股的县级供电企业，担负着炉霍县 16 个乡（镇）、171 个村、14098 户、4.6 万多人的生产生活供电任务。炉霍电网于 2014 年 12 月并入省网，现有水电站 5 座，装机容量 4610 千瓦；35 千伏变电站 9 座，变电容量 2.725 万千伏安；35 千伏线路 12 条，全长 210.166 公里；10 千伏线路 24 条，全长 507.611 公里；配电台区 402 台，配电容量 4.6 万千伏安；低压线路 1246.2 公里。

【国网四川得荣县供电有限责任公司】国网四川得荣县供电有限责任公司成立于 2014 年 3 月，是国网四川电力控股的县级供电企业，担负着得荣县辖 1 镇 11 乡、127 个村、5226 户、2.65 万多人的生产生活供电任务。得荣电网于 2015 年 1 月并入省网，现有水电站 3 座，总装机 3000 千瓦；35 千伏变电站 5 座，变电容量 1.57 万千伏安；35 千伏线路 9 条，全长 144.847 公里；10 千伏线路 16 条，全长 554.01 公里；配电变压器 432 台，容量 4.25 万千伏安。

【国网四川理塘县供电有限责任公司】国网四川理塘县供电有限责任公司成立于 2014 年 2 月，是国网四川电力控股的县级供电企业，担负着理塘县辖 1 镇 23 乡、208 个村、14662 户、7.01 万多人的生产生活供电任务。理塘电网于 2014 年 12 月并入省网，现有小水电站 12 座，装机 10750 千瓦；拥有 110 千伏变电站 1 座，变电容量 4 万千伏安；35 千伏变电站 6 座，总容量 2.72 万千伏安；拥有 35 千伏线路 7 条，233.6 公里；10 千伏输配电线路 47 条，768

甘孜公司开展本部员工“下基层”专项活动

（甘孜供电公司提供）

公里；配电变压器台区 377 个，变电容量 2.46 万千伏安；低压线路 719 公里。

【国网四川雅江县供电有限责任公司】国网四川雅江县供电有限责任公司成立于 2013 年 4 月，是国网四川电力控股的县级供电企业，担负着雅江县 17 个乡、113 个村、1 个居委会、128 个村民小组、12393 户、5.3 万多人的生产生活供电任务。雅江电网于 2012 年 1 月并入省网，拥有 35 千伏变电站 13 座，变电容量 3.563 万千伏安；小型水电站 6 座，总容量 4765 千瓦；拥有 35 千伏线路 8 条，全长 335.7 公里；10 千伏线路 29 条，793.48 公里；配电台区 287 台,总容量 23715 千伏安；低压线路 889.378 公里。

【国网四川乡城县供电有限责任公司】国网四川乡城县供电有限责任公司成立于 2013 年 4 月，是国网四川电力控股的县级供电企业，担负着乡城县辖 1 镇 11 乡、89 个村民委员会、130 个村民小组、6984 户、3.2 万多人的生产生活供电任务。乡城电网 2014 年 10 月并入省网，下辖 1 座水电站（麻拉水电厂），装机 4000 千瓦；拥有 35 千伏变电站 5 座，变电容量 2.445 万千伏安；拥有 35 千伏线路 6 条，190 公里；10千伏输配电线路19条，406公里；配电变压器台区310个，变电容量3.3385万千伏安；低压线路634.2公里。

【国网四川稻城县供电有限责任公司】国网四川稻城县供电有限责任公司成立于2011年7月，是国网四川电力控股的县级供电企业，担负着稻城县14乡（镇）、124个村、8347户、3.41万多人的生产生活供电任务。稻城电网于2014年11月并入省网，拥有35千伏变电站6座，总容量4.48万千伏安；水电站1座，装机2500千瓦；拥有35千伏线路6条，总长219.066公里；10千伏输配电线路21条，479.48公里；配电变压器台区258个，变电容量3.7866万千伏安；低压线路681.25公里。

【国网四川新龙县供电有限责任公司】国网四川新龙县供电有限责任公司成立于2013年3月，是国网四川电力控股的县级供电企业，担负着新龙县辖19个乡镇、81个村、11518户、5.1万多人的生产生活供电任务。新龙电网于2014年11月并入省网，现有水电站3座，装机5020千瓦；拥有35千伏变电站7座，总容量2.885万千伏安；拥有35千伏线路4条，79.291公里；10千伏输配电线路16条，385.65公里；配电变压器台区245个，变电容量7.865万千伏安；低压线路285.25公里。

【国网四川色达县供电有限责任公司】国网四川色达县供电有限责任公司成立于2012年6月，是国网四川电力控股的县级供电企业，担负着色达县辖2镇15乡、134个村、15218户、5.3756万人的生产生活供电任务。色达电网于2014年12月并入省网，现有小水电站3座，装机1.18万千瓦；拥有35千伏变电站8座，总容量4.04万千伏安；拥有35千伏线路11条，448.697公里；10千伏输配电线路24条，900.729公里；配电变压器台区414个，变电容量5.2843万千伏安；低压线路1155.41公里。

【国网四川白玉县供电有限责任公司】国网四川白玉县供电有限责任公司成立于2012年12月，是国网四川电力控股的县级供电企业，担负着白玉县17个乡（镇）、156个村、12262户、5.7万多人的生产生活供电任务。白玉电网于2014年11月与主网并网运行，现有发电站2座，总装机2720千瓦；拥有110千伏变电站2座，变电容量8万千伏安；35千伏变电站7座，总容量2.49万千伏安；拥有35千伏线路9条，247.19公里；10千伏输配电线路25条，483公里；配电变压器台区425个，变电容量6.048万千伏安；低压线路763公里。

【国网四川道孚县供电有限责任公司】国网四川道孚县供电有限责任公司成立于2013年5月，是国网四川电力控股的县级供电企业，担负着道孚县24个乡（镇）、158个村、1.4万余户、5.4万多人的生产生活供电任务。道孚电网于2015年8月并入省网，现有水电站4座，装机5260千瓦；拥有35千伏变电站8座，总容量2.51万千伏安；拥有35千伏线路7条，214公里；10千伏输配电线路30条，901公里；配电变压器台区578个，变电容量5.383万千伏安。

（张显兴、李飞）

用　电

【供电服务创新转型】2015 年，四川省电力公司围绕“一型四化”（客户导向型、组织扁平化、服务线上化、运营数字化、业务跨界化）目标，积极推进营销创新转型。以天府公司为试点，落实台区客户经理制，开展网格化服务探索，提高了服务协同效率；开展供电业务线上化转移，开通居民客户网上购电远程充值业务，拓展营销移动作业应用功能，完成“掌上川电”用电申请、停电信息、故障抢修等功能设计，“掌上川电”手机 APP 注册客户数达到 207 万户；依托埃森哲项目团队积极探索大数据在营销业务及对外服务中的应用，拓展新型商业模式；与电子科技大学、四川大学等单位完成了四川省科技支撑计划项目“能源互联网关键技术研究及在智慧城市中的应用”的申报。

【提升优质服务水平】2015 年，四川省电力公司供电服务承诺兑现率 100%，未发生影响和损害公司形象的重大服务及投诉事件，完成了供电服务零事故目标。深入开展“客户用电满意工程”，推行“电力服务进社区”，配置社区客户经理 3976 人，覆盖 10639 个社区和 638.76 万客户，客户用电问题一次解决率达 97.85%，用电意见和建议回复率达 94.02% 。全力推进“村村有交费点”建设，推行“跨业联动，助农交费”村邮站模式，新增交费网点近 6000 个。切实抓好突出问题整治，着力解决供电服务的短板问题，各级单位共计组织供电服务检查 1522 次（其中包括 928 次暗访），排查突出问题 243 个，并全面实施整改。开展高危及重要客户隐患排查 7424 户次，发现安全隐患 1268 条，已督促整改 986 条。全面提升窗口服务质量，减少窗口服务投诉，优化城区网点布局，推进营业厅标准化建设与改造，推广同城异地业务联办，试点开展预约服务。严格服务考核，实行投诉举报集约管理，强化服务事前防范。

【拓展售电市场】2015 年，四川省电力公司多措并举稳定售电量市场。该公司全年完成省内全口径售电量 1578.36 亿千瓦时，排名国网第七，同比下降 0.47%。母公司售电量累计完成 1412.69 亿千瓦时，同比增长 0.02%。公司售电增速与国网平均水平基本相当，但低于东部省份。在维护公司利益基础上，谨慎推动直购电试点，全年实施直购电 150 亿千瓦时，创新铝硅电扶持政策，积极落实丰水期富余电量消纳政策，全年完成市场化配置电量 250 亿千瓦时。为公司增量增收、稳定市场起到关键作用。深入实施电能替代，完成电能替代 37.64 亿千瓦时。积极推动政府部门将自备替代政策拓展至平水期和枯水期，自备替代机组容量增加 32.58 万千瓦；推动省政府明确了电储能设施、煤改电锅炉、电动汽车的电价优惠政策和补贴政策；积极拓展电能替代新领域，密切跟踪天府国际机场等集中能源站项目。强化自备电厂系统备用费征收，公司供电区内 135 个企业自备电厂，有 111 个收取了系统备用费。主导地方充换电设施建设，积极协调政府，推动城际高速快充站建设，完成与铁投集团的战略合作，启动沪蓉高速快充服务网络建设；完善升级已建充换电设施，提高设施市场适应性和服务能力；完成充电电量 840 万千瓦时，充电 9.3 万台次，服务车辆行驶里程 707 万公里。

【控制电费风险】健全电费回收“高压”常态管理机制，建立电费回收责任追究制度，构建符合当前形势的电费激励机制，设立电费回收专项奖励，加大电费回收过程和结果的考核奖惩力度。多措并举确保电费按时足额回收，重点做好铝业、钢铁等企业电费回收工作，实施挂牌督办，指定专人进行跟踪，密切关注客户的经营和财务状况，发现问题立即采取措施，防止大额、长时间欠费发生。大力推行专变客户“购电制”和分次结算缴费方式，强化过程管控，确保电费回收可控在控。

【智能电表和采集系统建设】2015 年，四川省电力公司完成 766 万只智能电表换装工作，智能电表覆盖率为 71.58%；累计采集接入 1830 万只，采集接入率 93.89%，月度平均采集成功率保持在 98%以上。专公变台区总表采集覆盖率分别达到 89.14%和 87.98%。超过 90%的统调上网电厂实现了上网电量的自动采集结算和运行状态远程监控。针对本地费控智能电表远程充值、电价修改等业务需要，在成都、天府两公司开展了 13 万户的信道提升试点，有效地推进远程充值业务的实施。

【营销基础管理】2015 年，四川省电力公司做好营配贯通工作方案，召开营销和运检专业联合工作会议，部署营配贯通进度核查工具，建立进度排名定期公告制度，促进营配贯通工作的顺利推进，在 PMS2.0 系统数据迁移前，克服系统运行慢、联通性检查功能缺失等客观困难，全部完成高压贯通工作，低压贯通进度完成30%。完成营配贯通PMS2.0系统数据迁移工作，完成基于PMS2.0系统的营配贯通工作方案，规范营销和运检的建模界面。开展了业扩报装环境整治百日行动，各单位根据突出问题排查提纲，全面开展问题排查，共发现具体问题756个，已完成整改。以环境整治专项行动为载体，创造性变革了业扩管理模式，实施全业务流程管理，完成了6类客户一次性告知书、18类供电方案协议示范文本、26类业务传递表单，提高了业务办理效率和质量，修编了业扩技术标准，规范了出资界面、计量方式、客户受电装置建设模式。转变观念，简化手续，部署完成客户代建公用供配电设施和居民小区供配电设施接收工作。组织对15家地市公司，6765户大工业客户开展定价策略核查，追补电费474万元，避免经济损失1112万元，对143名营销员工进行了追责。完成公司营销专业“五位一体”顶层设计，基本建立起职责清晰、流程畅通、标准统一、考核严格的营销体系。

（鲁　健）

增供扩销

【概况】2015年，四川省电力公司完成省内全口径售电量1578.36亿千瓦时，同比下降0.47%，母公司售电量累计完成1412.69亿千瓦时，同比增长0.02%。

从2015年整体用电情况如下：

第一产业用电量12.4亿千瓦时，同比增长7.69%；其中，农业排灌用电量3.42亿千瓦时，同比增长12.53%。

第二产业用电量1360.85亿千瓦时，同比下降4.43%；其中，工业用电量1321.47亿千瓦时，同比下降4.40%（轻工业、重工业用电量分别为149.34、1172.13亿千瓦时，轻工业同比增长1.02%，重工业同比下降5.05%，建筑业用电量39.38亿千瓦时，同比下降5.22%。

第三产业用电量278.36亿千瓦时，同比增长9.04%；其中，住宿餐饮业用电量22.66亿千瓦时，同比增长2.56%。

城乡居民生活用电340.80亿千瓦时，同比增长5.14%。城镇居民生活用电200.32亿千瓦时，同比增长7.18%；乡村居民生活用电140.48亿千瓦时，同比增长2.37%，乡村生活用电增速低于城镇居民生活用电。

2015年，宏观经济呈现“投资增速下降、传统产业产能过剩、产业转型阵痛加剧”的不利局面，售电市场面临“总量萎缩，结构调整，新旧增长点接续困难”的严峻形势，全年公司售电量小幅下跌，售电市场震荡下行，后续走势不容乐观。产品市场需求低迷、价格在低位徘徊，省内工业行业发展下行趋势。钢铁、电解铝、氯碱、水泥、铁合金、黄磷、电石等传统用电行业持续下滑，汽车、电子信息及制造业新兴行业增速大幅放缓。

【增供促销的措施】2015年，受宏观经济形势和产业结构调整影响，售电市场持续低迷，四川省电力公司充分利用市场化机制，开创增供扩销工作新局面。一是大力实施“自备火电厂停发消纳水电”替代政策，替代机组容量43.58万千瓦，全年增加售电量34.34亿千瓦时；二是在保证公司利益前提下，积极参与省政府主导的大用户直购电交易，完成交易电量237.36亿千瓦时；三是全面落实富余电量政策，完成交易电量36.21亿千瓦时；四是积极开展“电能替代”工作，全年累计完成替代电量43亿千瓦时，超额完成年度指标；五是积极拓展新增市场，主导地方充换电设施建设，完成与铁投集团的战略合作,启动沪蓉高速快充服务网络建设，升级充换电设施，完成充电电量1002万千瓦时，充电11.34万台次。

（鲁　健）

电费回收

【电费回收概况】2015年，四川省电力公司受经济下行压力持续增大，市场资金供应趋紧，制造业不振，外资撤离等诸多不利因素影响，大部分企业电费支付能力明显下降，电解铝、钢铁、化工等行业尤为突出，电费回收工作面临前所未有的严峻形势。在国家电网公司的正确领导下，四川公司努力攻坚克难，充分发挥主观能动性，采取一切有效措施，全力催收电费，取得了较好的成绩。

【电费回收的举措】2015 年，四川省电力公司采取了一系列有效措施，确保了电费回收：

（1）健全电费回收“高压”常态管理机制。一是加强电费回收工作的组织和领导，强化电费回收“一把手”负责制和“分级”负责制，确保责任和措施落实到位。二是确保电费回收“高压”常态机制，建立电费回收责任追究制度，构建符合当前形势的电费激励机制，设立电费回收专项奖励，加大电费回收过程和结果的考核奖惩力度。

（2）多措并举确保电费按时足额回收。一是继续发扬电费回收“三千”精神，时刻保持打好电费回收“攻坚战”的思想准备。二是重点做好铝业、钢铁等企业电费回收工作，实施挂牌督办，指定专人进行跟踪，密切关注客户的经营和财务状况，发现问题立即采取措施，防止大额、长时间欠费发生。三是运用好法律手段，依法采取停电、以物抵债、运用银行征信警示等方式催收电费；通过法律手段追缴电费，依法维权；做好欠费客户基础档案信息、合同信息，保存和收集催费通知书、停电通知书、欠费确认书等有效证据，保障国有资产权益。四是完善跨市（区）预警联动机制，实现跨市（区）集团客户及关联企业风险信息共享和风险预警预控。

（3）大力推行专变客户“购电制”结算电费。一是加大专变远程费控推广力度，对新装、增容及欠费复电客户一律安装远程费控装置，推行购电制；加大投运客户改造力度，尤其加大已投产的铝业、钢铁等高风险行业改造力度，逐步改变“先用电后缴费”方式。二是推行分次结算、分次划拨等电费缴费方式，通过双方合同约定，规避法律纠纷。三是制订远程费控管理办法，切实规范远程购电管理。

（4）强化过程管控，确保电费回收可控在控和真实准确。一是继续坚持电费回收定期“分析会”和不定期“说清楚会”制度。二是完善营销信息系统电费管理功能，对电费回收全面管控。三是强化电费回收监测，对营销系统电费回收和达帐情况按日监控。四是严肃电费回收纪律，坚决杜绝弄虚作假行为发生，对发现的电费回收弄虚作假行为严格考核，确保回收及达账信息真实准确。

（5）进一步夯实抄核收基础管理。一是切实规范抄核收人员作业行为。结合近几年发现的问题，编写电费实收管理教材，规范人员作业行为，减少工作差错，并开展实际操作培训，提高业务水平。二是建立价费核查常态机制。结合营业普查，继续开展高压客户电价、电费专项检查。加大与审计、财务等专业的联动，建立全方位核查机制，及时发现问题、整改问题，不断提高价费执行正确性。三是继续完善 SG186 系统功能，从技术上提高对价费的管控。重点解决“两部制电价、分时电价”等当前较突出问题；规范系统电价码管理，建立“清晰、逻辑严密”的电价码体系，从源头上减少电价差错。

（6）加快推进营财一体化建设。全面推行电费“营财一体化”建设，初步实现营销应收电费发行、实收电费收取等结果信息与财务资金到账、票据、退费等信息的集成共享。（鲁　健）

电 能 计 量

【计量集约化】国网四川省电力公司计量中心园区占地 4 公顷，建筑面积 31500 平方米，计量自动化生产系统全面建成，具备年检定单相电能表 360 万只、三相电能表 20 万只、用电信息采集终端 20 万只、低压电流互感器 15 万只及仓储 140 万只单相电能表的能力。2015 年 5 月，四川计量中心代表国家电网公司成功迎接了来自 18 个国家的 50 余名国际法制计量组织官员到中心的参观交流，向与会官员展示了全自动的检定流水线，以及智能仓储、生产调度平台等信息化系统，展示了整个国家电网在计量现代化、智能化、自动化、信息化方面取得的成就。

【智能电能表推广应用及用电信息采集系统建设】2015 年，累计完成计量器具集中检定 662.4630 万只、统一配送 682.4947 万只，全年累计完成智能电表换装 763.5195 万只。截至 2015 年年底，全省电力公司运行智能电能表 2130.5401 万只，接入采集 2055.3958 万只，智能电能表采集接入率 96.47%，全省日均采集成功率和剩余金额召测成功率分别达到 98.61%和 97.63%。完成全省并网电厂采集全覆盖，实现统调电厂月度交易电量自动计算和非统调电厂上网电量日监控分析。积极推动采集功能的深化应用，全省计量在线监测应用累计发现计量装置故障 8603 次，发现窃电 100 户次，追补电费及违约使用电费约 609.65 万元，取得了良好的管理效益和经济效益；掌上川电远程充值成功试点应用，成都、天府公司累计共提交开通“网上购电远程下发”申请 20344 笔，累计已开通 16629 笔，掌上川电远程充值累计正式购电 16959 笔，正式购电远程下发成功率 88.76%。按国家电网公司统一部署，四川公司将于 2016 年实现 2770 万只电表全部换装智能电能表，实现“全覆盖、全采集、全费控”。

【计量资产全寿命周期管理】2015 年，四川省电力公司完成智能电能表定样检测 43 批，供货前全性能试验 50 批，到货后抽样验收性能试验 404 批。加强运行智能电能表质量管控，开展运行智能电能表质量分析；组织完成《单相智能电能表技术协议 V2013－2.2 版》《三相智能电能表技术协议 V2013－2.2 版》等系列技术文件编制；完善 SG186 售电仿真本地测试系统，实现仿真系统独立运行，对本地费控表进行模拟充值测试和故障分析；根据《第三方缴费终端写卡功能测试规范》和《写卡流程测试技术说明》对第三方代收机构进行检测，规范第三方代售机构缴费终端读写卡流程，切实提高售电读写卡数据交互的可靠性，确保系统向用户卡写入数据的完整性及写入流程的规范性，使充值故障占智能电能表总故障的 70%，降低为 40%。编写《智能电表售电接口规范管理系统升级技术规范》，开展对智能电表售电接口规范管理系统升级完善工作，保障生产环境接口应用的准确和稳定。

【关口计量智能化】为有力提升关口智能化运维水平，有效降低运维成本，提高计量装置现场检测工作质量效率。2015 年省电力公司开展了电能表状态检验的试点研究及推进工作，顺利完成了电能表状态校验模块部署上线，试点实施了眉山和攀枝花两个市级供电公司Ⅰ、Ⅱ、Ⅲ类 4302 只关口电能表的状态校验，成功验证了电能表周期检验向状态检验转型的可行性，有效提升了关口计量装置运维工作质效。

【支撑特高压和智能电网】2015 年，四川省电力公司继续发挥特高压互感器与数字计量调试技术在国内处于领先地位的优势，依托四川省电力公司唯一命名国家电网公司实验室－电力互感器运行性能实验室与研究生、博士后工作站，积极参与研发国家智能变电站 863 科技项目。全年共完成 22 座特高压、智能变电站的互感器、数字计量系统、关口电能表的调试与技术监督工作。

【技术服务】2015 年，四川省电力公司积极参加国家电网公司分派任务，牵头承担数字化电能表技术研究，完成“优化完善计量生产调度平台计量体系模块功能”开发，参加国网计量动漫宣传片编制等。编制出版《电子式互感器工程应用问答》，制定计量与采集专业规章制度及管理办法 19 个。组织对甘孜、阿坝、凉山、雅安等少数民族地区、边远地区的对口帮扶，积极协调调拨计量器具帮助提升藏区电能计量设备水平，援建智能电能表检测实验室，在智能电能表推广、线损管理、关口运维等方面加强技术协作，全力帮助促进营销指标方面的提升。

【科技创新】获得省电力公司科技进步二等奖 1 项、三等奖 1 项，管理创新二等奖 1 项，精益项目成果二等奖 1 项，职工创新竞赛奖 1 项，工人创新奖 3 项，专利奖 3 项。申请或授权发明专利 12 项、实用新型专利 19 项，授权软件著作权 3 个，参与编写、修订国家、行业、国网企标标准 6 项。

（鲁 健）

电力需求侧管理

【概况】2015 年，四川省电力公司面对复杂的内外部环境和艰巨繁重的工作任务，紧紧围绕“安全、积极、稳健、规范、丰富”的十字工作方针，团结拼搏，迎难而上，各方面工作取得显著成效。全年共计完成 20 个节能项目合同的签订工作，涉及合同金额约 1.36 亿元，投资总额约 8000 万元，累计完成节约电量 1.3 亿千瓦时，折合标准煤 4.3 万吨。

【开拓内外市场】内部市场拓展方面，先后完成了 II、III 期绿色照明项目的立项等相关工作；开展了乐山电力照明、空调、水泵及配网项目的初步可研编制；完成了眉山、雅安、资阳等五家单位空调节能试点项目的储备工作。

外部市场拓展方面，利用多元化信息渠道，从不同层次不同渠道获取节能项目信息。完成川威 II

期项目补充协议签订；主动调研电能替代市场，先后走访了绵阳双汇、德阳金路树脂及宜宾丝丽雅等多家企业，收集客户电锅炉改造需求并完成初步方案编制报，同时调研了四川大学与电子科技大学空气源热泵项目运行情况，并开展大中专院校应用情况的摸底工作；此外，还紧密跟踪了天府国际机场、泸州医学院、内江市人民医院等集中能源站项目。

【拓展市场渠道】一是加强与各市州能效网络小组联系，加大能效小组活动开展频率，尽可能调动其工作积极性；二是积极寻找优质战略合作伙伴，与中国建筑西北设计院和思普信签署战略合作协议，为提高市场拓展能力夯实基础；三是主动“走出去”，积极与四川移动等大型用能企业对接，寻求长期战略合作。

【推进技术创新】2015年，四川省电力公司组织员工参与多项节能新技术的研讨及项目可研的编写工作；花大力气跟进电能替代节能技术领域，安排人员到国网上海节能公司就这一领域进行调研，组织编写“电能替代技术概述”“电锅炉替代”“冰蓄冷空调的应用”三项PPT讲稿，在部分地市公司开展了电能替代技术宣讲工作，不但培训了内部员工，也按要求进行了电能替代的相关推广宣传。

（鲁　健）

业扩报装

【客户容量】2015年，大工业客户新装或增容的容量为474.81万千伏安，比上年增加63.39万千伏安，同比增幅15.41%；非普、农业、非居民、居民、商业、趸售等客户新装或增容的变压器容量为2543.39万千伏安，比上年增长481.54万千伏安，同比增加23.35%。完成新装或增容户数合计1134301户，其中新装或增容的大工业客户数为1370户，比上年减少167户。非普、农业、非居民、居民、商业、趸售电力公司等客户的业扩完成数为1132931户，比上年增加199992户。省电力公司2015年各类客户业扩完成容量和新装或增容的用电客户数与2014年同期比较，分别详见下表。

四川省电力公司2015年各类客户专变业扩完成容量同期比较

表14　　单位：万千伏安

类别	大工业	非普	农业	非居民	居民	商业	趸售	合计
2014年	411.42	298.06	7.98	110.45	1020.72	297.50	326.66	2473.27
2015年	474.81	255.78	10.97	173.77	1368.37	545.09	189.14	3018.20
同比增幅	15.41%	−14.19%	37.47%	57.33%	33.93%	83.22%	−57.90%	22.03%

四川省电力公司2015年各类客户业扩完成户数同期期比较

表15　　单位：户

类别	大工业	非普	农业	非居民	居民	商业	趸售	合计
2014年	1537	10545	4526	4973	879362	33206	117	934476
2015年	1370	10603	6458	6063	1067121	42558	126	1134301
同比增幅	−10.87%	0.55%	42.69%	21.92%	21.35%	28.16%	7.69%	21.38%

【完成业扩精益化试点】按照国家电网公司统一部署，四川电力公司作为国家电网公司业扩精益化新模式导入和营销业务应用系统适应性调整六家试点单位之一，分别于2015年3月底、5月底前完成人员培训、系统流程调整上线，顺利完成业扩精益化试点工作。

【落实精简业扩报装手续规定】根据国家电网公司《进一步精简业扩手续、提高办电效率工作意见》（国网70号文）要求及公司相关部门提出的贯彻实施意见。重点在推行业扩协同线上办理、实行免审批容量制、取消普通客户的设计审查和中间检查、推行智能业扩，建立网上营业厅，网上受理业务等，提高业扩办理智能化和透明度。

【开展业扩报装“百日行动”】从2015年6月23日起至9月30日期间，在全省电力公司范围内开展以构建“客户导向，一口对外，流程精简，协同高效，线上管控，公开公平，智能互动”业扩报装管理新模式、提高业扩报装运作效率和服务水平为目标的“业扩报装环境整治百日行动”。重点从业务手续、业务流程、办理时限、费用收取、市场开放、信息公开等六方面，对业扩报装环境进行整治。活动分为宣传发动、突出问题排查、整改提高三个阶段，公司组成督查组参加地市公司的学习讨论，收集存在的问题及建议，对省电力公司相关制度、管理办法的编制提供依据。各单位根据突出问题排查提纲，结合工作实际，全面开展问题排查，共发现各类主要问题 36 个方面、具体问题 756 个，目前已基本完成整改。

【业扩报装规范化作业】针对基层 10 千伏及以下业扩报装情况复杂的实际，结合“百日行动”发现的问题，将 10 千伏及以下业扩报装业务细化为 9 类，对每类业务的业务流程图、流程说明及工作要求、客户提交资料目录、一次性告知书、供电方案协议、业务表单、归档资料等进行统一规范，并下发具体操作指南，指导一线人员规范操作。

【建立业扩报装制度体系】制定业扩报装管理相关办法、制度。出台了《业扩供电方案编制实施意见》、《业扩报装全业务全流程管理办法（试行）》《10 千伏及以下业扩配套电网建设项目管理办法（试行）》《10 千伏配电网新增业扩可开放容量管理办法（试行）》《客户经理管理办法》《业扩报装后评估管理办法》等 10 项管理办法制度，业扩报装制度体系初步建立。

【规范纳入地方标准】四川电力公司积极争取政府相关部门支持，将相关技术标准纳入省级地方标准，目前已将《居民小区供配电设施建设技术规范》纳入四川省 2015 年地方标准，目前正在开展评审，计划年底出台。省质量技术监督局已将《10 千伏及以下电力客户受电工程技术规范》纳入 2016 年的省级地方标准计划中，目前正在按照相关要求开展前期工作。

【“集中会商制”】建立业扩项目“集中会商制”推行 10 千伏业扩配套可研、供电方案一体化。四川电力公司要求各单位要全面建立完善业扩报装周例会制度，现场查勘后，营销部门负责拟定供电方案，运检部门负责拟定业扩配套电网工程方案，由营销部门组织、相关部门参与供电方案、业扩配套电网工程方案审查，并现场形成会议纪要，最大限度减少相关文件的会签流程。

【线上管控】将业扩配套电网工程纳入线上管控。在按照国家电网公司统一要求将相关协调工作纳入协同系统管控的基础上，还将业扩配套工程的可研编制、可研批复、ERP 项目建设、物资领用、工程建设、验收送电等 6 个关键环节纳入营销业务协同系统，并由运营监控中心纳入日常管控，提高协同效率。

【业扩报装后评估工作】2015 年，四川省电力公司出台了《业扩报装后评估管理办法》，建立业扩后评估机制，由省客户服务中心负责通过电话回访、集中检查、客户业扩办理回访单集中办理、投诉及举报处理等方式，对业扩报装工作全过程进行监督和后评估管理，不断提高管理水平和防范廉洁风险、法律风险，营造规范、干净的业扩报装环境。

【防患法律风险】为有效规避因业务手续简化后可能存在的法律风险，四川省电力公司出台《业扩报装法律指南》，与客户签订《供电方案协议》，对出资界面、供电方式、用电时间、安全责任、相关义务等进行约束，规避相关法律风险。组织修订《供用电合同》，将合同进一步女细化，针对不同客户制定不同合同范本，尤其是对高危客户和对电压质量特殊要求的客户，进一步明确双方权利和义务。

【制度体系初步形成】2015 年，四川省电力公司结合国家电网公司新的要求及业扩方面存在的主要问题，完成了业扩报装相关管理办法、制度的制订、修订完善工作。出台了《国网四川省电力公司业扩供电方案编制实施意见》《国网四川省电力公司业扩报装全业务全流程管理办法（试行）》、10 千伏业务办理工作要求等主要管理办法，对规范业务流程及工作要求、明确出资界面、供电方式、表单等进行了规范统一，初步形成了公司业扩报装制度体系。

【解决重点项目供用电问题】牵头协调成渝客专公司、中贵联络线压气站 110 千伏外电工程等重点项目，对在途未归档的省、市重点项目重点进行跟踪分析，彻查原因，促进项目早投运、早用电，对受限项目进行清理，形成受限项目清单，形成闭环管理，保证客户早日用电。

【电动汽车智能充换电服务网络】1.按照国网公司战略调整，积极协调政府，推动城际高速快充站建设。完成了与铁投集团的战略合作协议的签订,部署了成自泸高速快充网络，开展了沪蓉高速快充服务网络建设任务,把充电服务网络从市区向城际延展。2.严格落实国网公司全网充电设施“统一运营、 统一结算”的车联网部署要求，统一升级存量充换电设施和充换电站级监控系统，开展充电卡售卡部署工作，为车联网平台上线做好准备。3.认真落实充换电设施运维管理责任,确保现场整洁、设备完好、设施安全运行，全年无安全事故、无服务事件发生。当年完成充电量逾1000万千瓦时，实现累计充电量3248万千瓦时，对全省电动汽车产业发展起到良好的引导和推动作用，全省电动汽车保有量已逾7000辆。

主要措施 1. 配合省政府相关部门，主导编制了《四川省新能源汽车基础设施建设规划》《电动汽车高速公路快充网络建设规划（初稿）》，配合编制了《2015 年四川省新能源汽车产业发展重点工作方案》《加快四川省新能源汽车产业发展的支持政策(征求意见稿)》等。2. 公司积极引领和推动省内城际充电网络建设。推动政府文件明确启动高速公路充电站桩示范建设，重点在成德绵、成自泸、成南3条高速公路开展城际间充电站桩示范建设。通过多次谈判，交投集团同意了公司在沪蓉高速服务区建设快充站，同时公司与四川铁路投资集团成功签订了战略合作协议，为成自泸高速部分服务区快充站的建设用地奠定了基础。3. 推动泸州出台了《电动汽车充电服务收费标准及用电价格》，成都制定了《新能源汽车充电设施市级补贴实施细则》，对电动汽车推广大环境有了进一步的促进。4. 在成都市电动汽车推广示范的带动下，省内其他城市也陆续有了较大突破，目前成都、泸州、绵阳、自贡、内江共计推广7000余辆电动汽车,不仅在政府主推的电动公交和电动公务车领域，还延伸到电动出租车、私人乘用车，已逐渐形成了全社会共推的良好局面。5.认真开展“春安”“秋安”大检查等专项活动，加强在特殊时段对充换电设施的巡视检查力度，及时处理各类缺陷；组织开展技能培训和应急演练，有效提升了一线人员的综合素质，确保了充换电服务网络安全运行。

（鲁　健）

市场服务

【概况】2015年，四川省电力公司优质服务工作深入贯彻落实党的群众路线教育实践活动要求，以客户需求为导向，以提升客户感知为目标，以夯实营销服务基础为抓手，深化“你用电，我用心”，深入实施“客户用电满意工程”为民服务六大实事，强化“95598”运营管理和业务支撑，加大服务监督为保障，严格服务考核，严控服务质量，重构服务模式，优化运营模式，试点营销创新转型，紧跟时代步伐探索“互联网+供电服务”新模式，紧紧围绕“便民、利民、惠民”开展工作，取得了丰硕的工作成果，获得了社会各界广泛赞誉。

【一流电网是服务基础】

电网实现跨越发展 “十二五”规划期间，四川电网总投资1481亿元，先后投运±800千伏锦屏－苏南、溪洛渡－浙江等特高压工程，500千伏骨干电网覆盖全省各市州，投产110千伏及以上线路2.36万公里、变电容量1.14亿千伏安，相当于在2010年基础上“再造一个四川电网”。四川4条直流输电线路（复奉直流、锦苏直流、宾金直流、德宝直流）满功率运行，跨区外送水电富余电量3535亿千瓦时，充分发挥西南水电大规模送出、保障华东负荷中心电力供应双重效益，为控制东部火电规模，减少大气污染物排放发挥重要作用。

配网改造升级加快 “十二五”规划期间，城市配网建设投资113亿元，着力解决县域电网与主网联系薄弱或孤网运行问题，构建35千伏变电站与110千伏变电站10千伏出线拉手联络的电网结构，有效缓解城市配网“卡脖子”现象，四川省内连续8年未拉闸限电。农网项目建设投资519亿元，加快农网改造升级，集中治理“低电压”问题，改造2.5万个低电压台区，解决136万农户低电压问题，有力改善农民生活、服务农业生产、助推农村繁荣。

电网智能化持续推进 智能变电站突破100座，换装智能电表超过1000万只，满足用户多样化需求，提升电网互动和增值服务能力。乐山智能电网综合建设项目有效实施，智能电网支撑智慧城市示范工程建成投运，促进智能小区、智能城市建设，提升百姓生活品质。

电网风险有效防范 配网状态检修涵盖省内所有地市城区，有效防止重特大设备损坏事故发生。实现5级及以上电网运行风险预警管控全覆盖，累计发布五级以上电网风险预警1023个，有效化解冰灾、山火、外力破坏等突发风险。大力推进在线监测、智能机器人巡检、无人机巡线等应用，全天候、全方位监测设备状况。多年来，四川省内未发生大面积停电事故。

【注重品牌塑造】

“电亮藏区”圆满完成　为促进藏区发展和民生改善，继四川藏区“新甘石”联网工程后，持续投入资金186亿元，建成“电力天路”和川藏联网等系列工程，将西藏东部、甘孜全境与四川电网主网相联，解决148.6万无电人口用电，提前半年实现“户户通电”。“电亮藏区”工程切实把党的关怀与温暖送到藏区农牧民家中，被藏区群众亲切誉为“第二次解放”。公司员工发扬特别能吃苦、特别能战斗精神，建成具有世界领先水平的高原输电精品工程，创造世界高海拔地区电网建设“零死亡、零伤残、零缺陷”的新纪录，受到全总、省总专题表彰。

保电任务圆满完成　健全重大活动保电工作机制，圆满完成抗战胜利70周年阅兵、“嫦娥三号”发射、《财富》全球论坛、西博会、科博会等重要保电任务，得到相关单位和政府相关部门的高度评价。

2015年7月27日，国家能源局四川监管办公室马专员调研公司电力交易工作　（李茂萍　摄）

扶贫措施精准落地　启动实施“电力助推扶贫攻坚”十大行动，受到省委、省政府肯定。持续开展马边县扶贫工作，安排电网建设投资5.25亿元，极大改善电网薄弱现状。2015年10月实现全县7万余户居民抄表到户、用电同价，每月可为全县老百姓节省电费60万元以上。自筹资金135万元，建成“国家电网爱心希望小学”。持续实施“人才援藏”对口帮扶，开展“三定生”培养，充实藏区供电企业人才储备和就业岗位。2013年以来，投资72.5亿元开展无电地区电力建设，2015年6月提前半年完成“三年行动计划”，解决了14.03万户、62.83万人用电难题。2010年以来，开展大小凉山彝区电网规划及项目实施工作，目前除中央财政资金投入外，省电力公司自有资金投资已超过2.4亿元，解决6万多户农户用电问题。

【服务举措】

创新服务方式　2015年，与腾讯签订“互联网+电网”战略框架合作协议，瞄准客户体验，优化服务流程。实施“电力服务进社区”和“包片服务进乡村”，试行“三本台账”制度，各级干部员工深入社区、村社解决用电问题7万余个，架起密切联系群众的“连心桥”。建立“五个一”配网抢修体系（即一个报修、一张工单、一支队伍、一次到达现场、一次完成处理），形成城市30分钟“抢修圈”。大力开展带电作业，有效减少用户停电时间和停电次数。发布“掌上川电”手机应用APP，搭建“你用电 我用心”服务理念展示新平台。

拓宽缴费渠道　加快推进智能电表客户远程购电模式建设。同工行、农行等10家银行建立代收电费业务合作，开通银行代扣、网银交费、银行柜面代收、银行自助终端交费等缴费方式。建立代收电费业务合作的非金融机构已超过10家。提供24小时供电营业厅等应急售电服务渠道，方便客户夜间或其他非工作时间缴费。全力推进“村村有交费点”建设，推行“跨业联动，助农交费”村邮站模式。目前，已建立23种缴费方式，建成缴费网点2万余个，城区10分钟缴费圈基本形成，居民用电更加便捷，供电服务更加贴心。

净化服务环境　深入整治业扩报装环境，精简手续、压缩流程，业扩报装接电平均缩短2.7天，低压客户实现“一证受理”“一岗制”服务，压缩高压客户业务流程，取消普通客户设计审查和中间检查；营造规范、干净的业扩报装环境，规范营业费用、集体企业费用收取，规范人员作业行为，规范客户受电工程建设界面，用电信息全面公开，完善技术支撑强化客户回访。

落实惠民政策　认真做好城乡“低保户”和农村“五保户”家庭的名单确认，确保每月15度免费电量电费补贴按时发放到位。自2007年启动城乡居民用电同价工作以来，四川省内实现城乡居民用电与国网直供区同价的控股县供电公司达37家，数百万当地百姓受益，每年减轻电费负担超过10亿元。

【拓展服务空间】

党员服务队兑现承诺　以共产党员服务队为载体，切实践行为民服务宗旨。在全省21个中心城市组建地市公司党员服务队25支、县公司党员服务队83支，建立社区服务点1507个。党员服务队真诚兑现“有呼必应，有难必帮”庄严承诺，成立以来共受理电话和咨询70万次，开展上门服务50.42

万次，社区服务2.88万次，联系困难群众5541户，捐资助学7609人。党员服务队坚持优质服务十年如一日，多次受到省委肯定，被群众亲切地称为电力“110”。

助推新能源行业发展 编制《风电并网服务指南》及《光伏发电并网服务指南》，为新能源技术提供高效优质的并网服务。目前，风电、光伏发电并网装机容量达523万千瓦和19.91万千瓦，相当于节约标煤1700吨，减少二氧化碳排放4419吨，减少二氧化硫排放489吨，社会效益显著。发挥行业优势，带动电动汽车产业发展，沪蓉高速快充网络加快建设，建成充换电站16座、充电桩1010个，服务电动汽车突破10万台次，示范效应良好。

优化配置清洁能源 积极配合政府推进替代发电、直购电工作，拓展省内水电消纳空间。采取错峰、置换、低谷交易等多种措施，最大限度发挥外送通道的输电能力。配合政府相关部门组织实施“水火”替代发电，缓解火电经营困难压力，稳定用电市场。加强与雅砻江公司、三峡公司等水电企业的沟通协调，通过错峰消库、汛前腾库等方式，缓解主汛期弃水压力。

【公开电力市场交易信息】2015年，国网四川省电力公司认真践行“四个服务”宗旨，按照国家电网公司规定，每月10日前通过电力交易网站向各交易主体发布月度信息，每季度通过省经信委召开的信息披露会、国家能源局四川监管办公室召开的厂网联席会，同时利用四川电网调度日报、电力交易大厅服务业务、电力生产电话例会、公司文件、联络员QQ群等方式向市场不同主体开展信息公开工作。

【提升服务水平 和谐厂网关系】一是利用交易平台开展自备电厂停发替代交易、富余电量交易挂牌和水火替代补偿挂牌的组织工作。2015年，四川省电力公司通过交易平台发布挂牌公告15次，参与交易的发电企业共计1446厂次，用电企业58家。二是部署全国统一电力市场技术支撑平台，提前启动CFCA证书代办服务。2015年共代办CFCA数字证书565家，其中发电企业220家，电力用户345家。并分期分批对市场成员进行了系统使用培训，为系统单轨制运行奠定基础。三是启动2015－2020年中长期购售电合同签订工作，核对并收集签订购售电合同共计285厂，主动与30家新投电厂建立购售电合同签订业务对接。四是持续推进新投发电厂（机）并网交易协调工作机制建设，2015年四川电力交易大厅共受理发电企业新机并网业务261台机；与42家新投电厂建立新机并网服务对接。五是积极推动电业局与新投电厂核对购电模型，并在系统中建模。2015年新增购电模型32个，维护模型108厂次。

另外，2015年四川电力交易大厅共计接待来访9652人次，来电12610次；通过联络员QQ群问询答复发电企业6134次；维护交易报价员168人次，维护交易联络员信息112人次；新注册交易运营系统市场成员及交易单元42个，机组261台。

（鲁 健）

2015年7月6日，华东电网公司调研公司电力交易工作
（李茂萍 摄）

用电检查

【概况】2015年，四川省电力公司牢固树立“以人为本，安全发展”的理念，始终坚持用电安全工作“规范化、标准化、精益化”的原则，把安全放在首位，履职尽责，以更加认真的态度、更加完善的措施、更加有效的执行，落实大用电、高压、高危和重要客户用电安全管理，开展周期用电检查，坚决遏制因供用电原因造成的重特大安全事故，实现了“客户用电安全零事故”和“用电人员人身安全零伤亡”的目标。

【安全隐患治理】利用全面落实党中央、国务院安全工作决策部署，深刻吸取天津港“8·12”特别重大火灾爆炸事故教训，推动四川省经信委发文开展高危和重要客户供用电安全隐患排查治理，要求各市（州）经信委、各级供电企业、高危和重要企业高度重视供用电安全隐患排查整治工作，认真履行安全生产管理工作职责，扎实做好安全生产工作，实施本单位的安全检查、隐患排查治理工作，构建政企联动，齐抓共管的安全隐患排查治理工作机制。

【重要客户管理】根据国家相关法律法规、最新标准、技术要求和国家电网公司有关规定、规范和标准，制定了国网四川省电力公司高危和重要客户管理办法和认定实施细则。进一步规范了公司供电区域内高危和重要客户认定、供用电安全和用电检查的管理，建立和完善了高危和重要客户供用电安全的“服务、检查、报告、备案、联动、督促、整改、帮助、督导”长效机制。

【用电安全隐患专项检查】全年先后组织开展了《春节前交通枢纽、医院、人员密集场所专项检查》《开展高温极端天气下客户供用电隐患专项排查工作》《吸取近期火灾事故教训做好当前电力安全专项检查》《开展高危和重要客户安全大检查和隐患整治专项检查》。对检查发现的问题和隐患逐一记录，并向客户出具用电检查结果通知书和隐患整改建议，对排查发现的重大隐患及时报政府有关部门备案，做到服务、通知、报告、督导四到位，确保了客户供用电安全可控、能控、在控。

【缺陷隐患整治】2015 年，四川省电力公司开展安全大检查和缺陷隐患整治的统一部署，营销部制定并印发了《营销安全隐患排查工作方案》，从 9 月开始，组成了由营销部牵头、省客户服务中心、省计量中心参与的十个督查组，对 18 个地市供电公司的营销部（客户服务中心），36 个供电分公司、36 个班组、30 个智能电表推广施工现场开展了营销安全大检查和缺陷隐患整治专项督查，共发现隐患 162 条，已督促整改 144 项。

【清理、甄别、剔除高危和重要客户】截至 2015 年 12 月底，四川省电力公司供电区域内报政府备案并在 SG186 营销业务系统中确认的高危和重要客户有 2056 户，其中高危客户 668 个，重要客户 1388 个。668 个高危客户中涉及煤矿 417 户、非煤矿山 44 户、冶金 46 户、石油 26 户、化工 104 户、危险化学品 10 户、其他高危客户 21 户。1388 个重要客户中涉及党政机关 245 户、国防 136 户、信息安全 152 户、交通运输 108 户、水利枢纽 6 户、公共事业 519 户、其他重要客户 222 户。同时动态更新高危和重要客户基础信息台账、确保客户资料、SG186 系统档案、现场信息“三统一”。

【用电安全保障】按照电力法赋予供电企业的职责，全年对高危客户、重要客户、35 千伏及以上高压客户、10 千伏高压客户按周期开展用电检查，用电检查率分别为 100%、100%、99%、96%。

【开展反窃电和违约用电专项活动】按照“防、控、堵、查、打”的原则，以“量、价、费”为切入点，组织开展“反窃电、促降损、强管理”为主题的反窃电专项活动，有效打击窃电和违约用电行为，维护了正常的供用电秩序，减少了电量流失，实现了增收。全年查处窃电案件 548 件，补收电量 333 万千瓦时，补收电费 227 万元，补收违约金 677 万元；全年查处违约用电 302 件，追补违约电量 200 万千瓦时，追补电费 155 万元，收取违约金 181 万元。

【做好保电工作】2015 年，尽力在各类保电工作中，加强领导、统一协调，积极沟通，认真做到组织到位、责任到位、措施到位、检查到位、告知到位、督促到位，应急预案到位、全力以赴完成“四川省委省政府交办的多项保供电任务”，以及“高考”、“4·20”芦山强烈地震二周年活动、“第三届中国（绵阳）科技博览会”、“第二届峨眉山国际旅博会”、“2015 年中央电视台现场中秋晚会（江油）”、“2015 年全国第九届残运会暨第六届特奥会”的保电工作，确保活动期间供电保障万无一失。

【电网事故风险预警管控】根据调度控制中心发布的电网预警通知，营销部将通知发给相应供电公司营销部，并电话通知相关单位营销部主任，要求高度重视电网运行风险预警，对可能造成停电的大用电量客户户、高压、高危和重要客户进行梳理，向政府汇报，提前有效告知客户，落实好需求侧管理、供电服务、高危和重要客户的保电、应急救援准备、有序用电等电网运行风险管控措施，向上级返回落实任务的回执单，形成闭环管理。做到通知到位，及时响应，工作痕迹可查阅。

【提升客户低电压穿越能力】由于对电能质量敏感的石油、化工、军工、冶金、煤炭、制药、制造、纺织、光纤、半导体、多晶硅等连续性生产的企业，在高压电机、变频器和 PLC 控制器等方面越来越多的采用“零秒”断电的低电压保护装置，当电网出现电压暂降和瞬时中断时，引起此类企业低电压保护装置动作，造成生产波动、生产流程中断、生产线停运，经济损失和环境污染的事故不断发生。因此为了提升客户抗电网电压扰动用电安全能力，避免电网在短时电压暂降时，由于客户低电压保护动作时限短从而导致低电压保护动作引起停电和甩负荷情况，营销部安排各供电公司对区域内 3785 户

26类大用电量客户、电能质量敏感客户、高危和重要客户进行了核实。其中一级重要客户460个，二级重要客户991个，非重要客户2334个。3785户客户中有2566户配置低电压保护装置，1219未配置低电压保护装置，占比分别为68%，占32%。2566户中有2330户低电压保护装置投入运行，运行率91%。有236户低电压保护装置未投入运行，未运行率7%。2330个客户中，有1508个客户安装的低电压保护装置用于电机保护，有25个高压电机保护中为无延时保护；有2163个客户安装了用于其他设备保护的低电压保护装置，无延时保护有1716个；有129个客户安装了变频器，无延时保护有17个；有112个客户安装了PCL控制器，无延时保护有16个。针对核查发现的问题，采取了以下措施：一是督促客户对低电压保护装置保护时限进行整改，已有189个客户对低电压保护装置的动作时限进行了调整，动作时限大于供电电压重合闸时间，其中低电压脱扣保护167个，变频器低电压保护8家，PCL控制器低电压保护装置23家；二是编写了提升抗电网电压扰动客户用电安全告知书，通过周期用电检查，对电能质量有特殊要求的客户发放提升抗电网电压扰动客户用电告知书，提醒客户做好相关技术管理和维护工作；三是针对不同客户、不同生产负荷设备对电压质量的需求，书面建议客户根据生产设备的重要程度，对生产设备进行分级管理，对重要性等级低、不需要过于敏感的电气设备采取修改运行参数的方式降低灵敏度，提升低电压穿越能力；四是把好业扩源头关口，对客户用电申请，要核定清楚客户的类别、等级、对电能质量敏感程度，是否一定需要配置低电压保护装置、明确告知客户低电压保护装置整定动作时限按照供电电压的重合闸恢复供电时间进行设置，严把客户入口关，防止客户低电压保护装置采用无延时动作入网运行。

【营销运行监控】一是优化模式，建立以省客户服务中心为核心的“1+22”中心辐射式管控模式，提高管控效率。明确以省客户服务中心为主体、22个地市稽查督办、县公司落实整改的职能定位，省、市、县三级联动，有力地促进稽查流程跨地域的高效流转。二是深化业务，以费、价为重点，开展全供区、全过程、全方位业务管控，做实业务支撑。2015年，公司重点开展了“大工业客户定价策略专项核查”“业扩百日行动”“电费回收监控”等工作，对两部制电价执行、业务费收取、电费回收真实性等进行了专项核查。通过对业扩流程、计费过程、计费因子的梳理，细化了业务异常风险点，并形成针对性较强的核查规则，全年累计分析异常16306笔，发起业务质量管控工单1894笔，通过核查确认有问题的工单367笔，预计经济成效2241.13万元。三是强化整改，管理引领管控，管控支撑管理，实现营销管理提升。2015年加大了现场核查和整改跟踪力度，省电力公司营销部委托省客户服务中心对80大工业客户进行了现场核查。通过对重点异常客户开展现场复核，对重点单位下达整改通知书，实现问题整改闭环管理。通过专题分析、风险预警、稽查案例对共性和典型问题形成通报，促进各单位查找薄弱环节，举一反三，业务管控成效显著提升。截至2015年11月17日，已完成电费追补1030.47万元，责任追究考核325人•次。

（赵　文）

客户服务中心

【概况】国网四川省电力公司客户服务中心（原四川省电力公司供电服务中心）于2012年6月组建成立，按照省电力公司相关要求，在原有95598呼叫及网络服务、110千伏及以上业扩报装工作、电力市场分析预测、重要客户差异化服务等职责基础上，增加了电改及营销转型政策研究、行风建设和供电服务监督、营销业务质量管控、营销信息系统应用维护以及舆情和视频监控等27项职责，为公司经营决策和大营销体系提供支撑。

【人力资源】客户服务中心设六部室，分别为：综合室、95598客户服务室、大客户服务室、95598运营管理室、技术支持一室和技术支持二室。截至2015年年底，该中心用工总量182人，其中管理及专业技术人员57人，平均年龄36.1岁，全部为本科及以上学历，其中，研究生及以上学历29人（含博士4人），高级职称21人。95598外包人员125人，平均年龄28岁，培养省电力公司优秀人才、双千人才（五年内培养出1000名管理人才和1000名生产技能人才）等10人，省电力公司最美员工1人。

【经营管理】2015年，客户服务中心坚决贯彻省电力公司决策部署，全面完成了中心年初既定的各项目标任务与重要工作部署，按照“三高一特创一流”的发展目标，围绕“三年三步走”的工作思路，以高起点策划为先导，以高标准要求为指引，以高品质建设为主线，以特色化发展为重点，服务与支撑能力不断增强，形成了鲜明的业务特色，在发展规划的高度、职责范围的广度、业务推进的宽度、市场分析的深度以及政策研究的前瞻性、指导性、实用性等方面都有着明显的优势，为中心“三年三步走”发展布局划上圆满句号，基本实现了国网公司系统一流省级客户服务中心建设目标。

【提升 95598 服务水平】2015 年，客户服务中心共计处理工单 61.8 万笔，受理少数民族电话 3.2 万个，呼出电话 38.8 万个。密切跟踪同业对标服务指标，加大工单管控力度，退单量同比减少 98.89%、超时量同比减少 71.17%，故障到达现场超时率同比下降 81.63%、停送电投诉率同比下降 27.69%。与“12398”形成有效联动，完善投诉处置流程，有效降低投诉风险。

【提高 110 千伏及以上业扩报装效率】2015 年，客户服务中心主动参与“业扩报装环境整治百日行动”，积极推行“两横一纵”集团化业扩体验式服务，大力实施“双客户经理”制，顺利完成 110 千伏业务工作移交。2015 年共受理业务 40 笔，装见容量 300.16 万千伏安，投运 17 笔，容量 127.4 万千伏安，办理时限由 52 个工作日下降到 27 个工作日，为省电力公司增加经济效益 1746 万元。“五位一体”在业扩工作中的深化应用，受到国网公司调研组的好评。

【电力市场及政策研究成果】2015 年，客户服务中心攻克 10 余项建模难题，建立电力市场实时分析系统并取得实质性突破，实现了对多类别、多层级、多时间跨度电量的准确预测，平均预测准确率达 95% 以上。参与国家能源局、国网公司及省能监办组织的政策文件编写，累计完成 20 余万字电改、营销转型、“互联网+”等高质量研究报告，得到了公司主要领导的高度肯定，为公司经营决策发挥了重要作用。

参与直购电、铝硅定向扶持、富余电量及水火替代“四个政策”的测算和制定成效显著。紧密跟踪电改最新动向，与曾鸣教授团队深度合作，积极参与国网公司及省能源监管办公室组织的政策文件编写，有效维护了四川公司利益。向省电力公司提交了 20 余万字有关电改、营销转型、“互联网+”等专题研究报告，得到了公司领导的高度肯定。

【科技与信息化】2015 年，客户服务中心主要承担 SG186 营销业务、用电信息采集、一体化缴费平台、95598 平台等 15 套信息系统的技术支持和运维管理工作。积极开展 32 套信息化系统及 200 万“掌上川电”用户数据的应用及维护工作，解决系统缺陷 600 多个，系统性能提升 15%。“主动式”IT 服务运维模式，运用国际先进的 ISO20000 和 ITSS 等 IT 服务理论，以“一性三化”为目标，全面提升营销业务系统运行维护能力。

【营销业务闭环管控】客户服务中心开展营销基础数据清理管控，完成清理平台建设、清理进度及质量管控。推进省、地、县三级营销业务管控，理顺工作流程，依托稽查系统的异常监控功能，结合营销业务系统和用电信息采集系统基础数据，排查客户用电异常情况。分 2 批对全省 13 个地市公司 7057 家大客户开展定价策略专项核查，共发起异常处理工单 1894 笔，预计经济成效 2241.13 万元，已完成电费追补 1030.47 万元，责任追究考核 364 人次。

【服务质量监督】2015 年，客户服务中心监测舆情信息 522 条，开展营业窗口视频监控巡查 10626 次，发现不规范行为 1048 起，参与省电力公司明察暗访及党风廉政建设巡视，提供了有效技术支撑。按省电力公司要求高质量完成行风群众满意度测评，收回有效样本 3370 个，上报供电服务月报、监察简报，全面反映公司供电服务难点、热点和重点。

【党建宣传】2015 年，客户服务中心扎实开展“群众路线”“三严三实”专题教育活动，党组织战斗堡垒和党员先锋模范作用得到充分发挥。强化队伍素质、作风建设，工会、团青形成合力，先后获得国网公司效能监察单项奖，省电力公司优质服务先进单位、电网先锋党支部等多项表彰，管理创新、调研课题等 8 个项目获省电力公司一等奖，中心员工先后获得国网公司、省电力公司优秀党员、优秀党务工作者、最美员工等多项殊荣。培养省电力公司优秀经营人才、优秀管理人才、优秀技术人才、双千人才及雏鹰计划人员共计 13 人。“七彩服务铸亮连心桥活动”取得良好社会反响，进一步提升了公司形象。“95598 阳光行”受到四川电视台等主流媒体报道。智能电网展示厅被授予“四川省科普基地”“成都市科普基地”称号并获科学技术部嘉奖，接待社会各界参观 300 批次 5000 余人次，借助 LED 大屏与省、市政府有关部门形成联动，充分发挥了中心对外交流和形象展示的重要窗口作用。

（肖乃慎、李博、刘英、杨睿、左为、王靖棋、杜姝瑶）

地方电力

责任编辑：李燕辉

四川省地方电力的主体是农村中小水电及其配套电网，地方电力已成为四川电力工业的重要组成部分；服务“三农”的重要力量；支持地方经济发展的基础产业；为促进四川省为民致富、财政增收、生态保护、民族团结、社会稳定、地方经济可持续发展起到了积极作用。

在长期的地方电力建设中，已形成了科教、勘测、规划、设计、施工、质检、量值传递、技能鉴定、安全生产、经营指导、文明窗口建设等行业管理和综合服务体系。

2015 年，全省地方电力新增装机 30 万千瓦，完成地方电力发电量 410 亿千瓦时。

四川省地方电力局

一、四川地方电力发展近况

多年来，四川省地方电力坚持治水与办电结合，开发与保护统一，新建与改造统筹，建设与管理并重，以农村水电增效扩容、小水电代燃料和水电新农村电气化项目为载体，以农村水电安全生产标准化建设为重要抓手，积极推进“民生水电”“平安水电”“和谐水电”“绿色水电”四个水电建设，农村水电行业得到稳步发展。

【着力夯实农村能源基础，有效促进地方经济发展】近五年来，全省以三大项目为重要抓手，新增农村水电装机338.43万千瓦。截至2015年年底，全省已建农村水电总装机容量超过1030万千瓦，年新增发电量145.05亿千瓦时，累计完成投资421.9亿元；共争取中央投入10.84亿元，有效带动地方政府和社会投资农村水电411.06亿元，整体拉动了农村水电建设产业链条发展，引导农村水电企业建立了“开发当地，反哺当地”的良性机制，在促进农民就业、农村增收以及地方经济发展方面发挥了重要作用。其中，2015年全省地方电力新增装机容量30万千瓦，完成地方电力发电量410亿千瓦时，实现销售收入128亿元，创利税13.5亿元。

【精心打造农村清洁能源，切实改善当地生态环境】近年来，结合国家退耕还林、“天保”工程、水土流失治理，按照整村整乡整县集中连片推进的思路，实施小水电代燃料项目，大力发展“电炊户”，推广“以电代柴、以电代煤”。自2009年以来，全省累计开工项目5个，装机3.73万千瓦，涉及28个乡、236个村，直接受益农户1.9万户，“以林涵水、以水发电、以电兴工、以电护林”的良性循环得到了有力促进，实现了小水电开发和生态环境的和谐发展。2015年年底，四川省也是全国藏区第一个小水电代燃料生态示范县——乡城县小水电代燃料生态示范县建设任务全面完成，当年共计发放补贴电费105.66万元，得到全县农牧民的热烈欢迎。

【积极促进一水多用，有效实现资源综合利用】通过农村小水电建设与水利工程紧密结合，有效防御洪旱灾害，合理调配水资源，实现了调蓄洪水、农业灌溉、城乡用水的综合利用；另一方面，通过小水电的有序开发，缓解了水利工程维护经费紧张问题，充分体现了水电开发与水资源综合利用协调发展的良好格局。

【全力消除公共安全隐患，有效维护河流健康生命】通过对四川已建老旧电站进行农村水电增效扩容改造，采取工程和非工程措施，优化生态流量，有效起到了恢复河道生态流量、修复自然生态、维护河流健康生命的作用。同时，进一步消除了电站机电设备、金属结构、水工建筑物等部位存在的安全隐患，提高了四川已建农村小水电的运行管理水平，有力保障了电站职工和人民群众生命财产安全。

【全力构建安全生产体系，确保农村水电有序发展】组织各地逐站落实农村水电站安全生产和监管“双主体”责任并予以公示，接受社会监督。截至2015年年底，已落实安全生产“双主体”责任的农村水电站超过4300座；其中，全省水利部门负责安全监管的1987座农村水电站全部落实“双主体”责任，公示率为99.3%，基本形成责任落实、监管到位的良好格局。通过深入组织开展年度各项安全生产监督检查，加强政府强制性质量监督，积极推进水电站大坝注册管理，加大源头治理力度，落实安全生产监管责任和企业安全生产主体责任，关口前移，重心下移，有效遏制了重特大安全事故的发生。在此基础上，四川省以政府为主导，以项目为抓手，以协会为平台，结合新颁布的《安全生产法》，大力推进农村水电站安全生产标准化创建工作，80座安全生产标准化建设试点进展顺利。“十二五”安全生产责任事故明显减少，安全生产形势明显好转。

【农村水电监管】狠抓农村水电安全生产运行。按照水利部、四川省政府和省水利厅的部署和安排，省地方电力局延伸工作重心，注重抓源头、严规章，认真开展“百安活动”“汛前安全生产大检查”等安全生产活动，由局领导带队组成督查组对各市州地方电力安全生产大检查情况进行了督查，全年地方电力行业未发生重特大安全事故，各项安全生产指标均在控制指标以内。对80座农村水电站进行了安全生产标准化达标评级，全年共实地检查农村水电站539座，查处安全问题并督促整改率达90%。

严格地方电力工程质量监督。在省水利地方电力建筑质检中心站和省地方电力机电质检站的大力配合和支持下，采取检查施工现场、查阅质量记录资料、听取现场工作人员介绍的方法，对地方电力工程开展严格的质量监督并提出意见和建议。2015年来，共对70余个电站、400余万千瓦装机的中、小水电站工程实施了政府质量监督。

【水电新农村电气化和小水电代燃料项目建设】 水电新农村电气化和小水电代燃料建设有力推进。完成了2016年农村小水电建议计划申报，指导和督促各有关单位按时完成了水利部统一部署的各类报表系统的填报工作。加大了对项目建设的督查力度，先后对7个市州的电气化县、小水电代燃料拟建和在建项目建设情况进行督导检查，对部分因客观原因无法实施的项目，经商省发展改革委，按照国家规定的程序进行了调整；对部分实施较差的项目以文件督促和现场督导的形式加强指导，解决了项目建设中存在的具体问题，积极推动了项目建设。积极争取并商省发改委及时下达项目中央预算内资金，确保了项目顺利实施，共完成电气化中央预算投资2700万元。其中，藏区农村水电项目1个，中央投资1400万元；“大小凉山”地区农村水电项目2个，中央投资1300万元。

【中小河流水能资源开发规划】 全省中小河流水能资源开发规划大纲的编制工作已完成，河流梳理进入核实阶段。本次规划涉及全省大于50平方公里、小于3000平方公里的中小河流共计2795条，全省共清理河流986条，其中2013年前已批中小河流水电规划的河流有486条； 2013年以来已审或已编制规划的中小河流有177条，2013、2014、2015、2016年拟编制河流水电规划的有323条、修订河流水电规划的86条。

【农网升级改造及无电地区建设】 完成了农网改造升级项目和无电地区 2015 年度建议计划编制和审查工作，协调、组织相关部门对四川省地方电力农网完善工程进行了督导检查。2015年农网改造升级工程下达计划投资 9.79 亿元，实际完成工程投资44415万元，占下达计划的45.38%；2013—2014年无电项目下达计划23686万元， 2014年无电项目实际完成3547万元，占投资计划的44.34%。

二、有关市州地方电力情况

【泸州市】

泸州市水能资源理论蕴藏量为341.7万千瓦、可开发量257.2万千瓦、多年平均发电量147.3亿千瓦时。若不计长江干流，水能资源理论蕴藏量为62.84万千瓦、可开发量25.2万千瓦、多年平均发电量13.69亿千瓦时，可修建总装机容量500千瓦以上的电站63座、装机容量18.946万千瓦，100—500千瓦电站121座、装机容量2.29万千瓦，以及为数众多的微型水电站。

该市（市、县）的农村水电管理职能由水务局整体划转到发展和改革委员会，名称为“泸州市地方电力站”，经市编办明确工作职责为“为地方电力发展、建设、管理提供业务指导和技术服务”。农村水电管理范围涉及纳溪区、泸县、合江县、叙永县和古蔺县等1区4县。

农村水电建设：一是积极开展农村水电站的开发建设，全市在建电站 24 个，总装机容量 5.427万千瓦，计划总投资 3.8647 亿元，累计完成投资3.3439亿元，其中增效扩容改造电站17个，总装机容量1.88万千瓦，计划总投资0.465亿元，累计完成0.4319亿元；二是按照水利部、财政部要求积极开展农村水电站增效扩容改造工作，2015年泸州市 1 区 3 县 17 个农村水电增效扩容改造项目除 1个电站因客观原因未改造结束外，其他电站主体工程改造全部完成。

2015年年底，全市已建水电站304座，装机容量20.5055万千瓦，年发电量6.4143亿千瓦时。

农村水电运行管理：组织开展了以自查为主，市、县重点抽查多种形式结合的全市地方电力安全大检查工作，常年开展“百日安全生产活动”“水利行业安全生产专项整治工作”“安全生产大检查回头看”等各种专项督查活动，重点针对水电站责任制落实情况、安全运行管理制度、重要设施管理情况、安全措施、规章制度执行情况、安全管理人员教育培训情况、电站业主安全生产经费投入、安全度汛等进行检查。

生产经营情况：全市农村水电站2015年发电平稳运行，全年累计完成发电量6.4143亿千瓦时，实现发电收入1.3098亿元，上缴税金0.0943亿元。

【自贡市】

农村水电安全监管：农村小水电站安全生产工作进一步加强。2015年组织开展了全市农村水电站“百日安全活动”、春季维护，汛前安全大查等活动，通过这些工作、措施进一步强化了小水电站的安全生产。

增效扩容改造：农村小水电站增效扩容改造工作成效显著。双溪水库水电站、木桥沟水库水电站和荣县幸福水电站、朱家河水电站、下高洞水电站、高跳蹬水电站已完工并完成了启动和完工验收。

(1)双溪水库电站原设计装机容量为250千瓦（2×125 千瓦），增效扩容改造后装机容量为 750千瓦（250+500 千瓦）；装机数量不变（共 2 台），装机容量增加 500 千瓦。此次改造总投资 290.74万元，单位千瓦投资为3876.5元/千瓦，单位电能0.91元/千瓦时。

（2）木桥沟水库电站原设计装机容量为 480 千瓦（3×160 千瓦），增效扩容改造后装机容量为 750 千瓦（3×250 千瓦）；装机数量不变（共 3 台），装机容量增加 270 千瓦。此次改造总投资 258.91 万元，单位千瓦投资为 3452 元/千瓦，单位电能 0.79 元/千瓦时，新增单位电能投资为 1.16 元/千瓦时。

（3）幸福堰水电站，由幸福堰左岸电站和右岸电站组成。原左岸电站装机容量为 325 千瓦(75+250 千瓦)，此次增效扩容改造后装机容量为 445 千瓦（125+320 千瓦）；装机数量不变（共 2 台），装机容量增加 120 千瓦。右岸电站原装机容量为 250 千瓦（1×250 千瓦），本次增效扩容改造后装机容量为 250 千瓦（1×250 千瓦）；装机数量、容量均不变（共 1 台）。此次改造总投资为 195.63 万元，单位千瓦投资为 2815 元/千瓦，单位电能 0.92 元/千瓦时，新增单位电能投资为 1.26 元/千瓦时。

（4)高跳蹬水电站位于荣县双古镇幸福堰水库下游，距幸福堰水库 4 公里。原设计装机容量为 270 千瓦（2×55+1×160 千瓦），增效扩容改造后装机容量为 310 千瓦（2×75+1×160 千瓦）；装机数量不变（共 3 台），装机容量增加 40 千瓦。此次改造总投资 123.52 万元，单位千瓦投资为 3985 元/千瓦，单位电能 1.32 元/千瓦时，新增单位电能投资为 1.54 元/千瓦时。

（5)朱家河水电站位于荣县双古镇幸福堰水库下游，距幸福堰水库 8 公里。电站原设计装机容量为 215 千瓦（1×55 千瓦+1×160 千瓦），增效扩容改造后装机容量为 235 千瓦（1×75 千瓦+1×160 千瓦）；装机数量不变（共 2 台），装机容量增加 20 千瓦。此次改造总投资 93.72 万元。

（6）下高洞水电站位于荣县双古镇越溪河下游，距朱家河电站 4 公里。电站原设计装机容量为 160 千瓦（1×160 千瓦），增效扩容改造后装机容量为 160 千瓦（1×160 千瓦）；装机数量、容量均不变（共 1 台）。此次改造总投资 50.35 万元。

（7)富顺县黄葛灏水电站因东风电机厂体制改革（重组），供货受到影响，未能按时完成改造工作。

（游元奎）

四川省水电投资经营集团有限公司

【企业概况】四川省水电投资经营集团有限公司（以下简称四川省水电集团）成立于2004年12月，是经四川省人民政府批准成立的国有独资大型企业，负责投资、经营、管理省级地方电力国有资产，是四川省地方电力系统农网、城网、缺电县、无电地区电力建设项目的总业主。公司注册资本28.2818亿元。

2011年2月21日，四川省人民政府组建四川省能源投资集团有限责任公司（以下简称四川能投），四川省水电集团整体划入四川能投，成为其全资子公司。截至2015年年底，四川省水电集团资产总额445.51亿元，净资产总额143.03亿元。拥有参控股公司36家，其中：

全资子公司7家。分别为四川省水电投资经营集团普格电力有限公司、四川省水电集团金阳电力有限公司、四川省水电投资经营集团美姑电力有限公司、四川省水电投资经营集团万源市龙源电力有限责任公司、四川金纬电网建设有限公司、平武县金辉电力投资有限公司、四川省水电集团百事吉物业管理有限公司。

控股子公司15家。分别为四川能投发展股份有限公司、四川金鼎产融控股有限公司、四川省水电投资经营集团永安电力股份有限公司、四川昭觉电力有限责任公司、四川省水电投资经营集团资中龙源电力有限公司、四川省水电投资经营集团渠县电力有限责任公司、四川省水电投资经营集团德格格萨尔电力有限公司、四川省水电投资经营集团青川电力有限公司、泸州玉宇电力有限责任公司、四川省平武电力（集团）有限公司、四川省水电投资经营集团开江明月电力有限公司、四川省水电集团大竹电力有限公司、华蓥市地方电力有限责任公司、四川金翔置业有限责任公司、四川金禾盛投资有限公司。

参股公司14家。分别为四川能投新城投资有限公司、四川能投电力开发有限公司、四川爱众发展集团有限公司、四川广安爱众股份有限公司、达州电力集团有限公司、四川西昌电力股份有限公司、乐山市金洋电力开发有限责任公司、四川星辰水电投资有限公司、嘉陵江亭子口水利水电开发有限公司、内江兴隆村镇银行股份有限公司、绵竹浦发村镇银行有限责任公司、宜宾市商业银行股份有限公司、四川发展投资有限公司、川财证券有限责任公司。

【生产经营】2015年，在省委、省政府和省国资委、四川能投的坚强领导下，四川省水电集团积极应对用电市场低迷、经营管理压力加大等诸多困难，全体干部职工迎难而上、抢抓机遇，圆满完成了四川能投下达的考核目标，为促进全省经济平稳增长做出了积极的贡献。全年完成发电量16.91亿千瓦时，同比下降6.22%；供电量65.76亿千瓦时，同比增长7.07%；完成综合线损率11.25%，同比上升0.13个百分点；实现营业收入50.95亿元，同比增加0.75亿元；实现利税15.4亿元，同比增加3.1亿元；实现净资产收益率5.24%，成本费用利润率15.12%。公司系统未发生一般及以上等级有责人身伤亡事故、设备（电网）事故和环保事故，未发生Ⅱ级以上有责突发事件，未发现重大安全隐患。

【农网建设】2015年，四川省水电集团争取到农网改造升级工程中央预算内投资计划达到了56.78亿元，占“十二五”规划期间农网总投资计划近一半。全年开工建设4个批次农网改造升级项目。截至2015年年底，2013—2014年农网项目已基本完成工程建设和验收工作；2015年第一批农网项目完成工程建设投资5.89亿元，占该部分投资计划的89%。筠连、万源、宜宾等10县完成工程建设，全部工程将在2016年3月完工并通过验收；2015年新增农网项目已完成工程总投资10.05亿元，占该部分投资计划的21%。10千伏及以下项目已全面进入施工建设阶段，投入103支施工队伍、1.2万名施工人员，累计完成投资9.54亿元，占该部分投资的46.84%；35千伏及以上项目已全部完成初设审查，开展施工图设计及现场复测，部分工程已进入场地平整及工程建设阶段。

同时，四川省水电集团加强战略管理，编制完成了集团公司以及4个区域电网和26个县“十三五”电网发展规划并上报省能源局。按照国家能源局项目储备和申报要求，建立了2016—2018年三年项目滚动储备库，申报2016年农网项目投资计划28亿元，并已获得省发改委可研批复。

【220千伏输变电工程】2015年3月31日，由四川

省水电集团自筹资金投资建设的合江县龙潭220千伏变电站正式投运。该变电站是四川省地方电力建成的第一座220千伏等级输变电工程，以实际行动向省委、省政府表明地方电力具有建设和运营220千伏等级输变电工程能力。该变电站成功投运，使合江县主网外部电源通道由2个增加至3个，电压等级提升为220千伏，大幅度提高了合江县电网的供电能力和供电可靠性，可满足该县10年发展的用电需求。

【无电地区电力建设】2015年12月，四川省能源局在媒体通气会上正式宣布四川如期全面解决无电人口用电问题。“十二五”规划期间，四川省水电集团努力克服无电地区交通困难、地势险要、高寒缺氧、施工难度大、技术要求高、建设工期紧等诸多难题，累计实施无电地区电力建设投资9.09亿元，新建35千伏变电站1座、线路62.5公里，新建10千伏线路3044公里，新建配电台区1858个、115万千伏安，新建低压线路5536公里，解决了万源、渠县、金阳、昭觉、普格、美姑、德格等7县、7.67万户、30.2万无电人口的用电问题，圆满完成了省委、省政府下达的通电任务，极大地改善了大凉山彝区、甘孜藏区、大巴山革命老区的基础设施和生活生产条件，为边远山区和少数民族地区群众脱贫致富做出了积极贡献。

【产权改革】本着“务实灵活”的原则，稳步推进农网资产产权改革工作。大竹公司顺利完成产改，正式加入四川省水电集团。冕宁县农网资产维权诉讼二审胜诉后，四川省水电集团与安宁公司达成和解，开始收取资金占用费，并推动冕宁县产改工作深入进行。该维权胜诉为地方电力资产产权改革探索了一条成功道路，有力地促进了峨边县和犍为县农网资产司法维权行动。

积极支持能投新城公司、能投电力开发公司的重组工作，完成了金翔、金禾盛公司工商变更。与广安区政府共同推进广安爱众集团第二次增资扩股，全额收购了华蓥公司自然人所持股份。

【人力资源】持续深入推进所属企业三项制度改革，将员工竞聘上岗、建立绩效考核和工资管理体系、健全规章制度等作为改革重点，除德格、华蓥公司和新纳入集团管理的大竹、金翔、金禾盛公司外，其余公司已全部完成三项制度改革，并通过了检查验收。通过实施三项制度改革，四川省水电集团本部及所属企业组织机构减少70个（占比16.09%），中层管理人员职数减少131个（占比16.23%），员工总人数减少823人（占比10.31%），建立健全制度192项，修订完善制度91项，达到了“三个减少”和“三个明确”的总体要求，基本实现了员工能进能出、管理人员能上能下、收入能增能减的改革目标。

加强领导班子和员工队伍建设，做好领导人员的选拔任用、优化配置工作。全年完成集团中层管理人员及外派董监事考察、推荐和任免76人次，对年度考核不称职或履职情况较差的4名企业负责人免去其所任职务。切实规范选人用人机制，通过社会公开招聘和人才引进方式，聘用8名中层管理人员和8名普通员工。大力实施全员素质提升工程，参加上级单位和集团组织的各类专业技术培训人数1187人次。

【安全生产】持续夯实安全生产管理基础。推进安全生产管理规范化建设，修编完成《安全生产责任制》等32个制度，制定了《两票管理制度》，并编制印发了《安全生产管理制度汇编》读本。全面推进集团所属公司安全生产标准化达标建设，万源等8家公司完成了达标创建（其中万源、资中、渠县、青川、合江等5家公司达到二级，美姑、普格、平武等3家公司达到三级）。大力开展安全教育培训，组织学习和宣贯新《安全生产法》，举办安全生产监督管理和站所长安全生产管理培训，参培人员251人。不断完善应急预案体系建设，完成集团应急预案体系编制和修订，启动应急管理指挥中心建设，提高应急处置能力。加强安全文化建设，组织开展“百日安全活动”，积极参加四川能投“安康杯”知识竞赛并获得二等奖。

全面贯彻落实安全生产责任体系“五落实五到位”规定。认真开展安全隐患“大排查大整治”“六打六治”打非治违专项行动和各类安全检查、督查工作，加强汛期安全检查。全年累计发现一般安全隐患73处，已整改73处，整改率100%。

进一步强化工程建设安全监管，制定下发了《关于加强农村电网改造升级工程项目建设质量安全管理工作的通知》，切实加强施工安全监管。同时，将工程安全监管纳入各类安全检查，实行常态化管理。

【党建和企业文化】深入贯彻从严治党要求和省委“两个意见”精神，全面加强领导班子思想政治建设。认真开展“三严三实”专题教育活动，坚决整改各类“不严不实”问题，将专题教育体现到破解发展难题、推动企业发展等重点工作上来，充分激发各级党员干部在新常态下干事创业的激情和动力。

加强基层党组织建设，完成金纬、昭觉、渠县等公司党支部换届选举，成立金阳、金翔、金禾盛等公司党支部，选优配强了17名基层党组织书记、副书记。继续深入推进“三分类三升级”活动，开展基层党组织和党员队伍建设专项督查，规范基层党组织建设和“三会一课”制度，整治软弱涣散党组织，切实提升基层党支部战斗堡垒作用和党员先锋模范作用。德格公司党支部被省国资委评为“先进基层党组织”，段兴普当选“四川省第七届劳动模范”。

加强企业文化建设。坚持“以赛促学”，组织开展四川省水电集团首届“安康杯”安全知识竞赛，积极参加四川能投安全知识、法律知识竞赛，努力提升各专业从业人员技能水平。广泛开展群众性文体活动，参与或协办四川能投“七一”歌咏比赛、第二届职工运动会，与友邻单位开展以球会友等活动，充分展示四川省水电集团员工良好的精神风貌。落实省委精准扶贫工作部署，捐资50万元帮助扶贫点乡城县然乌乡当地群众改善生产生活条件，树立了四川省水电集团良好的社会形象。

（水电经营集团）

四川省水电投资经营集团
永安电力股份有限公司

【企业概况】四川省水电投资经营集团永安电力股份有限公司（以下简称永安公司）公司总部坐落于四川省三台县北坝镇北泉路 11 号。1993 年经省体改委批准改组为定向募集股份有限公司，是水利部建立现代企业制度试点企业、四川省能源投资集团有限责任公司和四川省水电投资经营集团有限公司控股公司、四川水利电力产业集团成员企业。

2015 年度永安公司注册资本 24416.76 万元，拥有总资产 16.85 亿元，净资产 6.95 亿元；水力发电站 3 处，水电装机总容量 9.18 万千瓦；110 千伏变电站 6 座，35 千伏变电站 15 座；10 千伏线路 3784.30 公里，低压配电线路 11457.91 公里。在岗员工 1330 名。公司主营水力发电、供电；种养业；批发、零售五金、交电、化工材料（不含危险品）；下设子公司经营：水电工程、工业及民用建筑工程施工及安装，房地产开发，水电物资供应。已形成集电力生产与供应、水电工程设计及安装和综合经营为支柱的水电产业一体化水利电力股份制企业。

永安公司是三台县的龙头企业，水利部十强和“百龙工程”企业，先后荣获“全国精神文明建设先进单位”“全国优秀县电网”“水利部部级先进企业”“四川省优秀企业”“四川省安全文明生产双达标企业”“四川省地电行业十强企业”“四川省电力行业最大规模和最佳效益双十佳企业”等近百项殊荣。

【历史沿革】永安公司前身为厂部设在芦溪镇的三台县永安电厂。而永安电厂又是由新中国成立前兴建的明台电厂和 60 年代初建设发展起来的永安电站于 1965 年 7 月合并而成的。位于三台县城郊的涪江柳林滩明台电厂，始建于 1944 年冬，总装机容量 180 千瓦（3×60 千瓦），是全省较早兴建的水电站之一。1948 年 6 月 20 日，第一台机组投产发电，正式成立明台电灯公司。1949 年 12 月 29 日，三台县城解放，12 月 31 日，解放军军事代表进驻明台电厂，实行军事接管。1950 年 7 月，三台县人民政府将官商合办的明台电厂改造为国营企业，从此拉开了三台县水电建设事业的序幕。1958 年扩建机组 280 千瓦。

1962 年，中共四川省委在西南计划会议上将开发涪江、建设永安电站列为全省利用大江大河引水发电的骨干工程之一。1 月 5 日，永安电站工程正式开工，年内 3×250 千瓦水轮发电机组相继建成发电。1964 年至 1965 年，永安电站一期扩建 3×1250 千瓦水轮发电机组相继建成发电。1965 年 3 月 23 日，永安电站至三台县城 35 千伏输电线路架通，城关 35 千伏变电站建成投入运行，永安电站和明台电厂并网运行；7 月 1 日，永安电站和明台电厂合并为永安电厂，统一经营，统一核算，统一管理，县内发电总装机容量达 4500 千瓦。1978 年 3 月 1 日，永安电站第二期扩建 3×3200 千瓦机组工程开工，至 1983 年 9 月建成发电。1993 年股份制公司设立募集资金对永安电站3×3200千瓦和3×1250千瓦机组实现增容技改，改造为3×4000千瓦机组和3×1600千瓦机组，当年完工投产。1993年末永安电厂达到现在1.68万千瓦的装机规模。

1992年7月，由三台、盐亭两县共同筹资1.47亿元，兼有发电、航运、灌溉等综合效益的文峰电航工程全面竣工投运。电站装机3万千瓦（3×1万千瓦），库容3000万立方米，具有日调节能力，设计年发电量1.66亿千瓦时，

1997年9月，永安公司与华能公司成都分公司等合股修建华能明台电站（3×1.5万千瓦），工程总投资5.15亿元。该电站年设计发电量达到2.27亿千瓦时，并入国网销售，永安公司按投资比例进行分红。

1998年10月，根据三台县委、县政府安排及农电体制改革需要，永安公司整体吸收合并了三台、盐亭县联办文峰电厂，基本形成了供用电网络纵贯全县城乡，拥有一定稳定自发电能力的发供一体的地方电力企业，开启了三台地方电力发展的新篇章。

【“十二五”规划取得的成绩】“十二五”规划时期，是永安公司发展史上极不平凡的五年。五年来，永安公司紧紧抓住三台县“由农业大县向工业强县跨越”的战略机遇，积极拓展巩固市场，加快推进电源、电网建设，持续深化管理体制改革，不断加强技术应用革新，企业发展后劲增强，呈现出稳中有进、持续向好的发展势头。永安公司在省能投集团、省水电集团及三台县委、县政府的领导下，全体干部职工求实奋进，全面推进完成了“十二五”规划确定的主要目标任务，规模效益显著提升，综合实力明显增强。“十二五”规划期间，冬瓜山电航工程建设全面启动，文峰增效扩容及永安技革工程顺利推进完成，电源建设攻坚取得突破性进展；新一轮农网改造升级工程规划理念、技术应用、建设标准提档升级，取得显著建设成效：公司电网结构更趋合理，自动化、智能化运行水平及电网安全、稳定性大幅提升，供电质量较“十一五”规划末有了质的提高，为地方经济发展提供了优质可靠的电力保障。五年来，永安公司推进行业对标建设取得丰硕成果，企业现代化管理水平有效提升，成功创建了“电网安全生产标准化二级企业”，完成劳动人事三项制度改革，营销、客户、调度及自动化办公系统上线运行。五年来，永安公司规模效益显著增长，累计实现供电量36.58亿千瓦时、营业收入19.28亿元、实现利润1.68亿元，上缴税金2.7亿元，同比增长3.66 %、7.01%、0.13%、7.58%，两度名列绵阳市50强企业。2015年在岗职工年收入6.8万元，较“十一五”规划末年均增长9.68%。公司先后获得国家电监委居民用电服务质量监管专项行动先进单位、国家能源局安全生产标准化二级企业、省级安全文化建设示范企业、省能监办四川电力安全生产先进集体、集团先进基层党组织、绵阳地方电力先进集体、三台县工业企业特别贡献奖等荣誉，企业知名度、美誉度不断提高，三个文明建设得到巩固与发展。

【安全生产形势总体稳定】永安公司坚持贯彻“安全第一、预防为主、综合治理”的安全工作方针，进一步拓宽安全标准化建设覆盖面，通过加强安全宣传教育，认真开展应急预案演练，扎实做好各项日常安全工作，确保了2015年安全生产形势总体平稳，未发生一起负主责的人身、设备安全事故。一是按照年度工作安排，扎实开展“安全标准化建设”推广工作，变电站的建设与改造、文峰电厂增效扩容技改均按安全标准化达标标准设计、实施，有效提升了公司设备安全性能；二是扩大范围、创新形式、丰富内容，扎实开展“安全生产月”“百日安全生产”活动，职工及供区群众安全生产意识进一步增强；三是加大安全检查、隐患排查工作力度，发现问题，及时整改，全年共排查、整改隐患29处，整改率100%；四是加大安全工器具投入，全年累计投入资金80万元；五是根据川水电投安〔2015〕169号文件精神，开展了高温雷雨期的安全大检查，重点清查设备缺陷，整治“三乱、三违”，确保各项工作安全开展；六是认真做好普法综治工作，加强与公安部门联系，依法依规处理工程建设纠纷，严厉打击阻碍电力建设的违法行为，为公司工程项目的顺利实施创造了条件；七是加强施工现场安全管理，确保了在建项目的平稳推进；八是跨渔塘河沟裸线隐患整改工程纳入农网改造升级工程2015年新增项目，全年已累计投入资金220余万元。

【自发电量】2015年，三台旱情罕见，旱情早、持续时间长，涪江三台段最大流量2000立方米/秒，平均流量184立方米/秒，同比下降达40立方米/

秒，对该公司发电生产造成严重影响。直面困局，永安公司通过加强同三江、明台及上游小水电的联系，做好水情、天气信息搜集、预测工作，在科学研判水情的基础上，充分利用公司永安、文峰、吴家渡三个发电厂阶梯出力的特点，合理调蓄库容，科学制定发电运行方式，平衡制订有功、无功运行方式，力争实现多发少损。

【供电经营总体良好】永安公司一是按照“先生活、后生产”原则，落实错峰、避峰用电，并根据涪江水情、用电负荷情况做好停电管理，合理安排隐患处理、业扩报装施工等工作时间，避免同一条线路反复停电，全力做好春节、“两会”及中、高考等重要时段的电力保障工作；二是加强线路及设备巡查、巡检，精细制订负荷高峰时段的保电工作方案，实施动态巡检、动态检修相结合，提高故障处置时效，全力保障了平稳有序供电；三是狠抓线损管理，扎实开展计量装置现场校准、用电监察等工作；四是加强对采集系统和营销系统一体化数据接口管理，按照“站—线—变—户”模式，完成了10千伏关口线路建档及建立对应虚拟台区工作，完善了系统数据，并组织了用电一体化采集系统的培训工作，提高相关人员专业技术水平，确保采集、营销系统数据对接的准确性和完整性；五是加强用户受电工程市场信息与监管平台的对接使用管理，加大平台使用前的宣传工作力度，确保该系统正常运行；六是根据川发改价格〔2015〕228号、273号文件精神，协调县发改局完成三台县部分销售电价的调整，新电价格政策年内已开始执行；七是及时跟进国家、省、市相关政策精神，动态完善供电管理制度，年内制定印发了《关于执行居民生活计量器具管理有关规定的通知》《关于印发供电经营管理制度（新增）的通知》等文件，进一步促进了供电管理规范化、标准化；八是扎实做好停电信息发布、客服咨询、故障报修、信访处理等日常工作，同时针对电力服务工作新常态，制定下发了《关于进一步做好工业企业用电服务工作的通知》《重要电力用户联系服务实施方案》和《优质服务考核办法（试行）》，并通过开展录播电视栏目“阳光政务政风行风热线”、增设LED广告屏、走访调研等活动，重点加强了工业企业用电服务工作，优质服务水平进一步提高。

【基本建设有序推进】

一、农网改造升级工程。按照省发改委、省能投、省水电集团关于农网改造升级工程建设的工作要求，永安公司加强协调、拟订计划、倒排工期、严把安全质量关，有力地推进了农网改造升级工程实施进度。①2010—2013年项目已全面完工，并顺利通过县发改局竣工初验、省水电集团预验收、省发改委和能源局总体验收，其中：2010—2013年项目已完成工程造价审计；2010—2012年项目已完成财务决算审计并转固；2013年项目财务决算审计正在进行；2014 年项目工程造价审计正在进行。②2015年项目，第一批：35千伏及以上项目已完成投资额786.45万元，10千伏及以下项目已完成投资3911.69万元，完成投资计划的99.85 %；新增项目：35千伏及以上项目已完成招标工作，正抓紧开展进场施工准备工作；10千伏及以下项目已完成投资3543.56万元，完成投资计划的35.44%。

二、冬瓜山电航工程。在省能投、省水电集团及三台县委、县政府的领导下，工程指挥部、项目部积极稳妥地推进工程建设及各项招标工作，工程已于2015年10月8日，成功截流进入下河施工阶段，工程建设、招标、征地各项工作平稳有序推进，取得了突破性进展，全年共计完成投资2.33亿元：一是完成围堰排水及灌浆，正在进行厂房基础开挖和右坝肩山体加固处理。准备进行厂房基础和闸室底板砼浇筑。二是尾水渠施工单位人员和设备已陆续到位，临建设施和原始地形测量已完成，正进行尾水渠开挖和砂石加工系统建设。三是完成拆迁安置工作，共计完成花园镇、刘营镇征地430.49亩。四是工程招标除电气一次，电气二次，水机油、水、气系统，消防设备和电梯等5项招标计划明年开展外，其余招标工作已全面完成，预计2016年6月可完成全部招标工作。

三、文峰电厂增效扩容项目。根据水利部调研工作要求，为确保2015年12月25月日前全面改造任务，年内推进实施了“技改工程百日攻坚”，通过精心筹划、认真组织，技改工程主体部分如期顺利完工，3台机组均已投入运行发电，技改工程实施为公司年增发电量达1000余万千瓦时。

【基础管理】

一、“三项制度”改革工作。按照省委、省政府、省国资委关于深化国企内部三项制度改革相关精神，三项制度改革于2014年9月全面启动，本着“依法合规、尊重历史、积极稳妥、公平公开”的原则，经过近一年的努力，圆满推进完成，进一步建立健全与市场经济体制和现代企业管理制度相适应的劳动用工、选人用人和激励机制，实现岗位动态管理，已于2015年年内顺利通过省水电集团验收。

二、主动适应改革发展新常态，积极协调，为永安公司生产经营营造良好内外部环境。公司坚持和谐处理与用户之间的公共关系，2015年，三台县人大对永安公司发展、保障民生和服务地方经济社会发展等方面进行了视察，三台县人大认为公司在供电保障、服务县域经济社会、服务模式、服务质量等方面作出了巨大的努力，但永安公司自身也应加强宣传，加强同县级各相关部门的沟通、协调，为公司自身发展赢得宽松的外部环境。

三、“十三五”规划编制工作。根据编制工作进度安排，各项工作扎实开展，推进顺利，正在汇总编制。

【职工队伍建设】为改善员工学历结构，提高员工专业技能和职业素养，永安公司坚持“搭平台、建机制、强队伍、促发展”，一是协同四川大学网络继续教育学院开展员工后续教育提升工作，共录取学员184名。二是按2015年调整编制及补招人员计划安排，在省水电集团领导下，按照“公平、公开、公正”的原则，通过理论考试、体能测试及面试等环节顺利招聘员工16名，有效改善了公司职工队伍的年龄结构和知识结构，促进了公司人力资源可持续发展。

【子公司管理】永安公司通过对建安公司、水物司的宏观指导，引导其围绕主业发展，积极拓展市场。2015年，建安公司实现营业收入8571万元，利润11.9万元；水物司实现销售收入529万元，利润-56万元。

（永　安）

勘测设计

责任编辑：李燕辉

2015 年，在四川省从事电力勘测设计的单位主要有：中国电建集团成都勘测设计研究院有限公司、中国电力工程顾问集团西南电力设计院有限公司、四川省水利水电勘测设计研究院、四川电力设计咨询有限责任公司、四川省电力设计院、中国水电十局设计院等以及各地区电力设计院所（公司）；还有招投标进入四川水电勘测设计的华东勘测设计研究院、中南勘测设计研究院、西北勘测设计研究院、贵阳勘测设计研究院、北京勘测设计研究院、长江水利委员会设计院等单位；民营设计单位有四川省清源工程咨询有限公司等。他们承担着整个四川电力系统发展的规划设计、大中小型电站、超高压输变电工程及通信工程的可行性研究设计、各种工程项目的工程地质、地形测量、水文气象的勘测任务。一年间，各勘测设计单位都取得了长足发展，设计水平、设计能力都得到很大程度地提高，为四川省国民经济发展及四川电力生产建设和电力灾后恢复重建做出了重大贡献。

特别是巨大型水电站工程的设计、±800 千伏特高压送出工程的设计都达到了世界先进水平，展现了四川电力勘测设计队伍的新水平。

中国电建集团成都勘测设计研究院有限公司

【企业概况】中国电建集团成都勘测设计研究院有限公司（简称“成都院”）是国家级大型综合勘测设计科研企业，业务覆盖能源、水利、水务、城建、市政、交通、环保等全基础设施领域，涵盖规划、勘察、设计、咨询、总承包、投融资、建设运营、技术服务等全产业链；持有工程设计综合甲级、工程勘察综合类甲级、工程造价咨询、工程监理、水土保持、水文水资源调查评价、建设项目环境影响评价、污染治理设施运行服务、地质灾害治理设计勘查与施工、环境污染防治工程、对外承包工程等23项资质证书及发电业务许可证。建立了质量、职业健康安全、环境管理体系。

成都院高精尖人才众多，拥有国家勘察设计大师2人，国家新世纪百千万人才计划1人，国家监理大师1人，享受国务院政府特殊津贴专家11人，全国优秀科技工作者3人，四川省工程勘察设计大师12人，四川省突出贡献的优秀专家、学术带头人及后备人选26人。本科及以上学历人员近九成，其中博士42人，各类注册工程师456人。

成都院在保持传统业务优势的同时，从专注水利水电、新能源等领域，积极拓展到交通、建筑、市政及水环境、水务、岩土工程、数字工程、环境工程、移民工程代建、设备成套供应等多元业务领域，构筑了可持续发展的全产业价值链，形成了工程勘测设计、工程总承包、投资及资产运营“三大产业”格局。

成都院坚守“诚信、负责、卓越”企业精神与“服务、关爱、回报”企业价值观，勇于承担中央企业的社会责任和义务，在水电工程抢险、堰塞湖整治、次生灾害防治、帮扶救助、精准扶贫等方面做出了积极贡献，荣膺“中央企业先进集体”“中央企业先进基层党组织”“全国用户满意企业”“四川省最佳文明单位”等30多项称号。

【实现新发展的2015】2015年是成都院新一届班子履职的第一年。面对错综复杂的国内外经济形势和艰巨繁重的改革发展任务，在集团公司的坚强领导下，全院职工迎难而上，砥砺前行，圆满完成了各项任务指标，为“十三五”规划顺利开局奠定了坚实的基础。

【发展质量再上新台阶】经营业绩再创新高。营业收入同比增长22%；利润总额同比增长23%；新签合同实现100.95亿元，首次突破百亿大关；资产总额达到115.22亿元。

运营效率不断向好。营业收入同比上升0.9%；资产负债率同比下降1.7%。

结构布局更趋合理。国内传统市场、国内非传统市场、国际市场新签合同额分别占合同总额的30.2%、50.4%、19.4%，结构由2014年的6:2:2转变为3:5:2，为成都院未来业务结构的“433”转型升级目标奠定了坚实基础。

连续三年进入集团综合实力前十，持续获评集团公司特级子企业，在ENR中国工程设计企业TOP 60强排名中持续上升，位列集团内勘测设计子企业之首。

【业务发展取得新成效】国内传统业务持续巩固。充分发挥规划设计龙头优势，高端切入，有效识别资源，前瞻策划项目。积极参与全国水电“十三五”发展规划。其中，雅砻江流域风光水多能互补清洁能源示范基地已纳入国家“十三五”能源规划。持续加强市场营销，全年水电业务实现新签合同同比上升6%，保持了新签合同的规模与存量；全年风、光、水利、电网等业务实现新签合同大幅增加，产业格局更趋合理。

国内非传统业务实现新跨越。实现新签合同同比增长393%。大力拓展水电延伸业务，签订了电建集团最大规模的库区代建总承包合同——两河口水电站建设征地移民安置专业项目代建合同。持续锻造区域综合服务能力，加强政企合作，不断探索BT、PPP等多种商业模式，重点以水环境、市政为突破口，加大基础设施、公共服务类市场开拓力度，签订天府新区兴隆湖湖尾鹿溪河生态湿地公园设计、内江白马安置还建房BT、达州长田新区基础设施总包等项目合同，中标广元市剑阁县普安镇市政基础设施一期（PPP）项目。积极扶持专业拓展，征地移民、交通、地质、规划等十余个专业处拓展项目新签合同同比上涨33%，业务涉及市政、建筑、铁路等领域，区域范围拓展至广东、甘肃、青海等地区。

2015年成都院在建EPC项目表

表16

序号	类别	项目名称	项目建设情况说明	备注
	水电EPC			
1		多诺水电站	消缺（大坝帷幕补充灌浆施工完成）	主体完建
2		玉瓦水电站	续建（施工高峰）	
3		亚让水电站	续建（2015年11月30日投产发电）	
4		老挝大捷电站	新启动	新启动
	风电及光伏EPC			
5		西昌风电一期黄水风电场	续建（施工高峰，首批机组2015年底并网发电）	
6		西昌风电一期洼垴风电场	续建（施工高峰，首批机组2015年底并网发电）	
7		攀枝花万家山光伏	2015年6月4日并网发电	
8		德昌风电四期德州风电场	续建（施工高峰，首批机组2015年10月初并网发电）	
9		德昌风电五期黄家坝风电场	续建（施工高峰，首批机组2015年底并网发电）	
10		越南富叻风电场	已开工（完成设备采购签订及进场道路和场平施工）	新启动
	房建			
11		内江白马园区安置还房工程	已开工（完成基坑开挖）	新启动
12		达州市长田新区建设项目	已开工（施工准备、和进行场平开挖）	新启动
	水务BOT			
13		孟加拉达卡达舍尔甘地污水厂工程	签订部分委托协议	新启动
	库区移民安置及灾害治理			
14		老沟水库工程	已基本完工	
15		得妥集镇移民安置工程	续建（垫高防护已完工，目前主要为房建）	
16		章古河坝移民安置工程	续建（土地整理及外部供水施工）	
17		矮子店综合防治工程	续建（绿化工程施工）	
18		鹞子岩库岸治理工程	续建（5月底工程已完工）	已完工
19		两河口库区移民复建工程	已开工（施工交通及木绒大桥基础开挖）	新启动
20		汉源野猪塘地灾治理工程	已开工（完成临建场地填筑工作和部分治理项目）	新启动
	公路交通项目			

续表16

序号	类别	项目名称	项目建设情况说明	备注
21		猴子岩水电站交通工程复建汗牛公路工程	续建（汗牛大桥上部结构合拢）	
22		大岗山水电站雨洒河至大坝左坝肩连接路工程	续建（目前毛路基开挖已全线拉通，进行部分路基支挡施工）	
23		猴子岩莫玉通村公路	续建（莫玉大桥上部结构合拢）	
24		猴子岩莫玉大桥左岸库周交通代建工程	已开工	新启动
	其他及设备成套			
25		西藏直孔集控改造	续建	已完工
26		西藏巴河集控改造	续建	已完工
27		西藏沃卡集控改造工程		新启动
28		苏布雷机电成套设备	续建（1#机组、微型机组厂房封顶前剩余设备运输并交付）	
总计	合计	在建	新启动/新开工	合同收尾
	48	19	9个	20（未列）

投资业务持续稳定健康发展。发挥在院构筑全产业链服务平台中的重要抓手作用，带动了勘测设计与总承包相关业务的拓展。资产运营业务实现营业收入较2014年增长11%。截至2015年年底，拥有发电权益容量245.64万千瓦，其中已、在建权益容量112.25万千瓦；拥有城市污水及工业废水处理BOT项目9个，设计处理总规模26.1万吨/日，其中投产处理能力17.1万吨/日，2015年新增3.5万吨/日。

【国际市场呈现新格局】全年实现新签合同较2014年同比增长7%，目标完成率为122%。实现营业收入同比增长96%。

站稳亚非欧区根市场。集中优势资源深耕传统优势国别市场，重点开展越南、老挝、斯里兰卡等“一带一路”沿线国别市场营销工作，打造“借船出海”、“造船出海”能力，签订了独立运作的第一个国际EPC水电工程——老挝南碧水电站，签订了第一个国际EPC风电项目——越南富叻风电项目，签订了第一个、电建集团迄今为止最大的国际EPC污水处理厂项目——孟加拉达舍尔甘地50万吨级污水处理厂总包合同。

挖掘泛俄语区潜力市场。利用“哈水利”“欧亚电力公司”等平台加快国际业务属地化经营步伐，强化区域内合作渠道和公共关系，与中控国际等合作伙伴签订了战略合作协议，重点跟踪包括哈萨克斯坦巴丹莎风电总承包项目在内的数十个项目。

首次突破美澳区域机会市场。中标中国政府援助的古巴光伏现汇项目。

【深化改革迈出新步伐】“十三五”战略规划全面启动。以战略目标和资源配置为引领，加强战略修编

成都院总经理章建跃出席与斯里兰卡签字仪式（前左一）

的指导，以战略管理执行和预算管理执行为手段，确保战略的实施与落地。深入实施现状诊断，分别从战略结构、盈利模式、营销体系、项目管理、全面预算及业务创新等方面梳理出成都院战略核心问题，并根据最佳实践对标，提出对应的改进建议。通过大范围、分层次地召开“战略意图”“业务布局”“专业发展”等战略主题研讨会，多角度探讨成都院未来发展路径，制定成都院“战略绘图”。形成了

成都院“十三五”发展战略要点、总体战略目标和达成目标的基本路径。

三项制度改革持续深化。深入研究职能管理、岗位管理、薪酬福利和岗位绩效管理四大体系建设改革方案，提升人力资源管理效率和效能。一是全面开展岗位测评，完善部门职能及岗位体系建设；二是初步形成业绩导向的薪酬分配体系，将薪酬与工作绩效逐步挂钩，增强薪酬的激励性，注重骨干员工的收入，激发员工的潜能和创造力；三是强化全院职工日常管理，利用大数据全面开展员工考勤、绩效管理与行为分析，为全面实行员工岗位评价与绩效管理奠定基础。

职能建设与组织机构不断优化。一是全面开展职能优化与梳理，以价值链为导向改进企业流程架构，保证了院组织机构体系的正常运转；二是成立绿色城市科技与产业化中心，加强新兴业务孵化。依托互联网＋、智慧城市、建筑工业化等新技术、新理念，开展产业化研究，着力培育海绵城市、城市地下空间综合体、绿色建筑等新兴产业，申报四川省地下空间工程研究中心等产业化平台，努力探寻后续市场拓展的方向和路径。

持续加强决策机制及管理流程革新。健全决策、执行与监督体系，完善依法治企、科学决策机制，修订了《成都院工作规则》《公司治理手册》等企业治理纲领文件；对全院 941 项业务流程进行识别、梳理与优化，促进了各项工作规范、高效运行。

解决历史遗留问题。持续推进“三供一业”分离与厂办大集体改革工作。

【管理能力取得新提升】战略管理能力不断加强。一是按照 “战略、目标、预算、绩效”四位一体战略管理体系要求，不断提升“战略协同、计划协同、信息协同、资源协同”的战略管理能力，努力打造“业务延伸、产业集成、模式创新”的企业转型升级通道；二是加强预算策划和分解，强化预算控制，不断优化预算管理流程和执行预算指标体系，提升全面预算管理水平；三是建立战略目标逐层分解的运营管理模式，制定企业年度目标和重大战略任务目标，签订目标责任书，加强过程监控与分析，确保目标全面实现。

成都院第八次党代会

技术经济质量管理深入推进。一是加强技术督导、发挥技术引领优势，强化项目总体策划与关键技术问题决策，组织综合项目策划 50 次、评审 90 次，进一步提升了项目总体技术水平和产品质量；二是全面发挥经济、费用管控作用，安排项目预算、收入与成本等费用策划评审 82 项，全面开展生产定额、总包与投标费用评审制度编制工作。

项目管理水平不断提升。强化管理制度、分配体系、信息系统等的建设工作，保障各项业务有序推进。勘测设计管理实行差异化绩效目标管理和考核，建立增量消费基金创新分配机制，强化项目履约，持续提升服务水平；建设管理实施动态设计优化，加强费用成本控制，努力发挥集中采购优势以及施工组织协调能力，大幅提高 EPC 项目管控与产业链整合能力；加强对投资项目建设和子公司运营的实时监管，不断丰富、创新监管模式，提升投资项目建设管理和子公司运营管理水平。

财务管理逐步夯实。开展“两金”专项清理，提升资产运营质量和效率；探索融资模式，积极与各大银行协作，助力 PPP 业务开展；深入研究国际项目财务管控模式，向海外总承包项目派出专职财务经理，促进财务管理与业务管理的融合。

科技创新显著增强。牵头承担集团首个国家 863 计划项目“虚实融合动态演化技术研究”；成功获评国家级企业技术中心；全年共获得科技、工程类奖励 50 项，其中国家级奖励 3 项、省部级奖励 20 项，“溪洛渡拱坝智能化关键技术”获得国家科技进步二等奖；全年科技投入总额同比增长 4.9%；研发投入总额同比增长 38%；全年新获授权专利 198 项，同比增长 196%。

信息化建设不断完善。完成“十二五”国家支撑计划——数字流域技术专项研究，新承担国家发改委云计算和大数据应用安全专项示范项目、集团“中国电建云”规划；完成院企业 IT 技术架构优化、企业主数据库及智能报表系统建设；完成企业级项目管理系统优化、OA 系统升级及数字档案馆建设；成功举办院首届 BIM 大赛，“中国数字水电”基础信息与分析平台获水力发电科学技术一等奖。

内控及风险管理保驾护航。综合运用授权审批控制、预算控制、运营分析控制等风险内控措施，完善国内外勘测设计、总承包项目以及科技管理等关键业务的内控与风险管理流程；提高风险管控意识，通过开展内、外部审计，提升风险管理水平，有效防范了重大风险事件的发生。

安全生产态势平稳。加强安全生产责任的落实，推进安全生产标准化建设；强化安全生产监督检查，积极开展境外 HSE 的建设；加强安全教育培训，开展事故隐患排查与治理；深入开展“打非治违”、安全生产月等专项活动。杜绝了安全生产责任事故的发生，取得了“电力安全生产标准化一级企业证书”。

【党建工作开创新局面】加强组织建设：完成院党委与纪委的换届，完成基层组织调整和换届选举工作。立足思想建党：通过党委中心组学习会、中层干部理论培训班等方式，强化理论武装和思想引领。注重干部队伍建设：深入落实“党管干部”原则，不断优化干部队伍的年龄、知识和专业结构，加强后备干部培养。深入开展作风建设：扎实开展“三严三实”专题教育，强化领导示范引领，开好院级领导班子、高管和处级三个层面的专题民主生活会，通过对照检查、批评与自我批评、制定整改方案等规定动作，进一步强化各级干部作风建设。强化党风廉政建设：落实两个责任，与各部门签署《反腐倡廉建设责任书》并逐层落实，加强廉洁自律教育，严格执行述廉议廉、报告个人重大事项、廉洁谈话等制度。推进企业文化建设：开展以“忆峥嵘岁月、展企业形象、聚发展能量、创美好未来”为主题的建院60周年系列新闻宣传、企业文化推广落地工作，员工的归属感与凝聚力得到加强。重视群众工作：指导院工会、院团委结合自身实际，开展各有特色、富有成效的工作；关心离退休老同志生活，关注职工思想需求，积极构建和谐企业，努力打造阳光央企。

此外，在企业健康发展的同时，员工生产生活条件得到改善，职工收入保持稳步增长；国有企业社会责任得到履行。

【2015 年典型工程节选】

一、大岗山水电站

工程概况：

大岗山水电站坝址位于四川省大渡河中游雅安市石棉县挖角乡境内，上游与规划的硬梁包水电站衔接，下游与已建的龙头石水电站衔接。坝址区位于海流沟上游约 3.0 公里河段的中高山峡谷地区，具有一个“Ω”形的嵌入河曲，峡谷出口以下有宽广的阶地。

坝址控制流域面积 62727 平方公里，占大渡河总流域面积的 81%。坝址处多年平均流量 1010 立方米/秒，年径流量 318.50 亿立方米。水库正常蓄水位高程为 1130.00 米，死水位高程为 1120.00 米，汛期排沙运行水位高程为 1123.00 米，总库容 7.42 亿立方米，调节库容 1.17 亿立方米，具有日调节能力。电站总装机容量 2600 兆瓦（4×650 兆瓦），最大水头 178.00 米，最小水头 156.80 米，额定水头 160.00 米。发电引用流量 1790.4（4×447.6 立方米每秒），保证出力 636 兆瓦，年发电量 114.3 亿千瓦时。本工程的任务主要为发电，兼顾防洪。

本工程为一等工程，挡水、泄洪、引水及发电等永久性主要建筑物为 1 级建筑物，次要建筑物为 3 级建筑物。挡水、泄水建筑物按 1000 年一遇洪水设计，5000 年一遇洪水校核；电站厂房按 200 年一遇洪水设计，1000 年一遇洪水校核；泄水建筑物消能防冲按 100 年一遇洪水设计。

挡水建筑物抗震设防类别为甲类，抗震设防标准以 100 年为基准期、超越概率为 0.02 确定设计地震加速度代表值的概率水准，相应的地震水平加速度为 557.5cm/s^2；非壅水建筑物以 50 年为基准期、超越概率为 0.05 确定设计地震加速度代表值的概率水准，相应的地震水平加速度为 336.4cm/s^2。

工程枢纽由挡水、泄水及消能、引水发电等永久建筑物组成。挡水建筑物采用混凝土抛物线双曲拱坝，最大坝高 210.00 米。引水发电建筑物布置于左岸，发电厂房为地下式。泄洪消能建筑物为拱坝坝身 4 个深孔，坝下游设水垫塘和二道坝，右岸布置 1 条开敞式进口无压泄洪洞的枢纽布置格局。

工程建设目标：

2015 年 5 月底完成导流底孔下闸蓄水，年内 4 台机组全部投产发电。

工程的主要特点和难点：

（1）大岗山拱坝是目前国内外已建和在建的

成都院建院 60 周年纪念大会

200 米级拱坝中抗震设防水平最高的(地震设防加速度 0.5575g)，无规范可依，也无类似工程经验可借鉴，体现了成都院高拱坝抗震设计水平，推动了抗震规范的修编，对高地震地区建设高拱坝具有里程碑意义。

（2）右岸边坡地质条件复杂、边坡潜在不稳定块体多（约 500 万立方米，工程规模大，现场施工条件复杂。右岸卸荷裂隙密集带边坡的成功治理，对地质条件复杂区域高边坡治理具有参考和借鉴意义。

成都院设计的桐子林水电站首批机组投产发电

（3）坝基水文地质条件复杂，河床基岩出露有承压热水，对混凝土具溶出性和腐蚀性。坝基帷幕方案解决了溶出型腐蚀承压热水对水泥结石体渗透耐久性的影响。

（4）大岗山水电站为成都院首个在单机 650 兆瓦级别超大型水轮机组中成功运用垫层蜗壳方案的工程。

2015 年重大专题设计形象面貌：

（1）完成第二阶段的《下闸蓄水安全鉴定设计自检报告》《下闸蓄水验收设计自检报告》《下闸蓄水征地移民安置设计报告》和《下闸蓄水环保验收环保设计报告》以及《质量巡视设计自查报告（2次）》等，第二阶段下闸蓄水质量巡视和各项验收顺利通过。

（2）完成《机组启动验收质量巡检报告（3 次）》《#3、#4 机组启动验收设计报告》《#3、#4 机组试运行说明书》《#1 机组启动验收设计报告》《#2 机组启动验收设计报告》，机组验收顺利通过。

（3）完成《大岗山水电站拱坝蓄水安全监测反馈分析报告（第二阶段）》，为导流底孔下闸蓄水提供了技术支撑。

2015 年主要工作亮点：

（1）“三零”目标圆满实现。导流底孔安全下闸，蓄水过程安全稳定，挡水建筑物经受住了蓄水考验。根据监测资料，枢纽各建筑物工作状态正常，机电设备运转平稳，泄洪建筑物高质量投运。全年无安全生产事故发生，工区保持和谐稳定。

（2）蓄水发电高质量完成。枢纽建设始终保持高质量，移民搬迁速度创造流域标杆，一次性顺利蓄水至正常蓄水位；20天内3台机组相继投产，运行稳定，创造了国内水电大型机组安装连续投产新纪录。

（3）“双提升”取得实效。“两个转变”全面落地、效益意识深入人心、管理提升成效明显，确保了枢纽、移民、送出“三同步”协同推进，实现了新投电站“3+1”预期目标。

二、两河口水电站

工程概况：

两河口水电站坝址位于雅砻江干流与其支流鲜水河的汇合口下游约 2 公里河段，下距雅江县城约 25 公里。电站的开发任务以发电为主，兼顾防洪，总装机容量 3000 兆瓦，多年平均年发电量 110 亿千瓦时。坝址控制流域面积 6.57 万平方公里，多年平均流量 666 立方米/秒。水库正常蓄水位高程 2865 米，总库容 107.67 亿立方米，消落深度 80 米，调节库容 65.6 亿立方米，具有多年调节能力，为雅砻江中、下游的“龙头”水库。

两河口水电站工程为Ⅰ等大（1）型工程，采用“拦河大坝+左岸泄洪系统+右岸引水发电系统+左、右岸导流洞”枢纽建筑物总体布置格局。拦河大坝为土心墙堆石坝，最大坝高 295 米，为已建和在建的同类坝型中最高坝之一。左岸泄洪系统主要由溢洪道、深孔泄洪洞、漩流竖井泄洪洞、放空洞等组成，总泄量约为 8200 立方米/秒，最大水头约 250 米，总泄洪功率约为 21000 兆瓦，最大泄水流速大于 50 米/秒。右岸引水发电系统主要由进水塔、压力管道、发电厂房及副厂房、升压变电系统、尾水系统、附属洞室等组成，因位于高地应力复杂地质环境中的大型地下洞室群结构需要，发电厂房最大开挖跨度为 28.4 米，开挖高度为 66.8 米。左岸布置 3 条导流洞，其中 1 条后期改建为放空洞，1 条与漩流竖井泄洪洞结合；右岸布置 2 条导流洞，已完建并投入运行，后期分别与发电尾水洞结合。

工程建设目标：

初期导流工程于 2009 年开工建设，边坡及洞室开挖支护工程于 2013 年 8 月开始筹建，目前开挖支护工程已完成约 2/3，计划于 2017 年完工。

工程于2014年9月经国家发改委正式核准开工建设，三大主标（大坝工程、泄水建筑物系统工程、引水发电系统工程）已完成进场筹备且正式进入施工阶段。2015年11月实现大江截流。

主体工程合同计划开工日期为2015年5月1日，完工日期为2023年12月31日，共104个日历月。工程建设节点目标为：

（1）2015年11月大江截流；

（2）2020年11月初导流洞下闸；

（3）2021年6月中#5导流洞下闸，水库蓄水；

（4）2021年8月首台机组发电；

（5）2022年12月31日坝体填筑至坝顶；

（6）2023年12月工程完工。

工程的主要特点和难点：

（1）调节性能：电站具有多年调节能力，对下游梯级的补偿效益巨大。建成后，其具有的调节作用可增加雅砻江下游10个梯级电站多年平均发电量99.1亿千瓦时，增加设计枯水年平枯期平均出力427.8万千瓦，仅调节作用即可为为雅砻江公司增加发电量和装机约为电站本身的1倍和1.5倍。

（2）枢纽及建筑物等级：工程场地地震基本烈度为Ⅶ度，设防等别高（一等大Ⅰ型），工程规模巨大；由于其为雅砻江中、下游的"龙头"水库，挡水、泄水建筑物安全对雅砻江梯级电站的影响巨大；因此挡水及泄水等建筑物、边坡抗震设计标准及安全等级均取设计、校核两套标准进行分析研究。

（3）大坝设计：工程位于高地震烈度、高寒山区，大坝为砾石土心墙堆石坝，最大坝高295米，挡水高度在同类坝型中位居世界第一，为世界最高的土石坝之一。国内外尚无现成之成熟经验可供借鉴，工程设计面临巨大挑战：坝壳堆石体在不同应力路径下的应力变形协调问题，湿化变形问题，蠕变问题，坝体内高应力水平高、集中变形和大剪应变问题。

（4）建筑材料：工程规划使用的土料场位置分散，单个料场储量小、土料场规划使用难度大；大部分土料需掺和砾石改善力学性能，为同类高土石坝料源最复杂、料场数量最多、运距最远（最远的普巴绒土料场距坝址现有公路里程约38公里）的工程；需开展心墙防渗土料的料源选择及改性设计、土料掺合施工工艺研究、坝料合理规划与优化调配研究、高寒地区高土石坝心墙施工技术问题等大量专题研究，而且大部分没有应用实例可供借鉴。

5.泄洪系统建筑物：泄洪建筑物安全对流域整体安全影响巨大，其校核洪水标准（PMF）洪峰流量为10400立方米/秒，枢纽总泄量约为8200立方米/秒，最大泄洪水头约250米，总泄洪功率约为2100万千瓦，具有"水头高、泄量大、河谷窄、岸坡陡、泄洪功率高、下游河道及岸坡抗冲能力较低"的特点，为高山峡谷高土石坝工程建造大功率泄洪消能设施难度之最；该工程泄洪、放空建筑物中洞式溢洪道泄洪水头高于250米，漩流竖井泄洪洞最大泄量约为1200立方米/秒，均远超过国内、外已建工程最高水平，洞式溢洪道、深孔泄洪洞、竖井泄洪洞、放空洞最大流速分别约53.33米/秒、43.62米/秒、26米/秒、38.23米/秒，其泄洪消能及泄洪消能过程中的空化空蚀和材料的冲蚀、磨蚀等问题突出。

（6）边坡设计：坝址区河谷狭窄，岸坡陡峻，主要岩性为砂板岩，断层和裂隙等结构面发育，施

成都院设计的沙牌水电站获碾压混凝土坝国际里程碑工程奖

工期高边坡以及运行期的边坡设计难度极大，枢纽区高边坡均为1级边坡，200米以上的临时工程高边坡共6个，最高永久边坡高约530米，超过国内同类土石坝工程。

（7）施工布置及交通设计：坝址区施工交通及场地布置条件差，基本没有可以直接利用的施工场地，施工布置设计难度很大；场内运输量大、运输强度高，枢纽区道路长度达到129公里，其中隧洞占50%，场内交通工作量及布置难度极大。

（8）移民特点：水库淹没面积为106.6平方公里，影响范围涉及雅江、新龙、道孚和理塘4县，根据项目预可成果，淹没影响移民人口为6427人，淹没等级公路196.7公里，是甘孜州涉及范围最广、淹没损失最多、移民安置难度最大、民族宗教特点最为显著、全国可研阶段审定移民安置补偿费用最

高的水电工程。

2015 年重大专题设计形象面貌：

（1）重大专项工作：主要完成防渗土料补充勘探及施工规划研究，完成了所有主体区工程边坡及开口线外自然危险源的地质复核和稳定评价、泄洪建筑物进口庆大河变形体Ⅳ区边坡治理专题、泄洪雾化招投标设计、统供物资用量及技术指标、主厂房综合布置设计等。

（2)开挖Ⅰ标勘测设计的施工图供应全部完成。

（3）开挖 II 标完成边坡的开挖支护设计、安全监测设计等施工图设计。

（4）大坝标：完成坝体心墙料、过渡料、堆石料等碾压试验技术要求，固结灌浆试验技术要求，帷幕灌浆试验技术要求，基坑开挖支护设计，阿农沟沟水处理设计，灌浆平洞及交通排水洞开挖支护设计，料场开采规划和边坡开挖支护设计，围堰结构设计，土料场复勘，碾压试验配合等，完成两河口、瓦支沟石料场开采规划和边坡开挖支护设计、上下游围堰结构设计等，完成相关机电设计图纸。

（5）引水发电标：完成主体洞室和附属洞室的开挖支护图纸设计、通风系统平洞的结构钢筋设计。

（6）泄水标：完成泄水建筑物布置图、洞式溢洪道、深孔泄洪洞、竖井旋流泄洪洞及放空洞等建筑物的洞身及掺气坎段的开挖支护图。

成都院签订两河口建设征地移民安置专业项目代建总承包合同

（7）机电及金属结构设计：主要开展水轮发电机组的招标文件编制、金属结构招标设计要点报告编制等工作，完成接地标准详图和施工说明、照明符号及图例说明。

（8）完成三大主标监测招标设计报告，主体边坡和洞室相关安全监测图纸。

（9)移民设计：配合完成了实物指标建档建卡、补偿补助资金兑付等；开展了集镇迁建和输变电线路验收等各项工作。

（10）交通工程：完成场内交通现场设代；完成雅新线、普古沟、普巴绒特大桥、雅道线围堰淹没段路、库首跨库大桥相关技术设计；完成瓦多集镇一期、亚卓集镇一期移交验收。

（11）环保水保：完成枢纽区及主要道路生态恢复一期工程、鱼类增殖站工程、过鱼工程、分层取水、水土保持监测等专题报告和技术设计。

（12）科研：完成大坝碾压试验、堆石料真三轴试验、心墙流变特性试验、坝体抗震措施材料试验及计算、深孔泄洪洞单体水力学模型试验研究、竖井旋流泄洪洞减压试验、竖井泄洪洞数值模拟分析及常压单体水力学模型试验、洞式溢洪道水工模型试验等成果验收和结题工作；正在开展泄洪雾化、混凝土性能、高土石坝安全监测关键技术、大坝施工期及初期蓄水安全监测反分析、厂房洞室群施工期反馈分析等项目。

2015 年主要工作亮点：

（1）配备了强有力的项目部人力资源。

2015 年度，各专业设代总计为 9019 人•天，较 2014 年的 6699 人•天有较大幅度地上升，保障了现场设计工作的顺利开展。

（2）重视地勘工作，深化动态设计，高标准提升技术经济一体化设计水平。

针对西地、苹果园、亚中、瓜里、普巴绒等五个土料场开展了大量的地质复勘工作，完成钻孔 30 个、505 米、井探 161 个、2375 米，取样试验 500 组和专题报告编制，为大坝承包商进场筹备且快速开展土料勘察与试验提供了详实的资料。同时，在主标进场前近 6 个月就预先开展复勘工作，为承包商进场后开展料场勘探提供了充足时间。由于土料场征地移民工作尚未完成，主要是居民及耕地，牵涉到宗教信仰、神山神树、经幡、玛尼堆等宗教祭祀物，村民及地方政府要求赔偿的种类较多，协调难度大。经过与村民、乡、雅江县相关部门长达 1 个月的耐心解释和沟通交流，土料场的复勘得到了村民的支持，复勘工作结束后对村民进行了合理赔偿。

除土料场复勘外，还对泄水建筑物进出口边坡、洞式溢洪道进出口边坡、电站进水口上游侧山脊开挖等进行了地质深化勘探，复核和优化开挖支护设计方案。同时，对枢纽工程开挖边坡及开口线外自然边坡危险源进行了地质勘察和设计复核专题研究，对开挖 I、II 标工程投资进行了系统梳理。经初步统计，开挖Ⅰ、Ⅱ标主体工程开挖边坡及危险源总投资技施阶段比招标阶段分别减少 1148.39 万元、2834.8 万元，共节省投资约 3983.19 万元。取消了两河口石料场Ⅱ区，坝体填筑料全部由瓦支沟石料场提供，优化后节约投资超过 5000 万元。现场工作过程中，严格遵循“投资受控”的原则，控制各部位边坡工程量，对其稳定性进行动态复核，及时调整设计支护参数，力求在保证工程安全的前提下，尽量节省工程量。

（3）继续加强设计产品质量和按时供应率。

2015 年度是枢纽区高边坡工程（开挖 I、II 标）开挖支护施工的攻坚年，是三大主标进场筹备且迈入实质性施工期的开端年。由于开挖 III 标施工滞后且涉及与引水发电系统标的交接，施工进度计划和方案变动较大，设计技术供图和现场服务工作十分繁重。为落实合同条款，成都院各专业处多次进行合同宣贯，组织制定项目绩效管理办法，明确责任和奖惩细则，利用该院 M1 设计管理系统，推进各项设计工作按时完成。

2015 年度，各标供图完全按照设计月例会计划执行：开挖 I 标完成工作 7 项，按时完成率 100%，提前完成率 57.1%；开挖 II 标完成工作 40 项（计划外 4 项），按时完成率 100%，提前完成率 35%；开挖 III 标完成工作 13 项，按时完成率 100%，提前完成率 84.6%。大坝标完成工作 47 项，其中计划外项目 5 项，按时完成率 100%，提前完成率 19.1%。泄水建筑物工程标完成工作 22 项，其中计划外项目 2 项，按时完成率 100%，提前完成率 18.2%。引水发电系统工程标完成工作 53 项，其中计划外项目 6 项，按时完成率 100%，提前完成率 45.3%。根据管理局反馈，枢纽区主体工程设计成果质量优良及良好率达 88%，未出现技术性设计问题。

2015 年，两河口项目部被评为“诚信履约优秀设计项目部”。

三、藏木水电站

工程概况：

藏木水电站是雅鲁藏布江中游规划建设的第一座大型水电站，位于西藏自治区中部电网负荷中心。工程场址位于山南地区加查县境内、雅鲁藏布江中游桑日至加查峡谷段出口处，坝址区距下游加查县县城 17 公里，距拉萨直线距离 140 公里，距下游右岸藏木村 5.0 公里，距下游右岸 S306 省道 7.0 公里，对外交通方便。

藏木水电站是雅鲁藏布江中游河段桑日—加查峡谷段水电规划五级开发的第 4 个梯级电站，为二等大（2）型工程，主要任务是发电。电站装机容量为 51 万千瓦，装 6 台单机容量为 85 兆瓦的水轮发电机组，枯水年枯水期（12 月—翌年 4 月）平均出力为 143.7 兆瓦，多年平均年发电量 25.008 亿千瓦时，年利用小时数为 4903 小时。水库正常蓄水位高程 3310.00 米，总库容 0.93 亿立方米，调节库容 0.13 亿立方米，为日调节水库，水库回水长 12.4 公里。

工程枢纽主要由挡水建筑物、泄洪消能建筑物、引水发电系统建筑物组成。左侧河床布置 6 孔溢流坝，右侧河床布置坝后式地面厂房。拦河大坝为常态混凝土重力坝，大坝坝顶高程 3314.00 米，坝顶长度为 387.50 米，最大坝高 116.0 米。泄洪建筑物由坝身的 6 个溢流表孔和两个泄洪冲沙底孔组成，下游消能采用底流消能型式，消力池池底高程 3232.00 米，池长 147.5 米。电站取水口采用厂房挡水坝段坝身取水方式，取水口底板高程 3285.00 米，采用单机单管供水，水轮机额定水头 53.50 米，单机引用流量 178.55 立方米/秒，压力管道管径 6.1 米。电站厂房主机间段顺水流方向宽度为 60.5 米，跨度为 26.0 米，高度为 48.15 米。厂房内以“两机一缝”布置方式安装 6 台混流式水轮发电机组，。

工程施工采用“左岸明渠全年导流、导流及主

成都院与孟加拉国 NITOL-NILOY 公司签订合作备忘录

体工程分三期、基坑全年施工”方式。第一期，进行左岸导流明渠修建；第二期，进行主河床内的大坝、厂房修建；第三期，完建明渠坝段。

导流及主体工程、施工辅助工程等主要分为：左、右岸交通工程标、砂石系统及混凝土系统标、导流明渠标、厂房标、大坝标、鱼道标。

工程于 2007 年 9 月开始场内交通等筹建项目施工；2008 年 9 月开始导流明渠施工；2009 年 10 月 1 日开始明渠混凝土浇筑；2010 年 11 月导流明渠具备

过流条件；2011 年 5 月开始基坑开挖，11 月开始大坝、厂房混凝土浇筑；2013 年 9 月厂房、尾水渠和消力池混凝土浇筑完成，10 月开始拆除二期围堰，11 月三期工程截流，进行明渠内坝段、左挡水坝段浇筑；2014 年 7 月，大坝混凝土浇筑完成，11 月下旬开始下闸蓄水，开始导流底孔封堵与改建，11 月底工程具备第一台机组发电条件。2015 年 5 月底孔封堵完成，计划 2016 年 2 月底全部机组投产。

2015 年工程建设目标：

藏木水电站 2015 年建设目标

表 17

序 号	项　目	计划完成时间
1	二期鱼道下游段施工完成	2015 年 2 月 28 日
2	#3～#8 导流底孔封堵施工完成	2015 年 5 月 31 日
3	#3 机组发电（提前一周试运行）	2015 年 2 月 28 日
4	#4 机组发电（提前一周试运行）	2015 年 4 月 30 日
5	#5 机组发电（提前一周试运行）	2015 年 6 月 30 日
6	#6 机组发电（提前一周试运行）	2015 年 8 月 31 日

工程主要特点、难点和亮点:

（1）该电站是雅鲁藏布江干流上建成的第一座大型水电站，其拦河大坝是西藏第一座超过百米级的高坝；

（2）该电站是西藏自治区成立以来建成投产的最大水电站，实现了从雅鲁藏布江支流到干流、从 10 万千瓦级到 50 万千瓦级的跨越，其装机容量占西藏中部电网负荷的 50%—60%；

（3）首次通过青藏联网实现藏电外送；

（4）建成了目前国内规模最大、最长（3.623 公里）的鱼道，建成投产并实现放流的鱼类增殖站填补了雅鲁藏布江鱼类增殖放流的空白；

（5）在国内海拔最高的工程区采用缆机施工，第一次在西藏浇筑体量达 340 万立方米的混凝土；

（6）所选的坝址库区零移民；

（7）大量新技术新工艺的应用：古洪水技术、堆石混凝土、掺石灰石粉混凝土、数字化混凝土质量自动监控技术、营地太阳能等。

2015 年大事记:

2015 年，藏木水电站实现“一年四投”的建设目标：

4 月，#3 机组投产发电；

6 月，#4 机组投产发电；

8 月，#5 机组投产发电；

10 月，#6 机组投产发电（较可研工期提前 4 个月）。

2015 年 6 月 23 日，鱼道通水并初见成效，10 月 15 日，实现雅鲁藏布江首次鱼类增殖放流。

工程获奖项目:

《藏木水电站可行性研究阶段施工总布置规划专题报告》获 2008 年全国优秀工程咨询成果二等奖；

《藏木水电站古洪水研究》获 2009 年四川省优秀工程咨询成果二等奖、全国优秀工程咨询成果一等奖；

《藏木水电站建设可行性报告》获 2011 年四川省优秀工程咨询成果一等奖；

藏木水电站被评为“成都院建院 60 年 19 大代表工程”；

藏木水电站鱼类增殖放流站工程获 2015 中国电建优质工程奖。

四、两河口水电站移民代建工程总承包项目

工程概况：

两河口水电站位于四川省甘孜州雅江县境内的雅砻江干流上，为雅砻江中下游梯级电站的控制性水库电站工程，总装机容量 3000 兆瓦，水库总库容为 107.67 亿立方米，具有多年调节能力。两河口水电站建设征地移民安置专业项目代建工程总承包项目主要包括交通、市政、水利、输变电等专项复建工程，地跨雅江、道孚、新龙、理塘四县，合同总金额约 32.4 亿元，由成都院进行设计施工总承包，该项目合同于 2015 年 8 月 29 日签订，为中国电建集团 2015 年度合同额最大的总承包项目。

工程建设目标：

项目建设标准和功能达到设计和批准的要求，质量满足规范及设计技术文件要求，不发生质量事故，不留质量隐患，质量验评合格。质量缺陷按照要求处理，满足工程验收及移交要求。

为满足两河口水电站 2020 年 8 月下闸蓄水发电

目标的要求，本合同完成全部项目的时间为 2020 年 8 月 31 日。

两河口移民工程总承包项目部执行国家法律法规、上级单位管理制度及项目部职业健康安全环保与节能减排管理制度，全面推行安全生产标准化建设。

安全生产总体目标为：杜绝发生人员伤亡安全事故（含交通、设备、火灾和中毒事故）；有效防范各类自然灾害，避免群死群伤。

工程的主要特点和难点：

（1）自然环境差。工程区属寒温带大陆性季风气候区，年平均气温为 8.2℃，施工区大都在海拔 2700 米以上，具有气候严寒、四季不分明、冬季较长、降雨集中、日温差大和无霜期短等特征，且冬季和雨季均不利于施工。

（2）人文环境复杂。本项目地处少数民族聚居区，易发生非传统性安全等问题，协调力度大。

（3）地形、地质条件差。工程区地形陡峭，局部山体岩石风化严重，沟壑众多，易发生滑坡、泥石流等地质灾害；工程处于两河口水库水位变化区，水库蓄水后库岸的稳定性存在隐患。

（4）施工干扰因素多。新建道路同部分现有道

成都院与坦桑尼亚 UTT 公司签署系列项目合作谅解备忘

路重叠，且需在现有道路正上方施工，施工会对现有道路畅通造成影响，易出现阻工现象。

（5）特大型桥梁工程技术。

库区公路复建包括 5 座特大桥，设计和施工技术是本工程的重难点，也是本项目控制性工程。主要表现在：

①具有墩高、跨度大的特点，且桥址地形和地质条件复杂。

②桥梁混凝土浇筑进度安排受冬季施工影响大。现场每年的 11 月至次年 3 月的低温季节不宜进行混凝土浇筑施工，冬休期达 4 个月。

③桥位所属地区风速高，影响桥梁结构的横向稳定性设计和高空施工作业。

（6）材料物资运输。成都至项目工程区公路里程约 540 公里，其中国道 318 线雅安至雅江县部分路段正在实施改造，且沿途需翻越海拔 4 千多米的折多山；现有县道 X037 线及县道 XV02 线标准均较低，部分路段路面破损严重、雨季易发生泥石流和滑坡，冬季有积雪暗冰，通行保证率低。另外，本工程主要施工区域位于道孚县境内，而两河口水电站库区复建桥梁工程砂石加工系统位于雅江县城下游，运输距离较远，跨县运输协调工作量大。

（7）施工条件及费用。

本工程施工区域交通道路状况差、路线长，建设营地的区域有限，施工和生活用房、用水、用电、通讯设施等均缺乏，将增加分包商投入费用。

2015 年工程形象面貌进展：

雅道线除 II、IV、V 标外已完成全部施工图设计工作并通过审查；II、IV、V 标施工图完成内审工作，修改后的设计图纸已提交外审专家。

完成库周交通三桥一路项目施工图文件，并根据地方政府组织的专家审查意见进行修改完善。

该总承包项目合同签订后，成都院立即成立项目部进场进行项目管理。截至 2015 年年底，由项目业主单位——雅砻江流域水电开发有限公司先期招标的雅道线密瓦段Ⅱ、Ⅳ、Ⅴ标和砂石标已全部完成施工准备工作，进入主体工程施工；由成都院自行招标的库周交通工程四个标段（木绒、红顶、洛古、绒坝）完成招标工作，中标单位于年底前进场施工。其中：

雅道线密瓦段Ⅱ标：完成营地建设和施工辅助设施修建，完成鲜水河便桥和左右岸便道修筑，开始进行下拖特大桥主墩承台边坡开挖；

雅道线密瓦段Ⅳ标：完成营地建设和施工辅助设施修建，施工便道已基本完成，哈格达沟特大桥#2 和#3 主墩承台边坡开挖完成 15000 立方米；

雅道线密瓦段Ⅴ标：完成营地建设和施工辅助设施修建、试验室建设，完成鲜水河便桥和长征沟便桥施工并进行荷载试验，施工便道基本修筑到位，正在进行长征沟大桥和扎拖特大桥主墩承台边坡开挖。

砂石标：完成索依临时砂石加工系统建设并生产砂石料 4000 立方米，滩沟砂石加工系统正在进行场平施工，花岗沟料场临时交通洞贯通，正在修建施工便道。

2015 年主要工作亮点：

密瓦段Ⅱ标下拖特大桥为横跨鲜水河的几座特大桥之一，工期紧张。为确保大桥左岸各桥墩的顺

利施工，在总承包项目部和分包商中铁大桥局的组织下，安全快速地完成了施工便桥和左岸各施工便道的修建，为下拖特大桥的建设赢得了时间。

为了雅道线复建线路及库周交通各座桥梁的顺利施工，需要修建临时便桥以保证交通运输，其安全性对确保各桥梁工期至关重要。为此，要求各分包商合理组织资源，按期完成便桥架设并进行静、动载荷载试验。截至 2015 年年底，修建完成的三座临时便桥均通过了试验验收。

2015 年，两河口移民工程总承包项目部先后被中南公司两河口监理部、雅江县人民政府水电开发领导小组和道孚县人民政府移民代建工程建设指挥部评为 2015 年度安全生产先进单位。

五、科特迪瓦苏布雷水电站机电设备成套供货工程

项目概况：

苏布雷水电站位于科特迪瓦 sassandre 河上，电站大坝全长 4.5 公里，最大坝高 20 米，水库总库容 8300 万立方米。主电站装设 3 台额定输出功率 8.82 万千瓦、最大输出功率 97.02 兆瓦的立式混流水轮发电机组。为保证大坝下游泄放 50 立方米/秒的生态流量，大坝泄洪闸附近设置 1 个微型电站，微型电站装设 1 台最大容量为 5 兆瓦的灯泡贯流式机组。

该工程由成都院设计，中国水电五局采用 EPC 总承包管理模式承建。中国水电五局委托成都院对机电设备成套以 EPC 模式进行实施。成套供货合同范围包括机电设备招标、采购、设计制造、监造、物流运输、报关、清关、仓储、技术服务、培训等。

工程目标：

该项目为成都院首个机电设备海外成套项目，弥补了海外总承包完整产业链中的物流管理环节，意义重大。在此项目管理过程中，将力争实现本项目各台机组一次性投运成功，且无产品质量方面的索赔；设备到货进度满足工程师批准的设备交货进度计划，或不因调整的进度计划发生费用索赔；严格按照院下达的“控制预算”进行费用控制，项目决算总费用控制在“控制预算”内。同时，加强对机电产品环境影响的技术要求控制，严格按照建设项目职业健康与安全管理办法开展项目现场工作，进场前对科特迪瓦苏布雷项目现场进行风险源分析与评估，制定应对措施；实现人员伤亡责任事故为零的目标。

工程的主要特点和难点：

（1）设计标准与进度管控。

苏布雷项目 EPC 主合同参照 FIDIC 条款编制，项目要求满足欧美标准且咨询工程师为法国咨询机构派出，完全国际化的设计标准对设备设计选型及参数提出了不同要求，项目设计阶段如不能准确把握，必将对设备制造、验收及移交造成重大影响，间接影响施工工期。

对策：对内，加强苏布雷设备成套项目人员与设计项目部人员的沟通；对外，加大与咨询公司的前期沟通，严格按照主合同要求做好技术确认工作；优先选择具有国际类似供货业绩的供应商。

（2）项目进度内部控制。

①苏布雷项目为成都院首个海外设备成套项目，拓展了国际远洋运输相关业务、仓管、海外技术服务等诸多新业务，没有成熟的经验可以借鉴。

对策：强调进度管控的动态控制以及与施工总进度的无缝衔接；加强过程管理，加大对设备生产进度的检查；选择具有非洲项目运输经验的物流公司。

成都院设计的黄金坪水电站实现“一年四投”生产目标

②成套设备供应对该项目施工进度的影响集中体现在：设备出厂包装过程中的缺漏或运输过程中的设备损坏等方面。

应对措施：加强包装前的装箱单审核，合理安排到货后的开箱时间，为缺件或损坏件等争取足够的消缺时间，以满足安装要求。

2015 年工程形象面貌：

截至 2015 年年底，设备招标采购基本完成，共完成 33 项，供应商履约良好；剩余 2 项（机修设备、润滑油）拟定于 2016 年第二季度采购。

设备供应商资质全部获得业主批准，设备详细生产资料的 80%获得业主批准，影响首台机组发电的关键设备技术问题全部批准或带条件批准。

设备生产完成 60%，首台水轮发电机组部件全部生产完成，陆续发运。

设备发运完成50%，预计2016年3月完成#1、#2机组及水力辅助机械设备的发运工作。

设备到货约40%，#1、#2机组埋件已经安装完成，#1机定子开始组装叠片，桥机安装完成。

2015年主要工作亮点：

（1）不定期召开技术联络会议。

依据涉外合同，由设备供应商完成的详细设计资料需经过业主或工程师批准，往往要进行多次修改，批复意见中指出的问题主要是引用技术标准范围、外方对中国制造企业更加成熟的技术方案认知不足、报批的资料范围以及文件翻译问题等。

针对这些情况，根据项目进度实际情况需要，项目部协调总承包方邀请业主与咨询工程师不定期召开专题技术交流会，并要求相关供应商派工程师参加。技术交流会议于2015年2月、5月在阿比让举行两次。面对面的交流有利于解决设计中的意见分歧，有利于中方进一步阐述中国企业的工艺水平，化解包括因资料翻译原因导致的误解。

（2）联合建立质量管控体系。

业主方和咨询方对设备质量问题高度重视，要求从原材料采购开始，对制造过程、出厂验收、到货验收和安装完成验收全过程进行监控。在此过程中，项目部积极吸取外方在质量管控方面的经验，且避免过多冗杂的质量控制节点造成进度滞后以及交货风险。经过多次现场沟通协调，制定了联合质量管控措施，具体有以下两方面：

①根据咨询工程师提出的合理要求，对供应商进行全过程质量监控，包括派监造工程师驻厂监造、要求定期提交进度报告与质量管控文件、邀请业主与咨询工程师对关键设备进行联合出厂验收。这一措施有利于加强设备在制造阶段的质量控制。

②咨询工程师代表业主参加设备到货验收，但不参加开箱检查。到货验收签字这一措施有利于确定进度节点，为结算及时提供支撑，同时避免了因细节问题导致设备无法顺利移交。

六、孟加拉国达舍尔甘地污水处理厂

工程概况：

达舍尔甘地污水处理厂位于孟加拉国首都达卡市Dasherkandi区Gojaria河的东侧，主要处理Desherkandi、Hatirjheel、Gulshan、Banani、Badda等地区的污水，以消除对Balu河的污染。该项目是孟加拉国第一座采用生化处理工艺的大型污水厂，也是南亚地区最大的在建污水处理厂。

该污水处理项目主要包括三部分：厂外污水提升泵站（6立方米/秒），污水干管（2×4.8公里），污水处理厂（50万立方米/天）。其中污水处理厂包括：室外总平、粗格栅、提升泵房、细格栅、曝气沉砂池、初沉池、A/O池、脱水机房、二沉池、滤池、出水明渠、焚烧系统等建筑物和构筑物。

该项目经过处理的污水通过城市管网收集后直排Balu河，排污口临近达卡市Gulshan Lakes城市公园。

工程建设目标：

该污水处理项目业主为达卡市水务局，项目资金来源于进出口银行提供的中国优惠贷款。贷款协议由孟加拉国政府和中国政府签订，默认为及时主权担保，项目融资比例为100%，进出口银行采用人民币提供。

根据与业主签订的商务合同，本项目的施工工期为36个月，完工后进行12个月的运行维护。考虑到项目征地及当地的水文情况，预计工程在2016年10月具备开工条件。目前工程的进度目标为2019年9月完工，2020年9月完成运行维护。

工程的主要特点和难点：

（1）工程所在地旱季、雨季分明。在雨季，厂区位置常年水位高程约为6米，比现有地面高3米。为保证工程施工进度，需要在雨季来临前施工场地吹填垫高至6米以上。

（2）项目未提供临时用地，施工临时设施（营地、混凝土工厂、仓库、钢筋加工厂等）需要在现有征地范围内或临时租用场地解决。

（3）厂区建（构）筑物的基础为软基，采用钻孔灌注桩，钻孔深度超过30米，总根数接近1万根，施工质量和进度控制要求较高。

（4）污水输水管道长约4.8公里，其中前段约1公里在成熟的居民区，对施工干扰较大；中间段位于交通道路下面，开挖深度为5—7米，底部开挖宽度约为8米，基坑支护较为复杂；地下水位较高，基坑抽排水量大。

（5）厂内各构筑物结构形式多样，混凝土设计性能指标和土建施工标准要求高。

（6）厂区内管线工程为综合管线工程，包括各种工艺、雨污水、电力等多种管线，要妥善安排各种管线施工的先后顺序和合理交叉作业。

（7）整个工程包括构筑物、建筑物、综合管线、道路的施工，需要进行大量的交叉作业。

（邱云、张洁、王蔚楠、刘梅娟、李智、古华伟、宋旭东、江波、金伟、朱先文）

（文中图片由成都院提供）

中国电力工程顾问集团西南电力设计院有限公司

【企业概况】中国电力工程顾问集团西南电力设计院有限公司（简称公司）成立于1961年6月，位于四川省成都市东风路18号，隶属于中国能源建设集团有限公司（简称中国能建）管辖的中国电力工程顾问集团公司（简称中电工程），为国有全资子企业，是国家甲级骨干电力规划勘察设计企业，党组织关系在中共四川省国有资产监督管理委员会。公司具有国家首批颁发的工程设计综合甲级资质、国家甲级电力工程和建筑工程设计、甲级工程勘察、甲级环境影响评价、甲级环境污染防治工程勘察设计、甲级工程总承包、甲级工程咨询、甲级工程造价咨询、甲级工程监理和压力容器设计等多项资质证书，拥有对外经营权和对外劳务许可证，建立有质量、环境、职业健康安全“三标”管理体系并通过认证。主要从事电力系统规划设计，国内外大中型燃煤、燃油、燃气发电厂和地热发电站、核能发电常规岛、垃圾发电厂的设计，1100千伏及以下电压等级的交直流送、变电工程设计，电力调度通讯工程、工业与民用建筑工程的勘察设计，岩土工程、工程测绘、工程地质勘察、环境测评治理工程的勘测设计和工程总承包、工程监理、技术咨询等服务工作。

公司在国内20多个省、市、自治区和东南亚、中东、非洲、欧洲等20多个国家先后完成了1000余项发、送、变电工程勘测设计，20余项工程总承包、工程建设管理等项目，发电投产总容量达9467.97万千瓦、送电投产总里程达41098.50公里、变电投产总容量达14628.24万千伏安。是国内第一个以设计为主体牵头组织实施两台百万千瓦级超超临界火电机组总承包的设计企业，也是首批获得百万千瓦级超超临界火电机组，特高压、超高压交直流输变电勘测设计和投运业绩，承揽国外电力设计项目最多的电力勘测设计企业。公司在竞争中创出了良好的信誉和优质的品牌，形成了以勘测设计为核心，工程总承包并举的良好发展态势。

公司凭借良好的生产经营业绩和资产质量获得中国能建2015年度质量工作先进单位、四川省2015年度安全生产先进集体、四川省档案工作规范化管理一级单位；在中国勘察设计协会的工程总承包完成合同额排名第39位、工程项目管理营业收入排名第61位；在四川省100强企业排名第83位、服务业100强企业排名第24位；在成都市100强企业排名第64位、服务业50强企业排名第32位，企业继续保持AAA级信用企业和四川省最佳文明单位称号。

公司奉行“追求卓越、创造精品、服务社会、发展自我”的企业价值取向，信守“精心设计、科学管理；节约资源、保护环境；以人为本、顾客满意”的管理方针，形成了“讲文明、重信誉、求实效、图奋进”的企业精神。以成就顾客、服务社会为己任，以经济效益为中心，不断提升企业核心竞争力，提升员工综合素质，造就了一支富于创造、勇于拼搏、能打硬仗的职工队伍，形成了“团结、进取、文明、守法”的良好院风，实现了改革发展、精神文明建设及党建工作的又好又快发展。

【机构设置】2015年，公司实行以公司、分公司（中心、全资子公司、处、部）、科（组）的三级管理。公司下设职能管理部门、生产经营部门、辅助生产部门及全资子公司（见西南电力设计院有限公司组织机构图）。

职能管理部门：设置有办公室、人力资源处、企业发展部/法律事务部、财务处、生产管理部、质量技术管理部、党委工作部、纪检处/监察审计处、公司工会、综合管理处、离退休工作处。

生产经营部门：设置有发电工程分公司（下设工程管理部、市场开发部、机务处、电务处、土建处、水工处、自动化处、数字化设计中心、各处中心下设专业科）、电网工程分公司（下设工程管理部、经营计划部、技术管理部、综合科及专业科）、勘测工程分公司（下设计划经营部、综合管理部及专业科）、系统规划中心（综合管理部、智能化部及专业科）、工程技术经济中心（下设综合管理部及专业科）、工程承包管理部（下设各总承包工程项目部）、国际事业部（下设商务室、工程技术室、综合室、公司驻国外相关办事处）。

辅助生产部门：设置有档案处、印制出版处、服务管理处。

全资子公司：中国电力建设工程咨询环境工程有限公司、中国电力建设工程咨询西南有限公司、四川省江电建设监理有限责任公司、成都贝斯特数码科技有限责任公司。

组织机构调整情况：2015年，公司根据生产、经营和企业发展，本着精细、高效、有序的科学管理原则，对组织机构进行了部分调整和变动。

（1）成立了中国电力工程顾问集团有限公司CFB技术中心；

（2）成立了智能化部；

（3）调整了发电工程分公司组织机构、干部岗位设置及职数，成立了发电综合管理部；

（4）电网工程分公司工程管理部增设了前期科、工程服务科；

（5）院长工作部更名为办公室；

（6）成立了神华四川江油煤炭储备发电一体化新建工程EPC总承包项目联合体领导小组，成立了神华四川江油煤炭储备发电一体化新建工程EPC总承包项目部；

（7）成立了委内瑞拉南方电网加强项目设计项目部；

（8）成立神华国华清远电厂2×100万千瓦新建工程设计咨询（监理）部；

（9）成立滇西北送电广东特高压直流输电工程前期支撑性文件办理领导小组和工作组；

（10）成立印度尼西亚棉兰工业园2×15万千瓦燃煤电厂烟气脱硫工程承包项目部；

（11）成立了公司两金占用专项清理工作领导小组；

（12）成立了越南海阳EPC项目招标领导小组；

（13）调整了内部控制与风险管理委员会成员。

公司三级机构设置情况：公司在分公司、中心、全资子公司、处、部级下设科共有96个，未包括在工程总承包管理部下设的6个项目部，即万州100万千瓦工程总承包项目部、洪雅凯迪生物质工程总承包项目部、卡拉杨房沟供电工程总承包项目部、攀钢30万千瓦工程总承包项目部、神华四川江油煤炭储备发电一体化新建工程EPC总承包项目部、印度尼西亚棉兰工业园2×15万千瓦燃煤电厂烟气脱硫工程承包项目部。

科级机构设置见2015年科组机构设置情况统计表18。

2015年科组机构设置情况统计表

表18

部门名称		科组名称	科组数
职能管理部门	办公室	信访办、接待科、文秘科、综合管理科	4
	人力资源处	劳动工资社会保险科、人力资源教育培训科、安全生产管理科	3
	企业发展部/法律事务部	法律事务科	1
	财务处	财务科、会计科、总承包财务科、资产管理科	4
	生产管理部	生产管理一科、生产管理二科	2
	质量技术管理部	技术管理科、质量管理科	2
	党委工作部		/
	纪检处/监察审计处		/
	公司工会		/
	综合管理处	综合管理一科、综合管理二科	2
	离退休工作处	老干部管理科、退休科	2

续表18

部门名称			科组名称	科组数
生产经营部门	发电工程分公司	综合管理部		/
		市场开发部		/
		工程管理部		
		机务处	热机科、运煤科、除灰科	3
		电务处	电务一科、电务二科	2
		土建处	建筑科、总图科、结构科、暖通科	4
		水工处	供水科、结构科、化水科	3
		自动化处	自动化科	1
		数字化设计中心	工程一科、工程二科、COMOS研发应用科	3
	电网工程分公司		综合科、工程管理部、前期科、工程管理科、技术管理部、经营计划部、送电电气科、送电结构科、变电电气科、变电土建科、技经科	11
	勘测工程分公司		综合管理部、计划经营部、岩土工程科、工程测量科、水文气象科、钻探科、测试（桩基检测）中心、覆冰测试研究中心	8
	系统规划中心		系统规划科、继电保护科、通信科调度自动化科、综合管理部、智能化部	6
	工程技术经济中心		综合管理部、综合一科、综合二科	3
	工程承包管理部		项目经理室、控制室、工程室、采购室、开车室、综合室	6
	国际事业部			/
辅助生产部门	档案处		整编科、电子档案科、底图科、借阅科	4
	印制出版处		综合管理部、图文编辑科、绘图科晒图科、装潢设计科、印装科	6
	服务管理处		综合科、通信配电科、绿化保洁维修科治安保卫科、汽车运输科	5
子公司	中国电力建设工程咨询环境工程有限公司（暨环保处）		评价一科、评价二科	2
	四川省江电建设监理有限责任公司		综合管理部、市场开发部、项目管理部、质安保证部	4
	成都贝斯特数码科技有限责任公司（暨计算技术处）		计划经营科、系统工程科、技术开发科、应用技术科、信息工程科	5
	中国电力建设工程咨询西南有限公司			/
合计				96

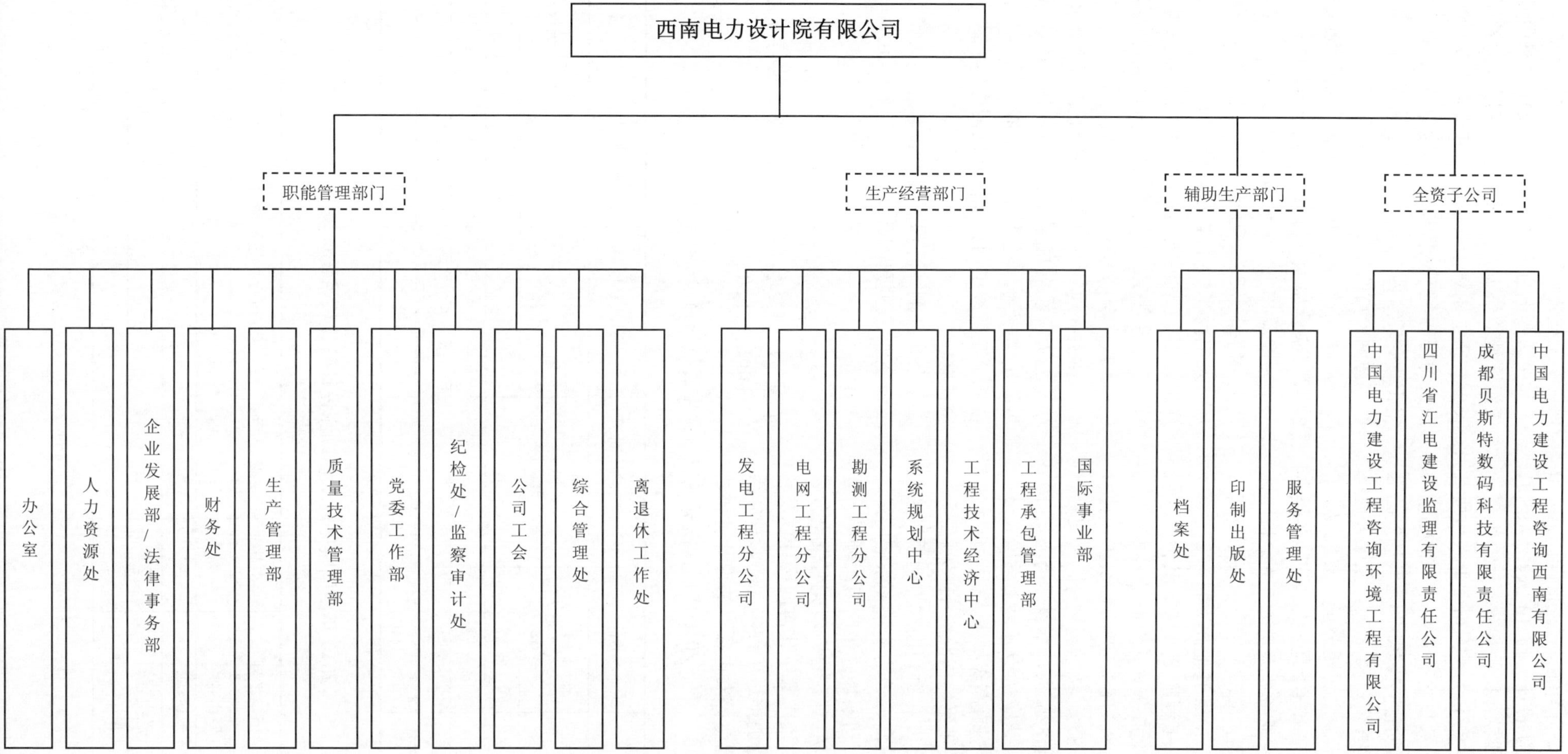

西南电力设计院有限公司组织机构图

【职工队伍】截至 2015 年年底，公司有员工 1462 人，其中：国家级及省级设计大师 10 人(3 人已退休)，享受国务院政府津贴 13 人（12 人已退休），享受成都市特殊津贴专家 1 人，四川省学术和技术带头人 3 人，四川省学术和技术带头人后备人选 12 人，四川省有突出贡献的优秀专家 7 人（1 人已退休），全国电力行业优秀企业家 1 人，集团公司特级专家 4 人（1 人已退休），集团公司专家 22 人（2 人已退休），集团公司青年专家 29 人，其他各类专家共 30 人，国家各类注册资质人员 325 人。按职称划分，公司具有高级职称 655 人（其中教授级高工 153 人、高级工程师 475 人、其他高级职称 27 人），中级职称 343 人（其中工程师 302 人、其他中级职称 41 人），初级职称 205 人，未聘任职称 92 人；专业技术人员占员工总数的 88.58%，高级工程技术人员占员工总数的 44.8%。按学历划分，公司具有研究生及以上学历人员 325 人，本科学历人员 795 人，大专学历人员 172 人，大专及以上学历人员占员工总数的 88.37%。随着高级技术人才逐步增加，学历结构逐步提升，员工平均年龄约 41 岁。

【完成生产任务】2015 年，公司面对前期项目多、投标任务重、业主要求高、人力非常紧张等困难，未雨绸缪，沉着应对，切实加强生产组织领导，强化项目策划和过程监督管理，进一步完善发电分公司内部管理机制，大力推广数字化协同设计以及科标信项目的应用，较好地推进了神华九江、神华天明、越南升龙、印尼棉兰等发电项目的设计工作，保证了工程建设的要求。

在送变电方面，公司充分发挥电网优势，精心组织，统筹协调，合理安排，克服人力紧张、职工长期加班的困难，采取多种措施合理安排生产经营及人力资源，积极推进滇西北至广东±800 千伏输变电工程、北京西 1000 千伏变电站等项目，赢得了国网、南网公司的高度评价。

2015 年公司发电、电网完成可研 26 项、初设 28 项、施设 25 项。完成发电总容量 4457.9 万千瓦（含新能源 81.9 万千瓦），送电总里程 5565 公里，变电总容量 4525.4 万千伏安。完成总卷册数 12172 册。发电投产 11 台机组，投产容量 541.7 万千瓦。送电竣工 11 项，投运里程 1182 公里。变电竣工 13 项，投产容量 859.8 万千伏安。开展现场服务 69 项、945 人次。合同履约率为 100%。

在系统规划方面，公司紧紧围绕全国电力工业“十三五”发展规划和云、贵、川、渝、藏“十三五”电力规划，提供高端咨询服务，以智能化部为依托，在智能电网、能源互联网方面完成了多项研究课题。

公司勘测、环保、技经、监理、计算机等专业支持主业，积极作为，较好地完成了 2015 年生产经营任务。

2015 年开展的各类工程投标 189 项(表 19)；完成发、送、变电工程及系统规划、通信等各阶段项目 348 项(表 20)。

2015 年西南院完成发送变电工程项目投标统计表

表 19

工程类别	小计	可行性设计研究	初步设计	施工图设计	总承包
发电工程	51	43	8		
送电工程	53	11	37	5	
变电工程	73	28	45		
其他项目	7		5	2	
总承包项目	5				5
合计	189	82	95	7	5

2015 年西南院完成工程勘测设计阶段项目统计表

表 20

工程类别	项目类别	小计	初步可行性研究	可行性设计研究	初步设计	施工图设计
发电工程（96 项）	发电项目	45	18	12	11	4
	零星项目	51	6	21	8	16
送电工程（35 项）	送电项目	22			10	12
	其他项目	13		5	4	4

续表 20

工程类别	项目类别	小计	初步可行性研究	可行性设计研究	初步设计	施工图设计
变电工程（50 项）	变电项目	17		1	7	9
	变电间隔	7			5	2
	其他项目	26		10	8	8
系统工程	系统项目	33	2	31		
通信工程	通信项目	55		16	15	24
调度工程	调度项目	20		12	3	5
核电工程		2		2		
脱硫工程		1			1	
其他工程		56		31	11	14
合计		348	26	141	83	98

完成工程设计和勘测实物工作量(表 21)；完成印制出版实物工作量(表 22)；完成汽车运输实物工作量(表 23)。

2015 年西南院完成工程设计、勘测实物工作量统计表

表 21

工程设计实物工作量					工程勘测实物工作量			
卷册数	出图张数				测量（标准平方公里）	地质（标准米）	物探（标准点）	化验（标准件）
	总 计	新 制	套 用	目 录				
12659	146456	115027	19026	12403	396.4	154993.2	7593	3924

2015 年西南院完成印制出版实物工作量统计表

表 22

复印张数		打印张数（A4）	晒图（A1）（标准张）	蓝图装订（A1）（标准张）	文装本数
工程复印	台式复印				
125645	6090723	300086	2073924	2148033	180004

2015 年西南院汽车运输实物工作量统计表

表 23

车辆行驶公里				工地台班	实际耗油（公斤）
总 计	短 途	长 途	工 地		
3288369	730478	1164169	1393722	27207	167706

勘测设计： 公司 2015 年完成发电工程初步可行性研究 2281.33 万千瓦，其中 100 万千瓦机组 2 台、1 项，计 200 万千瓦，60 万千瓦机组 20 台，7 项，计 1272 万千瓦，30 万千瓦机组 12 台、6 项，计 430 万千瓦，20 万千瓦等级以下机组 42 台、4 项，计 379.33 万千瓦。完成可行性研究 795.4 万千瓦，其中 60 万千瓦机组 7 台、4 项，计 462 万千瓦，30 万千瓦机组 8 台、4 项，计 280 万千瓦，20 万千瓦以下机组 6 台、4 项，计 53.4 万千瓦。完成初步设计 999.2 万千瓦，其中 100 万千瓦机组 5 台、3 项，

计 500 万千瓦，60 万千瓦机组 5 台、3 项，计 330 万千瓦，30 万千瓦机组 3 台、1 项，计 105 万千瓦，20 万千瓦以下机组 6 台、4 项，计 64.2 万千瓦。完成施工图设计 262 万千瓦，其中 60 万千瓦机组 4 台、2 项，计 252 万千瓦，10 万千瓦以下机组 2 台、2 项，计 10 万千瓦。

完成送电工程初步设计 10 项，985.3 公里，其中±800 千伏线路 415.3 公里，500 千伏线路 359.5 公里，220 千伏线路 5.5 公里，110 千伏线路 205 公里。完成施工图设计 12 项，1711.4 公里，其中 1000 千伏线路 650.9 公里，±800 千伏线路 115 公里，750 千伏线路 94 公里，±500 千伏线路 193 公里，500 千伏线路 395.5 公里，220 千伏线路 205 公里，110 千伏线路 58 公里。

完成变电工程可行性研究设计 100 万千伏安，其中 500 千伏等级 100 万千伏安。完成初步设计 2068.4 万千伏安，其中±800 千伏等级 1832.4 万千伏安，500 千伏等级 150 万千伏安，220 千伏等级 80 万千伏安，110 千伏等级 6 万千伏安。完成变电工程施工图设计 1609 万千伏安，其中 1000 千伏等级 800 万千伏安，±500 千伏等级 620 万千伏安，500 千伏等级 150 万千伏安，220 千伏等级 31 万千伏安，110 千伏等级 8 万千伏安。

2015 年西南院完成主要发送变电工程勘测设计项目见（附表 24）。

2015 年西南院完成主要发送变电工程勘测设计项目统计表

表 24

序号	工程名称	设计规模	实际开工时间	实际完成时间
一、发电工程				
	初步设计阶段 999.2 万千瓦/19 台/11 项	台/万千瓦		
1	印尼芝拉扎燃煤电站三期 1×100 万千瓦机组扩建	1×100	2015.5.20	2015.7.25
2	华电芜湖电厂二期扩建工程初设修改	2×100	2015.9.1	2015.11.15
3	神华天明电厂新建工程项目(2×100 万千瓦)	2×100	2015.5.5	2015.6.20
4	贵州黔西电厂二期扩建 1×66 万千瓦 工程	1×66	2015.6.10	2015.7.30
5	习水二郎电厂机组新建工程 3，4 号	2×66	2015.4.10	2015.7.30
6	山西中煤平朔低热值煤发电新建项目初设修改	2×66	2015.7.10	2015.7.30
7	广西华正 40 万吨项目动力车间 3×35 万千瓦工程	3×35	2015.9.25	2015.12.25
8	印尼吉利普多二期 2×13.5 万千瓦燃煤电站	2×13.5	2015.2.5	2015.7.20
9	莫阿蒂泽 2×15.5 万千瓦燃煤电站工程	2×15.5	2014.11.20	2015.2.15
10	安徽临泉县生活垃圾焚烧发电项目	1×1.2	2015.1.22	2015.10.12
11	淮北临涣工业园区综合利用热电中心工程	1×5	2015.4.20	2015.5.25
	施工图设计阶段 262 万千瓦/6 台/4 项			
1	华电奉节电厂“上大压小” 新建工程	2×60	2013.12.24	2015.12.18
2	华润电力(六枝)电厂 2×66 万千瓦 新建工程	2×66	2014.7.25	2015.9.25
3	淮北临涣工业园区综合利用热电中心工程	1×5	2015.5.15	2015.8.25
4	新疆美克煤基精细化工产业一体化热电站装置	1×5	2014.7.5	2015.7.30
二、送电工程				
	初步设计阶段 985.3 公里/10 项	千伏/公里		
1	滇西北至广东±800 千伏新松至牟定直流线路	±800/253	2015.02.27	2015.08.25
2	上海庙-山东±800 千伏特高压直流输电线路工程	±800/80.9	2015.03.04	2015.05.10
3	锡盟－江苏±800 千伏特高压直流输电线路工程	±800/81.4	2015.06.01	2015-08-25
4	重庆发电厂—南川 500 千伏线路工程	500/2×72	2014.09.15	2015.0415

续表 24

序号	工程名称	设计规模	实际开工时间	实际完成时间
5	崇左至靖西Ⅱ回 500 千伏线路工程	500/81.5	2014.09.16	2015.04.15
6	甘泉—会东双回 500 千伏线路工程	500/2×67	2014.11.18	2015.01.30
7	皮吉瓜奥斯站进出连接线路工程	230/1.5	2014.11.21	2015.07.30
8	卡布鲁塔—皮吉瓜奥斯 230 千伏 π 接线路	230/4	2014.11.21	2015.07.30
9	卡布鲁塔 230 千伏站至皮黑瓜奥斯 115 千伏线路工程	115/194	2014.11.21	2015.07.30
10	Caicara II—Serlaca 115 千伏 双回线路工程	115/11	2014.11.21	2015.07.30
	施工图设计阶段 1711.4 公里/12 项			
1	锡盟—山东 1000 千伏特高压线路工程	1000/2×210	2015.06.05	2015.12.30
2	淮南－南京－上海特高压交流输变电(包 10)	1000/2×72	2014.08.09	2015.03.27
3	蒙西－天津南 1000 千伏交流特高压线路工程包 4	1000/86.9	2012.05.15	2015.06.30
4	酒泉－湖南±800 千伏特高压直流输电线路工程	±800/115	2013.06.25	2015.02.15
5	巴楚－喀什 750 千伏 输电线路工程(喀什段)	750/1×94	2013.04.17	2015.05.25
6	崇左至靖西Ⅱ回 500 千伏线路工程	500/81.5	2014.04.15	2015.01.25
7	甘泉—会东双回 500 千伏线路工程	500/2×67	2014.08.20	2015.12.30
8	宣汉－达州 500 千伏 线路工程	500/2×90	2014.08.09	2015.03.27
9	永仁－富宁±500 千伏直流输电线路工程	±500/193	2014.06.14	2015.01.25
10	林芝－鲁朗 220 千伏 线路工程	220/2×48	2014.09.22	2015.07.25
11	巴塘－叶巴滩 220 千伏 线路工程	220/1×109	2014.09.25	2015.06.0
12	老虎嘴－林芝 110 千伏线路兀接林芝变线路工程	110/2×29	2015.04.01	2015.12.30

三、变电工程

	初步设计阶段 2068.4 万千伏安/7 项	千伏/万千伏安		
1	滇西北至广东±800 千伏直流输变电送端换流站	±800/6000	2015.02.27	2015.05.30
2	上海庙—山东±800 千伏特高压直流山东换流站	±800/12324	2014.10.10	2015.05.25
3	500 千伏南川开关站新建工程	500/0	2015.03.04	2015.05.10
4	会东 500 千伏变电站新建工程	500/2×750	2014.11.18	2015.01.15
5	凯卡拉（Caicara）II 230 千伏变电站新建工程	230/2×200	2014.11.21	2015.07.30
6	皮吉瓜奥斯 230 千伏变电站（最终）扩建工程	230/2×200	2014.11.21	2015.07.30
7	阿亚库乔港 115 千伏变电站扩建工程	115/60	2014.11.21	2015.07.30
	施工图设计阶段 1609 万千伏安/9 项			
1	承德 1000 千伏串补站新建工程	1000/2×4000	2011.06.25	2015.09.25
2	云南罗平 500 千伏变电站扩建第二台主变工程	500/1×750	2014.07.15	2015.10.25
3	500 千伏 吕合(鹿城)变电站新建工程	500/1×750	2013.05.25	2015.10.25
4	金中云南±500 千伏金官换流站新建工程	±500/1×3200	2014.04.25	2015.11.27
5	±500 千伏直流永仁换流站新建工程	±500/1×3000	2014.05.30	2015.12.30
6	西藏多林 220 千伏变电站扩建工程	220/1×150	2014.09.10	2015.07.25
7	叶巴滩 220 千伏 变电站新建工程	220/1×40	2014.06.14	2015.09.25
8	林芝 220 千伏 变电站新建工程	220/1×120	2014.09.10	2015.08.28
9	鲁朗 110 千伏 变电站新建工程	110/2×40	2014.07.25	2015.07.25

工程总承包：2015年，公司持续推进总承包项目建设，使重庆神华万州电厂2×105万千瓦新建工程1号机组和2号机组分别于2015年2月9日和9月18日一次性通过168小时试运行，各项指标达到了同类机组的先进水平并实现了超洁净排放，标志着西南地区第一个百万等级高效一次再热超超临界电厂全面进入商运阶段。攀钢自备电厂总承包项目已完成系统设备联调，计划于2016年春节前完成并网前的各项试验、消缺和收尾工作。南网塘朗输变电工程、洪雅生物质电厂、金沙江上游叶巴滩水电站施工供电工程顺利推进，计划于2016年全部建成投运。

公司对2015年签订的越南海阳电厂EPC1总承包项目正在开展主辅机招标工作，以确保2016年项目的顺利实施，有条不紊地开展了一系列工作。神华天明电厂总承包项目已于2015年8月19日正式开工建设，目前已完成了主体标段合同签订，第一、第二批主辅机设备招定标、初设审查及收口工作，全面启动了司令图及施工图设计，按期实现了浇筑主厂房第一罐混凝土、基础出零米等重要里程碑节点目标。

设计工程投产:公司按照“统筹兼顾，突出重点，确保进度，确保质量”的原则，一方面加强了对项目的策划和事先指导，根据项目的缓急轻重，加强生产调度，集中人力，采用“封闭设计”“矩阵设计”等方式加快设计进度，狠抓实物工作量，提高设计质量，确保设计进度，努力满足电力工程建设进度需要。另一方面，加强了工程施工现场的服务工作，继续坚持以《工地服务简报》为载体，与业主、施工方密切保持联络沟通与配合，为建设施工单位排忧解难，全年派出工地服务945人次，现场服务工日达23166天，及时解决施工中出现的问题，确保工程建设顺利施工。2015年设计的工程投产情况见表7。

6月6日，公司召开神华四川江油煤炭储备发电一体化新建工程总承包项目工作会。会议由总经理郝群岩主持

2015年，公司设计的国内外发电工程投产总容量为 541.7 万千瓦,其中国内发电工程投产容量为444.2万千瓦，国外发电工程投产容量为97.5万千瓦；投产机组11台，其中投产105万千瓦机组2台、66万千瓦机组3台、35万千瓦机组1台、30万千瓦机组2台、22.5万千瓦机组1台、15万千瓦机组1台、12万千瓦机组1台。设计投产的送电线路总长度为1182公里，其中投产750千伏线路94公里、500千伏线路854公里、220千伏线路174公里、110千伏线路60公里。设计的变电所、换流站投产总容量为859.8万千伏安，其中投产500千伏变电站容量总计758.5万千伏安、220千伏变电站容量总计87万千伏安、110千伏变电站容量总计14.3万千伏安。

2015年西南院设计发送变电工程竣工投产项目表

表25

序号	工程名称	投产时间	投产容量	备注
	一、发电工程		万千瓦	
1	印度Haldia电站2×30万千瓦	2015.02.28	60	国外
2	神华万州电厂2×100万千瓦	2015.09.18	210	
3	越南河静汽电厂3×15万千瓦	2015.04.15	15	国外
4	阜阳回收电站1×1.2万千瓦	2015.04.29	1.2	
5	达州燃气电站2×35万千瓦	2015.06.09	35	
6	孟加拉Bhola电站22.5万千瓦	2015.09.08	22.5	国外
7	习水二郎电厂2×66万千瓦	2015.12.25	132	
8	黔北茶园电厂2×66万千瓦	2015.12.24	66	
	合计		541.7	

续表 25

序号	工程名称	投产时间	投产容量	备注
	二、送电工程		公里	
1	重庆陈思一，二回接入陈家桥二期线路工程	2015.04	10	同塔双回
2	砚山—靖西二回 500 千伏输变电工程	2015.07	249	
3	枕头坝一级电站 500 千伏送出工程	2015.07	29	
4	二郎电厂至隆盛 500 千伏线路工程	2015.09	258	同塔双回
5	大岗山-雅安 500 千伏线路工程	2015.10	229	同塔双回
6	蜀州一尖山兀接进九江变 500 千伏线路工程	2015.11	55	同塔双回
7	220 千伏墨竹工卡变至驱龙铜矿线路工程	2015.11	78	
8	巴楚一喀什 750 千伏 输电线路工程(喀什段)	2015.12	94	
9	溪古—九龙 500 千伏线路工程	2015.12	24	
10	林芝—鲁朗 220 千伏线路工程	2015.12	96	同塔双回
11	老虎嘴—林芝 110 千伏线路Π接入林芝 220 千伏	2015.12	60	同塔双回
	合计		1182	
	三、变电工程		万千伏安	
1	500 千伏陈家桥主变扩建二期工程	2015.04	300	
2	靖西 500 千伏间隔扩建工程	2015.07	0	1 个间隔
3	砚山 500 千伏 串补站改造工程	2015.07	43.5	
4	500 千伏隆盛变二郎间隔扩建工程	2015.09	0	2 个间隔
5	雅安 500 千伏变电站大岗山间隔扩建	2015.10	0	2 个间隔
6	九江 500 千伏变电站新建工程	2015.11	240	
7	驱龙铜多金属矿变电站新建工程	2015.11	60	
8	罗平 500 千伏主变扩建工程	2015.12	75	
9	溪古 500 千伏 变电站新建工程	2015.12	100	
10	鲁朗 110 千伏变电站新建工程	2015.12	8	
11	林芝 220 千伏变电站鲁朗间隔扩建工程	2015.12	0	1 个间隔
12	林芝 220 千伏变电站新建工程	2015.12	18.3	
13	多林 220 千伏变电站扩建工程	2015.12	15	1 个间隔
	合计		859.8	

【主要经营业绩】2015 年，公司面对电力建设增速放缓和激烈的行业竞争局面，始终坚持以经营工作为重点，奋力开拓新市场、新项目、新客户，各业务板块保持了平稳发展态势，取得了以下主要业绩：

2015 年，新签合同 50.87 亿元，其中勘测设计咨询合同 10.17 亿元，总承包合同 40.70 亿元；完成总产值 23.54 亿元，其中勘测设计咨询产值 10.35 亿元，总承包产值 13.19 亿元；实现收费 18.90 亿元，其中勘测设计咨询收费 9.41 亿元，总承包收费 9.49 亿元；实现营业收入 32 亿元，利润 2.32 亿元，经济增加值 EVA 1.49 亿元，上缴税金 1.03 亿元，国有资产保值增值率 113%。截至 2015 年年末，公司资产总额达到 33.52 亿元，圆满完成了中电工程下达的经营业绩目标。

在发电勘测设计方面，公司先后中标贵州黔西电厂二期 1×60 万千瓦扩建工程、贵州大方电厂二期 2×60 万千瓦扩建工程和大唐贵州兴仁电厂一期 2×66 万千瓦新建工程等一批大型勘测设计项目以及华能海口电厂五期、贵州威赫电厂、华能古雷热电厂等一批前期项目。

在电网勘测设计方面，公司先后中标滇西北至广东±800 千伏特高压直流输电工程送端换流站及线路、新疆阿勒泰 750 千伏输变电工程、云南电网澜沧江上游梯级电站 500 千伏送出工程等；尤其是成功中标世界上电压等级最高、输电规模最大的准东至华东±1100 千伏特高压直流输电工程，为公司持续稳定发展做出了突出贡献。

在国际业务方面，公司积极响应国家“一带一路”战略部署，全力抢抓市场机遇，不断扩展业务领域。发电成功签订了中国首套出口国外 100 万千瓦等级超临界燃煤发电机组——印尼芝拉扎三期 1×100 万千瓦燃煤电站勘察设计合同。同时，积极参与国际项目的投标工作，中标了华电集团罗马尼亚 1×60 万千瓦 CFB 燃煤电站、印尼吉利普多二期 2×13.5 万千瓦燃煤电厂、赞比亚 2×17 万千瓦燃煤项目。电网在稳妥有序推进委内瑞拉输变电项目的同时，继续开展了委内瑞拉、巴基斯坦、坦桑尼亚等多个输变电项目的前期和投标工作，坚持开拓国际业务不动摇。

在总承包方面，公司充分利用集团优势，积极采取多种协同经营方式，加大了国内国际总承包业务开拓力度，推进总承包业务深入发展，实现了境内百万发电机组再次总承包、境外总承包业务及单项总承包业务零的突破。2015 年，公司同中国能建集团天津电建公司合作，经过激烈竞争，再次取得百万发电机组神华四川江油煤炭储备发电（2×100 万千瓦）一体化新建工程 EPC 总承包项目；与安徽电建一公司、二公司三强联手，以投融资项目协同、纵向协同联合、采购分包协同三种协同经营方式成功取得越南海阳 2×60 万千瓦燃煤发电厂 EPC 项目；公司在大力开拓大型发电项目总承包业务的同时，实施抓大不放小策略，鼓励专业部门发挥技术比较优势，积极开发国际国内单项总承包业务，以烟气脱硫专项取得了印度尼西亚棉兰工业园 2×15 万千瓦燃煤电厂烟气脱硫 EP+C 承包项目；以环保专项一举中标了茶园电厂（2×66 万千瓦）冷却塔噪声控制工程总承包项目；公司还为中电工程投资公司拟投资的河南叶县一揽子新能源工程积极开展一揽子工程的 BOT 前期论证工作，为公司今后承揽该工程的总承包做好了铺垫。

在新能源方面，公司积极承揽区域内外新能源项目，先后签订了国电重庆狮子坪风电场工程等 10 项新能源合同，持续提升了新能源业务比重。

非电业务经营方面：公司充分利用专业配置齐全、技术力量雄厚的优势，在传统勘察设计工作的基础上，开展项目建设的延伸服务或非电领域勘察设计及咨询等单项专业服务，取得了较好的成果。2015 年勘测（单项基桩等业务）、系统、环保(噪声治理等业务)、技经、监理、计算机（软件应用开发业务）等专业，积极作为，签订单项合同 153 项，合同额 1.10 亿元，同比增加 13.4%。

【科技创新】2015 年，公司继续坚持科技兴企战略，紧紧围绕电力科技发展方向，努力加大科研开发力度，不断完善科技创新激励机制，积极构建核心技术和服务能力，在超超临界大机组、CFB 机组设计、烟气污染控制和新能源开发利用、高海拔重冰区及特高压交直流输变电工程勘测设计技术等方面开展了卓有成效的研究和创新，形成并具备了独特的技术优势和专利、专有技术；工程设计技术水平取得了长足进步，企业核心竞争力得到了巩固和发展。

2015 年，经中电工程批复同意在公司建立了 CFB 技术中心，开展了 CFB 关键技术开发、系统优化设计、技术标准编制等工作；在公司的系统规划中心设立了智能化部，推进了智能电网新兴技术的研发和业务的开发；完成了 CFB、智能电网两个中心的建章立制工作。公司在强化发电数字化设计中心职能中，整合了发电数字化设计中心和 COMOS 研发机构，完善了以数字化设计为核心，多专业、跨平台的设计集成系统并形成了生产能力；“沿海三期电站数字化协同设计”荣获 2015 年“创新杯”建筑信息模型设计大赛最佳工业工程类 BIM 应用一等奖，变电数字化设计技术在电网投标项目中得到了广泛应用，川藏联网、1000 千伏福州变等工程成功实现了数字化移交，得到了业主的高度评价；自主研发的数字档案馆顺利通过电规协会的达标验收，获得了评审专家组的一致好评。

2015 年，公司开展科研、标准化、科技信息（简称：科标信）项目共 403 项，完成 316 项，科技活动投入达 1.472 亿元。

完成国家标准 8 项（参编 8 项），行业标准 5 项（主编 2 项、参编 3 项），见表 26。

2015 年西南院公司主编、参编的国家、行业标准发布情况表

表 26

序号	标 准 名 称	标准类别	本单位角色	标准发布时间	标准编号
1	火力发电厂节能设计规范	国标	参编	2015.05.11	GB/T 51106-2015
2	直流融冰装置 第 1 部分：系统设计和应用导则	国标	参编	2015.05.15	GB/T 31487.1-2015

续表 26

序号	标 准 名 称	标准类别	本单位角色	标准发布时间	标准编号
3	直流融冰装置 第 2 部分：晶闸管阀	国标	参编	2015.05.15	GB/T 31487.2-2015
4	直流融冰装置 第 3 部分：试验	国标	参编	2015.05.15	GB/T 31487.3-2015
5	500 千伏和 750 千伏级分级式可控并联电抗器本体技术规范	国标	参编	2015.05.15	GB/T 31462-2015
6	液体氟橡胶涂敷脱硫后烟囱耐蚀作业技术规范	国标	参编	2015.07.03	GB/T 31819-2015
7	超高压可控并联电抗器控制保护系统技术规范 第 1 部分：分级调节式	国标	参编	2015.09.11	GB/T 31955.1-2015
8	工业过程测量、控制和自动化生产设施表示用参考模型（数字工厂）	国标	参编	2015.12.10	GB/Z 32235-2015
9	架空输电线路覆冰勘测规程	行标	主编	2015.07.01	DL/T 5509-2015
10	一体化火焰检测器	行标	主编	2015.10.10	JB/T 12389-2015
11	架空输电线路冻土地区基础设计技术规程	行标	参编	2015.04.02	DL/T 5501-2015
12	直流架空输电线路对电信线路危险和干扰影响防护设计技术规程	行标	参编	2015.07.01	DL/T 5340-2015
13	特高压架空输电线路大跨越设计技术规定	行标	参编	2015.07.01	DL/T 5504-2015

承担了四川省科技支撑计划项目“火电站烟气污染物综合控制关键技术研发与示范”之“烟气污染物综合协同控制工艺路线研究”；中国能建科技项目“间歇性电源规划方法及计算模型研究”和“电动汽车充换电设施布局优化规划方法研究”；中电工程“电力工程（系列）设计手册：大型循环流化床锅炉附属系统设计”“电力工程（系列）设计手册：火力发电厂除灰设计”“电力工程（系列）设计手册：电缆输电线路设计”“电力工程（系列）设计手册：技术经济”“除灰、除渣系统优化研究”“全厂集中空压机站系统设计优化研究”“基于 GIS 的局地覆冰空间分布模拟研究”“西南地区小流域暴雨洪水计算结果准确度实验研究”“基于 PPA 模式的境外燃煤机组投资项目电价计算模型研究”等 31 项科研、标准化项目。

公司自主立项、重点开展了“100 万千瓦等级机组设计技术研究”“60 万千瓦级超超临界 CFB 机组设计技术研究”“60 万千瓦级超超临界 W 火焰机组”“CFB 机组“近零排放”方案研究““基于印度规范的主厂房钢结构设计研究”“国产化高位收水冷却塔技术整合研究”“大型空冷电厂直接空冷和间接空冷系统数模分析研究”“发电、电网数字化设计技术深化研究”“特高压直流输电设计技术深化研究”“±1100 千伏换流站关键技术研究”“适用于高水电比重的电力电量平衡算法研究与软件开发”“智能电网技术和系统规划新技术研究”“覆冰观测和工程应用深化研究”等研究。

2015 年，公司获得国家、省部级和行业各种科学技术奖励 35 项（表 27），其中公司完成的“高海拔高压交流绝缘特性及输变电工程设计关键技术研究和应用”获 2014 年度四川省科学技术进步奖一等奖；公司参与完成的“青藏电力联网工程”“大型燃煤电厂设计技术研究与应用”获 2014 年度中国电力科学技术奖一等奖；公司完成的“超高海拔交流输电线路外绝缘特性和设计关键技术研究及工程应用”“变电站抗震设计研究及工程应用”“循环流化床机组大容量石灰石粉制备系统研究和应用”“超大型高位收水冷却塔的研究与应用”“新型四组合角钢塔设计研究及工程应用”“基于厂级 DCS 网络的主辅控一体化监控及信息系统研究与应用”6 个项目获 2015 年度中国电力建设企业协会电力建设科学技术进步奖二等奖，“采用过热度取代机组负荷控制疏水阀启闭研究及工程应用”等 4 个项目获 2015 年度中国电力建设企业协会电力建设科学技术进步奖三等奖；公司完成的“2000—5500 米高海拔输变电工程设计关键技术研究及工程应用”等 8 个项目获 2015 年度中国能源建设股份有限公司中国能建科学技术奖一等奖、二等奖、三等奖；公司完成的“一种石灰石粉仓”等12个项目获2015年度中国电力工程顾问集团公司科学技术奖特等奖、一等奖、二等奖、三等奖。

2015年西南院公司获科学技术奖项目表

表27

序号	项 目 名 称	授奖单位	称 号	等级
1	高海拔高压交流绝缘特性及输变电工程设计关键技术研究和应用	四川省人民政府	四川省科学技术进步奖	一等
2	青藏电力联网工程	中国电机工程学会	科学技术进步奖	一等
3	大型燃煤电厂设计技术研究与应用	中国电机工程学会	科学技术进步奖	一等
4	南方交直流混合大电网主网架结构关键技术研究	中国电机工程学会	科学技术进步奖	三等
5	中国电力设计标准与国际和国外先进标准比较研究（工程测量专业）	中国测绘地理信息学会	测绘科技进步奖	三等
6	超高海拔交流输电线路外绝缘特性和设计关键技术研究及工程应用	中国电力建设企业协会	电力建设科学技术进步奖	二等
7	变电站抗震设计研究及工程应用	中国电力建设企业协会	电力建设科学技术进步奖	二等
8	循环流化床机组大容量石灰石粉制备系统研究和应用	中国电力建设企业协会	电力建设科学技术进步奖	二等
9	超大型高位收水冷却塔的研究与应用	中国电力建设企业协会	电力建设科学技术进步奖	二等
10	新型四组合角钢塔设计研究及工程应用	中国电力建设企业协会	电力建设科学技术进步奖	二等
11	基于厂级 DCS 网络的主辅控一体化监控及信息系统研究与应用	中国电力建设企业协会	电力建设科学技术进步奖	二等
12	采用过热度取代机组负荷控制疏水阀启闭研究及工程应用	中国电力建设企业协会	电力建设科学技术进步奖	三等
13	新一代 100 万千瓦机组紧凑型烟道系统的流场分析与优化研究	中国电力建设企业协会	电力建设科学技术进步奖	三等
14	灰库抑尘系统设计研究	中国电力建设企业协会	电力建设科学技术进步奖	三等
15	架空输电线路测量工程数据管理系统（PLDBMS）	中国电力建设企业协会	电力建设科学技术进步奖	三等
16	我国智能电网规划、总体方案及关键技术研究	中国能源建设股份有限公司	中国能建科技进步奖	一等
17	特高压交直流与 500 千伏交流同塔多回输电线路研究	中国能源建设股份有限公司	中国能建科技进步奖	二等
18	2000—5500 米高海拔输变电工程设计关键技术研究及工程应用	中国能源建设股份有限公司	中国能建科技进步奖	二等
19	火电工程限额设计参考造价指标（2012年水平）及相关重大专题	中国能源建设股份有限公司	中国能建科技进步奖	二等
20	一种石灰石粉仓	中国能源建设股份有限公司	中国能建技术发明奖	三等

续表 27

序号	项 目 名 称	授奖单位	称 号	等级
21	高土壤电阻率及复杂土壤结构接地研究	中国能源建设股份有限公司	中国能建科技进步奖	三等
22	火力发电厂土建结构设计技术规程 DL5022-2012	中国能源建设股份有限公司	中国能建科技进步奖	三等
23	发电厂集中空调系统设计导则	中国能源建设股份有限公司	中国能建科技进步奖	三等
24	我国智能电网总体方案及关键技术研究	中国电力工程顾问集团公司	科学技术进步奖	特等
25	一种石灰石粉仓	中国电力工程顾问集团有限公司	科学技术发明奖	一等
26	特高压交直流与 500 千伏交流同塔多回输电线路研究	中国电力工程顾问集团有限公司	科学技术进步奖	一等
27	火电工程限额设计参考造价指标（2012 年水平）及相关重大专题研究	中国电力工程顾问集团有限公司	科学技术进步奖	一等
28	火力发电厂信息系统设计技术研究及规定	中国电力工程顾问集团有限公司	科学技术进步奖	二等
29	2000—5500 米高海拔输变电工程设计关键技术研究及工程应用	中国电力工程顾问集团有限公司	科学技术进步奖	二等
30	圆形煤场结构设计导则	中国电力工程顾问集团有限公司	科学技术进步奖	二等
31	《火力发电厂土建结构设计技术规程》DL5022-2012	中国电力工程顾问集团有限公司	科学技术进步奖	二等
32	高土壤电阻率及复杂土壤结构接地研究	中国电力工程顾问集团有限公司	科学技术进步奖	二等
33	低位布置的给水泵汽轮机疏水系统	中国电力工程顾问集团有限公司	技术发明奖	三等
34	地热电站岩土工程勘察规范	中国电力工程顾问集团有限公司	科学技术进步奖	三等
35	发电厂集中空调系统设计导则	中国电力工程顾问集团有限公司	科学技术进步奖	三等

2015 年度共有 36 项工程项目获优秀工程勘察、优秀工程设计奖（表 28），其中发电工程 12 项，送电工程 19 项（其中获全国优秀工程勘察金奖 1 项、全国优秀工程设计金奖 1 项，获全国优秀工程勘察银奖 1 项、全国优秀工程设计银奖 1 项），变电工程 5 项。2015 年度获全国优秀工程咨询成果奖 2 项（表 29）。

2015 年西南院公司获发、送、变电优秀工程勘测、设计项目表

表 28

序号	项目名称	授奖单位	称号	等级	授奖年份
一、发电工程					
1	山西国际能源宏光发电有限公司联盛 2×30 万千瓦煤矸石发电厂	四川省住房和城乡建设厅	四川省优秀工程勘察	一等	2015.02.12
2	印度尼西亚龙湾 3×31.5 万千瓦燃煤电厂	四川省住房和城乡建设厅	四川省优秀工程勘察	一等	2015.02.12

续表 28

序号	项目名称	授奖单位	称号	等级	授奖年份
3	重庆合川双槐电厂二期扩建工程#3 机组（1×66 万千瓦超超临界）	四川省住房和城乡建设厅	四川省优秀工程设计	一等	2015.02.12
4	黄坪-仁和Ⅰ、Ⅱ回 500 千伏线路工程	四川省住房和城乡建设厅	四川省优秀工程勘察	二等	2015.02.12
5	国电南宁电厂 2×66 万千瓦机组新建工程	四川省住房和城乡建设厅	四川省优秀工程设计	二等	2015.02.12
6	珙县电厂一期 2×60 万千瓦工程	四川省住房和城乡建设厅	四川省优秀工程设计	二等	2015.02.12
7	四川福溪电厂 2×60 万千瓦级燃煤机组新建工程	四川省住房和城乡建设厅	四川省优秀工程设计	三等	2015.02.12
8	四川白马 60 万千瓦 CFB 示范项目	中国电力规划设计协会	电力行业优秀工程设计	一等	2015.05.25
9	威信煤电一体化项目一期 2×60 万千瓦新建工程（岩土工程勘察）	中国电力规划设计协会	电力行业优秀工程勘测	一等	2015.05.25
10	浙江国华宁海电厂二期工程（水文气象）	中国电力规划设计协会	电力行业优秀工程勘测	一等	2015.05.25
11	国电南宁电厂 2×66 万千瓦机组新建工程岩土工程勘察	中国电力规划设计协会	电力行业优秀工程勘测	二等	2015.05.25
12	国电重庆石柱风电场工程（测量）	中国电力规划设计协会	电力行业优秀工程勘测	三等	2015.05.25

二、送电工程

1	1000 千伏晋东南－南阳－荆门特高压交流试验示范工程输电线路岩土工程勘测	中国人民共和国住房城乡建设部	全国优秀工程勘察	金奖	2015.09.10
2	1000 千伏晋东南－南阳－荆门特高压交流试验示范工程	中国人民共和国住房城乡建设部	全国优秀工程设计	金奖	2015.09.10
3	1000 千伏晋东南－南阳－荆门特高压交流试验示范工程输电线路工程测量	中国人民共和国住房城乡建设部	全国优秀工程勘察	银奖	2015.09.10
4	750 千伏兰州东－白银－银川东输电线路工程	中国人民共和国住房城乡建设部	全国优秀工程设计	银奖	2015.09.10
5	溪洛渡－牛寨 500 千伏送电线路工程	四川省住房和城乡建设厅	四川省优秀工程勘察	一等	2015.02.12
6	溪洛渡－牛寨 500 千伏送出工程	四川省住房和城乡建设厅	四川省优秀工程设计	一等	2015.02.12
7	锦屏二级电站－西昌裕隆换流站 500 千伏输电线路工程	四川省住房和城乡建设厅	四川省优秀工程设计	一等	2015.02.12
8	新都桥－甘谷地 500 千伏线路工程	四川省住房和城乡建设厅	四川省优秀工程勘察	二等	2015.02.12
9	亭子口－达州 500 千伏线路工程	四川省住房和城乡建设厅	四川省优秀工程设计	二等	2015.02.12
10	白马循环流化床电厂－内江变 500 千伏线路工程	四川省住房和城乡建设厅	四川省优秀工程设计	二等	2015.02.12
11	溪洛渡、糯扎渡送电广东直流输电工程配套主干光通信工程	四川省住房和城乡建设厅	四川省优秀工程设计	二等	2015.2.12
12	锦屏二级电站－西昌裕隆换流站 500 千伏线路工程	四川省住房和城乡建设厅	四川省优秀工程勘察	三等	2015.02.12
13	哈密南－郑州±800 千伏特高压直流输电线路工程	中国电力规划设计协会	电力行业优秀工程设计	一等	2015.05.25
14	溪洛渡左岸－浙江金华±800 千伏特高压直流输电线路工程	中国电力规划设计协会	电力行业优秀工程设计	一等	2015.05.25

续表 28

序号	项目名称	授奖单位	称号	等级	授奖年份
15	西藏昌都电网与四川电网联网输变电工程(乡城—巴塘—昌都500千伏线路)(工程测量)	中国电力规划设计协会	电力行业优秀工程勘测	一等	2015.05.25
16	糯扎渡送电广东±800 千伏直流输电线路岩土工程勘察	中国电力规划设计协会	电力行业优秀工程勘测	一等	2015.05.25
17	溪洛渡、糯扎渡送电广东主干光通信工程	中国电力规划设计协会	电力行业优秀工程设计	一等	2015.05.25
18	输电线路工程测量手册	中国电力规划设计协会	电力行业优秀工程标准设计	一等	2015.05.25
19	建塘—太安—黄坪500千伏线路工程	中国电力规划设计协会	电力行业优秀工程设计	二等	2015.05.25
三、变电工程					
1	木里500千伏变电站新建工程	四川省住房和城乡建设厅	四川省优秀工程设计	一等	2015.02.12
2	500千伏黄坪变电站新建工程	四川省住房和城乡建设厅	四川省优秀工程设计	二等	2015.02.12
3	锦屏—苏南±800 千伏直流输电工程送端电网安全自动装置工程设计	四川省住房和城乡建设厅	四川省优秀工程设计	二等	2015.02.12
4	建塘500千伏变电站新建工程	中国电力规划设计协会	电力行业优秀工程设计	二等	2015.05.25
5	西藏昌都电网与四川电网联网输变电工程光纤通信工程	中国电力规划设计协会	电力行业优秀工程设计	二等	2015.05.25

2015年西南院公司获优秀工程咨询成果奖项目表

表 29

序号	项目名称	授奖单位	称号	等级	授奖年份
1	神华神东电力万州发电厂工程可行性研究	中国工程咨询协会	全国优秀工程咨询成果奖	一等	2015
2	西藏昌都电网与四川电网联网输变电工程可行性研究报告	中国工程咨询协会	全国优秀工程咨询成果奖	三等	2015

2015年公司获专利60项(其中发明专利10项), 软件著作权22项，专有技术2项（表30)。

2015年西南院公司获专利、著作权、专有技术项目表

表 30

序号	名称	类别	证书号	授权时间	颁发单位
一、专利					
1	一种实现换流站地线直流融冰的接线方法	发明	ZL201210313423.X	2015.06.17	中华人民共和国知识产权局
2	一种根据多级高压长距离电缆线路各节点电压的配电方法	发明	ZL201310324461.X	2015.08.05	中华人民共和国知识产权局
3	选择中压系统FC回路电动机馈线电力电缆截面的方法	发明	ZL201310299526.X	2015.08.12	中华人民共和国知识产权局
4	一种100万千瓦火电机组汽轮机9级回热抽汽系统	发明	ZL201310559273.5	2015.09.09	中华人民共和国知识产权局

续表 30

序号	名称	类别	证书号	授权时间	颁发单位
5	一种新型的 F-C 回路配置电路	发明	ZL201310214811.7	2015.09.30	中华人民共和国知识产权局
6	采用过热度控制再热蒸汽管道上疏水阀的火电厂发电机组	发明	ZL201310560369.3	2015.10.28	中华人民共和国知识产权局
7	采用过热度控制主蒸汽管道疏水阀的火电厂发电机组	发明	ZL201310559741.9	2015.10.28	中华人民共和国知识产权局
8	一种火电厂邻机辅汽加热锅炉启动系统	发明	ZL201310559988.0	2015.11.18	中华人民共和国知识产权局
9	基于凝结水回水换热器的冷凝水回收系统和工作方法	发明	ZL201410270012.6	2015.12.30	中华人民共和国知识产权局
10	一种燃机防冰冻装置的循环加热系统及其工作方法	发明	ZL201310654456.5	2015.07.08	中华人民共和国知识产权局
11	一种 CFB 锅炉用石灰石两级添加系统	实用新型	ZL201420585590.4	2015.01.07	中华人民共和国知识产权局
12	一种导线覆冰观测用雨淞架	实用新型	ZL201420538003.6	2015.01.07	中华人民共和国知识产权局
13	适用于盐渍土地区特高压输电线路的大开挖防腐基础	实用新型	ZL201320891918.0	205.01.21	中华人民共和国知识产权局
14	高压输电线路状态监测系统	实用新型	ZL201420397936.8	2015.01.28	中华人民共和国知识产权局
15	一种户外配电装置布置结构	实用新型	ZL201420371005.0	2015.02.04	中华人民共和国知识产权局
16	一种 750 千伏变电站母线用四分裂导线结构	实用新型	ZL201420678447.X	2015.02.04	中华人民共和国知识产权局
17	一种交流特高压同塔双回路直线塔	实用新型	ZL201320771796.1	2015.02.11	中华人民共和国知识产权局
18	一种抗拔杯口基础	实用新型	ZL201420515292.8	2015.02.11	中华人民共和国知识产权局
19	一种变压器隔震装置的安装底座及带有隔震装置的变压器	实用新型	ZL201420735113.1	2015.04.01	中华人民共和国知识产权局
20	一种基于 DCS 的火电厂辅助车间集中控制系统	实用新型	ZL201420506938.6	2015.04.01	中华人民共和国知识产权局
21	一种 1000 千伏高抗回路悬吊管母结构	实用新型	ZL201420765300.4	2015.04.01	中华人民共和国知识产权局
22	一种导线覆冰观测用雨凇塔	实用新型	ZL201420538324.6	2015.04.01	中华人民共和国知识产权局
23	一种用于35千伏站用变压器间隔的站用变压器低压侧结构	实用新型	ZL201420727707.8	2015.04.01	中华人民共和国知识产权局
24	一种用于高地震烈度地区的矩形母线及其安装结构	实用新型	ZL201420727650.1	2015.04.01	中华人民共和国知识产权局
25	一种布置设备间连线型式结构	实用新型	ZL201420740149.9	2015.04.01	中华人民共和国知识产权局

续表 30

序号	名称	类别	证书号	授权时间	颁发单位
26	一种应用架空软导线的1000千伏高抗中性点回路	实用新型	ZL2014207778206.2	2015.04.01	中华人民共和国知识产权局
27	一种500千伏变压器隔震结构	实用新型	ZL201420712991.1	2015.04.08	中华人民共和国知识产权局
28	一种500千伏变电站设备布置结构	实用新型	ZL201420741195.0	2015.04.08	中华人民共和国知识产权局
29	一种便于安装隔震装置的变电站大型设备底座	实用新型	ZL201420727324.0	2015.04.08	中华人民共和国知识产权局
30	一种500千伏变电站总平面结构	实用新型	ZL201420741383.3	2015.04.08	中华人民共和国知识产权局
31	一种500千伏变电站的三相管母线垂直结构	实用新型	ZL201420759323.4	2015.04.15	中华人民共和国知识产权局
32	一种用于500千伏变电站集成屋面构架的GIS建筑结构	实用新型	ZL201420754617.8	2015.04.15	中华人民共和国知识产权局
33	一种塔位受限地区用集中垂直接地装置	实用新型	ZL201420861117.4	2015.04.29	中华人民共和国知识产权局
34	一种火电厂单相主变、高厂变和起备变集成系统	实用新型	ZL201420867198.9	2015.04.29	中华人民共和国知识产权局
35	用于500千伏变电站的组合式构架柱	实用新型	ZL201420870359.X	2015.06.10	中华人民共和国知识产权局
36	一种1000千伏变电站的三相管母线垂直结构	实用新型	ZL201420758694.0	2015.06.10	中华人民共和国知识产权局
37	用于500千伏变电站集成式构架的组合式格构梁	实用新型	ZL201420866658.6	2015.06.10	中华人民共和国知识产权局
38	一种用于500千伏变电站加装隔震装置的主变基础	实用新型	ZL201420869300.9	2015.06.10	中华人民共和国知识产权局
39	一种电动葫芦供电结构	实用新型	ZL201520073612.3	2015.06.10	中华人民共和国知识产权局
40	用于500千伏变电站出线、进线、过渡的集成式构架	实用新型	ZL201420870470.9	2015.06.17	中华人民共和国知识产权局
41	一种用于500千伏变电站主控楼的抗震型墙体	实用新型	ZL201520062383.5	2015.07.08	中华人民共和国知识产权局
42	一种改善汽机房通风气流的结构	实用新型	ZL201520095444.8	2015.07.08	中华人民共和国知识产权局
43	一种发电厂单回出线时无需外引电源的接线系统	实用新型	ZL201520150511.1	2015.07.08	中华人民共和国知识产权局
44	高海拔、高烈度震区500千伏变电站全装配式主控楼	实用新型	ZL201520062366.1	2015.07.08	中华人民共和国知识产权局
45	一种头部转运站和煤仓间联合布置的结构	实用新型	ZL201520061307.2	2015.07.08	中华人民共和国知识产权局

续表 30

序号	名称	类别	证书号	授权时间	颁发单位
46	一种变压器轨道下沉式安装结构	实用新型	ZL201520061291.5	2015.07.08	中华人民共和国知识产权局
47	一种用于输电铁塔无填板四组合角钢截面的塔脚节点	实用新型	ZL201520079884.4	2015.07.08	中华人民共和国知识产权局
48	一种输电铁塔无填板四组合角钢截面的主材斜材连接节点	实用新型	ZL201520079910.3	2015.07.08	中华人民共和国知识产权局
49	用于 500 千伏变电站主控楼的保温防水型组合屋面	实用新型	ZL201520062361.9	2015.07.15	中华人民共和国知识产权局
50	一种用于输电铁塔无填板四组合角钢截面的主材开断节点	实用新型	ZL201520080060.9	2015.07.15	中华人民共和国知识产权局
51	一种用于输电铁塔无填板四组合角钢截面的变坡节点	实用新型	ZL201520079998.9	2015.07.15	中华人民共和国知识产权局
52	一种灰库抑尘系统	实用新型	ZL201520227866.4	2015.08.05	中华人民共和国知识产权局
53	一种灰库抑尘系统的可伸缩吸尘罩装置	实用新型	ZL201520227844.X	2015.08.05	中华人民共和国知识产权局
54	一种灰库减压锥	实用新型	ZL201520227618.1	2015.08.05	中华人民共和国知识产权局
55	一种独立微网供电系统	实用新型	ZL201520173946.8	2015.08.05	中华人民共和国知识产权局
56	一种火力发电厂黑启动系统	实用新型	ZL201520313380.4	2015.09.09	中华人民共和国知识产权局
57	一种脱硫系统厂用电接线结构	实用新型	ZL201520313890.X	2015.09.09	中华人民共和国知识产权局
58	一种电厂集中制冷加热系统的配置结构	实用新型	ZL201520313890.X	2015.10.14	中华人民共和国知识产权局
59	一种电厂集中制冷系统冷源设备结构	实用新型	ZL201520324973.0	2015.10.14	中华人民共和国知识产权局
60	Z 字型线圈结构变压器、高压单芯电缆接地系统	实用新型	ZL201520451912.0	2015.10.14	中华人民共和国知识产权局

二、著作权

1	西南电力设计院电气一次智能设计平台高压厂用电接线软件	软件著作权	2015SR104204	2015.06.11	中华人民共和国版权局
2	西南电力设计院电气一次智能设计平台低压厂用电接线软件	软件著作权	2015SR104115	2015.06.11	中华人民共和国版权局
3	西南电力设计院 PID 智能设计平台	软件著作权	2015SR104200	2015.06.11	中华人民共和国版权局
4	STAAD 构架建模辅助程序软件	软件著作权	2015SR103915	2015.06.11	中华人民共和国版权局
5	西南电力设计院适用于 Comos 智能设计平台的热控配电箱设计软件	软件著作权	2015SR116817	2015.06.26	中华人民共和国版权局
6	西南电力设计院适用于 Comos 智能设计平台的现场总线智能设计平台	软件著作权	2015SR116212	2015.06.26	中华人民共和国版权局

续表 30

序号	名称	类别	证书号	授权时间	颁发单位
7	西南电力设计院热控 DCS 智能接线设计平台	软件著作权	2015SR116559	2015.06.26	中华人民共和国版权局
8	西南电力设计院适用于 Comos 智能设计平台的热控气源智能设计软件	软件著作权	2015SR116562	2015.06.26	中华人民共和国版权局
9	西南电力设计院适用于 Comos 智能设计平台的热控就地仪表和设备安装设计软件	软件著作权	2015SR116567	2015.06.26	中华人民共和国版权局
10	西南电力设计院管道壁厚计算软件	软件著作权	2015SR115665	2015.06.26	中华人民共和国版权局
11	西南电力设计院适用于 Comos 智能设计平台的管道流速计算软件	软件著作权	2015SR115583	2015.06.26	中华人民共和国版权局
12	西南电力设计院适用于 Comos 智能设计平台的功能图逻辑图智能设计平台	软件著作权	2015SR115591	2015.06.26	中华人民共和国版权局
13	西南电力设计院适用于 Comos 智能设计平台的热控电源柜智能设计软件	软件著作权	2015SR115594	2015.06.26	中华人民共和国版权局
14	适用于 Comos 智能设计平台的保温计算软件	软件著作权	2015SR192663	2015.10.09	中华人民共和国版权局
15	西南电力设计院有限公司除灰系统设计平台	软件著作权	2015SR185278	2015.09.23	中华人民共和国版权局
16	电气二次智能设计平台 UPS 系统设计软件	软件著作权	2015SR192689	2015.10.09	中华人民共和国版权局
17	电气二次智能设计平台直流系统设计软件	软件著作权	2015SR193510	2015.10.09	中华人民共和国版权局
18	供水系统设计平台	软件著作权	2015SR192942	2015.10.09	中华人民共和国版权局
19	化水系统设计平台	软件著作权	2015SR192838	2015.10.09	中华人民共和国版权局
20	暖通系统设计平台	软件著作权	2015SR192921	2015.10.09	中华人民共和国版权局
21	脱硫、脱硝系统设计平台	软件著作权	2015SR192835	2015.10.09	中华人民共和国版权局
22	COMOS 与 PDMS 数据贯通软件	软件著作权	2015SR186102	2015.09.24	中华人民共和国版权局
三、专有技术					
1	一种 750 千伏配电装置导体电晕校验的方法	专有技术	DSZY2015P61	2015.01.27	中国电力规划设计协会
2	一种降低 750 千伏配电装置电晕噪音的技术	专有技术	DSZY2015P62	2015.01.27	中国电力规划设计协会

【质量管理】2015 年，公司对管理体系文件进行了动态管理。结合公司制度标准化建设新增了 1 个程序文件，升版或修改了 94 个管理体系文件，使管理体系文件更加完善、正常、有效运行，勘测设计过程处于受控状态。

2015 年 8 月 14 日、8 月 18—19 日、10 月 13—14 日、10 月 19—23 日，公司组织开展了 2015 年度“三标”管理体系内部审核，分 4 个审核小组对管理体系文件覆盖的24个生产、辅助生产和管理部门以及涉及的发送变电勘测设计65个项目进行了抽样审核，审核组认为：公司按质量GB/T19001—2008、环境GB/T24001—2004、职业健康安全管理体系GB/T 28001-2011标准建立的管理体系是充分的、适宜的，对运行的有效性评价为合格。

2015年11月22—25日，中电联（北京）认证中心对公司“三标”管理体系进行了监督审核。审核组一行5人先后对1个总承包现场、1个勘测现场及公司本部9个部门进行了审核，对产品/服务质量状况、顾客满意程度、环境和职业健康安全绩效进行了调查取证，同时也检查了认证证书和认证标志的使用情况。根据审核报告，中心批准公司的质量、环境、职业健康安全管理体系继续保持认证注册资格。

2015年，公司针对工程勘测设计质量、服务质量等方面存在的问题开展质量剖析164次，形成成品质量分析报告19份，质量总结43份，共收集质量信息卡183份，整理2014年质量信息244条，汇编成130条综合质量信息，并在勘测设计过程中积极采用。

2015年，公司对越南沿海3期2×62.2万千瓦燃煤电站项目工程，奉节电厂“上大压小”新建工程，华润电力（六枝）有限公司2×66万千瓦新建工程，宣汉—达州500千伏线路工程，220千伏塘朗变电站新建工程，承德1000千伏串补站新建工程，石长I、II线π接进明月山变500千伏线路工程，宣汉500千伏变电站新建工程，美克化工煤基产业一体化项目热电站装置工程，云南金沙江中游电站送电广西直流输电工程、金官换流站新建工程，锡盟—山东1000千伏特高压交流输变电工程线路工程，±500千伏永仁至富宁直流输电线路工程，叶巴滩220千伏变电站新建工程，江西神华九江电厂新建工程，蒙西－天津南1000千伏特高压交流输变电工程北京西1000千伏变电站新建工程15个项目的施工图进行了20次质量检查。对锡盟—江苏±800千伏直流线路、上海庙—山东±800千伏直流线路及接地极线路、甘泉—会东500千伏输电线路、朱双村接地极线路工程、崇左—靖西II回等线路工程进行了中间检查，对发现的问题在现场进行了及时的处理。对印尼吉利普多2×12.5万千瓦燃煤电站工程、溪洛渡左岸—浙江金华±800千伏特高压直流线路工程包4（箐角—梅家寨）、四川达州燃气电站新建工程、浙北—福州特高压交流输变电工程福州1000千伏变电站新建工程、重庆石柱发电厂新建工程5个项目进行了设计回访。综合质量检查了4204个卷册，发现差错1052个，针对发现的问题在施工前进行了及时的修改。通过工地服务检查、中间检查、设计回访和向顾客发出顾客满意度调查表等多种方式调查，顾客对公司（含监理项目）的整体满意度分别是很满意为68.57%、满意为31.43%；顾客对公司（不含监理项目）的整体满意度分别为：很满意为75.00%、满意为25.00%。没有基本满意、不满意及很不满意的情况发生，也未收到顾客的投诉。

2015年公司共注册40个QC小组，有21个QC小组在公司进行了研究成果发布，有7个QC小组获公司优秀QC小组一等奖、9个QC小组获二等奖、5个QC小组获三等奖；公司共有9个优秀QC成果获省部级及以上荣誉称号（表31）。

2015年公司获国家级和省级优秀QC小组清单

表31

序号	QC小组科研题目	专业	荣誉称号
1	100万千瓦超超临界机组新型回热系统研发	发电工程分公司机务处热机科	全国优秀QC小组
2	提高川渝电网输送容量	电网工程分公司送电电气科	全国优秀QC小组
3	降低电厂软土地基工后沉降误差	发电工程分公司土建处结构科	全国工程建设优秀QC小组
4	降低永富直流输电工程仿真闭锁故障率	系统规划中心系统规划科	中国勘察设计协会优秀质量管理小组
5	万州电厂新型石子煤输送系统研发	发电工程分公司机务处除灰科	中国勘察设计协会优秀质量管理小组
6	提高档案电子文件利用率	档案处	中国勘察设计协会优秀质量管理小组
7	降低标准固结试验指标误差率	勘测工程分公司岩土科	四川省优秀QC小组
8	提高变电站装配化率	电网工程分公司变电土建科	四川省工程建设（勘察设计）优秀质量管理小组
9	神华万州电厂136型堆取料机安装工艺的研制	工程承包管理部万州项目部	四川省工程建设系统优秀QC小组

2015年，公司在勘察设计质量、安全管理、管理体系运行管理、新技术研究、开发应用等工作方面取得了成绩，被中国能建集团评为2015年度质量工作先进单位。

【信息化建设】公司设置了信息化及信息安全管理机构；制定了信息化管理标准和办法；建立了覆盖全公司的万兆高速交换以太网技术的计算机局域网，楼间主干网络实现万兆连接，楼内主干网络的带宽为1000兆；建立了电子邮件系统、及时通信系统和必要的无线子网；网络服务器、虚拟服务器、桌面工作站，均实现了百兆/千兆网络接入；网络存储设备，网络安全设备，数据备份设备，扫描仪、绘图仪、打印机等外部设备全部实现了网络接入和资源共享。该局域网还按工作区域进行了虚拟局域网（VLAN）分划，通过“电信”和“网通”两个宽带通道接入国际互联网。

公司引进了硬件、软件防火墙、链路负载均衡器、垃圾邮件过滤系统、网络杀毒系统、网络管理系统等安全设备、设施，增强了网络的安全性、稳定性和可靠性。建立了计算机专用网，专用网与局域网物理隔离、与因特网物理隔离，专用网的数据输入、输出通道由专人管理及操作，数据的拷入、考出执行“申请一审批一登记”制度，保护商业秘密、保证数据安全。

截至2015年12月，引进和开发的各种专业应用软件共计423项，使公司工程勘测设计的各种科学计算、文字处理、表格制作、数字化设计、CAD制图、邮件收发、及时通信、自动办公、综合管理等全部实现计算机化和网络化。

自主研发的协同办公平台、协同设计平台、项目管理平台全面投入应用，陆续建成了“综合管理数据库”“发电工程数据库”“电网工程数据库”“勘测工程数据库”“系统规划数据库”“技术经济数据库”并在重点项目投入使用，为工程设计、工程管理、综合管理提供了数据支持。

采用虚拟专用网（VPN）技术，实现了公司局域网与异地设计现场网络、施工现场移动设备的远程连接，实现了与集团公司网络的连接并在财务、办公两个方面进行了成功的信息交流。

自主研发的“生产经营管理系统”“办公自动化系统”“勘测设计管理系统”，实现了综合事务管理、工程计划管理、项目合同管理、项目质量管理、设计资料管理、设计变更管理、设计工地管理、绘图归档一体化管理、规程规范管理、知识管理等信息化管理工作。自主研发的“工程设计内容管理系统”，初步实现了工程项目策划、设计、评审、验证、确认、存储、移交等工作的网络化、数字化。

建成了融合层级化设计理念，以数字化设计为核心的设计集成系统并形成生产能力。数字化设计涵盖了公司设计采用的上海、东方、哈尔滨三大集团主机厂单机容量30万千瓦到100万千瓦的燃煤机组以及循环流化床工程，已在发电专业和变电专业得到广泛应用。公司数字化设计采用项目定制、系统设计、布置设计、详图设计四阶段设计流程，实现了工艺系统与电控并行设计和深度交互、布置多专业并行设计和深度交互，实现了专业设计流程化。

建成了以工程建设“三控、两管、一协调”为核心的电厂建设管理系统和以电厂运行状态检测、设备检修、运行、成本核算为核心的电厂生产期管理系统，并将电厂设计、建设、运行数据贯通，实现整个电厂生命周期的数字化平台，逐渐形成数字化移交能力。

【改革工作】2015年，公司按照中国能建总体改革部署和要求，持续完成了公司制改造后续工作；配合集团公司整体上市要求，完成了公司法律尽职调查等相关工作。按照中国能建和中电工程集团的正式批复和《西南电力设计院劳动服务公司改革实施方案》及职工安置方案，妥善安置了17名集体企业职工，完成了劳服司资产处置和税务清算工作，注销了西南电力设计院劳动服务公司工商登记，完成了厂办大集体改革工作。

2015年，公司根据内部管理需要，组织人员前往西北院、中南院、广东院就公司内部组织机构设立、职能划分、生产经营管理、内部核算考核体系等进行了专题调研，对发电工程分公司的职能体系进行了调整，突出了市场导向，授权经营；整合人力资源，积极稳妥推进原则，完成了发电工程分公司机构调整,明确部门职责；实施定编定岗,确定分公司各级干部及职工岗位职责；制定了公司对分公司绩效考核管理办法，建立了分公司内部核算和绩效考核体系和生产经营工作流程，实现了发电工程分公司实体化运作。

2015年，按照中国能建和中电工程的要求，调整充实了国际事业部、总承包管理部机构和人员，继续加强了国际业务和总承包业务的市场开发，使国际业务和总承包业务进一步扩大，保持了公司在国际市场和总承包市场的可持续发展。

【企业管理】2015年，公司按照中国能建上市和公司制改造要求规范了公司管理行为，强化了管理效能。一是建立了公司制改造后的制度体系，对现行制度、标准及管理流程进行了全面梳理，形成有效制度清单270余项，经公司标准化委员会审议批准发布51项，其中95%的制度配置了工作流程图，35%的制度实施了信息化管理，持续提升了制度建设的科学性和依法治企的能力。二是开展了整体改制上市配套工作，完成了公司资质、知识产权、股权等更名和土地、房产证、银行税务登记等变更手续，履行了法律尽职调查。三是根据公司内部改革需要，调整了部分组织机构，实施了发电分公司实体化运作，充实了国际事业部商务、技术队伍；规范了公务车配置；拟订了集采机构设立方案；开展了企业办社会职能摸底调查工作。四是厉行节约，降本增效，严格外包服务招标、采购工作，实施了公司物资设备集采；强化监督检查，控制差旅规模，加强部门业务招待费、会务费预算管理，使公司全年全口径的差旅费、会议费、运输费、业务招待费和办公材料费开支合计同比下降20.94%。五是履行法务职责，减少企业风险，建立健全了企业法律事务管理制度和内控风险管理制度；加强了内部法律审核、内控评价与风险评估；对公司325份合同进行了法律审核；发布了33类合同范本；三项（重大事项、合同、制度）审核率达到100%，全年没有发生重大法律纠纷案件。六是加强人力资源管理，拟定了中层干部绩效考核办法；规范了公司薪酬管理制度体系，制定并严格执行了《公司负责人履职待遇、业务支出实施细则》，进一步规范了企业负责人履职待遇和业务支出；对干部人事档案进行了专项审核；开展了多种形式的教育培训，培训人员达1868人次。七是财务管控精细化，针对总承包项目的特点，持续强化资金预算管控，统筹调剂项目资金余缺，适时委托中电工程资金结算中心开展短期理财投资，提高了资金收益；加强了总承包及国际项目的保险、税收、索赔、利润测算等管理，通过合理规避混合纳税和重复纳税的风险，降低了项目整体税负。八是加强安全生产和保密工作，开展了第十四个“安全生产月”活动，对多个项目进行了现场安全、职业健康、消防治安等综合检查，组织了灭火应急疏散、防汛预案演练；召开了保密工作专题会和培训，健全了保密工作管理制度，完成了公司保密专网建设，与各个部门签订了保密责任书；全年没有发生较大及以上生产安全责任事故和失泄密事件。

【经济效益】2015年，公司面对复杂多变的国内外市场形势，大力开拓和巩固市场，扎实推进降本增效，严格控制成本费用增长，完成了年度经营业绩考核指标，收入规模稳定，资产负债结构得到改善，债务风险较低，盈利水平略有下滑。年末资产总额32.49亿元，负债总额19.86亿元，所有者权益为12.63亿元（全部为归属于母公司的所有者权益），资产负债率61.14%，同比减少6.91个百分点；全年实现营业收入32.00亿元，同比下降0.71%，利润总额2.32亿元，同比下降15.70%，净利润1.94亿元，同比下降17.77%，营业利润率7.23%，成本费用占营业收入比率95.54%。本年度新签合同额50.87亿元，其中：境外合同6.78亿元；实现收费18.90亿元，其中：勘测设计等收费9.41亿元，总承包收费9.49亿元；完成产值23.54亿元，其中：勘测设计等产值10.35亿元，总承包产值13.19亿元。

资产负债中预收账款随着总承包项目的阶段结算大幅减少，资产负债率下降。营业收入因勘测设计业务收入的减少额超过了总承包业务收入的增加额而减少，利润总额、净利润因勘测设计业务收入减少而降低整体毛利率，盈利能力下降。

2015年度经济指标统计表

表32　　单位：万元

序号	经济指标	2014年	2015年	比2014年增减	备 注
1	收入总额(万元)	322,305.22	320,013.99	-2,291.23	
2	利税总额(万元)	35,034.26	35,706.34	672.08	
3	资产总额(万元)	377,298.27	331,965.25	-45,333.02	
4	其中：固定资产(万元)	21,776.04	19,244.69	-2,531.35	
5	无形资产(万元)	21,680.68	21,403.91	-276.77	
6	资产保值增值率（%）	131.03%	112.68%	-18.35%	
7	净资产收益率（%）	23.52%	15.94%	-7.58%	
8	收入利润率（%）	8.48%	7.24%	-1.24%	
9	总资产报酬率（%）	8.82%	6.97%	-1.85%	
10	资产负债率（%）	68.05%	62.13%	-5.92%	
11	流动比率（%）	1.32%	1.42%	0.10%	

【党建工作】2015年，公司党委组织党员干部继续深入学习贯彻落实中共十八大和十八届三中、四中、五中全会精神和习近平系列重要讲话精神，组织开展了“七一”先进事迹报告会等系列活动。制定并发布了公司“三严三实”(严以修身、严以用权、严以律己，)专题教育实施方案，开展了公司班子成员带头讲党课、“三严三实”专题学习研讨会、“三严三实”专题民主生活会、党支部书记党建工作专题培训会等活动，通过查找和解决“不严不实”问题，营造了风清气正、团结和谐、干事创业的良好环境。

加强组织建设，发挥政治核心作用：公司党委召开了党建暨党风廉政建设工作会，选举产生了改制后新一届公司党委和纪委。在新一届公司党委领导下，始终围绕生产经营中心，加强组织建设，推进作风建设，认真开展各项党建活动，将党建思想政治工作贴近经营、服务生产，充分发挥团结、鼓劲、保障和引领方向的作用，进一步发挥党支部的战斗堡垒作用和党员先锋模范作用；结合“三严三实”专题民主生活会，逐一对照检查，逐一开展批评与自我批评，达到了团结同志、凝聚共识、查找不足、解决问题的目的，促进了党委政治核心作用的发挥，保障了全院生产经营任务的完成。

宣传反腐倡廉，推进反腐倡廉建设：2015年，公司坚持分层次、分阶段、有重点地开展学习宣传中央关于改进作风八项规定和中国能建股份公司《关于改进工作作风的若干具体措施》、中电工程《关于改进工作作风、落实中央八项规定的若干具体措施》，先后组织288人次参加了学习；对新提拔任用和岗位变动的19名中层干部进行了廉洁谈话；在抓好节日期间廉洁自律和厉行节约工作时，公司纪委下发了《关于认真贯彻落实中央八项规定精神防止中秋国庆期间“四风”问题反弹有关事项的通知》，组织干部观看了《反腐前线节目精选》预防职务犯罪警示教育片；强化党风廉政建设责任，组织干部观看了《作风建设永远在路上》四集电视专题片；加强宣传教育，严格纪律约束，组织部分干部赴四川省法纪教育基地接受了警示教育；抵制不正之风；加强执纪监督，形成有力震慑，并向全公司158名中层及以上干部发送廉政短信，倡导广大干部严格执行中央八项规定精神，不用公款吃喝、旅游、赠送节礼，不乱发钱物，不公车私用，不出入私人会所，做八项规定精神的学习者、遵守者、维护者、示范者。

2015年6月3日，公司召开“三严三实”专题教育工作启动暨专题党课报告会

7月20日，公司召开改制后的第一次党代会，省国资委、中电工程领导参加大会

深化专题教育，加强干部队伍建设：公司党委严格执行中心组学习制度，全年主持召开党委中心组学习8次；培训党支部书记56人次，送党校学习培训4人次，送集团挂职锻炼3人次；通过组织培训、“三严三实”专题教育和个人自学，转变了工作作风，提高各级领导班子的团结协作意识和合作共事能力。

完善规章制度，强化管理责任：2015年，公司党委以企业标准体系升版为契机，进一步将中央八项规定贯穿到企业会议管理、车辆配置管理、财务预算管理、教育培训管理等制度的约束管理工作各个环节，制订了《公司负责人公务用车及部门配置车辆管理规定》《企业负责人履职待遇、业务支出实施细则》等制度，修订了《党风廉政建设责任制规定》《党风廉政建设责任书》《接待工作与会务组织管理规定》等6项制度；细化了管理流程，明确了管理责任，控制了成本，实现科学化管理。

落实“三严三实”，强化监督检查：公司开展了“三严三实”专题教育活动，2次聘请了四川师范大学教授张绍平作了《在企业转型发展中践行“严以修身、严以用权、严以律己”》《践行“谋事要实、创业要实、做人要实”，决胜“全面建成小康社会”》的专题辅导报告；公司党委按照集团公司统一部署，召开了领导班子暨领导干部“三严三实”专题民主生活会；组织各党支部（总支）书记专题学习《中国共产党廉洁自律准则》《中国共产党纪律处分条例》，开展了“争创为民务实清廉优秀共产党员”活动；召开了先进事迹报告会，树立正面典型；结合社会上的腐败案例，开展了警示教育；对公司领导在公务车辆、通信、差旅费、境外考察、培训等方面的职务消费进行了监督检查，建立了月统计台账；从8月开始严格执行了新的差旅费标准，按照新办法要求规范了公务用车，及时研究制定了办公用房调整方案并报集团公司批准。在开支过程中，始终坚持遵循“必需、合理、节约”的原则，定期记入台账；在报销审批过程中，严格执行审核、报销、财务入账等相关程序；全年没有发生党员和党员干部违纪、违规和违法行为。在中国共产党成立94周年之际，四川省国资委党委授予公司电网工程分公司党总支“先进基层党组织”称号，授予公司总经理助理兼副总工程、工程承包管理部主任周显德“践行‘三严三实’优秀党员领导人员”称号，电网工程分公司黎亮 “为民务实清廉优秀共产党员”

8月21日，公司召开“三严三实”专题教育辅导报告会。报告会由党委书记李蕾主持，公司领导以及副处级及以上干部110余人参加了会议

称号；中国能建股份有限公司党委授予勘测工程分公司党总支“先进基层党组织”称号，授予发电工程分公司机务处江剑 “优秀共产党员”称号。

精文简会，改进工作作风：2015年，公司落实中央八项规定，坚持效率优先，改进工作作风，对一些可开可不开的会议、可发可不发的文件进行删、减、合、并，严格控制会议数量、会议时间、发文数量等内容；进一步端正文风，减少长篇大论，在年底各项工作总结中，基本做到了专项工作报告不超过2000字，部门工作总结不超过3000字，公司年度工作总结不超过6000字的要求；2015年未举办联欢、团拜等活动。

【企业文化及精神文明建设】2015年，公司按照《企业文化建设三年规划》和《企业文化建设工作制度》要求，把企业品牌宣传与实际生产经营相结合，加强宣传报道，做好思想引导，在公司干部职工中进一步树立以“讲文明、重信誉、求实效、图奋进”企业精神为核心的企业文化理念。2015年，作为中国能建四川协作区组长单位，积极筹建并完成中国能建道德讲堂建设工作，举办了“学习先进人物事迹”、“爱岗敬业，无私奉献”等道德讲堂活动；开展了先进事迹报告会、英语演讲等主题鲜明的品牌文化建设及宣传活动；继续发挥企业文化展示厅窗口作用（接待内外宾来访100余人次），在《中国能源》《中国电力报》等媒体发表稿件13篇，报道了公司科技创新、高端咨询与管理成果，进一步提升了企业品牌影响力；充分利用公司内外网、宣传专栏等阵地，及时、动态地反映公司生产经营、改革发展等各项工作取得的业绩和涌现出的先进人物、典型事迹，较好地宣传了企业、有效地凝聚人心，鼓舞了职工士气，树立了西南院公司形象。2015年，顺利通过四川省勘察设计协会第二次复评，荣获“四川省勘察设计行业首届企业文化建设先进单位”称号。

在精神文明建设方面，公司把精神文明建设纳入年度工作计划，与生产经营工作同布置、同考核、同奖惩；与下属各部门签订了《精神文明建设责任书》，实施季度考评，与奖励挂钩，促进精神文明建设工作深入开展。公司开展了“巾帼建功”“巾帼文明岗”“五好文明家庭”的创建评比活动，2015年评选出2014—2015年度“巾帼文明岗”3个，“巾帼建功标兵”15人，“五好文明家庭”28户。2015年，再次通过四川省最佳文明单位复评。

公司党政领导和相关部门负责人多次慰问生病住院、生活困难的职工，送去了组织的温暖和关心。认真落实离退休职工“两个待遇”。坚持信访稳定联席会议制度和公司领导接待职工制度，定期排查和及时消除不稳定隐患，对职工关心的热点、难点问题及时沟通协调，确保了公司和谐稳定的发展局面。

2015 年，公司继续坚持企业与社会共成长的理念，积极响应各级组织号召，参与社会公益事业，在扶贫济困、捐资助学等方面继续履行国有企业肩负的社会责任，为社会奉献爱心。2015 年，公司向四川省川发展慈善基金会捐款 10 万元用于扶贫工作，向广西西林贫困地区小学捐赠电脑 40 台。2015 年公司加强企业文化建设，积极履行社会责任，再次荣获四川省企业文化建设工作先进单位称号。

【群团工作】公司工会开展以“六比”（质量安全、完成产值、保证工期、优质服务、团结协作、节约成本）为内容的劳动竞赛，激发公司干部职工工作热情，有效地促进了生产经营任务完成；2015 年评选出“六比竞赛”优胜集体 11 个，劳动竞赛优胜处室（管理部门）7 个，标杆科组 12 个，先进科组 13 个，合格科组 36 个；公司劳模 16 人，先进生产工作者 39 人；继续开展职工小家建设，充分发挥工会积极分子的骨干作用，涌现出先进分工会 6 个，工会工作先进个人 86 名，优秀工会干部 79 名，调动和保护了工会积极分子的积极性；2015 年继续开展“巾帼建功”活动，组织评选出 2015 年度“巾帼文明岗”3 个，“巾帼建功标兵”15 人；继续开展“五好文明家庭”创建活动，提倡家庭美德，建立和谐邻里关系，倡导健康文明的生活方式，评选出 2014 年度“五好文明家庭”28 户。

2015 年，公司团委紧紧围绕公司重点工程项目开展了青年突击队活动，号召青年、团员职工急工程所急，克服资料短缺、外部条件差等诸多不利因素，创新工作，顺利完成了各项勘测、设计及服务工作；鼓励青年职工立足岗位敬业奉献，开展了“青年勘测设计人员奖励基金”评选工作；邀请共青团四川省委管雷到来公司作《新形势下的共青团工作》主题团课，与青年职工一起庆祝“五四”青年节；召开先进青年事迹学习会暨“团干部如何健康成长”大讨论活动启动会，提升青年工作的政治高度；组织举办了第三届“世界的 CPECC”青年英语演讲比赛，提高了青年职工的英语水平；在团支部之间开展联合趣味活动，丰富了青年工作方式和内容；关注青年生活，举办单身青年联谊会；关注青年团干部健康成长，组织青年团干部赴四川省法纪警示教育基地开展警示教育。2015 年，公司勘测青年突击队被共青团中央、国务院国资委命名为“全国青年文明号”，电网青年突击队被授予“四川省青年文明号”称号。

（汤其虎）

（文中图片均由西南院提供）

非集团公司（院）

四川省电力设计院

【概况】2015年，四川省电力设计院以中共十八届五中全会、省委十届八次全会精神、全省水利工作会议精神为指导，以科学发展观统领全局，在省水利厅的正确领导下，在院班子的带领下，深入贯彻厅党组“以稳求进、以进求快、以快求好”的指示精神，坚定信心，凝聚力量，明确市场总体目标和战略定位，逐步建立起长期稳定的市场，同时建立了与院发展规划相适应的管理制度，走出了一条符合院情、自强不息的科学发展道路。实现了“十二五”规划圆满收官。

四川省电力设计院成立于1958年8月，坐落在中国历史文化名城—成都浣花溪，是全国建院最早的电力勘察设计院之一，也是国家首批甲级电力设计院之一。具有中华人民共和国住房和城乡建设部颁发的电力行业甲级工程设计证书、工程勘察甲级证书、工程咨询单位资格甲级证书、建设项目水资源论证资质乙级证书、水土保持方案编制资格甲级证书、工程监理企业资质乙级证书、建筑工程设计乙级证书等资质，还持有“开展对外经济技术合作业务”的资质。

四川省电力设计院组织羽毛球比赛

（李汶蔚　摄）

该院获得了中电联（北京）认证中心有限责任公司颁发的质量管理体系认证证书。2011年，该院依据GB/T 19001－2008、GB/T 24001－2004和GB/T 28001－2001标准建立了三标合一的整合的管理体系并发布实施，通过产品实现的过程控制，做到了管理科学化、制度化、规范化，不仅以顾客需求为关注焦点，还使员工、社会和其他相关方满意，承担了四川省电力设计院肩负的社会责任。

主要从事业务：电力工程勘测设计、电力系统规划设计、新能源发电工程设计（风力发电、太阳能发电、生物质发电（含垃圾发电等））、技术咨询服务、水土保持设计、水资源评价、民用建筑设计、工程总承包及电力工程建设监理等。

截至2015年12月31日，全院人员为555人（包括在册和退休），其中在职职工255人，外聘47人。各类专业技术人员225人，占在职职工总数的80%，高级职称77人，占在职人员的30%；中级职称87人，占在职人员的34%；初级职称41人，占在职人员的16%；全院博士2人，硕士14人，本科学历123人，大专学历73人，大专及以上人员占在职职工总数的83%。有全国一级注册建筑师、一级注册结构工程师、注册电气工程师、注册岩土工程师、注册咨询工程师、注册公用设备工程师（动力、给排水、暖通）、注册造价工程师、注册监理工程师、注册测绘工程师、注册建造师等各类注册师共52人，是知识密集型、智力服务型单位。

该院拥有生产办公面积8489.7平方米。技术装备精良，设计手段先进，在工程设计过程中，已普遍、广泛采用计算机辅助设计。该院配有1000M以太网交换机的计算机网络及30多种各类设计应用软件，有用于网络数据及文字、绘图处理系统计算机300多台，联想、DELL、华硕、IBM等计算机系列便携式计算机百余台；此外，配备有全站仪、地球信息GPS系统、光电测距仪以及OCE－9700数字化大型工程复印/绘图/出版/、DOCU Scan C1500大幅面扫描仪、晒图机、胶装机、切纸机等先进的测绘、印制出版等配套设备。该院已建立综合管理信息系统，各类信息的查询、生产成品统计、设计产品的生产过程等均已实现了网络资源共享，信息化多功能网络化系统等新技术手段在该院的日常工作中已得到广泛的应用。

建院50多年来，该院完成的设计项目遍及全国20多个省、自治区和直辖市及巴基斯坦、土耳其、越南、印度尼西亚、东帝汶、尼日尔、蒙古、哈萨克斯坦、毛里求斯、洪都拉斯、秘鲁等国家。先后承担发电工程250多项，送、变电工程800多项，水土保持方案编制300多项，监理工程200多项，以及发电、输电线路和变电站建设项目EPC总承包工程10余项，其他工程数十项。先后承担了巴基斯坦卡诺特发电厂设计、引进俄罗斯机组的山东南定热电厂、印度尼西亚Kuala Taijung 2×135兆瓦燃煤电厂工程、750千伏西宁变电站增容扩建及其配套工程水土保持方案编制等设计。经过50多年的发展和工程实践，该院在火力发电、送电、变电的勘测设计，劣质煤发电和烟气脱硫技术的研究、应用，城市及厂矿企业的供热设计，循环流化床锅炉电站设计等方面积累了丰富的经验，赢得了广大用户的好评。

西藏玉龙铜矿110千伏总降变户外配电装置

（邓亮　摄）

1979年以来，该院曾先后获得国家级、省部级、厅级优秀设计奖35项，获省级优秀咨询奖8项，获国家、省部级优秀科技成果奖14项，2000年获四川省勘察设计先进单位，2005年获四川省咨询行业先进单位一等奖，2006年获全国质量安全管理先进单位，2007年获中国电力行业企业文化建设工作先进单位，2009年3月获成都市文明单位称号，2010年11月获中国电力规划设计协会颁发的“AAA级”信用等级评价，2010年12月、2011年8月分别获得四川省住房和城乡建设厅及四川省建设法制协会颁发的“建设领域诚信守法示范单位”“建设领域诚信守法模范单位”荣誉称号，2011年11月获得首届“四川省勘察设计行业企业文化建设表扬奖”，得到了顾客的认同和好评。2009—2015年该院连续荣获“四川省水利厅2012度水利政务信息先进单位”。2012年，《乡城500千伏输变电工程水土保持方案报告书》荣获四川省工程咨询协会2012年度四川省优秀工程咨询成果三等奖。2013年，四川省住房和城乡建设厅颁发了东帝汶DILI 150千伏/20千伏变电站新建工程二等奖。2015年2月，分别获得四川省住房和城乡建设厅颁发的东帝汶MANATUTO 150千伏/20千伏变电站新建工程二等奖、东帝汶HERA-MANATUTO 150千伏送电线路工程二等奖。

20世纪60年代，该院利用流化燃烧原理，通过在小锅炉改造中的试验研究，从1969年开始改造、推广应用流化床锅炉以提高煤种的适应性。当时全国没有一家锅炉厂生产这种炉型，也没有一个设计院设计过。为了满足厂家要求，该院大胆进行了研究、改造试验，再将取得的成果应用于工程。曾自行设计了一台流化床锅炉，由锅炉厂进行制造，再在工程设计中选用；也曾帮助锅炉厂以厂家的名义设计、制造后供选用，取得了应用的成功。先后改造设计了省内外共100余台小型链条锅炉为流化床锅炉，从而推动了这一流化床燃烧技术的发展。

20世纪70年代，该院在多个工程的取水设计中采用了底栏栅取水方案的新技术。这一技术在山区缺水地区建电厂大有实用价值。尤其是在枯水期能最大限度地取到所需水量，从而满足了电厂补充用水要求。

在四川省万县“东方红电厂”进洞工程的设计中，成功地设计出取用长江水的瓶式深井取水泵房，井深达40米，为全国第一个瓶式深井取水工程。

在火力发电厂碎煤机室采用布袋除尘器新技术方面，该院从前期工作、设备制造到系统设计以及运行测试研究，历时几年，经专家对江油电厂碎煤机室布袋除尘测试鉴定，该项成果已在电厂中推广应用，使已设计建成的电厂碎煤机室工作环境条件大为改善且可回收精煤。

20世纪90年代以来，该院涉足新能源和可再生能源利用（太阳能发电、风力发电、生物质发电含垃圾发电等）的研究，积累了技术资源和人才资源。先后参与和承接了四川省新能源和可再生能源的工程建设规划、可行性研究、工程设计和四川省甘孜州、阿坝州、凉山州55座太阳能发电站的工程监理等工作，以及其他地区的可再生能源利用的咨询工作，多次派员参与全国性和国际性的关于新能源和可再生能源会议，为四川省新能源和可再生能源的开发利用奠定了坚实的基础。

2005 年，该院总承包的西藏玉龙铜矿 110 千伏总降站工程是我国海拔最高（4500 米）、运行条件最恶劣的变电站之一，已超过国家规程规范的应用范围（规程规范只对海拔≤4000 米的变电站有相应规定），在技术方面通过大量的调研和计算，对绝缘配合、长线路工频过电压、深冻土、高土壤电阻率接地等方面进行了有益的探索并取得了一定的实际经验，对以后类似工程的建设具有借鉴意义。

历经 50 多年锤炼的四川省电力设计院，继往开来，将以更先进的技术、更优秀的质量、良好的信誉，热诚为客户服务，为电力建设事业的发展做出新的贡献！

【组织机构及人员概况】

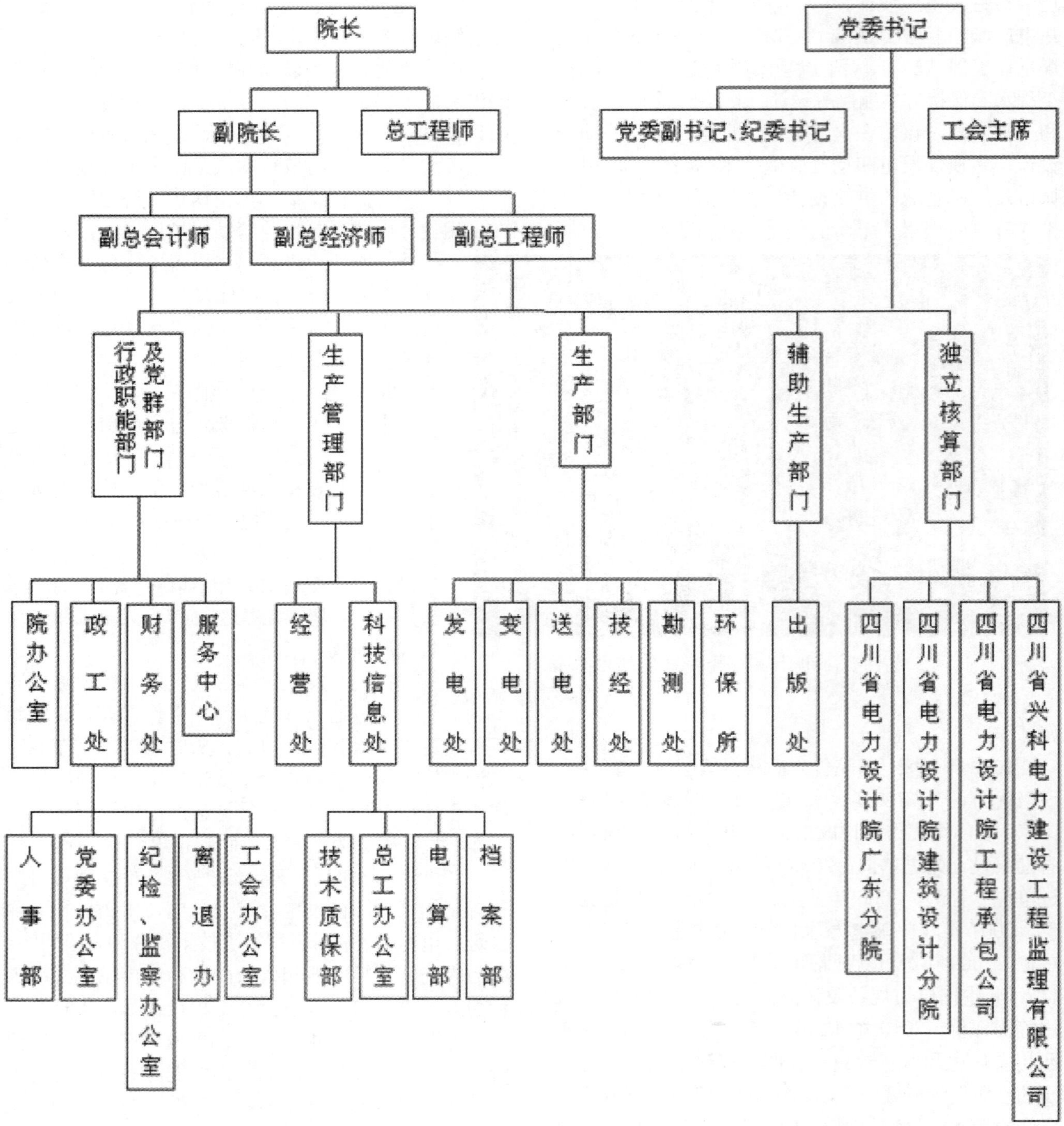

组织机构图

【签订贵州黄平谷工程总承包合同】2015年1月7日，四川省电力设计院正式与贵州黄平谷陇铭川水泥有限公司签订工程总承包合同。该项目位于贵州省黄平县谷陇镇工业开发区内，总装机容量为0.9万千瓦，采用两台余热锅炉配一台汽轮发电机组的方式。工程开工时间为2015年5月，总工期240天。

【米易输电工程水土验收报告通过验收】2015年1月22日，由四川省电力设计院组织编制的米易500千伏输变电扩建工程水土保持设施竣工验收报告顺利通过有关部门验收。

【新都桥、茨乌输变电工程水土保持设施协调会议召开】2015年2月4日，四川省电力设计院新都桥500千伏输变电工程和茨乌220千伏输变电工程水土保持设施竣工验收组织协调会议，会议就两工程水土保持实施中存在的问题和解决方案进行了沟通和交流，该院项目负责人对施工单位在工程建设中应该做的预防保护和恢复措施进行讲解，宣贯水土保持理念，促进两工程完工后水土保持设施的顺利验收。

【东帝汶变电项目获奖】2015年2月，四川省电力设计院设计的东帝汶MANATUTO 150千伏/20千伏变电站新建、东帝汶HERA-MANATUTO 150kV送电线路工程分别获得四川省住房和城乡建设厅颁发的二等奖。

【青海官亭—香水线路工程水土保持方案编制完成】2015年6月，青海海东官亭—香水330千伏线路工程水土保持方案报告书技术评审会在西宁市召开。

会议由青海省水利厅评审中心主持，参加会议的有青海省水土保持局，项目所经行政区各市、县水土保持预防监督站，业主单位国网青海省电力公司，四川省电力设计院环保所项目组。

会议成立了评审专家组，由编制单位四川省电力设计院对水土保持方案作了总体汇报

【签订战略合作框架协议】2015年7月6日，四川省电力设计院与中国能源工程有限公司签到了战略合作框架协议，公司高管、院领导班子、副总、中层干部共35人出席了此次签约仪式。中国能源工程有限公司是集电力行业、石油化工行业和新能源行业投资运营、综合利用、规划咨询、勘测设计、工程承包、研发制造等于一体的完整业务链的大型骨干企业，是我国能源工程建设的生力军。

此次战略合作框架协议的签订，旨在进一步密切双方合作关系，推动双方在电力、新能源建设、工程总承包和投资运营等方面进行全方位合作，对四川省电力设计院发展有着重大意义。

【左贡、芒康输电工程山投运】2015年7月21日，由四川省电力设计院承担设计的西藏昌都左贡110千伏输变电工程及芒康110千伏输变电工程，顺利通过行业主管单位组织的竣工验收，分别于2015年7月12日及2015年7月14日成功带电投运。

【西藏觉巴输电工程投入运行】2015年11月25日上午，由四川省电力设计院设计的华能澜沧江上游水电有限公司西藏觉巴水电站110千伏输变电工程正式投入运行。

该工程的顺利投运，标志着觉巴水电站电力送出通道的正式建成；并为如美水电站施工提供了必要的条件和为300米级超高坝高强度施工打下坚实的基础。　　（四川电力设计院）

四川电力设计咨询有限责任公司

【公司概况】四川电力设计咨询有限责任公司（以下简称川电设计咨询）的前身是于1979年7月组建的四川省电力局设计处（1981年后更名为西南电业管理局设计处）。1983年8月，经水利电力部批准，在原设计处基础上成立了西南电业管理局电力设计院。单位名称随着主管局名称的更换相应易名，1989年更名为四川电力工业勘察设计院。2001年8月，面对即将到来的电力行业体制改革，在全国电力设计甲级企业率先成功实施了全面改制，成立了四川电力设计咨询有限责任公司；2010年年初，按上级要求，经重组整合，公司成为四川省电力公司全资子公司。2011年年底，根据国网企业主辅分离改革及电力设计、施工企业一体化重组改革要求，公司整体划转至中国电力建设集团有限公司。2013年，公司注册资金增至3亿元。2015年，面对严峻的经营管理形势和繁重的改革发展任务，川电设计咨询公司全体员工凝心聚力，抢抓机遇、奋发作为，全面完成集团下达的生产经营目标和工作任务，全年新签合同额74.34亿元，同比增长69%，完成年度目标的146%；实现营业收入20.6亿元，同比增长92%；实现利润1.79亿元，同比增长11%；安全生产及党风廉政建设工作目标受控、在控，保持了“0”目标。

【荣誉成果】2015年，川电设计咨询连续第十次进入全国勘察设计行业总承包百强企业名单，再次入围国家电网年度输变电工程设计承包商资信10强。获各级各类优秀工程设计、咨询、总承包、科技进

步奖等56项，发明专利2项，实用新型专利15项，电力行业工程设计专有技术2项。其中，“哈密南—郑州±800千伏特高压直流输电线路”等3项工程获电力行业“四优”一等奖，“眉山Ⅱ500千伏变电站新建工程”等2个项目获四川省“四优”一等奖；“四川丹巴500千伏输变电工程”获四川省优秀工程项目管理银奖，“布拖500千伏送变电工程可行性研究报告”获四川省优秀工程咨询成果二等奖；“乡城—巴塘—昌都500千伏线路”获国网公司优秀输变电工程设计一等奖；湖北大吉—武穴500千伏线路工程设计获得一等奖、上海崇明500千伏变电站工程设计获三等奖；“直流融冰装置与输电线路连接方式研究”获中国电力建设科学技术进步奖一等奖；“基于DEM的复杂山区光伏电站选址及四维阴影遮挡模拟研究”获中国电建股份公司科学技术奖一等奖。

【组织结构及人员状况】2015年，根据工作需要，川电设计咨询对组织机构进行了调整，调整后的部门(分公司)共20个。**组织机构图如下：**

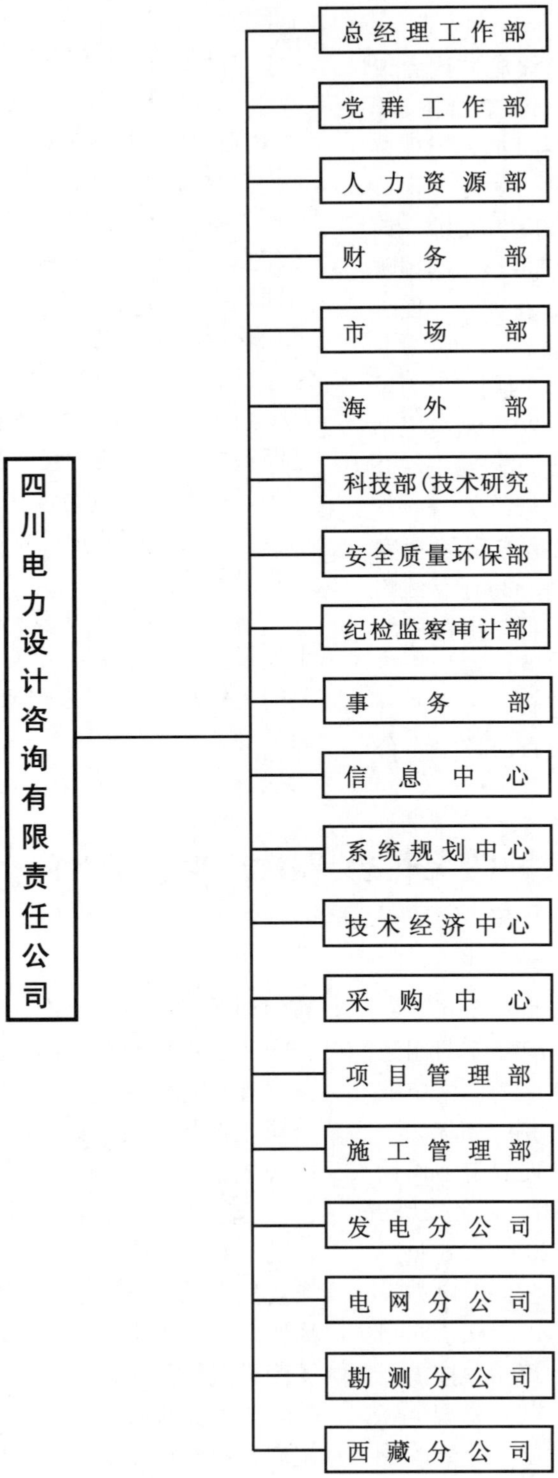

截至2015年12月，川电设计咨询职工人数514人，平均年龄36.9岁。其中具有大学本科及以上学历人员476人，占比92.6%。公司共有中高级职称人员370人，占比74%，其中教授级高级工程师44人，高级职称167人，“四川省勘察设计大师”2名；拥有电气、建筑、结构、咨询、设备、岩土、建造、监理、安全、环评等各类注册师185人次。

党委有党支部10个（含1个退休党支部），党小组28个，党员总数373人，其中，在职党员322人，退休党员51人，预备党员5人。

【战略管理】该企业在全面总结“十二五”战略规划实施成果与经验的基础上，深入开展宏观政策及行业研究，结合电建集团要求和自身发展意愿，编制企业“十三五”战略规划（讨论稿），明确了战略定位、发展目标、业务发展策略和行动计划，确定了前进的方向和努力的目标，形成了行为的准则，提供了决策的依据，对有效指导今后工作意义重大。

基于所积累的战略管理经验，充分调动“内脑”积极性，自主开展此次规划的编制。坚持“以我为主、适用实用”原则，在策划、编制、评审等各环节集思广益，广泛收集干部、员工对企业发展方面的意见，确保规划内容贴近公司实际，同时在编制中进一步凝聚发展共识，让战略规划切实成为推动川电设计咨询前进的行动指南。

4月20日，四川省住房和城乡建设厅勘察设计与科学技术处处长黄兴华（右二）、四川省勘察设计协会马朝龙副秘书长（右一）到川电设计咨询调研　（范雄　摄）

【市场开发】2015年，进一步完善了营销体系，强化了重点区域和重大项目开发，新签合同额创历史新高，签约项目单项合同平均规模大幅提升。

国务院国资委新闻中心副主任苏桂锋（左二）、中国电建集团公司党委工作部主任王开成（左三）到川电设计咨询检查调研　（何畅　摄）

分级分类经营成果显著。勘测设计业务稳中有升，更为精准地对接市场，做好了市场开发与生产的协同，全年签订勘测设计合同额3.44亿元。总承包业务取得重大突破，全年新签总承包合同额70.9亿元，其中：肯尼亚LAMU 3×35万千瓦燃煤电站总承包项目合同额10.04亿美元，创该企业新签单项合同额历史新高；取得5个新能源总承包项目，成为公司新的业务增长极。基础设施业务打开新局面，学习研究PPP模式，主动对接地方政府和集团业务主管部门，跟进重庆、云南、成都、达州、邛崃等地的多个基础设施项目。

区域市场布局持续深入。加大优质服务力度，充分发挥设计技术优势，参与了国网2015年全部批次特高压项目投标，中标全球第一条±1100千伏特高压线路设计，在继续保持特高压输电设计市场份额的同时，实现了变电设计领域的突破。高度重视对四川区域市场的开发，取得了内江东可研、成都十陵500千伏输变电勘测设计工程等一批电网项目和西昌电力、布拖县中天新能源公司等企业的多个新能源项目。紧跟电改政策方向，深耕力拓西藏、贵州黔西南州、六盘水、广西百色等地方电网市场，订单、履约两手抓，签订阿里渡冬临时供电工程总承包项目、雄村铜矿输变电工程总承包项目，2015年，仅西藏地区新签合同额突破2亿元；开展了兴义市电力公司“十三五”配电网规划、广西百色地方电网“十三五”发展规划以及百色—兴义联网工程的可行性研究，为后续市场订单的获得打下基础。经过多年积累和布局，“造船出海”能力逐渐增强，全年新签海外项目合同额同比增长373%。签署了肯尼亚LAMU3×35万千瓦燃煤电站项目总承包合同。在LAMU项目合同谈判阶段，开展法律及税务策划，有效控制了项目风险，该项目的成功开发对企业转型升级的支撑意义重大；创新融资模式，大胆进行技术优化，参与肯尼亚拉姆—内罗毕东400千伏输变电总承包项目投标，首次以中国电建品牌参与国际F+EPC项目的竞争；锁定黑山高速公路永久配电工程项目，进入欧洲市场；积极跟踪印尼、泰国、非洲等地的多个电源、电网、基础设施项目。

新能源业务发展迅猛。紧跟新能源发展趋势，依托在新能源设计上的技术储备，结合与区域资源的良好关系以及自身规划优势、项目管理能力、资金优势等，实现新能源勘测设计业务与总承包业务的齐头并进。共签订凉山州甘天地光伏电站项目、广元市马头岩风电场项目等10余项新能源勘测设计咨询合同，占省内全年光伏在建项目设计份额近70%；获得盐源、布拖、炉霍等5个光伏电站总承包项目，一举实现了新能源总承包项目零的突破，同时所获项目总装机容量超过2015年四川省新开工光伏项目总装机的40%。

【项目履约】依托新组织架构进一步优化生产流程，推动生产标准化、信息化、精益化，全年勘测设计产值再次突破3亿元，完成总承包合同额约25亿元。

开展技术优化，有力推进金上—江西、雅中—江西、酒泉—湖南、准东—华东等一批国网重点特高压直流输电工程项目；精心组织，确保四川省电力公司500千伏重点工程路平—富乐、猴子岩送出以及盐源、江油变电站新建工程等项目的有序推进。深化PDMS、COMOS等软件应用，丰富发电数字化设计手段，推进乐山福华和独山工程，为贞丰项目、肯尼亚项目的落地提供技术支持；加强组织策划，采用集中封闭设计等方式，保障了炉霍县贡唐岗等一批新能源总承包项目以及广元、喜德县、会理县等一批设计项目的顺利推进；克服西藏地区气候多变等困难，有序推进西藏地区各类工程项目共65项，昌都城网升级改造工程、江孜—康马、堆龙、邦达扩左贡工程、山南洛扎等输变电工程相继投运。

2015年，川电设计咨询新能源总承包项目实施量大且集中，在工期紧、无成熟管理经验的情况下，确保了盐源县塘泥湾等项目的顺利投运，完成新能源总承包合同额16.3亿元；科学优化工序，把控风险和关键点，提升电网调试技术，兴义二期项目完成11个变电（升压）站的投运，并以项目现场为平

中国电力企业联合会电力工程造价与定额管理总站“电力工程定额工作先进集体”荣誉称号

台召开事业部总承包经验交流会；克服西藏地区缺氧、工期紧、施工强度高等不利因素，确保了西藏阿里渡冬临时供电工程总承包项目按期发电，获得各方高度肯定；川电设计咨询在西藏地区的第一个总承包工程—工字弄水电站送出项目已顺利投运；克服环境、气候、资源等诸多不利因素，扎实推进科特迪瓦苏布雷水电站配套输变电总承包工程；成都青白江BT项目有序推进，广西石梯等10余个总承包项目按计划实施。

【安全管控】持续强化安全“红线意识”，推进依法治安，落实安全生产“四个责任体系”；以安全目标管理为前提，强化安全监管力度，增加安全投入，完善应急预案体系，注重带电跨越等重大风险因素控制，严格安全策划、过程管控、监督检查和考核；取得了国家安全生产标准化一级企业证书，深化安全生产管理规范化、流程化、标准化；编制《海外总承包项目安全风险管理指南》，提升海外项目安全管理和应对突发事件的能力；发布企业安全文化手册，推出掌上安全生活，丰富安全文化活动形式，提升了员工安全素质。

持续完善“三标一体”管理体系文件；进一步充实内审员队伍，顺利通过相关部门的监督审核；通过“回头看”并制定预防措施，将质量问题和风险消除在前端；创新形式开展“质量月”活动，将工作重心下沉至项目部和专业室，全面提高了员工的质量意识，积极推动QC小组活动，获各类QC奖共19项，创历史新高。

【科技引领】成功获得“四川省企业技术中心”授牌，完成国家高新技术企业的重新认定工作；全年共开展科技项目56项，开展标准化设计27项，完成科技投入7200万元，同比增长53%；开展了“高海拔、重冰区输变电勘测设计”“山区复杂地形光伏发电规划选址”等研究，将成果转化用于工程；开展工程建设管理研究，承担了电建集团重大科技项目“基于物资管理平台的设计、采购、物流、安装数据一体化应用研究”。全年共获得各类科技成果奖7项，发明专利2项，实用新型专利15项，电力行业专有技术2项。其中，“直流融冰装置与输电线路连接方式研究”获中国电力建设科学技术进步奖一等奖，“基于DEM的复杂山区光伏电站选址及四维阴影遮挡模拟研究”获中国电建股份公司科学技术奖一等奖。学术氛围渐浓，外刊发表论文145篇，核心期刊论文24篇，其中《科学引文索引》(SCI)收录论文1篇，《工程索引》(EI)收录论文3篇。

【人资改革】组织机构和人力资源改革进一步推进。构建起更加适应于“项目经理负责制”、实施矩阵式管理的组织机构形式；三项制度改革通过阶段性检查；深化岗位关键绩效指标应用，强化绩效结果与工作改进、收入分配的有机结合；搭建起与工程公司发展程度相适应、责权利对等的收入分配体系；完成在“人力资源规划和工程公司人才素质模型研究”，以及“设计院人才向工程公司人才转型”等方向的政策研究课题和重点攻关课题。

川电设计咨询承担设计的锦屏—苏南±800千伏高压直流输电工程　　（何畅　摄）

人才队伍进一步充实。全年交流、提拔干部27人次，开展岗位竞争上岗；获评“四川省勘察设计大师”1名，新增中级及以上职称80人，新增各类注册师16人次，选聘入库第一批评标专家；组织参加国际工程管理、干部自主选学课堂等内外部各类培训100余期，共培训2000余人次；开展专题测评，职业生涯规划覆盖到勘测设计板块各部室管理人员；作为典型经验交流单位，就“工程项目管理人才培养和管理”在电建集团进行交流发言。

4月15日，四川省文明办创建处处长王伟（左一）为川电设计咨询颁发“全国文明单位”荣誉证书、奖牌　　（南方　摄）

【管理提升】加强制度建设。修订《公司制度管理办法》，实现规章制度审批信息化；加强计划管理并按月督办，全年共修编规章制度118项，废止26项，确保了制度体系有效运行。

提升财务管理水平。有效推进全面预算管理，业绩考核导向作用不断强化；加强“两金”风险管控；完成肯尼亚项目税务筹划，配合科特迪瓦苏布雷项目税务筹划；加强投融资能力建设，建立投资项目财务评价指标体系，积极推动参股项目投资备案、报批等工作；提升资信等级，所获授信额度提升至26亿元。

提升信息化水平。大力推进三维数字化设计系统和信息系统的开发及推广应用；取得计算机软件国家著作权1项；完成内网安全管理系统的部署，确保了信息安全；建成了智能会议管理系统，实现会议无纸化、智能化；建立了同城异地备份系统，提升了信息数据的容灾能力。

加强法律及风险管控。加大普法宣传和风险防范宣传力度；推行统一合同文本21份，全年对合同、招标文件、规章制度等的法律审核率达100%；发布《公司法人授权委托管理办法》及《2015年度授权事项》，完善了责权对等的治理结构。

资质范围进一步扩大。测绘资质升甲通过现场检查；完成勘察综合类甲级、环境影响评价等20余项资质的延续、换证、升级等。获商务部对外援助项目管理企业资格许可，成为全国获得电力专业类该许可的五家企业之一。

采购管理进一步加强。搭建形成公司统一采购平台，完善了采购制度体系，编制了“设备材料集中采购”“评标管理”等6项制度；全面实行采购经理负责制；做好供应商资源管理，促成更广范围的合作；全年共完成总承包项目设备材料采购金额20.28亿元，完成采购合同金额10.84亿元。

审计监督作用进一步发挥。完成广西石梯总承包项目、西藏工字弄总承包项目、鲁基风电总承包项目的审计检查工作；启动对贵州兴义总承包项目的审计工作并完成相关审计检查整改工作。

图档管理进一步加强。完成数字档案馆系统建设并通过达标验收，近年来的勘测设计成品电子档案、永久及长期保管的文书档案、荣誉档案进馆归档率达100%，实现档案信息全息存储；全年归档勘测设计原始文件342卷、归档工程总承包及项目建设管理原始文件1805卷，原始文件的归档率达98%以上。

国家能源局电力安全生产标准化一级企业证书

后勤管理进一步提升。全面提升后勤服务软硬件质量；加强成本与质量管控，按计划完成年度固定资产采购与大修计划；提高车辆使用效率，全力保障公务工程用车安全及时；寻求多种合作模式，提高梨花街办公大楼资产使用效率。

【党的建设】全面落实从严治党新要求，着力提升党建价值创造力，设立专职党支部书记，制定党支部书记职责等制度12项；推进“互联网+党建工作”，企业党建云上线运行；严把组织“入口关”，推行入党答辩制；深入开展“三严三实”专题教育、形势任务宣传教育活动和庆祝抗战胜利70周年系列活动；严格选人用人程序，强化干部监督管理；推进阳光央企建设，做好信息公开工作，不断规范行权履责；完成国资委巡视电建集团意见的整改任务，完善规章制度20余项。

严格落实“一岗双责”要求，形成认识到位、责任清晰、履职尽责的责任落实体系；强化“两个责任”保障体系，认真查找党风廉政建设的薄弱环节；组织党纪条规答题活动和知识竞赛，通过短信、微信等方式，强化警示教育效果；开展贯彻“八项规定”专项自查，开展效能监察；编制《廉洁风险点手册》，聚焦和锁定风险易发区。

提升引领发展的软实力，2名员工获最美电建人称号；开展凉山对口扶贫等爱心活动，开通掌上道德讲堂，举办青年员工才艺展示等活动，川电设计咨询获电力行业优秀企业文化成果二等奖；推进新闻宣传向品牌传播转变，充分运用新兴媒体，传播SEDC好故事，获评电建集团优秀记者站。

凝聚和谐发展生动力，坚持职代会制度；强化员工关爱，深化“正能量项目部”系列活动，国学诵读作品获四川省一等奖，该企业获评“四川省模范职工之家”，团委获“中央企业五四红旗团委”称号，1名青年员工获电建集团“十大杰出青年”称号。

【工程项目完成情况】2015年，川电设计咨询累计完成勘察设计、环评、水保、地灾、总包和建管等项目共计600余项；完成勘测设计合同额再次突破3亿元，总承包合同额约25亿元；工程合格率为100%，工程达标投产率100%，优质工程率100%。

川电设计咨询2015年完成的主要工程项目见下表：

川电设计咨询国内主要勘设项目一览表

表33

序号	工程名称	公司承担的具体工作内容
1	重庆材料3×670吨/小时CFB锅炉及配套热电机组工程	可研、初设、施设、竣工图
2	南海长海发电有限公司#2锅炉无油点火技术改造项目	可研、初设、施设、竣工图
3	钼铜多金属资源深加工综合利用项目	初设、施设
4	新疆奎山宝塔石化有限公司800万吨/年重油制烯烃芳烃及配套循环经济综合利用项目2×35万千瓦热电联产新建工程	初设、施设、竣工图

续表 33

序号	工 程 名 称	公司承担的具体工作内容
5	印度尼西亚苏门答腊 2×15 万千瓦 SUMSEL （苏姆赛尔）-5 坑口燃煤电站	初设、施设、竣工图
6	独山金锰材料循环经济工业园热电联产项目	初设、施设、竣工图
7	吉林建龙钢铁有限责任公司 6.5 万千瓦超高压中间再热发电机组工程	初设、施设、竣工图
8	四川省乐山市福华通达农药科技有限公司盐磷化工循环产业热电系统扩能技改项目	初可、可研、初设、施设、竣工图
9	印尼苏拉威西镍铁工业园项目电厂 2×6.5 万千瓦一期工程	初设、施设
10	中节能广元剑阁天台山风电场项目	初可、可研
11	广元市朝天区马头岩风电场工程	初可、可研、施设、竣工图
12	小金县美兴 5 万千瓦并网光伏电站工程	可研、初设、施设、竣工图
13	会理县爱民乡 3 万千瓦光伏电站工程	初设、施设、竣工图
14	布拖县合井乡 2 万千瓦光伏发电项目	初设、施设、竣工图
15	准东—华东±1100 千伏特高压直流输电线路工程（彭家南-刘沟村西南）	初设、施设
16	酒泉—湖南±800 千伏特高压直流输电工程(窝坑东南-天鹅抱蛋南)	初设、施设、竣工图
17	上海庙—山东±800 千伏特高压直流输电线路工程（李家榛子崖西南-山东换流站）	初设、施设、竣工图
18	灵州－绍兴±800 千伏特高压直流输电线路工程（武功乡东-马乡镇东）	初设、施设、竣工图
19	锡盟－泰州±800 千伏特高压直流输电线路工程（口埠镇东北-西吕家庄）	初设、施设、竣工图
20	金上－江西±800 千伏特高压直流输电工程	可研
21	雅中－江西±800 千伏特高压直流输电工程	可研
22	泰州 1000 千伏变电站工程（设计监理）	施设
23	雅安－武汉特高压交流输变电工程乐山 1000 千伏变电站新建工程	初设、施设
24	巴塘－雅安－重庆－绵阳－德格－巴塘、雅安－绵阳 1000 千伏特高压交流工程线路和成都变、铜梁变、绵阳变	可研
25	布拖 500 千伏变电站新建工程	可研、初设、施设
32	新津 500 千伏变电站新建工程	可研、初设、施设
33	马尔康 500 千伏变电站新建工程	施设
34	江油 500 千伏变电站新建工程	初设、施设
35	盐源 500 千伏变电站新建工程	初设、施设
36	乐山沐川 500 千伏变电站扩建工程	初设、施设
37	路平 500 千伏变电站（富乐）间隔、富乐 500 千伏变电站（路平）间隔扩建工程	可研、初设、施设
38	东坡 500 千伏变电站综合自动化改建工程	可研、初设、施设
39	叙府 500 千伏变电站间隔（布拖）扩建工程	初设、施设
40	木里 500 千伏变电站间隔（盐源）扩建工程	初设、施设
41	盐源 500 千伏变电站间隔（布拖、木里）扩建工程	初设、施设
42	四川省电力公司技术技能培训中心特高压实训线段建设工程	初设
43	丹景－新都 500 千伏双回线路新建工程	施设
44	龙王－新都 500 千伏双回线路新建工程	施设
45	马尔康－色尔古双回 500 千伏线路新建工程	可研、初设、施设
46	水洛－盐源 500 千伏双回线路新建工程	初设、施设
47	路平－富乐 500 千伏双回线路新建工程	初设、施设

续表 33

序号	工　程　名　称	公司承担的具体工作内容
48	盐源一布拖 500 千伏双回线路新建工程	可研、初设、施设
49	布拖一叙府 500 千伏双回线路新建工程	可研、初设、施设
50	木里-盐源 500 千伏线路新建工程	可研、初设、施设
51	猴子岩一康定 500 千伏线路新建工程	初设、施设
52	色尔古-茂县III回 500 千伏线路工程	初设、施设
53	万峰湖 220 千伏变电站新建工程	初设、施设
54	苏布雷变电站-塔阿波变电站 225 千伏线路工程	施设
55	塔阿波变-J60 分支点 225 千伏线路新建工程	初设、施设
56	羊湖一多林 II 回 220 千伏线路新建工程	初设、施设
57	郑屯-普平 220 千伏双回线路新建工程	初设、施设
58	龙广-普坪 220 千伏双回线路新建工程	可研、初设、施设
59	金州—郑屯 220 千伏线路新建工程	可研、初设、施设
60	闽黔 110 千伏变电站新建工程	可研、初设、施设
61	下五屯 110 千伏变电站新建工程	可研、初设、施设
62	郑屯—下五屯 110 千伏线路新建工程	可研、初设、施设
63	日喀则工业园 110 千伏变电站新建工程	施设
64	多林-谢通门 110 千伏双回线路新建工程	初设、施设

川电设计咨询承担的主要建设管理项目一览表

表 34

序号	项　目　名　称	规　　模	备　注
1	甘孜州康定一崇州 500 千伏扩建输变电工程		结算收尾
1.1	崇州主变扩建工程	1×100 万千伏安	
1.2	康定主变扩建工程	1×100 万千伏安	
1.3	康定—崇州IIIⅣ回 500 千伏线路工程	2×210 公里	
2	甘孜州丹巴 500 千伏输变电新建工程		结算收尾
2.1	丹巴 500 千伏变电站新建工程	2×100 万千伏安	
2.2	丹巴一康定 500 千伏双回线路新建工程	2×109 公里	
2.3	康定变扩建丹巴间隔工程	2 个间隔	
3	甘孜州乡城 500 千伏输变电新建工程		结算收尾
3.1	乡城 500 千伏变电站新建工程	1×100 万千伏安	
3.2	乡城-水洛 500 千伏双回线路新建工程	2×144 公里	
3.3	水洛变扩建丹巴间隔工程	2 个间隔	

川电设计咨询承担的主要国内总承包项目一览表

表 35

序号	项　目　名　称	规　　模	备　注
1	甘孜乡城县硕梯级电站 220 千伏送出线路新建工程		具备投运条件
2	达州燃气电站 220 千伏送出工程	30 公里	已投运
3	喜德县鲁基风电场 220 千伏输变电工程		在建

续表 35

序号	项　目　名　称	规　　模	备　注
4	贵州省兴义市郑鲁万工业园配套 220 千伏、110 千伏输变电新建工程		二期投运
5	贞丰县工业园热电联产动力车间项目工程	2×35 万千瓦	可研
6	阿里渡冬临时供电电厂本体及送出工程	3000 千瓦	已投运
7	工字弄水电站送出工程		具备投运条件
8	足木足河施工电源总包工程		已投运
9	会理县龙泉光伏电站总承包	5 万千瓦	在建
10	布拖县包谷坪并网光伏电站总承包工程	5 万千瓦	在建
11	会东县汇明光伏本体及送出总承包	3 万千瓦	在建

川电设计咨询境外项目一览表

表 36

序号	工程名称	国家	建设地点	建设规模	公司承担的具体工作内容	目前已完成情况
1	苏布雷水电站送出工程	科特迪瓦	科特迪瓦苏布雷	386 公里	科特迪瓦苏布雷到阿比让的 386 公里 225 千伏输电线路以及苏布雷等三个变电站的改扩建	施工阶段

（王淇）

中国水电十局有限公司勘测设计院

【单位概况】中国水电十局有限公司勘测设计院是中国水电十局有限公司所属二级生产经营单位。1992 年 10 月，在原水电十局科研设计所（1983 年 7 月成立）的基础上成立了中国水电十局勘测设计院（以下简称勘测设计院），并于 1993 年 10 月在都江堰市工商局注册。2006 年 4 月以前，其办公场所在都江堰市蒲阳路中国水电十局机关，其后迁至都江堰市学府路 739 号大院。

【资质管理】截至 2015 年 12 月底，中国水电十局勘测设计院拥有 CMA 国家计量认证、水利工程质量检测单位（岩土工程）甲级、水利工程质量检测单位（混凝土工程）甲级、四川省建筑施工企业试验室行业确认证书；拥有水利水电工程设计乙级（含工程总承包）、工程勘察乙级资质；拥有建设部水利工程监理乙级、建设部市政工程监理乙级、水利部工程施工监理丙级、工程测量乙级、四川省科技咨询甲级等资质。

【组织机构】2015 年，中国水电十局勘测设计院拥有工程技术人员 219 人，其中高、中级职称 59 人。院长李泽龙，党总支书记彭咏秋，副院长胡建飞、李月华，总工程师宋建坤，工会主席黄瑾（女）。勘测设计院下设工程监理咨询公司、中心试验室、工程监测中心、工程测绘中心、工程勘察设计处等 5 个专业技术单位，工程施工中的小型施工归口咨询公司。

【已设计完成的主要水电项目】勘测设计院成立后，主要开展了卧龙熊猫水电站、小金广金坝水电站、彭州太平水电站、理县芦杆桥水电站、老挝车邦亨水电站、茂县铜钟水电站、四川茂县南新二级水电站、四川汶川长河坝水电站、四川康定江嘴水电站、广西天生桥供水系统等近百个水利水电建设项目的设计任务。2015 年，又与老挝老三潘公司成功签订了南玛特梯级电站设计合同、与老挝龙海公司和重水公司签订了南椰 2A/2B 水电站设计合同，与中航国际成套设备有限公司签订了老挝南迪克 1 级水电站设计 EPC 框架协议，为设计院实施“转型升级走出去”战略迈出了坚实的第一步。

【设计完成的非水电主要项目】先后完成了水电十局职工医院门诊住院综合楼、宝瓶花园、水电花园、安装分局大型金属结构车间和蒲阳镇经委办公大楼、都江堰市景堰学校（灾后重建项目）等20多个工民建项目的设计任务。

【施工主要项目】勘测设计院所属的工程公司先后承担了郫县桃花滩水电站、四川汶川黄土坡水电站进场公路、玉垒山索道、四川汶川三江生态旅游开发区公路道桥、阿坝州金川公路长寿水电站整治、德阳市旌阳区2013现代农业二标段、什邡市“十二五”农村安全引水工程施工3标段、雅安市铜头引水干渠施工Ⅲ标段等施工任务。2015年还签订了山峡新能源贵州普安横冲梁子4.2万千瓦风电场工程升压站施工和安装工程、贵州普安横冲梁子4.2万千瓦风电场风机及塔筒吊装施工两个施工合同。

【试验主要项目】勘测设计院中心试验室除承担中国水电十局承接的所有国内外工程项目的试验任务，例如：南水北调工程、京沪高铁、大桥水库、太平驿水电站、福堂坝水电站、毛尔盖水电站工程、渝广高速公路、天府新区市政工程、乐山青江市政工程、老挝区域水电站项目、伊朗塔里干项目、印尼佳蒂格德大坝项目等。还主动打入社会，开拓市场，完成了都江堰市中外合资拉法基水泥厂、葛达水电站等百余个工程项目的试验任务。2015年承接了都江堰灌区毗河供水一期工程、硬梁包水电站进场公路、博瓦水电站厂区工程、引汉济渭黄金额峡水利枢纽前期准备工程Ⅱ标、开茂水库、小金县春堂坝水电站项目、尼日尔尼亚美重油发电厂Ⅰ期工程等公司国内外项目的工程检测试验任务。

2015年7月29日，乐山青江项目嘉瑞大道石板滩大桥全幅顺利贯通

（胡作剑　摄）

【测量主要项目】勘测设计院测量队除承担中国水电十局承接所有国内外工程项目的工程测量、控制测量任务外，主动打入社会，开拓市场，承担社会项目的测量任务。2015年完成了天全锅浪跷水电站的地籍测量和盘龙河电站的控制测量及局部地形测量，完成了老挝南坎2和南耶2电站运行期监测控制网的布设和观测、印尼贾德格德二期施工控制网的布设和观测、老挝南俄三电站的前期施工测量，开展了对老挝NAM HAO电站的技术指导、柬埔寨甘再电站库区的水下地形测量、南玛特电站的控制和地形测量、雅安铜头引水工程控制网复测、新疆亚曼苏电站的控制网布设，老挝南椒2A2B小电站的测量任务。

【监测主要项目】勘测设计院工程监测中心承担了老挝南坎二、南椰二和国内小金县春堂坝水电站、康定瓦斯龙河龙洞水电站等共计10余个项目的安全监测任务。2015年，在稳固施工期监测市场的基础上开发了运行期监测业务，新签了柬埔寨甘再运行期监测项目并通过努力赢得了合同外汛期加密监测业务。

【监理咨询主要项目】勘测设计院工程监理咨询公司承担了老挝南坎二水电站、南坎三水电站和国内彭州太平水电站、理县芦杆桥水电站、简阳庙儿山水电站（扩容）、理县漆树坪水电站（修复工程）等10多个工程监理任务。2015年，新签订了老挝南俄3、盘龙河水电站等监理合同，开始与二滩这样的知名监理大公司的合作。

【文明单位建设】自勘测设计院成立以来，设计院加强了文明单位细胞建设，先后多次获得工程局、集团公司“文明单位称号”“先进单位”“综合治理”“四好班子”“党风廉政建设先进单位”称号，荣获四川省总工会“安康杯”优胜单位和“四川省五一劳动奖状”证书。

【2015年经营业绩】2015年，勘测设计院坚持“以人为本、尊重科学、拓展国际、跨越发展”的指导思想，均衡发展传统专业版块业务，促进组织结构转型升级，积极拓展土建施工项目。2015年，勘测设计院在建各类项目72个，合同存量为16412.3万元（其中国内项目合同存量12646.1万元）。年终统计报表显示：全年设计院新签合同31个，合同额为10526.01万元（其

中外部合同额 6532.01 万元），完成产值 7034.6 万元，实现利润 324.3 万元。

【设计院 2016—2018 发展规划】2015 年 12 月 21 日，设计院召开副科级以上干部会议，对第二个“三年发展规划”执行情况进行回顾总结，原则通过了设计院 2016—2018 年发展规划，待提交院三届四次职代会通过。三年规划对未来三年的市场开发、年产值目标、年人均收入以及“5+1”专业结构的转型升级工作提出了更高的目标和具体任务。

【工程试验中标项目】2015 年，勘测设计院外部中标小金县杨家湾水电站首部枢纽工程、小金县春堂坝水电站枢纽工程 A 包（补充）试验项目合同，内部承接了老挝南欧江三级水电站路桥、老挝南欧江一级水电站路桥、老挝南欧江 5 级、6 级水电站至本代线路、成彭和汉彭路改造项目、硬梁包水电站进场公路、都江堰灌区毗河供水一期工程、北川开茂水库枢纽工程、春堂坝水电站枢纽工程 B 包、都江堰灌区毗河供水一期工程施工第七分部、引汉济渭黄金峡水利枢纽前期准备工程Ⅱ标、都江堰灌区毗河供水一期工程施工第一分部、二分部、三分部、六分部、七分部，博瓦水电站厂区工程试验和技术服务合同。

【勘察设计中标项目】2015 年，勘测设计院外部中标盘龙河水电站勘测设计补充、四川吉新电力有限公司黑桥电站灾后原址恢复重建设计、Nam mat 流域梯级 3 个水电站设计、老挝南椰 2A、2B 水电站设计等技术服务合同。

【工程测量中标项目】2015 年，勘测设计院承接了南俄 4 水电站勘探测量、印尼佳蒂格德二期项目工程测量、四川雅安铜头引水工程工程测量、柬埔寨甘再水电站库容复核项目等工程测量任务。

【工程监理中标项目】2015 年，勘测设计院与四川二滩国际工程咨询有限公司合作中标了老挝南俄 3 水电站工程监理业务。

【工程测量中标项目】2015 年，勘测设计院中标了柬埔寨甘再水电站委托生产运行、维护和管理服务项目运行期监测工程，承接了四川天全锅浪跷水电站厂房工程监测任务。

【工程施工中标项目】2015 年，勘测设计院中标了贵州普安横冲梁子风电场升压站土建及电气安装、场内集电线路施工和箱变安装工程，贵州普安横冲梁子风电场风机及塔筒吊装施工，以及宁波市科技园区甬江防洪堤工程（补充）。

【小金县广金坝水电站设计】广金坝水电站位于四川省小金县境内，为引水式电站，装机容量 1.7 万千瓦。该电站于 2012 年正式启动施工。2015 年，勘测设计院按照业主要求开展技施设计，完成了电站的总体布置优化设计，总装机容量由原设计的 1.6 万千瓦增加至 1.7 万千瓦。该电站已于 2015 年 12 月 19 日通过竣工验收。

【石棉县黑桥水电站灾后重建技改设计】黑桥水电站位于四川省雅安市石棉县境内，为引水式电站，装机容量 0.4 万千瓦，该电站技改初步设计于 2015 年 7 月启动，同年 11 月完成并顺利通过审查。

【卧龙熊猫水电站竣工发电】勘察设计院设计的四川卧龙皮条河熊猫水电站总装机容量为 2.4 万千瓦，改扩建工程系由香港特区政府援助的卧龙电力能源恢复与重建项目，2010 年 12 月开工，2015 年 10 月 28 日通过竣工验收，正式运行发电。

【安全监测工程项目】2015 年，勘测设计院完成了老挝南坎 2、南椰 2、永乐溪项目施工监测任务，继续开展了龙洞项目、春堂坝项目和南湃水电站项目施工监测任务和柬埔寨甘再项目运行期监测任务。

2015 年 7 月 5 日，毗河一期龙泉山隧洞 1#检修交通洞

（陈先珍　摄）

工程监测的工作内容主要包括工程监测仪器和设备的采购、验收、保管、率定、安装埋设，监测设施的施工建造，现场保护，合同期观测及监测资料整编，监测资料分析等。

【柬埔寨甘再电站库容复核测量】设计院于 2015 年 1 月 14 日与中国水电柬埔寨甘再项目公司签订了柬埔寨甘再电站库容复核测量，并于 2015 年 1 月 19 日开工，项目首次采用深水测量工法进行复核测量。该项目于 2015 年 4 月 20 日完工，2015 年 6 月 5 日通过验收。

【老挝南椰 2 项目完成监测施工】老挝南椰 2 水电站监测工程是设计院工程安全监测中心成立后的第二个海外合同项目。工程历经 4 年艰苦施工，项目员工克服了战线长、仪器测点分布零星的困难，至

2015 年 12 月完成全部 682 套监测仪器施工，仪器设备完好率达到 93.4%。

【贵州普安风电场首批机组发电】勘测设计院于 2015 年 5 月 25 日和 9 月 29 日分别中标承建了三峡新能源贵州普安横冲梁子风电场（4.2 万千瓦）工程升压站土建及电气安装、场内集电线路施工和箱变安装工程以及风电场项目风机及塔筒吊装施工任务两个施工合同，按合同要求于 12 月 31 日 4 时 30 分顺利实现风电场首批机组发电。三峡新能源贵州普安发电公司予以“特别能吃苦、特别能战斗、特别能奉献”的高度评价并致贺信于中国水电十局。

【老挝南俄 3 水电站工程项目监理业务】老挝南俄 3 水电站工程为一等大（1）型工程。该电站于 2015 年 11 月 26 日开工，设计院工程咨询公司首次与四川二滩国际监理公司合作，联合承担了 EPC 大型项目的监理技术服务工作，现也已进场开展监理工作。

【理县芦杆桥水电站竣工验收】勘测设计院设计的四川省阿坝藏族羌族自治州理县米亚罗镇境内的芦杆桥水电站（总装机容量为 2.4 万千瓦）于 2008 年 9 月开工，已于 2015 年 8 月 17 日通过竣工验收，正式并网发电。

【科研立项成果申报】2015 年 9 月，勘测设计院对“柬埔寨甘再水电站水下测量作业工法研究”“南欧江五级水电站工程 CSG（胶凝沙砾料）施工工法”“雅安市铜头引水工程干渠施工Ⅲ标段悬臂式掘进机在小断面水工隧洞施工中的应用的研究”进行科研立项。“柬埔寨甘再水电站水下测量作业工法研究”“南欧江五级水电站工程 CSG（胶凝沙砾料）施工工法”进入论文成果申报。

【各类专业论文发表】2015 年度，勘测设计院发表并刊登了《TBM 施工隧洞的测量技术设计》《浅谈砂性土高边坡稳定性分析及处理方案》《浅谈水利工程较差岩性小断面隧洞钻爆施工》《浅析南水北调渠底衬砌混凝土冻融破坏成因及预防措施》《浅谈道路用碎石稳定土基层料的配比设计与试验》《浅谈南水北调工程渠堤高填方锥探灌浆试验》《车邦亨上游水电站厂房设计》《老挝南康 3 水电站的边坡开挖与支护》《老挝南康 3 水电站大坝溢流表孔闸墩锚索施工技术》《科拉机水电站装机容量及机组机型选择》共计 10 篇论文。

（瞿德仁、杨冬、赵鹏、岳亮）

基建施工

责任编辑：李燕辉

2015 年，四川省境内的主要电力建设施工企业分为两大类。

第一类是基地在川的电力建设公司：中国水利水电第五工程局有限公司、中国水利水电第七工程局有限公司、中国水利水电第十工程局有限公司、安蓉建设总公司（中国人民武装警察部队水电第三总队）、四川省水利电力工程局、四川电力建设二公司、四川电力建设三公司、四川电力送变电建设公司等。

第二类是基地不在川的施工队伍。这里仅记载了基地在川的电力建设施工企业。

各电力建筑施工企业在激烈的电力市场竞争中积极开拓国内国际电力市场和非电力市场，加强市场营销，抓好在建工程，重合同、守诚信，确保了安全生产和工程质量，加强了经营管理，坚持科技进步与创新，不断提高施工管理水平和员工队伍素质，着力打造精品电力工程，创造出良好的经济效益和社会效益。

中国水利水电第五工程局有限公司

【企业概况】中国水利水电第五工程局有限公司（以下简称水电五局或公司）隶属于中国水利水电建设集团公司，为水利水电工程施工总承包特级企业，是具有对外承包工程经营权的国有大型建筑施工企业。

水电五局现有海外工程项目20多个，国内工程项目150多个，股权投资项目17个，多元产业及项目50多个；涉及水利、水电、铁路、公路、市政、基础处理、工业与民用建筑、房地产开发、输变电、建筑装饰装修、设计、监理、试验、职业教育、物业、物流等多个领域。2015年，全年实现市场营销178.41亿元，实现营业收入122.09亿元，实现利润2.50亿元。公司市场营销、营业收入等主要指标位列电建集团前10名，晋升为电建集团特级企业。

2015年，水电五局有限公司新取得机电安装施工总承包一级、桥梁专业承包一级资质，获得四川省100强荣誉称号。

【年度荣誉】2015年度，水电五局荣获中国电建优秀施工企业，2014年度科技创新先进企业，电建集团设备物资管理及采购管理先进企业，第五届全国电力行业设备管理工作先进单位，2014年度四川电力安全生产先进集体，全国“安康杯”竞赛优胜单位；公司工会获电建集团2014年度先进工会称号，

新疆“三峡工程”阿尔塔什水利枢纽截流　（张建中　摄）

四川省总工会2014年度工会工作目标考核一等奖、四川省2014年度工会领导班子考核一等奖、四川省经费审查规范化建设B级单位和四川省十二五劳动竞赛优秀组织奖；水电五局记者站荣获电建集团先进记者站和成都市记协优秀企业报称号；公司团委荣获中央企业团工委五四红旗团委、四川省五四红旗团委称号；一分局工会荣获全国模范职工之家、一分局绩溪项目部工会荣获四川省模范职工小家、一分局团委获电建集团青年文明号称号；二分局荣获全国“安康杯”竞赛优胜单位、二分局党委荣获四川省国资委先进基层党组织、二分局川藏铁路成雅项目部获全国模范职工书屋示范点、四川省十二五“五化五强”班组称号；二分局、制安分局、实业公司输变电公司分别荣获2014年度四川电力安全生产先进集体；三分局从江航电项目部荣获全国“安康杯”竞赛优胜班组称号；五分局工会获四川省模范职工之家称号；实业公司水韵五兴物业公司分工会荣获全国模范职工小家称号，四川建筑装饰设计工程有限公司获四川省“安康杯”竞赛优胜单位，实业公司机关团支部获电建集团五四红旗团支部称号，实业公司机物公司获西部物流百强企业称号；国际公司苏布雷项目部机修车间获四川省“安康杯”竞赛优胜班组称号；长河坝施工局获四川省青年文明号称号；加查项目部获四川省“十二五”劳动竞赛优胜单位称号。

【领导班子】至2015年年末，水电五局现任领导班子成员为：执行董事、总经理、党委副书记贺鹏程，党委书记、副总经理刘光，副总经理吴高见（兼总工程师）、宁俊云、张邯涛、杜相如、刘庆东（兼总经济师）、高宗文、孙玉林、李峥、贺祝，总会计师张安福，党委副书记兼纪委书记、监事刘忠长，工会主席林静峰。

【机构设置及队伍状况】2015年，水电五局总部机关设有15个部室，另有11个公司属二级单位，直属项目部（施工局）5个，公司下属子公司4个。

截止2015年年底，水电五局有员工8011人；各类专业技术人员2030人。在专业技术人员中，教授级高级工程师39人，高级专业技术人员360人，中级专业技术人员1248人，建造师180人（其中一级建造师85人，二级建造师95人），中国水电建设集团专业技术带头人1人。

【市场营销】2015年，水电五局始终把市场营销作为“生命工程”狠抓落实。全员营销、区域营销、

自主营销、上下联动机制和奖惩机制有效发挥作用，以客户为中心的现代立体营销网络建设进一步加强。以“规划先行、高端切入”营销思路为指导，不断深化与各类资源的合作，不断创新商业模式，市场规模和市场质量稳步提升。坚持“精、优、强、稳、活”的营销方针，大力开拓五大业务板块市场，进一步优化业务结构，国际业务、基础设施业务的市场营销、营业收入总体占比超过60%，利润总额和利润贡献率总体高于国内水电业务，转型升级持续推进。

国内传统业务巩固提升。签约新疆三峡工程——阿尔塔什水利枢纽大坝工程、中国在建第一高坝——两河口 300 米级的大坝工程等。国际业务稳步拓展。签约贝宁帕拉库市政交通工程、多哥比斯水电站工程等国际项目，积极推动了赞比亚、以色列、埃及等国家相关项目的市场开发。基础设施业务稳步增长。签约了郑州农业路快速通道总承包项目、川藏铁路项目、大邑县房建融资项目等。强化资源合作，积极创新商业模式。不断提升投融资能力和产业链集成能力，稳健实施以投资、参股等方式拉动施工总承包业务的发展，产业链一体化水平进一步提升，为下一步加快实施 PPP 项目投资创造了良好条件。相关多元业务市场竞争力进一步提升。物业公司创新营销理念，灵活运用网络、微信、APP 营销平台，积极开拓城市物业市场；科研咨询、职业教育等均超额完成年度市场任务。

【改革创新】2015 年，水电五局稳步推进深化改革工作。整合内部资源重组。为适应市场发展形势、满足公司发展需要，将原基础分局与二分局房建业务整合重组，成立第四（建筑）分局，优化了资源配置，突出了专业优势，放大了聚合效应，为打造和培养房建专业队伍、加强房建业务发展奠定了基础。职教中心不断创新办学理念，改善办学条件、提升办学质量，满足了公司内外职业教育需要。职教业绩和社会效益稳步提升，为申报四川省水利水电技师学院打下了良好的基础。持续推进“三项制度”改革。建立了中层干部业绩档案，实现对中层干部的动态管理。对新进大学生员工在项目上全面实行“一对一”导师带徒制，促其成才。积极推进社会职能改革。广元幼儿园顺利完成改制工作；涿州、三河、高碑店等基地的“三供一业”工作有序推进，其中高碑店供暖顺利移交地方，新乡基地棚户区改造计划顺利推进。

【基础管理】2015 年，水电五局不断持续强化内部管理能力，进一步提升管理水平。一是以制度化、流程化、程序化管理为手段，进一步提升公司两级总部管理效率，有效提升了两部服务两场的能力。二是公司对各类资源的管控调节力度进一步加强，通过政策引导和倾斜，确保了优势资源向国际业务和基础设施业务的优化配置。三是财务管理进一步加强，预算管控作用有效发挥，非生产性费用得到有效控制。强化“两金”管理，对债权回收和未完施工实施有效控制，现金流管理进一步加强，有效改善了资产结构。税收、外账管理进一步提升，税务、财务等风险得到有效控制。四是监管职能的有效发挥，审计、监察、法务等部门发挥上下联动机制，强化对关键岗位、薄弱环节的监督管控力度，内控管理进一步加强。审计系统完成47项审计工作，监察系统完成立项 31 个，提出整改意见 30 余条并积极督导整改。法务系统全面参与经济合同审核，深度参与重大投融资项目的调研、评估、谈判和法律审核工作，并积极开展“送法下项目”活动，提高一线法务人员的工作水平。五是信息化工作稳步推进，开发了科技立项申报系统，完成了虚拟化平台建设。财务系统升级等工作实现了现有业务无损迁移。清理了非办公网络、非法 AP，统一建立了企业 WIFI。六是公司被中国四大信用评级机构之一的上海新世纪国际资信评估公司评为“AA+”企业，充分证明公司在市场上具有较强的核心竞争力及其管理优势，为公司拓宽融资渠道、丰富融资手段、降低经营风险打下了坚实基础。

【项目管理】2015 年，水电五局以强化项目管理为重点，全面提升经营质量和效益。一是项目标准化管理全面推广实施。以标准化、精益化管理为前提，

两河口水电站上游围堰填筑　　（刘俊勇　摄）

进一步深化前期策划，着力加强项目履约、经营能

力。重点加强了对项目分包、采购、支付等关键环节的监督管控，确保项目有效有序运行。二是全面加强工程分包管理，加强对重点工程项目分包的介入力度，从规划、边界条件制定、分包限价等重要环节全方位参与，确保有效防范经营风险。建立了分包商退出机制，定期开展评价工作，强化了对分包商的管理。三是制定出台合同管理、索赔管理等制度性文件，从制度层面有效规范和约束不规范经营行为。四是全局性、系统性地有效开展了“减亏扭亏、提质增效”专项治理工作，全面梳理亏损项目，“一对一”制定治理方案并定时跟踪落实工作，“减亏扭亏、提质增效”专项治理工作取得一定成效。通过以上措施，项目的管理水平、履约能力、经营质量整体提升，履约进度、履约形象良好。新疆阿尔塔什枢纽工程和西藏加查项目顺利截流，西藏加查项目以混凝土日浇筑量突破5000立方米、月浇筑量突破85000立方米的业绩刷新了青藏高原混凝土浇筑纪录。赞比亚穆-纳项目一年完成全线土石方开挖回填工作，18个月完成全线水稳层、级配碎石基层，5个月完成全线沥青混凝土面层施工，工程进度、履约形象、经营效益得到业主、监理的高度认可。乌干达卡鲁玛电站尾水洞月进尺创286米新纪录，被誉为东非“卡鲁玛速度”。科特迪瓦苏布雷项目因高效有序的EPC运营能力和属地化管理，受到当地政府的赞誉和媒体的广泛关注，集团公司也因此荣获中国驻科大使馆颁发的“中科合作发展奖”，为集团和公司赢得了国际荣誉。成都地铁、石济客专、青龙湖湿地工程等项目标准化、精细化管理卓有成效，在工程履约、管理效能、经营质量等方面与先进、专业单位同台竞技，屡获佳绩。成都地铁安全质量及履约信誉考评3次获得第一名、2次获得先进集体。石济客专被树立为专线样板工程，获得业主20次绿牌嘉奖。青龙湖项目6个月完成全部施工任务，得到成都市政府及业主高度肯定。海阳风电总包项目首批机组提前20天并网发电，公司全年装机突破142万千瓦。

江习高速公路张家岩隧道　　（周娇娇　摄）

【质量安全】水电五局严格落实安全生产责任制，抓好四个体系建设，各主业单位安全总监配置到位。以全面开展“安全生产制度落实年”活动和标准化管理为契机，狠抓制度落实和标准化建设。以强化分包队伍管理、国际项目管理为重点，全面加强了项目安全生产管理，公司安全形势总体受控。公司连续七年获全国“安康杯”竞赛优胜单位。一分局安徽绩溪、二分局京新高速、三分局小井沟、四分局美立方、五分局郑州陇海路九标、长河坝等多个项目受到地方政府和业主表彰，被授予“示范工地”“文明工地”等荣誉称号。一年来，公司各在建项目质量管理意识进一步增强，三检制得到有效落实，质量管控水平不断提升，整体受控。国内水利水电工程单元工程合格率为98.49%，国外工程、基础设施工程检验合格率达100%，郑州三环荣获“全国市政金杯示范工程”，为中国市政行业质量工程最高荣誉。

【设备物资管理】水电五局2015年主要设备完好率为93.75%，利用率为81.92%，比上一年度有一定程度提升，满足集团公司设备完好率合格要求，高于集团公司设备完好率、利用率的平均水平。设备物资集中采购率为70.3%。技术装备率为9.98万元/人，动力装备率为60.49千瓦/人，装备生产率为19.16元/元。

举办公司2015年度设备物资管理培训班，培训了49名一线设备物资从业人员；组织公司29人报名参加国家招标师职业资格报名考试，主办了起重机械安全管理取证培训班，共有87名特种设备管理人员参培；完成公司特种设备安装维修人员资格证2015批次年审工作，确保了公司继续保持特种设备安装维修资格。

【人才引进与教育培训】2015年，水电五局完成2015届298名新员工的报到、培训、分配、档案整理等工作。全面启动了新入职员工的导师带徒活动，召开了公司2014—2015年度导师带徒活动总结表彰会议，对上年度活动开展情况进行了全面总结，表彰了6家优秀单位、71名先进个人，开展了经验交流活动；根据企业的发展战略和各类人才需求情况，重点为二分局、四分局、国际公司、部分直管项目部等单位引进各类亟需的社会人才35名；组织261人参考一级建造师，完成一级、二级建造师初始、延续注册及变更共计 41 人。组织公司各单位 239 名员工参加省建设厅九大员考试，通过 195 人，保证了公司持证上岗的需求；完成了专业技术资格级技师、高级技师的申报、审核、评认定工作，53 人取得高级专业技术资格，150 人取得中级专业技术资格，309 人取得初级专业技术资格，有 26 人取得高级技师资格，27 人取得技师资格；认真调研摸底，制定印发了公司 2015 年度员工培训计划，先后举办了青年骨干素质提升、经营管理人员培训等 30 余期培训班，培训员工 3800 余人次，全年送培公司高层、中层干部、专业技术管理人员等参加了国资委、股份公司等机构组织的培训 160 余人次，进一步提升了干部的领导力意识和综合管理能力。

国内工程项目

【综述】截至 2015 年年底，水电五局共有在建工程项目（标段）166 个。年内在建项目关键节点工期如期实现。

1 月，新疆克州盖孜水电站引水隧洞全线贯通，浙江仙居抽水蓄能电站首台机组土建施工完成，丹肯高铁改线高速公路顺利实现通车目标；4 月，大渡河黄金坪电站特大型闸门制作完成；5 月，安谷水电站 3 号机组正式投产发电，新疆克孜尔电厂 3 号机组正式并网发电，云南小海子风电场首台风力发电机组成功并网发电，三岔河水电站进水塔交通桥架设顺利完工；6 月，长河坝水电站渡汛工程汤坝土料场抗滑桩混凝土浇筑顺利完工，新疆克孜尔电厂 4 号机转子吊装成功，溧阳抽水蓄能电站上水库进、出水口 16 台固定卷扬式启闭机全部吊装就位，重庆梁忠高速公路第二长隧——南华山隧道左线提前 11 天顺利贯通，云南小海子风电场Ⅱ回线 15 台箱变投运成功，重庆梁忠高速公路水井湾大桥左线顺利架设完成，安谷水电站 4 号机组转轮、大轴、支持盖、导流锥四体联吊顺利就位；7 月，溧阳抽水蓄能电站上水库进出水口土建工程全部完成，沙坝水库工程全面竣工，安谷水电站 4 号机组转子顺利吊装就位，溧阳抽水蓄能电站首台机定子吊装成功，卡基娃水电站 2 号机完成 72 小时试运行，投入商业发电运行阶段，浙江仙居抽水蓄能电站首台机组定子吊装成功，赞比亚穆巴拉-纳孔德公路项目合同段内的级配碎石层施工全面完成；8 月，广东清远抽水蓄能电站引水道充排水试验圆满成功，石济客专项目先架梁方向桥下结构全部完成，向家坝南总干渠首部取水隧洞顺利贯通；9 月，凯雷高速公路乌轰郎隧道左、右洞相继顺利实现贯通，贵州凯雷高速公路路基工程通过验收，沙坪二级水电站首套泄洪闸超大型弧形工作闸门顺利通过出厂验收，溧阳抽水蓄能电站上水库工程通过蓄水验收，正式具备蓄水条件，中牟县富康路沥青路面全线施工正式宣告结束，南水北调中线淅川 4 标段渠道工程和附属项目工程顺利通过全部验收；10 月，新疆盖孜水电站最后一台水轮发电机组转子成功吊装就位，新疆克州盖孜水电站压力管道隧洞提前 60 天实现全线贯通目标，都柳江从江航电枢纽工程 Ⅰ 标工程顺利通过蓄水安全验收，溧阳抽水蓄能电站 2 号机定子吊装成功，山西晋中东山供水工程输水线路施工二标全线贯通，山东海阳九龙山风电场工程风机基础全部浇筑完成；11 月，金元水电站首台机组通过 72 小时试运行，顺利移交业主投产发电，安谷水电站左岸副坝一标顺利通过合同工程验收，南水北调中线元氏段工程顺利通过合同项目验收，西昌安宁河谷左岸风电场电力送出工程通过专项验收，金沙江乌东德水电站半新公路第二标段对门峰隧道顺利贯通，溧阳抽水蓄能电站 5 号机组转子成功吊装就位；12 月，南水北调中线淅川 4 标顺利通过合

安谷水电站 5 台机组全面投产发电　　（李汝倩　摄）

同项目验收，新疆盖孜水电站压力管道下斜井全断面贯通。

【重要项目】

两河口水电站大坝工程

两河口水电站位于四川省甘孜州雅江县境内的雅砻江干流上，电站采用坝式开发，水库正常蓄水位高程2865.00米，水库总库容为107.67亿立方米，消落深度为80米，调节库容为65.6亿立方米，具有多年调节能力。电站装机容量300万千瓦，多年平均年发电量110亿千瓦时。工程为一等大（1）型工程。

电站枢纽建筑物由砾石土心墙堆石坝、洞式溢洪道、深孔泄洪洞、放空洞、漩流竖井泄洪洞、地下发电厂房、引水及尾水建筑物等组成，采用“拦河砾石土心墙堆石坝+右岸引水发电系统+左岸泄洪、放空系统+左、右岸导流洞”的工程枢纽总体布置格局。砾石土心墙堆石坝最大坝高295米，引水发电系统为大型地下洞室群结构，安装6台单机容量为50万千瓦的水轮发电机组。

本标所承担的主要项目和工作内容有：上、下游围堰土建工程，砾石土心墙堆石坝土建工程，封堵工程，阿农沟沟水处理工程，预埋件，机电设备采购及安装工程等。

主要工程量：土石明挖2437910立方米，石方明挖17858877立方米，坝体堆石料填筑29391400立方米，心墙砾石土料填筑4411400立方米，坝体过渡料填筑5849100立方米，坝体反滤料填筑1974800立方米，各类锚杆约2370吨，混凝土浇筑284149立方米，人工砂生产300980吨，钢筋制安10350立方米。

武汉墨水湖综合整治疏浚工程　　（李慧峰　摄）

合同金额：519500.867万元。

合同工期：2015年5月1日—2023年12月31日。

新疆阿尔塔什水利枢纽大坝工程

阿尔塔什水利枢纽工程位于新疆维吾尔自治区南疆喀什地区莎车县霍什拉甫乡和克孜勒苏柯尔克孜自治州阿克陶县的库斯拉甫乡交界处，是塔里木河主要源流之一的叶尔羌河流域内最大的控制性山区水库工程。水库总库容22.49亿立方米，正常蓄水位高程1820米，最大坝高164.8米，电站装机容量75.5万千瓦。枢纽为大（1）型Ⅰ等工程。

枢纽工程由拦河坝、1#、2#表孔溢洪洞、中孔泄洪洞、1#、2#深孔放空排沙洞、发电引水系统、电站厂房、生态基流引水洞及其厂房、过鱼设施等主要建筑物组成。

本合同施工范围及施工内容主要包括：一般项目，施工临时设施，施工安全措施，环境保护和水土保持，施工导流工程，混凝土面板砂砾石坝工程，右岸高边坡处理，3#-1道路，3#交通桥，2#-2交通洞，6#路及交通洞，高边坡处理重机道，13#-1道路延长等。

主要工程量：土石方开挖2517205立方米；土石方填筑26229430立方米；混凝土257855.39立方米；钢筋制安14482.095吨。

合同金额：160106.5856万元。

合同工期：2015年6月1日—2021年5月31日。

大邑县晋原镇斜江河官渡佳苑安置点、大树安置小区、建华三期融资建设

本项目工程包括官渡佳苑安置点项目、大树安置小区一期建设项目以及建华三期安置房建设项目共三个小区的安置房建设。三个小区均位于成都市大邑县晋原镇，通过大邑县城市主干道相连，相互之间距离较近。

官渡佳苑小区项目总建筑面积69804平方米，其中住宅建设面积约55512平方米，地下车库建设面积约13800平方米，由一层地下室和5栋地上单体建筑组成。

大树安置小区一期项目由一层地下室和9栋地上单体建筑组成，其中5栋、6栋、9栋为地上26层纯住宅楼，3栋、4栋为地上18层纯住宅楼，1栋、2栋、8栋为地上18层带临街商业网点的住宅楼，7栋为地上3层商业用房。

建华三期安置房项目建筑面积43129.44平方米，其中地上1#面积15182.44平方米，地上2#面积16457.78平方米，地下面积11489.22平方米；其中地下二层，地上一层商业用房，二层以上为住宅楼，层数为23楼；本工程为纯剪力墙结构，主楼基础为筏板基础；裙房为柱下独立基础。

合同金额：57073.9486 万元。

合同工期：2015 年 12 月 15 日—2017 年 12 月 15 日。

十陵青龙湖湿地一期项目

十陵青龙湖湿地一期项目位于四川省成都市成洛路以南，绕城高速以西，东风渠以东，场地总体高差 35 米左右，总用地面积 320.91 公顷。主要包括儿童湿地科普园，市桥龙泽，遗迹怀古，黄泥堰区，镜花水月，荷塘区，朱熹宗祠、二级驿站、三级驿站、公厕、景廊、景亭、护岸修复、千禧园风貌改造、截污管道、绿化等设计图示范围内的景观、绿化、建筑、装饰、安装、市政等。

主要工程量：土方开挖 51 万立方米（含沟槽、淤泥挖方）土石方填筑 53 立方米（含沟槽等）、混凝土 7000 立方米、移栽乔木 1.2 万株、栽植乔木 1.6 万株、植草 60 万平方米、雨污水管道 6800 米等。

合同金额：31388.7903 万元。

合同工期：2015 年 7 月 4 日—2015 年 11 月 30 日。

广东阳江抽水蓄能电站上下库连接道路工程

阳江抽水蓄能电站位于广东省阳春市，电站规划总装机规模 240 万千瓦，近期建设规模 120 万千瓦。

本标为上下库连接道路Ⅱ标：上下库连接道路 K10+440～K19+704.000 及上库进出水口支线 0.434 公里，包括两条隧道（分别长 1010 米和 720 米），合计里程为 9.70 公里。四级公路标准设计，设两车道，混凝土路面。

本合同工程项目及其工作内容：路基、路面、隧道工程、安全设施及预埋管线。

主要工程量：土方明挖 32.7 万立方米，石方明挖 26.8 万立方米，石方洞挖 11.6 万立方米，路基填筑利用土石方 17.8 万立方米，混凝土浇筑 10.86 万立方米，涵洞 43 道。

合同金额：19821.02881 万元。

合同工期：2015 年 12 月 15 日—2018 年 1 月 15 日。

夹岩水利枢纽及黔西北供水工程水源三通一平（二期）工程

贵州省夹岩水利枢纽及黔西北供水工程位于贵州省毕节市及遵义市境内。工程的任务以供水和灌溉为主，兼顾发电。枢纽工程由水源工程、灌区工程和提水工程 3 部分组成。

本标段主要工作范围：下游永久交通桥、R12 道路（交通洞）、料场交通洞（含施工支洞）、陈家大沟排洪建筑物、R19 道路、上游临时索桥、水源区建设管理营地、施工交通工程、场内供电线路工程、临时办公、生活等房屋及相应临时工程等。

主要工程量：土方明挖 69372 立方米，石方明挖 280663 立方米，石方洞挖 129741 立方米，土石方填筑 166067 立方米，混凝土浇筑 67510 立方米，回填灌浆 20688 平方米。

合同金额：11478.3417 万元。

合同工期：2015 年 7 月 15 日—2016 年 9 月 30 日。

安徽金寨抽水蓄能电站下水库导流泄放洞工程

金寨抽水蓄能电站位于安徽省金寨县境内，距合肥市、六安市的公路里程分别为 205 公里、134 公里。电站主要承担安徽电网调峰、填谷、调频、调相及紧急事故备用等任务，装机容量 120 万千瓦（4 台×30 万千瓦），平均年发电量 20.10 亿千瓦时。

工程属一等大（1）型工程，主要由上水库、输水系统、地下厂房系统、地面开关站及下水库等建筑物组成。下水库大坝为混凝土面板堆石坝，最大坝高约 98.5 米，正常蓄水位高程 255.00 米，相应库容 1453.00 万立方米。

本合同主要工程项目及其工作内容：下水库导流泄放洞工程、王湾沟沟水处理工程、自流排水洞工程。

主要工程量：土方明挖 19375 立方米，石方明挖 21520.2 立方米，洞挖 67282.3 立方米，土石方填筑 7956 立方米，混凝土 30239.9 立方米，钢筋制安 3088.5 吨，回填灌浆 8683 平方米，固结灌浆 31817.2 米。

合同金额：7113.3558 万元。

合同工期：2015 年 7 月 1 日—2017 年 6 月 30 日。

新华水力和田墨玉二期 130 万千瓦光伏并网发电项目施工Ⅰ标

西成客专金水河特大桥　（王会年　摄）

本工程属和田地区墨玉县区域内项目，该区域采用集中区域化开发建设模式，共规划实施项目容量为 500MWp，总规划占地面积约 11.3 平方公里。该规划区域包括综合服务区、光伏电站、升压站、道路等。综合服务区位于规划项目东南部，布置管理用房等公共服务设施，升压站紧邻综合服务区西侧布置。

本工程为二期项目，一期 50MWp 项目一次建成办公楼、生产楼，按两期 180MWp 设计，并预留远期升压站建设用地，管理区东侧 110 千伏升压站以一回 110 千伏线路接入圣树 110 千伏变电站。二期 130MWp 项目建成后通过一期已建管理区东侧 110 千伏升压站扩充间隔后已一回 110 千伏线路接入墨玉 220 千伏变电站。

本合同工程项目及其工作内容：I 标段 50 万千瓦子系统：阵列区、安装工程。

合同金额：5981.0632 万元。

合同工期：2015 年 8 月 25 日—2015 年 12 月 20 日。

国 际 工 程

【综 述】2015 年水电五局国际公司紧紧围绕“强化履约、规范管理、提升核心能力，着力强化执行力、培育骨干梯队”的工作主线，强化综合管控措施，狠抓在建项目管理，强化本部和现场管理能力建设，着力改善项目经营效益；国际项目经营履约支撑体系进一步健全，履约进度、履约形象、风险管控和质量效益进一步提升，在建项目科学受控，在建项目履约整体良好。科特迪瓦苏布雷项目履约多次得到中国大使馆、该国总理与总统的赞扬，集团公司也因此荣获中国驻科大使馆颁发的“中科合作发展奖”；乌干达卡鲁玛电站尾水洞实现了月进尺 286 米新纪录，被誉为东非“卡鲁玛速度”，现场施工组织管理与工艺水平得到集团专家组的积极评价，8#、9#、10#支洞开挖均提前与主洞贯通；埃塞阿达玛风电项目、65 公路项目全面完成现场施工；摩洛哥拜本公路、丹肯高铁项目全面完工，拉巴特高速公路正加速施工并得到业主肯定，目前正抓紧路面摊铺，预计 2016 年 6 月主体完工；苏丹上阿特巴拉项目土建工程基本结束。进一步明确总部、国际公司、区域总部（项目部）的市场营销职责，完善国际市场营销体系，市场营销成绩斐然。在完成好现有项目的基础上，立足在建国家，依托公司，重点跟踪了科特迪瓦、乌干达、以色列、多哥、贝宁、埃及、赞比亚、肯尼亚、孟加拉、摩洛哥、南苏丹等 10 余个国家的 30 多个项目。中标多哥帕拉库公路项目、多哥贝宁阿贾哈拉水电站项目、贝宁多哥比斯项目、老挝南好水电站机电及金属结构设备安装工程、老挝南好水电站压力钢管制作安装工程，以色列 K 抽蓄电站项目基本完成最后的合同谈判。

科 技 管 理

【科技创新】水电五局不断推进技术创新。技术创新在支撑在建履约、市场营销、服务品牌建设、助推企业转型升级等方面的作用进一步显现。公司成功承办了集团抽水蓄能设计施工研讨会、中国大坝协会 2015 学术年会暨第七届碾压混凝土坝国际研讨会，进一步彰显了公司在抽水蓄能、大坝工程等业务领域的技术实力和行业影响力。创新成果丰硕，多项指标再创历史新高，年内获得国家专利 63 项，公司有效专利达到 225 项，居行业领先；获得 3 项国家级工法，36 项省部级工法；荣获 14 项省部级科技奖，其中参建的京沪高铁项目获得国家科学技术进步特等奖。公司连续六年获得“中国施工企业管理协会科技创新先进单位”称号。

水电五局2015年授权的国家专利奖励清单

表37

序号	年度	专利类型	专利名称	专利号	授权日期
1	2015	发明专利	垂直橡胶止水带保护器	ZL2012102483869	2015.03.18
2	2015	发明专利	施工洞内压力钢管安装转盘	ZL2012102479897	2015.08.12
3	2015	发明专利	一种用于全自动气动击实仪的电气控制系统及其控制方法	ZL2013100903013	2015.05.13
4	2015	发明专利	一种快速拆装结构的减压板	ZL2014103513254	2015.12.16
5	2015	发明专利	一种高土石坝减压板跨心墙道路的快速连接及拆除方法	ZL2014103511367	2015.12.30
6	2015	实用专利	一种异形混凝土面板施工用的可折叠式无轨滑模装置	ZL2014205955230	2015.02.25
7	2015	实用专利	一种悬臂梁现浇施工用接长挂篮	ZL2014206385319	2015.02.04
8	2015	实用专利	一种渗透系数测定装置	ZL2014205527577	2015.02.04
9	2015	实用专利	一种车载加油装置	ZL2014203122491	2015.02.04
10	2015	实用专利	PCCP管线打压管密封双面加筋平板堵头装置	ZL2014206339429	2015.01.28
11	2015	实用专利	一种塔机施工现场监控装置	ZL2014203175075	2015.01.07
12	2015	实用专利	一种道路弯道下坡部位用缓冲防撞结构	ZL2014205527666	2015.01.07
13	2015	实用专利	一种灌浆旋转式孔口封闭装置	ZL2014205542971	2015.01.07
14	2015	实用专利	一种模板拉筋用钢套管	ZL2014203136352	2015.01.07
15	2015	实用专利	一种用于复合土工膜心墙围堰的跨心墙钢栈桥	ZL2014206075079	2015.03.18
16	2015	实用专利	一种用于高塑性黏土含水调节的快速成孔装置	ZL2014206109681	2015.03.18
17	2015	实用专利	一种搭接帷幕孔位布设装置	ZL2014207795236	2015.05.06
18	2015	实用专利	一种用于高陡边坡混凝土浇筑的反轨液压爬模	ZL2014207795236	2015.05.06
19	2015	实用专利	一种用于椭圆变化曲线混凝土面浇筑的模板组	ZL2014207780565	2015.05.06
20	2015	实用专利	一种防洪报警器	ZL2015201068069	2015.06.10
21	2015	实用专利	钢管桩混凝土浇筑器	ZL2014207773307	2015.06.10
22	2015	实用专利	一种用于桥梁防撞墙模板安拆施工的工具车	ZL2015200123389	2015.06.17
23	2015	实用专利	隧道钢筋网片加工架	ZL2015200084651	2015.07.01
24	2015	实用专利	一种自清洁的混凝土搅拌装置及清洁部件	ZL2015200178080	2015.07.01

续表 37

序号	年度	专利类型	专利名称	专利号	授权日期
25	2015	实用专利	夹片式固定端锚具	ZL2015200172830	2015.07.01
26	2015	实用专利	一种防渗墙刷壁器	ZL2015200554712	2015.07.01
27	2015	实用专利	混凝土施工缝侧面凿毛装置	ZL2015200211445	2015.07.01
28	2015	实用专利	一种截水导水系统	ZL201520017976X	2015.07.01
29	2015	实用专利	一种深孔爆破人工装药工具	ZL2014208220255	2015.07.01
30	2015	实用专利	一种潜水泵改制的潜水抽沙泵	ZL2015200343726	2015.07.08
31	2015	实用专利	定量调整 YWZ 型与 YDWZ 型推力器的辅助装置	ZL2015201028786	2015.07.15
32	2015	实用专利	一种竖井混凝土衬砌简易滑模装置	ZL201520103201	2015.07.15
33	2015	实用专利	用于竖井工程的井口防雨装置	ZL2015201028413	2015.07.15
34	2015	实用专利	用于竖井灌浆的升降装置	ZL201520103352X	2015.07.15
35	2015	实用专利	卷扬机上出绳止动器	ZL2015201025307	2015.07.15
36	2015	实用专利	隧洞/隧道混凝土衬砌台车安装起吊装置	ZL2015201033002	2015.07.15
37	2015	实用专利	深竖井载人升降装置	ZL201520102580	2015.07.15
38	2015	实用专利	一种辅助倒车报警装置	ZL2015201395520	2015.07.15
39	2015	实用专利	简易注浆器	ZL2015201377838	2015.07.29
40	2015	实用专利	高推移质河道或排导槽的取水系统	ZL2015201444781	2015.07.29
41	2015	实用专利	垂直输送混凝土溜管缓降器	ZL201520047848X	2015.07.29
42	2015	软件著作权	高土石坝心墙快速计算及制图控制软件	登记号：2015SR143828	2015.07.29
43	2015	实用专利	预应力混凝土防漏浆装置	ZL2015202058971	2015.08.12
44	2015	实用专利	一种钢筋笼吊装活动吊钩	ZL2015201029238	2015.08.12
45	2015	实用专利	钢筋直螺纹连接套筒	ZL2015201776804	2015.08.12
46	2015	实用专利	一种多级自控式管道试压装置	ZL2015202858750	2015.08.12
47	2015	实用专利	一种边坡监控预警装置	ZL2015202304571	2015.08.12
48	2015	实用专利	一种电缆放线架	ZL2015202804680	2015.08.12
49	2015	实用专利	一种土石坝施工用监测仪器保护装置	ZL2015202810643	2015.08.12

续表 37

序号	年度	专利类型	专利名称	专利号	授权日期
50	2015	实用专利	组合卧式电缆放线装置	ZL201520280526X	2015. 09. 02
51	2015	实用专利	一种用于大型深基坑抽排水的浮船	ZL2015202810639	2015. 09. 02
52	2015	实用专利	一种下设套管防掉落固定装置	ZL2015202801095	2015. 09. 02
53	2015	实用专利	一种土工环刀脱模器	ZL2015203374656	2015. 09. 02
54	2015	实用专利	边坡锚索框架梁防护用钢绞线存取装置	ZL2015203355903	2015. 10. 28
55	2015	实用专利	空压反循环清孔系统	ZL2015203304121	2015. 11. 11
56	2015	实用专利	一种数字化多功能渠道衬砌机	ZL2015203311229	2015. 11. 11
57	2015	实用专利	一种可伸缩式导向吊具	ZL2015205132350	2015. 11. 18
58	2015	实用专利	一种混凝土圆管涵安装装置	ZL2015205141881	2015. 11. 18
59	2015	实用专利	一种螺杆拉伸器拆装装置	ZL2015205141665	2015. 11. 18
60	2015	实用专利	潜孔式双吊点弧形闸门的安装结构	ZL2015204306745	2015. 12. 02
61	2015	实用专利	一种利用激光定位制作钢筋笼的装置	ZL2015205479084	2015. 12. 02
62	2015	实用专利	混凝土大板试件取芯装置	ZL2015205122452	2015. 12. 09
63	2015	实用专利	一种预制 T 梁模板拉筋长套筒扳手	ZL2015205129678	2015. 12. 09

水电五局 2015 年获得的国家级工法、省部级工法奖励清单

表 38

序号	工法名称	工法等级	颁发机构
1	不良地质条件下开敞式大型调压井开挖施工工法	国家级	住房和城乡建设部
2	土石方机械智能化施工工法	国家级	住房和城乡建设部
3	高土石坝土-砂分界面双料摊铺施工工法	国家级	住房和城乡建设部
4	不良地质条件下开敞式大型调压井开挖施工工法	省部级	中国电力建设集团有限公司
5	大直径调压井混凝土衬砌滑模施工工法	省部级	中国电力建设集团有限公司
6	“先安装闸门后锚索张拉”超大弧形门安装施工工法	省部级	中国电力建设集团有限公司
7	水电站压力钢管专用运输车运输施工工法	省部级	中国电力建设集团有限公司
8	缓坡度斜井全断面针梁台车混凝土浇筑施工工法	省部级	中国电力建设集团有限公司

续表 38

序号	工法名称	工法等级	颁发机构
9	水利水电工程清水混凝土施工工法	省部级	中国电力建设集团有限公司
10	富水冰碛体水工隧洞水平旋喷桩预支护工法	省部级	中国电力建设集团有限公司
11	深覆盖层防渗墙复合土工膜心墙围堰快速施工工法	省部级	中国电力建设集团有限公司
12	超大粒径砾石土心墙填筑施工工法	省部级	中国电力建设集团有限公司
13	土石方机械智能化施工工法	省部级	中国电力建设集团有限公司
14	复杂水文地质条件下穿黄河隧洞工程开挖施工工法	省部级	中国电力建设集团有限公司
15	砾石土心墙土料含水率不足畦灌法调整施工工法	省部级	中国电力建设集团有限公司
16	砾石土心墙寒冷地区施工工法	省部级	中国电力建设集团有限公司
17	高工况超大口径 PCCP 管制作施工工法	省部级	中国电力建设集团有限公司
18	双层贝雷支架钢管柱施工工法	省部级	中国电力建设集团有限公司
19	悬灌法连续梁施工工法	省部级	中国电力建设集团有限公司
20	移动模架现浇简支箱梁施工工法	省部级	中国电力建设集团有限公司
21	大口径 PCCP 管制管工艺施工工法	省部级	四川省住房和城乡建设厅
22	水利水电工程清水混凝土施工工法	省部级	四川省住房和城乡建设厅
23	土石方机械智能化施工工法	省部级	四川省住房和城乡建设厅
24	复合土工膜心墙围堰施工工法	省部级	四川省住房和城乡建设厅
25	CFG 桩长螺旋钻孔芯管泵送混合料成桩施工工法	省部级	四川省住房和城乡建设厅
26	双层贝雷支架钢管柱施工工法	省部级	四川省住房和城乡建设厅
27	富水冰碛体水工隧洞水平旋喷桩预支护工法	省部级	四川省住房和城乡建设厅
28	悬灌法连续梁施工工法	省部级	四川省住房和城乡建设厅
29	高土石坝土料快速检测施工工法	省部级	四川省住房和城乡建设厅
30	移动模架现浇简支箱梁施工工法	省部级	四川省住房和城乡建设厅
31	高土石坝土-砂分界面双料摊铺施工工法	省部级	中国电力建设协会
32	水电站压力钢管专用运输车运输施工工法	省部级	中国电力建设协会
33	土石坝高塑性黏土填筑中基面泥浆机械喷涂施工工法	省部级	中国电力建设协会
34	高土石坝砾石土心墙施工工法	省部级	中国电力建设协会
35	水利水电工程清水混凝土施工工法	省部级	中国水利工程协会
36	深覆盖层防渗墙复合土工膜心墙围堰快速施工工法	省部级	中国水利工程协会
37	“先安装闸门后锚索张拉”超大弧形门安装施工工法	省部级	中国水利工程协会
38	大跨度多箱室近距离双幅市政连续梁施工工法	省部级	河南省建筑业协会
39	缓坡度斜井全断面针梁台车混凝土浇筑施工工法	省部级	中国水利工程协会

水电五局2015年获得省部级以上科技奖项

表39

序号	类型	项目名称	获奖等级
1	中国电力建设企业科技奖	大直径深竖井关键施工技术	一等奖
2	中国电力建设企业科技奖	淤泥质土条件下的深基坑泵站施工技术研究	二等奖
3	中国电力建设企业科技奖	水电工程铜止水成型焊接工艺研究及应用	三等奖
4	中国电力建设企业科技奖	围堰预留岩坎水下爆破拆除技术研究与应用	三等奖
5	中国电力建设企业科技奖	高土石坝反滤料精确掺配、精细施工技术研究	三等奖
6	中国电力建设企业科技奖	碎(砾)石土料超径剔除工艺研究	三等奖
7	中国电力建设企业科技奖	大坝防渗材料的掺拌工艺研究	三等奖
8	中国电力建设企业科技奖	高土石坝坝料运输跨心墙技术研究	三等奖
9	电建集团科技奖	高水力学指标过水围堰关键技术	三等奖
10	辽宁水利科技奖	大型PCCP输水管道制造创新研究	一等奖
11	中国施工企业科技奖	寒冷地区砾石土心墙坝冬季施工技术	二等奖
12	中国施工企业科技奖	高土石坝砾石土掺配及含水量调整技术	二等奖
13	中国施工企业科技奖	土石方机械智能化施工技术	二等奖
14	中国施工企业科技奖	长河坝水电站砾石土心墙坝土料检测方法与评价标准研究	二等奖

党群工作

【党建工作】2015年，水电五局认真落实党建工作责任制，与二级单位、二级单位与所属项目层层签订党建工作责任书，年中对在蓉单位责任制落实情况进行了检查督导，注重项目党建责任制的落实。举办了基层党务工作者培训班，以切实提高党务工作者的业务工作水平。

3月初，召开了第五次党代会，选举产生了新一届党委和纪委。开展了争创服务型基层党组织和争当为民务实清廉优秀党员的“双争”活动，活动中，1人受到省委表彰；1人和1个基层党组织受到省国资委表彰；三分局党委获省国资委首批服务型示范党组织称号；“七一”前夕，公司党委对16个先进基层党组织、16名优秀党务工作者、50名优秀党员进行了表彰。

开展了公司“四好”领导班子和文明工程评选；二分局、陇海路项目、长河坝施工局、实业公司四个单位被评为公司2013—2014年度“四好班子”，8个文明工程受到表彰。制定并实施年度发展党员计划，全年发展党员49名，为党组织输送了新鲜血液。

【“三严三实”专题活动】自2015年5月开始，水电五局根据制定的“三严三实”专题教育实施方案、工作计划表，明确时间表、任务书，召开了公司动员部署大会，重点在主任师以上领导干部中开展专题教育，在公司网站开设了专题教育专栏，向各级党组织、党员干部发放《习近平谈治国理政》《优秀领导干部先进事迹选编》等指定书籍1000余册，学习光盘50套。

从9月底到11月底，利用两个多月的时间，组织开展了“践行三严三实，履行两个责任”知识竞赛，3500余名职工参与了报纸答题，举办了现场的预赛和决赛，取得了预期效果，有力推进了“三严三实”和党章党规的学习。

积极推进专题教育“党委书记讲专题党课、党委中心组和各级党组织专题学习研讨、召开专题民主生活会和组织生活会、整改落实和立规执纪”四个关键“动作”规范开展。各级党委书记、党支部书记讲专题党课共计约120堂次；自下而上征求基层单位和广大职工对公司领导、总部机关在“三严三实”方面存在问题的意见和建议，汇总梳理具体意见建议48条，形成问题清单反馈给班子成员、总部各部门并做好监督整改工作。

【企业文化】2015年，水电五局积极弘扬社会主义核心价值观，宣贯股份公司企业文化，认真组织宣贯公司“六位一体”的企业文化，编辑制作了新版的《企业文化手册》和《员工手册》并发放到员工手中。根据公司党委的安排，制定并实施了《公司“道德讲堂”建设实施方案》，全面开展“道德讲堂”建设活动。公司新闻宣传部门紧紧围绕生产经营、公司年度重心开展宣传报道工作。结合年度工作会议精神要求，制订下发了年度宣传工作要点；以“三严三实”教育实践活动和公司“保规模稳增长、提质量增效益、重细节抓管控、强作风育队伍”工作主线为重点，有针对性地组织收集、提炼在专项教育活动和年度经营管控工作中的先进经验和优秀成果，助推公司党建工作科学化和“十二五”规划胜利收官；积极主动改变工作作风，走进、深入重点工程项目一线，对白鹤滩、长河坝、江习、郑州项目片区、阿尔塔什、两河口、泸州项目、乌干达卡鲁玛电站、科特迪瓦苏布雷水电站等重点工程进行了现场采访，撰写了多篇有分量的新闻宣传稿件，彰显了特企文化品牌；依托公司报纸、公司网站、官方微信平台等宣传载体，举办了“缅怀先烈精神、共创企业辉煌”——纪念抗日战争胜利70周年有奖征文、最美水电人、最美一线工程师、节日感言等专项、特色活动和栏目，全方位展示了公司的企业文化以及在各项工作业务中取得的成绩。

2015年，水电五局按照省新闻出版署的规定，顺利完成了报纸更名工作，《水电五局报》更名为《五局时代》。全年共编辑出版《五局时代》38期，编辑刊发稿件700余篇，约72万余字。累计在公司网站编辑稿件3000余条、图片6000余张，公司网站的年点击率达到了70余万次。公司及公司所属各单位在凤凰网、央视网、人民网、搜狐网、腾讯网、中国日报网、中国新闻网、中华人民共和国商务网、国务院国资委网站、中国经济网、中工网、中企新闻网、四川日报、四川日报网、中国建筑报、中国工程建设网、中国电力报、中国水利报、四川水力发电、中国高速公路网、国际商报网、中华商务网及电建集团公司网站、报纸等外部新闻媒体发稿1100余篇，有效地放大了公司品牌，提升了公司的美誉度和社会知名度。

【群工工作】水电五局工会围绕公司生产经营中心工作，深入开展了一系列促进企业发展、维护职工权益、增强文化凝聚力和核心竞争力的实事。在成雅、加查、苏布雷等国内外一线项目组织和指导开展各类竞赛活动共计26次。在加查项目组织开展的“大干四个月、攻坚克难保度汛”劳动竞赛，创造了公司在高海拔地域的生产纪录；年内，公司群众性经济技术创新立项30余项，其中，1项荣获四川省职工优秀技术创新成果优秀奖；1项创新成果获得国家专利；5项获得公司技术表彰。6月，与公司安监部一起组织优秀演讲选手组成“安全在我心中巡讲团”，先后走进江习、梁忠、青白江等6个项目工地开展了安全巡讲；举办了公司2015年测量工、土工试验工技能提升培训班，组织43名一线测量人员、40名土木试验工参加了培训，切实提高了职工实战技能。组织各单位选拔出95名优秀的一线班组长，参加了由清华大学举办的为期1年的央企班组长培训班，并制定了鼓励学习的政策制度；8月，制定了《中国水电五局员工体检管理制度》，实现了职工全员年度体检；继续深入开展“冬送温暖”“夏送清凉”“金秋助学”等品牌帮扶工作。全年，共为困难职工及家属送去“两节”温暖慰问金562.95万元，为2.13万名公司职工、农民工发放送清凉物资金额达91.36万元，为61名符合条件的困难职工子女提供金秋助学金12.9万元。

年内，公司工会积极组织广大职工开展丰富多彩的文体活动，以活动为载体增强公司文化的凝聚力。4月，举办了驻蓉单位职工趣味运动会；9月，举办了“迎国庆”职工气排球比赛。作为2015年集团工会川渝片区的牵头单位，成功承办了川渝片区趣味运动会及羽毛球比赛两项活动。公司工会组织各级工会通过督促外协公司（队伍）、劳务派遣公司成立工会组织、吸纳农民工入会的方式，完成了5000名农民工入会，规避了农民工加入公司工会可能带来的劳动纠纷诉讼风险；11月，四川省国资委要求公司承担大小凉山彝区对口帮扶任务，公司工会与公司党委、人力资源部积极协商，最终选派了1名职工前往金阳县进行驻村帮扶。

2015年，水电五局团委持续以“号”“队”“岗”“手”等活动为抓手，以“青年论坛”“青工技术比武”“导师带徒”“QC小组”“安全生产·青年先行”“青春梦工厂”等品牌活动为导向；以“阳光义卖”“志愿者服务”“激励助学”等特色公益为亮点；以“奋斗的青春最美丽”“我们身边的好青年”“爱上阅读.书写青春”“一封家书”“陌上花开·幸福缘来”单身联谊、“全国向上向善好青年”分享会等特色活动为落点，激励青年立足岗位、建功立业，引领广大团员青年为实现公司的战略目标奉献青春和智慧。

（高冬梅、杨增文、闫丽、丁晓勇）

中国水利水电第七工程局有限公司

【公司资质】中国水利水电第七工程局有限公司（简称中国水电七局）具有国家水利水电工程施工总承包特级资质、市政公用工程施工总承包一级资质、房屋建筑工程施工总承包一级、机电安装工程施工总承包二级、公路工程施工总承包三级、电力工程施工总承包三级、铁路工程施工总承包叁级和公路路基、隧道、地基与基础处理、土石方工程专业承包一级资质等10余项专业承包资质。公司还具有水利水电专业设计甲级、测绘甲级、水利工程质量检测甲级等设计资质。可承接房屋建筑、公路、市政、铁路、港口与航运、水利水电各类别工程的施工总承包、工程总承包和项目管理业务。公司所属的水工机械厂是国家机械工业重点企业、四川省重大技术装备产业链企业，并先后获得自营进出口权，国家机械产品出口生产基地等资质。公司通过了ISO9001：2008标准质量管理体系、ISO/14001：2004标准环境管理体系、GB/T28001：2001标准职业健康安全管理体系认证、四川省省级企业技术中心认定、ISO3834-2国际焊接体系认证。

【主要领导调整及班子成员】截至2015年12月，中国水电七局领导班子成员：公司执行董事、法定代表人、总经理兼党委副书记申茂夏，党委书记兼副总经理张桥，党委副书记、纪委书记、公司监事郝国英，副总经理郗举科、向超群、但东、江瑞俊、辛宗懿、李东林、吴越建、莫永彪，总会计师张元刚，总工程师向建，工会主席刘劲松。

【队伍状况与组织机构】现有职工 11058人。其中，拥有专业技术职称4676人，占公司总人数的42.29%，高级职称共525人，中级职称1554人，初级职称2597人。注册建造师468人，其中一级建造师212人，二级建造师256人。

中国水电七局总部职能部门14个：总经理工作部、党委工作部（组织部、新闻中心、企业文化中心、团委）、人力资源部（企业领导人员管理部）、财务部、工程科技部、战略与投资管理部、经营管理部、安全环保管理部（质量管理部）、资产产权部（采购中心）、资金管理部（结算中心）、审计与风险管理部、监察部（纪委办公室）、法律事务部、工会（工会综合办公室）。

中国水电七局所属二级单位及施工局、项目部24个：第一分局、第二分局、第三分局、第四分局、第五分局、第六分局、机电安装分局、国际工程公司、南方分公司、勘测设计院、试验检测研究院、高级技工学校、社会职能管理中心、市场营销中心、公司机关车队、成都地铁施工局、向家坝施工局、溪洛渡施工局、锦屏施工局、糯扎渡施工局、亭子口施工局、白鹤滩施工局、南广铁路项目部、成都锦江生态带整治总承包部。

中国水电七局全资子公司、控股公司12个：夹江水工机械有限公司、成都水电建设工程有限公司、四川久隆水电开发有限公司、四川省昭觉县昭源电力开发有限责任公司、乐山市沙湾新华电力有限公司、成都明珠国际酒店有限公司、成都星宇物业管理有限公司、中电建成都金属机构研发有限公司、中水电七局成都建设有限公司、中水电成都天府新区混凝土工程有限公司、资阳中水电七局项目建设有限公司、中水电七局（武汉）建设有限公司。

南宁至广州铁路通车

中国水电七局国际项目机构：巴基斯坦分公司、马其顿区域经理部、各驻外代表处、巴基斯坦塔贝拉水电站四期扩建（土建）项目、巴基斯坦旁遮普省卡内瓦尔县分流系统修复升级项目、巴基斯坦苏勒曼奇拦河坝修复及升级项目、巴基斯坦帕克帕坦渠、哈迪尔支渠和帕克帕坦伊斯兰连接修复升级项目、巴基斯坦卡西姆火电项目、巴基斯坦卡洛特水电项目、巴基斯坦柯亚华水电项目、马其顿米拉蒂诺维奇—斯蒂普高速公路项目（MS 高速公路）、马其顿肯切沃—奥赫里德高速公路项目（KO 高速公路）、马来西亚厦门大学海外分校项目、马来西亚胡鲁水电项目、马来西亚万绕高架桥公路项目、马来西亚曼戎火电项目、马来西亚 500 千伏输变电项目、马来西亚 JIMAH 火电项目、苏丹上阿特巴拉水利枢纽项目、菲律宾卡斯瓦根火电项目、印度尼西亚雅万高铁项目、墨西哥奇瓜森 II 水电站项目。

【主要经营指标】2015 年，中国水电七局实现营业收入 200.23 亿元，实现利润 8.65 亿元，公司国内外在建工程合同存量 571.58 亿元。其中:国内水利电力 150.97 亿元，占比 26.41%；国内基础设施 105.1 亿元，占比 18.39%；国内制造业 8.09 亿元，占比 1.42%；国际工程 307.42 亿元，占比 53.78%。公司全员劳动生产率 177.12 万元/人•年，同比增长 26.57%。截至 2015 年年底，中国水电七局国内在建工程 176 个，年末资产总额 270.8 亿元。

【新建蒙西至华中地区铁路煤运通道土建工程 MHTJ-18 标段】新建蒙西至华中地区铁路煤运通道工程为国家 I 级重载铁路，列车牵引质量 10000 吨（部分 5000 吨），列车轴重 30 吨。本标段线路长约 50 公里，主要包括路基 30 段（线路总长 37.48 公里），桥梁 26 座（线路总长 7.958 公里），隧道 3 座（线路总长 4.345 公里）及正线车站 1 座。标段起点从寨根沪陕高速公路特大桥三门峡端桥台里程开始，至王营水库特大桥荆门端桥台里程结束，线路途经河南省西峡县丹水镇、田关乡、内乡县赵店乡、湍东镇、师岗镇、邓州市十林乡及淅川县厚坡镇等地。

巴基斯坦塔贝拉

合同造价 12.5 亿元。2015 年 8 月开工，主要进行了土地征拆、大小临建、桥梁桩基、隧道开挖、路基开挖施工。其中完成 4 座拌和站钢筋加工厂建设。寨根沪陕高速特大桥、柴家大桥、王庄大桥和白沟坝水库大桥 4 座桥梁已开工，目前方山 1#、红土岭两座隧道已全面进洞。

【新建成都到贵阳铁路乐山至贵阳段站前工程 CGZQSG3 标段】2015 年度计划产值 83535 万元，实际完成产值 120017 万元，完成计划的 114%。隧洞工程、桥梁工程、路基工程施工全部按计划完成，履约良好。施工过程中多次受到监理、业主的表扬（率先完成红线内房屋拆迁工作（绿牌）、完成箱梁架设（绿牌）、一季度成贵公司组织的“六位一体”平推检查 16 个标段排名第三、帽子山隧道安全顺利贯通（贺信）。

【新建铁路西安至成都客运专线西安至江油段（四川省境内）站前工程施工总价承包 XCZQ-3 标段】工程进度整体基本受控，满足架梁工期要求。隧道工程：碉堡梁隧道、郑家沟隧道、彭家湾隧道已全部完成，具备架梁条件；曹家湾隧道、夏家湾隧道、石梯子隧道施工不影响架梁工期。桥梁工程：郑家中桥、司马村特大桥已完成全桥架梁。剩余桥梁或已具备架梁条件或基本能保证架梁工期。

【新建深圳至茂名铁路江门至茂名段 DK133+223-DK388+868.29 站前工程 JMZQ-5 标段】截到 2015 年年底，路基已启动 21 段土石方开挖工作，其他路基根据征地情况正在清表；涵洞 82 洞已施工完成；软基处理 CFG 桩、高压旋喷桩、水泥搅拌桩、岩溶处理、附属支挡结构、边坡防护、防护栅栏、排水系统正根据路基开挖、填筑情况陆续施工。桥梁已开工 17 座，正在进行 4 座桥梁桩基施工，11 座桥梁正在进行承台、墩身、桥台施工，5 座桥梁施工已完成。隧道已开工 3 座。超额完成年度计划。

【深圳市城市轨道交通三期工程 7 号线 7302 标 BT 项目】2015 年计划完成 7851 万元，实际完成 11897 万元，完成年度计划的 151.5%，完成合同总金额 166563 万元的 100%。主体工程基本完工，完成标段车站主体和区间主体工程初步验收，完成深云站和安托山站附属工程初步验收，仅剩余桃源村站附属工程初步验收未完成。现场进度满足“轨通、电通”节点要求，同时为站后工程及时提供工作面，保证项目正常履约。施工过程中多次受到深圳地铁公司及电建指挥部的表彰，并荣获深圳市建筑协会颁发的“深圳市优质结构工程奖”。

【成都地铁 4 号线二期工程（西延线）项目】2015 年度履约情况较好，土建 1 标大学城站、杨柳河站主体结构提前实现封顶；杨盾区间下穿杨柳河节点因管线改迁缓慢，致使主体结构封顶稍有滞后；三个站台的附属结构正在按计划施工，并在第三季度质量安全及履约信誉考评中荣获第一名，履约良好。目前万盛站和杨柳河站—盾构井明挖区间主体结构顺利通过中间交工验收，标志着土建 1 标合同范围内的主体结构全部通过验收，成为成都地铁 4 号线二期工程所有承建单位中首个主体结构全部通过中间验收的施工单位。土建 2 标南熏大道站主体结构封顶，附属 A 号、B 号出入口完成；光华公园站主体结构封顶，附属结构正在施工中；西部新城西站主体结构封顶；光西盾构区间双线贯通，西凤盾构区间双线贯通，超额完成年度计划。承建的光华公园站—涌泉站（西部新城西站）—凤凰大街站区间右线盾构隧道、南熏大道站附属结构（A、B 通道）及内部结构实体质量验收顺利通过，率先完成西延线盾构隧道区间双线（左线、右线）验收。土建 3 标中间风井于 4 月 30 日按期完成；凤凰大街站主体结构已封顶，正在进行 B1、B2 出入口冠梁施工；凤—西区间中间风井完成封顶；西部新城站主体施工已封顶，并顺利通过质监站对西部新城站主体结构验收；明挖区间暗挖正在进行围护结构施工。盾构施工 6 标：2015 年计划产值 36020 万元，实际完成 40164 万元，占计划产值的 111.50%，6#盾构机经过改造后，掘进速度加快，南熏大道站—光华公园站区间右线提前完成掘进任务。盾构将在 2016 年 2 月全部施工完成，进度受控。

【深圳市前海市政配套土建预留工程 I 土建 5121 标工程】2015 年度计划完成 4.9 亿元，实际完成 5.367 亿元，完成年度计划的 109.5%，完成合同总金额 16.413 亿元的 32.7%。本年度标段完成钻孔桩 1838 根，完成地表加固 22469 根，完成止水帷幕 5578 根，完成区间加固 32537 根，完成土方挖运 130580 立方米，桂湾站主体结构顶板完成 8 仓，中板完成 6 仓，底板完成 2 仓。除 9 号线航海路站受临海大道隧道基坑锚索影响区域暂无法施工，其余站点均按计划施工，工程总体受控。在 2015 年三季度、四季度综合考核中排名第一。

【深圳市城市轨道交通 5 号线南延线工程 5122-1 工区】线路全长 7.65 公里，全线地下敷设，沿线路分别设赤湾站、大南山站、怡海站、梦海站、前海公园站、航海路站及桂湾站共 7 座车站，其中换乘站 3 座，分别在赤湾站、怡海站、航海路站与既有 2 号线、规划 15 号线及在建 9 号线西延线换乘。在赤湾站、桂湾站分别设置与 2 号线、11 号线的联络线。本工区负责施工赤湾站及站后折返线、赤湾站—大南山站区间、大南山站的土建工程部分。合同金额总投资 53463 万元。此项目为 2015 年年底新中标项目，已做好相关的准备工作。

【武汉市轨道交通 21 号线一期土建施工部分 BT 项目（第三标段）】项目位于新洲区，共 4 座站、6 段区间、1 处车辆段和 1 座主变电站。具体包括：军民村站(不含，2 标范围)—武生站高架，武生站、武生站—平江路站区间、平江路站、平江路站—阳逻开发区站区间、阳逻开发区站、阳逻开发区站—施岗站(不含，先期已招标)区间、施岗站(不含)—金台站区间、金台站、金台站—车辆段区间、倒水河车辆段、施岗主变电站。正线全长 11.178 公里（不含倒水河车辆段的长度）。合同金额：总投资 14 亿元。2015 年主要进行各区段的桥梁桩基、承台施工、墩身施工及倒水河车辆段地基加固与处理等，本年度计划完成 35800 万元，实际完成产值 37464.115 万元，占计划的 104.65 %。履约受控。

【深圳市茅洲河界河综合整治工程（设计采购施工项目总承包 EPC）】以防洪（潮）和河道整治工程为主，与堤防管理范围内的两岸排涝、道路交通、治污截污和岸线美化等规划要求相结合进行统筹建设的综合性整治工程。本工程主要建设内容包括：（1）茅洲河界河段河道整治全长约 11.987 公里；（2）深圳侧堤防整治 11.848 公里，重建穿堤涵闸 9 座；（3）结合城市交通、市政园林、治污截污及水环境改善等规划要求进行整体设计，沿线结合市政景观需要布置景观、绿化、照明、排水等设施；（4）完善堤防管理设施。合同金额 56388 万元。项目为 2015 年年底新中标项目，已做好相关的准备工作。

5121 标前海公园站标准化施工现场（田毅 摄）

【成都天府新区锦江生态带整治项目（一期）融资

建设项目】2015 年主要进行了征地拆迁、受天然气迁改影响段的河道开挖、齿槽及贴坡混凝土浇筑、贴坡六菱块铺筑、滨江道路及雨污管网安装、桥涵工程施工、1#—3#水闸施工、景观示范段施工、滨江步道及新增大地景观基础绿化和广场施工等。截至 2015 年 12 月底，除因征地拆迁影响段做甩项处理外，主体工程施工已基本完成。

【成都城投集团“北改”第二批重大基础设施项目（凤凰山高架桥及底层道路施工项目）】（除军区大院占压段外）底层道路路基工程已回填至加强层；高架桥桥下结构物施工完成，箱梁架设完成，桥面铺装全部完成。小三线、电力管道、通信管道正在全线铺开。

【四川成都天府新区汉州路北段等 8 个项目融资建设】2015 年 7 月新中标项目，由 8 个单位工程组成，截至 2015 年 12 月底，各节点目标受控并略有超前。特别是兴隆 35 路已连续两次提前完成业主指定工期目标要求，目前该条道路雨污水管线完成总工程量的 90%，路基土石方已完成总工程量的 85%，电力隧道开挖已全部完成，电力隧道主体结构已全面启动施工。

【乐山青江新区基础设施 BT 项目】该项目为 2015 年完成了三苏路全线沥青铺筑，具备通车条件；瑞祥路 K0+800-K1+160、K2+360-K2+500 沥青铺筑；宝莲路 K1+490-K1+790、K2+515-K2+750 沥青铺筑；瑞晗路 K0+600-K0+800、K0+900-K1+100 沥青铺筑和瑞祥路 C 段 K0+405 中桥桥面沥青铺筑施工。

【达州市长田新区基础设施项目投融资和施工总承包建设】该项目为达州市重点市政工程建设项目，项目主要内容包括长田大道等 11 条市政道路（总长 32.6 千米），两条市政公路隧道（分立式双洞总长 1.57 千米），一个企业服务中心房屋建筑 30000 平方米。工程概算总投资 23.89 亿元。该项目采用 BT 模式，项目建设工期为三年，水电七局公司承担建安产值约 12.6 亿元的施工任务。主要单项工程为：长田大道（一期工程及东延线）、景观大道、一号至六号次干道、长江路或临江大道（初拟）、企业服务中心等。该工程子项目多、总工期为 36 个月，B1 段、B2 段已完成管涵施工；受村民阻工、征地拆迁影响等，施工区段土石方挖填施工进度较慢。

成都锦江生态带整治项目锦江二号闸

【四川资中县城北水资源综合开发利用工程——水库联网输水工程、城北水厂新建工程】包含四个子项目：（1）水库联网输水工程；（2）城区水厂改扩建工程；（3）水利调度监测中心；（4）城北水系整治及沿河道路工程施工。2015 年 10 月底，大面铺开施工便道修建。截至 2015 年底完成施工便道修建 43 公里，隧洞开挖 1.2 公里，管槽开挖 7.4 公里，管道安装 3.7 公里，超额完成年度生产任务。

【资阳市雁江区朝阳花园棚户区改造项目】该项目为资阳市雁江区发展和改革局批准建设，工程为高层和多层住宅设计，项目规划用地 106.37 亩，总建筑面积为 217056.02 平方米，共 23 栋建筑，其中 7 栋高层、15 栋多层、1 栋村委会。项目计划于 2015 年 10 月 15 日开工，2017 年 10 月 15 日全部完工。项目整体工期满足要求，年度完成产值 6036 万元。

【雅砻江杨房沟水电站设计施工总承包】该项目是雅砻江中游河段一库七级开发中的第六级，上距孟底沟水电站 37 公里，下距卡拉水电站 33 公里。电站开发任务为发电，总装机容量 150 万千瓦，安装 4 台 37.5 万千瓦的混流式水轮发电机组。本工程为一等工程，工程规模为大（1）型。工程枢纽主要建筑物由挡水建筑物、泄洪消能建筑物及引水发电系统等组成。挡水建筑物采用混凝土双曲拱坝，最大坝高 155 米泄洪消能建筑物为坝身表、中孔+坝后水垫塘及二道坝，泄洪建筑物布置在坝身，消能建筑物布置在坝后；引水发电系统布置在河道左岸，地下厂房采用首部开发方式，尾水洞布置在杨房沟沟口上游。招标范围包括施工辅助工程、建筑工程、环境保护工程和水土保持工程、机电设备及安装工程、金属结构设备及安装工程等的勘测设计、采购、施工、试运行等。针对项目特点和工程建设要求，中国水利水电第七工程局有限公司和中国电建集团华东勘测设计研究院有限公司强强联合，组建紧密型的中国水电七局•华东院雅砻江杨房沟水电站设计施工总承包联合体，是国内第一个采用设计施工总承包模式进行建设的百万千瓦级大型水电站项目，计划于 2016 年 1 月 1 日开工，2016 年 11 月 15 日前大江截流。合同金额 603950 万元。

【白鹤滩水电站左岸引水发电系统土建及金属结构安装工程】该项目属一等大一型工程，左右岸地下引水发电系统工程规模巨大，创下了数项当今世界水电史上之最：最大地下厂房跨度：地下主厂房岩锚梁以上开挖跨度达 34 米，为当今世界之最；最大单机装机容量：左右岸地下厂房各布置 8 台单机容量为 100 万千瓦的水轮发电机组，是迄今世界最大的水轮机组。

2015 年主要进行电站进水口边坡开挖支护、厂房第 II、III 层开挖支护、主变洞、尾水管检修闸门室、引水隧洞及辅助洞室施工。各部位施工情况正常，年度计划基本按时完成，履约整体良好。2015 年白鹤滩项目进入施工高峰期，各项工作得到有效控制，项目进度计划执行情况良好。地下厂房岩锚梁全线开挖成形并受到业主表彰。

【亭子口水利枢纽航运工程施工】完成船厢室至设计高程 492.2 米，完成导航墙 1#块至设计高程 383.0 米，完成辅导墙 1#、2#、3#至设计高程 383.0 米，完成右岸边坡土石方开挖等。完成了主机房底板浇筑和顶部机房排架柱施工，主体工程基本结束。

【立洲水电站】大坝主体工程全部完成，导流洞已顺利下闸。厂房年度计划完成产值 5000 万元，实际完成产值 6131 万元。根据业主最新要求，2016 年 1 月 15 日组织机组启动验收会议。总体履约受控。

【果多水电站大坝土建及金结安装工程】大坝主体施工完成，11 月 20 日成功下闸，中孔过流。厂房工程土建除 1#机组机窝、2#主机间部分二期未施工完成外，其余部位均已施工完成；1#机组蜗壳浇筑至高程 3357.65 米，剩余 6.7 米，2#机组机窝浇筑至机墩高程 3359.26 米，顺利实现了下闸蓄水和首台机发电目标，履约良好。

【长河坝水电站泄洪放空系统及中期导流洞工程】泄洪洞洞身开挖全部完成，1#泄洪洞边墙混凝土浇筑完成 1372.14 米，顶拱混凝土浇筑完成 1275.43 米，底板混凝土浇筑完成 47.85 米。2#泄洪洞边墙混凝土完成 1488.55 米，顶拱混凝土完成 1443.5 米，底板混凝土浇筑完成 233.24 米。3#泄洪洞边墙混凝土完成 1446.1 米，顶拱混凝土完成 1400.6 米，底板混凝土完成 233 米，1#泄洪洞出口边坡开挖至高程 1507 米，2#、3#泄洪洞出口上游侧开挖至高程 1497.5 米，放空洞进口边坡开挖全部完成；放空洞进水塔塔体浇筑至 1668 米；放空洞洞身开挖全部完成，底板浇筑完成 1574.25 米，边墙浇筑完成 1288.8 米，顶拱浇筑完成 699.6 米，放空洞出口开挖至高程 1520 米。中期导流洞洞身开挖全部完成，底板浇筑完成 1186.5 米，边顶拱浇筑完成 1186.5 米；中期导流洞进口边坡开挖完成，施工进度满足计划要求，履约情况良好。

【大渡河猴子岩水电站引水发电系统工程】电站进水口、尾水洞、压力管道衬砌、厂房机组及安装间、尾调室、尾水出口闸首、深孔泄洪洞无压段混凝土浇筑均完成年度计划，业主对总体工期进行了调整，各部位进度均满足施工要求。地下厂房首台机组发电机层混凝土圆满浇筑完成并得到业主表彰。

【黄金坪水电站引水发电系统工程Ⅱ标】根据年进度计划要求，2#引水洞及调压室 2#闸室于 2015 年 6 月 17 日完成实体验收，圆满实现首台机组发电目标；1#引水洞剩余缺陷的处理不影响发电工期要求。3#、4#压力管道于 2015 年 6 月 12 日完成实体验收，完全满足业主要求的 10 月中旬 3#机发电目标。

【观音岩水电站厂房土建、机电及金属结构安装工程】提前实现了“一年三投”目标任务。

【大岗山水电站泄洪洞工程、引水发电系统工程】主体工程施工完成，圆满实现一年四投发电目标，施工履约情况良好。

【四川天全县锅浪跷水电站大坝枢纽工程施工】大坝枢纽工程主要施工内容：堆石混凝土面板坝、中孔泄洪洞、表孔溢洪道、引水发电隧洞取水口、引水发电隧洞（引 0+000.000～引 2+700.000）洞身段、生态机组的土建工程、金属结构安装、机电设备安装、钢筋制安、原型监测、现场试验、环境保护和水土保持工程，以及为完成上述工程施工所需的全部临时工程及措施项目等。合同金额：99885 万元，合同要求 3 月 7 日主体工程开工，实际于 7 月 5 日开工，10 月底完成河床截流，截至年底完成部分道路修建，左、右岸坝肩开挖正在施工中。

【京昆高速公路复线重庆至广安段（重庆境）BOT 项目】华蓥山隧道属特长隧道，设计为双洞六车道，

泸州 S308 线赤水河特大桥施工

隧道左线（ZK23+467～ZK28+485）全长 5018 米，右线（K23+467～K28+467）全长 5000 米，总体走向约 298°，为双向隧道，左右分修，两线相距 16～30 米，隧道净空高度为 8.0 米，宽度达 12.5 米。桥梁工程共 8 座，分别为庄子上大桥、圈门沟大桥、毛

家湾大桥、龙家沟大桥、马家湾大桥、铺家林大桥、福林村大桥、黄家湾大桥，平均总长度为 2071.1 米，其中整体式桥梁 6 座，分离式桥梁 2 座，庄子上大桥为 6 车道，其余桥梁为 4 车道。涵洞 11 座，均为盖板涵。路基工程平均总长 5228 米，高填路基 5 处，最大填高 29.8 米，总计长度 685 米；深挖路基 3 处，最大挖深 30 米；软基处理 15 处，采用挖除换填加井字型盲沟的处理方式；衡重式挡墙 17 处，最大墙高 12 米，重力式挡墙 1 处，最大高度 5 米。2015 年年底路基工程已完成两段路床交面（总长 4949 米，交面 1435 米）；桥梁工程 8 座大桥线下结构施工全部完成，T 梁架设除黄家湾大桥外全部完成，桥面系正在施工。控制性工程——华蓥山隧道开挖提前 78 天完成年度目标，履约情况较好。

【四川雅砻江杨房沟卡拉水电站上铺子沟砂石加工系统工程】2015 年 5 月 30 日，卡杨砂石系统一期工程顺利投产；8 月 15 日，卡杨低线混凝土系统单线投产。均按业主要求时间建成投产，履约情况良好。

【四川金沙江乌东德水电站下白滩砂石加工系统和左岸混凝土生产系统工程】2015 年度砂石、混凝土系统运行良好，能满足电站建设需要，1—12 月生产供应成品骨料 141.66 万吨，生产供应混凝土 41.505 万立方米。顺利完成年度生产任务。

【金沙江金沙水电站工程砂石混凝土系统及施工供水系统建安及运行工程】项目包括金沙水电站砂石加工系统及混凝土生产系统、施工供水系统、钢厂沟存料场的勘测设计、建设管理与生产运行、成品混凝土的供应、成品砂石料的供应，生产用水和生活用水的供应、系统拆除及清场，石家沟弃渣场及运行管理、3#路下游段施工、35 千伏输变电站新建工程、鱼类增殖站新建工程，以及为实施上述项目所必须的临时设施等。2015 年 12 月 28 日，项目砂石、混凝土生产系统按期投产，受到业主致信祝贺。

马来西亚曼戎火电项目施工区域航拍

【国道 321 线纳溪至泸县、省道 308 线合江至泸州一级公路改建工程新建路段 BT 项目】2015 年度路基土石方开挖完成设计工程量的 92%；土方填筑完成设计工程量的 84%；完成 76 座涵洞，完成涵洞设计工程量的 96%。全线大中型桥梁共 14 座，下部结构除竹林湾大桥受设计改线影响未施工完外，其余桥梁已全部施工完毕，提前完成控制性节点目标任务，总体履约受控。

【四川省雅安至康定高速公路项目路基土建施工（C8 标段）】截至 2015 年年底，天全隧道出口左洞安全出洞，下寺沟大桥 T 梁架设完成。

【雅砻江桐子林水电站厂房和泄洪闸工程施工】2015 年主体工程施工已完成，均按时或提前完成进度计划目标，3 台机组顺利实现投产发电目标。履约情况良好。

【四川大渡河枕头坝一级水电站机电设备安装工程】2015 年度，实现 4 台机组全部并网发电。

【国电大渡河沙坪二级水电站机电设备及金属结构安装工程】2015 年项目进度、质量、安全总体受控。

【海南琼中抽水蓄能电站机电设备安装工程】建成后其主要任务是承担海南电力系统的调峰、填谷、调频、调相、紧急事故备用和黑启动等任务。电站安装 3 台单机容量 20 万千瓦的可逆式水泵水轮发电机组，总装机容量 60 万千瓦，枢纽建筑物由上水库、输水系统、发电厂房及下水库等 4 部分组成。本合同项目及工作内容：3 台套主机及其辅助设备、起重机设备、上下水库机电设备、通信设备、接地设备、照明设备及其它机电设备的安装工程；主副厂房混凝土工程、砌体工程等土建工程；主副厂房和安装场建筑装修装饰工程；引支钢管安装、尾支钢管制作和安装、引支钢管及尾支钢管回填混凝土及灌浆；施工临时设施等工程。合同金额 18751 万元。2015 年 5 月开工，施工进度受控。

【成都地铁 4 号线二期工程 110 千伏主变电所系统集成及施工总承包】供电系统采用集中式、110/35 千伏两级电压供电方式，牵引供电系统和动力照明配电系统共用 35 千伏供电环网，牵引供电系统采用 DC1500 伏架空接触网供电、走行轨回流方式。主变电所要求不迟于 2016 年 8 月 31 日供电。合同金额 12363 万元。因项目主体工程尚未开工，故只进行了临建施工。

【中国电建成都地铁 4 号线二期工程机电安装与装修 A、B 标 A 标】施工内容包括车站设备安装工程（含通风与空调、给排水及消防、动力照明、广告灯箱、导向标识、电/扶梯、站台门、气体灭火、人防门）和车站装饰装修工程

（公共区、设备区及管理用房及出入口、风亭等附属区域内的墙体砌筑工程、抹灰工程、地面工程、吊顶工程、饰面板（砖）工程、门窗工程、涂饰工程、细部工程及其他一些特殊位置的施工）。合同金额52692万元，为2015年年底新中标项目，仅进行了准备及临建施工。

【巴基斯坦塔贝拉四期】7月12日，顺利完成第一个里程碑交面节点-17号机肘管交面于机电标；11月27日，提前完成17号机桥机轨道钢梁安装，到达365.4米桥机轨道安装高程，提前实现重要赶工节点；12月23日顺利实现17号机蜗壳赶工交面节点，本年度塔贝拉四期扩建项目赶工基本实现。

【马其顿MS高速公路】5月16日，首片T梁成功浇筑，为桥梁上部结构预制梁的架设提供了强有力的保障，对快速推进本标段工程施工具有重要意义；8月15日，路面沥青混凝土开始施工，该项目已步入全新的阶段，目前自营段沥青混凝土浇筑4余米，满足年进度计划，履约受控。

【马其顿KO高速公路】9月23日，三标段K0+000~K0+380段顺利完成沥青混凝土路面试验段铺筑；截至年底，自营隧洞进口段累计进尺531米，出口段累计进尺160米；特大桥Km6+860与km10+770由于图纸未批复，目前暂未开工。

【厦门大学马来西亚分校一期工程】2015年2月9日，E1完成结构封顶；2015年10月1日，完成D1施工。2016年2月22日，由中国电建水电七局承建的中国第一所海外大学——厦门大学马来西亚分校建成迎接第一批180多名新生入学。

【党的组织建设】2015年，中国水电七局党委共有基层党委15个、党总支24个，党支部179个，党员5594人，其中在岗党员3676人，离退休党员1704人，发展新党员71人。公司党委主动适应全面从严治党新要求、作风建设新常态，深入学习中共十八大、十八届三中、四中、五中全会精神和习近平系列重要讲话精神，紧紧围绕“决胜两百亿企业”的发展目标，以“融入中心、服务大局、推动发展，参与决策、带头执行、有效监督”为主线，坚持问题导向，强化责任担当，以“三严三实”专题教育、落实“两个责任”加强反腐倡廉建设为重点，着力推进“1336工程”，坚持思想建党、制度治党、从严管党、创优兴党、联动强党，努力把党的政治优势转化为企业的发展优势，为公司决胜两百亿、实现新发展提供了有力的思想、政治和组织保证。

【思想建党，在引领企业发展中彰显党建价值】（1）强化教育，抓实纪律规矩。一是深入学习中共十八大、十八届三中、四中、五中全会和习近平系列重要讲话精神。二是坚持问题导向，从严从实抓好“三严三实”专题教育活动，开好两级领导班子专题民主生活会；三是制定《加强领导班子思想政治建设十项规定》，强化各级领导“讲政治、守纪律、守规矩”意识。四是通过红色教育、警示教育，打造清风走廊、廉洁书角，营造健康发展环境。（2）创新平台，抓实学习效果。推出“七彩大讲堂”，以学习促发展。（3）在团员青年中推出“青春微动力”，共享成长，岗位建功。（4）开设学习专栏，形成舆论引导声势。

【制度治党，在建设阳光央企中彰显党建价值】一是系统梳理管理制度，发布了《企业管理模块（2015版）》。二是修订了《三重一大民主决策制度》，强化“三重一大”事项决策管理。三是制订了《信息公开实施细则》，建立《信息公开事项清单》，推进依法治企业，建设阳光央企。

【从严管党，在落实“两个责任”中彰显党建价值】（1）压实责任不松劲，强化履职见担当。一是修订了党建工作责任制和反腐倡廉建设工作责任制，层层签订责任书并严格考核兑现。二是坚持“双向进入、交叉任职”，坚持“书记抓、抓书记”，强化党政领导“一岗双责”、党委书记党建工作第一责任人职责，加强“四好领导班子”建设。三是制订了《落

马其顿MS高速公路施工

实党风廉政和反腐倡廉建设工作“两个责任”实施细则》。四是制订了《党委书记履职标准和党建工作专项述职评议办法》，强化“一岗双责”责任落实。五是推进党委书记和纪委书记回归主业。六是加强基层组织建设，强化组织保障。（2）作风建设不松劲，长效机制见常态。一是认真开展落实八项规定

精神专项检查和“四风”突出问题的专项整治自查自纠工作。二是在总部和各二级单位本部机关全面开展作风建设活动，推进“五型”总部建设。三是在全局范围内开展干部作风、党风廉政等为主要内容的职工思想状况调研，强化职工群众监督。四是认真执行《贯彻落实“八项规定”改进工作作风若干规定实施细则》。五是公司领导班子成员的职务消费均按人进行年度预算和核算，并通过职代会、厂务公开等方式接受民主监督。（3）追究问责不松劲，形成震慑见效应。

【创优兴党，在强化责任担当中彰显党建价值】一是公司党委将生产经营工作的重点、难点、热点作为党建工作创新的结合点，实施“出彩一二式”品牌党建工作法，努力形成“一个党委一个品牌，一个支部一张名片”；二是开展党员责任区、党员示范岗、党员突击队、党员志愿服务等活动。三是大力开展“最美七局人”选树活动，推进职业化建设，推动企业文化人格化。

【联动强党，在建设和谐企业中彰显党建价值】一是系统联动，形成“大党建”效应；二是企企联动，推进工程建设；三是企地联动，创造良好的建设环境；四是区域联动，推动工程建设。

【反腐倡廉建设责任制】2015 年，公司纪委制定印发了《2015 年反腐倡廉建设责任制工作考核评价指标体系》，进一步细化任务分工，完善责任体系，全面落实反腐倡廉建设责任制，公司各层级签订反腐倡廉建设责任书共计 920 份，实现了全覆盖。

【三重一大决策制度】公司纪委为了使“三重一大”决策制度作到流程清晰，责任明确，制定了《水电七局“三重一大”决策流程管理办法》，便于各单位规范操作。同时针对项目部“三重一大”决策制度难以有效执行的问题，公司纪委在充分调研的基础上，会同各业务部门制定了《关于推进项目部贯彻“三重一大”决策制度指导意见》，结合项目运营实际，相关量化指标更加具体，制度更加具有可操作性。

世界在建的最大地下厂房——白鹤滩水电站左岸地下厂房开挖

【反腐倡廉教育】公司反腐倡廉教育以多样化的形式融入到公司生产经营管理的每一个环节。一是将廉洁文化灌输给新入职的大中专毕业生。在 7 月的新生培训中，公司纪委作了廉洁文化专题授课。二是将廉洁文化带至项目工地。公司纪委联合地方检察院将预防经济（职务）犯罪宣讲活动带进项目施工现场。三是将廉洁自律要求释放给中层干部。在四川省委党校举办了针对中青年干部和新提拔的中层领导干部的综合素质培训班。在培训内容上加大了廉洁从业和干事创业的相关课程。四是将严以用权、发挥廉洁表率的声音播放在班子成员党委中心组学习上。五是公司纪委针对设备物资采购、工程分包等关键环节均坚持全程监督，并时时对关键岗位进行教育，抓住关键的少数，强化廉洁教育。六是组织 40 名领导干部和关键岗位人员旁听郫县人民法院对段建峡涉嫌受贿和挪用公款一案的公开审理，切实以发生在职工群众身边的案件发挥警示效应。

【强化执纪监督】公司纪委针对专项检查、专业检查、效能监察、督查和审计等工作中发现的违规问题或管理缺陷均一一给予了组织处理。其中通报批评 32 个项目，扣减绩效或罚款 60 人次，给予行政警告处分 25 人次。

【纪检监察队伍建设】公司设立纪检监察机构 15 个，纪检监察人员 195 人。为进一步强化项目部的党风廉政建设，积极执行《派驻纪检监察员管理办法》，确保各项目部派驻纪检监察员及时就位、切实履职。公司于 7 月初举办了纪检监察业务培训班，邀请省国资委领导授课，并组织公司经营管理部、资产产权部负责人对本系统违纪违规风险防范、监督检查手段予以解读，提高各级纪检监察人员的业务素质和履职能力。

【工会工作】2015 年，水电七局工会连续第 13 年获得四川省总工会评比的“四川省 2015 年度工会工作目标考核一等奖”和“四川省 2015 年度工会领导班子考核一等奖”。

一年来，在工会工作中：一是践行“三严三实”，关爱职工慰问送温暖，做好服务帮扶困难职工。筹措资金 5363380 元，慰问 14431 人次的离退休、在职困难和伤残人员及遗属等人员，进家入户走访救助4877户生活困难职工家庭。积极组织在岗职工“捐献一日工资、奉献一片爱心”，共捐款 1548074.88 元，救助因病因灾致困职工 230 名，“金秋助学”资助困难职工子女53 名圆了升学梦，特别慰问劳模92 人次，实现了困难职工帮扶工作常态化。

二是深化职工民主管理厂务公开，依法维权。增补职工代表、征集办复职工代表提案，十六届二次职代会暨 2015 年工作会合并召开，依法签订了《2015 年工资专项集体合同》，适当提高了职工的年功工资，督促检查了集体合同履行情况。职代会闭会期间，及时召开了两次职代会联席会，先后审议通过了《水电七局夹江公司与安装分局金属结构加工业务整合方案》《国际工程公司改革组建方案》。用厂务公开简报、会议、公示、公司宣传媒体等形式适时进行厂务公开，接受职工群众监督。

三是围绕生产经营中心劳动竞赛全覆盖。在建的白鹤滩、杨房沟等工程项目工地组织职工开展“比、学、赶、超” 劳动竞赛，促进工程进度、质量安全、文明施工、环境保护、队伍建设；承建的深圳地铁三个标段，仅7302标就在整个7号线十次季度劳动竞赛中八次夺魁；参加成都地铁施工劳动竞赛，创造“两个第一”，被载入成都地铁建设史；在巴基斯坦、苏丹、马来西亚、加拿大和马其顿等国际工程项目上劳动竞赛也如火如荼地展开。

四是评先树模，涌现出了一批先进集体和个人。2015 年一分局工程技术部荣获中华全国总工会表彰的“巾帼建功标兵岗”，2 个创新工作室被四川省劳动竞赛委员会命名为“四川省职工技能人才（劳模）创新工作室”，大岗山 7.14 联营体荣获“四川省五一劳动奖状”，枕头坝一级水电站金结项目部荣获“四川省工人先锋号”，资阳市政项目荣获“2014年资阳市第七届‘十万职工大练兵、大比赛’活动先进单位”，1 名职工荣获中国电力企业联合会“2013—2014 年度电力行业技术能手”，2 名职工荣获“四川省劳动模范”，4 名职工荣获“四川省五一劳动奖章”，2 名职工荣获“重点工程劳动竞赛优秀建设者”，1 名职工荣获“四川省重点工程劳动竞赛科技创新技术标兵”。

五是推进企业文化建设，职工文体活动开展的有声有色。时逢建局 50 周年，评比表彰了 5 个先进单位、10 个先进项目部、10 名公司劳动模范、15 名优秀项目经理、20 名专业技术（技能）标兵、65 名先进生产（工作）者；回顾整理了建局 50 周年劳模先进人物名录光荣册。聚焦一线，开展了“身边人·身边事”“建设者风采”等活动，举办“七局人年代秀”“最美七局人”评选，成立了职工业余文工团和文学摄影、书法绘画、音乐舞蹈、棋牌球类协会等，因地制宜开展形式多样、喜闻乐见的文化活动，丰富职工业余文化生活，“荣耀五十年，共创新辉煌”的文艺巡演走进项目工地、走进老基地、走进社区，“乐成七局、和融世界”的企业文化融入了七局人的血脉，成为全体职工和谐奋进的精神动力。

世界最大的山地光伏电站——攀西百万级山地光伏群

六是夯实基础练内功，工会工作水平稳步提升。结合实际及时组建、调整工会组织，健全工作机构，做到了施工项目工地到哪里，工会组织就建到那里。大力宣传先进劳模事迹，进一步完善了劳模英杰先进人物宣传网页，编辑了《工会简讯》，推出了红五月、劳模关爱周等主题宣传活动。按照“以组织建设为基础、以机制建设为核心、以职工评价为标准、以企业发展为目标” 不断加强职工之家建设，2015年建成1个 “全国模范职工之家”、1个 “全国模范职工小家”、1个“四川省模范职工之家”、1个“四川省模范职工小家”，1 名工会干部荣获“全国优秀工会工作者”，1 名 “四川省优秀工会工作者”。

（刘丽、程慧玲、林兆广、贺省民、李莉）

（文中插图除署名者外均由水电七局提供）

中国水利水电第十工程局有限公司

【企业综述】中国水利水电第十工程局有限公司（以下简称“中国水电十局”）隶属于中国电力建设集团股份有限公司，是具有水利水电工程施工总承包一级资质的国有大型施工企业。2015 年年底，企业注册资本金人民币 8.24 亿元，在册固定职工人数 4607 人。中国水电十局总部机关住址为成都市金牛区十二桥路 7 号。

2015 年，中国水电十局以加快企业转型升级、提升企业品质为重心，围绕实现国际化百亿企业建设目标，抓保市场、保订单、促发展工作，持续提升在建项目履约能力，深入推进标准化建设，以特色和品质立足市场，保持经营规模、盈利能力的稳步增长。实现营业收入 66.08 亿元，实现市场开发 127.58 亿元，其中市场开发国际 95.8 亿元。资产总额 81.75 亿元。

中国水电十局在中国电建集团(股份)公司 2014 年度 84 家子企业分级工作和 2014 年度子企业综合实力评价排名中进入 A 级企业行列，综合实力位列第 12 位。荣获全国及四川省“安康杯”竞赛优胜单位称号。获得“四川省高新技术企业”和“企业信用评价 AAA 级信用企业”认证，继续入选“四川 100 强”企业，继续获得省级“守合同重信用企业”荣誉称号。由中国水电十局承建的南水北调 SG09 标工程项目、桃巴高速公路工程项目获得中国电建集团（股份）公司“优质工程奖”，宝兴水电站枢纽工程项目获得四川省“天府杯”金奖，老挝南立 1—2 水电站工程项目获得 2014—2015 年度国家优质投资项目奖（施工单位）。

【历史沿革】中国水电十局的前身是狮子滩水力发电工程局，始建于 1954 年 8 月 1 日，隶属燃料工业部水力发电建设总局领导，为地师级单位。1958 年 8 月，狮子滩水力发电工程局由四川长寿县转移到灌县，改名为四川省紫坪铺水电工程局。1960 年年初，因紫坪铺水库停建，四川省紫坪铺水电工程局改称四川省水利电力厅第一工程局，隶属四川省水利电力厅。1960 年年底，四川省水利电力厅第一工程局交国家水利电力部所属，改称水利电力部四川水力发电工程局，隶属水利电力部水利水电建设总局。

由于紫坪铺水电站和鱼嘴水电站两个工程相继下马。7000 多人的四川省水力发电工程局中的一部分职工成建制调往重庆市九龙坡火电站，一部分人员支援大洪河水电站、大竹乌木滩水库、广安四九滩水电站。四川省水力发电工程局机关分为两部分，一部分随 1000 多人的主力队伍赴石棉南桠河石棉矿电站，石棉矿电站建成后于 1965 年移师冕宁磨房沟水电站，编成水利电力部磨房沟水电工程处，县团级，修建了冕宁磨房沟水电站。留在岷江上游紫坪铺和白沙公社的四川水力发电工程局的另一部分机关人员及职工，加上在内江地区招收的 3500 名新工人，于 1966 年 8 月 1 日被整编为中国人民解放军基建工程兵建字 0061 支队（简称 61 部队）承建映秀湾电站。1972 年，61 部队奉命调往湖北三三 0 工地，留川的一千多人组成四川省水电工程大队，交四川省电力局领导，隶属四川省电力局，县团级。奉命调往湖北三三 0 工地的 61 部队人员后来改编为中国人民武装警察部队水电一、三总队。

2015 年 9 月 9 日，尼日尔总统优素福视察中国水电十局尼日尔重油电站项目　　（卢世凯　摄）

1975 年 6 月 11 日，水利电力部磨房沟水电工程处与四川省水电工程大队合并成立四川省水电工程局，隶属四川省电力局，县团级。四川省水电工程局机关住灌县白沙公社。1979 年，工程局机关从灌县白沙公社搬至阿坝州汶川县映秀镇。

1981 年 10 月 7 日，电力工业部将四川省水电工程局和水电机电安装处合并划归水电建设总局直接领导，四川省水电工程局改名为电力工业部第十水电工程局，地师级单位，工程局机关住汶川县映秀镇。1982 年，水利部、电力部合并为中国水利电力部，电力工业部第十水电工程局改称水利电力部第十工程局。

1988 年 9 月，水利电力部第十工程局总部机关从汶川县映秀镇搬迁到都江堰市蒲阳路 164 号。1992 年 8 月，“水利电力部第十工程局”更名为“中国水利水电第十工程局”。2008 年 4 月工程局改制，“中国水利水电第十工程局”更名为“中国水利水电第十工程局有限公司”。

2015 年 10 月 16 日，老挝南涄项目大坝填筑。　（刘汉斌　摄）

2008 年“5·12”汶川地震后，中国水电十局总部机关主体搬迁至成都市金牛区十二桥路 7 号（总部机关社会保险工作部、资金管理部、人力总站及离退休管理办公室、档案室、信访办公室以及中国水电十局二级单位仍留都江堰市蒲阳路 164 号）。

【公司资质】中国水电十局具有资质：水利水电工程施工总承包一级，地基与基础工程专业承包一级，水工建筑物基础处理工程专业承包二级、公路工程施工总承包二级、房屋建筑工程施工总承包一级、市政公用工程二级以及铁路工程等土木建筑业、送变电工程专业承包二级、通航设备安装工程专业承包二级、消防设施施工工程专业承包二级、水利水电机电设备安装工程专业承包二级资质、水工金属结构制作与安装工程专业承包二级、钢结构专业承包二级以及承装（修、试）四级资质、工程勘察专业类（岩土工程、水文地质、工程测量）乙级、电力行业（水力发电（含抽水蓄能、潮汐）专业设计乙级、测绘资质乙级、建筑施工企业、混凝土企业试验室一级、住建部水利水电工程乙级监理资质、境外承包工程。水电十局取得了 GB/T19001-2008/ISO9001：2008 标准质量管理体系、GB/T24001-2004-ISO14001：2004 标准环境管理体系、GB/T28001-2001 标准职业健康安全管理体系认证。中国水电十局承建的伊朗塔里干水利枢纽工程、中国河南燕山水库枢纽工程先后获国家鲁班奖。

【队伍状况与机构设置】截至 2015 年年底，中国水电十局在册职工为 4607 名，其中，硕士研究生 20 人，本科学历 1395 人，大专学历 905 人。具备初级以上技术职称的 2253 人。中国水电十局机关机构设置为：总经理办公室、企业发展部、党委工作部（含公司团委、史志办公室）、人力资源部、财务部、资金管理部、市场开发部、工程管理部、经营管理部、信息中心、安全环保管理部、设备物资部、法律事务部、审计部、社会保险工作部、人力总站及离退休管理办公室、纪检监察部、工会办公室、国际公司。中国水电十局二级单位和区域经理部有：一分局、二分局、三分局、机电安装分局、基础工程分局、勘测设计院、基地建设管理处（佳馨物业管理公司）、老挝区域经理部、中东区域经理部及海外公司直管各工程项目部、毗河工程总承包部。

【领导班子】2015 年 7 月，中国水电十局领导班子调整。何其刚为中国水电十局执行董事（法定代表人）、总经理。陈勇为水电十局党委书记。新提任何开平为副总经理。原执行董事（法定代表人）、总经理杜学泽调中国电建水电开发有限公司。调整后的中国水电十局领导班子成员为：执行董事（法定代表人）、总经理兼党委副书记何其刚；党委书记兼副总经理陈勇；监事、党委副书记、纪委书记靳山；副总经理余明川、陈茂（兼总工程师）、涂建湘、张长万、巨荣文、胡湛军（兼总经济师）、何开平；总会计师王全军；工会主席陈顺清。

管理创新

【新签工程项目】2015 年，中国水电十局国内水电工程新签合同额总计 8.9 亿元。其中，天全锅浪跷水电站厂房工程 2.3 亿元，水洛河博瓦水电站厂区枢纽工程 1.89 亿元，引汉济渭黄金峡水利枢纽前期准备工程 1.48 亿元。中国水电十局国内非水电工程新签合同额总计 22.88 亿元。其中，风电市场中标贵州普安风电场、新疆哈密风电基地 4 个项目共计 6185.06 万元；房建市场中标南国襄阳城市广场、中国水电•泛悦国际、湖南岳阳至望城高速公路房建等项目共计 3.18 亿元；矿业建设签订西藏知不拉铜多金属矿项目 19.7 亿元。开采合同和西山铜矿开发建设框架协议 24.5 亿元。中国水电十局国际市场开发紧跟国家“一带一路”战略，累计中标签约 16 个项目，合同总额 95.8 亿元，在中国水电十局 2015 年度整个市场营销格局中占比超过 75%。业务涉及水电、采矿、输变电、安装、运维检等。主要项目有：缅甸蒙育瓦 K 矿采剥生产项目 2.79 亿元，厄瓜多尔德尔西水电站机电设备及金结增加合同 1368 万元，老挝东萨宏水电站项目 11.77 亿元，柬埔寨甘再水电站运维合同 6678 万元。南俄 3 水电站工程合同 79.67 亿元。中国水电十局正在全力参与中老铁路、印尼雅万高铁前期各项进场准备工作。

【组织机构建设】2015 年，中国水电十局围绕“百亿企业”奋斗目标，一是强化突出国际公司海外市场开发主体责任，将其海外在建项目有关设备物资保障、财税资金等管理职责剥离，归位到中国水电十局机关相应的设备物资管理部、财务部等职能部门。二是整合设备物资管理部职责。中国水电十局设备物资管理部统管国内外项目设备物资的计划和采购、基础管理和保障服务工作。三是调整中国水电十局老挝区域经理总部领导班子，以加强老挝区域总部的管控职能。四是成立了中国水电十局缅甸区域经理部，以落实缅甸区域项目的管理职责。五是将中国水电十局企业发展部全面风险管控职能划归经营管理部。

【全面风险管理与内部控制】2015 年，中国水电十局风险管控主要开展了以下工作：一是开展了风险识别、收集工作，以逐层推进的问卷调查方法，从风险事件发生的可能性和发生后影响程度的重大性两个方面梳理出了所存在的十大高风险领域，制定了《中国水电十局风险内控管理评价考核细则(暂行)》；二是参加了中国电建集团内四川片区风险管理与内部控制工作交流会，就风险管理工作进行了对标；三是选取了 13 个项目和区域经理部作为风险管理的重点，进行了风险评估分析，发布了 13 个风险评估分析报告并制订了相应的管理策略和应对措施，加强内部控制管理。

2015 年 3 月 17 日，南水北调南阳二标项目十二里河渡槽进口
（任锐　摄）

【人力资源管理】2015 年，中国水电十局制定了《2015—2019 年技能人才发展规划》，部署了五年技能人才工作目标、任务和方向，调整充实了部分二级单位和国内外项目领导班子成员，加强了人才队伍建设。接收了来自全国 30 余所院校的 152 名大学毕业生；推行干部竞争上岗制度，对 7 个副处级岗位开展了竞争上岗；组织开展了各类培训，全年培训员工 1512 人次；推动了人事、劳动、工资三项制度改革，修订了《机关管理人员绩效工资考核办法》。

【标准化建设】中国水电十局于 2011 年起动标准化建设工作。截至 2015 年年底，中国水电十局标准化手册 33 册完成出版、发布实施 28 册，分别是：行政综合事务管理、信息化建设管理、人力资源管理、社会保险管理、国内市场开发管理、合同管理、计划与统计管理、工程分包管理、安全生产、国际市场开发管理、外事管理、国际工程物流管理、施工技术管理、质量管理、设备物资管理、科技管理、财务管理、资金管理、审计管理、党的建设、纪检监察、工会管理、共青团管理、勘察设计、工程试验、工程测量、工程监测、法律事务管理等。

【安全管理】2015 年,中国水电十局全面启动水利水电安全生产标准化一级达标建设工作(水利部安全生产标准化一级达标评级),建立了安全绩效持续改进的安全生产长效机制,建立了水利水电一级安全生产标准化自评审组织体系,修订了《中国水利水电第十工程局有限公司安全生产考核管理办法》。实施了水利水电安全生产标准化体系完善、自评、评审、评审报告审核会等工作。2015 年,中国水电十局获得四川省人民政府安委会表彰的安全生产工作先进单位的称号,中国水电十局总经理助理向学忠获安全先进个人称号;中国水电十局乐山青江基础建设第三项目部、老挝南坎二项目部、北川开茂水库项目部荣获国家能监局四川监管办表彰的四川省电力行业安全生产先进集体;段政华等 10 人被评为四川省电力行业安全生产先进个人;中国水电十局荣获中国电建集团(股份)公司表彰的安全生产先进企业。

2015 年 12 月 25 日,西藏知不拉铜矿项目部“青年突击队”
(刘智潜　摄)

【财税资金管理】2015 年,中国水电十局财税资金管理主要开展了以下工作:一是实施了温江百花三期项目、和美盛景安置房工程、毗河供水一期项目和老挝南俄 3 项目的财税和融资策划以降低项目资金财务成本;二是针对国际项目财务税收管理问题,成立了中国水电十局财税管理领导小组,组织了专项检查,防范财务风险。中国水电十局与工商银行四川省分行共同搭建了全球现金管理和国际业务金融服务平台,重点解决了老挝南俄 3 水电站项目前期资金投入安全汇转,满足了业主的开工要求;三是加强债权债务的管理,关注债权清理和清欠工作,以降低经营和财务风险;四是加强了备用金管理,修订了《中国水电十局备用金管理办法》,对挂账备用金进行了全面清理;五是严控非生产性开支,强化资金集约化管理。2015 年中国水电十局累计获得外部金融机构(商业银行)授信 103.8 亿元。

【法务管理】2015 年,中国水电十局贯彻落实中国电建集团法制工作新五年规划实施方案,进一步强化法制工作体系建设,法律管理各项工作持续加强,法律风险防范机制有效运行。全年共审核经济合同 74 份,合同金额约 48.32 亿元,出具书面法律审核意见 12 份。2015 年新发法律纠纷案件 15 起,纠纷标的总额 1044.09 万元,已结案 7 件,避免经济损失 607.31 万元。中国水电十局重大历史遗留案件——新疆恰甫其海工程项目案历时八年谈判,最终与新疆伊管局达成调解协议,使该案得到妥善解决。

【信息化建设】2015 年,中国水电十局以企业资质升级为抓手,加强信息化基础设施建设,完成了信息机房升级改造和毗河项目 VPN 广域网建设,共有 6 个局域网与中国水电十局总部成都办公区网络实现互联互通,四川省都江堰灌区毗河工程项目总承包部及分部均安装了视频会议终端。中国水电十局 26 个国内外重点项目部都能与总部进行视频直播。中国水电十局网站荣获“全国工程建设行业优秀网站”称号,OA 办公系统完成与电建集团公文交换平台对接工作,综合项目管理系统通过一期培训、系统试运行及推广、系统再升级和相关二期培训,上线项目数据满足中国电建(股份)公司信息管理和申特信息化考核验收要求。

【环境保护】四川三峡认证有限公司认证审核组于 2015 年 11 月到中国水电十局对环境、职业健康安全管理体系进行了监督审核,对质量管理体系进行了再认证审核。审核组的审核结论:质量管理体系再认证予以推荐,环境、职业健康安全管理体系予以保注册资格。

【工程管理】2015 年,中国水电十局工程管理坚持以完美履约管理为主题,以相关方满意为目标,对新中标项目进行技术策划，对在建项目的技术、进度、质量等工作进行现场检查、督促和指导。强化综合项目管理系统在各分局和项目部的推广应用，涵盖技术、质量、进度、环保、职业健康安全、合同管理、力资源管理、财务管理、设备物资管理等基础数据的上线管理，让各级领导及时掌握在建项目施工情况，查找问题、分析原因，及时协调解决，保证了工程施工顺利进行。

【工法及专利】中国水电十局编写的《球形岔管制造技术施工工法》、《静态破碎剂（无声）破碎施工工法》《水泥改性土换填膨胀土施工工法》《桥梁矩形薄壁空心高墩无支架翻模施工工法》获2014年度四川省级工法；《复杂地质条件下深、大调压井快速施工工法》获得2013—2014年度国家级工法。

2015年授权发明专利2项：立式高速水泥胶体搅拌机、风电设备吊装附着自升式塔吊；授权实用新型专利25项：钻孔防爆除尘装置、一种混凝土输送装置、隧道可循环除尘器、一种带混凝土浇注功能的塔吊、一种废气净化装置、一种压路机的压辊支撑机构、用于脚手架的十字连接插扣、一种混凝土输送装置、用于压路机的压辊清洁装置、尺寸参数多自由度可调式反复用盾构始发托架、一种混凝土料斗的下料机构、一种建筑管十字连接扣件 、用于洞体施工的除尘装置、用于混凝土浇筑的复式振捣器、用于压力管道填筑的加长式推土机推斗、用于压力管道安装时的环形支护结构、可移动太阳能照明台车、大跨度钢支撑多向连接件、一种旋冲挤密双向气动冲击矛、应用于圆洞内的无轨门机、多层切割的半球状钻头及具有该钻头的钻孔工具、多头弧形切割式半球形钻头、渐进钻入式多头切割钻孔装置、潜孔锤用聚晶金刚石多点切割钻头、双基材型切削元件及具有该切削元件的潜孔锤钻头。截至2015年年底，中国水电十局共有有效实用新型专利66项，发明专利3项。

【创优工程及科技成果】中国水电十局承建项目“特大地下洞室群优质高效安全环保施工关键技术与应用”获得2014年度中国电力科学技术进步二等奖，“TBM后配备施工改进工艺”获得2015年度中国电力企业协会科技进步三等奖，“基于风动搅拌钻渣的振冲引孔施工方法”专利获得2014年度成都市专利金奖。中国水电十局一分局项目——四川宝兴水电站首部枢纽工程获2013年度四川省建设工程“天府杯”金奖。

【“十二五”中国水电十局生产经营完成情况】2011—2015年“十二五”规划期间，中国水电十局优化海外业务组织机构、完善经营模式、加大国际化人才的引进培养，提升国际业务市场营销水平，拓展了新能源风电、水电站运行、电网建设、矿业开采、TBM施工、城市基础设施及房地产施工等业务领域，实现了国际与国内、水电与非水电业务齐头并进的发展格局。“十二五”规划期间，五年累计市场开发合同额421.05亿元，国际业务、国内水电、国内非水电三大板块中标合同额呈现“6：2：2”格局。2015年市场开发合同额为127.58亿元，比2010年市场开发合同额42.3亿元增加85.28亿元。2015年合同存量为249.34亿元，比2010年合同存量72亿元增加177.34亿元。“十二五”五年累计完成营业收入260.69亿元，2015年营业收入66.08亿元，比2010年的30.1亿元增加了36亿元。2015年资产总额为81.75亿元，比2010年的25.3亿元增加了56.45亿元。“十二五”规划期间，中国水电十局完成了都江堰职工家属基地移交社会化管理。

国内主要工程

【龙洞水电站厂房项目】龙洞水电站位于四川省康定县境内的大渡河右岸一级支流瓦斯河上，为低闸引水式电站。电站枢纽建筑物由首部枢纽、引水系统、地下厂房等组成。电站装机容量16.5万千瓦。中国水电十局承建：引水隧洞[(引)5+130米—(引)5+375.115米段]、气垫式调压室、压力管道、主副厂房及安装间、尾水连接管、母线洞、主变室及尾闸室、进厂交通洞、排风洞、排水廊道、尾水隧洞、尾水暗渠、明渠及出口边坡、出线场及排风洞边坡、封堵、永久安全监测、水土保持与环境保护、建筑与装修、消防供水及给排水系统、金属结构和水轮发电机组的安装施工。合同金额16579万元，合同工期：2013年8月—2016年6月。进厂日期为2013年7月29日。2015年完成合同金额4594万元，累计完成合同金额9344万元。

【达克曲厂房项目】达克曲克水电站位于新疆和田玉龙喀什河下游河段的峡谷山区内，距离和田市约53公里，电站装机容量7.5万千瓦(其中:水电站装机2×3.5万千瓦；生态电站装机2×0.25万千瓦)。工程主要由拦河引水坝、引水发电洞、调压井、压力管道、电站厂房、尾水渠等组成。中国水电十局承建阻抗式调压井、压力管道、水电站厂房（主副厂房、安装间、开关站及尾水建筑物）、砂石骨料加工等。合同金额为 1.2 亿元，合同开工日期为 2013 年 6 月 1 日，完工日期为 2015 年 3 月 30 日。2015 年度主要完成产值 5894 万元，累计完成产值 1.59 亿元。

【春堂坝水电站厂房项目】春堂坝水电站位于四川省小金县境内，为引水式电站，电站为沃日河干流日尔—春堂坝段梯级规划开发的第四级，其取水枢纽位于沃日河上，于左岸取水后经长约 13054.20 米的引水隧洞至小金河上的发电厂房。电站枢纽建筑物由首部枢纽、引水系统、调压井、厂房等组成。总装机容量 5.4 万千瓦。中国水电十局承建：引水隧洞（7+750—13+054.2）段，调压井、压力管道、厂区枢纽的所有土建、原型观测设备的采购及安装，金属结构的制造及安装、机电及电气设备安装、7# —10#渣场防护、调压井边坡的安全防护和道路硬化、加固施工以及为完成本包工程所需的所有临时工程等。合同金额 2.17 亿元，合同工期：总工期为 32 个月；工程开工日期为 2012 年 4 月 1 日。2015 年完成合同金额 6275.7 万元，累计完成合同金额 1.47 亿元。

【洞松水电站厂区枢纽工程项目】洞松水电站工程区位于硕曲河中下游乡城县香巴拉镇、尼斯乡及洞松乡境内，是硕曲河干流“一库五级”开发方案中的第四梯级水电站。电站装机 3 台，总装机容量 18 万千瓦。设计引用流量 102.3 立方米/秒，额定水头 197 米，电站主要建筑物由首部枢纽、引水系统和厂区枢纽组成。中国水电十局承建：洞松水电站引水隧洞 S17+200 以后段、调压井、压力管道及厂区枢纽工程土建施工、金属结构及压力钢管安装、施工支洞、基础处理、原型观测工程配合工作和临时工程。合同金额 1.62 亿元，签订合同日期：2006 年 12 月 25 日；合同工期：2009 年 1 月 1 日—2010 年 12 月 31 日。进场时间：2009 年 1 月 1 日；主体工程于 2013 年完工，因合同变更,完工时间调整为 2016 年 3 月 31 日。2015 年完成合同金额 5277.6 万元。

【然乌沟水电站工程项目】然乌沟电站工程位于四川省甘孜州境内，坝址位于然乌乡境内，距乡城县 36 公里，厂址位于硕曲河畔洞松乡境内，距县城 30 公里。有乡城—香格里拉的省级公路及城乡公路相通。然乌沟水电站工程主要由然乌沟主坝、日木沟引坝，引水隧洞、调压井、发电厂房及升压开关站工程组成。合同签订日期：2013 年 10 月 20 日，合同金额：8750 万元，进场日期：2013 年 8 月 6 日，合同工期：2013 年 8 月 10 日—2016 年 2 月 26 日。2015 年完成合同金额 7659.6 万元。累计完成合同金额 9803.1 万元。中国水电十局承建：引坝工程、主坝工程、压力管道工程、发电厂房工程、升压开关站工程。

【西藏多布电站项目】多布水电站工程位于西藏自治区林芝县境内，是雅鲁藏布江一级支流尼洋河干流巴河口以下河段水电开发规划的第二个梯级电站。坝址位于林芝县百巴镇多布村，下游距林芝地区行署所在地—八一镇 28 公里。工程枢纽主要由河床砂砾石复合坝、左岸泄洪闸、左岸引水发电系统等建筑物组成。电站装机容量 4×3 万千瓦。中国水电十局承建：二期围堰填筑工程；右岸坝肩边坡开挖支护工程；砂砾石坝填筑工程。合同金额 2.49 亿元，合同工期：2012 年 3 月 10 日开工，2015 年 3 月 31 日完工。签订合同日期：2012 年 3 月 6 日；进场时间：2012 年 3 月 8 日。因合同变更，自 2014 年至 2015 年停工。累计完成合同金额 2102.4 万元。

【西藏波堆项目】西藏波堆水电站位于西藏林芝地区波密县倾多镇境内，距离倾多镇 12 公里，波密县 43 公里。波堆水电站为坝后引水式水电站。电站装机 3 台，总装机容量为 0.96 万千瓦。工程由首部取水枢纽工程（包括沥青混凝土心墙土石坝、左岸洞式溢洪道及泄洪洞等主要建筑物）、引水发电隧洞及厂区枢纽工程（包括地面厂房、升压站及尾水等主要建筑物）组成。中国水电十局承建：引水隧洞、溢洪道、泄洪洞改造工程、沥青混凝土心墙土石坝、压力管道制安、厂房土建、金结及机电安装工程。合同金额 1.3665 亿元，合同工期：2012 年 10 月 15 日—2015 年 4 月 30 日。签订合同日期：2012 年 10 月 29 日；进场时间：2012 年 10 月 15 日。2015 年 4 月 6 日泄洪洞检修闸门下闸蓄水,2015 年 4 月 8 日洞式溢洪道开始过水,2015 年 7 月 6 日波堆水电站首台机组投产发电。2015 年完成合同金额 5708.8 万元。

【墨脱大桥农村公路一期 Ⅰ 标项目】西藏林芝米林派镇至墨脱解放大桥农村公路一期工程 Ⅰ 标位于米林派镇大峡谷景区。中国水电十局承建：标段路线总长为 13.615 公里，其中特长隧道 4.4 公里 1 座，小桥 38 米 1 座。合同签订日期：2014 年 6 月 23 日，合同总金额 25374.96 万元，合同工期 885 日历天，2014 年 6 月 16 日进场。2015 年完成合同金额 5188.2 万元。累计完成合同金额 8441.8 万元。

【上石盘电航综合枢纽工程项目】嘉陵江上石盘电航综合枢纽工程属嘉陵江干流广元至苍溪河段梯级开发的第一级，工程坝址位于广元市嘉陵江河段下游，工程区距广元市区约11公里，属河床式开发，电站装机容量3万千瓦，贯流式机组。船闸按Ⅳ级航道通行2×500吨级船队，船闸单向年过闸货运量近期为62万吨，远期为109万吨。枢纽建筑物垂直河流呈“一”字型排列，坝顶全长378.5米。中国水电十局承建：孔混凝土闸坝、左、右岸连接坝段及上坝公路、电站厂房及进水渠和尾水渠、开关站及厂区进厂道路、金属结构制造及安装、机电设备安装、安全监测工程的设备采购及安装等、业主永久营地、船闸一期工程（上闸首和上引航道）、装修及装饰工程。合同签订日期：2013年12月10日，合同工期：32个月，合同金额3.23亿元。2015年完成合同金额1.58亿元，累计完成合同金额3.03亿元。2015年6月14日，坝顶交通桥、工作桥桥面铺装层浇筑完成,2015年12月31日下闸蓄水。

【固滴水电站厂区枢纽工程项目】固滴水电站位于水洛河中游水洛乡其拉村下游4公里的峡谷段，坝址距木里县城231公里。固滴水电站系水洛河干流水电规划梯级开发电站之一，采用引水式开发，上游接钻根水电站，其下游为新藏水电站库区。引水系统布置于右岸，采用一洞三机联合供水方式，地下厂房布置在水洛河右岸山体内，安装水轮发电机3台，单机容量4.6万千瓦，总装机容量13.8万千瓦。多年平均发电量为5.928亿千瓦时。中国水电十局承建：引水隧洞、调压井（含上室）、压力管道、地下厂房、尾水洞、尾水出口及相关的交通工程等土建工程、金属结构安装及有关临时设施等。合同签订日期：2013年9月25日，合同金额2.08亿元。合同工期：2013年11月1日—2016年9月30日。2015年完成合同金额4082.8万元，累计完成合同金额5782.6万元。

【锅浪跷水电站厂房工程项目】锅浪跷水电站系青衣江一级支流天全河梯级开发中的龙头水库，位于四川省雅安市天全县紫石乡境内，距县城37公里，为单一发电工程。本工程为混合式开发，布置方案为：混凝土面板堆石坝、表孔溢洪洞、中孔泄洪放空洞、生态机组、引水系统（含引水隧洞、调压井、压力管道）及电站厂房工程。电站装机3×7万千瓦。电站包括混凝土面板堆石坝、表孔溢洪洞、中孔泄洪放空洞、生态机组、引水系统及电站厂房（含主、副厂房，安装间，GIS楼等）。中国水电十局承建：引水隧洞、调压井、压力管道）及电站厂房（含主、副厂房，安装间，GIS楼等）等。合同金额：2.3亿元；合同签订日期：2015年4月3日；合同工期2015年1月1日—2018年12月31日。进场时间：2015年3月16日；2015年完成合同金额637.4万元。

【博瓦水电站厂区枢纽工程项目】博瓦水电站位于四川省凉山彝族自治州木里县境内，为金沙江左岸一级支流水洛河干流额斯—捷可河段一库十一级开发中的第八个梯级电站。以发电为主，采用引水式开发。博瓦电站在群英河汇口下游约3.06公里处水洛河干流上建闸取水，经左岸长约14公里的有压隧洞引水至下博瓦沟沟口上游约900米处山体内建地下厂房发电。电站装机容量为3×5.6万千瓦，首部拦、蓄水建筑物为闸（坝），最大闸（坝）高27米。中国水电十局承建：厂房枢纽工程、8#支洞及其控制的主洞（13+195—14+188.66）工程、8#岔洞、压力管道、调压井工程、地下厂房工程、GIS楼、进厂公路工程、施工临时交通工程以及本标相应的其他临时设施工程等。合同金额18852万元；合同签订日期：2015年7月8日；合同工期2015年7月1日—2018年9月30日。2015年完成合同金额740万元。

【引汉济渭黄金峡水利枢纽工程】引汉济渭工程黄金峡水利枢纽工程的前期准备工程施工Ⅱ标位于陕西省汉中市佛坪县境内，本标段主要建筑物包括左岸1#公路路基以上坝肩开挖工程、场内道路工程和弃渣场防护工程建设与管理三项。中国水电十局承建：左岸1#公路路基以上坝肩边坡开挖支护、左岸3#公路、左岸5#公路、场内出水池道路、良心沟弃渣场防护工程以及戴母鸡沟弃渣场防护工程。合同金额1.4亿元，合同工期：2015年9月15日—2017年5月31日；签订合同日期：2015年9月29日；进场时间：2015年9月12日；开工时间：2015年10月25日，2015年完成合同金额801万元。

【四川省都江堰灌区毗河供水一期工程项目】四川省都江堰灌区毗河供水一期工程位于四川省内，是“再造一个都江堰灌区”的重点水利工程，是四川省腹部经济区“五横四纵”水资源战略配置体系的大型骨干工程，是一项重大民生工程，是都江堰灌区的重要组成部分，工程建设具有供水、灌溉和生态环境等综合利用效益，对毗河灌区经济社会的发展具有重要作用。该工程共涉及3市8区（县），分别为成都市（新都区、青白江区、金堂县），资阳市（简阳县、乐至县、安岳县、雁江区），遂宁市（安居区）。工程主要由枢纽、输水工程和灌区渠系工程组成，为一等大（1）型工程，工程实施后，可新增和改善灌溉面积125.49万亩，解决灌区内4个县城的用水和部分乡镇、农村用水及工业需水，供水人口为226万人,每年可以向旱区供水9452万立方米。

该工程为中国电力建设股份有限公司BT(投资、施工）项目。由中国电力建设股份有限公司授权中国水电十局组建总承包部全权实施“融资+施工总承包”职责，工程合同额44.03亿元；2014年5月5日，四川省都江堰灌区毗河供水一期工程建设签约仪式在资阳举行。8月28日，该工程建设（乐至段）开工仪式在乐至县南塔隧洞施工点举行。9月26日，该工程建设（简阳段）开工仪式在简阳市同合乡秀阳村蒋铜渡槽施工点举行。10月10日，该工程（雁江段）开工仪式在资阳市雁江区彭家隧洞施工点举行。10月31日，该工程（安居段）开工仪式在遂宁市安居镇施工点举行。

【毗河供水一期工程第一施工分部项目】中国水电十局一分局承建：四川省都江堰灌区毗河供水一期工程项目第一施工分部从苟家滩引水枢纽至锁口塘渡槽出口，全线总长45.85公里。其中明渠12段，长14.18公里；暗渠7段，长4.6公里；隧洞8座，长16.38公里；渡槽7座，长7.4公里；倒虹管1座，长2.2公里，其中龙泉山隧洞、桐子湾渡槽为一分部主要控制性工程。本段地处成都、资阳地区，跨区市（县）分别为新都区、青白江区、金堂县、简阳市。合同金额10.73亿元，合同工期：48个月。进厂日期2014年5月，开工令下达日期为2015年4月28日。2015年完成合同金额2470.8万元。

【毗河供水一期工程第二分部项目】中国水电十局二分局承建：毗河供水一期工程第二分部工程位于金堂县及简阳市境内，（1）总干渠桩号45+558—67+243段；（2）简资分干渠长15.14公里；（3）石钟支渠长8.41公里；（4）简阳支渠长8.96公里；（5）其他相关配套工程以及完成以上全部工程的其他附属工程。中标金额8.38亿元，总工期历时48个月。合同签订日期：2014年4月，2014年5月12日第二施工分部组织人员设备进场施工。2015年4月28开工，2015年7月1日简资分干渠钟家隧洞开始施工。2015年7月17日，总干渠窑湾隧洞钻爆贯通。2015年8月16日，总干渠红花山隧洞完成钻爆贯通（洞长212.8米）。2015年10月18日，总干渠窑湾隧洞钻爆贯通。2015年10月29日，白蜡沟隧洞钻爆贯通。2015年12月23日，钟家隧洞贯通。2015年完成合同金额8125.3万元。

【毗河供水一期工程第三施工分部项目】四川省都江堰灌区毗河供水一期工程第三施工分部工程主要由总干渠段和云合支渠段组成，总干渠长34.73公里，云合支渠长11.46公里。总干渠有渠道11.249公里；渡槽13座，长5.5公里，最长渡槽为廖家坝渡槽，长1652米；隧洞19座，长17.3公里，最长隧洞为鞍台山隧洞，长2963米；倒虹管1座长693.21米；山溪渡槽4座，山溪涵洞2座，节制闸4座，泄水闸3座，分水闸1座，公路桥1座，人行桥5座，机耕桥6座，检修梯步32座，放水洞15座。云合支渠长11.46公里，其中明渠2357.84米，隧洞16座，长7509.36米，渡槽2座，长395米，倒虹吸6座，长1199.91米。中国水电十局三分局承建：合同工期48个月，实际开工日期为2015年4月28日，合同总价6.78亿元。2015年度完成产值8734.16万元。

【毗河供水一期工程第六施工分部项目】中国水电十局基础工程分局承建：四川省都江堰灌区毗河供水一期工程蟠书补水渠、书永分干渠、千佛分干渠、龙台支渠、云峰支渠等。合同金额5.48亿元，合同工期为2015年4月28日—2019年4月27日。2015年度完成产值3262.84万元。

【毗河供水一期工程第七施工分部项目】中国水电十局一分局承建：四川省都江堰灌区毗河供水一期工程安居段由新安分干渠、中兴支渠、东禅支渠渠系工程组成。新安分干渠总长26.4公里；东禅支渠总长12.9公里；中兴支渠总长15.63公里。新生水库灌区一期工程渠道总长度54.94公里，其中明渠24.48公里；隧洞45座，长度为24.1公里；渡槽4座，长度为0.89公里；倒虹管20座，长5.47公里。合同总金额3.14亿元，合同工期为48个月，合同工期：2015年4月—2019年4月。进场日期为2014年8月15日。2015年4月28日下达开工令；6月21日，李家隧洞进口开始隧洞掘进施工；9月10日，李家湾隧洞贯通。2015年完成合同金额2269.02万元。

【西藏知不拉铜多金属矿项目】西藏知不拉铜多金属矿位于西藏自治区墨竹工卡县西南约20公里处，矿区属墨竹工卡县甲玛乡和达孜县章多乡管辖。矿区为采、选联合企业，由露天采场、采矿工业场地、选矿工业场地、排土场、尾矿库、炸药库、加油站、总仓库、生活区、供电系统、供水回水系统及水源地、环保安全设施及其他辅助设施等组成。中国水电十局承建：知不拉南、北采场和拉姆加古露天采场矿石、废石的采剥、运输；采区内出矿、排土道路修筑以及承包商相关的配套临时设施建设等。合同金额19.7亿元，合同工期：2015年5月—2020年5月。2015年6月人员开始进场，正式开工日期为2015年7月1日。9月21日，知不拉项目南露天开始产出矿石。2015年度主要完成合同金额1989万元。累计完成合同金额1989万元。

【开茂水库枢纽工程】开茂水库工程位于四川省绵阳市北川县安昌镇开茂村，其开发任务是以向北川新县城及周边乡镇、安县县城生活供水和北川—山东产业园区、安昌工业园区、永安—香泉工业园的生活、生产供水以及安江、安绵、安昌河灌区灌溉供水为主，兼顾灌区人畜供水要求。中国水电十局基础工程分局承建：库区枢纽工程，其主要工程项目包括：主坝及1—5号副坝工程、左右岸山脊防渗工程、溢洪道工程、放空洞工程、供水隧洞工程等。2013年1月6日签定合同协议，同月8日举行开工仪式正式开工。合同金额1.96亿元，合同工期为880天。2015年完成合同金额7067.6万元，累计完成1.7亿元。

【渝广高速公路一分部项目】重庆渝北至四川广安高速公路土建一分部公路项目全长约19公里。中国水电十局承建：主线桥梁2503.6米/7座；互通2处（绕城互通和复兴互通）服务区一处（静观服务区）；各类涵洞62座，其中盖板涵洞48座（主线涵洞36座，匝道涵洞12座）、拱涵14座（主线10座，匝道4座），人行天桥3座，分离式立体交叉3座；以及全线土石方工程。合同工期2.6年，开工日期为2013年5月31日。合同总价7.28亿元。2015年度完成产值3.78亿元，累计完成产值6.44亿元。

2015年9月24日，渝广高速公路项目黑水滩大桥施工

（程木星　摄）

【天府新区兴隆湖生态水环境综合治理第二标段项目】天府新区兴隆湖项目位于成都天府新区兴隆镇南侧，天府大道百里中轴东侧，鹿溪河的中下游，是天府新区“三纵一横一湖”的重大基础设施项目之一，为天府新区中心位置，是区域的生态核心。中国水电十局承建：湖区场平工程、景观驳岸工程、7米宽滨湖景观步道工程（长9.3公里）、25米宽环湖市政道路工程（长8.2公里）、放空闸工程、副坝工程和道路桥梁工程。合同金额：6.85亿元。2015年完成合同金额2.34亿元，累计完成合同金额2.74亿元。

【乐山青江新区项目基础建设BT项目】乐山市青江新区基础设施BT项目估算总造价约29.4亿元，包含18条道路工程约17.3亿元，8个景观工程约6.8亿元，2个房建工程约5.3亿元。本项目由中国水电路桥和水电七、九、十三个工程局共同投资建设。业主方由乐山城市建设投资有限公司担任。水电十局承建：太白路长1048米，凤洲路长3885米，陆游路长735米，岑参路长1150米，嘉瑞大道长3260米，鹅塘路长1630米，春华路西段长1400米，通棉路长3600米共8条道路和长青路下穿隧道长456米的建设，共长17.16公里，合计总价约7.4亿元。2015年度完成产值2.5亿元，累计完成产值3.87亿元。

【成彭、汉彭路改造项目】成彭高速公路彭州入城段改造工程项目，该项目起于彭州与新都交界处，止于成彭高速与牡丹大道交叉口，全长约2.76公里。汉彭路彭州入城段道路改造工程项目全长约3公里。两个项目均由中国水电十局采用BT+EPC模式建设，建设总工期2年。中国水电十局2015年度完成产值2.3亿元。

【金属结构制作与机电安装】2015年，中国水电十局金属结构制造安装与机电安装共计完成产值10.57亿元，总中标金额11.22亿元。安装投产水轮发电机组22台，发电容量98.64万千瓦。制作金属

2015年12月25日，成彭、汉彭路改造项目汉彭路铺设（车敏　摄）

结构产品 1.93 万吨，金属结构安装 2 万吨。

【风电工程】2015 年，中国水电十局机电安装分局和勘察设计院共完成风力合同额 5400.6 万元。主要包括新疆老君庙风电场一期、达坂城风电场一期，青海切吉石乃海风电场 4.95 万千瓦工程风机、塔筒及附属设备安装、35 千伏集电线路及 110 千伏升压站机电安装工程，甘肃景峡第六风电场 A 区 20 万千瓦工程一标、二标，甘肃马昌山风电场风机基础改造工程、云南弥勒县石洞山风电场风机机组和箱变安装工程，云南华电开远鲁土白 4.8 万千瓦风电项目风电机组及塔筒设备安装工程，云南华电砚山黑巴 3.8 万千瓦风电项目风电机组及塔筒设备安装工程等。中国水电十局勘测设计院完成三峡新能源贵州普安横冲梁子风电场 4.2 万千瓦工程。

【运维检产业】截至 2015 年年底，中国水电十局机电安装分局检运公司现有正式职工 91 人，总产值 5561.85 万元，海内外运维检项目已达 12 个，其中国内项目 7 个，国际项目 5 个。

【国内水电站运行维护】截至 2015 年年底，中国水电十局检运公司国内运行维护完成合同额 1884.1 万元。其中包括四川华能的木座、阴坪和古城项目维护，新疆别迭里项目的维护检修、西藏华能藏木电站培训及维护检修、四川华能拉拉山项目的维护、万家寨项目的维护及检修等。

【城市房地产工程项目】2015 年，中国水电十局基础工程分局承建房地产工程项目共计完成产值 5.48 亿元。其中主要有：（1）“电建地产•海赋尚城”项目，位于南京市栖霞区经五路，项目总建筑面积 15.87 万平方米。（2）“电建地产•海赋尚城”项目，位于南京市栖霞区万寿村伏家场迈尧路 611 号，项目总建筑面积约为 35.3 万平方米。（3）南国置业泛悦城市广场项目，位于成都市北 2.5 环川陕路与昭觉寺横路交汇处。该项目总建筑面积 55.77 万平方米。（4）南国中心二期基坑支护工程，项目位于江汉区解放大道与江汉北路交汇处。（5）“中国水电•美立方”项目，位于成都市成华区龙潭片区，总建筑面积约 16.8 万平方米。（6）中国水电•盛世江城三期桩基工程项目，项目位于武汉市江汉区新弯路 9 号。（7）襄阳南国商业发展有限责任公司与襄阳市樊城区政府，在襄阳市樊城区长虹路商业圈范围内兴建的第一个“两改两迁”大型项目。总建筑面积约为 33.4 万平方米。（8）南国昙华林项目，项目位于武昌区友谊大道与中山路交汇处，项目总建筑面积为 12.86 万平方米。（9）“中国电建•和美盛景二期新居工程”BT 项目，项目位于成都市温江区和盛镇柳岸社区，总投资 2.8 亿元。（10）“中国电建•百花三期新居工程”BT 项目，项目位于成都市温江区寿安镇总建筑面积约 12.1 万平方米，总投资 3.4 亿元。

【达州长田新区基础设施建设项目】达州市长田新区基础建设项目位于达州市经济开发区及达川区。中国水电十局三分局承建：杨柳垭隧道工程项目、大尖子山隧道工程项目、经开大道工程项目，项目施工线路全长约 10 公里。杨柳垭隧道项目工程项目全长 1.34 公里；其中隧道段长 0.7 公里。大尖子隧道项目工程全长 1.35 公里；其中隧道段长 0.47 公里。经开大道项目工程线路全长 7.15 公里。总合同金额 6.11 亿元，合同工期 36 个月。2015 年 11 月 17 日成立了“中国水电十局达州长田新区项目经理部”开始进场。

国际主要工程

【印尼佳蒂格德水电站项目】佳蒂格德（Jatigede）工程位于印度尼西亚西爪哇省双木丹县境内，距井里汶—双木丹主干线约 16 公里，距井里汶市约 75 公里，距世界著名旅游城市万隆市约 125 公里。佳蒂格德水库控制流域面积 1414 平方公里，总库容 10.6 亿立方米，电站装机 2 台，容量为 11 万千瓦。工程分两期开发，一期开发项目为大坝、溢洪道、灌溉洞、引水发电洞进口；二期开发引水发电系统中隧洞、上游调压室、压力管道、厂房、尾水调压室、尾水洞等工程。中国水电十局承建：一期工程于 2014 年完工。2014 年 12 月 5 日中标佳蒂格德二期水电站工程项目，2014 年 12 月 30 日签订协议，合同金额为 1.35 亿美元。合同工期：43 个月。印尼佳蒂格德水电站工程主要包括引水发电系统中的有压引水隧洞、调压室及压力管道、半埋式厂房、变电站、尾水调压室、尾水洞、下游调节堰等土建和机电及金属结构制作、安装调试等。2015 年 10 月 2 日在施工现场举行隆重的开工仪式，主要临建工程施工道路等开始实施；2015 年 11 月 2 日，主体工程 2#支洞口动工；2015 年 11 月 23 日，厂房和开关站区域动工。2015 年完成产值 300 万美元。

【老挝南坎 2 水电站项目】南坎 2 水电站位于老挝南勃拉邦东南方向约 30 公里南坎河与湄公河汇合口上游 68 公里处，为二等工程，工程规模为大（2）型。电站装机 2 台，总装机容量 13 万千瓦。工程枢纽主要由混凝土面板堆石坝、溢洪道、厂房及引水发电系统、放空洞、机电金属结构安装工程组成。中国水电十局承建：混凝土面板堆石坝、溢洪道、厂房及引水发电系统、放空洞、机电金属结构安装工程。合同金额 2.9 亿美元，合同工期：2011 年 3 月 26 日—2015 年 9 月 25 日。签订合同日期：2010 年 12 月 29 日；进场时间：2011 年 3 月 26 日。2015 年 11 月 26 日项目竣工庆典仪式，老挝国副总理宋沙瓦、中国电建集团（股份）公司总经理孙洪水等中老贵宾参加。2015 年完成合同金额 4178 美元，累计完成合同金额 3.18 亿美元。

【老挝南椰 2 水电站项目】老挝南椰 2 水电站 BOOT 项目位于老挝川圹省查尔平原的东南部，厂址距勐昆县公路里程约 32 公里，距丰沙湾公路里程约 64 公里，距首都万象（经丰沙湾）公路里程约 474 公里。工程以发电为单一开发目标，具有年调节能力。电站总装机容量为 18 万千瓦。中国水电十局承建：主坝、溢洪道、泄洪冲沙兼导流洞及电站进水口、引水发电系统土建及机电设备及金属结构安装工程。合同金额 1.51 亿美元，合同工期：2011 年 10 月 1 日—2015 年 12 月 31 日。签订合同日期：2011 年 8 月 30 日；进场时间：2011 年 9 月 1 日；完工时间：2015 年 12 月 31 日。2015 年 4 月 10 日大坝下闸蓄水，2015 年 5 月 14 日大坝填筑全部完工，2015 年 8 月 1 日首台机组发电，2015 年 9 月 27 日三台机组全部发电，2015 年 10 月 2 日老挝副总理与三峡集团总经理出席南椰 2 电站竣工仪式。2015 年 12 月 31 日合同工程完工。2015 年完成合同金额 3089 万美元，累计完成合同金额 1.51 亿美元。

【老挝南欧江二级水电站项目】南欧江二级水电站位于老挝中北部琅勃拉邦省境内，以发电为主，电站装机 3 台，总装机容量 12 万千瓦。枢纽主要由左岸非溢流坝段、泄水建筑物、引水发电建筑物、右岸非溢流坝段等建筑物组成。中国水电十局承建：南欧江二级水电站土建、金属结构及机电设备安装工程。合同金额 6784 万美元，合同工期：2012 年 10 月 1 日—2016 年 10 月 31 日。签订合同日期：2012 年 9 月 30 日；进场时间：2013 年 7 月 15 日。2015 年 10 月 18 日大坝蓄水，2015 年 11 月 29 日首台机组发电并举行庆典仪式。2015 年完成合同金额 2822 万美元，累计完成合同金额 7221 万美元。

【老挝南欧江五级水电站项目】老挝南欧江五级水电站项目位于老挝人民民主共和国丰沙里省境内，工程以发电为主。主要建筑物包括混凝土重力坝、坝身进水口及坝后式厂房、坝身溢洪道及消力池，冲沙底孔及泄槽、下游护岸等。电站总装机容量 24 万千瓦。中国水电十局承建：南欧江五级水电站土建、金属结构及机电设备安装工程。合同金额 1.48 亿美元，合同工期：2012 年 10 月 1 日—2016 年 10 月 31 日。签订合同日期：2012 年 10 月 1 日；进场时间：2012 年 7 月 15 日。2015 年 11 月 8 日导流底孔下闸，开始蓄水，2015 年 12 月 22 日 1#机组并网成功，2015 年 12 月 26 日 1#机组开始进行 72 小时试运行。2015 年完成合同金额 4687 万美元，累计完成合同金额 1.55 亿美元。

【老挝南康 3 水电站项目】南康 3 水电站位于琅勃拉邦省境内的南坎河干流上。老挝南康河流域位于老挝人民民主共和国，是湄公河左岸的一级支流，南康 3 水电站是南康河规划三个梯级电站中的最下游一级，坝址距下游琅勃拉邦市公路里程约 31 公里，装机容量为 2×3 万千瓦（6 万千瓦），年发电量 2.4 亿千瓦时。引用流量为 176.8 立方米/秒。南康 3 水电站枢纽布置为：混凝土重力坝、河中溢流表孔、右岸冲沙孔、右岸引水系统及岸边地面厂房等。引水发电建筑物由坝身式电站进水口、引水隧洞、主厂房、副厂房等建筑物组成，电站进水口采用坝身进水口，合同总金额 1.28 亿美元。工程由中国水电十局和中国水电十五局联合施工。中国水电十局承建：厂区枢纽、电站永久设备采购及安装、金结制造及安装工程等施工任务，中国水电十局分割合同金额 6470.4 万美元；工期：2012 年 12 月 26 日—2016 年 6 月 25 日。签订合同日期：2012 年 2 月 8 日；进场时间：2012 年 9 月 18 日；2015 年完成合同金额 1796 万美元，累计完成合同金额 7201 万美元。

【老挝南湃项目】南湃水电站位于老挝万象省北部 Phoun 区，坝址位于南俄河支流南湃河满铺恩村下游。该工程为长引水式电站，主要任务为发电，水库正常蓄水位高程 1140 米，总库容 2 亿立方米，总装机容量 8.6 万千瓦，工程规模为二等大（2）型工程。挡水建筑物级别为 2 级，引水及厂房建筑物级别为 3 级，临时建筑物为 4 级。中国水电十局承建：混凝土面板堆石坝、溢洪洞、引水隧洞及发电厂房、尾水系统等。合同工期 1280 日历天，开工日期为 2013 年 9 月 1 日，竣工日期为 2017 年 2 月 28 日。合同总价 8941 万美元。2015 年完成产值 2.44 亿元，累计完成产值 4.16 亿元。

【老挝南俄 3 水电站项目】南俄 3 水电站为老挝境内南俄河干流梯级开发的第 3 级（自下游向上）电站，位于老挝中部 Xaysomboune 特区（赛松本省）

境内。南俄河为湄公河左岸一级支流，南俄 3 水电站坝址区距首都万象公路里程为 248 公里，相应库容 14.11 亿立方米，为年调节水库。电站装机容量为 48 万千瓦，多年平均年发电量 23.45 亿千瓦时。本工程为一等大（1）型工程，枢纽建筑物主要由混凝土面板堆石坝（坝高 210 米）、左岸 3 孔岸边溢洪道、右岸引水发电系统和地面厂房组成，合同总金额 12.9 亿美元，项目为 EPC（设计、采购、施工）承包模式，中国电建集团国际公司委托中国水电十局进行项目施工。工期：2015 年 11 月 26 日—2021 年 11 月 25 日。签订合同日期：2014 年 12 月 30 日，进场时间为 2015 年 9 月 1 日。2015 年完成合同金额 10545.9 万美元。

【厄瓜多尔科卡科多－辛克雷（CCS）水电站项目】 厄瓜多尔科卡科多-辛克雷(Coca Codo Sinclair)水电站项目位于南美洲的厄瓜多尔 Napo 和 Sucumbios 省境内，距首都基多约 130 公里。2009 年 10 月 5 日，中国水电股份有限公司与厄瓜多尔科卡科多—辛克雷公司正式签署 CCS 水电站 EPC 总承包合同，合同金额为 3.6 亿美元。电站总装机容量为 150 万千瓦，年发电量 88 亿千瓦时，建成后将满足厄瓜多尔全国三分之一人口的电力需求，是厄瓜多尔历史上外资投入金额最大、规模最大的水电站项目，同时也是目前中国对外投资承建的最大水电站工程项目。中国水电十局承建：主要工程含首部枢纽大坝和调节水库、输水隧洞、压力管道、厂房、变压器室、进厂交通洞、电缆洞、尾水洞、开关站及控制楼、到调节水库的进场路、永久运行村等。中国水电十局承建：输水隧洞长 3 公里、部分大坝工程、业主营地、永久道路等。合同金额 3.6 亿美元，合同工期：2010 年 8 月—2016 年 2 月。2015 完成产值 2.84 亿美元。

【缅甸蒙育瓦莱比塘铜矿二标段工程】 缅甸蒙育瓦莱比塘铜矿位于缅甸实皆省（Sagaing）蒙育瓦莱比塘，距缅甸中部经济中心曼德勒(Mandalay)市约 120 公里，缅甸蒙育瓦莱比塘铜矿为采、选、冶联合项目，铜矿设计产能为每年生产 10 万吨阴极铜。项目业主为万宝矿产（缅甸）铜业有限公司，土建及设备安装工程总承包商为北方国际合作股份有限公司。中国水电十局于 2011 年 12 月 21 日与该项目总承包商——北方国际合作股份有限公司签订了《缅甸蒙育瓦莱比塘铜矿土建及设备安装工程第二标段施工承包合同》。合同金额 1.2 亿美元。计划开工日期为 2012 年 1 月 1 日，计划竣工日期为 2013 年 4 月 15 日，计划工期总日历天数为 470 天。实际开工日期：2015 年 1 月 5 日。2015 年完成产值 2320.82 万美元，累计完成合同金额 2696.74 万美元。

【缅甸莱比塘铜矿基建剥离和采剥生产项目工程】 缅甸蒙育瓦莱比塘铜矿项目分为基建期和生产期两个阶段，其中：基建期 17 个月，主要工程内容包括约 2000 万立方米剥离量和 6.6 公里的道路建设，合同额约为 5000 万美元；生产期总服务年限约 32 年，设计年采剥总量约为 2705 万立方米，合同额约为 7500 万美元/年（不含设备采购）。2015 年度完成产值约 4135.94 万美元。

【国际水电站运行维护项目】 截至 2015 年年底，由中国水电十局检运公司承担的海外运维检项目达 5 个，分别是柬埔寨甘再水电站运行维护，老挝南俄 5 水电站运行维护，老挝南欧江一期工程二、五、六级水电站运行维护。

【柬埔寨甘再水电站运行维护】 柬埔寨甘再水电站 BOT（建设—运营—移交）项目是柬埔寨政府以国际竞标和 BOT 模式开发实施的水电站项目，也是中国电建集团海外投资的第一个电站项目，年平均发电量 4.98 亿千瓦时，动态总投资 2.8 亿美元，项目融资期为一年，特许经营期 44 年，其中施工期 4 年，商业运行期 40 年。中国水电十局机电安装分局主要承担该项目的运行维护，合同工期 5 年，主要工作范围是柬埔寨甘再水电站的生产准备、生产运行、设备维护、小修、管理和培训。2015 年 6 月 30 日，《柬埔寨甘再水电站水电站委托生产运行、维护和管理服务合同》第二期续签，合同期限自 2015 年 5 月 1 日开始，至 2019 年 12 月 31 日为止。2015 年一期完成合同金额 708.24 万元，累计完成合同金额 5032.78 万元；二期完成合同金额 1202.53 万元。截至 2015 年 12 月 30 日，2015 年全年发电量为 3.69 亿千瓦时，累积安全运行天数 1445 天，并通过了中电联标准化预评审。

【老挝南俄 5 水电站运行维护项目】 老挝南俄 5 水电站是中国水电在老挝第一个以 BOT 方式投资建设的水电站项目，由中国水电和老挝国家电力公司合资开发，中国水电同时作为该项目的 EPC 总承包商实施建设。该电站装机容量为 2×6 万千瓦，总投资额约为 2 亿美元，年发电量约为 5 亿千瓦时。2008 年 10 月 1 日开工，2012 年 11 月 30 日进入商业运营期。中国水电十局机电安装分局主要承担金结制安、机电安装、周边变电站和输电线路的建设和电站首个五年的运行维护。该运行维护合同签订日期为 2012 年 6 月，合同总金额为 2558.71 万元，合同工期为 2012 年 8 月至 2017 年 11 月，共计 64 个月，进场日期为 2012 年 7 月。2015 年完成合同金额 566.98 万元，累计完成合同金额 1815.42 万元。2015

年完成发电量 5.21 亿千瓦时，累计安全运行天数1125天，提前31天完成年度发电任务，顺利通过了安全标准化预评审。

【老挝南欧江流域水电站运行维护项目】南欧江流域水电站位于老挝丰沙里省境内，一期项目共开发二、五、六级水电站，装机容量达54万千瓦，多年平均发电量20亿千瓦时，由中国电建集团（股份）公司以BOT模式开发建设。主体工程于2012年12月10日正式开工，中国水电十局机电安装分局主要承担金结制安、机电安装、周边变电站和输电线路的建设和电站首个五年的运行维护。2015年南欧江流域一期实现了“一年三投”目标，二级站提前120天发电向老挝40周年国庆献礼。一期三站运维合同签订日期为2014年12月17日，合同总金额2247万美元，其中二级电站734万美元，五级电站768万美元，六级电站745万美元。合同工期为2015年3月1日至2019年10月31日，共计56个月，进场日期为2015年3月。2015年南欧江二、五、六级电站共完成合同金额约1200万元。截至2015年年底，二级电站发电量为2300.4万千瓦时，六级电站发电量为708.8万千瓦时，五级电站发电量为504万千瓦时，合计发电量为3513.2万千瓦时。

【德尔西水电站总承包工程机电设备及金属结构安装】厄瓜多尔德尔西水电站为一个完整的EPC总承包项目，由中国水电工程顾问集团与厄瓜多尔国家电力公司于2011年10月14日正式签订。中国水电顾问集团西北勘测设计研究院有限公司受中国水电工程顾问集团公司的委托行使总承包商的权利和义务。德尔西水电站位于南美洲厄瓜多尔境内Zamora Chinchipe省Zamora河上，为引水式电站，开发任务为发电。电站装机容量为180万千瓦，安装三台冲击式机组，多年平均发电量12.4亿千瓦时。中国水电十局2014年6月23日签订了总承包工程机电设备及金属结构安装工程合同协议书。合同总额1444.2万美元，进场日期为2014年7月12日。2015年6月30日压力钢管制造厂建成投产。“1号机配水环管安装”和“压力钢管岔管安装”获A级样板工程。2015年完成合同额人民币2850万元。

【尼日尔古胡邦达重油发电厂项目】尼日尔古胡邦达重油火力发电厂位于尼日尔河右岸的古胡邦达地区，位于首都尼亚美东南方向约10公里，为尼日尔国家重点建设项目之一。该火力发电厂采用重油为原料，分两期建设总装机容量为10万千瓦的柴油发电站，其中一期建设4台，同期建成电厂所需的所有配套设施；二期建设1台2万千瓦机组，机电部分主要包括柴油发电机组、控制室、附属设备、燃油库、润滑油库和输配电。该项目工程由中国水电十局安装分局承建，2013年6月28日签订合同，合同金额为1.24亿美元，合同工期20个月，项目开工时间为2013年11月，2013年4月5日举行奠基仪式。2015年主体工程完工进入调试阶段，获尼日尔政府《撒哈拉日报》盛赞。2015年完成合同金额人民币3.23亿元。

【新加坡地铁T217项目】新加坡地铁T217项目属于新加坡规划的第六条地铁汤申线中的一段，全长1.4公里，项目位于新加坡城市中心植物园附近，项目主要工程量：一个车站，加两条长度为754米和745米隧洞（转弯半径为400米和395米，开挖洞径为6.6米，成洞5.8米，管片厚度为27.5厘米），始发井处上下布置，之后逐步走向水平；合同总额为1.89亿新币（人民币9.45亿元），项目于2013年11月开工，预计2020年12月完工，工期为7年，其中：隧道土建完工日期为2018年5月；车站土建完工日期为2018年7月，合同工程移交日期为2022年12月。2015年完成产值合同额人民币7797万元，累计完成合同额人民币1.21亿元。

2015年6月10日，尼日尔重油项目发电站主厂房（马川江 摄）

【“一带一路”项目】中国水电十局国际市场开发紧跟国家“一带一路”战略，在2014年签订中标老挝南俄3水电站工程，在印尼中标佳蒂格德二期水电站总承包工程等项目的基础上，2015年新中标签约“一带一路”项目16个，合同总额人民币95.8亿元。其中业务涉及水电、采矿、输变电、安装、运维检等。主要项目有：缅甸蒙育瓦K矿采剥生产项目，厄瓜多尔德尔西水电站机电设备及金结增加合同项目，老挝东萨宏水电站项目，柬埔寨甘再水电站运维合同项目等。中国水电十局参与了中老铁路、印尼雅万高铁前期各项进场准备工作。

【印尼佳蒂格德水电站项目】2015 年 10 月 2 日，中国水电十局承建的印尼佳蒂格德水电站项目正式开工，该项目全体员工、印尼国家电力公司和当地政府有关官员参加了开工仪式。

【中央电视台《新闻联播》“一带一路”特别报道】2015 年 10 月 6 日，中央电视台《新闻联播》头条新闻“一带一路”特别报道——数说命运共同体，报道了中国水电十局承建的老挝南康 3 水电站和琅勃拉邦省香恩县 230 千伏输变电线路工程。

【老挝南俄 3 水电站项目】2015 年 11 月 11 日，老挝南俄 3 水电站项目开工仪式在老挝万象隆重举行，老挝国家副总理宋萨瓦、能源矿产部部长坎玛尼，中国驻老挝大使关华兵、使馆经商参赞赵文宇，中国电建集团股份公司副总经理袁柏松，老挝电力公司总经理西沙瓦，中国水电十局副总经理兼老挝区域经理部总经理余明川等出席了开工仪式并为电站开工奠基剪彩。袁柏松在开工仪式上代表总承包方致词。

【孟中印缅经济走廊（成都）发展论坛】2015 年 11 月 24 日，在由成都市人民政府主办、成都市商务委承办、成都对外经贸促进会执行的 2015 孟中印缅经济走廊（成都）发展论坛开幕式上，中国水电十局公司副总经理张长万应邀出席，并应工商银行的邀请作为特邀嘉宾参加了成都市商务委与工行、农行关于共促企业“走出去”合作协议签署仪式。

【中老铁路项目】老挝首都万象与云南昆明的中老铁路项目，于 2015 年 12 月 2 日在万象举行了开工奠基仪式，中共中央政治局常委、全国人大常委会委员长张德江与老挝人民革命党中央总书记、国家主席朱马里共同出席中老铁路开工奠基仪式。中国电建集团股份公司总经理孙洪水，总经济师刘明江，中国水电十局总经理何其刚、副总经理余明川，总经理助理、办公室主任韩震等参加了开工奠基仪式。中国水电十局承担了中老铁路开工奠基仪式的场地整理和进场道路及水、电保障，现场布置等相关工作。

党群工作

【开展“三严三实”专题教育】2015 年，中国水电十局党委以全面落实党建责任制为重点，以提升党建工作科学化水平为手段，进一步深化党组织的政治核心作用。在抓日常工作的同时，深入开展“三严三实”专题教育工作，强化领导干部作风建设。根据中央和集团党委的统一部署，公司党委积极准备，认真组织，有序推进。编制了《“三严三实”专题教育工作计划》以及工作推进表，从时间、内容、责任部门和责任人等方面明确了四个“关键动作”以及四项具体任务。制定了《“三严三实”教育专题研讨会实施方案》，召开了“三严”的专题研讨会。开展了对班子成员和总部“不严不实”问题的征求意见活动，收集整理出中国水电十局领导和机关“不严不实”的意见共六个方面 17 条，制定了整改方案和整改台账。据统计，中国水电十局各级单位组织上党课 16 场、举办参加各类学习报告视频会 27 次、发放《全国干部学习培训教材》《习近平谈治国理政》等各类学习资料 1900 余册。

【开展基层党建标准化建设】2015 年，中国水电十局党委推动党建工作规范化、制度化、科学化。确定 2015 年为基层党建标准化建设年，制定了标准化实施方案，按“创建试点、全面推进、总结验收”三个阶段开展了基层党建标准化工作。

【党风廉政建设】2015 年，中国水电十局党委把党风廉政建设和反腐败工作纳入党委工作总体部署，以中心组学习为龙头，强化对领导干部的学习教育，以制度建设为保障，强化对领导干部的权力制衡，以厂务公开、党务公开等载体，强化对领导干部的监督。落实主体责任实施细则，建立了责任清单，继续完善了“三重一大”民主决策制度，开展了巡视意见整改“回头看”工作，加强了对落实“八项规定”实施细则的监督检查，对调查研究、内部接待、会议活动、文件简报、职务消费、宣传报道等方面做出了明确规定，出台了《领导干部履职待遇、业务支出管理办法》。同时强化教育预防，利用建立的微信公众平台在重要节假日通过微信发送廉洁警示短信和八项规定要求；制作廉洁文化宣传专栏；开展送廉洁教育到项目等活动，进一步将反腐倡廉教育日常化。

【公房住户的安置】2015 年，中国水电十局为解决员工和离退休老同志的实际问题，拿自有土地换取了408户公房住户的安置，年底，都江堰政府已经组织完成全部摇号分配工作，安置工作基本结束，2008年“5·12”汶川地震后的遗留问题终获解决。

【工会工作】2015年，中国水电十局工会在服务大局、推进民主管理、职工人文关怀、维护职工权益及职工劳动竞赛、经济技术创新等方面做了积极的探索和努力，完成了各项工作任务。2015年，选树典型人物，弘扬劳模精神，申报省级以上表彰单位和集体6个。其中，中国水电十局荣获全国“安康杯”竞赛优胜单位，并获四川省“十二五”规划期间劳动竞赛先进单位。受省级以上单位表彰的个人2人，其中，获全国五一巾帼标兵1人，获四川省第七届劳动模范1人。中国水电十局工会组织牵头成立了摄影、太极拳、乒乓球、羽毛球、篮球、文艺和青年职工联谊协会，开展了丰富多彩的相关活动。中国水电十局举办了庆祝反法西斯、抗日战争胜利暨迎新生文艺晚会。

【文化建设和对外宣传工作】2015年，中国水电十局国际项目对外宣传报道的重点：一是《人民日报》刊发了“竖起中印尼基建合作的标杆—访印尼佳蒂格德大坝”的专题报道；二是央视《新闻联播》头条新闻“一带一路”特别报道—《数说命运共同体》，报道了老挝南康3水电站和琅勃拉邦230千伏输变电线路工程；三是《中国电建水电十局摸索“运行产业化”》得到了人民网和《中国能源报》的转载；四是新华社专题采访了中国水电十局印尼佳蒂格德大坝项目、老挝南欧江流域二级、五级水电站项目。中国水电十局加强了门户网站、微信等平台对外宣传，展现开拓进取和积极履行央企社会责任的良好形象，出版了企业文化丛书《职工优秀文学作品集（第一册）》和优秀摄影作品集《行行摄摄》，《岷江报》连续九年被评为成都市优秀企业报并通过新闻出版主管部门的审核，更名为《今日十局》。

【共青团工作】2015年，团委开展了特色鲜明的“青字号”活动，新成立青年突击队3支，各级团组织开展“学雷锋、献爱心”活动6次，帮助困难职工解决实际问题。中国水电十局团委荣获“四川省五四红旗团委”称号，中国水电十局国际公司获“全国青年文明号”称号，中国水电十局厄瓜多尔CCS项目TBM作业部获中国电建集团“青年安全示范岗”称号。

（李开海、向东、张贺强、卢琴之、杨玉生、李林峰、郭泽明、朱勇、冉少刚、马丽琼、支青、殷志豪、董宗林、周雪琼、张倩、金强、张利梅、李璐、杨瑞英、张雅娟、马昕、张连顺、瞿德仁、都梦迪、张荣苍、陈青山、吴鹏。）

中国水电基础局有限公司

【企业概况】中国水电基础局有限公司（以下简称“水电基础局”）始建于 1959 年，是全球 500 强中国电力建设集团有限公司全资子公司，是建筑领域基础处理领域的领军企业。

水电基础局是以建筑施工为主，集投资、科研、设计、勘察、咨询与机具制造为一体的综合型企业。

水电基础局拥有国内一流的基础处理专家和施工队伍，现有员工 2000 余人，其中技术和管理人员占 63%，高级以上职称近 200 人，拥有各专业一级建造师达 100 余人；先进设备 3000 余台（套）。资产总额 30 余亿元，年营业收入 30 亿元以上。

水电基础局具有水利水电工程施工总承包一级；市政、房建总承包二级；电力工程总承包三级，地基与基础工程、水工建筑物基础处理、堤防工程专业承包一级；地质灾害治理工程甲级、工程勘察甲级、水利工程质量检测甲级、水利水电工程设计、咨询乙级等资质，通过了 GB/T19001-2008、GB/T24001-2004、GB/T28001-2011 和 GB/T50430-2007 认证和水利部安全生产标准化达标评审。

【业务与产能】水电基础局在全球近 30 个国家和国内 31 个省、自治区、直辖市完成了一大批水利水电工程、水利综合工程、病险水库处理、堤防整治、地质灾害处理和城市轨道交通、高铁、公路、桥梁、房建、核电、环保、新能源、市政工程施工任务，积极进行科研、试验、咨询和装备制造、相关投融资业务。

水电基础局年综合施工能力具备建造混凝土防渗墙 120 万平方米；钻孔灌浆 200 万米；桩基 150 万立方米；岩土锚固 2 亿吨米；土石方挖填 4000 万立方米；混凝土浇筑超过 100 万立方米；大型隧洞开挖衬砌 30 公里。

【创新与所获荣誉】作为天津市高新技术企业，水电基础局不断完善科技创新体系，提升自主创新能力。完成了许多国家级技术攻关课题，掌握和创造了国内领先、国际先进的施工技术和工艺，创造了多项世界纪录，在国内基础处理技术领域始终处于领先水平，是防渗墙、灌浆、高喷等十多项行业标准、技术导则、国家级工法的主编或参编单位。

水电基础局参建的京沪高速铁路工程获得国家科学技术进步特等奖。此外，水电基础局多次荣获鲁班奖、国家优质工程奖、大禹奖、詹天佑奖。先后获得全国五一劳动奖状、全国电力建设优秀施工企业、中国企业文化建设优秀单位、全国“安康杯”竞赛优胜单位、中央企业法制宣传教育先进单位、天津银行业 AAA 级信贷诚信企业，连续 6 年被授予“全国守合同重信用企业”，连续 23 年被评为“天津市文明单位”。

【主要领导调整及班子成员】2014 年 2 月 12 日，中国电力建设股份有限公司以《关于刘建发、赵存厚同志职务聘免的通知》（中电建股干〔2014〕10 号）决定：“聘任刘建发同志为中国水电基础局有限公司执行董事（法定代表人）、总经理。”2012 年 6 月 28 日，中国水利水电建设股份有限公司以《关于赵存厚等人职务聘任的通知》（中水电股干〔2012〕34 号）决定：“韩伟（兼）、田学良、黄炳福（兼总经济师）、刘建发、肖恩尚（总工程师）、徐方才、雷土祥（总会计师）、彭善民为水电基础局有限公司副总经理、三总师；袁国俊同志为水电基础局有限公司监事”。

2012 年 7 月，中共中国电力建设集团有限公司委员会以《关于韩伟等同志任职的通知》（中电建党〔2012〕94 号）决定：“韩伟同志任水电基础局有限公司党委书记；袁国俊同志任水电基础局有限公司党委副书记、纪委书记、工会主席。”

【队伍状况与组织机构】水电基础局拥有国内一流的基础处理专家和高素质的建筑施工队伍，现有员工 2052 人，其中管理人员 1344 人，操作人员 708 人；公司领导 9 人，高级管理人员 6 人，中层管理人员 170 人（正处级 46 人，副处级 78 人，高级主管 46 人），主管级 280 人。公司具有本科及以上学历 1008 人，具有初级以上职称 1131 人，取得各类执业资格 230 人，持有职业技能等级资格 533 人，取得各类特种设备作业证 365 人次。

该公司按照“精简、统一、效能、权责一致”的原则设置内部管理机构。公司本部设在天津市武清区，下设 9 个二级公司、4 个子公司、1 个控股公司，本部设有 17 个职能部门。

水电基础局三公司

【企业概况】水电基础局三公司是中国水电基础局有限公司下属的一个具有独立财务核算的实体，拥有独立的人力资源、设备资源。机关设在四川成都天府新区华阳，现有职工396名。基础局三公司参与了三峡、小浪底、向家坝、溪洛渡、天生桥、南水北调、田湾河、黄金坪、沙湾电站、安谷电站、瀑布沟电站、冶勒电站、毛滩电站、泸定电站、长河坝电站、西藏旁多电站、西藏加查水电站、西藏雅砻电站等众多国内大中型水电工程的地基及基础处理施工任务。三公司历来是基础局防渗墙施工的王牌军，以擅于承担“急、难、险、重” 防渗墙施工而享誉全国，所施工的防渗墙曾在多个历史时期创造并保持了最深、最薄、最厚、施工强度最大等多项国内纪录（其中在旁多电站以防渗墙201米的成槽深度创造了新的世界及国内纪录），并在核电、房建市政、矿山等领域具有众多良好的地下连续墙施工业绩。同时，三公司在灌浆（年施工能力30万米）、桩基（年施工能力40万米）、高喷（年施工能力50万平方米）、振冲（年施工能力40万米）、强夯、边坡治理、土石方工程、混凝土结构、房建及市政地基基础工程等领域具有国内一流的施工能力及技术优势。施工足迹遍布祖国大江南北，远赴东南亚、西亚、非洲。

【三公司主要领导】

经理：石峰　党委书记：李文书

【经营业绩】2015年，基础局围绕中国电建集团“做优做精一批具有专业优势特色企业”战略部署，认真落实“立足主业、相关多元、转型升级、做优做强”发展战略，不断调整优化结构，努力提升质量效益，积极推动企业转型，三公司发展继续保持良好态势，经济指标再创历史新高，各项工作稳中有进，综合实力跻身电建集团前20名，位列第18位。荣获水利安全生产标准化一级单位、2011—2015中央企业法制宣传教育先进单位、中国企业文化优秀单位，保持了建设银行AAA级信用等级。

2015年，中国水电基础局有限公司实现营业收入33.95亿元，同比增长16.39%；全年实现利润1.55亿元，同比增长10.71%；新签合同额43.98亿元，同比增长30.39%，保持了良好的发展态势。

【科研技术】2015年，基础局不断完善科技创新体系，加大科研投入，全年科技研发投入11490万元，科技投入比 3.47%。完成以前年度科研课题结题26项，设立重大科技专项课题11项，依托在建项目设立科研课题48项。获得实用新型专利授权18项，有14项发明专利进入实质审查阶段。1项成果获第七届全国电力技术创新成果三等奖，2项成果获得省部级科技进步奖。主持水利行业标准规范修订复审3部，参编行业和地方标准2部，完成国家级工法1项、省部级工法5项。出版技术专著2部、学术期刊4期，合计220万字。顺利通过了天津市高新技术企业年度审核。

【项目履约】2015年度，基础局承揽了197个在建工程（其中海外项目44个），分布在国内25个省市及海外12个国家，工程质量、安全生产、进度基本受控，项目履约率为100%。

基础局在建项目履约情况良好，工程质量、安全、进度、成本全面受控。其中，西藏雅砻水库、结巴水库、加查水电站等项目克服高寒、缺氧等高原恶劣自然条件，通过科学组织，合理调度，优化资源配置，顺利完成了年度各项施工任务。此外，基础局注重民族地区政策，地企关系融洽，工程进展顺利。其中，所承建的上海金泽水库、上海浦东机场、浙江青田水利枢纽等项目科学组织、精心施工，积极探索融入华东区域建筑行业，施工效果良好，进度、质量、安全可控，受到业主方的好评，为进一步开拓后续市场奠定了基础。

2015年度，基础局共收集到顾客满意度调查表38份、电话回访3份、工程回访记录35份、贺信（表扬信）11封，顾客对公司履约质量均做出积极评价。2015年顾客满意度平均得分98.42分，较2014年提高1.12分（顾客满意度统计分析结果为：施工质量99.7%、施工进度96.6%、施工安全99.1%、对顾客服务99.5%、资源配置97.1%、环境保护97.1%、现场管理98.2%、精神文明97.9%）。

【在建工程】2015年，基础局三公司强化在建项目管控，从成本管理、质量管控、安全文明施工等各方面强化过程管理，强化履约管理，在建项目进展顺利，履约能力不断增强，企业品牌形象得到提升，全年顾客满意度得分98.42分。

基础局三公司在建的西藏加查、西藏洽央、西藏结巴、上海金泽、浙江青田、马来西亚沙巴、阳江平堤水库、国如水电站等项目顺利实施、履约良好，巩固了基础局在基础处理行业的领先优势。

四川境内工程

【广安市广安区滨江路综合改造项目堤防加固防渗墙工程】位于广安区老城区的渠江干流右岸，主要建筑为框廊平台，沿滨江路布置，上起建设路口上游侧，起点距上游已建成的四九滩电站大坝约 708 米，下至西溪河口，全长 2325.7 米。

防渗墙布置于框廊平台旋挖桩（中心距 6.0 米，直径 1.5 米/1.6 米/1.8 米）的中心轴线上，厚 0.6 米，防渗墙顶高程与对应段框廊结构地梁底高程一致，底部深入强风化基岩深度 1.0 米，防渗墙成墙开挖采用抓斗与冲击钻联合施工的“三钻两抓”法，在两个旋挖桩之间布置了 3 个直径 0.6 米的钻孔（2 个边孔为搭接孔，主要保证防渗墙与旋挖桩形成整体，不产生漏水现象）。渠江段防渗墙长 2559 米，西溪河段防渗墙长 118.5 米，防渗墙总长度为 2677.5 米，防渗墙最大深度 34.2 米。

基础局承担了该堤防加固工程的防渗墙施工工作，工作量为防渗墙总量的 1/2。

【东谷河国如水电站工程】东谷河项目位于四川省甘孜藏族自治州丹巴县，公司自 2012 年 6 月进场，先后承建了国如水电站首部枢纽、厂区枢纽工程以及东谷水电站挡水工程。国如水电站装机容量为 4.8 万千瓦，装 2 台立式水轮发电机组（混流式），闸顶高程 2517.00 米，设计水头 276 米，引水线路长 3.914 公里，电站于 2015 年 2 月投产发电。东谷水电站装机容量为 7.5 万千瓦，装 3 台立式机组（混流式），闸顶高程 2225.50 米，设计水头 174.5 米，引水线路长 9.012 公里，电站目前处于在建期。

国如水电站首部枢纽工程施工内容主要包括：左右岸边坡开挖及防护、右岸挡水坝、上游铺盖、左岸进水口、河道疏浚、灌浆和渣场治理等，均已完工。

国如水电站厂区枢纽工程施工内容主要包括：主副厂房、GIS 楼、压力管道下平段、镇墩、尾水渠、后边坡开挖及防护、消防水池、S303 复建公路厂区段和附属工程等，均已完工。

东谷水电站挡水工程施工内容主要包括：左右岸挡水坝、左岸进水口、护坦及闸室底板修复、大坝防渗墙、河道疏浚、左右岸坝肩帷幕灌浆、左坝肩护岸挡墙和上游铺盖等。处于在建期。

【长河坝水电站灌浆工程】长河坝水电站为大渡河梯级开发中的第 10 级电站，位于四川省甘孜藏族自治州康定县境内。大渡河为不通航河流，工程区距铁路较远，公路有省道 S211 线从工程区通过，并在瓦斯河口与国道 G318 线相接，周边有成都、雅安、眉山、乐山等重要城市。

广安防渗墙施工

长河坝水电站系大渡河干流水电规划“三库 22 级”中的第 10 级电站，上接猴子岩电站，下游为黄金坪电站。坝址控制流域面积 56648 平方公里，占全流域面积的 73.2%，多年平均流量 843 立方米/秒。

2015 年，基础局承担了右岸 1520 灌浆平洞主帷幕灌浆工程、固结灌浆工程、搭接帷幕灌浆工程。左岸坝区 1460 搭接帷幕灌浆工程、固结工程 、回填灌浆工程、深孔帷幕灌浆工程。右岸 1460 加深孔帷幕灌浆工程、左右岸 1460 搁置段帷幕灌浆工程、廊道主墙墙下帷幕灌浆工程 、左岸 1460 厂区搭接帷幕灌浆工程、深孔帷幕灌浆工程。

西藏区域工程

【西藏加查水电站工程】西藏加查水电站该工程位于西藏山南地区加查县，海拔 3200 米，交通不便、高寒缺氧、地方保护政策对工程施工的干扰较大。公司承担的施工任务主要包括左岸“三通一平”防渗墙工程、右岸“三通一平”一期纵向围堰防渗墙工程、导流明渠出口下游岸坡防护防淘墙工程、导流明渠上游段右岸边坡加固处理工程、左岸坝肩防渗帷幕灌浆工程，累计合同金额约 2.4 亿元。

基础局承建的加查水电站右岸导流明渠出口防淘墙工程，完成造孔 12000 余平方米，成墙 8200 余平方米，顺利实现业主要求的度汛目标。

加查项目是基础局重点项目，全体职工在高寒缺氧的环境中攻坚克难，创新管理，多次圆满地完成节点任务，获得了业主的赞誉。导流明渠出口段防淘墙的设计工艺非常复杂，属于国内少有。基础局充分利用公司专家团队的优势，制定了合理可行的施工组织方案，圆满完成了施工任务，开创了在地质条件复杂、施工场地狭窄等不利条件下框格式防淘墙施工先例。项目部研发的复合粘土粉固壁材料，获得了第七届全国电力职工技术成果三等奖。项目防渗墙工程在2014年全国质量监督总站检查中受到了有关方面的高度评价。

【西藏山南地区江北灌区结巴水库工程】结巴水库该工程位于西藏中南部地区、山南地区乃东县境内的雅鲁藏布江左岸一级支流旺曲河上游丁拉沟上。

西藏加查水电站导流明渠出口下游岸坡防护防淘墙工程施工

结巴水库工程的开发任务以灌溉与供水为主，兼顾生态，解决下游 60391 亩（1 公顷=15 亩）土地的灌溉水源问题，结巴水库建成后每年可向江北工业区水厂远期（2020 年）新增供水规模 2 万立方米每天，解决了供水量不足的问题。同时，承担了保证下游河道内生态环境需水的任务。

工程项目及其工作内容为坝体填筑工程（不含防渗心墙）、溢洪道工程、库区公路改线工程、坝体内外部观测设备及安装工程、水情自动报测系统及安装工程、临时工程 、水土保持措施工程、环境保持措施工程等。

2015 年，基础局结巴项目部全体员工面对工艺复杂、施工期短、图纸提供滞后等不利因素，不惧困难、攻坚克难、创新管理，制定了科学合理的施工组织方案，圆满地完成了工作任务，受到了参建各方的一致好评。

【西藏那曲藏布恰央水库大坝基础处理工程】该工程位于西藏自治区西南部、日喀则地区南部的岗巴县龙中乡境内的那曲藏布上，工程区距龙中乡政府所在地 8 公里，距岗巴县 28 公里，距日喀则地区所在地 150 公里，距西藏自治区首府拉萨市 420 公里。工程区有乡级公路与县城与邻县相同，交通条件相对较好。工程区平均海拔约 4700 米，年无霜期仅 60 天左右，自然环境较差。

根据设计要求，需对心墙底部垫层混凝土地基进行系统固结灌浆处理。需沿帷幕灌浆轴线布置 2 排帷幕灌浆孔，帷幕灌浆工程量为：基岩钻孔 46622 米，灌浆 42358 米。防渗墙轴线位于坝 0-001.000，底部伸入基岩深度为 1.0 米，最大孔深约 22 米。

西藏恰央项目海拔 4700 米，是迄今为止基础局承接的海拔最高的项目，面对生存环境极端恶劣、工作面提供不及时和尼泊尔地震等不利因素，项目部不惧困难，奋力拼搏，充分展现了基础人自强不息，勇于超越的的企业精神，通过 7 个月的艰苦奋战，圆满完成了所有施工任务，得到了业主的高度评价，为高原施工积累了经验。

华东区域工程

【黄浦江上游水源地金泽水库C1标（取水闸）工程】位于上海市西南、青浦区金泽镇黄浦江上游太浦河北岸，西距太浦闸约57公里，东到松浦大桥约40公里。水库因地制宜利用现有两个湖荡“李家荡、乌家荡”作为水库库区主体，通过适当扩挖围护形成，总库容910万立方米。

主要功能：归并西南五区取水口，实现集约化供应原水的目标，满足近期351万立方米/天的供水要求，供水保证率达到97%；改善原水水质；提高应对突发污水事故的能力以及提高水源水质保护的能力。

工程设计标准：金泽水库工程等别为Ⅱ等，水库堤坝及取水闸等主要建筑物级别按2级水工建筑物设计。

本工程JSK-C1标范围：引水河桩号C0+000.00—C0+216.00，工程范围内所有建筑物及土建金属结构、电气埋件安装部分。

主要工程内容：新建取水闸一座，总净宽28米，三孔布置（7米+14米+7米）；新建太浦河防汛道路交通桥一座(5跨，跨径：20+20+22+20+20米)；新建清污机工作桥一座（三联，总长148.8米）；新建水文水质测亭一座（位于太浦河）以及取水闸配电及控制室等设施。

基础局加强科技创新，在上海地区进行了高含水率堤防碾压试验并取得了成功。以创建上海市文明工程为载体，狠抓管理，确保质量，彰显文化，成为上海市的标杆工程，收到了业主的感谢信，获得了业主表彰。

金泽水库闸室底板钢筋制安

【浙江青田水利枢纽临时围堰防渗工程】该工程位于瓯江干流中下游青田城区段，坝址位于瓯江干流与支流四都港汇合口，坝（闸）址以上集水面积约13810平方公里。工程任务为改善瓯江青田城区段水环境、发电、航运及稳定江道等综合利用。工程等别为Ⅲ等，电站属小（1）型电站。

项目采用固化灰浆防渗墙和套阀管灌浆相结合的施工工艺。青田水利枢纽围堰防渗工程地质条件复杂，工期非常紧张。施工中，受潮汐影响破坏，在动水变幅区域陆续出现渗漏通道，灌浆难度极大。基础局青田项目部积极开展技术攻关，成功研制出双液塞和混合器，采用拔管灌浆工艺灌注双液浆，自行设计灌浆结束标准和起拔时间，保证了施工效果及工程质量。此外，项目部全体员工坚守一线，加班加点，吃苦耐劳，拼搏进取，积极抢抓工程进度，提前完成了业主提出的节点目标任务，获得业主方的高度认可。

青田水利枢纽防渗工程

【江苏荣文库柏照明系统厂房工程】该工程位于江苏省太仓市璜泾镇工业园区，南临钱泾塘公路旁。项目总占地2.85万平方米，总建筑面积约2.1万平方米，其中计容地上建筑面积1.5万平方米。由苏州荣文库柏照明系统有限公司总投资。

本工程施工范围：基础工程、建筑结构工程、装饰装修工程、安装工程、室外总体及附属工程。工程由3个工业车间、食堂、配电房、泵房及门卫室、围墙组成；最高车间楼层为2层，建筑高度为10.7米。车间基础结构采用预制钢筋混凝土方桩形式，其他部位基础结构采用独立基础，主体结构样式为框架结构。

【上海浦东国际机场第五跑道项目二级排水扩建工程】该工程位于上海市浦东新区浦东机场内，主要内容包括新建河道2条（联系河518米和随塘河13716米）；新建人工湖泊一个，面积1.5平方公里；

新建薛家泓泵闸一座，其中泵站设计装机流量为 60 立方米/秒。

基础局承建河道二标工程，主要施工内容包括：河道开挖及护岸工程；人工湖湖区开挖及护岸工程；潜岛填筑及护岸工程、防汛通道、绿化工程等。主要工程量：河道及护岸土方开挖 32.5 万立方米，湖泊土方开挖 268.3 万立方米，土方回填（墙后填方及小岛填筑）2.86 万立方米，河道护岸 500 米，人工湖护岸 1388.05 米，潜岛护岸 882.41 米，防汛通道 500 米。

国外市场

【马来西亚沙巴国际会展中心（SICC）】沙巴州国际会展中心坐落在 Jesselton 滨海发展项目尾端，两面环海，紧邻主干道 jalan tun fuad Stephen，占地面积约 15 英亩，是沙巴州政府致力于打造国际旅游和会展活动胜地的标志工程。整个会展中心占地面积 52556 平方米，主要分为两部分：一部分是主楼，建筑面积 65484 平方米，另外一部分是附属的地下停车场和广场， 地下停车场面积为 70980 平方米，主楼高 37 米，从下到上分为地下一层，地面层，地上一层，地上二层，屋面层，每层楼高 6 米，楼面高程分别为 3.5 米，9 米，14.5 米，20 米,24.5 米，屋面高程从 24.5 米开始，分为两层楼面，屋面楼顶高程为 37 米。工程主体为混凝土框架结构，屋顶结构为桁架钢结构及彩钢铝塑板屋面，屋顶为船型结构。

该公司主要承担的施工任务包括基坑回填抽水完成后的施工临时道路和施工临时平台及临时设施的修建、旋挖灌注桩的施工、基础桩基承台的施工、主体混凝土结构施工、屋顶钢结构及屋面施工，包括材料的报批、施工图提交、材料加工、运输及现场安装。

【马来西亚亚庇会展城 1A 期桩基工程】亚庇会展城项目位于 Jesselton 滨海发展开发区，紧邻主干道 jalan tun fuad Stephen，单面临海，与亚庇旧码头相接，交通十分便利，是由马星集团和沙巴当地政府联手打造的综合性商业旅游中心，公司承建的综合商业开发楼桩基工程属于本项目的第一期工程的基础工程，包括 3 个单元，由三栋五星级酒店组成。

工程主要施工内容为旋挖灌注桩，包括直径 600 毫米桩基 35 根、900 毫米桩基 191 根、1000 毫米桩基 24 根、1200 毫米桩基 206 根、1500 毫米桩基 26 根，共计 482 根，总钻孔量为 14842 米（其中基岩钻孔量为 2792 米）, 混凝土浇筑量 14809 立方米，钢筋笼制安 712 吨。桩基工程分为两个施工区，一区共计有 273 根灌注桩，二区共计有 209 根灌注桩。

马来西亚沙巴施工全景

【党建和精神文明、企业文化建设】基础局坚持从严治党、党要管党。持续加强各级领导班子建设，强化各级领导干部的政治纪律和政治规矩，加大干部交流力度。以项目党组织建设为重点，积极探索项目党建工作的有效途径和方法，不断提升基层党组织的战斗力。不断加强党员干部教育管理，形成按制度办事、靠制度管人的工作机制。继续深入推进巡视整改工作，扎实开展“回头看”，坚决防止虎头蛇尾、草率收兵。深入开展企业文化建设，加强《企业文化手册》的宣贯力度，积极培育核心价值观，增强文化自觉行为。全面加强党风廉政建设和反腐倡廉工作，不断完善惩防体系，严格履行“两个责任”，以“三严三实”精神持续深化作风建设。积极创新工团工作，进一步做好艰苦边远地区职工的关爱、慰问工作，健全海外员工人文关怀长效机制，以职工代表巡视等方式构建和谐劳动关系，保障员工正当权益，增强企业凝聚力。

（贾　艳）

（文中插图均由水电基础局提供）

非集团公司

四川二滩国际工程咨询有限责任公司

【公司概况】四川二滩国际工程咨询有限责任公司（以下简称二滩国际）成立于1995年，由成都院与四川省工程咨询研究院共同出资组建。

二滩国际拥有住房和城乡建设部工程监理综合资质、水利部甲级监理资质、设备监理单位资格、人民防空工程建设监理资质、商务部对外承包工程资质以及国家发改委甲级咨询资质，获得了质量、环境、职业健康安全（QEOHS）管理体系认证证书。2009年，公司通过首批四川省“高新技术企业”资格认证。

二滩国际是国内最早承担水电开发项目建设咨询的专业化服务公司，公司成立之初即承担了中国最大的FIDIC合同条件的涉外水电站——二滩水电站全过程的建设监理工作以及竣工验收、合同结算、合同争议的最后处理等。历年来，公司不仅承担国内大型水电站建设监理咨询服务，如龙滩、构皮滩、溪洛渡、锦屏二级、长河坝、黄金坪、白鹤滩等，还积极参与国际水利水电工程建设，如：格鲁吉亚卡杜里，缅甸密松、勐瓦，老挝南欧江梯级，乌干达伊辛巴等国外水电工程的监理咨询服务，全面掌握了涉外工程建设的管理经验，培养了一批具有丰富涉外工程监理咨询经验的专业人才。

【机构设置】公司治理结构由董事会、监事会和总经理层组成，分别履行公司战略决策职能、纪律监督职能和经营管理职能。公司组织机构除总经理、党总支书记、副总经理、总工程师和工会主席外，还设置了副总经济师、总经理助理、财务总监、法律顾问、安全生产委员会、总经理工作部、联勤工作部、市场开发部、项目管理部、资源部、技术委员会、财务部等岗位和职能部门。公司业务通过设立项目部、事业部的模式实施。

【人员构成】2015年，二滩国际已由成立初的146人发展到819人。其中：具有高级职称126人，中级职称215人，初级职称197人；高级咨询师23人次，总监理工程师88人次,全国注册咨询工程师11人次，全国注册监理工程师114人次，全国注册一级建造师14人次，全国注册造价工程师10人次，全国注册安全工程师28人次，全国注册设备监理师13人次，专业设备监理师10人次，水利部注册监理工程师158人次，水利部注册造价工程师28人次，人民防空监理工程师49人次，交通运输部（公路工程）监理工程师执业资格6人次。

【经营范围】二滩国际的经营范围包括：水利水电工程、输变电工程及相关工程建设监理，一般工业与民用建筑工程、市政公用工程、交通工程建设监理，工程技术咨询服务，工程项目管理服务。2015年，完成建设监理、技术咨询和项目管理服务等业务约20000万元。

【市场开拓】2015年，公司在新疆自治区和陕西省的水利工程监理方面取得拓展；市政工程监理业务在成都市轨道交通项目方面得到巩固，在云南省境内实现突破。2014和2015年，相继承接了西藏自治区拉萨河整治工程、乌干达伊辛巴水电站、老挝南塔河#1电站、厄瓜多尔TP水电站、大渡河双江口水电站、雅砻江杨房沟水电站的项目管理服务任务；承接了老挝南芒1、南塔河#1、南欧江一级、南俄3和缅甸勐瓦等水电站的建设监理任务。

【科研、管理工作】

（1）科研工作。

参与溪洛渡拱坝智能化建设关键技术研究。

二滩国际参与研究的“溪洛渡拱坝智能化建设关键技术研究”项目获2015年度国国家科学技术进步二等奖。成果经鉴定委员会认为：“该成果是混凝土拱坝筑坝技术的重大创新，居于国际领先水平”。

参与部分国家标准、行业标准的编写。

2015年度，公司参加了两个技术标准的编写，其中推荐性国家标准《建筑施工机械与设备盾构机安全要求》已完成征求意见稿，国家电力行业标准《水电水利基本建设工程单元工程质量等级评定标准》已完成最终修订版。

（2）技术实力建设。

参加各协会、团体技术交流活动。

2015年度，公司多次参加有关研讨会、学术交流会并提交了17篇交流论文，其中11篇收入相关学术交流论文集、4 篇在会上进行交流，1 篇在第七届碾压混凝土坝国际研讨会上被评为优秀论文。

组织公司内部技术交流。

2015 年 9 月，在白鹤滩项目举办公司 2015 年度主题为“开挖”与“混凝土”的技术交流会，共征集到撰写成文的交流材料 21 篇。

2015 年，公司对锦屏二级水电站土建、机电建设监理进行了技术总结，收集论文 22 篇，刊登于《四川水力发电》二滩国际专刊上。

（3）内控体系建设。

完成公司 2015 版管理体系的编写。

2015 年，公司按照 ISO 9001：2015 和 ISO 14001：2015 新版标准，完成了公司质量、环境、职业健康安全管理体系文件的换版修订工作。

（4）项目管理。

公司在项目管理上实行以项目为中心的项目管理体制。项目部（监理部）设置项目经理、总监理工程师岗位，项目经理是公司实施具体项目的代理人，总监理工程师是完成项目监理合同的执行负责人。公司对项目建设的管理工作进行严格的绩效考核。

（5）安全生产管理工作。

2015 年，公司坚持“关爱健康、珍视生命”的企业安全理念，落实岗位责任，夯实基础管理，推进安全生产标准化建设，安全管理水平进一步提高：发布实施《安全生产管理规程》《职业健康管理规程》《建设工程施工安全监理规程》等十六项职业健康安全管理制度和安全监理制度；编制“月度安全生产风险分析报告”模板，将各项安全管理工作以表格形式呈现，促进各项目安全管理的标准化；推广使用“安全监控明白卡”，根据监控要点进行安全巡视检查；严格进行安全绩效考核。

【核心优势】

（1）整体管理。

2015 年，二滩国际被国家住建部列为全国第一批做优做强试点的十一家工程建设监理企业之一。

（2）国内外项目管理。

在国内外的咨询监理业务中，二滩国际由传统的 DBB 监理业务模式发展到项目管理、EPC 模式下总承包人的咨询及监理、EPC 模式下发包人的项目管理及监理等模式。

（3）风电及光伏项目咨询监理。

2015 年以来，先后完成四川鲁南风电(4.6 万千瓦)、大面山风电(4.95 万千瓦)、贵州关岭风电(4.8 万千瓦)、新疆艾比湖流域三台一期(3.95 万千瓦)及阿拉山口四期(3.95 万千瓦)风电、四川大面山光伏(0.2 万千瓦)项目等共计 20 余万千瓦装机的咨询监理工作。

（4）水利工程咨询监理。

公司成立以来，先后完成了山西万家寨引黄入晋、四川紫坪铺、广西百色等水利枢纽工程的建设咨询监理，目前正从事新疆努尔水利枢纽、宁夏中南部城乡饮水安全水源工程、陕西引汉济渭等水利枢纽工程的建设咨询监理工作。

（5）工程技术及管理。

高拱坝。

公司正在监理的白鹤滩水电站坝高 289 米，总装机 1600 万千瓦，为目前世界已建、在建装机规模第三、双曲混凝土第三高拱坝。

高堆石坝。

公司正在监理的长河坝砾石土心墙堆石坝（坝高 240 米、深厚覆盖层处理约 170 米），是国内最高深厚覆盖层砾石土心墙堆石坝；猴子岩水电站面板堆石坝（坝高 223.50 米），为国内第二高面板堆石坝；锅浪跷混凝土面板堆石坝（坝高 186.30 米），为国内第三高面板堆石坝。

工程智能控制。

公司在长河坝及黄金坪堆石坝工程智能控制技术建设中，实现了堆石坝填筑碾压过程和料源及上坝运输实时监控、运输车自动加水与监控，大坝施工信息现场 PDA 采集、大坝安全监测信息动态管理系统、设计信息可视化管理、工程施工过程三维可视化仿真分析、灌浆信息采集与分析、大坝综合工程信息的集成与动态管理、大坝建设视频监控等分模块的功能。

碾压混凝土。

二滩国际在碾压混凝土方面先后完成了沙牌水电站（130 米高碾压混凝土拱坝）、龙滩水电站（192 米高碾压混凝土重力坝）、大花水水电站（134.5 米高碾压混凝土双曲拱坝）、格里桥水电站（120 米高碾压混凝土重力坝）、亭子口水利枢纽（115 米高碾压混凝土重力坝）、马马崖一级水电站（109 米高碾压混凝土重力坝）等。其中沙牌水电站为 20 世纪末世界上在建最高的碾压混凝土拱坝，龙滩水电站为当时世界最高的碾压混凝土大坝，大花水水电站为目前世界已建的最高碾压混凝土双曲拱坝，亭子口水电站为红层地区第一高坝。另外，亭子口水电站还创造了水电行业大坝主体工程单日单仓碾压混凝土浇筑量世界新纪录（最高入仓强度达 924 立方米/小时）。

特大、超长水工隧洞。

二滩国际地下洞室工程累计施工监理达 200 公里以上，对地下工程的施工技术积累了丰富的经验，特别是在各种复杂地质条件下特大、超长水工隧洞施工方面优势更为明显。先后完成了瀑布沟地下厂房洞室群，其主、副厂房尺寸为 294.10 米×30.7 米×70.175 米（长×宽×高）；黄金坪水电站地下厂房洞室群，其主厂房尺寸为 206.3 米×28.8 米×63 米（长×宽×高）等大型地下厂房的施工监理。在大断面、超长水工隧洞方面，完成了毛尔盖水电站引水隧洞（全长 16.3 公里）、福堂水电站引水隧洞（长 19.3 公里）、狮子坪水电站引水隧洞（长 19.5 公里）、古城水电站引水隧洞（长 16 公里）、木里河沙湾水电站引水隧洞（长 19.3 公里）、锦屏二级水电站 4 条引水系统（分别长约 16.67 公里、洞径 13 米的引水隧洞）等。

复杂地质条件下的高防渗体施工。

二滩国际先后完成了冷竹关、冶勒、福堂、狮子坪等河床基础复杂深厚覆盖层混凝土防渗墙的施工。2006 年以来，在河床深厚覆盖层和水下填筑料复合地层的围堰防渗体施工控制方面取得了新的突破，成功地建成了溪洛渡、大渡河沙湾、毛尔盖、长河坝、黄金坪、猴子岩和安谷等围堰塑性混凝土防渗墙和闸坝基础混凝土防渗墙，其中主体工程以狮子坪水电站防渗体深度最大。狮子坪水电站坝基防渗采用混凝土防渗墙和墙下帷幕灌浆方式，防渗墙最大深度达到 101.8 米，墙下帷幕灌浆孔最深为 120.5 米；大渡河沙湾水电站的工程量最大，围堰防渗墙和拦河闸基础防渗墙总面积达 15 万平方米；围堰深度最大且条件最复杂的是长河坝水电站河床上下游围堰基础防渗墙，分别深达 89 米和 78 米；另外，猴子岩水电站河床上下游围堰基础防渗墙也分别深达 80.55 米和 80.99 米。

机电安装及设备监造优势。

多年来，二滩国际先后完成了瀑布沟（6 台单机 60 万千瓦）、锦屏二级（8 台单机 60 万千瓦）等水电站共计近 1500 万千瓦水轮发电机组及其相关设备的安装监理服务。在设备监造方面，先后完成了瀑布沟、官地、锦屏一级、锦屏二级等水电站的机电设备制造监理工作；另外，还承担了四川省阿坝州黑水河毛尔盖水电站金属结构设备、秦岭隧洞岭北 TBM 设备、科特迪瓦苏布雷水电站水轮发电机组及其附属设备、盐边县红格大面山风电场项目设备、玉瓦水电站水轮发电机组及附属设备等监造任务。

【党群工作】2015 年，在成都院党委的领导下，公司党总支发挥基层党组织的政治核心作用，坚持以中共十八大、十八届各中全会和习近平系列重要讲话为指导，认真开展“三严三实”专题教育，围绕公司经营生产和转型升级发展，加强党风廉政建设、职业道德建设、企业文化建设和宣传工作，加强对党群工作的领导，进一步夯实了公司发展的基础，确保了 2015 年度公司各项目标任务的圆满完成。

2015 年监理的工程项目

表 40

序号	工程区域	行业领域	项目名称	备注
1	国内	水电	白鹤滩水电站	总装机 1600 万千瓦
2			溪洛渡水电站	总装机 1386 万千瓦
3			锦屏二级水电站	总装机 480 万千瓦
4			猴子岩水电站	总装机 170 万千瓦
5			长河坝水电站	总装机 260 万千瓦
6			黄金坪水电站	总装机 85 万千瓦
7			马马崖水电站	总装机 55.8 万千瓦
8			枕头坝水电站	总装机 72 万千瓦
9			飞仙关水电站	总装机 10 万千瓦
10			玉瓦水电站	总装机 4.9 万千瓦
11			锅浪跷水电站	总装机 21 万千瓦
12			民治水电站	总装机 10.5 万千瓦
13			塔勒德萨伊水电站	总装机 8 万千瓦
14			萨里克特水电站	总装机 8 万千瓦
15			安谷水电站	总装机 77.2 万千瓦
16			巴拉水电站前期	总装机 73.86 万千瓦
17			硬梁包水电站前期	总装机 120 万千瓦

续表 40

序号	工程区域	行业领域	项目名称	备注
18			金沙水电站前期	总装机 56 万千瓦
19			瓦村水电站	总装机 23 万千瓦
20		水利	亭子口水利枢纽工程	总装机 110 万千瓦
21			三河口水利枢纽工程	总装机 6.4 万千瓦
22			黄金峡水利枢纽工程	总装机 12 万千瓦
23			上石盘电航综合枢纽工程	总装机 3 万千瓦
24			奴尔水利枢纽工程	总装机 0.62 万千瓦
25			宁夏中南部城乡饮水安全水源工程	输水线路总长 74 公里
26			老沟水库	总库容 2122 万立方米
27		基础设施	成都市地铁#3、#5、#7 线工程	
28			武汉“盛世江城”房建二、三期工程	总建筑面积 39 万平方米
29			南佛公路工程	公路全长 55.6 公里
30			黄码公路工程	公路全长 104 公里
31			西藏派墨农村公路一期工程	
32			攀枝花沿江快速通道工程	
33			构皮滩水电站通航建筑物工程	通航规模 500 吨
34			龙滩水电站通航建筑物工程	通航规模 500 吨
35			巧家县“8·03”地震灾后重建工程	
36			屏山移民代建工程	
37			得妥移民集镇安置工程	
38		新能源	大面山风电场	总装机 4.6 万千瓦+光伏 0.2 万千瓦 p
39			关岭永宁风电场	总装机 4.8 万千瓦
40			三台一期风电场	总装机 4.95 万千瓦
41	国外	水电	乌干达伊辛巴水电站	总装机 18.32 万千瓦
42			厄瓜多尔 TP 工程	总装机 25.44 万千瓦
43			南欧江一级水电站前期	总装机 18 万千瓦
44			南欧江二级水电站	总装机 12 万千瓦
45			南欧江四级水电站前期	总装机 13.2 万千瓦
46			南欧江五级水电站	总装机 24 万千瓦
47			南芒 1 水电站	总装机 6.4 万千瓦
48			南塔河#1 水电站	总装机 16.8 万千瓦
49			南俄 3 水电站	总装机 48 万千瓦
50			勐瓦水电站	总装机 6 万千瓦

【2015 年度重点工程项目介绍】

猴子岩水电站:主要进行了大坝填筑碾压、桃花料场及汤坝料场开采、大坝 I 期面板混凝土浇筑、非常泄洪洞及深孔泄洪洞混凝土衬砌以及廊道帷幕灌浆施工等。大坝填筑于 12 月 16 日全部完成，较合同工期提前 15 天，相应料场开采工作全面结束；2016 年 1 月 4 日，大坝 I 期面板混凝土浇筑完成。大坝 II 期面板施工准备已按计划开始实施；深孔泄洪洞有压段、工作闸室、无压段混凝土总体进度满足年进度计划要求。

老挝南塔河#1 水电站：主要进行的工作有：导流洞衬砌及灌浆、大坝左右坝肩开挖支护、进水口开挖支护、引水隧洞上半洞开挖支护、厂房边坡开挖支护、对外交通工程、送出工程施工以及机电设备采购等。11 月 6 日，工程提前 1 年顺利实现大江截流目标；5 月 25 日，对外交通工程于实现竣工节点目标；9 月 16 日，送出工程开始向主体工程供电；大坝边坡、引水隧洞、进水及厂房边坡开挖支护施工以及设备采购工作正按照计划顺利推进。

（蒋跃光、沈敏、黄翮）

四川省江电建设监理有限责任公司

【公司概况】四川省江电建设监理有限责任公司(简称监理公司）是中国电力工程顾问集团西南电力设计院有限公司（简称西南院公司）的全资子公司。监理公司成立于 1994 年 12 月，注册资本 300 万元，主要从事电力工程监理、房屋建筑工程监理、项目管理、技术咨询等服务。拥有中华人民共和国住房和城乡建设部颁发的房屋建筑工程监理甲级、电力工程监理甲级证书（证书编号：E151006315）。为中国电力建设行业 AAA 级信用企业、全国用户满意企业、优秀监理企业。

【机构设置】监理公司设执行董事兼公司法定代表人，执行董事由西南院公司委派（公司法定代表人由刘伟担任）；公司总经理、副总经理等行政、技术领导由西南院公司任命；公司设党支部，党支部隶属于西南院公司党委；公司成立工会委员会，具有独立的工会社团法人资格，公司工会隶属于四川省总工会建设建材工会委员会，接受西南院公司工会的业务指导和管理。

监理公司下设：综合管理部、市场开发部、项目管理部、质安保证部 4 个部，其中项目管理部、质安保证部合署办公；公司财务由西南院公司财务统一管理。

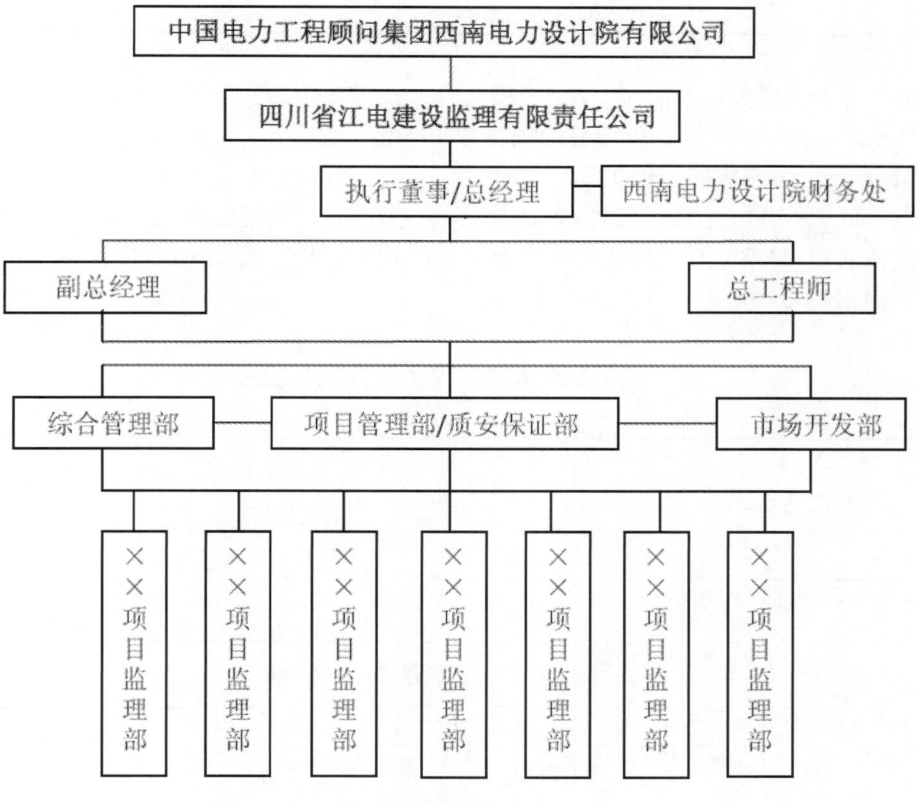

组织机构图

【职工队伍】截至 2015 年 12 月 31 日，监理公司在岗员工共计 59 人(不含临聘 20 人)。其中：西南院公司派出的正式职工 10 人(教授级高级工程师 1 人、高级工程师 9 人），西南院公司聘用员工 7 人，监理公司聘用员工 10 人，劳务派遣用工 32 人。在岗员工持有全国注册监理证书者 30 人，持有电力行业监理证书者 58 人，国家注册安全工程师 8 人，国家注册造价工程师 3 人。在岗员工中具有大学本科学历 20 人、大学专科学历 27 人、中专及以下学历 12 人。在岗员工中教授级高级工程师 4 人、高级职称 15 人、中级职称 16 人、初级职称 4 人、无职称 20 人。

【经营工作】2015 年，在西南院公司党政班子的正确领导和各生产职能部门的大力支持下，面对监理体制改革困难及发电市场不景气的双重不利情况，公司班子积极适应新常态，全体员工共同努力迎接新挑战，在维持公司稳定的基础上，积极探索创新服务，稳步推动公司转型发展。经营工作坚持“立足监理、拓展咨询、效益优先、稳中求进”的经营方针，紧紧依托西南院公司的设计技术优势，加强设计监理市场开拓；其次，结合传统火电向分布式能源转型，继续开拓了分布式光伏电站新能源项目；同时“盘活存量、挖掘增量”，落实了延期施工监理项目补充协议的签订；通过公司班子和全体员工的共同努力，公司维持了稳定局面，取得了一定成效。

2015 年，公司新承担了神华国华清远发电厂 2×100 万千瓦新建工程设计咨询等 7 个项目，合同金额为 1625.94 万元。2015 年新签监理项目合同情况见表 41。

2015 年新签监理项目合同情况表

表 41

序号	合同名称	签订时间
1	浙江国华舟山发电厂办公楼装修工程监理合同	201501
2	阿坝州红原光伏发电项目	201501
3	内蒙古汇能煤化工有限公司发电项目施工监理合同补充协议	201503
4	马来西亚巴林基安燃煤发电站项目工程设计咨询服务合同	201503
5	华润电力风能茂名钱排风电项目建设监理合同补充协议	201505
6	内蒙古不连沟大路坑口热电厂监理合同补充协议	201505
7	神华国华清远发电厂 2×100 万千瓦新建工程设计咨询合同	201510
	合　同　金　额	1625.94 元

【工程监理】2015 年，监理公司开展了 14 个工程项目的监理。其中设计监理项目 9 个、单项咨询项目 2 个、施工监理项目 3 个。完成的监理工程项目有：神皖安庆皖江发电厂 2×100 万千瓦超超临界二期工程、神华神东电力河曲 2×35 万千瓦低热值煤发电新建工程、神华神东电力店塔电厂（2×66 万千瓦）改扩建工程、阿坝州红原县花海（邛溪）2 万千瓦光伏电站项目、阿坝州若尔盖县卓坤 2 万千瓦光伏电站工程。全年完成监理工程投产：火电发电机组 402 万千瓦、新能源光伏电站容量 4 万千瓦。2015 年监理工程投产情况见表 42。

2015 年监理工程项目投产情况表

表 42

<table>
<tr><th rowspan="2">序号</th><th rowspan="2">工程名称</th><th rowspan="2">所在地区</th><th rowspan="2">建设性质</th><th colspan="2">设计监理</th><th colspan="2">施工监理</th><th rowspan="2">投产时间</th></tr>
<tr><th>装机台数</th><th>单机容量（万千瓦）</th><th>装机台数</th><th>单机容量（万千瓦）</th></tr>
<tr><td>1</td><td>神皖安庆皖江发电厂超超临界二期工程</td><td>安徽</td><td>扩建</td><td>2</td><td>100</td><td></td><td></td><td>2015.06
2015.06</td></tr>
<tr><td>2</td><td>神华神东电力河曲低热值煤发电新建工程</td><td>陕西</td><td>新建</td><td>2</td><td>35</td><td></td><td></td><td>2015.09
2015.11</td></tr>
<tr><td>3</td><td>神华神东电力店塔电厂改扩建工程</td><td>陕西</td><td>改扩建</td><td>2</td><td>66</td><td></td><td></td><td>2015.12</td></tr>
<tr><td>4</td><td>阿坝州红原县花海（邛溪）光伏电站项目</td><td>四川</td><td>新建</td><td></td><td></td><td>20</td><td>0.1</td><td>2015.09</td></tr>
<tr><td>5</td><td>阿坝州若尔盖县卓坤光伏电站工程</td><td>四川</td><td>新建</td><td></td><td></td><td>20</td><td>0.1</td><td>2015.11</td></tr>
</table>

【科技创新】监理公司依托西南院公司设计和子公司监理（咨询）优势，建立了一体化完整产业链，形

成协同开展设计监理(咨询)项目运作的机制，提高了设计监理(咨询)项目实施协同水平。2015 年，监理公司将设计监理、施工监理、一体化产业链程序管理等作为科技管理创新，先后起草了“工程设计监理项目暂行管理规定”，编制了工程设计监理项目产值划分方案，经西南院公司审核，明确了协同开展设计监理(咨询)项目模式、责任、权利、义务，规范了设计监理(咨询)程序；实施了清远、普安、马来西亚 3 个工程设计监理项目产值划分；推行了施工监理人员转型为设计监理驻现场专监的试点模式，并分别在店塔、河曲、普安、韶关、清远等项目展开，基本解决了公司设计监理驻现场人员不足的困难。上述科技管理创新，使监理公司与西南院公司协同完成设计监理业务更加科学、规范。

【质量安全管理】在质量管理方面，监理公司对“三标”管理体系文件进行动态管理，组织修订了《管理手册》，使管理体系文件得到持续改进，更加规范完善。组织项目监理部人员学习“三标”，实施贯标；结合公司管理，组织开展了内部审核和公司管理评审； 2015 年 11 月接受外部审核，通过了“三标”管理体系外部再认证审核。在监理质量管理方面，对在建主要监理项目进行了质量控制、进度控制、投资控制、安全控制、环境保护、合同管理、信息管理、组织协调等八个方面的强化管理，从监理工作内容调查情况看：2015 年顾客满意度为 95.89%，超过年初制定的 92%的目标；实现了顾客满意度保持稳定，全年未收到顾客的投诉与抱怨。

在安全生产方面：公司始终坚持“安全第一、预防为主、综合治理”的工作方针，强力推进“一岗双责、党政同责、齐抓共管”机制。全年公司先后下发各类安全管理文件 11 份，签订安全生产、消防工作目标责任书 32 份，共收取职工安全风险抵押金 83000 元。全年公司本部和所有项目监理部及监理的项目未发生重大工程安全责任事故、重大设备损坏责任事故、重大人身伤亡责任事故、重大交通责任事故、重大治安案件、火灾责任事故、影响西南院公司院稳定和声誉的责任事故。未发生失泄密事件。

【经营指标及效益】监理公司为独立的法人实体，实行自主经营，接受西南院公司的业务指导和管理。财务由西南院公司财务处集中管理，独立核算，自负盈亏。2015 年新签合同 1625.94 万元，为年度目标值的 101.62%；完成监理产值 1603.55 万元，为年度目标值的 100.22%；全面完成了年度经营目标。2015 年末公司资产总额为 2077.32 万元，其中固定资产共 163 项，原值 249.06 万元， 净值 14.64 万元，负债总额 330.65 万元，所有者权益 1746.67 万元。各项经济指标见表 43。

2015 年经营状况一览表

表 43　　单位：万元

项　目	2014 年	2015 年	2015 年与 2014 年比较（±%）	备　注
新签合同（万元）	1826.26	1625.94	-10.97	院下指标：1600 万元
完成产值（万元）	1826.71	1603.55	-12.22	院下指标：1600 万元
实现营业收入（万元）	1738.23	1462.60	-15.86	
利润总额（万元）	111.23	121.39	9.13	
收入利润率（%）	6.40%	8.30%	29.69	
国有资产保值增值率（%）	105.75%	106.27%	0.49	
营业收入成本率（%）	93.60%	72.31%	-22.75	
年末资产总额	2178.91	2077.32	-4.66	
负债总额	440.78	330.65	-24.96	
所有者权益（净资产）	1738.12	1746.67	0.49	

【监理创优及荣誉成果】2015 年，监理公司加强科学管理、严细管理，按照“小业主、大监理”的基建管理模式，积极开展“四控制、两管理、一协调”工作，认真履行监理职责。为了落实工程创优的质量目标，对工程进行超前策划，有效进行现场质量管控，管控措施执行并落实到位。2015 年监理工程获奖情况见表 44。

监理工程 2015 年获奖项目表

表 44

序号	项目名称	授奖单位	称号	获奖时间
1	安徽马鞍山电厂 2×66 万千瓦“上大压小”扩建工程	中国电力建设企业协会	2015 年度中国电力优质工程奖	2015.06
2	安徽马鞍山电厂 2×66 万千瓦“上大压小”扩建工程	中国施工企业管理协会	2014-2015 年度国家优质工程奖	2015.11

【党群工作及管理】监理公司 2015 年认真开展了习近平系列讲话精神专题学习活动，全面深刻理解系列讲话新思想、新观点、新论断，用系列讲话精神武装头脑，指导公司实际工作；认真组织开展“三严三实”专题教育活动，把握着力点和正确方向，做到“两手抓、两不误、两促进”，确保公司稳定和健康发展；认真履行了与西南院公司签订的《党风廉政建设责任书》《精神文明建设责任书》，执行“三重一大”决策制度，加强了精神文明建设与企业文化建设，宣传公司形象，发布各类新闻稿件 32 篇；公司工会积极关心慰问员工，全年组织慰问活动 5 次。

（汤其虎）

中国电力建设工程咨询西南有限公司

【公司概况】中国电力建设工程咨询西南有限公司(简称咨询公司)是中国电力工程顾问集团西南电力设计院有限公司（简称西南院公司）的全资子公司。

咨询公司成立于 1984 年 12 月 15 日,原名为“中国电力建设工程咨询公司西南分公司”，1987 年 12 月更名为“中国电力建设工程咨询公司西南公司”，1999 年根据中电工程电顾财〔1999〕14 号文《关于顾问公司系统建立资本纽带出资关系调整的通知》，该公司与西南院建立了资本纽带关系，属西南院的全资子公司，其经济性质为全民所有制。

2014 年，咨询公司根据中国能建集团将下属全民所有制企业按照《中华人民共和国公司法》等有关法律、法规的规定，改制为有限责任公司的统一部署， 于 2014 年 12 月 11 日完成改制，经四川省工商行政管理局登记注册为中国电力建设工程咨询西南有限公司；咨询公司住所为成都市成华区东风路二段 18 号；咨询公司法定代表人为郝群岩；注册资本金为 107 万元。

【组织形式】咨询公司改制后的组织形式为一人有限责任公司，由西南院公司一个法人股东出资设立，实行独立核算、自主经营、自负盈亏；股东以出资额为限对咨询公司承担责任；咨询公司以其全部资产对咨询公司的债务承担责任；咨询公司享有由股东投资形成的全部法人财产权并依法享有民事权利，承担民事责任，具有企业法人资格。

【经营范围】咨询公司主要从事工程技术咨询，工程管理服务，招投标代理，环境保护监测，科技推广和应用服务，机械设备批发，建材批发，软件和信息技术服务。

【公司人员】咨询公司人员由西南院公司根据生产任务情况进行委派。

【经营指标及效益】2015 年咨询公司经营正常。继续完成神华神东电力重庆万州发电厂 2×100 万千瓦新建工程 EPC 总承包工程设备成套采购项目，同时新增开展了神华四川江油煤炭储备发电一体化新建工程 EPC 总承包工程设备采购项目；实现营业收入 143917.2 万元，比 2014 年同期增长 52.16%，利润总额 2316.7 万元，比 2014 年同期减少了 13.47%；截至 2015 年年底，咨询公司资产总额为 79844.6 万元、负债总额为 77585.3 万元、分别比 2014 年同期减少 50.33%、51.57%，所有者权益为 2259.3 万元，比 2014 年同期增加了 332.82%。

（汤其虎）

中国电力建设工程咨询环境工程有限公司

【公司概况】中国电力建设工程咨询环境工程有限公司(简称环境公司）是中国电力工程顾问集团西南电力设计院有限公司（简称西南院公司）的全资子公司。

环境公司于1985年根据水利电力部〔1985〕水电劳字第82号文批复，由中国电力规划设计总院及东北、华北、华东、中南、西北、西南电力设计院共同组建成立的“中国电力建设工程咨询公司环境工程公司”，属中国电力建设工程咨询公司的分支机构并接受其领导，公司设在西南院内。1992年清理整顿公司时，根据《关于对环境工程公司重新办理登记注册手续请示报告的批复》，在四川省工商行政管理局重新办理了注册登记并更名为“中国电力建设工程咨询环境工程公司”，属全民所有制企业，注册资本金140万元。1999年，根据中国电力工程顾问有限公司顾财〔1999〕14号文《关于顾问公司系统建立资本纽带出资调整的通知》，明确中国电力建设工程咨询环境工程公司与西南院建立资本纽带关系，属西南院的全资子公司。

2006年2月28日，环境公司根据国家安全生产监督管理局《安全评价机构管理规定》中对持有安全评价甲级资质机构注册资本金的要求，将注册资本金增加至310万元。

2014年，环境公司根据中国能建集团将下属全民所有制企业按照《中华人民共和国公司法》等有关法律、法规的规定改制为有限责任公司的统一部署，于2014年12月11日完成改制，经四川省工商行政管理局登记注册为中国电力建设工程咨询环境工程有限公司；环境公司住所为成都市成华区东风路二段18号；环境公司法定代表人为张新宁；注册资本金为310万元。

【组织形式及人员】环境公司改制后的组织形式为一人有限责任公司，由西南院公司一个法人股东出资设立，实行独立核算、自主经营、自负盈亏；股东以出资额为限对环境公司承担责任；环境公司以其全部资产对环境公司的债务承担责任；环境公司享有由股东投资形成的全部法人财产权并依法享有民事权利，承担民事责任，具有企业法人资格。环境公司下设评价一科、评价二科。

截至2015年年底，环境公司在册职工26人，聘用4人。在册职工中教授级高级工程师6人，高级工程师5人，工程师5人，其他职工10人，高级职称人数占在册职工总数的42.3%。环境公司员工中具有研究生学历7人，大专以上学历23人，占在册职工总数的88.5%。

【经营业务及范围】环境公司主要从事工程和技术研究及试验发展；环境保护监测；生态监测；工程管理服务；工程勘察设计；环境治理业；会议与展览服务。主要承担大、中型火电厂及风能储输工程和特高压、超高压及以下电压等级交直流输变电工程的环境影响评价、区域电网规划环境影响评价及水土保持方案编制工作。包括大气环境影响评价和对大气、水体、噪声、固体废弃物、电场磁场强度、风险及投资损益分析、总量控制、清洁生产、水土保持、环境管理与监测计划、公众参与调查等多项环境因素综合评价，负责输变电工程环保竣工验收调查、水土保持设施竣工验收调查工作。

【生产经营管理】2015年，环境公司生产经营面临五大困难：一是随着国家行政审批制度改革，整个环评、水保行政审批权力逐步下放，环评、水保市场竞争更加激烈；二是新技术、新规定的出台，增加了工作量，增高了生产经营成本；三是业主要求高，工程时间紧、任务重、难度大；四是工程项目多、工程分散、路线长，占用人力多；五是年轻人多、能独立承担工程主编人的技术骨干不足等。公司领导班子没有畏惧，及时转变观念，不断调整思路，采取了以下措施和办法：

审时度势，转变观念，拓展新业务。随着国家环保标准愈来愈严格，火电项目愈来愈少，而输变电工程及新能源项目逐渐增多，公司在经营思路上由火电厂环评工作逐渐向输变电、新能源工程转移，在确保发电工程项目的基础上把主要技术骨干和主要精力投向输变电和新能源工程，克服人力不足状况；在信息跟踪方面，加强与相关单位的沟通交流，及时开拓新业务项目，开展风电储输工程、环保竣工验收调查、水土保持设施竣工验收等工作，使公司环保项目向西北、华东、华中地区逐步扩展。

搞好与新老业主的关系，做好各项服务工作。环境公司除了加强市场信息调研和项目跟踪外，积极主动地为业主单位做好服务；针对具体项目，公司为业主做好环境评价、水土保持方案，提供决策依据、报送报告书、举办技术评估会、接送专家、催办审查批复文件等各种方便，满足业主的各项要求，从而建立起良好的合作关系。特别是在神华四川天明发电工程环评工作中，发扬不怕苦、不怕累和连续作战的精神，精心组织和策划，克服诸多困难，突击加班完成环评报告书，为业主早核准、早开工创造了有利条件，获得业主的表扬和感谢。

开拓创新，寻求新的经济增长点。环境公司按照西南院公司“开拓创新，寻求新的经济增长点”要求，结合自身掌握的市场信息、技术资源、人力资源，开展噪声治理工作计划，实施噪声治理总承包业务。通过对贵州金元电力茶园电厂的噪声治理研究，在该厂噪声治理总承包招标中获得了联合体中标，实现了噪声治理总承包的突破。该工程将在2016年上半年完成建设，为公司在环保领域开拓新的经济增长点迈出了可喜的一步。

强化合同管理，及时催收合同费用。2015年，环境公司加强了生产经营管理。尤其是在合同管理方面，一是加强了项目管理，落实责任人；二是做到了项目合同、进度及收费心里有数，及时跟踪；三是按照合同要求，分阶段及时催收费用，力争使收费按合同进度要求及时收到工程款，确保了公司正常运营。

加强与科研、院校联合，提高自身技术水平。环境公司针对一些专题报告和自然保护区及地下水评价的专题论证等，积极与科研院所和大学加强合作，共同完成难度较大的专题报告，使环境公司的环评、水保技术水平得到提高，完成的工程项目得到了相关部门和业主的好评。

积极参加投标，持续公司健康发展。环境公司除了参加西南院公司组织的国内、外工程投标外，还积极开展社会环评、水保等单项工程投标工作，在国家电网公司、青海省电力公司、四川省电力公司、云南省电网公司、贵州金元茶园发电有限责任公司等地区、单位先后开展了多个项目的投标工作，并中得国家电网、青海省电力公司、四川省电力公司等大小投标项目10余项，使环境公司生产经营业务在西北、华东、中南、西南等地区得到持续发展。

完成各项生产任务，取得较好业绩。2015年，环境公司开展了工程环境可研、初设、投标83项；完成了竣工环保验收工程3项，水土保持设施竣工验收工程7项；完成了环境影响评价报告书（表）25项，在2015年12月31日前获得环保部审核批复的7项，省环保厅（局）审核批复的12项；水土保持方案编制工作8项，在2015年12月31日前获得水利部批复的3项，省水利厅/市水利局批复5项。

【科研及创新】2015年环保专业在科技创新方面继续探索，取得了新的成绩。其中“大型CFB锅炉二氧化硫排放控制机理及核查核算方法研究”项目获得西南院公司2015年度科学技术进步三等奖。

【质量管理】环境公司认真贯彻西南院公司质量方针，把质量教育纳入年度质量工作计划，充分利用业务学习、主题研讨、内部评审、外部审查等多种形式强化职工质量教育；结合环保部评估中心和水利部监测中心对环境影响报告书及水保报告书严格审查的要求，有针对性地对环评、水保报告书在深度、可操作性以及图表等方面进行了有益的探索，提高了电力环保设计、环境影响评价、水土保持方案设计质量，取得了较好的效果。从2015年审查的项目看，全部一次获得通过并得到相关部门的好评，成品质量优良品率为100%，保持“三标”体系有效运行。

【经营指标及效益】环境公司属西南院公司下属全资子公司，对内为环保处，使用西南院公司建设项目环境影响评价甲级资质证书和水土保持方案编制甲级资质证书，与西南院公司签订承包经营合同，业务往来按照规定产值结算；对外实行自主经营，独立核算，自负盈亏，接受西南院公司的业务指导和管理。

2015年对外签订工程项目合同60项，签订合同额3182.47万元，为全年承包任务2800万元的113.66%；完成产值3985.1万元，为全年承包产值2900万元的137.42%；全年完成收费2855.493万元，为全年承包值2600万元的109.83%。

2015年年末，环境公司资产总额为4528.04万元，负债总额为1145.48万元，所有者权益为3382.56万元，资产负债率25.30%。2015年全年实现营业总收入3228.78万元，实现利润总额623.34万元，净利润156.36万元，营业利润率为19.31%，全面完成了年度经营目标。

【党群工作及管理】环境公司按照西南院公司党委要求，认真抓好干部理论学习和廉洁自律教育，参加了“三严三实”专题教育活动，不断提高干部勤政、廉洁的水平；开展了党的群众路线教育实践活动，贯彻落实反腐倡廉工作规定和党风廉政建设责任制，加强了对照检查和查找问题，制定改进措施和加以整改；加强了党支部建设，发挥党员先锋模范作用和支部的战斗堡垒作用；开展了创先争优活动，加强了职工思想教育，促进了精神文明建设、企业文化建设和职工队伍建设，确保政令畅通；在节假日期间，对职工及家属进行慰问、家访及举办文娱活动，增强了上下级间、职工间的沟通交流，密切了干群关系，增强了职工凝聚力。2015年全面履行了公司与西南院公司签订的《2014年经营责任承包合同》《党风廉政建设责任书》《精神文明建设责任书》，确保了公司持续稳定发展。

（汤其虎）

四川电力工程建设监理有限责任公司

【企业概况】四川电力工程建设监理有限责任公司成立于1995年，拥有电力、水利水电、房屋建筑、市政公用工程监理4项甲级资质，机电设备安装、设备监理2项乙级资质，并拥有火电专业工程咨询丙级资质与工程招标代理暂定级资质各1项。公司通过了质量管理、环境管理、职业健康安全管理等3体系认证，先后进入“2013年全国监理十强企业”“全国电力建设优秀监理企业”“四川省优秀监理企业”，中国电力建设企协AAA级信用企业。

【人力资源】公司下设综合管理部、经营管理部、安全质量监察部3个职能管理部门与5个监理业务部门，拥有硕士研究生、大学本科、大学专科及中等职业等各类人员1076人。其中，全国注册监理工程师、造价师、一级建造师、注册安全工程师、设备监理师、咨询师、招标师达198人。

【工程监理项目】截至2015年年底，该公司在监输变电工程247个（330千伏及以上输变电工程16个、220千伏输变电工程26个、110千伏输变电工程52个、35千伏输变电工程60个、10千伏及以下农网工程93个），水电及附属工程11个，房屋建筑工程4个，设备监造及其他工程13个，共计275个。全年，公司监理项目竣工投运变电容量6290兆伏安，输电线路长度1248公里，在监水电装机容量45万千瓦，在监房建建筑面积8万平方米。

【安全生产】该公司扎实开展“基建安全质量年”主题活动，在公司层面全年进行各类安全质量检查103次，发现并整改问题1957项；监理项目部、监理站进行安全质量检查5566次，发现问题6348项，督促整改6270项。通过开展在监变电站土石方回填工程监理质量控制专项活动，未出现负监理责任的不均匀沉降事件。公司主动提升四级安全风险作业的管控力度，公司审查四级风险作业施工方案61项，提出审查意见836项，现场督查116次。开展现场安全质量点评活动，共计点评324次，点评内容5776项。严把分包队伍资质审查关，健全交通、消防、自然灾害等隐患排查、评估、治理闭环机制，开展应急预案修编完善及安全规范规程短信提醒等工作，安全质量始终处于可控状态。在工程创优中，新都桥500千伏变电站新建工程荣获“国家优质工程”奖。公司全年没有发生公司负有责任的安全质量事故。

【资产经营】该公司落实国网四川省电力公司各项决策部署，紧紧围绕省公司财务工作重点及公司财务工作计划开展各项工作，以成本管理和资金管理为重点，有序地完成了各项财务工作，有效地履行了财务职能。截至2015年年底，公司资产总额20318万元，负债总额2172万元，公司实现收入（含税）30232万元，营业总成本19825万元，利润总额8621万元，流动资产余额18074万元，资产负债率为10.69%。圆满完成省公司下达财务关键业绩指标。

【党建与精神文明建设】监理公司落实从严治党要求，严格政治纪律和政治规矩，认真开展“三严三实”专题教育，聚焦不严不实问题，加强整改落实和立规执纪；深化“四风”问题整治，公务活动、会议接待、公务用车管理等进一步规范；完善惩防机制，形式多样开展警示教育，严格监督问责，处理违规违纪3人，党风廉政建设取得实效；坚持党建带团建，团青综合素质全面提升；积极选树身边人、身边事，涌现出勤奋敬业、学无止境等先进典型代表；新建职工食堂和活动室，切实为职工办实事办好事；创建劳模创新工作室和职工书屋，为员工成长成才搭建平台；踊跃参加行业技能竞赛并取得优异成绩；落实老同志“两项待遇”，加强保密和信访维稳工作，保持企业和谐稳定，为四川省“文明单位”。

（席运生）

设备制造

责任编辑：卓正昌

四川是一个电力设备制造能力较强的省份，主要的制造企业有：东方电气集团及所属的东方电机有限公司、东方汽轮机有限公司、东方锅炉股份有限公司、东风电机有限公司，中国电建成都电力金具总厂、铁塔厂、中国水利水电夹江水工机械有限公司，具有水电、火电、核电、风电、光伏电、送变电、水工机械多类设备生产制造能力。

东方电气集团拥有我国发电设备制造行业中一流的综合技术开发能力，通过自主开发、国内产学研合作、引进和消化吸收国外先进技术以及二次开发，东方电气形成了一批拥有自主知识产权的重大技术装备产品。作为核心主业的发电设备产品，涉及火电、水电、核电、风电以及大型环保设备等领域，批量制造单机最大达到100万千瓦等级的火电机组、单机最大80万千瓦等级的水轮发电机组、100万—170万千瓦等级核电机组主设备，重型燃气轮机设备，风电设备，太阳能电站设备及大型电站锅炉烟气脱硫脱硝，大型化工容器等产品，约占国内火电市场份额的三分之一和水电市场份额的一半左右，核电、风电居于国内领先地位，产品产量连年位居世界前列。

中国电建成都电力金具总厂是国家西南地区唯一齐备可锻铸铁类、锻件类、铜铝类、铸铁类电力金具生产许可证和自营进出口经营许可权的企业，全国电力金具标准化委员会成员单位，国家安全生产二级认证企业，英国国家电网公司NG全球合格供应商，成都市锦江区纳税大户。该厂主营1200千伏交流、±800千伏直流及以下输电、变电、光纤光缆金具的制造、销售。“全”牌系列金具，电压等级覆盖1200千伏交流、±800千伏直流及以下所有范围，特别是在高海拔重冰区、大跨越及大截面导线系列金具的设计、制造方面具有独特优势，处于国际领先水平。产品畅销全国各省市、自治区，工程业绩遍及美洲、亚洲、欧洲、非洲的30多个国家及地区。

中国东方电气集团有限公司

【企业概况】中国东方电气集团有限公司（简称东方电气集团）是中央确定的涉及国家安全和国民经济命脉的53户国有重要骨干企业之一，是全球最大的发电设备制造和电站工程总承包企业集团之一，属国务院国资委监管企业。东方电气集团控股东方电气股份有限公司(H 股代码:1072、A 股代码:600875)

东方电气集团以大型发电成套设备、工程承包及服务为主业，积极发展高效清洁能源，依托持续不断的技术创新获得了长足发展，产量连年位居世界前列，可批量制造100万千瓦等级超超临界火电机组、100万千瓦等级水轮发电机组、100万千瓦一175万千瓦等级核电机组、重型燃气轮机设备、风电设备、太阳能电站设备以及大型环保设备、水处理设备、电力电子与控制系统等产品，形成了“六电并举”的产品格局。

东方电气集团积极拓展海外业务，大型成套设备出口到近50个国家和地区，从1994年起连年入选ENR全球250家最大国际工程承包商之列，是中国大型成套设备出口的骨干企业。

东方电气集团秉承“共创价值、共享成功”的宗旨，以创建具有国际竞争力的世界一流重大装备集团为宏愿，以绿色动力驱动中国和世界经济发展。

6月15日，中共中央政治局常委、国务院总理李克强在中国核电工程有限公司通过视频连线视察福清核电“华龙一号”示范项目设备制造相关企业。作为视频连线的第一家企业，东方电气集团公司所属企业东方重机党委书记、总经理曾先茂率领干部职工在核岛分厂重型跨筒体组件环缝焊接工位向总理汇报了福清核电“华龙一号”蒸汽发生器的制造情况　　（东方电气集团新闻中心提供）

【开拓国内外市场】 **国内市场**　获得绩溪、敦化两个超高水头、大容量抽水蓄能项目，拥有了较宽水头段高端抽水蓄能机组业绩；中标8台世界单机容量最大的白鹤滩100万千瓦大水电机组。确保了火电市场份额总体稳定，获得100万千瓦高效超超临界二次再热锅炉等重大项目。继续保持核电市场份额国内领先，获得华龙一号汽轮发电机、蒸汽发生器、主泵和安注箱订单，签署了国内首个四代核电示范快堆蒸汽发生器和中间热交换器研发、服务合同及设备供货框架协议。获得高碑店三期项目，使效率更高的F5燃机有了依托项目。实现了风电双馈116型0.2万千瓦、直驱121型0.25万千瓦的批量订单突破，订单质量得到改善。获得国内首台60万千瓦、30万千瓦亚临界机组升参数改造项目订单，引领了国内电站改造技术方向。工程服务向可再生能源领域快速扩展。

国际市场　波黑巴诺维奇单台35万千瓦火电EPC项目、瑞典布莱肯四期2.25万千瓦风电供货相继签约；首次实现了百万千瓦火电锅炉出口印尼；老挝南桑1水电EPC、越南达科民3等一批水电设备出口供货合同以及刚果、苏丹等机电设备出口项目的取得，进一步巩固了集团在欧洲、亚洲、非洲的市场地位。委内瑞拉古里水电改造项目生效启动。全额融资新模式助推项目开发，在波黑、格鲁吉亚等项目取得了成功。以“一带一路”沿线和非洲、南美市场为重点，完善市场布局，新设了开罗办事处，在委内瑞拉等国设立了工作机构。

【“攀登计划”的实施】2015年，东方电气集团公司被授予国家技术创新示范企业，东汽长寿命高温材料实验室获批成为集团首个国家重点实验室。

主导产品提质增效和性能提升取得突破 实施主导产品“攀登计划”和首批科技重大专项。世界最高参数的华能安源66万千瓦二次再热机组、焦作66万千瓦和万州100万千瓦超超临界机组投入商业运行，进一步缩小了与国际先进水平的差距。三河30万千瓦汽轮机通流改造获得成功，超低排放技术在天富南电厂30万千瓦机组成功推广应用。700米高水头抽水蓄能机组转轮技术研发取得重大突破。自主技术的第三代核电华龙一号、CAP1400核岛、常规岛主设备全面进入研制阶段；引进三代AP1000反应堆压力容器、蒸发器按计划开展研制。自主研发的5万千瓦燃机，完成压气机1－8级试验，样机施工设计全面开展。自主研发的四川大面山0.2万千瓦低风速风机批量投运。1.6万吨热膜耦合海淡装置设计制造完成，铁路同相供电装置完成研制并现场投运。

新技术新产品研发应用取得实效 第三代燃料电池备用电源发电系统成本大幅降低，已进入工程示范应用阶段。完成煤气化中小型工艺包，并进行市场开拓。核废料处理动力机械手通过业主验收，即将交付使用。兆瓦级集成化风电变流器研发成果替代进口，得到应用，打破了国外技术壁垒。

【生产任务的完成】围绕“重执行、实责任、见成效”的工作方针，以体系运行有效、实物质量提升、质量风险防范为主线，持续开展质量整顿，重点做好新产品质量跟踪和风险防范，推进质量攻关和质量持续改进，全集团质量损失持续下降。截至年底，全集团质量损失同比下降15.41%。加强生产的预见性，合理配置资源，克服排产严重不均衡的困难，产品产出基本满足了用户需求。呼蓄电站4台机组全部投产，创造了国内抽水蓄能机组调试最快、质量最优的纪录。万州、安源等新一代火电机组相继通过168小时试运行。燃机投运再创佳绩，实现当年点火16台、过168小时12台。方家山2号、宁德3号、红沿河3号、福清2号等核电项目投入商运，防城港1号并网成功。

【工程进度管理】 越南沿海一期完成运行考核。印度A厂、N厂和C厂所有机组获得最终完工证书。巴基斯坦南迪普联合循环项目获得3台燃机移交证书；真纳水电项目4台机组获得了移交证书。波黑斯坦纳瑞项目进度总体领先合同工期，实现年底并网发电。瑞典布莱肯三期风电机组进入试运行。埃塞俄比亚吉柏3首台水电机组成功并网发电。

【采购管理】截至2015年年底，全集团集中采购招标金额同比提高了22%。

【加强风险管控】 健全以内控为基础、业务和管理相融合的风险防范体系。开展了各企业主要业务板块重要规章制度审查。在处理法律纠纷、做好风险事后应对的同时，强化了投资、并购、破产及重大项目法律审核。加强合同评审，强化了负毛利率销售合同专项风险控制。做好知识产权防御，针对被侵权行为主动出击，维护企业合法权益。国际商标注册国家达到24个，商标保护范围进一步扩大。

【加强信息化建设】推进财务信息化深度应用，全面预算、资金管理、应收账款、财务分析、合并报表等功能上线。完成了供应商管理和集中采购管理平台建设，为正式上线做好了准备。进一步扩大ERP应用范围，新组建的东方风电等三家公司上线运行。

【领导班子】领导班子成员有：

邹　磊：董事长、党组书记

张晓仑：董事、总经理、党组副书记、总部直属党委书记

温枢刚：党组成员、东方电气股份有限公司董事、总裁

黄　伟：副总经理、党组成员

朱元巢：副总经理、党组成员

胡乃民：党组成员、党组纪检组组长

文利民：总会计师。

【组织机构】见机构图

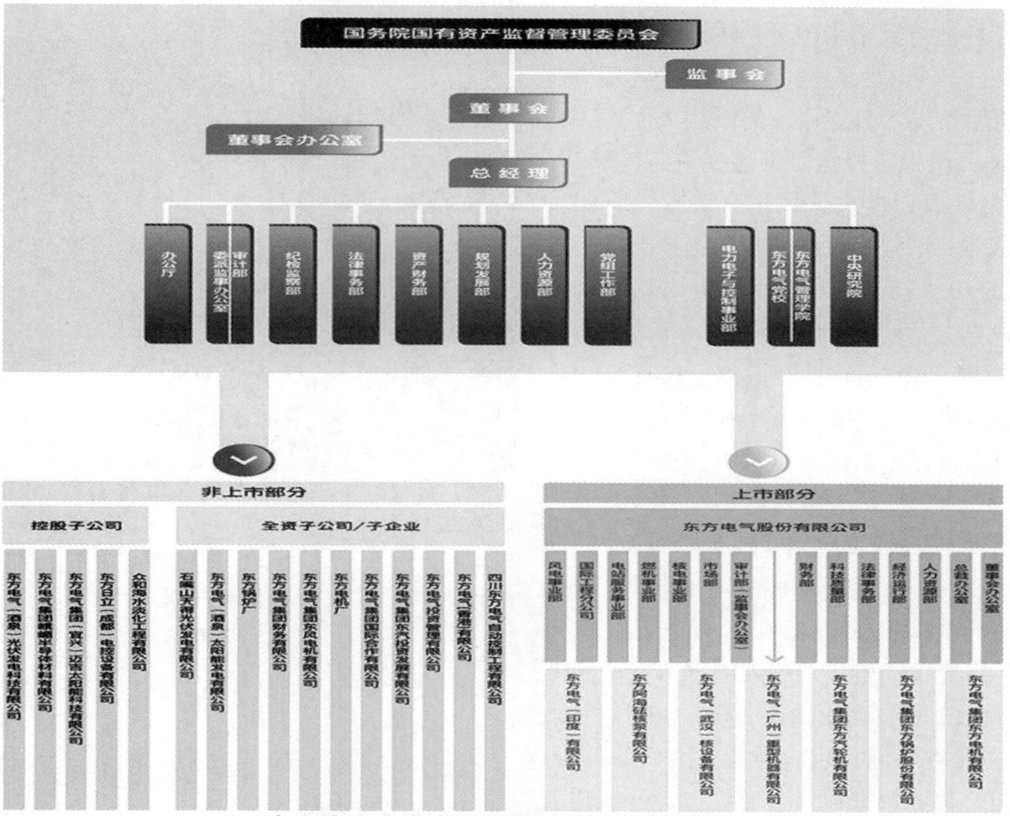

中国东方电气集团有限公司组织机构图

【自主创新实力】2015 年，东方电气集团共获得省部级以上科技奖励 9 项，其中一等奖 6 项；全年申请专利 441 件，其中发明专利 238 件，获得专利授权 356 件，其中发明专利 162 件，较上年增长 56%；截至 2015 年年底，共拥有有效专利 1399 件，其中发明专利 517 件，增长 44%，继续呈现高速增长趋势。在标准制定方面，主持和参与制定、修订国家标准 20 项、行业标准 47 项。

2015 年，东方电气集团被工信部认定为国家技术创新示范企业，东汽长寿命高温材料实验室获得批准成为集团公司首个国家重点实验室，受邀参与《中国制造 2025》、强基战略等国家和省市政府科技发展规划和相关政策制定，自主创新能力获得国家认可，技术影响力进一步增强。

【提升主导产品提质增效和性能】2015 年，制定和实施东方电气集团公司“攀登计划”和首批科技重大专项，主导产品技术竞争力进一步提升。

再热机组研发 世界最高参数的华能安源 66 万千瓦二次再热机组、焦作 66 万千瓦和万州 100 万千瓦超超临界机组相继投入商业运行，万州 100 万千瓦汽轮机性能试验结果表明，热耗、效率指标取得显著提高，进一步缩小了与国际先进水平的差距；三河 3 号、4 号 30 万千瓦汽轮机通流改造获得成功，汽轮机效率、热耗达到保证值，超低排放技术在天富南电厂 30 万千瓦机组成功推广应用。蚌埠 66 万千瓦超超临界二次再热锅炉完成性能设计、技术设计，进入制造阶段。35 万千瓦全空冷汽轮发电机样机研发制造进入收尾阶段，并实现市场突破取得订单。

水电技术研发 2015 年，绩溪、敦化 700 米超高水头抽水蓄能机组、白鹤滩百万千瓦水电机组等关键产品开发及关键技术研究取得重要成果；可变速抽水蓄能机组交流励磁变频调速发电电动机技术研究及转子模型验证第一阶段完成并取得阶段性成果；呼和浩特 30 万千瓦抽水蓄能电站 3、4 号机组完成甩负荷试验，全面投入商业运行；巴西杰瑞、吉布、大岗山等重点项目机组成功投运，性能优良。水电产品技术水平稳步提升。

核电研发 自主技术三代核电华龙 1 号、CAP1400 核岛、常规岛主设备全面进入研制阶段，AP1000 堆内构件、反应堆压力容器、蒸发器按计划开展研制。CAP1400 末级和次末级空心叶片实现自主研制，华龙 1 号主泵电机自主研发强力推进，CAP1700 设计方案进一步完善，加快核电自主化步伐。

燃机研发 5 万千瓦燃机自主研发顺利推进。压气机完成后级段和前级段试验，性能指标符合预期设计目标；燃烧室开展常压冷态流动试验和常压热态试验，设计性能得到初步验证；样机施工设计全面开展。

1 月 26 日，中共中央政治局委员、广东省委书记胡春华到东方重机视察并进行工作调研。在核岛分厂现场，东方重机党委书记、总经理曾先茂向胡春华汇报了东方重机核电生产及发展情况

（东方电气集团新闻中心提供）

风电机组研发 自主研发的四川大面山 0.2 万千瓦低风速风机批量投运，性能先进；0.25 万千瓦直驱风电机组通过设计优化有效减轻筒体重量，降低了成本，增强了机组的竞争力；出口瑞典布莱肯风场的 0.25 万千瓦直驱风机成功投入运行，得到用户充分肯定；开展风电机组叶片防冰冻技术研究和试验，完成首件防/除冰系统样机叶片的试制。进一步优化完善 0.5 万千瓦等级海上风电机组，完成技术设计方案评审以及电控系统厂内测试。

【加快新技术新产品研发应用步伐】大容量冷却剂泵进入样机制造阶段，全电驱船舶主推电机、侧推电机、石油钻具电机等高端特种电动机产品技术开发全面推进；高效电动机成功列入国家节能产品推进目录，天然气输气管线压缩机驱动电机样机制造进入收尾阶段；铁路同相供电装置完成研制并投运成功；1.6 万吨热膜耦合海淡装置完成设计制造。

燃料电池完成第三代备用电源系统研发，成本大幅降低，已进入工程示范应用；50 千瓦大功率燃料电池动力电堆完成研制并成功发电；全钒液流电池电堆效率进一步提升，电压效率从 82%提升至 87%，基本解决大电堆密封、腐蚀等关键问题，10 千瓦电堆系统已在德阳工程技术学院示范运行。完成煤气化中小型工艺包设计；经过多次试验基本掌握高钠煤双床纯烧工艺，积极进行技术转移转化，取得市场技术合同。自主研发的动力锂电池快充性能好、成本低，初步取得技术优势；钛酸锂储能锂电池系统完成测试，进行示范运行准备。核废料处理机器人研发初见成效，核动力机械手完成研制调试，具备验收条件，玻璃固化动力机械手顺利完成修复，得到用户高度认可。电动汽车控制器产品的产业化推进逐步展开，一批产品提交用户进行装车测试。高性能低成本光伏逆变器完成研制，正在进行调试优化。

【发挥创新体系协同作用】2015 年，东方电气集团公司积极发挥创新体系协同作用，中央研究院与集团企业加强创新协同、联合攻关，取得显著成效。

智能制造 东汽叶片数字化车间项目整体设计完成，进入实施阶段；核电焊接转子检测机器人完成二期系统设计优化；东锅集箱小管座机器人智能焊接系统完成关键设备研制，进入系统调试阶段；东电轴流风扇试验平台项目完成设计加工和电气系统调试，正在施工和系统搭建；东方武核智能仓储与物料跟踪关键技术研究项目完成交付。

电力电子 兆瓦级集成化风电变流器完成 3 兆瓦样机开发及试验；基于 E 吨 O 的高压大容量功率组件研制完成样机研制，即将进行全功率实验；高性能低成本三电平光伏逆变器研制项目形成具有国际一流水平的组合式控制系统成果；东方日立大数据健康管理系统研发正在加快推进。

此外，东电哥伦比亚与柴湾冷却器振动分析与测试、东锅分布式数控设备监控系统研发、东风电动汽车驱动电机快速变型设计系统，东

6 月 28 日，东方电气研制的国内首台超超临界二次再热发电机组在华能安源电厂投运

（东方电气集团新闻中心提供）

方武核吊篮筒体数字化测量平台建设、众和海水淡化蒸发器静态分析等项目进展顺利，为支撑主业提质增效和新产业发展发挥重要推动作用。

【研发试验平台建设】2015 年，东方电气集团公司积极推进企业国家重点实验室和省级重点实验室、工程技术研发中心的建设认定工作，东汽长寿命高温材料实验室已获批企业国家重点实验室，成为集团首个国家重点实验室，进入规划建设阶段。清洁燃烧与烟气净化四川省重点实验室通过批复，成为集团第二个省部级重点实验室；四川省新能源与智能电网自动化技术工程实验室获得省发改委批准，正式挂牌。

电机科研基地一期工程主体建设完成；燃气轮机关键部件试验台进一步完善，燃烧室试验台建成投用。清洁高效燃烧技术试验中心完成了包括切圆燃烧、下行燃烧和小型制粉系统等功能区的小型综合试验台以及小型连续液化试验台的建设，并开展了循环流化床锅炉燃烧及排放特性研究、蒙东煤基础研究、煤粉低 NO_X 计算模型开发、二次再热超超临界锅炉研发等重大试验研究课题。6 米 W 等级风机全功率及低电压穿越试验平台开展仿真与实物部套测试相结合的研究，大幅降低测试认证成本。自主研发的 2.0 米 W 机型电控系统在主控变桨联合测试平台上进行了全面测试和迭代优化，效果良好。

【科技体制改革】 加强科技顶层规划体系建设，创新管理机制。2015 年，东方电气集团组织制订“攀登计划”，发布并立项实施首批科技重大专项；形成科技发展规划、攀登计划、重大专项相互关联衔接的顶层设计规划体系。

召开东方电气集团第四届科技创新大会，总结“十二五”科技创新成果，规划了“十三五”科技发展蓝图，对集团第四届科技杰出贡献奖、技术创新先进基层集体进行了表彰，进一步激发了科技创新的热情和动力。

加强知识产权和科技情报工作，初步建立科技情报工作体系。完善科技文献数据库体系建设，实现了贯通全集团的科技文献检索服务平台；开展专利检索数据库和辅助创新设计数据库等软件平台的调研工作，为搭建知识产权和科技情报软硬件平台奠定基础。

积极参与国家和省、市政府科技发展规划和相关政策制定，参加“中国制造 2025”发电装备领域发展路线图、国家能源科技“十三五”规划中高端能源装备、可再生能源发电和现代电网等多项专题规划、四川省“十三五”科技发展规划、中国制造 2025 四川省行动纲要、四川省燃气轮机产业技术发展路线图等编制工作。

探索建立科技成果孵化和产业化机制，推进科技成果转移转化和市场化进程。东方电气清能科技有限公司和智能科技有限公司正式成立，进入创业孵化和培育阶段。

【信息化建设】 ERP 二期项目实施完成；完成集中采购平台项目实施计划目标，平台上线运行；深化 ERP 应用，东方风电 ERP 完成实施并上线，杭州新能源具备上线条件。积极推动财务信息化深化应用，完成集团合并报表、全面预算、应收账款管理、资金管理、财务分析的上线实施。开展中央研究院 PL 米系统升级，优化系统运行。完成集团核心交换机扩容、ERP 硬件扩容和综合实验楼网络建设的实施，启动中央研究院高性能计算平台建设。研究制订东方电气集团“十三五”信息化规划，加强信息化建设顶层设计。 *（颜海英、唐曼）*

非集团公司（厂）

中国电建成都电力金具总厂

【企业概况】成都电力金具总厂成立于 1958 年 10 月，系世界 500 强中国电力建设集团有限公司下属全资企业，全国电力金具标准化委员会成员单位，国内电力金具制造行业骨干企业。是我国西南地区唯一齐备可锻铸铁类、锻件类、铜铝类、铸铁类电力金具生产许可证和自营进出口经营许可权的企业，ISO 9001 质量体系、ISO 14001 环境管理体系、OHSAS 18001 职业健康安全管理体系认证企业，英国国家电网公司 NG 全球合格供应商，国家安全生产二级认证企业，四川省省级先进企业，四川省“重合同，守信用”企业，成都市市级文明标兵单位，成都市龙泉驿区纳税大户。工厂位于成都经济技术开发区（国家级）的西南电力金具生产基地，占地 8.8 公顷，建筑面积 33000 平方米，软硬件设施居于国内先进水平，年生产能力超 3 万吨，年销售收入超 7 亿元。

复龙 ± 800 千伏特高压换流站长 （叶旭 摄）

工厂主营 1200 千伏交流、±800 千伏直流及以下输电、变电、光纤光缆金具的设计、制造、销售。“全”牌系列金具，电压等级覆盖 1200 千伏交流、±800 千伏直流及以下所有范围，特别是在高海拔重冰区、大跨越及大截面导线系列金具的设计、制造方面具有独特优势，处于国际领先水平。产品畅销全国各省市、自治区，工程业绩遍及美洲、亚洲、欧洲、非洲的 30 多个国家及地区。近年来，工厂积极向新能源及新兴领域产业拓展，为广大客户提供电气化铁路、地铁接触网零部件，风力发电、光伏发电设施，高速公路交安设施等产品设计、生产和安装服务，取得了良好的市场业绩。

通过不懈努力，企业保持了比较良好的经营状况，工厂硬件居全国同行业第一；销售收入、产值、产量名列行业前列；企业综合实力处于国内同行业领先水平。

【组织机构及人力资源】领导班子

刘　杰：厂长、党委副书记

王继华：党委书记、副厂长

邓明洲：党委副书记、纪委书记

熊维持：副厂长兼总工程师

明　凌：副厂长

鲜　力：副厂长

付　强：副厂长

雷晓锋：副厂长

向　勇：副厂长

组织机构　工厂下辖 1 个全资子公司，12 个直属部门、6 个生产车间。

按职能划分：

全资子公司：四川启明星电力装备制造集团有限责任公司。

直属部门：综合管理部、人力资源部、财务部、销售公司、海外事业部、非传统产业部、研究所、生产部、安全环保部、项目部、质检计量部、后勤部。

生产车间：锻压车间、铜铝车间、模具车间、准备车间、光纤变电车间、配送中心。

人力资源：

截至 2015 年年底，工厂共使用劳动力 519 人。其中，全民所有制职工 312 人，聘用劳务人员 207 人。

人员岗位类别

表 45

序号	岗位类别	人员数量	比重%
1	经营者	9	2.9
2	管理人员	108	34.6
3	党群工作者	3	1
4	专业技术人员	45	14.4
5	技能操作人员	129	41.3
6	其他人员	18	5.8
合计		312	100

人员年龄结构

表 46

序号	年龄层次	人员数量	比重%
1	55 岁以上	15	4.8
2	51－54 岁	41	13.1
3	41－50 岁	142	45.5
4	36－40 岁	46	14.8
5	35 岁及以下	68	21.8
合计		312	100

人员学历结构

表 47

序号	岗位类别	人员数量	比重%
1	研究生及以上	14	4.5
2	大学本科	105	33.7
3	大学专科	82	26.3
4	高中、中专、技校	90	28.8
5	初中及以下	21	6.7
合计		312	100

人员技术技能等级

表 48

人员分类	专业技术资格				技能鉴定等级		
	合计	高级	中级	初级	技师以上	高级工	中级工以下
数量	312	20	51	38	8	140	12
比重%	100	6.4	16.3	12.2	2.6	44.9	3.8

截至 2015 年年底，离退休职工总数 503 人，其中：离休人员 4 人，退休人员 499 人（其中：退职人员 10 人）。

【“十二五”建设】“十二五”规划期间（2011－2015），该厂全面深化“质量管理体系、成本控制体系、标准化建设体系、绩效考核体系、企业文化建设体系”

向家坝－上海±800 千伏特高压输电线路

等五个体系的建设，使各项工作得到了全面推进，取得了优异成绩。五年以来，该厂无论在市场营销、技术开发、党建工作，还是在内部管理、干部职工队伍建设等方面，均取得了长足的进步，现代企业制度体系和运营机制逐步建立，企业综合实力位居同行业前茅，圆满实现了“十二五”战略规划目标。

五年里：资产总额由 2011 年的 4.15 亿元增加到 2015 年的 6.43 亿元，增长 54.9%；销售收入从 2011 年的 3.2 亿元增加到 2015 年的 6.6 亿元，增长 106.3%；利润总额由 2011 年的 1055 万元增加到了 2015 年的 6172 万元，增长 478.2%；净资产由 2011 年的 1.37 亿元增加到 2015 年的 3.05 亿元，增长 122.6%；上缴税金由 2011 年的 1861 万元增加到 2015 年的 5460 万元，增长 193.4%。

【资产经营】2015 年是“十二五”发展规划的收官之年，成都电力金具总厂以科学发展为主题，以扩大总量为主线，坚定不移围绕“做精做实传统产业，建成一流金具企业；努力开拓新兴产业，实现成都金具再造”的战略方针，扎实开展各项工作，经营业绩保持良好增长态势，内部管理水平得到全面提升，年度目标顺利实现。

截至 2015 年年底，资产总额 70568 万元，负债总额 37134 万元，资产负债率为 52.6%。

2015 年度主要指标完成情况

表 49

指标名称	单位	2014 年	2015 年	比较值
工业总产量	吨	13575	14040	3.4%
工业总产值（不含税现价）	万元	27109	27420	1%
销售收入	万元	61072	66014	8.1%
利润总额	万元	6156	6172	—
新签合同(含税现价)	万元	60484	68974	14%

【市场营销】传统市场　在 2015 年“国家电网公司集中批次招标和专项招标”中，该厂继续保持行业内合同中标量第一的优势地位，中标合同总金额较 2014 年增长 45.85%。在国家电网 2013、2014、2015 年连续三年的集中批次招标中，该厂中标金额均位列第一名。在国网 1000 千伏锡盟—山东、蒙西—天津南，±800 千伏灵绍线、酒泉—湖南、晋北—江苏专项招标中，获得合同 5694 万元，保持了每条特高压工程均有该厂产品的业绩。成功获得特高压 1000 千伏泰州变电站、1000 千伏锡盟－山东变电站等工程供货合同，延伸了市场链条，扩大了变电市场占领份额。

配（农）网市场 2015年，该厂成功进入多个新市场，第一次进入了福建、浙江、吉林、内蒙古市场，同时在四川、重庆、西藏、青海、新疆、甘肃、陕西、河北、湖南、江苏、江西、安徽、贵州等各网省公司的协议库存招标中中标，共取得合同金额2.3亿元，一举突破了年初确定的配网金具市场份额2亿元的目标，实现全国内陆地区的业务全覆盖。

海外市场 2015年，该厂海外业务继续实现快速增长，国际业务新签合同金额7221万元，同比增长13%，项目履约及产品销售已经覆盖亚洲、欧洲、非洲和拉美等36个国家和地区。

2015年1月，该厂中标400千伏安哥拉SK输变电项目线路金具及变电金具供货合同，一跃成为近年来在安哥拉市场最大金具供应商。4月中标肯尼亚66千伏扩建工程，该工程为是该厂在非洲中标的第一个由世界银行投资的输变电项目。5月中标132千伏尼日尔ZINDER—SORAZ输变电项目，首次进入非洲铁路及交通设施配电领域。6月，在与PLP、SEA吨ower、SDEAL等国际知名金具企业竞标中，成功胜出，中标±800千伏美丽山（B米吨E）直流特高压输电工程。成为唯一进入该项目的中国电力装备企业，也成为唯一进入美洲特高压市场的中国金具企业。

海外项目与国内项目提供产品清单的订货模式不同，它需要供货厂家提供整体设计解决方案。通过几年的努力，该厂已经逐步实现从提供单一金具产品向提供系统化的电力金具解决方案转变，使营销、设计、生产水平都达到了一个新的高度，由单一的制造型企业转变成为集研发、设计、供货、服务为一体的综合型国际化企业，进入了国际主流供应商序列。海外项目已成为提升工厂综合实力、缩短与国际一流金具企业差距的强大引擎。

非传统市场 该厂围绕工厂“十二五”战略规划，为实现产业化、多元化、集群化的战略发展目标，2015年4月成立了非传统产业部，积极探索接触网金具产品的研发工作，推进铁路、地铁产品的市场开拓，并广泛寻求其他新兴产业的项目资源。2015年，自主设计完成了成套柔性、刚性接触网系统产品的设计研发，产品试验件通过铁科院权威机构的认可。“电气化铁路接触网产品设计及工程应用”项目，成功申报中国电力建设集团有限公司重点新兴产业项目。城市轨道方面，成功进入多个城市地铁领域，相继中标成都地铁4号线，武汉市地铁8号线、11号线，哈尔滨地铁2号线相关产品采购项目，实现企业转型升级的重大突破。

2015年，经过市场调研与技术分析，该厂还将光伏支架项目作为下一个新产业开拓的重点。项目已经完成项目可行性分析，组建了专门的研发团队，将柔性光伏支架项目作为2016年度申报装备研究院的非传统产业的立项，使之成为该厂的又一个经济增长极。

启明星公司监造业务 2015年，该厂所属企业四川启明星电力装备制造集团有限公司发展良好，实现新签合同1249万元，营业收入1020万元，利润总额70.6万元。经营方面，在市场拓展、合同签订、过程控制、流程规范、资源配置、目标实现等方面都取得显著成效，完成各项经营指标。在监造业务方面，巩固了四川、河北、甘肃、西藏等网省公司和中国电科院监造业务市场，开辟了重庆、蒙东、上海、青海等网省公司监造业务市场，拓展了与中国电科院合作监造设备材料范围，由特高压工程导线、光缆覆盖到特高压工程GIS、变压器、金具设备材料。同时形成了规范的监造作业体系文件，监造工作程序、标准逐渐清晰。

【生产管理】2015年，该厂针对特高压工程及重点工程数量多，交货期重叠、集中，生产压力大的特点，充分发挥生产系统的整体能力，提前策划，加强工序产能评估，对原材料、瓶颈工序提前组织策划，调整生产组织方式，确保了各项工程的顺利完成。针对低压配网工程订单多，单个订单金额小，产品结构类似，交货期短的特点，该厂生产部积极与销售公司沟通，对中标山东、四川、河北等省低压线路工程产品进行分析，合并类似产品，将数百条线路合并成3条专线工程，取得了良好效果，极大提高了该厂的工程履约能力。采用项目管理思路，确保重点工程履约。

2015年，面对安哥拉400千伏工程，生产周期短、交货期刚性、产品批量大的特点。积极策划，采用项目管理中关键路径控制法及倒牌排工期法，分析找出影响工程交付期的重点产品，重点工序，有针对性地提前准备，产品批量大的，生产周期长的产品先出图，先开模，先采购。项目进行中重点关注关键路径产品及配件的进度情况，及时督促推进。确保了安哥拉工程的如期完工，获得了客户特变电工的肯定。

2015年，该厂累计实现工业总产值27420万元，较2013年增长1%，完成工业总产量14039吨，较2013年增长3.4%，其中：锻件金具7691吨，铝件金具4511吨，光纤变电金具900吨，防振937吨。超额完成2015年年初提出的工业总产量12000吨，工业总产值22000万元的年度目标，分别达到年度目标的 117%和 125%。

【安全工作】2015 年，该厂坚持做好隐患排查治理，抓好制度执行力，坚持以“抓职责、盯现场、勤检查、严整改、重结果”的方法开展工作。年初该厂与各车间(部门)层层签订安全责任书，车间（部门）又与员工签订安全生产承诺书，将工作职责分解到各单位，落实到每个人，形成了横向到边、纵向到底、责任到人、不留死角的安全生产责任体系。通过修订和完善各类安全生产管理制度和考核办法，更新各岗位的安全生产操作规程，完善各类安全防护措施，加强了危险源、环境因素识别与控制，做好职业卫生健康工作。立足生产一线抓好安全隐患排查及问题整改，加强重点领域安全监控，突出用电、用气、起重、旋转等设备以及高温、易燃、易爆等区域的监控。加强安全巡查工作，对检查中发现的问题和隐患能当场解决的立即整改，不能解决的隐患以书面告知各单位，指定专人负责、确定整改期限逐项落实，做到有通报，有复查，有处罚、有记录。全年发现问题 171 项，下发整改通知书 15 份，安全隐患整改完成率 100%。

2015 年，全年未发生重大设备和人身伤亡事故，发生 1 起轻伤安全事故，无职业病发生、无火灾、治安、刑事案件发生。

【产品质量】2015 年，该厂加大质量管理制度建设，贯彻落实自主质量管控模式，加大质量宣传教育，落实质量考核，通过开展质量分析会、质量检验专题培训和质量与活动，提高了员工质量意识。在先后发生了江苏农网工程质量问题、威镇多工程质量问题、灵绍线电科院抽检质量不合格事件后，暴露出工厂在质量策划及质量管理方面的漏洞，引起了全厂的高度重视和警惕。该厂在认真吸取教训同时，认真思考降低采购成本和保证产品质量齐抓共管，做好供方管控，降低外协外购件质量风险，避免发生因个别产品质量不合格对工厂声誉造成重大影响。2 月，为了适应市场的需要，开展环境、职业健康安全管理体系认证复评工作，顺利通过中质协质量保证中心审核。

三峡 500 千伏送出输电线路

【成本管理】2015 年，该厂进一步规范采购行为、降低成本，严格按照中国电力建设集团有限公司管理规定，建立健全设备物资管理制度，加强物资设备采购管控工作，充分利用中国电力建设集团有限公司集中采购平台，将同类物资进行合并。同时，根据历史采购数据分析，对未来一季度内的物资需求进行估算，做出采购计划，将原本零星的采购整合为大宗物资采购，减小了采购批次数，缩短采购流程，大幅降低了采购成本。成品采购通过集中采购、框架招标，使该厂常用金具采购价格降幅超过 10%。

2015 年，通过实行年度框架招标并受钢材价格下降影响，紧固件采购价降幅明显，采购金额较 2014 年下降 27.5%。为保证工程供货，通过施行《成都电力金具总厂新供应商准入管理办法》，对成品供应商履约能力进行评价，坚持每季度召开会议，评定合格供方。2015 年，该厂成品采购在价格下降的同时，产品回厂及时率以及回厂产品的一次交验合格率较 2014 年有了明显提高。

为规范产品增订、补、换流程，加强对增、补、换产品的审批管控，该厂出台了《成都电力金具总厂产品增、补、换管理办法》，所有产品补、换货必须经过审批，并追究责任部门的经济损失。无补、换货申请单或者申请单未经过审批，不能下销售计划，且产品换货必须由销售公司负责追回已供的产品，确实无回收价值经评审后可以不回收。通过通力协作和严格考核，2015 年该厂补换货情况得到有效控制。

【科技创新】该厂积极实施科技创新，巩固在国内特高压高端金具产品研制方面领先地位，2015 年，完成了±800 千伏灵州—绍兴、锡盟—山东、1000 千伏淮南—上海北半环等多条特高压输电线路配套金具的研制，配合电科院全程牵头参与了±1100 千伏输电线路配套金具研制，负责了±800 千伏输电线路通用设计拓展，保持了国内唯一一家参与所有特高压输电线路金具研制供货的纪录。

该厂加强对国外金具标准研究，完成了 500 千伏埃塞俄比亚变电站变电金具、500 千伏安哥拉变电站变电金具的研制，实现了该厂变电金具走出国门。研制了巴西±800 千伏美丽山输电线路金具，作为中国特高压走向世界的第一个项目，该厂第一次真正意义上从产品供货商成为输电线路配套金具整体方案解决商，完成了超高难度的金具串型的责任设计和输电线路整体防振解决方法。完成非传统领域地铁接触网零部件开发。通过经验总结、试验验证、数据分析等科学方式对接触网零部件进行了全面研究，并结合电力金具的设计经验，消化、吸收各国接触网产品的设计优势，设计完成接触网系统的成套合金零件，该厂已经成功自主研制成套接触网产品。在设计的过程中，已经成功试制完成成套产品的模具以及产品工艺论证。

【科技成果】在中国能源化工工会全国委员会、中国电力企业联合会组织开展的2015年第七届全国电力职工技术成果奖评选中，该厂"川藏联网高海拔运行困难地区长寿命免维护金具研制"项目，获得技术成果三等奖；该项目还同时荣获中国电力建设集团有限公司科技进步奖一等奖。"巴西电网骨干输电线路紧凑串型研究及节能导线配套金具研制"获得中国电力建设集团有限公司科技进步奖二等奖。

【人事制度改革及绩效管理】2015 年，该厂严格按照国家和集团劳动用工相关规定，积极稳妥地推进劳务派遣用工改革工作，成立了劳务派遣用工调整工作小组，将不符合岗位要求的进行了清理和整改，对工厂全日制劳动关系职工、非全日制劳动关系职工、派遣员工、外包员工、内部派遣员工进行了仔细核查。通过将部分生产线、仓储物流、辅助岗位、短期项目、培训咨询等实行派遣转外包的方式，实现了人力资源优化配置，使工厂逐步建立起用工制度科学化、用工机制市场化、用工管理规范化的劳动用工体系，实现劳动用工的集约化、专业化和标准化管理。继续推进和不断深化"三项制度改革"，加快人才激励和约束机制，实施人才兴企战略，通过理顺分配关系，完善分配模式，创新管理方式，调动人才积极性，激发人才队伍活力，提高人才使用效能，使该厂精细化管理得到深化，人才成长快速，员工队伍素质提升。

【党群工作及精神文明建设】2015 年，该厂党委坚持融入中心、服务大局，认真落实中国电力建设集团有限公司党委和四川省国有资产监督管理委员会党委各项决策部署和工作要求，紧密结合工厂"二五"规划和改革发展年度重点工作，持续加强和改进党的建设，把党的政治优势转化为企业核心竞争力，为全面实现工厂改革发展目标提供坚强组织保证、精神动力和文化支持。

党组织建设 该厂党委深化创先争优长效机制建设，以开展"争创基层服务型党组织和争当为民务实清廉优秀共产党员""双争"活动为重点，不断增强基层党支部服务改革、服务发展、服务群众、服务党员的能力。通过深入开展"我是党员，向我看齐"和"我是安全第一责任人"活动，充分发动广大党员勇挑重担，在推动工厂战略目标实现、促进改革发展事业向前迈进、完成急难险重任务中充分发挥先锋模范作用，在保证政治安全、生产安全、岗位安全、廉洁安全等方面充分发挥引领示范作用，带动广大职工以出色的工作成效和工作业绩，推动各项建设事业实现新跨越。"七一"前夕，该厂质检技术党支部被四川省国资委党委评为"先进基层党组织"，一人被评为"为民务实清廉优秀共产党员"。

干部队伍建设 该厂党委深化学习型党组织建设，以党委中心组为龙头，持续深化干部读书活动，精选学习内容，创新学习方式，不断提高学习成效。以深入开展"三严三实"专题教育为重点，围绕三个主题，组织党员干部通过收听收看上级党委组织的专家辅导讲座、撰写学习笔记和心得体会，在集中学习和个人自学的基础上，结合学习和自查情况，联系正反面典型，深入开展研讨交流。教育引导广大党员干部进一步提高党性修养、政治觉悟和组织观念，筑牢推进企业改革发展的思想基础。以"四好"班子建设为重点，该厂班子成员以身作则，率先垂范，严肃党内政治生活、严明党的政治纪律和政治规矩，严格遵守工厂《领导班子成员工作若干规定》，履职尽责、真抓实干，不断增强领导班子的整体功能和领导干部的全面履职能力。2015 年，该厂党委修订完善了《中层干部管理办法》，制定出台了《中层干部绩效考核办法》《中层干部薪酬管理暂行办法》等制度办法，强化激励约束机制，不断增强党员干部的责任意识和创新能力，切实提高服务工厂科学发展的能力和水平。

作风建设 2015 年，该厂党委巩固党的群众路线教育实践活动和"庸懒散浮拖"问题专项整治工作成果，严格落实国务院国资委党委巡视意见，认真开展"回头看"，强化"四风"整改长效机制建设。坚持持之以恒贯彻落实中央八项规定、严格落实中国电力建设集团有限公司禁令和要求，修订完善了《成都电力金具总厂国内公务接待管理办法》《成都电力金具总厂负责人履职待遇业务支出管理办法》等规章制度，聚焦职工群众反映强烈的突出问题，加大制度规章执行检查和工作督办力度。2015 年，该厂全年业务招待费同比下降 59%，公务费用保持在上年同期水平，发文数量同比下降 8%，费用支出和精文简会成效明显。该厂党委将"三严三实"专题教育与开展的"全员劳动竞赛活动"结合起来，要求全体党员干部把"三严三实"贯彻到实际工作中，把严和实的要求体现在促进生产经营、安全管理等各项工作和具体成效上，努力以作风建设新成效推动企业改革发展，取得了良好的效果。

党风建设和反腐倡廉工作 2015年，该厂党委认真履行党风廉政建设党委主体责任和纪委监督责任，党委书记切实履行好第一责任人的职责，管好班子，带好队伍，严于律己，始终当好廉洁从政的表率。该厂党委突出选好用好干部，全面落实干部管理制度规定，进一步规范选人用人程序，建立健全更加科学有效的选拔任用和管理机制。规范权力运行体制机制，坚持按照《党委议事规则》参政议事，全年召开党政联席会27次，党委会14次，该厂重大事项全部经会议研究，集体决策确定，确保了决策的科学化、民主化。深入推进廉洁风险防控机制建设，围绕企业经营管理中的难点、热点、薄弱点，着力抓好效能监察和过程监督，对该厂负责外协、外购、低值易耗品相关部门的采购活动、风险防控及贯彻落实“八项规定”情况开展了效能监察，抓好事前预防，强化对履行情况的监督，促进该厂招投标管理制度健全、流程规范。进一步健全责任体系，该厂党委在与基层单位和党支部签订责任书基础上，组织各党支部与支部所属部门车间32名关键岗位人员签订责任书，责任制考核做到了全覆盖。确保党风建设和反腐倡廉工作目标全面完成，为该厂实现平稳快速发展、提供了坚强纪律保证。“三严三实”专题教育。按照中国电力建设集团有限公司党委《开展“三严三实”专题教育实施方案》，该厂党委制定了工作计划，明确了专题教育开展的指导思想、总体要求、方法步骤和各环节主要任务。按照中央专题教育不分批次、不划阶段、不设环节，不是一次活动的要求，从2015年5月开始，该厂党委把开展“三严三实”专题教育作为重大政治任务，坚持专题教育与集团公司党委同布置、同步骤、同方案，加强组织领导，周密安排部署，强化责任落实，扎实有效推进了专题教育的开展。“三严三实”专题教育开展过程中，党委书记带头，党委其他成员及党支部书记在支部范围开展讲党课活动30余场次。围绕三个主题，党委中心组召开了各次专题集中学习研讨会。12月25日，按照统一部署，按期召开了领导班子“三严三实”专题民主生活会。按照要求，各基层党支部也分别召开了组织生活会。突出问题导向，结合群众路线教育实践活动整改的问题，结合国务院国资委党委巡视组巡视工作中反馈的突出问题，以及审计中发现的问题和新常态下企业改革发展中遇到的新问题，通过整改问题梳理、召开专题座谈会、深入基层走访广泛征求职工群众意见建议，查摆存在的“不严不实”的问题，认真抓好了整改落实和立规执纪。

群团组织 该厂充分发挥群团组织桥梁纽带作用，厂工会全心全意依靠职工办企业，建立和完善职代会制度，保证职工参与管理和监督的民主权利。群团组织以形式多样的学习成才、建功立业、创新创效活动，助推企业改革发展。2015年，该厂申报的“铸造类电力金具产品机落毛边工艺开发”获得全国能源化学系统优秀职工技术创新成果奖；“川藏联网工程高海拔、运行困难地区长寿命、免维护金具研究”获得2015年全国电力职工技术成果三等奖；“铸造类电力金具产品机落毛边工艺开发”获得中国电力建设集团有限公司2014年度职工经济技术创新成果一等奖；“耐张线夹生产过程工艺工装改进”“悬垂线夹XGF－5X优化设计”获得三等奖。该厂模具车间钳工班荣获四川省机电冶煤工会优秀班组。该厂工会和厂团委共同举办了“智能制造时代，金具厂的转型升级之路”“依法治企、建设阳光央企、争当电建好青年”两项主题论坛和“金具青年讲堂”系列活动，充分调动引导工厂广大干部职工特别是青年职工主动适应新常态，自觉培养求新变革的创新能力，立足岗位，建功创效，共谋工厂实现智能转型、全面提升发展质量和效益。2015年，该厂模具车间数控加工班被评为中国电力建设集团有限公司2015年度青年安全生产示范岗。健全助困帮扶体制机制，解决职工实际困难，全年该厂组织看望慰问生病住院职工15人次，帮扶重大疾病、生活困难职工36人次，发放帮扶资金18万元，为企业创造了和谐稳定的良好发展环境。

（叶　旭）

（文中插图除署名者外均由金具总厂提供）

中国水利水电夹江水工机械有限公司

【企业概况】中国水利水电夹江水工机械有限公司（以下简称夹江水工机械公司）创建于1966年，主要从事门桥式起重机、水电站各类超大型闸门、启闭机、升船机、缆机等金属构件的研发、设计、制造、运输、安装、技术培训及售后服务为一体的大型专业化生产企业。该公司是国家级守合同重信用企业、国家机械工业重点企业。

夹江水工机械公司拥有夹江、彭山、西藏林芝三大生产基地。共有生产车间47万平方米，各种生产检测专业设备1000余台套，具备机械加工、热处理、焊接、装配、检测计量和包装发运等配套齐全的先进生产装备和年产6万吨金属结构的制造能力。通过ISO 9001质量管理体系认证、OHSAS 18001职业健康安全管理体系、ISO 14001环境管理体系、ISO 3834-2国际焊接体系和美国AS米E锅炉和压力容器焊接标准。该公司坚持自主科技创新的技术发展理念，形成了强大的综合技术创新体系，是国家级高新技术企业、四川省认定的企业技术中心，部分产品获得全国科学大会奖、国家发明奖、国家科技进步奖、国家级重点新产品、省级技术创新奖等省部级以上20余项荣誉，“夹江水工”商标连续12年获得“四川省著名商标”称号。

在国内，该公司为各大流域水电站制造了40余万吨金属结构件和4000余台套专用机电设备，并在铁路、石油、风机、市政设施、煤矿等产品制造及电站检修业务、机电安装等领域取得了较好业绩；在国际市场上，公司产品远销加拿大、哥斯达黎加、智利、科特迪瓦、巴基斯坦等36多个国家，形成了以设计、制造、安装一体化总承包各种机电金属制品和设计制造国际高端机电金属制品的两大领先优势。

2015年，夹江水工机械公司完成销售总额4.74亿元，完成工业总产值4.17亿元，实现利润108万元，新增合同8.02亿元，公司国内外在建工程合同存量10.25亿元。其中：国际在建合同金额5.8亿元，占比57%；国内水利水电及其延伸业务合同金额4.22亿元，占比41%；非水电业务合同金额0.23亿元，占比2%。该公司全员劳动生产率46.7万元/人•年。截至2015年年底，该公司执行45个项目118个产品的制造和安装，年末资产总额8.02亿元。

【领导班子】2015年4月，水电七局对夹江水工机械公司与安装分局的金属制造业务进行了整合，整合后的公司领导班子由9人组成，分别是：

徐绍波：执行董事、法定代表人、总经理兼党委副书记

曾　文：党委书记兼副总经理

程胜华：党委书记副书记、纪委书记、工会主席

郭　峰：副总经理

谢　勇：副总经理

米　嘉：副总经理

周建平：副总经理

闫　军：副总经理

杜　强：副总经理

曾　文：总工程师（兼）

谢　勇：总经济师（兼）

【队伍状况与组织机构】截至2015年年底，夹江水工机械公司在册职工1117人。其中，拥有专业技术职称370人，占公司总人数的33.1%，其中教授级高工2人，高级职称32人，中级职称98人，初级职称185人，各类注册执业资格人员116人。

该公司总部职能部门15个：总经理工作部（法律事务部、信息中心）、党群工作部（党委办公室、工会、团委、企业文化中心、新闻中心）、人力资源部、财务管理部、经营管理部、市场开发部、国际工程部、安全环保部、质量管理部、生产管理部、设备物资部、设计研究院、技术研发中心、审计监察部（纪委办公室）、社会职能中心。

该公司所属分公司、分厂7个：眉山分公司、西藏林芝分公司、检修及售后服务公司、金属结构制造分厂、机电设备制造分厂、非水电设备制造分厂、电气设备制造分厂。

该公司直管国际项目部6个：巴基斯坦真纳项目部、巴基斯坦尼杰项目部、巴基斯坦塔贝拉项目部、巴基斯坦小水电项目部、巴基斯坦苏勒曼奇项目部、老挝仙坪项目部。

【市场开发】2015年，夹江水工机械公司积极把握新机遇、主动适应新常态，以国家“一带一路”、长江中游城市群、中国制造2025为契机，坚持“1+3”业务发展战略，不断整合市场资源，全面突出和强化市场功能，全面加强市场营销力度，全年共参与国内外45个项目70个标段的投标，市场营销8.02亿元。在国际市场方面，强化市场营销队伍建设，持续深耕东南亚市场，巩固发展南美高端市场，成功签订了老挝仙坪、巴基斯坦苏勒曼奇和特瑞穆、加拿大莫斯卡特二期等项目，合同金额4.35亿元，占新增合同总额54%，公司连续五年国际项目新增合同占比超过50%；水利水电及其延伸业务方面，进一步细分市场，建立定期寻访机制，提前布局五大水电开发流域，成立检修和服务项目部，主动与合作过的业主进行沟通和二次营销。全年中标构皮滩升船机、沙坪、乌弄龙、里底、黄登、江西新干航电等电站设备及宝珠寺、平班、紫坪铺等检修项目，合同金额3.3亿元，占新增合同总额的43%；在非水电市场方面，广泛跟踪市政、地铁、高铁等行

业信息，新签金凤凰大道桥钢箱梁及金属结构研发中心钢屋架项目，全年新增合同0.37亿元，占新增合同总额的3%。

中标加拿大莫斯卡特水电站闸门供货合同 2015年3月，夹江水工机械公司再次中标加拿大莫斯卡特水电电站闸门供货第二批定单合同。该合同中标项目包括4套尾水叠梁门、12套进水口拦污栅、1套进水口检修门、12套进水口定轮门以及1套尾水封水门。本项目是与奥地利安德里茨公司在加拿大莫斯卡特水电站闸门供货第一批定单的成功合作基础上，在得到了业主及监理公司的充分认同下的再次延伸合作，此项目也是公司直接与国外企业签订出口合同并直接接收外汇货款，扩大了公司自营出口的规模，提升了公司在海外市场的影响力及知名度，为公司开拓北美高端市场奠定了基础。年底，本项目已在执行之中。

中标巴基斯坦苏雷曼奇大坝修复和升级项目 2015年3月，该公司中标巴基斯坦真苏雷曼奇大坝修复和升级项目。合同中标项目包括底泄水启闭机和闸门16台套、主坝启闭机和闸门24台套、渠首启闭机和闸门7台套、帕克帕坦渠道启闭机及闸门8台套、佛德万渠首启闭机和闸门5台套，此外还包括整个大坝的桁架加固工作及以钢格栅走台板的更换工作。该项目是公司深耕巴基斯坦市场以来第三次中标的大型大坝的修复和改造项目。在巴基斯坦水电市场的大坝修复和改造项目中，仅有公司一家具有改造和修复的大坝相关经验，并且得到了巴方水利灌溉署的极大肯定和认可，JH米C（夹江水工品牌的英文缩写）品牌影响力明显。

中标老挝XPXN(仙坪)水电站金属结构I标段及II标段设备设计、制造、运输、安装及试运行合同 2015年4月，该公司中标老挝XPXN(仙坪)水电站金属结构I标段压力钢管及阀室设备以及II标段闸门、启闭机、拦污栅等设备的设计、制造、运输、安装及试运行合同，合同业主为韩国SK E&C。本合同为公司在老挝市场历经四次产品出口以来的第一个集设计、制造、运输、安装及试运行为一体的全方位合同，改变了以前的单纯供货模式，进一步开拓了公司在东南亚的水电市场，为公司下一步深入并辐射周边国家水电市场打下了坚实的基础，具有里程碑意义。该项目中的压力钢管主材为80KG级的S690QL及S460米L欧标高强钢，首次应用在老挝水电项目，是公司又一次挑战水电产品高标准、新材料的起点。年底，本项目已在执行之中。

中标老挝NLK1闸门及拦污栅制造合同 2015年7月和11月，该公司先后两次中标老挝NLK1闸门及拦污栅制造合同。合同中标项目包括进水口拦污栅2套、叠梁门2套以及尾水叠梁门2套。本合同是公司在与业主安德里茨(中国)有限公司长期合作以及充分认可的基础上的再次合作，充分证明了公司的产品质量已得到了国外业主的充分肯定，“夹江水工”的品牌效应正在东南亚市场不断的扩大。

中标洪都拉斯帕卡图III水电站坝顶门机设备供货合同 2015年8月，夹江水工机械公司中标洪都拉斯帕卡图III水电站坝顶门机设备供货合同，中标项目为坝顶2×800千牛/320千牛单向门机及埋件1台套。本次中标是公司第二次进入洪都拉斯市场。

中标江西赣江新干航电枢纽工程电站厂房金属结构制造合同 2015年12月，夹江水工机械公司与江西省港航建设投资有限公司签订江西赣江新干航电枢纽工程电站厂房金属结构制造合同。包括电站厂房和鱼道两部分的闸门、拦污栅、拦污排及相关埋件等的详图设计、制造以及所需材料和部件的采购、工厂组装、检测、防腐、包装、运输、工地交接、保险、指导现场安装调试、全部技术文件的提供以及保证期内的技术服务。工程重量6660吨。此项目是2015年公司在国内水电投标项目中金额最大制造项目。

中标乌江构皮滩第三级升船机卷筒装置、同步轴系统及厂内联调合同 2015年2月，夹江水工机械公司与杭州国电机械设计研究院有限公司签订乌江构皮滩第三级升船机卷筒装置、同步轴系统及厂内联调合同。

中标国电大渡河沙坪二级水电站引水发电及鱼道系统闸门制造合同 2015年6月，夹江水工机械公司与国电大渡河沙坪水电建设有限公司签订国电大渡河沙坪二级水电站引水发电及鱼道系统闸门制造合同。沙坪二级水电站金属结构由引水发电系统、泄洪系统及鱼道的闸门、拦污栅、启闭机等设备组成。

中标云南澜沧江里底水电站闸门设备制造合同 2015年7月，夹江水工机械公司与华能澜沧江水电股份有限公司签订云南澜沧江里底水电站闸门设备制造合同。合同中标项目包括：机组进水口事故闸门、闸门门槽；泄洪底孔事故闸门、闸门门槽；泄洪底孔事故闸门配重、闸门门库；泄洪底孔弧形工作闸门、闸门门槽。

中标云南澜沧江乌弄龙水电站闸门设备制造合同 2015年7月，夹江水工机械公司与华能澜沧江水电股份有限公司签订云南澜沧江乌弄龙水电站闸门设备制造合同。合同中标项目包括：表孔检修闸门、表孔检修闸门门槽、表孔检修闸门门库、表孔弧形工作闸门、表孔弧形工作闸门门槽、底孔事故闸门、底孔事故闸门门库、底孔事故闸门门槽、底孔弧形工作闸门、底孔弧形工作闸门门槽、排水廊道防水闸门、排水廊道防水闸门门槽。

中标云南澜沧江乌弄龙水电站移动式启闭机及附属设备设计、制造合同 2015年12月，夹江水工机械公司与华能澜沧江水电股份有限公司签订云南澜沧江乌弄龙水电站移动式启闭机及附属设备设计、制造合同。此中标项目包括：进水口1600千牛/2×200千牛双向门机1套、尾调室2×200千牛桥机1套、坝顶1600/320千牛双向门机1套、底孔200千牛检修桥机2套。

中标云南澜沧江黄登水电站泄洪系统闸门设备制造合同 2015年10月至11月，夹江水工机械公司与华能澜沧江水电股份有限公司签订云南澜沧江黄登水电站泄洪系统闸门设备制造合同。合同中标项目包括：左右泄洪放空底孔事故闸门、左右泄洪放空底孔事故闸门门槽、左右泄洪放空底孔事故闸门储门槽、左右泄洪放空底孔弧形工作闸门、左右泄洪放空底孔弧形工作闸门门槽、溢流表孔检修闸门、溢流表孔检修闸门门槽、溢流表孔检修闸门储门槽、溢流表孔弧形工作闸门、溢流表孔弧形工作闸门门槽。

金凤凰大道工程Ⅱ标段K3+403—K3+522段36米+50米+33米桥钢箱梁采购合同 2015年8月，与海波重型工程科技股份有限公司签订金凤凰大道工程Ⅱ标段K3+403—K3+522段36米+50米+33米桥钢箱梁采购合同。此项目为2015年参与的非水电工程项目，合同工程量为2344吨，包括钢箱梁制作、加工、防腐运输。

【设备管理】夹江水工机械公司拥有设备1087台套，其中：金属加工设备444台，起重设备64台。公司始终重视设备管理工作，坚持每月的设备检查、评比和考核制度，保证设备完好率达到了95.45%以上，利用率达到了91.42%。该公司特别强化特种设备安全管理，根据设备的类别制定各类操作规程、保障措施和应急预案，建立健全各类设备台账，实现设备的动态管理，坚持做到持证上岗，专人管理档案，该公司全年保持设备事故零发生。

【产品制造】2015年，夹江水工机械公司坚持市场导向，以“履约为先，管理为重，创效为本”的项目核心管理思路，保证合同高效率约，全面为国内外58个工程提供产品共计156种产品，综合产量2.56万吨。该公司对三个制造基地分类管理，强化制作过程的管控，对重大项目和重大生产节点强化考核力度，确保哥斯达黎加雷文塔松、加拿大莫斯卡特等高端国际制造项目良好履约，完成了向家坝、溪洛渡、沙沱等13个项目的收尾，获得了溪洛渡电站建设“先进集体”和安谷电站建设“一等功”。国外安装方面，该公司积极推进管理和资源本土化，巴基斯坦真纳项目主体任务完成，巴基斯坦尼杰项目完成了世界最大起重容量双吊点液压启闭机及阀帽门等金结安装，巴基斯坦塔贝拉四期项目成功实现深水下闸，老挝仙坪项目启动80公斤级高强钢岔管制作，国外项目履约基本受控。

新疆卡拉贝利金属结构闸门设备制造 新疆卡拉贝利水电站，主要包括1号、2号泄洪排沙放空洞7×9-76米平面事故闸门、弧形工作闸门；发电机进口清污机轨道、发电洞进口4.5×10.5-4米挡水门、拦污栅、平板事故闸门等设备共15种类型产品，设备总重量1029吨。该项目从2015年3月陆续投产，严格按专项进度要求组织生产，并在2015年10月全部完成验收后发往工地。

向家坝扩机工程的起重启闭设备的设计制造 向家坝水电站扩机工程只要制作的设备为左岸灌溉孔进口坝顶2×800千牛单向门机、右岸坝后电站进水口坝顶2000千牛/2-800千牛双向门机。其中右岸坝后电站进水口坝顶2000千牛/2-800千牛双向门机是公司生产的国内转弯半径最小的门机，也是公司为向家坝电站设计制造的第15台起重设备。截至2015年10月，夹江水工机械公司全部完成向家坝水电站全部机电产品的设计制造。其中包括公司为向家坝水电站设计制造的跨度为43米的80吨/2×16吨的桥机，国内首台钢柔性门腿4000千牛坝顶门机，充分证明了该公司在水电行业起重设备行业的设计制造能力处于领先地位。

贵州沙沱升船机设备制造 该公司是国内生产升船机数量最多和总吨位最大的生产厂家，2015年承担贵州乌江沙沱水利枢纽500吨升船机的制造，主要包括主起升机构、上下闸首门，总重量1000吨，该升船机是国内垂直卷扬提升式最大吨位的升船机之一，充分证明公司在升船机关键技术和制造方面处于国内领先地位。该项目在2013年11月陆续投产，2015年8月完成主起升机交付。

哥斯达黎加雷文塔松水电站设备的设计制造和金属结构制造 哥斯达黎加雷文塔松水电站是哥斯达黎加国内最大水电站项目，也是中美洲在建最大水电站项目，公司承担该电站的启闭机设备设计、制造和闸门设备制造。其中启闭机设备11台套，闸门设备33台套，设备总重量3088吨。该项目从2014年9月开始设计，2014年10月开始投产。公司按合同交货期分批交货，于2015年8月全部交付。

加拿大莫斯卡特一期项目金属结构制造 夹江水工机械公司承担的加拿大莫斯卡特一期项目设备制造，是中国电建集团首个国际高端制造项目，该项目不但在制作标准上严格执行国际标准ISO3834-2体系和美国AS米E压力容器标准规范，而且采购、制造的每块材料、每个零件和生产过程的全追溯性，具有制作难度大、工期短、标准要求高等难点。该项目包括溢洪道叠梁门44套、溢洪道定轮门5套，总重量1300吨。2014年11月开始投产，为了较好履约该项目，成功切入国际高端制造，公司在内部成立独立运行的组织机构，建立了公司到项目部，再到生产一线的垂直管理模式，并在管理上较好实现制作流程的全控制，实现了在2015年8月按照合同要求陆续交货的重大节点，奠定了公司水电产品国际高端制造市场的领先地位。

猴子岩水电站的金属结构制造 夹江水工机械公司承担的猴子岩水电站金属制品包括进水口拦污栅、检修闸门、快速闸门共计58套，尾调室检修闸门8套，尾水洞出口检修闸门4套的全部制造，总重量为3846吨。该合同在2014年11月陆续投产，2015年10月按照合同分批验收交付。

巴基斯坦尼杰水电站机电设备制造及安装 巴基斯坦尼杰水电站被誉为巴基斯坦的三峡工程，夹江水工机械公司承担该项目的溢洪坝段弧门、舌瓣门、液压启闭机及门机等共计13台套，引水坝段拦污栅、叠梁门、定轮门、清污门机共计36台套，沉砂池滑动闸门及液压启闭机共计48台套，引水渠封头4套及隧道移动式泄水装置2套，尾水管阀帽门、舌瓣门、尾水隧道出口闸门、转运小车共计23台套，连续沉积物测量及实验室设备共计17台套的制造和安装。该项目在2013年开始生产，在2015年4月全部完成国内制造后进入海运。该公司在巴基斯坦尼杰水电站完成了巴基斯坦国内最大吨位的坝顶门机、世界用料和结构最复杂的弧门、世界最大的阀帽门和世界最大起重容量的双吊点2×6300千牛液压启闭机的制造安装，并受到了巴基斯坦水电发展署WAPDA的高度赞誉。

金凤凰大道工程Ⅱ标段K3+403～K3+522段36米+50米+33米桥钢箱梁制作 夹江水工机械公司首次涉足市政工程的金凤凰大道工程Ⅱ标段K3+403～K3+522段36米+50米+33米桥钢箱梁制作，制作量有2300余吨，制作工期只有短短两个月。为了保证该项目的顺利开展，该公司超前谋划，做了大量的前期准备工作，全面了解市政工程的标准及规程规范，认真学习钢桥梁制造技术标准及要求，整体策划钢桥梁施工方案，积极布置生产设备及人员的投入。在制作期间，精心组织，从工序施工工艺、焊接工艺评定、板单元（顶板、腹板及底板）反变形的控制、整体大组方案及整体大组胎架的设置等，均分别进行了细致的讨论并逐一落实到位，在两个月内完成了桥钢箱梁的制造，成功开启了公司向市政工程产品的转型。

【经营管理】夹江水工机械公司推行以成本控制和履约压力传递为目标，加强管理创新，制定了《公司经济责任制方案（试行）》，推行制作人工价格和制造费用“捆绑式”全额承包结算模式。加大社会资源的利用和管控，制定了《公司分包商分类分级管理办法》，充分利用社会资源、做大做强做优“夹江水工”品牌，把社会资源管理向规范化和常态化提升。实行动态管理，集中分包，有计划地将产品按不同技术等级、不同类别以及地域优势等提供了多种选择。加强物资采购管理，充分利用电子采购平台，扩大招标范围，加强集中采购，推行打包采购和年度招标的方式，降低制造成本。

【财务管理】夹江水工机械公司坚持现金为王，全面加强财务资金管理和财务基础工作。按照水电七局内部重组战略，完成清理彭山、林芝两个基地全部资产、权益，如实反映现有资产状况。增加夹江中行和省进出口行授信额度，办理银行承兑汇票业务。坚持以每月资金调度会，及时通报资金收支情况，坚持落实以收定支原则，规范资金支付程序，按计划公正、透明使用资金，严格执行《网上银行管理办法》，保证网银资金和现金保管安全。公司制定《备用金管理办法》，修订《差旅费补充规定》，对职工借支差旅费、备用金等借款在报账时间上作了规定，制定处罚措施，避免了借款长期不归还的现场发生。严格执行业务票务、投标保证金、投标保函的管理规定，加强公司各种票据管理，确保每笔业务支付规范，手续完善。这些财务手段和财务制度的有效执行，提高了公司财务管理水平和财务核算的及时性，确保了公司财务工作和资金的安全完整、规范管理。

【安全管理】2015 年，夹江水工机械公司以贯彻新《安全生产法》与建立质量监控机制为契机，落实“党政同责、一岗双责、齐抓共管”，坚持“安全第一、预防为主、综合治理”方针，树立“以人为本”的安全管理理念，强化责任、注重预防、狠抓治本、依法治理、夯实基础，在“抓体系建设、抓岗位责任、抓教育培训、抓过程控制、抓执行落实”的管理思路中取得新成效，实现了全年安全文明生产。

安全责任制落实 进一步强化环境职业健康安全管控理念，开展体系内部审核，检验纠正体系运行情况，顺利通过延伸审核和年度审核。进一步加强“责任、生产、技术、监督”四个体系建设，分层级签订安全生产责任书，将安全生产责任落实到岗位、落实到人；2015 年共签订安全生产责任书 670 份。

安全管理活动 依法组织开展年度职业健康体检，对涉及粉尘、苯、锰、高温、噪声等有毒有害作业因素的电焊工、气焊工、热处理工等 11 个工种共 260 人进行了职业卫生健康检测；组织开展多种形式的安全活动，宣传安全生产、应急救援的相关知识，营造良好的安全生产氛围；开展救援知识培训并进行生产安全事故应急救援演练，结合 2015 年安全生产月活动主题积极开展安全月活动。公司重点组织开展领导干部、班组长、特种作业人员、新入厂人员的安全教育培训，共组织各类安全培训、活动 32 次， 1430 人次参加培训，共计培训 398 学时。公司以定期月度、半年及年度检查为主线，加强专题检查和日常巡查，对基地进行专项安全检查，按体系运行的要求来规范安全检查和隐患排查治理工作，加大现场监管力度和责任追究力度，对违规行为进行责任追究和处罚，对各类隐患按 “四定原则”进行整改，做到闭环管理。全年共进行各类检查累计 1636 次，下达隐患整改通知书 69 份，隐患整改率达 100%。

【质量管理】2015 年，夹江水工机械公司以开展质量信用等级评价和“质量信得过”活动为主线，加强产品质量的过程控制、配齐配强产品质量检验人员，严格执行“三检”制度，确保产品的质量稳定、受控，通过了 ISO 3834-2 焊接体系认证年度审核，通过了省质监局对启闭机的年度质量抽检，全年完成沙坪 2×2500 千牛门机、向家坝 2×2000 千牛门机型式试验，组织公司制造的 50 多种产品 123 台（套）进行出厂验收，产品质量满足合同和技术规范要求。公司获全国水利建设市场主体（机械制造单位）信用评价 AAA 级荣誉；“SJ 牌电站闸门、启闭机”连续十次蝉联“四川省名牌产品”称号。

【科技创新】2015 年，夹江水工机械公司以中国电建成都金属结构研发中心为平台，坚持科技兴企战略，一方面整合市场开发与产品研发资源，另一方面加大与科研机构的合作，充分发挥夹江水工专用设备和金属结构制造的专业优势，切实将科技成果转化为产品和服务。一是持续加强产品的设计，主要完成溪洛渡、科特迪瓦苏布雷水电站、哥斯达黎加雷文塔松、柬埔寨桑河、苏丹罗塞雷斯等 12 个国家 45 个项目的产品设计；二是从合同产品方案总体控制、施工详图设计控制等方面，进一步强化设计控制和优化控制，总计优化产值约为 305.4 万元；三是以中国电建成都研发中心为依托，全面加强对新产品的自主研发力度，主要完成了成都地铁 4 号线管片模具、钢模台车等产品的自主开发，并对地铁施工中特定吨位的门机开展轻量化研究。2015 年，该公司获批为国家级高新技术企业、乐山市科技型企业；四川省定企业技术中心通过复审；与四川大学联合申报的课题再次获得四川省科技厅经费支持；成功申报了国内首台最小转弯半径的向家坝 2000 千牛/800 千牛门机重装项目获资金支持；两项科技成果分获 2015 年度中国电建科学技术二、三等奖；8 项实用专利、5 项发明专利申请已获受理。2015 年年末，该公司有效专利达 31 项。

【审计监察】2015 年，夹江水工机械公司加大对设备物资采购和外协分包合同、运输合同、废旧物资处理等经济合同的审计，完成审签合同 1441 份，合同金额约 2.43 亿元。在采购执行询、比价制度过程中提前介入，采取网上查询、市场调查、参考公司同类物资价格库等方法，对各项合同进行客观、公正、准确的审计评价；继续完善物资价格信息库，进一步加强采购管控的基础工作；有重点、分阶段地开展了日常监督审计和专项审计。

开展效能监察 2 项，由国内延伸到国外，首次外派监察组到国外真纳项目对产品制造履约综合管理进行效能监察，促进了国外项目的规范管理。开展招投标监督。全年参与各类标的报价密封开标 93 次，参加评标 79 次，参与公司月度资金会。对 154 项金额 20 万元以上的采购、外协、分包《保廉合同》

进行检查验收，按重点部门、关键岗位和专业类别基本覆盖的原则，采取合同履约情况检查、书面询证函、供方座谈会等形式，按照业务形式、采购范围、业务人员全覆盖的原则，重点抽查验收34项，防止了企业资产的流失和腐败现象的发生。

【党组织建设】2015年，夹江水工机械公司党委按照“三同时”原则，在探索以国别为区域成立党组织的同时，紧跟企业改革步伐，新建制3个党支部，撤并1个党支部，对各支部调整和增补了16名善于做群众工作、沟通能力强的支部书记和支委成员，着力推动支部书记专职化，切实将党建工作融入中心，工作效能不断提升。截至年末，中国水利水电夹江水工机械有限公司党委共有基层党（总）支部16个，党员735人。其中：在岗党员378人，离退休党员312人，发展党员3人。

该公司党委深入贯彻中共十八届三中、四中、五中全会和习近平系列重要讲话精神，围绕“转型升级、专业领先、创新发展”的中心工作，深化“三型”党组织建设，在引领发展、实践创新、保证监督、企业文化建设等方面为企业科学发展提供了有力的思想、政治和组织保证，为公司的可持续发展贡献力量。

【工会工作】2015年，夹江水工机械公司工会紧紧围绕企业生产经营中心，在推动职工经济技术创新活动和“服务职工在基层”活动中加大力度、勇于创新，联系群众、依靠职工，为维护企业稳定、和谐劳动关系、推进公司深化改革发挥出了积极作用。机电设备制造分厂分工会荣获“全国模范职工小家”称号。

开展劳动竞赛　夹江水工机械公司工会积极动员、协调、组织、支持基层分工会根据生产经营情况，针对巴基斯坦真纳、塔贝拉、苏雷曼奇和哥斯达黎加雷文塔松、加拿大莫斯卡特等项目产品，以及金凤凰大道钢箱梁等重点、难点项目大力开展专项劳动竞赛，推动、促进企业生产经营计划的实现。同时，各基层单位工程技术人员围绕生产大力组织技术创新活动。在向水电七局申报的2014年13个创新成果中，获得2个二等奖、3个三等奖，另8个申报项目均获鼓励奖，公司工会也荣获“优秀组织奖第二名”。全年，先后收集整理了42个创新项目。

履行维护职责　该公司以职工代表大会为依托，审议通过了新一期《集体合同》暨《女职工权益保护专项集体合同》《工资集体协商专项协议》《劳动安全卫生及职业病防治专项集体合同》三个专项合同和《企业年金实施方案》。在《集体合同》中，首次明确规定了“公司定期组织在岗职工健康体检”“对在职女职工每月发放30元卫生费或卫生用品经费”“按照企业生产经营状况，建立企业年金”等内容，进一步健全了在职工劳动安全卫生和福利待遇。

服务基层职工　全年帮扶救助104名困难职工（含退休）；为49名职工办理住院医疗互助保险赔付；为6个考入大专以上学校的职工家庭发放助学款；为1092名职工发放生日贺卡和蛋糕卡；看望住院伤病职工78人次；组织全体女工参加妇科健康体检；慰问23个去世职工的家属。以上共计支出42.34万元（较2014年增加7万元）；入夏，两级工会继续开展“送清凉”活动，加大力度做好夏季防暑降温工作和职工劳动保护工作；重阳节，联系县人民医院来公司举办专题讲座和义诊，为1000余离休人员办理“医院就诊卡”，方便老同志看病。在“捐一天工资，献一片爱心”活动中，计有98.73%的在岗职工自愿捐献了一天工资，捐款总额计6.28万元。

开展文体活动　建设企业文化　该公司职工文体活动结合公司生产、生活环境，在坚持传统项目的同时有所创新，突出群众性和娱乐性，展现出了夹江特色。在生产工作之余，既满足了广泛参与的愿望，又达到了休闲健身的目的，受到广大职工群众的普遍欢迎。主要活动有：春节前夕，组织开展了有210名职工参加的迎春拔河比赛；春节初一，组织了由各分工会承办游戏项目的全公司职工家属参加的游园活动；9—10月，举办了“庆祝建局50周年职工篮球赛”。同时，选派有文艺特长、热心参与的职工参加局庆活动；深秋时节，组织530余名职工参加了登山越野活动。（程敏强）

物资物流与多元化经营

责任编辑：曾逸农

电力行业的物资物流管理，是根据电力生产、建设、经营、改革和发展的需要而配置的，它涵盖物资物流的专业规划管理、物资采购管理、招投标管理、物资的统计与分析管理、物资财务与稽核管理、物资的配送、运输等，为电力的改革和发展，为科学管理物资物流迈出了可喜的一步。

随着电力体制改革的深入和电力行业“主辅分离”的推进，电力集体企业面对市场、经营、利润等等，更多地依靠外部资源取得，并参与社会大市场竞争。电力行业的不少集体企业，在社会主义市场经济的浪潮中经受了锻炼，电力集体企业按多元化的经营方向，路子越走越宽，正在发展成为一支具有一定实力的市场经济力量。

国网四川物资公司

【企业概况】国网四川物资公司是四川省电力公司下属分公司，主要为四川省电力公司系统电力生产建设提供物资供应及配送服务。

公司现有在职正式员工 186 人，离退休员工 221 人，劳务派遣人员 82 人。设立 10 个职能部门（办公室、党群工作部、人力资源部、财务部、物资计划部、物资采购部、物资供应部、招标工作部、合同管理部、质量监督部），2 个中心（仓储配送中心、供应商服务中心），2 个公司（国网四川招标公司、四川宏源设备技术咨询公司），委托管理 1 个集体企业（四川环网物资有限责任公司）。

公司历经了 45 年的发展历程。1971 年，四川省电力工业局供应公司成立，先后改为西南电管局供应公司、四川电力物流集团公司、四川电力物资公司。2013 年 6 月，更名为国网四川省电力公司物资公司。2016 年 3 月，按照国网公司“三集五大”体系建设的统一要求，改制为国网四川省电力公司物资分公司。

公司职能为：主要负责省公司物资一体化采购平台与仓储配送体系的建设；负责省公司所需物资的催交催运、配送仓储、移交验收、现场服务；负责所辖仓库仓储物资管理和库存储备物资的配送；负责库存物资和应急储备物资的日常管理；负责开展物资核算工作，配合省公司物资结算工作；负责在招标人委托的范围内组织招标活动并提供相关服务；负责配合省公司编制物资需求计划及供应商管理；负责实施省公司废旧物资处置。

【主要业务完成情况】2015 年，是“十二五”最后一年，是谋划“十三五”规划的关键之年。公司坚持以中共十八大和十八届四中、五中全会精神为指导，认真执行国网公司、省公司各项决策部署，攻坚克难、锐意进取，各项工作有新突破，继续保持了持续向好的发展态势。2015 年，公司完成招标总金额约 63.65 亿元，非招标总金额约 2.11 亿元。组织签订合同 10363 份，合同金额 63.65 亿元，保障了 35 个输变电项目的物资供应，完成 82 个工程项目的物资配送服务，配送物资总金额约 13.83 亿元。在安全生产和党风廉政建设方面实现“0”目标。

【物资管理】2015 年，公司全体干部员工，凝心聚力、主动适应、主动作为，进一步强化管理，夯实基础，提升能力，物资保障供应能力进一步增强。

1. 计划审查不断强化。公司认真执行国网总部和省公司集中采购计划批次申请上报的时间节点安排，提前组织计划预审，及时完成物资计划审核工作，审核及时率 100%。全年计划审查 95 个批次，估算金额 378 亿元，上报计划准确率 97.3%。实施公司综合计划刚性管理，定期召开综合计划执行推进会议，掌握项目实施进度，及时发现和解决问题，全面完成了 2015 年综合计划项目。

2. 招标采购进一步规范。公司严格应用电子商务平台，实现流程统一、过程受控、全程在案、结果公开、永久追溯的电子化招标采购。抓好评标基地规范化管理，完成电子评标室音频扩容工作，新增音频拾音监控及录制功能，覆盖原有室内视频监控场所，实现电子评标室可视可听远程监控。建立项目经理轮换、评标专家随机抽取、标准应用等制度，强化评标全过程监督，进一步规范了招标采购管理。

3. 合同签约集约高效。继续推行省公司工程物资采购合同集中签约模式，加强签约过程管控，实现物资合同集中签订、统一签署、统一归档，提高签约成效。以经法系统为依托，全面实现合同统一平台审核。建立合同月度统计分析制度，对省公司出资签订的物资采购合同实施全过程动态管理，提升物资合同管理规范率指标。

4. 物资履约管控有力。公司加强工程重点物资履约问题协调处理，积极参加工程项目设计物资联络会、消缺现场会、合同签约会等各类协调会，及时掌握物资供应情况。通过派员到厂催交、组织专题会议约谈供应商，发布预警报表等方式确保物资及时交付。编制《川藏地区 220kV 及以上电网工程物资供应管理手册》，对工程物资供应管理的运作模式、管控要点和措施进行了梳理和固化。加强订单清理，减少因未按期履约导致预付资金未收回或未抵扣所造成的资金风险，确保履约资金安全。

5. 物资质量管控措施到位。印发《关于加强主设备监造管理工作会议纪要》和《关于加强主设备关键点见证管理工作协调会纪要》，统筹安排全年设备监造管理工作。全年，下达监造计划 288 条，组织关键点见证试验 31 次，完成驻厂监造组巡查 12

次，报送监造类产品质量问题40条；下达抽检计划1821条，报送抽检类产品质量问题174条；完成主设备材料供应商年度绩效评价及刷新工作，涉及23个物资大类、1804家供应商；对34家供应商进行了约谈，对其中18家供应商进行了不良行为处理公示。

6.仓储配送服务体系建设进一步深化。公司注重仓库主数据注册准确性、一本账管理规范性、仓库账卡物一致性三方面，开展了仓储管理规范性大检查活动，深化库存一本账管理。通过优化、规范现场服务标准，强化现场服务、工程消缺等信息报送及反馈处理，保证了各重点工程物资供应现场服务及时高效。

【经营管理】2015年，公司不断夯实基础，提升服务水平，强化廉政建设，公司经营管理持续深化。

1.依法治企进一步推进。公司以技改、大修、科技、信息项目专项检查为契机，梳理在重大决策、财务管理、工程管理等工作中存在的问题，制定解决措施，及时整改落实，促进公司依法经营、规范管理。制定了办公用品领用管理规定，完善了固定资产台账管理，强化了后勤服务管理。制订了档案借阅流程，建立了档案借阅情况通报制度，开展了存量档案数字化工作，改进提升档案管理水平。

2.审计监督与服务职能充分发挥。开展环网公司原总经理任期经济责任审计、开展依法治企自查自纠工作，实现了内部审计常态化。完成2012—2014年度大修（信息）类项目实施及资金管理专项检查整改情况清查，积极协调公司物资供应综合楼装修改造及电网工程项目竣工决算审计事项，促进工作落实。加强公司审计综合管理和审计成果运用，初步建立了问题表单汇总分析库。

3.财务集约化管理应用不断深化。公司完成二滩工程历史遗留问题的清理，对库存实物进行清理、评估及价值调整，处置往来款项92项。完成企业所得税税收优惠政策备案，开展2008—2010年物资采购专户进项税税率差异清理。加强内控梳理，加强预算执行反馈，提升预算刚性，推进监督前移。会计基础工作通过国网公司达标验审，财务同业对标指标大幅提升，在28家直属单位中，获得同业对标第二名的好成绩。

4.人力资源集约化管理不断强化。公司注重加强“五位一体”协同机制建设，制定了科级以下关键岗位人员交流方案并组织实施。推进全口径劳动用工管理，严格检查考核，建立监控机制，进一步规范劳动用工行为。通过职业资格培训、安全生产、计算机实际操作等专项培训，进一步提高员工业务素质。

【党建和精神文明建设】2015年，公司积极开展“三严三实”专题教育及“双争”活动，通过认真学、深入查、坚持改，推动干部员工思想认识不断提高。广泛开展形势任务宣传教育，开展“学习先进典型、争做最美国网人”活动，充分发挥示范激励作用。加强新闻考核监督和宣传报道，公司多篇视频、图片、文字报道被省公司、国网公司选用，不断推进企业文化传播落地。

持续加强作风建设，组织开展“领导干部及亲属违规经商办企业”专项整治、集体企业专项监督和工程建设管理效能监察，及时防范和化解各类风险。

与此同时，公司充分发挥群团作用，开展了乒乓球、西点制作培训、汽车驾驶技能竞赛、迎新春活动等员工喜闻乐见的文体活动，开展了新闻写作、送书到社区等纪念五四“青春正当时”系列活动，举办了成长分享会，“青春汇·微讲堂”等团青活动，关心关爱离退休员工，认真落“两项待遇”，强化信访维稳工作，化解矛盾，营造企业和谐稳定氛围。

（丁妍文）

四川科锐得实业集团有限公司

【企业概况】

四川科锐得实业集团有限公司（以下简称科锐得集团）是在国家电网公司（以下简称国网公司）大力推进“三集五大”改革，实施主多分开的大背景下，由国网四川省电力公司（以下简称省公司）主办的、省公司层面集体企业资本平台四川格瑞德资产管理公司（以下简称格瑞德公司）于2010年12月全资设立的省公司层面集体企业经营平台。格瑞德公司与科锐得集团实行“一套人马，两块牌子”模式管理运作。

科锐得集团成立5年来，在省公司和兄弟单位的关心、支持、帮助下，在全体干部员工的共同努力下，认真贯彻落实省公司集体资产监督管理委员会的统一部署，紧紧围绕省公司发展战略和公司打造“四川电网优质服务商”的发展目标，践行“稳健经营，规范管理，创新发展”的工作思路，精心策划和布局产业，通过兼并重组、收购整合，迅速成长壮大，形成了电网建设、通信自动化、咨询及招标代理、文化传播、节能服务、物流、辅助业务、房地产、投资、设计、监理、汽车租赁等十二大业务板块，发展成为了以产权为纽带，旗下涉及 15 个全资子公司、4 个分公司、3 个控股公司、4 个参股公司、1 个代管公司，资产总额达到 35 亿元，员工人数达到 3700 多人的集体企业集团。

2015 年，是科锐得集团全面完成“十二五”规划目标任务、谋划“十三五”规划发展的关键之年。面对复杂环境和艰巨任务，公司紧紧围绕省公司各项工作目标，认真贯彻落实省公司集体企业改革发展及产业规划工作部署，励精图治、务实创新，各方面工作取得显著成绩。截至 2015 年年末，集团公司资产总额为 35.08 亿元（格瑞德公司合并口径+电力实业总公司合并口径+惠能公司，下同），年末净资产总额为 9.7 亿元，全年实现营业收入 25.48 亿元，利润总额 2.81 亿元，全面完成省公司下达的年度经营指标。2015 年度业绩考核在省公司系统排名位居前列，连续两年处于 A 段。

2015 年 3 月 4 日，国网四川省电力公司工会主席左宇龙（右三）到科锐得集团本部调研指导工作　（科锐得集团提供）

【人力资源】

2015 年，科锐得集团继续加强人力资源集约化管理，推进人力资源综合配套改革，完善集团本部组织机构建设，优化劳动用工结构，降低劳务派遣用工比例，开展公司全员、全口径工资集中审核发放工作，全面提升人资管理规范性。集团本部在原有的办公室、人力资源部、财务资产部、投资管理部、市场经营部、工程管理部、安全监察质量部（省公司安全质量巡查大队）、党群工作部、监察审计部九个职能管理部门和集体企业管理服务中心、集体企业资金管理中心和集团会计核算中心三个二级机构基础上，进一步优化调整本部和二级中心的机构职能和组织架构：新设物资供应部，合并投资管理部和市场经营部成立投资经营部，集体企业管理服务中心更名为管理服务（运营监控）中心；基层单位按照“条件成熟一个推进一个”的原则，分批分次稳步推进人力资源综合配套改革，四川科锐得文化传播有限公司、四川蜀能电力有限公司电网运维分公司、四川鸿海工程建设咨询有限公司、四川科锐得电力通信技术有限公司、四川翠月湖园林工程有限责任公司等单位先后启动组织机构改革。创新劳动用工方式，通过把驾驶、后勤物业业务外委，将通用工种劳务派遣用工转为业务外包，从而减少低端劳务派遣用工 300 余人，降低了劳务派遣用工比例，减小了劳动用工风险，优化了用工结构，提升了劳动用工规范指数。开展工资集中审核发放工资，规范工资发放的项目、对象、流程及列支渠道，构建主办单位备案、公司集中审核发放、各单位维护核算的工资集中审核发放体系，建立并逐步固化公司全员、全额、全口径的工资集中审核发放机制，为进一步优化人工成本，实现集约化管控打下基础。

截至 2015 年 12 月底，集团公司从业人员总数为 3755 人。其中，研究生 106 人，本科 1201 人，大专 1013 人，中专 309 人，高中 418 人；高级职称 148 人，中级职称 338 人，初级职称 1442 人；高级技师 11 人，技师 90 人，高级工 264 人，中级工 687 人，初级工 85 人。

集团公司获得国网四川省电力公司“2014—2015 年度人力资源管理工作先进单位”荣誉称号。

【安全质量管理】

2015 年，集团公司坚持“安全第一，预防为主，综合治理”方针，全面贯彻执行新的法律法规制度，落实各级安全责任和省公司安全工作要求，修订完善安全制度标准，持续夯实安全管理基础。以安全管理专项整治活动为抓手，持续巩固“三清理、一提升”活动成效，围绕“加强安全法治，保障安全生产”的活动主题，组织开展了“安全生产月”“安全生产万里行”及安全事故警示教育等主题活动，持续提升安全保障能力和管控水平，集团公司活动上报的优秀作品获国网公司表彰。针对集团公司旗下全资、控股、代管企业存在不同的安全风险，同质化小，差异化大的情况，创新提出公司安全“五统一、一差异”（安全管理标准统一，安全工作标准统一，安全考核标准统一，执行流程统一，考核结果的执行人统一，管理、监督、考核的过程由相关责任单位实施）管理，着力规范各单位安全管理行为。根据各单位作业类型难以统一的特点，通过安全生产大调研、大讨论，安全管理建言献策等方式，对公司的安全管理及作业项目提出“四步”安全管理：一是作业风险分析、预警，危险点、危险源辨识、预控，安全措施制定、落实；二是安全监护、检查、督查、到岗到位监督；三是安全隐患排查整治；四是应急预案编制、演练、处置、应急预想。以安全风险管理为重点，深化安全隐患排查治理，强化应急预案演练，提高应急保障能力，保障公司持续健康安全发展。

2015年，集团公司狠抓作业现场安全质量监督检查，为工程项目取得国优、行优保驾护航。四川蜀能电力有限公司承建的四川甘孜新都桥500千伏变电站工程先后获得中国电力优质工程奖、2014—2015年度国家优质工程奖，2014—2015年度国家“安装之星”安装工程最高奖项，实现了省公司行优工程、国优工程“0”突破，也是四川电网建设史上变电项目首次获得国优工程奖。

2015年，集团公司荣获国家能源局四川监管办颁发的“四川电力安全生产先进集体”荣誉。

【资产经营】

集团公司继续深入开展人、财、物集约化管控，不断强化依法治企和规范管理。实施集团全面预算管理，强化预算编制、审批、下达、执行、控制、调整和监督，提升财务管控整体水平。会计核算中心进一步规范会计基础工作和内部资金审批流程，加强资金支付合法合规性审查监督，防范财务风险。集体企业资金管理中心负责组织实施“省级资金池”运作，实现全省范围内资金的归集和统一运作，为省公司系统集体企业发展提供持续动力和资金保障并取得显著的经济效益和管理效益。稳妥推进物资集约化管理的架构设置和制度建设，积极开展电子采购平台的上线运行相关工作。推动全省集体企业资金信息系统化建设，为财务资金领域的依法治企提供了科学化、精益化管控手段。

集团公司启动了“十三五”规划编制工作，进一步明确集团产业发展定位和方向。对接国网产融结合战略，开展了科锐得互联网统一运营平台建设（基础及代收电费）专项工作，同时以服务“供应链金融”为主旨，嵌入小额贷款业务，全资设立小额贷款公司，作为集团战略转型的重要部署。调查了解新能源汽车及充电设施建设相关政策，开展了电动汽车租赁及充电设施建设项目可行性研究。开展融资租赁业务调查研究，编制完成《融资租赁业务调查分析报告》。

2015年8月7日，国网四川省电力公司总会计师杨桂荣（右三）到科锐得集团本部调研指导工作（科锐得集团提供）

集团公司“集体企业省级资金池管理实践”课题获2015年四川省企业管理现代创新成果三等奖、省公司2015年管理创新成果一等奖，“集体企业内部融资精益管理”项目获省公司2015年精益化项目三等奖。

【集体企业改革改制】

2015年，按照《国家电网公司集体企业改革改制工作的指导意见》（国家电网体改办〔2015〕100号）要求和省公司安排部署，集团公司启动实施集体企业改革改制工作。格瑞德公司及所属单位主办的25户集体企业中，5户集体企业纳入集体企业公司化改制（其中，4户实施清算关闭，1户实施吸收合并），其余20户集体企业存续经营。在实施推进过程中，集团公司严格执行国家有关规定，认真履行企业改革的各项内外部工作程序，确保各环节有机衔接，程序完整闭环，手续资料齐全，切实维稳员工队伍稳定，切实保障过程合法合规，经得起各方检验。截至2015年年末，实施清算关闭和吸收合并的单位已基本完成前期程序和有关工作，进入注销程序。

在省公司主导下，格瑞德公司加强对所属企业的重组整合，配合编制完成了重组整合方案，与相关主业单位进行了沟通研讨，待省公司审批通过后实施。

按照省公司安排，由集团公司牵头，启动对川西北片区德阳、绵阳、资阳、雅安、阿坝、甘孜等地设计业务的整合工作，相关工作有序推进。

【科技与信息化工作】

2015年，集团公司充分重视科技创新及信息化工作，积极响应国网公司信息化建设总体目标，在省公司的安排和指导下，根据企业自身情况，按照国网公司“一个平台”的信息化发展思路，除了全力推进集体企业业务应用平台的实用化外，开展了“集体企业资金管理及电子采购试点应用”项目建设工作，该项目已顺利通过省公司验收，进入实用化推广运行阶段，为资金集中管理、电子采购集约化管理等业务开展提供了技术支撑手段。

集团公司所属企业，多个项目获得国家专利授权、著作权认证及相关技术成果。四川蜀能电力有限公司承建的四川甘孜新都桥500千伏变电站工程获得电力行业工法成果奖1个、科技进步奖2项、QC成果奖4项；“输变电工程‘标准’管理系统”获得中国电力建设企业协会科技进步三等奖；“导线铝股切割自动化技术研究”先后获评省公司十大技术创新成果和国网公司职工创新成果三等奖。四川通源电力科技有限公司QC小组荣获中国电力建设企业协会2015年度电力建设QC成果二等奖。四川科锐得电力信息自动化技术有限责任公司的“全口径发电数据采集系统”获得省公司科技进步三等奖。成都城电电力工程设计有限公司牵头承担国网公司管理科技项目1项，参与四川省科技计划项目1项，独立承担并完成省公司标准化项目1项，参与并完成国网标准化项目2项；在专利、著作权、论文发表等工作方面取得丰硕成果，共发表论文12篇，取得专利授权18项（其中发明1项），获得软件著作权2项。

2015年8月7日，国网四川省电力公司在科锐得集团本部组织召开川西北片区区域设计公司整合研讨会　（科锐得集团提供）

【党的建设和精神文明建设】

2015年，集团公司党委严格按照省公司党委的安排部署，高标准、严要求的开展了“三严三实”专题教育活动，开展了6次4个专题的“三严三实”专题学习研讨活动，扎实组织各级党组织和党员干部开展学习和研讨，领导干部亲自撰写发言文章52篇，中层干部撰写读书心得体会120余篇。将党风廉政建设和反腐败工作纳入公司改革发展工作总体布局，与业务工作同研究、同部署、同实施、同考核，全力抓好党风廉政建设“两个责任”的落实。坚定党员干部理想信念，组织了两期党员集中轮训，开展发放党员政治生日卡、重温入党誓词等活动，组织参训党员为荣军院伤残老军人捐款，接受爱国主义教育。开展“忆党史、缅先烈、颂党恩、促跨越”纪念建党94周年暨抗战胜利70周年系列活动，组织开展了党史、抗战史知识竞赛和“我身边的共产党员”演讲比赛，营造出弘扬爱国精神、时代精神的浓厚氛围。注重党员发展质量，严格党员发展标准和程序，重点吸收优秀技术技能人才和生产一线骨干等优秀分子入党，全年共发展党员14名，多于公司历年发展党员数量之和。持续推进党员组织关系转接，公司共有党员334名。

推进企业文化实践。通过员工调研、高层访谈，已形成初期的“科锐得”文化体系。强化精神文明建设，在本部和基层单位建立了4个道德讲堂，并组织开展“道德讲堂”活动，营造文明道德氛围。开展“文明细胞”创评，建立起精神文明建设的激励机制。推进志愿者服务的常态开展，组织开展“志愿服务月”义务献血活动，与四川省革命伤残军人休养院开展精神文明结对共建，重阳节对荣军院168 名老军人进行慰问。聚焦重点工作宣传，四川科锐得文化传播有限公司选送的五篇反映四川电网特高压电网建设、川藏联网工程等重大题材的新闻报道，分获中国电力新闻奖报纸作品奖的一、二等奖。狠抓劳模培树、职工创新，在四川蜀能电力有限公司建立“刚刚亮”劳模工作室和创新工作室。推动基层单位开展劳动竞赛、技术技能比武和技术创新，多个项目获科技进步奖、QC成果和工法成果奖。深入开展创先争优活动，为公司争得了各项荣誉：集团公司工会荣获省总工会授予“模范职工之家”称号；集团公司党委获评省公司“2014-2015年度红旗党委”；四川科锐得文化传播有限公司第二党支部被评为国网公司“电网先锋党支部”；四川蜀能电力有限公司获评四川省重点工程劳动竞赛先进集体；先进个人不断涌现，王文周被评为“电亮藏区”工程建设劳动模范，黄晓松等5人荣获“国家电网公司川藏电力联网工程先进个人”称号，何长春获评四川省重点工程劳动竞赛优秀建设者。

2015年10月12日，国网四川省电力公司党委书记、副总经理葛兆军（前排左三）一行到四川电力实业总公司承建的成都地铁三号线110千伏红牌楼南主变电所检查指导工作　（科锐得集团提供）

【存在的主要问题】

集团化运作优势尚未完全形成。公司尚未实现对企业内外部资源的有效整合和优化配置，在产业发展、市场开拓、提升综合竞争能力等方面未能完全形成资源共享、优势互补机制。支撑集团产业发展的资金压力仍然巨大。公司资金压力还未得到全面缓解，资金供应距集团产业发展实际需求还存在较大差距。人力资源结构性矛盾依旧突出。公司人员总量大，但专业管理和技能骨干缺乏，人才引进渠道受限，配置不到位，经营管理和专业工作推进缺乏强有力的人才支撑。安全生产风险压力仍旧较大。安全意识不强、安全生产技能不足，人员违章屡禁不止的问题未能彻底根治，表层化、表面化现象仍然存在。市场开拓的能力和动力依然不足。从业人员市场化意识不强，能力素质不齐，缺乏市场竞争机制，动力不足。文化引领作用缺乏。公司统一的企业文化尚未完全形成，员工的归属感、责任感、使命感不足，无法有效促进企业凝聚力和向心力的提升。

【分公司】

1.四川科锐得实业集团有限公司营销服务分公司

四川科锐得实业集团有限公司营销服务分公司（以下简称营销服务分公司）成立于2012年9月。经营范围为设计、研发、销售电力自动化设备、信息系统软硬件产品并提供技术服务；企业管理咨询；设计、制作、发布广告和物业管理等。营销服务分公司依托集团公司实行本部化管理，主要负责集团公司承接的95598呼叫、计量辅助检定、应急中心外包服务、医疗辅助管理和辅助医疗服务等主业外委业务。

2.四川科锐得实业集团有限公司建设分公司

四川科锐得实业集团有限公司建设分公司（以下简称建设分公司）于2012年7月成立，主要从事电力工程、送变电工程及通信自动化工程管理、设计咨询、施工、安装调试、建立；电力自动化设备、信息系统软硬件产品设计、研发、销售及提供技术服务；机电设备及配件、办公设备销售等业务。

建设分公司本部设办公室、财务部、项目管理部3个部门，下设12个业务组。拥有中级及以上专业技术职称的工程技术人员19人，其中具有建造师、造价师、招标师等各类国家执业资格的16人。

2015年，建设分公司依托多年工程建设管理经验，发挥人才优势，以高度的责任心和服务意识，安全、优质、高效完成了省公司建设管理中心各项外委业务，为建设管理中心圆满完成各项业务提供了坚强的支撑。

3. 四川蜀能电力有限公司成都蜀达分公司

四川蜀能电力有限公司成都蜀达分公司（以下简称蜀达分公司）于2012年6月成立，经营范围主要包括电力生产、机电设备安装工程、送变电工程、销售建筑材料、建筑机械及设备租赁、项目投资、国内劳务派遣、停车场服务、物业管理等。2015年，蜀达分公司续建工程有500千伏大雅线、500千伏达黄线、广元朝天220千伏变电站工程，新建工程有110千伏沙渠送出线路、110千伏永宁送出线路、220千伏昭化—广元牵引站双回Ⅱ标段、单回Ⅱ标段线路工程、500千伏甘蜀一线N33塔改造工程。2015年，蜀达分公司荣获省公司“电亮藏区”工程建设“先进集体”荣誉称号。

4. 四川蜀能电力有限公司电网运维分公司

四川蜀能电力有限公司电网运维分公司（以下简称运维分公司）于 2013 年 2 月成立，经营范围包括承接国网四川检修公司非核心业务外委及零星社会化委托业务。业务范围覆盖全川，在成都、绵阳、自贡、西昌、雅安、南充、乐山等地设有班组。

2015年，运维分公司根据工作需要，对管理机构进行了调整，将原综合管理部、运维业务部、经营管理部调整为工程项目部、综合管理部、安全监察质量部。分公司下设3个变电检修班、3个输电检修班、14个地区变电班和10个地区线路班和1个综合服务班。截至2015年底，运维分公司共有各类员工327人。

2015年，通过公开招标方式中标2015年国网四川检修公司输变电业务外委项目，并按计划进行合同履约，为四川500千伏输变电设备的安全稳定运行提供了必要支撑。此外，通过公开招标、竞争性谈判等方式承接国网四川检修公司大修、技改配合施工项目 28 个，承接变电站用户委托运维 220 千伏间隔26个，承接变电站用户间隔改扩建施工项目16个。

【所属子公司】

1. 四川科锐得文化传播有限公司

四川科锐得文化传播有限公司（以下简称文传公司）是科锐得集团全资子公司，成立于2011年4月，注册资本3000万元，具备装饰装修三级资质，是建筑装修装饰工程质量管体系GB/T19001-2008/ISO9001:2008;GB/T50430-2007)、职业健康安全管理体系（GB/T 28001-2011/OHSAS 18001:2007)、环境管理体系（GB/T24001-2004/ISO14001:2004）认证企业。文传公司主营业务涵盖了省公司自办媒体“一报、一刊、两网站、一频道、一快讯、一年鉴、一动态”——《西南电力报》、《四川电业》杂志、省公司内外网站、“光芒视频”V网电视频道、手机快讯、电力年鉴、《四川电网工作动态》等媒体业务，以及省公司系统新闻宣传策划、采访报道、广告设计、代理及发布、企业形象宣传和VI设计制作，书籍、画册设计制作、印刷，媒体、户外广告发布，多媒体展示厅建设，电视专题片拍摄制作，重要活动策划布展，营业厅装饰装修等。

2015年10月16日，科锐得集团公司与四川省荣军院签订精神文明结对共建协议

（科锐得集团提供）

文传公司设置综合部、财务部、总编室、编辑部、影视部、营销部、创作部7个部门。

全年共出版《西南电力报》97期、《四川电业》杂志6期和1期企协增刊、手机快讯258期、省公司内网上稿13237篇，外网上稿2032篇。制作播出《新闻直通车》91期，专题对话栏目《网事面对面》25期，各种反映国家电网的人和事的公益插片80余条。编辑发布《国网川电》微信服务号24期

120 条。2015 年，文传公司拍摄制作的电视作品《背篓电工队：大红灯笼挂心上》荣获“英大传媒 2015 年度优秀电视作品展评”新闻类一等奖，《零度的电表》荣获“英大传媒 2015 年度优秀电视作品展评”新闻类二等奖，《为了那一份回家的温暖》荣获“英大传媒 2015 年度优秀电视作品展评”新闻类三等奖，《大凉山的雄鹰》荣获“英大传媒 2015 年度微电影展评”一等奖。

文传公司完成省公司级重要新闻采访报道 400 余次，完成甘孜“电力天路”及无电地区电力建设、打造“天府之新”、互联网+电网、扶贫帮困、“路在脚下”等重要策划与实施 10 余项，记者深入藏区、无电地区、灾区、革命老区、贫困山区、攀西地区等基层单位采写新闻 50 余次。较好地完成了省委、省政府领导调研国网四川电力、省公司与腾讯签署“互联网+电网”协议、与清华大学会谈、参与西南智能电网产业论坛、四川构建全球能源互联网等重要采访报道。

通过多平台同步推送，光芒视频全省电信、广电总共已开通 46000 余户，通过统一播放，系统覆盖全省 220 余个供电营业厅服务网点，隐形辐射人数达到 230 余万人。

2015 年 12 月 17 日，国网四川省电力公司党委书记、副总经理潘敬东（左三）调研天府置业公司承建的“天府智能电网及能源互联网研发中心”项目 （科锐得集团提供）

2015 年，文传公司党委第二党支部被国家电网公司党组授予“2012—2014 年度电网先锋党支部”称号。

2. 四川蜀能电力有限公司

四川蜀能电力有限公司（以下简称蜀能公司）成立于 1994 年，原为四川电力送变电建设公司多经企业，2012 年 5 月由科锐得集团全资收购，注册资本 7107 万元，资产总额约 4.71 亿元。蜀能公司具有送变电专业承包一级资质和电力设施一级承装（修、试）类许可资格，是工程建设施工组织质量管理体系（GB/T19001-2008 idt ISO9001:2008+GB/T50430-2007 ）、职业健康安全管理体系（GB/T28001-2001）、环境管理体系（ISO14001:2004 GB/T24001-2004 ）认证企业。主营业务范围涵盖机电设备安装工程、送变电工程、建筑机械及设备租赁等。拥有种类齐全、配套完整的输变电工程施工技术装备及飞艇、多旋翼飞行器展放引绳技术装备，机械化施工能力达到较高水平。

蜀能公司本部设综合管理部、人力资源部、安全监察质量部、工程管理部、市场经营部、财务资产部等 6 个部门，下设成都蜀达分公司、电网运维分公司、送电和建安工程各项目部及调试作业班、机械作业班。公司现有员工 262 人（不包括蜀达、运维），有一级建造师 22 人、二级建造师 56 人、注册安全工程师 5 人。

2015 年，蜀能公司坚持“立足 500 千伏市场，巩固 220 千伏市场，突破省外市场，关注特高压市场”的市场开发战略，积极进行市场开拓。全年参与投标 11 次，投标工程 70 个。中标工程 8 个，中标率为 11.43%，其中 500 千伏线路 259 公里，220 千伏线路 71 公里，中标签约合同价约 4.2 亿元。2015 年是公司 500 千伏工程中标率和签约合同价最高的一年。中标江西潭埠—洪源 500 千伏线路工程，标志蜀能公司省外市场开拓首获突破。

2015 年，蜀能公司全年共承担各类施工工程 22 个（线路工程 12 个、变电工程 10 个）。通过精心组织、超前谋划，优化方案，强化现场管控环节，顺利推进工程建设。枕头坝、成渝客专、路茂线抢险等一批急难险重工程在内的 8 个项目顺利安全投运，潭洪线、黄金坪等工程安全高效推进，获得了上级和有关单位的高度肯定。

蜀能公司获评省公司 2015 年度安全先进集体、500 千伏枕头坝项目被评为省公司安全先进班组、220 千伏巴复线夺得省公司项目安全管理流动红旗。依托500千伏新都桥变电站工程大力开展技术创新工作，成效空前：获得电力行业工法成果奖1个、科技进步奖2项、QC成果奖4项。开展的“导线铝股切割自动化技术研究”先后获评省公司十大技术创新成果和国网公司职工创新成果三等奖。500千伏新甘线、220千伏雅江变等5个工程获得国网公司优质工程命名。500千伏新都桥变电站先后获得电力行业优质工程奖、国家优质工程奖，“安装之星”奖（安装行业最高奖）。

3.四川科锐得电力信息自动化技术有限责任公司

四川科锐得电力信息自动化技术有限责任公司（以下简称自动化公司）为科锐得集团全资子公司，成立于2011年2月，注册资本人民币2000万元。主要经营范围为电力信息自动化技术开发、电力自动化系统工程、继电保护系统工程、计算机网络系统工程、信息系统工程设计、施工并提供技术咨询、技术服务；工程项目管理；研发、设计、销售、安装、调试、维护电工仪器仪表、继电保护设备；计算机系统集成；销售电力设备、计算机及配件；物业管理；房屋租赁、汽车租赁、机械设备租赁。已通过中质协ISO 9001质量管理体系认证，取得建筑企业电子专业承包三级资质。

自动化公司设有综合部、财务部、计划合同部、工程部、技术部、生产部、运行维护部、安全监察质量部8个部门。

2015年，自动化公司完成23个光伏、风电等新能源工程、西南分部调度数据网建设、枕头坝等57个厂站的自动化接入工程等项目。完成了国网公司重点开发项目——“地市网络控制室信息通信集中监控系统”的研发工作；对传统优势产品——保信子站P100系统进行了持续改造升级；技术开发人员运用新技术，统一开发平台，进一步降低了系统开发的成本。完成了省公司信息系统、ERP系统、人资系统、调度自动化等系统的运行监视、应急处置、业务保障等工作，工单处理率100%，检修合格率和计划检修率均达100%，无一例用户投诉情况出现。

2015年，自动化公司获得集团公司安全生产先进单位和基层先进党组织荣誉。

按照《国网四川省电力公司关于四川格瑞德资产管理公司集体企业改革改制实施方案的批复》（川电体改〔2015〕7号）文件精神，自动化公司由四川科锐得电力通信技术有限公司吸收合并。截至2015年年末，已完成吸收合并的前期程序和有关工作，进入注销程序。

4.四川科锐得电力通信技术有限公司

四川科锐得电力通信技术有限公司（以下简称通信公司）成立于2011年1月，为科锐得集团全资子公司，注册资本2000万元。通信公司具备四川省建设厅建筑业企业通信工程施工总承包三级资质，并通过了ISO 9000质量体系认证。公司主要业务范围为：国网四川省电力公司各220千伏及以上输变电工程中配套通信工程施工、川内各接入电厂通信工程施工、相关跨区域超特高压输变电工程四川段通信工程施工、变电站及基建指挥视频监控系统施工、受托对川内发电集团及接入电厂通信系统进行运行维护、受托配合国网四川信息通信公司对电网通信开展运行维护和应急抢险工作。

2015年12月18日，蜀能公司承建的“500千伏新都桥变电站”项目获得国家优质工程奖。图为颁奖现场　　（科锐得集团提供）

通信公司目前设有系统工程部、线路工程部、运行维护部、系统集成部、综合事务部、计划合同部、财务部、党群工作部、安全质量部、物业中心共10个部门。

2015年，通信公司完成的工程项目有：国网西南分部16个通信站点施工项目；九江500千伏变系统通信新建工程等5项、泸州百和35千伏视频监控及动态环境监测等13项省公司基建工程项目；溪古水电站等27个川内水电、光伏、风能电站接入系统通信工程；省公司市内及出入城光缆维护、抢修工程。此外，通信公司还切实开展通信运维保障服务工作，为省公司、集团公司、信通公司提供了强有力的技术支撑。

2015年，通信公司被评为集团公司先进单位、先进党组织，荣获信通公司安全生产特殊贡献集体、先进分工会等奖项。

5.四川环网物资有限责任公司

四川环网物资有限责任公司（以下简称环网公司）成立于2004年1月，由原四川电力物资公司出资组建。2012年11月由科锐得集团全资收购，注册资本800万元。公司具有交通运输管理部门颁发的道路运输经营许可证，质量监督管理部门颁发的设备监造（乙级）资质及相关部门颁发的印务资质，主要依托主业从事四川电网建设电力物资的二次运输、装卸服务，配送、信息处理、现场服务等一体化物流服务，运输综合配送范围覆盖四川全境。

环网公司目前下设五个部门，分别为综合管理部、安全计划部、配送管理部、设备监造部和印务服务部。截至2015年环网公司现有职工140人。

2015年，环网公司参加省公司三个批次共计九个包涉及95个新（扩）建工程的普通电力物资运输招标，共中标六个包涉及79个工程项目，合同金额2777.153万元。完成了“大岗山水电站至雅安500千伏变电站送出”、“四川达州—黄岩Ⅱ回500千伏输变电”等相关配套工程项目；成渝客运专线“资阳陈家湾牵引站220千伏供电”、“资阳李家湾牵引站220千伏供电”、“内江北牵引站220千伏供电”等相关配套工程项目；“宜宾南溪220千伏输变电工程”、“凉山美姑河改接雷波至坪头220千伏线路”、“攀枝花桐子林220千伏输电线路”等相关配套工程项目物资的二次配送、现场装卸服务工作。2015年累计完成装卸物资73101吨，现场服务9546人次，运输量54638吨，公路运输里程218920公里。

6.四川通源电力科技有限公司

四川通源电力科技有限公司（以下简称通源公司）于2010年12月成立，2012年10月由科锐得集团全资收购，目前注册资本2700万元。业务涉及电力高压、系统、电测、发电厂动力、材料、环保（化学）、信息等各类专业试验及调试。取得“承装（修试）电力设施二级承试类”资质、“电力工程调试单位能力资格甲级”资质，可承担750千伏及以下电网工程调试业务；获得中国质量认证中心颁发的质量管理、环境管理、职业健康安全管理体系认证证书，并具备物业管理三级资质。

截至2015年年底，通源公司设置有综合部、财务部、市场经营部、电网技术工程部、后勤服务部、物业服务部、车辆管理部、信息运维部、设备物资质量检测部、产品开发及推广技术部10个部门，用工总量219人。

2015年，通源公司协助四川电科院支撑藏区电网及无电地区电网建设，承担了“川藏联网工程”乡城、昌都、巴塘3座500千伏变电站的后续基建，“电力天路”工程雅江、茨巫2座220千伏变电站的高压特殊试验等消缺任务。独立完成甘孜州500千伏溪古站、康定站、丹景等新建（改扩建）工程特殊试验，以及阿坝州500千伏路平智能站、巴中220千伏张公智能站等试验工作238项。工程实践向科技成果转化效果明显，利用全站IED设备采样及实时监测数据，实现对PT、CT二次回路、电压电流相位关系正确性验证排查；QC小组荣获中国电力建设企业协会2015年度电力建设QC成果二等奖，电网技术工程部荣获四川省电力公司“电亮藏区”先进集体称号。

7.四川腾兴电力科技有限责任公司

四川腾兴电力科技有限责任公司（以下简称腾兴公司）是2007年7月成立的民营股份制公司，注册资本244.2万元。2012年6月由科锐得集团全资收购，作为承接技能培训中心外委业务的服务商。腾兴公司现拥有物业管理三级、建筑装饰装修二级、食品流通许可证、安全生产许可证等资质。经营范围包括商务服务业、国内劳务派遣、职业技能培训、物业管理、商品批发零售、租赁业、工程咨询、建筑装修装饰工程、园林绿化工程、工程设计、计算机服务业等。

腾兴公司承接的外委业务主要包括后勤综合服务项目、培训辅助服务项目、培训定点采购项目等。对外培训业务目前主要包括焊接培训以及职业技能考前培训等。2015年开始，腾兴公司积极开展集体企业培训业务，并依托技培中心打造培训软硬件设施，着力建成集体企业培训平台。

8.四川翠月湖园林工程有限责任公司

四川翠月湖园林工程有限责任公司（以下简称园林公司）前身为都江堰翠月湖园林工程有限责任公司，　成立于2003年3月，为原四川电力疗养院下属多经企业。2012年6月，由科锐得集团全资收购，注册资本200万元。公司具备城市园林绿化企业叁级资质、国家物业管理三级资质。经营范围覆盖园林、景观、绿化工程的设计、施工及管理；酒店管理；计算机系统集成、计算机网络工程设计及安装维护；种植、销售、租赁：花卉、盆景；物业管理；室内外装饰装修；销售建辅建材；零售预包装食品等多种业务。

园林公司下设综合管理部、酒店管理部和工程部，现有员工 366 人，其中主业借共人员 15 人，直签人员 8 人，劳务派遣员工 343 人。

园林公司全年承接工程、服务类项目共 15 项。完成管培中心后勤综合服务外委业务、省公司生产运营综合楼绿化养护、森林区域清理工程等项目，服务质量获得各单位广泛赞誉。

园林公司先后荣获科锐得集团公司 2015 年度文明科班、先进集体、安全生产先进集体、工会工作先进集体、管培中心先进分工会等荣誉。

9. 成都科锐得节能服务有限公司

成都科锐得节能服务有限公司（以下简称节能服务公司）成立于 2012 年 12 月，是科锐得集团全资子公司，注册资本 6000 万元，经营范围：节能技术推广服务，节能技术咨询；合同能源管理；销售租赁机械设备，项目投资。公司是四川科锐得实业有限公司所属全资子公司，性质为有限责任公司。公司于 2013 年通过国家发改委、财政部节能服务公司第五批备案（ 2013 年 28 号公告）。节能服务公司设置 4 个部门，分别是市场策划部、技术工程部、财务部与综合管理部。公司在编 4 人，是由国网四川节能服务有限公司借工。

公司主要经营范围包括：节能技术推广服务、节能技术咨询；合同能源管理；销售、租赁机械设备；项目投资。公司主要涉及的业务领域包括：节能服务及电能替代、新能源产业、售电业务及电动汽车产业。已经掌握的节能技术包括能效诊断、LED 绿色照明技术、余热余压发电技术、矿热炉无功补偿技术、配电网综合节能降损技术以及冰（水）蓄冷空调技术。

节能服务公司成立以来主要开展了两项重点业务：一项是合同能源管理项目投资。2012 年 12 月，节能服务公司以合同能源管理方式同成渝钒钛科技有限公司合作建设成渝钒钛资源综合利用 50MW 余热发电项目，该项目总投资 1.94 亿元，年发电量为 36544 万千瓦时，年节能量折合 120595 吨标准煤。另一项是长期股权投资。2014 年 6 月，节能服务公司、攀枝花网源电力建工程公司、林洋电子股份公司共同出资组建了四川睿能新能源有限责任公司。四川睿能新能源有限公司注册资本金 5000 万元，成都科锐得节能服务公司占 41%股份。四川睿能新能源有限公司主要从事攀西分步式光伏建设。至 2015 年年末，公司已完成光伏并网发电项目一个，装机 42KW，投资额 36 万元。已开工建设 1100 千瓦学校屋顶分布式光伏建设。正在对攀西高速 1.1MWp 分布式光伏建设开展前期工作。

10. 四川金沙阳光房地产开发有限责任公司

四川金沙阳光房地产开发有限责任公司（以下简称金沙阳光公司）成立于 2005 年 3 月，于 2012 年 12 月由科锐得集团全资收购，注册资本 5000 万元，为三级资质房地产开发企业，可承担 15 万平方米以下的住宅小区，以及与以其投资能力相当的工业、商业、公共建筑、基础设施项目的开发建设，并可在全省范围内承担房地产开发业务。

金沙阳光公司本部由办公室、财务部、计划发展部三个部门组成。下属有成都西部金沙鹭岛房地产开发有限责任公司、成都中地金沙房地产有限责任公司、成都惠能房地产开发有限公司、都江堰金沙阳光房地产开发有限公司 4 个全资子公司。拥有从业人员总数为 47 人，其中主业借工 7 人，直签 20 人，劳务派遣用工 17 人，其他用工 3 人；具备专业技术职称的员工 25 人，其中高级职称 4 人，占比 16%；中级职称 13 人，占比 52%；初级职称 8 人，占比 32%。

按照《国网四川省电力公司关于四川格瑞德资产管理公司集体企业改革改制实施方案的批复》（川电体改〔2015〕7 号）文件精神，成都中地金沙房地产有限责任公司于 2015 年启动实施清算关闭。截至 2015 年年末，已完成前期程序和有关工作，进入注销程序。

2015 年，金沙阳光公司进行了“泓坊河畔”园区改造、“泓坊河畔商业项目”租售；完成“金沙 • 鹭岛”一期二批次土地置换与整合工作，继续开展“金沙 • 鹭岛”项目车位销售及产权办理；取得“太阳岛 • 润月湾” 宗地的“国土证”和“建设工程规划许可证”（基坑部分）。

金沙阳光公司荣获集团公司“2015 年度先进集体”“2015 年度先进基层党组织”“2015 年度安全生产先进集体”“2015 年度文明科班” 等荣誉。

11. 四川科锐得电力技术有限公司

四川科锐得电力技术有限公司（以下简称电力技术公司）成立于 2013 年 11 月，注册资本 6000 万元。主要经营范围为：电力工程、送变电工程及通信自动化工程管理、设计咨询、施工、安装调试、监理；电力工程机械制造及维修、电气设备检修、科技推广与应用服务、新能源开发；投资与资产管理；房地产开发与营销策划；电力自动化设备、信息系统软硬件产品设计、研发、销售并提供技术服务等。

按照《国网四川省电力公司关于四川格瑞德资产管理公司集体企业改革改制实施方案的批复》（川电体改〔2015〕7 号）文件精神，电力技术公司于 2015 年启动实施清算关闭。截至 2015 年年末，已完成前期程序和有关工作，进入注销程序。

12.四川科锐得医疗投资管理有限公司

四川科锐得医疗投资管理有限公司（以下简称医疗投资公司）于2013年8月成立，为科锐得集团全资子公司，注册资本100万元。公司经营范围为投资管理，健康体检信息咨询，企业管理服务，组织文化交流活动；销售医疗器械1类、办公用品、电子产品等。公司的主要业务领域为医疗卫生服务领域，为四川电力医院的日常医疗工作和省电力公司工程医疗保障提供辅助医疗管理和服务。

按照《国网四川省电力公司关于四川格瑞德资产管理公司集体企业改革改制实施方案的批复》(川电体改〔2015〕7号）文件精神，医疗投资公司于2015年启动实施清算关闭。截至2015年年末，已完成前期程序和有关工作，进入注销程序。医疗投资公司承接的医疗辅助管理和辅助医疗服务项目，已转交科锐得营销服务分公司接收。收费及驾驶等通用工种业务已实现社会化业务外包。

13.成都城电电力工程设计有限公司

成都城电电力工程设计有限公司（以下简称城电公司)前身是1954年成立的成都电业局勘察设计室，于2002年与乐山电业局乐山海能电力设计事务所合并成立成都城电电力工程设计有限公司，2010年与乐山设计院分立。2012年6月，按照省公司“三集五大”体系建设的总体部署，城电公司正式转入国网四川省电力公司经济技术研究院（以下简称经研院)，成立设计中心，实行一体化运作，设计中心和城电公司实行一套人马，两块牌子。2013年11月，科锐得集团从蜀电集团全资收购城电公司。

城电公司已取得中华人民共和国住房和城乡建设部颁发的电力行业（送电工程、变电工程）专业甲级设计资质、中华人民共和国住房和城乡建设部颁发的工程勘察专业类（工程测量）甲级资质、国家发改委颁发的工程咨询（火电专业）甲级资质、四川省建设厅颁发的工程勘察专业类（岩土工程、水文地质）乙级资质，工程造价咨询乙级资质,并通过质量、环境、职业健康安全三标管理体系认证。

城电设计公司从工程项目着手，通过提高咨询设计能力，以设计人才梯队建设为主线，建立完善生产体系各要素协调一致的运行机制，公司已初步形成电网规划、电网建设为主，产业链双向延伸到规划、咨询、总承包的新业务格局，业务范围由成都市扩展至四川省，最高电压等级由220千伏提升至500千伏及以上。全年完成工程261项，其中220千伏及以上基建、用户工程可研、初设、施设共计77项。科技创新实现全新突破，牵头承担国网公司管理科技项目1项，参与四川省科技计划项目1项，独立承担并完成省公司标准化项目1项，参与并完成国网标准化项目2项；在专利、著作权、论文发表等工作方面取得丰硕成果，共发表论文12篇，取得专利授权18项（其中发明1项)，获得软件著作权2项。在国网500千伏等级设计竞赛中获得三等奖。设计技术水平持续提升，在中电规协会、省住建厅、省咨询协会和省公司的各类优秀咨询和设计“四优”评奖中，均取得较好成绩，其中中电规协会的优秀设计一等奖是至今为止公司获得的最高等级奖项。喜获国家高新技术企业认证，资信评价保持位列国网公司系统设计单位第五名。

2015年，城电公司积极配合，稳妥推进集体企业改制工作，完成了区域设计公司整合方案制定及报批，后续相关工作稳步推进。

14.四川鸿海工程建设咨询有限公司

四川鸿海工程建设咨询有限公司（以下简称鸿海公司)成立于2003年6月，为科锐得集团全资子公司。经营范围主要包括工程监理、招标代理，以及造价咨询、信息咨询、工程技术咨询服务。公司目前持有电力工程监理乙级（资质升级正在审批过程中)、房屋建筑工程监理乙级企业资质，通过了ISO 9001、ISO 14001、OHSAS 18001三体系认证。在四川省内、西藏、贵州、新疆均有监理项目开展。

鸿海公司本部设置有综合管理部、安全监察质量部、工程部、市场部4个职能部门。

2015年，鸿海公司积极开展监理市场开拓工作，分别在巴中、眉山、达州、遂宁等地区新辟市场，同时积极跟踪系统外的客户项目，参与发电集团的水电送出项目建设。

15.四川科锐得天府置业有限公司

四川科锐得天府置业有限公司成立于2015年8月,注册资本5000万元,是科锐得集团全资子公司。经营范围包括：房地产经纪；建筑装饰装修工程设计、施工；计算机硬件研发、销售、租赁、技术服务；机电设备及配件、办公设备销售、租赁；企业管理咨询服务；广告设计、制作、代理发布（不含气球广告及固定形式印刷品广告)；新能源技术研发、技术推广等。主要负责“成都天府智能电网及能源互联网研发中心”的建设管理工作。

【控股公司】

1.四川西星电力科技咨询有限公司

四川西星电力科技咨询有限公司（以下简称西星公司）前身为西南电力科技咨询开发公司，成立于1986年1月，于2007年1月改制并更名为四川西星电力科技咨询有限公司。2011年3月，由科锐得集团控股60%成为科锐得集团的控股公司。2014年增资扩股后，注册资本为1500万元，科锐得集团持有70%股份。

西星公司主要从事电力工程规划设计、技术咨询、造价咨询服务及招标代理业务。具有工程招标代理甲级资质、工程咨询甲级资质、工程造价企业咨询乙级资质、电力行业工程造价咨询单位甲级资质、中央投资项目招标代理机构预备级资质。公司自成立以来，完成了大量输变电工程招标代理、造价咨询、电网规划、城市配电网规划、电厂接入系统、用户供电方案、电力项目专题调研、管理咨询项目，有多项成果获得四川省优秀咨询成果一、二、三等奖。

西星公司下设综合部、财务部、招标部、工程咨询部，2015年年末用工总量77人。2015年度完成招标代理项目1769个，各类工程咨询项目111个。

2.四川启明星投资发展有限责任公司

四川启明星投资发展有限责任公司（以下简称启明星投资公司）于2004年7月成立，注册资本2亿元。2013年8月，由科锐得集团出资收购其43.72%股权实现相对控股。该公司经营范围为：项目投资；销售铝及制品；进出口业；送变电工程施工、变电站（所）土建施工、城乡电网改造及建设、电力工程安装调试、检修、运行维护、输变电工程咨询服务。启明星投资公司内设办公室、财务部、市场部3个职能部门，现有员工6人。

启明星投资公司目前持有四川启明星铝业有限责任公司股权20090万元，股权比例为30.65%，为该公司第二大股东。持有眉山启明星铝业有限责任公司股权7020万元，股权比例为30%。下设四川启明星投资发展（老挝）有限责任公司，负责老挝铝土矿投资开发业务。

3.四川蜀科汽车租赁有限公司

四川蜀科汽车租赁有限公司（以下简称蜀科公司）是在国家电网公司规范和加强集体企业用车管理，提高车辆管理集约化、标准化水平，提高车辆利用效率，降低企业经营成本的背景下，由四川科锐得实业集团有限公司、四川蜀电集团有限公司、攀枝花网源电力建设工程公司、自贡电力建设集团有限公司、宜宾远能电业集团有限责任公司和绵阳启明星集团有限公司于2013年8月共同出资设立，注册资本3796.07万元，由科锐得集团持股24.79%实施相对控股。蜀科公司主要针对四川省电力系统各单位开展车辆租赁及委托租赁业务。

蜀科公司本部设立综合部、业务部、财务部三个职能管理部门，分别在攀枝花、自贡、宜宾、绵阳设立分公司。现有专职管理人员5名，兼职管理人员7名。

截至2015年年底，蜀科公司拥有产权车辆250台，受其他单位委托租赁车辆11台，车辆资源及租赁业务已初具规模。全年共签订合同68份。

【参股公司】

1.四川科智得科技有限公司

四川科智得科技有限公司（以下简称科智得公司）成立于2012年2月，注册资本3000万元。科锐得集团占股33.3%。经营范围为：电子设备、电子产品的研发、销售；智能电网、电子信息领域的技术咨询、技术转让；电力工程设计施工、电子工程施工。主营业务为：电子设备、电子产品的研发、销售；智能电网、电子信息领域的技术咨询、技术转让；电力工程设计施工、电子工程施工。获取的资质有：施工许可证（电子工程专业承包叁级）、安全许可证、ISO9000质量管理体系认证、计算机软件著作权证。

根据集团公司业务整合需要，按照与合作方达成的共识，拟对科智得公司实施清算关闭。截至2015年年末，相关主体工作已基本完成。

2、成都鲁能压缩天然气有限责任公司

成都鲁能压缩天然气有限责任公司成立于2001年1月，注册资本3000万元。科锐得集团占股30%。经营范围为：主营压缩天然气经营；五金交电化工（不含化学危险品）销售；农牧产品销售；商业贸易；信息咨询；起重机械和电站附属机械销售。经营期限为45年，取得了所有主营业务所需的证书。该公司在成都市二环路周边先后建成投产经营5座CNG加气站。

3.自贡翔能电力设备制造有限公司

自贡翔能电力设备制造有限公司其前身为自贡翔能铁塔设备制造厂，于2013年5月改制后，由自贡电力建设集团有限公司、自贡裕鑫投资管理公司、四川科锐得实业集团有限公司共同出资设立，注册资本6006万元。科锐得集团占股16.65%。主营业务为：220千伏及以下输电铁塔、铁附件、定型金具、钢结构件和塔型建筑物、对外承接金加工、热浸镀锌以及相关检测业务、高低压开关柜、电能计量柜、计量箱以及各种动力配电屏、配电箱的制造；建材、化工原料、化工产品（不含危化品及易制毒品）、电气设备安装、维修、劳务服务、机电产品的维修、代购代销、静电喷型业务。现有生产资质：220千伏及以下输电线路及铁塔附件的生产许可证，高、低压开关柜设备等6个单元的生产证书。

4.黑水冰川水电开发有限责任公司

黑水冰川水电开发有限责任公司成立于2004

年，注册资本8000万元。科锐得集团占股3.06%。该公司主要进行水电开发、生产、销售，现主要运营竹格多水电站，其装机容量 2×40MW，设计多年平均年发电量3.79亿千瓦时。该电站于2006年5月投产发电。

【代管公司】

四川电力实业总公司（以下简称电力实业公司）于1984年7月成立，注册资本2400万元。成立之初系经西南电业管理局批准成立的西南电力实业股份有限公司，后更名为西南电力实业总公司，1992年11月经四川省电力工业局批准更名为四川电力实业总公司。主营业务范围为机电设备安装工程；送变电工程；电力工程；水利水电工程；工程设计；计算机服务业、软件业；项目投资；建筑智能化等。现具有省安全技术防范工程设计、安装、维修、营运一级；承装、承修、承试二级；机电安装总承包二级；送变电专业承包二级；机电设备安装专业承包二级；建筑智能化承包二级；水利水电施工总承包三级；市政公用工程总承包三级；电力工程总承包三级；环保工程专业承包三级；电子工程专业承包三级；城市及道路照明工程专业承包三级等资质，为通过“三个体系”认证和符合 GB/T50430-2007〈工程建设施工企业质量管理规范〉的企业。

电力实业公司设有9个职能部（室）、3个分公司、1个建设中心，1个全资子公司，控（参）股了9家公司，并在川内下设有多个项目管理部，现有员工146人。

按照《国网四川省电力公司关于四川格瑞德资产管理公司集体企业改革改制实施方案的批复》（川电体改〔2015〕7号）文件精神，电力实业公司所属的四川瑞光实业有限公司于2015年启动实施清算关闭。截至2015年年末，前期程序和大部分阶段性工作已基本完成。

2015年，电力实业公司完成和参与了成都地铁3号线一期工程110千伏主变电所系统集成与施工总承包项目110千伏送电线路工程、成都地铁3号线一期工程110千伏红牌楼南主变电所房屋建筑及电气安装工程、成都地铁3号线一期工程110千伏主变电所系统集成与施工总承包110千伏对侧间隔改扩建及通信系统、控制中心与数据中心改造工程、宜宾叙府—南溪220千伏线路工程Ⅰ标、2015年资阳地区农网改造升级工程、阿坝镇江关220千伏变电站110千伏配套工程、凉山冕宁220千伏变电站110千伏配套送出工程、江油攀钢集团江油长城特殊钢有限公司灾后重建项目-外部供电工程总承包项目等一系列工程项目建设。同时自主研发的EP—2004M型数字网络遥视报警系统，已广泛应用于各行各业。

电力实业公司自成立以来，历年均实现了资产的保值增值目标，实现了安全生产“零”事故目标，承建项目优质率100%，用户满意率100%，受到了各级管理部门及业主方的一致好评。先后荣获中国AAA级信用企业，四川“先进安装企业”，成都市、区“纳税先进企业”、“社会治安综合治理”先进单位、“安全生产工作模范单位”等多项荣誉称号。

（胡　兵）

英大泰和财产保险股份有限公司四川分公司

【总公司概况】英大泰和财产保险股份有限公司（以下简称“公司”）是由国网英大国际控股集团有限公司等27家国有大型骨干企业发起设立，经中国保监会批准设立的一家全国性股份制财产保险公司。公司注册资本金21亿元，总部设在北京，于2008年10月28日获准开业。

公司拥有北京、陕西、湖北、上海、辽宁、山东、河南、江苏、四川、湖南、广东、河北、浙江、青岛、大连、山西、福建、黑龙江、内蒙古、宁波、安徽、厦门、深圳、天津等24家区域分公司，荆州、榆林、临沂、潍坊、烟台、鞍山、锦州等多家中心支公司。

【业务经营范围】财产损失保险；责任保险；信用保险和保证保险；短期健康保险和意外伤害保险；上述业务的再保险业务；国家法律、法规允许的保险资金运用业务；经中国保监会批准的其他业务。

英大泰和财产保险股份有限公司是国家电网公司直属金融单位，是一家全国性保险公司，负责承保国网系统内的各类保险业务，提供风险管理、理赔服务、防灾防损、保险培训等工作。

【股东单位】

序号 No.	股东单位	Shareholders
01	国网英大国际控股集团有限公司	State Grid Yingda International Holdings Cooperation, LTD.
02	中国电力财务有限公司	China Power Finance Co., LTD.
03	国网上海市电力公司	State Grid Shanghai Municipal Electric Power Company
04	国网湖北省电力公司	State Grid Hubei Electric Power Company
05	国网辽宁省电力有限公司	State Grid Liaoning Electric Power Supply Co.,LTD
06	国网陕西省电力公司	State Grid Shaanxi Electric Power Company
07	国网北京市电力公司	State Grid Beijing Electric Power Company
08	国网河北省电力公司	State Grid Hebei Electric Power Company
09	国网山西省电力公司	State Grid Shanxi Electric Power Company
10	国网山东省电力公司	State Grid Shandong Electric Power Company
11	国网江苏省电力公司	State Grid Jiangsu Electric Power Company
12	国网浙江省电力公司	State Grid Zhejiang Electric Power Company
13	国网安徽省电力公司	State Grid Anhui Electric Power Company
14	国网福建省电力有限公司	State Grid Fujian Electric Power Co.,LTD
15	国网湖南省电力公司	State Grid Hunan Electric Power Company
16	国网河南省电力公司	State Grid Henan Electric Power Company
17	国网四川省电力公司	State Grid Sichuan Electric Power Company
18	国网黑龙江省电力有限公司	State Grid Heilongjiang Electric Power Co.,LTD
19	国网冀北电力有限公司	State Grid Jibei Electric Power Co.,LTD
20	国网天津市电力公司	State Grid Tianjin Electric Power Company
21	国网江西省电力公司	State Grid Jiangxi Electric Power Company
22	国网重庆市电力公司	State Grid Chongqing Electric Power Company
23	国网吉林省电力有限公司	State Grid Jilin Electric Power Co.,LTD
24	国网甘肃省电力公司	State Grid Gansu Electric Power Company
25	国网宁夏电力公司	State Grid Ningxia Electric Power Company
26	国网新源控股有限公司	State Grid XinYuan Company.,LTD
27	内蒙古电力（集团）有限责任公司	Inner Mongolia Power(Group)Co.,LTD

【组织架构】

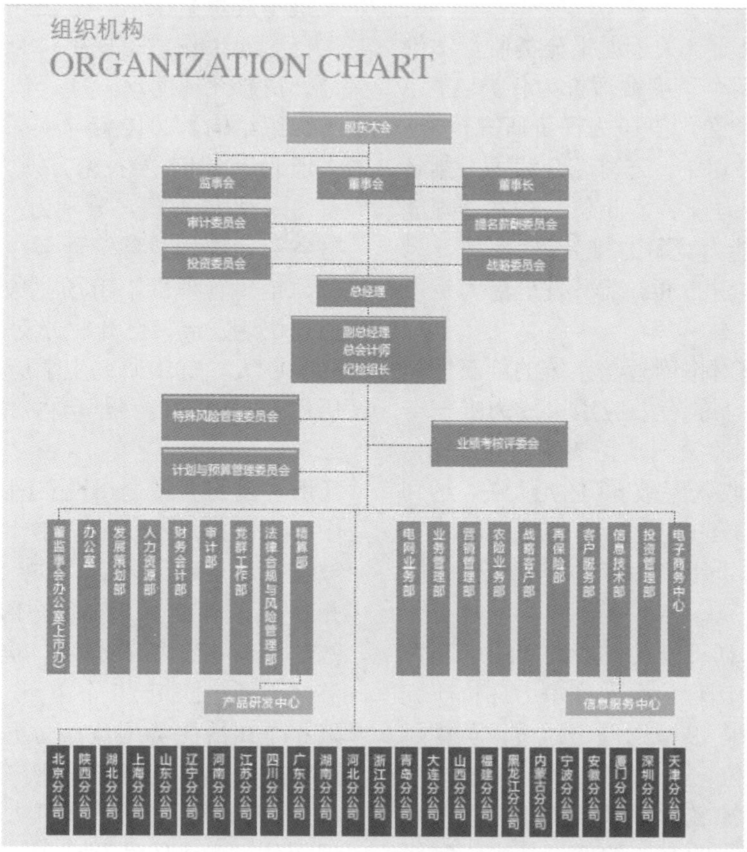

【技术、经济力量】

2009 年，公司实现保

费收入 6.49 亿元、利润 1056 万元，实现了第一个完整经营年度盈利的目标，成为自保监会对非寿险业务各项准备金评估和计提做出明确规定以及新会计准则实施后，第一家在开业后第一个完整经营年度实现当年盈利的财产保险公司，打破了保险公司成立 3—5 年不盈利的常规，创造了保险行业的奇迹。

2010 年，公司保费收入 17.56 亿元，资产总额 31.55 亿元，利润总额 3,112 万元，年末偿付能力充足率 436.40%。

2011 年，公司保费收入 30.16 亿元，资产总额 49 亿元，利润 2.91 亿元，同比增长 836%，实现公司成立后连续三年经营盈利的目标，年末偿付能力充足率 482.71%。

2012 年，公司保费收入 50.15 亿元，实现利润 3.16 亿元，年末偿付能力充足率 288.56%。

2012 年 8 月，中央财经大学“保险公司竞争力评价研究”课题组在 2012 年发布的中国财产险公司综合竞争力排名中，英大泰和财产保险股份有限公司在中国 46 家财产保险公司当中，超过多家中资及外资同业公司，以优秀的竞争力位列第 5 位。

2013 年，公司保费收入 66.77 亿元，同比增长 33.13%，其中，市场业务 45.83 亿元，同比增长 61.27%；实现利润 3.58 亿元，同比增长 13.3%，业务发展超过行业平均增长水平。年末偿付能力充足率 232.65 %

2013 年，中国保监会《关于通报分类监管评价结果的函》中公司连续两个季度被评价为分类监管 A 类公司。《2013 中国保险公司竞争力评价研究报告》中发布全国 47 家财险公司中，公司综合竞争力排名第 5 位；其中，盈利能力排名第 5 位，资本管理能力排名第 11 位，经营能力竞争力排名第 22 位，风险管理能力竞争力排名第 25 位，业务发展潜力竞争力排名第 4 位。

2013 年，公司凭借对电网理赔系统的创新性建造和在理赔等保险业务上的有效应用，成为唯一一家获得 2013 年度亚洲保险公司典范奖的保险公司。

2014 年，公司保费收入突破 65 亿元大关，达到 65.12 亿元；实现利润 3.89 亿元，同比增长 8%；实现投资收益 4.61 亿元，同比增长 50%。年末偿付能力充足率 238.41%

2014 年 由中国精算研究员权威发布的综合性年度研究报告《2014 中国保险公司竞争力评价研究报告》对外公布，在全国 49 家财险公司中，英大财险综合竞争力排名第 7 位。

2014 年 3 月，国际知名研究和咨询机构 Celent 公司面向亚洲金融保险行业举办的信息技术领域优秀保险公司评选结果在新加坡揭晓。公司凭借对移动车险系统创新性的建造和在理赔等保险业务上有效的应用，被授予了 2014 年亚洲保险公司典范奖。

2014 年 3 月，公司工会荣获“国家电网公司工会工作先进单位”荣誉称号。

2015 年 4 月 3 日，《21 世经济报道》节选发布了 2014 年度《亚洲保险竞争力排名研究报告》。报告显示，在东亚洲 353 家财险公司中，英大财险竞争力排名 39 位；在中国内地，英大财险竞争力排名第 9 位，成为中国财险公司十强企业之一。2015 年在中国保险报组织的“中国保险业影响力赔案”中，通过专家票选和评委会佟选，在多个保险公司报送的众多案例中，英大财险选送的“心系社会，勇于承担，优质完成马航千万元赔付工作”及“2 个月完成港口建工一切险千万赔案”分别获评中国保险业 2015 年度、月度、年度十大赔案。

2015 年公司实现保费收入 65.12 亿元，实现利润 3.89 亿元。公司同时获得：惠誉国际财务实力“A-”评级和 中国价值成长性十佳保险公司。

【四川分公司概况】四川分公司是英大财险首批设立的省级分公司之一，自 2010 年 10 月开业经营以来，始终秉承“诚信、责任、创新、奉献”的核心价值观，为国网系统内外的 5 万多名车主、1500 亿元的资产提供省时、省心、省钱的优质周到服务。

【班子成员】朱滨　分公司党支部书记、总经理，主持全面工作。王松林　分公司副总经理。张颖皓　分公司总经理助理。

【组织结构】2010 年 7 月，分公司入驻高新区天府大道北段 1480 号拉德方斯大厦东 13 楼。公司设置有 9 个职能部门，分别为：办公室、人力资源部、财务会计部、业务管理部、客户服务部、电网业务部、销售管理部、市场业务部、战略客服部。随着公司快速发展，已开业分支机构 13 家，签订劳动合同 309 人。其中研究生学历占全员 1.94% ；本科学历占 50.81%；专科学历占 37.54%；专科以下学历占 9.71%。

【服务网络】在全川设立南充、德阳、泸州等 3 家中心支公司，都江堰、崇州、金堂、新都、彭州、双流、龙泉驿、温江、邛崃、营山 10 家支公司，达州、绵阳等 17 家市州客户服务分部，共签约合作维修厂 385 家、汽车 4S 店 89 家、公估公司 3 家。服务网点覆盖四川 20 个市州、181 个县区市，建立了遍布全川的服务网点，为更好的服务于全省电力客户和市场客户奠定了基础。

【公司优势】公司拥有强大的股东实力、优秀的管理团队、先进的经营理念；具有专业化的风险管理能力、精益化的综合服务能力、差异化的产品开发能力。英大泰和财产保险股份有限公司以“一流的服务质量、一流的工作效率、一流的公司信誉”为宗旨，电力行业的保险专家，保险行业的电力专家，保证各项业务稳步发展，树立了良好的社会形象。

【组织架构】

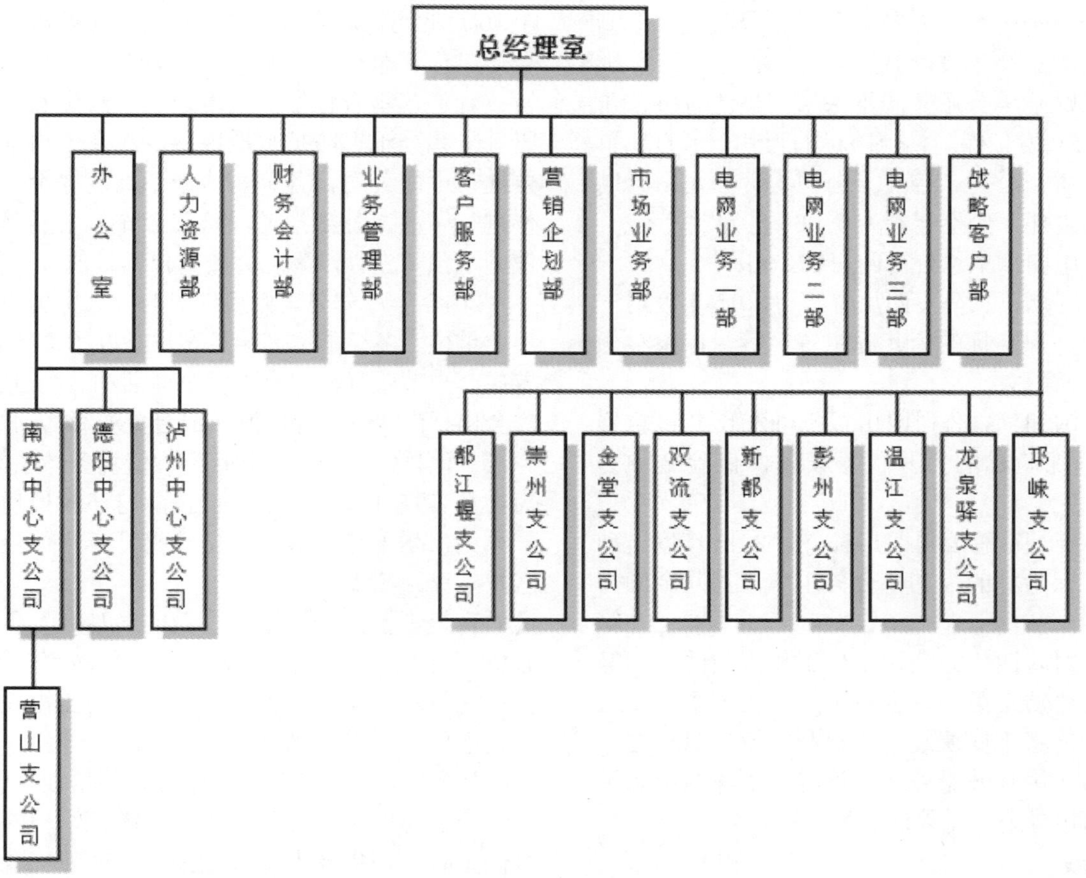

【重大承保】2015 年，在英大财险四川分公司全体工作人员的共同努力下，齐心协力克服承保前、承保中、承保后的各种困难，顺利完成了以下几个重点单位的承保工作。

一、电力系统单位

（一）国网四川省电力公司

承保国网四川省电力公司2015年度财产保险一切险，保险标的为其下属的各个地市州电力公司和直属单位的固定资产，保险金额为1536.65亿元。

承保国网四川省电力公司2015年度电网机器损坏保险，保险标的为其下属的各个地市州电力公司和直属单位的机器设备等，保险金额为157.2亿元。

承保国网四川省电力公司2015年度建筑工程一切险，保险标的为其下属的各个地市州电力公司和直属单位的在建工程和工程物资，保险金额为236.52亿元。

承保国网四川省电力公司2015年度机动车辆保险，保险标的为其下属的各个地市州电力公司、直属单位、控股、多经等单位的公务用车，保险金额为27.79亿元。

（二）中国华电集团公司

与平安财险等公司共同承保中国华电集团公司2015年度财产保险一切险，保险标的为其下属单位的固定资产等，保险金额为79.96亿元。

与平安财险等公司共同承保中国华电集团公司2015年度机器损坏保险，保险标的为其下属单位的机器设备，保险金额为29.4亿元。

与平安财险等公司共同承保中国华电集团公司2015年度建筑工程一切险，保险标的为其下属单位的在建工程，保险金额为7.76亿元。

二、其他单位

（一）攀钢集团有限公司

与人保财险等公司共同承保攀钢集团有限公司2015年度财产保险一切险，保险标的为其下属直属单位、所属全资子公司、控股子公司、分公司、改制企业固定资产等，保险金额为120.39亿元。

与人保财险等公司共同承保攀钢集团有限公司2015年度雇主责任保险，保险标的为其下属直属单位、所属全资子公司、控股子公司、分公司、改制企业的员工，保险金额为19.44亿元。

与人保财险等公司共同承保攀钢集团有限公司2015年度公共责任保险，保险标的为其下属直属单位、所属全资子公司、控股子公司、分公司、改制企业的公共责任，保险金额为0.065亿元。

（二）中国烟草总公司四川省公司

承保中国烟草总公司四川省公司2015年度财产保险一切险，保险标的为其固定资产等，保险金额为27.28亿元。

承保中国烟草总公司四川省公司2015年度机器损坏保险，保险标的为其机器设备，保险金额为15.74亿元。

承保中国烟草总公司四川省公司2015年度机动车辆保险，保险标的为其他公务用车，保险金额为1.08亿元。

在英大财险四川分公司全体工作人员的共同努力下，坚持“质量第一，客户至上”的理念，在工作过程中始终将承保质量、客户利益放在第一位，“用心沟通、用真诚服务”，让客户深深体会到了英大财险四川分公司无限的关怀。

【重大理赔】

（一）“6·25”达州洪灾案件

2015年6月下旬，达州出险大面积暴雨灾害天气，造成达州供电公司辖区内大面积电网资产受损，本次强降雨造成达州境内达州市、宣汉县、新桥乡区电网资产受损最为严重。其中达州供电公司报损金额900万元，此次强降雨导致国网四川宣汉县供电有限责任公司资产中主业资产报损金额300万元，国网四川达州市新桥供电有限责任公司部分报损金额80万元，此次暴雨灾害报损合1280万元。

达州供电公司受灾后，四川分公司高度重视，公司理赔人员与电力公司保持密切的联系，并指导电力公司进行损失统计。7月5日，四川分公司派出查勘队伍赶赴达州，到电力公司了解损失情况，并根据电力公司提供的受损清单安排现场查勘工作。查勘理赔人员在白天冒雨和高温酷暑等条件下，仍坚持完成现场查勘工作，晚上进行紧张的汇总工作，通过20余天的现场查勘，完成了20多个供电所受损电网资产的核实统计工作，确定了达州供电公司下属各个单位的资产损失数量。经过理算和多次与广安供电公司沟通协商，达成了赔付协议，此次灾害赔款金额为199.02万元。

（二）电网业务防灾防损及车险增值服务

按总公司电网部切实做好2015年汛期电网业务客户服务部工作相关文件部署，四川分公司在7月至10月期间针对电网单位先后开展了两次防灾防损合作工作，总计提供价值近百万的合作物资并如期发放到位，物资包括防汛编织袋、救生衣、充气皮艇等一系列汛期防护救援装备，涉及全川十余个主要地市电网公司，各公司给予了高度评价，部分单位进行了内、外部报道，防灾合作效果显著。切实做到了预防先行，为电力资产保驾护航。

2015年，分公司先后针对为广大电力单位、企事业单位、多经单位等会员客户举办了“尊享泰和”首届客户节暨行车安全大型公益活动、“文明驾驶，安全出行”活动、客户俱乐部会员观影活动等项目，完成了俱乐部“非事故救援”增值服务体系的构建，为会员客户开通了违章短信提醒与违章处理功能等一系列俱乐部增值服务，持续提升客户体验，深受客户好评。

【教育培训】人力资源是企业的最具有竞争力的核心资源，该公司始终稳步推进员工的教育培训工作，保质保量完成年度教育培训工作，切实提高员工的个人素质、工作技能和业务水平。2015年，公司开始统计各部门的培训需求，精心编写培训工作计划，结合分公司实际情况和需求确定教育培训的主题，将侧重点放在提高人员基础知识、应知应会、基本技能的培训上；对于核心业务骨干，着重从领导力、沟通力、组织力和决策力方面培养业务骨干的管理水平，通过实际演练和讲练结合来提高实际工作技能；在依法治企，注重合规的基础上营造良好的学习氛围，打造学习型企业，进一步提高公司的核心竞争力，保证公司持续健康稳定的发展。分公司2015年举行培训共21次，其中内训19次，外训2次。2015年教育培训工作主要包括：

1. 培养新军，加强人员梯队建设

分公司十分重视新入职员工的培训工作，为从自我角色定位，心理调节能力，职业生涯规划多方面帮助新入职员工尽快适应工作需要，适应公司环境，分公司会针对新入职员工进行集中开放式、分享式培训，帮助员工迅速成长。

2. 提升中层管理人员技能，增强管理水平

为进一步提高分公司管理人员的自我角色定

位，树立管理意识，在合格管理者的基础上成为优秀的管理者，掌握目标管理，绩效管理技能，全面提升中层管理能力，提高对员工的激励，分公司中层管理者参加了“从合格到优秀”培训班。

3. 着眼一线员工，提升实操能力

客户的满意是分公司工作最大的肯定，为提升专业技术岗位人员的工作水平，提高工作效率，全面服务客户，公司开展了提升理赔人员定核定损技能培训，培训采取理论讲授与实际操作结合的方式进行，效果明显。

4. 重点培养岗位技术人员，做好人员考试工作

分公司作为金融企业，一直将全面服务客户作为公司的重点工作，为最大程度提升客户满意度，从保单的前期沟通、过程中销售到承保、查勘、理赔的各环节都要求员工具有过硬的专业素质和较高的服务意识。2015 年，分公司从保险从业人员基本应知的法规到销售技能、查勘定损人员等各个方面对相关岗位人员进行培训。在培训结束后开展培训效果的评估和跟踪反馈，及时了解培训中的不足，为今后更好开展培训工作奠定基础。与此同时，积极配合总公司组织开展专业条线人员进行两核知识的考前专业培训与考试组织。

5. 提升合规意识，依法合规经营

分公司一直坚持依法合规、不踩红线，做到严格遵守四川保监局和英大财险总公司的基本要求，也是行业自律和四川分公司的基本共识和目标。为及时宣导最新法律法规，不断加强法律法规建设，2015 年中，分公司多次组织有关保险法司法解释、反洗钱、典型诉讼案例剖析及监管单位、总公司相关合规要求等培训学习，并组织全员参加合规考试。

【党建群团成果】分公司党支部根据总公司党总支要求积极开展各项活动，不断加强党组建设，完善党组织在公司的积极带头作用，在建设的同时开展了“四风问题整治工作”“分公司廉政建设”“党员服务队组建”等多项党群工作。

2015 年 4 月，四川分公司党支部积极响应总公司党总支号召成立了“英大财险四川党员服务队”，并参与到总公司党总支组织的“英大财险共产党员服务队组建及竞赛活动”中。5 月由分公司党员组成的“英大财险四川党员服务队”面对社会和客户积极开展各项服务活动，服务了广大社会保险客户；8 月和 9 月汛期期间，在支部党组书记及纪检委员带领下多次开展了“防灾防汛，共建平安” 防汛物资捐赠活动，维护了党的形象，增强了党的威望，充分发挥了共产党员的先锋模范作用。11 月 19 日—12 月 4 日，组织开展了“关于开展公司学习贯彻党的十八届五中全会精神暨 2015 年第四季度工作会议内容网络考试”“英大财险四川分公司党支部民主生活会和组织生活”，通过学习和考试，提高了党员的政治素质；通过开展党内的批评与自我批评，工作思路更清晰，目标更明确。

分公司工会于 2015 年 2 月 7 日在成都行政学院组织举办了“我运动，我健康，我快乐”为主题的趣味运动会。

分公司工会为丰富员工业余文化生活，倡导健康工作、健康生活的理念。7 月 24 日，在分公司职场附近的“和嘉天健”运动场馆，举行了四川分公司乒乓球选手预选赛。

2015 年 7 月中旬至 8 月初，分公司工会为做好防暑降温工作，保障员工的健康权益，推动改善员工生产生活条件，确保身体健康、平安度夏，公司工会认真贯彻总工会的指示精神，每年夏季继续开展“送清凉”活动。

为弘扬保险行业核心价值观和文化建设精神，展现四川保险人的良好精神风貌，分公司办公室、工会共同组织分公司员工参加四川省保险行业协会于 2015 年 10 月 24 日在成华区熊猫体育公园举办了四川保险行业 2015 年综合运动会。

2015 年 12 月 31 日下午，分公司总经理朱滨、工会主席张颖皓一同在分工会新布置的“职工之家”慰问了元旦期间坚守岗位的工作人员，向大家致以新年祝福和美好祝愿。

【共青团活动】

（一）文化教育之行

2015 年 4 月，分公司团支部组织分公司 60 名团员青年前往四川省博物馆进行了参观。四川省博物院馆藏文物达 26 万余件，其中国家一级文物 1399 余件，在讲解的带领下，分公司青年团员先后参观了“艺境天工-中西方珍宝艺术展”“张大千文化”“巴蜀青铜馆·汉韵馆”三个系列展厅并进行了详细的讲解。此次博物馆之旅，大家还自行观看了包含陶瓷、青铜器、民族文化、工艺美术、藏传佛教、汉代陶石艺术等陈列室，全面的反映了四川巴蜀文化的辉煌历史，展品众多，精品迭出，具有浓郁的地域文化特色。

（二）健康跑活动

2015 年 11 月，在英大财险成立七周年之际，总公司团委组织并开展了以“同跑健康步”为主题的庆祝活动。根据活动内容，每一个分公司跑出一个字母，最后共同拼成以“Happy Birthday YDPIC Seven!”的跑步主题。四川分公司负责跑小写字母 t，跑步里程数 7 公里，以此为公司成立七周年献上最

珍贵的礼物，2015 年 11 月，在分公司团员青年共同协作下以 45 分钟完成了整个跑程。

【2015 年电网宣传】

为进一步做好电力单位业务维护工作，提高股东单位客户满意度，在做好股东业务的核心基础上，根据总公司“同心圆”战略模式，向外延伸发展多经、电力上下游及电网职工业务。

2015 年，分公司总经理朱滨亲自带队赴四川省电力公司客户服务中心、温江供电公司、龙泉驿供电公司、四川科锐得实业集团、国电大渡河公司等多家电力系统单位进行拜访，就职工私家车辆财险宣传工作进行了探讨和交流，职工私家车专属产品是为电力系统单位此辆提供更优惠、优质、贴心的专属保障，各单位领导对职工车专属产品表示非常认可和支持，主动要求进行专题培训会，为单位职工进行详细的保险知识讲解。

分公司电网业务部组织了大量的宣传服务活动，分别前往四川省电力公司检修公司、四川省电力公司客服中心、乐山供电公司、广安供电公司进行业务宣传，免费提供车辆检测，保险理赔知识咨询，加大了电网职工车辆的保险业务的宣传力度及该公司在电力单位的影响力，做到以服务打动客户，得到广大职工的认可，为分公司集团职工车业务的发展打下基础。

【2015 年诉讼典型案件剖析】

案例一：庭审中严格审查原告证据

案情简介：

2015 年 4 月 16 日 19 时 30 分，卿平刚驾驶川 MCH667 号普通二轮摩托车由雁江区伍隍镇往石岭镇方向行驶，当车行驶至伍隍镇一碗水村往石岭镇 850 米处时，因逆向行驶与相对方向邹涛驾驶的川 MT8353 轻型普通货车相撞，造成卿平刚受伤，两车受损的道路交通事故。资阳市交通警察大队认定卿平刚负事故主要责任，邹涛负事故次要责任。

事故发生后，卿平刚在资阳市第一人民医院住院治疗，出院后在四川求实司法鉴定所鉴定伤残等级为十级。事故双方在协商处理时，由于对赔付金额未能达成一致，卿平刚遂于 2015 年 10 月 16 日起诉至资阳市人民法院雁江区人民法院。法院于 2015 年 11 月 16 日开庭审理，庭审中卿平刚称自己在东莞市泰美针织有限公司工作，并出具公司证明、企业营业执照复印件和资阳市雁江区园艺村村委会证明，并有证人出庭作证，以证明自己在城镇务工一年以上，要求按照城镇标准得到赔偿。公司代理人在质证和询问时，针对证人证言中工作地点与书证不符、工资为银行转账，工资表只有卿平刚一人与常识不符，村委会证明真实性无法确认这几点进行了抗辩。法院据此要求卿平刚出具银行卡和银行流水单，并出具村委会证明人的身份证明，以证明其务工的真实性，卿平刚不能出具以上证据，法院最终按照农村标准进行判决，卿平刚未对判决结果表示异议，本案减损 3 万余元。

案件评析：

本案的争议焦点在于卿平刚出具了在城镇务工证明，如何辨明证据真伪和采取措施。根据最高人民法院对农村户籍人员的残疾(死亡)赔偿金计算标准的司法解释规定，收入来源于城镇并且长期居住地在城镇的农村务工人员可以按照城镇标准得到赔偿。这就令不少未在城镇务工的农村户籍伤者，在不少法律工作者的授意下制造伪证，骗取保险公司赔偿金差额。就本案而言，卿平刚出具了公司营业执照、工资表，并安排人员出庭作证，这一套看似严谨可以形成证据链的证人证言和证据。在公司代理人仔细的审查和询问中，很快就发现破绽，其中询问原告本人和证人十分重要，对上班的时间、地点、单位详细名称（全称）、工种、收入情况、工资每月发放时间和方式、是否有劳动合同和工资表等均需详细询问，如果系虚假伪证，很容易发现大量矛盾的信息，结合公司的调查就能够明确原告证据的真伪。另外，对于很多村委会、居委会出具的证明材料，绝大多数都极为不负责，只要有当地居民提出相应主张，就可以出具证明，出庭人员可以针对其出具证明人员是否签字，以及签字人员相关身份和证明力进行抗辩。最后对证据真伪的辨别，也需要我司在前期进行调查核实，争取取到相反的证据，才能更有力的进行反驳。

案例二：醉酒驾驶商业险拒赔是否需要告知

案情简介：

2014 年 3 月 20 日，肖世军醉酒驾驶川 KA2991 号轿车，行至内江市市中区腾飞路大千建材市场路口时，与由黄太勇驾驶的搭乘陈永、闵兴国、陈亮的川 K02F59 号二轮摩托车相撞，造成黄太勇、陈永、闵兴国、陈亮受伤，黄太勇后经抢救无效死亡的交通事故，内江市交警直属一大队出具《道路交通事故认定书》认定：肖世军因醉酒驾驶机动车，驾驶违反禁止标线指示，承担事故主要责任，机动车驾驶人黄太勇因驾车不按规定载人，驾驶二轮摩托车未佩戴安全头盔承担事故次要责任。

事故发生后，肖世军因涉嫌危险驾驶罪、交通肇事罪被内江市公安局直属分局刑事拘留。公司在事故发生后，经肖世军申请垫付了医疗费 1 万元。2014 年 4 月 14 日，内江市东兴区人民法院裁定公司先行支付闵兴国10万元医疗费，公司认为肖世军醉酒驾驶商业险拒赔，而交强险只应担垫付医疗费1万元的义务，并且公司已支付，法院再要求公司赔付医疗费10万不合理，于是申请复议，被驳回后执行了裁定。2015年收到法院传票，定于3月31日开庭审理。庭审中法官认为公司需提供告知商业险拒赔的告知证据，才能对商业险免赔。公司随后向总公司申请并拷贝了电销录音，结合投保单才成功向法院证明了公司向客户尽到了“醉酒驾驶免赔”的告知义务，最终法院判决公司在交强险限额内先予赔偿12万元（品跌之前已支付的11万元后，还需赔偿1万元），之后依法享有对肖世军的追偿权，商业险成功拒赔。

案件评析：

本案的争议焦点在于醉酒驾驶商业险拒赔是否需要告知，根据最高人民法院关于适用《中华人民共和国保险法》若干问题的解释（二）“第十条 保险人将法律、行政法规中的禁止性规定情形作为保险合同免责条款的免责事由，保险人对该条款作出提示后，投保人、被保险人或者受益人以保险人未履行明确说明义务为由主张该条款不生效的，人民法院不予支持”之规定，按照常规理解，保险公司仅需在投保单上提示有该免责条款即可，甚至只需证明保险公司给予了客户保险条款。但是各地人民法院对该解释理解不同，处理方式也不尽相同，部分人民法院仍然要求保险公司对“将法律、行政法规中的禁止性规定情形作为保险合同免责条款的免责事由”履行明确说明义务，因为该解释中“保险人对该条款作出提示后”，其释义并不明确，给人民法院的理解空间过大，部分保守的法官仍然认为就是指“需要告知”。鉴于本案中公司代理人员及时向法院出具了电销电话录音，结合投保单才证明了公司尽到了告知义务，因此提示保险公司仍然需要做好告知义务的证据收集，避免人民法院在判决中仍然坚持需要告知义务。本案公司已启动追偿工作，对交强险先行赔付的12万元进行诉讼追偿中。

（房　芳）

四川启明星物业管理公司

【公司概况】

1．历史沿革。四川启明星物业管理有限公司是省公司下属全资子公司（以下简称公司），2000年6月由原省电力工业局行政处、机关生活服务公司、机关劳动服务公司、机关印刷厂等合并组建而成。2001年4月在工商局登记，注册资金500万元。2013年12月，物业公司纳入“三集五大”体系建设。

2．组织机构。公司领导班子现有7人，下设办公室、财务资产部、物资供应部、人力资源部、党群工作（监察审计）部和物业服务中心。其中，物业服务中心下设办公区、住宅区、餐饮服务等13个项目部。代管电力经贸公司和电力出版社成都发行站均属集体企业，按照省公司统一部署正在进行清算注销。

3．人员情况。现有全民员工62人。社会用工902人，其中劳务派遣450人，劳务外包452人。

4．主要职责。（1）承担省公司生产运营综合楼、规划设计综合楼、东院（东风路21号）、省公司计量中心、供电服务中心、应急基地、眉山供电公司办公大楼、甘孜州泸定习服基地等8个办公区物业服务，服务面积达28万平方米。（2）承担五洲花园、启明公寓等14处住宅小区物业服务以及干部交流房的管理和服务工作，服务面积达22万平方米。（3）承担本部等7个食堂、四川科锐得招待所、五洲餐厅、名雅山庄会议服务中心的管理和服务工作，为省公司的公务接待和会议培训提供强有力的支撑，保障作用发挥明显。

5．服务内容。（1）配电、中央空调、精密空调、电梯、消防的安全运行维护。（2）工程维修、设备维保、桌面办公系统维护。（3）会议服务、礼仪接待、餐饮服务、保洁护卫。近年来还承担大型电网建设后勤保障工作和灾后应急后勤保障任务。

【经营业绩稳步攀升】2015年，公司在省公司和后勤工作部的坚强领导和大力支持下，按照年初工作部署和要求，着眼新的形势任务，积极应对公司发展面临的新常态，依法治企强管理，改善经营促发展，狠抓以服务和保障为中心的各项工作落实，物业服务与后勤保障安全、优质、高效，在省公司后勤保障体系中的支撑作用发挥明显。物业公司实现营业收入9735万元，利润总额50.33万元，同比增加34.64%，全面完成省公司下达的各项考核指标。

【安全管理】公司深入开展“安全月”和“百日安全”专项竞赛等安全教育培训活动，进一步筑牢安全意识防线；加强物管区域配电、空调、电梯、消防等设施设备维保维修；针对综合楼各种突发状况，编制专业规范的应急预案，实现了设施设备的专业化应急保障，安全管理的技术防线更加牢固；组织生产运营综合楼应急演练，安全应急处置能力得到提高，省公司刘勇副总经理现场观摩指导，给予高度评价；制定《安全生产管理考核办法》，设立安全专项基金，实行安全奖惩机制，建立健全安全保障体系和安全监督体系；结合“安全月”活动，多次组织配电、空调、消防、电梯、食品、住宅小区等专项安全检查，确保了物管区域的安全形势总体保持平稳。省公司生产运营综合楼实现安全运行1600余天，住宅小区实现安全运行2500余天。物业服务中心和生产运营综合楼项目部分别被省公司评为安全生产先进集体和先进班组。

【物业服务水平】公司加强物管区域秩序维护、环境服务等常态物业服务和公务接待、会务服务等特约物业服务，促进了物管区域服务质量的提升，服务满意率达98%以上；强化物管区域消防、电梯、中央空调、二次供水、配电等系统的维修、维保、改造等工程维护工作，确保了设备设施的顺利运行；组织会务、保洁等服务技能培训，形成了服务技能培训的常态化机制；与国网福建、宁夏、江苏等系统内物业公司开展业务交流，促进了服务保障水平的提升。

【本部事务保障】公司始终着眼依法治企和保值增值，积极主动开展工作，理顺服务保障机制，加强省公司本部委托房产管理，坚持预算管理，工程维修、物资采购等更趋规范；以生产运营综合楼和规划设计综合楼为重点，强化本部事务服务保障，满足了省公司本部和西南分部服务保障需求。按照后勤部要求，完成生产运营综合楼配电室改造、设施设备标准化体系建设、中央空调冷凝水系统节能改造工程，对规划设计综合楼186项设施设备进行消缺整改，完成西南分部功能改造和办公室调整，对现有配电设施进行升级改造，确保了西南分部调度控制中心供电安全可靠；按照“健康食堂”要求，加强本部食堂等11个餐饮服务点餐饮保障工作，餐饮满意率在98%以上。巩固“健康食堂”创建成果，监理公司食堂、客户服务中心食堂通过省公司“健康食堂”验收，促进了“健康食堂”创建活动的深入开展；设立专门项目部，管理省公司本部及部分直属单位交流干部用房，全年提供18000余人次住宿。

【工程物业保障创新】公司总结川藏联网工程后勤保障做法和经验，评估后勤保障对大型电网建设工程的支撑工作，汇编上报《川藏联网工程后勤服务手册》，为国网公司大型工程建设后勤保障提供了经验。积极做好西藏联网工程后勤保障前期工作，3次开展实地调研，精心编制保障方案，前期相关工作按计划顺利推进。

【品牌建设】公司高度重视服务品牌建设，眉山公司办公楼保持省级“优秀物管大厦”称号；落实质量管理要求，顺利通过长城质量认证中心质量环境一体化管理体系的再认证；主动协调省住建厅、市房管局等单位，保持了公司物业服务二级资质和省房地产业协会、市物业管理协会相应理事单位及会员单位资格；大力加强管理创新，“以卓越服务为目标的省级电网企业综合物业服务体系建设”和“高原电网工程后勤保障探索与实践”荣获2015年省公司管理创新成果二等奖。

【依法治企】公司以“依法治企年”活动为契机，开展国网公司通用制度宣贯培训、清理废止工作，共废止2项、修订8个规章制度，健全了物业服务管理制度体系；在工程维修项目管理和非招标物资采购等风险领域，严格执行公司《工程维修项目管理规定》，促进了工程维修和物资采购管理的规范化；对合同执行情况和公务用车情况进行专项检查和整改，有效防范了违规风险；制定《重要经营决策法律审核实施细则》，进一步健全了依法决策机制，依法治企水平得到提高，确保了物业公司的健康发展。2015年，物业公司被评为省公司党风廉政建设优秀单位。

【“三个建设”】根据国网和省公司统一部署，严格按照规定程序，精心组织实施，扎实开展“三严三实”专题教育，深入查找领导班子在七个方面存在的15条突出问题，研究制定了13条整改措施，党员干部作风进一步好转，促进了公司各项工作的高效开展；围绕“三严三实”专题教育，落实班子成员深入联系点交心谈心和季度思想动态分析制度，加强思想道德教育，筑牢员工思想防线；平稳推进集体企业改革改制，清算关闭水利电力出版社成都发行站及四川电力经贸公司两家集体企业，16名集体职工得到妥善安置；制定派遣用工《招聘管理办法》及《晋升管理办法》，进一步完善派遣员工管理，促进了外聘员工管理的规范化、制度化。发挥工会阵地优势，深化建设统一的“优秀企业文化”主题实践活动，开展员工才艺展示活动，积极参加省公司足球比赛，促进了群众性文体活动的深入开展；进一步加强“文明小区”“五星级班组”等精神文明基础建设，公司继续保持“省级文明单位”称号，眉山项目部被省公司评为“和谐劳动关系”先进集体。

（林抒予）

科教文卫

责任编辑：曾逸农

2015 年，四川电网企业、发电企业、电力设计、建设、施工企业、电力设备制造企业全力加快技术进步、技术创新的步伐，注重以产、学、研、用紧密结合的方式，联系生产、建设、施工和科研实践进行科技创新，同时不断地加快科技成果向生产力的转化，取得了丰硕的成果。

四川电力企业向科技要质量，以科学增效益，在电力改革和发展中，让科技引领电力行业可持续发展。

四川电力科技、教育、文化卫生工作包含两个方面：一方面，专业科教文卫单位坚持改革创新，推进科技进步，努力为电力生产建设服好务；另一方面，各发电企业、电网企业、施工企业、电力设备制造企业结合生产建设实际开展科技攻关，取得了丰硕成果。

国网四川省电力公司电力科学研究院

【单位概况】国网四川省电力公司电力科学研究院（以下简称“电科院”）成立于1952年，前身是西南电业管理局中心试验室，曾为全国六大电力试研院(所)之一。“三集五大”体系建设后，电科院成为国网四川省电力公司技术支撑机构，主要支撑省公司“大运行”“大检修”，服务“大规划”“大建设”及特高压智能电网建设等，负责四川电网的技术监督、技术研发、技术服务和技术信息等，为四川特高压智能电网建设与发展提供坚强技术保障。

电科院拥有中电建协电力工程调试单位甲级资格证书、AAA级信用企业证书、能监办一级承装（修、试）电力设施许可证和司法鉴定许可证，为国网公司智能变电站调试资格现场调试A级资格认定合格单位、智能变电站调试资格系统动模试验资格认定合格单位。电科院已通过 GB/T 19001:2008 质量管理体系、GB/T 24001:2004 环境管理体系、GB/T 28001-2011 职业健康安全管理体系认证、中国合格评定国家认可委员会（CNAS）国家实验室认可、法定计量检定机构整体授权认证和实验室资质认定（计量认证），为电力技术服务提供了资质能力保障。“特级调试资质”申报已顺利通过中电建协现场评审。该院获得“全国实施卓越绩效模式先进企业”“中国工程建设诚信典型企业”“全国电力建设优秀调试企业”“省级文明单位”“四川省知识产权优势培育企业”“四川省民族团结进步模范集体”“国家电网公司科技工作先进集体”“国家电网公司溪洛渡左岸-浙江金华±800 千伏特高压直流输变电工程先进单位”和“国网四川省电力公司红旗党委”等荣誉称号。

电科院现建有“输变电设备极端环境运行与检测技术”1 个国网联合实验室，“智能电网”“人工智能”“电力系统广域测量与控制”3个四川省重点实验室，“四川电网防雷试验基地”“中国电科院信息安全实验室四川分中心”2 个国网公司重点实验室分实验室，“电网控制保护新技术”“电力环境监测治理评价”、“过电压与接地技术” 3个省公司重点实验室和22个院实验室，覆盖电力各专业领域。创建以“甄威”等领衔专家命名的1个国网公司劳模创新工作室示范点、2个省公司劳模创新工作室、3个省公司大师工作室和3个院专家工作室；建成“大电网分析与控制技术”、“输电线路防灾减灾关键技术”2个省公司科技攻关团队和20个院科技攻关团队。

该院主要承担并圆满完成川藏联网工程、青藏直流联网工程±400kV 拉萨换流站、锦屏-苏南±800 千伏直流输电工程裕隆换流站和溪洛渡-浙西±800 千伏直流输电工程宜宾换流站调试和技术监督任务，顺利完成国网首座110千伏北川智能变电站、省内首座220千伏绵阳东智能变电站、省内首座500千伏路平智能变电站调试任务；参与“复奉直流”“新甘石”“电力天路”等重点建设工程。现已全面掌握±800千伏换流站调试技术，具备1000千伏特高压交流站的全站调试能力。

2015 年 11 月 12 日 电科院申报的“输变电设备极端环境运行与检测技术国网联合实验室”（四川）通过评审专家组审查

（赵立莹 摄）

【人力资源】

1.领导班子

2015年6月1日，四川电科院副处级调研员曲杭军退休。

2015年6月25日，任命何朴为国网四川电科院正处级调研员。

截至 2015 年年底，四川电科院领导班子成员为：

郭蓉萍、杨子辛、张星海、陈缨、罗涛、常晓青、朱清代、何朴。

2. 机构设置

国网四川电科院设有六部三中心，分别为：办公室、人力资源部、党群工作部（工会、团委）、监察审计部（纪委办公室）、发展安监部、科技部（技术服务中心）、电网技术中心（信息通信技术中心）、设备状态评价中心（物资质量检测中心）和综合服务中心。此外，还建有四川电力科学研究院电力司法鉴定中心，四川省电力公司博士后工作站及研究生工作站。2015 年与清华大学共建“四川省电力公司院士工作站”。

3. 人员现状

截至 2015 年年底，电科院在职员工 301 人，其中：博士研究生 35 人、硕士研究生 123 人、大学本科 89 人；高级职称 120 人、中级职称 84 人；国网公司专业领军人才 1 人、国网公司优秀专家人才 9 人；省公司优秀专家人才 28 人、双千人才 21 人、电力雏鹰 4 人、精益黑带 2 人、精益绿带 2 人；院优秀技术人才 40 人；电力工程调总 12 人。人才当量密度 1.2095。

【科研设备】

2015 年电科院新增科研设备有：

移动式直流融冰装置

双温双压法标准湿度发生器

高精度红外成像仪校验平台

GIS 局部带电检测仪器校验平台

SF6 气体中酸度吸收装置

绝缘油水溶性酸测试仪

【科技开发成果】电科院荣获 11 项省部级科技进步奖（占省公司的 65%）。获批“输变电设备极端环境运行与检测技术国网联合实验室（四川）”。获批筹建国网技术标准创新基地。1 项 IEEE 国际标准正式发布，获批成立国际大电网委员会工作组（CIGREB3.42）并成功召开两次国际会议，《电力工程基本术语》（输变电部分）国家标准顺利通过专家评审。参与国网科技项目指南编写，1 项入列 A 级项目，中标 2 项国网指南项目。“手持式瞬态磁场记录仪”科技成果实现转化应用“零突破”。全面梳理实验室、攻关团队、研究方向和生产目标，奠定“四位一体”创新体系基础。

电科院申报建设国网四川省电力公司院士工作站，与浙大签订《合作建立博士研究生教育实践基地协议》。新增 3 名博士后和 61 名研究生入站，2 名博士后以优秀等级出站。与清华大学合作的“交、直流输电线路雷电先导发展模型及其应用”项目获得国家自然科学基金，2 名博士后获中国博士后科学基金资助，1 名博士后在第九届亚太国际雷电会议荣获“最佳青年科学家奖”（中国仅两名）。

【技术监督与服务】

1. 特高压支撑屡创佳绩

优质高效完成“三特一超”换流站技术监督和技术服务任务，继 2014 年，再次获评国网运行公司特高压技术监督考评第一名。编制《2015 年“迎峰度夏”超特高压直流电网运维保障工作方案》和《四川超特高压直流电网运维应急预案》，全面参与“三大直流”重大缺陷分析和处理，“宾金直流事故分析”获国网高度评价，圆满完成“三大直流”满负荷运行技术支撑任务。编制《特高压直流运维技术支撑能力提升实施方案》并推进实施，邀请 5 名国网专家举办特高压直流输电运维技术讲座，派遣 6 名技术骨干参加为期 4 月的灵绍直流控保联调试验，加快推进特高压属地化运维技术储备。

2015 年 4 月 20 日，国网四川省电力公司院士工作站签字仪式暨技术讲坛举行　（赵立莹　摄）

2. 大运行支撑全面深入

编制《四川电网“十三五”规划主网架稳定性分析》等 40 余份技术报告。“2017—2018 年四川电网安全稳定分析”及 19 条电网规划、基建和技改建议均被采纳实施。研究分析“藏区”电网大型主变风险和自励磁等风险，提出永久解决“新甘石”技术问题的最终方案。完成省内首座大容量光伏电站并网检测，开展新能源大规模并网对地区电网稳定的影响分析。自主开发 D5000 接口，实现四川风电功率预测自动评价。编制变电站监控信息处置手册，为实现监控信息智能告警及辅助决策奠定基础。

该院优质、安全完成省内首座500千伏智能站（路平站）不停电改造。建成智能二次设备性能检测实验室（一期），为智能站二次系统运维关键技术研究等提供平台，承办4期技术培训和继电保护技术竞赛，全面提升公司系统智能站二次运维水平。信息安全实验室取得国家信息安全风险评估资质，新组建省公司信息安全红队并参加国网攻防演练，开展公司信息安全培训并推进国网信息安全管控落地。

3.大检修支撑持续深化

电科院协助省电力公司初步建成“电网运检智能分析管控系统”（国网试点）。创新制定配网输电线路交流融冰方案并实施，研发“覆冰预警模型”，发布覆冰预警152条次，指导或自主融冰36次（其中特高压2次），有力支撑电网抗冰保电；利用地线取能山火监测装置成功预警51起，公司线路山火跳闸率同比下降78.57%；试点利用北斗卫星提升在线监测装置通讯能力。制定省公司输变电设备“在线监测”和“带电检测”三年提升规划，协助省公司培训、选拔并组队参加国网带电检测竞赛，1名员工获评“国网技术能手”。技术指导“高海拔地区配网不停电作业试点”，填补国网空白。

该院全面组织公司系统多专业联合监督，发布32份技术监督预/告警单，发现3项设备家族缺陷并上报省公司，开展彭祖站1号主变过热等20项缺陷事故分析，提出的34项处理建议均被采纳。完成14个220千伏及以上变电站精益化评价，顺利通过国网检查。针对《四川省辐射防治条例（草案）》提出修改建议，维护电网权益。完善绝缘子等物资检测能力，物资设备质量抽检完成率100%，发现重大质量问题43个。配电变压器专项抽检工作获国网同业对标加分。

2015年4月9日，电科院在省公司管理培训中心召开CIGRE B3.42首次工作组会议　（赵立莹　摄）

【企业管理】电科院完成“十三五”规划编制。“特级调试资质”申报顺利通过中电建协现场评审。成立预算委员会，加强预算管控，确保资金安全。试行综合计划、资金计划和物资采购的联控机制，生产技改大修项目完成率等排名省公司第一。建立供应商库，强化供应商评价管理。全面完成固定资产盘点和清理，“账、卡、物”一致率达到100%。加强科技项目全过程及预算管控并圆满完成管控目标。外部政策环境分析有力支撑省公司运营监控。审定“电力科技园”实验室和办公室平面布置和内外信息网络建设方案等，确保基地建设按期推进。完成省公司部署的集体企业改革改制任务，提升后勤保障规范化管理水平。开展“实验室管理效能监察”，配合省公司党风廉政巡察，并就提出的问题整改落实。

该院连续两年获评“全国实施卓越绩效模式先进企业”，荣获“中国工程建设诚信典型企业”“全国电力建设优秀调试企业”。管理创新、调研课题、精益管理和QC活动取得新成绩，荣获四川省现代化创新成果二等奖2项、企业管理优秀论文一等奖1项，省公司管理创新一等奖2项、优秀调研课题一等奖1项、优秀精益成果一等奖2项和优秀QC成果一等奖2项。

【党建和精神文明建设】电科院在深入开展“三严三实”专题教育，认真落实“两个责任”，加强基层党组织建设，获评省公司“红旗党委”。编制《廉政风险辨识防控手册》，新建5项干部管理制度，建立中层及后备干部廉政档案。创新开展国网高端人才培养和选拔，新增4名国网优秀人才和2名省公司“电力雏鹰”，17人提升人才当量，院人才当量达到1.2095，较2014年增长1.8%。

电科院与中国电力出版社等4家单位新签战略合作协议，完成与甘孜、阿坝和巴中公司的结对共建任务。制作院宣传片，展现企业良好风貌。丁理杰荣获全国“岗位学雷锋标兵”。获国网“青创赛”银奖1项，全国电力职工技术成果二、三等奖各1项。李建明获评国网“热爱国网”老年之星，电科院荣获省公司“2013—2015年度敬老先进单位”。强化舆情监控和信访工作，企业保持和谐稳定。

【存在的主要问题】中国能源互联网四川行动对电科院技术支撑能力和科技创新水平提出了更高的要求。电科院办公、试验场地不能满足发展需要，制约了电科院对省公司技术支撑能力的持续提升，急需加快“电力科技园”“特高压基地”等基础设施建设。随着特高压属地化管理的推进，急需加快培养特高压技术专家人才队伍，做好技术、装备及人才储备，需要得到省公司大力支持。（彭 灿）

中国电建集团成都勘测设计研究院有限公司监测及试验研究所

【企业概况】中国电建集团成都勘测设计研究院有限公司监测及试验研究所（英文名称为 Monitoring and Test Research Institute CECT，缩写 MTRI，中文简称成都院监试所）由原成都院科研所和监测中心在 2015 年初合并而成，现为成都院下属的专门从事水电水利工程、岩土工程及工民建工程等有关的科学研究、试验、监测、检测和新技术新材料研发工作的单位。监试所历史可追溯至 1950 年成立的西南军政委员会水利部重庆水工实验室，由于时代的变迁和发展的需要，以后曾多次合并和更名。现设有岩土、材料、水工模型、工程安全监测技术服务等专业研究室/项目部以及综合管理部、市场发展部、计划合同部、总工办、工程管理部等管理科室；现有职工 235 人，其中专业技术人员及试验人员 180 人，教授级工程师 17 人，高级工程师 43 人，工程师 44 人，助理工程师 76 人。拥有试验室面积 40000 余平方米，其中恒温面积 700 余平方米；拥有行业内最大的水工模型试验大厅、岩石力学试验大厅、土工渗流试验大厅和混凝土徐变试验室；拥有试验检测设备 1000 余台（套），仪器设备资产原值 4000 余万元。

【经营业绩】六十余年来，监试所先后承担了龙溪河梯级、大洪河、映秀湾、渔子溪、龚嘴、铜街子、瀑布沟、二滩、冶勒、紫坪铺、溪洛渡、锦屏、东西关、太平驿、西藏羊湖、直孔、狮泉河、达嘎等 200 余座大中型水电水利工程（高混凝土坝、高土石坝、高边坡、大型地下洞室群、地质灾害治理为代表）的试验、检测、监测任务。形成了工程安全监测、工程质量检测、试验研究及新技术新材料研发四大核心能力。

【主要业务】工程安全监测：在工程安全监测设计、仪器埋设、科研和资料分析等监测技术服务各方面积累了丰富的经验。目前承担着溪洛渡、锦屏、长河坝、官地、两河口等国内已建、在建巨型水电水利工程的安全监测工作。

工程质量检测：为工程提供岩体、灌浆、混凝土、锚杆及锚索注浆、质量缺陷等质量检测，以及坝体填筑第三方检测和病害工程安全鉴定工作。目前承担着长河坝、两河口、苏洼龙、拉林铁路、两河口移民代建公路、剑科、金沙等国内在建大中型水电水利工程和交通工程的质量检测工作。

试验研究：拥有材料、岩基、土工、水力学模型等专业试验研究室，参与 200 余座水电站的试验研究，拥有刚性岩石三轴试验系统、全自动热学性能测定仪、200KN 全数字伺服控制岩石直接拉伸仪、动三轴测试仪、水压致裂岩体应力测试仪、1000 吨液压压力试验机等在内的一大批高精度或大型试验设备，拥有 40 余名高级职称人员带领的专业研究团队，为众多世界级工程解决了大量技术难题，技术水平在行业内处于领先地位。

材料专业目前主要开展有钢筋、水泥、掺和料等原材料的质量检测，普通混凝土、碾压混凝土、抗冲磨混凝土以及特种混凝土的配合比设计及性能试验研究，全级配混凝土配合比设计及性能试验研究，混凝土徐变、渗透、热学性能及耐久性能专项试验研究，碱骨料抑制及碱骨料混凝土配合比研究等专业技术工作。

岩土专业目前主要开展有岩体变形、强度、承载能力、弹性抗力系数研究，岩体（石）流变特性试验与评价，岩体应力测验与评价，岩体钻孔变形试验研究，岩体固结灌浆效果检查与质量评价，岩体声波测试与围岩分类，土料常规物理性能试验，粗粒土强度、变形、渗透试验，饱和土振动三轴试验，原位大型试验，特殊土鉴别及改性试验，岩土数值分析，各类土现场碾压试验，各类土工合成材料的检测试验，黏土的分散性鉴定等专业技术工作。

水工模型试验专业目前主要开展有高坝泄洪消能及掺气减蚀试验，闸坝引水防沙及消能防冲试验，导流截流及过流围堰试验，过鱼设施水力学试验，河工模型试验，水力学数值模拟，水力学原型观测，水环境水力学及数值模拟试验等专业技术工作。

新技术新材料研发应用：主要从事水电水利、交通、工民建等工程有关的界面剂、抗冲磨剂、高性能抗冲磨砂浆等修补加固材料研发及应用，水工混凝土大坝保温防渗、防渗堵漏、闭气、掺和料改性、大坝表面装饰材料等特种材料的研发等工作。

成都院监试所在发展的同时，积极支援地方水利建设和国防、交通、化工等行业的建设，积累了丰富的科研、试验和检测经验，充分显示了本所雄厚的技术实力，在水利水电行业及有关领域赢得了良好的声誉。

该所成立以来，参与国家“六五”至“九五”科技公关项目24项，其他科研项目100余项，主编参编规程规范40余项，取得各类专利10余项，获得了包括国家测绘金奖、国家科技进步二等奖、电力行业科技进步一等奖等在内的国家级、省部级、集团公司奖项60余项。

随着西藏水电站建设逐步加速，监试所在以中国电建集团西藏高原研发中心副主任、监试所所长王泽溪同志的带领下正配合成都院、中国电建集团西藏高原研发中心在林芝地区建设高原工程岩土研究基地，进一步深化高原水电工程重大技术问题的试验研究工作，为国家水电建设贡献自己的力量。

监测及试验研究所业内优势技术部分项目

表50

序号	优势技术名称	目前水平
1	深厚覆盖层筑坝监测技术	行业领先
2	超大型地下硐室群施工期快速监测与反馈分析评价体系研究技术	国内领先
3	高精度全球卫星导航系统监测技术	行业领先
4	三维可视化监测及数据管理技术	行业领先
5	全级配大体积混凝土配合比设计及性能特性试验研究技术	国内领先
6	骨料碱活性反应机理及抑制试验研究技术	国内领先
7	多种骨料、特种掺和料等混凝土的配合比设计及性能试验研究技术	行业领先
8	水工高性能混凝土耐久性试验研究技术	行业领先
9	岩体流变特性及工程稳定性研究技术	国内领先
10	大坝建基面快速检测变形试验研究技术	行业领先
11	岩体应力测试技术及三维建模分析技术	行业领先
12	深厚覆盖层土力学参数试验和选取技术	国内领先
13	原位大剪和渗透变形试验技术	行业领先
14	粗粒土非线性应力应变参数试验及分析研究技术	行业领先
15	高速水力学研究技术	行业领先
16	引水防沙、沉沙、冲沙体系研究技术	行业领先
17	500m深孔水压致裂法地应力测试技术	国际领先
18	基岩表面二次应力测试技术	国内领先
19	鱼道水力学研究技术	国际领先
20	流场数值模拟研究技术	行业领先
21	隧洞地质超前预报技术	行业领先
22	混凝土界面剂产品研发技术	国内领先
23	抗冲磨剂产品研发技术	国内领先
24	高性能抗冲磨砂浆产品研发技术	国内领先
25	大坝防渗保温材料产品研发技术	国际领先
26	水下灌浆材料产品研发技术	行业领先

国网四川电源技术中心（调整试验所）

【企业概况】

（一）业务范围及资质

国网四川省电力公司电源技术中心（四川省电力工业调整试验所）创建于二十世纪五十年代，是长期从事各类发电机组项目、送变电工程项目及输配电网工程项目调试工作的电力科技企业；现主要从事各类火力发电和水力发电机组的调试及性能试验、各类型送变电站基建调试、各类火电厂及水电站电力技术监督和技术服务以及诸如生物质能发电、风力发电、太阳能发电和核能发电等新能源发电项目的调试等业务。

四川省电力工业调整试验所（以下简称调试所）作为三标体系认证企业（质量管理体系、环境管理体系和职业健康安全管理体系），现具有特级发电类工程调试资质和特级送变电类工程调试资质；电力承试一级许可资质；化学设备清洗资质；锅炉压力容器检测资质；四川电力工业发电用煤检测资质；是四川电力技术监督中心和技术服务高端平台。从2007年底至今，调试所的主营业务已覆盖全川电力系统发电厂侧生产技术、基建技术部分和电网基建调试部分。

2015年度，调试所全体职工以安全生产、优质服务为抓手，坚定不移地把着力打造企业核心竞争力、积极构建企业多元化经营体系，切实拓宽企业生存发展空间作为企业管理的首要任务，坚持以市场为导向，以发展保稳定，不断完善企业规章制度，规范企业管理，在生产经营、党风廉政建设等方面取得全面进步，圆满完成各项生产、经营指标，企业目标管理再上新台阶。

（二）组织机构

近几年来，为了适应市场经济的需要，调试所不断改进经营机制和完善生产经营机构，加强各项管理工作。调试所现设有5部9室1中心（办公室、党群工作部、人力资源部、财务部、市场经营部、安全生产技术部、锅炉室、汽机室、水机室、电气室、热工室、金属室、化学环保室、技术监督服务中心、新能源技术室），并直管四川省电力工业锅炉压力容器检验中心、电力工业四川发电用煤质检中心、四川省大坝安全监察中心，下辖经营业务与主业相辅相成的四川通能电力科技有限公司。

【人力资源】调试所2015年进大学毕业生6人（均为硕士、博士研究生），现有正式职工180人（高级职称74人、中级职称73人、初级职称25人），退休人员66人，所级领导9人，外聘员工近300人，拥有一大批在国内同行业中知名度较高的各类专业技术人员，技术力量雄厚。

【科研设备】为了进一步拓展企业主营业务和加强科研能力，使用企业自有资金新添置各专业试验设备，陆续拓展了各专业科室新试验项目。仪器设备的投入使用，大大提高了调试所电网基建调试以及开展发电企业机组锅炉、汽机、发电机、热工性能考核试验及机组热力试验等业务的能力，同时还增强了调试所开展高压电气试验、机组并网前检测试验等业务的能力。

【科技开发成果】2015年，调试所科技开发成果显著。实用新型专利《六分裂输电线智能除冰装置》已成功申报发明专利；《Foxboro组态编辑软件》已被国家版权局授权；《汽轮机性能试验热耗率不确定度的分析计算》被EI收录；由调试所全面承担调试工作的四川白马60万千瓦循环流化床示范工程，获得国家科技奖和电力科技进步奖；圆满完成由国家能源局委托中国电力企业联合会负责组织编修的《锅炉启动调试导则》的编修工作，获行业专家高度评价，企业科技创新体系不断完善。

调试所近几年来，还专门抽调工程技术人员参加了多个国家标准的编写工作，如：《发电煤粉锅炉用煤技术条件》、《循环流化床锅炉施工技术规范》、《循环流化床锅炉施工质量验收规程》等，并完成了《发电机环氧云母定子绕组绝缘老化鉴定导则》、《火力发电厂厂用高压电动机调速节能导则》等行业技术标准的编制工作。

【安全生产】2015年度，调试所始终以“零容忍”的原则扎实开展安全生产工作，严格执行安全技术规程和标准，修订完善安全管理制度，落实各级安全责任，有效控制了安全风险。全年未发生人员伤亡、设备损毁、交通事故等安全生产事故；未发生不稳定突发事件和泄密事件；无因违法违纪而受到追究事件发生，圆满完成了国网四川公司下达的安全责任考核目标。进一步增强全体员工的安全意识，强化各级安全责任，夯实安全工作基础，全面排查整治事故隐患，真正把安全作为企业发展的前提和基础，使调试所的不断发展切实建立在安全保障能力不断增强、劳动者生命安全和身体健康得到切实保障的基础之上，特别是在2015年因“伊斯兰国”等恐怖组织对多国实施无差别恐怖袭击之后，调试所临危应变，立即对印度尼西亚等海外项目部启动了应急预案及相应的紧急防范机制，切实保障了我单位驻外人员及设备、财产的安全。

【技术监督与服务】调试所沉着应对2015年的市场变幻，稳健把握商机，努力拓展企业发展空间。在搞好国内技术服务、技术监督的同时，积极进军海外市场，与印度兰科集团、印度阿达尼集团等国外大型集团公司初步建立战略合作关系，同时与东方电气、中信集团、哈尔滨工程集团公司、四川机械进出口公司、四川电力勘察设计咨询公司等国内大型总包商深度合作，发挥调试所在调试及性能考核试验上的技术优势、技术水平，为总包方提供了大量的专业技术支持，得到总包方的充分信任与高度评价，签署了大量海外工程项目。

调试所在实施的境外工程项目达十余个，足迹遍布欧洲、非洲、南美洲、东南亚等世界各地。其中就包括哥伦比亚GECELCA3号燃煤电站项目调试及性能试验，波黑斯坦纳瑞（STANARI）1×30万千瓦CFB燃煤电站（1×30万千瓦THERMAL POWER PLANT STANARI）机组调试、性能试验及验收，印度维达尔巴（Vidarbha）2×66万千瓦燃煤机组技术服务项目、印度巴班迪（Babandh）2×66万千瓦燃煤机组技术服务项目、印度安鲁普尔（Anuppur）2×60万千瓦燃煤机组技术服务项目等技术监督与服务等项目。在这些项目实施的过程中，调试所始终坚持“求实创新，优质服务，顾客满意”的宗旨，竭诚做好各项服务工作，与已有合作关系的东方电气集团、哈尔滨电气集团、中国进出口总公司、中国中信集团等建立了更深层次的用户服务关系。

技术监督、技术服务正逐渐成为调试所新的利润增长点，占调试所业务总成的30%以上。调试所在努力拼搏取得骄人成绩的同时，也看到了市场发展所面临的困难与风险。

【企业发展实现新跨越】2015年是“十二五”收官之年。面对复杂的市场形势和种种困难，调试所在国网四川公司的坚强领导下，把握机遇、勇挑重担，圆满完成各项生产经营任务。完成新签合同212个，合同金额达1.24亿元，财务总收入1.17亿元，年初国网四川公司下达的各项考核指标全面完成，企业发展态势良好。

调试所目前具有调试100万千瓦发电机组和调试±800千伏直流送变电工程、1000千伏交流送变电工程的资格，凝聚了一大批作风过硬、技术能力在国内极具知明度的发电专业、电网专业优秀工程技术人员，在发电侧和电网侧都肩负关键业务。

调试所是国网四川公司拓展境外市场的“排头兵”，调试所在激烈的市场竞争中，陆续承接到越南沿海3期2×62.2万千瓦燃煤电站调试及性能试验等境外项目，为调试所境外市场拓展添上了浓墨重彩的崭新业绩。

2015年度，调试所与中国电科院、甘肃电科院等科研院所多次就新能源业务实施机构及新能源电场并网试验、验收等工作进行研讨，并就新能源市场规划、实施及涉网机组技术监督等工作多次与四川电力调控中心进行专题沟通、交流，全年新签合同额达901.2万元，新能源市场拓展力度持续增强。2015年12月，调试所会同中国电科院圆满完成了红原花海光伏电站有功无功控制、电能质量检测等新能源电站并网性能检测工作，该电站建设在海拔3500米的川西高原，是全国投运的首座高原高效生态型光伏电站，总装机容量2万千瓦。

【经营管理稳步提升】调试所连续9年被中国电力建设企业协会评为“全国电力建设优秀调试企业”，获得国网四川公司“2015年度安全先进集体”荣誉称号并成功通过“全国AAA级优质信用等级企业”复评。

【依法治企卓有成效】深入推进内控体系建设，风险防控能力进一步提升。加强物资管理，深入推进物资管控ERP上线运行，实现一体化管控体系建设。开展依法治企自查自纠，对发现的问题立行立改，查漏补缺，减少企业管理漏洞，扎实提升依法治企管理水平。现有公务车辆压减至6辆，生产用车11辆，圆满完成清理整顿既定目标。进一步严格“三公”经费管理，公务接待费和会议费同比减少，圆满实现出国考察等费用“零增长”的既定目标。

【党的建设与精神文明建设取得成效】抓好“三严三实”专题教育，是调试所党委2015年一项重大的政治任务，调试所不仅按照国网四川公司党委统一部署安排，抓好专题教育各阶段工作，还把“三严三实”要求贯彻落实到企业决策部署的全过程，做到两不误、两促进。扎实做好专题教育规定动作。按照专题教育实施方案安排，坚持高标准、严要求，扎实做好各项工作。

2015年，根据国网四川省电力公司党委和所党委安排，调试所严格党员发展表决制，以此发展了两名预备党员、并把两位表现突出的申请人作为入党积极分子加以观察培养，有两名表现突出的预备党员按期转正，有两名同志参加了网四川公司举办的积极分子培训班，成绩合格，使调试所的党员发展处于良好态势。

党员队伍的先锋示范作用明显。2015 年，调试所签订的合同点多面广，工程项目涉及亚洲、非洲、美洲的基建调试、技术服务，以及省内的技术监督工作。在党组织和党员中开展创先争优活动。

（杨星、王亮、刘晓荣、杨远方）

四川中鼎科技有限公司

【企业概况】四川中鼎科技有限公司成立于 2006 年 4 月，注册资本金 5360 万元，是专业从事水力发电设备的性能考核试验、水电站各项专业技术服务及故障诊断、水电站自动化系统研发生产、运行维护、检修服务等水力发电全过程服务的高科技公司。业务范围主要包括：电气试验、机械试验、油化试验、继保试验、年检预试、故障诊断、运行维护、安装调试、机组检修、故障诊断和水电站计算机监控系统、机组状态监测系统、辅机自动测控系统的研发、生产等。

四川中鼎科技有限公司自成立以来，一直秉承“产品以创新为导向，服务以客户为中心，生存以质量为根本，发展以人才为源泉”的理念，重视技术创新工作，在认真创建和科学管理“四川中鼎”品牌建设的同时，注重研发投入，大力研发新产品、新技术，至今已拥有数十项具有自主知识产权的专利技术和著作版权，能够为水力发电运营企业提供完整的技术服务和相应的解决方案。公司以“精湛技术、精品质量、精诚服务”为宗旨，在多个水力发电技术领域始终保持着行业领先地位，已成为国内知名的水力发电技术服务领域的高科技企业。

公司产品和业务覆盖了四川、重庆、云南、贵州、甘肃、湖北、西藏、江西、浙江等省的水力发电企业，并辐射至境外的土耳其、越南、老挝、巴基斯坦、智利、马达加斯加等国家的水力发电企业，其产品和服务均获得业内的充分肯定。

公司现有工程技术人员及管理人员 121 人，其中具有大专及以上学历的 112 人。具有教授级高级职称 3 人，高级职称 16 人、中级职称 20 人、初级职称 39 人，主要管理人员和技术人员均具有国有大中型企业多年的工作经历，具备丰富的技术和管理经验。

【获得荣誉】经过多年的努力公司获得了国家三部委共同认定的“高新技术企业”；通过了 ISO 9001：2008 质量管理体系认证、ISO 14001:2004 环境管理体系认证和 OHSAS 18001:2007 职业健康安全管理体系认证；取得了国家能源局四川监管办公室颁发的“承装（修、试）电力设施许可证”（一级承试类、四级承修类、四级承装类）；获得四川省质量技术监督局的“质量信誉等级 AAA”证书；获得了四川省人民政府颁发的科研设计服务类“四川服务名牌”称号，获得四川省科技咨询行业资格证书（甲级）；荣获四川省工商行政管理局颁发的省级“守合同、重信用”企业证书；获得“天府新谷杯”创新创业大赛创新组优秀奖；荣获成都市经济和信息化委员会颁发的“成都市生产性服务业示范企业”证书；获科技型中小企业技术创新基金立项证书；公司是四川省电力工程协会副会长单位。此外，公司拥有十多项知识产权，能够为水力发电运营企业提供完整的技术解决方案。

【员工队伍】该公司自成立以来坚持以“科学发展观”指导公司各项工作，组织了一批多年从事电力系统生产、科研服务的专家、学者为骨干的专业技术队伍，用他们所具备的专业技术、知识产权及公司先进的测试设备服务于生产第一线。

该公司现有工程技术人员及管理人员 121 人，其中具有大专及以上学历的 112 人。具有教授级高级职称 5 人，高级职称 20 人、中级职称 23 人、初级职称 36 人。已取得国家能源局四川监管办公室电工进网作业许可证 60 人，其中：电缆专业 10 人、高压试验专业 16 人、继电保护专业 9 人、高压类 25 人。取得了电力行业电力人员电力用油、气检验证书 3 人，电力设施施工企业安全管理人员证书 3 人，四川省电力安装工长证书 6 人，四川省电力专职安全监督员证书 6 人，四川省电力专职质检员证书 1 人，四川省电力专职预算员证书 1 人，取得了“工业铂铜热电阻” 计量检定证书 2 人，“一般压力表”计量检定证书 2 人，“电压表、电流表”计量检定证书 3 人，探伤执业注册证书 1 人，取得省级注册高级咨询师 16 人，注册咨询师 16 人。

【主要业务】电气一次试验；电气二次试验；水力机组试验、化学试验、金属检测试验、自动化检测试验。

科技公司专利

表 51

序号	申请日	证书号	发明名称	授权日期	类别	颁发单位
1	2008-6-17	ZL200810044719.x	水电机组黑启动能力验证的试验方法	2010.11.24	发明专利	中华人民共和国国家知识产权局
2	2008-6-17	ZL200810044718.5	水电机组一次调频性能的试验方法	2010.6.9	发明专利	中华人民共和国国家知识产权局
3	2009-5-19	ZL200910302436.5	水位自动控制方法	2011.1.19	发明专利	中华人民共和国国家知识产权局
4	2009-12-30	ZL200910312639.2	电力变压器绕组连同套管试验参数的确定方法	2012.5.30	发明专利	中华人民共和国国家知识产权局
5	2010-4-27	ZL201010156857.4	电厂优化运行系统	2012.3.21	发明专利	中华人民共和国国家知识产权局
6	2010-1-7	ZL201010300095.0	自动发电控制系统的调试试验方法	2012.5.23	发明专利	中华人民共和国国家知识产权局
7	2009-12-30	ZL200910312547.4	大电容量试品谐振耐压试验系统及耐压试验方法	2012.10.10	发明专利	中华人民共和国国家知识产权局
8	2011-12-26	ZL201110440299.9	一种水电机组负荷调整试验方法	2013.11.6	发明专利	中华人民共和国国家知识产权局
9	2008-6-24	ZL200820063924.6	水力机组测温仪	2009.5.20	实用新型	中华人民共和国国家知识产权局
10	2009-5-19	ZL200920303306.9	电量采集系统	2010.3.31	实用新型	中华人民共和国国家知识产权局
11	2010-4-27	ZL201020171580.8	自动发电控制的 AGC 控制装置	2011.1.19	实用新型	中华人民共和国国家知识产权局
12	2011-12-26	ZL201120549737.0	一种水轮发电机组状态参数测试系统	2012.8.29	实用新型	中华人民共和国国家知识产权局

四川中鼎科技有限公司机电部业绩（部分）

表 52

序号	工程名称	装机容量/电压等级	实际开工时间	实际完成时间
1	亭子口水电站稳定性、一次调频、参数率定、压力脉动、全水头振区试验	4×275MW	2013.7.22	2014.10.31
2	卡基娃水电站 4 号机组稳定性、参数率定、一次调频	4×11 万千瓦	2015.11.25	2015.12.14
3	越南 songbang4 水电站 2 号发电机损耗及效率试验	2×7.8 万千瓦	2015.6.26	2015.7.1
4	黄金坪水电站发电机进相、温升、效率、参数试验	4×20 万千瓦	2015.9.2	2015.12.6
5	三峡右岸电站至地下电站 GIL 现场交流耐压试验	500 千伏	2014/07/16	2014/08/06
6	锦屏一级电站电气设备高压特殊试验	500 千伏	2014/04/09	2014/04/14
7	溪洛渡电站电气试验	500 千伏	2012	2015
8	向家坝电站电气试验	500 千伏	2012	2014
9	锦屏二级水电站 GIL 故障检修后现场交流耐压试验	500 千伏	2015/11/13	2015/11/15

四川中鼎自动控制有限公司

【企业概况】四川中鼎自动控制有限公司是四川中鼎科技有限公司的全资子公司（四川中鼎科技有限公司拥有四川省人民政府授予的科研设计服务类的首个四川省服务名牌称号，取得了国家能源局四川监管办颁发的承装（修、试）电力设施许可证一级承试、四级承装、四级承修类资质），是专业致力于水电站计算机监控系统、水力机组振动摆度监测与保护系统、电站辅机自动测控系统、电站闸门自动控制装置、水轮机主阀液压控制装置和各类智能仪器仪表等的研发生产及专业检测并成套提供适用于水电站环境的自动化元件的专业化高科技实业公司。迄今为止，有包括二滩、锦屏一级、锦屏二级、向家坝、溪洛渡、官地等在内的300多个国内外水电站业绩。

为提高水电站自动化水平，适应“无人值班（少人值守）”的运行要求，该公司研制了系列水电站自动测控系统（装置）等高科技产品。许多产品获得了相关部门的科技成果奖，并拥有30多项专有技术和自主知识产权；其技术与产品的应用为水电站的“无人值班（少人值守）”提供了可靠的技术保障。

该公司坚持“精湛技术、精品质量、精诚服务”的质量方针，多年来始终坚持走精品路线，树立“以品质铸造品牌”的企业精神，为用户生产的产品均实行一年内包换，终身提供技术服务和技术支持。

【员工队伍】四川中鼎自动控制有限公司现有资产3951万元，年产值3500万元；现有员工52人，其中硕士4人，具有各类专业技术人员32名。拥有众多高精尖的专业检测设备。

【经营业绩】该公司2006年取得ISO 9001：2000认证，2008年获得了“高新技术企业证书”；其辅机及公用设备控制装置被水电水利规划设计总院和中国电能成套设备有限公司列入“水电工程主要机电设备推荐厂家名录”。

该公司自主生产的产品有：机组和辅助设备自动化元件成套；ZDJK2004型水电站计算机监控系统；ZDITV系列水电站工业电视系统；CMS8000型水力机组振动摆度监测与保护系统；ZPOPC系列油压装置自动测控系统；ZLPC系列集水井自动测控系统；ZWSPC系列技术供水自动测控系统；ZTCPC系列主变冷却自动测控系统；ZKJPC系列空压机自动测控系统；ZGPC系列闸门自动测控系统；ZBVPC系列水轮机主阀液压控制装置；ZDZK-Ⅲ(C)-1电脑转速测控仪；ZDZK-CC齿盘转速测控仪；ZDSWCK系列温度巡测仪；ZDSJ系列水位测控仪。

以上产品均拥有多项专利技术和自主知识产权，并在众多水电站中投入运行，获得用户一致好评。

自控公司专利

表53

序号	申请日	证书号	发明名称	授权日期	类别	颁发单位
1	2008年6月17日	ZL 2008 1 0044720.2	水轮发电机组振动保护的实现方法	2011年7月6日	发明专利	中华人民共和国知识产权局
2	2009年12月17日	ZL 2009 1 0311672.3	辅机设备智能监控方法	2011年9月28日	发明专利	中华人民共和国知识产权局
3	2013年3月22日	ZL 2013 1 0093582.8	水电站机械液压过速保护装置仿真试验台及试验方法	2015年6月10日	发明专利	中华人民共和国知识产权局
4	2013年3月26日	ZL 2013 1 0099070.2	水电站油压装置自动补气系统及补气方法	2015年4月15日	发明专利	中华人民共和国知识产权局
5	2009年5月14日	ZL 2009 2 0303169.9	水力机组集中制动控制装置	2010年5月19日	实用新型专利	中华人民共和国知识产权局
6	2013年3月22日	ZL 2013 2 0135191.3	水电站机械液压过速保护装置仿真试验台	2013年8月28日	实用新型专利	中华人民共和国知识产权局

续表53

序号	申请日	证书号	发明名称	授权日期	类别	颁发单位
7	2013年3月26日	ZL 2013 2 0140877.1	水电站油压装置自动补气系统	2013年8月21日	实用新型专利	中华人民共和国知识产权局
8	2013年5月14日	BS.13500491.8	ZDSWCK系列温度巡测仪专用芯片	2013年9月13日	集成电路布图设计登记证书	中华人民共和国知识产权局
9	2013年5月14日	BS.13500490.X	水电机组油压装置自动补气控制芯片	2013年9月13日	集成电路布图设计登记证书	中华人民共和国知识产权局
10	2013年5月14日	BS.13500488.8	闸门高度仪自动测控芯片	2013年9月13日	集成电路布图设计登记证书	中华人民共和国知识产权局
11	2013年5月14日	BS.13500489.6	CMS8000型水力机组振动摆度监测与保护自动测控芯片	2013年9月13日	集成电路布图设计登记证书	中华人民共和国知识产权局
12	2013年5月14日	BS.13500518.3	ZDZK-C-1齿盘转速测控芯片	2013年9月13日	集成电路布图设计登记证书	中华人民共和国知识产权局

四川中鼎自动控制有限公司业绩辅控、启闭机类似工程业绩（部分）

特别说明：很多电站是把闸门控制包含在辅机及公用系统控制系统中，除特别重要且单独立项的合同外，下表不一一单独列出。

表54

序号	工程名称	设备名称及型号规格	执行情况	开始运行时间	运行情况
1	官地水电站4×60万千瓦	全厂辅机及公用系统控制设备与自动化元件	已完成	2013年相继投运	良好
2	锦屏一级电站（6×60万千瓦）	锦屏一级深孔、放空底孔、导流底孔液压闸门控制系统	已完成	2013年相继投运	良好
3	向家坝电站（8×80万千瓦+3×48万千瓦）	辅机及公用系统控制设备与自动化元件	正在执行	正在执行	——

四川中鼎自动控制有限公司振摆业绩表（部分）

表55

工程名称	设备配置	投运时间	数量	运行情况
四川脚基坪水电站	天瑞、HOURISS传感器+中鼎CMS8000分析系统	2012.11	1套	良好
越南斯瑞博4水电站	天瑞传感器+中鼎CMS2000分析系统	2010.10	2套	良好
土耳其BAGISTASII水水电站	天瑞传感器+中鼎CMS8000分析系统	已交货	1套	

四川中鼎自动控制有限公司自动化元件业绩表（部分）

表56

运行工程名称	装机容量	设备名称	投运时间
埃塞俄比亚吉布3	10×600MW	机组自动化元件设备及服务	已签合同
华能西藏公司藏木水电站	6×85MW	辅机及公用系统控制设备与自动化元件	陆续投运中
锦屏一级电站	6×600MW	机组自动化元件成套	已签合同
锦屏二级电站	8×600MW	机组自动化元件成套	已签合同

续表 56

运行工程名称	装机容量	设 备 名 称	投运时间
官地电站	4×600MW	机组自动化元件成套	已签合同
溪洛渡电站	9×770MW	辅机系统自动化元件	已签合同
向家坝电站	8×800MW +3×480MW	辅机及公用系统控制设备与自动化元件	已签合同

（中鼎科技）

中国电建集团成都勘测设计研究院博士工作站

【院士专家工作站】2011 年 12 月，成都院获批成为四川省首批十家院士（专家）工作站设站单位之一。院士工作站成立以来，引进了谢和平、陈厚群、陈祖煜、钟登华、王光谦，王浩 6 位院士、电子科技大学教授周涛及其 37 位专家团队，与院内包括 1 名国家勘察大师、5 名四川省勘察设计大师在内的 49 位技术人员共同组成工作站创新团队，涉及岩石力学、岩土工程、水工结构、数字工程、智慧流域、大数据等多学科领域，结合企业自身发展需要开展产学研合作研究。

截至 2015 年 12 月，合作项目 8 项，经费共 740 余万元，取得了具有较高理论水平和工程技术支撑价值的系列科研成果，对提升企业创新能力、培养高层次人才、加快科技成果转化等方面发挥了十分重要的作用。

2015 年，该院院士（专家）工作站因历年来科技创新成效突出，被授予“全国‘讲理想，比贡献’活动创新团队”荣誉称号。此次获奖是该院首次获全国创新团队表彰。

【博士后工作站】2003 年 12 月，成都院获批成立博士后科研工作站。博士后工作站主要依托企业承担的重大工程实践，招收各相关领域的优秀博士进站开展研究工作，在解决工程技术难题、提升技术能力的同时，培养技术创新人才，已培养五批共 11 名优秀博士后。2015 年该院引进两名博士进站。

【国家认定企业技术中心】2015 年 “中国电建集团成都勘测设计研究院有限公司技术中心”成功获批为“国家认定企业技术中心”，标志着成都院技术中心的建设取得重大突破并进入新的阶段。

按照“一集团一中心”的国家认定企业技术中心管理原则，“中国电建集团成都勘测设计研究院有限公司技术中心”成为“中国电力建设股份有限公司技术中心”分中心，将同等享有多方面的优惠政策和资金支持。国家和地方政府相关部门将在企业技术中心创新能力建设专项、科技专项计划等方面给予资金支持，并对在合理数量范围内进口国内不能生产或者性能不能满足需要的科技开发用品，免征进口关税和进口环节增值税、消费税，以引导和鼓励企业加大技术创新投入，加强自主创新，促进国家认定企业技术中心的建设和发展。（邱云等）

成都贝斯特数码科技有限责任公司

【公司概况】成都贝斯特数码科技有限责任公司（以下简称“贝斯特公司”）是中国电力工程顾问集团西南电力设计院有限公司（简称西南院公司）的全资子公司。贝斯特公司成立于 2001 年 7 月，公司类型为一人有限责任公司，注册资本金为 50 万元。2005 年贝斯特公司被四川省科学技术厅认定为高新技术企业，四川省信息产业厅认定为软件企业。

公司经营范围为：信息技术、工程项目管理系统的技术开发、转让、咨询、服务和培训；计数机网络工程、自动控制工程、管理信息系统工程 CAD 应用工程的设计设计、开发、安装、系统集成、三维设计；智能建筑综合布线施工及咨询；计算机及外围设备、软件、通讯设备、办公设备和电子元器件销售。

【组织机构及人员】贝斯特公司法定代表人由西南院公司委派，公司总经理（由法定代表人胥海涛担任）、副总经理等行政、技术领导由西南院公司任命；公司设党支部，隶属于西南院公司党委。公司下设计划经营部、系统工程部、技术开发部、应用技术部、信息工程部。

截至 2015 年年底，贝斯特公司共有职工 67 人，其中在册职工 34 人，外聘 32 人，返聘退休职工 1 人。在册职工中教授级高级工程师 5 人，高级工程师 13 人，工程师 8 人，中级职称以下 8 人，高级职称人数占在册职工总数的 52.94%；在册职工中研究生 4 人，大学学历 27 人，大专 3 人，大专以上学历人数为在册职工总数的 100%。

【生产经营】贝斯特公司生产经营模式：在西南院公司内部为“计算技术处”，对外经营时为贝斯特公司，为独立的法人机构。

贝斯特公司作为西南院公司的一个生产部门，主要负责西南院公司 IT 职能管理，电厂 IT 设计，计算机软件开发、实施、维护，计算机网络管理、微机维修、信息技术服务等；严格执行西南院公司关于子公司管理规定，实行独立核算，自负盈亏，每年与西南院公司签订承包经营服务合同，业务往来按照合同规定进行结算。

贝斯特公司对外自主经营，积极开拓电力 IT 设计市场，参与国内、国外工程设计投标工作、工程设计工作；继续拓展电厂建设期管理信息系统、电厂生产期管理信息系统、煤矿建设管理信息系统、码头建设管理信息系统、风电建设管理信息系统、电厂实时监控信息系统、电厂信息门户、物资编码软件、电力建设档案管理信息系统、班组管理信息系统等软件开发、转让、咨询、服务和培训等经营活动。2015 年对外签订工程项目合同额为 709.2 万元，对外经营实现收费 734.5534 万元。完成了西南院公司下达的对外经营合同及收费指标。

2015 年完成国内电厂 IT 设计投标 9 项，国外电厂 IT 设计投标 9 项；完成国内外发电工程设计项目 IT 部分 36 项，国内变电工程设计项目 IT 部分 12 项；完成电厂信息系统开发及实施项目 21 项；完成科标信开发 9 项、维护项目 3 项；完成多媒体制作 137 套，电子资料集成归档 40968 张；完成网络、硬件维修 1275 台次等工作；2015 年完成承包经营产值 1434.2 万元，其中对外工程项目产值 709.2 万元，西南院公司工程及科标信产值 725.00 万元。

【科研创新】2015 年，贝斯特公司加强了西南院公司软件开发、引进及科研工作，组织项目负责人研究确定科研、标准化、业务建设项目的技术方案，指导编写项目任务书、项目建议书并作定期检查。

在电厂 MIS 设计工作中，贝斯特公司以国际标准化工作为依托，在国内众说纷纭的数字化电厂概念中提出了较具权威性、新颖、技术支撑好、可行性程度高的数字化电厂构想，同时与西南院公司相关专业密切配合，完成了数字化电厂综合专题研究，提交了技术先进、数字化程度较高的投标方案设计，为多个电厂中标做出了贡献。

在总承包管理方面，为万州电厂 EPC 提供的《EPC 项目管理信息系统》圆满完成任务，提高了西南院公司工程总承包管理标准化、规范化水平。

在西南院公司数字档案馆建设方面，按照中国电力规划设计协会 2010 年编制发布的《创建数字档案馆指导意见（大纲）》要求，完成了《西南电力设计院有限公司数字档案馆管理系统》并投入运行，达到了预期效果，成为中电工程第一个推出具有自主知识产权的自建数字档案馆的单位。

【质量管理】贝斯特公司按照西南院公司“三标”管理要求，持续改进 IT 相关管理文件，将电厂 IT 设计、科标信项目开发、信息系统运行管理纳入西南院公司“三标”管理体系；通过了西南院公司组织的内部质量审核和外部（中电联（北京）认证中心）审核。

按照《勘测设计成品校审制度》规定，贝斯特公司对职工进行了四级校审流程讲解，严格审签有关设计成品，评定成品质量等级；定期对各科质量工作进行检查，工程设计成品优良品率达 100%。组织开展了质量剖析，抓好质量信息反馈，对专业质量问题及时进行分析总结，提出了对策、措施，形成质量信息卡和质量剖析报告，编制了全处质量信息汇编。

组织制定和实施了本公司各专业技术规定，强化了《电力建设工程施工安全监督办法》和相关强制性条款的学习；开展了国内外技术发展动态交流，及时掌握国内外技术发展动态，推广应用经过鉴定的新技术和科研成果；举办了“无线网络技术”和“金山移动办公信息”讲座；组织技术人员参加岗位资格培训、执业资格培训和多项技术交流及外部培训，提高了专业技术人员的执业水平。

【安全管理】贝斯特公司承担了西南院公司信息化规划、平台建设、管理、维护、安全等管理职责，组织相关人员学习了《建设工程消防监督管理规定》《消防监督检查规定》《火灾事故调查规定》《中华人民共和国消防法》《中华人民共和国电子签名法》、《电力勘测设计企业计算机网络管理规定》《西南院IT专业干部职工岗位规范》《保守国家秘密法》《国有企业保守企业商业秘密法》等规定，每天坚持对网络系统、信息系统、数据中心、机房等进行安全检查并作记录，填写“安全检查记录表”和《网络与信息系统安全运行月报》。开展“安全生产月活动”“百日安全生产活动”，收到了良好的效果。2015年，没有发生人身安全、设备安全、信息安全、生产安全、消防安全等安全事故。

【经营指标及效益】贝斯特公司2015年全面完成了承包合同指标、收费指标、产值指标和服务指标，全年实现营业总收入2056.64万元，其中对外经营实现收费734.5534万元，占收费总额的35.72 %；全年利润137.87万元；公司2015年年末资产总额为1744.32万元，负债总额为1021.87万元，所有者权益为722.45万元，资产负债率为58.58 %。

【获奖及荣誉成果】贝斯特公司编制的《热控、电一COMOS数字化设计软件及与PDMS的接口》获2015年度西南电力设计院有限公司科学技术一等奖；《西南电力设计院数字化档案馆管理系统》获2015年度西南电力设计院有限公司科学技术三等奖；《电力建设项目档案管理系统》获中国电力规划设计协会2015年电力工程设计专有技术。

【党群工作及管理】贝斯特公司按照西南院公司党委要求，组织学习了党章和中共十八大报告、习近平一系列重要讲话精神、党的光辉历史和优良传统，学习了《十八届中央纪委五次全会精神》《习近平关于党风廉政建设和反腐败斗争论述摘编》等反腐倡廉读物；按照《开展“喜迎党代会，争做先锋者”主题实践活动实施方案》，定期开展了职工思想状况分析，组织党员干部观看了历史文献纪录片《筑梦中国》。

按照《西南院公司党委开展“三严三实”专题教育工作实施方案》，公司全年共组织开展“三严三实”研讨会3次，支部“三严三实”党员教育会1次、“三严三实”专题民主生活会2次。支部书记带头讲解“三严三实”实施问题，并作“反四风”、加强党性修养方面的指导说明，组织支部全体党员对“严以修身”“严以律己”“严以用权”分别进行了专题研讨，公司领导干部都作了精彩的发言和总结；通过研讨，大家清楚地认识到“三严三实”专题教育的目标是使每位党员干部做到心中有党不忘恩、心中有民不忘本、心中有责不懈怠、心中有戒不妄为。活动中收到“三严三实”学习心得或体会征文18篇，其中6篇投稿到西南院公司进行宣传报道。

在推进精神文明建设和企业文化建设方面，贝斯特公司组织职工学习《职工手册》，结合西南院公司评选“巾帼标兵”“巾帼文明岗”“五好文明家庭”活动等开展了争做爱岗敬业模范，争做团结协作标兵，激发职工爱岗敬业热情。

公司党支部支持共青团开展活动。公司团支部开展了“同读一些好书，打造书香生活”活动，举行了丰富多彩的“密室逃脱”“真人CS”等活动，大大激发了团员青年热情，推动了青年的创新精神，提高了团结协作的能力。

公司党支部支持分工会加强自身建设，开展工会业务培训，提升分工会干部的自身素质；支持分工会参与公司民主管理，发挥工会组织作用；分工会组织开展了“六比竞赛”优胜处室集体立功赛、科组达标升级竞赛、个人争先创模竞赛等活动；组织职工坚持每周一次的羽毛球常态训练活动；积极参加西南院公司的广播体操比赛、羽毛球比赛等各项活动；坚持慰问职工制度，全年组织看望生病职工、职工婚丧慰问等活动6人次。

2015年，贝斯特公司通过上述组织活动，促进了公司精神文明建设、企业文化建设和职工队伍建设，充分发挥了党员先锋模范作用和支部战斗堡垒作用；全面履行了与西南院公司签订的《2015年经营责任承包合同》《党风廉政建设责任书》《精神文明建设责任书》，确保了公司持续稳定发展。

（汤其虎）

国网四川省电力公司技能培训中心 四川电力职业技术学院

【单位概况】国网四川省电力公司技能培训中心与四川电力职业技术学院（以下简称中心（学院））是国网四川省电力公司分公司性质的二级单位，属国网四川省电力公司层面的教育培训机构，集员工教育培训、高职学历教育、成人教育、职业鉴定等功能于一体。中心（学院）主要承担国网公司系统新入职员工、专业技术和高技能人才培训。四川电力职业技术学院是一所专科层次全日制普通高等学校，是全国100所国家示范性高职院校之一，是电力行业和国网公司系统唯一一所国家示范性高职院校。中心（学院）占地面积843亩，固定资产总值4.21亿元。建有覆盖电网企业主要专业工种的实训基地，能承担国网公司8大专业34个职种的技术技能培训、职业技能鉴定、技术比武、技能竞赛。2015年，中心（学院）荣获国网四川省电力公司电亮藏区重点工程建设先进单位，四川电力安全生产先进集体等荣誉称号。

【人力资源】截至2015年12月底，中心（学院）全民员工439人，专职培训师（教师）117人，研究生以上学历专职培训师（教师）比例达48.32%。全民身份职工中有382人取得了专业技术职务资格，占中心（学院）职工总人数的86.6%，其中有高级专业技术职务资格的为141人（教授7人，副教授83人），占全民员工总人数的31.97%；具有中级专业技术职务资格的为194人，占43.99%；取得初级专业技术职务资格的为47人，占10.66%。

【技术装备】学院拥有先进实用的综合性技能实训基地，是国网技术学院成都分院、国网公司输配电线路带电作业实训基地、国网公司信息运维实训基地、电网设备状态检测培训基地等国网公司层面的培训基地。初步完成了国网网络大学学习平台建设及相关配套建设，能实现公司网络学习、网络交流、网络考试和培训全过程管理和展示。

【业务工作开展】2015年，中心（学院）全口径培训量达266846人/天，培训质量满意率为99.94%、综合服务满意率为99.91%。出色完成了国网公司、国网四川省电力公司10个竞赛调考组织工作。针对公司优秀人才、关键紧缺人才等重点培训任务，实施了导师制和行动学习结合的培养方式，推进了“混合互动”的教学方式；开创了马边高石头村“智力帮扶”，“量身定制”、进阶式培训新模式。网络平台实现了课程推送、自主学习、在线考试、资源共享、终身学习五大功能。开展国内首次职鉴安全督查工作，完成所属9个鉴定站的职鉴安全专项督查工作。组织国网四川省电力公司各技能等级职鉴考评工作，为省公司新增高级工2252名，技师3080名，高级技师154名。初步实现了常规履职培训与职鉴工作的标准对接，建成“全国换流站值班员”网考题库，填补了该工种国内职鉴网络考试题库空白。

中心（学院）立足藏区发展实际，采取扶贫与扶智结合。坚定不移开展“521”人才援建藏区“四基”培训，通过“送进去、请出来”的方式，完成公司“电力天路”和“521”人才援藏培训班27个，开展职业技能鉴定“送考进藏”，惠及700多名一线藏区电网运维人员。首次招收50名西藏地区高职“三定”学生，2015届藏区班101名毕业生全部通过国网新员工招聘考试被录取。

高职毕业生就业率达97%，专升本录取率9.56%。水利水电与建筑工程系水工131班团支部获得全国高校践行社会主义核心价值观“示范团支部”荣誉称号。水利水电与建筑工程系微课《博飞DJ2读数》获得中国水利学科专业青年教师微课大赛一等奖。学生技能竞赛成绩优异，获得中国大学生计算机设计大赛二等奖、全国高职院校工程造价技能大赛二等奖等多项大奖。

【科技成果】学院完成5个发明专利和6个实用新型专利申请；荣获省公司科技进步二等奖1项、三等奖2项，荣获省公司“工人技术创新奖”二等奖1项、专利奖2项，荣获省公司企业管理创新成果一等奖、优秀课题研究成果一等奖、精益项目成果一等奖各1项。

【党的建设和精神文明建设】2015年，学院深入开展“三严三实”专题教育活动，全面查找整改“不严不实”问题。对现有干部管理办法及干部交流工作规定进行了修订，加强中层干部、后备干部培训。开展规章制度“废改立”工作。全年共发展党员38人，首次组织开展基层党（总）支部书记述职评议，创新开展党务工作现场推进会，加强了党对工会组织的领导。接受党风廉政专项巡查，强化了党风廉政暨惩防体系建设的责任落实。

文化建设有序推进。学院在中国新闻网、新华网等数十家国内知名媒体登载稿件202篇。广泛开展职工建功立业活动，举办援藏工作、安全大讨论、职工创新成果展厅建设等各类先进评选表彰活动，中心（学院）职工书屋荣获“四川省职工文化驿站示范点”荣誉称号。推进困难帮扶、员工带薪休假、定期体检、疗休养等制度，切实为职工排忧解难。开展迎新游园，广播体操等形式多样的职工文体活动，增强了教职工凝聚力。

【存在的主要问题】培训师数量、素质难以适应培训新形势。培训规模不断攀升，全部专职培训师已满负荷工作，仍不能完全满足逐年增长的培训需求。各培训室普遍存在专职培训师缺额较大、技能水平较弱、能力提升缓慢、前沿专业覆盖较少等问题。

随着特高压直流输电、新能源接入微网等新知识、新技术的应用，中心的实训资源还不能适应电网发展新业务、新技术的培训需求，实训基地与现场需求存在相当的差距，达不到企业对生产一线人员培训的要求。

（章志刚、谢沁岑）

四川水利职业技术学院

【单位概况】四川水利职业技术学院（以下简称水利学院）创建于1956年。建校60年来，学院恪守“厚德励志，禹脉传承”校训，历经几代水利人培育，延续灌县水利学校、灌县水利专科学校、四川省水利学校、四川省水利电力学校历史，于2003年在省教育厅大力支持下升格为高等职业技术学院。建校60年来，在水利部和四川省水利厅的坚强领导下，该学院秉承水利水电教育文化积淀，立足四川、面向西部、依托水利、服务社会，为我国水利水电行业，特别是西南五省区水利水电行业培养了4万余名技术骨干和管理中坚力量，为国家水利水电事业发展做出了突出贡献。

水利部专家进校验收

“5·12”地震学院受到重创，在中共中央、国务院的亲切关怀和四川省委省政府坚强领导下，水利学院适时抓住灾后重建的机遇，建成羊马新校区。学院现有占地854.3余亩，建有都江堰老校区、双合实训校区、羊马新校区三个校区，建筑面积26万余平方米，资产总值7.87亿元，藏书量近50万册，教学仪器设备总值近1亿元。

【年度荣誉】2015年，水利学院先后通过水利部和四川省验收，成为全国水利行业示范性高职院校和四川省示范性高职院校，为我国西南地区唯一一所全国水利示范高职和省级示范高职“双示范”院校，办学实力一跃进入全国水利职业院校和四川职业院校先进行列；学院被水利部评为“全国水利系统精神文明单位”，被中共四川省直属机关工作委员会评为“先进基层党组织”；学院积极组织师生参加各类大赛荣获多项荣誉，其中，“第六届BIM施工管理沙盘及软件应用大赛”精英组策划一等奖，施工虚拟仿真一等奖和综合二等奖，第九届全国水利高等职业院校“闽水杯”技能大赛两个一等奖、两个二等奖、七个三等奖。

【人员机构】水利学院下设七系一部两中心，开办专业涵盖水利、水电、水产、建筑、测绘、地质、资源环境等行业。其中，水利部、四川省示范（重点）专业6个，省级精品专业1个，形成了以工科专业为主，综合类专业和边缘学科并行，省级重点专业为骨干、院级重点专业为基础的专业建设体系。学院现有专任教师455人，副高级以上（含）专业技术人员132人，享受国务院政府特殊津贴专家1人，四川省青年学术带头人1人，全日制在校生1万余人。

【校企合作】2015年，大校园管理委员会吸纳四川能源投资集团为成员单位。在大校园框架下，水利学院发挥比较优势，为四川能投集团、武警水电部队、都江堰管理局等单位联合培养技术骨干和专业人才，与省水利院、省水科院联合开展项目申报，合作拓展工程业务，实现了学院社会服务层次和水平新的提升。以水文化为纽带，学院与成员单位通过举办行业性文化娱乐活动，丰富了行业职工的业余文化生活，增进了四川水文化的凝聚力和影响力。

【教学科研】水利学院在加强教学日常管理的同时，积极申报教学改革和科研项目，适度拓展专业设置。

新年交响音乐会

2015年，水利学院全面完成职业教育水利水电建筑工程专业国家级教学资源库子课题研究工作，启动“智慧校园”和“云计算平台”建设项目，该学院被列为四川省首批现代学徒制试点院校，新增水文与水资源等5个重点专业，制订和完善了《科研项目管理办法（试行）》《科研与学术成果奖励办法（试行）》，48个院级科研项目启动实施，专业服务能力成效显著提升。

水利部人事司、农水司和水利部人才中心验收《甘孜州水利人才“十三五”规划》

【章程颁布实施】四川省教育厅正式核准《四川水利职业技术学院章程》，学院以《章程》为核心，全面建章立制，修订、完善、新建并废止一批管理工作制度，形成科学、合理、先进、有效的现代高职院校管理体系。

【通过ISO 9001质量体系认证】2015年，水利学院引入ISO 9001质量管理体系标准，融入学院各项工作之中，结合学院的实际，形成了“以服务水利为特色，以市场需求为导向，以学生成才为中心，以管理规范为手段，以质量优良为保障，实现科学持续发展”的质量方针，“毕业生毕业率90%以上，就业率90%以上，顾客满意率82%以上”的质量目标，推动学院的管理科学化、规范化和现代化。

【招生就业】2015年学院报到新生3876人，报到率达91%，全日制在校生10572人，创历史新高。切实落实毕业生就业“一把手”工程，毕业生就业率为91.52%。招生就业各项指标全部超过ISO 9000质量管理体系确定的质量目标。

【校园文化】2015年，在持续深入推动特色校园文化建设和文明校园创建活动的基础上，水利学院顺利创建全国水利文明单位，成功举办了新年音乐会、毛体书法协会“水文化”主题书画展和全省高校网球巡回赛年度决赛等品牌文化活动，为学院水利特色校园文化注入新的活力。

【基本建设】2015 年，学院投入 700 余万元，实施了都江堰老校区主干道、运动场和点式楼的更新改造，进一步完善了都江堰老校区的办学和培训功能，老校区面貌焕然一新。

【对外交流】学院保持和发展对外交流合作的良好势头，进一步深化与国内外院校、科研院所和企事业单位的合作与交流。2015 年，水利学院与新加坡南洋理工学院、美国凯泽大学、四川大学水利电力学院、黄河水利职业技术学院、四川财经职业学院、眉山职业技术学院、广安职业技术学院、武警水电三总队、四川能源投资集团等单位开展交流合作，在合作的广度和深度上取得新的突破。学院与凉山州水务局签订州校合作协议，学院充分发挥在职业教育、科技、人才和服务社会等方面的优势，为凉山彝族自治州地方经济建设和民族地区社会发展服务。

【社会服务】水利学院瞄准行业技术发展前沿，整合校内校外资源，做强做精学院社会服务的品牌。该学院依托四川省蜀水文化研究培训基地，组织业内专家学者挖掘整理行业文化与历史文化，编撰了《蜀水文化概论》《成都水文化资料汇编》等学术专著，推动学院建设成为四川水文化传承与创新的策源地。学院承担了《全省水利人才队伍建设“十三五”规划》《全省水利系统廉政文化建设“十三五”规划》《甘孜州水利人才队伍建设十三五规划》《理县 2016—2020 年水利扶贫实施方案》编制起草工作，完成了向家坝灌区北总干渠征地范围土地调查，进一步扩大了学院的影响力。2015 年，水利学院以其服务社会发展的显著成绩成功入选 2015 年全国高等职业院校服务贡献
50 强院校。

【校办企业】2015 年，水利学院工程勘察设计公司、监理公司共完成数十项勘察设计与监理任务，成为四川水利水电行业的重要技术力量。学院技能鉴定中心依托国家水利行业特有工种技能鉴定中心，立足服务行业，基本满足四川水利水电行业职工考证需求。双合教学科研电厂在国内小型水电中较早完成了电站全微机监控系统改造、增效扩容改造、新技术应用改造等项目，正推进省内小型水电站标准化管理示范电站建设项目，力争成为小型水电站规范发展的样板。（罗岱、刘斯琴）

国网四川省电力公司管理培训中心

【单位概况】国网四川省电力公司管理培训中心（中共国网四川省电力公司党校）是国网四川省电力公司于 2010 年组建的企业内部非盈利性职业教育培训机构，是公司党校所在地，属于国网四川省电力公司分公司性质的二级单位。中心以企业管理培训为主，主要针对公司经营类、管理类和部分技术类岗位实施专业培训。党校作为省公司党委的重要部门，主要承担党建理论研究、领导干部、后备干部及党务专业管理人员理论教育培训等工作。作为国网四川省电力公司“智桥大学”建设的培训实施机构，下设领导力、行政、人文、人力资源、物资、规划等 6 个学院，主要负责培训教学管理、培训后勤保障以及网络学习平台培训数据维护建设等工作。

国网四川管培中心始终立足于国网四川省电力公司发展大局，以构建企业大学为目标，以培养适应“十三五”电网发展战略要求的高素质干部队伍和专业人才队伍为宗旨，大力开展管理人员教育培训工作。结合电网发展实际，建立完整、系统、具有电力特色的培训课程体系，自主开发特色培训课程，中心成立至今，共完成各类培训班及会议 800 余个，培训学员及参会代表 30 余万人天，在培育高素质、复合型管理人才方面做了卓有成效的工作。同时，中心还承担省公司系统内一类会议及部分二类会议的接待及公司廉洁教育、集中评标等相关工作。

国网四川管培中心目前具备了500余人规模的会议接待能力，客房床位数达576个，餐厅座位数达800个。中心从功能上分为北部培训区和南部会议区。北部培训区设有研修室、电教室、报告厅、阅览室、培训教室等现代化培训教学设施。南部会议区设有会场、公司廉洁教育基地和电子评标室，并

配有运动场馆，可同时进行网球、篮球、羽毛球、乒乓球等球类运动。中心不断整合公司系统内部培训资源，创新培训管理方式，建立一支满足不同层

藏羌地区寒风凛冽 内训队伍激情开讲　（管培中心提供）

次培训需求的优秀内训师队伍，同时，加大网络学习平台建设力度，于2013年建成了数字化校园系统，实现了培训管路、会议接待各类资源的数字化管理。

中心将紧紧围绕公司发展大局，以构筑现代企业学习体系为主线，朝着“建设一流企业大学，培养一流电力人才”的目标迈进，为国网四川省电力公司实现“十三五”期间发展目标提供思想支撑、人才支撑和智力支持，为公司教育培训事业做出新的更大贡献。

【人力资源】管理培训中心2015年度原有职工102人，其中包括领导6人。年末职工人数105人，其中领导5人，当年新进大学毕业生7人，退休4人，省公司挂职锻炼1人。

职工队伍现状：经营者5人，管理及技术人员66人，服务类人员34 人。硕士研究生10人，大学本科60人，大专16人。高级职称12人，中级职称25 人。技师 8 人，高级工 29 人。人才当量密度0.9962, 人才引进指数1.0857　平均年龄40.2岁。

人员培训情况：全年中心内部组织专项培训35班次，2165人次；各部门外送培训共30班次，852人次，合计教育经费17.76万元。中层及以上管理人员培训费4.95万元，22人次；中心骨干员工培训费用5.94万元，30人次；中心内训师培训费用3.78万元，60人次。另外送公司组织的专项培训73班次，102人次。全面完成了2015年教育培训计划。

【技术装备】中心2015年信息发布2套，大屏显示系统2套，扩声系统13套，中控系统3套，信息查询系统1套，会议系统3套，多媒体显示系统3套，会议录播及监控系统1套。数字化校园1套（含：教学策划、教学管理、后勤保障功能），同声传译1套，数字网络扩声系统1套，演出音响1套，舞台灯光1套，公广系统1套，音频矩阵系统1套，信息采集与后期制作1套，LED大屏显示系统1套。

【自身业务工作开展情况】2015年，是中心适应经济新常态、改革新要求，坚持从严治企，勇于改革创新的一年。面对内外部复杂形势，中心在省公司的坚强领导下，坚定信心、奋力拼搏，全年实现营业收入 4202 万元，完成培训班238个，培训学员21046人次，培训量85935人天，完成各类会议接待75个，接待参会人员 6556 人次，接待量共计22728人天。全年接待量共计108663人天，首次突破10万人天，创5年来新高。全面完成省公司下达的各项目标任务。

一是“三严三实”专题教育扎实开展。在党的群众路线教育实践活动“回头看”的基础上，深入开展“三严三实”专题教育，领导干部的思想政治素养和工作作风明显好转。专题教育以党委书记讲党课开局，将领导带头、注重质量和问题整改贯穿始终，先后举办专题党课5次；围绕4个专题，以问题为导向，对照正反两面镜子，开展专题学习研讨6次，深入学习了习近平总书记系列重要讲话精神，党章和党的纪律规定等内容。高质量召开专题民主生活会和组织生活会，广泛听取员工意见，以“不严不实”查找领导干部作风问题，动真斗硬开展批评与自我批评，不折不扣开展专项整治，梳理并整改问题4项。1项需长期整改的问题已在逐步落实中。

二是安全形势稳定向好。坚持“安全第一，预防为主，综合治理”方针，突出依法治安、从严管理，持续开展“安全管理提升”活动，成立安全（质量）巡查大队，构建坚强安全保证体系和监督体系。深化隐患排查和风险防控，全年共开展安全检查18次，查出安全隐患78项，整改76项。坚持安全教育全员化和多样化，全年开展新进员工入职安全培训3次，一线业务部门消防安全知识现场培训2次，全员消防安全培训1次，参培人员500余人次；组织安规调考1次，97人参考，合格率96%。督促相关部门分专业开展消防应急疏散演练3次，组织中心消防应急演练1次，员工消防应急处置能力不断提高。中心后勤保障部被省公司评为“安全教育培

训先进集体”，一名职工获得“安全工作先进个人”称号，实现中心年度安全事故“0”目标。

三是培训管理换档提速。坚持秉承和变革并重，筑牢培训体系。以“挖掘学习智慧，解决实际问题”为突破口，深化学员自主选择课程机制，提升培训实效，延展学习价值。有效总结课程开发经验，着力提升课程研发能力，自主完成《换个角度看问题》、《课程开发与设计》、《压力舒缓》三门课程。坚持借脑和造血并重，筑牢培训基础。在加大内训师的选聘和激励的基础上，通过校企合作，与知名高校、培训机构建立常态合作关系，内外部师资库建设成效显著，内训比例从 2014 年的 20%上升到 2015 年的 40%以上。坚持前瞻和实用并重，推进特色服务。中心全年完成了 80 门网络大学课程的转换，为公司网络大学建设奠定了基础。为电科院、绵阳供电公司等 6 家兄弟单位提供培训策划服务，受到兄弟单位好评。全力做好国网公司 2015 年培训师教学技能竞赛教练工作，为公司参加国网大赛取得好成绩作出积极贡献。自主研发的《行动学习》、《让廉洁成为一种习惯》、《课程开发与设计》课程分别在西藏公司、阿坝公司进行讲授，学员反响良好。

四是依法治企助力发展。严格“三重一大”决策程序，修订《国网四川省电力公司管理培训中心“三重一大”决策实施细则》，细化决策内容，规范决策程序。开展制度梳理工作，建立动态更新机制，形成《国网四川省电力公司管理培训中心适用国网公司通用制度汇编》、《国网四川省电力公司管理培训中心适用省公司规章制度汇编》。推行使用国网公司统一合同文本，统一文本使用率达 85%。遵循“专业服务、集中调派、全程保障”的原则，认真开展招标（非招标）活动法律保障工作。加强审计监督，配合公司完成四个专项、八大重点领域交叉审计工作，充分运用综合审计、资金管理专项检查、党风廉政建设大检查成果，对中心在“三重一大”、非招标管理、资金管理、工程管理方面存在的风险隐患进行了有效整改。加强集体企业规范管理，集体企业依法治企水平得到极大提升。

五是管理效能稳步提升。建立安全、质量、经营等业绩指标实时监测分析机制，提升中心运营管理水平。强化预算管控，确保全年预算执行可控、在控。强化综合计划刚性执行，保证资金使用合理合规。2015 年，中心综合计划执行率获省公司排名第二。推进库存物资利用精益化管理和库存物资利用协同监督项目，实施 6S 管理，物资集约化管理平台初步建成。强化工程项目管理，完成 43 个工程项目竣工结算工作。加强车辆统一规范管理，实现车辆实时运行监控。

六是服务工作日新月异。着力提升服务品质。以“感动文化”落地为抓手，秉承“干净、整洁、舒适、安全”八字方针要求，深挖“五心”服务内涵，推行 SOP 管理视音画三维立体展示，优化工作流程，提升服务标准化水平。注重员工特长发挥，分类组建服务团队，提升服务响应能力，中心优质服务水平获得系统内外较高评价。健全质量管控体系。实施责任逐级追究，查实查清服务质量事件，服务质量监督工作实现由简单惩戒型向分析引导型转变。全年实现优质服务责任投诉零目标。开展“智能”校园建设。加快“翠月直通车”APP 建设，不断拓展网上服务功能，用智能手段实现服务集成，突出服务信息收集和反馈的高效互动，完成学员宿舍 WiFi 网络搭建，住宿分体空调远程集中管理，培训、会议以及日常运行管理水平大幅提升。中心接待工作受到省总工会、国网公司团委、省公司办公室书面表扬。

【科技成果】中心按照省公司企协的总体安排，扎实推进管理创新和课题研究工作，2015 年，中心完成并向省公司推荐管理创新成果 3 项、课题研究成果 2 项，其中管理创新成果《以团队学习为着力点打造卓越团队实践》获得省公司 2015 年度企业管理创新成果四等奖，课题研究成果《基于品牌接触点管控的培训机构品牌建设维度模型构建研究》获得省公司 2015 年度优秀课题研究成果二等奖。此外，

问计培训”十三五“ 对话专家零距离 （管培中心提供）

精益化项目《企业大学内训师精益管理》获得省公司2015年精益项目成果二等奖。

【党的建设和精神文明建设】中心加强基层党支部建设，明确工作标准，细化考核细则。建立党委委员联系支部机制，落实党支部目标管理。开展新一轮“三分类三升级”和“双争”活动，引导广大党员创先争优。集中开展廉政监督和专项检查，制定培训学员、参会代表作风建设“九条禁令”。完成《廉洁谈话精益化管理》项目，规范谈话流程、提升谈话质量。参与省公司反腐倡廉教育课件制作竞赛，荣获教案类作品三等奖。开展效能监察项目2项，监察工作直达项目现场，效果良好。开设道德讲堂，搭建思想道德建设平台。完成“五心”劳模工作室和创新工作室建设，激发广大员工钻研技术、提高技能、勇于创新的热情和活力。创新文化传播方式，注重特色亮点宣传，先后制作完成了《征途·跨越》、《荣誉背后》、《为智慧点灯》宣传视频及《坚守》、《历程》“两个先进”微电影。启动并完成了中心优秀专家人才选拔工作，2名员工进入中心优秀管理人才储备库。加大干部交流力度，调整干部12人次，干部综合素质和管理能力得到极大提高。

（吴巧怡、徐岚岚）

四川电力医院

【概况】2015年，是四川电力医院稳步发展，成果丰硕的一年。医院以科学发展观为指导，围绕公司中心工作，不断深挖潜力，规范管理，扎实推进二级甲等综合医院创建工作，大力夯实高原病防治重点专科建设，强化执行，敢于创新，圆满完成年初制定的各项任务。完成门诊业务量61469人次，病床使用率40.91%；流动资产余额544万元，营业总收入3488万元，同比增加611万元，增长21%；利润总额-6763万元；未发生违纪违法、集体上访及其他影响医院稳定的事件。

【二甲医院创建】为顺利推进二级甲等医院创建工作，医院多次聘请专家进行质量管理等相关知识培训，细化“二甲”标准，持续开展创建工作。成立创建督导组，实施周报、月报通报制度，按照评审标准敦促落实工作进度，落实整改要求。经过六轮现场督导，夯实了“二甲”创建基础管理。以评促建，持续改进。按照“二甲”标准，医院从工作制度、人员职责、设备维护、学习培训、诊疗操作常规等方面找差距，想措施，持续进行整改。共梳理医院制度826个，预案93个，编写、发放应知应会手册645册。逐步规范科室管理，将标准要求的诊疗操作和流程转化为自觉、常态的行为，不断提高服务质量和水平，医院综合实力得到明显提升。2015年11月，医院顺利接受四川省卫计委评审办专家的“二甲”医院现场评审，并经2016年1月20日四川省医院等级评审委员会审议通过，目前已完成公示。

【重点专科发展】全力服务高原电力工程建设。针对高原工程日常运维检修作业，以驻点保障、巡点服务等方式，全方位为高原电网工程建设员工及变电站工作人员做好医疗保障服务。针对“西藏联网”工程医疗保障工作，医院编写了《藏中和昌都电网联网工程及川藏铁路拉萨至林芝段供电工程生命医疗保障方案》《西藏联网工程前期医疗保障方案》，为即将全面铺开的“西藏联网”工程医疗保障工作做好了准备。

高原科研工作进展顺利。在高原医疗保障实践中，医院大力发展高原科研项目和高原病检测项目。高原电网建设与运维医疗卫生保障技术标准（第2、第3部分）通过了专家审查，成为省公司技术标准；“高原低氧环境对维生素D的影响研究”及省公司管理创新项目“高原低氧环境对电网建设者骨代谢指标及维生素D水平影响研究”，在2015年8月南京召开的中华医学会第十四次全国内分泌学学术会议上作为书面论文交流；高原电网运维人员体力劳动强度分级探索项目取得新进展，完成了对60名高原电网一线运维人员的现场测试和调查，形成调查报告，并在中文核心期刊发表论文一篇，为制定公司高原电网运维人员体力劳动强度分级技术标准打下了基础。

【医疗、护理提升】强化质量管理。按照“二甲”标准，建立全面、完善的医疗、护理质量管理体系和持续改进实施方案，并建立与之配套的制度、考核标准、质量指标。深入、扎实开展各项质量管理控制工作，把医疗、护理质量管理的核心制度纳入质量检查内容，加强对基础质量和环节质量的考核检查。每月编写《四川电力医院质量检查报告》，对存在的问题落实整改措施，推广应用质量管理工具，实现医疗质量的长效化管理。提升整体实力。加大硬件改造，建立病理实验室，新增全自动酶免分析仪、氦氖激光机、半导体激光机、高清胃肠镜等设备，开展降钙素原、阴道炎五联检、根管长度测量等新项目，开展包虫检测比对试验，每季度对微生物检测及耐药情况进行统计分析，启用医院感染实时监控平台，进一步提升医疗诊治、抗菌药物规范使用及院感防控能力；强化岗位练兵，开展全院医疗专业培训 33 次，传染病、慢病、院感等培训 12 次，定期举办“三基”理论知识考核和技能竞赛，开展“进修成果推广培训”、员工“技能交换”活动，采用送出去请进来的模式全年送培员工 55 人次，促进了员工技能的提升。2015 年，在锦江区卫计局和锦江区总工会联合举办的《2015 年全区医疗急救技能大赛》中，医院获得优秀组织奖；接受成都市卫计局组织的 2015 年医疗机构临床用血专项督查，在 40 家受检医疗机构中排名第七位。整合医疗资源。2015 年，在与华西医院、成都市第二人民医院、四川省骨科医院等大型医院合作的同时，又与四川省人民医院签订了“双向转诊”协议。充分利用信息化手段，开通专家远程会诊平台，促进优质医疗资源纵向流动，让患者享受的医疗资源更加丰富。

【优质服务水平】强化优质护理服务。实现优质护理服务病房全覆盖。培养新增伤口造口护理、手术室护理专科护士，拓展护理工作范畴；安排护理人员 90 余人次深入全省 40 个工作点，为系统一万余名离退休员工注射流感疫苗，受到老同志称赞。健康管理服务获好评。开展健康管理后续服务。2015 年，体检 18000 人次，健康回访 5000 余人次；通过信息化手段，建立了内网体检信息查询系统，为下一步实现手机 APP 远程动态了解个人健康情况奠定了基础；针对不同人群，开展健康套餐定制；开展健康档案比对工作，完善健康干预体系。开展健康管理特色服务。开展高原健康体检工作，高原体检 1000 余人次，筛查出 200 余名不宜上高原人员；对系统 3000 名参加高原电网建设的员工进行包虫病检测；根据公司系统兄弟单位特殊需求，开展心理健康、中医养生、包虫病防治、应急知识、妇科疾病的预防和妇女保健等讲座 40 次；会同省人民医院到革命老区仪陇县银山乡开展“爱心扶贫”村民健康体检工作，为百余名村民送去健康关爱，受到了当地群众的一致好评。职业卫生服务水平进一步提升。医院编写了《国网公司劳动保护用品配备标准》医疗部分，参与编制省公司《公司系统内相关作业场所职业病危害警示标识设置规范》，职业卫生管理工作得到有效规范；全年完成 13 座变电站现场检测，检测作业点 231 个，形成工频电磁场及噪声强度检测报告各 13 份；对 3 家单位共两百余名员工进行职业健康检查，编制职业健康检查总检报告 3 份；为系统相关单位多次开展职业卫生、职业健康检查、应急救援等工作的电话指导和现场技术咨询；职业卫生理化实验室完成改造，实验室检测能力逐步拓展。坚持履行社会责任。开展了“学习雷锋关爱老人”“结核病防治”“骨质疏松日”等义诊活动，义诊 200 余人次，为 22 名患者免费检测骨密度，发放资料 300 份，受到群众欢迎。

（朱　红）

协会学会

责任编辑：曾逸农

2015年，在四川电力行业中，各电力协会、学会围绕四川电力生产、建设和发展，积极献言献策，主动作为，为企业服好务，为提高四川电力企业管理水平和推动四川电力大发展起到了积极的桥梁与纽带作用。

四川电力系统的协会、学会，属于全省性的、有较大影响的主要有四川省电力行业协会、四川省水力发电工程学会、四川省电机工程学会。这三个协会、学会努力发挥自身优势，积极开展各项活动，为四川电力发展做出了贡献。

四川省电力行业协会

【单位概况】2015年，是全面贯彻中共十八届四中全会精神的第一年，也是完成"十二五"规划目标的收官一年。四川省电力行业协会秘书处（以下简称四川电力行协）以中共十八届四中全会和中央经济工作会议精神为指导，认真贯彻落实四川省委经济工作会议提出的稳增长、调结构、促改革、惠民生的总体部署，在省委、省政府的正确领导下，在省经信委、省民政厅的关心和指导下，在各理事单位、会员单位及电力企事业单位的大力支持下，坚持"立足行业、服务企业、联系政府、沟通社会"宗旨，发挥好"五个平台"的功能作用，紧紧围绕着四川电力行业发展和改革中出现的新形势、新问题、新机遇、新挑战，开拓创新工作方式，深入研究，联系政府、提出行业科学发展、和谐发展建设性举措；针对四川电力企业中热点难点，开展差异化服务，积极反应企业的诉求；顺应改革新趋势，加强行业协会秘书处自身基础建设，夯实提升综合服务能力，适应政府职能转变和社团组织规范管理的新要求，为四川电力行业做出了新的贡献，助推全省"两个跨越"取得了新胜利。

四川电力行业工作会　　（电力行协提供）

【理事长联席会议】2015年2月，四川省电力行业协会理事长联席会暨2015年四川电力发展座谈会在成都召开。

国家能源局四川监管办公室、四川省经信委、四川省能源局等有政府部门负责人应邀出席了会议并做了重要讲话。四川省电力行业协会理事长单位、副理事长单位的主要领导出席了会议，协会理事长王抒祥在会上做了主旨发言。各副理事长单位交流了规划项目、在建项目、计划投产项目情况和电力生产情况。

协会在总结"十二五"规划时期，四川电力行业面临几个重大挑战：一是用电需求增速放缓带来的挑战。二是电源和电网发展不协调带来的挑战。三是新能源大规模接入带来的挑战。四是清洁环保的绿色低碳发展模式带来的挑战。五是依法治企和优质服务带来的挑战。

行业协会秘书处对会上反应出的问题和工作建议进行了梳理。并向政府有关部门做了汇报和呼吁。并形成了统一思路：要以全新眼光和视角审视能源发展趋势变化，在调整结构中加快发展；要团结一致相互包容理解，共度市场需求不旺的难关；要积极深化改革发展，共同维护行业秩序和稳定大局。

【国际电力产业博览会】2015年5月，行业协会秘书处成功举办了"第十三届四川国际电力产业博览会"。大会重点展示智能电网、新能源汽车、水电清洁能源、新能源发电技术及设备、节电技术与设备、电力通信设备、监控仪器设备、电能计量仪表、线缆线材、水电站建设技术及设备、水利工程建机械、电力专用施工车辆高压、低压电器、电气自动化等新技术、新产品、新工艺的推广和应用，共有一百多家参展商，参观人数近万人。此次博览会推进了海内外投资商、制造商对四川电力行业了解，加大了电力行业新技术、新能源、新成果的推广应用，展示了四川电力生态环保，绿色发展，创新发展的新成就。

【四川电力产业发展研究】2015年8月，四川省政府有关领导做出"四川电力产业做大做强走出去"的指示，理事长单位对此高度重视，组织协会秘书处提出并开展"四川电力产业现状与发展研究"的课题，协会各成员单位积极响应，抽调精英人才，经过两个多月工作完成了课题调查报告。课题首先对四川水电、新能源、火电、电网、设计咨询、施工建造、设备制造等七大电力板块的现状进行了调研，归纳总结和分析了四川电力产业取得的成绩、具备的优势和潜力、面临的形势和机遇；分析了制约四川电力发展的主要因素和存在问题；提出了实现四川电力产业"做大、做强、走出去"战略目标的政策机制、对策措施和思路建议。报告将提交“2016 年四川省电力行业协会理事长联席会议”审议。

【四川配电市场、电网企业服务调查及对策研究】 2015 年上半年，四川省电力行业协会秘书处在中共中央、国务院《关于进一步深化电力体制改革的若干意见》的背景下，积极提出并开展完成了两个课题调研活动，一是：在中央 9 号文提出的大背景、新常态下“四川配电市场的现状调查及对策研究”研究课题；二是结合 2015 年四川省电力公司“业扩报装环境整治百日行动”开展的“四川电网 2015 年服务质量社会调查研究”课题。

四川国际电力产业博览会　（电力行协提供）

【电力生产建设统计】 2015 年 11 月，召开了“2015 年四川省电力行业统计工作会”学习传达国家能源局有关《国家能源局关于加强和完善电力行业统计的通知》，布置 2015 年统计报表年报工作，针对电力统计信息管理系统使用过程中出现的问题进行讨论，就统计上报系统的更新做出相关说明，开展电力行业统计专业培训，提升了行业统计工作的质量及效率。全面完成了报中电联、省经信委、省统计局的统计报表，并向会员单位共享了行业统计数据资源，为政府和会员单位提供了有参考价值的服务项目，同时也获得了政府部门的先进表彰。

【《四川电力年鉴（2015 卷）》出版发行】 2015 年 11 月，为连续记录四川电力发展成就史，展示四川电力行业形象。受省政府委托，四川省电力行业协会牵头，续编完成了《四川电力年鉴》2015 卷工作，为当代提供资政辅治史料，本着服务于政府的大局、服务于行业需求的大局，协会秘书处面对涉及面宽、时间跨度大、收资工作量大、经费筹集困难等不利因素，通过多方努力，克服多重困难，指导年鉴编辑部完成了逾 135 万字的《四川电力年鉴》（2015 卷）资料收集编辑、出版、发行工作。

【地市行协发展研究座谈会】 2015 年 10 月，为了解地市电力行协的发展现状，发挥地市电力行协在电改新形势下的“桥梁”“纽带”作用，研讨地市电力行协的发展方向，加强地市行协科学规范发展，协会召开了“2015 年四川省电力行业协会地市电力行协发展研究工作座谈会”。对电改新常态下的地市电力行协发展情况及问题做出调研和梳理。

【协会刊物、网站】 电力行业协会为了更好地为会员单位服务，搭建信息共享平台，完成了“四川电力行业协会网站”和《四川电力》刊物的信息收集、整理、编辑、审稿、发布工作。及时传达了国家的相关政策、方针，大力宣传了国家职能部门、协会理事、会员单位、相关电力企业为四川电力发展所做的努力和贡献。

（电力行协）

四川省水力发电工程学会

【单位概况】 四川省水力发电工程学会（以下简称学会）是依法登记的法人社团，是四川省科学技术协会和中国水力发电工程学会的组成部分，成立于 1981 年 5 月，是各省、区最早成立的水电学会之一。学会先后在西南电管局、四川省电力局、四川省电力公司固定挂靠，后由于电力体制改革，厂、网分开。2006 年，经第六次会员代表大会决定，学会采取轮流挂靠模式，每届时间为 5 年，学会挂靠单位变更为中国华电集团公司四川公司。2011 年，学会换届，挂靠单位变更为雅砻江水电开发有限公司，第七届理事长为陈云华，理事会成员 112 人。本会设有学术、科普 2 个工作委员会和一个学报编委会；有规划、地勘、水工、水机、施工、运行、工程造价、环境保护 8 个专业委员会；下设 14 个分会及 55 个会员单位，涵盖了四川省水电行业设计、施工、发电、咨询、科研院所、大专院校、电力设备、行业管理等主要单位。现有个人会员3506名，专家委员会专家386人。学会现办有一刊一网，由学会主办的《四川水力发电》杂志是面向国内、外公开发行的水电专业学术性双月刊，是中国电力优秀科技期刊、四川省优秀期刊、四川省质量一级期刊。“四川水力发电网站”是学会的门户网站，是四川水力发电行业的信息交流与传递平台。

【学术活动】2015年，学会及各专（工）委会共举办学术交流活动3次，交流人数达300余人。

学会以在建电站为依托，召开一年一度的学术交流会。9月17日，“四川省水力发电工程学会2015年学术交流会”在凉山州锦屏电站现场召开，80余人参会，6位专家在会议上做专题报告，征集论文45篇，印刷论文集200册。

首次开展“四川水电科技奖”评审活动 （水电学会提供）

12月1日，在中国水电七局分会在温江召开技术交流会，90余人参会。会议收到论文27篇，交流论文4篇，印刷内部刊物《水电建设》1000册，在公司内部交流。

11月10—13日，云、贵、川、桂、湘、粤六省水电学会联合组织召开了2015年六省区水电站运行检修管理技术研讨会。来自六省（区）的130名代表参加了会议，会议编印了论文集，收录论文112篇，7篇论文在会上作了交流发言。我会组织会员单位的19名代表参加会议，推荐论文10篇，1人交流发言。

【服务会员】2015年，继续完成《大桥水力发电厂技改升级技术支持服务》《大桥水力发电厂技改升级评估咨询》合同。组织专家以通信方式开展了“大桥水力发电厂技改升级招标文件”审查。相关专业专家认真审阅了提供大桥水电厂技改项目招标文件，并提出了评审意见和技术建议。

学会及时了解会员单位的需求，为会员单位服务。积极与外省兄弟学会联系，5月6日，组织相关单位（雅砻江、田湾河、大渡河等单位）参加“贵州省水力发电工程学会流域梯级水库联合调度学术交流会议”。

学会深入了解基层会员单位和会员的需求，7月20～22日，学会秘书处、四川水力发电杂志社赴雅砻江流域两河口电站进行了为期3天“走基层”活动，对雅砻江流域两河口电站进行了实地采访，同电站相关人员进行了座谈，了解了电站的建设情况。通过杂志和网站积极报道宣传清洁能源、绿色水电。

每年12月15日，是中国科协会员日，学会认真贯彻落实中国科协会员日活动精神，于12月18日，组织部分会员单位30余名会员参观了“澎湃雅砻江”雅砻江流域水电开发公司展厅。

学会为表彰和鼓励在推动四川省水力发电领域做出重要贡献的单位和个人，根据《四川水力发电科学技术奖》奖励办法，首次启动四川水力发电科学技术奖评奖活动。2015年共收到申报项目21个，经过汇总、形式审查、专家网络初评、专家评审组、奖励委员会评审会议、拟获一等奖项目现场答辩、公示后，评选出一等奖3个，二等奖5个，三等奖10个。学会对获奖项目进行了表彰奖励。

【组织建设】根据学会章程，按时召开常务理事会、理事会研究、审议学会重要事项。按期召开秘书工作会，安排、总结学会工作。5月12日，在成都召开秘书长(联络员)工作会议，对2015年学会工作进行了安排。12月，召开秘书工作会，总结2015年各分会（专）工委会工作，提出2016年工作计划。按学会《章程》，每年召开两次常务理事会、一次理事会。3月12日，召开七届五次常务理事会暨七届五次理事会，审议了陈云华理事长所作的《提升服务能力 稳步推进学会工作》的工作报告；听取了学会2014年财务收支情况报告；通过了七届理事会成员变更情况的决议；通过了58批新入会成员名单。10月8日～10月30日，以通信方式，召开了七届六次常务理事会议，会议就2015年“四川水力发电科学技术奖”奖励委员会组成人员名单，提请各位常务理事审议通过，经审议，通过了“四川水力发电科学技术奖”奖励委员会组成人员名单。积极参加上级单位组织的培训。为适应新形势下社会组织的发展、规范和服务需要，秘书处参加了省民间组织管理局与社会组织促进中心组织的培训班，学习社会组织内部管理、社会组织评估制度、社会组织能力建设等方面内容。

【科普活动】由学会发起、组织、主办的 2015 年“李冰杯一战到底”水利水电科普知识竞赛活动于 5 月 29 日在四川水利职业技术学院成功举办。四川水利职业技术学院、四川大学水利水电学院、西华大学能源与动力工程学院、西昌学院、四川交通职业技术学院、四川电力职业技术学院等 6 支代表队参赛，200 余名学生观战。

四川省水电学会举办李冰杯“一战到底”水利水电科普知识竞赛

（水电学会提供）

【会刊、网站】《四川水力发电》杂志全年编辑出版 8 期，其中正刊 6 期，增刊 2 期。每期约 148 页，约刊发稿件 400 篇、250 万字，约发行 32000 册，传播交流了四川水电科学技术和水电运营管理的新情况、新经验，反映四川水电建设面貌。开展在建水电工程报道，积极宣传四川新一轮水电开发，对金沙江溪洛渡、向家坝、白鹤滩、乌东德水电站、雅砻江中游杨房沟、两河口、桐子林等水电站，大渡河大岗山、猴子岩、双江口等水电站，金沙江上游水电站、以及其他江河水电站进行采访报道。开展“总经理访谈”“专家论坛”“工作研究”，为水电管理单位服务。对水电管理单位、业主单位、施工单位等领导进行访谈，并在杂志上刊载，达到良好宣传交流效果，并对当前水电热点问题进行报道。如丰水期水电消纳、减少弃水问题、水电外送问题，水电价格问题进行探讨。开展“记者走基层采访”活动，到雅砻江两河口水电站采访。

“四川水力发电.cn”网站一直坚持为水电行业发展服务的办网宗旨，积极、负责任地传递水电行业信息，围绕学会、专委会开展的主要活动进行系统报道。网站在开辟的“世界十大拱坝”栏目的基础上，开辟了“世界著名水电站”栏目，通过互联网的图片收集、整理和编辑，以世界著名水电站——三峡水电站的图片报道为起始，系列展示了伊泰普水电站、胡佛水电站等世界著名水电工程的建设风貌，展示世界水电开发的成就，宣传水电清洁能源。部分专题被国内知名综合性网站转发，扩大了读者群，继续成为国内水电行业中具有影响力的主流网站。

（杨　桦）

四川省电机工程学会

【概况】四川省电机工程学会（SICHUAN SOCIETY FOR ELECTRICAL ENGINEERING ）成立于 1958 年，在四川省民政厅登记注册，受四川省科学技术协会的业务指导和监督管理，是中国电机工程学会所属的独立省级学会。会员分布在全川电力、电机、机械、学校系统等 48 个单位。现有会员 4310 人，其中高级会员 108 人。省学会下设：电力系统智能化、电力系统规划、发电技术、高压技术、自动控制、自动化及计算机应用、理论电工、电气制造和新能源八个专业委员会；科普、学术、咨询、组织四个工作委员会；一个《四川电力技术》期刊编辑委员会；四川大学、西南交通大学两个分会；一个咨询公司。

国网四川省电力公司是学会的理事长单位，学会常设机构及办公地点由省公司提供。副理事长单位有中国华能集团公司四川分公司、国电四川发电有限公司、中国华电集团公司四川公司、中国电力工程顾问集团西南电力设计院、东方电气集团中央研究院、四川大学电气信息学院、西南交通大学电气工程学院、中国电力投资公司四川分公司 8 家；常务理事单位主要为国网四川省电力公司所属及相关单位约 40 余家。

【依法开展学会活动】

1. 在日常工作和具体事务上，学会根据常务理事会的部署，按规定按时参加年检，提供年检材料真实、可靠、齐全。

2. 积极筹措和管理活动经费，根据民政局的规定标准，合理收取和有效使用会费，使每一分钱的会费都发挥最大的作用，保证了社团活动得以顺利的开展。

3.按照常务理事会的要求，每年接受指定审计机构的财务审计。

4.秘书处认真履行职能，督促专工委会、分会积极开展学术活动，建立有效的工作机制。

【交流活动】

1.一是聚焦行业新科技、热点和难点的学术交流活动。学会对电力系统智能化涉及的230MHz无线专网解决方案等23项专题技术开展学术交流；从电力系统规划对智能电网及规划、谐波过电压、网源

科普下乡　　　　（电机学会提供）

协调、大电网脆弱性分析进行学术年会。

主办各种学术讲座、组织撰写学术论文、承接和参与国际和国家标准编制（智能电网调度技术支撑系统支撑综合标准化标准编制），共组织学术交流46场，参加人数4635余人，交流论文1200余篇。

2.科普活动丰富多彩。

为了帮助少数民族读者了解电力科普知识，2015年6月26日，中国电机工程学会联合四川省电机工程学会和国网凉山供电公司，专门组织了“《风吹电来》科普送书进凉山”活动，为凉山州喜德县则约乡中心小学和红毛中心小学校师生捐赠科普图书，以及投影仪等教学设备，使学校的教学条件得到改善。

学会在回访喜德县则约乡中心小学的过程中，赠送给学校的彝汉双语《风吹电来》（300本）和儿童科普图书《假如没有电》（300套），同时还对2014年科普下乡活动时向该学校捐赠的大功率电磁炉、太阳能热水器、生活用电加热开水炉等设备的使用情况进行了回访，并对老化的电力线路进行了改造。

在喜德县红毛中心小学校举行了科普图书捐赠仪式，并举办了两场科普讲座。中国电机工程学会科普工作委员会副主任委员肖兰在捐赠仪式上讲话并宣读递交了捐赠清单，四川省电机工程学会副秘书长张治安主持了捐赠仪式。活动向红毛中心小学校捐赠彝汉双语《风吹电来》（200本）、儿童科普图书《假如没有电》（200套）及笔记本电脑、投影教学设备、会议桌椅等；并开展了题为“乘风而来的光明”和“互联网让我们的生活更美好”的科普讲座。新能源科普讲座增长了师生们对科学知识的了解，而互联网的神奇作用更让师生们对未来活动充满了憧憬。

3.是坚持民主办会，认真召开常务理事会、秘书长工作会议。

4.四川省电机工程学会2015年秘书长工作会议于5月15日在成都三圣乡名雅山庄召开，各专工委会、分会、编委会秘书长、副秘书长等24人参加了会议，理事长王平作会议总结发言。

副理事长兼秘书长袁邦亮主持会议并发表讲话，副秘书长张治安传达2015年中国电机工程学会有关工作会议精神，副秘书长田立峰传达四川省电机工程学会第七届五次常务理事会精神。各专（工）委会、分会、编委会秘书长汇报了2015年工作安排情况，提出建议，交流工作经验。大家一致认为要认清学会发展的内外部环境，把握机遇，迎接挑战，加强学会的能力建设。

5.打造精品科技期刊，为学术交流提供便捷渠道。

期刊是学会发展的支柱。近年来《四川电力技术》的质量逐步提高、影响不断扩大，在交流技术、传播信息、支持学会发展等方面发挥了积极的作用。学会将坚持为会员、企业、行业服务的宗旨，努力提高办刊质量和水平。也希望各会员单位继续支持期刊工作，将好的学术成果，高水平的学术论文，推荐到《四川电力技术》上发表，共同增强期刊的吸引力，扩大影响力。科普工作是学会活动的重要组成部分。学会要积极参加各级科协科普工作活动，要借鉴有益的经验，制定长期科普工作规划，开展不同层次和各具特色的技术培训和科普教育，使科普工作有新的进步和新的成效。

6.开展电力工程咨询，电力安全巡查、安全评价等工作。

7.向中国电机工程学会推荐中国电力科学技术奖项，并获得表彰。（赵红梅）

人物及单位荣誉

责任编辑：卓正昌

本年鉴的《人物及单位荣誉》栏，主要采用表格方式，收录四川电力行业各单位 2015 年年底前任职的党政主要领导、三总师，省部级及以上的劳动模范、先进工作者名单和各单位获省部级及以上的荣誉，因公殉职的英雄人物。

革命烈士

彭大权，男，1967 年生，国网四川南江县供电公司职工。

2015 年 5 月 29 日，彭大权参加南江县寨坡乡 10 千伏寨一周线滑坡迁改工程施工，在工作任务结束撤离现场时，突遇飞石袭击。在同事命悬一线的危急时刻，彭大权毫不犹豫冲上前去推开同事，自己躲避不及被飞石砸中头部，因伤势过重，抢救无效，壮烈牺牲。经四川省电力公司党委常委会研究决定，正式追授彭大权同志“国网四川省电力公司劳动模范”荣誉称号。

6 月 17－19 日，四川省委宣传部组织新华社、《四川日报》、《华西都市报》、四川电视台、四川广播电视台、四川在线、四川新闻网等多家省市级媒体记者赴巴中对彭大权舍己救人的英勇事迹进行深入采访报道。

7 月 1 日，四川省总工会决定追授国网南江县供电公司职工彭大权四川省“五一劳动奖章”。并号召全省广大干部职工向彭大权学习，学习他忠诚尽责、舍己为人的高尚品格；学习他爱岗敬业、踏实肯干的职业操守；学习他诚实守信、坚强乐观的人生态度，积极践行社会主义核心价值观，立足岗位、建功立业，为我省加快推进“三大发展战略”，开创经济社会又好又快发展的新局面作出新的更大贡献。

10月31日，四川省委书记王东明主持召开常委会议，传达学习党的十八届五中全会精神，研究四川省贯彻落实意见。会议同意追认国网南江县供电公司职工彭大权为中国共产党党员。

11 月 6 日，四川省精神文明建设办公室授予彭大权 8 月份“四川好人”称号。

四川主要电力单位行政领导人

表 57

单位名称	姓　名	职　务	任职时间
四川省电力公司	石玉东	总经理	2015.11－
	潘敬东	副总经理	2015.11－
	王抒祥	总经理	2009.06－2015.11
	葛兆军	副总经理	2013.12－2015.11
	李　华	副总经理	2012.12－
	褚艳芳	副总经理	2014.11－
	董京营	副总经理	2012.05－
	丁燕生	副总经理	2012.04－2015.11
	刘　勇	副总经理	2013.09－
	陈云辉	副总经理	2013.09－
中国电建集团成都勘测设计研究院有限公司	章建跃	执行董事兼总经理	2013.08－
	郝元麟	副总经理（兼）	2013.07－
	王仁坤	副总经理	2012.08－
	赵雄飞	副总经理	2010.02－
	贺昌林	副总经理	2012.08－
	王劲夫	副总经理	2013.08－
	王寿根	副总经理	2014.09－

续表 57

单位名称	姓　名	职　务	任职时间
中国电力工程顾问集团西南电力设计院有限公司	宋培庆	执行董事	2012.11—
	郝群岩	总经理	2015.02—
	郝群岩	副总经理	1998.08—2015.02
	李　蕾（女）	副总经理（兼）	2004.04—
	蔡约超	副总经理	2014.04—
	王　强	副总经理	2010.09—
	孟小奇	副总经理	2012.04—
	冯德明	副总经理	2012.04—
四川省电力设计院	李　涛	院长、法人	2011.10—
	吴　猛	副院长	2002.01—
	罗　衡	副院长	2012.12—
四川电力设计咨询有限责任公司	侯　磊	执行董事、总经理	2014.04—
	周千波	副总经理	2008.02—
	孟祖进	副总经理	2001.08—
	钟小平	副总经理	2003.09—
	李邱林	副总经理	2010.11—
	李　晔	副总经理	2015.06—
中国三峡建设管理有限公司	樊启祥	董事长	2015.12—
	吴海斌	监事会主席	2015.12—
	洪文浩	总经理	2015.12—
	孙长平	副总经理	2015.12—
	吴质斌	副总经理	2015.12—
	王世平	副总经理	2015.12—
	於三大	副总经理	2015.12—
	龚德宏	副总经理	2015.12—
中国长江三峡集团公司溪洛渡工程建设部	张世保	主　任	2014.12—
	陈正云	副主任	2014.12—
	唐万斌	副主任	2012.07—
	廖建新	副主任	2014.12—
	袁廷敏	副主任	2014.12—
中国长江三峡集团公司白鹤滩工程建设部	汪志林	主　任	2014.12—
	樊义林	副主任	2014.12—
	曾国顺	副主任	2014.12—
	何　炜	副主任	2014.12—
	罗荣海	副主任	2014.12—

续表 57

单位名称	姓　名	职　务	任职时间
中国长江三峡集团公司乌东德工程建设部	杨宗立	主　任	2014.11—
	周　宇	副主任	2014.11—
	王义锋	副主任	2014.11—
	周绍武	副主任	2014.11—
	姚汉光	副主任	2014.12—
向家坝水力发电厂	王建忠	厂　长	2012.04—
	周家明	副厂长	2012.04—
	刘明闪	副厂长	2012.04—
	梅雪东	副厂长	2012.11—
溪洛渡水力发电厂	关杰林	厂　长	2012.11—
	冉毅川	副厂长	2015.01—
	鲁结根	副厂长	2012.11—
	杨兴斌	副厂长	2012.11—
长江三峡设备物资有限公司	程永权	执行董事	2007.12—
	熊志刚	总经理	2011.10—
	郑良成	副总经理	2014.12—
	刘铁兵	副总经理	2011.10—
	蔡肇斌	副总经理	2015.08—
国电大渡河流域水电开发有限公司	刘金焕	董事长	2011.05—
	涂扬举	总经理	2014.03—
	何仲辉	副总经理	2013.12—
	王春云	副总经理	2004.04—
	胡　卫	副总经理	2008.10—
	王存福	副总经理	2011.05—
	严　军	副总经理	2012.05—
	周业荣	副总经理	2013.12—
	李仕堂	副总经理	2014.03—

续表 57

单位名称	姓　名	职　务	任职时间
雅砻江流域水电开发有限公司	陈云华	董事长	2015.01－
	祁宁春	总经理	2015.01－
	张肇刚	副总经理	1998.11－
	吴世勇	副总经理	2008.03－
	毛学工	副总经理	2008.03－
	冉懋鸽	副总经理	2008.01－2015.08
	王继敏	副总经理	2014.04－
	王宏亮	副总经理	2015.08－
中国华电集团公司四川公司	罗小黔	总经理	2014.10－
	钟国东	副总经理	2014.10－
	蒋晓明	副总经理	2014.10－
	周其平	副总经理	2015.11－
华电金沙江上游水电开发有限公司	胡贵良	总经理	2014.10－
	段　伟	副总经理	2014.10－
	黄　辉	副总经理	2014.10－
	侯建刚	副总经理	2015.07－
	汪　良	副总经理	2015.07－
华能四川水电有限公司	张　伟	董事长	2006.08－2015.12
	冉　群	董事长	2015.12－
		总经理	2013.03－2015.12
	赵明川	副总经理	2006.09－2015.12
		总经理	2015.12－
	王雄志	副总经理	2004.07－
	钏毅民	副总经理	2014.07－
	付维平	副总经理	2014.09－
国电四川发电有限公司	黄张豪	执行董事、总经理	2014.03－
	高　建	副总经理	2006.12－
	许保卫	副总经理	2008.11－
	付　军	副总经理	2012.09－

续表 57

单位名称	姓　名	职　务	任职时间
大唐四川发电有限公司	刘峰彪	总经理	2015.01—2015.12
	熊国民	副总经理	2006.12—
	潘　明	副总经理	2013.12—
	黄　宇	副总经理	2013.12—
	杜兆祥	副总经理	2013.12—
中电投四川电力有限公司	石四存	执行董事	2014.10—
		总经理	2012.03—
	李厚新	副总经理	2014.12—
	周庆葭	副总经理	2012.03—
	魏　毅	副总经理	2013.12—
中电建水电开发集团有限公司	林修建	董事长、法人代表	2012.04—2015.06
	荣其富	总经理	2006.10—2015.06
		董事长、法人代表	2015.06—
	杜学泽	总经理	2015.07—
	职小前	副总经理	2015.10—
	张跃涛	副总经理	2006.10—
	罗朝国	副总经理	2007.03—
	杨建明	副总经理	2007.03—
	刘万海	副总经理	2010.08—
	杨　勇	副总经理	2013.11—2015.08
	杨　清	副总经理	2015.10—
	刘运华	副总经理	2015.10—
四川省能源投资集团有限责任公司	郭　勇	董事长	2011.02—
	张志远	总经理、副董事长	2011.03—
	郭应万	董事	2011.08—
	罗　毅	董事	2011.08—
	任治俊	董事	2011.08—
	严　江	董事	2011.08—
	王　诚	副总经理	2015.08—
	李　越	副总经理	2011.03—
	巫晓兵	副总经理	2011.03—
	宗仁怀	副总经理	2011.08—
	王　洪	副总经理	2011.08—

续表 57

单位名称	姓　名	职　务	任职时间
神华四川能源有限公司	何成江	董事长	2012.04—
	蒋国俊	总经理	2012.04—
	罗晓放	副总经理	2012.04—
	何丽娜	副总经理	2012.04—
四川省水电投资经营集团有限公司	张志远	董事长	2009.03—
	罗　毅	副董事长	2007.01—
		总经理	2009.03—
	段兴普	董事	2007.01—
		副总经理	2005.08—
	曾　勇	董事	2012.05—
	李书健	副总经理	2014.06—
	陈　涛	董事	2012.08—
		副总经理	2014.06—
	杨厚君	董事	2014.06—
	刘　毅	副总经理	2014.06—
	陈地良	副总经理	2014.06—
	王　恒	副总经理	2014.06—
	李　勇	副总经理	2015.06—
四川省地方电力局	徐广渊	局长	2011.06—
	董大志	副局长	2007.08—
	刘　刚	副局长	2007.05—
	宋　超	副局长	2007.07—
	陈　庆	副局长	2014.03—
中国水利水电第五工程局有限公司	贺鹏程	执行董事、总经理	2012.04—
	刘　光	副总经理	2012.04—
	吴高见	副总经理	2008.09—
	宁俊云	副总经理	2008.09—
	张邯涛	副总经理	2008.09—
	杜相如	副总经理	2008.09—
	刘庆东	副总经理	2008.09—
	高宗文	副总经理	2011.06—
	孙玉林	副总经理	2013.11—
	李　峥	副总经理	2013.11—
	贺　祝	副总经理	2014.09—

续表 57

单位名称	姓　名	职　务	任职时间
中国水利水电第七工程局有限公司	申茂夏	执行董事、总经理	2011.11—
	张　桥	副总经理	2014.09—
	郗举科	副总经理	2004.11—
	向超群	副总经理	2005.09—
	但　东	副总经理	2006.12—
	江瑞俊	副总经理	2007.11—
	辛宗懿	副总经理	2012.04—
	李东林	副总经理	2012.07—
	吴越建	副总经理	2013.11—
	莫永彪	副总经理	2014.09—
中国水利水电第十工程局有限公司	杜学泽	执行董事、总经理	2007.12—2015.07
	何其刚	执行董事、总经理	2015.07—
	陈　勇	副总经理	2012.07—
	陈　茂	副总经理	2012.07—
	余明川	副总经理	2005.09—
	涂建湘	副总经理	2005.09—
	张长万	副总经理	2010.01—
	巨荣文	副总经理	2012.07—
	胡湛军	副总经理	2012.07—
	何开平	副总经理	2015.07—
中国水电基础局有限公司	刘建发	执行董事、总经理	2014.02—
	韩　伟	副总经理	2012.06—
	田学良	副总经理	2012.06—
	黄炳福	副总经理	2012.06—
	徐方才	副总经理	2012.06—
	彭善民	副总经理	2012.06—
	石　峰	总经理助理、西南总部总经理、三公司经理	2013.09—
四川大唐国际甘孜水电开发有限公司	熊　雄	总经理	2015—
	陆　杰	副总经理	2015—
	谢卓健	副总经理	2013—
	赵树峰	副总经理	2012—
	高凤川	副总经理	2015—
	周　浪	副总经理	2012—

续表 57

单位名称	姓　名	职　务	任职时间
四川省港航开发有限责任公司	贺晓春	董事长	2007.06—
	赖忠泉	总经理	2012.10—
	金代勇	副总经理	2009.02—
	杨　军	副总经理	2008.09—
	曹　文	副总经理	2014.09—
	罗宗全	监事会主席	2014.09—
四川川投田湾河开发有限责任公司	张　昊	总经理	2013.12—
	唐剑虹	副总经理	2012.10—
	卢建奎	副总经理	2007.07—
	李　红	副总经理	2013.04—
四川省能投风电开发有限公司	李昌伟	董事长	2014.01—
	何　勇	总经理	2013.03—
	梁小兵	副总经理	2011.11—
	周　莹	副总经理	2011.09—
	毛明珠	副总经理	2014.03—
四川川投燃气发电有限责任公司	李文志	董事长	2011.08—
	张华端	总经理	2013.07—
	冯　毅	副总经理	2013.12—
	何京江	副总经理	2013.12—
四川川投康定水电开发有限责任公司	文汇锋	执行董事、总经理	2015—
四川省紫坪铺开发有限责任公司	李　洪	总经理	2001.03—
	宋彦刚	常务副总经理	2001.07—
	由丽华	副总经理	2006.05—
九寨沟水电开发有限责任公司	张晓庆	董事长	2003.6—
	向　东	总经理	2014.12—
	潘　杰	副总经理	2005.8—
四川省水电投资经营集团永安电力股份有限公司	刘　毅	董事长	2010.5—
	李亚林	总经理	2010.5—
	陈来军	副总经理	2010.5—
	张　敏	副总经理	2010.5—
	李登峰	副总经理	2010.5—
	李代军	副总经理	2013.6—

续表 57

单位名称	姓　名	职　务	任职时间
成都电力金具总厂	刘　杰	厂长	2014.04—
	王继华	副厂长	2010.01—
	熊维持	副厂长	2006.01—
	明　凌	副厂长	2014.04—
	鲜　力	副厂长	2014.04—
	付　强	副厂长	2014.04—
	雷晓锋	副厂长	2013.06—
	向　勇	副厂长	2013.06—
四川省电力行业协会	王抒祥	理事长	2010.05—
	董京营	常务副理事长	2015.02—
	涂扬举	副理事长	2015.02—
	刘　敏	副理事长	2010.05—
	林修建	副理事长	2012.02—
	伍康定	副理事长	2010.05—
	徐广渊	副理事长	2012.02—
	张志远	副理事长	2010.05—
	张　伟	副理事长	2010.05—
	罗小黔	副理事长	2015.02—
	陈云华	副理事长	2013.05—
	黄张豪	副理事长	2015.02—
	郝群岩	副理事长	2015.02—
	章建跃	副理事长	2012.02—
	刘峰彪	副理事长	2015.02—
	胡贵良	副理事长	2015.02—
	石四存	副理事长	2014.01—
	凌廷亮	秘书长	2012.02—
	黄正平	常务副秘书长	2010.05—2015.06
	邓华云	副秘书长	2010.05—
	文　曹	常务副秘书长	2015.06—
	黄　志	副秘书长	2015.06—
	赵光银	副秘书长	2010.05—
	易本胜	副秘书长	2013.05—
	陈华明	副秘书长	2010.05—

四川主要电力单位党群领导人

表 58

单位名称	姓　名	职　务	任职时间
四川省电力公司	潘敬东	党委书记	2015.11—
	石玉东	党委副书记	2015.11—
	葛兆军	党委书记	2014.02—2015.11
	王抒祥	党委副书记	2009.06—2015.11
	周　群	纪委书记	2013.07—
	左宇龙	工会主席	2014.11—
中国电建集团成都勘测设计研究院有限公司	郝元麟	党委书记	2013.07—
	章建跃	党委副书记	2013.07—
	刘四平	党委副书记、纪委书记、工会主席	2013.07—
		监事	2013.08—
中国电力工程顾问集团西南电力设计院有限公司	李　蕾（女）	党委书记	2014.04—
	丰玉祥	党委副书记兼纪委书记	2014.04—
四川省电力设计院	龚文波	党委副书记	2007.05—
	徐　健	工会主席	2009.03—
		纪委书记	2013.01—
四川电力设计咨询有限责任公司	周千波	党委书记	2008.02—
	侯　磊	党委副书记	2014.04—
	田　洁	纪委书记、工会主席	2010.11—
中国三峡建设管理有限公司	孙长平	党委书记	2015.12—
	洪文浩	党委副书记	2015.12—
	张世保	纪委书记	2015.12—
中国长江三峡集团公司溪洛渡工程建设部	张世保	党委书记	2012.03—
	袁廷敏	纪委书记	2014.12—
中国长江三峡集团公司白鹤滩工程建设部	樊义林	党委书记	2014.12—
	汪志林	党委副书记	2012.07—
中国长江三峡集团公司乌东德工程建设部	周　宇	党委书记	2014.11—
	杨宗立	党委副书记	2014.11—
向家坝水力发电厂	王建忠	党委书记	2014.11—
	徐　斌	党委副书记、纪委书记	2012.05—
	周家明	党委委员	2012.05—
	刘明闪	党委委员	2012.05—
	梅雪东	党委委员	2013.03—
	宋晶辉	党委委员	2015.03—

续表 58

单位名称	姓　名	职　务	任职时间
溪洛渡水力发电厂	关杰林	党委书记	2012.04—
	王东林	党委副书记、纪委书记	2015.01—
	冉毅川	党委委员	2015.03—
	杨兴斌	党委委员	2012.04—
	陈辉	党委委员	2015.03—
长江三峡设备物资有限公司	郑良成	党委书记	2014.12—
	熊志刚	党委副书记	2011.10—
	张军仁	纪委书记	2015.08—
国电大渡河流域水电开发有限公司	何仲辉	党委书记	2013.12—
	涂扬举	党委副书记	2014.03—
	王春云	党委委员	2004.04—
	胡　卫	党委委员	2008.11—
	王存福	党委委员、工会主席	2011.05—
	严　军	党委委员	2012.04—
	周业荣	党委委员	2013.12—
	李仕堂	党委委员	2014.03—
	高廷源	党委委员、纪委书记	2015.09—
雅砻江流域水电开发有限公司	陈云华	党委书记	2002.07—2015.08
		党委副书记	2015.08—
	张肇刚	党委书记	2015.08—
	祁宁春	党委副书记	2015.08—
	王宏亮	党委副书记	1999.10—2015.08
		纪委书记	2004.01—2015.08
	罗崇伸	纪委书记	2015.08—
中国华电集团公司四川公司	罗小黔	党组书记	2014.10—2015.12
	钟国东	党组副书记	2014.10—2015.12
	王小红	纪检组长、工会主席	2015.04—
华电金沙江上游水电开发有限公司	胡贵良	党组书记	2014.10—
	段　伟	党组副书记	2014.10—
	王文德	纪检组组长、工会主席	2015.03—

续表 58

单位名称	姓　名	职　务	任职时间
华能四川水电有限公司	张　伟	党委书记	2006. 08—2015. 12
	冉　群	党委副书记	2013. 03— 2015. 12
		党委书记	2015. 12—
	赵明川	工会主席	2006. 09—2015. 12
		党委副书记	2015. 12—
	熊文武	纪委书记	2013. 03—
国电四川发电有限公司	高　建	党组书记	2014.03—
	黄张豪	党组副书记	2014.03—
	许保卫	党组成员、工委主任	2006.12—
	付　军	党组成员	2012.09—
	袁溢涛	党组成员、纪检组长	2014.07—
	刘　明	党组成员	2014.03—2015.09
中电投四川电力有限公司	李厚新	党组书记	2014. 12—
	石四存	党组副书记	2014. 12—
	张　伟	纪检组组长、工委主任	2015. 04—
中电建水电开发集团有限公司	林修建	党委书记	2012.03—2015.06
	职小前	党委书记	2015.10—
	荣其富	党委副书记	2010.10—2015.06
		党委书记	2015.06—2015.10
		党委副书记	2015.10—
	杜学泽	党委副书记	2015.07—
	王坤任	党委副书记	2011.01—2015.06
		纪委书记	2011.01—2015.06
	张跃涛	工会主席	2010.03—2015.06
	李宏伟	党委副书记	2015.06—
		纪委书记	2015.06—
		工会主席	2015.06—
大唐四川发电有限公司	刘峰彪	党组书记	2014. 07—2015. 12
	杜兆祥	工会主席	2013. 12—

续表 58

单位名称	姓　名	职　务	任职时间
四川省能源投资集团有限责任公司	郭　勇	党委书记	2011. 02—
	张志远	党委副书记	2011. 03—
	夏公海	党委副书记、工会主席	2011. 03—
	王洪波	纪委书记	2015. 12—
神华四川能源有限公司	何成江	党委书记	2012. 04—
	杨　强	党委副书记、纪委书记、工会主席	2012. 04—
四川省水电投资经营集团有限公司	张志远	党委书记	2009. 03—
	罗　毅	党委副书记	2009. 03—
	段兴普	党委委员	2007.02—
	熊　林	党委委员、纪委书记	2010. 08—
	陈　涛	工会主席	2012. 09—
四川省地方电力局	徐广渊	党委书记	2011. 06—
	陆艳萍	党委副书记 纪委书记	2011. 02—
		工会主席	2012. 01—
中国水利水电第五工程局有限公司	刘　光	党委书记	2012. 04—
	贺鹏程	党委副书记	2012. 04—
	刘忠长	党委副书记、纪委书记	2014. 09—
	林静峰	工会主席	2014. 11—
中国水利水电第七工程局有限公司	张　桥	党委书记	2014. 09—
	申茂夏	党委副书记	2011. 11—
	郝国英	党委副书记、纪委书记	2011. 06—
	刘劲松	工会主席	2014. 11—
中国水利水电第十工程局有限公司	陈　勇	党委书记	2015. 07—
	何其刚	党委副书记	2015. 07—
	杜学泽	党委副书记	2008. 01—2015. 07
	靳　山	党委副书记、纪委书记	2011. 01—
	陈顺清	工会主席	2004. 05—
中国水电基础局有限公司	韩　伟	党委书记	2012. 07—
	刘建发	党委副书记	2012. 07—
	袁国俊	党委副书记、纪委书记、工会主席	2012. 07—
	李文书	三公司党委书记	2011. 01—
	黄显明	三公司纪委书记、工会主席	2012. 12—

续表 58

单位名称	姓　名	职　务	任职时间
四川大唐国际甘孜水电开发有限公司	赵子昂	党委书记	2010. 11—
	田永生	纪委书记、工会主席	2013. 01—
四川省港航开发有限责任公司	贺晓春	党委书记	2007. 06—
	谢敬远	党委副书记	2015—
		工会主席	2015—
	袁　野	党委委员、纪委书记	2015—
四川川投田湾河开发有限责任公司	张　昊	党委书记	2013. 12—
	朱　莉	党委副书记	2013. 12—
		纪委书记、工会主席	2013. 12—
四川省紫坪铺开发有限责任公司	李　洪	党委书记	2002. 07—
	黄振武	党委副书记	2007. 07—
		纪委书记	2006. 05—
	王　萍	工会主席	2014. 06—
四川川投燃气发电有限责任公司	张华端	党委书记	2013. 04—
	姚　欣	党委副书记、纪委书记	2015. 04—
四川省能投风电开发有限公司	李昌伟	党委书记	2014. 01—
	何　勇	党委副书记	2013. 03—
	梁小兵	纪委书记	2013. 07—
四川省水电投资经营集团永安电力股份有限公司	刘　毅	党委书记	2010. 05—
	李亚林	党委副书记	2010. 05—
	袁　玲	党委副书记	2010. 05—
		纪委书记	2010. 04—
	胥维龙	工会主席	2010. 05—
成都电力金具总厂	王继华	党委书记	2010. 01—
	刘杰	党委副书记	2014. 04—
	邓明洲	党委副书记、纪委书记	2014. 04—

主要电力单位总工程师、总经济师、总会计师

表 59

单位名称	姓　名	职　务	任职时间
四川省电力公司	杨桂荣	总会计师	2014. 11—
	石俊杰	总工程师	2013. 09—
中国电力建设集团成都勘测设计研究院有限公司	王仁坤	总工程师（兼）	2004.07—
	余　挺	总工程师	2012.08—
	陆元务	总会计师	2012.12—
中国电力工程顾问集团西南电力设计院有限公司	毛永龙	总工程师	2014. 06—
	李　蕾（女）	总法律顾问（兼）	2011. 06—2015. 06
	孟小奇	总法律顾问（兼）	2015. 06—
四川省电力设计院	何永德	总工程师	2007. 09—
四川电力设计咨询有限责任公司	詹宗东	总工程师	2003. 09—
	汪　莉	总会计师	2014.03—
中国三峡建设管理有限公司	林志民	总会计师	2015.12—
向家坝水力发电厂	宋晶辉	总工程师	2015.01—
溪洛渡水力发电厂	陈　辉	总工程师	2015.01—
国电大渡河流域水电开发有限公司	李仕堂	总会计师	2014. 03—
	高林章	总经济师	2012. 02—
雅砻江流域水电开发有限公司	姚　勇	总会计师	2010. 09—
	陶卫国	总经济师	2010. 09—
	王雅军	总工程师	2010. 09—
中国华电集团公司四川公司	冯　荣	总会计师	2014. 10—
华电金沙江上游水电开发有限公司	杜静芝	总会计师	20015. 07—
华能四川水电有限公司	赵明川	总会计师	2013. 07—
国电四川发电有限公司	刘　明	总会计师	2014.03—2015.09
中电建水电开发集团有限公司	罗朝国	总会计师（兼）	2006. 10—
	杨　清	总工程师	2009. 09—
大唐四川发电有限公司	姚立三	总会计师	2008. 04—
四川省能源投资集团有限责任公司	刘鸿川	总会计师	2011. 08—
	邵　兵	总经济师	2014. 12—
神华四川能源有限公司	何丽娜	财务总监	2012. 04—

表 59

单位名称	姓　名	职　务	任职时间
四川省水电投资经营集团有限公司	田学农	总工程师	2014.06—
	陈　明	总会计师	2015.07—
	陈　涛	总经济师	2010.01—
中国水利水电第五工程局有限公司	吴高见	总工程师（兼）	2008.09—
	刘庆东	总经济师（兼）	2008.09—
	张安福	总会计师	2014.09—
中国水利水电第七工程局有限公司	张元刚	总会计师	2005.09—
	向　建	总工程师	2008.09—
中国水利水电第十工程局有限公司	陈　茂	总工程师（兼）	2003.06—
	胡湛军	总经济师（兼）	2012.07—
	王全军	总会计师	2008.06—
中国水电基础局有限公司	肖恩尚	总工程师	2012.06—
	黄炳福	总经济师	2012.06—
	雷土祥	总会计师	2012.06—
	曹建华	三公司总经济师	2012.06—
四川大唐国际甘孜水电开发有限公司	刘伟萱	总会计师	2015—
	张小春	总工程师	2015—
四川省港航开发有限责任公司	潘荣伟	总工程师	2014.06—
四川川投田湾河开发有限责任公司	段　明	总经济师	2012.10—
四川川投燃气发电有限责任公司	周守玉	总经济师	2013.12—
四川省能投风电开发有限公司	倪　敏	总会计师	2014.03—
四川省紫坪铺开发有限责任公司	邓良胜	总工程师	2004.09—
四川省水电投资经营集团永安电力股份有限公司	李耀军	财务总监	2014.6—
成都电力金具总厂	熊维持	总工程师	2014.04—

劳动模范、先进生产(工作)者

表 60

单位名称	姓　名	称　号	授予单位	授予时间
一、全国劳动模范和各类奖章获得者				
（一）全国劳动模范				
国网四川省电力公司	王抒祥	全国劳动模范	中共中央、国务院	2015.04
	殷显树	全国劳动模范	中共中央、国务院	2015.04
	李进峰	全国劳动模范	中共中央、国务院	2015.04
雅砻江流域水电开发有限公司	陈云华	全国劳动模范	中共中央、国务院	2015.04
中国华电集团公司四川分公司	侯忠发	全国劳动模范	中共中央、国务院	2015.05
（二）全国五一劳动奖章获得者				
四川省电力公司司	伍建明	全国五一劳动奖章	中华全国总工会	2015
	汪志刚	全国五一劳动奖章	中华全国总工会	2015
（三）省五一劳动奖章获得者				
四川省电力公司	杨　可	四川省五一劳动奖章	四川省总工会	2015
	赵　雄	四川省五一劳动奖章	四川省总工会	2015
	骆　阳	四川省五一劳动奖章	四川省总工会	2015
	白学祥	四川省五一劳动奖章	四川省总工会	2015
	付　强	四川省五一劳动奖章	四川省总工会	2015
	罗　涛	四川省五一劳动奖章	四川省总工会	2015
中电建集团成都勘测设计研究院有限公司	黄彦昆	四川省五一劳动奖章	四川省总工会	2015.08
	李　阳	四川省五一劳动奖章	四川省总工会	2015.08
中国长江三峡集团公司溪洛渡工程建设部	王孝海	云南省五一劳动奖章	云南省总工会	2015.05
国电大渡河流域水电开发有限公司	韩　涛	四川省五一劳动奖章	四川省总工会	2015.03
	严　军	四川省五一劳动奖章	四川省总工会	2015.08
	肖培伟	四川省五一劳动奖章	四川省总工会	2015.08
	林　丹	四川省五一劳动奖章	四川省总工会	2015.08
	李桂林	四川省五一劳动奖章	四川省总工会	2015.08
	周业荣	四川省五一劳动奖章	四川省总工会	2015.08
	许　剑	四川省五一劳动奖章	四川省总工会	2015.12
	靳　波	四川省五一劳动奖章	四川省总工会	2015.12
雅砻江流域水电开发有限公司	任　海	四川省五一劳动奖章	四川省总工会	2015.10
	周　律	四川省五一劳动奖章	四川省总工会	2015.12

续表 60

单位名称	姓　名	称　号	授予单位	授予时间
中国水利水电第七工程局有限公司	赵云德	四川省五一劳动奖章	四川省总工会	2015.08
	胡　强	四川省五一劳动奖章	四川省总工会	2015.08
	吴光涛	四川省五一劳动奖章	四川省总工会	2015.08
	蔡春芳	四川省五一劳动奖章	四川省总工会	2015.08
	周鸿源	四川省五一劳动奖章	四川省总工会	2015.08
四川大唐国际甘孜水电开发有限公司	熊　雄	四川省五一劳动奖章	四川省总工会	2015. 12
	孙红武	四川省五一劳动奖章	四川省总工会	2015. 12
	麦先春	四川省五一劳动奖章	四川省总工会	2015. 12
（四）其他奖章获得者				
单位名称	姓　名	称　号	授予单位	授予时间
无	无	无	无	无
二、全国先进生产工作者				
单位名称	姓　名	称　号	授予单位	授予时间
雅砻江流域水电开发有限公司	罗崇伸	全国优秀工会工作者	全国总工会	2015.12
中国水利水电第五工程局有限公司	贺鹏程	安康企业家	全国总工会	2015.11
	李献增	全国优秀工会工作者	全国总工会	2015.12
	吕登凤	全国五一巾帼标兵	全国总工会	2015.4
中国水利水电第十工程局有限公司	张　香	全国五一巾帼标兵	全国总工会	2015.02
	李　斌	全国优秀工会工作者	全国总工会	2015.12
三、省部级劳动模范				
四川省电力公司	王安全	四川省劳动模范	四川省人民政府	2015
	张程福	四川省劳动模范	四川省人民政府	2015
	刘彦琴	四川省劳动模范	四川省人民政府	2015
	夏祚顺	四川省劳动模范	四川省人民政府	2015
	周　泳	四川省劳动模范	四川省人民政府	2015
	何　涌	四川省劳动模范	四川省人民政府	2015
	降春雷	四川省劳动模范	四川省人民政府	2015
	何垠城	四川省劳动模范	四川省人民政府	2015
	王静波	四川省劳动模范	四川省人民政府	2015
	肖　磊	四川省劳动模范	四川省人民政府	2015
	欧居勇	四川省劳动模范	四川省人民政府	2015
	马　强	四川省劳动模范	四川省人民政府	2015
	金富怀	四川省劳动模范	四川省人民政府	2015
	苏少春	四川省劳动模范	四川省人民政府	2015
	张　毅	四川省劳动模范	四川省人民政府	2015
	何惧熊	四川省劳动模范	四川省人民政府	2015
	方　晴	四川省劳动模范	四川省人民政府	2015

续表 60

单位名称	姓　名	称　号	授予单位	授予时间
中国电力工程顾问集团西南电力设计院有限公司	王　强	四川省劳动模范	四川省人民政府	2015.04
	李　蕾	成都市劳动模范	成都市国资委、成都市人民政府	2015.04
中国电建集团成都勘测设计研究院有限公司	余　挺	四川省劳动模范	四川省人民政府	2015.05
中国长江三峡集团公司溪洛渡工程建设部	陈文夫	四川省劳动模范	四川省人民政府	2015.05
国电四川发电有限公司	陈一良	四川省劳动模范	四川省委、省政府	2015.04
中国华电集团公司四川分公司	张顺明	四川省劳动模范	四川省政府	2015.05
华能四川水电有限责任公司	王福科	四川省劳动模范	四川省人民政府	2015.04
中电建水电开发集团有限公司	王帮明	四川省劳动模范	四川省人民政府	2015.04
大唐四川发电有限公司	韩卫华	四川省劳动模范	四川省人民政府	2015.04
四川省水电投资经营集团有限公司	段兴普	四川省劳动模范	四川省人民政府	2015.04
	王俊岗	四川省劳动模范	四川省人民政府	2015.04
	王宏斌	民族团结进步模范个人	四川省人民政府	2015.01
四川省能源投资集团有限责任公司	周长普	四川省劳动模范	四川省委、四川省政府	2015.04
	王俊刚	四川省劳动模范	四川省委、四川省政府	2015.04
中国水利水电第五工程局有限公司	李法海	四川省劳动模范	四川省总工会	2015.05
中国水利水电第七工程局有限公司	申茂夏	四川省劳动模范	四川省人民政府	2015.04
	夏志强	四川省劳动模范	四川省人民政府	2015.04
中国水利水电第十工程局有限公司	李忠綦	四川省劳动模范	四川省人民政府	2015.04
四川大唐国际甘孜水电开发有限公司	熊　雄	集团公司劳动模范	大唐集团公司	2015.12
四川省港航开发有限责任公司	张　鑫	四川省劳动模范	四川省人民政府	2015.04

四、部（省）级先进工作者

单位名称	姓　名	称　号	授予单位	授予时间
中国电力工程顾问集团西南电力设计院有限公司	吴　新	先进个人	中国能源建设集团有限公司	2015.03
	黄　荣	先进个人	中国能源建设集团有限公司	2015.03
	黎泽文	先进个人	中国能源建设集团有限公司	2015.03
	朱少海	先进个人	中国能源建设集团有限公司	2015.03
中国电建集团成都勘测设计研究院有限公司	张　武	工程建设标兵	四川省总工会	2015 年

续表 60

单位名称	姓　名	称　号	授予单位	授予时间
四川电力设计咨询有限责任公司	秦　海	“最美电建人”	中国电力建设股份有限公司	2015.09
	卓　越	“最美电建人”	中国电力建设股份有限公司	2015.09
	刘　锋	先进工作者	中国电力建设股份有限公司	2015.07
	何　斌	“十大杰出青年”	中国电力建设股份有限公司	2015.12
	南　方	标兵记者	中国电力建设股份有限公司	2015.10
	吴晓蓉	青年岗位能手	共青团中国电力建设集团有限公司委员会	2015.05
	卿德华	先进个人	电力工程造价定额管理总站	2015. 11
向家坝水力发电厂	陆劲松	先进工作者	中国电力设备管理协会	2015
溪洛渡水力发电厂	席前伟	优秀建设者	金沙江流域水电工程	2015.05
溪洛渡工程建设部	姜锴	优秀建设者	三峡集团公司金沙江流域委员会	2015.05
雅砻江流域水电开发有限公司	邓德才	先进工作者	国务院国资委	2015.12
	罗崇伸	优秀工会工作者	四川省总工会	2015.11
	王　栋	先进工作者	中国投资集团	2015.01
	李小山	先进工作者	中国投资集团	2015.01
	杨　希	先进工作者	中国投资集团	2015.01
	罗坤琴	先进工作者	中国投资集团	2015.01
	宋明富	先进工作者	中国投资集团	2015.01
	郑　江	先进工作者	中国投资集团	2015.01
国电四川发电有限公司	易本胜	优秀员工	中国国电集团公司	2015.07
	王　勇	优秀员工	中国国电集团公司	2015.07
	张　剑	优秀员工	中国国电集团公司	2015.07
	张　蓉	优秀员工	中国国电集团公司	2015.07
	杨述坤	优秀员工	中国国电集团公司	2015.07
	易本胜	先进个人	中国国电集团公司	2015.12
	曹江涛	优秀党务工作者	中国国电集团公司	2015.06

续表 60

单位名称	姓　名	称　号	授予单位	授予时间
国电大渡河流域水电开发有限公司	杜　杰	优秀共青团员	共青团中央	2015.04
	王　瑜	青年岗位能手	中国国电集团公司	2015.04
	杜　杰	优秀共青团员	中国国电集团公司	2015.04
	张晓君	优秀共产党员	中国国电集团公司	2015.06
	刘艳波	优秀共产党员	中国国电集团公司	2015.06
	薛守宁	优秀共产党员	中国国电集团公司	2015.06
	陈　伟	优秀党务工作者	中国国电集团公司	2015.06
	别必胜	优秀党务工作者	中国国电集团公司	2015.06
	李　华	优秀员工	中国国电集团公司	2015.07
	喻永松	优秀员工	中国国电集团公司	2015.07
	陈　华	优秀员工	中国国电集团公司	2015.07
	邹祖建	优秀员工	中国国电集团公司	2015.07
	朱忠平	优秀员工	中国国电集团公司	2015.07
	王　野	优秀员工	中国国电集团公司	2015.07
	李建清	优秀员工	中国国电集团公司	2015.07
	陈　刚	先进个人	四川省总工会	2015.08
	丁　凯	先进个人	四川省总工会	2015.08
	陈飚飚	先进个人	四川省总工会	2015.08
	魏雄伟	先进个人	四川省总工会	2015.08
	吕鹏飞	先进个人	四川省总工会	2015.08
	余学农	先进个人	四川省总工会	2015.08
	吴万波	先进个人	四川省总工会	2015.08
	张思洪	先进个人	四川省总工会	2015.08
	胡应春	优秀工会工作者	四川省总工会	2015.09
	米　勇	优秀个人	中国国电集团公司	2015.12
	周赤夔	优秀个人	中国国电集团公司	2015.12
	林　川	青年岗位能手	中国国电集团公司	2015.10
	李雪梅	青年岗位能手	中国国电集团公司	2015.10
	宋林隆	青年岗位能手	中国国电集团公司	2015.10
	刘　名	青年岗位能手	中国国电集团公司	2015.10
	花振国	青年岗位能手	中国国电集团公司	2015.10

续表 60

单位名称	姓　名	称　号	授予单位	授予时间
华电金沙江上游水电开发有限公司	刘荣华	优秀共产党员	中国华电集团公司	2015
	鄢　勇	先进个人	中国华电集团公司	2015
	范雄安	先进个人	中国华电集团公司	2015
	杜光远	先进个人	中国华电集团公司	2015
	田应辉	先进个人	中国华电集团公司	2015
华能四川水电有限公司	马　星	青年岗位能手	中央企业团工委	2015
	郭良波	先进个人	中国华能集团公司	2015
	赵付华	先进个人	华能集团公司	2015
中电建水电开发集团有限公司	李　玥	工会积极分子	中国电力建设股份有限公司工会	2015.04
	雷莉	先进工会工作者	中国电力建设股份有限公司工会	2015.04
	张雪丽	最美电建人	中国电力建设股份有限公司	2015.05
	叶　林	优秀共青团干部	中国电力建设集团有限公司团委	2015.05
	段志勇	青年岗位能手	共青团中电建水电开发集团有了公司委员会	2015.07
	任良均	最美电建人	中国电力建设股份有限公司	2015.09
	杨天亮	先进工作者	中国电力建设集团股份有限公司	2015.07
中电投四川电力有限公司	李　冰	先进个人	中国电力投资集团公司	2015.01
中国水利水电第十工程局有限公司	向学忠	先进个人	四川省人民政府	2015.03
中国水利水电第五工程局有限公司	李志明	最美职工贴心人	中国电力建设集团（股份）有限公司	2015.4
	卢雪雅	工会积极分子	中国电力建设集团（股份）有限公司	2015.4
	向　虹	优秀工会工作者	四川省总工会	2015.10
	王民安	先进工会工作者	中国电力建设集团（股份）有限公司	2015.4
	范欣言	技术能手	国务院国有资产监督管理委员会	2015.3
		青年岗位能手	中央企业团工委	2015.04
	张建中	优秀记者	中国电力建设集团（股份）有限公司	2015.10
	张　利	优秀记者	中国电力建设集团（股份）有限公司	2015.10
	匡德玉	“安康杯”竞赛优秀组织者	四川省总工会	2015.11
	任　明	先进个人	四川省总工会	2015.12
	蒲　敏	先进工作者	中国电力建设集团（股份）有限公司	2015.07
	唐玉梁	先进工作者	中国电力建设集团（股份）有限公司	2015.07
	戴良军	先进工作者	中国电力建设集团（股份）有限公司	2015.07
	雷增军	先进工作者	中国电力建设集团（股份）有限公司	2015.07
	薛　凯	先进个人	中国施工企业管理协会	2015.10

续表 60

单位名称	姓　名	称　号	授予单位	授予时间
中国水电基础局有限公司	石　峰	最美电建人	中共中国电力建设股份有限公司	2015.09
成都电力金具总厂	杨志林	优秀管理人员	中国电力建设集团有限公司	2015
	洪鑫华	先进工作者	中国电力建设集团有限公司	2015
	朱良春	先进工作者	中国电力建设集团有限公司	2015
	李万莉	先进工会工作者	中国电力建设集团有限公司工会	2015
	冯　雪	工会积极分子	中国电力建设集团有限公司工会	2015
	谭　琳	优秀共青团员	中国电力建设集团有限公司	2015

五、其他先进

单位名称	姓　名	称　号	授予单位	授予时间
四川省电力公司	降春雷	国资委系统先进个人	四川省国资委	2015
	陈少卿	国资委系统先进个人	四川省国资委	2015
中国电力工程顾问集团西南电力设计院有限公司	甘幼军	先进个人	四川省政府安委会	2015.04
	黎泽文	先进个人	能源局四川监管办	2015.03
	李　力	先进个人	能源局四川监管办	2015.03
中国电建集团成都勘测设计研究院有限公司	郑家祥	学术和技术带头人	中共四川省委、四川省人民政府	2015.1
	郝元麟	先进个人	国务院国有资产监督管理委员会	2015.12
	刘四平	先进工会工作者	中国电力建设股份有限公司	2015.04
四川电力设计咨询有限责任公司	王正华	优秀项目经理	中国电力建设股份有限公司	2015.11
	王亚莉	优秀项目经理	中国电力建设股份有限公司	2015.11
	徐宏宇	优秀项目经理	中国电力建设股份有限公司	2015.11
	尹　俊	优秀项目经理	中国电力建设股份有限公司	2015.11
	邓明霞	QC 小组活动优秀推进者	中国勘察设计协会	2015.06
	沈　洪	优秀共产党员	中共四川省国有资产监督管理委员会委员会	2015.06
	余　霞	先进个人	国网四川电力建设定额站	2015.12
	钟小平	川藏电力联网工程突出贡献者	国网基建部	2015.01
	张国钦	川藏电力联网工程突出贡献者	国网基建部	2015.01
	王奇龙	川藏电力联网工程突出贡献者	国网基建部	2015.01
	张　驰	川藏电力联网工程突出贡献者	国网基建部	2015.01

续表 60

单位名称	姓　名	称　号	授予单位	授予时间
三峡金沙江川云水电开发有限公司	叶朝俐	先进个人	四川省电力行业协会	2015.12
	张勤勤	先进个人	四川省电力行业协会	2015.12
三峡金沙江云川水电开发有限公司	赵　强	先进个人	四川省电力行业协会	2015.12
长江三峡设备物资有限公司	程　佳	先进工作者	中国电力设备管理协会	2014.12
	戴喜旺	先进工作者	中国电力设备管理协会	2014.12
国电四川发电有限公司	卓炜中	优秀共产党员	四川省国资委	2015.06
	谢继旭	优秀党员领导人员	四川省国资委	2015.06
雅砻江流域水电开发有限公司	徐劲松	优秀建设者	四川省总工会	2015.10
	李小山	优秀建设者	四川省总工会	2015.10
	崔博士	优秀建设者	四川省总工会	2015.10
	廖　波	优秀建设者	四川省总工会	2015.10
	冷超勤	优秀建设者	四川省总工会	2015.10
	王　岗	优秀建设者	四川省总工会	2015.10
	叶　新	优秀建设者	四川省总工会	2015.10
	杨　辉	优秀建设者	四川省总工会	2015.10
	钟卫华、	科技创新标兵	四川省总工会	2015.10
	康子军	科技创新标兵	四川省总工会	2015.10
中电建水电开发集团有限公司	史胜军	先进个人	国家能源局四川监管办公室	2015. 02
	徐云斌	先进个人	国家能源局四川监管办公室	2015. 02
	刘元秀	优秀工作者	四川省电力行业协会	2015. 02
	王晓东	优秀共产党员	四川省国资委	2015. 06
中国华电集团公司四川分公司	徐永盛	中国电力楷模	中国能源化学工会	2015. 10
华能四川水电有限公司	陈正刚	优秀领导干部	四川省国资委	2015
	张小平	先进个人	四川省国资委	2015
	何虎昌	先进个人	国家能源局四川监管办	2015
大唐四川发电有限公司	熊国民	优秀党员	四川省国有资产监督管理委员会	2015. 06
	谭先军	产先进个人	国家能源局四川监管办	2015. 02
	何丹心	先进个人	国家能源局四川监管办	2015. 02

续表 60

单位名称	姓　名	称　号	授予单位	授予时间
中国水利水电第五工程局有限公司	李法海	优秀项目经理	中国电力建设股份有限公司	2015.11
	曹国义	优秀项目经理	中国电力建设集团（股份）有限公司	2015.11
		优秀项目经理	中国电力建设企业协会	2015.12
	谢　伟	优秀项目经理	中国电力建设集团（股份）有限公司	2015.11
		优秀项目经理	中国电力建设企业协会	2015.12
		优秀建造师	中国建筑业协会建造师分会	2015.11
	赵　军	优秀建造师	中国建筑业协会建造师分会	2015.11
	唐海北	先进个人	国家能源局四川监管办	2015.02
	侯成林	先进个人	国家能源局四川监管办	2015.02
	郝旭亮	先进个人	国家能源局四川监管办	2015.02
	潘红学	先进个人	国家能源局四川监管办	2015.02
	杨宁瑞	先进个人	国家能源局四川监管办	2015.02
	郭　强	先进个人	国家能源局四川监管办	2015.02
	项惠民	先进个人	国家能源局四川监管办	2015.02
	付德远	先进个人	国家能源局四川监管办	2015.02
	高　侠	先进个人	国家能源局四川监管办	2015.02
	张志龙	先进个人	国家能源局四川监管办	2015.02
	陈　盛	先进个人	国家能源局四川监管办	2015.02
	张曙光	优秀共产党员	四川省委组织部	2015.06
	左　峰	优秀党员领导人员	四川省国资委	2015.07
中国水利水电第七工程局有限公司	李正云	技术能手	中国电力企业联合会	2015.01
	李朝明	优秀个人	四川省总工会、四川省监督管理局	2015. 11

续表 60

单位名称	姓　名	称　号	授予单位	授予时间
中国水利水电第十工程局有限公司	段政华	先进个人	国家能源局四川监管办	2015.02
	李锐	先进个人	国家能源局四川监管办	2015.02
	王荣	先进个人	国家能源局四川监管办	2015.02
	苟仕文	先进个人	国家能源局四川监管办	2015.02
	闫凤枝	先进个人	国家能源局四川监管办	2015.02
	吴　淞	先进个人	国家能源局四川监管办	2015.02
	高　建	先进个人	国家能源局四川监管办	2015.02
	高建平	先进个人	国家能源局四川监管办	2015.02
	刘旭兵	先进个人	国家能源局四川监管办	2015.02
	曾　毅	先进个人	国家能源局四川监管办	2015.02
	赵金平	工会积极分子	中国电建集团工会	2015.02
	马丽琼	工会优秀干部	中国电建集团工会	2015.02
	屈江昆	青年岗位能手	中国电建集团	2015.05
	赵红权	优秀共青团员	中国电建集团	2015.05
	陈　勇	优秀党员领导人员	中共四川省国资委党委	2015.06
	何开平	优秀共产党员	中共四川省国资委党委	2015.06
	王霖琛	优秀工会工作者	四川省总工会	2015.09
	杜丞和	最美电建人	中国电建集团股份公司党委	2015.11
	刘丽梅	最美电建人	中国电建集团股份公司党委	2015.11
四川大唐国际甘孜水电开发有限公司	赵树峰	电力先进个人	国家能源局四川监管办	2015.12
	王相煊	电力先进个人	国家能源局四川监管办	2015.12
	宋　刚	电力先进个人	国家能源局四川监管办	2015.12
	高利军	优秀共产党员	四川省国资委	2015.12
	周　浪	优秀共产党员	大唐国际股份公司	2015.12
成都电力金具总厂	付　强	先进个人	全国电力行业协会	2015
	叶　旭	优秀共产党员	中共四川省国有资产监督管理委员会委员会	2015
		优秀工作者	四川电力年鉴编纂委员会、四川省电力行业协会	2015

续表 60

六、大师和专业人才

单位名称	姓　名	称　号	授予单位	授予时间
中国电力工程顾问集团西南电力设计院有限公司	许　泳	设计大师	四川省住房和城乡建设厅	2015
	李　力	学术和技术带头人	四川省人力资源和社会保障厅	2015
	刘亚琦	学术和技术带头人后备人选	四川省人力资源和社会保障厅	2015
	杨　帆	青年专家	中国电力工程顾问集团有限公司	2015
	朱　瑾	青年专家	中国电力工程顾问集团有限公司	2015
	胡　全	青年专家	中国电力工程顾问集团有限公司	2015
	邓　鹏	青年专家	中国电力工程顾问集团有限公司	2015
	谢怀前	青年专家	中国电力工程顾问集团有限公司	2015
	何姜江	青年专家	中国电力工程顾问集团有限公司	2015
	王　强	专家库专家	中国电力规划设计协会	2015
	李　蕾	专家库成员	四川省省委	2015
中国电建集团成都勘测设计研究院有限公司	郝元麟	勘察设计大师	四川省住房和城乡建设厅	2015.09
	周钟	勘察设计大师	四川省住房和城乡建设厅	2015.09
	章建跃	勘察设计大师	四川省住房和城乡建设厅	2015.09
	陈卫东	有突出贡献的优秀专家	中共四川省委、四川省人民政府	2015.01
	郝元麟	优秀专家	中共四川省委、四川省人民政府	2015.01
	彭文明	勘察设计师	四川省勘察设计协会	2015
	胡金山	优秀青年工程勘察设计师	四川省勘察设计协会	2015
华电金沙江上游水电开发有限公司	王文德	中央企业“十佳百优”总法律顾问	国务院国有资产监督管理委员会	2015
	罗　谢	“千人计划”优秀中青年专业技术（管理）人才	中国华电集团公司	2015
	程　渝	“千人计划”优秀中青年专业技术（管理）人才	中国华电集团公司	2015
	傅自义	“千人计划”优秀中青年专业技术（管理）人才	中国华电集团公司	2015

续表 60

单位名称	姓　名	称　号	授予单位	授予时间
四川电力设计咨询有限责任公司	赵庆斌	工程勘察设计大师	四川省住房和城乡建设厅	2015.09
	张国钦	优秀青年工程勘察设计师	四川省勘察设计协会	2015.09
四川省紫坪铺开发有限责任公司	杨会刚	电力先进个人	国家能源局四川监管办	2015.02
	朱亚波	电力先进个人	国家能源局四川监管办	2015.02
	王　宫	宣传工作先进个人	四川省政府安委会办	2015.03
	黄振武	优秀党员领导人员	四川省国资委	2015.06
	何克忠	优秀共产党员	四川省国资委	2015.06
四川省能源投资集团有限责任公司	张志远	中国十大年度人物	中国企业创新论坛 2014 年年会	2015.01

单位荣誉（2015）

表 61

国网四川省电力公司

序号	获奖名称	获奖对象	授奖单位
1	全国五一劳动奖状	国网甘孜供电公司	中华全国总工会
2	四川五一劳动奖状	国网四川省电力公司建设管理中心	四川省总工会
3	四川五一劳动奖状	国网凉山供电公司	四川省总工会
4	四川五一劳动奖状	国网四川省电力公司物资公司	四川省总工会
5	全国五一劳动奖状	国网遂宁供电公司	中华全国总工会
6	四川五一劳动奖状	国网四川技培中心	四川省总工会
7	四川五一劳动奖状	国网成都供电公司都江堰市供电公司	四川省总工会
8	国资委系统先进集体	国网德阳供电公司二次系统检修班	四川省国资委

中国三峡建设管理有限公司

序号	获奖名称	获奖对象	授奖单位
1	“青年文明号”	溪洛渡工程建设部技术管理部安委会办公室	中国三峡集团
2	“五四红旗团委”	溪洛渡工程建设部团委	中国三峡集团
3	“五四红旗团支部”	溪洛渡工程建设部团委第一团支部	中国三峡集团
4	先进集体	三峡金沙江川云水电开发有限公司	四川省电力行业协会
5	金沙江流域水电工程建设先进班组	向家坝电厂运行部运行二值	金沙江流域水电工程委员会
6	全国大型水电厂（站）节能环保先进单位	向家坝水力发电厂	中国能源化学工会
7	全国电力行业设备管理工作先进单位	向家坝水力发电厂	全国电力行业设备管理协会

续表 61

序号	获奖名称	获奖对象	授奖单位
8	全国电力行业企业管理创新成果二等奖	《基于专业技术管理的设备缺陷全过程控制》	中国电力企业联合会
9	全国电力企业管理创新优秀论文一等奖	《新形势下大型水电站接机发电工作的实践与思考》	中国电力企业联合会
10	9 电力企业标准化优秀论文二等奖	《向家坝水电厂企业标准体系建设实践》	中国电力企业联合会科技开发服务中心
11	四川电力先进集体	溪洛渡水力发电厂	四川省能监办
12	中央企业五四红旗团委	溪洛渡水力发电厂团委	中央企业团工委
13	第五届全国电力行业设备管理工作先进单位	溪洛渡水力发电厂	全国电力行业设备管理协会
14	化学监督先进电厂	溪洛渡水力发电厂	中国电力技术市场协会
15	全国电力行业质量信得过班组	溪洛渡水力发电厂电气维修部保护分部	中国水利电力质量管理协会
16	中国仓储服务金牌企业	长江三峡设备物资有限公司	中国仓储服务质量评鉴委员会
17	中国星级仓库（四星）	长江三峡设备物资有限公司三峡库区	中国通用仓库等级评定委员会
18	四川省总工会“工人先锋号”	长江三峡设备物资有限公司机电合同管理部溪洛渡分部	四川省总工会
19	四川电力先进集体	向家坝电厂水工分部	国家能源局四川监管办

国电大渡河流域水电开发有限公司

序号	获奖名称	获奖对象	授奖单位
1	集团公司先进单位	国电大渡河流域水电开发有限公司	中国国电集团公司
2	四川省五四红旗团委	国电大渡河枕头坝水电建设有限公司团委	共青团四川省委
3	第四届全国文明单位	国电大渡河瀑布沟水力发电总厂	中央精神文明建设指导委员会
5	四川省青年文明号	国电大渡河大岗山水力发电总厂运行维护处	四川省人力资源和社会保障厅、共青团四川省委
6	中央企业青年文明号	国电大渡河瀑布沟水力发电总厂运维四值	中国国电集团公司
7	全国文明单位	国电大渡河瀑布沟水力发电总厂	中央精神文明建设指导委员会
8	党建工作先进集体	国电大渡河流域水电开发有限公司	中国国电集团公司党组
9	先进基层党组织	国电大渡河瀑布沟水力发电总厂党委	中国国电集团公司党组
10	先进基层党组织	国电大渡河公司龚嘴水力发电总厂龚站运维党支部	中国国电集团公司党组
11	先进基层党组织	国电大渡河大岗山水电开发有限公司第三党支部	中国国电集团公司党组
12	集团公司先进单位	国电大渡河瀑布沟水力发电总厂	中国国电集团公司
13	集团公司先进单位	国电大渡河大岗山水电开发有限公司	中国国电集团公司
14	四川省五一劳动奖状	国电大渡河枕头坝水力发电总厂	四川省总工会
15	四川省工人先锋号	国电大渡河流域水电开发有限公司工程建设部	四川省总工会
16	四川省工人先锋号	国电大渡河流域水电开发有限公司移民环保部	四川省总工会

续表 61

序号	获奖名称	获奖对象	授奖单位
17	四川省工人先锋号	国电大渡河流域水电开发有限公司财务产权部	四川省总工会
18	四川省工人先锋号	国电大渡河流域水电开发有限公司机电设备部	四川省总工会
19	四川省工人先锋号	国电大渡河大岗山水电开发有限公司机电物资处	四川省总工会
20	四川省重点工程先进集体	国电大渡河枕头坝水电建设有限公司工程建设处	四川省总工会
21	四川省重点工程先进集体	国电大渡河大岗山水电开发有限公司征地移民处	四川省总工会
22	四川省重点工程先进集体	国电大渡河流域水电开发有限公司人力资源部	四川省总工会
23	四川省重点工程先进集体	国电大渡河流域水电开发有限公司审计部	四川省总工会
24	国有企业领导班子思想政治建设理论研讨征文比赛三等奖	国电大渡河流域水电开发有限公司党委	四川省国资委党委
25	国有企业领导班子思想政治建设理论研讨征文比赛优秀组织奖	国电大渡河流域水电开发有限公司党委	四川省国资委党委
26	中央企业党建思想政治研究先进集体	国电大渡河流域水电开发有限公司党委	中央企业党建思想政治工作研究会
27	四川省模范职工之家	国电大渡河公司龚嘴水力发电总厂工会	四川省总工会
28	四川省模范职工小家	国电大渡河检修安装有限公司龚电修建项目部分工会	四川省总工会
29	四川省机电冶煤系统劳模（技师）创新工作室	杨忠伟劳模创新工作室	四川省机电冶煤工会
30	四川省机电冶煤系统劳模（技师）创新工作室	栗建峰劳模创新工作室	四川省机电冶煤工会
31	四川省机电冶煤系统优秀班组	国电大渡河瀑布沟水力发电总厂运维六值	四川省机电冶煤工会
32	第五届四川省职工职业技能大赛优秀组织单位	国电大渡河流域水电开发有限公司工会	四川省总工会
33	全国模范职工之家	国电大渡河瀑布沟水力发电总厂工会	中华全国总工会
34	全国模范职工小家	国电大渡河大岗山水力发电总厂运维分工会	中华全国总工会
35	四川省“十二五”优胜单位	国电大渡河大岗山水电开发有限公司	四川省总工会办公室
36	四川省“五化五强”班组	国电大渡河瀑布沟水力发电总厂运维二值	四川省总工会办公室
37	水轮发电机值班员技能竞赛贡献奖	国电大渡河公司龚嘴水力发电总厂	中国国电集团公司
38	国有企业党建研究专委会优秀课题研究成果优秀奖	国电大渡河流域水电开发有限公司	国有企业党建研究专委会
39	2015 年全国党员教育电视片观摩交流活动三等奖	国电大渡河流域水电开发有限公司	中共中央组织部

雅砻江流域水电开发有限公司

序号	获奖名称	获奖对象	授奖单位
1	2015 年 WFEO 杰出工程建设奖	雅砻江流域水电开发有限公司锦屏项目团队	世界工程组织联合会
2	全国文明单位	雅砻江流域水电开发有限公司	中央文明委
3	中央企业法制宣传教育先进单位	雅砻江流域水电开发有限公司	国务院国资委
4	2015 年电力信息化工作先进单位	雅砻江流域水电开发有限公司	国家工信部

续表 61

序号	获奖名称	获奖对象	授奖单位
5	全国模范职工小家	雅砻江流域水电开发有限公司工会锦屏分会	全国总工会
6	四川省优胜集体	雅砻江流域水电开发有限公司	四川省总工会
7	四川省“五化五强”班组	雅砻江流域水电开发有限公司两河口建设管理局工程技术一部	四川省总工会
8	四川省机电冶煤系统优秀班组	雅砻江流域水电开发有限公司二滩水力发电厂水工部观测班	四川省总工会
9	四川省模范职工之家	雅砻江流域水电开发有限公司工会二滩水力发电厂分会	四川省总工会
10	四川省模范职工小家	雅砻江流域水电开发有限公司工会锦屏分会	四川省总工会
11	国投集团先进集体	雅砻江流域水电开发有限公司	国投集团
12	国投集团标杆班组	雅砻江流域水电开发有限公司二滩水力发电厂保护班	国投集团
13	国投集团首届“互联网+”创新大赛金奖	雅砻江流域水电开发有限公司	国投集团
14	第 21 届“全国企业管理现代化创新成果”二等奖	雅砻江流域水电开发有限公司	中国企业联合会
15	电力建设科学技术进步一等奖	雅砻江流域水电开发有限公司	中国电力建设企业协会
16	电力建设科学技术进步二等奖	雅砻江流域水电开发有限公司	中国电力建设企业协会
17	电力建设 QC 成果二等奖	雅砻江流域水电开发有限公司	中国电力建设企业协会
18	中国岩石力学与工程学会科学技术特等奖	雅砻江流域水电开发有限公司	中国岩石力学与工程学会
19	中国岩石力学与工程学会科学技术一等奖	雅砻江流域水电开发有限公司	中国岩石力学与工程学会

国电四川发电有限公司

序号	获奖名称	获奖对象	授奖单位
1	五四红旗团支部	国电深能四川华蓥山发电有限公司	团中央
2	四川电力先进集体	国电深能四川华蓥山发电有限公司	国家能源局四川监管办公室
3	集团公司先进单位	国电四川发电有限公司南桠河水电分公司	中国国电集团公司
4	四川电力先进集体	国电成都金堂发电有限公司	国家能源局四川监管办公室
5	四川电力先进集体	国电四川毛滩水电开发有限公司	国家能源局四川监管办公室
6	四川电力先进集体	国电四川电力股份有限公司	国家能源局四川监管办公室
7	四川电力先进集体	国电四川发电有限公司南桠河水电分公司	国家能源局四川监管办公室
8	先进基层党组织	国电达州发电有限公司	四川省国资委

华电金沙江上游水电开发有限公司

序号	获奖名称	获奖对象	授奖单位
1	2015 年度全国职工新《法》知识普及竞赛活动优秀组织单位	华电金沙江上游水电开发有限公司	全国“安康杯”竞赛组委会
2	2015 年全国工会职工书屋示范点	华电金沙江上游水电开发有限公司苏洼龙（昌波）建设公司	中华全国总工会
3	四川省职工（农民工）文化驿站示范点	华电金沙江上游水电开发有限公司苏洼龙（昌波）建设公司	四川省总工会

续表 61

华能四川水电有限公司

序号	获奖名称	获奖对象	授奖单位
1	先进集体	太平驿公司安生部	中国华能集团公司
2	“双争双优”先进集体	太平驿公司安生部水工班	中国华能集团公司
3	青年五四奖状	宝兴河集控中心运行三值	中国华能集团公司
4	五四红旗团支部	嘉陵江公司团支部	中国华能集团公司
5	2015 年度先进企业	康定公司	中国华能集团公司
6	文明单位	康定公司	中国华能集团公司
7	先进集体	康定公司	中国华能集团公司
8	先进基层组织	康定公司	四川省国资委
9	先进基层党组织	康定公司第三党支部	省国资委党委
10	四川电力先进集体	康定公司拉拉山项目部	国家能源局四川监管办
11	文明单位	涪江公司	中国华能集团公司

四川省能源投资集团有限责任公司

序号	获奖名称	获奖对象	授奖单位
1	四川省五四红旗团委	四川省能源集团有限责任公司团委	共青团四川省委
2	全省企业管理现代化创新成果一等奖	四川省水电投资经营集团有限公司	四川省企业联合会、四川省企业家协会
3	全国企业创新示范基地	四川省能源集团有限责任公司	2015 全国企业创新现场会
4	四川电力先进集体	四川省能源集团有限责任公司	国家能源局四川监管办公室
5	中央在川和省属重点企业工作先进单位	四川省能源集团有限责任公司	四川省政府
6	全国青年安全示范岗	四川西部阳光电力开发有限公司威州电站	共青团中央、国家安全监管总局
7	中国分布式能源优秀项目一等奖	四川能投分布式能源有限公司四川能投新都华润雪花啤酒分布式能源项目	北京 2015（第十一届）中国分布式能源国际论坛
8	国家知识产权示范企业	四川新力光源股份有限公司	国家知识产权局、财政部、人力资源社会保障部、中华全国总工会、共青团中央
9	路灯类高工 LED 水晶球奖	四川新力光源股份有限公司路灯产品	高工金球奖年度 LED 好产品评选
10	筒灯类高工 LED 金球奖	四川新力光源股份有限公司筒灯产品	高工金球奖年度 LED 好产品评选

大唐四川发电有限公司

序号	获奖名称	获奖对象	授奖单位
1	四川电力先进单位	嘉陵江亭子口水利水电开发有限公司	国家能源局四川监管办
2	四川省“安康杯”竞赛优胜单位	嘉陵江亭子口水利水电开发有限公司	四川省总工会
3	四川省机电冶煤系统劳模（技师）创新工作室	嘉陵江亭子口水利水电开发有限公司设备管理部创新工作室	四川省机电冶煤工会
4	全国水利工程建设文明工地	嘉陵江亭子口水利水电开发有限公司	水利部精神文明建设指导委员会

续表 61

序号	获奖名称	获奖对象	授奖单位
5	全国“安康杯”竞赛优胜班组	大唐雅安电力开发有限公司大兴水力发电厂	中华全国总工会、国家监督总局

四川省水电投资经营集团有限公司

序号	获奖名称	获奖对象	授奖单位
1	国家级企业管理现代化创新成果二等奖	四川省水电投资经营集团有限公司	全国企业管理现代化创新成果审定委员会
2	2015 年度四川电力安全生产先进集团	四川金纬电网建设有限公司工程管理部	国家能源局四川监管办
3	守合同重信用企业	四川省水电投资经营集团美姑电力有限公司	四川省工商行政管理局
4	四川省五四红旗团委	四川省水电投资经营集团有限公司团委	共青团四川省委

四川大唐国际甘孜水电开发有限公司

序号	获奖名称	获奖对象	授奖单位
1	先进基层党组织	甘孜水电公司	四川省国资委
2	电力先进集体	甘孜水电公司	国家能源局四川监管办
3	先进单位	甘孜水电公司	大唐国际股份公司
4	先进基层党组织	甘孜水电公司	大唐国际股份公司
5	甘孜州重点项目工作考核一等奖	甘孜水电公司	甘孜州人民政府
6	优秀青年突击队	甘孜水电公司	大唐集团公司

中国电力工程顾问集团西南电力设计院有限公司

序号	获奖名称	获奖对象	授奖单位
1	四川省档案工作规范化管理一级单位	中国电力工程顾问集团西南电力设计院有限公司	四川省档案局
2	安全生产先进集体	中国电力工程顾问集团西南电力设计院有限公司	四川省政府安委会
3	质量工作先进单位	中国电力工程顾问集团西南电力设计院有限公司	中国能源建设股份有限公司
4	全国工程项目管理营业收入排名（第 61 位）	中国电力工程顾问集团西南电力设计院有限公司	中国勘察设计协会
5	全国工程总承包完成合同额排名（第 39 位）	中国电力工程顾问集团西南电力设计院有限公司	中国勘察设计协会
6	成都企业 100 强（第 64 位）	中国电力工程顾问集团西南电力设计院有限公司	成都企业联合会、企业家协会
7	成都服务企业 50 强（第 32 位）	中国电力工程顾问集团西南电力设计院有限公司	成都企业联合会、企业家协会
8	四川服务业企业 100 强第 24 位	中国电力工程顾问集团西南电力设计院有限公司	四川省企业联合会、企业家协会
9	四川企业 100 强第 83 位	中国电力工程顾问集团西南电力设计院有限公司	四川省企业联合会、企业家协会
10	四川省勘察设计行业企业文化建设先进单位	中国电力工程顾问集团西南电力设计院有限公司	四川省勘察设计协会
11	四川省最佳文明单位	中国电力工程顾问集团西南电力设计院有限公司	四川省精神文明建设办公室
12	企业信用评价 AAA 级信用企业	中国电力工程顾问集团西南电力设计院有限公司	中国电力企业联合会
13	青年文明号	中国电力工程顾问集团西南电力设计院有限公司勘测分公司青年突击队	共青团中央、国务院国资委

续表 61

序号	获奖名称	获奖对象	授奖单位
14	环境保护和节能减排先进单位	中国电力工程顾问集团西南电力设计院有限公司	中国能源建设股份有限公司
中国电建集团成都勘测设计研究院有限公司			
序 号	获奖名称	获奖对象	授奖单位
1	“四川企业百强”与“四川服务业企业百强”	中国电建集团成都勘测设计研究院有限公司	四川省企业联合会与四川省企业家协会
2	中国电力行业信息化成果一等奖	中国电建集团成都勘测设计研究院有限公司	中国电力企业联合会
3	ENR/建筑时报“中国工程设计企业 60 强”第 13 名	中国电建集团成都勘测设计研究院有限公司	美国《工程新闻记录》杂志（英文简称 ENR）和中国《建筑时报》
4	电力行业信息化成果一等奖	中国电建集团成都勘测设计研究院有限公司	中国电力企业联合会
6	全国实施卓越绩效模式先进企业奖	中国电建集团成都勘测设计研究院有限公司	中国质量协会
7	“中国电建优质工程奖”	四川攀枝花市万家山光伏发电建安工程	中国电力建设股份有限公司
8	“中国电建优质工程奖”	藏木水电站鱼类增殖放流站工程	中国电力建设股份有限公司
9	成套工程领域 AAA 企业信用等级	中国电建集团成都勘测设计研究院有限公司	中国机电产品进出口商会
10	全国用户满意企业	中国电建集团成都勘测设计研究院有限公司	中国质量协会、全国用户委员会
11	中国企业文化建设优秀单位	中国电建集团成都勘测设计研究院有限公司	中国文化管理协会
12	全国电力行业实施卓越绩效模式先进企业和“四满意”企业奖	中国电建集团成都勘测设计研究院有限公司	中国水利电力质量管理协会
13	川藏电力联网工程突出贡献单位	中国电建集团成都勘测设计研究院有限公司	国家电网公司
14	“第五届中国电力信息化标杆业”	中国电建集团成都勘测设计研究院有限公司	工业和信息化部中国信息化推进联盟电力专业委员会
15	四川省实施卓越绩效模式先进企业特别奖	中国电建集团成都勘测设计研究院有限公司	四川省质量协会
16	碾压混凝土坝国际里程碑工程奖	沙牌水电站	中国大坝协会和西班牙大坝委员会
17	电力行业职工技术成果一等奖	中国电建集团成都勘测设计研究院有限公司	中国电力企业联合会、中国能源化学工会全国委员会
18	成都市消防工作先进单位	中国电建集团成都勘测设计研究院有限公司	成都市人民政府、成都市消防安全委员会
四川电力设计咨询有限责任公司			
序号	获奖名称	获奖对象	授奖单位
1	全国工人先锋号	四川电力设计咨询有限责任公司输电部	中华全国总工会
2	四川省模范职工之家	四川电力设计咨询有限责任公司	四川省总工会
3	全国文明单位	四川电力设计咨询有限责任公司	中央精神文明建设委员会
4	经典诵读比赛三等奖	四川电力设计咨询有限责任公司	中华全国总工会
5	电力工程定额工作先进集体	四川电力设计咨询有限责任公司	电力工程造价与定额管理总站
6	先进基层党组织	四川电力设计咨询有限责任公司发电党支部	中共四川省国有资产监督管理委员会委员会
7	四川省青年文明号	四川电力设计咨询有限责任公司变电部	四川省人力资源和社会保障厅、共青团四川省委

续表 61

序号	获奖名称	获奖对象	授奖单位
8	四川省国资委系统党员学习廉洁自律准则和党纪处分条例知识竞赛组织奖	四川电力设计咨询有限责任公司纪委	中共四川省国有资产监督管理委员会委员会
9	《中国电力报》2015 年度优秀通讯站	四川电力设计咨询有限责任公司	中国电力传媒集团有限公司

中国水利水电第五工程局有限公司

序号	获奖名称	获奖对象	授奖单位
1	中国电建优秀施工企业	水电五局有限公司	中国电力建设集团（股份）有限公司
2	科技创新先进企业	水电五局有限公司	中国施工企业管理协会
3	设备物资管理及采购管理先进企业	水电五局有限公司	中国电力建设集团（股份）有限公司
4	全国电力行业设备管理工作先进单位	水电五局有限公司	中国电力设备管理协会
5	四川电力先进集体	水电五局有限公司	国家能源局四川监管办
7	全国“安康杯”竞赛优胜单位	水电五局有限公司	中华全国总工会
8	先进工会	水电五局有限公司工会	中国电力建设集团（股份）有限公司
11	四川省经费审查规范化建设 B 级单位	水电五局有限公司工会	四川省总工会
13	先进记者站	水电五局有限公司记者站	中国电力建设集团（股份）有限公司
15	四川省五四红旗团委	水电五局有限公司团委	共青团四川省委
16	中央企业五四红旗团委	水电五局有限公司团委	中央企业团工委
17	先进基层党组织	水电五局有限公司二分局党委	四川省国资委
18	全国模范职工之家	水电五局有限公司一分局工会	中华全国总工会
19	全国模范职工小家会	实业公司水韵五兴物业公司分工会	中华全国总工会
20	四川省模范职工之家	水电五局有限公司五分局工会	四川省总工会
21	四川省模范职工小家	水电五局有限公司一分局绩溪项目工会分会	四川省总工会
22	全国“安康杯”竞赛优胜单位	水电五局有限公司二分局	中华全国总工会
23	全国“安康杯”竞赛优胜班组	水电五局有限公司三分局从江航电项目部	中华全国总工会
24	四川省“安康杯”竞赛优胜单位	四川建筑装饰设计工程有限公司	四川省总工会
25	四川省“安康杯”竞赛优胜班组	国际公司苏布雷项目部机修车间	四川省总工会
26	青年文明号	水电五局有限公司一分局团委	中国电力建设集团（股份）有限公司团委
27	五四红旗团支部	实业公司机关团支部	中国电力建设集团（股份）有限公司团委
28	青年文明号	水电五局有限公司长河坝施工局	共青团四川省委
29	全国模范职工书屋示范点	水电五局有限公司二分局川藏铁路成雅项目部	中华全国总工会
30	“五化五强”班组	水电五局有限公司加查项目部	四川省总工会
31	优胜单位		四川省总工会
32	西部物流百强企业	实业公司机物公司	四川省现代物流协会、广东省物流行业协会、上海市物流协会联合主办
33	四川电力先进集体	水电五局有限公司二分局	国家能源局四川监管办
34	四川电力先进集体	水电五局有限公司制安分局	国家能源局四川监管办
35	四川电力先进集体	实业公司输变电工程公司	国家能源局四川监管办

中国水利水电第七工程局有限公司

序号	获奖名称	获奖对象	授奖单位
1	四川省电力先进集体	中国水电七局	国家能源局四川监管办
2	四川省工程建设质量管理优秀企业	中国水电七局	四川省建设工程质量安全与监理协会
3	四川省纳税信用 A 级	中国水电七局	四川省国家税务局、四川省地方税务局

续表 61

序号	获奖名称	获奖对象	授奖单位
5	全国实施卓越绩效模式先进企业	中国水电七局	中国质量协会
6	四川省百强企业	中国水电七局	省企业联合会
	中国水利水电第十工程局有限公司		
序号	获奖名称	获奖对象	授奖单位
1	五四红旗团委	中国水电十局团委	共青团四川省委
2	国家高新技术企业	中国水电十局	四川省科学技术厅、财政厅、国家税务局和地方税务局联合发文
3	先进单位	中国水电十局	四川省人民政府
4	先进企业	中国水电十局	中国电建集团
5	先进集体	中国水电十局北川开茂水库项目经理部	国家能源局四川监管办公室
6	先进集体	中国水电十局乐山青江基础建设第三项目经理部	国家能源局四川监管办公室
7	先进集体	中国水电十局老挝南坎 2 项目经理部	国家能源局四川监管办公室
8	全国“安康杯”竞赛优胜单位	中国水电十局	中华全国总工会、国家监督管理总局
9	全国“安康杯”竞赛优胜班组	中国水电十局机电安装分局尼日尔 GOROU BABDA 重油电站项目起重班	中华全国总工会、国家监督管理总局
10	四川省安康杯竞赛优胜单位	中国水电十局二分局	四川省总工会、四川省监督管理局
11	四川省安康杯竞赛优胜班组	中国水电十局机电安装分局金属结构厂三项目焊接班	四川省总工会、四川省监督管理局
12	四川省安康杯竞赛优秀组织单位”	中国水电十局一分局	四川省总工会、四川省监督管理局
13	度全国青年文明号	中国水电十局国际公司	共青团中央和国务院国资委联合命名
14	青年文明号	中国水电十局基础工程分局	中国电建集团
15	先进基层党组织	中国水电十局厄瓜多尔项目党总支	中共四川省国资委党委
16	全国模范职工小家	中国水电十局勘测设计院中心试验室分工会	全国中华总工会
17	四川省最美职工家庭活动组织奖	中国水电十局工会	四川省总工会
18	第五届四川省职工职业技能大赛优秀组织单位奖	中国水电十局工会	四川省总工会
19	四川省模范职工之家	中国水电十局二分局工会	四川省总工会
20	四川省模范职工小家	中国水电十局基地建设管理处工程维修部工会小组	四川省总工会
21	四川省十二五优胜单位	中国水电十局	四川省总工会
21	四川省“五化五强”班组	水电十局机电安装分局上石盘金结安装班组	四川省总工会
23	“全国工程建设行业优秀网站”	中国水电十局网站	中国施工企业管理协会
24	四川省建设工程“天府杯”金奖	中国水电十局一分局项目，四川宝兴水电站首部枢纽工程	四川省建设厅
25	省质量优秀 QC 成果二等奖	中国水电十局依姆铀矿工程项目部 QC 小组	四川省建设工程质量安全与监理协会
26	省质量优秀 QC 成果二等奖	中国水电十局机电安装分局金属结构厂 QC 小组	四川省建设工程质量安全与监理协会
27	省质量优秀 QC 成果三等奖	中国水电十局基础分局开茂水库枢纽工程项目 QC 小组	四川省建设工程质量安全与监理协会
28	优质工程奖	中国水电十局桃巴高速公路工程	中国电建集团
29	优质工程奖	中国水电十局南水北调中线 SG09 标工程	中国电建集团

续表 61

序号	获奖名称	获奖对象	授奖单位
30	四川省职工技术创新成果三等奖”	中国水电十局机电安装分局“厄瓜多尔 CCS 项目双护盾 TBM 硬岩掘进机单刃滚刀配件研究分析及改进实施”项目	四川省总工会

成都电力金具总厂

序号	获奖名称	获奖对象	授奖单位
1	全国电力职工技术成果奖（川藏联网高海拔运行困难地区长寿命免维护金具研制）	成都电力金具总厂	中国电力企业联合会
2	中国电力建设集团有限公司科技进步一等奖（川藏联网高海拔运行困难地区长寿命免维护金具研制）	成都电力金具总厂	中国电力建设集团有限公司
3	中国电力建设集团有限公司科技进步二等奖（巴西电网骨干输电线路紧凑串型研究及节能导线配套金具研制）	成都电力金具总厂	中国电力建设集团有限公司
4	中国电力建设集团有限公司设备物资管理及采购管理先进企业	成都电力金具总厂	中国电力建设集团有限公司
5	中国电力建设集团有限公司财务报告编报工作先进单位	成都电力金具总厂	中国电力建设集团有限公司
6	中国电力建设集团有限公司先进工会	成都电力金具总厂	中国电力建设集团有限公司工会
7	中国电力建设集团有限公司职工经济技术创新成果奖一等奖（铸造类电力金具产品机落毛边工艺开发）	成都电力金具总厂	中国电力建设集团有限公司工会
8	中国电力建设集团有限公司职工经济技术创新成果奖三等奖悬（垂线夹 XGF－5X 优化设计）	成都电力金具总厂	中国电力建设集团有限公司工会
9	中国电力建设集团有限公司职工经济技术创新成果奖三等奖（耐张线夹生产过程工艺工装改进）	成都电力金具总厂	中国电力建设集团有限公司工会
10	中国电力建设集团有限公司青年示范岗	成都电力金具总厂模具车间数控加工班	中国电力建设集团有限公司团委
11	全国能源化学系统优秀职工技术创新成果奖（铸造类电力金具产品机落毛边工艺开发）	成都电力金具总厂	中国能源化学工会
12	四川省国资委党内统计全优报表企业党组织	成都电力金具总厂党委	中共四川省国有资产监督管理委员会委员会
13	四川省国资委党委先进基层党组织	成都电力金具总厂质检技术党支部	中共四川省国有资产监督管理委员会委员会
14	四川省机电冶煤工会优秀班组	成都电力金具总厂模具车间钳工班	四川省机电冶煤工会

四川省港航开发有限责任公司

序号	获奖名称	获奖对象	授奖单位
1	电力先进集体	金溪水电公司	国家能源局四川监管办
2	电力先进集体	新政水电公司	国家能源局四川监管办
3	电力先进集体	苍溪水电公司	国家能源局四川监管办
4	电力先进集体	桐子壕水电公司	国家能源局四川监管办
5	电力先进集体	小龙门水电公司	国家能源局四川监管办
6	电力先进集体	沙溪水电公司	国家能源局四川监管办
7	电力先进集体	金盘子水电公司	国家能源局四川监管办
8	四川省先进基层党组织	苍溪水电公司	中共四川省委组织部
9	水电站大坝安全甲级单位	新政水电公司	国家能源局大坝安全监察中心

附录

责任编辑：卓正昌

本年鉴2016年卷附录主要收录国家、省市关于修志的政策性文件、历届党和国家领导人关于地方志工作的讲话、批示以及四川省电力工业在1949年－2015年间的主要统计数据。

《统计资料》采取分年方式记录了1949年－2015年全省发电装机容量、年发电量、供用电量、输变电设备及容量、新增发电能力等数据。

附录一

修编地方志的重要讲话和文件

党和国家领导人对修志工作的重要讲话、指示（摘录）

周恩来对地方志工作的指示

1958年8月9日，周总理在北戴河同北京大学图书馆学系邓衍林教授的谈话中指出："我国是一个文化悠久的大国，各县都有县志。县志中就保存了不少各地经济建设的有用资料，可是查找起来就非常困难。所以，我们除印全国所藏方志目录外，还要有系统地整理县志中及其他书籍中有关科学技术的资料，做到古为今用。"

（摘自《青岛史志》1986年第3期"文献辑要"）

邓小平谈编辑出版年鉴

1979年10月，邓小平在与中国大百科全书出版社负责人谈话中指示："编辑出版年鉴，很有必要，这是国家的需要，四化建设的需要。"

（摘自1992年《中国出版年鉴》"蓬勃发展的中国年鉴出版事业"）

胡耀邦对修志的批示

1979年7月9日，胡耀邦在中共山西临汾市委组织部李百玉关于《〈县志〉应当续订重修》的报告稿上批示："大力支持在全国开展修志工作。"

（摘自《领导人与地方志-郑州市情网》）

习近平在宁德地区地方志工作会议上的讲话

"我来宁德的第一件事，就是要看府志、县志。要马上了解一个地方的重要情况，就要了解它的历史。了解历史的可靠的方法就是看志，这是我的一个习惯。过去，我无论走到哪里，第一件事就是要看地方志，这样做，可以较快地了解到一个地方的山川地貌、乡情民俗、名流商贾、桑麻农事，可以从中把握很多带有规律性的东西。可谓'开卷有益'。"

"修志是一项很有意义的工作。其意义，说通俗一点，就是使我们做一个明白人，'以古为鉴，可知兴替'，对于我们，只有加深对历史的掌握和理解，才能'以古鉴今，鉴古知今'，不重复历史上的错误，才能知道过去人类社会种种事件的发生、发展和消亡的过程。"

（摘自福建省地方志编纂委员会编的《〈修志简讯〉2008年第17期》）

习近平总书记关于地方志工作的重要讲话

2014年2月25日下午（5时30分许），中共中央总书记习近平来到首都博物馆参观北京历史文化展览。指出："搞历史博物展览，为的是见证历史、以史鉴今、启迪后人。要在展览的同时高度重视修史修志，让文物说话、把历史智慧告诉人们，激发我们的民族自豪感和自信心，坚定全体人民振兴中华、实现中国梦的信心和决心。"

习近平的历史观

世界的今天是从世界的昨天发展而来的。今天世界遇到的很多事情可以在历史上找到影子，历史上发生的很多事情也可以作为今天的镜鉴。重视历史、研究历史、借鉴历史，可以给人类带来很多了解昨天、把握今天、开创明天的智慧。所以说，历史是人类最好的老师。

（2015年8月23日，习近平致第二十二届国际历史科学大会的贺信）

李克强总理关于地方志工作的重要批示

第五次全国地方志工作会议于（2014年）4月19日在京召开。中共中央政治局常委、国务院总理李克强作出重要批示，指出："地方志是传承中华文明、发掘历史智慧的重要载体，存史、育人、资政，做好编修工作十分重要。五年来，全国广大地方志工作者执着守望、辛勤耕耘，地方志工作成绩斐然，这项事业呈现良好发展势头。谨向同志们致以诚挚问候！修志问道，以启未来。希望你们继续秉持崇高信念，以更加饱满的热情、以求真存实的作风进一步做好地方志编纂、管理和开发利用工作，为弘扬优秀传统文化、服务经济社会发展作出新的贡献。”

刘延东副总理关于地方志工作的讲话

第五次全国地方志工作会议于（2014 年）4 月 19 日在京召开。中共中央政治局委员、国务院副总理刘延东与部分会议代表座谈。强调：“各地区各部门要认真贯彻落实李克强总理重要批示精神，进一步推动地方志事业的发展和繁荣，为全面建成小康社会和全面深化改革提供历史借鉴和智力支持。”“地方志工作是建设文化强国的有机组成部分。中国有着悠久璀璨的历史，有着百折不挠的奋斗历程。连绵不断地编修地方志是中华民族特有的文化基因，为传承文明与进步发挥了重要作用。广大地方志工作者承担着传承文明、记录历史、弘扬文化、服务社会、借史鉴今、启迪后人的光荣使命。”“要把地方志作为重要的文化基础事业切实抓好。要进一步明确各级政府管理和发展地方志事业的重要职责，发挥地方志工作机构的统筹规划、组织协调、督促指导等职能，提高工作水平。要进一步加强质量管理，运用历史唯物主义观点，深化对地方志工作规律和特点的认识，打造无愧于时代、无愧于人民的精品佳志。要把地方志工作纳入公共文化服务体系建设当中，加快方志馆、地情网站、数据库等基础设施建设，用人们喜闻乐见的方式利用地方志、传播地方志，鼓励和倡导全社会‘读志’、‘传志’、‘用志’，用历史的智慧推进治理体系和治理能力的现代化，为实现中华民族伟大复兴的中国梦作出新的贡献。

（以上 3 条摘引自《人民日报》2014 年 4 月 20 日 01 版）

党和国家领导人与地方志

中华人民共和国成立后，编纂新方志的工作在毛泽东主席的关怀和倡导下开展起来。

1956 年国务院科学规划委员会在制定《十二年哲学社会科学规划方案》时，提出编写地方志的任务，将编修地方志列为 20 个重点项目之一。规划委员会下成立了地方志小组，以加强对修志工作的领导。

1958 年 3 月，中共中央工作会议在成都举行，毛泽东主席一到成都，立即调阅《四川通志》《华阳国志》《灌县志》等志书，并选辑其中部分内容，印发给与会领导，提倡利用地方志提高领导水平，倡议各地编修地方志。

同年 8 月，国务院总理周恩来在《关于整理善本书的指示》中指出：要系统整理县志及其他书籍中的有关科学技术的资料，做到“古为今用”。

10 月，国务院科学规划委员会地方志小组向全国发出了《关于新编地方志的几点意见》。《意见》明确指出：“方志是我国一项独有的文化遗产”，“历代续有编修”，新方志可分为省、市、县、社 4 种，修志的组织应在各省、市、县党委和人民委员会的领导下进行，新方志应贯彻执行厚今薄古的原则等。这是中华人民共和国成立以来，关于地方志编纂原则的第一个纲领性的文件。同时，地方志小组起草了《新修地方志体例(草案)》、《县志编纂条例草案(讨论稿)》下发征求意见。到 1960 年，全国已有 20 多个省、自治区、直辖市的 530 多个县建立了修志机构，250 个县完成了志书初稿。至 1966 年，全国有 20 多部志书正式出版，如《湖南省地理志》《北京植物志》《甘肃气象志》、江苏的《泗阳县志》、广东的《惠阳县志》等。

1983 年 4 月，经中央同意，中国地方志指导小组成立，具体负责指导全国的修志工作；指导小组召开了全国首次地方志规划会议，会上草拟并原则通过了《1983—1990 年中国地方志事业发展规划及设想(草案)》和《中国旧方志整理规划实施方案》两个文件。1985 年 4 月 19 日，国务院办公厅以国办发〔1985〕33 号文件，转发了《中国社会科学院关于加强全国地方志编纂工作领导的报告》，要求各地对地方志编纂工作进行检查，进一步加强领导，充实人员，加强队伍建设，切实解决地方志编纂工作中的问题。这个报告经国务院办公厅转发，表明地方志工作已正式纳入各级政府的工作日程，标志着全国修志工作进入一个新的发展阶段。同日，中国地方志指导小组第五次会议讨论通过《新编地方志工作暂行规定》，发各地试行。

为了进一步加强新编地方志工作的领导，1995 年 6 月，在党中央和国务院的关怀下，由中共中央政治局委员、国务委员李铁映出任中国地方志指导小组组长，中国社会科学院原党组书记、副院长郁文，中国社会科学院党委书记、副院长王忍之和中共中央办公厅副主任、国家档案局局长王刚担任副组长；在指导小组成员中增加了一些省市主管地方志工作的领导和各学科的著名专家学者，充分体现了党中央和国务院对新编地方志工作的重视和关心。

1996 年 5 月，国务院召开了全国地方志第二次工作会议。李鹏总理在中南海接见全体代表，并作了重要指示："新编地方志是社会主义文化建设事业的一个组成部分，一定要认真做好。"

李铁映同志在会上作了重要讲话，明确指出："修志工作绝不是可有可无的事，而是各级政府的职责，主要是省、市、县三级政府主要领导同志的职责，是两个文明建设的重要组成部分。"因此，要坚持"一纳入"，即把修志工作纳入各地经济社会发展计划和各级政府的任务中。要坚持"五到位"，即领导到位，机构到位，经费到位，队伍到位，条件到位。要坚持党委领导、政府主持、专家修志、三审定稿制度。李铁映同志还指出："方志事业要连绵不断，代代相济"，"一届志书完成之日，就是新一届志书开修之时"。

在这次会议之后，国务院办公厅发出了《关于进一步加强地方志编纂工作的通知》(国办发〔1996〕47 号文件)，要求各省、自治区、直辖市人民政府进一步做好地方志编纂工作，为改革开放和社会主义现代化建设服务。《通知》指出：地方志一般分为省、市、县三级，每 20 年左右续修一次。《通知》的发布，极大地鼓舞了全国的地方志工作者，有力地推动了全国地方志事业的发展。

1997 年，中国地方志指导小组根据《通知》精神，对试行多年的《新编地方志工作暂行规定》进行修订，制定出《关于地方志编纂工作的规定》，经国务院领导同意颁布施行。

关于地方志编纂工作的规定

（一九九七年五月八日）

（中国地方志指导小组二届三次会议讨论通过）

第一章　总　则

第一条　根据国务院办公厅《关于进一步加强地方志编纂工作的通知》，为使我国地方志编纂工作制度化和规范化，特制定本规定。

第二条　编纂地方志是一项长期的具有连续性的社会主义文化建设事业，第 5 条　对全面了解和反映我国地情国情，对推进我国两个文明建设，第 7 条　对积累和保存地方文献有重要意义。

第三条　编纂地方志必须以马列主义、毛泽东思想和邓小平理论为指导，坚持实事求是的思想路线，运用现代科学理论和方法，全面真实地反映当地自然和社会的历史与现状，为改革开放和社会主义现代化建设服务。

第四条　编纂地方志应继承我国历代修志优良传统，贯彻存真求实的方针，坚持改革创新，做到思想性、科学性和资料性的统一。

第五条　编纂地方志应延续不断，各级地方志每二十年左右续修一次，各地上届志书完成后，要着手为下届志书续修积累资料。

第二章　组织领导

第六条　中国地方志指导小组从政策上和业务上指导全国修志工作，对修志工作涉及的重大问题及时向党中央、国务院请示报告。中国地方志指导小组负责建立和完善有关规章制度，对各地制定规划提出建议和要求，督促检查各地修志工作，组织交流经验和开展各种学术活动。

中国地方志指导小组设办公室，负责日常事务工作。

第七条　坚持"党委领导、政府主持"的修志体制。各省、自治区、直辖市的地方志编纂委员会及其办公室，负责组织本地区修志工作。地方志编纂委员会办公室应是当地政府直属的具有行政职能的一级单位。设区的市、地区、自治州、盟和县、自治县、旗、不设区的市、市辖区也要有常设的修志机构。各级修志机构的经费列入各级地方财政预算。

各级修志机构的主要任务是：制定规划；开展调查研究，积累资料；组织志书编纂；审定验收志稿；整理旧志；总结和交流修志经验；进行方志理论研究；培训队伍；编纂出版地方年鉴；提供地情咨询服务；编写地情丛书等。

第八条　地方各级政府要配备德才兼备的干部担任领导和主编。地方志专职编纂人员要相对稳定。要不断提高修志工作者的政治素质和业务素质，在修志队伍中大力倡导“求实、创新、协作、奉献”的敬业精神。编纂地方志要充分发挥老同志的作用，同时通过各种形式对中青年骨干进行培训，努力从高等院校和科研部门输入更多有较高专业水平的青年人才。坚持专职队伍与兼职队伍相结合的方针，吸收各行各业有造诣的专家、学者参加地方志编纂工作。民族自治地方应吸收本民族干部参加。

第九条 地方各级政府要加强对地方志编纂工作的领导，要把这项工作列入政府的议事日程，明确一位领导同志负责，及时协调和解决工作中的问题；要切实保证修志机构的经费和必要的工作条件，定期评聘业务人员的专业技术职务，妥善解决工作人员的生活福利待遇等问题。

第三章 志 书

第十条 编纂地方志主要分三级进行：省、自治区、直辖市编纂的地方志；设区的市、地区、自治州、盟编纂的地方志；县、自治县、旗、不设区的市、市辖区编纂的地方志。

国家部委和军事部门志书的编纂，由其领导部门决定。

第十一条 编纂地方志要加强调查研究，掌握翔实资料，力求观点鲜明正确，材料真实可靠，体例完备严谨，篇目结构合理，内容充分深刻，段落层次清楚，审校严格认真，从多方面采取措施，保证志书质量。

第十二条 首届志书的断限，各地可根据实际情况自行确定；续修志书时，每届志书的下限，力求统一。

第十三条 地方志的体裁，一般应包含述、记、志、传、图、表、录等，以志为主体。图表采用现代技术编制。人物志要坚持生不立传的原则，在世人物的突出事迹以事系人入志。

第十四条 地方志的篇目设置，应合乎科学分类和社会分工实际，突出时代特点和地方特色，做到门类合理，归属得当，层次分明，排列有序，形式上不强求一律。

第十五条 地方志的文体，采用规范的语体文。行文力求朴实、简练、流畅。

志书的篇幅不宜过大，今后续修，字数要相应减少。

第十六条 地方志所采用的资料，包括史料、人名、地名、年代、数据、引文等，务必考订核实，重要的要注明出处。历史纪年，注明公元；地理古名，注明今地。全书要附有索引。

第十七条 各级地方志应严格执行审查验收制度。省、自治区、直辖市编纂的地方志由省级地方志编纂委员会组织专家审查验收，报同级党委或政府批准出版；设区的市、地区、自治州、盟编纂的地方志报省级地方志编纂委员会审查验收，由同级党委或政府批准出版；县、自治县、旗、不设区的市、市辖区编纂的地方志报市级地方志编纂委员会审查验收，经省级地方志编纂委员会审核后，由同级党委或政府批准出版。

第十八条 各省、自治区、直辖市的修志机构负责协调安排本地的志书出版工作。版权、著作权应受到保护。

方志出版社的主要任务是出版各级各类地方志书，为提高志书质量，繁荣志书出版事业服务。

第十九条 各级地方志采用16开本，横排印刷。装帧、版式要力求统一。

民族自治地方，可用汉文和当地少数民族通用的文字出版。

第二十条 各级修志机构，要组织和推动用志；要运用现代化的手段建立方志地情资料库，推向社会，逐步实现信息网络化。

有条件的地区，要建立方志馆。

第四章 附 则

第二十一条 本规定解释权属中国地方志指导小组。

第二十二条 各省、自治区、直辖市的修志机构根据本规定，制定实施细则。

第二十三条 本规定自颁布之日起实施。

中华人民共和国国务院令

第467号

现公布《地方志工作条例》，自公布之日起施行。

总 理 温家宝

二○○六年五月十八日

地方志工作条例

第一条　为了继承和发扬中华民族优秀文化传统，全面、客观、系统地编纂地方志，科学、合理地开发利用地方志，发挥地方志在促进经济社会发展中的作用，制定本条例。

第二条　中华人民共和国境内地方志的组织编纂、管理、开发利用工作，适用本条例。

第三条　本条例所称地方志，包括地方志书、地方综合年鉴。

地方志书，是指全面系统地记述本行政区域自然、政治、经济、文化和社会的历史与现状的资料性文献。

地方综合年鉴，是指系统记述本行政区域自然、政治、经济、文化、社会等方面情况的年度资料性文献。

地方志分为：省（自治区、直辖市）编纂的地方志，设区的市（自治州）编纂的地方志，县（自治县、不设区的市、市辖区）编纂的地方志。

第四条　县级以上地方人民政府应当加强对本行政区域地方志工作的领导。地方志工作所需经费列入本级财政预算。

第五条　国家地方志工作指导机构统筹规划、组织协调、督促指导全国地方志工作。

县级以上地方人民政府负责地方志工作的机构主管本行政区域的地方志工作，履行下列职责：

（一）组织、指导、督促和检查地方志工作；

（二）拟定地方志工作规划和编纂方案；

（三）组织编纂地方志书、地方综合年鉴；

（四）搜集、保存地方志文献和资料，组织整理旧志，推动方志理论研究；

（五）组织开发利用地方志资源。

第六条　编纂地方志应当做到存真求实，确保质量，全面、客观地记述本行政区域自然、政治、经济、文化和社会的历史与现状。

第七条　省、自治区、直辖市人民政府制定本行政区域地方志编纂的总体工作规划（以下简称规划），并报国家地方志工作指导机构备案。

第八条　以县级以上行政区域名称冠名的地方志书、地方综合年鉴，分别由本级人民政府负责地方志工作的机构按照规划组织编纂，其他组织和个人不得编纂。

第九条　编纂地方志应当吸收有关方面的专家、学者参加。地方志编纂人员实行专兼职相结合，专职编纂人员应当具备相应的专业知识。

第十条　地方志书每20年左右编修一次。每一轮地方志书编修工作完成后，负责地方志工作的机构在编纂地方综合年鉴、搜集资料以及向社会提供咨询服务的同时，启动新一轮地方志书的续修工作。

第十一条　县级以上地方人民政府负责地方志工作的机构可以向机关、社会团体、企业事业单位、其他组织以及个人征集有关地方志资料，有关单位和个人应当提供支持。负责地方志工作的机构可以对有关资料进行查阅、摘抄、复制，但涉及国家秘密、商业秘密和个人隐私以及不符合档案开放条件的除外。

地方志资料所有人或者持有人提供有关资料，可以获得适当报酬。地方志资料所有人或者持有人不得故意提供虚假资料。

第十二条　以县级以上行政区域名称冠名、列入规划的地方志书经审查验收，方可以公开出版。

对地方志书进行审查验收，应当组织有关保密、档案、历史、法律、经济、军事等方面的专家参加，重点审查地方志书的内容是否符合宪法和保密、档案等法律、法规的规定，是否全面、客观地反映本行政区域自然、政治、经济、文化和社会的历史与现状。

对地方志书进行审查验收的主体、程序等由省、自治区、直辖市人民政府规定。

第十三条　以县级以上行政区域名称冠名的地方综合年鉴，经本级人民政府或者其确定的部门批准，方可以公开出版。

第十四条　地方志应当在出版后 3 个月内报送上级人民政府负责地方志工作的机构备案。

在地方志编纂过程中收集到的文字资料、图表、照片、音像资料、实物等以及形成的地方志文稿，由本级人民政府负责地方志工作的机构指定专职人员集中统一管理，妥善保存，不得损毁；修志工作完成后，应当依法移交本级国家档案馆或者方志馆保存、管理，个人不得据为己有或者出租、出让、转借。

第十五条　以县级以上行政区域名称冠名的地方志书、地方综合年鉴为职务作品，依照《中华人民共和国著作权法》第十六条第二款的规定，其著作权由组织编纂的负责地方志工作的机构享有，参与编纂的人员享有署名权。

第十六条 地方志工作应当为地方经济社会的全面发展服务。县级以上地方人民政府负责地方志工作的机构应当积极开拓社会用志途径，可以通过建设资料库、网站等方式，加强地方志工作的信息化建设。公民、法人和其他组织可以利用上述资料库、网站查阅、摘抄地方志。

第十七条 县级以上地方人民政府对在地方志工作中作出突出成绩和贡献的单位、个人，给予表彰和奖励。

第十八条 违反本条例规定，擅自编纂出版以县级以上行政区域名称冠名的地方志书、地方综合年鉴的，由县级以上地方人民政府负责地方志工作的机构提请本级人民政府出版行政部门依法查处。

第十九条 违反本条例规定，未经审查验收、批准将地方志文稿交付出版，或者地方志存在违反宪法、法律、法规规定内容的，由上级人民政府或者本级人民政府责令采取相应措施予以纠正，并视情节追究有关单位和个人的责任；构成犯罪的，依法追究刑事责任。

第二十条 负责地方志工作的机构的工作人员违反本条例第十四条第二款规定的，由其所在单位责令改正，依法给予处分。

第二十一条 编纂地方志涉及军事内容的，还应当遵守中央军委关于军事志编纂的有关规定。

国务院部门志书的编纂，参照本条例的相关规定执行。

第二十二条 本条例自公布之日起施行。

四川省地方志工作条例

（2003年7月24日四川省第十届人民代表大会常务委员会第四次会议通过）

第一条 为全面、客观、真实地记述地方区域地情，科学地积累、保存与开发、利用地方文献，发挥地方志的资治、教化、存史作用，根据国家有关规定，结合四川省实际，制定本条例。

第二条 四川省行政区域内各级地方志的编纂和管理工作，适用本条例。

本条例所称地方志，包括地方志书、史书、综合年鉴及相关地情文献。

第三条 地方各级人民政府应当加强对地方志工作的领导，将地方志工作纳入当地经济和社会发展规划。

四川省地方志工作总体规划由省人民政府批准。地方志工作经费列入各级人民政府财政预算。

第四条 县级以上地方人民政府地方志工作机构负责地方志的编纂和管理工作。其主要职责是：

一、起草地方志工作规划，制订编纂方案；

二、组织、指导和检查地方志编纂工作；

三、组织审定入志内容与议定编纂中的重大问题；

四、组织对志书的审查验收。

第五条 地方志的编纂工作应当坚持实事求是的原则，全面、客观、真实、科学地反映当地自然与社会的历史及现状。

第六条 省、市、县三级志书一般每10年至15年续修一次。

第七条 机关、社会团体、企业事业单位应当接受同级地方志工作机构的业务指导与工作督查，完成地方志的资料报送和编写工作。修志任务较重的单位，应当设立专门的修志机构或者配备专职工作人员。

第八条 地方志的专职编纂人员应当具备相应专业知识和学术水平。地方志编纂工作应当广泛吸收有关专家、学者参加。民族地区的地方志编纂工作应当有少数民族人员参加。

第九条 公开出版发行省人民政府总体规划内的省、市、县三级志书，实行审查验收制度。

省级志书由省人民政府组织的机构审查验收，市级志书由省地方志工作机构组织审查验收后，报省人民政府批准出版发行。县级志书由市级地方志工作机构组织审查验收后，报市级人民政府批准出版发行。

以电子出版物形式的省、市、县三级志书，按照前款规定办理。

第十条 在地方志工作中做出突出成绩的单位和个人，由人民政府或者其主管部门给予表彰和奖励。

第十一条 在地方志编纂中，有关部门或者单位拒绝提供有关资料或者提供虚假资料的，由同级地方志工作机构责令限期改正，逾期不改正的，由地方志工作机构提请同级人民政府依法追究其行政责任。

第十二条 地方志泄露国家秘密的，由有关部门依法查处；构成犯罪的，依法追究刑事责任。

第十三条 本条例自2003年10月1日起施行。

附录二

四川省电力工业主管机构变更情况

（1950—2015年）

表62

时　间	机　构　名　称	管辖范围
1950年3月到8月	先后建立重庆区电业管理局、川西水电公司、川南人民行政公署工业厅电业管理局、西康省水利电力厅	各行政区内的电力企业
1951年2月	西南军政委员会工业部电业管理局（重庆）	云南、贵州、四川三省电力企业
1952年11月	燃料工业部工西南电业管理局	云南、贵州、四川三省电力企业
1955年7月	电力工业部西南电业管理局	云南、贵州、四川三省电力企业
1956年	电力工业部重庆电业管理局	云南、贵州、四川三省电力企业
1957年9月	电力工业部成都电业管理局（由重庆迁成都更名）	云南、贵州、四川三省电力企业
1958年3月	水利电力部四川省电业管理局	四川全省电力企业
1958年8月	四川省水利电力厅	四川全省电力企业
1964年	四川省水利电力厅电业管理局	四川全省电力企业
1965年9月	水利电力部四川省电业管理局	四川全省电力企业
	水利电力部西南电力建设局	西南地区电力建设企业
	水利电力部西南电力修造总厂	西南地区电力修造企业
1971年9月	水利电力部四川省电力局（撤销建设局、修造总厂）	四川全省电力企业
1978年	实行四川电网以省电力局为主的管理体制	四川全省电力企业
1979年2月	电力工业部四川省电力工业局	四川全省电力企业
1981年5月	电力工业部西南电业管理局（保留四川省电力工业局名称）	云南、贵州、四川三省电力企业
1982年3月	水利电力部西南电力管理局	云南、贵州、四川三省电力企业
1983年7月	西南电业管理局（停止使用四川省电力工业局名称）	云南、贵州、四川三省电力企业
1988年4月	能源部四川省电力工业局	四川全省电力企业
1993年3月	能源部四川省电力公司成立，与四川省电力工业局“一套班子，两块牌子”	四川全省电力企业
1998年3月	国家电力公司四川省电力工业局（与国家电力公司四川省电力公司“两块牌子，一套班子”）	四川全省电力企业
2000年2月	国家电力公司四川省电力公司（撤销四川省电力工业局）	四川全省电力企业
2002年12月	国家电网公司四川省电力公司	四川全省国有供电、所属设备制造、电力建设，设计企业和映秀湾水力发电总厂
2003年3月至2015年	国家电网四川省电力公司、中国国电集团公司四川分公司、中国华电集团集团四川公司、二滩水电开发有限责任公司、中国华能集团公司四川分公司、金沙江开发公司筹建处、中国水电建设集团四川电力开发有限公司、四川巴蜀电力开发公司公司、中国大唐集团四川公司、中电投四川电力有限公司、四川省水电投资经营集团公司等。其中变化情况见说明	省内国有供电企业、各所属发电企业、电源建设项目

说明：

2002年12月，厂网分开。四川省电力公司主要管理四川国有电网。同时，从四川省电力公司分离出两个主要发电公司：中国国电集团公司四川分公司和中国华电集团公司四川公司。之后，除二滩水电开发有限责任公司、华能四川水电有限公司和四川巴蜀电力开发公司公司外，相继在川出现各主要电力管理公司。

国电四川发电有限公司：国电四川发电有限公司系中国国电集团公司的全资子公司。2003年5月，中国国电集团公司在成都设立四川分公司；2004年4月，因管理范围扩大至重庆市，国电四川分公司更名为国电川渝分公司；2006年12月，中国国电集团公司在国电川渝分公司管辖国电在川企业的基础上，组建成立国电四川发电有限公司，与国电川渝分公司实行“两块牌子，合署办公”的管理模式。

中国华电集团公司四川公司：中国华电集团公司四川公司成立于2003年3月23日；2004年11月8日，华电四川发电有限公司成立；2006年4月28日，华电金沙江上游水电开发有限公司成立；2007年10月，中国华电集团公司决定整合在川管理关系，中国华电集团公司四川公司、华电四川发电有限公司、华电金沙江上游水电开发有限公司实行“一个机构，三块牌子，合署办公”。2014年10月14日，华电集团委托华电国际电力股份有限公司管理四川分公司，并设立华电国际电力股份有限公司四川分公司，与中国华电集团公司四川分公司、华电四川发电有限公司实行“一个机构，三块牌子，合署办公”。

雅砻江流域水电开发有限公司：原名二滩水电开发有限责任公司，始建于1989年，1995年2月改制为有限责任公司，2012年11月8日，更名为雅砻江流域水电开发有限公司，负责雅砻江全流域的水电开发和管理。

四川华能水电有限公司：1990年5月成立中国华能集团公司四川分公司，2004年经中国华能集团批准改制为有限责任公司国有独资，并于2004年7月12日在四川省工商行政管理局注册登记，公司名称为四川华能水电开发有限责任公司，2005年1月26日更名为四川华能水电有限公司。

神华四川能源有限公司：原名四川巴蜀电力开发公司，成立于1993年；2005年10月，更名为四川巴蜀电力开发有限责任公司；2012年3月9日，更名为神华巴蜀电力有限责任公司；2013年4月27日，更名为神华四川能源有限公司。

中国三峡建设管理有限公司：中国三峡建设管理有限公司的前身是中国长江三峡工程开发总公司，总公司于1993年9月27日成立，2009年9月27日更名为中国长江三峡集团公司。国家授权中国长江三峡集团公司开发建设金沙江下游溪洛渡、向家坝、乌东德、白鹤滩四个巨型水电站。2013年1月29日，三峡川云公司在四川省成都市注册成立，负责金沙江下游溪洛渡水电站、向家坝水电站的开发建设和运营管理。2013年1月29日，三峡金沙江云川水电开发有限公司在云南省昆明市注册成立，负责金沙江下游乌东德水电站、白鹤滩水电站的开发建设和运营管理。2015年7月，为进一步强化核心竞争能力，传承与发展三峡工程为代表的大型水电建设管理经验，实施企业“国际化”战略，中国三峡集团系统整合水电开发建设专业技术力量，正式组建成立中国三峡建设管理有限公司。

大唐四川发电有限公司：大唐四川发电有限公司是中国大唐集团公司的全资子公司，2015年5月9日正式挂牌，其前身为中国大唐集团公司四川公司，成立于2006年12月22日。

中电建水电开发集团有限公司：原名中国水电建设集团四川电力开发有限公司，于2006年10月20日在四川成都成立；2014年8月更命为中电建水电开发集团有限公司。

中电投四川电力有限公司：中电投四川电力有限公司是中国电力投资集团公司的全资子公司，于2012年6月25日揭牌成立，代表中电投集团与地方政府及有关部门进行工作联系，全面负责中电投集团在四川及其周边区域资产的投资、建设、发展和运营管理，承担中电投集团西南区域发展战略和发展布局的重任。

华电金沙江上游水电开发有限公司：2014年10月23日，中国华电集团公司决定调整在川管理关系，华电金沙江上游水电开发有限公司与华电四川发电有限公司（中国华电集团公司四川公司）分开管理，不再合署办公，华电金沙江上游水电开发有限公司由中国华电集团公司直接管理。

四川大唐国际甘孜水电开发有限公司：四川大唐国际甘孜水电开发有限公司成立于2006年7月，主要负责大渡河流域长河坝、黄金坪两级水电站开发建设和生产运营。从2010起，大唐甘孜公司开始代表大唐国际收购和开发四川境内的中小水电站，并受甘孜州政府委托着手调研开发甘孜州境内的太阳能等新能源。

附录三

统 计 资 料

四川省发电设备装机容量分年度统计
(1949—2015 年)

表 63

年份	发电设备容量(万千瓦)					水、火电比重(%)	
	合计	年增长率(%)	占全国比重(%)	水电	火电	水电	火电
1949	4.57		2.47	0.18	4.39	3.90	96.10
1950	4.66	1.97	2.50	0.24	4.42	5.20	94.80
1951	5.36	15.20	2.85	0.39	4.97	7.30	92.70
1952	6.60	23.13	3.36	0.57	6.03	8.60	91.40
1953	7.80	18.18	3.32	0.57	7.23	7.30	92.70
1954	10.00	28.21	3.85	0.57	9.43	5.70	94.30
1955	10.80	8.08	3.60	0.76	10.04	7.00	93.00
1956	13.60	25.93	3.50	3.30	10.30	24.30	75.70
1957	18.60	36.76	4.01	7.11	11.49	38.20	61.80
1958	32.29	73.60	5.14	11.88	20.41	36.80	63.20
1959	42.76	32.42	4.48	13.21	29.55	30.90	69.10
1960	66.44	55.38	5.57	15.88	50.56	23.90	76.10
1961	72.07	8.47	5.61	15.90	56.17	22.06	77.94
1962	73.71	2.28	5.65	17.09	56.62	23.19	76.81
1963	75.35	2.22	5.65	17.89	57.46	23.74	76.26
1964	76.66	1.74	5.45	19.52	57.14	25.46	74.54
1965	83.47	8.88	5.54	22.39	61.08	26.80	73.20
1966	98.47	17.97	5.79	23.33	75.14	23.70	76.30
1967	104.67	6.30	5.82	23.33	81.34	22.29	77.71
1968	117.17	11.94	6.11	23.33	93.84	19.91	80.09
1969	128.77	9.90	6.12	24.33	104.44	18.90	81.10
1970	152.40	18.35	6.41	26.40	126.00	17.30	82.70
1971	185.70	21.85	7.56	60.40	125.30	32.50	67.50
1972	218.60	17.72	7.64	81.50	137.10	37.30	62.70
1973	246.90	12.95	7.50	102.00	144.90	41.30	58.70
1974	265.60	7.57	7.16	107.20	158.40	40.40	59.60
1975	289.02	5.87	6.66	127.20	161.82	44.01	55.99
1976	303.96	5.17	6.45	141.03	162.93	46.40	53.60
1977	333.99	9.88	6.49	159.96	174.03	47.89	52.11
1978	361.41	8.21	6.33	177.08	184.33	49.00	51.00

续表63

年份	发电设备容量(万千瓦)					水、火电比重（%）	
	合计	年增长率(%)	占全国比重（%）	水　电	火　电	水　电	火　电
1979	379.32	4.96	6.02	188.84	190.48	49.78	50.22
1980	396.81	4.61	6.02	200.16	196.65	50.44	49.56
1981	406.20	2.37	5.88	208.30	197.90	51.28	48.72
1982	415.85	2.38	5.75	215.03	200.82	51.71	48.29
1983	444.29	6.84	5.81	231.95	212.34	52.21	47.79
1984	451.00	1.51	5.63	238.45	212.55	52.87	47.13
1985	462.63	2.58	5.31	244.90	217.73	52.94	47.06
1986	504.86	9.13	5.38	264.31	240.55	52.35	47.65
1987	560.59	11.04	5.45	289.81	270.78	51.70	48.30
1988	604.81	7.89	5.24	305.42	299.39	50.50	49.50
1989	657.56	8.72	5.19	320.18	337.38	48.70	51.30
1990	748.97	13.90	5.43	342.74	406.23	45.76	54.24
1991	869.08	16.04	5.74	370.99	498.09	42.69	57.31
1992	956.53	10.06	5.74	408.88	574.65	42.75	57.25
1993	1052.71	10.06	5.76	455.89	596.82	43.31	56.69
1994	1137.59	8.06	5.69	505.43	632.16	44.43	55.57
1995	1215.16	6.82	5.59	559.04	656.12	46.01	53.99
1996	1356.94	11.67	5.74	642.42	714.52	47.34	52.66
1997	1110.74	-18.14	4.37	608.24	502.50	54.76	45.24
1998	1284.09	15.60	4.62	770.59	513.50	60.01	39.99
1999	1600.89	24.67	5.35	1034.37	566.52	64.61	35.39
2000	1709.84	6.81	5.05	1100.83	609.01	64.38	35.62
2001	1790.85	4.74	5.29	1153.15	637.70	64.40	35.60
2002	1799.66	0.50	5.09	1185.46	614.20	65.87	34.13
2003	1841.44	2.32	4.79	1231.10	610.40	66.86	33.14
2004	2028.32	10.15	4.60	1338.29	690.03	65.98	34.02
2005	2245.55	10.71	4.42	1495.96	749.60	66.62	33.38
2006	2717.74	21.03	4.37	1765.27	952.46	64.95	35.05
2007	3185.80	17.22	4.47	1985.67	1188.98	62.32	37.32
2008	3560.17	9.87	4.49	2223.67	1274.10	63.53	36.47
2009	3912.59	11.78	4.48	2676.09	1234.10	68.40	31.60
2010	4327.25	10.46	4.48	3069.64	1257.61	70.49	29.06
2011	4787.47	10.63	4.51	3342.29	1439.62	69.81	30.15
2012	5458.84	14.02		3964.21	1493.02	72.62	27.35
2013	6862.35	25.71	5.51	5266.23	1581.85	76.74	23.05
2014	7874.68	14.76	5.79	6292.91	1547.23	79.91	19.65
2015	8672.88	10.14	5.75	6939.3	1623.87	80.01	18.72

四川省年发电量分年度统计
（1949—2015 年）

表 64

年份	总发电量（亿千瓦时）	年增长率（%）	占全国比重（%）	水电（亿千瓦时）	火电（亿千瓦时）
1949	1.47		3.41	0.19	1.28
1950	1.25	-14.97	2.75	0.09	1.16
1951	1.47		3.41	0.19	1.28
1952	1.25	-14.97	2.75	0.09	1.16
1953	2.05	64.00	3.57	0.23	1.82
1954	2.49	21.46	3.43	0.28	2.21
1955	3.16	26.91	3.44	0.38	2.78
1956	3.87	22.47	3.52	0.54	3.33
1957	4.50	16.28	3.67	0.55	3.95
1958	6.09	35.33	3.67	0.70	5.39
1959	6.78	11.33	3.51	1.88	4.90
1960	10.73	58.26	3.90	3.22	7.51
1961	24.20	-9.84	5.04	3.57	20.63
1962	20.08	-17.07	4.38	5.07	15.01
1963	19.28	-3.98	3.94	6.61	12.67
1964	22.98	18.72	4.09	7.74	15.15
1965	28.94	26.43	4.28	8.26	20.68
1966	39.05	34.93	4.73	8.28	30.77
1967	39.09	0.10	5.05	9.80	29.29
1968	26.81	-31.41	3.75	9.99	16.82
1969	37.19	38.72	3.96	12.85	24.34
1970	54.09	45.44	4.67	13.14	40.95
1971	77.39	43.08	5.59	16.57	60.82
1972	84.02	8.57	5.51	25.42	58.60
1973	88.39	5.20	5.30	36.52	51.87
1974	86.32	—2.34	5.51	44.25	42.07
1975	107.94	25.05	5.51	51.55	56.39
1976	102.76	—4.08	5.06	45.68	57.08
1977	118.84	15.65	5.32	53.85	65.02
1978	139.30	17.22	5.43	54.78	84.52
1979	156.39	12.27	5.55	64.17	92.22
1980	163.72	4.69	5.45	73.53	90.14
1981	164.08	0.22	5.31	76.61	87.47
1982	171.96	4.80	5.25	82.37	89.59
1983	187.81	9.22	5.34	90.79	97.02
1984	199.86	6.42	5.30	98.10	101.76
1985	221.42	10.79	5.39	109.45	111.97

续表 64

年份	总发电量（亿千瓦时）	年增长率（%）	占全国比重（%）	水　　电（亿千瓦时）	火　　电（亿千瓦时）
1986	236.99	7.03	5.27	111.99	125.00
1987	262.87	10.92	5.29	116.04	146.83
1988	294.02	11.85	5.39	131.52	162.50
1989	326.95	11.20	5.59	146.84	180.11
1990	345.65	5.72	5.56	148.54	197.11
1991	379.58	9.82	5.6	155.06	224.52
1992	419.4	10.49	5.56	168.3	251.1
1993	470.87	12.27	5.63	195.86	275.01
1994	525.18	11.53	5.66	209.54	315.64
1995	575.94	9.97	5.72	245.34	330.6
1996	618	7.3	5.78	268	349.2
1997	491.96	-20.39	4.38	245.12	246.84
1998	475.75	-3.29	4.11	252.88	222.87
1999	492.16	3.45	3.99	303.52	188.64
2000	556.38	13.05	3.75	369.05	187.33
2001	636.47	14.39	4.28	428.38	208.08
2002	735.1	15.17	4.48	456.31	278.79
2003	827.83	12.61	4.33	500	327.82
2004	935.29	12.98	4.28	589.02	346.27
2005	1018.76	10.89	4.12	653.64	365.42
2006	1120.38	9.97	4.07	684.45	435.93
2007	1226.31	9.45	3.76	755.39	450.92
2008	1235.88	7.80	3.66	835.51	400.37
2009	1487.47	20.36	4.14	981.37	505.26
2010	1704.37	14.58	4.03	1139.82	564.55
2011	1857.05	8.98	3.93	1260.68	596.20
2012	2129.49	14.67		1545.20	583.89
2013	2616.99	22.89	4.9	2023.41	592.76
2014	3129.57	19.59	5.64	2578.28	547.19
2015	3208.54	2.52	5.72	2767.44	429.3

四川省电力公司售电量分年度统计
（1949—2015 年）

表 65

年 份	售电量(亿千瓦时)	年增长率(%)	备 注
1949	0.67	-	
1950	0.58	-13.43	
1951	1.04	79.31	
1952	1.30	25.00	
1953	1.71	31.54	
1954	2.51	46.78	
1955	3.01	19.92	
1956	4.07	35.22	
1957	4.74	16.46	
1958	7.60	60.34	
1959	11.72	54.21	
1960	18.02	53.75	
1961	16.13	-10.49	
1962	13.76	-14.69	
1963	13.43	-2.40	
1964	16.03	19.36	
1965	20.38	27.14	
1966	26.62	30.62	
1967	23.63	-11.23	
1968	16.79	-28.95	
1969	26.88	60.10	
1970	37.24	28.54	
1971	56.97	52.98	
1972	61.48	7.92	
1973	65.06	5.82	
1974	63.32	-2.67	
1975	79.61	25.73	
1976	78.89	-0.90	
1977	93.16	18.09	
1978	108.90	16.90	
1979	122.65	12.63	
1980	127.57	4.01	
1981	127.11	-0.36	
1982	136.73	7.57	

续表 65

年 份	售电量(亿千瓦时)	年增长率(%)	备　　注
1983	147.14	7.61	
1984	157.69	7.17	
1985	169.76	7.65	
1986	176.20	3.79	
1987	184.75	4.85	
1988	201.11	8.86	
1989	219.85	9.32	
1990	231.54	5.32	
1991	248.23	7.21	
1992	266.58	7.39	
1993	299.20	12.24	
1994	331.65	10.85	
1995	361.88	9.12	
1996	387.76	7.15	
1997	324.00	-16.44	
1998	310.00	-4.32	
1999	289.20	-6.71	
2000	337.66	16.75	
2001	378.69	14.26	
2002	476.34	21.03	
2003	539.33	13.22	
2004	616.36	14.27	
2005	708.00	11.49	
2006	795.22	12.32	
2007	912.80	14.78	
2008	871.55	4.65	
2009	969.80	11.27	
2010	1206.16	24.37	
2011	1526.28	16.38	
2012	1543.85	1.15	
2013	1633.12	5.78	
2014	1585.63	3.81	2014年售电量统计口径调整，同比增速按调整后口径进行计算。
2015	1578.36	-0.46	

注：本表为并表口径统计数据

2015年四川电网各发电厂发电能力（全口径）统计

表66　　单位：千瓦

指标名称	期初	2015年累计新增	2015年累计减少	期末
总计	78743639	8043390	58226	86728803
其中：清洁能源	63271355	7252970	34226	70490099
可再生能源	63429355	7313970	34226	70709099
新能源	500299	817394	1616	1316077
其中：生物质发电	158000	61000	0	219000
分布式电源	79299	46757	1616	124440
水电	62929056	6496576	32610	69393022
其中：抽水蓄能				
火电	15472284	790420	24000	16238704
燃煤	14008350	0	24000	13984350
其中：煤矸石发电	333000	0	0	333000
燃油				
燃气	515434	706920	0	1222354
其中：煤层气	47944	0	0	47944
沼气发电				
其他	948500	83500	0	1032000
其中：余热、余压、余气发电	790500	22500	0	813000
垃圾发电	158000	36000	0	194000
农林生物质发电	0	25000	0	25000
核电				
风电	288000	445500	0	733500
太阳能发电	54299	310894	1616	363577
其中：光伏发电	54299	310894	1616	363577
光热发电				
其他	0	0	0	0
地热能				
海洋能				
储能				
其他				
一、6000千瓦及以上	74558390	7838392	35815	82360967
水电	59064050	6333260	11815	65385495
其中：抽水蓄能				
火电	15156340	774500	24000	15906840
燃煤	13817350	0	24000	13793350
其中：煤矸石	327000	0	0	327000
燃油				
燃气	475990	706000	0	1181990
其中：煤层气	15000	0	0	15000
沼气发电				
其他	863000	68500	0	931500

续表66

指标名称	期初	2015年累计新增	2015年累计减少	期末
其中：余热、余压、余气发电	707000	7500	0	714500
垃圾发电	156000	36000	0	192000
农林生物质发电	0	25000	0	25000
核电				
风电	288000	445500	0	733500
太阳能发电	50000	285132	0	335132
其中：光伏发电	50000	285132	0	335132
光热发电				
其他	0	0	0	0
地热能				
海洋能				
储能				
其他				
A、按调度关系分	74558390	7838392	35815	82360967
1、统一调度	67436600	7747432	0	75184032
水电	54624400	6261800	0	60886200
其中：抽水蓄能				
火电	12474200	761000	0	13235200
燃煤	12105000	0	0	12105000
其中：煤矸石发电	270000	0	0	270000
燃油				
燃气	213200	700000	0	913200
其中：煤层气	15000	0	0	15000
沼气发电				
其他	156000	61000	0	217000
其中：余热、余压、余气发电				
垃圾发电	156000	36000	0	192000
农林生物质发电	0	25000	0	25000
核电				
风电	288000	445500	0	733500
太阳能发电	50000	279132	0	329132
其中：光伏发电	50000	279132	0	329132
光热发电				
其他	0	0	0	0
地热能				
海洋能				
储能				
其他				
（1）国家电网公司统一调度	23100000	0	0	23100000
水电	23100000	0	0	23100000
火电				

续表66

指标名称	期初	2015年累计新增	2015年累计减少	期末
核电				
风电				
太阳能				
其他				
（2）分部统一调度				
水电				
火电				
核电				
风电				
太阳能				
其他				
（3）省电力公司统一调度	44336600	7747432	0	52084032
水电	31524400	6261800	0	37786200
火电	12474200	761000	0	13235200
核电				
风电	288000	445500	0	733500
太阳能	50000	279132	0	329132
其他				
2、非统一调度	7121790	90960	35815	7176935
水电	4439650	71460	11815	4499295
其中：抽水蓄能				
火电	2682140	13500	24000	2671640
燃煤	1712350	0	24000	1688350
其中：煤矸石发电	57000	0	0	57000
燃油				
燃气	262790	6000	0	268790
其中：煤层气				
沼气发电				
其他	707000	7500	0	714500
其中：余热、余压、余气发电	707000	7500	0	714500
垃圾发电				
农林生物质发电				
核电				
风电				
太阳能	0	6000	0	6000
其中：光伏发电	0	6000	0	6000
光热发电				
其他	0	0	0	0
地热能				
海洋能				
储能				

续表66

指标名称	期初	2015年累计新增	2015年累计减少	期末
其他				
B、按性质分	74558390	7838392	35815	82360967
1、公用电厂	71986250	7818892	11815	79793327
水电	59064050	6333260	11815	65385495
其中：抽水蓄能				
火电	12584200	761000	0	13345200
燃煤	12215000	0	0	12215000
其中：煤矸石发电	270000	0	0	270000
燃油				
燃气	213200	700000	0	913200
其中：煤层气	15000	0	0	15000
沼气发电				
其他	156000	61000	0	217000
其中：余热、余压、余气发电				
垃圾发电	156000	36000	0	192000
农林生物质发电	0	25000	0	25000
核电				
风电	288000	445500	0	733500
太阳能发电	50000	279132	0	329132
其中：光伏发电	50000	279132	0	329132
光热发电				
其他	0	0	0	0
地热能				
海洋能				
储能				
其他				
2、企业自备电厂	2572140	19500	24000	2567640
水电				
其中：抽水蓄能				
火电	2572140	13500	24000	2561640
燃煤	1602350	0	24000	1578350
其中：煤矸石发电	57000	0	0	57000
燃油				
燃气	262790	6000	0	268790
其中：煤层气				
沼气发电				
其他	707000	7500	0	714500
其中：余热、余压、余气发电	707000	7500	0	714500
垃圾发电				
农林生物质发电				
核电				

续表66

指标名称	期初	2015年累计新增	2015年累计减少	期末
风电				
太阳能发电	0	6000	0	6000
其中：光伏发电	0	6000	0	6000
光热发电				
其他	0	0	0	0
地热能				
海洋能				
储能				
其他				
C、按管理关系分	74558390	7838392	35815	82360967
国家电网公司	455000	12000	0	467000
华能集团公司	2545500	167000	0	2712500
大唐集团公司	1821000	1033000	0	2854000
华电集团公司	7436000	890000	0	8326000
国电集团公司	8796500	3368000	0	12164500
中国电力投资集团公司	1298000	21000	0	1319000
其它	52206390	2347392	35815	54517967
二、6000千瓦以下	4185249	204998	22411	4367836
水电	3865006	163316	20795	4007527
其中：抽水蓄能				
火电	315944	15920	0	331864
燃煤	191000	0	0	191000
其中：煤矸石发电	6000	0	0	6000
燃油				
燃气	39444	920	0	40364
其中：煤层气	32944	0	0	32944
沼气发电				
其他	85500	15000	0	100500
其中：余热、余压、余气发电	83500	15000	0	98500
垃圾发电	2000	0	0	2000
农林生物质发电				
核电				
风电				
太阳能发电	4299	25762	1616	28445
其中：光伏发电	4299	25762	1616	28445
光热发电				
其他	0	0	0	0
地热能				
海洋能				
储能				
其他				

2015年四川电网全社会用电分类统计表

表67

指标名称	用户个数	用户用电装接容量	用电量（万千瓦时）	
	（个）	（千瓦）	2015年	2014年
全社会用电总计	28799915	296043668	19924010	20147888
A、全行业用电合计	2121246	132041293	16515991	16906606
第一产业	186584	2625522	123957	115102
第二产业	517497	85378967	13608463	14238629
第三产业	1417165	44036804	2783571	2552875
B、城乡居民生活用电合计	26678669	164002375	3408019	3241282
城镇居民	9724582	73392000	2003174	1868993
乡村居民	16954087	90610375	1404845	1372289
全行业用电分类	2121246	132041293	16515991	16906606
一、农、林、牧、渔业	186584	2625522	123957	115102
1.农业	61825	741500	42128	37589
2.林业	2705	59383	3094	3428
3.畜牧业	13948	310597	21586	20867
4.渔业	12014	139079	6191	6344
5.农、林、牧、渔服务业	96092	1374963	50958	46874
其中：排灌	78281	1091530	34215	30405
二、工业	454051	76513526	13214668	13823128
轻工业	251393	13784088	1493361	1478277
重工业	202658	62729438	11721307	12344851
（一）采矿业	35632	7223119	938456	1082970
1.煤炭开采和洗选业	6251	960592	180850	228213
2.石油和天然气开采业	2412	810816	89828	82505
3.黑色金属矿采选业	979	1812233	302988	327511
4.有色金属矿采选业	12090	758791	121348	159772
5.非金属矿采选业	7578	1687037	139662	154712
6.其他采矿业	6322	1193650	103781	130258
（二） 制造业	383580	58456309	9557799	9931249
1.食品、饮料和烟草制造业	186768	4963577	361679	367098
其中：农副食品加工业	87464	1457780	64485	67634
2.纺织业	5888	1616101	164380	170724
3.服装鞋帽、皮革羽绒及其制品业	4273	440436	51646	57560
4.木材加工及制品和家具制品业	23618	2582145	165978	178755
其中:轻工业	2555	337676	24782	27909
5.造纸及纸制品业	4790	1327780	236156	226471
6.印刷业和记录媒介的复制	3558	261684	27695	29823
7.文体用品制造业	896	41494	2527	3592
8.石油加工、炼焦及核燃料加工业	884	1440685	256230	205932
9.化学原料及化学制品制造业	17405	8061448	1643053	1639955

续表67

指标名称	用户个数	用户用电装接容量	用电量（万千瓦时）	
	（个）	（千瓦）	2015年	2014年
其中:轻工业	359	77766	13241	19552
其中:氯碱	128	1033577	199283	214917
电石	51	439301	203730	236966
黄磷	160	786784	110438	43892
其中:肥料制造	1680	2354262	207250	211268
10.医药制造业	2599	1034704	70794	77707
11.化学纤维制造业	511	523748	74573	69153
12.橡胶和塑料制品业	5702	1402590	193169	180106
其中:轻工业	1274	196244	28882	28854
13.非金属矿物制品业	43150	10165301	1568812	1571363
其中:轻工业	5638	258370	73247	54344
其中:水泥制造	2225	1977437	632034	636377
14.黑色金属冶炼及压延加工业	14234	7661904	2227086	2361540
其中：铁合金冶炼	225	1209849	384216	424137
15.有色金属冶炼及压延加工业	1566	3962378	1283691	1505793
其中：铝冶炼	83	939722	647605	746065
16.金属制品业	18087	2482111	332231	347590
其中:轻工业	962	238325	67116	66597
17.通用及专用设备制造业	13006	2539625	177211	203364
其中：轻工业	2739	93845	8264	11042
18.交通运输、电气、电子设备制造业	6821	5920163	557490	577872
其中：轻工业	899	537549	131445	117688
其中：交通运输设备制造业	1209	1417857	47148	68600
19.工艺品及其他制造业	26363	1726937	144952	138824
20.废弃资源和废旧材料回收加工业	3461	301498	18445	18028
（三）电力、燃气及水的生产和供应业	34839	10834098	2718413	2808908
1.电力、热力的生产和供应业	24103	8704037	2526246	2608432
其中:电厂生产全部耗用电量	1689	2090223	713576	771379
线路损失电量	19488	283517	1743624	1757982
抽水蓄能抽水耗用电量	60	382037	24	138
2.燃气生产和供应业	2797	1342310	61696	81680
3.水的生产和供应业	7939	787751	130471	118796
其中:轻工业	1321	107852	11982	11339
三、建筑业	63446	8865441	393795	415501
四、交通运输、仓储和邮政业	17015	4668686	366311	353229
1.交通运输业	7769	4132352	334767	323797
其中:城市公共交通	527	352824	36286	33824
管道运输业	214	89136	1955	3301
电气化铁路	154	1447862	98629	95388
2.仓储业	6009	419823	22749	20284

续表67

指标名称	用户个数	用户用电装接容量	用电量（万千瓦时）	
	（个）	（千瓦）	2015年	2014年
3.邮政业	3237	116511	8796	9148
五、信息传输、计算机服务和软件业	104899	1636746	210329	177599
1.电信和其他信息传输服务业	101087	1395339	179089	150425
2.计算机服务和软件业	3812	241407	31240	27174
六、商业、住宿和餐饮业	1027442	14585887	971255	900665
1.批发和零售业	882611	11711995	744675	679744
2.住宿和餐饮业	144831	2873892	226580	220921
七、金融、房地产、商务及居民服务业	99699	9130769	525405	470832
1.金融业	12531	506722	46354	45489
2.房地产业	21876	6477196	367371	318953
3.租赁和商务服务业、居民服务和其它服务业	65292	2146851	111680	106390
八、公共事业及管理组织	168110	14014716	710271	650550
1.科学研究、技术服务和地质勘查业	12779	4070149	75728	72372
其中:地质勘查业	188	28339	1407	1816
2.水利、环境和公共设施管理业	56298	2723314	173830	162533
其中：水利管理业	1891	151605	12098	12333
其中：公共照明业	18052	742933	44101	42115
3.教育、文化、体育和娱乐业	45808	3257773	195833	175618
其中：教育	13579	1390418	94889	83280
4.卫生、社会保障和社会福利业	17517	1894444	129709	116433
5.公共管理和社会组织、国际组织	35708	2069036	135172	123593

四川电网2015年负荷特性

表68

指标名称	计算单位	2015年	2014年	2015年发生日期	备注
最高发电负荷	万千瓦	3404.00	3110.00	2015-08-03	
最高用电负荷	万千瓦	2805.00	2658.00	2015-08-03	
平均用电负荷率	%	83.44	84.02		
日最大峰谷差率	%	42.15	46.25	2015-02-27	
峰谷差率最大日的最大用电负荷	万千瓦	1738.00	2264.00	2015-02-27	
最大日用电量	万千瓦时	54864.00	53121.00	2015-08-02	
日均用电量	万千瓦时	40383.00	40561.00		
累计最大负荷利用小时数	小时	5255.00	5571.00		
拉电条次	条次	0.00	0.00		
其中：110kV及以上	条次	0.00	0.00		
拉、限电损失电量	万千瓦时	0.00	0.00		
其中：拉电损失电量	万千瓦时	0.00	0.00		
移峰损失电量	万千瓦时	0.00	0.00		

四川省及国网四川省电力公司公用输电线路分年度统计表
（1949—2015 年）

表 69　　　　　　　　　　　　　　　　　　　　　　　　计算单位:公里(回路长度)

年份	合计		500 千伏		220 千伏		110 千伏		35 千伏	
	全省	电力公司	全省	电力公司	全省	电力公司	全省	电力公司	全省	电力公司
1949	259.66	–	–	–	–	–	–	–	202.09	–
1950	264.17	–	–	–	–	–	–	–	212.4	–
1951	276.36	–	–	–	–	–	–	–	219.51	–
1952	325.4	–	–	–	–	–	–	–	267.7	–
1953	442.6	–	–	–	–	–	–	–	385.1	–
1954	481.9	–	–	–	–	–	–	–	448.4	–
1955	690	–	–	–	–	–	88.6	–	566.3	–
1956	784.54	–	–	–	–	–	88.6	–	695.54	–
1957	862.32	–	–	–	–	–	89.24	–	773.12	–
1958	1204.2	–	–	–	–	–	303.03	–	1001.2	–
1959	1897.06	–	–	–	–	–	564.2	–	1332.86	–
1960	2208.04	–	–	–	–	–	771.37	–	1436.67	–
1961	2254.21	–	–	–	–	–	771.67	–	1477.54	–
1962	2290.01	–	–	–	–	–	803.97	–	1486.04	–
1963	–	1506.9	–	–	–	–	–	659.77	–	847.13
1964	–	1630.01	–	–	–	–	–	671.07	–	958.94
1965	–	1986.05	–	–	–	–	–	758.77	–	1227.28
1966	–	2972.08	–	–	–	–	–	1377.36	–	1594.72
1967	–	3468.42	–	–	–	–	–	1696.71	–	1771.71
1968	–	3919.46	–	–	–	–	–	1984.5	–	1934.96
1969	–	4398.53	–	–	–	126	–	2189.64	–	2052.89
1970	–	5168.88	–	–	–	184.5	–	2791.02	–	2193.36
1971	–	5639.38	–	–	–	184.5	–	2977.46	–	2477.42
1972	–	6395.81	–	–	–	618.42	–	3220.31	–	2557.08
1973	–	6918.29	–	–	–	790.42	–	3426.45	–	2701.42
1974	–	7522.05	–	–	–	1010.72	–	3564.54	–	2946.79
1975	–	8007.7	–	–	–	1097.77	–	3813.02	–	3096.91
1976	–	8344	–	–	–	1318	–	3723	–	3303
1977	–	8792	–	–	–	1320	–	3892	–	3580
1978	–	9275.9	–	–	–	1525.5	–	4067.7	–	3682.7

续表 69

年份	合计		500 千伏		220 千伏		110 千伏		35 千伏	
	全省	电力	全省	电力	全省	电力	全省	电力	全省	电力
1979	–	9539.25	–	–	–	1516.47	–	4220.34	–	3802.44
1980	–	10100	–	–	–	1874	–	4330	–	3896
1981	–	10724	–	–	–	2096	–	4619	–	4009
1982	–	10999	–	–	–	2196	–	4669	–	4134
1983	–	11328	–	–	–	2199	–	4913	–	4216
1984	–	12404	–	–	–	2804	–	5360	–	4240
1985	–	12989	–	–	–	3207	–	5407	–	4375
1986	–	13391	–	–	–	3468	–	5458	–	4465
1987	–	13827	–	–	–	3610	–	5691	–	4526
1988	–	14231	–	–	–	3695	–	5909	–	4627
1989	–	14579.8	–	–	–	3791	–	6125.8	–	4663
1990	–	15159.97	–	–	–	4043	–	6389.8	–	4727.17
1991	–	15851	–	–	–	4458	–	6603	–	4790
1992	–	16325.8	–	–	–	4810	–	664950	–	4866.3
1993	34790.2	17027.3	–	–	5064.1	4795	9287	7362.8	20439.1	4869.5
1994	37504.4	17585.5	–	–	5252.5	4983.4	10157.1	7611.6	22094.9	4990.5
1995	40250.7	18776.8	70.1	70.1	5619.1	5341	11239.8	8215.3	23321.1	5150.4
1996	42586.5	19183.2	147.7	147.7	5812.9	5530.8	12144.4	8264.9	24481.6	5239.9
1997	34418	15379.5	71	71	4687	4586	9658	6586	20002	4137
1998	38438	18305	924	924	5920	5819	10588	7198	20898	4346
1999	41563	20792	1389	1389	6348	6248	12410	8324	21416	4549
2000	45812	23034	1956	1956	6805	6495	13535	9152	23522	5130
2001	47817	23666	1787	1787	7023	6923	14164	9360	24843	5427
2002	49081	24926	1862	1862	7547	7538	14500.6	10108	25171.3	5716.9
2003	53525.5	26139	2287	2287	8343	7626	15842.9	10349	27052.2	5877
2004	56101.9	26678	2604.5	2604	8231.8	7704	17416.8	10422.76	27848.8	5947
2005	58781.1	27671	2986	2986	8938.5	8119	18227.9	10542	28629.2	6025
2006	54540.11	29073.67	3508.53	3508.53	9899.91	8580.91	16949.0	10833.72	24182.57	6150.51
2007	63327	34332.26	5538.84	5545.51	11920.4	10176.21	18895.82	12151.56	26965.35	6465.66
2008	65243.67	33947.27	5514.17	4045.81	12404.95	10392.38	21040.67	12583.14	26283.88	6925.95
2009	61781.88	36065.6	6880.196	5283.7	12495.32	10915.6	19459.211	13159.01	22947.146	6707.29

续表69

年份	合计		500千伏		220千伏		110千伏		35千伏	
	全省	电力公司	全省	电力公司	全省	电力公司	全省	电力公司	全省	电力公司
2010	66674	39785	8016	8016	13607	11404	20891	13554	23895	6546
2011	72711	44675	9190	9123	15196	12962	24388	15107	23673	7218
2012	77733.54	65176.06	9967.61	9702.32	17271.89	15186.23	24958.21	21938.50	24712.57	18349.0
2013	84620.98	73610.98	12193.91	12193.9	18672.79	16142.70	25791.26	22572.26	27051.69	22702.1
2014	89120.60	78469.90	13058.30	13058.3	19599.86	18273.76	27554.55	24445.24	27813.47	22692.6
2015	92994.04	83084.22	13539.3	13539.3	20465.06	19131.27	29177.89	26006.29	28717.36	23312.9

四川省及国网四川省电力公司公用变电容量分年度统计表

（1949—2015 年）

表 70　　　　计算单位：万千伏安

年份	合计		500 千伏		220 千伏		110 千伏		35 千伏	
	全省	电力公司	全省	电力公司	全省	电力公司	全省	电力公司	全省	电力公司
1949	2.02	–	–	–	–	–	–	–	1.9	–
1950	2.55	–	–	–	–	–	–	–	2.43	
1951	2.55	–	–	–	–	–	–	–	2.43	–
1952	3.43	–	–	–	–	–	–	–	2.99	–
1953	4.03	–	–	–	–	–	–	–	3.51	–
1954	9.87	–	–	–	–	–	–	–	9.32	–
1955	20.06	–	–	–	–	–	9.45	–	11.15	–
1956	29.01	–	–	–	–	–	9.45	–	10.56	–
1957	38.87	–	–	–	–	–	12.6	–	26.27	–
1958	60.33	–	–	–	–	–	17.75	–	42.58	–
1959	89	–	–	–	–	–	36.25	–	52.75	–
1960	167.5	–	–	–	–	–	77.85	–	89.65	–
1961	180.86	–	–	–	–	–	84.25	–	96.61	
1962	173.57	–	–	–	–	–	87.8	–	85.77	–
1963	–	74.05	–	–	–	–	–	46.5	–	27.55
1964	–	78.42	–	–	–	–	–	49.66	–	28.77
1965	–	90.98	–	–	–	–	–	58.3	–	32.68
1966	–	109.74	–	–	–	–	–	68.92	–	40.82
1967	–	126.34	–	–	–	–	–	80.67	–	45.67
1968	–	131.12	–	–	–	–	–	85.17	–	48.95
1969	–	143.52	–	–	–	–	–	90.82	–	52.7
1970	–	181.2	–	–	–	–	–	119.12	–	62.08
1971	–	210.54	–	–	–	–	–	140.92	–	69.62
1972	–	246.35	–	–	–	24	–	148.07	–	74.28
1973	–	270.26	–	–	–	33	–	160.12	–	77.14
1974	–	306.98	–	–	–	54	–	173.42	–	79.56
1975	–	352.5	–	–	–	75	–	190.41	–	87.09
1976	–	360.63	–	–	–	75	–	195.01	–	90.62
1997	–	388	–	–	–	84	–	206.66	–	97.34
1978	–	467.63	–	–	–	129	–	229.51	–	109.12
1979	–	509.39	–	–	–	144	–	246.36	–	119.03
1980	–	587.04	–	–	–	186	–	277.82	–	123.22
1981	–	631.62	–	–	–	201	–	306.02	–	124.6
1982	–	656.67	–	–	–	219	–	309.42	–	128.25
1983	–	677.44	–	–	–	219	–	322.2	–	136.24
1984	–	737.54	–	–	–	243	–	355.3	–	139.24

续表 70

年份	合计		500 千伏		220 千伏		110 千伏		35 千伏	
	全省	电力公司	全省	电力公司	全省	电力公司	全省	电力公司	全省	电力公司
1985	–	768.86	–	–	–	264	–	362.8	–	141.77
1986	–	830.77	–	–	–	294	–	368.95	–	149.82
1987	–	941.31	–	–	–	354	–	426.17	–	161.14
1988	–	1019.34	–	–	–	378	–	467.6	–	173.74
1989	–	1123.25	–	–	–	402	–	544.8	–	176.45
1990	–	1248.67	–	–	–	492	–	577.6	–	179.07
1991	–	1350.69	–	–	–	552	–	614.14	–	184.55
1992	–	–	–	–	–	–	–	–	–	–
1993	–	–	–	–	–	–	–	–	–	–
1994	–	–	–	–	–	–	–	–	–	–
1995	2296.92	1884.4	–	–	731.6	731.6	1058.56	925.18	506.76	227.61
1996	2535.28	2084.22	–	–	821.6	821.6	1170.31	1025.78	543.37	236.84
1997	2002.73	1630.01	–	–	627	615	933.86	818.24	441.87	196.73
1998	2355.8	1943.85	150	150	714	702	1016.82	881.48	474.99	210.37
1999	2839.82	2227.56	225	225	814.5	795	1265.5	990.68	534.82	216.68
2000	3147.99	2448.38	225	225	904.5	904.5	1406.4	1079.71	650	239.17
2001	3658.13	2847.18	225	225	1048.5	1029	1653	1291.03	731.63	302.15
2002	4071.52	3238.57	300	300	1168.5	1168.5	1867.33	1503.36	735.69	286.61
2003	4282.61	3418.17	300	300	1240.5	1240.5	1969.51	1588.63	772.64	289.54
2004	4828.06	3606.24	375	375	1278	1278	2259.32	1652	915.74	301.24
2005	5497.14	4013.84	600	600	1398	1398	2495.33	1733.5	1003.82	282.34
2006	5949.29	4463.81	675	675	1599	1599	2657.98	1898.6	1017.31	291.21
2007	7588.15	6392.63	1925	1925	2007	1998	2806.02	2163.55	850.13	306.08
2008	8746.9	7357.83	2350	2275	2340	2316	3147.65	2454.25	909.25	312.58
2009	9820.76	8615.56	2750	2750	2916	2868	3308.63	2673.2	846.13	324.36
2010	12705	11157	3575	3575	3701	3449	3764	3024	895	338
2011	13809.38 812432.2	12432.28	4525	4525	4225.75	4144.75	4168.91	3414.33	889.72	348.20
2012	16125.30	15767.97	5250	5250	5045.75	5035.75	4863.13	4665.62	966.42	816.60
2013	18737.59	18479.12 3	6400	6400	5733	5733	5506.08	5349.28	1098.51	996.84
2014	20472.91	20144.24	6850	6850	6414	6399	6015.79	5824.19	1193.12	1071.05
2015	22061.99	21723.38	7390	7390	6981	6981	6422.04	6211.69	1268.95	1140.69

2015 年四川电网 35 千伏及以上线路情况统计

表 71

指标名称	输电线路				架空线路部分						电缆部分	
	条数（条）		长度（公里）		条数	杆路长度	回路长度(公里)		其中：紧凑型	其中：大截面	条数	长度
	小计	其中：直流线路	小计	其中：直流线路	（条）	（公里）	小计	其中：同塔双（多）回	（公里）	（公里）	（条）	（公里）
电网总计	5709	4	92994.039	1094.422	5567	81374.856	91661.493	20226.258	156.658	1157.854	754	1332.546
±800千伏	3	3	854.392	854.392	3	854.392	854.392	0.000	0.000	854.392	0	
500千伏	164	0	13539.304		164	9594.865	13539.304	7882.563	156.658	66.180	0	
±500千伏	1	1	240.030	240.030	1	240.030	240.030	0.000	0.000	237.282	0	
110千伏	2151	0	29177.888		2039	26345.084	28325.400	3891.634	0.000		308	852.488
35千伏	2652	0	28717.362		2634	28151.652	28438.263	474.292	0.000		389	279.099
一、国家电网公司	4635	4	83084.220	1094.422	4505	71687.059	81876.879	20037.052	156.658	1157.854	682	1207.341
±800千伏	3	3	854.392	854.392	3	854.392	854.392	0.000	0.000	854.392	0	
500千伏	164	0	13539.304		164	9594.865	13539.304	7882.563	156.658	66.180	0	
±500千伏	1	1	240.030	240.030	1	240.030	240.030	0.000	0.000	237.282	0	
220千伏	674	0	19131.267		662	14893.811	18930.573	7900.744	0.000		55	200.694
110千伏	1823	0	26006.285		1715	23293.176	25234.813	3818.513	0.000		288	771.472
35千伏	1970	0	23312.942		1960	22810.785	23077.767	435.232	0.000		339	235.175

续表71

指标名称	输电线路				架空线路部分						电缆部分	
	条数（条）		长度（公里）		条数	杆路长度	回路长度(公里)		其中：紧凑型	其中:大截面	条数	长度
	小计	其中：直流线路	小计	其中：直流线路	（条）	（公里）	小计	其中：同塔双（多）回	（公里）	（公里）	（条）	（公里）
（一）总部	3	3	911.339	911.339	3	911.339	911.339	0.000	0.000	908.591	0	
±800千伏	2	2	671.309	671.309	2	671.309	671.309	0.000	0.000	671.309	0	
±500千伏	1	1	240.030	240.030	1	240.030	240.030	0.000	0.000	237.282		
（三）省电力公司	4631	0	81989.798		4501	70592.637	80782.457	20037.052	156.658	66.180	682	1207.341
500千伏	164	0	13539.304		164	9594.865	13539.304	7882.563	156.658	66.180	0	
220千伏	674	0	19131.267		662	14893.811	18930.573	7900.744	0.000		55	200.694
110千伏	1823	0	26006.285		1715	23293.176	25234.813	3818.513	0.000		288	771.472
35千伏	1970	0	23312.942		1960	22810.785	23077.767	435.232	0.000		339	235.175
（四）外省电力公司	1	1	183.083	183.083	1	183.083	183.083	0.000	0.000	183.083	0	
±800千伏	1	1	183.083	183.083	1	183.083	183.083	0.000	0.000	183.083	0	
二、其他	1074	0	9909.819		1062	9687.797	9784.614	189.206	0.000		72	125.205
220千伏	64	0	1333.796		64	1295.022	1333.531	77.025	0.000		2	0.265
110千伏	328	0	3171.603		324	3051.908	3090.587	73.121	0.000		20	81.016
35千伏	682	0	5404.420		674	5340.867	5360.496	39.060	0.000		50	43.924

2015 年四川电网 35 千伏及以上变电站情况

表 72

指标名称	公用变电站							企业自备变电站		
	普通变电站			换流站						
	变电站	在运变压器	容量	换流站	在运变压器	换流变压器容量	换流容量	变电站	在运变压器	容量
	（座）	（台/组）	（千伏安）	（座）	（台/组）	（千伏安）	（千瓦）	（座）	（台/组）	（千伏安）
甲	2	3	4	5	6	7	8	9	10	11
电网总计	2333	3920	220619880	4	84	29743200	24600000	384	780	17187020
±800千伏				3	0	0	21600000			
500千伏	44	86	73900000	0	84	29743200	0			
±500千伏				1	0	0	3000000			
220千伏	218	423	69810000					26	81	6734160
110千伏	815	1507	64220400					155	281	7875700
35千伏	1256	1904	12689480					203	418	2577160
一、国家电网公司	2133	3609	217233750	4	84	29743200	24600000			
±800千伏				3	0	0	21600000			
500千伏	44	86	73900000	0	84	29743200	0			
±500千伏				1	0	0	3000000			
220千伏	218	423	69810000							
110千伏	774	1440	62116900							
35千伏	1097	1660	11406850							
（一）总部				4	84	29743200	24600000			

续表72

指标名称	公用变电站							企业自备变电站		
	普通变电站			换流站						
	变电站	在运变压器	容量	换流站	在运变压器	换流变压器容量	换流容量	变电站	在运变压器	容量
	（座）	（台/组）	（千伏安）	（座）	（台/组）	（千伏安）	（千瓦）	（座）	（台/组）	（千伏安）
±800千伏				3	0	0	21600000			
500千伏				0	84	29743200	0			
±500千伏				1	0	0	3000000			
（三）省电力公司	2133	3609	217233750							
500千伏	44	86	73900000							
220千伏	218	423	69810000							
110千伏	774	1440	62116900							
35千伏	1097	1660	11406850							
二、其他	200	311	3386130					384	780	17187020
500千伏										
220千伏								26	81	6734160
110千伏	41	67	2103500					155	281	7875700
35千伏	159	244	1282630					203	418	2577160

2015年四川电网供电综合情况统计（全口径）

表 73　　　　单位：万千瓦时

指标名称	全部供电部分			其中：电力企业部分			
	供电量	净用电量	供电最高负荷	供电量	售电量	线损电量	线损率
总 计	19570001.01	17849409.10		18866641.21	17146049.30	1720591.91	9.12
一、跨省（区）电网	0	0		0	0	0	
网损						0	
二、电网合计	19570001	17849409		18866641	17146049	1720592	9.12
1、主网	520629			520629		520629	2.76
2、国网地区合计	19049372	17849409	2805.00	18346012	17146049	1199963	6.54
达州市	614338	587253	125.90	614338	587253	27085	4.41
南充市	548929	488691	130.10	548765	488527	60238	10.98
成都市	4043925	3790253	898.20	3983881	3730209	253672	6.37
绵阳市	780368	720269	148.00	763896	703797	60099	7.87
德阳市	1046079	984180	164.81	1016806	954907	61899	6.09
广元市	521175	483242	82.30	497368	459434	37933	7.63
乐山市	1948298	1855122	196.78	1758283	1665107	93176	5.30
自贡市	323648	289347	71.85	320658	286357	34301	10.70

续表73

指标名称	全部供电部分			其中：电力企业部分			
	供电量	净用电量	供电最高负荷	供电量	售电量	线损电量	线损率
内江市	601450	571454	88.10	510299	480303	29996	5.88
泸州市	587613	539699	116.74	574929	527015	47914	8.33
攀枝花市	1244635	1211769	120.62	1035507	1002641	32866	3.17
凉山州	1043444	969983	103.25	1043444	969983	73461	7.04
巴中市	233719	207968	50.10	233719	207968	25751	11.02
广安市	348122	330521	69.14	309172	291571	17601	5.69
眉山市	887556	842777	132.27	870827	826049	44778	5.14
资阳市	321572	293853	69.30	321572	293853	27720	8.62
遂宁市	422091	393004	83.40	417646	388559	29087	6.96
阿坝州	956475	907107	108.70	956475	907107	49368	5.16
甘孜州	135019	95724	29.80	135019	95724	39295	29.10
雅安市	955658	900890	126.10	955658	900890	54768	5.73
天府新区	810427	762062	158.43	806302	757936	48365	6.00

编 后 语

《四川电力年鉴》从2003年至今，已经编纂出版14卷，一直得到四川省地方志编纂委员会和全省电力单位的大力支持。由省地方志编委员领导和省内主要电力单位领导组成《四川电力年鉴》编纂委员会对年鉴编纂工作进行管理和指导，各入编单位在入编资料、编纂经费上对年鉴编纂出版给予大力支持，在此，一并表示衷心感谢。

2015 年是国家第十二个五年计划的收官之年，四川电力取得了优异的成绩。本年鉴着重记述了四川电力行政管理、电源建设、发电生产、电网建设管理、供用电以及新能源开发和勘测设计、电力施工、设备制造、科教文卫等全省电力工业发展情况。

电力行业涉及方方面面，还关系到电力上下游产业，电力离不开各个方面的支持。为全面记载四川电力发展情况，《四川电力年鉴》特增设编纂委员会“特别邀请单位”。

《四川电力年鉴》的编纂工作由编纂委员会下设的年鉴编辑部具体负责。

本卷年鉴在体例上仍然采用条目式进行编纂。编辑工作分工情况是：

栏目名称	责任编辑
框架设计	姚国寿
版面设计	肖　敏
封面设计	曾逸农
编辑说明	姚国寿
特　载	姚国寿
概　况	姚国寿
大事记	卓正昌
电力行政管理	姚国寿
电源建设与发电生产	姚国寿
勘测设计	李燕辉
电力施工	李燕辉
新能源	李燕辉
电网管理与建设	卓正昌
供用电	卓正昌
地方电力	李燕辉
设备制造	卓正昌
物资物流与多元化经营	曾逸农
科教文卫	曾逸农
学会协会	曾逸农

人物及单位荣誉	卓正昌
附　录	卓正昌
编后语	姚国寿
企业风采	曾逸农
总纂通稿	姚国寿

参加本年鉴编纂工作的编辑人员以高度的历史责任感和事业心，一丝不苟地认真编辑、校对、修改、审核书稿，保证了年鉴编纂工作的时间和质量。

值此《四川电力年鉴》（2016 卷）即将出版发行之际，谨向为本年鉴工作付出辛劳的同志和所有关心支持本年鉴编纂工作的领导和同志们表示诚挚的谢意！

《四川电力年鉴》编辑部

2016 年 10 月

前进中的四川电力

2015年7月13日，四川省人民政府举行大渡河双江口、雅砻江杨房沟水电站开工仪式。

正在作前期准备工作，设计总装机1600万千瓦的金沙江白鹤滩水电站

2015年12月16日，金沙江乌东德水电站通过国家核准（摄影：邓利强）

正在建设中，总装机150万千瓦的雅砻江杨房沟水电站（效果图）

白云深处的水电送出线路

中国长江三峡集团公司

1993年9月27日，为建设三峡工程、开发治理长江，经国务院批准，中国长江三峡工程开发总公司正式成立，2009年9月27日更名为中国长江三峡集团公司（以下简称三峡集团）。

三峡集团主营业务包括水电工程建设与管理、电力生产、国际投资与工程承包、风电和太阳能等新能源开发、水资源综合开发与利用、相关专业技术咨询服务等方面。经过20多年的持续快速发展，三峡集团已经成为世界最大的水电开发企业和中国最大的清洁能源集团之一。

截止2015年底，三峡集团可控装机规模5955万千瓦，其中水电装机占全国水电的16%；随着巴西朱比亚和伊利亚两电站（30年特许经营权）资产于2016年1月5日完成交割，目前三峡集团可控装机规模已经达到6454万千瓦，已建、在建和权益总装机超过1.1亿千瓦，全部是清洁能源装机。截至2015年底，三峡集团资产规模5620亿元，利润总额、归属母公司净利润、成本费用利润率、全员劳动生产率、人均利润、人均上缴国家利税等指标在央企名列前茅。

三峡集团全面负责三峡工程的建设与运营。历时17年艰苦奋斗，除国家批准缓建的升船机外，三峡工程初步设计建设任务于2009年如期完成。目前，三峡工程已经连续6年实现175米试验性蓄水目标，其防洪、航运、发电、补水等巨大综合效益显著发挥，在长江经济带发展中的重要地位和作用日益凸显，对保障流域防洪安全、航运安全、供水安全、生态安全以及我国能源安全发挥着越来越重要的作用。根据国家授权，三峡集团还负责金沙江下游溪洛渡、向家坝、乌东德、白鹤滩四座世界级巨型梯级水电站的开发建设与运营。其中，溪洛渡、向家坝水电站全部机组已于2014年建成投产发电；乌东德水电站设计装机容量1020万千瓦，已于2015年12月通过国家核准并全面进入主体工程施工阶段；白鹤滩水电站设计装机容量1600万千瓦，目前正在进行各项前期工作。

三峡集团积极开发风电、太阳能等新能源业务。截至2015年底，三峡集团国内新能源投产装机已经超过600万千瓦，新能源业务覆盖30个省、市、自治区。与此同时，三峡集团还紧跟国家“一带一路”战略，努力打造中国水电“走出去”升级版。目前，三峡集团海外投资和承包业务覆盖欧洲、美洲、非洲、东南亚45个国家和地区，海外可控装机超过1100万千瓦。

在全资和控股子公司中，中国三峡建设管理有限公司定位为可以为客户提供项目规划、工程建设、工程咨询、专业技术服务等系统解决方案的工程建设管理和咨询公司。是中国三峡集团大型水电工程开发建设的实施主体。全面承接中国三峡集团国内、国际水电工程开发建设业务，为全球客户提供大中型水电工程、抽水蓄能电站、水利工程和公共基础设施等项目全产业链服务。

2015年12月16日，金沙江乌东德水电站通过国家核准（摄影：邓利强）

乌东德水电站（摄影：刘涛）

白鹤滩水电站（摄影：许健）

溪洛渡水电站（摄影：王连生）

向家坝水电站（高峰摄）

雅砻江流域水电开发有限公司

雅砻江流域水电开发有限公司

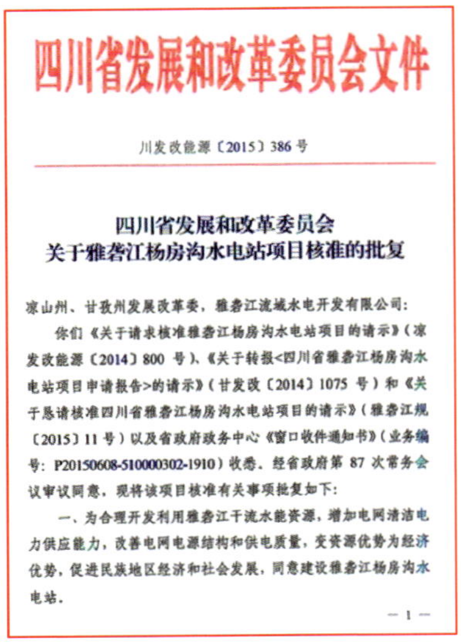

四川省发展和改革委员会文件

川发改能源〔2015〕386 号

四川省发展和改革委员会
关于雅砻江杨房沟水电站项目核准的批复

凉山州、甘孜州发展改革委，雅砻江流域水电开发有限公司：

你们《关于请求核准雅砻江杨房沟水电站项目的请示》（凉发改能源〔2014〕800 号）、《关于转报<四川省雅砻江杨房沟水电站项目申请报告>的请示》（甘发改〔2014〕1075 号）和《关于恳请核准四川省雅砻江杨房沟水电站项目的请示》（雅砻江规〔2015〕11 号）以及省政府政务中心《窗口收件通知书》（业务编号：P20150608-510000302-1910）收悉。经省政府第 87 次常务会议审议同意，现将该项目核准有关事项批复如下：

一、为合理开发利用雅砻江干流水能资源，增加电网清洁电力供应能力，改善电网电源结构和供电质量，变资源优势为经济优势，促进民族地区经济和社会发展，同意建设雅砻江杨房沟水电站。

— 1 —

杨房沟水电站核准文件

2015年WFEO杰出工程建设奖奖牌

桐子林水电站投产发电劳动竞赛表彰大会现场

两河口水电站建设征地移民安置专业项目代建工程设计施工总承包合同签字仪式

雅砻江公司党委“三严三实”专题教育党课会场

两河口水电站截流暨围堰填筑仪式现场

杨房沟水电站开工仪式主会场

杨房沟水电站开工仪式工地分会场

两河口水电站大坝围堰填筑开始

国电大渡河流域水电开发有限公司

2015年2月9日～11日，中国国电集团公司总经理陈飞虎到国电大渡河公司调研。

2015年1月14日，中国国电集团公司副总经理谢长军在成都会见四川省副省长王宁。

2015年12月16日，四川省副省长甘霖到国电大渡河公司调研。

2015年7月13日，四川省人民政府举行大渡河双江口、雅砻江杨房沟水电站开工仪式，四川省副省长甘霖宣布两个水电站正式开工。

2015年9月25日，中国大坝协会理事长、水利部原部长汪恕诚到国电大渡河公司调研，考察了流域梯级电站集控中心。

2015年7月29日～31日，国电大渡河公司承办的全国高拱坝及大中型水电工程建设管理经验交流会在雅安石棉召开。

2015年8月28日，四川省总工会在大岗山水电站召开大岗山、枕头坝一级水电站投产发电劳动竞赛表彰大会。

2015年10月29日，双江口公司增资扩股协议正式签订，完成股权多元化改革。

2015年9月24日～26日，国电大渡河公司参与承办的中国大坝协会2015学术年会暨第七届碾压混凝土坝国际研讨会在成都召开。

2015年10月12日～16日，国电大渡河公司承办的中国国电集团公司2015年水轮发电机值班员技能竞赛在乐山市沙湾区圆满完成。

大岗山水电站厂房

2015年5月30日，国电大渡河公司“智慧大渡河”建设战略研究咨询与总体规划通过专家评审，率先在国内启动智慧企业建设。

双江口水电站开工仪式

枕头坝一级水电站 全貌

猴子岩水电站大坝

大岗山水电站全面投产发电

沙坪二级水电站施工面貌

枕头坝一级水电站鸟瞰

中国华电集团公司四川公司

2015年，华电四川公司经受住了经济增速放缓、市场持续低迷、火电利用小时锐减等方面的考验，战胜了重重困难和挑战，努力适应了经济发展新常态，坚持改革指引、战略统领、价值导向、作风保障，抓安全、保稳定、推改革、谋发展、提效益、强管理，全面完成了各项任务目标，为“十二五”画上了圆满的句号。

2016年是实施“十三五”发展战略的开局之年，伴随着宏观经济的深度调整和电力市场化改革的快速推进，华电四川公司将以区域“做实”和基层“强基”为总抓手，筑牢安全和稳定双基础，实现改革和发展双驱动，狠抓成本和绩效双管控，提供党建和党风廉政建设双保障，构建起支撑公司美好未来的“四梁八柱”，确保全面完成2016年各项目标任务，全力推动公司持续健康科学发展。

四川华电办公大楼

华电集团董事长、党组书记李庆奎到四川区域调研

华电集团总经理程念高到四川区域调研

四川省副省长陈文华视察华电泸定水电站

四川省副省长甘霖到华电四川公司调研

特邀华北电力大学能源与电力经济研究咨询中心主任曾鸣教授作电力体制改革专题讲座

华电四川公司与眉山市甘眉（铝硅）工业园区管委会签订战略合作协议

四川省经济和信息化委员会副主任、党组成员李曙光一行到华电四川公司调研

华电四川公司举办首期道德讲堂

华电盐源风电场开工

杂谷脑公司国道317线狮子坪库区二古溪段改线公路开工仪式

华电金沙江上游水电开发有限公司

中国华电集团公司董事长、党组书记李庆奎到金上公司调研

四川省人民政府副省长甘霖到金上公司调研

国务院国有资产监督管理委员会派驻中国华电集团公司监事会主席熊志军到金上建设现场调研

中国华电集团公司党组成员、副总经理辛保安到金上建设现场调研

华电金沙江上游水电开发有限公司召开2016年工作会暨一届一次职工代表大会

巴塘县城综合营地完工

叶巴滩电站220千伏中心变电站主变压器运输

苏洼龙电站导流洞开挖

苏洼龙110千瓦变电站

国网四川省电力公司

1-1 2015年3月2日，刘振亚（右排中）与四川省委书记王东明（左排中）会谈，加快建设特高压电网 服务四川经济社会发展（摄影：《国网报记者》 杜平）

2-1 2015年4月28日，国家电网公司董事长、党组书记刘振亚与全国劳模王抒祥亲切握手（摄影：《国家电网报》记者 高志星）

3-1 2015年5月20日，四川省“电亮藏区”工程劳动竞赛总结表彰会，省委常委、省总工会主席李登菊为劳模颁奖 （摄影：曹志刚）

4-1 2015年5月30日，省公司“三严三实”专题教育，专题教育党课现场（摄影：曹志刚）

5-1 9月28日，国网宜宾供电公司员工把载有移动便携式WiFi的电力服务车开进春江胜景小区,摆摊设点宣传“掌上川电”手机客户端。图为工作人员正在帮助居民注册“掌上川电”。（摄影：陈刚）

5-2 蔡丽、潘培秀是国网简阳市供电有限责任公司石桥供电所员工。蔡丽负责营销，潘培秀负责业扩报装，姐妹俩扎根供电所默默工作。她们走村串户收集客户数据，为客户解疑释惑。（摄影：陈翔）

6-1 “电力天路”工程于2014年11月竣工。经过一年的安全运行，促进了区域经济发展、社会和谐稳定。图为甘孜藏族自治州道孚县白日山上电力通道融入藏区的美丽画面。（摄影：陈翔）

6-3 2015年10月20日，雪地巡“天路”登塔除鸟巢（摄影：梁石）

6-2 2015年10月12日凌晨，一场大雪席卷甘孜高原。天刚亮，巡线员工就踏着厚厚的积雪巡视甘孜藏族自治州康定市新都桥镇220千伏新雅一线（摄影：王凯莉）

6-4 2015年10月20日，雪地巡“天路”登塔除鸟巢（摄影：梁石）

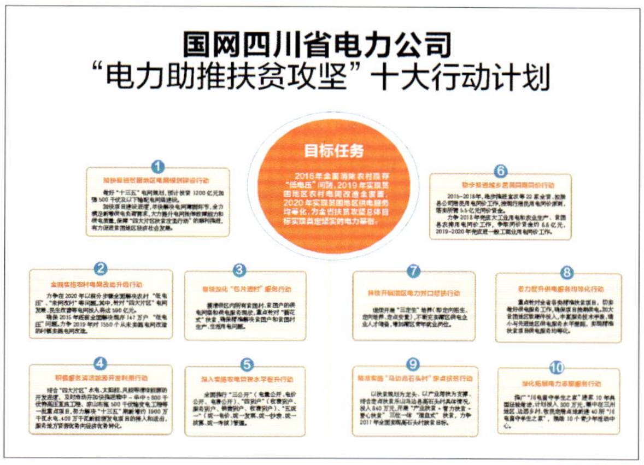

7-1 电力助推扶贫攻坚”十大行动

8-1 2015年10月7日，员工在甘孜藏族自治州巴塘县川藏联网工程500千伏巴澜线金沙江跨越段进行巡视和维护工作。（摄影：夏江）

8-2 2015年10月17日，特高压交直流线路首次停电跨越——在±800千伏灵绍线跨越耐张塔上，工人们正在绝缘子串上作业（摄影：王超）

9-1 彭大权在施工现场（摄影：张晓勇）

9-2 彭大权生前照

10-1 2015年9月12日，在简阳市石板凳镇菜子村，国网简阳市供电公司石板供电所员工已开始抄表工作。图为供电员工张涛抄表后向村民讲解安全用电常识。（摄影：陈翔）

10-3 2015年12月3日，国网资阳供电公司“红细胞”服务队前往雁江区保和镇永兴村巡线。对供电辖区线路设备进行全面巡视检查，及时排除安全隐患，确保农村电力线路安全运行。（摄影：陈翔）

10-2 2015年9月10日，四川电力送变电建设公司员工在甘孜藏族自治州塔公草原登上30多米高空更换220千伏新孜二线输电铁塔绝缘子。（摄影：梁石）

国电四川发电有限公司

2月10日，国电集团董事、总经理、党组成员陈飞虎（中）到四川公司调研慰问，看望慰问基层干部员工。（摄影：黄伟）

12月16日，四川省人民政府副省长甘霖到国电在川企业调研，并在成都听取了各单位工作汇报。

6月15-16日，国电集团党组成员、副总经理米树华到四川公司调研，了解生产工作情况，亲切慰问一线员工。（摄影：余魏）

10月28-29日，国电集团党组成员、副总经理谢长军到四川公司调研，详细考察东谷河流域各级电站规划、设计情况和国如电站生产运营情况，亲切慰问一线干部员工。（摄影：唐大伟）

9月22-25日，国电集团党组成员、纪检组长郭瑞廷到四川公司调研，察看华蓥山公司、达州公司生产生活现场，慰问一线员工和困难职工。（摄影：余魏）

12月1-2日，国电集团党组成员、总会计师陈斌到四川公司调研，深入达州公司、华蓥山公司了解生产经营情况，亲切慰问一线员工。（摄影：余魏）

6月1日，公司召开征求“三严三实”意见座谈会，深入推进“三严三实”专题教育活动。（摄影：窦月）

7月1日，中共国电四川省发电企业第三次代表大会在成都召开，会议选举产生了第三届直属党委委员和直属纪委委员。（摄影：窦月）

8月11-14日，公司举办2015年新员工入职培训班，帮助新员工尽快熟悉新的环境。（摄影：窦月）

1月4日，新年上班首个工作日，公司以电话会议形式召开2015年领导干部廉洁从业集体谈话会，对各级领导干部廉洁从业提出要求。（摄影：窦月）

5月13-14日，公司在石棉县组织开展了职工男子三人篮球赛，公司系统 10个单 位 的 13支代表队 、50余名运动员参加比赛。（摄影：杨守丽）

3月26日，公司团委组织开展“弘扬雷锋精神，传承中华美德”志愿服务活动，并前往肖家河为老助残服务中心慰问。（摄影：窦月）

2月13日，公司机关工会组织开展“健康快乐迎新春”职工趣味运动会，精彩纷呈的比赛让大家释放压力，激发活力，快乐迎新春。（摄影：窦月）

11月25日，公司以视频会议形式举办了“身边榜样，前行力量”道德讲堂暨“国电楷模”候选人故事会，传递道德正能量。（摄影：窦月）

9月2日，公司组织30多名干部职工前往四川省(成都市)法纪教育基地，开展警示教育活动，推进“三严三实”专题教育，进一步严明政治纪律和政治规矩。（摄影：窦月）

12月28日，公司团委组织开展了“激扬青春 绽放梦想”青年才艺秀走进雅安市石棉县，为所属南桠河分公司、川股公司干部职工和参加公司第二次团代会的代表献上了一场丰富的文化盛宴。（摄影：谭峰）

中国电建集团 成都勘测设计研究院有限公司

成都院设计的西藏最大水电工程藏木水电站全面投产

成都院总经理章建跃出席与斯里兰卡签字仪式（前左一）

成都院总经理章建跃、党委书记郝元麟出席中国大坝协会2015学术年会暨第七届碾压混凝土坝国际研讨会

成都院与扎兰屯市签署合作框架协议

成都院与坦桑尼亚UTT公司签署系列项目合作谅解备忘

成都院第八次党代会

成都院建院60周年纪念大会

成都院十届一次职工代表大会

成都院设计的沙牌获碾压混凝土坝国际里程碑工程奖

成都院总承包的德州风电场首批机组成功并网发电

成都院与孟加拉国NITOL-NILOY公司签订合作备忘录

成都院与雅砻江公司签订两河口建设征地移民安置专业项目代建总承包合同

成都院与西藏发改委、西藏开发投资签署战略合作协议

成都院首届工程BIM创新与应用大赛

成都院与华能新疆公司签署战略合作协议

成都院设计的黄金坪水电站实现“一年四投”生产目标

成都院设计的大岗山水电站成功蓄水至正常蓄水位

成都院设计的桐子林水电站首批机组投产发电

西南院公司设计的黔北茶园2×66万千瓦电厂于2015年12月竣工

西南院公司设计的印尼芝拉扎1×100万千瓦机组燃煤电站（三期扩建工程）

西南院公司设计的华润电力(六枝) 2×66万千瓦电厂新建工程

中国电力工程顾问集团西南电力设计院有限公司

2015年8月4日上午，四川省人民政府副省长甘霖一行到公司调研四川省电力建设工作方案。

2015年2月6日，中国能建、中电工程、四川省国资委领导在公司召开干部大会，宣布了郝群岩同志担任公司总经理的任职决定。郝群岩同志作表态发言。

2015年7月3日，共青团中央、国务院国资委授予公司勘测青年突击队“青年文明号”荣誉称号。

2015年7月20日，公司改制后第一次党代会胜利召开，公司158名党员代表参加了大会，省国资委、中电工程领导莅临大会。大会选举产生了公司第一届党委委员、新一届纪委委员;李蕾任党委书记。

西南院公司设计的福州1000千伏变电站

西南院公司设计的晋东南-南阳-荆门1000千伏特高压交流试验示范工程换位塔

西南院公司设计的昌都500千伏变电站新建工程

西南院公司设计的神华天明2×100万千瓦电厂新建工程

西南院公司设计的浙南1000千伏变电站

西南院公司设计的兰州-银川750千伏输电线路工程穿越流动沙丘地带

西南院公司设计的九江500kV变电站新建工程

西南院公司设计的乡城～巴塘500千伏线路工程

西南院公司设计的云广±800千伏直流特高压输电线路工程跨越大山区、重冰区。

中电建水电开发集团有限公司

大渡河安谷水电站全景

电建水电开发公司董事长荣其富调研西昌风电

2015年5月4日，集团党委常委、股份公司副总经理袁柏松一行莅临公司检查指导工作。（摄影：张兵）

晏志勇一行调研电建水电开发公司

与西藏当雄县人民政府签约光伏电站产业园

安谷水电站中控室

电建水电开发公司总经理杜学泽调研西昌风电

电建水电开发公司党委书记职小前调研西昌风电

美姑河电站

克州新隆公司办公楼

2015年5月21日，公司组织开展流域项目联合防汛演练。（摄影：张兵）

乐水上城项目

塔日勒嘎水电站厂房

西昌风电三月

春堂坝水电站闸首工程形象

木坡水电站

中国水利水电第七工程局有限公司

中国水电七局参建成都锦江生态带整治项目锦江二号闸

中国水电七局参建马来西亚厦门大学海外分校

中国水电七局参建南宁至广州铁路通车

中国水电七局承建的深圳地铁5号线5121标前海公园站标准化施工现场

中国水电七局参建巴基斯坦塔贝拉

中国水电七局承建深圳地铁7号线7302标安托山站隧道

中国水电七局参建马其顿MS高速公路施工

中国水电七局承建的泸州S308线赤水河特大桥施工

中国水电七局承建的世界在建最大地下厂房——白鹤滩水电站左岸地下厂房开挖

中国水电七局参建世界最大山地光伏电站——攀西百万级山地光伏群

中国水电七局承建国内首个百万千瓦级整体EPC项目——杨房沟水电站

中国水电七局在成都首个环保型商混凝土站

中国水电七局参建沪昆(上海至昆明)高铁

中国水电七局参建马来西亚曼戎火电项目施工区域航拍

五局参建成都“城市之肺”青龙湖湿地公园（摄影：田魏艳）

五局参建埃塞阿达玛二期风电场，中国风电技术走向国际（摄影：余明东）

五局参建四川省“再造一个都江堰工程”自贡小井沟水利工程（摄影：刘先华）

五局参建贵州凯雷高速公路（摄影:蒋小刚）

五局参建施工中的新疆墨玉光伏发电场（摄影：张晨报）

五局参建全国单机容量最大的仙居抽水蓄能电站首台机组转子吊装（摄影:姜如洋）

溧阳抽水蓄能电站上水库（摄影：黄霭）

五局参建长河坝水电站大坝雄姿（摄影：马瑾琳）

五局参建在摩洛哥承建的第4条高速公路拜本高速公路通车（摄影：何永恩）

苏丹上阿特巴拉博达纳水利枢纽工程下闸蓄水（摄影：凌小寒）

石济客专藁辛特大桥（摄影:唐冰）

五局参建成都地铁4号线二期工程江源二号盾构机首发（摄影：田魏艳）

公司EPC总承包的科特迪瓦最大水电站苏布雷水电站（摄影：余忠）

郑州陇海路快速通道中州大道互通立交桥（摄影：张军统）

中国水电·美立方商住楼（摄影：任美艳）

水电十局参加的老挝南欧江三、四级水电站开工典礼

水电十局承建的印尼佳蒂格德大坝蓄水（图片：项目供图）

水电十局新加坡地铁项目全貌鸟瞰2015年9月25日（图片：吴鹏提供）

水电十局承建的渝广高速公路黑水滩河特大桥（摄影：驯江）

水电十局承建的缅甸莱比塘铜矿开采（摄影：万春来）

水电十局参建贵州普安横冲梁子风电场开始塔筒吊装（图片：项目提供）

2015年12月27日，水电十局参建西藏知不拉铜矿施工。（图片：项目提供）

水电十局乐山清江项目。2015年8月19日（图片：项目提供）

2015年12月30日，水电十局参建娘拥水电站闸坝。（摄影：李小峰）

中电投四川电力有限公司

中电投四川电力有限公司（以下简称“四川公司”）是中国电力投资集团公司（以下简称“中电投集团”）的全资子公司，于2012年6月25日揭牌成立，四川公司作为中电投在四川省的对口单位，代表中电投集团与地方政府及有关部门进行工作联系，全面负责中电投集团在川及其周边区域资产的投资、建设、发展和运营管理，承担中电投集团西南区域发展战略和发展布局的重任。

截至2015年底，四川公司注册资本金18.29亿元，资产总额72.42亿元，在建及投产装机容量近100万千瓦，发展和储备装机容量超过500万千瓦，全部为清洁能源。项目遍布川滇黔10余个市州，10余个在建项目同步推进，涵盖水电、光伏、风电，形成“储备一批，开工一批，投产一批”的良好态势。

四川公司积极融入地方经济社会发展大局，全面提升发展速度和质量，扎实推进各项工作，取得了较好的成绩，为四川省经济社会发展做出了应有贡献。四川公司成立以来，以地方产业规划为引导，结合西南地区资源禀赋及自身发展实际，始终坚持清洁发展战略不动摇，确立了“电为核心、水新并举、清洁发展”战略，以差异化发展为突破口，着力构建起“区域化、流域化、规模化”的发展模式，重点打造位于四川甘孜、阿坝、凉山及贵州黔北的四个百万千瓦清洁能源基地，并辐射周边，带动攀枝花、广元等地联动发展，大力加强西南区域新能源开发。明确提出了“151”战略目标，即“十二五”、“十三五”、“十四五”末，公司总装机分别突破100万、500万、1000万千瓦。“十三五”四川公司发展规划主题是“12345”，即抓住一条主线，实施“两年扭亏”，抓好三年管理行动计划，推进四大清洁能源基地建设，实现装机五百万千瓦目标。

四川公司全体干部员工正在以团结一致，直面挑战，持续奋斗的态度，加快公司健康高速发展，使之成为产业结构合理，管理水平优秀，经济效益明显的清洁能源企。

2015年10月15日，中电投四川公司执行董事、总经理、党组副书记石四存与乐山市副书记、市长张彤签署战略合作框架协议。

2015年，8月10日至13日，中电投集团公司党组成员、副总经理余剑锋到四川公司进行工作调研。

2015年8月17日，中电投集团公司党组成员、副总经理夏忠一行到四川公司进行工作调研。

2015年6月26日至28日，中电投集团公司副总工程师、水电新能源部主任胡建东一行到四川公司开展防汛及防震减灾工作检查。

2015年12月3日，中电投四川电力有限公司与遵义市人民政府签订战略合作框架协议，共同推进遵义风能与太阳能资源的开发利用。

2015年2月2日，召开中电投四川公司2015年度工作会

鲁基风电场

太阳能光伏板组件检测

风机塔筒吊装

送出工程铁塔组立

2015年12月16日，举办“迎新春”健步走比赛

2015年3月27日，在雅安龟都府电站，开展植树造林活动。

美姑扶贫，引水入户

大唐四川发电有限公司

4月22日，省政协副主席赵振铣调研亭子口水利枢纽

7月22日，四川省委常委、组织部长范锐平调研亭子口水利枢纽

8月24日，集团公司副总经理金耀华到甘孜州各公司调研

7月30日，集团公司党组成员、副总经理胡绳木到雅安公司调研

5月28日，鸡兔阿农公司总经理王野平到甘孜州各公司调研

5月28日，集团公司总经理王野平会晤四川省副省长甘霖

1月5日，集团公司董事长陈进行出席大唐四川公司干部大会

6月3日，大唐四川公司与西昌电力公司签订战略合作协议

10月27日，大唐凉山新能源公司挂牌成立

5月9日，大唐四川分公司改制为大唐四川发电有限公司

11月4日，锅浪跷截流

6月29日，大唐四川公司召开“庆七一”系列活动表彰大会

芳地坪投产仪式

11月25日，望江坪开工

12月3日，大唐四川公司总经理刘峰彪与四川省副省长、雅安市委书记叶壮会晤

6月23日，甘孜签约

8月4日，大唐四川公司召开本部深化改革大会

11月9日，三严三实培训班

11月20日，工会第一次会员代表大会

大唐四川公司召开党代会

华能四川水电有限公司

东西关水电站闸坝（摄影：高原）

1月21日，四川公司冉总在拉拉山电站进行检查慰问。（摄影：张克瑚）

4月28日，四川公司钏总在拉拉山电站进行春安检查。（摄影：张克瑚）

冉董事长调研。（摄影：李雪）

四川公司副总经理赵明川、政工部主任周序红及各流域公司领导、党建工作者莅临“红绿蓝”大讲堂进行现场观摩。（摄影：李雪）

2015年11月11日，集团党组成员、纪检组长赵建明在雨城梯调中心召开干部职工座谈会。（摄影：傅仁冬）

2015年11月12日，集团党组成员、纪检组长赵建明到小关子电站慰问一线员工。（摄影：徐继敏）

阿坝州委常委、汶川县委书记蒋刚（右）在太平驿电站调研。（摄影：贾立）

硬梁包水电站项目申请报告评估会。（摄影：张晨）

2015年12月14日，公司召开五届六次党员大会（摄影：邓珅）

汛期洪峰经过东西关水电站闸坝（摄影：高原）

青居水电站闸坝侧面（摄影：高原）

2015年5月，开展“铭记历史，把握青春”主题团日活动。（摄影：张晨）

华能太平驿电站大坝全景。（摄影：贾立）

四川省水电投资经营集团有限公司

四川省能投集团董事长郭勇在合江调研并指导工作

四川省水电集团董事长张志远在永安公司调研并指导工作

9月8日，省能源局副局长李明晷率专家组到四川省水电集团对2013年度农网改造升级总体工程进行验收。

9月10日，水利部农村水电及电气化发展局副局长陈大勇到永安公司调研农村水电发展工作，省地电局局长徐广渊、副局长陈庆陪同调研。

1月15日，省国资委党委委员、副主任任兴文到四川省水电集团检查三项制度改革工作并进行调研。

8月17日，国家能源局全国地方电力企业农村电网改造升级工作会议在四川省水电集团召开。国家能源局新能源司农村能源处处长韩江舟出席会议并讲话，四川省能源局、省地电局及相关省市（区）的地方电网企业负责人参加会议。

7月10日，四川省水电集团召开“七一”表彰暨“三严三实”专题教育会议。

7月24日，2015年第二批农网建设工作誓师大会在四川省水电集团召开。

3月31日，合江县龙潭220千伏变电站竣工投运，这是四川省地方电力建成的首个220千伏输变电工程。

大竹公司自助缴费终端

建成投运的永安公司北金110千伏输电线路

12月30日，大竹清河至中华35千伏线路投入试运行。

正在建设中的冬瓜山电航工程

技改后的永安公司文峰电厂

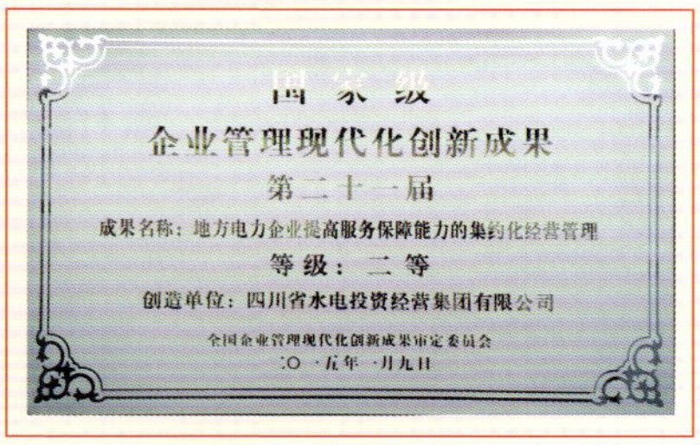
国家级
企业管理现代化创新成果
第二十一届
成果名称：地方电力企业提高服务保障能力的集约化经营管理
等级：二等
创造单位：四川省水电投资经营集团有限公司
全国企业管理现代化创新成果审定委员会
二〇一五年一月九日

国家级创新二等奖

10月8日，冬瓜山电航工程成功截流

农网施工现场

四川省能源投资集团有限公司

在人民大会堂与法国Engie集团签约

四川能投能源基地投资股份有限公司成立

大面山“农风光”互补模式风电场全貌

北京T3航站楼LED照明工程

四川能投与许继集团签署战略合作协议

化工生产

已投产运营的新都分布式能源项目

溪洛渡水电站（1386万千瓦）

已投运的广安垃圾焚烧发电项目

中国电建集团成都勘测设计研究院有限公司监测及试验研究所

中国电建集团成都勘测设计研究院有限公司监测及试验研究所（英文名称为Monitoring and Test Research Institute CECT，缩写MTRI，中文简称成都院监试所）由原成都院科研所和监测中心于2015年初合并而成，现为成都院下属的专门从事水电水利工程、岩土工程及工民建工程等有关的科学研究、试验、监测、检测和新技术新材料研发工作的单位。监试所历史可追溯至1950年成立的西南军政委员会水利部重庆水工实验室，由于时代的变迁和发展的需要，以后曾多次合并和更名。现设有岩土、材料、水工模型、工程安全监测技术服务等专业研究室/项目部以及综合管理部、市场发展部、计划合同部、工程管理部等管理科室；现有职工235人，其中专业技术人员及试验人员180人，教授级工程师17人，高级工程师43人，工程师44人，助理工程师76人。拥有试验室面积40000余平方米，其中恒温面积700余平方米；拥有行业内最大的水工模型试验大厅、岩石力学试验大厅、土工渗流试验大厅和混凝土徐变试验室；拥有试验检测设备1000余台（套），仪器设备资产原值4000余万元。

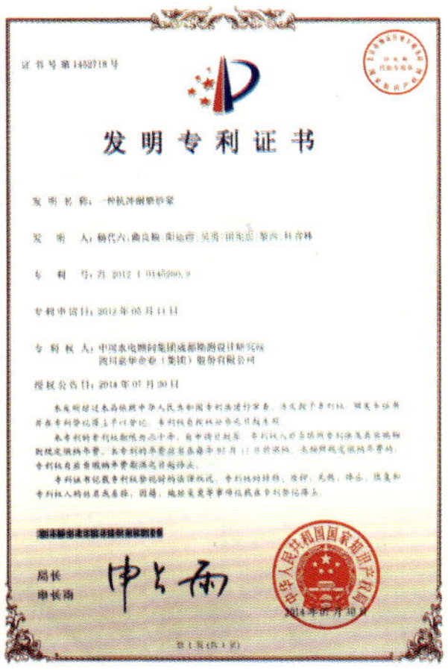

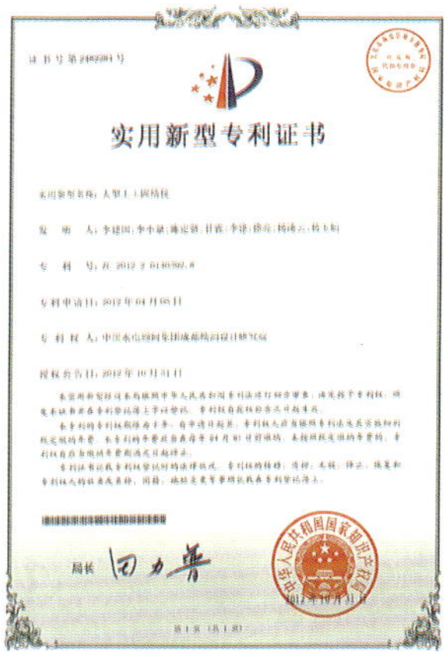

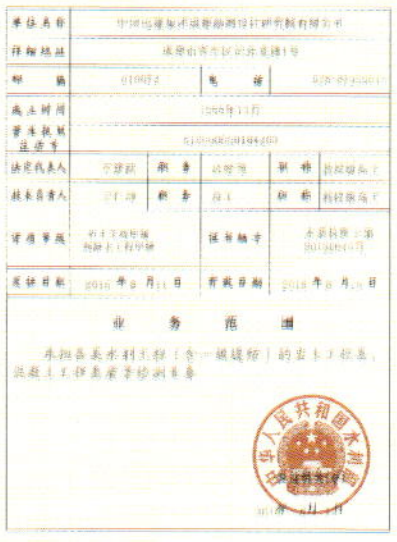